# Bundeswehr im Einsatz

Herausgegeben vom
Zentrum für Militärgeschichte
und Sozialwissenschaften der Bundeswehr

Band 5

Torsten Konopka

# Deutsche Blauhelme in Afrika

Die Bundesrepublik Deutschland und
die Missionen der Vereinten Nationen
Anfang der 1990er Jahre

Vandenhoeck & Ruprecht

Zugl. Universität Potsdam, Historisches Institut, Dissertation 2021
(Gutachter: apl. Prof. Dr. Dieter Krüger, Prof. Dr. Ulf Engel)

Bibliografische Information der Deutschen Nationalbibliothek
Die Deutsche Nationalbibliothek verzeichnet diese Publikation in der
Deutschen Nationalbibliografie; detaillierte bibliografische Daten sind
im Internet über https://dnb.de abrufbar.

© 2023 Vandenhoeck & Ruprecht, Robert-Bosch-Breite 10, D-37079 Göttingen,
ein Imprint der Brill-Gruppe (Koninklijke Brill NV, Leiden, Niederlande; Brill
USA Inc., Boston, MA, USA; Brill Asia Pte Ltd, Singapore; Brill Deutschland
GmbH, Paderborn, Deutschland; Brill Österreich GmbH, Wien, Österreich)
Koninklijke Brill NV umfasst die Imprints Brill, Brill Nijhoff, Brill Hotei,
Brill Schöningh, Brill Fink, Brill mentis, Vandenhoeck & Ruprecht, Böhlau,
V&R unipress und Wageningen Academic.

Umschlagabbildung: Ein Soldat des Einsatzkontingents UNOSOM II beobachtet von seinem Posten aus die Umgebung in Belet Uen, Somalia, August 1993. *(Bundeswehr/Marcus Rott)*

Zentrum für Militärgeschichte und Sozialwissenschaften der Bundeswehr,
Fachbereich Publikationen (0934-01)
Koordination, Bildrechte: Michael Thomae
Lektorat und Korrektorat: Cordula Hubert, Olching
Satz: Antje Lorenz
Grafiken: Bernd Nogli

Umschlaggestaltung: SchwabScantechnik, Göttingen
Druck und Bindung: Finidr, Český Těšín
Printed in the EU

Vandenhoeck & Ruprecht Verlage | www.vandenhoeck-ruprecht-verlage.com

ISSN 2702-4814
ISBN 978-3-525-30239-2

# Inhalt

| | | |
|---|---|---|
| **Vorwort** | | 9 |
| **Danksagung** | | 11 |
| **Karten** | | 13 |

## I. Einleitung — 21

1. Thema, Fragestellung und Eingrenzung — 21
2. Methodische Überlegungen — 29
3. Gliederung — 37
4. Überblick über den Forschungsstand — 38
5. Quellenlage und methodische Probleme der Neuesten Militär- und Zeitgeschichte — 49
   - a) Quellenlage in den Archiven — 51
   - b) Gedruckte Quellen — 55
   - c) Zeitzeugengespräche — 58

## II. Politischer Kontext und Begriffsbestimmungen — 59

1. Die VN-Politik der Bundesregierung, 1973–1990 — 59
2. Die Afrikapolitik der Bundesregierung bis zu den 1990er-Jahren — 64
3. VN-Missionen: Definitionen, Eigenschaften und Beschränkungen — 73
4. Die Problematik der Begriffe »Einsatz« und »out of area« — 84

## III. Die Bundesrepublik Deutschland und die Beteiligung an Missionen der Vereinten Nationen — 89

1. Politik der militärischen Zurückhaltung: Ministerielle Überlegungen zur Beteiligung an VN-Missionen bis 1989 — 89
   - a) Zypern 1964: Der Beginn der »Scheckbuchdiplomatie« — 90
   - b) Die Bundeswehr als »Spediteur« der Vereinten Nationen — 96
   - c) Libanon 1978: Erste materielle Unterstützung und ihre Folgen — 113
   - d) Die Beschlüsse des Bundessicherheitsrats 1982 — 124

　　　　e) Der Paradigmenwechsel in den Bundesressorts　　　　　　129
　　　　f) Die militärische Zurückhaltung der Bundesregierung:
　　　　　 Bisherige Befunde　　　　　　　　　　　　　　　　　　140
　　2. Mehr Verantwortung wagen? Die Bundesrepublik und
　　　 VN-Missionen, 1990–1994　　　　　　　　　　　　　　　　143
　　　　a) Türkei, Irak, Adria, Kambodscha: Die Bundeswehr im Ausland　146
　　　　b) Die politisch-rechtliche Debatte um eine VN-Beteiligung　　159
　　　　c) Ministerielle Vorbereitungen zur Beteiligung an
　　　　　 VN-Missionen　　　　　　　　　　　　　　　　　　　　166

IV. **Deutsche »Blauhelme« in Afrika:
　　 Namibia, Westsahara, Somalia und Ruanda**　　　　　　　　　183

　　1. Der Bundesgrenzschutz in Namibia: Vorreiter der Bundeswehr?　183
　　　　a) Hintergrund: Der namibische Unabhängigkeitskampf　　　　183
　　　　b) Die VN-Mission UNTAG in Namibia　　　　　　　　　　　188
　　　　c) Die Bundesrepublik Deutschland und der Konflikt in Namibia　195
　　　　d) Die bundesdeutsche Beteiligung an der UNTAG　　　　　　199
　　　　e) Der BGS in Namibia: Kein Ersatz für die Bundeswehr　　　　250
　　2. Führungsrolle in der Westsahara: Der BGS bei der MINURSO　254
　　　　a) Hintergrund des Konflikts in der Westsahara　　　　　　　254
　　　　b) Die VN-Mission MINURSO　　　　　　　　　　　　　　257
　　　　c) Die Bundesrepublik Deutschland und die Westsahara　　　261
　　　　d) Die Bundesrepublik und die MINURSO　　　　　　　　　264
　　　　e) Der Bundestag und der Friedensprozess in der Westsahara　278
　　　　f) Keine »token contribution« bei der MINURSO　　　　　　280
　　3. »Zurück in der Familie«:
　　　 Die Bundesrepublik Deutschland und Somalia　　　　　　　　283
　　　　a) Staatszerfall in Somalia: Von der UNOSOM zur UNOSOM II　283
　　　　b) Die Bundesrepublik Deutschland und der Konflikt in Somalia　296
　　　　c) »Übung« in Somalia: Deutsche Beteiligung an der UNOSOM II　403
　　　　d) Mission gescheitert, Ziel erreicht? Bewertung des deutschen
　　　　　 Engagements　　　　　　　　　　　　　　　　　　　　487
　　　　e) Mehr als ein »Werbefeldzug«: Erfahrung gewonnen,
　　　　　 politischen Willen verloren　　　　　　　　　　　　　　　504
　　4. Deutsche Beteiligung in Ruanda: Polizei aus Rheinland-Pfalz　512
　　　　a) Die Vereinten Nationen in Ruanda　　　　　　　　　　　512
　　　　b) Die Bundesrepublik Deutschland, Ruanda und der Völkermord　524
　　　　c) Deutsche Soldaten nach Ruanda?　　　　　　　　　　　533
　　　　d) Der Polizeieinsatz bei der UNAMIR　　　　　　　　　　　579
　　　　e) Die deutsche politische Debatte über den Konflikt in Ruanda　589
　　　　f) Deutsche Untätigkeit beim Völkermord　　　　　　　　　598
　　5. Zwischenfazit: Bundesdeutsche Motive für eine Beteiligung an
　　　 VN-Missionen in Afrika　　　　　　　　　　　　　　　　　　602

Inhalt 7

V. **Freundliches Desinteresse? Die Nichtbeteiligung der Bundesrepublik an den Missionen in Angola, Mosambik und Liberia**     609

    1. Die VN-Missionen UNAVEM I und II     609
        a) Hintergrund des angolanischen Bürgerkriegs     609
        b) Mandat und Aufstellung der VN-Mission UNAVEM     610
        c) Verändertes und erweitertes Mandat: Die UNAVEM II     612
        d) Die Bundesrepublik und Angola     616
        e) Ministerielle Planungen im Zuge der VN-Mission UNAVEM     619
        f) Die politische Debatte um den Konflikt in Angola     621
        g) Deutsche Unterstützung für die VN-Mission UNAVEM II     630
        h) Deutsche Unterstützung für die VN-Mission UNAVEM III     634
        i) Angola: Desinteresse der Bundesressorts     637
    2. Die VN-Mission in Mosambik: ONUMOZ     639
        a) Hintergründe des Konflikts     639
        b) Die VN-Mission ONUMOZ     641
        c) Die Beziehungen der Bundesrepublik Deutschland zu Mosambik     645
        d) Deutschland und der Friedensprozess in Mosambik     650
        e) Uniformiertes Personal nach Mosambik?     652
        f) Die politische Debatte um das deutsche Engagement in Mosambik     665
        g) Mosambik: Opfer des deutschen Somalia-Engagements     668
    3. Die UNOMIL in Liberia     670
        a) Der liberianische Bürgerkrieg     670
        b) Die VN-Mission UNOMIL     673
        c) Die Bundesrepublik Deutschland und Liberia     678
        d) Die Bundesrepublik und der liberianische Bürgerkrieg     681
        e) Ministerielle Pläne zur Unterstützung der UNOMIL/ECOMOG     684
        f) Liberia: Unterstützung nach Kassenlage     691
    4. Zwischenfazit: Bundesdeutsche Motive für eine Nichtbeteiligung an VN-Missionen in Afrika     692

VI. **Zusammenfassung und Ausblick: Handlungslogiken bei politischen Entscheidungen über die bundesdeutsche Beteiligung an VN-Missionen**     697

Abkürzungen     719
Quellen und Literatur     727
Personenregister     777

## Vorwort

Im Sommer 2022 setzte der Deutsche Bundestag einen Untersuchungsausschuss über den Abzug der Bundeswehr aus Afghanistan und die Enquete-Kommission »Lehren aus Afghanistan für das künftige vernetzte Engagement Deutschlands« ein. Dadurch wurden die Auslandseinsätze der Bundeswehr vorrübergehend zu einem zentralen Thema der deutschen Politik. Auch die historische Wissenschaft, insbesondere die am Zentrum für Militärgeschichte und Sozialwissenschaften der Bundeswehr (ZMSBw), wird sich in Zukunft noch stärker als bisher mit diesem Forschungsfeld befassen.

Die Entsendung deutscher Streitkräfte nach Afghanistan markiert aber nur eine, wenn auch sehr einschneidende und verlustreiche Phase in der mittlerweile über 30-jährigen Einsatzgeschichte der Bundeswehr. Ohne die vorangegangenen politischen und militärischen Überlegungen über die Entsendung der Bundeswehr ins Ausland, die weit in das letzte Jahrhundert hineinreichen, kann ihr Engagement in Afghanistan nicht vollumfänglich analysiert, eingeordnet und verstanden werden. Ebenso wichtig dafür sind Kenntnisse über die ersten praktischen Erfahrungen, die sie im Ausland sammelte. Mit dem Ablauf der archivarischen Schutzfrist liegen nun die ersten Ministerialquellen offen, um sich diesen Themen auch aus historischer Perspektive anzunähern.

Zwar waren in den letzten 20 Jahren vor allem die NATO und die Europäische Union die bevorzugten Organisationen für das militärisches Handeln der Bundesregierung im Ausland. Viele der ersten Schritte der Bundeswehr auf ihrem Weg von einer Armee für die Landes- und Bündnisverteidigung hin zu einem weltweit einsetzbaren Instrument der deutschen Außenpolitik erfolgten jedoch im Rahmen der Vereinten Nationen. Insbesondere das Engagement in Somalia bei der United Nations Operation in Somalia II (UNOSOM II) 1993 und 1994 hat den Beginn der Einsatzgeschichte der Bundeswehr geprägt wie kaum eine andere Entsendung.

Es reicht jedoch nicht aus, das Engagement deutscher Soldatinnen und Soldaten im Ausland ab dem Zeitpunkt zu betrachten, ab dem sie ausländischen Boden betreten. Jeder Auslandseinsatz geht auf einen häufig langwierigen bürokratischen Aushandlungsprozess zwischen den verschiedenen beteiligten Bundesressorts zurück. Die Analyse dieser Prozesse, die nur durch die Auswertung der Ministerialakten möglich wird, ist unerlässlich für das Verständnis, wieso Soldatinnen und Soldaten ins Ausland entsandt werden und im schlimmsten Fall ihr Leben lassen.

Die Entsendung deutscher Streitkräfte ist im außenpolitischen Kalkül der Bundesressorts nur ein Instrument von vielen. Neben der militärischen Option besitzt die Bundesregierung bzw. das Auswärtige Amt, das die Federführung in der deutschen Außenpolitik besitzt, eine breite Palette an diplomatischen, finanziellen, materiellen und anderen, personellen Möglichkeiten, um international zu agieren. Das zeigt sich allein daran, dass nicht die Bundeswehr das erste uniformierte Personal für ein bundesdeutsches Engagement im Rahmen der Vereinten Nationen stellte, sondern der Bundesgrenzschutz.

Mit diesem Band leistet das ZMSBw einen grundlegenden Beitrag zur Erforschung und kritischen Auseinandersetzung mit den Auslandseinsätzen der Bundeswehr und auch des Bundesgrenzschutzes. Mein Dank gilt dem Autor, der mit seiner Studie einen wichtigen Beitrag auf einem Forschungsfeld geleistet hat, das künftig stärker im Fokus des ZMSBw stehen wird.

Dr. Sven Lange
Oberst und Kommandeur des
Zentrums für Militärgeschichte und
Sozialwissenschaften der Bundeswehr

## Danksagung

Ein Buch, zumal eine Dissertation, entsteht nicht im Alleingang. Für die Möglichkeit, die Rahmenbedingungen und die Realisierung meiner Doktorarbeit und der anschließenden Publikation gebührt daher einer Vielzahl von Menschen Dank. Anfangen möchte ich mit apl. Prof. Dr. Dieter Krüger, Oberst i.G. Dr. Frank Hagemann, Dr. Heiko Biehl, Oberstleutnant Dr. Dieter H. Kollmer und Oberstleutnant PD Dr. Thorsten Loch, die mir erst den Weg ans Zentrum für Militärgeschichte und Sozialwissenschaften der Bundeswehr (ZMSBw) ermöglicht und mir damit den Rahmen für meine wissenschaftliche Arbeit geschaffen haben.

Die Dissertation ist 2021 von der Philosophischen Fakultät der Universität Potsdam angenommen worden. Ich danke meinem Doktorvater apl. Prof. Dr. Krüger, der meine Arbeit in jeder Phase engagiert mit stets kritischen und zugleich konstruktiven Worten begleitet hat, und meinem Zweitgutachter, Prof. Dr. Ulf Engel, der mir bereits bei der Konzeption der Arbeit wichtige Erkenntnisse zur bundesdeutschen Afrikapolitik vermittelte.

Viele Menschen haben mir auf dem Weg mit Rat und Tat zur Seite gestanden. Ich danke Dr. Anja Seiffert, Oberstleutnant Dr. Hans-Peter Kriemann, Fregattenkapitän Dr. Christian Jentzsch, Oberstleutnant Dr. habil. Rudolf J. Schlaffer, Dr. Christian Hartmann, Major Dr. Friederike Hartung, Major Martin Reese, Dr. Martin Rink, Dr. Henning de Vries, Dr. Julius Heß, Silvia-Lucretia Nicola, Leonie Ziegler, Nicolas Heß, Bianka Simon, Helena Piontek, Janin Brandt, Victoria Ihrke sowie Prof. Dr. Marina E. Henke für ihre wertvollen Hinweise und Prof. Dr. Sönke Neitzel insbesondere auch für die Gelegenheit, verschiedene Teile der Arbeit in seinem Forschungskolloquium vorstellen zu dürfen. Ein besonderer Dank gilt meinen Zeitzeugen, die mir mit ihrem Wissen und Anekdoten aus den Ministerien und Dienststellen eine unschätzbare Bereicherung waren. Leider haben nicht alle die Veröffentlichung des Buches erleben können.

Ohne die große Unterstützung in den Archiven und Bibliotheken ist eine Arbeit, deren Forschungszeitraum an der Grenze zur 30-jährigen Schutzfrist liegt, nicht möglich. Ich denke insbesondere an Jonas Körtner, Daniel Jost, Cynthia Flohr, Michelle Bleidt, Dr. Simon Heßdörfer, Ireen Thomas und die Mitarbeiterinnen der ZMSBw-Bibliothek sowie der Fernleihestelle der Universität Potsdam, die mir jeden erdenklichen Bücherwunsch erfüllt haben. Verbunden bin ich auch dem Fachbereich Publikationen des ZMSBw, vor allem Michael Thomae, Antje Lorenz und Bernd Nogli, sowie Cordula Hubert (Olchingen) für ihr schnelles und sehr aufmerksames Lektorat des viel zu langen Manuskripts. Alle noch vorhandenen Fehler und orthographischen Ungenauigkeiten gehen einzig zulasten des Autors.

Der letzte Dank gebührt meinen Eltern, Kornelia Henze und Hans-Peter Konopka, die mir meine akademische Laufbahn erst durch ihre Unterstützung ermöglicht haben. Ich widme dieses Buch meinem Vater, der meine Leidenschaft für den afrikanischen Kontinent geweckt hat und mir mit seinem unerschöpflichen Wissen stets als erster Ansprechpartner und kritischster Leser zur Seite steht.

Torsten Konopka

# Karten

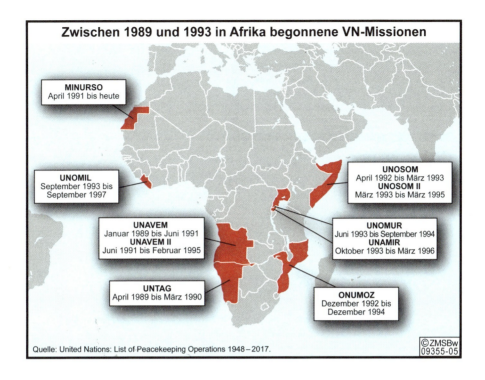

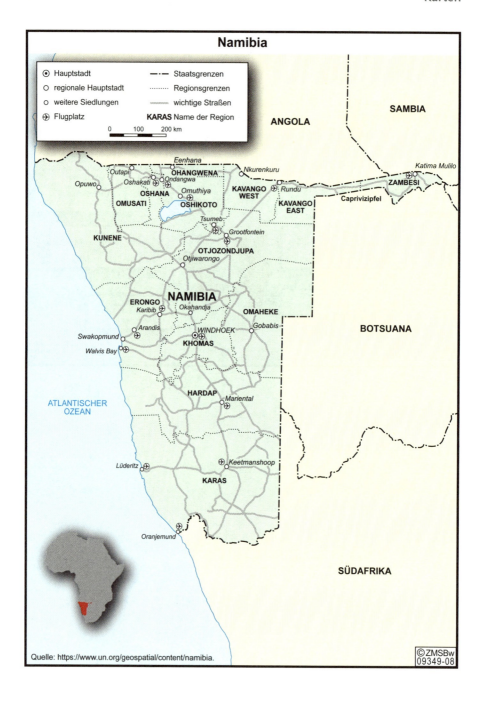

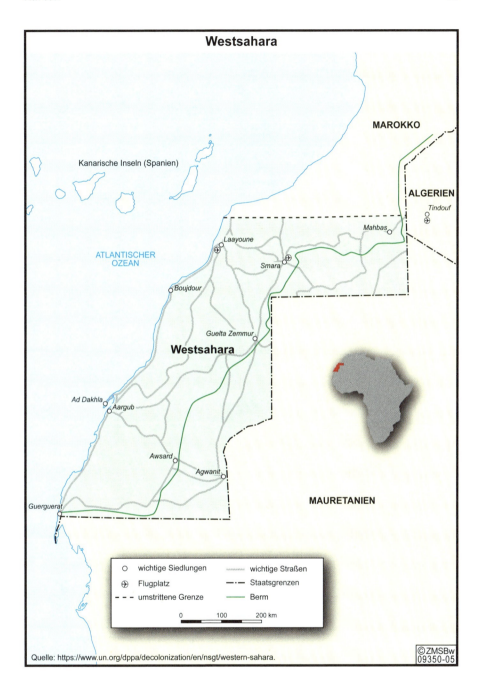

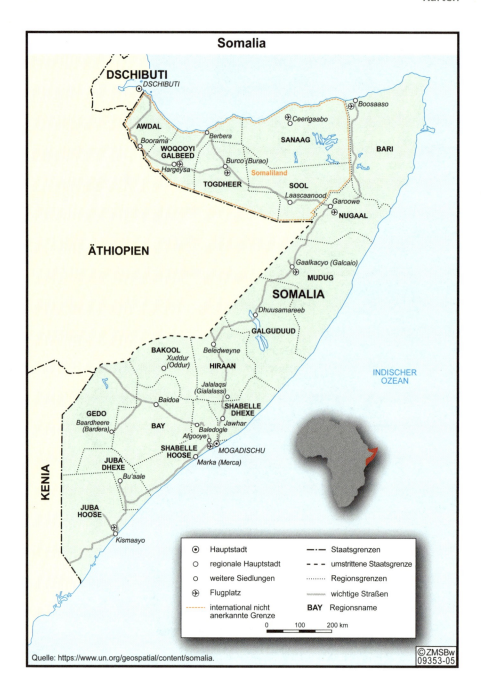

# Karten

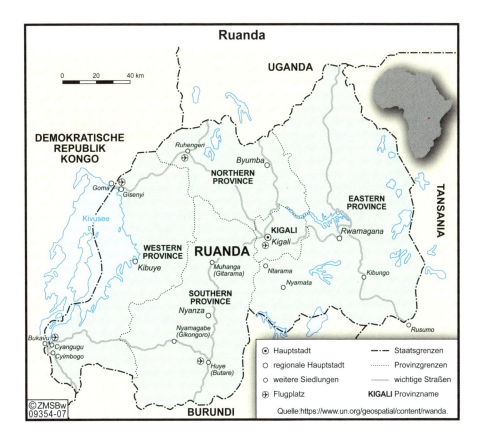

# Karten

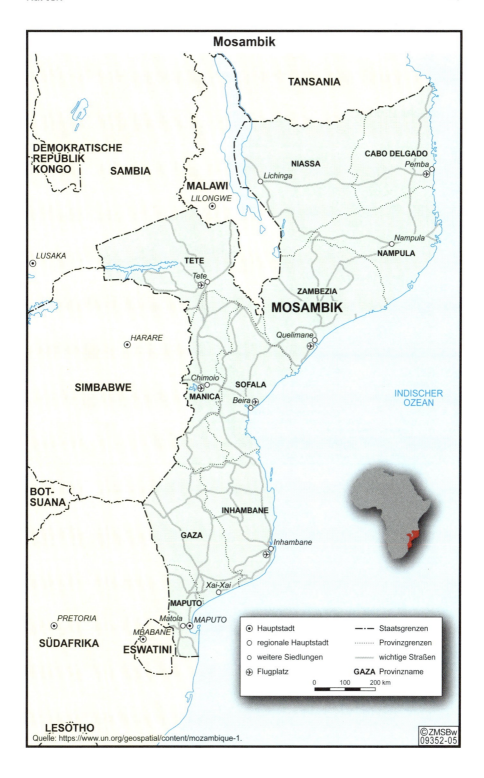

# I. Einleitung

## 1. Thema, Fragestellung und Eingrenzung

»Nach Wiedererlangen der deutschen Einheit in voller Souveränität ist die Bundesrepublik Deutschland bereit, sich künftig an Maßnahmen der Vereinten Nationen zur Wahrung und zur Wiederherstellung des Friedens auch durch den Einsatz ihrer Streitkräfte zu beteiligen. Wir werden hierfür die erforderlichen innerstaatlichen Voraussetzungen schaffen.«[1]

Das Ende des Ost-West-Konflikts brachte umfassende globale Veränderungen mit sich.[2] 1991 zerfielen die Sowjetunion und der Warschauer Pakt und mit ihnen die Bipolarität, die jahrzehntelang die Weltpolitik bestimmt hatte. Deutschland, aufgrund seiner Teilung zuvor sichtbarstes Zeichen der europäischen wie der weltpolitischen Spaltung, erlangte 1990 seine hierzulande viel umjubelte Einheit. Während auch im südlichen Afrika langjährige gewaltsame Konflikte endeten, brachen in Südosteuropa, in Westafrika oder im Gebiet der Großen Seen Afrikas neue, innerstaatliche Konflikte aus. Zumeist wurden diese von ökonomisch motivierten nichtstaatlichen Gewaltakteuren gegen schwache Regime und häufig gegen Teile der Zivilbevölkerung geführt. In Abgrenzung zu den meist zwischenstaatlichen Kriegen des 19. und 20. Jahrhunderts wurden diese Konflikte in Teilen der Wissenschaft als »Neue Kriege« bezeichnet.[3] »Das Ende des Ost-West-Konflikts«, so der deutsche Außenminister Klaus Kinkel 1993, habe »leider nicht zum Anfang des ewigen Friedens« geführt.[4]

Angesichts dieser vielfältigen sicherheitspolitischen Herausforderungen entwickelte sich *eine* Organisation zunehmend zu jenem global agierenden Sicherheitsakteur, der sie entsprechend ihrer Gründungsakte schon seit ih-

---

[1] BPA, Botschaft des Bundeskanzlers an alle Regierungen der Welt. In: Bulletin, Nr. 118, 5.10.1990, S. 1227 f., hier S. 1228.
[2] Vgl. Niedhart, Der Ost-West-Konflikt; Westad, Der Kalte Krieg; Czempiel, Weltpolitik im Umbruch; Blauhelme in einer turbulenten Welt.
[3] Kaldor, Restructuring the Global Military Sector; Kaldor, New & Old Wars; Münkler, Die neuen Kriege; Kaldor, In Defence of New Wars. Zur Diskussion des Begriffs siehe Schlichte, Neue Kriege; Bredow, Sicherheit, S. 51–57; Holzinger, Neue Kriege.
[4] BT-PlPr. 12/131, 14.1.1993, S. 11325.

rer Konstituierung im Jahr 1945[5] hätte sein sollen: die Vereinten Nationen (VN). Mit dem Wegfall der Blockadehaltung der beiden Hauptkontrahenten des Ost-West-Konflikts, den USA und der Sowjetunion, als ›Vetomächte‹ im Sicherheitsrat (VNSR) versuchte die Weltorganisation ihre gemäß der VN-Charta festgeschriebene Aufgabe, »den Weltfrieden und die internationale Sicherheit zu wahren«,[6] nach besten Kräften zu erfüllen. Sichtbarstes Zeichen ihres verstärkten Engagements zur internationalen Konfliktbewältigung war die Zunahme ihrer als »Peacekeeping« bezeichneten Missionen. Hatten die Vereinten Nationen zwischen 1945 und 1987 nur 13 von ihnen auf den Weg gebracht, waren es alleine zwischen 1988 und 1993 weitere 20.[7] Treffend wird diese Zeit in der politikwissenschaftlichen Literatur als »Expansionsphase«[8] des »VN-Peacekeepings« bezeichnet, stieg doch auch die Zahl der an den Missionen beteiligten Soldaten und Polizisten[9] – aufgrund ihrer Kopfbedeckung häufig »Blauhelme« genannt[10] – von etwa 11 100 im Jahr 1988[11] auf über 78 400 im Juli 1993.[12] Mit insgesamt zehn Missionen in sieben unterschiedlichen Ländern lag der geografische Schwerpunkt dieser Expansionsphase auf dem afrikanischen Kontinent.[13]

Zwar verpflichtet sich jeder Staat durch seinen Beitritt zu den Vereinten Nationen, die Normen und Ziele der Weltgemeinschaft zu achten und zu unterstützen, grundsätzlich ist die personelle Beteiligung an VN-Missionen aber freiwillig.[14] Jedes VN-Mitglied kann für sich entscheiden, ob es mit Personal teilnehmen möchte, welche Art von Kräften es zur Verfügung stellt und welchen Umfang seine personelle Beteiligung haben soll.[15] Die Bundesrepublik Deutschland beteiligte sich an diesen multinationalen Maßnahmen bis Ende der 1980er-Jahre nie mit im Einsatzland stationierten Polizisten oder Soldaten. Als einer der größten Beitragszahler trug sie zwar wesentlich zum Haushalt der Vereinten Nationen[16] bzw. zur Finanzierung der kostspieligen VN-Missionen

---

[5] Die Gründung der Vereinten Nationen erfolgte am 1.6.1942, als 26 Staaten die Deklaration der Vereinten Nationen unterzeichneten. 1945 trat die VN-Charta in Kraft. Weiss, Wie ein Phönix aus der Asche, S. 147.
[6] Charta der Vereinten Nationen, S. 7, Art. 1, Abs. 1.
[7] Vgl. United Nations, List of Peacekeeping Operations 1948–2017.
[8] Gareis/Varwick, Die Vereinten Nationen, S. 126.
[9] Unter den Begriffen werden im Folgenden Soldatinnen und Soldaten bzw. Polizistinnen und Polizisten verstanden. Zur Erläuterung siehe unten.
[10] Vgl. The Blue Helmets. Zum Ursprung der blauen Kopfbedeckung siehe Urquhart, A Life in Peace and War, S. 134; Schulte, UN-Blauhelme, S. 2 f.
[11] The Blue Helmets, S. 4.
[12] United Nations, Summary of Contributions to Peace-Keeping Operations by Countries as of 31 July 1993, S. 6, https://peacekeeping.un.org/sites/default/files/jul-1993.pdf.
[13] Vgl. United Nations, List of Peacekeeping Operations 1948–2017.
[14] Zur gegenteiligen Auffassung siehe Vergau, Reform des Sicherheitsrats.
[15] Boutton/Orazio, Buying Blue Helmets, S. 314; Bellamy/Williams, Understanding Peacekeeping (2021), S. 256 f.
[16] In den 1970er-Jahren musste die Bundesrepublik zunächst 7,1 Prozent des VN-Haushalts finanzieren. VNGV, A/RES/3062(XXVIII), 9.11.1973. Im folgenden Jahrzehnt lag der Betrag bei über acht Prozent. VNGV, A/RES/34/6, 25.10.1979; VNGV, A/RES/37/125, 17.12.1982; VNGV, A/RES/40/248, 18.12.1985; VNGV, A/RES/43/223, 21.12.1988. Mit

# I. Einleitung

bei[17] und unterstützte die Missionen seit ihrem Beitritt zur Weltgemeinschaft 1973 auch wiederholt logistisch durch die Bundeswehr,[18] historisch gesehen gilt die bundesdeutsche personelle Beteiligung an Missionen der Vereinten Nationen aber als minimalistisch.[19] Weil es die Bundesregierung bis Ende der 1980er-Jahre verfassungsrechtlich für bedenklich hielt, Soldaten der Bundeswehr außerhalb der Landes- und Bündnisverteidigung einzusetzen, ist die Bundesrepublik hinsichtlich der Teilnahme an VN-Missionen »ein vergleichsweise junger Akteur«.[20]

Politisch sollte diese Praxis der militärischen Zurückhaltung mit der deutschen Einheit enden. Im Oktober 1990 bekundete Bundeskanzler Helmut Kohl (CDU) die Bereitschaft zur militärischen Teilnahme an Maßnahmen der Vereinten Nationen zur internationalen Krisenbewältigung.[21] Kohls Versprechen, der von einer neuen »weltpolitischen Verantwortung« des vereinten Deutschlands sprach,[22] folgten wiederholte Zusagen deutscher Regierungspolitiker gegenüber den Vereinten Nationen. 1991 erklärte Außenminister Hans-Dietrich Genscher (FDP) vor ihrer Generalversammlung, dass »das vereinte Deutschland […] alle Rechte und Pflichten der Charta der Vereinten Nationen, einschließlich der Maßnahmen der kollektiven Sicherheit […], auch mit unseren Streitkräften« übernehmen und dafür das Grundgesetz ändern wolle.[23] Ein Jahr später betonte sein Nachfolger Klaus Kinkel (FDP) an gleicher Stelle, die Bundesrepublik müsse »die verfassungsmäßigen Voraussetzungen dafür schaffen, dass unsere Streitkräfte, nach Zustimmung

---

    der deutschen Einheit stieg der Satz zunächst auf 9,36 Prozent, er sank 1992 aber wieder auf 8,93 Prozent. Insgesamt überwies die Bundesrepublik den Vereinten Nationen Anfang der 1990er-Jahre jährlich zwischen 200 und 400 Mio. US-Dollar. Vgl. VNGV, A/RES/43/221, 20.12.1991; PA-DBT 3104, Unterausschuss Vereinte Nationen/Weltweite Organisationen, 12/6, 11.3.1992, S. 13; BT-Drs. 12/2359, 27.3.1992, S. 4; BT-Drs. 13/6773, 15.1.1997, S. 16; VNGV, Committee on Contributions.

17  Wie der Beitragsschlüssel des VN-Haushalts berechnete sich der Pflichtbeitrag zu VN-Missionen u.a. durch die Wirtschaftskraft der einzelnen Mitgliedsstaaten. Erstmals wurde er 1973 zur Finanzierung der VN-Mission UNEF angewandt. Auch hier gehörte die Bundesrepublik zu den stärksten Beitragszahlern. Vgl. VNGV, A/RES/3101 (XXVIII), 11.12.1973; VNGV, A/RES/55/235, 30.1.2001.

18  Ausführlich siehe Kapitel III.1.

19  Vgl. Koops, Germany.

20  Griep/Varwick, Deutsche Sicherheitspolitik im Rahmen der Vereinten Nationen, S. 437.

21  BPA, Botschaft des Bundeskanzlers an alle Regierungen der Welt. In: Bulletin, Nr. 118, 5.10.1990, S. 1227 f., hier S. 1228.

22  BPA, Verantwortung des vereinten Deutschland für den Frieden in Europa und der Welt. In: Bulletin, Nr. 140, 3.12.1990, S. 1482–1484, hier S. 1484.

23  BPA, Rede des Bundesaußenministers vor den Vereinten Nationen. In: Bulletin, Nr. 104, 26.9.1991, S. 825–830, hier S. 827. Im entsprechenden Unterausschuss verwies der SPD-Abgeordnete Verheugen auf eine Abweichung zwischen dem Redetext und der Rede und deutete an, dass es für eine Grundgesetzänderung keine Mehrheit im Bundestag geben würde. PA-DBT 3104, Unterausschuss Vereinte Nationen/Weltweite Organisationen, 12/2, 9.10.1991, S. 3 f.

des Bundestags, den Vereinten Nationen für friedensbewahrende und friedensschaffende Einsätze zur Verfügung gestellt werden können.«[24]

Erste Ansätze dazu hatte es bereits gegeben. Im September 1989 entsandte die Bundesregierung 50 Beamte des Bundesgrenzschutzes (BGS) nach Namibia und beteiligte sich erstmals mit im Einsatzland stationiertem, uniformiertem Personal an einer VN-Mission (UNTAG[25]). Zwischen 1991 und 1993 folgte in Kambodscha die erste Teilnahme von Sanitätssoldaten der Bundeswehr im Rahmen der Vereinten Nationen, ehe im Frühsommer 1993 in die VN-Mission UNOSOM II[26] in Somalia erstmals deutsche Soldaten geschickt wurden, die mit mehr bewaffnet waren als nur mit Pistolen. Im September 1993 dienten hier bis zu 1737 Angehörige der Bundeswehr;[27] bis heute die größte personelle Beteiligung Deutschlands an einer VN-Mission.[28] Insgesamt beteiligte sich die Bundesregierung an acht der zwischen 1988 und 1993 beschlossenen VN-Missionen mit uniformiertem[29] Personal,[30] davon viermal auf dem afrikanischen Kontinent.[31] Allerdings vermittelt diese Aufzählung ein trügerisches Bild. In den meisten Fällen handelte es sich um die Entsendung von sehr wenigen Uniformierten.[32] In der Wissenschaft wird die Entsendung von 40 oder weniger Uniformierten als »token troop contribution« bezeichnet.[33] An den VN-Missionen in Angola (UNAVEM[34] I + II), Liberia (UNOMIL[35]), Mosambik (ONUMOZ[36]), Ruanda/Uganda (UNOMUR[37]) und Somalia (UNOSOM) beteiligte sich die Bundesregierung überhaupt nicht mit im Einsatzland stationierten Soldaten oder Polizisten. Angesichts dessen stellen sich für diese Arbeit zwei Leitfragen:

---

24 BPA, Rede des Bundesaußenministers vor den Vereinten Nationen. In: Bulletin, Nr. 101, 25.9.1992, S. 949–953, hier S. 951.
25 United Nations Transition Assistance Group.
26 United Nations Operation in Somalia II.
27 United Nations, Summary of Contributions to Peace-Keeping Operations by Countries as of 30 September 1993, S. 2, https://peacekeeping.un.org/sites/default/files/jul-1993.pdf.
28 Vgl. Koops, Germany, S. 659.
29 Obwohl auch Helfer des THW uniformiert sind, stehen sie bei ihren Einsätzen nicht unter VN-Kommando, besitzen keinen Kombattantenstatus und sind im nationalen Auftrag vor Ort, weswegen sie im Folgenden nicht als uniformiertes Personal gezählt werden.
30 UNTAG, UNAMIC, UNTAC, UNOSOM II, MINURSO, UNOMIG, UNAMIR und UNPROFOR/UNPF. An den Missionen ONUCA und UNIKOM beteiligte sie sich nicht mit uniformiertem, sondern mit Zivilpersonal. Die Beteiligungen an den Missionen UNOMIG, UNAMIR und UNPROFOR/UNPF erfolgte erst 1994/95. Weil die Missionen aber in der ›Expansionsphase‹ des VN-Peacekeepings, also vor 1994, vom VNSR beschlossen wurden, werden sie in dieser Aufzählung berücksichtigt.
31 UNTAG, UNOSOM II, MINURSO und UNAMIR.
32 Vgl. BT-Drs. 13/2280, 8.9.1995, S. 531.
33 Coleman, Token Troop Contributions.
34 United Nations Angola Verification Mission.
35 United Nations Observer Mission in Liberia.
36 Operação das Nações Unidas em Moçambique/United Nations Operation in Mozambique.
37 United Nations Observer Mission Uganda–Rwanda.

Erstens: Warum verließ die Bundesregierung Ende der 1980er-Jahre überhaupt ihre langjährige Position der Zurückhaltung gegenüber einer personellen Beteiligung an VN-Missionen und trat durch die Entsendung von uniformiertem Personal im Rahmen einiger weniger Missionen sichtbar als globaler sicherheitspolitischer Akteur in Erscheinung?

Zweitens: Wie und aus welchen Gründen entschied die Bundesregierung darüber, an welchen VN-Missionen sie sich mit Soldaten und Polizisten beteiligen wollte und an welchen sie sich nicht beteiligen wollte?

Antworten auf diese Fragen sind nur durch die Analyse der damaligen bundesdeutschen Entscheidungsprozesse zu finden: Wie und warum wurde eine Entscheidung für oder gegen eine Beteiligung getroffen, warum stellte die Bundesregierung gerade diejenigen Fähigkeiten zur Verfügung, mit denen sie sich beteiligte, und zu welchem Zweck entsandte sie Soldaten und Polizisten in VN-Missionen? Als Unterfragen ist daher zu untersuchen,
- welche bundesdeutschen Akteure an den nationalen Entscheidungen beteiligt waren und welche Positionen sie vertraten,
- ob und welche bundesdeutschen Interessen[38] es in bzw. an den Einsatzländern und Konflikten gab,
- welche Rolle (sicherheits-)politische, wirtschaftliche oder normativ-humanitäre Überlegungen im Entscheidungsprozess spielten,
- welchen Einfluss nationaler und internationaler, politischer sowie gesellschaftlicher und medialer Druck hatte,
- ob der Bedarf der Vereinten Nationen an bestimmten Fähigkeiten von Belang war oder die Missionen als Experimentierfeld der deutschen Außen- und Sicherheitspolitik in einer neuen weltpolitischen Lage dienten,
- welche Rolle das Risiko für das zu entsendende Personal und die Erfolgsaussichten der Mission im Entscheidungsprozess spielten und
- wenn es zu einem Engagement mit uniformiertem Personal kam, wie sich die politische Entscheidung auf die Durchführung des Auftrags auf taktischer Ebene auswirkte. Letzteres gibt Hinweise darauf, ob der Erfolg der Mission und das Ende des Konflikts im Vordergrund der Beteiligung standen oder andere Interessen.

Ziel der vorliegenden Arbeit ist die akteursbasierte Rekonstruktion, Analyse und Interpretation des Paradigmenwechsels in der Bundesrepublik Deutschland hinsichtlich einer Beteiligung an Missionen der Vereinten Nationen sowie der ersten bundesdeutschen Truppengestellungsprozesse (*force generation*[39]) auf nationaler, politischer, bürokratischer und militärischer Ebene. Die politisch-gesellschaftliche Debatte um die Beteiligung der Bundeswehr an Auslandseinsätzen bildet bis zum Urteil des Bundesverfassungsgerichts (BVerfG) vom 12. Juli 1994 über die Einsatzmöglichkeiten der Bundeswehr jenseits der Landes- und Bündnisverteidigung den Rahmen, in dem die einzelnen (Nicht-)Beteiligungen analysiert werden. Die Arbeit folgt be-

---

38  Zur Bezeichnung »nationales Interesse« siehe Albrecht, Interessen als Kriterien.
39  Vgl. Bellamy/Williams, Understanding Peacekeeping (2021), S. 245–265.

wusst einer chronologischen Erzählung und keiner abstrakten Analyse, da Entscheidungsprozesse anhand der Zeitachse am verständlichsten nachvollzogen werden können. Ziel der Arbeit ist ein politik- sowie militärgeschichtlicher Beitrag zur Genese der frühen Auslandseinsätze der Bundeswehr bzw. bundesdeutscher Polizisten. Das Hauptaugenmerk liegt dabei auf den Wechselbeziehungen zwischen Politik, Bürokratie und Militär/Polizei bzw. deren Administration sowie den Entscheidungen, die dem nationalen Truppengestellungsprozess zugrunde lagen.

Die Expansionsphase der VN-Missionen von 1988 bis 1993 umreißt den Zeitraum der Untersuchung, da sich die Bundesregierung in diesem erstmals mit uniformiertem Personal an VN-Missionen beteiligte. Um die Motive für die bundesdeutsche Nichtbeteiligung bis 1989 zu verstehen, muss zeitlich allerdings bis 1973 ausgeholt werden. In diesem Jahr trat die Bundesrepublik den Vereinten Nationen bei. Zudem werden Missionen in dieser Arbeit immer als Prozess verstanden. So wirken sich die während einer Entscheidung beschlossenen Auflagen einer Beteiligung bis zum Ende ihres Einsatzes auf das Handeln des entsandten Personals aus; die vom eingesetzten Personal während eines Einsatzes gemachten Erfahrungen sogar noch länger.[40] Der Untersuchungszeitraum endet daher nicht 1993, sondern im Sommer 1996, als die letzten deutschen Polizisten aus der Westsahara abzogen und Deutschland den Vereinten Nationen auf dem afrikanischen Kontinent vorübergehend kein uniformiertes Personal mehr zur Verfügung stellte.[41] Der Forschungszeitraum 1988 bis 1993 begrenzt daher nur die Auswahl der Fallbeispiele auf zehn Missionen, die in dieser Zeit auf dem afrikanischen Kontinent begannen.[42] Der Fokus auf den afrikanischen Kontinent lässt sich dabei dreifach begründen:

Erstens lag hier Anfang der 1990er-Jahre mit zehn von insgesamt 20 Missionen der Schwerpunkt des VN-Engagements. Zehn Fallbeispiele bieten eine solide Basis, um Gemeinsamkeiten und Unterschiede im nationalen Entscheidungsprozess zu untersuchen.

Zweitens verlor die Variable der geografischen Nähe zum Einsatzland, die sich nach Bove und Elia entscheidend auf die Bereitschaft von Regierungen zur Teilnahme an einer Mission auswirkt[43], bei der Fokussierung auf den afrikanischen Kontinent an Gewicht. Anders als bei Konflikten in Europa war davon auszugehen, dass kein afrikanischer Konflikt die Sicherheit der

---

[40] Siehe dazu Seiffert/Heß, Leben nach Afghanistan.
[41] Im August 1996 beteiligte sich die Bundesrepublik nur noch mit 150 Polizisten an der Mission UNMIBH in Bosnien und Herzegowina, mit 14 Mitarbeitern des Malteser Hilfsdienstes bei der UNIKOM im Irak bzw. Kuwait und mit acht Beobachtern bzw. Sanitätern an der VN-Mission UNOMIG in Georgien. Vgl. United Nations, Monthly Summary of Troop Contributions to Peace-Keeping Operations as of 31 August 1996, S. 2, https://peacekeeping.un.org/sites/default/files/aug-1996.pdf.
[42] UNAVEM und UNAVEM II, UNTAG, MINURSO, UNOSOM und UNOSOM II, ONUMOZ, UNOMIL sowie UNOMUR und UNAMIR.
[43] Vgl. Bove/Elia, Supplying Peace.

# I. Einleitung

Tab. 1: Zwischen 1988 und 1993 begonnene VN-Missionen

| Nr. | Mission | Einsatz-region | Einsatzland | Beginn VN-Mission | Ende VN-Mission | Bundesdt. Beteiligung mit uniform. Personal 1988–1996 |
|---|---|---|---|---|---|---|
| 1 | UNGOMAP | Asien | Afghanistan/Pakistan | Mai 1988 | März 1990 | Keine |
| 2 | UNIIMOG | Asien | Iran/Irak | August 1988 | Februar 1991 | Keine |
| 3 | **UNAVEM** | **Afrika** | **Angola** | **Januar 1989** | **Juni 1991** | Keine |
| 4 | **UNTAG** | **Afrika** | **Namibia** | **April 1989** | **März 1990** | BGS |
| 5 | ONUCA | Mittel-amerika | Costa Rica, El Salvador, Guatemala, Honduras, Nicaragua | November 1989 | Januar 1992 | Keine |
| 6 | UNIKOM | Asien | Irak/Kuwait | April 1991 | Oktober 2003 | Keine |
| 7 | **MINURSO** | **Afrika** | **Westsahara** | **Seit April 1991** | | BGS |
| 8 | **UNAVEM II** | **Afrika** | **Angola** | **Juni 1991** | **Februar 1995** | Keine |
| 9 | ONUSAL | Mittel-amerika | El Salvador | Juni 1991 | April 1995 | Keine |
| 10 | UNAMIC | Asien | Kambodscha | Oktober 1991 | März 1992 | Bw |
| 11 | UNPROFOR/UNPF | Europa | Ex-Jugoslawien | Februar 1992 | Dezember 1995 | Bw* |
| 12 | UNTAC | Asien | Kambodscha | März 1992 | September 1993 | BGS, Bw |
| 13 | UNOSOM | Afrika | Somalia | April 1992 | März 1993 | Keine |
| 14 | ONUMOZ | Afrika | Mosambik | Dezember 1992 | Dezember 1994 | Keine |
| 15 | UNOSOM II | Afrika | Somalia | März 1993 | März 1995 | Bw |
| 16 | UNOMUR | Afrika | Ruanda/Uganda | Juni 1993 | September 1994 | Keine |
| 17 | UNOMIG | Europa | Georgien | August 1993 | Juni 2009 | Bw |
| 18 | **UNOMIL** | **Afrika** | **Liberia** | **September 1993** | **September 1997** | Keine |
| 19 | UNMIH | Karibik | Haiti | September 1993 | Juni 1996 | Keine |
| 20 | **UNAMIR** | **Afrika** | **Ruanda** | **Oktober 1993** | **März 1996** | Landes-polizei RlP |

**Fett** = VN-Missionen in Afrika und Fallbeispiele dieser Arbeit
* Unterstützung einer Rapid Reaction Force zur Unterstützung der UNPROFOR im Rahmen der UNPF
Quelle: Eigene Darstellung auf Grundlage von United Nations, List of Peacekeeping Operations 1948–2017, o.D., und United Nations, Troop and Police Contributors, o.D., https://peacekeeping.un.org/en/troop-and-police-contributors.

Bundesrepublik direkt bedrohte.[44] Die Fallbeispiele lassen sich somit besser vergleichen, als wenn auch Missionen in Europa oder dem Mittleren Osten betrachtet worden wären.

Drittens besaß der afrikanische Kontinent in der Entwicklung des bundesdeutschen VN-Engagements große Bedeutung: Erstmals beteiligte sich hier die Bundesregierung überhaupt mit uniformiertem Personal an einer VN-Mission (UNTAG), erstmals stand hier eine uniformierte Teilkomponente einer VN-Mission unter deutscher Führung (MINURSO[45]), erstmals nahmen hier mit schwerer als nur mit Handfeuerwaffen ausgerüstete Bundeswehrsoldaten an einer VN-Mission teil (UNOSOM II) und erstmals entsandte ein Bundesland stellvertretend für den Bund Polizisten in eine VN-Mission (UNAMIR[46]). Wenn also die Beteiligung an den dortigen VN-Missionen bedeutend für die Entsendepraxis der Bundesregierung von Soldaten und Polizisten ins Ausland war, stellt sich die Frage, wieso die anderen sechs in diesem Zeitraum auf dem afrikanischen Kontinent durchgeführten Missionen nicht in ähnlicher Weise unterstützt wurden.

Die Zusammensetzung von VN-Missionen bedingt, dass in dieser Arbeit nur bundesdeutsche Beteiligungen mit uniformiertem Personal betrachtet werden. Zwar umfassen Missionen immer auch eine zivile Komponente[47], die bei weitem größte ist aber meist die militärische.[48] Zudem zählten die Vereinten Nationen in ihrer monatlichen Statistik bis November 2009 nur Militärbeobachter, Polizisten und Soldaten.[49] Eine Übersicht über eingesetztes Zivilpersonal fehlt. Zwar soll durch diesen Fokus nicht der Eindruck vermittelt werden, nur eine Beteiligung mit Polizisten oder Soldaten sei eine ›richtige‹ Beteiligung. Deren Entsendung war in der bundesdeutschen Vergangenheit aber politisch immer umstritten. Die vorliegende Arbeit konzentriert sich daher auf die Frage, warum sich die Bundesregierung zunächst überhaupt nicht und zwischen 1988 und 1993 nur selektiv und zögernd mit Soldaten und Polizisten an Missionen der Vereinten Nationen auf dem afrikanischen Kontinent beteiligte.

---

44  Vgl. Brummer, Die Innenpolitik der Außenpolitik, S. 17. In einer Risikobewertung des BMVg hieß es dazu: »Aus Schwarzafrika erwachsen weder Deutschland noch seinen Verbündeten direkte Risiken.« BArch, BH 7-2/1306, Kopie als Anlage Fü S II, Risiken für die Sicherheit Deutschlands und ihre militärische Bewertung, 21.11.1991, hier S. 14.
45  Mission des Nations Unies pour l'organisation d'un référendum au Sahara occidental. Zwar stand in Kambodscha die gesamte medizinische Komponente unter deutscher Führung, jedoch gehörte diese zum militärischen Teil der Mission. Vgl. Kapitel III.2.a).
46  United Nations Assistance Mission for Rwanda.
47  Vgl. Coning, Civilian Capacity.
48  Zwischen 1993 und 2014 bestanden VN-Missionen aus durchschnittlich 84 Prozent Soldaten, 14 Prozent Polizisten und etwa zwei Prozent Beobachtern. Bara/Hultman, Just Different Hats?, S. 354. Siehe auch Bove [u.a.], Composing Peace, S. 5 f.
49  Ab November 2009 wurde zwischen »Contingent Troop«, »Experts on Mission«, »Individual Police« und »Formed Police Units« unterschieden. Im Mai 2017 kam die Kategorie »Staff Officer« hinzu. Siehe dazu die monatlichen Stärkemeldungen in United Nations, Troop and Police Contributors.

## 2. Methodische Überlegungen

Ziel der Arbeit ist es, die Entwicklung des politischen, bürokratischen und militärischen Handelns in der Bundesrepublik Deutschland hinsichtlich ihrer Teilnahme an Missionen der Vereinten Nationen auf dem afrikanischen Kontinent zwischen 1988 und 1993 nachzuzeichnen und die akteursbasierten Motive der Entscheidung für bzw. gegen eine bundesdeutsche Beteiligung mit Soldaten oder Polizisten an den jeweiligen Missionen zu rekonstruieren, analysieren und interpretieren. Dies erfordert einen interdisziplinären, multiperspektivischen Ansatz.

Warum sich Staaten – oder präziser deren Regierungen – an internationalen Interventionen beteiligen, wurde in der politikwissenschaftlichen Literatur zunächst mit den klassischen Theorien der internationalen Beziehungen zu erklären versucht.[50] Aus idealistischer Sicht würden sich Regierungen an humanitär begründbaren Missionen beteiligen, weil es ihrer Normvorstellung entspricht, den internationalen Frieden und Menschenrechte zu wahren. Anders argumentiert die Schule des (Neo-)Realismus[51]. Statt normativer, idealistisch-humanitärer Überlegungen interveniert ein Staat nur militärisch in einem Konflikt, wenn seine nationalen Interessen berührt werden und er daraus einen Nutzen ziehen kann.[52] Gemeinsam haben diese klassischen, staatszentrierten Theorien der internationalen Beziehungen die Vorstellung, dass Staaten geschlossene bzw. monolithische, rational handelnde Akteure in einem ansonsten anarchischen System sind. Innerstaatliche Prozesse werden vernachlässigt. Das Innenleben eines Staates bzw. einer Regierung gleicht einer ›black box‹.[53]

Die einschlägigen Ministerialakten zeigen jedoch, dass in der Praxis verschiedene innerstaatliche Akteure mit unterschiedlichen Interessen und Vorstellungen am nationalen Entscheidungsprozess[54] beteiligt sind. Diese konkurrieren eher miteinander, als dass sie einem gemeinsamen außenpolitischen Ziel folgen. Staatliches Handeln auf internationaler Ebene, so die Grundannahme dieser Arbeit, basiert auf einem Aushandlungsprozess nicht nur internationaler, sondern auch verschiedener innerstaatlicher Akteure. An dessen Ende steht häufig ein Kompromiss, der nicht zwangsläufig die effizienteste Reaktion auf die jeweilige außenpolitische Herausforderung sein muss, sondern vielfach den kleinsten gemeinsamen Nenner aller an

---

[50] Vgl. Neack, UN Peace-keeping.
[51] Grundlegend zur Theorie des klassischen Realismus bzw. des Neorealismus siehe Morgenthau, Macht und Frieden; Waltz, Theory of International Politics.
[52] Vgl. Neack, UN Peace-keeping; Mearsheimer, The False Promise, S. 13; Wheeler/Bellamy, Humanitarian Intervention, S. 473 f.
[53] Zu den klassischen Theorien der internationalen Beziehungen siehe Handbuch der Internationalen Politik. Im Unterschied dazu beziehen neuere Theorien auch internationale Organisationen oder nichtstaatliche Akteure in die Analyse der internationalen Beziehungen mit ein. Ebd.
[54] Für eine gegenwärtige, idealtypische Skizzierung der an der Entscheidung beteiligten Akteure siehe Milosevic, Politische Entscheidungsprozesse.

der Entscheidung beteiligten Akteure darstellt. Dieses Politikverständnis lehnt sich an die politikwissenschaftliche Theorie des »Bureaucratic Politics Approach« bzw. des »Governmental Politics Model« (GPM) an.[55] In diesem in der Wissenschaft kontrovers diskutierten Ansatz[56] werden Staaten nicht als geschlossen handelnde Akteure betrachtet. Staatliches Handeln folge keinem »Gesamtrational«[57]. Auch gingen Entscheidungen nicht auf ein einzelnes Individuum zurück. Vielmehr entstehe Außenpolitik durch Aushandlungsprozesse einer Gruppe von Akteuren auf den höchsten Ebenen des Staates. Im Falle der Bundesrepublik sind dies vor allem die Minister im Zusammenspiel mit ihren zivilen und militärischen Beratern. Diese Akteure besäßen unterschiedliche, ihrer Position im bürokratischen System entsprechende Eigeninteressen.[58] Dabei müssen diese nicht notwendigerweise mit gemeinschaftlichen außenpolitischen Interessen des Staates übereinstimmen. Entsprechend den Annahmen des GPM verfolgen die Entscheidungsträger vielmehr innenpolitische Interessen ihres jeweiligen Ministeriums bzw. ihrer Organisation sowie auch individuelle Interessen, beispielsweise die Festigung ihrer Position oder ihre Wiederwahl bzw. Beförderung. Bedeutend für die Position der Akteure ist, welche Sozialisation sie genossen haben, über welche Erfahrungen sie verfügen und wo sie in der Bürokratie zu verorten sind; sind sie gewählt oder ernannt, verbeamtet oder nicht, neu oder seit längerer Zeit im Amt etc. Ihre hierdurch geformten Interessen versuchen sie anhand von Kosten-Nutzen-Abwägungen bestmöglich gegen die Interessen anderer am Entscheidungsprozess beteiligter Akteure durchzusetzen. Im Verständnis des GPM ist die Entscheidungsfindung ein Spiel, an dessen Ende Gewinner und Verlierer stehen. Zur Durchsetzung ihrer Interessen besitzen die Entscheidungsträger einen unterschiedlichen Grad an Macht[59] und Einfluss. Da im politischen System der Bundesrepublik keiner der Akteure ausreichend Macht besitzt, seine Interessen vollständig gegen den Widerstand der anderen Akteure zu behaupten, steht am Ende des Entscheidungsprozesses ein Kompromiss. Dieser ist nicht von einer einzigen rationalen Idee oder pri-

---

[55] Die Bezeichnungen gehen auf das Buch »The Essence of Decision« von Graham T. Allison zurück. In seinem 1971 erstmals erschienenen und 1999 erweiterten Werk stellte er das GPM als ein Modell vor, um den politischen Entscheidungsprozess der US-Regierung während der Kubakrise zu erklären. Allison, Essence of Decision; Allison/Zelikow, Essence of Decision. – Siehe dazu ausführlich Lehmkuhl, Theorien internationaler Politik, S. 135–140; Halperin/Clapp, Bureaucratic Politics; Brummer, Die Innenpolitik der Außenpolitik, S. 35–67. Der Autor dankt Herrn Dr. Philipp Münch für diesen wissenschaftlichen Impuls und seine Anmerkungen zum grundlegenden Verständnis des GPM, die in dieses Kapitel eingeflossen sind.
[56] Zur Kritik am GPM siehe Dorani, The Bureaucratic Politics Approach, S. 42 ff.
[57] Philipp Münch, Kontinuitäten der US-Außen- und Sicherheitspolitik, Vortrag an der Führungsakademie der Bundeswehr, 14.6.2018. Präsentation des Vortrags im Archiv des Autors.
[58] Allison, Essence of Decision, S. 176.
[59] Hier verstanden als »[j]ede Chance, innerhalb einer sozialen Beziehung den eigenen Willen auch gegen Widerstreben durchzusetzen, gleichviel worauf diese Chance beruht.« Weber, Wirtschaft und Gesellschaft, S. 28.

mär von Weltanschauungen bestimmt und orientiert sich auch nicht zwangsläufig an den Bedürfnissen des zu lösenden außenpolitischen Problems. Der Kompromiss, also das aus den Verhandlungen entstehende außenpolitische Handeln eines Staates, spiegelt vielmehr die Prioritäten der beteiligten Ressorts auf nationaler Ebene wider. Jede Entscheidung für ein außenpolitisches Problem zieht wiederum Konsequenzen für jeden an der Entscheidung beteiligten Akteur nach sich, die in künftige Entscheidungen einfließen.

Zwar ist das GPM bisher überwiegend auf die Außenpolitik der USA angewandt worden[60], im vorliegenden Fall hilft der Ansatz aber, den Fokus weg von der Ereignisgeschichte, den Handlungen der Bundesrepublik auf internationaler Ebene (Was tut die Bundesregierung in den Vereinten Nationen), hin zu den Akteuren und ihren Entscheidungen (Warum handeln die Bundesminister/-ressorts, wie sie handeln?) zu lenken. Von entscheidender Bedeutung ist dabei die Verknüpfung des politikwissenschaftlichen Grundverständnisses von staatlichem Handeln mit der historischen Methode.

Durch die Auswertung von Ministerialakten kann das sonst häufig nur als ›black box‹ wahrgenommene Innenleben von Regierungsentscheidungen rekonstruiert und die Positionen der einzelnen Akteure, in diesem Fall der Ministerien und ihrer Leitung, analysiert werden. Aushandlungsprozesse müssen dabei nicht zwangsläufig nur auf der höchsten Ebene der Ressorts erfolgen. In den meisten Fällen erfolgen Verhandlungen auf der Arbeitsebene, sodass es für die vorliegende Arbeit nicht reicht, Kabinettssitzungen zu betrachten. Vor allem unter der Ägide Helmut Kohls wurden Beschlüsse hier meist nur bestätigt.[61] Daher müssen die internen, teils informellen Arbeitsprozesse innerhalb und zwischen den Ressorts analysiert werden, um die Entstehung von Positionen innerhalb eines Ministeriums nachvollziehen zu können. Leitungsvorlagen und Besprechungsvermerke gehören zu den wichtigsten Quellen eines solchen Ansatzes. Ministerien bestehen wiederum aus verschiedenen Abteilungen und Referaten, die ebenfalls unterschiedliche Interessen verfolgen. Auch hier kommt es zu Aushandlungsprozessen, ehe die Leitung eine Handlungsoption im Kabinett vertreten kann. Zur Rekonstruktion dieser Ebenen ist der Zugriff auf Ministerialakten unerlässlich. Methodisch verfolgt die Arbeit daher eine Mehrebenenanalyse. Auf der politisch-strategischen Ebene wird die Politik der Bundesregierung und des Bundestags untersucht, auf der strategischen Ebene die Entscheidungsprozesse in den Ministerien und auf der operativ-taktischen Ebene die Realisierung der Aufträge durch die entsandten Kräfte. Jede dieser Ebenen wirkt sich auf die anderen aus und wird kontinuierlich von weiteren Ebenen wie der gesellschaftlichen und medialen Ebene beeinflusst.

Welche Akteure und wessen Verhalten werden also im Folgenden betrachtet? Idealtypisch lässt sich der nationale Entscheidungsfindungsprozess auf

---

[60] Siehe Halperin/Clapp, Bureaucratic Politics.
[61] Fröhlich, »Auf den Kanzler kommt es an«, S. 34, 42, 64; Knoll, Das Bonner Bundeskanzleramt, S. 281.

dem Weg zur ›force generation‹ in mehrere Schritte unterteilen. Damit überhaupt eine VN-Mission aufgestellt werden kann, bedarf es des Willens eines der sicherheitspolitisch relevanten VN-Organe – in erster Linie der fünf permanenten VNSR-Mitglieder[62] –, Truppen unter Führung der Vereinten Nationen in ein Konfliktgebiet zu entsenden[63]. Da die Bundesrepublik Deutschland kein ständiges Mitglied im VNSR ist und nur geringen Einfluss auf die dortigen Entscheidungen hat, werden die Aushandlungsprozesse in New York nicht im Detail betrachtet.[64] Allerdings handeln die Vereinten Nationen beim Aufstellungsprozess selten allein. Vor allem die USA oder Frankreich traten wiederholt als »Intervention Entrepreneurs«[65] bzw. »Pivotal States« auf, die die Mandatierung und die Zusammensetzung einer Mission vorantrieben und potenzielle Truppensteller mit politischen, wirtschaftlichen oder sozialen Anreizen zur Beteiligung an einer VN-Mission zu gewinnen suchten.[66] Es ist daher angebracht, auch bilaterale Beziehungen zwischen verschiedenen Staaten bzw. Regierungen zu beachten.

Idealtypisch wurde der Generalsekretär der Vereinten Nationen (VNGS) Anfang der 1990er-Jahre vom VNSR durch eine Resolution beauftragt, eine Mission aufzustellen und ihre strategische Führung zu übernehmen.[67] Unterstützt wurde er dabei vom VN-Sekretariat.[68] Auf Grundlage meist eigener Erkundungsmissionen[69] kalkulierte dieses den finanziellen, materiellen und personellen Bedarf einer Mission und kontaktierte potenzielle Truppensteller.[70] Erste Anfragen des VN-Sekretariats – teilweise auch durch die einflussreichen VNSR-Mitglieder – ergingen oft ad hoc und inof-

---

[62] Vgl. Henke, Great Powers, S. 472. Zu den möglichen Motiven der permanenten VNSR-Mitglieder zur Entsendung von VN-Missionen siehe Stojek/Tir, The Supply Side of United Nations Peacekeeping Operations.
[63] Aufgrund der Blockade des VNSR durch seine ständigen Mitglieder hatte die VNGV, nicht der VNSR anlässlich des Korea-Kriegs im Oktober 1950 die Empfehlung ausgesprochen, alle erforderlichen Maßnahmen zur Herstellung von Stabilität in Korea zu ergreifen. VNGV, A/RES/376(V), 7.10.1950. Um sich bei einer Blockade des VNSR auch zukünftig Situationen anzunehmen, die den Weltfrieden bedrohten, verabschiedete die VNGV anschließend die »Uniting-for-peace-Resolution«. VNGV, A/RES/377(V), 3.11.1950. Mittlerweile ist sie ohne Bedeutung.
[64] Ausführlich dazu siehe Smith, Politics and Process at the United Nations; Wolfram, Entscheidungsprozesse im Sicherheitsrat der Vereinten Nationen. Siehe auch United Nations, United Nations Peacekeeping Operations, S. 47–52.
[65] Vgl. Henke, A Tale of Three French Interventions, S. 584 f.
[66] Ausführlich siehe Henke, Constructing Allied Cooperation.
[67] BArch, BW 2/24721, BMVg, Handbuch VN-Einsätze. Handbuch der Bundeswehr für Einsätze im Rahmen der Vereinten Nationen, 20.1.1994, hier S. III-3. Ausführlich siehe Bellamy/Williams, Understanding Peacekeeping (2010), S. 47–61.
[68] Die operative Federführung von VN-Missionen übernahm 1992 das Department of Peacekeeping Operations (DPKO). Zur Entwicklung der Abteilungen siehe Bellamy/Williams, Understanding Peacekeeping (2010), S. 52–56. Zu den problematischen Abläufen im VN-Sekretariat siehe Salton, Dangerous Diplomacy, S. 129–141.
[69] Vgl. Salton, Dangerous Diplomacy, S. 20–23.
[70] Zur Abgrenzung der Aufgaben der einzelnen Bereiche zu Beginn der 1990er-Jahre siehe VNGV, A/46/169, 10.5.1991; VNGV, A/46/169/Add.1, 22.5.1991. Zum gegenwärtigen Force-Generation-Prozess siehe Smith/Boutellis, Rethinking Force Generation.

fiziell, teilweise durch »Flurgespräche«, an die Ständigen Vertretungen der Mitgliedsstaaten in New York.[71] Entsprechend der Dringlichkeit erfolgte dies meist parallel zu den Planungs- und Entscheidungsprozessen im VN-Sekretariat bzw. dem VNSR, also noch vor Verabschiedung einer Resolution. Die Vereinten Nationen bzw. hervortretende Führungsnationen konnten die Mitgliedsstaaten bereits gezielt um die Bereitstellung bestimmter Fähigkeiten oder nur um die generelle Bereitschaft zur Beteiligung bitten. Die Ständigen Vertretungen meldeten im Anschluss den Bedarf der Vereinten Nationen im Bottom-up-Prinzip per Drahtbericht oder seltener, da kostspieliger, bereits vorab telefonisch über die Arbeitsebene an die zuständigen Ministerien bzw. ihre Regierung.[72] Adressat im Falle der Bundesrepublik war und ist das bei allen außenpolitischen Angelegenheiten federführende Auswärtige Amt (AA).[73] Innerhalb des AA war seit den 1970er-Jahren das Referat 230 der Unterabteilung 23 für die Zusammenarbeit mit den Vereinten Nationen zuständig. Bei der Beteiligung an einer VN-Mission spielten vielfach auch die Rechtsabteilung (Abteilung 5) und die Länderreferate, in den hier zu untersuchenden Fallbeispielen vor allem Referat 311 (Maghreb), 320 (Südliches Afrika), 321 (West- und Zentralafrika), 322 (Ostafrika) der Abteilung 3 eine wichtige Rolle.[74]

Wenn die Beteiligung an einer VN-Mission mit uniformiertem Personal aus Sicht des AA im Interesse der Bundesrepublik lag, wurden das Verteidigungs- (BMVg) und/oder das Innenministerium (BMI) auf Arbeitsebene um die Stellung von Material oder Personal – Angehörige der Bundeswehr oder des Bundesgrenzschutzes – gebeten.[75] Das AA selbst besaß hierzu nicht die erforderlichen operativen Kräfte, sodass es bei der Ausgestaltung der Außenpolitik auf Unterstützung angewiesen war. Im BMVg/BMI wurde daraufhin geprüft, ob die geforderten Fähigkeiten vorhanden waren und eine Beteiligung im eigenen Interesse lag.

Im Falle des BMVg waren vor der wiederholten Umstrukturierung im Laufe der 1990er-Jahre vor allem die für Militärpolitik zuständigen Referate 1 und 5 der Abteilung III des Führungsstabs der Streitkräfte (Fü S III 1 und Fü S III 5) betroffen. Fü S III 1 war seit Anfang der 1990er-Jahre verantwortlich für allgemeine Fragen im Zusammenhang mit den Vereinten Nationen, Fü S III 5 in konkreten Fällen für die Zusammenarbeit mit dem

---

[71] BArch, BW 2/24721, BMVg, Handbuch VN-Einsätze, 20.1.1994, hier S. 1–44; Durch, Running the Show, S. 63; Smith/Boutellis, Rethinking Force Generation, S. 9 f.; Zeitzeugenbefragung von Assistant Secretary-General of the United Nations (rtd) Dr. Wolfgang Weisbrod-Weber am 14.12.2020; Zeitzeugengespräch mit Botschafter a.D. Thomas Matussek am 15.1.2021; Zeitzeugenbefragung von Botschafter a.D. Christian Walter Much am 12.5.2021.
[72] Zeitzeugenbefragung von Botschafter a.D. Christian Walter Much am 12.5.2021.
[73] Geschäftsordnung der Bundesregierung, § 11 [2].
[74] Bei vielen Drahtberichten stand die Leitung des AA, meist durch den Staatssekretär, im Verteiler. Oft blieb aber unklar, wer diese Informationen wie verarbeitete.
[75] Zeitzeugenbefragung von General a.D. Dr. Klaus Naumann am 15.12.2020.

AA.[76] In erster Linie bündelten diese die Zuarbeit der beigeordneten Stellen. Überwiegend handelte es sich hierbei um die Positionen der damals ebenfalls noch im Ministerium ansässigen Führungsstäbe der Teilstreitkräfte Heer (Fü H), Luftwaffe (Fü L) und Marine (Fü M). Rechtsfragen fielen in den Aufgabenbereich der Unterabteilung II der Abteilung Verwaltung und Recht (VR II).[77] Das Ergebnis der Prüfung wurde von der Arbeitsebene auf dem Dienstweg über den Stabsabteilungsleiter (StAL), den Chef des Stabes (CdS) und den Generalinspekteur (GI) an die Leitungsebene, den zuständigen Staatssekretär (StS) bis hin zum Verteidigungsminister gegeben. Je nach Bedeutung der Anfrage konnte aber bereits der Generalinspekteur oder einer der Staatssekretäre eine Anfrage befürworten oder ablehnen.[78] Auch hatte die politische Leitung oftmals schon vor Anfertigung einer Vorlage gegenüber der Arbeitsebene erklärt, ob eine Mission unterstützt werden sollte oder nicht. Vorlagen dienten dann lediglich zur Formalisierung der bereits getroffenen Entscheidung.[79]

Im Falle des BMI waren die Abteilung P (Polizeiangelegenheiten) und hier vor allem die Referate P II 1, zuständig für Grundsatzfragen, und P III 1, zuständig für Führung und Einsätze des BGS, an den Planungen zur Entsendung des BGS und deren Durchführung beteiligt.[80] Rechtsfragen im BMI bearbeitete die Unterabteilung V I[81]. Auch hier lief die Entscheidung auf dem Dienstweg über die Staatssekretäre bis zum Minister. Anschließend gelangten die Prüfungen des BMI bzw. des BMVg auf umgekehrtem Dienstweg über die Arbeitsebene des AA zurück an die Ständige Vertretung in New York, die dem VN-Sekretariat weisungsgemäß eine Absage erteilte oder ein Angebot zur Unterstützung machte. Zumindest im Falle einer positiven Meldung an die Vereinten Nationen kam es auch zum Austausch mit dem Bundeskanzleramt (BKAmt), das in Fragen der deutschen Außenpolitik Richtlinienkompetenz besitzt.[82] Zuständig im BKAmt waren Anfang der 1990er-Jahre die Gruppen 21

---

[76] BArch, BW 2/24721, BMVg, Handbuch VN-Einsätze, 20.1.1994, hier S. 1–4.
[77] Ebd.
[78] Gemäß der vom damaligen Staatssekretär Peter Wichert erlassenen Weisung über die Entscheidungsabläufe im BMVg traf der Verteidigungsminister alle Entscheidungen »grundsätzlicher Art«. Vorlagen an den Minister liefen über die beiden Staatssekretäre. »Im Rahmen ihrer Kompetenzen« durften diese aber auch selbst Entscheidungen treffen, über die der Minister gegebenenfalls nur zu unterrichten war. Der Generalinspekteur war für die Koordination der ministeriellen Arbeit verantwortlich. Er stützte sich auf den Koordinierungsstab, dem alle ministeriellen Abteilungen und alle Teilstreitkräfte und ihre Inspekteure angehörten. Abgestimmte Entscheidungsvorlagen des Stabs wurden dem Minister vom GI über die StS vorgelegt. BArch, BW 2/28188, Weisung Staatssekretär Wichert, Regelung der Entscheidungsabläufe im Ministerium zur Beteiligung der Bw an UNOSOM II, 17.5.1993.
[79] Zeitzeugengespräch mit Staatssekretär a.D. Dr. Peter Wichert am 9.12.2020.
[80] Zeitzeugenbefragung von Präsident des BKA a.D. Dr. Ulrich Kersten am 10.1.2021.
[81] Zuständig für die Verfassung und Staatsrecht.
[82] Geschäftsordnung der Bundesregierung, § 1. Siehe auch Siwert-Probst, Die klassischen außenpolitischen Institutionen, S. 13–17.

und 22 der Abteilung 2 und hier besonders die Referate 214 und 222.[83] Bei einer potenziellen Beteiligung koordinierte der Chef des BKAmts wiederum die Ressortabstimmungen auf Ebene der Staatssekretäre.

Erst wenn inoffiziell geklärt war, ob eine Regierung Interesse an einer Beteiligung hatte, folgte gemäß den zuvor ausgehandelten Konditionen eine offizielle Anfrage des VNGS. Eine Anfrage konnte aber auch ausbleiben, beispielsweise wenn zwischenzeitlich bereits andere Staaten Interesse zur Stellung bestimmter Fähigkeiten bekundet hatten. Durch die Entkopplung von inoffiziellen und offiziellen Anfragen sollte die Integrität beider Akteure gewahrt werden, falls es zur Ablehnung einer Anfrage bzw. eines Angebots kam.[84] Insofern konnte die Bundesregierung bis Anfang 1989 zu Recht darauf verweisen, dass die Vereinten Nationen noch nie um die Entsendung von uniformiertem Personal gebeten hätten.[85] Ohne vorherige inoffizielle Zustimmung wäre es nie zu einer offiziellen Anfrage gekommen.

Wenn eine offizielle Anfrage erfolgte, durchlief sie bis zum personal- bzw. materialbereitstellenden Ressort den gleichen Weg über die Arbeits- bis hin zu den Leitungsebenen. Bis zum Urteil des Bundesverfassungsgerichts 1994 beanspruchte das Bundeskabinett die Befugnis zur Entsendung der Bundeswehr/des BGS ins Ausland. Es war Aufgabe des AA und des BMVg/BMI, hierfür eine abgestimmte Kabinettsvorlage zu erarbeiten. Vielfach fiel dem Finanzministerium (BMF), das fallweise Gelder bewilligen musste, sowie dem Justizministerium (BMJ), das zur verfassungsrechtlichen Prüfung zu beteiligen war[86], eine Veto-Rolle zu. Weil die Regierungen der Bundesrepublik in der Regel Koalitionen sind, werden die Positionen der Ressorts auch immer parteipolitisch beeinflusst. Der Bundestag stimmte nach den förmlichen Beschlüssen des Kabinetts zunächst nur über die Beteiligung an der UNOSOM II ab. Erst seit dem Urteil des Bundesverfassungsgerichts von 1994 ist die Zustimmung des Plenums zu ›Einsätzen‹ der Bundeswehr – nicht aber zur Entsendung des BGS bzw. der Bundespolizei[87] – verpflichtend.[88]

Im Anschluss an die politische Zustimmung oblag es wiederum dem AA bzw. dem BMVg/BMI, die Vereinbarungen (Terms of Reference, ToR) sowie, wenn nötig, nationale Einsatzregeln (Rules of Engagement, RoE) durch Abstimmungen mit den Vereinten Nationen – meist in Form von formellen

---

83 Vgl. BArch, BW 2/24721, BMVg, Handbuch VN-Einsätze, 20.1.1994, hier S. 1–50. Das Referat 214 war zuständig für weltweite internationale Organisationen sowie für bilaterale Beziehungen zu Asien, Afrika und Lateinamerika, das Referat 222 für militärische Aspekte der Sicherheitspolitik und truppendienstliche Angelegenheiten der Bundeswehr. Vgl. Knoll, Das Bonner Bundeskanzleramt, S. 306.
84 Durch, Running the Show, S. 63. Zum Auswahlverfahren durch das VN-Sekretariat siehe Smith/Boutellis, Rethinking Force Generation, S. 11 f.
85 Vgl. BT-Drs. 11/3963, 9.2.1989, S. 8.
86 Fröhlich, »Auf den Kanzler kommt es an«, S. 47.
87 Vgl. BT-Drs. 17/7617, 8.11.2011, S. 24 f.
88 Rechtlich fixiert wurde diese Verpflichtung aber erst im Gesetz über die parlamentarische Beteiligung bei der Entscheidung über den Einsatz bewaffneter Streitkräfte im Ausland (Parlamentsbeteiligungsgesetz), 18.3.2005.

Briefwechseln – festzulegen.[89] Vielfach endete dieser Prozess erst, wenn das Personal bereits im Einsatz war.

Einfluss auf diese Entscheidungen hatten auch immer innenpolitische Prozesse. Medien können dazu beitragen, bestimmte Themen auf die politische Agenda zu bringen.[90] Sie können aber auch genutzt werden, um politische Positionen zu legitimieren oder die Reaktion der Bevölkerung auf eine mögliche Entscheidung auszuloten.[91] Politik, Bürokratie, Militär/Polizei, Gesellschaft und Medien wirken kontinuierlich aufeinander ein. Der Fokus dieser Arbeit liegt auf den ersten drei Ebenen. Die Ebenen der Gesellschaft und Medien werden nur am Rande mit einbezogen.

Der oben idealtypisch dargestellte Entscheidungsprozess der beteiligten Ressorts über die mögliche Beteiligung mit Soldaten oder Polizisten an VN-Missionen, der in den folgenden Fallbeispielen jeweils im Detail nachgezeichnet wird, unterliegt in der Realität auf allen Ebenen Friktionen. Dies fängt bereits im VN-Sekretariat an.[92] VN-Missionen erheben bei ihrer personellen Zusammensetzung in der Regel[93] den Anspruch, Truppen aus möglichst allen Regionen der Welt zu entsenden und eine möglichst ausgeglichene geografische Repräsentanz ihrer Mitgliedsstaaten abzubilden. Daher konkurrieren die Mitglieder oft um die Stellung bestimmter Fähigkeiten.[94] Grundsätzlich mangelte es den Vereinten Nationen selten an Infanteristen. Was fehlte, waren meist Logistik- und Transportkräfte.[95] Aus diesem Grund interessierten sich die Vereinten Nationen bei der Bundesrepublik überwiegend für sogenannte Enabler wie Helikopter, Sanitäts- oder Fernmeldekräfte.[96] In der Annahme, ohnehin eine Absage zu erhalten, wurde die Bundesrepublik bis Mitte der 1990er-Jahre aber vielfach gar nicht erst nach Fähigkeiten gefragt.[97] Auch ist die Zusammensetzung einer VN-Mission immer ein Politikum. Truppensteller werden nicht unbedingt aufgrund militärischer Notwendigkeiten ausgewählt. Oft sprechen politische Gründe für die Teilnahme eines Landes. Der militä-

---

[89] BArch, BW 2/24721, BMVg, Handbuch VN-Einsätze, 20.1.1994, hier S. 1–47. Eine Modellvereinbarung der ToR findet sich in VNGV, A/46/185, 23.5.1991.
[90] Zur Rolle »der Medien« in der Zeitgeschichte siehe Hickethier, Zeitgeschichte in der Mediengesellschaft. Siehe auch Viehrig, Öffentlichkeit und Auslandseinsätze.
[91] Vgl. Halperin/Clapp, Bureaucratic Politics, S. 181–203.
[92] Vgl. Annan, Ein Leben, S. 66.
[93] Eine Ausnahme war bspw. die VN-Mission UNISFA im Gebiet Abyei, die auf sudanesischen bzw. südsudanesischen Wunsch fast ausschließlich aus äthiopischen Soldaten bestand. Vgl. VNSR, S/2011/451, 26.7.2011, Randnr. 8.
[94] Vgl. Kapitel IV.1.d).
[95] Vgl. VNGV, A/SPC/47/Sr.14, 10.11.1992, Randnr. 3; Eisele, Die Vereinten Nationen und das internationale Krisenmanagement, S. 72.
[96] Vgl. PA AA, B 30, ZA, Bd 158172, Schreiben der Ständigen Vertretung in New York an Referat 230 im AA, Betr.: Friedenssichernde Funktion der VN, hier: Gegenwärtige Tendenz und weitere Entwicklung, 20.2.1990, hier S. 12; PA AA, B 34, ZA, Bd 165140, Drahtbericht der Ständigen Vertretung in New York an Referat 230 im AA, Nr. 652, 1.3.1994, hier S. 2; Zeitzeugengespräch mit Generalmajor a.D. Manfred Eisele am 19.1.2020.
[97] Zeitzeugengespräch mit Generalmajor a.D. Manfred Eisele am 19.1.2020.

I. Einleitung 37

rische Bedarf ist häufig zweitrangig.[98] Welche Motive die Bundesressorts bei ihren (Nicht-)Beteiligungen verfolgten, wird im Folgenden untersucht.

## 3. Gliederung

Die vorliegende Arbeit ist in sechs Kapitel gegliedert. Um sich den Entscheidungsprozessen der bundesdeutschen (Nicht-)Beteiligungen an VN-Missionen zu nähern, wird im Abschnitt II zunächst die bundesdeutsche VN- und Afrikapolitik bis Anfang der 1990er-Jahre skizziert. Diese beeinflusste die Denkweise und das Handeln der jeweiligen Akteure. Anschließend folgt die Definition der für diese Arbeit grundlegenden Begriffe ›VN-Mission‹ und ›Einsatz‹.

Von zentraler Bedeutung für das Verständnis der Fallbeispiele ist die Analyse der Frage, warum sich die Bundesregierung bis Ende der 1980er-Jahre nie mit im Einsatzland stationiertem, uniformiertem Personal an VN-Missionen beteiligte. Bekanntlich beschränkte der Bundessicherheitsrat (BSR) den Einsatz der Bundeswehr 1982 auf die Landes- und Bündnisverteidigung.[99] Wenig Beachtung fand bislang allerdings der Prozess, der zu dieser restriktiven Entscheidung führte.[100] Im ersten Teil von Abschnitt III werden daher zunächst die interministerielle Debatte und die Planungen für eine mögliche bundesdeutsche Beteiligung an VN-Missionen bis Ende der 1980er-Jahre rekonstruiert. Da die später im öffentlichen Raum geführte Debatte um Einsätze der Bundeswehr bis zum Urteil des Bundesverfassungsgerichts vom 12. Juli 1994 politikwissenschaftlich gut aufgearbeitet ist,[101] liegt das Augenmerk im zweiten Teil des Kapitels III auf der Analyse der ministeriellen Planungen für eine VN-Beteiligung nach der deutschen Einheit. Im Gegensatz zur bisher veröffentlichten Literatur wurden hierfür erstmals Ministerialakten ausgewertet.

Im Anschluss werden die bundesdeutschen Entscheidungsprozesse hinsichtlich einer Teilnahme an den zehn zwischen 1988 und 1993 für den afrikanischen Kontinent beschlossenen VN-Missionen untersucht. Die Fallbeispiele sind so dargestellt, dass sie unabhängig voneinander gelesen werden können. Redundanzen wurden in Kauf genommen. In Kapitel IV werden jene vier Missionen analysiert, an denen sich die Bundesregierung mit Polizisten oder Soldaten beteiligte. Nach einer Einführung in den jeweiligen Konflikt und die dortige VN-Mission werden die ministeriellen Planungen für eine bundesdeutsche Beteiligung rekonstruiert. Dabei stand die Frage im Fokus, welche Akteure eine bundesdeutsche Beteiligung befürworteten, wie sie

---

[98] Coulon, Soldiers of Diplomacy, S. 15.
[99] Vgl. Inacker, Unter Ausschluß der Öffentlichkeit?, S. 28 f.; Löwe, Peacekeeping-Operationen, S. 288; Siedschlag, Die aktive Beteiligung Deutschlands, S. 35.
[100] Einen Anfang machte Maulucci, Die Regierung Schmidt.
[101] Siehe dazu Löwe, Peacekeeping-Operationen; Siedschlag, Die aktive Beteiligung Deutschlands; Philippi, Bundeswehr-Auslandseinsätze.

diese begründeten und welche Ziele mit einer Teilnahme erreicht werden sollten. Anschließend galt es zu prüfen, inwieweit diese Zielsetzungen die operative, taktische Umsetzung des Mandats im Einsatzland beeinflusste. Aufgrund des verhältnismäßig großen Engagements der Bundesregierung in Somalia bildet die deutsche Beteiligung an der VN-Mission UNOSOM II 1993/94 den Schwerpunkt dieses Kapitels. Kaum Beachtung finden kann die Sicht der einzelnen Polizisten oder Soldaten. Auch wenn die Darstellung der Einsatzrealitäten ein interessantes Forschungsfeld wäre, wird in dieser Arbeit zunächst die Entscheidung für bzw. gegen die Einsätze rekonstruiert, um Raum für weitere Untersuchungen zu schaffen.

Im Abschnitt V werden die bundesdeutschen Entscheidungsprozesse in den Fällen der personellen Nichtbeteiligung der Bundesregierung an VN-Missionen in Afrika analysiert. Nach einer kurzen Einführung in den Kontext werden auch hier die entsprechenden Motive der Akteure herausgearbeitet, die zur Ablehnung führten. Im Anschluss folgt das Fazit mit einem Ausblick auf laufende VN-Beteiligungen der Bundesrepublik.

## 4. Überblick über den Forschungsstand

Die Missionen der Vereinten Nationen im Allgemeinen[102] und ihr Wirken auf dem afrikanischen Kontinent im Speziellen weckten schon früh das Interesse der Forschung; vor allem der politikwissenschaftlichen. Von Überblickswerken zu den einzelnen Missionen[103] über Vergleichsstudien verschiedener Missionen[104] bis hin zu Einzelfallanalysen über das Handeln der Vereinten Nationen in einem speziellen Konflikt[105] oder über Motive ausgewählter Staaten für eine Beteiligung an VN-Missionen[106] liegt eine Fülle an Literatur vor.

Politikwissenschaftliche Studien lassen den Schluss zu, dass sich in den 1990er-Jahren demokratisch verfasste Staaten unter anderem aus normativen Gründen zur Förderung einer weltweiten Demokratisierung eher an VN-

---

[102] Siehe u.a. The Evolution of UN Peacekeeping; Browne, United Nations Peacekeeping; Bellamy/Williams, Understanding Peacekeeping (2021).
[103] Siehe u.a. The Blue Helmets; The Oxford Handbook of United Nations Peacekeeping Operations.
[104] Siehe u.a. The New Interventionism; Boulden, Peace Enforcement; Debiel, UN-Friedensoperationen; Murphy, UN Peacekeeping; Howard, UN Peacekeeping; Adebajo, UN Peacekeeping.
[105] Siehe u.a. Herrmann, Der kriegerische Konflikt in Somalia; Synge, Mozambique; Weber, Der UNO-Einsatz in Somalia; Bartl, Die humanitäre Intervention; Rezwanian-Amiri, Gescheiterter Staat; Barnett, Eyewitness to a Genocide.
[106] Siehe u.a. Sotomayor Velázquez, Why Some States Participate in UN Peace Missions; Beswick, Peacekeeping; China's and Italy's Participation in Peacekeeping Operations; Prouza/Horák, Small but Substantial; Karlsrud/Osland, Between Self-interest and Solidarity; Stock, Nigeria; Cho, China's Participation; Albrecht/Haenlein, Dissolving the Internal-External Divide.

I. Einleitung

Missionen beteiligten als nichtdemokratisch verfasste.[107] Die Fokussierung auf das Staatssystem allein erklärte jedoch nicht, wieso sich eine Regierung an einer bestimmten Mission beteiligte, an einer anderen aber nicht. Statistisch belegt ist, dass sich bis zum Ende des Ost-West-Konflikts neben einigen blockfreien Staaten wie Indien oder Ghana vor allem »middle powers« wie Kanada, die skandinavischen Staaten oder Irland an VN-Missionen beteiligten. Ihre Teilnahme wurde überwiegend mit nationalen Sicherheits- und Machtinteressen sowie normativen Abwägungen erklärt.[108]

Seit Anfang der 1990er-Jahre haben sich aber nicht nur die Rahmenbedingungen und die Aufgaben der VN-Missionen gewandelt[109], auch lösten asiatische und afrikanische Länder die westeuropäischen und nordamerikanischen Industriestaaten als größte VN-Truppensteller ab.[110] Entsprechend vielschichtiger wurden die Motive für eine Beteiligung. Bove und Elia gingen davon aus, dass die Zahl der zur Verfügung stehenden Soldaten eines Staates, seine Wirtschaftsstärke sowie seine geografische Nähe zu einem Konflikt, das durch diesen bestehende Bedrohungspotenzial und die Anzahl der durch die Ereignisse vertriebenen Menschen die Entscheidung einer Regierung für eine Teilnahme an einer internationalen Mission begünstigten. Negativ auf die nationale Entscheidung zur Beteiligung an »peacekeeping missions« – gemeint waren nicht nur VN-Missionen – wirkten sich die Wahrscheinlichkeit eigener Verluste[111] sowie andere, parallel laufende militärische Verpflichtungen aus.[112]

Weitere Studien nannten das Streben nach materiellen und finanziellen Vorteilen[113] bzw. nach einem ständigen Sitz im VNSR[114], die Förderung des Korpsgeistes der Streitkräfte, vor allem nach einer Reform des Sicherheitssektors[115], oder die Verhinderung eines Putsches[116] und von Flüchtlingsströmen[117] als Gründe, weshalb sich – vor allem afrikanische und asiatische – Staaten bzw. Regierungen an (VN-)Missionen beteiligen. Aufgrund dieser häufig sehr individuellen Einflussfaktoren scheint es wenig wahrscheinlich, dass eine allgemeine Theorie erklären kann, warum sich ein bestimmter Staat an VN-Missionen beteiligt.[118] Der Entscheidung scheint vielmehr ein Set aus institutionellen und normativen Faktoren zugrunde zu

---

[107] Andersson, Democracies; Andersson, United Nations; Lebovic, Uniting for Peace?; Daniel/Caraher, Characteristics of Troop Contributors.
[108] Vgl. Neack, UN Peace-keeping.
[109] Ausführlich dazu Kapitel II.3.
[110] Bove [u.a.], Composing Peace, S. 7–10. Kritisch dazu Cunliffe, Legions of Peace.
[111] Laut Duursma und Gledhill sei dies der Grund, wieso sich demokratisch legitimierte Regierungen seltener an robusteren VN-Missionen beteiligten. Duursma/Gledhill, Voted out.
[112] Bove/Elia, Supplying Peace, S. 699–714.
[113] Victor, African Peacekeeping; Gaibulloev [u.a.], Personnel Contributions.
[114] Krishnasamy/Weigold, The Paradox of India's Peacekeeping, S. 273 f.
[115] Wilén [u.a.], Sending Peacekeepers Abroad.
[116] Kathman/Melin, Who Keeps the Peace?; Lundgren, Backdoor Peacekeeping; Banini [u.a.], Peacekeeping as Coup Avoidance.
[117] Uzonyi, Refugee Flows.
[118] Bellamy/Williams, Understanding Peacekeeping (2021), S. 257.

liegen, das die Bereiche Politik, Wirtschaft und Sicherheit,[119] aber auch die strategische Kultur eines Landes umfasst.[120] Oftmals soll auch der Einfluss anderer Staaten, beispielsweise der USA oder Frankreichs, durch politische oder wirtschaftliche Anreize ausschlaggebend dafür sein, dass sich andere Staaten bzw. deren Regierungen an einer Militärkoalition beteiligen.[121] Umgekehrt wollen Regierungen ihre Verbündeten bei Interventionen häufig aufgrund ähnlicher politischer Präferenzen unterstützen.[122] In Demokratien, so Young, würde die Entscheidung für eine Beteiligung auch letztlich von Politikern gefällt. Nur wenn diese »Peacekeeping« im Allgemeinen und eine bestimmte Mission im Speziellen befürworten und bereit seien, auch Verluste in Kauf zu nehmen, komme es zu einer Beteiligung.[123]

All diese Erklärungen liefern Hinweise, wodurch bundesdeutsche Entscheidungen zur Teilnahme an VN-Missionen beeinflusst werden könnten. Keine Untersuchung ging aber auf ein konkretes bundesdeutsches Fallbeispiel ein. Allein deshalb scheint eine detaillierte Analyse der bundesdeutschen bürokratischen und politischen Abläufe in den zehn genannten Fallbeispielen sinnvoll.

Ähnlich umfassend wie die Literatur zu den Vereinten Nationen und ihren Missionen ist die Literatur der ihnen zugrunde liegenden Konflikte.[124] Abgesehen von einigen Zeitzeugenberichten[125] handelt es sich hierbei überwiegend um politikwissenschaftliche Arbeiten, die auf veröffentlichte Dokumente der Vereinten Nationen sowie von Regierungen und Institutionen wie Thinktanks zurückgreifen.

Aktengestützte Arbeiten sind dagegen rar. Eine Ausnahme ist die Reihe »Official History of Australian Peacekeeping, Humanitarian and Post-Cold War Operations«.[126] Unter Rückgriff auf Ministerialakten enthält sie die offizielle Geschichtsschreibung der australischen Beteiligung an multinationalen Missionen und weltweiten Hilfseinsätzen. In wesentlich kleinerem Umfang wurde auch bereits historiografisch zum kanadischen VN-Engagement ge-

---

[119] Providing Peacekeepers, S. 18–21, 417–436. Siehe auch Gegout, Why Europe Intervenes in Africa. Gegout bezieht sich zwar nicht auf VN-Beteiligungen, unter Rückgriff auf traditionelle Theorien der Internationale Beziehungen analysiert sie aber unilaterale und Interventionen der EU in Afrika. Zur Begründung von Interventionen nutzt sie die fünf Kategorien Sicherheitsinteressen, Wirtschaftsinteressen, Prestige, humanitäre Beweggründe und Neokolonialismus.
[120] Libben, Am I my Brother's Peacekeeper?
[121] Vgl. Henke, Constructing Allied Cooperation; Boutton/D'Orazio, Buying Blue Helmets, S. 312–328.
[122] Ward/Dorussen, Standing Alongside Your Friends.
[123] Young, Political Decision-making, S. 157–161.
[124] Vgl. die genannte Literatur in den Einzelfallstudien.
[125] Siehe u.a. Lio, Peace-keeping; Hirsch/Oakley, Somalia; Dallaire, Handschlag mit dem Teufel.
[126] Official History of Australian Peacekeeping, Humanitarian and Post-Cold War Operations, 6 Bde.

# I. Einleitung

forscht.[127] Eine historisch fundierte Bestandsaufnahme des bundesdeutschen VN-Engagements nach 1990 fehlt dagegen. Dies lässt sich mit der noch bestehenden Schutzfrist der meisten Akten erklären, die in der Regel 30 Jahre beträgt. Aus diesem Grund liegen für die Politik der Bundesregierung gegenüber den Vereinten Nationen zur Zeit lediglich aktenbasierte Hochschulschriften für den Zeitraum vor dem Beitritt der Bundesrepublik zur Weltgemeinschaft am 18. September 1973 vor, die das Verhältnis der Bundesrepublik gegenüber den Vereinten Nationen vor ihrer Aufnahme beleuchten.[128] Christian Freuding betrachtete in seiner 2000 erschienenen Dissertation »Deutschland in der Weltpolitik« zwar das bundesdeutsche Stimmverhalten als nichtständiges Mitglied des VNSR und ging auf die bundesdeutsche Haltung gegenüber den Konflikten in Angola, Namibia, Liberia, Ruanda und der Westsahara ein. Bei seiner Arbeit handelte es sich jedoch um eine punktuelle Betrachtung der Zeiträume 1977/78, 1987/88 und 1995/96, den Phasen der ersten drei bundesdeutschen Mitgliedschaften im VNSR, und nicht um eine durchgehende Analyse des Akteursverhaltens der Bundesregierung in den Vereinten Nationen. Zudem stützte sich Freuding nicht auf Akten.[129] Andere Darstellungen des bundesdeutschen Wirkens nach 1989/90 in den Vereinten Nationen sind überwiegend Aufsätze in Sammelbänden[130] oder wissenschaftlichen Zeitschriften[131], die ebenfalls politikwissenschaftlichen Ansätzen folgten. Besonderes Interesse erhielt dabei die Frage nach den deutschen Ambitionen auf einen ständigen Sitz in einem reformierten VNSR.[132]

Ähnlich übersichtlich ist der Forschungsstand zur Afrikapolitik der Bundesrepublik und ihrem sicherheitspolitischen Engagement auf dem afrikanischen Kontinent. Nach einigen wenigen Publikationen in den 1970er-Jahren[133] schnitt die Habilitationsschrift »Was will Bonn in Afrika?« des kamerunischen Historikers Alexandre Kum'a Ndumbe zwar auch sicherheitspolitische und militärische Aspekte in den Beziehungen der Bundesrepublik gegenüber den afrikanischen Staaten an. Die Arbeit bezog sich jedoch ausnahmslos auf die Zeit vor Ende des Ost-West-Konflikts.[134] Gleiches gilt für die Arbeit von Bolade Michael Eyinla, der die politischen und wirtschaftlichen Aspekte der bundesdeutschen Afrikapolitik bis 1989 untersuch-

---

127 Dawson, »Here is hell«; Carroll, Pearson's Peacekeepers; Spooner, Canada, the Congo Crises, and UN Peacekeeping; Schulte, UN-Blauhelme.
128 Köster, Bundesrepublik Deutschland; Stein, Der Konflikt um Alleinvertretung.
129 Freuding, Deutschland in der Weltpolitik.
130 Fröhlich/Griep, Die Bundeswehr und die Friedenssicherung der Vereinten Nationen; Varwick, Die deutsche UNO-Politik; Griep/Varwick, Deutsche Sicherheitspolitik im Rahmen der Vereinten Nationen.
131 Varwick, Deutsche Außenpolitik; Varwick, Deutschland in den UN bis heute.
132 Andreae, Reform in der Warteschleife; Hanifzadeh, Deutschlands Rolle in der UNO; Schmitt, Weltordnung in der Revision.
133 Vgl. Rode, Die Südafrikapolitik der Bundesrepublik Deutschland; Afrika und Bonn.
134 Ndumbe, Was will Bonn in Afrika? Seine Grundannahme war, dass kolonialistische und rassistische Stereotype auch nach 1945 Teil der bundesdeutschen Afrikapolitik blieben.

te.[135] Ulf Engels Habilitationsschrift »Die Afrikapolitik der Bundesrepublik Deutschland 1949–1999« ist neueren Datums, konzentriert sich aber überwiegend auf Ereignisse vor der deutschen Einheit und geht nicht gesondert auf das sicherheitspolitische Engagement der Bundesrepublik nach 1990 ein.[136] Zwar untersuchte Engel das bundesdeutsche Verhalten zur Unabhängigkeit Namibias, sein Fokus lag aber auf dem diplomatischen Wirken im Zeitraum von 1973 bis 1983 und nicht auf der Beteiligung an der VN-Mission 1989/90. Generell knüpfte Engel an seine mit dem ehemaligen DDR-Diplomaten Hans-Georg Schleicher veröffentlichte Studie zur bundesdeutschen Afrikapolitik an. Im Zentrum ihres Erkenntnisinteresses standen die »deutschlandpolitisch[e] Instrumentalisierung der Afrikapolitik« bis Anfang der 1970er-Jahre und die Auswirkungen der deutsch-deutschen Annäherung auf das Afrika-Engagement beider deutscher Staaten.[137] Auch wenn neuere Forschungen die Gewichtung des deutschlandpolitischen Kontexts in der bundesdeutschen Afrikapolitik hinterfragen,[138] war dieser Zusammenhang für die Einordnung des bundesdeutschen Handelns in den hier zu betrachtenden Staaten von Bedeutung. Nach der deutschen Einheit ging die politikwissenschaftliche Forschung davon aus, dass es der Bundesregierung (weiter) an einer kohärenten Afrikapolitik mangelte und die Bedeutung des afrikanischen Kontinents in ihrer Außenpolitik zweitrangig blieb.[139]

Neben der Gesamtdarstellung der bundesdeutschen Afrikapolitik haben gerade die Frage der namibischen Unabhängigkeit[140] und die Politik der Bundesregierung gegenüber Südafrika[141], das in die Konflikte in Angola, Mosambik und Namibia verwickelt war, wissenschaftliche Aufmerksamkeit in der Bundesrepublik erfahren. In »Die Bundesrepublik Deutschland und der Namibia-Konflikt« arbeitete Gabriele Brenke politische Widersprüche heraus, welche die Politik der Bundesregierung in der Namibia-Frage bestimmten. Auf Planungen zur Beteiligung an der VN-Mission ging sie jedoch nicht ein.[142] Gleiches gilt für die Studie »Verhandeln um die Freiheit Namibias« von Hans-Joachim Vergau. Vergau, der in verschiedenen Funktionen im AA am namibischen Friedensprozess beteiligt war, konnte zwar auf Primärquellen in Form von Drahtberichten zurückgreifen. Ausnahmslos untersuchte er aber die diplomatischen Verhandlungen.[143] Hervorzuheben ist die auf einer Dissertation beruhende Monografie »West Germany and Namibia's Path to

---

[135] Eyinla, The Foreign Policy.
[136] Engel, Die Afrikapolitik.
[137] Engel/Schleicher, Die beiden deutschen Staaten, S. 53.
[138] Gülstorff, Trade Follows Hallstein?, S. 74 f.
[139] Vgl. Hofmeier, Das subsaharische Afrika; Jungbauer, Deutsche Afrika-Politik; Schuhkraft, Die Afrikapolitik Deutschlands; Essis, Die deutsche Afrikapolitik.
[140] Haspel, Kontinuität; Oldhaver, Die deutschsprachige Bevölkerungsgruppe in Namibia; Verber, An der Schnittstelle.
[141] Rode, Die Südafrikapolitik der Bundesrepublik Deutschland; Stiers, Perzeptionen; Wenzel, Südafrika-Politik; Holste, Südafrika.
[142] Brenke, Die Bundesrepublik.
[143] Vergau, Verhandeln um die Freiheit Namibias.

# I. Einleitung

Independence« von Thorsten Kern. Für seine historische Studie nahm Kern erstmals umfangreichen Einblick in Akten des AA. Zwar zeichnete er dadurch die deutsch-deutsche Herangehensweise an die Namibia-Frage umfassend nach, allerdings verzichtete er auf eine detaillierte Darstellung der deutschen UNTAG-Beteiligung.[144]

Monografien neueren Datums zur Politik der Bundesregierung gegenüber den unabhängigen Staaten Angola, Liberia, Mosambik, Ruanda[145] oder Somalia liegen bislang nicht vor. Ähnliches gilt für historiografische Arbeiten über die Militärbeziehungen und das sicherheitspolitische Handeln der Bundesrepublik gegenüber afrikanischen Staaten, wie sie Klaus Storkmann in seiner Monografie »Geheime Solidarität« für die DDR darlegte.[146] Wesentlich größere Aufmerksamkeit hat dagegen das Feld der Entwicklungspolitik erhalten, das sowohl aus politik- als auch geschichtswissenschaftlicher Perspektive unter dem Einfluss des Ost-West-Konflikts und der »Hallstein-Doktrin« aufgearbeitet wurde.[147] Als historiografische Arbeit, die sich unter dem Aspekt der Entwicklungszusammenarbeit mit dem Engagement der Bundesrepublik – und der DDR – in Afrika beschäftigt, ist hier vor allem die 2014 aus einer Habilitationsschrift entstandene Publikation »Hilfe zur Selbsthilfe« von Hubertus Büschel zu nennen. Obwohl die deutschen Akteure das Konzept »Hilfe zur Selbsthilfe« als »etwas Neues« bezeichneten, weist Büschel Kontinuitäten der Entwicklungshilfe zu kolonialen Praktiken nach. Allerdings beschränkt er sich überwiegend auf die Betrachtung der ehemaligen deutschen Kolonien Tansania, Togo und Kamerun und auf den Zeitraum von 1960 bis 1975.[148] Letzteres lag vermutlich am begrenzten Aktenzugang. Einen ähnlichen Zeitraum deckte die 2018 erschienene Dissertation »Deutschland gibt« von Bettina Fettich-Biernath ab. Diese beleuchtete die bundesdeutsche zivile und militärische Hilfe für Länder Subsahara-Afrikas zwischen 1956 und 1974. Vor allem ihr Kapitel zur Kooperation mit Somalia ist für die vorliegende Arbeit hilfreich.[149] Es ließe sich nämlich vermuten, dass jahrelange (entwicklungs-)politische Verbindungen für die Bundesregierung Anlass ge-

---

[144] Kern, West Germany, S. 238, Anm. 177.
[145] Zum Verhalten des AA während des Genozids in Ruanda existiert mittlerweile aber ein auf Akten des AA gestützter Bericht: Brockmeier/Peez, Akteneinsichten.
[146] Storkmann, Geheime Solidarität. Zur militärischen Kooperation der Bundesrepublik mit afrikanischen Staaten aus historiografischer Perspektive liegen bislang nur wenige Aufsätze vor. Vgl. Eugster, Die Luftwaffe und der Aufbau der Nigerian Air Force; Deckert, Die militärischen Beziehungen; Eugster, Soldatische Mobilität; Fettich-Biernath, Präsenz ohne Einfluss? – Darüber hinaus liegen einige politikwissenschaftliche Publikationen älteren Datums zur bundesdeutschen Militärhilfe vor, die sich auch auf den afrikanischen Kontinent beziehen. Vgl. Wagner, Deutsche Ausrüstungshilfe; Haftendorn, Militärhilfe und Rüstungsexporte der BRD; Haftendorn, Militärhilfe im außenpolitischen Instrumentarium der BRD; Albrecht/Sommer, Deutsche Waffen für die Dritte Welt; Falk, Die heimliche Kolonialmacht; Karmann, Militärhilfe der Bundesrepublik Deutschland in Afrika.
[147] Zum Forschungsstand über die bundesdeutsche Entwicklungshilfe in Subsahara-Afrika siehe Fettich-Biernath, Deutschland gibt, S. 3–31.
[148] Büschel, Hilfe zur Selbsthilfe. Siehe auch Büschel, In Afrika helfen.
[149] Fettich-Biernath, Deutschland gibt.

wesen sein könnten, sich in ihren größten Empfängerländern auch an dort durchgeführten VN-Missionen zu beteiligen. Ebenfalls von Bedeutung ist vor diesem Hintergrund die 2012 erschienene Dissertation von Torben Gülstorff, »Trade Follows Hallstein?«, die im Zeitraum von 1945 und 1975 unter anderem die politischen, militärischen und entwicklungspolitischen Beziehungen der Bundesrepublik und der DDR gegenüber neun Ländern im zentralen Afrika untersuchte. Mit Angola gehört auch eines der in dieser Arbeit untersuchten Einsatzgebiete zur von Gülstorff untersuchten Region,[150] sodass seine Erkenntnisse Berücksichtigung fanden.

Die Einsätze der Bundeswehr können indes nicht ohne ihre Entstehungsgeschichte verstanden werden.[151] Aufgrund einer sich verändernden Bedrohungswahrnehmung führte das Ende des Ost-West-Konflikts bei den deutschen Streitkräften zu einem drastischen Abbau von Personal und Material sowie zu erheblichen Budgetkürzungen. Zugleich rückte die einstige Primäraufgabe, die Landes- und Bündnisverteidigung, zunehmend in den Hintergrund.[152] Der ehemalige Generalinspekteur Klaus Naumann betonte rückblickend, er und Verteidigungsminister Volker Rühe (CDU) hätten nach der deutschen Einheit ein Konzept »der schrittweisen Gewöhnung Deutschlands« an Auslandseinsätze der Bundeswehr verfolgt.[153] Auch wenn dieses Thema heute primär in das Feld einer neuen oder modernen Politikgeschichte[154] bzw. der Neuesten Zeit-[155] und Militärgeschichte[156] fällt, beschäftigte es zunächst vor allem die Juristen. Die Zulässigkeit der Entsendung bundesdeutscher Soldaten ins Ausland betrachtete Bernd Nölle bereits 1973.[157] Hochkonjunktur hatte das Thema Ende der 1980er-, Anfang der 1990er-Jahre, als sich die Bundesregierung erstmals mit uniformiertem Personal an

---

[150] Gülstorff, Trade Follows Hallstein?
[151] Hierzu sind vor allem in den vergangenen Jahren mehrere Publikationen veröffentlicht worden: Bald, Die Bundeswehr; Die Bundeswehr 1955 bis 2005; Rink, Die Bundeswehr; Schlaffer/Sandig, Die Bundeswehr.
[152] Vgl. Weißbuch 1994.
[153] Vgl. Naumann, Der Wandel des Einsatzes, S. 485.
[154] Frevert, Neue Politikgeschichte; Conze, Sicherheit als Kultur, S. 360.
[155] Schwarz, Die neueste Zeitgeschichte.
[156] Vgl. Was ist Militärgeschichte?; Perspektiven der Militärgeschichte; Auftrag Auslandseinsatz; Kriemann, Hineingerutscht?, S. 22 f.
[157] Nölle, Die Verwendung des deutschen Soldaten im Ausland. Erst nach dem Beitritt zu den VN, so Nölle, könne sich die Bundesrepublik auf Grundlage von Art. 24 GG mit Streitkräften an VN-Maßnahmen unter Art. 42 der VN-Charta beteiligen. Ebd., S. 116. Da VN-Missionen der damaligen Zeit aber nicht auf Grundlage des Kapitels VII der VN-Charta mandatiert wurden, ist Nölles Argumentation unvollständig. Eine weitere frühe Publikation, die Bezug auf die bundesdeutsche Unterstützung für die Mission UNEF II nahm und den Ministerien bekannt war, ist Klein, Rechtsprobleme. Ein Abdruck findet sich in BW 1/159094. Klein argumentierte 1974, dass die Beteiligung der Bundeswehr an VN-Missionen aufgrund des Art. 87 GG nicht durch das Grundgesetz gedeckt sei. Art. 24 GG komme nicht zur Anwendung, weil es bei der Beteiligung an VN-Missionen nicht um die Übertragung von Hoheitsrechten an die VN gehe. Einen ähnlichen Standpunkt vertrat auch Dieter Fleck. 1974 skizzierte der Referent der Rechtsabteilung des BMVg die Rechtsauffassung des Ministeriums in einem Aufsatz erstmals öffentlich. Fleck, UN-Friedenstruppen im Brennpunkt.

# I. Einleitung

VN-Missionen beteiligte.[158] Im Mittelpunkt standen jedoch meist die Frage der Rechtmäßigkeit und die Interpretation des Grundgesetzes, die 1994 vom Bundesverfassungsgericht klargestellt wurde. Beachtung erhielten ferner Einzelaspekte wie die Zulässigkeit der Entsendung von Wehrpflichtigen.[159] Zum einen zeigen diese Publikationen, dass sich die Wissenschaft bereits Anfang der 1970er-Jahre mit dem Thema »Auslandseinsätze der Bundeswehr« beschäftigte und die wissenschaftliche Diskussion um eine bundesdeutsche Beteiligung an VN-Missionen nicht erst seit Anfang der 1990er-Jahre geführt wurde. Zum anderen vermitteln die Studien einen guten Eindruck über die Auffassungen und die Debatte der damaligen Zeit und den noch heute unspezifischen Begriff »Einsatz«.[160] Zum Verständnis der Handlungslogik in den Bundesressorts tragen sie jedoch nur bedingt bei.

Anders gestaltet sich dies bei der Fülle an politikwissenschaftlichen Arbeiten zum sicherheitspolitischen Akteursverhalten der Bundesrepublik und zur öffentlichen Debatte um die Beteiligung der Bundeswehr an Auslandseinsätzen nach 1990.[161] Im Zentrum ihres Forschungsinteresses stand meist die Frage nach der politischen Legitimierung von Einsätzen der Bundeswehr und die Rechtfertigung für die Abkehr der militärisch zurückhaltenden Rolle der Bundesregierung im Ausland. Verständlicherweise dienten diesen Studien allerdings fast ausnahmslos veröffentlichte Quellen wie Plenarprotokolle, Bundestagsdrucksachen, ministerielle Grundlagendokumente und Medienberichte als Quellenbasis. Die daraus hervorgegangenen Publikationen leisten zwar wertvolle Vorarbeit zum Verständnis des Handelns der damaligen Akteure. Die Motive, warum sich die Bundesregierung an VN-Missionen beteiligte, wurden allerdings vor allem im Falle der Teilnahme in Somalia untersucht. Laut Andreas Siedschlag habe Bundeskanzler Kohl mit dem Angebot zur Teilnahme beweisen wollen, dass Deutschland seinen internationalen Rechten und Pflichten nachkommen wolle. Das BMVg habe die Möglichkeit gesehen, auf die Notwendigkeit nationaler Führungsfähigkeiten hinzuwei-

---

[158] Vgl. Mössner, Bundeswehr in blauen Helmen; Kersting, Kollektive Sicherheit; Coridaß, Der Auslandseinsatz von Bundeswehr und Nationaler Volksarmee; Speth, Rechtsfragen; Tomuschat, Deutscher Beitrag; Riedel, Der Einsatz deutscher Streitkräfte im Ausland; Kamp, Die Debatte; Bartke, Verteidigungsauftrag; Hoffmann, Bundeswehr und UN-Friedenssicherung; Schopohl, Der Außeneinsatz der Streitkräfte im Frieden; Rechtliche und politische Probleme des Einsatzes der Bundeswehr »out of area«; Bähr, Verfassungsmäßigkeit des Einsatzes der Bundeswehr; Löwe, Peacekeeping-Operationen; Hörchens, Der Einsatz der Bundeswehr im Rahmen der Vereinten Nationen; Zimmer, Einsätze der Bundeswehr; Schultz, Die Auslandsentsendung; Limpert, Auslandseinsätze der Bundeswehr. Als Publikation neueren Datums, aber ebenfalls mit einem Kapitel zur Beteiligung der Bundeswehr an VN-Missionen, siehe Sigloch, Auslandseinsätze, S. 239–269. Allerdings setzt Sigloch »robustes peacekeeping« mit »peacemaking« gleich, was nicht dem Verständnis der VN entspricht. Siehe auch Wiefelspütz, Der Auslandseinsatz.
[159] Zimmer, Einsätze der Bundeswehr, S. 150–165; Brauckmann, Wehrpflichtige; Köhr, Der Einsatz Wehrpflichtiger.
[160] Vgl. März, Bundeswehr in Somalia; Der Auslandseinsatz deutscher Streitkräfte.
[161] Vgl. Hoffmann, Deutsche Blauhelme; Löwe, Peacekeeping-Operationen; Siedschlag, Die aktive Beteiligung Deutschlands; Philippi, Bundeswehr-Auslandseinsätze.

sen und vor dem Hintergrund eingeleiteter Sparzwänge die fortwährende Notwendigkeit deutscher Streitkräfte zu demonstrieren. Außenminister Kinkel habe durch ein Engagement in Somalia versucht, »die UNO zu einem Instrument der ›Weltinnenpolitik‹ auszubauen«. Überdies hätten Ende 1992 ausländerfeindliche Ausschreitungen dem deutschen Ansehen im Ausland geschadet, das durch einen Einsatz habe rehabilitiert werden sollen. Dass sich die Regierung letztlich an der UNOSOM II beteiligte, einer Mission mit einem völlig anderen Mandat als der UNOSOM, habe daran gelegen, dass sie die 1993 erhaltene Anfrage der Vereinten Nationen nicht ohne Ansehensverlust habe verweigern können und andernfalls öffentlich geworden wäre, dass es ihr bei der Beteiligung um »einen internationalen Machtzuwachs« ging.[162]

Ähnlich argumentierte Nina Philippi. Für sie war die deutsche Beteiligung an der UNOSOM II eine Demonstration der deutschen »internationale[n] Solidarität und Handlungsfähigkeit« nach der Nichtbeteiligung am Zweiten Golfkrieg. Ferner diente sie der Untermauerung des deutschen Anspruchs auf einen ständigen Sitz im VNSR, als Ausgleich zum zögerlichen deutschen Vorgehen gegenüber den Konflikten in Jugoslawien sowie zur Beendigung der Debatte um die Rechtmäßigkeit von Auslandseinsätzen durch »die Schaffung vollendeter Tatsachen«.[163] In Anlehnung an die Aussagen des ehemaligen Generalinspekteurs vertreten andere Politikwissenschaftler die Meinung, es sei bei den Einsätzen der Bundeswehr in Kambodscha und Somalia darum gegangen, die deutsche Öffentlichkeit an Auslandseinsätze zu gewöhnen.[164]

Neuere Publikationen zur Entwicklung der deutschen Außen- und Sicherheitspolitik seit den 1990er-Jahren und zum Verständnis des Wandels der Bundeswehr zu einer »Einsatzarmee«[165] erwähnen zwar das Somalia-Engagement, gehen aber entweder gar nicht auf die Entscheidungsfindung ein[166] oder bleiben auf der Analyseebene der politischen Entscheidungsträger stehen, ohne die Motive der (Nicht-)Beteiligung an anderen VN-Missionen zu betrachten. Zu nennen ist beispielsweise die 2007 von Arne Freiherr von Neubeck vorgelegte Dissertation »Die Transformation der Bundeswehr von der Verteidigungs- zur Einsatzarmee«, nach der die UNOSOM-II-Beteiligung aufgrund des fehlenden deutschen Engagements in den Konflikten im ehemaligen Jugoslawien und als »werbewirksamer Auftritt der Bundeswehr« zustande gekommen sei und den deutschen Einfluss in den Vereinten Nationen stärken sollte.[167] In »Die Bundeswehr als Instrument deutscher Außenpolitik« griff Ulf Krause die Problematik des politisch gewollten »humanitären Einsatzes« zwar auf, mit dem die Bundesregierung versucht habe »zu vertuschen, dass sie Militär als Mittel der Außenpolitik einsetze«[168]. Bei der auf

---
[162] Siedschlag, Die aktive Beteiligung Deutschlands, S. 190 f.
[163] Vgl. Philippi, Bundeswehr-Auslandseinsätze, S. 153–156.
[164] Clement, Auslandseinsätze, S. 126.
[165] Naumann, Frieden, S. 115.
[166] Vgl. Muhler, Transformation wider Willen?, S. 144–151.
[167] Neubeck, Die Transformation.
[168] Krause, Die Bundeswehr als Instrument deutscher Außenpolitik, S. 192.

# I. Einleitung

nur wenige Seiten begrenzten Analyse kann allerdings nicht von einer umfänglichen Betrachtung des deutschen Somalia-Engagements gesprochen werden. Zudem blieb das Engagement im Rahmen der UNTAG, MINURSO oder UNAMIR unbeachtet.[169]

Klaus Brummer ging in seiner Habilitationsschrift »Die Innenpolitik der Außenpolitik« auf keines der in dieser Arbeit betrachteten Fallbeispiele ein.[170] Unter Bezug auf das Governmental Politics Model analysierte Brummer jedoch im Zeitraum von 2005 bis 2009 die Frage einer Beteiligung der Bundesregierung an je drei Missionen der Vereinten Nationen, der Europäischen Union (EU) und der NATO. Der vorliegenden Studie bot er dadurch einen Orientierungspunkt für das eigene methodische Vorgehen. Zwar konnte Brummer ohne den Zugang zu Ministerialakten nicht die bürokratische Entscheidungsfindung innerhalb der Ministerien beleuchten, er unterschied aber dezidiert zwischen den Positionen von Bundeskanzlerin Angela Merkel und denen der Außen- und Verteidigungsminister. Seinem Fazit, dass »die Regierungsakteure in den meisten Fällen keine einander widersprechenden Handlungsoptionen vertraten«[171], kann die vorliegende Untersuchung für einen freilich früheren Beobachtungszeitraum allerdings nur bedingt folgen. Dies liegt vor allem an den gewonnenen Erkenntnissen über die Entscheidungsprozesse, die zu Nichtbeteiligungen führten. In diesen zeigten sich die unterschiedlichen Ressortinteressen meist deutlicher als bei den Fallbeispielen der Beteiligungen. Brummer arbeitete allerdings auch heraus, dass die Bundesregierung teilweise lange Zeit für ihre Entscheidung brauchte und sich Beteiligungen manchmal erst nach Beginn einer Mission realisieren ließen.[172] Diese Bewertung wird sich in der folgenden Rekonstruktion der Fallbeispiele bestätigen. Brummer resümiert zudem, dass es bei der Beteiligung an Auslandseinsätzen der Bundeswehr für die Regierung »keinen Determinismus oder Automatismus« gebe und daher die Positionen der handelnden Akteure bei jedem Fallbeispiel neu betrachtet werden müssten.[173] Auch diese Erkenntnis deckt sich mit den Ergebnissen dieser Arbeit.

Unabhängig von der konkreten Beteiligung an VN-Missionen hatte die Frage, warum die Bundesregierung sich an internationalen Militärmissionen beteiligt, vor allem im Zuge des Kosovokonflikts und der Intervention in Afghanistan wissenschaftliche Konjunktur.[174] So analysierte Lutz Holländer Entscheidungsprozesse der Bundesregierung für Missionen zwischen 1999 und 2003. Sein Resümee, wonach sich Deutschland dann an multinationalen

---

[169] Ebd., S. 184–193. Ähnliches gilt auch für die Dissertation Schöneberger, Vom Zweiten Golfkrieg, in der die Handlungsmotive der Bundesministerien zur Beteiligung an UNOSOM II allenfalls angerissen werden. Vgl. ebd., S. 132–135.
[170] Brummer, Die Innenpolitik der Außenpolitik.
[171] Ebd., S. 250.
[172] Ebd., S. 248.
[173] Ebd., S. 255 f.
[174] Vgl. Naumann, Einsatz ohne Ziel?; Bewährungsproben einer Nation; Krause, Die Afghanistaneinsätze der Bundeswehr; Schöneberger, Vom Zweiten Golfkrieg; Heitmann-Kroning, Deutsche Sicherheitspolitik.

Militäreinsätzen beteilige, wenn sich die USA, Frankreich und Großbritannien engagierten oder den jeweiligen Einsätzen zumindest nicht ablehnend gegenüberstünden,[175] deckt sich mit den Erkenntnissen dieser Arbeit. Ebenfalls von Bedeutung für die vorliegende Arbeit war die politikwissenschaftliche Dissertation von Alexander Kocks »Internationale Friedensmissionen und nationale Interessen«.[176] Zwar analysierte Kocks in seiner Arbeit nur die deutschen Interessen für eine Teilnahme an den NATO-geführten Missionen KFOR[177] und ISAF[178] sowie der VN-Mission UNMIS[179] und der EU-Mission EUFOR Tchad/RCA[180]. Sein Ergebnis, die Bundesregierung unterstütze diejenigen Missionen stärker, von denen sie sich einen größeren »privaten Nutzen«[181] verspreche, also verbesserte bilaterale Beziehungen zu einem Partnerland, größeren Einfluss im Rahmen der NATO oder die Steigerung des internationalen Ansehens, und lasse sich weniger durch die Maximierung »öffentlicher Güter« wie dem Schutz von Menschenrechten oder der Herstellung von Frieden leiten, wird in dieser Arbeit bestätigt. Im Unterschied zu Kocks liegt der Fokus der vorliegenden Arbeit aber auf dem Prozess der Entscheidungsfindung in und zwischen den Ressorts. Zwar ist es nachvollziehbar, dass Regierungen Beschlüsse für das Kollektiv fällen und die Angehörigen der Regierung angehalten sind, diese Linie nach außen zu vertreten. Insbesondere die Analysen der Nichtbeteiligungen werden aber zeigen, dass es zumindest Anfang der 1990er-Jahre nicht immer eine kollektive Entscheidung gegen eine Teilnahme gab, sondern diese meist am personal- bzw. materialbereitstellenden Ressort scheiterten.

Auf Archivquellen gestützte Detailstudien zur bundesdeutschen Teilnahme an VN-Missionen sucht man indes aus besagten Gründen vergeblich. Gleichwohl bietet Hans-Peter Kriemanns geschichtswissenschaftliche Dissertation zur deutschen Beteiligung am Kosovokonflikt eine handwerkliche Orientierung. Erstmals wurde hier das Akteursverhalten der Bundesregierung bei einem Auslandseinsatz der Bundeswehr aktengestützt aufgearbeitet.[182] Dessen Rahmenlage unterschied sich jedoch wesentlich von den ersten Beteiligungen im VN-Rahmen. Erstens handelte es sich beim Kosovo-Konflikt um eine Intervention der NATO, zweitens ging es um einen Einsatz in Europa und drittens fand dieser nach dem Urteil des Bundesverfassungsgerichts von 1994 statt.

---

[175] Holländer, Die politischen Entscheidungsprozesse bei Auslandseinsätzen der Bundeswehr, S. 159.
[176] Kocks, Internationale Friedensmissionen.
[177] Kosovo Force.
[178] International Security Assistance Force.
[179] United Nations Mission in Sudan.
[180] Ein englisch-französisches Akronym für European Union Force Tchad/République Centrafricaine.
[181] Kocks, Internationale Friedensmissionen, S. 19.
[182] Kriemann, Hineingerutscht? Ohne Zugang zu Archivquellen hatte zuvor lediglich Philipp Münch einen Auslandseinsatz der Bundeswehr zum zentralen Gegenstand seiner Forschung gemacht. Münch, Die Bundeswehr in Afghanistan.

# I. Einleitung

Die Literatur über die Beteiligung der Bundesrepublik Deutschland an Missionen der Vereinten Nationen Anfang der 1990er-Jahre auf dem afrikanischen Kontinent ist überschaubar. Eine historiografische, auf Quellen gestützte Analyse des bundesdeutschen Engagements mit uniformiertem Personal im Rahmen von VN-Missionen fehlt bislang. Die vorliegende Arbeit möchte dazu beitragen, diese Lücke zu schließen, indem sie nicht nur die Entscheidungsfindung innerhalb der Bundesregierung für (Nicht-)Beteiligungen an VN-Missionen exemplarisch untersucht, sondern auch die Motive der an diesen Prozessen beteiligten staatlichen Akteure und die Wechselwirkungen ihres Handelns mit den deutschen Einsatzkräften vor Ort herausarbeitet. Insgesamt trägt diese Arbeit damit zu einem besseren Verständnis sowohl der Entwicklung von Auslandseinsätzen der Bundeswehr im Rahmen der Vereinten Nationen als auch der Entwicklung der politischen Entsendepraxis in der Bundesrepublik seit 1989 bei. Der Rückgriff auf Ministerialakten eröffnet der Arbeit einen anderen Zugang zum Thema als die überwiegend politikwissenschaftlichen Studien. So grenzt sie sich schon aufgrund ihrer Quellenbasis von der vorliegenden Literatur ab. Dass der gegenwärtig größte Auslandseinsatz der Bundeswehr, die VN-Mission MINUSMA[183] in Mali, ebenfalls auf dem afrikanischen Kontinent erfolgt, belegt darüber hinaus die Aktualität des Themas.

## 5. Quellenlage und methodische Probleme der Neuesten Militär- und Zeitgeschichte

Der Forschungszeitraum des Historikers orientiert sich in erster Linie an Archivgesetzen und der darin verankerten Schutzfrist für einschlägige Archivquellen. In Deutschland beträgt die Schutzfrist für Ministerialakten in der Regel 30 Jahre.[184] Bei Anfertigung der Arbeit lag ein Großteil des zu betrachtenden Untersuchungszeitraums noch innerhalb der Sperrfrist, sodass bei weitem nicht alle Akten eingesehen werden konnten. Zwar bieten viele Archive die Möglichkeit einer Schutzfristverkürzung, problematisch gestaltet sich aber bereits die Suche nach relevantem Archivgut. Der Großteil der Akten des Untersuchungszeitraums befand sich in Zwischenarchiven, war noch nicht bewertet oder noch nicht klassifiziert. Entsprechend überschaubar blieb bei manchen Fallbeispielen die Schlagwortsuche über die elektronischen Suchmasken der jeweiligen Archive. Häufig musste nach Organisationseinheiten und Aktenzeichen gesucht oder analoge Abgabelisten zur Recherche herangezogen werden. Dennoch blieben die Funde selektiv, ohne sagen zu können, wie viele Akten es zu besagten Themenbereichen über-

---

[183] Mission multidimensionnelle intégrée des Nations Unies pour la stabilisation au Mali.
[184] Vgl. Gesetz über die Nutzung und Sicherung von Archivgut des Bundes (Bundesarchivgesetz – BArchG), 10.3.2017, § 11 (1).

haupt gibt. Vielfach konnten nicht die Akten der federführenden Referate eines bestimmten Vorgangs ausfindig gemacht werden, sondern nur Akten von Schwesterreferaten mit Kopien und Mitzeichnungsentwürfen bestimmter Dokumente. Teilweise besaßen Akten gar keinen oder einen unklaren Titel, der kaum Rückschlüsse auf den Inhalt zuließ. Um den Arbeitsaufwand der Archive bzw. der zuständigen Ministerien gering zu halten und die Chance auf eine positive Rückmeldung zu erhöhen, wurde nur bei solchen Akten eine Schutzfristverkürzung beantragt, deren Inhalt vom Titel her mit großer Wahrscheinlichkeit von Bedeutung war. Sicherlich wird die Bewertung einiger Entscheidungsschritte nach der Offenlegung aller Akten differenzierter ausfallen als zum jetzigen Zeitpunkt. Bereits im Laufe der Arbeit wurden mehrere Annahmen verworfen, weil Dokumente aus einem anderen Ressort andere Erkenntnisse lieferten. Die Studie versteht sich daher als eine erste Bestandsaufnahme und »zeitgeschichtliche Kärrnerarbeit«[185].

Aufgrund des eingeschränkten Archivzugangs, aber auch zur Einordnung und Bewertung vieler Vorgänge, reichten die Ministerialakten alleine oft nicht aus. Zeitzeugenbefragungen und Medienerzeugnisse halfen, die Prozesse besser zu verstehen und zu kontextualisieren. Teilweise zitierten Journalisten aus Ministerialdokumenten und legten gegensätzliche Positionen der Ressorts und der beteiligten Akteure offen. Insgesamt war die Berichterstattung aber selektiv. Die Forschungsfragen dieser Arbeit werden daher auf der Basis einer Kombination von Ministerialakten, veröffentlichten Quellen, Medienberichten und Zeitzeugeninterviews beantwortet.

Weil praktisch keine der eingesehenen Akten paginiert war, wurde zur besseren Auffindbarkeit der zitierten Passagen eine eigene Seitenzählung innerhalb der Dokumente vorgenommen. Die in den Fußnoten angegebene Seitenzahl bezieht sich daher nur auf die Seite des zitierten Dokuments und nicht auf die Seite in einer Akte. Die Signaturen der Akten beziehen sich überwiegend auf Zwischenarchive. Es ist wahrscheinlich, dass sich Signaturen im Prozess der Archivierung ändern oder nachträglich als nichtarchivwürdig bewertete Akten kassiert, also vernichtet werden. Dies ist insbesondere für Akten des BMVg anzunehmen, in denen sich häufig verschiedene Ausfertigungen der gleichen Dokumente finden ließen.

Zur besseren Orientierung auf aktuellen, meist englischsprachigen Karten wurde bei Ortsnamen die gegenwärtige englische Schreibweise genutzt. Anstelle des zeitgenössischen Belet Uen bzw. Belet Huen wurde Beledweyne verwendet, anstatt Bosaso, Boosaaso, etc. Ausgenommen sind wörtliche Zitate. Letztere wurden in der Schreibweise des Originaldokuments ohne Anpassung an die heutige Rechtschreibung übernommen. Ausnahmen sind Zitate aus den Drahtberichten, die durchweg in Minuskeln übermittelt wurden. Zur besseren Lesbarkeit erfolgte hier eine unkommentierte Anpassung an das gegenwärtige Schriftbild. Gleiches gilt für die militärische Gepflogenheit, Länder und Namen in Majuskeln zu schreiben.

---

[185] Schwarz, Die neueste Zeitgeschichte, S. 28.

# I. Einleitung

Dass in dieser Arbeit kontinuierlich die maskulinen Begriffe ›Soldaten‹ und ›Polizisten‹ genutzt werden, liegt daran, dass alle eingesetzten bundesdeutschen Beamten männlich waren[186]. Dies galt auch für 99 Prozent der in Somalia eingesetzten Soldaten. Der Einsatzdatenbank des Zentrums für Militärgeschichte und Sozialwissenschaften der Bundeswehr (ZMSBw) zufolge nahmen an der UNOSOM II nie mehr als fünf Frauen der Bundeswehr gleichzeitig teil.[187] Aufgrund der Bedingungen in Somalia hielt das BMVg den Einsatz von Soldatinnen zunächst für »unzumutbar«.[188] Anders als heute schlüsselten auch die Vereinten Nationen die Truppenstärke Anfang der 1990er-Jahre noch nicht nach Geschlechtern auf.[189] In der Mehrheit der Fälle lässt sich daher nicht zweifelsfrei belegen, ob sich auch nichtmännliche Personen in einem Kontingent befanden. Ähnliches gilt für Rebellengruppen. Inhaltlich könnte der durchgängige Gebrauch ›gegenderter‹ Sprache daher inkorrekt sein. Um dennoch alle nichtmännlichen Akteure einzubeziehen, werden die Begriffe Soldaten, Polizisten etc. in dieser Arbeit als genderneutral verstanden.

## a) Quellenlage in den Archiven

Grundlegend zum Verständnis des außen- und sicherheitspolitischen Handelns der Bundesrepublik in den Vereinten Nationen und somit auch zur Entscheidung für oder gegen eine Beteiligung an VN-Missionen sind die Akten des Politischen Archivs des Auswärtigen Amtes (PA AA) in Berlin. Hervorzuheben ist der Bestand B 30, der die Dokumente des mit den Vereinten Nationen betrauten Referats 230 umfasst. Ebenfalls von Bedeutung waren der Bestand B 34 mit den Länderreferaten in den verschiedenen Regionen Subsahara-Afrikas sowie die Bestände B 45 (Referat 301 – Arbeitsstab humanitäre Hilfe, ausländische Flüchtlinge bzw. AS-B-hH – Arbeitsstab für humanitäre Sofort-, Katastrophen- und Flüchtlingshilfe im Ausland) und AV NEWY VN der Ständigen Vertretung in New York. Den Schwerpunkt der eingesehenen Dokumente im PA AA bilden Drahtberichte und -erlasse zwischen dem AA und der Ständigen Vertretung in New York bzw. den entsprechenden Botschaften, Schriftverkehr zwischen den verschiedenen Ressorts, Protokolle von Ressortsitzungen sowie Leitungsvorlagen. In den Akten überliefert waren darüber hinaus zahlreiche Medienberichte und Pressemitteilungen verschiedenster Parteien, die belegen, dass politische und mediale Meinungen vom Ministerium wahrgenommen wurden. Die Arbeit mit Ministerialakten

---

[186] Frauen wurden erst 1987 zum BGS zugelassen. Schütte-Bestek, Aus Bundesgrenzschutz wird Bundespolizei, S. 145 f.
[187] ZMSBw Einsatzdatenbank, Version 1.0, erstellt von Anja Seiffert [u.a.], Personalstärke, UNOSOM II.
[188] BArch, BW 2/36754, Fü S IV 4, Protokoll Sitzung Koordinierungsstab für Einsatzaufgaben 08/93, 8.6.1993, hier S. 3.
[189] Vgl. United Nations, Troop and Police Contributors.

im Allgemeinen, gerade aber auch mit diplomatischen Drahtberichten an die Zentrale im Speziellen, erforderte eine umfassende Quellenkritik: Wer waren der Sender und der Adressat eines Dokumentes und welche Motive, Ziele und Intentionen verfolgte ein Verfasser mit dem Schriftstück? Nicht nur zwischen den Bundesressorts, sondern auch innerhalb der Ressorts gab und gibt es Konkurrenz um begrenzte Ressourcen. Möglich ist, dass Lageeinschätzungen beschönigt und Erfolge hervorgehoben werden, um die eigene Arbeit positiver erscheinen zu lassen.[190] Auch bedeutet ein Namenszug am Ende eines Drahtberichts nicht unbedingt, dass die zeichnende Person den Text vor der Aufgabe persönlich gebilligt oder gelesen hat. Zum Teil besaßen Referenten große Freiheit, im Sinne der übergeordneten Führung zu handeln, das heißt Drahtberichte im Sinne der Vorgesetzten selbstständig zu verfassen und abzuschicken. Dass ein Bericht einmal nicht vom Botschafter, sondern einem Stellvertreter unterzeichnet wurde, muss derweil nicht an der geringeren Bedeutung des Themas gelegen haben, sondern kann beispielsweise auf urlaubsbedingte Abwesenheit zurückzuführen sein. Die Ausdrucksweise bzw. das verwendete ›Wording‹ in einem Bericht kann abhängig sein von der – oft sehr vorgerückten – Uhrzeit, zu der ein Dokument entstand, oder den persönlichen Vorlieben eines Verfassers, was sich im Nachhinein nicht mehr rekonstruieren lässt.[191] In dieser Arbeit wird daher größtenteils darauf verzichtet, Drahtberichte, aber auch viele andere Dokumente mit der Position und der Meinung eines bestimmten, namentlich zu identifizierenden Akteurs in Verbindung zu bringen. Die Inhalte und Meinungen solcher Dokumente wurden nur der abstrakten, absendenden Dienststelle zugeordnet, beispielsweise der Ständigen Vertretung in New York oder den jeweiligen Botschaften, auch wenn diese Einrichtungen genauso wenig monolithische Blöcke waren wie die Ministerien. Auf der Mikroebene der Dienststellen und Ministerien lassen sich die individuellen Meinungen aber vielfach nicht mehr zweifelsfrei rekonstruieren.

Entsprechend des Bundesarchivgesetzes konnten im PA AA prinzipiell nur jene Akten eingesehen werden, die bereits älter als 30 Jahre waren. Zwischen 2018 und 2021 wurden Anträge zur Einsicht in rund 150 Akten jüngeren Datums gestellt. Ungefähr 75 Akten, überwiegend aus den Beständen B 34 und B 45 zum deutschen Engagement in Somalia und Ruanda, gab das AA daraufhin frei. Sie konnten unter der Auflage genutzt werden, keine Fremdprovenienz zu zitieren. Während die Akten des Bestands B 34 im Original eingesehen werden durften, wurden aus dem Bestand B 45 nur Kopien der Schriftstücke des AA vorgelegt. Es war somit nicht ohne weiteres zu bewerten, ob es sich bei einem Dokument um ein Original oder eine Kopie handelte. Die Anträge zu den Akten des Bestands B 30 mit den Dokumenten des VN-Referats 230 blieben unbeantwortet. Dadurch fehlten fast alle paraphierten Leitungsvorlagen, da das Referat beim Entscheidungsprozess über

---

[190] Zeitzeugengespräch mit Botschafter a.D. Martin Kobler am 6.4.2020.
[191] Zeitzeugenbefragung von Botschafter a.D. Christian Walter Much am 14. und 16.5.2021.

# I. Einleitung

eine Beteiligung im AA die Federführung besaß. In den Beständen B 34 und B 45 ließen sich die Vorlagen lediglich als Kopien oder Verfügungen ohne Paraphen finden. Sofern nicht mit den Originaldokumenten gearbeitet wurde und es bedeutsam schien, ist dies in den Fußnoten vermerkt. Allerdings ist fraglich, ob überhaupt immer Originalvorlagen mit allen Paraphen existierten. Im Gegensatz zum eher an korrektem Verwaltungshandeln orientierten Klaus Kinkel zeichnete Genscher viele Dokumente gar nicht selbst ab und regelte Dinge häufig mündlich, sodass seine Paraphe auf vielen Dokumenten gar nicht zu finden ist.[192] Manchmal blieben dadurch selbst Referenten vorübergehend im Ungewissen, ob ihre Vorlage gebilligt worden war.[193]

Die militärischen bzw. militärpolitischen Aspekte der Einsätze lassen sich am besten durch die Bestände des Bundesarchiv Militärarchiv (BArch) in Freiburg abdecken. Für Angehörige des ZMSBw besteht eine umfangreiche Schutzfristverkürzung, sodass auch Akten jüngeren Datums eingesehen und Dokumente bis zu einer Einstufung von »Verschlusssache – Nur für den Dienstgebrauch« (VS-NfD) zitiert werden konnten. Zwar musste entsprechend eingestufte Fremdprovenienz gesondert freigegeben werden, vor allem für die Jahre nach 1991 dienten die Akten des BArch dieser Arbeit aber als Primärquelle.

Von großer Bedeutung waren die Bestände der Leitung, zentraler Stäbe und ziviler Abteilungen des Bundesministeriums der Verteidigung (BW 1) sowie des Generalinspekteurs und des Führungsstabs der Streitkräfte (BW 2). Die Akten des für die UNOSOM-II-Beteiligung zuständigen III. Korps, das als Bindeglied zwischen BMVg und Einsatzverband fungierte, sind weder im eigenen Bestand (BH 7–3) noch im Bestand des Heeresführungskommandos (BH 41) zu finden. Sie wurden vermutlich 1994 bei der Auflösung des III. Korps vernichtet.[194] Ähnliches ist von den Akten des Planungsstabs zu vermuten, von denen nur ein Bruchteil auffindbar war.[195] Viele Dokumente existieren jedoch in Akten anderer Organisationseinheiten. Wertvolle Einblicke gab zudem der chronologisch geordnete Vorlass des ehemaligen Inspekteurs des Heeres, General Helge Hansen (N 854).

Die bedeutendsten Dokumente des BArch waren Leitungsvorlagen mit teils sehr umfangreichen Kommentaren von Generalinspekteur Naumann, die einen guten Einblick in die Entscheidungsfindung und die dahinterstehenden Motive gaben. Allerdings entstehen Vorlagen immer in einem Prozess, an dem mehrere Akteure beteiligt sind. Im Vorfeld äußerte die Leitung bereits vielfach ihre Meinung zu einem Sachverhalt, die in den Vorlagen nur noch formalisiert wurde.[196] Wenn eine Vorlage auf Arbeitsebene ohne Richtungsvorgabe der Leitung entstand, kann davon ausgegangen wer-

---

[192] Zeitzeugengespräch mit Botschafter a.D. Fritjof von Nordenskjöld am 13.1.2021; Zeitzeugengespräch mit Botschafter a.D. Thomas Matussek am 15.1.2021.
[193] Zeitzeugengespräch mit Botschafter a.D. Dr. Uwe Kaestner am 25.8.2021.
[194] Vgl. Jost, Der Deutsche Unterstützungsverband Somalia.
[195] E-Mail-Korrespondenz mit dem Referat MA 2 des BArch am 16.2.2021.
[196] Zeitzeugengespräch mit Staatssekretär a.D. Dr. Peter Wichert am 9.12.2020.

den, dass Referenten vor allem Empfehlungen gaben, von denen sie glaubten, die Zustimmung der Vorgesetzten zu erhalten.[197] Kritische Passagen der zuarbeitenden Stellen wurden daher oftmals vom federführenden Referat oder der nächsthöheren Ebene gestrichen oder kaschiert. Ausgeschlossen werden kann nicht, dass mündliche Weisungen andere Begründungen besaßen und Vorlagen nur eine gewünschte Sachlage darstellten, die den Erwartungen der Leitung entsprach. Durch Akten können mündliche[198] oder telefonische Absprachen sowie informelle Flurgespräche nicht abgedeckt werden. Gerade Rühe machte selten handschriftliche Vermerke, sondern klärte viele Dinge mündlich. Auch wurden bei seinen regelmäßigen Besprechungen mit den beamteten und parlamentarischen Staatssekretären, dem Generalinspekteur und dem Leiter Planungsstab keine Protokolle geführt.[199] Schon die Existenz dieser Besprechungen ist kaum durch Akten zu belegen.

Die Bestandsdichte zu den hier untersuchten VN-Missionen und (potenziellen) Einsatzländern variierte stark. Zur Beteiligung der Bundeswehr an der UNOSOM II in Somalia existieren mehrere Hundert Akten, von denen sich aber ein Großteil mit Fragen der Logistik, der Materialbewirtschaftung oder der Betreuung der Soldaten beschäftigt. Für die Fallbeispiele der VN-Missionen in Namibia, Angola oder der Westsahara ließen sich im BArch aufgrund der fehlenden Präsenz der Bundeswehr kaum Akten finden. Im Gegensatz zu den Akten des PA AA folgten vor allem die im BArch lagernden Akten des Führungsstabs der Streitkräfte des BMVg weniger häufig einer inneren Chronologie und wirkten ungeordneter. Teilweise umfassten sie mehrere Vorgänge. Dies mag an einer anderen Abgabekultur im BMVg und dem nicht unmittelbar im Haus angeschlossenen Archiv liegen. Viele Akten umfassten Kopien und im Entstehungsprozess befindliche Dokumente, deren Bearbeitungsstand und Endverbleib nicht immer zweifelsfrei geklärt werden konnte. Sofern nicht die Originaldokumente mit handschriftlichen Paraphen ausfindig gemacht werden konnten, wurde häufig diejenige Akte zitiert, in der ein Dokument zum ersten Mal gesichtet wurde.

Im BArch in Koblenz wurde auf Akten des BKAmt (B 136) und des BMI (B 106) zurückgegriffen. Letzteres stellte bei der Beteiligung in Namibia und in der Westsahara das Personal. Ebenfalls eingesehen wurden Akten des BMJ (B 141), das bei rechtlichen Fragen um Auslandseinsätze beteiligt wurde, sowie des Bundesministeriums für wirtschaftliche Zusammenarbeit (BMZ) (B 213), das Einfluss auf die Ausgestaltung der deutschen Afrikapolitik hatte. Die Schlagwortsuche in den Akten des BMF (B 126) ergab keinen Treffer, sodass auf eine Einsicht in dessen Bestände verzichtet wurde. Wie im PA AA war die Einsicht in die Bestände des BArch in Koblenz durch die 30-jährige Schutzfrist beschränkt. Allerdings zeigte sich vor allem das BMI sehr koope-

---

[197] Vgl. zu diesem Gedanken Salton, Dangerous Diplomacy, S. 24 f.
[198] Vor allem im BKAmt sollen sich die Abteilungen vielfach mündlich ausgetauscht haben. Fröhlich, »Auf den Kanzler kommt es an«, S. 132.
[199] Zeitzeugengespräch mit Staatssekretär a.D. Dr. Peter Wichert am 5.5.2020; Zeitzeugengespräch mit Brigadegeneral a.D. Peter Goebel am 23.6.2021.

rativ und stellte fast alle der rund 30 beantragten Signaturen zur Verfügung. Auch das BKAmt gab rund 25 Akten frei.

Nützliche Einblicke ermöglichte auch das Parlamentsarchiv in Berlin (PA), in dem die Akten der verschiedenen Ausschüsse des Deutschen Bundestags lagern. Relevant für diese Arbeit waren vor allem die Akten des Bestands 3104 für Auswärtige Angelegenheiten sowie des im September 1991 konstituierten Unterausschusses Vereinte Nationen/Weltweite Organisationen des Auswärtigen Ausschusses, Bestand 3114 des Innenausschusses, Bestand 3119 des Verteidigungsausschusses und Bestand 3122 des Ausschusses für wirtschaftliche Zusammenarbeit. Aufgrund des geltenden Geheimschutzes wurden aber alle eingestuften Anlagen durch das Archiv entfernt, sodass die Protokolle für diese Untersuchung an Bedeutung verloren. Zudem handelte es sich in den meisten Fällen um Kurzprotokolle. Der genaue Wortlaut von Unterredungen war daher nicht immer nachvollziehbar.

Zur Rekonstruktion der Beteiligung an der VN-Mission UNAMIR in Ruanda konnte in Absprache mit dem Innenministerium Rheinland-Pfalz die Abgabe von acht Akten an das Landeshauptarchiv in Koblenz und die dortige Einsichtnahme erreicht werden. Zwar beinhalten die Akten keine Dokumente zum Entscheidungsprozess in und zwischen den Ministerien, dennoch waren sie eine wertvolle Quelle zur Analyse der Beteiligung der Landespolizei Rheinland-Pfalz 1995.

Mittlerweile digitalisiert worden ist zudem ein Teil des Schriftguts der Vereinten Nationen und hier insbesondere jenes der verschiedenen Generalsekretäre, das über die Homepage des Archivs der Vereinten Nationen einzusehen ist.[200] Größtenteils handelte es sich dabei um Korrespondenz zwischen den deutschen Dienststellen und dem VNGS sowie Vermerke über Gespräche mit deutschen Amtsträgern. Im Gegensatz zum deutschen Archivgesetz beträgt die Schutzfrist von Dokumenten im VN-Archiv lediglich 20 Jahre, sodass die dortigen Dokumente wichtige Einblicke in ansonsten noch innerhalb der deutschen Schutzfrist liegende Vorgänge gaben. In begrenztem Rahmen traf dies auch auf die digitalisierten Bestände das National Security Archive der George Washington University[201] sowie der George H.W. Bush Presidental Library[202] und der William J. Clinton Presidential Library[203] zu, über die US-Schriftgut zur Intervention in Somalia und zu Ruanda veröffentlicht wurden.

### b) Gedruckte Quellen

Zur Konfliktgeschichte in den untersuchten Einsatzländern und zur Entwicklung der jeweiligen Missionen dienten in erster Linie die Dokumente,

---
[200] United Nations Archives (UNA), https://search.archives.un.org.
[201] National Security Archive, https://nsarchive.gwu.edu/.
[202] George H.W. Bush Presidential Library & Museum, https://bush41library.tamu.edu/.
[203] William J. Clinton Presidential Library & Museum, https://clintonlibrary.gov.

Berichte und Resolutionen der verschiedenen Organe der Vereinten Nationen, die zu einem Großteil digitalisiert und online einsehbar sind.[204] Zur besseren Auffindbarkeit wurde in dieser Arbeit die übliche Zitierweise – beispielsweise S/RES/435(1978) für Resolution 435 aus dem Jahr 1978 des Sicherheitsrates der Vereinten Nationen – beibehalten. Die Abkürzungen der verschiedenen Institutionen wurden jedoch eingedeutscht, um nicht im Fließtext deutsche Begriffe und in den Fußnoten englische Abkürzungen zu verwenden. Statt UNO oder UN wird VN (Vereinte Nationen) genutzt, statt UNSR (United Nations Security Council) VNSR (Sicherheitsrat der Vereinten Nationen), statt UNGA (United Nations General Assembly) VNGV (Generalversammlung der Vereinten Nationen), statt UNSG (United Nations Secretary-General) VNGS (Generalsekretär der Vereinten Nationen).

Zur Rekonstruktion der politischen Diskussion in der Bundesrepublik dienten die ebenfalls im Internet zugänglichen Bundestagsdrucksachen und Plenarprotokolle.[205] Hierdurch konnten die Debatten im Bundestag und durch schriftlich eingegangene Anfragen auch die öffentlich vertretene Meinung der Bundesregierung nachvollzogen werden. Im Vergleich zu den Ministerialakten zeigte sich, dass die Abgeordneten von der Regierung oft nur die notwendigsten Informationen erhielten. Für das Fallbeispiel Ruanda wurden darüber hinaus Drucksachen und Plenarprotokolle des Landtags Rheinland-Pfalz genutzt, die ebenfalls online einsehbar sind.[206] Von großem Nutzen für diese Arbeit waren die Bulletins der Bundesregierung. Letztere beinhalten Reden und Interviews, die von Angehörigen der Bundesregierung gehalten bzw. gegeben wurden. Neben offiziellen Grundlagendokumenten dienten sie zur Rekonstruktion der politischen Leitlinien der Regierung. Die Online-Version der Edition »Die Kabinettsprotokolle der Bundesregierung« des Bundesarchivs wurde herangezogen, um Entscheidungen des Kabinetts zu belegen.[207]

---

[204] Mit der entsprechenden Dokumentenbezeichnung sind fast alle VN-Dokumente unter https://undocs.org/ zu finden, z.B. https://undocs.org/S/12636 für S/12636 bzw. ab 1994 zusätzlich mit dem jeweiligen Jahr (z.B. https://undocs.org/S/1999/1257 für S/1999/1257). Resolutionen sind nach einem ähnlichen Muster zu finden: S/RES/435(1978) unter https://undocs.org/S/RES/435(1978). Da die Dokumentenzeichung entscheidend für die Auffindbarkeit ist, wurde im Weiteren darauf verzichtet, die Verlinkung für VN-Dokumente anzugeben.

[205] Deutscher Bundestag, Drucksachen und Plenarprotokolle des Bundestages – ab 1949, http://pdok.bundestag.de/. Entscheidend für die Suche sind die Nummern der Drucksachen, z.B. 12/4759, bzw. der Plenarprotokolle, z.B. 12/151. Im Weiteren wurde darauf verzichtet, die Verlinkung für Dokumente des Bundestags anzugeben.

[206] Landtag Rheinland-Pfalz: Parlamentsdokumentation, https://opal.rlp.de/starweb/OPAL_extern/index.htm. Wie bei den BT-Drs. und BT-PlPr. ist die Dokumentennummer, beispielsweise 12/107, entscheidend für die Suche. Auch hier wurde auf die weitere Verlinkung verzichtet.

[207] Die Protokolle finden sich unter https://www.bundesarchiv.de/cocoon/barch/0000/index.html. Auf eine Verlinkung wurde im Weiteren verzichtet.

# I. Einleitung

Eine gute Ergänzung zum PA AA bot die Edition der Akten zur Auswärtigen Politik der Bundesrepublik Deutschland (AAPD).[208] Vor allem zur Rekonstruktion der Debatte um die ersten VN-Missionen konnte auf die hier bereits veröffentlichten Dokumente zurückgegriffen werden. Nützlich waren auch Biografien[209], Zeitzeugenberichte[210] und Erinnerungsliteratur, die die deutsche (militärische) Beteiligung an VN-Missionen zwar vielfach nur anrissen, aber einen Eindruck über die Motive und Ziele der damaligen Akteure gaben.[211] Auch von Bedeutung waren außenpolitische und militärfachliche Zeitschriften. Teilweise skizzierten Entscheidungsträger hier ihre Vorstellungen oder rezipierten die Beteiligung an VN-Missionen detailliert.[212]

Wo immer zweckmäßig, wurde auch auf Medienerzeugnisse zurückgegriffen. An erster Stelle zu nennen sind hier die Ausgaben des Magazins »Der Spiegel«[213] und Beiträge in der »taz«[214], da sie online frei zugänglich sind. Ebenfalls Einblick genommen wurde in Veröffentlichungen der Anfang 1990 in der Wissenschaft zu den Leitmedien[215] zählenden »Süddeutschen Zeitung« (SZ), der »Frankfurter Allgemeinen Zeitung« (FAZ) und der Zeitung »Die Welt«. Diese Einsichtnahmen erfolgten größtenteils im Institut für Zeitungsforschung in Dortmund. Allerdings wurde keine systematische Medienauswertung betrieben, sondern zur Einordnung und Kontextualisierung der Fallbeispiele selektiv nach bestimmten Tagen, Ausgaben und Artikeln gesucht. Zusätzlich zu den Printmedien gaben die täglichen Sendungen der Tagesschau einen Eindruck über die Schwerpunkte der damaligen Berichterstattung[216]. Ab 1989 sind sie online einsehbar.[217]

---

[208] Bis auf die jüngsten fünf Jahrgänge sind alle Bände online unter https://www.degruyter.com/view/mvw/AAPD-B?tab_body=toc-54001 einsehbar.
[209] Genscher, Erinnerungen; Kohl, Erinnerungen 1982–1990; Kohl, Erinnerungen 1990–1994.
[210] Für Namibia siehe bspw. Thornberry, A Nation is Born; Vergau, Verhandeln um die Freiheit Namibias; Hornhues, Namibia.
[211] Vgl. Buwitt, Erfahrungen des Bundesgrenzschutzes; Kammerhof, Unterm Blauhelm am Horn von Afrika; Naumann, Der Wandel des Einsatzes; Grupe, Westsahara; Walter, Somalia; Schmitt, Wenn der Verteidigungsminister stolpert.
[212] Siehe u.a. Fleck, UN-Friedenstruppen im Brennpunkt; Fleck, UN-Friedenstruppen. Erfolgszwang und Bewährung, sowie diverse Namensartikel führender Militärs in den Zeitschriften Truppenpraxis oder Soldat und Technik.
[213] Der Spiegel Archiv, https://www.spiegel.de/spiegel/print/index-2021.html.
[214] taz Archiv, https://taz.de/Archiv/!p4311/.
[215] Westhoff/Große, Die Leitmedien.
[216] Zur Quellenkritik von Bewegtbildern siehe Hickethier, Zeitgeschichte in der Mediengesellschaft, S. 361.
[217] ARD, Tagesschau vor 20 Jahren, https://www.tagesschau.de/inland/tsvorzwanzigjahren100.html. Im Weiteren wurde darauf verzichtet, die Verlinkung der jeweiligen Sendung anzugeben.

## c) Zeitzeugengespräche

Um eine Innenperspektive in die Abläufe der Ministerien zu erhalten, wurde auf Methoden der »Oral History«[218] zurückgegriffen und es wurden mehr als 50 Zeitzeugengespräche mit ehemaligen Militärs, Polizisten, Diplomaten und Politikern geführt. Ihre Aussagen halfen, Lücken in der Überlieferung zu schließen und Vorannahmen zu bestätigen oder zu relativieren. Verständlicherweise waren die Erinnerungen vieler Zeitzeugen nach fast 30 Jahren selektiv und durch spätere Erfahrungen geprägt. Auch ihre Aussagen wurden daher stets mit anderen Quellen verglichen und auf Plausibilität hin überprüft.

Die Zeitzeugenbefragungen erfolgten auf Grundlage nicht-standardisierter Leitfadeninterviews, deren Fragen individuell auf den Gesprächspartner und seine damalige Position zugeschnitten wurden. Die Gesprächspartner konnten die vergangenen Ereignisse dadurch aus ihrer Sicht rekapitulieren. Wo nötig, konnte flexibel auf die Gespräche eingewirkt und bestimmte Punkte vertieft werden. Wegen der Corona-Pandemie schied eine persönliche Befragung in den meisten Fällen aus. Überwiegend erfolgte diese daher schriftlich per E-Mail oder mündlich per Telefon.

Mit Ausnahme von Somalia konnten sich die wenigsten Zeitzeugen exakt und detailliert an die Entscheidungsprozesse der angefragten Fallbeispiele erinnern. Zudem nahmen die Detailkenntnisse häufig mit der Höhe der ehemaligen Positionen im Ressort ab, da die Führungspersonen in ihrem Alltag mit einer Vielzahl unterschiedlichster politischer Themen konfrontiert waren. Ein Teil der angefragten Akteure sah daher ganz von Gesprächen ab. Generell schienen Erinnerungen an den deutschen Einigungsprozess und die Abrüstungsverhandlungen mit der Sowjetunion/Russland stärker im Gedächtnis geblieben zu sein als die Entscheidung für oder gegen eine VN-Mission. Vor allem die Umstände der Nichtbeteiligung in Angola, Liberia und Mosambik waren den wenigsten Zeitzeugen in Erinnerung geblieben. Gleiches galt für das Engagement der Bundesrepublik infolge des Völkermords in Ruanda. Ob Letzteres aus Selbstschutz erfolgte oder weil das Thema damals in den Ministerien von untergeordneter Bedeutung war, konnte nicht abschließend geklärt werden. Umso wichtiger erscheint daher die Aufarbeitung der damaligen Prozesse.

---

[218] Wierling, Oral History.

## II. Politischer Kontext und Begriffsbestimmungen

Die Diskussion um die Entsendung bundesdeutscher Soldaten oder Polizisten in Missionen der Vereinten Nationen ist im Kontext des Handelns der Bundesregierung in der Weltorganisation zu sehen. Im Folgenden wird daher zunächst ein Überblick über die VN-Politik der Bundesregierung von ihrem Beitritt bis zur deutschen Einigung gegeben und der Stellenwert der Vereinten Nationen in der bundesdeutschen Außenpolitik verortet. Die geografische Begrenzung auf den afrikanischen Kontinent erfordert im Anschluss eine kurze Rekonstruktion der bundesdeutschen Afrikapolitik. Hierdurch wird aufgezeigt, welche Interessen die Bundesressorts auf dem afrikanischen Kontinent verfolgten. Das hilft beim Verständnis und der Einordnung der bilateralen Beziehungen zwischen der Bundesrepublik und den jeweiligen Einsatzländern sowie der Haltung der Bundesressorts gegenüber den verschiedenen dort durchgeführten Missionen. Überdies ist davon auszugehen, dass die VN- und Afrikapolitik die Einstellungen vieler Entscheidungsträger dieser Zeit prägten und entsprechend Einfluss auf die Entscheidungsfindung in den Ministerien hatte. Es folgen Anmerkungen zum Begriff ›VN-Mission‹ und zum Konzept ›Peacekeeping‹, die die Vorstellungen der damaligen Akteure verständlicher machen. Gleiches gilt für eine kritische Reflexion der Quellenbegriffe ›Einsatz‹ und ›out of area‹, die von wesentlicher Bedeutung für die damalige Debatte waren.

### 1. Die VN-Politik der Bundesregierung, 1973–1990

Die Etablierung der Vereinten Nationen 1945 war eine direkte Folge des Zweiten Weltkriegs. Als dessen Initiator war Deutschland in der Weltorganisation zunächst nur indirekt in den Artikeln 53 und 107 der VN-Charta als »Feindstaat« vertreten.[1] In den folgenden 20 Jahren verhinder-

---

[1] Laut Art. 53 Abs. 2 der VN-Charta wird jeder Staat als »Feindstaat« bezeichnet, »der während des Zweiten Weltkriegs Feind eines Unterzeichners dieser Charta war.« Charta der Vereinten Nationen, S. 35. Zur zeitgenössischen Diskussion siehe Kewenig, Sonderprobleme einer deutschen Mitgliedschaft in den Vereinten Nationen, S. 308–320. 1995 bezeichnete die VNGV die Feindstaatenklausel als obsolet. VNGV, A/RES/50/52, 15.12.1995.

te dann auch die ungeklärte deutsche Frage eine Mitgliedschaft: Anspruch der Bundesrepublik war es, der einzige legitime deutsche Staat zu sein (Alleinvertretungsanspruch/Hallstein-Doktrin).[2] Um die symbolträchtige Anerkennung der DDR als souveränen Staat durch die Vereinten Nationen zu verhindern, verzichtete die Bundesregierung lange Zeit auf eine gemeinsame Aufnahme mit der DDR.[3] Die alleinige Mitgliedschaft der Bundesrepublik ohne die DDR war wiederum durch das sowjetische Vetorecht im VNSR versperrt.[4] Erst die vertraglichen Annäherungen zwischen der Bundesrepublik und der Sowjetunion[5] sowie der Bundesrepublik und der DDR[6] ebneten daher den Weg zum Beitritt beider deutschen Staaten am 18. September 1973.[7]

Bereits zuvor war die Bundesregierung aber in einer ersten, 20-jährigen Phase der »aktiven Nicht-Mitgliedschaft«[8] bemüht gewesen, sich in der Weltorganisation zu positionieren. Diesen Anstrengungen lag das Bestreben zugrunde, nach dem verschuldeten und verlorenen Zweiten Weltkrieg »wieder in den Kreis der geachteten Staaten zurückzukehren.«[9] Ab 1950 trat sie den verschiedenen Sonderorganisationen der Weltgemeinschaft bei[10], um angesichts ihrer beschränkten außenpolitischen Souveränität internationale Reputation zu generieren und ihre staatliche Legitimation gegenüber der DDR zu untermauern. 1952 erhielt die Bundesrepublik den Status eines Beobachters bei den Vereinten Nationen.[11] Erst durch die Vollmitgliedschaft erhielt die bundesdeutsche Außenpolitik aber »eine neue Dimension«, wie es Bundeskanzler Willy Brandt 1973 verkündete. Die Bundesrepublik sei nunmehr bereit, »mehr Verantwortung zu übernehmen, auch für die Minderung von Konflikten.« Schwerpunkt der bundesdeutschen Außenpolitik sollten aber weiter die europäische Einheit und die Mitgliedschaft in der NATO bleiben.[12] Grundsätzlich änderte sich dies auch nicht nach dem Regierungsantritt

---

2   Siehe dazu Booz, Hallsteinzeit, S. 17–32; Kilian, Die Hallstein-Doktrin, S. 13–30; Gray, Germany's Cold War, S. 30–86.
3   Vgl. VNGV, A/PV.2119, 19.9.1973, Randnr. 143.
4   Siehe dazu Kilian, Die Hallstein-Doktrin, S. 275–279.
5   Gesetz zu dem Vertrag vom 12. August 1970 zwischen der Bundesrepublik Deutschland und der Union der Sozialistischen Sowjetrepubliken, 23.5.1972. In: BGBl., Teil II, Nr. 27 (1972), S. 353–355.
6   Gesetz zu dem Vertrag vom 21. Dezember 1972 zwischen der Bundesrepublik Deutschland und der Deutschen Demokratischen Republik über die Grundlagen der Beziehungen zwischen der Bundesrepublik Deutschland und der Deutschen Demokratischen Republik, 9.6.1973. In: BGBl., Teil II, Nr. 25 (1973), S. 421 f.
7   Gesetz zum Beitritt der Bundesrepublik Deutschland zur Charta der Vereinten Nationen vom 6.6.1973, 9.6.1973. In: BGBl., Teil II, Nr. 25 (1973), S. 430; VNGV, A/RES/3050(XXVIII), 18.9.1973.
8   Löwe, Peacekeeping-Operationen, S. 130; Arnold, Deutschland, S. 71.
9   Gareis, Deutschlands Außen- und Sicherheitspolitik, S. 193.
10  Eine Übersicht findet sich in Köster, Bundesrepublik Deutschland, S. 263.
11  Ausführlich siehe Dröge [u.a.], Die Bundesrepublik Deutschland und die Vereinten Nationen; Czempiel, Macht und Kompromiß; Köster, Bundesrepublik Deutschland; Stein, Der Konflikt um Alleinvertretung.
12  BT-PlPr. 7/7, 18.1.1973, S. 122 f.

## II. Politischer Kontext und Begriffsbestimmungen 61

der CDU/CSU/FDP 1982.[13] Eine Teilzäsur der bundesdeutschen VN-Politik, nämlich in Fragen der militärischen Beteiligung an VN-Missionen, erfolgte erst nach der deutschen Einheit.

Angesichts der bevorstehenden Aufnahme entwickelte das AA im Sommer 1973 zunächst alleine, später in Abstimmung mit den anderen Ressorts, Leitlinien der künftigen VN-Politik.[14] Als »mittlere Macht« besitze die Bundesrepublik weltweite Interessen, auch wenn ihr Fokus in Europa liege. Die Anlehnung an die Europäische Gemeinschaft (EG) und die NATO – hierauf legte das BMVg großen Wert[15] – galten als Grundlage und Grenze ihres VN-Engagements. Als starke Wirtschaftsnation hänge die Bundesrepublik aber auch über die europäischen Grenzen hinaus von »einer stabilen Außenwelt« ab. Es sei daher »ein vitales Interesse […], wo immer dies möglich ist, zur unmittelbaren Friedenssicherung […] beizutragen.« Ferner sei es das »unmittelbare Interesse der Bundesrepublik Deutschland, die Anstrengungen der Weltorganisation auf dem Gebiet direkter Friedenssicherung […] mit Nachdruck zu unterstützen.« Innerhalb der Vereinten Nationen strebte die Bundesregierung daher »eine aktive, ihren Kräften angemessene Rolle im Dienst der Friedenssicherung« an. Dabei zielte sie auf keine kurzfristigen Erfolge, sondern wollte langfristig »ihren Ruf als vertrauens- und glaubwürdiger Partner […] stärken.« Dennoch hatten nationale Eigeninteressen oberste Priorität, die notfalls auch durch Inkaufnahme »negative[r] Reaktionen anderer Mitgliedstaaten« vertreten werden sollten. Ausdrücklich von den Vereinten Nationen getrennt bleiben sollte die deutsche Frage.[16] Angesichts des sowjetischen Vetorechts war jede Befassung des VNSR, die nachteilig für die DDR gewesen wäre, ohnehin zum Scheitern verurteilt.

Bei der Friedenssicherung wollte die Bundesrepublik in erster Linie im Rahmen der Konfliktverhütung und hier vor allem bei der internationalen Abrüstung tätig werden. Gegenüber den Staaten der sogenannten Dritten Welt wollte sie eine Politik der guten Nachbarschaft üben und vor dem Hintergrund des eigenen Anspruchs auf deutsche Einheit[17] für das Selbstbestimmungsrecht der Völker eintreten. Oberste Leitlinie sollte der globale Gewaltverzicht zur Durchsetzung politischer Ziele sein. Dem ökonomischen Gewicht der Bundesrepublik entsprechend sollte der Schwerpunkt ihres VN-Engagements im wirtschaftlichen, sozialen und humanitären Bereich

---

13 Vgl. BT-PlPr. 9/121, 13.10.1982, S. 7213–7229.
14 BArch, BW 1/159093, Kopie Schreiben Referat 230 im AA an den Chef des Bundeskanzleramts, Betr.: VN-Politik der Bundesrepublik Deutschland, 15.8.1973, hier Anlage. Die Stellungnahmen der Ressorts finden sich in PA AA, B 30, ZA, Bd 113945.
15 PA AA, B 30, ZA, Bd 113945, Schnellbrief Referat VR II 3 im BMVg an das AA, Betr.: Unsere VN-Politik nach dem Beitritt, 3.8.1973.
16 BArch, B 136/6397_2, Schreiben Referat 230 im AA an den Chef des Bundeskanzleramts, Betr.: VN-Politik der Bundesrepublik Deutschland, 15.8.1973, hier Anlage, S. 3 ff. Siehe auch VNGV, A/PV.2128, 26.9.1973, Randnr. 6.
17 Vgl. VNGV, A/PV.2119, 19.9.1973, Randnr. 146.

liegen, um weltweit soziale Gerechtigkeit zu fördern.[18] Grundsätzlich sollte die Politik der Bundesrepublik wertgebunden sein und für Frieden, weltweite Menschenrechte und vor allem im südlichen Afrika gegen Rassismus und Kolonialismus eintreten.[19]

Angesichts der deutschen Vergangenheit suchten das AA und die anderen Ressorts im Rahmen der Vereinten Nationen somit von Beginn an eher ›weiche‹, nichtmilitärische Themen, um den Vorwurf eines erneuten Machtstrebens im Keim zu ersticken. Hinsichtlich einer stärkeren bundesdeutschen Repräsentanz in den Vereinten Nationen lag der Schwerpunkt ihres Bestrebens daher auch auf dem Wirtschafts- und Sozialrat. An einer Beteiligung im VNSR war die Bundesrepublik zwar »grundsätzlich interessiert«, zunächst aber nur an einem nichtständigen Sitz.[20] Die Übernahme von größerer internationaler Verantwortung, auch zur Lösung von Konflikten, sollte somit allenfalls schrittweise und durch zivile, nicht militärische Mittel erfolgen. Diese nicht öffentlich gemachten Leitlinien galten fortan als Richtschnur des bundesdeutschen VN-Engagements; am 12. September 1973 nahm sie das Bundeskabinett zur Kenntnis.[21]

In den kommenden 17 Jahren, der Phase der deutschen Doppelmitgliedschaft in den Vereinten Nationen, handelte die Bundesregierung daher vor allem bei strittigen Themen zurückhaltend. Ihre Stimmabgabe in der VNGV war charakteristisch für ihre VN-Politik und »durch eine doppelte Rücksichtnahme bestimmt«. Einerseits stimmten die deutschen Vertreter meist mit Rücksicht auf die sicherheitspolitisch bedeutenden NATO- und EG-Partner. Andererseits enthielten sie sich bei Themen, die nicht der bundesdeutschen Ostpolitik entsprachen.[22] Dennoch war die Aufnahme in die Vereinten Nationen mit einer Erweiterung der internationalen Handlungsmöglichkeiten verbunden. Bereits für die Jahre 1977/78 wurde die Bundesrepublik zum nichtständigen Mitglied des VNSR gewählt.[23] Ursprünglich hatte Außenminister Genscher diesem Schritt skeptisch gegenübergestanden, erforderte er doch von der Bundesregierung, zu »kritischen weltpolitischen Fragen

---

[18] BArch, B 136/6397_2, Schreiben Referat 230 im AA an den Chef des Bundeskanzleramts, Betr.: VN-Politik der Bundesrepublik Deutschland, 15.8.1973, hier Anlage, S. 6 ff.
[19] Vgl. VNGV, A/PV.2119, 19.9.1973, Randnr. 152 ff.; VNGV, A/31/PV.7, 28.9.1976, Randnr. 97–104. Siehe auch BPA, Leitlinien der Afrikapolitik der Bundesregierung. In: Bulletin, Nr. 100, 29.8.1973, S. 1003.
[20] Vgl. BArch, B 136/6397_2, Schreiben Referat 230 im AA an den Chef des Bundeskanzleramts, Betr.: VN-Politik der Bundesrepublik Deutschland, 15.8.1973, hier Anlage, S. 9.
[21] 31. Kabinettsitzung am Mittwoch, dem 12.9.1973, 4. VN-Politik der Bundesrepublik Deutschland. Außenminister Scheel skizzierte die bundesdeutsche VN-Politik anlässlich der Aufnahme der Bundesrepublik vor der VNGV. VNGV, A/PV.2119, 19.9.1973, Randnr. 141–168.
[22] Arnold, Deutschland, S. 72. Zur Beteiligung der Bundesrepublik an ihrer ersten VNGV siehe Gehlhoff, Die Bundesrepublik Deutschland in den VN. Zum Abstimmungsverhalten während der ersten VNSR-Mitgliedschaft siehe Freuding, Deutschland in der Weltpolitik, S. 137–229.
[23] Vgl. VNGV, A/31/PV.40, 21.10.1976, S. 689.

## II. Politischer Kontext und Begriffsbestimmungen

Stellung zu nehmen.«[24] Aber auch hier konkurrierte die Bundesrepublik trotz der deutsch-deutschen Annäherung weiter mit der DDR. Weil Letztere zur osteuropäischen Regionalgruppe gehörte und erst für die Jahre 1978/79 als nichtständiges Mitglied des VNSR infrage kam, konnte die Bundesregierung der DDR symbolträchtig zuvorkommen.[25] Weil auch das BKAmt glaubte, sich der Verantwortung nicht dauerhaft entziehen zu können, stimmte Bundeskanzler Helmut Schmidt vor dem Hintergrund der fortwährenden deutsch-deutschen Konkurrenz einer bundesdeutschen Kandidatur bereits 1975 zu.[26]

Obwohl 1987/88 eine weitere nichtständige Mitgliedschaft der Bundesrepublik im VNSR folgte,[27] setzte im AA schnell Resignation ein. Weil sie die Mehrheit stellten, dominierten in der VNGV die afrikanischen und asiatischen Staaten. Den Staaten Westeuropas mangelte es dagegen oft an Geschlossenheit,[28] sodass die bundesdeutschen Möglichkeiten zur Umsetzung ihrer Ideen begrenzt blieben.

Diese zweite Phase der bundesdeutschen Engagements in den Vereinten Nationen endete am 3. Oktober 1990. Mit der deutschen Einheit übernahm die Bundesrepublik alle Rechte und Pflichten der ehemaligen DDR und führte ihre Politik als neue Bundesrepublik fort.[29] Unverändert blieb der Fokus ihrer VN-Politik aber auf den Bereichen Menschenrechte, der demokratischen Einigung in Europa, der weltweiten Abrüstung, der Entwicklung und der friedlichen Konfliktlösung.[30] Stärker noch als zuvor galt es nach Erlangung der deutschen Einheit, internationales Vertrauen zu schaffen und Ängste vor dem erstarkten Deutschland abzubauen.[31] Obwohl die Bundesregierung international mehr Verantwortung übernehmen und sich dafür auch militärisch engagieren wollte,[32] hielt vor allem das AA an der »Kultur der Zurückhaltung« gegenüber einer militärischen Beteiligung Deutschlands an der internationalen Krisenbewältigung der Vereinten Nationen fest und setzte in erster Linie

---

[24] BArch, B 136/34368, Schreiben Außenminister Genscher an Bundeskanzler Schmidt, 20.12.1974.
[25] Ebd., Schreiben Außenminister Genscher an Bundeskanzler Schmidt, 27.3.1975.
[26] Ebd., Vorlage Gruppe II/1 an den Bundeskanzler, Betr.: Kandidatur für einen Sitz im VN-Sicherheitsrat, 21.4.1975.
[27] Vgl. VNGV, A/41/PV.40, 17.10.1986, S. 26.
[28] PA AA, B 30, ZA, Bd 113948, Vorlage Politische Abteilung 2 an den Außenminister, Betr.: VN-Politik, 22.11.1974; ebd., Vorlage Politische Abteilung 2 an den Außenminister, Betr.: VN-Politik, 17.12.1974; ebd., Weisung Referat 230 an die Botschaften in Afrika, Asien und Lateinamerika, Betr.: Deutsche VN-Politik, hier: Beziehungen zu Ländern der Dritten Welt, 7.3.1975.
[29] Bspw. erhielt die Bundesrepublik den Sitz der DDR im Sonderausschuss für friedenssichernde Operationen. Löwe, Peacekeeping-Operationen, S. 132. Ihr Pflichtbeitrag zum VN-Haushalt stieg Anfang der 1990er-Jahre dagegen auf 8,93 Prozent. VNST, ST/ADM/SER.B/422, 28.12.1993, S. 6.
[30] Vgl. VNGV, A/45/PV.8, 1.10.1990, S. 2–15; VNGV, A/46/PV.8, 27.9.1991, S. 17–38; BPA, Rede des Bundesaußenministers vor den Vereinten Nationen. In: Bulletin, Nr. 101, 25.9.1992, S. 949–953.
[31] Vgl. BT-PlPr. 11/228, 4.10.1990, S. 18025 f.
[32] BPA, Rede des Bundesaußenministers vor den Vereinten Nationen. In: Bulletin, Nr. 104, 26.9.1991, S. 825–830, hier S. 827; VNGV, A/46/PV.8, 27.9.1991, S. 27 f.

weiter auf politische Initiativen.[33] Auch nach 1990 hielt das AA die VN-Politik weiter fest in der Hand. Das BKAmt schaltete sich nur selten in diese multilateralen Belange ein. Mit der deutschen Einheit, den Abrüstungsgesprächen mit der Sowjetunion bzw. Russland sowie der europäischen Annäherung hatte es Anfang der 1990er-Jahre außenpolitisch genug zu bewältigen.[34]

Das AA nutzte diese Freiheit und bekundete 1992 den Wunsch nach einem ständigen Sitz in einem reformierten VNSR[35] – ohne die volle Rückendeckung des Kanzlers zu haben, der andere Prioritäten setzte.[36] Der VNSR wurde allerdings bis heute nicht reformiert, sodass die neue Bundesrepublik als Zeichen des internationalen Vertrauens 1995/96 zunächst nur zum dritten Mal nichtständiges Mitglied im Sicherheitsrat wurde.[37] In Kontinuität zu ihrer vorherigen VN-Politik schärfte die Bundesregierung im Zuge dessen vor allem beim »Randthema« der internationalen Minenräumung als Teil der internationalen Abrüstungsbemühungen ihr VN-Profil.[38] Laut Freuding war die dritte Mitgliedschaft aber von einer weiteren Desillusionierung gegenüber den Fähigkeiten der Vereinten Nationen geprägt; eine Handlungsverschiebung hin zu anderen Organisationen wie der NATO und der EU kündigte sich an.[39] Insbesondere gegenüber Konflikten in Afrika habe sich die Bundesregierung überwiegend ratlos gezeigt,[40] was die folgenden Fallbeispiele belegen.

## 2. Die Afrikapolitik der Bundesregierung bis zu den 1990er-Jahren

Um die Beziehungen zwischen der Bundesregierung und den in dieser Arbeit zu betrachtenden VN-Einsatzländern – Angola, Liberia, Mosambik, Namibia, Ruanda/Uganda, Somalia und die Westsahara – besser zu verstehen, hilft ein kurzer Abriss der bundesdeutschen Afrikapolitik bis zur deutschen Einheit. Daraus ergeben sich erste Hinweise darauf, ob die bundesdeutschen Entscheidungen hinsichtlich einer Beteiligung an den dortigen VN-Missionen von politischen, wirtschaftlichen oder sozialen Interessen an den genannten Einsatzgebieten geprägt gewesen sein könnten.

---

[33] BT-PlPr. 12/177, 24.9.1993, S. 15314.
[34] Freuding, Deutschland in der Weltpolitik, S. 485 f.
[35] BPA, Rede des Bundesaußenministers vor den Vereinten Nationen. In: Bulletin, Nr. 101, 25.9.1992, S. 949–953, hier S. 951. Siehe auch BPA, 20 Jahre Mitgliedschaft in den Vereinten Nationen. In: Bulletin, Nr. 76, 22.9.1993, S. 791; BT-PlPr. 12/177, 24.9.1993, S. 15315; BPA, Rede des Bundesaußenministers vor den Vereinten Nationen. In: Bulletin, Nr. 79, 30.9.1993, S. 913–917, hier S. 916. Ausführlich siehe Andreae, Reform in der Warteschleife.
[36] Kohl, Berichte zur Lage 1989–1998, S. 415, 459; Andreae, Reform in der Warteschleife, S. 120.
[37] VNGV, A/49/PV.40, 20.10.1994, S. 3.
[38] Freuding, Deutschland in der Weltpolitik, S. 458–461.
[39] Ebd., S. 476 f.
[40] Ebd., S. 483.

## II. Politischer Kontext und Begriffsbestimmungen 65

Als Konsequenz des Zweiten Weltkriegs musste die Bundesrepublik Deutschland in den 1950er-Jahren zunächst ihre volle außenpolitische Handlungsfähigkeit von den Besatzungsmächten erhalten. Entsprechend begrenzt waren die Möglichkeiten, ein eigenes außenpolitisches Profil auf dem afrikanischen Kontinent zu entwickeln. Da Deutschland seit dem Ersten Weltkrieg keine Kolonien mehr besaß, fehlten anders als in Frankreich, Großbritannien oder Portugal auch ausgeprägte politische, kulturelle und wirtschaftliche Anknüpfungspunkte zu den meisten afrikanischen Regionen. Solange der Großteil des afrikanischen Kontinents von mittlerweile verbündeten europäischen Staaten beansprucht wurde, fehlte der Bundesregierung auch die Grundlage, um in stärkerem Maße mit afrikanischen Akteuren in Verbindung zu treten. Vor allem Frankreich verwehrte der Bundesrepublik noch Anfang der 1950er-Jahre umfangreicheren Zugang zu seinen Kolonien[41], sodass auch von dieser Seite her Grenzen bestanden. Zwischen 1949 und 1959 orientierte sich die Bundesregierung daher überwiegend an der Kooperation mit den westeuropäischen und nordamerikanischen Staaten in Europa und formulierte vor dem Hintergrund ihrer überlebenswichtigen Westintegration öffentlich keine eigenen Interessen auf dem afrikanischen Kontinent. Schon früh entwickelte sich dadurch der Anspruch, auch in Afrika eng abgestimmt mit den Partnern zu handeln. Trotzdem wurde der afrikanische Kontinent bereits in den 1950er-Jahren als Rohstoffquelle und potenzieller Absatzmarkt der aufstrebenden bundesdeutschen Industrie gehandelt, den es langfristig an sich zu binden galt.[42]

Jene Märkte öffneten sich im Zuge der Dekolonisation, die 1960 mit der Unabhängigkeit der meisten französischen Kolonien ihren Höhepunkt fand. Frühzeitig entwarf auch das AA Eckpunkte einer künftigen bundesdeutschen »Afrika-Politik« – in erster Linie verstanden die Bundesressorts hierunter ihre Politik gegenüber den Staaten südlich der Sahara.[43] Im Oktober 1959 trafen sich die auf dem afrikanischen Kontinent eingesetzten bundesdeutschen Diplomaten in der äthiopischen Hauptstadt Addis Abeba. Auf dieser ersten afrikanischen Botschafterkonferenz wurde diskutiert, wie Afrika – und hier vor allem die rohstoffreichen Regionen – für Europa und die Bundesrepublik gewonnen werden könnten. Als Gefahr für die eigenen Interessen – hier folgte man den USA – galt das erstarkte Engagement der Sowjetunion bzw. aus bundesdeutscher Sicht der DDR. Ähnlich wie ihre Partner beschlossen die bundesdeutschen Diplomaten zur Aufrechterhaltung ihres eigenen ebenso wie zur Eindämmung des östlichen Einflusses umfangreiche Entwicklungshilfen für den afrikanischen Kontinent.[44]

---

[41] Hein, Die Westdeutschen und die Dritte Welt, S. 31.
[42] Gülstorff, Trade Follows Hallstein?, S. 52 f.
[43] BT-Drs. 8/3463, 4.12.1979, S. 1.
[44] Der Vorgang findet sich in PA AA, B 1, Bd 260. Vgl. auch BPA, Unsere Politik mit den Ländern Afrikas. In: Bulletin, Nr. 197, 23.10.1959, S. 1997–2000. Ausführlich siehe Gülstorff, The White Man's Burden?

Erste auch für die Öffentlichkeit gedachte Leitlinien einer bundesdeutschen Afrikapolitik veröffentlichte das AA jedoch erst 1968. Die hierin enthaltenen Grundgedanken waren unter Führung des damaligen Außenministers Willy Brandt (SPD) auf der dritten Botschafterkonferenz in Abidjan (Côte d'Ivoire) entstanden. Politische Maßgaben für die bundesdeutsche Politik gegenüber den mittlerweile größtenteils unabhängigen afrikanischen Staaten waren unter anderem restriktive Waffenexporte[45], um Konflikte nicht weiter zu schüren, das von der Bundesrepublik für die deutsche Einheit selbst beanspruchte[46] Selbstbestimmungsrecht der Völker, eine Politik der Antidiskriminierung, die – ebenfalls aus deutschlandpolitischen Gesichtspunkten für sich selbst in Anspruch genommene – Nichteinmischung in innere Angelegenheiten fremder Staaten insbesondere durch die Entkopplung von Handel und Politik sowie eine stärkere Abstimmung im EG-Rahmen.[47] Im Bewusstsein der begrenzten eigenen Mittel und der im Vergleich zu den anderen (ehemaligen) Kolonialmächten beschränkteren Anknüpfungspunkten setzte das AA in Afrika auch weiter auf europäische Ansätze.[48]

Prägende Faktoren der bundesdeutschen Außenpolitik in den 1960er-Jahren waren aber der Ost-West-Gegensatz und die ungeklärte deutsche Frage. In den Leitgedanken von 1968 hieß es dazu: »Es liegt im Interesse der Bundesrepublik Deutschland, die Unterstützung der Afrikaner in den Vereinten Nationen für unsere [...] nationalen Anliegen zu erhalten.«[49] Der Anspruch auf staatliche Alleinvertretung wirkte sich nämlich vor allem bei den unabhängig gewordenen Staaten Afrikas aus, um deren Anerkennung die Bundesrepublik und die aus ihrer Sicht nichtstaatliche DDR konkurrierten.[50] Jeder Staat, der diplomatische Beziehungen mit der DDR aufnahm und dadurch die Existenz zweier deutscher Staaten festigte, sollte politische und wirtschaftliche Konsequenzen fürchten.[51] Zwar stellen neuere Forschungen infrage, wie groß die Folgen die-

---

[45] Ein Gesetz zur Kontrolle von Kriegswaffen existierte seit 1961. Ausführungsgesetz zu Art. 26 Abs. 2 des Grundgesetzes (Gesetz über die Kontrolle von Kriegswaffen), 20.4.1961. In: BGBl., Teil I, Nr. 26 (1961), S. 444–452. Zusätzlich beschloss die Bundesregierung 1965, keine Waffen in Spannungsgebiete zu liefern. BT-PlPr. 4/164, 17.2.1965, S. 8077. Zur Entwicklung der bundesdeutschen Rüstungsexporte siehe Gray, Waffen aus Deutschland?

[46] Vgl. VNGV, A/PV.2239, 23.9.1974, Randnr. 40 ff.

[47] PA AA, B 34, Bd 836, Referat I B 3, Leitgedanken zur deutschen Afrika-Politik (Afrika südlich der Sahara), 11.4.1968; BPA, Leitlinien der deutschen Afrikapolitik. In: Bulletin, Nr. 63, 17.5.1968, S. 533–536.

[48] Eine der wohl bekanntesten EG-Maßnahmen in Afrika war der Abschluss des Wirtschaftsabkommens von Lomé 1975. Vgl. BT-Drs. 7/3575, 24.4.1975, S. 29.

[49] PA AA, B 34, Bd 836, Referat I B 3, Leitgedanken zur deutschen Afrika-Politik (Afrika südlich der Sahara), 11.4.1968, hier S. 1 f.

[50] Engel/Schleicher, Die beiden deutschen Staaten, S. 37 ff.; Engel, Die Afrikapolitik, S. 39–44. Vgl. auch Büschel, Hilfe zur Selbsthilfe, S. 51 f.

[51] Bundeskanzler Adenauer verkündete den Grundgedanken dieser politischen Leitlinie nach seiner Moskau-Reise im September 1955, als er »die Aufnahme diplomatischer Beziehungen mit der DDR durch dritte Staaten [...] als einen unfreundlichen Akt« bezeichnete. Welche Maßnahmen beim Bruch dieses Grundsatzes folgen sollten, blieb offen. BT-PlPr. 2/101, 22.9.1955, S. 5647. Ausführlich zur Entwicklung der »Hallstein-

## II. Politischer Kontext und Begriffsbestimmungen

ses Vorsatzes für das bundesdeutsche Handeln in Afrika wirklich waren,[52] zweifellos wurde die Entwicklungszusammenarbeit aber zu einem der wichtigsten Instrumente der bundesdeutschen Afrikapolitik. Durch Kapital- und/ oder technische Hilfe für möglichst viele Staaten sollten die internationale Anerkennung der DDR verhindert, der eigene Einfluss in der Welt vergrößert und der Anspruch auf sowie der internationale Zuspruch für die deutsche Einheit gestärkt werden.[53] 1961 wurde hierzu das mitunter in Konkurrenz zum AA stehende BMZ gegründet.[54]

Die deutschlandpolitische Rivalität um die Anerkennung der afrikanischen Staaten endete erst durch die deutsch-deutsche Annäherung und die offizielle Abkehr von der bundesdeutschen Hallstein-Doktrin. Nach der Unterzeichnung des Grundlagenvertrags von 1972 nahm ein Großteil der afrikanischen Staaten diplomatische Beziehungen zur DDR auf, ohne negative Konsequenzen fürchten zu müssen.[55] Mit der Aufnahme beider deutscher Staaten in die Vereinten Nationen im darauffolgenden Jahr war die Konkurrenz zwischen der Bundesrepublik und der DDR sowie den Staaten der Warschauer Vertragsorganisation aber nicht vorbei, sondern setzte sich unter anderen Vorzeichen fort. International stand die Bundesregierung in Afrika nämlich vor einem Dilemma. Zwar waren ihre wirtschaftlichen Beziehungen zu den meisten afrikanischen Ländern rudimentär, weil Korruption und administrative Risiken bundesdeutsche Privatinvestitionen verhinderten.[56] Als Repräsentant einer der führenden Wirtschaftsnationen orientierte sich das

---

Doktrin« siehe Booz, Hallsteinzeit, S. 17–32; Kilian, Die Hallstein-Doktrin, S. 13–30; Gray, Germany's Cold War, S. 30–86. Der bekannteste Streit um die Alleinvertretung in Afrika ereignete sich 1964/65 nach der Anerkennung der DDR durch Sansibar und die darauffolgende Gründung Tansanias, der mit einem Prestigeverlust der Bundesrepublik endete. Engel/Schleicher, Die beiden deutschen Staaten, S. 151–180; Kilian, Die Hallstein-Doktrin, S. 171–226; Gray, Germany's Cold War, S. 155–162.

[52] Vgl. Gülstorff, Trade Follows Hallstein?, S. 74 f., 489 ff.
[53] Bohnet, Geschichte der deutschen Entwicklungspolitik, S. 52 ff., 69 f.
[54] Grundsatzerklärung des Bundesministers für wirtschaftliche Zusammenarbeit, Walter Scheel, zur deutschen Entwicklungspolitik am 6. Januar 1962. In: Die Auswärtige Politik der Bundesrepublik Deutschland, Dok. 146, S. 460 f. Zu den Motiven der Entwicklungshilfe siehe die Rede des Ministerialdirektors im Auswärtigen Amt, Dr. Harkort, zum Thema »Wirtschaftspolitik und Außenpolitik« in der Evangelischen Akademie Loccum am 9. Dezember 1965. In: ebd., Dok. 209, S. 555–557, hier S. 556. Siehe auch Engel/Schleicher, Die beiden deutschen Staaten, S. 41–44, 49 f.; Lohmann, Von der Entwicklungspolitik zur Armenhilfe, S. 50–89. Der Schwerpunkt der bundesdeutschen Entwicklungshilfe lag zunächst aber auf den bereits länger bestehenden Staaten Asiens. Vgl. ebd., S. 227. Siehe auch Bohnet, Geschichte der deutschen Entwicklungspolitik, S. 54–57.
[55] Vgl. Aufzeichnung des Ministerialdirektors van Well, 25.1.1973. In: AAPD 1973, Dok. 23, S. 122–132, hier S. 125, Anm. 13.
[56] Zum kontinentalen Vergleich siehe Neebe, Weichenstellung für die Globalisierung, S. 230. Seit 1977 können die Zahlen des Statistischen Bundesamts zum Außenhandel der Bundesrepublik mit den Ländern Afrikas unter https://www.statistischebibliothek.de/mir/receive/DESerie_mods_00000087 eingesehen werden. Im Laufe des 20. Jahrhunderts war Libyen das einzige afrikanische Land unter den zehn wichtigsten Handelspartnern der Bundesrepublik. Ziegler, Deutschland und der Weltmarkt, S. 44. Vgl. auch Schulz, Development Policy, S. 154–179; Eyinla, The Foreign Policy, S. 98 ff.;

Handeln der Bundesregierung aber insbesondere im südlichen Afrika an den dortigen Rohstoffinteressen der bundesdeutschen Wirtschaft[57] und den dort bereits geleisteten Investitionen deutscher Firmen.[58] Aus Wirtschafts- bzw. Sicherheitsinteressen pflegte sie daher gute Beziehungen zum international geächteten Apartheidstaat Südafrika, in dem etwa 70 000 deutschstämmige Personen lebten, für deren Wohlergehen sich die Bundesregierung verantwortlich fühlte.[59] Zudem unterstützte sie den NATO-Partner Portugal, der in seinen noch immer unter kolonialer Herrschaft stehenden Gebieten in Afrika unerbittliche Kriege führte.[60] Beides führte zu Protesten vieler afrikanischer Staaten und einem Ansehensverlust der Bundesrepublik.[61]

Gleichzeitig unterstützten die sozialistischen Staaten, darunter auch die DDR, viele der afrikanischen Widerstandsbewegungen oder ihnen nahestehende Regime – so z.B. in den hier zu betrachtenden Staaten Angola und Mosambik. Aus Sicht der Bundesregierung stärkte dies den sozialistischen Einfluss in der Region und bedrohte die bundesdeutschen Rohstoffzugänge im südlichen Afrika. Auch ohne Hallstein-Doktrin standen die Beziehungen der Bundesrepublik zu den afrikanischen Staaten daher weiter im Zeichen des Ost-West-Konflikts.[62] Überdies bildeten die afrikanischen Staaten die zahlenmäßig stärkste und eine untereinander sehr loyal handelnde Gruppe in den Vereinten Nationen. Ein Großteil der in der Generalversammlung eingebrachten Resolutionen behandelte Fragen der Dekolonisierung und der Beendigung der Apartheid, deren Maßnahmen nicht unbedingt zu den (Wirtschafts-)Interessen der westeuropäischen Staaten passten.

---

Engel/Schleicher, Die beiden deutschen Staaten, S. 39 f., 69 f.; Mair, German-African Relations, S. 22.

[57] PA AA, B 9, ZA, Bd 178392, Vorlage Konrad Seitz an Klaus Kinkel, Betr.: Innenpolitische Überlegungen zur Frage der Schließung des deutschen Konsulats in Südwestafrika, hier: Die Haltung der deutschen Wirtschaft in den Fragen Südafrika und Südwestafrika, 15.3.1977; PA AA, B 9, ZA, Bd 178428, Planungsstab AA, Zur deutschen Afrikapolitik, 1. Band, Oktober 1977, hier Rohstoffpolitische Bedeutung Afrikas.

[58] Beispielhaft siehe Biss, BMW in Südafrika.

[59] PA AA, B 9, ZA, Bd 178428, Planungsstab AA, Zur deutschen Afrikapolitik, 1. Band, Oktober 1977, hier S. 20, und Anlage Republik Südafrika (RSA), S. 5.

[60] Ausführlich zu den bundesdeutsch-portugiesischen Beziehungen siehe Hallbauer, Die Beziehungen.

[61] Bereits vor dem Beitritt der Bundesrepublik zur Weltorganisation pochten Guinea, Algerien und Tansania auf den Abbruch der bundesdeutschen Wirtschaftsbeziehungen zu Südafrika. Andernfalls drohten sie mit Widerstand bei ihrer Aufnahme. PA AA, B 30, ZA, Bd 113951, Drahtbericht der Ständigen Vertretung in New York an Referat 230 im AA, Nr. 810 vom 1.8.1973; ebd., Vorlage Abteilung 2 an den Staatssekretär, Betr.: Abstimmung in der Generalversammlung der VN über Aufnahme der beiden deutschen Staaten, hier: Haltung afrikanischer Staaten, 7.8.1973. Da die Annahme der VNGV aber ohne Stimmabgabe durch Akklamation erfolgte, blieb die Konfrontation aus. Vor der VNGV beklagte Guinea allerdings die bundesdeutsche Unterstützung für Portugal. VNGV, A/PV.2117, 18.9.1973, Randnr. 99–146.

[62] Vgl. PA AA, B 9, ZA, Bd 178428, Planungsstab AA, Zur deutschen Afrikapolitik, 1. Band, Oktober 1977, hier S. 5 ff.; BArch, B 136/16551, Kopie Aufzeichnung des Leiters Planungsstab vom 26.5.1978.

## II. Politischer Kontext und Begriffsbestimmungen

Da sich die Bundesregierung nach ihrem Beitritt zu den Vereinten Nationen gegenüber diesen Resolutionen positionieren musste, aus wirtschaftspolitischen Gründen weiter gute Beziehungen zu Südafrika pflegen und im Wettstreit um weltweiten Einfluss gegenüber den Staaten der Warschauer Vertragsorganisationen weitere Konfrontationen mit den afrikanischen Staaten vermeiden wollte, passte sie ihre Afrikapolitik an.[63] Grundlagen sollten weiterhin das Selbstbestimmungsrecht der Völker, die Nichteinmischung in innere Angelegenheiten, das Gewaltverbot und die Verurteilung von »Rassendiskriminierung« sein. Selbst wollte die Bundesregierung »keine machtpolitischen Ziele« in Afrika verfolgen.[64] »Strategische Interessen« bestanden offiziell »nur im NATO-Rahmen«.[65] Oberstes Credo blieb allerdings die Trennung von Politik und Wirtschaft.

»Als Industrieland«, so die Leitlinien, sei die Bundesrepublik auf den Handel angewiesen. »Handel und Politik«, gemeint waren damit in erster Linie die Beziehungen zu Südafrika, könne sie »nicht ohne Not koppeln.«[66] Bilateral und multilateral, sowohl im europäischen Rahmen als auch innerhalb der Vereinten Nationen, versuchte die Bundesregierung daher einen Spagat zwischen einer antikolonialen, antirassistischen Außenpolitik zur friedlichen Überwindung der Apartheid[67] bei gleichzeitiger Aufrechterhaltung guter Wirtschaftsbeziehungen zu Südafrika und der Solidarität gegenüber ihren NATO-Partnern.[68] Bei der im globalen Vergleich mittlerweile üppigen bundesdeutschen (Entwicklungs-)Hilfe unterließ es das AA daher weiter,

---

[63] Vgl. Aufzeichnung des Ministerialdirektors van Well, 25.1.1973. In: AAPD 1973, Dok. 23, S. 122–132. Siehe auch PA AA, B 30, ZA, Bd 113945, Kopie Schreiben Referat 302 an die Gruppe 23, Betr.: VN-Politik nach dem Beitritt, vom 7.6.1973; BArch, B 136/6214, Schreiben des Außenministers an den Bundeskanzler, 17.8.1973. Die vom AA überarbeiteten »Leitgedanken zur deutschen Afrikapolitik« sandte es Ende August 1973 an die anderen Ressorts. Ebd., Rundschreiben Referat 302, Betr.: Afrika-Politik der Bundesregierung; hier: »Leitgedanken«, vom 29.8.1973, hier Anlage.

[64] BArch, B 136/6214, Kopie Referat 302, Leitgedanken zur deutschen Afrikapolitik, 15.8.1973, hier S. 1 f.

[65] PA AA, B 9, ZA, Bd 178428, Planungsstab AA, Zur deutschen Afrikapolitik, 1. Band, Oktober 1977, hier Strategische Bedeutung Afrikas, einschließlich Kap-Route, S. 2.

[66] BArch, B 136/6214, Kopie Referat 302, Leitgedanken zur deutschen Afrikapolitik, 15.8.1973, hier S. 6. Den Grundgedanken formulierte die Abteilung 3 bereits im Januar 1973. PA AA, B 34, ZA, Bd 108239, Vorlage Leiter Abteilung 3 an den Staatssekretär, Betr.: Grundzüge unserer Afrika-Politik, hier: Anpassung an veränderte politische Daten, 25.1.1973, hier S. 8 f.

[67] Vgl. VNGV, A/PV.2128, 26.9.1973, Randnr. 57–62; VNGV, A/PV.2239, 23.9.1974, Randnr. 91; VNGV, A/32/PV.12, 29.9.1977, Randnr. 128. Im Bundestag nannte Genscher die Friedenssicherung, die Stärkung der Unabhängigkeit der afrikanischen Staaten, den Aufbau einer vielfältigen Partnerschaft und die Verhinderung von neuen Machtzonen in Afrika als Ziele der bundesdeutschen Afrikapolitik. BT-PlPr. 8/52, 27.10.1977, S. 4059 f.

[68] BArch, B 136/6214, Kopie Referat 302, Leitgedanken zur deutschen Afrikapolitik, 15.8.1973. Südafrika und die portugiesischen Überseegebiete sollten aber keine Rüstungsgüter erhalten. Im Falle von Portugal wollte sich das AA dies vertraglich garantieren lassen. Ebd., S. 5 f. Siehe auch Aufzeichnung des Ministerialdirektors van Well, 25.1.1973. In: AAPD 1973, Dok. 23, S. 122–132, hier S. 129–132.

geografische Schwerpunkte zu setzen. Selbst die kleinsten und wirtschaftlich schwächsten Staaten besaßen in der Weltgemeinschaft die gleichen Stimmrechte wie große und konnten die bundesdeutschen Interessen international stützen. Um die Sichtbarkeit der eigenen Hilfe und den bundesdeutschen Prestigegewinn zu maximieren, setzte das AA daher vor allem auf bilaterale, weniger auf multilaterale Maßnahmen.[69] Voraussetzung zur Vergabe von Hilfsmitteln von Seiten der Bundesregierung war allerdings die vertragliche Zustimmung der Empfängerländer zur sogenannten Berlin-Klausel[70] und damit die Anerkennung des Sonderstatus des geteilten ›Landes‹ Berlin.[71] Andernfalls blockierten die Bundesressorts Hilfsgelder, sodass davon gesprochen werden kann, dass eine Art Hallstein-Doktrin mit anderen Parametern über 1972 hinaus fortbestand.[72]

Zwar erübrigte sich die problematische Unterstützung für Portugal durch das Ende des portugiesischen Kolonialreichs 1975 von selbst, die anhaltenden Konflikte im südlichen Afrika und die Einflussnahme der sozialistischen Staaten dort kollidierten aber weiter mit den (Wirtschafts-)Interessen der Bundesregierung. Trotz größerer – zumindest symbolischer – Unterstützung der sogenannten Frontlinienstaaten[73] im Kampf gegen die Apartheid und die Vorherrschaft der weißen Minderheiten im südlichen Afrika strafte die Mehrheit der afrikanischen Länder die Bundesregierung aufgrund ihrer ambivalenten Stellung gegenüber Südafrika mehrfach in der VNGV ab.[74] Sichtbarstes Zeichen waren die schlechten Wahlergebnisse der Bundesrepublik zum nichtständigen Mitglied im VNSR. 1976 erzielte sie das schlechteste, 1986 das zweitschlechteste Ergebnis der fünf neugewählten Staaten.[75]

Die zweigleisige Afrikapolitik hatte auch unter der konservativ-liberalen Koalition ab 1982 Bestand, zumal das AA fast übergangslos in der

---

[69] PA AA, B 34, ZA, Bd 108239, Vorlage Leiter Abteilung 3 an den Staatssekretär, Betr.: Grundzüge unserer Afrika-Politik, hier: Anpassung an veränderte politische Daten, 25.1.1973, hier S. 9 f.

[70] Siehe Kabinettsbeschluß der Bundesregierung über die Fassung der Vorschriften zur Erstreckung von Bundesrecht auf Berlin (Berlinklausel). In: Dokumente zur Berlin-Frage, S. 169–173.

[71] Vgl. PA AA, B 9, ZA, Bd 178506, Aufzeichnung Joachim von Arnim, Betr.: Formulierung der Berlin-Klausel, hier: Moçambique, 30.3.1978.

[72] Vgl. dazu die Fallbeispiele Angola und Mosambik.

[73] Gemeint waren insbesondere Botsuana, Sambia und Tansania, ferner das 1980 unabhängig gewordene Simbabwe sowie später Mosambik und Angola.

[74] Vgl. VNGV, A/RES/31/7, 5.11.1976, Randnr. 6; VNGV, A/RES/32/35, 28.11.1977, Randnr. 6 f.; VNGV, A/RES/33/40, 13.12.1978, Randnr. 6 f.; VNGV, A/RES/34/41, 21.11.1979, Randnr. 7 f.; VNGV, A/RES/35/28, 11.11.1980, Randnr. 9; VNGV, A/RES/36/51, 24.11.1981, Randnr. 9.

[75] VNGV, A/31/PV.40, 21.10.1976, S. 689; VNGV, A/41/PV.40, 17.10.1986, S. 26; PA AA, B 34, ZA, Bd 150150, Referat Botschaftsrat Erster Klasse Rudolf Schmidt: Afrika und die Vereinten Nationen unter besonderer Berücksichtigung des Südafrika-Problems und der Namibia-Frage, 23.10.1987, hier S. 9; Freuding, Deutschland in der Weltpolitik, S. 137, 243.

## II. Politischer Kontext und Begriffsbestimmungen 71

Hand von Hans-Dietrich Genscher blieb.[76] Angesichts der in Europa deutlich spürbareren Spannungen im Ost-West-Konflikt verlor der afrikanische Kontinent in den 1980er-Jahren allerdings politisch an Bedeutung. Zwischen 1975 und 1987 richtete das AA nicht mal mehr eine Konferenz der in Subsahara-Afrika eingesetzten Botschafter aus.[77] Darüber hinaus etablierte sich durch Dürren und Hungersnöte, bei denen beispielsweise 1984/85 in Äthiopien und im Sudan auch die Bundeswehr zur bilateralen Hilfe eingesetzt wurde,[78] in der bundesdeutschen Gesellschaft das Bild eines »Krisen- und Katastrophenkontinent[s]«.[79] Ein partnerschaftlicher Austausch auf Augenhöhe war unter diesen Vorzeichen kaum noch möglich. Zwar erhielt Subsahara-Afrika aufgrund der erneut stärker werdenden Kritik am bundesdeutschen Verhältnis gegenüber Südafrika 1987/88 durch einige medienwirksame Staatsbesuche von Bundespräsident Richard von Weizsäcker (Mali, Nigeria, Simbabwe und Somalia), Bundeskanzler Kohl (Kamerun, Kenia, Mosambik) und Außenminister Genscher (Angola, Senegal) für kurze Zeit größere diplomatische Aufmerksamkeit.[80] Mit dem Ende des Ost-West-Konflikts und der weggefallenen Konkurrenz mit der DDR verlor der Kontinent aber endgültig seine geostrategische Bedeutung.[81] Trotz einer stetig wachsenden Bevölkerung war er auch zu keinem bedeutenden Wirtschaftsmarkt geworden.[82]

Sichtbarstes Zeichen des deutschen Desinteresses in den 1990er-Jahren war die Schließung der deutschen Botschaften in Liberia, Somalia, dem Tschad und der Zentralafrikanischen Republik.[83] Obwohl 1993 auf der Botschafter-Konferenz in Accra neue Leitlinien für das Engagement des AA in Afrika beschlossen wurden,[84] standen fortan andere Regionen, vor allem Osteuropa,

---

[76] Vgl. Runderlaß des Vortragenden Legationsrats I. Klasse Vergau, 22.4.1983. In: AAPD 1983, Dok. 115, S. 605 f.; BT-Drs. 10/833, 21.12.1983; BT-Drs. 10/5312, 14.4.1986; BT-Drs. 10/5555, 27.5.1986; BPA, Grundpositionen der Afrikapolitik der Bundesregierung. In: Bulletin, Nr. 30, 2.3.1988, S. 255–259.
[77] Vgl. PA AA, B 1, ZA, Bd 178914, Vorlage D 3 an den Außenminister, Betr.: Reise des Bundesministers nach Afrika und Botschafter-Konferenz, 25.11.1985; BArch, B 136/43183, Drahtbericht vom AA an den CHBK, Nr. 0072, 9.11.1987.
[78] Vgl. BArch, BL 19/1275, Lufttransportkommando, Abschlußbericht Humanitäre Afrikahilfe 1984/85, 1986.
[79] Engel/Schleicher, Die beiden deutschen Staaten, S. 82.
[80] Zu den Besuchen in Angola, Mosambik und Somalia siehe die entsprechenden Fallbeispiele.
[81] Hofmeier, Das subsaharische Afrika, S. 203–210; Mehler, Die neue deutsche Afrikapolitik, S. 302 f.; Mair, German Interests, S. 12 f.
[82] Hofmeier, Das subsaharische Afrika, S. 203 f.; Eyinla, The Foreign Policy, S. 99–107; Mair, German Interests, S. 11 f.
[83] Schuhkraft, Die Afrikapolitik Deutschlands, S. 210.
[84] BPA, Ergebnisse der Konferenz der deutschen Botschafter im südlichen Afrika. In: Bulletin, Nr. 43, 25.5.1993, S. 409 f. Unterstützt werden sollten fortan Staaten, die politische und wirtschaftliche Reformen hin zu Demokratisierung, Rechtsstaatlichkeit und freier Marktwirtschaft vollzogen. Das BMZ hatte solche Kriterien bereits 1991 formuliert. BPA, Neue politische Kriterien deutscher Entwicklungszusammenarbeit. In: Bulletin, Nr. 113, 16.10.1991, S. 893–895; Hofmeier, Deutsch-afrikanische Beziehungen

im Mittelpunkt der deutschen Außenpolitik.[85] Dies galt umso mehr für die Sicherheitspolitik. Ein militärpolitisches Konzept des BMVg für den afrikanischen Kontinent sucht man vergebens. Der Fokus des BMVg lag auf Europa. An der Peripherie des NATO-Gebiets zählte allenfalls Nordafrika.[86] Anfang der 1990er-Jahre besaß die Bundesrepublik südlich der Sahara nur in Nigeria einen Militärattaché.[87] Zwar unterhielt die Bundeswehr seit den 1950er-Jahren durch Rüstungs- und Ausbildungskooperationen gute militärpolitische Beziehungen zu einigen Staaten Subahara-Afrikas,[88] die Beteiligung der Bundeswehr an VN-Missionen in Afrika lehnte die Bundesregierung aber bis zur deutschen Einheit ab.[89] Aus militärpolitischer Sicht spielten auf dem afrikanischen Kontinent nur Marokko, Ägypten, Nigeria und Südafrika eine geostrategische Rolle. Mit Nigeria und Südafrika zählten darunter jene Staaten Subsahara-Afrikas, zu denen die besten Wirtschaftsbeziehungen der Bundesrepublik bestanden. Zusätzlich abschreckend wirkte sich die gerade seit Ende der 1980er-Jahre in vielen afrikanischen Staaten aufgetretene Instabilität aus, weswegen sich das BMVg noch stärker zurückhielt.[90] Keinesfalls wollte das Verteidigungsressort in blutige Konflikte gezogen werden.

Mit einigen regionalen Ausnahmen verfolgte die Bundesregierung somit weder geostrategische noch wirtschaftliche Interessen auf dem afrikanischen Kontinent, auch wenn dies im Rahmen der jeweiligen Fallbeispiele noch einmal gesondert darzustellen ist. Dennoch beteiligte sich die Bundesregierung auf dem afrikanischen Kontinent 1989/90 erstmals überhaupt und 1993/94 bisher am stärksten mit uniformiertem Personal an Missionen der Vereinten Nationen. Die Frage nach den Motiven, die diesen Entscheidungen zugrunde lagen, drängt sich daher geradezu auf.

---

1993, S. 17. Zur Afrikapolitik Anfang der 1990er-Jahre siehe auch BT-Drs. 13/4532, 7.5.1996.

[85] Zeitzeugengespräch mit Prof. Dr. Karl-Heinz Hornhues am 15.9.2020. Von der Wissenschaft erhält die Bundesregierung daher auch ein schlechtes Zeugnis in der Entwicklung ihrer Afrikapolitik. Vgl. Schuhkraft, Die Afrikapolitik Deutschlands, S. 210.

[86] Vgl. BPA, Europa und Amerika – neue Partnerschaft für die Zukunft. In: Bulletin, Nr. 9, 6.2.1995, S. 73–76.

[87] BArch, BW 2/28910, Fü S III 1, Betr.: Militärpolitische Bewertung Afrikas und Deutschlands Unterstützung der afrikanischen Staaten durch die Streitkräfte, 28.11.1994, hier S. 6.

[88] Beispielhaft siehe Deckert, Die militärischen Beziehungen.

[89] Vgl. Apel gegen Einsatz der Bundeswehr bei Konflikten in Afrika. In: Die Welt, Nr. 128, 5.6.1978, S. 2; BPA, Besuch des Bundeskanzlers in Nigeria und Sambia. Ansprache in Lusaka. In: Bulletin, Nr. 75, 6.7.1978, S. 715–717, hier S. 716.

[90] BArch, BW 2/28910, Fü S III 1, Betr.: Militärpolitische Bewertung Afrikas und Deutschlands Unterstützung der afrikanischen Staaten durch die Streitkräfte, 28.11.1994, hier S. 6.

## 3. VN-Missionen: Definitionen, Eigenschaften und Beschränkungen

Untersucht werden in dieser Arbeit die nationalen Entscheidungprozesse, die zur (Nicht-)Beteiligung der Bundesrepublik Deutschland mit Soldaten oder Polizisten an Missionen der Vereinten Nationen führten. Doch was ist unter VN-Missionen zu verstehen? Die Vereinten Nationen besitzen ein breites Portfolio an Handlungsmöglichkeiten zur internationalen Konfliktbeilegung. Sichtbarster und schon immer kontroversester Teil ihres diesbezüglichen Wirkens ist aber ihr weltweites militärisches Engagement.[91] Von den Vereinten Nationen wird die zur Unterstützung ihrer internationalen Konfliktlösung beschlossene Entsendung von unter VN-Führung stehenden Soldaten und Polizisten in ein geografisch begrenztes Konfliktgebiet in der Regel als »Peacekeeping Operation/Mission« bezeichnet.[92] Im Kern handelt es sich dabei um eine von den Vereinten Nationen legitimierte multinationale Präsenz ziviler, polizeilicher und militärischer Kräfte, die in einem Konfliktgebiet zur Verringerung von Spannungen, zur Einhaltung von Menschenrechten oder zum Schutz und der humanitären Versorgung der Zivilbevölkerung beitragen soll. Im ministeriellen und politischen Sprachgebrauch der Bundesrepublik hatten sich bis Anfang der 1990er-Jahre hierfür vor allem die Begriffe »friedenserhaltende Operationen«[93] sowie »friedenssichernde[94] bzw. friedenserhaltende Maßnahmen« (FEM),[95] aber auch »Friedenstruppen«[96] oder »Blauhelmmissionen«[97] etabliert. Dieser Begriffspluralismus lässt sich dadurch erklären, dass der Begriff ›Peacekeeping‹ unscharf ist. Einerseits fallen hierunter nicht nur Maßnahmen der Vereinten Nationen,[98] andererseits lässt sich der Begriff nicht aus der VN-Charta ableiten.[99] Im Folgenden wird daher der neutraler erscheinende Begriff VN-Missionen – ohne den Zusatz ›Frieden‹, weil dieser ähnlich weit gefasst ist[100] – genutzt und erläutert. Um die zeitgenössische Denkweise und die Primärquellen aber einordnen und deuten zu können, ist es nötig, das Konzept ›Peacekeeping‹, seine Entwicklung und seine Merkmale kritisch zu reflektieren.

---

[91] Koops [u.a.], Introduction, S. 1.
[92] Vgl. United Nations, List of Peacekeeping Operations 1948–2017.
[93] So bspw. die Namensgebung der Akten PA AA, B 30, ZA, Bd 113972; PA AA, B 30, ZA, Bd 120948; BArch, B 136/17611; BArch, B 141/70532.
[94] So der Titel der Akte BArch, BW 2/8176.
[95] Vgl. BT-Drs. 12/6854, 8.2.1994, S. 609.
[96] Vgl. BT-Drs. 11/3963, 9.2.1989, S. 7.
[97] Vgl. BT-PlPr. 12/14, 13.3.1991, S. 739.
[98] Bellamy/Williams, Understanding Peacekeeping (2021), S. 29–49.
[99] Vgl. Wesel, Die UNO, S. 177–185.
[100] Vgl. Cunliffe, Legions of Peace, S. 4. Zu den unterschiedlichen Konzeptionen von ›Frieden‹ siehe Galtung, An Editorial.

Obwohl die Weltgemeinschaft seit 1948[101] Soldaten und später Polizisten, aufgrund ihrer blauen Kopfbedeckung häufig als »Blauhelme«[102] bezeichnet, zum internationalen Konfliktmanagement in weltweite Missionen schickt, ist der Begriff ›Peacekeeping‹ eine Wortneuschöpfung. Das Konzept entwickelte sich als Gewohnheitsrecht ohne feste Rechtsgrundlage.[103] Es war eine Improvisation in Zeiten des Ost-West-Konflikts, in denen die Handlungsmöglichkeiten der Vereinten Nationen durch den ständigen Gebrauch des Vetorechts der beiden Supermächte im VNSR begrenzt waren.[104] Zur Unterstellung von Truppen durch spezielle Abkommen zwischen den Vereinten Nationen und ihren Mitgliedern, wie es Art. 43 der VN-Charta vorsieht, kam es nicht.[105] Den Vereinten Nationen fehlten daher eigene Kräfte, um ihrem Auftrag, »den Weltfrieden und die internationale Sicherheit zu wahren«[106], angemessen nachzukommen. Auch erschwerten die vielfachen Vetos der permanenten Mitglieder des VNSR die Anwendung der in Art. 42 der VN-Charta aufgeführten kollektiven Zwangsmaßnahmen gegenüber militärischen Aggressoren.[107]

Die Vereinten Nationen benötigten andere Instrumente, um internationale Konflikte eindämmen zu können. Das Instrument ›Peacekeeping‹ wurde rechtlich zwischen den Maßnahmen des Kapitels VI der VN-Charta, zur friedlichen Beilegung von Konflikten, und Kapitel VII, der Anwendung militärischen Zwangs zur Beendigung von Konflikten und zur Aufrechterhaltung der internationalen Sicherheit, verortet. Es umfasste sowohl friedliche als auch beschränkte militärische Maßnahmen und erlaubt es den Vereinten Nationen Kräfte »zur Sicherung der friedlichen Streitbeilegung oder von Waffenstillständen« einzusetzen.[108] Allerdings beruhte das Konzept ›Peacekeeping‹, anders als Art. 42 der VN-Charta, nicht auf der Anwendung kollektiven Zwangs, sondern auf dem Konsens aller am Konflikt und dessen Lösung beteiligter Akteure.[109] VN-Missionen hatten nicht das Ziel, einen mi-

---

[101] Die 1946 und 1947 von der VNGV nach Südosteuropa bzw. Indonesien entsandten Beobachter zählen nicht als VN-Mission, da sie nicht unter Autorität des VNGS standen. Hoffmann, Deutsche Blauhelme, S. 28.

[102] Zur Wahl der Farbe siehe Urquhart, A Life in Peace and War, S. 134. Der Begriff ›Blauhelm‹ ist ähnlich unscharf wie ›peacekeeping‹. Grundsätzlich tragen nur Soldaten oder Polizisten Kopfbedeckungen der VN; ausgenommen sind blaue Kappen. Allerdings gehören auch immer Zivilisten zu den Missionen. Ihr Leiter ist in der Regel ein ziviler Sonderbeauftragter des VNGS. Weil die VN in ihren Datensätzen aber keine Zivilkräfte zählen, wird hier unter »Blauhelmen« nur uniformiertes Personal der VN-Missionen verstanden. Vgl. United Nations, Troop and Police Contributors.

[103] Vgl. White, Peacekeping and International Law.

[104] Goulding, Peacemonger, S. 12 f.; Peter, Peacekeeping, S. 26 f. Eine Auflistung der Vetos findet sich unter http://research.un.org/en/docs/sc/quick.

[105] Charta der Vereinten Nationen, S. 29 f., Art. 43. Vgl. VNGV/VNSR, A/47/277_S/24111, 17.6.1992, Randnr. 43.

[106] Charta der Vereinten Nationen, S. 7, Art. 1, Abs. 1.

[107] VNGV/VNSR, A/47/277_S/24111, 17.6.1992, Randnr. 42.

[108] Volger, Geschichte der Vereinten Nationen, S. 106.

[109] Der Internationale Gerichtshof stellte 1962 fest, dass die VN-Missionen UNEF und ONUC »not enforcement actions within the compass of Chapter VII of the Charter« ge-

litärischen Aggressor zu bekämpfen, sondern sollten deeskalierend auf die Konfliktakteure einwirken und dabei helfen, den Rahmen für eine friedliche, politische Beendigung der Auseinandersetzung zu schaffen.[110] Weil nur dies kurzfristig erreichbar schien, waren sie eher »Mittel der Konfliktberuhigung und nicht der Konfliktlösung«.[111] Diese Grundannahmen sind bedeutend für das Verständnis der deutschen Überlegungen zu einer eigenen militärischen Beteiligung an VN-Missionen, da sich deren Resolutionen bis Anfang der 1990er-Jahre meist auf kein bestimmtes Kapitel der VN-Charta bezogen.[112] Erst durch die Erfahrungen aus den Interventionen in Südosteuropa und in Somalia bürgerte sich ein, Missionen auf Grundlage eines Kapitels der VN-Charta zu mandatieren.[113] Bis dahin bestand in Deutschland das Verständnis, dass VN-Missionen keine militärischen Befugnisse nach Kapitel VII der VN-Charta besaßen, sondern entsprechend des Kapitels VI militärische Gewalt nur zur (Selbst-)Verteidigung angewendet werden durfte.

Das originäre Konzept des ›Peacekeeping‹ entwickelte sich 1956 im Zuge der ersten bewaffneten VN-Mission auf dem Sinai.[114] Erstmals wurden hier die für VN-Missionen charakteristischen blauen Helme bzw. Barette und Kappen zur Erkennung ihrer Angehörigen genutzt.[115] Die ersten militärischen VN-Maßnahmen werden häufig als »traditionelles Peacekeeping«[116] bzw. als »erste Generation«[117] des ›Peacekeeping‹ bezeichnet.[118] Missionen die-

---

wesen seien. ICJ, Certain Expenses of the United Nations, Advisory Opinion of 20 July 1962, S. 166. Siehe auch Goulding, Peacemonger, S. 13; Wesel, Die UNO, S. 179.
[110] Ahlbrecht [u.a.], Konfliktregelung, S. 166 f.
[111] Gareis/Varwick, Die Vereinten Nationen, S. 132.
[112] Prägnantestes Beispiel ist die VN-Mission ONUC im Kongo. Obwohl die Truppen ermächtigt waren, Gewalt als äußerstes Mittel anzuwenden, fehlte der entsprechenden Resolution ein Bezug auf einen Artikel der VN-Charta. Vgl. VNSR, S/RES/161(1961), 21.2.1961. Bereits 1987/88 wurden allerdings die VN-Mission UNIIMOG unter Bezug auf die Art. 39 und 40, die zum Kapitel VII der VN-Charta gehören, und 1991 die Mission UNIKOM unter Bezug auf Kapitel VII mandatiert. VNSR, S/RES/598(1987), 20.7.1987; VNSR, S/RES/619(1988), 9.8.1988; VNSR, S/RES/687(1991), 3.4.1991; VNSR, S/RES/689(1991), 9.4.1991.
[113] Vgl. VNSR, S/RES/807(1993), 19.2.1993; VNSR, S/RES/814(1993), 26.3.1993.
[114] Urquhart, A Life in Peace and War, S. 131–139; Goulding, Peacemonger, S. 13; MacQueen, Peacekeeping, S. 67–74. Zur Aushandlung der Mission aus kanadischer Perspektive siehe Schulte, UN-Blauhelme, S. 79–105. Zur Mission UNEF siehe The Blue Helmets, S. 35–55.
[115] Vgl. VNGV, A/3943, 9.10.1958, Randnr. 43.
[116] Butros Ghali [sic], Friedenserhaltung, S. 126 f.; Kühne, Völkerrecht und Friedenssicherung, S. 19; Diehl, Peace Operations, S. 15; Bellamy/Williams, Understanding Peacekeeping (2010), S. 173–192.
[117] Freudenschuß, Drei Generationen, S. 46–51; Griep/Varwick, Deutsche Sicherheitspolitik im Rahmen der Vereinten Nationen, S. 427.
[118] Vgl. zur zeitgenössischen Sichtweise der ersten VN-Missionen Urquhart, Beyond the »sheriff's posse«; Goulding, The Evolution of United Nations Peacekeeping; Ehrhart/Klingenburg, Was heißt Peacekeeping? Die hier genannten Klassifizierungen unterliegen keinem wissenschaftlichen Konsens. Diehl unterscheidet zwölf Klassen, Bellamy und Williams sieben. Vgl. Diehl, Peace Operations, S. 15 f.; Bellamy/Williams, Understanding Peacekeeping (2010), S. 155–298. Auch sind sie nicht chronologisch. Eine der größten und hinsichtlich der Gewaltanwendung weitreichendsten Missionen

ses Typs kamen meist nach dem Entschluss des VNSR[119] bei zwischenstaatlichen Konflikten zur Beobachtung von Waffenstillstandsvereinbarungen und/oder zur passiven Trennung von Konfliktparteien zum Einsatz. Bis Ende der 1980er-Jahre verfolgten die VN-Missionen typischerweise zwei Funktionen: »observing the peace [...] and keeping the peace«.[120] Die eingesetzten VN-Soldaten hatten nicht den Auftrag, durch die Anwendung von Zwang Frieden zu schaffen oder Gegner zu trennen. Im Einsatzgebiet sollten sie sich unparteiisch verhalten.[121] Sie durften nicht in die innenpolitischen Belange eines Gastlands eingreifen[122] und Gewalt nur als äußerstes Mittel zur Selbstverteidigung anwenden.[123] Bei ihnen handelte es sich – in den meisten Fällen – nicht um kämpfende Truppen. Allein durch ihre Präsenz sollte Raum für eine politische Konfliktlösung geschaffen werden. Grundlegend für die Entsendung von VN-Truppen war das Einverständnis aller Konfliktparteien zu ihrer Stationierung[124] und ihrer personellen Zusammensetzung.[125]

Lange Zeit herrschte Konsens, dass sich die ständigen Mitglieder des VNSR nicht mit eigenen Truppen beteiligen sollten, um die Missionen nicht durch den Ost-West-Konflikt zu belasten. Gleiches galt für unmittelbare Nachbarländer und für Staaten, die eigene Interessen im Konfliktgebiet verfolgten.[126] Gemäß Art. 101 (3) der VN-Charta wurde bei der Zusammensetzung

---

erfolgte zwischen 1960 und 1964 im Kongo. Vgl. The Blue Helmets, S. 177–199. Andere Arbeiten unterscheiden daher zeitliche Perioden. Vgl. Kertcher, The United Nations and Peacekeeping, S. 22–41.

[119] Die Mission UNEF ging von der VNGV aus, da der VNSR durch Großbritannien und Frankreich blockiert worden war. VNGV, A/RES/998(ES-I), 4.11.1956.

[120] Weiss, Problems for Future U.N. Military Operations, S. 179.

[121] VNGV, A/3943, 9.10.1958, Randnr. 165. Zum Gebot der Unparteilichkeit kritisch Pugh, Peacekeeping and IR Theory, S. 110.

[122] VNGV, A/3943, 9.10.1958, Randnr. 166. Das Interventionsverbot basiert auf Art. 2 Abs. 7 der VN-Charta. Vgl. Charta der Vereinten Nationen, S. 9.

[123] VNGV, A/3943, 9.10.1958, Randnr. 176–179. Schon früh fiel darunter aber auch die Befugnis, den Auftrag notfalls mit Zwang durchzusetzen. Vgl. VNSR, S/11052/Rev.1, 27.10.1973, Randnr. 4(d). Zur zeitgenössischen Darstellung der Befugnisse von VN-Missionen siehe Kaul, UN-Friedenstruppen. Zur Anwendung von Gewalt durch VN-Truppen siehe Findlay, The Use of Force.

[124] VNGV, A/3943, 9.10.1958, Randnr. 155–159. Die Zustimmungspflicht galt als Abgrenzung zu Zwangsmaßnahmen nach Kapitel VII der VN-Charta. Kaul, UN-Friedenstruppen, S. 2.

[125] VNGV, A/3943, 9.10.1958, Randnr. 161. Dies galt jedoch nur für den militärischen Teil. Mitsprache über die Zusammensetzung der nichtmilitärischen Komponente besaßen die Konfliktparteien nicht. Thornberry, A Nation is Born, S. 51. Zustimmen zur Mission mussten darüber hinaus auch die truppenstellenden Staaten, das entsendende Gremium der VN, also meist der VNSR, sowie die Beitragszahler der Weltgemeinschaft, die in der VNGV das Budget bestimmen. Bardehle, Internationale Konsensbildung, S. 47–54.

[126] VNGV, A/3943, 9.10.1958, Randnr. 160; Tomuschat, Deutscher Beitrag, S. 276 f. Erstmals Anwendung fand der Verzicht auf Truppen der permanenten VNSR-Mitglieder bei der Mission UNEF. VNGV, A/RES/1000(ES-I), 5.11.1956, Randnr. 3. Auch verzichtet werden sollte auf Mitglieder von Militärbündnissen, speziell der NATO bzw. der Warschauer Vertragsorganisation. Wenn eines ihrer Mitglieder Truppen stellte, wurde versucht, auch das andere Bündnis zu beteiligen. Diehl, Peace Operations, S. 89 f. Spätestens mit den VN-Missionen im ehemaligen Jugoslawien und in Somalia, an denen sich

der Truppen auf eine möglichst gleichmäßige geografische Beteiligung der VN-Mitglieder geachtet.[127] Durch die Multinationalität sollte gezeigt werden, dass eine Vielzahl von Staaten an der Konfliktlösung interessiert war.[128] Zur Unterscheidung von anderen militärischen Maßnahmen wurden diese zentralen Merkmale als Dreifaltigkeit von Zustimmung der Parteien (*consent of the parties*), Unparteilichkeit (*impartiality*) und der Beschränkung von Gewalt zur Selbstverteidigung bezeichnet (*non-use of force except in self-defence*).[129] Insbesondere im Verständnis der deutschen Politiker dominierten diese drei Aspekte bis weit in die 1990er-Jahre, auch wenn sie in der Praxis immer unschärfer wurden.[130]

Im Unterschied zu den seit Ende der 1940er-Jahre entsandten kleinen, unbewaffneten Beobachtermissionen[131] umfassten leicht bewaffnete ›Friedensmissionen‹ mehr Personal.[132] Die Entsendung größerer Kontingente schloss den Einsatz von Militärbeobachtern aber nicht aus und konnte parallel erfolgen. Aufgrund der unterschiedlichen Aufgaben, der Größe und der Zusammensetzung existiert keine allseits akzeptierte Definition des Begriffs ›Peacekeeping‹.[133] Die nach 1992 vermutlich am häufigsten zitierte Definition ging auf den VNGS Boutros Boutros-Ghali zurück. Laut seiner »Agenda for Peace«[134] galt ›Peacekeeping‹ als

»the deployment of a United Nations presence in the field, hitherto with the consent of all the parties concerned, normally involving United Nations military and/ or police personnel and frequently civilians as well. Peace-keeping is a technique that expands the possibilities for both the prevention of conflict and the making of peace.«[135]

Mit dem Ende des Ost-West-Konflikts und dem selteneren Veto der ständigen Mitglieder des Sicherheitsrats erhielten die Vereinten Nationen größere Handlungsmöglichkeiten. Fortan beschäftigten sie sich immer öfter mit inner- und nicht mehr zwischenstaatlichen Konflikten.[136] Diese galt es nicht mehr nur zu neutralisieren, sondern ihre politische Lösung aktiv voranzutreiben.

---

    Frankreich, Großbritannien und die USA massiv beteiligten, verlor der Grundsatz an Bedeutung. Hartley/Utley, Introduction, S. 4.
[127] Charta der Vereinten Nationen, S. 59, Art. 101, Abs. 3.
[128] Eisele, Blauhelme als Krisenmanager, S. 37.
[129] VNGV/VNSR, A/50/60_S/1995/1, 25.1.1995, Randnr. 11. Siehe auch White, Peacekeeping and International Law, S. 47–52. In der »Capstone Doctrine« wurden diese Prinzipien um die Erfolgsfaktoren »Legitimacy«, »Credibility« und »Promotion of national and local ownership« erweitert. Vgl. United Nations, United Nations Peacekeeping Operations, S. 31–40.
[130] Vgl. Cunliffe, Legions of Peace, S. 37–79.
[131] Vgl. VNGV, A/45/217, 8.5.1990, Randnr. 7–10.
[132] Ebd., Randnr. 11–16; Diehl [u.a.], International Peacekeeping, S. 34 f.
[133] Hartley/Utley, Introduction, S. 2; Bures, Wanted, S. 409.
[134] Kritisch dazu siehe Weiss, Problems for Future U.N. Military Operations.
[135] VNGV/VNSR, A/47/277_S/24111, 17.6.1992, Randnr. 20.
[136] VNGV/VNSR, A/50/60_S/1995/1, 25.1.1995, Randnr. 11; Goulding, Peacemonger, S. 17. Kaldor und Münkler sprachen diesbezüglich von »Neuen Kriegen«. Kaldor, Restructuring the Global Sector; Kaldor, New & Old Wars; Münkler, Die neuen Kriege.

Ein Aufgabenpluralismus war die Folge. Immer häufiger übernahmen VN-Truppen administrative und humanitäre Aufgaben.[137] Darunter fielen die Rückführung von Flüchtlingen, die Entwaffnung und Demobilisierung von Kombattanten und die Absicherung, Unterstützung sowie Durchführung von Wahlen. Die neuen Aufgaben hatten zur Folge, dass der Umfang der Missionen stieg und regelmäßig Polizisten zum Einsatz kamen.[138] Die Unterstützung von Wahlen benötigte wiederum mehr Zivilpersonal, dessen Stärke aber meist hinter den Soldaten zurückblieb.[139] Diese erweiterte Form der VN-Missionen wurde als »multifunctional«,[140] als »multi-dimensional peacekeeping«[141] oder als »second generation«[142] des ›Peacekeeping‹ bezeichnet. Der Schwerpunkt dieser Maßnahmen lag beim (Wieder-)Aufbau eines Staates nach Beendigung eines Konflikts und der Unterzeichnung eines Friedensvertrags.[143] In seiner »Agenda for Peace« unterschied Boutros-Ghali ›Peacekeeping‹ daher auch von »preventive diplomacy«[144], »peacemaking«[145] – mit dem darunter fallenden »peace enforcement«[146] – und »peacebuilding«[147]. Hierdurch wollte er die

---

[137] Vgl. die Aufzählung bei Kühne, Völkerrecht und Friedenssicherung, S. 51 f.
[138] Vgl. Ehrhart/Klingenburg, Was heißt Peacekeeping?, S. 53.
[139] Zur Zivil- und Polizeikomponente von VN-Missionen siehe Bardehle, Tendenzen.
[140] VNGV/VNSR, A/50/60_S/1995/1, 25.1.1995, Randnr. 22; Goulding, Peacemonger, S. 15 f.
[141] United Nations, United Nations Peacekeeping Operations, S. 22; VNSR, S/2015/1034, 28.12.2015, S. 2.
[142] VNGS, SG/SM5453, 24.10.1994; The Blue Helmets, S. 5. Siehe auch Freudenschuß, Drei Generationen, S. 52–60.
[143] VNGV/VNSR, A/50/60_S/1995/1, 25.1.1995, Randnr. 20 f.
[144] »Preventive diplomacy is action to prevent disputes from arising between parties, to prevent existing disputes from escalating into conflicts and to limit the spread of the latter when they occur.« VNGV/VNSR, A/47/277_S/24111, 17.6.1992, Randnr. 20.
[145] »Peacemaking is action to bring hostile parties to agreement, essentially through such peaceful means as those foreseen in Chapter VI of the Charter of the United Nations.« Ebd.
[146] In seinem Bericht definierte der VNGS »peace enforcement« nicht im eigentlichen Sinne, sondern unterschied lediglich »peace-keeping forces« und »peace-enforcement units« hinsichtlich ihrer Zusammensetzung, Bewaffnung und Ausbildung. Als »provisional measure« grenzte er »peace-enforcement« nach Art. 40 der VN-Charta aber von Zwangsmaßnahmen nach Art. 43 der VN-Charta ab und verortete »peace-enforcement« als Maßnahme des »peacemaking«. Ebd., Randnr. 44 f. In der »Capstone Doctrine« definierten die VN »peace enforcement« 2008 wie folgt: »Peace enforcement involves the application, with the authorization of the Security Council, of a range of coercive measures, including the use of military force. Such actions are authorized to restore international peace and security in situations where the Security Council has determined the existence of a threat to the peace, breach of the peace or act of aggression.« United Nations, United Nations Peacekeeping Operations, S. 18. In einem weiteren VN-Bericht von 2015 heißt es: »Peace enforcement is defined as the actual or potential use of armed force as a strategic tool to force one or more belligerent parties either to disarm or to return to the negotiation table.« VNSR, S/2015/1034, 28.12.2015, S. 3, Anm. 2. Im Unterschied zu »peacekeeping« kann »peace enforcement« ohne Einwilligung der Konfliktakteure erfolgen. United Nations, Principles of Peacekeeping.
[147] »[A]ction to identify and support structures which will tend to strengthen and solidify peace in order to avoid a relapse into conflict.« VNGV/VNSR, A/47/277_S/24111, 17.6.1992, Randnr. 21.

## II. Politischer Kontext und Begriffsbestimmungen

Vielfalt der VN-Maßnahmen nach Ende des Ost-West-Konflikts darlegen. Die Maßnahmen waren jedoch überlappend und die Begriffe nicht trennscharf.[148]

Zum Schutz von unter Gewalt leidenden Menschen nahmen die Vereinten Nationen Anfang der 1990er-Jahre nicht länger Rücksicht auf die Zustimmung aller Konfliktakteure zum Einsatz von VN-Truppen und wichen von den zentralen Merkmalen des ›traditionellen Peacekeeping‹ ab. Aus passiven Beobachtern wurden zunehmend aktive Vollstrecker der VN-Mandate.[149] Im ehemaligen Jugoslawien und in Somalia intervenierten die Vereinten Nationen ohne funktionierenden Waffenstillstand bzw. die Zustimmung des Gastlands.[150] Diese Art von Missionen wurde – in Abweichung von der »Agenda for Peace« – als »peace enforcement«[151], »robustes peacekeeping«[152] oder als »third generation«[153] des ›Peacekeeping‹ bezeichnet. Auch wenn sich diese VN-mandatierten und VN-geführten Maßnahmen von den VN-mandatierten, aber nicht unter VN-Führung stehenden »enforcement actions«[154] in Korea oder dem Zweiten Golfkrieg unterschieden,[155] durften die Soldaten dieser Missionen proaktiv Zwang zur Durchsetzung ihres Auftrags anwenden.[156] Während parallel auch weiter ›traditionelle‹ Beobachtermissionen entsandt wurden, waren die wesentlich personalintensiveren Missionen der »dritten Generation« durch ihr breiteres Aufgabenspektrum in den meist noch nicht befriedeten Konfliktgebieten mit einem höheren Risiko für Leib und Leben der Soldaten verbunden.[157]

---

[148] Laut Schmidl wollte Boutros-Ghali nicht die unterschiedlichen »Interventionstypen« definieren, sondern die »Chronologie eines Konfliktmodells«. Schmidl, Agenda für den Frieden, S. 21. Eine entsprechende Grafik findet sich in United Nations, United Nations Peacekeeping Operations, S. 19.

[149] Bove [u.a.], Composing Peace, S. 4.

[150] VNGV/VNSR, A/50/60_S/1995/1, 25.1.1995, Randnr. 19. Zur Problematik der Zustimmung der Konfliktakteure siehe Gray, Host-State Consent and United Nations Peacekeeping in Yugoslavia.

[151] Findlay, The Use of Force, S. 6 f.

[152] Kühne, Völkerrecht und Friedenssicherung, S. 54–58; Ehrhart/Klingenburg, Was heißt Peacekeeping?, S. 55; VNSR, S/2015/1034, 28.12.2015, S. 2. Im Unterschied zu »peace enforcement« ist bei »robustem Peacekeeping« das Einverständnis des Gastlandes erforderlich. United Nations, Principles of Peacekeeping.

[153] Kühne, Fragmenting States, S. 33. Siehe auch Freudenschuß, Drei Generationen, S. 60–68.

[154] VNGV/VNSR, A/50/60_S/1995/1, 25.1.1995, Randnr. 35, 77 ff.

[155] In Korea besaßen die USA das Oberkommando. VNSR, S/1588, 7.7.1950. Zum Zweiten Golfkrieg vgl. Ehrhart/Klingenburg, Was heißt Peacekeeping?, S. 55 f.; Freudenschuß, Drei Generationen, S. 60. – Kühne beschrieb diese Missionen als »eine Form des militarisierten internationalen Polizeieinsatzes«. Im Unterschied zu »Kampfeinsätzen« sei ihr Ziel nicht der militärische Sieg, sondern »die Aufrechterhaltung des Friedens- und Verhandlungsprozesses und der dafür notwendigen Voraussetzungen.« Kühne, Völkerrecht und Friedenssicherung, S. 55 f.

[156] Die gegebenenfalls auch zwangsweise Durchsetzung des Auftrags war erstmals 1973 im Rahmen der UNIFIL erlaubt worden. Vgl. VNSR, S/11052/Rev.1, 27.10.1973, Randnr. 4 (d).

[157] Vgl. Henke, UN Fatalities 1948–2015.

In der Bundesrepublik wurden aufgrund der Unschärfe des Begriffs ›Peacekeeping‹ und der Sprachbarriere englische und deutsche Begriffe teils willkürlich genutzt. Allein in den Dokumenten des deutschen Bundestags wurde unter anderem von »friedensschaffenden Maßnahmen«[158], »friedensherstellenden Maßnahmen«[159], »friedenssichernde[n] Operationen«[160], »friedenserhaltende[n] Missionen«[161], »friedenserhaltende[n] Maßnahmen«[162], »friedenserhaltende[n] Operationen«[163], »friedenstiftend[en] Aktivität[en]«[164], »friedenstiftenden Einsätzen«[165] »Friedenstruppen«[166], »Friedenseinsätze[n]«[167], »Friedensmissionen«[168], »Friedensoperationen«[169], »Friedenssicherungsaktionen«[170], »Blauhelmaktion[en]«[171], »Blauhelmeinsätze[n]«[172], »Blauhelmmissionen«[173] oder »Friedenssicherung«[174] gesprochen. Vielfach wurden die Begriffe synonym verwendet und waren keineswegs trennscharf. Gegenüber Minister Rühe beklagte daher auch Generalinspekteur Naumann 1993 »eine zunehmende begriffliche Ungenauigkeit«.[175]

Auch die Übersetzung der »Agenda for Peace« durch den deutschen Sprachendienst bei den Vereinten Nationen schaffte keine Abhilfe. Offiziell wurde »preventive diplomacy« mit »vorbeugende[r] Diplomatie«, »peacemaking« mit »Friedensschaffung«, »peacekeeping« mit »Friedenssicherung«, »peacebuilding« mit »Friedenskonsolidierung« und »peace enforcement« mit »Friedensdurchsetzung« übersetzt.[176] Der Antrag der Regierungskoalition zur Ergänzung des Grundgesetzes sprach 1993 aber von »friedenserhaltenden« und »friedensherstellenden Maßnahmen«.[177] Zudem wurden friedens-

---

[158] BT-PlPr. 12/177, 24.9.1993, S. 15303.
[159] BT-Drs. 12/4135, 15.1.1993.
[160] BT-Drs. 8/1408, 5.1.1978, S. 5.
[161] BT-PlPr. 12/28, 6.6.1991, S. 2071; BT-PlPr. 12/37, 4.9.1991, S. 3024.
[162] BT-PlPr. 12/28, 6.6.1991, S. 2088; BT-PlPr. 12/41, 19.9.1991, S. 3368.
[163] BT-PlPr. 12/35, 21.6.1991, S. 2970; BT-PlPr. 12/73, 23.1.1992, S. 6145.
[164] BT-PlPr. 11/159, 15.9.1989, S. 12076.
[165] BT-PlPr. 12/123, 25.11.1992, S. 10466.
[166] BT-Drs. 11/3963, 9.2.1989, S. 7.
[167] BT-PlPr. 11/159, 15.9.1989, S. 12072.
[168] BT-PlPr. 12/70, 16.1.1992, S. 5883; BT-Drs. 12/2711, 1.6.1992; BT-PlPr. 12/151, 21.4.1993, S. 12926.
[169] BT-Drs. 7/2300, 21.6.1974, S. 4 f.
[170] BT-Drs. 10/4371, 26.11.1985, S. 8.
[171] BT-PlPr. 12/60, 27.11.1991, S. 4982.
[172] BT-PlPr. 12/70, 16.1.1992, S. 5884; BT-PlPr. 12/73, 23.1.1992, S. 6139.
[173] BT-PlPr. 12/70, 16.1.1992, S. 5894; BT-PlPr. 12/177, 24.9.1993, S. 15304.
[174] BT-Drs. 11/3963, 9.2.1989, S. 9; BT-PlPr. 12/177, 24.9.1993, S. 15303.
[175] BArch, BW 1/372027, Nebenabdruck Schreiben Generalinspekteur an den Verteidigungsminister, 13.8.1993, hier S. 1.
[176] VNGV/VNSR, A/47/277_S/24111, 17.6.1992, Randnr. 20 f., 44, http://www.un.org/depts/german/friesi/afried/a47277-s24111.pdf.
[177] BT-Drs. 12/4107, 13.1.1993; BT-Drs. 12/4135, 15.1.1993. Günther Friedrich Nolting (FDP) sprach 1992 sogar von Einsätzen zur »Friedenserhaltung, zur Friedenssicherung [und] zur Friedensherstellung«. BT-PlPr. 12/70, 16.1.1992, S. 5888. PA-DBT 3119, Ausschuss für Verteidigung, 12/48, 13.1.1993, S. 21; BArch, BW 1/339711, Nebenabdruck Schreiben Fü S III 5 an Fü S III 2, Betr.: Definition von Schlüsselbegriffen für die Bundeswehrplanungsdokumente, 28.1.1993, hier S. 2. Ebenso der Vorschlag des FDP-

## II. Politischer Kontext und Begriffsbestimmungen

schaffende Maßnahmen (*peacemaking*) im deutschen Kontext vielfach auf die Anwendung militärischer Gewalt bzw. »Kampfmaßnahmen«[178] reduziert, obwohl sie der Definition der Vereinten Nationen entsprechend in erster Linie friedliche Maßnahmen nach Kapitel VI der VN-Charta wie Vermittlungen und Verhandlungen umfassen sollten.[179] Bei vielen deutschen Akteuren herrschte daher Anfang der 1990er-Jahre nicht immer Gewissheit über die Bedeutung der verschiedenen Begriffe.

Verständlicherweise waren die deutschen Akteure aber bis mindestens 1993 von den Vorstellungen des ›traditionellen Peacekeeping‹ geprägt. 1989, zum Beginn der VN-Expansionsphase, bezeichnete das Rechtsreferat im BMVg »UN-Friedenstruppen« bzw. »Blauhelme« als »Verbände, denen Ordnungs- und Überwachungsaufgaben nach Feuereinstellungen oder Waffenstillständen übertragen« worden seien und die »Waffengewalt […] ausschließlich zur Selbstverteidigung« anwenden dürften.[180] Unter einem Einsatz der Bundeswehr als »Blauhelme« verstand das BKAmt »die freiwillige Entsendung von BW-Kontingenten aufgrund eines Beschlusses des UN-Sicherheitsrates und mit Zustimmung der am Streitfall beteiligten Staaten«.[181] Noch dominierte also der ›klassische‹ Staatskrieg das Konfliktbild. Als vorrangiges Ziel von VN-Missionen galten die Trennung von Konfliktakteuren durch die Errichtung von Pufferzonen, die Überwachung von Waffenstillständen, die Konfliktverhinderung zwischen bzw. innerhalb von Staaten und die Hilfe zur Wiederherstellung oder Aufrechterhaltung der öffentlichen Ordnung.[182] Zur Abgrenzung von anderen militärischen Maßnahmen wurde im deutschen Diskurs neben der Zustimmung des

---

Präsidiums vom August 1992 in BArch, B 136/108223, Kopie Freie Demokratische Korrespondenz: F.D.P.-Präsidium stimmt Neufassung des Art. 24 Abs. 2a GG zu, Ausgabe 208, 24.8.1992.

[178] So Verteidigungsminister Rühe im Bundestag. BT-PlPr. 12/123, 25.11.1992, S. 10566. Vgl. auch BArch, BW 1/372027, Nebenabdruck Schreiben Generalinspekteur an den Verteidigungsminister, 13.8.1993, hier Anlage.

[179] Vgl. Butros Ghali [sic], Friedenserhaltung, S. 127 f.

[180] BArch, BW 1/566617, Nebenabdruck Vorlage VR II 2 an den Verteidigungsminister, Betr.: Beteiligung der Bundeswehr an Maßnahmen der UN, hier: Verfassungsrechtliche Zulässigkeit, 10.8.1989, hier S. 4; ebd., Nebenabdruck Vorlage VR II 2 an den Verteidigungsminister, Betr.: Deutsche militärische Mitwirkung im Rahmen kollektiver Sicherheitsmaßnahmen, hier: Ergänzung des Grundgesetzes, 18.12.1990, S. 7; ebd., Nebenabdruck Vorlage VR II 2 an den Verteidigungsminister, Betr.: Verfassungsrechtliche Rahmenbedingungen für einen Einsatz der Streitkräfte, 2.6.1992, hier S. 8. Noch anlässlich des Kabinettsbeschlusses zur Entsendung deutscher Soldaten nach Somalia erklärte Klaus Kinkel: »Der normale Blauhelm-Einsatz ist entweder der von den Konfliktparteien gerufene Einsatz oder der mindestens im Einvernehmen mit den Beteiligten erfolgende Einsatz.« PA-DBT 3119, Ausschuss für Verteidigung, 12/56, 21.4.1993, Anlage 1, S. 19.

[181] BArch, B 136/30611, Vorlage AL 2 i.V. an den Chef BK, Betr.: Entsendung von 50 BGS-Beamten nach Namibia im Rahmen der zivilen Unterstützungsgruppe der Vereinten Nationen (UNTAG) und […], 27.7.1989, hier S. 6.

[182] BArch, BW 1/372201, Nebenabdruck Vorlage Chef des Stabes Fü S/Leiter AG VN an Staatssekretär Wichert, Betr.: Arbeitsgruppe VN, hier: Zwischenbericht, 15.9.1992, hier Anlage 2.

Einsatzlandes über die Stationierung internationaler Truppen häufig auch die Berechtigung zur Anwendung von Gewalt genutzt. In den Medien unterschied Verteidigungsminister Rühe zwischen »Blauhelm-Einsätzen« und »Kampfeinsätzen«. Unterscheidungsmerkmal sei das Recht zur Anwendung von Gewalt, da Blauhelm-Soldaten nur das Recht zur Notwehr hätten.[183] Dies orientierte sich an der 1992 im Führungsstab des Heeres vorgenommenen Unterscheidung zwischen »Peace-Keeping-Missions« und »Peace-Enforcing-Missions«. Als »Peacekeeping-Mission« bezeichnete das Heer

> »den Einsatz von multinationalen Streitkräften unter UN-Kommando, die keinen Kampfauftrag durchführen, sondern als neutrales, in der Regel stabilisierend wirkendes Element die vollständige Herstellung eines Friedenszustandes fördern sollen. Ihr Einsatz ist nur mit Zustimmung aller am Konflikt beteiligten Parteien auf der Basis eines ausgehandelten Vertrages möglich.«[184]

In einer anderen Vorlage des Führungsstabs der Streitkräfte (Fü S) an den Leiter der Arbeitsgruppe Vereinte Nationen im BMVg wurde »Blauhelm« 1992 als »ein im Auftrag der VN, von den Konfliktparteien erwünschter, dem Sicherheitsrat der VN erstellter Einsatz von Kräften zur Beobachtung, Festigung oder Erhaltung eines bereits vereinbarten Friedenszustands ohne Anwendung militärischer Gewalt« bezeichnet. Davon abgegrenzt wurden Maßnahmen zur humanitären Hilfe und zur Katastrophenhilfe.[185] Wenig später bezeichnete der Fü S »»Blauhelm‹-Einsätze« als

> »alle militärischen friedenssichernden Maßnahmen mit Mandat der VN, der KSZE oder einer anderen authorisierten [sic] regionalen Organisation mit der Zielsetzung, einvernehmlich mit Konfliktparteien getroffene Übereinkünfte für die friedliche Konfliktbeilegung zu unterstützen.«[186]

Gemäß des Petersberger Abkommens von 1992[187] dachte das Ministerium zu diesem Zeitpunkt bereits nicht mehr nur im VN-Rahmen, sondern auch an die Westeuropäische Union (WEU) oder die Konferenz für Sicherheit und Zusammenarbeit in Europa (KSZE), was den Diskurs weiter verkomplizierte, da die Bezeichnung ›Blauhelm‹ für eine Maßnahme außerhalb der Vereinten Nationen unglücklich erschien.

---

[183] Richard Kiessler und Alexander Szandar, »Das ist keine Drohgebärde«. In: Der Spiegel, Nr. 30, 19.7.1992, S. 32–35. Siehe auch BArch, BW 2/29565, BMVg, Mitteilungen an die Presse, Interview mit BM Volker Rühe zum UNO-Einsatz der Bundeswehr und Wehrpflicht/Berufsarmee im ZDF »Morgenmagazin«, 1.10.1992, hier S. 2.

[184] BArch, BW 2/24594, Fü H III 4, Konzeptionelle Grundlagen für den Einsatz von Heereskräften im Rahmen friedenserhaltender Maßnahmen der Vereinten Nationen, 27.7.1992, hier Anlage 2, S. 1.

[185] BArch, BW 2/24596, Vorlage Fü S I 4 an den Chef des Stabes Fü S – Leiter AG VN, Betr.: Beteiligung der Bundeswehr im Rahmen künftiger Einsätze der Vereinten Nationen (»Blauhelme«) und im Rahmen von humanitärer Hilfe/Katastrophenhilfe, 7.8.1992, S. 2. Zu den Vorstellungen des Heeres siehe BArch, BW 2/24594, Fü H III 4, Konzeptionelle Grundlagen für den Einsatz von Heereskräften im Rahmen friedenserhaltender Maßnahmen der Vereinten Nationen, 27.7.1992, hier Anlage 2.

[186] BArch, BW 2/32271, Vorlage Fü S VI 3 an den Chef des Stabes Fü S, Betr.: MFR 21.9.1992, hier: Beitrag Fü S VI 3 zum Thema »Freiwilligkeit«, 18.9.1992, hier S. 2.

[187] Petersberg Declaration, 19.6.1992, S. 6.

## II. Politischer Kontext und Begriffsbestimmungen 83

Die Begriffe waren aber auch so schon undeutlich genug, wie die Aussage des Parlamentarischen Staatssekretärs im BMZ, Hans-Peter Repnik (CDU), belegt. Anfang 1993 bezeichnete er die nicht von den Vereinten Nationen geführte und unter Kapitel VII der VN-Charta mandatierte Mission UNITAF in Somalia als »›Blauhelm-Einsatz‹ der USA und anderer Nationen«.[188] Karsten Voigt (SPD) unterschied zwischen »Blauhelm-Einsätzen«, »militärischen Kampfeinsätzen« und »militärischen Blauhelm-Einsätzen«. Letzteres bezog er auf das deutsche Somalia-Engagement und seine Schutzkomponente.[189] Walter Kolbow (SPD) und Andrea Lederer (PDS/Linke Liste) sprachen von »Blauhelmeinsätze[n], erweiterte[n] Blauhelmeinsätze[n] oder Kampfeinsätze[n]«[190] beziehungsweise von »klassische[n] Blauhelm-Eins[ä]tz[en]« und von »reine[n] Blauhelm-Einsätze[n]«.[191]

Mit den Befugnissen für UNPROFOR und UNOSOM II war die Vorstellung einer nur auf Selbstverteidigung ausgelegten und nur nach einem Waffenstillstand bzw. Friedensvertrag eingesetzten VN-Mission überholt. Fast überhaupt keinen Unterschied machte Außenminister Kinkel. Den deutschen Lufttransport für die VN-Mission UNIFL im Libanon, die Gestellung von Sanitätern in Kambodscha und die Beteiligung an den Luftbrücken nach Sarajevo und Somalia fasste er zu »Beteiligung[en] an humanitären Friedensmissionen der Vereinten Nationen« zusammen, bei denen es nicht »um einen militärischen Einsatz« gehe.[192] Angesichts des schwelenden Rechtsstreits zwischen Regierung und Opposition galt für den Außenminister aus politischen Gründen fast alles als ›Beteiligung an Friedensmissionen‹, sofern die Vereinten Nationen involviert waren. Grundlegend mangelte es der deutschen Debatte daher nicht an Begriffen, sondern am einheitlichen Verständnis, rechtlich und politisch.

Angesichts der vielfältigen Konflikte Anfang der 1990er-Jahre verschwammen aber immer öfter Maßnahmen nach Kapitel VI und Kapitel VII der VN-Charta. Der Begriff des »robusten Peacekeepings« zeigte, dass eine Trennung der VN-Maßnahmen kaum möglich war.[193] Zu dieser Erkenntnis kam 1994 auch das Bundesverfassungsgericht in seinem Urteil zur Auslandsentsendung der Bundeswehr:

»Eine unterschiedliche Behandlung der verschiedenen Einsatzformen von Friedenstruppen verbietet sich, weil die Grenzen zwischen den traditionellen Blauhelmeinsätzen und solchen mit der Befugnis zu bewaffneten Sicherungsmaßnahmen in der Realität fließend geworden sind. Auch wird der Begriff der Selbstverteidigung, die schlichten Friedenstruppen erlaubt ist, bereits in einem aktiven Sinne dahin definiert, daß sie auch den Widerstand gegen gewaltsame

---

[188] PA-DBT 3122, Ausschuss für wirtschaftliche Zusammenarbeit, 12/45, 3.2.1993, S. 10.
[189] BT-PlPr. 12/151, 21.4.1993, S. 12930.
[190] Ebd., S. 12963.
[191] Ebd., S. 12943.
[192] Ebd., S. 12926.
[193] Ebd., S. 12968 f. Siehe auch PA-DBT 3104, Auswärtiger Ausschuß, 12/54, 23.12.1992, S. 41 f.

Versuche einschließt, die Truppen an der Ausführung ihres Auftrags zu hindern.«[194]
Weil bis zu diesem Zeitpunkt aber nicht immer eindeutig war, was die damaligen Akteure mit den von ihnen genutzten Begriffen genau meinten, wird in dieser Arbeit auf die Quellenbegriffe ›Peacekeeping‹ bzw. ›friedenssichernde Maßnahmen‹ weitgehend verzichtet und der politisch wie rechtlich unbelastet erscheinende Arbeitsbegriff ›VN-Mission‹ genutzt. Eine VN-Mission ist eine von den Vereinten Nationen im Rahmen ihrer internationalen Konfliktbewältigung mandatierte und von den Vereinten Nationen geführte Entsendung von Soldaten und Polizisten in ein oder mehrere Länder, die von den Vereinten Nationen als eine ihrer »Peacekeeping Operations« gezählt wird[195]. Ihr Aufgabenspektrum kann von der Beobachtung von Waffenstillständen bis hin zur Anwendung militärischer Gewalt zur Durchsetzung ihres Mandats reichen. Keine Beteiligung an einer VN-Mission waren dagegen die Maßnahmen der Bundeswehr Anfang der 1990er-Jahre im Irak,[196] da diese den Vereinten Nationen nach nicht als VN-Mission gelten.[197] Auch keine Beachtung finden rein zivile Maßnahmen der Vereinten Nationen wie Wahlbeobachtungen, vorhergehende diplomatisch-politische Prozesse oder VN-mandatierte, aber nicht VN-geführte Missionen[198]. Die Betrachtung der darunter fallenden Maßnahmen in Somalia und Liberia erfolgt nur zum besseren Verständnis.

## 4. Die Problematik der Begriffe ›Einsatz‹ und ›out of area‹

Die Entsendung der Bundeswehr in eine VN-Mission fällt in die Kategorie der ›Auslandseinsätze‹. Allerdings ist der Quellenbegriff ›Einsatz‹ ähnlich unscharf wie der Begriff ›Peacekeeping‹. Grundsätzlich existieren für ihn drei Lesarten: eine rechtliche, eine politische und eine militärische. Alle drei gehen ineinander über. Rechtlich gesehen bezieht sich der Begriff ›Einsatz‹ auf das Grundgesetz. In Art. 87a Abs. 2 GG heißt es: »Außer zur Verteidigung dürfen die Streitkräfte nur eingesetzt werden, soweit dieses Grundgesetz es ausdrücklich zuläßt.«[199] Was es aber genau bedeutet, die Streitkräfte im Sinne dieses Artikels einzusetzen, ist im Grundgesetz nicht weiter definiert und Streitthema unter Juristen.[200] Im Rahmen der Änderung des Grundgesetzes

---
[194] BVerfGE 90, 286 – Out-of-area-Einsätze, 12.7.1994.
[195] Vgl. United Nations, List of Peacekeeping Operations 1948–2017.
[196] Vgl. Kapitel III.2.a).
[197] Vgl. United Nations, List of Peacekeeping Operations 1948–2017.
[198] Zur Unterscheidung zwischen VN-geführten und VN-mandatierten Maßnahmen siehe Gareis/Varwick, Die Vereinten Nationen, S. 144 f.
[199] Grundgesetz für die Bundesrepublik Deutschland, Art. 87a Abs. 2, Stand: Juli 2009, S. 51.
[200] Für eine Übersicht der verschiedenen Interpretationen siehe Hoffmann, Bundeswehr und UN-Friedenssicherung, S. 164 ff.; Bartke, Verteidigungsauftrag, S. 143–148; Stein,

## II. Politischer Kontext und Begriffsbestimmungen

hielt der Rechtsausschuss 1968 fest, dass der »Einsatz« von Streitkräften »ihre Verwendung als Mittel der vollziehenden Gewalt« sei. Kein »Einsatz« sei die »Verwendung« der Streitkräfte zur Erntehilfe oder zu repräsentativen Anlässen.[201]

Dieter Fleck, damals Rechtsreferent im BMVg, zählte 1974 »Kampfhandlungen, zum Teil auch sonstige Kriegshandlungen und die Ausübung von Polizeigewalt« zum Spektrum der »Einsätze«.[202] Das Bundesverfassungsgericht brachte 1994 zwar Gewissheit über die politischen Kompetenzen zum »Einsatz bewaffneter Streitkräfte« im Rahmen eines Systems kollektiver Sicherheit, eine Erklärung, was ein ›Einsatz‹ sei, gaben die Richter aber nicht. Im Urteil lässt sich jedoch ein Hinweis finden, dass ein vom Bundestag zustimmungspflichtiger ›Einsatz‹ für die Soldaten das Risiko beinhalten muss, »in bewaffnete Unternehmungen« hineingezogen zu werden. »Hilfsdienste und Hilfeleistungen im Ausland« bedürften keiner konstitutiven Zustimmung, sofern »die Soldaten dabei nicht in bewaffnete Unternehmungen einbezogen« würden.[203] Diese Definition hat sich im juristischen Sprachgebrauch etabliert. Im Parlamentsbeteiligungsgesetz von 2005 hieß es daher: »Ein Einsatz bewaffneter Streitkräfte liegt vor, wenn Soldatinnen oder Soldaten der Bundeswehr in bewaffnete Unternehmungen einbezogen sind oder eine Einbeziehung in eine bewaffnete Unternehmung zu erwarten ist.«[204] Auch unter Juristen herrscht hierüber aber keine vollkommene Einigkeit.[205]

Ähnlich schwer wie die Juristen taten sich Politiker und Ministerialbeamte. Sicher war für sie nur, dass nicht alle Maßnahmen der Bundeswehr ›Einsätze im Sinne des Grundgesetzes‹ waren. Aus diesem Grund durfte sich die Bundeswehr seit 1959 auch wiederholt humanitär im Ausland engagieren.[206] Aufgrund der engen Auslegung des Grundgesetzes waren die Ministerien und Regierungspolitiker aber bis 1994 zurückhaltend bei der Wahl des Begriffs ›Einsatz‹. In einer Vorlage des BMVg zur Beteiligung in Kambodscha wurde er ausdrücklich und bewusst vermieden.[207] In den Akten, Anträgen und Reden lassen sich daher ausweichende Begriffe wie »Beteiligung«[208],

---

Die verfassungsrechtliche Zulässigkeit, S. 22; Bähr, Verfassungsmäßigkeit des Einsatzes der Bundeswehr, S. 121–142; Schultz, Die Auslandsentsendung, S. 154–179; Sigloch, Auslandseinsätze, S. 47–55.

[201] BT-Drs. V/2873, 9.5.1968, S. 13; PA AA, B 30, ZA, Bd 128052, Vorlage Rechtsabteilung 5 an den Außenminister, Betr.: Auslandseinsatz der Bundeswehr, 6.4.1981, S. 3.

[202] Fleck, UN-Friedenstruppen im Brennpunkt, S. 161; Fleck, UN-Friedenstruppen: Erfolgszwang und Bewährung, S. 99.

[203] BVerfGE 90, 286 – Out-of-area-Einsätze, 12.7.1994.

[204] Gesetz über die parlamentarische Beteiligung bei der Entscheidung über den Einsatz bewaffneter Streitkräfte im Ausland (Parlamentsbeteiligungsgesetz), 18.3.2005, § 2.

[205] Sigloch, Auslandseinsätze, S. 45 f.; Wiefelspütz, Der Auslandseinsatz, S. 434–459.

[206] Vgl. Merziger, Out of Area.

[207] BArch, BW 2/27241, Verfügung Vorlage Fü S III 1 an den Verteidigungsminister, Betr.: Unterstützung der Vereinten Nationen durch Personal und Material der Bundeswehr im Rahmen von UNTAC (VN-Übergangsverwaltung in Kambodscha), hier: Vorhaben einer Gemeinsamen [sic] Kabinettvorlage AA/BMVg, 10.2.1992, hier S. 6.

[208] BArch, BW 2/36693, Der Bundesminister der Verteidigung, Weisung Nr. 1 zur Beteiligung der Bundeswehr an UNOSOM II, 21.4.1993.

»Entsendung«[209] oder »Verwendung«[210] finden. Vor allem die FDP und das FDP-geführte AA taten sich hier hervor. Da sie ›Einsätzen‹ der Bundeswehr im Ausland erst nach der Änderung des Grundgesetzes zustimmen wollten,[211] verwendeten sie nichtjuristische Begriffe wie »humanitäre Einsätze«[212], um sich vom ›Einsatz im Sinne des Grundgesetzes‹ abzuheben. Vielfach wurde in diesem Zusammenhang auch von ›Maßnahmen unterhalb der Einsatzschwelle‹ gesprochen;[213] eine noch heute gängige Begründung, wenn es darum geht, die Bundeswehr ohne Zustimmung des Bundestags ins Ausland zu entsenden.[214] Zwar wurde auch der Begriff ›Einsatz‹ nach dem Urteil des Bundesverfassungsgerichts von 1994 im politischen Rahmen salonfähig, vor allem aber die militärische Ebene ist noch immer nicht deckungsgleich mit der politischen und juristischen. 2010 nahm die Bundeswehr mit einigen Soldaten an der Ausbildungsmission der Europäischen Union für somalische Streitkräfte (EUTM Somalia) teil. Weil die Ausbildung in Uganda erfolgte und dort keine Bedrohung herrschte, war die deutsche Beteiligung juristisch und politisch kein ›Einsatz nach dem Parlamentsbeteiligungsgesetz‹. Die Beteiligung basierte daher auf einem Beschluss des Kabinetts und nicht des Bundestags.[215] Allerdings verlieh die Bundeswehr auch für diese Maßnahme eine Einsatzmedaille,[216] weswegen es sich aus militärischer Sicht um einen ›Einsatz‹ handelte.

Historisch betrachtet, ließ sich der Begriff ›Einsatz‹ auf militärischer Ebene aus der Zentralen Dienstvorschrift 1/50 als »die Vorbereitung und Durchführung von Gefechts- und Kampfeinsätzen oder entsprechenden Aufgaben« ableiten.[217] Wie der ehemalige Generalinspekteur Klaus Naumann betonte, habe die Bundeswehrführung bis 1989 unter »Einsatz« »die Verteidigung Deutschlands gegen einen von der Sowjetunion geführten Angriff des Warschauer Paktes« verstanden.[218] Im Verständnis der Bundeswehr hatte ein ›Einsatz‹ in Zeiten des Ost-West-Konflikts also nicht zwangsläufig etwas mit der Entsendung von Soldaten ins Ausland zu tun. Vielmehr wäre die originäre Verwendung der Bundeswehr, die Landes- und Bündnisverteidigung,

---

[209] BArch, BW 2/29685, Vorlage Fü S III 1 an Staatssekretär Schönbohm, Betr.: Entsendung deutscher militärischer Beobachter nach Ruanda, 26.2.1993, hier S. 3 f.
[210] PA AA, B 34, ZA, Bd 160133, Entwurf Vorlage Referat 230 an den Außenminister, Betr.: Deutsche Beteiligung an der Friedensoperation in Somalia (UNOSOM II), hier: Vorbereitung eines erneuten Kabinettsbeschlusses am 21.4.1993 […], 14.4.1993, hier S. 4.
[211] Ausführlich siehe Kapitel III.2.b).
[212] Vgl. BT-PlPr. 12/169, 2.7.1993, S. 14594.
[213] Vgl. PA AA, B 34, ZA, Bd 160133, Entwurf Vorlage Referat 230 an den Außenminister, Betr.: Deutsche Beteiligung an der Friedensoperation in Somalia (UNOSOM II), hier: Vorbereitung eines erneuten Kabinettsbeschlusses am 21.4.1993 […], 14.4.1993, hier S. 4 f.
[214] Vgl. BT-PlPr. 17/221, 20.2.2013, S. 27455.
[215] BT-Drs. 17/1532, 27.4.2010, S. 3 f.
[216] BMVg, Ehrenzeichen und Einsatzmedaillen der Bundeswehr, S. 42.
[217] Änderung der ZDv 1/50, 20.7.1962, S. 490, Randnr. 26.
[218] Naumann, Der Wandel des Einsatzes, S. 477. Zu diesem Gedanken siehe auch Bredow, Sicherheit, S. 251.

## II. Politischer Kontext und Begriffsbestimmungen

ein ›Einsatz‹ gewesen. Erst als das bundesdeutsche Engagement im Rahmen des internationalen Konfliktmanagements im Ausland zunahm, änderte sich diese Auffassung. Wie General Naumann 1993 im Verteidigungsausschuss bezüglich der Beteiligung der Bundeswehr in Somalia betonte: »[W]ir sind dort oder befinden uns dort nach unserem Verständnis als Soldaten im Einsatz.«[219] Sichtbarstes Zeichen sind die Einsatzmedaillen der Bundeswehr, die mittlerweile rückwirkend zum 1. November 1991 verliehen werden.[220] Dass die Verleihung dieser Medaillen nicht unproblematisch ist, werden die Fallbeispiele Somalia und Ruanda zeigen.

Unterschiedliche Ansichten gibt es auch zwischen den Teilstreitkräften. So befand sich die Marine Jahre vor den Soldaten des Heeres außerhalb des NATO-Vertragsgebietes im ›Einsatz‹, wenn auch nur in »Ausbildungseinsätzen«.[221] Auch bei der Luftwaffe gab es seit den 1960er-Jahren ›Einsätze‹, da praktisch jeder Start, der außerhalb des Routine- und Trainingsbetriebs durchgeführt wurde, als ›Einsatz eines Luftfahrzeugs‹ galt.[222] Aber nicht nur die Teilstreitkräfte, auch die Soldaten der großen Kontingenteinsätze im ehemaligen Jugoslawien oder in Afghanistan grenzten sich voneinander ab: in jene, die ihren Dienst überwiegend im Feldlager verrichteten, und jene, die sich überwiegend außerhalb bewegten.[223]

Aufgrund dieser unterschiedlichen Betrachtungsebenen soll in dieser Arbeit weitgehend auf den Quellenbegriff ›Einsatz‹ verzichtet werden. Dem untersuchten Gegenstand angemessener erscheint die praxisorientierte Bezeichnung ›Beteiligung an einer VN-Mission‹. Zwar wurde der Begriff ›Beteiligung‹ von der Regierung genutzt, um vor dem Urteil des Bundesverfassungsgerichts auf den Einsatzbegriff zu verzichten, er wird hier aber nicht als juristischer, politischer oder militärischer Begriff verstanden, sondern als praktische Determinante. Unter der Beteiligung der Bundesregierung an einer VN-Mission soll in dieser Arbeit daher die Entsendung von bundesdeutschen Soldaten oder Polizisten im Rahmen einer Mission der Vereinten Nationen ins Ausland verstanden werden, sofern das Personal unter Führung der Vereinten Nationen stand, dieses von den Vereinten Nationen als VN-Angehörige gezählt wurde und die Maßnahme laut Vereinten Nationen als VN-Mission gilt. Dabei ist gleichgültig, ob die Personen bewaffnet oder unbewaffnet waren, wie ihr Auftrag lautete oder ob die Gefahr bestand, in militärische Handlungen verwickelt zu werden. Von ›Unterstützung‹ einer

---

[219] PA-DBT 3119, Ausschuss für Verteidigung, 12/61, 30.6.1993, S. 131.
[220] Die Bundeswehr, Neuer Stichtag für Einsatzmedaillen: Anerkennung für Veteranen, 2.5.2019. Eine Kopie der mittlerweile aus dem Netz entfernten Meldung findet sich unter: https://augengeradeaus.net/wp-content/uploads/2019/05/20190502_Bw_Einsatzmedaille_Stichtag.pdf.
[221] Vgl. die verschiedenen Maßnahmen der Marine in BArch, BW 2/27437.
[222] Vgl. BArch, BL 19/688, Lufttransportkommando, Lufttransporteinsätze im Rahmen der Nothilfe Äthiopien (Einsatz »Hoher Deichbau«), 9.7.1985; ebd., Lufttransportkommando, Lufttransport im Rahmen der Nothilfe Sudan (Einsatz »Schneller Eingriff«), 2.8.1985.
[223] Anja Seiffert spricht in diesem Zusammenhang von »Drinnis« und »Draussis«. Vgl. Seiffert, »Generation Einsatz«, S. 85.

VN-Mission soll immer dann gesprochen werden, wenn lediglich Material oder Logistik zur Verfügung, aber kein Personal unter das Kommando der Vereinten Nationen gestellt wurde. Unberührt von dieser Unterscheidung bleibt die zeithistorische Debatte, ob es sich bei einer bestimmten Maßnahme um einen ›Einsatz‹ handelte.

Prägend für die Debatte um Auslandseinsätze der Bundeswehr war zudem der Quellenbegriff »out of area«.[224] Die Bezeichnung bezog sich auf Art. 6 des NATO-Vertrags, in dem der zu verteidigende Raum der NATO auf den Bereich nördlich des Wendekreises des Krebses begrenzt wurde.[225] Unter ›out of area‹ verstanden die Politiker »den Einsatz von Streitkräften außerhalb des NATO-Beistandsgebietes«.[226] Der Begriff stand im Zusammenhang mit der Außenpolitik der USA unter Präsident Ronald Reagan und einer neuen Perspektive der NATO, deren Mitglieder in den 1980er-Jahren auch Interessen außerhalb des NATO-Gebiets formulierten.[227] Vor allem die bundesdeutsche Opposition nutzte den Begriff infolge des US-/NATO-Engagements im Persischen Golf und befürchtete die Beteiligung bundesdeutscher Streitkräfte aus angeblich imperialistischen Zielen.[228] Zwar ging es beim Engagement im Rahmen der Vereinten Nationen nicht um die NATO und auch nicht um die Verteidigung des NATO-Gebiets, in der Debatte der Bundesrepublik wurde der Begriff ›out of area‹ aber vielfach auch auf VN-Maßnahmen bezogen. Rechtlich bildeten aber nur die VN-Charta und das Grundgesetz den Rahmen für eine Beteiligung der Bundesrepublik an Missionen der Vereinten Nationen und nicht der NATO-Vertrag.[229] Territorial gesehen finden sich weder in der VN-Charta noch im Grundgesetz Hinweise für eine Begrenzung von VN-Missionen. Auch wurde nie darüber gestritten, ob VN-Missionen innerhalb des NATO-Gebiets zulässig seien, weil es um militärische Beiträge außerhalb des NATO-Rahmens, also ›out of NATO‹, und nicht nur außerhalb des NATO-Gebiets, ›out of – NATO – area‹, ging. Der Quellenbegriff ›out of area‹ im Rahmen einer VN-Beteiligung ist daher irreführend und wird im Folgenden nicht verwendet. Ausgenommen bleiben wörtliche Zitate.

---

[224] Zur zeitgenössischen Kritik am Begriff siehe Rechtliche und politische Probleme des Einsatzes der Bundeswehr »out of area«, S. 43.
[225] NATO, Der Nordatlantikvertrag, 4.4.1949, Art. 6.
[226] BPA, Grundsätze der Sicherheitspolitik des Atlantischen Bündnisses. In: Bulletin, Nr. 81, 14.6.1988, S. 770–773, hier S. 773.
[227] Weil Ereignisse außerhalb des Bündnisgebiets »lebenswichtig[e] Interessen« bedrohen könnten, diskutierten die Mitglieder auf ihrem Gipfel in Bonn 1982 auch die Stationierung von Militäreinheiten außerhalb des Bündnisgebiets. Vgl. Schlußdokument der Tagung des Nordatlantikrats unter Teilnahme der Staats- bzw. Regierungschefs in Bonn am 10. Juni 1982. In: EA, 37 (1982), S. 342–346, hier S. 346. Siehe auch Drahterlaß des Ministerialdirigenten Schauer, 20.5.1983. In: AAPD 1983, Dok. 150, S. 787–791; Botschafter Wieck, Brüssel (NATO), an Staatssekretär Meyer-Landrut, 16.3.1984. In: AAPD 1984, Dok. 83, S. 413–419; Aufzeichnung des Ministerialdirigenten Schauer, 18.4.1984. In: AAPD 1984, Dok. 112, S. 530–542.
[228] Vgl. BT-PlPr. 10/209, 16.4.1986, S. 16035; BT-PlPr. 11/34, 16.10.1987, S. 2302; BT-PlPr. 11/101, 14.10.1988, S. 6958; BT-PlPr. 11/107, 11.11.1988, S. 7397.
[229] Philippi, Bundeswehr-Auslandseinsätze, S. 29.

# III. Die Bundesrepublik Deutschland und die Beteiligung an Missionen der Vereinten Nationen

## 1. Politik der militärischen Zurückhaltung: Ministerielle Überlegungen zur Beteiligung an VN-Missionen bis 1989

Warum beteiligte sich die Bundesregierung bis 1989 nicht mit uniformiertem Personal an VN-Missionen? In der Wissenschaft viel diskutiert wurde die vermeintliche rechtliche Beschränkung von Einsätzen der Bundeswehr im Ausland.[1] Bis zum Urteil des Bundesverfassungsgerichts vom 12. Juli 1994 vertraten vor allem die SPD und die FDP die Meinung, das Grundgesetz lasse solche Maßnahmen nicht zu. Hans-Peter Schwarz bezeichnete diese Position jedoch als »Märchen von der Verfassungswidrigkeit von Out-of-area-Einsätzen der Bundeswehr«, das von Helmut Schmidt und Hans-Dietrich Genscher gepflegt worden sei.[2] Weitgehend unbekannt ist jedoch der interministerielle Diskurs, der zu jener ablehnenden Grundhaltung führte und der das Handeln der beteiligten Akteure bis 1994 prägte.[3]

Die ministeriellen Überlegungen zur Entsendung von Soldaten oder Polizisten in VN-Missionen begann nicht erst am Ende des Ost-West-Konflikts. Sie reichten bis in die 1970er-Jahre, vor den Amtsantritt Schmidts zum Kanzler und Genschers zum Außenminister, zurück und wurden zunächst nur von einem kleinen Kreis von Beamten und Militärs auf Arbeitsebene geführt. Vor allem beteiligt waren das für Fragen der Vereinten Nationen zuständige Referat 230 im AA, das beim Prozess die Federführung besaß, das im AA für allgemeines Völkerrecht zuständige Referat 500, die Referate Fü S III 5, VR II 2 und der Planungsstab im BMVg sowie das Rechtsreferat V I 4 im BMI und die Abteilung IV im BMJ. Das BKAmt spielte in den Anfangsjahren der Debatte nur eine marginale Rolle und griff erst Ende der 1970er-Jahre in den Prozess ein. Im Parlament spielte die Frage vor Ende des Ost-West-Konflikts praktisch keine Rolle. Die Aufstellung der ersten zehn VN-Missionen konnte die Bundesregierung mit einer Ausnahme nämlich nur schwer unterstützen, da sie vor 1973 und damit vor der deutschen Aufnahme in die Vereinten

---

[1]  Vgl. Kapitel I.4.
[2]  Schwarz, Die Zentralmacht Europas, S. 167.
[3]  Einen Anfang machte Maulucci, Die Regierung Schmidt.

Nationen beschlossen wurden. In den folgenden 15 Jahren unternahmen die Vereinten Nationen nur drei weitere Missionen, UNEF II (1973–1979), UNDOF[4] (seit 1974) und UNIFIL[5] (seit 1978),[6] sodass für die bundesdeutschen Akteure kaum Bedarf bestand, sich intensiver mit einer Beteiligung zu befassen.

a) Zypern 1964: Der Beginn der ›Scheckbuchdiplomatie‹

Auch wenn sich die Bundesregierung zunächst nicht personell an VN-Missionen beteiligte, beschäftigte sich das federführende AA bereits 1964 mit der Unterstützung der VN-Mission UNFICYP[7] auf Zypern.[8] Im Vorfeld der Mission hatten Briten und US-Amerikaner die Entsendung von NATO-Truppen und damit auch die Beteiligung der Bundeswehr in Betracht gezogen.[9] Aufgrund der während des Zweiten Weltkriegs gemachten Erfahrungen herrschten im BMVg aber Bedenken vor neuen Zusammenstößen zwischen deutschen und griechischen Soldaten.[10] Die Erfahrungen der NS-Zeit waren bei jeder politisch-militärischen Entscheidung zu berücksichtigen.[11] Als die NATO-Operation aufgrund griechisch-zypriotischer Ressentiments zugunsten einer VN-Mission verworfen wurde,[12] standen bundesdeutsche Truppen als Nichtmitglied der Weltgemeinschaft nicht mehr zur Debatte.[13] Sie wa-

---

[4] United Nations Disengagement Observer Force.
[5] United Nations Interim Force in Lebanon.
[6] Vgl. United Nations, List of Peacekeeping Operations 1948–2017.
[7] United Nations Peacekeeping Force in Cyprus. Vgl. The Blue Helmets, S. 147–170.
[8] Vgl. Troche, Ich habe nur die Hoffnung.
[9] Aufzeichnung des Staatssekretärs Carstens, 31.1.1964. In: AAPD 1964, Dok. 34, S. 168 ff.; Runderlaß des Staatssekretärs Carstens, 2.2.1964. In: AAPD 1964, Dok. 37, S. 180 f.; Der Auswärtige Ausschuß des Deutschen Bundestages. Sitzungsprotokolle 1961–1965, 2. Halbbd, 48. Sitzung, 6.2.1964, S. 910 f. Siehe auch Brenner, Die NATO, S. 95–99; Schulte, UN-Blauhelme, S. 145 f.
[10] Aufzeichnung des Staatssekretärs Carstens, 31.1.1964. In: AAPD 1964, Dok. 34, S. 168–170, hier S. 169. Ähnliche Bedenken hegten auch einige Parlamentarier. Vgl. Der Auswärtige Ausschuß des Deutschen Bundestages. Sitzungsprotokolle 1961–1965, 2. Halbbd, 48. Sitzung, 6.2.1964, S. 912.
[11] Vgl. Conze, Die Suche nach Sicherheit, S. 14. Siehe auch die Erklärung von Verteidigungsminister von Hassel in Der Auswärtige Ausschuß des Deutschen Bundestages. Sitzungsprotokolle 1961–1965, 2. Halbbd., 49. Sitzung, 1.7.1964, S. 1058 f.; Schwelling, Die Außenpolitik der Bundesrepublik.
[12] Brenner, Die NATO, S. 99, 105; Schulte, UN-Blauhelme, S. 146.
[13] Der Auswärtige Ausschuß des Deutschen Bundestages. Sitzungsprotokolle 1961–1965, 2. Halbbd, 49. Sitzung, 13.2.1964, S. 1042 (CD-Rom-Ausgabe); Gespräch des Bundesministers Schröder mit dem französischen Außenminister Couve de Murville in Paris, 15.2.1964. In: AAPD 1964, Dok. 48, S. 233–236, hier S. 234. Zuvor hatte die Bundesregierung die Entsendung der Bundeswehr von der Zustimmung der zypriotischen Regierung abhängig gemacht. Da der Präsident Zyperns aber eine bundesdeutsche Beteiligung ablehnte, wäre auch eine NATO-Mission ohne Bundeswehr erfolgt. PA AA, B 80, Bd 355, Aufzeichnungen Referat V1, Betr.: Stationierung von NATO-Streitkräften auf Zypern, hier: Beteiligung der Bundeswehr, 5.2.1964; Runderlaß des Staatssekretärs Carstens, 2.2.1964. In: AAPD 1964, Dok. 37, S. 180 f., hier S. 181, Anm. 8.

### III. Die Bundesrepublik Deutschland und die Beteiligung an Missionen 91

ren aber auch gar nicht erwünscht, weder national[14] noch international. Aus Sicht des zypriotischen Präsidenten kam nur eine finanzielle Unterstützung der Bundesrepublik oder der Einsatz des Deutschen Roten Kreuzes (DRK) infrage.[15]

Eine entsprechende Bitte des VNGS um finanzielle Hilfe erhielt die Bundesregierung – ebenso wie alle VN-Mitglieder und die Schweiz – im März 1964.[16] Nachdem es innerhalb der Weltgemeinschaft Streit um die Finanzierung ihrer Mission im Kongo gegeben hatte[17], sollten die Kosten der UNFICYP von den Truppenstellern selbst und durch freiwillige Beiträge gedeckt werden.[18] Auf Bitten der USA und Großbritanniens[19] erhielten die Vereinten Nationen am 8. Mai 1964 daher auch von der Bundesregierung einen Scheck in Höhe von 500 000 US-Dollar.[20] Dies war die erste direkte bundesdeutsche Unterstützung für eine VN-Mission.[21] Sie wurde gewährt, weil sie international erwartet wurde[22] und weil die Fortsetzung des Zypernkonflikts »das Gefüge« der »lebenswichtigen« NATO bedrohe, so das AA.[23] Die dortige Krise berührte vitale politische Interessen der Bundesregierung, weshalb die Entscheidung aus sicherheitspolitischen Motiven und Gründen des internationalen Ansehens getroffen wurde. In den folgenden Jahren zahlte die Bundesregierung mehrere Millionen D-Mark zur Fortsetzung der Mission.[24]

---

[14] Vgl. zur veröffentlichten Meinung Troche, Ich habe nur die Hoffnung, S. 186.
[15] Runderlaß des Staatssekretärs Carstens, 2.2.1964. In: AAPD 1964, Dok. 37, S. 180 f., hier S. 181, Anm. 8.
[16] Aufzeichnung des Ministerialdirektors Jansen, 12.3.1964. In: AAPD 1964, Dok. 70, S. 343–346, hier S. 343; PA AA, B 30, Bd 374, Kabinettsache Referat I B 1, Betr.: Zypern, hier: Finanzieller Beitrag der Bundesrepublik Deutschland zu den Kosten der Friedenstruppe, 17.3.1964, hier S. 1.
[17] ICJ, Certain Expenses of the United Nations, Advisory Opinion of 20 July 1962.
[18] VNSR, S/RES/186(1964), 4.3.1964, Randnr. 6.
[19] Vgl. Botschafter Knappstein, Washington, an das Auswärtige Amt, 12.3.1964. In: AAPD 1964, Dok. 71, S. 347–349; PA AA, B 30, Bd 374, Kabinettsache Referat I B 1, Betr.: Zypern, hier: Finanzieller Beitrag der Bundesrepublik Deutschland zu den Kosten der Friedenstruppe, 17.3.1964, hier S. 2.
[20] Bundeskanzler Erhard an Präsident Johnson, 8.5.1964. In: AAPD 1964, Dok. 123, S. 514–518, hier S. 515, Anm. 6. Siehe auch 115. Kabinettssitzung am Mittwoch, dem 18. März 1964, [D.] Zypern, hier: Finanzieller Beitrag der Bundesrepublik Deutschland zu den Kosten der Friedenstruppe.
[21] Zwar hatte die Bundesrepublik bereits im Rahmen der »Kongo-Krise« Gelder für den sogenannten Kongo-Fonds bereitgestellt, diese Leistungen kamen der Mission ONUC aber nur indirekt zugute. Vgl. PA AA, B 68, Bd 19, Drahtbericht des Beobachters der Bundesrepublik bei den Vereinten Nationen an Referat 114 im AA, Nr. 513, 4.10.1961.
[22] Der Auswärtige Ausschuß des Deutschen Bundestages. Sitzungsprotokolle 1961–1965, 2. Halbbd, 59. Sitzung, 1.7.1964, S. 1055 f.
[23] PA AA, B 30, Bd 374, Kabinettsache Referat I B 1, Betr.: Zypern, hier: Finanzieller Beitrag der Bundesrepublik Deutschland zu den Kosten der Friedenstruppe, 17.3.1964, hier S. 3.
[24] Vgl. PA AA, B 30, Bd 374, Vorlage Referat I B 1 an den Staatssekretär, Betr.: Zypern, hier: Erneuter finanzieller Beitrag der Bundesrepublik Deutschland zu den Kosten der VN-Friedenstruppe, 6.7.1964; BT-Drs. 7/540, 10.5.1973, S. 5; BT-PlPr. 7/125, 17.10.1974, S. 8360; BT-Drs. 7/3247, 19.2.1975, S. 2; BT-Drs. 7/4977, 6.4.1976, S. 6.

Die in den 1990er-Jahren abwertend als »Scheckbuchdiplomatie«[25] bezeichnete Politik der Bundesregierung, internationale Missionen mit Geld statt mit Personal zu unterstützen, begann in den 1960er-Jahren. Die Zahlungen blieben jedoch immer moderat. Angesichts der angespannten Haushaltslage blockierte das BMF größere freiwillige Leistungen.[26] Im Vergleich zur Summe, die die Bundesregierung Anfang der 1990er-Jahre im Zuge des Zweiten Golfkriegs zahlte,[27] war die erste Unterstützung einer VN-Mission kaum der Rede wert. Aus Sicht des AA schien der Betrag im Vergleich zum Engagement anderer Staaten aber vertretbar; die Bundesrepublik war drittgrößter Zahler.[28]

Die personelle Nichtbeteiligung an der UNFICYP lag daher nicht an rechtlichen Bedenken. Angesichts der deutschen Vergangenheit »waren politische – und auch vergangenheitspolitische – Überlegungen wichtiger«.[29] Erst infolge der VN-Mission auf Zypern machte sich das AA Gedanken über die rechtlichen Voraussetzungen einer Entsendung der Bundeswehr außerhalb des NATO-Bereichs,[30] speziell im Rahmen der Vereinten Nationen. Mitte 1964 forderte es seine Botschaften in Westeuropa und Nordamerika auf, über die Rechtslage der Gastländer zu berichten.[31] Von besonderem Interesse war Österreich. Dort trat 1965 ein Gesetz in Kraft, das die Entsendung österreichischer Truppen auf Anfrage einer internationalen Organisation erlaubte.[32] Das Gesetz, das auch in den bundesdeutschen Ministerien zirkulierte, galt schon früh als Blaupause zur rechtlichen Legitimierung von Auslandseinsätzen der

---

[25] Vgl. »Die Deutschen an die Front«. In: Der Spiegel, Nr. 6 (1991), 4.2.1991, S. 18–22, hier S. 20.

[26] Vgl. PA AA, B 30, ZA, Bd 121024, Vorlage Unterabteilung 23 an den Außenminister, Betr.: Deutscher Beitrag für VN-Friedenstruppen auf Zypern (UNFIZYP), hier: Schreiben GS Waldheim an den Herrn Bundesminister, 21.7.1977.

[27] Vgl. Inacker, Unter Ausschluß der Öffentlichkeit?, S. 84–107.

[28] Vgl. PA AA, B 30, ZA, Bd 121024, Vorlage Unterabteilung 23 an den Außenminister, Betr.: Deutscher Beitrag für VN-Friedenstruppen auf Zypern (UNFIZYP), hier: Schreiben GS Waldheim an den Herrn Bundesminister, 21.7.1977, hier S. 2.

[29] Maulucci, Die Regierung Schmidt, S. 522.

[30] Im August 1964 hatten die USA die Bundesrepublik um die Entsendung eines Bataillons zur Stabilisierung der kongolesischen Regierung gebeten. Die Intervention sollte aber nicht unter VN-Führung erfolgen. Aufgrund innen- und außenpolitischer Bedenken empfahl Staatssekretär im AA Karl Carstens eine abschlägige Haltung. Staatssekretär Carstens an Bundesminister Westrick, Bundeskanzleramt, 14.8.1964. In: AAPD 1964, Dok. 232, S. 968–970.

[31] PA AA, B 30, Bd 375, Weisung Referat II 7 im AA an die Botschaften der Bundesrepublik Deutschland in Washington, London, Paris, u.a., Betr.: Rechtslage hinsichtlich des Einsatzes von Soldaten des Gastlandes im Ausland im Rahmen von Friedenssicherungsaktionen, 27.8.1964. Die Antworten der Botschaften finden sich in PA AA, B 80, Bd 1113.

[32] PA AA, B 80, Bd 1113, Rundschreiben Referat II 7 im AA an das BMVg, BMI und BMJ, Betr.: Rechtslage hinsichtlich des Einsatzes von Soldaten des Gastlandes im Ausland im Rahmen von Friedenssicherungsaktionen, 29.3.1965, hier Anlage; Bundesgesetzblatt für die Republik Österreich: 173. Bundesverfassungsgesetz: Entsendung österreichischer Einheiten zur Hilfeleistung in das Ausland auf Ersuchen internationaler Organisationen, Jahrgang 1965, 13.7.1965, S. 933 f., https://www.ris.bka.gv.at/Dokumente/BgblPdf/1965_173_0/1965_173_0.pdf. Zu Österreich ausführlich Löwe, Peacekeeping-Operationen, S. 111–120.

## III. Die Bundesrepublik Deutschland und die Beteiligung an Missionen

Bundeswehr. Allein der politische Wille fehlte, eine ähnliche Rechtslage zu schaffen.

Dass sich das AA mit VN-Missionen beschäftigte, lag auch daran, dass seine Auslandsvertretungen politische Vorteile erkannten. Allein aufgrund »des erheblichen deutschen Militär-Potentials« rechnete die Botschaft in Washington mit künftigen Anfragen. Sie schlug vor, mit Zustimmung der NATO eine speziell für VN-Missionen ausgebildete Einheit aufzustellen, gegebenenfalls aus Angehörigen des Bundesgrenzschutzes. Wenn nötig, sollten die rechtlichen Voraussetzungen für einen VN-Einsatz geschaffen werden. Über eine Beteiligung müsse dann von Fall zu Fall entschieden und diese immer von der Zustimmung der betroffenen Regierungen abhängig gemacht werden. Die Teilnahme an VN-Missionen galt als Möglichkeit, sich Gehör im VNSR und somit in einem Forum zu verschaffen, in dem die DDR nicht vertreten war.[33] Dem Alleinvertretungsanspruch folgend, sollte jede Möglichkeit genutzt werden, den internationalen Einfluss der Bundesrepublik gegenüber der DDR zu stärken. Darüber hinaus hoffte man, noch immer bestehende Ressentiments abbauen zu können. Durch eine VN-Beteiligung könne die Bundesrepublik

> »einen wesentlichen Beitrag dazu leisten, daß das Unbehagen und die Unsicherheit in anderen Teilen der Welt über die Zweckbestimmung unserer Streitkräfte reduziert werden und daß unsere Streitkräfte auch in anderen Teilen der Welt Anerkennung und Vertrauen erwerben.«[34]

Von Beginn an lassen sich also das Streben nach Prestige, Anerkennung und politischem Einfluss als Motive einer bundesdeutschen Beteiligung an VN-Missionen erkennen. Da der UNFICYP zunächst aber nur zwei kurze Missionen in der Dominikanischen Republik (DOMREP[35]) und zwischen Indien und Pakistan (UNIPOM[36]) folgten, verlor das Thema zunächst wieder an Bedeutung.[37]

---

[33] Aufzeichnung des Legationsrats I. Klasse Wieck, Washington, 28.5.1964. In: AAPD 1964, Dok. 142, S. 582–585, hier S. 584.
[34] Ebd., S. 584 f.
[35] Ausführlich siehe The Blue Helmets, S. 649–658.
[36] Ausführlich siehe ebd., S. 133–143.
[37] Vgl. PA AA, B 30, ZA, Bd 113972, Schreiben des Beobachters der Bundesrepublik Deutschland bei den Vereinten Nationen an Referat 230 im AA, Betr.: Arbeitsgruppe des Sonderausschusses für friedenserhaltende Operationen, 25.4.1973, hier Anlage, S. 2. Im Zuge des Vietnam-Konflikts hatte es allerdings grundlegende rechtliche Überlegungen über die Beteiligung der Bundeswehr im Ausland gegeben. Das AA kam damals zur Auffassung, dass das Grundgesetz keine Bestimmung enthalte, »unter welchen Voraussetzungen Einheiten der Bundeswehr außerhalb des Bundesgebietes eingesetzt werden« könnten. Vgl. Ministerialdirektor Werz an die Botschaft in Washington, 18.4.1966. In: AAPD 1966, Dok. 115, S. 506–510, hier S. 507. Angesichts der Auseinandersetzungen um die Aufstellung der Bundeswehr habe allerdings ohnehin die Auffassung bestanden, die bundesdeutschen Streitkräfte seien nur zur Verteidigung des NATO-Gebiets bestimmt. Vgl. Staatssekretär Carstens an Bundesminister Westrick, Bundeskanzleramt, 14.8.1964. In: AAPD 1964, Dok. 232, S. 968–970, hier S. 969.

Der VN-Beitritt der Bundesrepublik 1973 änderte die Situation. Fortan zahlte sie nicht nur ihren auf Art. 17 Abs. 2 der VN-Charta[38] zurückzuführenden Pflichtbeitrag zum Haushalt der Weltgemeinschaft. Von nun an musste die Bundesregierung auch damit rechnen, Stellung gegenüber VN-Missionen beziehen zu müssen. Auch aus diesem Grund erarbeitete das AA zusammen mit den anderen Ressorts im Sommer 1973 Leitlinien für die bundesdeutsche VN-Politik. Die Bundesrepublik sei als »zweitgrößtes Welthandelsland« praktisch von jedem Konflikt betroffen, so die Annahme. Es sei »ein vitales Interesse […], wo immer dies möglich ist, zur unmittelbaren Friedenssicherung […] beizutragen.« Ferner liege es in ihrem »unmittelbare[n] Interesse […], die Anstrengungen der Weltorganisation auf dem Gebiet direkter Friedenssicherung […] mit Nachdruck zu unterstützen.«[39] Ökonomische Interessen galten somit als Leitmotiv der bundesdeutschen Unterstützung von VN-Missionen. Angaben über die Art oder den Umfang eines dahingehenden Engagements fehlten allerdings. Vorrangig sollte im diplomatisch-zivilen Bereich und hier vor allem bei der Abrüstung und Rüstungskontrolle gehandelt werden. Lediglich bei »akuten Konflikten« werde die Bundesregierung »im Einzelfall sorgfältig prüfen müssen, ob eine Beteiligung an Maßnahmen der VN möglich und zweckmäßig« sei. Geldleistungen seien wie im Falle von Zypern »vorzuziehen«.[40]

Grundsätzlich sollte die Bundesregierung also zurückhaltend auftreten und sich vor allem auf unkritische Politikfelder konzentrieren. Eine Führungsrolle strebte die geteilte, in ihrer Außenpolitik noch immer beschränkte und in eigener Wahrnehmung aus dem Osten bedrohte Bundesrepublik nicht an. Vielmehr sollte die bundesdeutsche »VN-Politik in enger Abstimmung mit den EG-Partnern« erfolgen.[41] Die sicherheitspolitisch überlebenswichtige Anbindung an die westlichen Nachbarländer – und natürlich auch die USA – sollte in den Vereinten Nationen fortgesetzt werden. Alleingänge sollte es nicht geben. Vielmehr wollten die Bundesressorts den Ruf der Bundesrepublik »als vertrauens- und glaubwürdiger Partner […] stärken«.[42] Nach den Erfahrungen des Zweiten Weltkriegs waren es diese beiden Parameter, die die deutsche Außenpolitik über Jahre bestimmten.[43] Zunächst sollten die deutschen Diplomaten auch nur Erfahrung sammeln und sich in den Vereinten Nationen nur dort engagieren, wo bereits Expertise bestand.[44] Von Beginn an nahmen die Bundesressorts damit eine reaktive Haltung in Fragen von VN-Missionen ein, auch wenn jede Regierung deren Bedeutung öffentlich hervorhob.[45]

---

[38] Vgl. Charta der Vereinten Nationen, S. 17.
[39] BArch, B 136/6397_2, Schreiben Referat 230 im AA an den Chef des Bundeskanzleramts, Betr.: VN-Politik der Bundesrepublik Deutschland, 15.8.1973, hier Anlage, S. 3 f.
[40] Ebd., S. 6.
[41] Ebd., S. 5.
[42] Ebd., S. 4.
[43] Zeitzeugengespräch mit Botschafter a.D. Bernd Mützelburg am 22.11.2019.
[44] BArch, BW 2/7998, Fü S III 5, Besprechungsnotiz, Betr.: Ressortbesprechung im AA am 2.8.1973, hier: Vorbereitung Beitritt UNO, 3.8.1973, hier S. 2.
[45] Vgl. BT-Drs. 11/3963, 9.2.1989, S. 7.

Die Frage der Beteiligung an VN-Missionen war mit der Annahme dieser Leitlinien aber keineswegs beendet. Zeitlich hatten es die Ressorts nämlich nicht geschafft, das Engagement der Bundeswehr im Rahmen der Vereinten Nationen abschließend zu klären.[46] Interesse an einem stärkeren Engagement zeichnete sich jedoch ab. Intern unterbreitete der Planungsstab im BMVg den Vorschlag, die Leitlinien um den Satz »Der Einsatz von Material und die Beteiligung von Personal oder Einheiten der Bundeswehr ist zu erwägen« ergänzen zu lassen.[47] Das 1973/74 erschienene Weißbuch kündigte an, dass die Bundesregierung »ihre Verpflichtungen aus der Charta der Vereinten Nationen zur Friedenssicherung und Kriegsverhütung erfüllen und, wenn Umstände es notwendig machen, die Vereinten Nationen bei friedenssichernden Aufgaben unterstützen« werde.[48] Mit diesem Tenor hatte sich auch SPD-Verteidigungsminister Georg Leber in der Kabinettssitzung vom 12. September 1973 geäußert. Mündlich schlug er Außenminister Walter Scheel (FDP) vor, die logistische, also unbewaffnete[49] Beteiligung der Bundeswehr im Rahmen der Vereinten Nationen in Betracht zu ziehen. Zwar stimmte der Außenminister dem Vorschlag grundsätzlich zu, aus politischen Erwägungen widersprach die Arbeitsebene des AA aber der Ergänzung der Leitlinien.[50] Letztlich verhinderten Unstimmigkeiten zwischen der Abteilung III des Führungsstabs der Streitkräfte (Fü S III) und dem Planungsstab im BMVg die Konkretisierung von Lebers Vorschlag.[51] Ein Grund war der erneute Ausbruch des Nahost-Konflikts, mit dem die Unterstützung der Bundeswehr für VN-Missionen Realität wurde.

---

[46] BArch, BW 2/5340, Schreiben Leiter Planungsstab an den StAL Fü S III, Betr.: VN-Politik der BRD, hier: Beiträge der Bundeswehr, 16.10.1973, hier S. 1.

[47] BArch, BW 2/5340, Entwurf Vorlage Leiter Planungsstab an die Leitung, Betr.: VN-Politik der BRD, 3.9.1973, hier S. 2.

[48] BT-Drs. 7/1505, 8.1.1974, S. 5, 47 f.

[49] Rechtliche Bedenken gegenüber einer Beteiligung der Bundeswehr im VN-Rahmen hatte das BMVg bereits anlässlich der Leitlinien zur VN-Politik geäußert. In einem Schreiben an das AA hieß es: »Eine aktive Beteiligung an friedenssichernden Operationen der VN könnte nach Lage des Einzelfalls unter verfassungsrechtlichen Gesichtspunkten (Verhältnis von Art. 43 der VN-Charta zu Art. 87a, 115 a ff. GG) Probleme aufwerfen.« PA AA, B 30, ZA, Bd 113945, Schreiben VR II 3 an das AA, Betr.: Unsere VN-Politik nach dem Beitritt, 17.7.1973, hier S. 2.

[50] Ebd., Vorlage Referat 230 an den Abteilungsleiter 2, Betr.: Leitlinien unserer VN-Politik, hier: Beteiligung der Bundeswehr an Maßnahmen der VN zur Friedenssicherung, 21.9.1973.

[51] Mehrere Entwürfe von Fü S III für einen Brief an Außenminister Scheel trug der Planungsstab nicht mit. Vgl. BArch, BW 2/5340, Schreiben Leiter Planungsstab an den Stabsabteilungsleiter Fü S III, Betr.: VN-Politik der Bundesrepublik Deutschland, hier: Beiträge der Bundeswehr, 2.1.1974; BArch, BW 1/159093, Nebenabdruck Schreiben Fü S III an den Leiter Planungsstab, Betr.: VN-Politik der Bundesrepublik Deutschland, hier: Beiträge der Bundeswehr, 19.2.1974; BArch, BW 2/5340, Schreiben Leiter Planungsstab an den Stabsabteilungsleiter Fü S III, Betr.: UN-Politik der Bundesrepublik Deutschland, hier: Beiträge der Bundeswehr, 28.2.1974; ebd., Vorlage Fü S III 5 an den Stabsabteilungsleiter Fü S III, Betr.: Friedenssichernde Maßnahmen der Vereinten Nationen, hier: Beiträge der Bundeswehr, 15.3.1974.

## b) Die Bundeswehr als »Spediteur«[52] der Vereinten Nationen

Im Oktober 1973 griffen ägyptische und syrische Streitkräfte israelische Stellungen auf der Halbinsel Sinai und den Golanhöhen an, die Israel 1967 besetzt hatte. Ende Oktober beschloss der VNSR die Entsendung von bis zu 7000 Soldaten, um auf dem Sinai eine Pufferzone zwischen den Konfliktparteien zu schaffen und die Einhaltung eines Waffenstillstands zu beobachten.[53] Für die Bundesregierung wurde der Jom-Kippur-Krieg nach Erlangung der vollen Mitgliedschaft in den Vereinten Nationen zum ersten Test ihrer VN-Politik. Während die USA ein Engagement der ständigen VNSR-Mitglieder an der Mission verhinderten, zirkulierte auf belgische Initiative die Idee zur gemeinsamen Truppenstellung der westeuropäischen Staaten. Hierzu vermerkte der Unterabteilungsleiter 23 im AA in einer Vorlage:

> »Wir drängen uns nicht, Mittel und Personal der Bundeswehr zur Verfügung zu stellen. Andererseits wollen wir uns nach unserem UN-Beitritt nicht von einer UN-Friedenstruppe ausschliessen. Wenn es zu einer gemeinsamen Aktion der Neun[54] kommt, sind wir grundsätzlich bereit, mitzumachen. Wenn die Einsatzpläne ausgearbeitet werden, muss geprüft werden, in welcher Form wir am besten mitwirken können (Transport, Logistik?).«[55]

Sollte es zu einer Aktion der westeuropäischen Nachbarn kommen, wolle das AA an der Seite seiner Partner stehen; wohl nicht mit Infanteristen, aber mit unterstützenden Fähigkeiten. Zwar wurde dieser Gedanke nie Realität, dennoch wurde die personelle Beteiligung der Bundesrepublik an der VN-Mission in informellen Gesprächen zwischen Bearbeitern des für Militärpolitik zuständigen Referats 5 des Führungsstabs der Streitkräfte im BMVg (Fü S III 5), Angehörigen der Vereinten Nationen und der Ständigen Vertretung in New York besprochen. Sie kamen zu dem Schluss, dass eine personelle Beteiligung der Bundesrepublik »nicht zweckmäßig und nicht empfehlenswert« sei. Bei einem Engagement fürchteten die Bundesressorts die parallele Beteiligung der DDR.[56] Auch nach dem Beitritt beider Staaten zu den Vereinten Nationen wurde ein solches Szenario in manchen Kreisen als kritisch gesehen. Eine parallele Beteiligung beider deutschen Staaten hätte durch die internationale Aufwertung der DDR die Aussicht auf die deutsche Einheit verschlechtert und vor allem bei der oppositionellen CDU/CSU für

---

[52] PA AA, B 30, ZA, Bd 120948, Vorlage Abteilung 2 an den Außenminister, Betr.: Deutsche Beteiligung an VN-Friedensoperationen, 11.9.1978, hier S. 3.
[53] UNEF II. Vgl. VNSR, S/RES/340(1973), 25.10.1973; VNSR, S/11052, 26.10.1973; VNSR, S/RES/341(1973), 27.10.1973. Ausführlich zum Einsatz siehe The Blue Helmets, S. 59–70.
[54] Gemeint war die EG, die nach dem Beitritt Großbritanniens, Irlands und Dänemarks ab 1973 neun Mitglieder hatte.
[55] PA AA, B 30, ZA, Bd 113959, Vermerk Dg 23 an das Büro des Staatssekretärs, Betr.: Aufstellung einer UN-Friedenstruppe, 25.10.1973.
[56] BArch, BW 1/183850, Vermerk Fü S III 5, Betr.: Friedenssichernde Maßnahmen der Vereinten Nationen, hier: Mögliche Beiträge der Bundeswehr, 23.11.1973, hier S. 2.

III. Die Bundesrepublik Deutschland und die Beteiligung an Missionen    97

Kritik gesorgt[57]. Zudem stand zu befürchten, dass die DDR-Führung nach einer internationalen Aufwertung weniger Hemmungen haben würde, ihr Militär auch unilateral im Ausland einzusetzen, und gegebenenfalls wie Kuba in afrikanischen Konflikten intervenieren könnte.[58]

Nicht rechtliche, sondern politische Überlegungen sprachen somit weiter gegen eine personelle Beteiligung der Bundesrepublik; sie wurde aufgrund der sensiblen Lage aber auch gar nicht von den Vereinten Nationen erbeten. Anders als bei der UNFICYP sollte es aber nicht bei einer finanziellen Unterstützung bleiben[59], denn die Bundesregierung wurde von den Vereinten Nationen um logistische Hilfe gebeten.[60] Trotz anfänglicher Bedenken im BMVg[61] transportierte die Luftwaffe nach Zustimmung des Bundeskabinetts[62] 422 senegalesische und 502 ghanaische Soldaten sowie 463 Tonnen Material[63]

---

[57] Siehe zu diesem Gedankengang BArch, BW 1/160929, Kopie Schreiben des MdB Alois Mertes an James S. Sutterlin, Stellvertretender Leiter der Politischen Abteilung des Generalsekretariats der Vereinten Nationen, 1.8.1979, hier S. 5 ff.

[58] Vgl. BArch, B 136/30611, Schreiben Arbeitsstab Deutschlandpolitik an den GL 23, Betr.: Bundeswehr-Kontingent für UNO-Friedenstruppen, hier: Stellungnahme von MdB Alois Mertes, 4.9.1979; ebd., Vorlage Gruppe 23 an den Bundeskanzler, Betr.: Schreiben des MdB Mertens zur Beteiligung von Bw-Soldaten an VN-Friedenstruppen, hier: Vorlage des Antwortentwurfs, 13.9.1979, hier S. 5. Kubanische Truppen kämpften bspw. in Angola. Vgl. dazu die Kapitel IV.1.a) und V.1.a).

[59] Die Kosten der UNEF II wurden erstmals durch verpflichtende Beiträge der VN-Mitglieder finanziert, die ihrem Beitragsschlüssel am allgemeinen VN-Haushalt entsprachen. Vgl. VNGV, A/RES/3101(XXVIII), 11.12.1973.

[60] PA AA, B 30, ZA, Bd 113988, Vermerk Referat 230 an den Abteilungsleiter 2, Betr.: UNEF (VN-Friedenstruppe für Nahost), 3.12.1973; PA AA, B 30, ZA, Bd 158181, Tischvorlage Referat 230, Betr.: Deutsche Beteiligung am Transport der VN-Friedenstruppe Nahost, 11.12.1973.

[61] Das BMVg zog anfänglich auch das Chartern von Maschinen der Lufthansa in Betracht, da der Aufwand »erheblich, die Effektivität gering« und die Wirtschaftlichkeit »nicht gegeben« sei. In der Weihnachtszeit stand das Personal der Bundeswehr auch nur bedingt zur Verfügung. Letztlich sah das BMVg den Einsatz einer Boeing 707 der Luftwaffe aber als »wirtschaftlichste Lösung« und übernahm die Flüge selbst. BArch, BW 1/183850, Vorlage Fü S III 5 an die Leitung, Betr.: United Nations Emergency Force, hier: Unterstützung für gegenwärtigen Nahost-Einsatz, 6.12.1973; ebd., Vorlage Fü S III/ Fü S III 5 an die Leitung, Betr.: United Nations Emergency Force, hier: Unterstützung durch Lufttransport, 11.12.1973; ebd., Vorlage Fü S III 5 an die Leitung, Betr.: United Nations Emergency Force, hier: Unterstützung des gegenwärtigen Nahost-Einsatzes, 13.12.1973; PA AA, B 30, ZA, Bd 113959, Vermerk Referat 404, Betr.: Transport von UN-Truppen in den Nahen Osten, 28.12.1973.

[62] 43. Kabinettssitzung am 12.12.1973, [E.] Deutsche Beteiligung am Transport der VN-Friedenstruppe Nahost.

[63] Zunächst wurde der Transport von schwerem Gerät aufgrund der Kosten abgelehnt. Nur weil die beiden Kontingente kleiner waren und weniger Ausrüstung besaßen als geplant, wurden auch die zugehörigen Fahrzeuge transportiert. Aufgrund eigener Ausbildungsinteressen berechnete das BMVg dem AA nur zehn Prozent der Kosten. Vgl. BArch, BW 1/183850, Vorlage Fü S III 5 an die Leitung, Betr.: United Nations Emergency Force, hier: Unterstützung des gegenwärtigen Nahost-Einsatzes, 9.1.1973; PA AA, B 30, ZA, Bd 113988, Kopie Fü S III 5 im BMVg, Vortrag am 16. Jan. 1974, 0830 Uhr bei der Fü S-Lage über den Beitrag der Bundeswehr bei friedenssichernden Maßnahmen der Vereinten Nationen, 14.1.1974, hier S. 4 f.

nach Kairo.⁶⁴ Die Unterstützung begann am 17. Dezember 1973⁶⁵ und wurde von einer Boeing 707 sowie 18 C-160 Transall-Flugzeugen in 58 Flügen vollzogen.⁶⁶ Die Kosten stellte das BMVg dem AA in Rechnung, das hierfür 1,8 Mio. D-Mark vom BMF beantragt hatte.⁶⁷ Die UNEF II war die erste VN-Mission, die die Bundesrepublik mit Material und Personal unterstützte. Die Soldaten der Bundeswehr waren den Vereinten Nationen aber nicht unterstellt und auch nicht im Einsatzland stationiert.

Auch ging die Initiative nicht von den Bundesressorts aus. Die US-Botschaft in Bonn hatte sich bereits Ende Oktober beim AA erkundigt, ob sich die Bundesregierung beim Transport beteiligen könne. Auch wenn Verteidigungsminister Leber und Bundeskanzler Brandt telefonisch die Stellung von drei Boeing-Flugzeugen in Aussicht stellten, war die Frage nach einer Transporthilfe für das AA noch Anfang November »nicht akut«.⁶⁸ Die Vereinten Nationen wandten sich erst Ende des Monats informell an die Ständige Vertretung in New York. Ihrem dringlichsten Wunsch zur Stellung eines Flugzeugs für den Kommandeur der VN-Truppen wollte das BMVg aufgrund knapper Kapazitäten und der problematisch erscheinenden Stationierung von Wartungspersonal im Konfliktgebiet aber nicht entsprechen.⁶⁹ Da die bundesdeutschen Entscheidungsträger aber zur Unterstützung bereit waren und sich kurz nach dem VN-Beitritt nicht die Blöße geben wollten, tatenlos zu bleiben, blieb nur der ebenfalls von den Vereinten Nationen erbetene Lufttransport anderer VN-Truppen. Die Gründe für eine solche

---

64  BArch, BW 1/183850, Fü L III 3, Vortragsnotiz für InspLw, Betr.: UNEF-Einsatz der Luftwaffe in Afrika (UNEF = United Nations Emergency Force), Januar 1974. Das Vorauskommando des ghanaischen Kontingents konnte »aus technischen Gründen« nicht wie geplant Mitte Dezember, sondern erst im Januar nach Kairo transportiert werden. PA AA, B 30, ZA, Bd 113959, Drahtbericht der Botschaft der Bundesrepublik Deutschland in Ghana an Referat 230 im AA, Nr. 166, 17.12.1973. Für den Transport von Accra nach Kairo wurde in N'Djamena (Tschad) ein Luftumschlagsplatz errichtet. Für zwei Wochen wurden hier rund 120 Bundeswehrsoldaten stationiert. Ebd., Schreiben der Botschaft der Bundesrepublik Deutschland in N'Djamena an Referat 230 im AA, Betr.: UNO-Transport ghanaischer Truppen über N'Djamena, 5.2.1974. Die Strecke Dakar nach Kairo wurde über Hassi Messaoud in Algerien abgewickelt. PA AA, B 30, ZA, Bd 113988, Kopie Erfahrungsbericht Lufttransportkommando an Referat Fü L III 3 im BMVg, Betr.: Lufttransporteinsatz für UNEF, 4.2.1974, hier S. 3.
65  PA AA, B 1, ZA, Bd 178587, Presseerklärung Referat 230, Betr.: Deutscher Beitrag zur VN-Friedenstruppe (UNEF), 17.12.1973; BPA, Beteiligung an Transportleistungen für UN-Friedenstruppen in Nahost. In: Bulletin, Nr. 167, 21.12.1973, S. 1676.
66  PA AA, B 30, ZA, Bd 113988, Kopie Erfahrungsbericht Lufttransportkommando an Referat Fü L III 3 im BMVg, Betr.: Lufttransporteinsatz für UNEF, 4.2.1974, hier S. 2 f.
67  PA-DBT 3106, Haushaltsausschuss, 7/36, 13.12.1973, hier S. 41 f.; PA AA, B 30, ZA, Bd 113959, Kopie Schnellbrief Referat 112 im AA an das BMF, 14.12.1973; BArch, BW 1/183850, Fü L III 3, Vortragsnotiz für InspLw, Betr.: UNEF-Einsatz der Luftwaffe in Afrika (UNEF = United Nations Emergency Force), Januar 1974, hier S. 3.
68  PA AA, B 30, ZA, Bd 113959, Sprechzettel Referat 230; Betr.: Eventuelle deutsche Beteiligung an der VN-Friedenssicherungsaktion im Nahen Osten, 30.10.1973; ebd., Sprechzettel Referat 230, Betr.: UN-Friedenstruppe für den Nahen Osten (United Nations Emergency Force), 6.11.1973, hier S. 2 (Zitat).
69  PA AA, B 30, ZA, Bd 113988, Vermerk Referat 230 an den Abteilungsleiter 2, Betr.: UNEF (VN-Friedenstruppe für Nahost), 3.12.1973.

III. Die Bundesrepublik Deutschland und die Beteiligung an Missionen    99

Transporthilfe, die die Abteilung 2 des AA im Dezember 1973 definierte – das bundesdeutsche Interesse am Erfolg der Mission im Nahen Osten, der sichtbare Beitrag eines weiteren europäischen Staates, die Konkretisierung der bundesdeutschen Friedenspolitik und die »Stärkung unserer Stellung in den VN«[70] – zeugten von nüchterner politischer Abwägung.

Dass es eher um eine sichtbare Unterstützung und weniger um die reibungslose Aufstellung der Mission ging, belegte die bundesdeutsche Absicht, die eigenen Maßnahmen im finanziell vertretbaren Rahmen zu halten. Der Transport des schweren Geräts – etwa drei Mio. D-Mark für das Material von 500 Soldaten – wurde aufgrund fehlender geeigneter Flugzeuge als »[u]nverhältnismäßig teuer« bewertet.[71] Der Transport von Truppen aus Kenia wurde aufgrund der für die bundesdeutschen Flugzeuge ungünstigen Höhenlage von Nairobi und der problematischen Betankung im Sudan oder in Äthiopien abgelehnt.[72] Der Transport von nepalesischen Truppen schied aufgrund der großen Entfernung aus und auch die Entscheidung für den Transport von zwei verschiedenen Kontingenten aus Ghana und dem Senegal war politischer Natur. Im Gegensatz zum Transport eines geschlossenen Kontingents, noch dazu ohne schweres Gerät, sahen das BMVg und das AA hierin »einen praktisch wirksamen und politisch sichtbaren Beitrag«.[73] Alle weiteren Bemühungen hätten nur zusätzliche Kosten verursacht, aber kein weiteres Ansehen gebracht. Dass Ghana zu dieser Zeit unter Militärherrschaft stand,[74] spielte in den Überlegungen keine Rolle. Im Vordergrund der bundesdeutschen Planungen standen die technischen Möglichkeiten eines Transports und ihr politischer Effekt. Welche Truppen transportiert wurden, schien gleichgültig, solange sich der finanzielle Aufwand in Grenzen hielt. Freilich war die Bundesrepublik zu dieser Zeit von der Ölpreiskrise betroffen, die

---

[70] Ebd., Aufzeichnung Abteilung 2 an den Staatssekretär, Betr.: Deutsche Beteiligung am Transport der VN-Friedenstruppe Nahost, 4.12.1973, hier S. 2. Siehe auch PA AA, B 30, ZA, Bd 113959, Tischvorlage Referat 230, Betr.: Deutsche Beteiligung am Transport der VN-Friedenstruppe Nahost, 11.12.1973, hier S. 2.

[71] PA AA, B 30, ZA, Bd 113959, Aufzeichnung Abteilung 2 an den Staatssekretär, Betr.: Deutsche Beteiligung am Transport der VN-Friedenstruppe Nahost, 4.12.1973, hier S. 3; ebd., Drahterlass Referat 230 im AA an die Ständige Vertretung in New York, Nr. 999, 6.12.1973.

[72] Vgl. BArch, BW 1/183850, Vorlage Fü S III 5 an die Leitung, Betr.: United Nations Emergency Force, hier: Unterstützung des gegenwärtigen Nahost-Einsatzes, 13.12.1973; PA AA, B 30, ZA, Bd 113959, Drahterlass Referat 230 im AA an die Ständige Vertretung in New York, Nr. 4557, 13.12.1973; ebd., Drahtbericht der Ständigen Vertretung in New York an Referat 230 im AA, Nr. 2128, 13.12.1973; ebd., Drahterlass Referat 230 im AA an die Ständige Vertretung in New York, Nr. 4576, 14.12.1973. Als im Januar 1974 noch einmal der Transport kenianischer Truppen nach Kairo erörtert wurde, lehnte das AA mit der Begründung ab, dass man bereits einen Beitrag geleistet habe. Ebd., Drahterlass Referat 230 im AA an die Ständige Vertretung in New York, Nr. 253, 18.1.1974.

[73] PA AA, B 30, ZA, Bd 113988, Entwurf Vermerk Referat 230, Deutsche Beteiligung am Transport der VN-Friedenstruppen für den Nahen Osten, o.D., hier S. 2; BArch, BW 1/183850, Vorlage Fü S III 5 an die Leitung, Betr.: United Nations Emergency Force, hier: Unterstützung für gegenwärtigen Nahost-Einsatz, 6.12.1973, hier S. 5.

[74] Im Januar 1972 hatte sich hier Oberst Ignatius Kutu Acheampong an die Macht geputscht. Vgl. Goldsworthy, Ghana's Second Republic.

den Haushalt belastete[75]. Auch eine weitere inoffizielle Anfrage des VN-Sekretariats im Oktober 1975 zum Transport von 150 finnischen Soldaten nach Kairo lehnte das AA aufgrund der Kosten ab.[76] Die Unterstützung der UNEF zeigte daher, dass das mit geringen Finanzmitteln ausgestattete AA sorgfältig zwischen Kosten und Nutzen eines Engagements abwägen musste und militärische Notwendigkeiten einer Mission sowie deren reibungslose Durchführung eher zweitrangig waren. Darüber hinaus wurde deutlich, dass die auf Landes- und Bündnisverteidigung ausgelegte Luftwaffe mit ihren Transall-Flugzeugen erhebliche Defizite bei Maßnahmen außerhalb Europas hatte.[77] Die sich aufgrund unterschiedlicher Interessen über mehrere Wochen hinziehende Entscheidung offenbarte zudem die Schwerfälligkeit der bundesdeutschen Bürokratie, die sich bei späteren Ereignissen wiederholte.

Schon früh war den beteiligten Akteuren jedoch bewusst, dass die UNEF-II-Hilfe kein Einzelfall bleiben würde. Um zukünftig schneller auf VN-Anfragen reagieren zu können, keimte im BMVg bereits im November 1973 die Idee zu einer ressortübergreifenden Arbeitsgruppe, um einen Katalog mit künftigen Handlungsoptionen zu entwickeln.[78] Den Ressorts kann nicht unterstellt werden, dass sie sich wegen fehlenden Interesses nicht stärker an VN-Maßnahmen beteiligten. Im Zusammenhang mit der angedachten Ergänzung der VN-Leitlinien hinsichtlich eines Engagements der Bundeswehr waren den Juristen im BMVg aber rechtliche Bedenken gekommen.[79] Für das mit Fragen des Verfassungsrechts betraute Referat des BMVg (VR II 2) war der Einsatz der Bundeswehr durch den erst 1968 im Rahmen der sogenannten Notstandsgesetze neu ins Grundgesetz hinzugefügten Art. 87a Abs. 2[80] – »[a]ußer zur Verteidigung dürfen die Streitkräfte nur eingesetzt werden, soweit dieses Grundgesetz es ausdrücklich zuläßt«[81] – »abschließend« be-

---

[75] Haftendorn, Deutsche Außenpolitik, S. 230–236.
[76] PA AA, B 30, ZA, Bd 113988, Drahtbericht der Ständigen Vertretung in New York an Referat 230 im AA, Nr. 2509, 27.10.1975; ebd., Drahterlass Referat 230 im AA an die Ständige Vertretung in New York, Nr. 1211, 30.10.1975; ebd., Kopie Vermerk Fü S III 5, 30.10.1975. Auch eine Anfrage des VNGS im Oktober 1975 zur kostenfreien Gestellung von Material oder zusätzlichen finanziellen Leistungen wurden aufgrund der angespannten Haushaltslage abgelehnt. Ebd., Kopie Schreiben VNGS Kurt Waldheim an die Ständige Vertretung in New York, 29.10.1975; ebd., Schreiben Referat 112 an Referat 230, Betr.: Sonderbeitrag zur zusätzlichen Ausrüstung von UNEF, 10.11.1975; ebd., Drahterlass Referat 230 im AA an die Ständige Vertretung in New York, Nr. 1314, 12.11.1975.
[77] Ebd., Kopie Fü S III 5 im BMVg, Vortrag am 16. Jan. 1974, 0830 Uhr bei der Fü S-Lage über den Beitrag der Bundeswehr bei friedenssichernden Maßnahmen der Vereinten Nationen, 14.1.1974, hier S. 5.
[78] BArch, BW 1/183850, Vermerk Fü S III 5, Betr.: Friedenssichernde Maßnahmen der Vereinten Nationen, hier: Mögliche Beiträge der Bundeswehr, 23.11.1973, hier S. 3 f.
[79] PA AA, B 30, ZA, Bd 113945, Schreiben VR II 3 im BMVg an das AA, Betr.: Unsere VN-Politik nach dem Beitritt, 17.7.1973, hier S. 2.
[80] Vgl. Siebzehntes Gesetz zur Ergänzung des Grundgesetzes vom 24. Juni 1968. In: BGBl., Teil I, Nr. 41, 27.6.1968, S. 709–713.
[81] Grundgesetz für die Bundesrepublik Deutschland, Art. 87a Abs. 2, Stand: Juli 2009, S. 51.

schränkt worden.[82] Zwar könne sich die Bundesrepublik nach Art. 24 Abs. 2 GG[83] einem System der gegenseitigen kollektiven Sicherheit anschließen, auch dieser Artikel sei jedoch durch den nachträglich hinzugekommenen Art. 87a Abs. 2 GG beschränkt.[84] Zulässig seien daher nur solche VN-Beteiligungen, bei denen es sich »nicht um einen Einsatz der Streitkräfte im Sinne des Art. 87a Abs. 2 GG« handele, »die Streitkräfte also nicht im Rahmen – auch nicht erlaubter – Kriegshandlungen und im Rahmen der vollziehenden Gewalt im Innern eingesetzt« würden; in erster Linie richte sich Art. 87 nämlich gegen die Intervention der Bundeswehr nach innen, also innerhalb des Gebiets der Bundesrepublik. Durch diese verfassungsrechtliche Beschränkung sei die Beteiligung der Bundeswehr an militärischen Aktionen nach Art. 42 der VN-Charta[85] ausgeschlossen. Solche Maßnahmen seien Kriegshandlungen, die nicht der Verteidigung der Bundesrepublik dienten;[86] hier definiert als die »Abwehr eines Gegners mit militärischen Mitteln [...], der die Bundesrepublik Deutschland von außen her mit Waffengewalt angreift«.[87]

Rechtlich möglich seien deswegen nur »Beistandsleistungen« gemäß Art. 43 der VN-Charta[88]. Hierunter fielen die Entsendung unbewaffneter Soldaten als Beobachter, der Transport von VN-Kontingenten oder »rein technische Hilfs- und Unterstützungsleistungen«.[89] Bei solchen Maßnahmen rechnete die Rechtsabteilung nicht mit dem Einsatz von Waffengewalt. Da die Beteiligung der Bundeswehr an VN-Missionen aber »von allgemeiner außen- aber auch innenpolitischer Bedeutung« sei, regte das Rechtsreferat den res-

---

[82] BArch, BW 2/5340, Schreiben VR II 2 an Fü S III 5, Betr.: VN-Politik der Bundesrepublik Deutschland, hier: Beiträge der Bundeswehr, 15.11.1973, hier S. 1.
[83] »Der Bund kann sich zur Wahrung des Friedens einem System gegenseitiger kollektiver Sicherheit einordnen; er wird hierbei in die Beschränkungen seiner Hoheitsrechte einwilligen, die eine friedliche und dauerhafte Ordnung in Europa und zwischen den Völkern der Welt herbeiführen und sichern.« Grundgesetz für die Bundesrepublik Deutschland, Art. 24 Abs. 2, Stand: Juli 2009, S. 22.
[84] BArch, BW 2/5340, Schreiben VR II 2 an Fü S III 5, Betr.: VN-Politik der Bundesrepublik Deutschland, hier: Beiträge der Bundeswehr, 15.11.1973, hier S. 2.
[85] »Ist der Sicherheitsrat der Auffassung, daß die in Artikel 41 vorgesehenen Maßnahmen unzulänglich sein würden oder sich als unzulänglich erwiesen haben, so kann er mit Luft-, See- oder Landstreitkräften die zur Wahrung oder Wiederherstellung des Weltfriedens und der internationalen Sicherheit erforderlichen Maßnahmen durchführen. Sie können Demonstrationen, Blockaden und sonstige Einsätze der Luft-, See- oder Landstreitkräfte von Mitgliedern der Vereinten Nationen einschließen.« Charta der Vereinten Nationen, S. 29, Art. 42.
[86] BArch, BW 2/5340, Schreiben VR II 2 an Fü S III 5, Betr.: VN-Politik der Bundesrepublik Deutschland, hier: Beiträge der Bundeswehr, 15.11.1973, hier S. 3.
[87] Ebd., S. 1.
[88] »(1) Alle Mitglieder der Vereinten Nationen verpflichten sich, zur Wahrung des Weltfriedens und der internationalen Sicherheit dadurch beizutragen, dass sie nach Maßgabe eines oder mehrerer Sonderabkommen dem Sicherheitsrat auf sein Ersuchen Streitkräfte zur Verfügung stellen, Beistand leisten und Erleichterungen einschließlich des Durchmarschrechts gewähren, soweit dies zur Wahrung des Weltfriedens und der internationalen Sicherheit erforderlich ist.« Charta der Vereinten Nationen, S. 29 f., Art. 43.
[89] BArch, BW 2/5340, Schreiben VR II 2 an Fü S III 5, Betr.: VN-Politik der Bundesrepublik Deutschland, hier: Beiträge der Bundeswehr, 15.11.1973, hier S. 3.

sortübergreifenden Austausch an, ob eine klarstellende Verfassungsänderung anzustreben sei.[90] Zwar hatten die Bundesministerien bereits in den 1960er-Jahren verfassungsrechtliche Bedenken gegenüber einer Entsendung der Bundeswehr nach Vietnam geäußert.[91] Damals ging es jedoch nicht um eine VN-Mission. Die Debatte, ob die Beteiligung der Bundeswehr im Rahmen der Vereinten Nationen verfassungskonform sei, begann 1973 und stand in direktem Bezug zum VN-Beitritt der Bundesrepublik. Zweifelsfrei ging es dabei um die juristische Frage, welche Maßnahmen das Grundgesetz zuließ. Die Ungewissheit hierüber war real. Es waren daher vor allem die Juristen der Bundesressorts, die die Frage beschäftigte. Sie interpretierten das Grundgesetz immer vor dem Hintergrund ihrer Erfahrungen des Zweiten Weltkriegs und folgten der angestrebten politischen Beschränkung des Militärs.

Im Januar 1974 schlossen sich die Juristen des Rechtsreferats 501 im AA der Rechtsauslegung des BMVg an. Auch sie kamen zum Ergebnis, dass

»eine Beteiligung der Bundeswehr an friedenssichernden Maßnahmen der VN ungeachtet Art. 87 a Abs. 2 GG grundsätzlich nicht unzulässig ist, sofern es nicht um einen ›Einsatz‹ der Streitkräfte geht, d.h. um militärische Operationen unter Waffenanwendung (oder doch jedenfalls unter Bewaffnung mit der Möglichkeit des Waffeneinsatzes).«[92]

In beiden Ressorts drehte sich die Frage nach einer Beteiligung an VN-Missionen also von Beginn an um die Definition der Begriffe ›Einsatz‹, der an der Anwendung von Zwang durch die Verwendung von Waffen ausgerichtet wurde, und ›Verteidigung‹. Letzteres, laut Grundgesetz die Primäraufgabe der Bundeswehr, konnte eng ausgelegt werden, also nur auf die Abwehr von Angriffen auf das Gebiet der Bundesrepublik und seiner NATO-Verbündeten, oder weit, unter Einschluss der Beteiligung in einem Bündnis kollektiver Sicherheit zur Aufrechterhaltung des internationalen Friedens. Wie das BMVg schloss auch das AA Einsätze der Bundeswehr ohne Grundgesetzänderung aus, bei denen der Einsatz von Waffen möglich war. Hier mag die Grundhaltung vieler Deutscher mitgespielt haben, dass deutsche Soldaten nach zwei verschuldeten Weltkriegen nie wieder (im Ausland) militärisch aktiv werden sollten.[93] Auch der bereits in der Stellungnahme des BMVg angesprochene Art. 24. Abs. 2 GG war für das AA ohne Bedeutung, da Art. 87a eine »abschliessende und ausschliessliche Regelung« sei.[94] Auf Arbeitsebene der beiden am stärksten betroffenen Ressorts stand somit Anfang 1974 fest, dass eine bundesdeutsche militärische Beteiligung an VN-

---

[90] Ebd., S. 4.
[91] Vgl. Ministerialdirektor Werz an die Botschaft in Washington, 18.4.1966. In: AAPD 1966, Dok. 115, S. 506–510.
[92] PA AA, B 30, ZA, Bd 113972, Schreiben Referat 501 an Referat 230, Betr.: VN-Politik der Bundesrepublik Deutschland, hier: Beiträge der Bundeswehr, 29.1.1974, hier S. 1.
[93] Exemplarisch für diese Haltung ist die innenpolitische Debatte um die Aufstellung der Bundeswehr. Ausführlich siehe Ehlert, Innenpolitische Auseinandersetzungen um die Pariser Verträge.
[94] PA AA, B 30, ZA, Bd 113972, Schreiben Referat 501 an Referat 230, Betr.: VN-Politik der Bundesrepublik Deutschland, hier: Beiträge der Bundeswehr, 29.1.1974, hier S. 1.

Missionen unter den gegebenen verfassungsrechtlichen Voraussetzungen ausgeschlossen sei, sobald sich die Anwendung militärischer Gewalt abzeichnete. Diese juristischen Bedenken, die bis Anfang der 1990er-Jahre fortbestanden, waren kein bloßes Feigenblatt für einen fehlenden politischen Willen, sich international zu engagieren; sie waren real.

Während sich im Mai 1974 nach dem Rücktritt von Willy Brandt ein neues Kabinett unter Helmut Schmidt und, als dessen Stellvertreter und Außenminister, Hans-Dietrich Genscher bildete,[95] trieben das AA und das BMVg den Austausch über eine mögliche bundesdeutsche Beteiligung an VN-Missionen voran. Um noch vor der Sitzung der VNGV im September Gewissheit zu haben, erbat das AA vom BMVg eine rechtliche Arbeitsunterlage.[96] Innerhalb des BMVg zeigte sich vor allem der Planungsstab aufgeschlossen gegenüber VN-Missionen. Durch Beteiligungen an ihnen sah er einen Weg, das »in Teilen der Weltöffentlichkeit immer noch belastende und diskriminierende historische Erbe des 2. Weltkrieges abzubauen« sowie »das Ansehen der Bundeswehr im In- und Ausland zu verbessern.«[97] In gewisser Weise ähnelten die Überlegungen der bereits zehn Jahre zuvor geäußerten Meinung der Botschaft in Washington. VN-Missionen galten als Mittel zum Zweck. Nicht das Ende der Gewalt in einem Konflikt besaß oberste Priorität, sondern der eigene Nutzen.

Zurückhaltender argumentierte Fü S III 5. In einem Briefentwurf an das AA wollte das Referat im November 1974 darauf verweisen, dass die Streitkräfte der Bundesrepublik zur Verteidigung aufgestellt seien: »Jede Inanspruchnahme von Personal und Material der Bundeswehr für andere Zwecke schwächt daher die Präsenz.«[98] In der Logik der Militärpolitiker besaß die Landes- und Bündnisverteidigung Priorität. Alles Weitere war eine zusätzliche Belastung, weswegen Fü S III 5 nicht auf eine VN-Beteiligung drängte. Weil sich der Verteidigungsminister hierzu aber positiv geäußert hatte und auch Staatssekretär Siegfried Mann in einer ständigen Nichtbeteiligung an VN-Missionen eine selbstauferlegte »Diskriminierung« sah,[99] hatte das BMVg bereits mit einer erneuten rechtlichen Prüfung begonnen. Die Rechtsabteilung blieb jedoch bei ihrer Meinung. Unabhängig von Art. 24 Abs. 2 GG könnten aufgrund des eng definierten Begriffs der Verteidigung in Art. 87a Abs. 2 GG derzeit nicht alle VN-Maßnahmen unterstützt werden. Eine Beteiligung der

---

[95] Conze, Die Suche nach Sicherheit, S. 463 ff.
[96] BArch, BW 2/8176, Schreiben Referat 320 im AA an Fü S III 5 im BMVg, Betr.: Beiträge der Bundeswehr zu VN-Aktionen, 20.5.1974.
[97] BArch, BW 2/5340, Schreiben Leiter Planungsstab an den Stabsabteilungsleiter Fü S III, Betr.: UN-Politik der Bundesrepublik Deutschland, hier: Beiträge der Bundeswehr, 28.2.1974, hier Anlage, S. 2.
[98] BArch, BW 1/159094, Entwurf Schreiben Fü S III 5 im BMVg an Referat 230 im AA, Betr.: Grundsätzliche Fragen der Beteiligung der Bundesrepublik Deutschland an friedenserhaltenden Maßnahmen der Vereinten Nationen, 6.11.1974, hier S. 2.
[99] BArch, BW 2/8176, Fü S III (F), Bericht aus Jour Fix bei StS Dr. Mann am 26.7.1974, 26.7.1974, hier S. 1.

Bundeswehr komme nur bei VN-Missionen in Betracht, »die nicht ihren bewaffneten Einsatz mit militärischen Mitteln« verlangten.[100] Zwar galten Handfeuerwaffen zur Selbstverteidigung nicht als Bewaffnung,[101] verfassungsrechtlich zulässig seien jedoch nur solche Einsätze, »die bei der Erfüllung des entsprechenden Auftrages einen gezielten Waffeneinsatz nicht voraussetzen oder als wahrscheinlich erwarten« ließen. Alle anderen Maßnahmen, beispielsweise auch der Streifendienst, seien ausgeschlossen und bedürften einer Grundgesetzänderung.[102] Die Beteiligung der Bundeswehr an VN-Missionen war also möglich, Ausschlusskriterium für das BMVg blieb aber die potenzielle Anwendung von Gewalt, die die Mütter und Väter des Grundgesetzes in der Lesart der Juristen nach dem Zweiten Weltkrieg gebannt wissen wollten.

Auf Grundlage des BMVg-Konzepts lud das AA am 27. August 1974 zu einer Ressortbesprechung. Geladen waren Vertreter des BKAmts, des BMJ, des BMI und des BMVg.[103] Gemeinsam sollten die Fragen erörtert werden: Was darf die Bundesregierung rechtlich, was will sie politisch und welche finanziellen und instrumentellen Mittel kann sie im Einzelfall bereitstellen?[104] Einigkeit bestand darin, dass die Beteiligung an VN-Missionen den Grundsätzen der »auf Friedenssicherung gerichteten Außenpolitik« der Bundesregierung entspreche. Jede Beteiligung sei aber »eine Frage der politischen Opportunität« und müsse von Fall zu Fall entschieden werden.[105] Keines der Ressorts stand VN-Missionen durchweg abgeneigt gegenüber. Jedoch konnte keine abschließende Definition der Begriffe ›Einsatz‹ und ›Verteidigung‹ gefunden werden. In Erwägung gezogen wurde lediglich, sich an Österreich zu orientieren. Zuerst sollte aber die Rechtslage weiter geprüft werden, nun auch vom BMI und vom BMJ.[106]

---

[100] BArch, BW 2/5340, Nebenabdruck Vorlage VR II 2 an den Leiter Planungsstab im BMVg, Betr.: Vorläufige Überlegungen zur Frage eines Beitrages der Bundeswehr bei Friedensaktionen der Vereinten Nationen, hier: rechtlicher Beitrag, 30.7.1974, hier S. 4 ff.

[101] Zur Relevanz eines bewaffneten bzw. waffenlosen Dienstes siehe Hoffmann, Bundeswehr und UN-Friedenssicherung, S. 184–188.

[102] BArch, BW 2/5340, Nebenabdruck Vorlage VR II 2 an den Leiter Planungsstab im BMVg, Betr.: Vorläufige Überlegungen zur Frage eines Beitrages der Bundeswehr bei Friedensaktionen der Vereinten Nationen, hier: rechtlicher Beitrag, 30.7.1974, hier S. 5.

[103] BArch, BW 2/8176, Schnellbrief Referat 230 im AA an das BKAmt, BMJ, BMI, BMVg, Betr.: Friedenserhaltende Operationen der Vereinten Nationen, hier: Grundsätzliche Fragen einer Beteiligung der Bundesrepublik Deutschland, 22.8.1974.

[104] Vgl. BArch, B 106/80859, Vorlage Referat V I 4 an den Innenminister, Betr.: Friedenserhaltende Operationen der VN, hier: Grundsätzliche Fragen einer Beteiligung der Bundesrepublik Deutschland, o.D., hier S. 2; BArch, B 141/70532, Vermerk Referat IV 1, Betr.: Friedenserhaltende Operationen der Vereinten Nationen, hier: Grundsätzliche Fragen einer Beteiligung der Bundesrepublik Deutschland, 31.8.1974, hier S. 1.

[105] BArch, BW 2/8176, Schreiben Referat 230 im AA an das BKAmt, BMJ, BMI, BMVg, Betr.: Grundsätzliche Fragen der Beteiligung der Bundesrepublik Deutschland an friedenserhaltenden Operationen der VN, hier: Ressortbesprechung im Auswärtigen Amt am 27.8.84, 29.8.1974, hier S. 2.

[106] Ebd., S. 3.

## III. Die Bundesrepublik Deutschland und die Beteiligung an Missionen 105

Im BMI sprach sich Minister Werner Maihofer (FDP) noch im August 1974 für eine klarstellende Grundgesetzänderung aus.[107] Entsprechend lautete das Gutachten seines Ministeriums, das im Oktober an die übrigen Häuser versandt wurde. Nach Auswertung der vorhandenen Literatur kam es wie das BMVg zur Auffassung, dass die Beteiligung an VN-Missionen zwar nicht ausdrücklich im Grundgesetz verankert sei, aber »die Streitkräfte nach Art. 87a Abs. 2 GG grundsätzlich auch nur ›zur Verteidigung‹ eingesetzt werden« dürften.[108] »Verfassungsrechtlich sicherer« sei die Annahme, dass der Artikel nicht nur den Einsatz der Bundeswehr im Inneren, sondern auch im Ausland begrenze. Wie das BMVg orientierte sich das BMI beim Einsatzbegriff an der Anwendung militärischer Gewalt und folgerte, dass

»eine Beteiligung der Bundeswehr an Einsätzen im Ausland dann als verfassungsrechtlich zulässig angesehen werden kann, wenn [...] *ein Waffeneinsatz nicht vorausgesetzt wird und auch nicht als wahrscheinlich erwartet werden kann.*«[109]

Möglich sein müssten »humanitäre Hilfsaktionen«, »Beobachtertätigkeiten« und die »Aufrechterhaltung öffentlicher Dienste«. Alles, was »auf die Anwendung von Waffengewalt« hinauslaufe, sei dagegen »mit einem nicht unerheblichen verfassungsrechtlichen Risiko behaftet«. Darüber hinaus erklärte das BMI, dass die Entsendung von Soldaten nur auf freiwilliger Basis erfolgen dürfe. Die Grundrechte der Soldaten – gemeint waren Wehrpflichtige – dürften nur zur Verteidigung beschränkt werden.[110] Keine Rolle spiele Art. 24 Abs. 2 GG. Mit dem Beitritt zu den Vereinten Nationen habe keine »Beschränkung von Hoheitsrechten« stattgefunden. Zudem seien die bisherigen VN-Missionen keine Zwangsmaßnahmen nach Kapitel VII der VN Charta gewesen. Art. 24 komme daher nicht zum Tragen.[111] Insofern es der politischen Zielsetzung entspräche, könne eine Beteiligung, wie vom Innenminister unterstützt, nur durch eine Grundgesetzänderung ermöglicht werden.[112] Grundsätzlich stand also auch das BMI einer bundesdeutschen Beteiligung an VN-Missionen nicht ablehnend gegenüber. Die Verwendung von – zumindest unbewaffnetem – Bundeswehrpersonal wie auch die Beteiligung am Transport seien möglich. Obwohl es nicht selbst von der Entsendung von Soldaten betroffen war, erkannte aber auch das BMI als Verfassungsressort juristische Grenzen, was unterstreicht, dass es sich nicht um ein politisches Feigenblatt handelte. Allerdings war das BMI auch der Ansicht, dass die Lösung der Frage in erster Linie eine politische sei. Nur weil

---

[107] Siehe die Anmerkung auf BArch, B 106/80859, Vorlage Referat V I 4 an den Innenminister, Betr.: Friedenserhaltende Operationen der VN, hier: Grundsätzliche Fragen einer Beteiligung der Bundesrepublik Deutschland, o.D., hier S. 3.
[108] PA AA, B 30, ZA, Bd 113972, Schreiben Referat V I 4 im BMI an das AA, BKAmt, BMJ, BMVg, Betr.: Grundsätzliche Fragen der Beteiligung der Bundesrepublik Deutschland an friedenserhaltenden Operationen der VN, 30.10.1974, hier S. 2.
[109] Hervorhebung im Original. Ebd., S. 5.
[110] Ebd., S. 6.
[111] Ebd., S. 8.
[112] Ebd., S. 9.

es vom Thema nicht direkt betroffen war, stieß es keine politisch herbeizuführende Grundgesetzänderung an.

Im Juli 1975, fast elf Monate nach der ersten Ressortbesprechung, bezog auch das SPD-geführte BMJ durch den Abteilungsleiter IV, Ministerialdirektor Kai Bahlmann, Stellung. Das BMJ verstand die Begriffe ›Einsatz‹ und ›Verteidigung‹ anders als die übrigen drei Ressorts. Gegensätzliche Meinungen innerhalb des Ressorts hatten die Stellungnahme verzögert.[113] Das BMJ ging vom Friedensgebot im Grundgesetz aus und definierte dessen Auftrag als Verteidigung völkerrechtlicher Normen und des globalen Friedens. Wie die anderen Ressorts bezeichnete es Art. 24 Abs. 2 GG als für die Frage unerheblich. VN-Missionen seien keine Zwangsmaßnahmen nach Kapitel VII der VN-Charta und zählten nicht zum System kollektiver Sicherheit.[114] In diesem Punkt waren sich die Ressorts einig. Unterschiede gab es nur bei der Interpretation des Art. 87a Abs. 2 GG. Laut BMJ bezog sich der Artikel aufgrund seines Wortlautes und seiner Entstehungsgeschichte nur auf die Verwendung der Streitkräfte im Inneren und nicht auf Einsätze der Bundeswehr im Ausland.[115] Bedeutender sei daher, dass »sich das Grundgesetz [...] zur Zulässigkeit einer aktiven Mitwirkung des Bundes an der Wahrung des Friedens in der Welt bekennt«. Das BMJ richtete den Begriff ›Einsatz‹ daher nicht wie das BMVg und das BMI am (potenziellen) Gebrauch von Waffengewalt aus, sondern an der Zielsetzung der Entsendung, dem Einsatz zur Verteidigung des Friedens. Da das Grundgesetz mehrfach die Bedeutung des Weltfriedens hervorhebe, schlussfolgerte das BMJ:

> »Die Aussage des Grundgesetzes zu den Aufgaben der Streitkräfte einerseits und seines Bekenntnisses zum Friedensprinzip sowie seiner positiven Entscheidung für die aktive Mitarbeit an der Verwirklichung dieses Prinzips andererseits führt zu dem Ergebnis, daß eine Beteiligung von Streitkräften der Bundesrepublik an den Operationen der VN verfassungsrechtlich grundsätzlich zulässig ist, soweit diese Operationen der Verwirklichung des Friedensprinzips dienen.«[116]

Selbst die Beteiligung zur Aufstandsbekämpfung oder zur Beendigung eines Bürgerkriegs mit militärischen Mitteln sei möglich. Es komme nur »auf den Zusammenhang mit kriegerischen oder friedensbedrohenden Ereignissen an, die allein ein Eingreifen der VN rechtfertigen können.«[117] Allerdings knüpfte auch das BMJ die Beteiligung an Auflagen. Zunächst müssten alle Konfliktparteien der Entsendung zustimmen. Dann müsste diese unter Oberbefehl der Vereinten Nationen erfolgen. Zudem dürften nur freiwillige Soldaten an Einsätzen teilnehmen, »weil die Wehrpflicht nur auf die

---

[113] Zur Entwicklung der Position des BMJ siehe BArch, B 141/70532. Vgl. auch BArch, B 141/418384, Vorlage IV A 2 an den Justizminister, Betr.: Auslandseinsatz der Bundeswehr im Rahmen einer UNO-Friedenstruppe, 3.8.1982, hier S. 2 f.
[114] PA AA, B 30, ZA, Bd 120948, Schreiben des BMJ an das AA, Betr.: Verfassungsrechtliche Zulässigkeit einer Beteiligung der Streitkräfte der Bundesrepublik Deutschland an Friedenserhaltenden Operationen der Vereinten Nationen (VN), 15.7.1975, hier S. 2 f.
[115] Ebd., S. 3–6.
[116] Ebd., S. 7.
[117] Ebd., S. 8.

III. Die Bundesrepublik Deutschland und die Beteiligung an Missionen   107

eigene Verteidigung [...] ausgerichtet« sei. Zudem sei es möglich, dass eine Entsendung ein Zustimmungsgesetz nach Art. 59 Abs. 2 GG[118] erfordere. Zur größten Verwunderung bei den anderen Ressorts sorgte aber die Auflage, dass jede Entsendung einen »einstimmigen Beschluß des Sicherheitsrates« der Vereinten Nationen erfordere.[119] Wie und warum das BMJ zu dieser Auffassung kam, ist ungewiss. Die einstimmige Verabschiedung von VN-Resolutionen entsprach bis dahin weder der Praxis, noch stand zu diesem Zeitpunkt für alle Staaten – vor allem nicht für die USA – die uneingeschränkte Befugnis des VNSR zur Entsendung von VN-Missionen fest.[120]

Vor allem aufgrund dieser Auflagen bewerteten die anderen Ressorts die Vorlage des BMJ skeptisch. »Mit einer solchen Auslegung«, so das BMVg, »wären [...] einem Einsatz von Bundeswehreinheiten außerhalb des Bundesgebietes überhaupt keine Grenzen mehr gezogen. Ein Ergebnis, das mit Sicherheit nicht mehr dem Geist unserer Verfassung entsprechen kann.«[121] Auch das BMI hielt die Ausführungen des BMJ für nicht überzeugend. Zentral für seine Meinung war, dass die Mehrheit der Rechtswissenschaftler die Rechtmäßigkeit von Auslandseinsätzen der Bundeswehr zurückwies und sich die Ressorts an der herrschenden Lehre orientierten.[122] Zwar erkannten alle Ressorts, dass eine unbewaffnete Beteiligung von Bundeswehrangehörigen im Rahmen von VN-Missionen sowie logistische Hilfe rechtlich zulässig seien. Mit der Auffassung, dass auch bewaffnete Bundeswehrsoldaten zur Wahrung des Weltfriedens eingesetzt werden könnten, stand das BMJ aber alleine. Ein Grund für seine großzügige Sicht könnte gewesen sein, dass es als einziges der an der Frage beteiligten Ressorts nicht selbst von den Folgen betroffen war. Während das AA jeder möglichen deutschen Beteiligung an VN-Missionen federführend und finanziell vorstand, konnte das BMI mit der

---

[118] »Verträge, welche die politischen Beziehungen des Bundes regeln oder sich auf Gegenstände der Bundesgesetzgebung beziehen, bedürfen der Zustimmung oder der Mitwirkung der jeweils für die Bundesgesetzgebung zuständigen Körperschaften in der Form eines Bundesgesetzes. Für Verwaltungsabkommen gelten die Vorschriften über die Bundesverwaltung entsprechend.« Grundgesetz für die Bundesrepublik Deutschland, Art. 59, Stand: Juli 2009, S. 35.

[119] PA AA, B 30, ZA, Bd 120948, Schreiben des BMJ an das AA, Betr.: Verfassungsrechtliche Zulässigkeit einer Beteiligung der Streitkräfte der Bundesrepublik Deutschland an Friedenserhaltenden Operationen der Vereinten Nationen (VN), 15.7.1975, hier S. 8 f. Siehe auch die Anmerkungen auf dem gleichen Dokument in BArch, B 106/80859.

[120] Siehe zur Diskussion um die Befugnisse der verschiedenen VN-Organe beispielhaft PA AA, B 30, ZA, Bd 113972, Schriftbericht des Beobachters bei den Vereinten Nationen an Referat 230 im AA, Betr.: Arbeitsgruppe des Sonderausschusses für friedenserhaltende Operationen, 25.4.1973. Vgl. auch Frowein, Friedenssicherung durch die Vereinten Nationen, S. 63 ff.

[121] PA AA, B 30, ZA, Bd 120948, Schreiben Fü S III 5 im BMVg an Referat 230 im AA, Betr.: Verfassungsrechtliche Zulässigkeit einer Beteiligung der Streitkräfte der Bundesrepublik Deutschland an Friedenserhaltenden Operationen der Vereinten Nationen, 25.8.1975, hier S. 2.

[122] Vgl. ebd., Schreiben V I 4 im BMI an das AA, Betr.: Verfassungsrechtliche Zulässigkeit einer Beteiligung der Streitkräfte der Bundesrepublik Deutschland an Friedenserhaltenden Operationen der Vereinten Nationen, 18.9.1975, hier S. 4.

Stellung von Personal des Bundesgrenzschutzes betraut werden. Das BMVg war am stärksten von dieser Auslegung betroffen, da es bei praktisch jeder Beteiligung Material und Personal stellen musste, und das zusätzlich zur Verteidigung der Bundesrepublik.

Nicht vergessen werden dürfen die innenpolitischen Umstände, vor denen die Prüfung stattfand. Nach Anschlägen der »Roten Armee Fraktion« (RAF) war die Sicherheitslage seit Anfang der 1970er-Jahre stark gespannt. Sie führte zu einem verstärkten Einsatz der Polizei.[123] Dass man in diesem Zusammenhang nicht auch noch die Zuständigkeit der Streitkräfte im Ausland erweitern wollte, mag die Haltung der Zeitgenossen beeinflusst haben[124]. Belegen lässt sich dies freilich nicht.

Sicher ist, dass das AA den Begriff ›Einsatz‹ ab Oktober 1975 restriktiv als »jede Verwendung der Bundeswehr als Waffenträger« auslegte.[125] Die militärische Beteiligung an VN-Missionen galt nur als möglich, wenn sie der Verteidigung diente. Der Begriff ›Verteidigung‹ umfasste für das AA im Gegensatz zum BMJ nicht den Einsatz zur Wahrung des Weltfriedens.[126] Die in diese Richtung tendierenden Hinweise des Grundgesetzes hätten »lediglich eine eindämmende Funktion gegen friedensgefährdende Aktionen im eigenen Land zum Inhalt, nicht jedoch die Erklärung der Bereitschaft, als ›Weltpolizei‹ überall aktiv zur Wahrung des Friedens mitzuwirken.«[127] Zu prüfen sei jedoch, wo die Grenzen zwischen militärischen und nicht-militärischen Aktionen lägen und was unter »Bewaffnung« zu verstehen sei. Da das Mitführen von Handfeuerwaffen für das BMVg nicht als Bewaffnung galt, erschien es zulässig, nur mit Pistolen bewaffnete Beobachter zu entsenden. Jedoch könnten auch diese in Kämpfe hineingezogen und gezwungen sein, von ihrer Waffe Gebrauch zu machen, so die Befürchtungen der Diplomaten. Es sei daher davon auszugehen, dass »jedes militärische oder polizeiliche Auftreten im Ausland als inopportun erscheint.«[128]

Das FDP-geführte AA war aus Furcht vor den Folgen einer militärischen Konfrontation im Begriff, praktisch jede Beteiligung von im Ausland stationierten, uniformierten Soldaten zu untersagen. Allerdings legte keines der anderen Ressorts – mit Ausnahme des SPD-geführten BMJ – Widerspruch ein. Für die Bundesrepublik war im VN-Rahmen somit nur logistische Hilfe zulässig, da hier der dauerhafte räumliche Bezug zum Konfliktgebiet fehlte

---

[123] Vgl. Conze, Die Suche nach Sicherheit, S. 472–486.
[124] Allerdings wurden in diesem Zusammenhang auch Gutachten zur Unterstützung der bundesdeutschen Polizei durch Soldaten der Bundeswehr angefertigt. Vgl. BArch, BW 1/217625, Vorlage VR II 2 an Staatssekretär Fingerhut, Betr.: Unterstützungshandlungen durch die Bundeswehr bei der Bekämpfung des Terrorismus, 9.9.1977.
[125] PA AA, B 30, ZA, Bd 120948, Vermerk Referat 230, Beteiligung der Bundeswehr an friedenserhaltenden Operationen der Vereinten Nationen, 6.10.1975, hier S. 1.
[126] Ebd., S. 2.
[127] Ebd., S. 3.
[128] Ebd., S. 4.

III. Die Bundesrepublik Deutschland und die Beteiligung an Missionen

und die unmittelbare Anwendung von Gewalt ausgeschlossen schien.[129] Dass durch die Unterstützung von militärischen Operationen auch die Anwendung von Zwang unterstützt werden könnte, kam noch nicht zur Sprache. Mit Ausnahme der VN-Mission ONUC[130] im Kongo besaßen VN-Missionen noch keine entsprechenden Befugnisse. Über Transportflüge hinaus galten für das AA alle Arten technischer Hilfe für zulässig, solange nur Freiwillige eingesetzt würden. Der Einsatz von Wehrpflichtigen müsste erst rechtlich legitimiert werden.[131] Zweifellos wurde das Außenressort von juristischen Bedenken getrieben. Aufgrund möglicher politischer Konsequenzen einer personellen Beteiligung im In- und Ausland tendierte es aber eher zu einer umfassenden Zurückhaltung. Dies wohlgemerkt noch allein auf der oberen Arbeits-, noch nicht auf Leitungsebene. Eine völkerrechtliche Verpflichtung, Truppen für VN-Missionen bereitzustellen, bestand aus Sicht des AA so lange nicht, wie die VN-Maßnahmen nicht auf Kapitel VII der VN-Charta basierten und kein Instrument des Systems kollektiver Sicherheit waren.[132] Da es aufgrund der Blockade des VNSR durch die USA und die Sowjetunion zur damaligen Zeit praktisch ausgeschlossen schien, dass in naher Zukunft eine Mission nach Kapitel VII der VN-Charta mandatiert würde, schwand der Druck, sich weiter mit dieser Frage zu beschäftigen.

In der Praxis stellte die Beschränkung auch deswegen zunächst kein Problem dar, weil den Vereinten Nationen gerade Logistiker und weniger Infanteristen fehlten.[133] Ein ursprünglich im September 1975[134] vom BMVg erarbeiteter Maßnahmenkatalog zur Unterstützung von VN-Missionen beinhaltete somit wichtige Fähigkeiten, die bei vielen VN-Missionen fehlten. International als »große Militärmacht« wahrgenommen und als »bedeutende Industriemacht«, ging das BMVg davon aus, dass die Bundesrepublik in Zukunft »in jedem Fall« um die Zahlung ihrer finanziellen Pflichtbeiträge gebeten werde. Mit »unterstützende[n] Sach- und Transportleistungen« müsse »gelegentlich bis häufig« gerechnet werden, mit der »Gestellung von mili-

---

[129] Ebd., S. 5.
[130] Opération des Nations Unies au Congo.
[131] PA AA, B 30, ZA, Bd 120948, Vermerk Referat 230, Beteiligung der Bundeswehr an friedenserhaltenden Operationen der Vereinten Nationen, 6.10.1975, S. 5.
[132] Ebd., S. 5 f. Der spätere Botschafter in New York und Professor für Völkerrecht Hans-Joachim Vergau ging dagegen von einer Pflicht zur Teilnahme an VN-Missionen aus. Vgl. Vergau, Reform des Sicherheitsrats, S. 34–48.
[133] Vgl. PA AA, B 30, ZA, Bd 120949, Drahtbericht der Ständigen Vertretung in New York an Referat 230 im AA, Nr. 489, 1.6.1978.
[134] Im ersten Entwurf, welcher dem AA zur Verfügung gestellt wurde, fehlte die Rechtslage. PA AA, B 30, ZA, Bd 120948, Entwurf Schreiben Fü S III 5 im BMVg an Referat 230 im AA, Betr.: Friedenserhaltende Maßnahmen der Vereinten Nationen, hier: Beteiligung der Bundeswehr, September 1975. Eine spätere Version war um einige Passagen ergänzt worden. Ebd., Entwurf Schreiben Fü S III 5 im BMVg an Referat 230 im AA, Betr.: Friedenserhaltende Maßnahmen der Vereinten Nationen, hier: Beteiligung der Bundeswehr, Januar 1976. Offenbar wurde das Dokument nie ausformuliert. Anlässlich der Verfassungsklage der SPD wurde 1992 auf eine Kopie des Dokuments vom Januar 1976 zurückgegriffen. Vgl. BArch, BW 1/372027.

tärischem Personal und Truppen« dagegen nur »selten, falls überhaupt«.[135] Grundlage dieser Annahme war die VN-Praxis, auf Streitkräfte aus geteilten Ländern und auf Truppen von Militärbündnissen zu verzichten.[136] Den handelnden Akteuren fehlte somit die Notwendigkeit, die Frage der personellen Beteiligung abschließend zu klären. Unabhängig davon, um welche Maßnahme es sich handelte, müsse geprüft werden, »ob und in welchem Umfang der militärische Auftrag der Bundeswehr beeinträchtigt« werde.[137] Die Beteiligung an VN-Missionen wurde vom BMVg als Abweichung vom Hauptauftrag, der Verteidigung der Bundesrepublik, und damit als zusätzliche Belastung begrenzter Ressourcen gesehen. Dies entsprach dem Tenor des im Januar 1976 veröffentlichten Weißbuchs.[138] Wie zuvor mit den anderen Ressorts vereinbart, schloss auch das BMVg die »unmittelbare Einbeziehung in den Konflikt«, den »Einsatz im Kampfgebiet und die Beteiligung an Einsätzen mit Kampfauftrag« aus:[139] »Ein gezielter Einsatz mit Waffen darf weder vorausgesetzt werden noch zu erwarten sein«. Möglich seien daher nur Beiträge zur humanitären Hilfe und Beobachtungstätigkeiten sowie nötigenfalls Hilfe zur »Aufrechterhaltung öffentlicher Dienste«. Die Kosten solcher Maßnahmen müsse das AA tragen, da die Bundeswehr nur im Rahmen der Amtshilfe tätig werde.[140] Für das BMVg bestand keine Notwendigkeit einer kurzfristigen Verfassungsreform, da in naher Zukunft nicht mit Anfragen zur Stellung von Truppen gerechnet wurde.[141] Insgesamt gingen die Vorschläge des BMVg deutlich über die restriktiven Vorstellungen des AA hinaus,[142] das bereits Beobachtermissionen ausschloss. Abgesehen von der

---

[135] PA AA, B 30, ZA, Bd 120948, Entwurf Schreiben Fü S III 5 im BMVg an Referat 230 im AA, Betr.: Friedenserhaltende Maßnahmen der Vereinten Nationen, hier: Beteiligung der Bundeswehr, Januar 1976, hier S. 4.

[136] Ebd., S. 3; BArch, BW 1/159095, Entwurf Schreiben VR II 2 an VR II 4, Betr.: Einsatz von Bundeswehrflugzeugen und Flugpersonal zur Unterstützung der VN-Friedenstruppen im Libanon, hier: Prüfung der administrativen, rechtlichen und finanziellen Voraussetzungen und Folgen, 7.4.1978, hier Anlage, S. 2; BArch, BW 1/207438, Vorlage Abteilungsleiter VR an den Verteidigungsminister, Betr.: Rechtsfragen im Zusammenhang mit Bundeswehr-Maßnahmen für die UN-Hilfstruppen im Libanon (Unifil), 17.4.1978, hier Anlage, S. 2; PA AA, B 30, ZA, Bd 120948, Rundschreiben Abteilungsleiter VR im BMVg, Betr.: Rechtsfragen im Zusammenhang mit Bundeswehr-Maßnahmen für die UN-Hilfstruppen im Libanon (UNIFIL), 26.4.1978, hier S. 3.

[137] PA AA, B 30, ZA, Bd 120948, Entwurf Schreiben Fü S III 5 im BMVg an Referat 230 im AA, Betr.: Friedenserhaltende Maßnahmen der Vereinten Nationen, hier: Beteiligung der Bundeswehr, Januar 1976, hier S. 5.

[138] Zwar wurden die VN als erste Organisation genannt, in der sich die Bundesrepublik sicherheitspolitisch engagierte, anders als für die NATO und die EG enthielt das Weißbuch aber keinen Abschnitt über sie. Vgl. BT-Drs. 7/4554, 8.1.1976, S. 48.

[139] PA AA, B 30, ZA, Bd 120948, Entwurf Schreiben Fü S III 5 im BMVg an Referat 230 im AA, Betr.: Friedenserhaltende Maßnahmen der Vereinten Nationen, hier: Beteiligung der Bundeswehr, Januar 1976, hier S. 5.

[140] Ebd., S. 6.

[141] Ebd., S. 7.

[142] Im beigefügten Katalog unterschied das BMVg bei den möglichen Maßnahmen zwischen Dienstleistungen, materiellen Leistungen, personellen Leistungen und der Gestellung von Truppen. Zu erstem zählten etwa die Übernahme des Transports,

## III. Die Bundesrepublik Deutschland und die Beteiligung an Missionen

Selbstschutzkomponente – und das war der wesentliche Unterschied – hielt das BMVg 1976 praktisch alle Aufträge für möglich, die die Bundeswehr zwei Jahrzehnte später in Somalia erfüllen sollte.[143] Spätestens mit dieser Vorlage offenbarte sich das FDP-geführte AA als Bremser der bundesdeutschen militärischen Beteiligung an VN-Missionen. Als federführendes Ressort wäre es bei einer Teilnahme wohl als Erstes von der Opposition kritisiert worden, was seine politisch motivierte Zurückhaltung erklärbar macht.

Der vom BMVg erstellte Maßnahmenkatalog bildete am 6. Juli 1976 die Grundlage für eine zweite Ressortbesprechung.[144] Trotz Einladung erschien kein Vertreter des BMJ,[145] was auf größere Verstimmungen hindeutet. Die Anwesenden kamen überein, dass »nur solche Einsatzformen unbedenklich erscheinen, bei denen gezielter Waffengebrauch weder vorgesehen noch wahrscheinlich« sei.[146] Möglich seien nur der Transport von Truppen und Material, die Einrichtung oder Wiederherstellung öffentlicher Dienste, Katastrophenhilfe und humanitäre Maßnahmen. Alle anderen Einsatzformen seien vom Grundgesetz nicht gedeckt, auch wenn die gegenläufige Auffassung des BMJ zur Kenntnis genommen wurde. Aufgrund der politischen Abwägung des AA hatten die Ressorts damit den Grundstein für die Formalisierung ihrer militärischen Zurückhaltung im Ausland gelegt. Offen blieb, ob bei den noch möglichen Maßnahmen nur Freiwillige eingesetzt werden dürften. Aus Gründen der Effizienz plädierte das BMVg hier für

---

Bereitstellung von Instandsetzungskapazitäten oder Pflegestellen in Krankenhäusern der Bundeswehr. Materiell konnte sich das BMVg eine Bereitstellung von Gerät in Form von Zelten, Decken, Generatoren, Fernmeldegeräten, Kraftfahrzeugen oder Sanitätsmaterial vorstellen. Zudem kam die Überlassung von Verbrauchsgütern wie Verpflegung, Medikamenten, Treibstoff und Bekleidung infrage. Personal könne als Beobachter, in Einzelfällen als logistische Spezialisten, in Form von Ärzten und Sanitätspersonal, von Fernmeldern sowie von Tauchern abgestellt werden. Als Truppengestellung kämen Fernmeldeeinheiten/Teileinheiten zur Herstellung und zum Betrieb von Fernmeldeeinrichtungen, Sanitäts- sowie Pioniereinheiten infrage sowie Personal zur Aufrechterhaltung eines Standortes. Ebenso zum Einsatz kommen könnten Einheiten zum Einrichten und Betreiben von Lufttransportstützpunkten und Straßentransportverbindungen, Teile der Heeresflieger mit Verbindungs- und Transporthubschraubern sowie Schiffe und Boote der Marine zum Gütertransport. Ebd., Anlage 1.

[143] Genannt wurden im Maßnahmenkatalog des BMVg die medizinische Versorgung, der Straßen- und Brückenbau sowie die Lagerung von Betriebsstoffen und Verpflegung. Ebd., S. 2.

[144] BArch, BW 2/8176, Schreiben Referat 230 im AA an das BKAmt, BMJ, BMI, BMVg, Betr.: Grundsätzliche Fragen der Beteiligung der Bundesrepublik Deutschland an friedenserhaltenden Operationen der VN, 15.6.1976.

[145] BArch, B 106/80859, Vermerk Referat V I 4, Betr.: Grundsätzliche Fragen der Beteiligung der Bundesrepublik Deutschland an friedenserhaltenden Operationen der Vereinten Nationen, 12.7.1976, S. 1; PA AA, B 30, ZA, Bd 120948, Vermerk Referat 230, Betr.: Ressortbesprechung vom 6.7.1976 über Fragen der Beteiligung von Bundeswehreinheiten an friedenserhaltenden Operationen der VN, 16.7.1976, hier Teilnehmerliste.

[146] PA AA, B 30, ZA, Bd 120948, Vermerk Referat 230, Betr.: Ressortbesprechung vom 6.7.1976 über Fragen der Beteiligung von Bundeswehreinheiten an friedenserhaltenden Operationen der VN, 16.7.1976, hier S. 1.

eine weniger restriktive Linie.[147] Eine Verfassungsänderung sollte aus Sicht des AA in einer »späteren Phase« erörtert werden und müsse gemeinsam vom AA und BMVg ausgehen.[148] Das BMVg sah die Verantwortung für eine Grundgesetzänderung jedoch beim AA.[149] Angesichts seiner Verantwortung im Ost-West-Konflikt wollte es diese nicht forcieren. Ähnliches galt für das BMI, das eine Grundgesetzänderung aufgrund der noch ausstehenden Vorbereitungen in der laufenden Legislaturperiode – im Oktober 1976 waren Bundestagswahlen – ausschloss.[150] Weil keine neue VN-Mission anstand, fehlte den Bundesressorts aber auch der Handlungsdruck, diese politisch heikle Frage zu klären.

Im Juli 1976 wurden die Erkenntnisse auch Außenminister Genscher zur Kenntnis gebracht. Gemeldet wurde ebenfalls, dass das BMJ »einen weniger restriktiven Standpunkt« vertrete, aber »die Bedenken der anderen Ressorts nicht auszuräumen« vermochte. Empfehlungen zur Grundgesetzänderung erhielt Genscher nicht, da die Arbeitsebene des AA den Prüfprozess noch nicht für abgeschlossen hielt.[151] Letztlich sollte Genscher, der als minderjähriger Flakhelfer und als Pionier der Wehrmacht noch selbst Erfahrungen im Zweiten Weltkrieg gemacht hatte[152] und der Vorstellung von deutschen Soldaten im Ausland aus persönlichen Gründen ablehnend gegenüberstand,[153] diese restriktive Position bis zum Ende seiner Amtszeit 1992 vertreten. Zwar ist anzunehmen, dass die Leitung in den Prozess einwirkte, in erster Linie entstand die Politik der militärischen Zurückhaltung aber auf Arbeitsebene der Ressorts. Im Anschluss verlagerte sich auch zunächst nur der Schwerpunkt der Debatte, nicht die Ebene. Fortan ging es auf der Arbeitsebene nicht mehr um die Frage, ob sich die Bundesrepublik an VN-Missionen beteiligen sollte, sondern eher um das Wie und ob Soldaten dazu befohlen werden konnten. Abweichend zum BMI kam die Rechtsabteilung des BMVg in dieser Frage zu einem positiven Urteil:

»Solche Hilfsleistungen seitens der Bundeswehr sind [...] für die beteiligten Soldaten gleichzeitig und bei einer sachgerechten Bewertung des Übungseffektes von der Gewichtung her sogar vorrangig als Maßnahmen zu werten, die der

---

[147] Ebd., S. 1 f.; BArch, B 106/80859, Vermerk Referat V I 4, Betr.: Grundsätzliche Fragen der Beteiligung der Bundesrepublik Deutschland an friedenserhaltenden Operationen der Vereinten Nationen, 12.7.1976, S. 2 f.
[148] PA AA, B 30, ZA, Bd 120948, Vermerk Referat 230, Betr.: Ressortbesprechung vom 6.7.1976 über Fragen der Beteiligung von Bundeswehreinheiten an friedenserhaltenden Operationen der VN, 16.7.1976, hier S. 2.
[149] BArch, BW 1/159094, Verfügung VR II 2, Vermerk über Ressortbesprechung im AA am 6. Juli 1976, 21.7.1976, hier S. 2.
[150] BArch, B 106/80859, Vermerk Referat V I 4, Betr.: Grundsätzliche Fragen der Beteiligung der Bundesrepublik Deutschland an friedenserhaltenden Operationen der Vereinten Nationen, 12.7.1976, S. 4.
[151] PA AA, B 30, ZA, Bd 120948, Vorlage Unterabteilung 23 an den Außenminister, Betr.: Beteiligung der Bundeswehr an friedenserhaltenden Operationen der VN, 19.7.1976, hier S. 2.
[152] Genscher, Erinnerungen, S. 27–54; Heumann, Hans-Dietrich Genscher, S. 20–23.
[153] Zeitzeugengespräch mit Botschafter a.D. Thomas Matussek am 15.1.2021.

Herstellung, Aufrechterhaltung und Stärkung der Verteidigungsbereitschaft der Bundeswehr und damit der Erfüllung des Verfassungsauftrages [...] dienen«.[154] Für die Rechtsabteilung des BMVg war die Beteiligung der Bundeswehr an einer »VN-Hilfsaktion« eine »Übung unter erschwerten Bedingungen«. Der Nutzen eines militärischen Beitrags zu VN-Missionen bestand weniger in der Erhaltung des Weltfriedens als in der Möglichkeit, die Einsatzfähigkeit von Teilen der Bundeswehr unter realen Bedingungen zu testen. Eine solche Möglichkeit ergab sich Anfang 1978.

### c) Libanon 1978: Erste materielle Unterstützung und ihre Folgen

Anfang 1978 intervenierte Israel militärisch im Libanon. Der VNSR – dessen Mitglied die Bundesrepublik zu diesem Zeitpunkt war[155] – beschloss die Aufstellung der Mission UNIFIL.[156] Das VN-Sekretariat gab der Ständigen Vertretung der Bundesrepublik in New York daraufhin zu verstehen, dass es vielleicht um Unterstützung im Bereich der Nachrichtenübermittlung, der Ausrüstung und der Logistik bitten werde.[157] In einer Antwort auf eine Große Anfrage der Regierungsfraktionen hatte die Bundesregierung erst im Januar als Bestandsübersicht ihrer bisherigen VN-Mitgliedschaft erklärt, dass sie »friedenssichernden Operationen der VN« eine »[b]esondere Bedeutung« beimesse.[158] Entsprechend groß war der Wille der Ständigen Vertretung in New York, die Mission nicht nur finanziell zu unterstützen.[159] Bereits zuvor hatte sie sich für eine Beteiligung an VN-Missionen in »Nicht-Kombattanten-Bereichen« ausgesprochen. Aufgrund der Wirtschaftskraft der Bundesrepublik würden finanzielle Beiträge international kaum als »großes Opfer« gesehen. Internationale »Vorbehalte« gegen eine bundesdeutsche Beteiligung an internationalen Konfliktlösungen seien »weitgehend abge-

---

[154] PA AA, B 30, ZA, Bd 120948, Schreiben Referat VR II 2 im BMVg an das AA, BMI, BMJ, Betr.: Beteiligung der Bundeswehr an friedenserhaltenden Operationen der Vereinten Nationen, 14.9.1977, hier S. 2. Fü S III 1 sah den Verweis auf Übungseffekte intern deutlich kritischer, hatte sich aber offenbar nicht durchsetzen können. Übungseffekte könnten »nicht als vorrangiges Anliegen vor der eigentlichen ›friedenssichernden Maßnahme‹ angesehen werden ohne gegenüber der Truppe und auch nach außen Glaubwürdigkeit einzubüßen.« BArch, BW 1/159095, Schreiben Fü S III 1 an VR II 2, Betr.: Beteiligung der Bundeswehr an friedenserhaltenden Operationen der Vereinten Nationen, 7.9.1977, hier S. 1.

[155] Bei der Verabschiedung der Resolution 425 sollen die bundesdeutschen Diplomaten nur eine Nebenrolle gespielt haben. Freuding, Deutschland in der Weltpolitik, S. 207.

[156] United Nations Interim Force in Lebanon. VNSR, S/RES/426(1978), 19.3.1978. Ausführlich siehe The Blue Helmets, S. 81–112.

[157] PA AA, B 30, ZA, Bd 121020, Drahtbericht der Ständigen Vertretung in New York an Referat 230 im AA, Nr. 619, 20.3.1978, hier S. 2.

[158] BT-Drs. 8/1408, 5.1.1978, S. 5.

[159] PA AA, B 30, ZA, Bd 121020, Drahtbericht der Ständigen Vertretung in New York an Referat 230 im AA, Nr. 619, 20.3.1978, hier S. 2.

baut« und größere Beiträge würden »durchaus erwartet«.[160] Die beschränkende Rechtsauffassung schloss die volle Beteiligung an der Mission UNIFIL aber aus. Auf mündliche Weisung des Außenministers meldete die Politische Abteilung 2 Ende März 1978, dass die rechtlichen Voraussetzungen »für eine mit Waffengebrauch verbundene Beteiligung der Bundeswehr an VN-Friedensoperationen« fehlten.[161] In der Vorstellung des AA sollte sich die Bundesregierung bei der UNIFIL »im bisherigen Rahmen« engagieren, also durch die Zahlung der regulären Beiträge und gegebenenfalls mit Transport- oder Materialhilfe.[162] Um den Transport des norwegischen Kontingents wurden die Bundesressorts Ende März auch informell von den Vereinten Nationen gebeten.[163]

Das SPD-geführte BMVg bewertete die Rechtslage ähnlich wie das AA. Die Gestellung eines – ohnehin nicht von den Vereinten Nationen erbetenen – Bataillons schloss es aufgrund der zu erwartenden Anwendung von Waffengewalt rechtlich aus. Auch nicht infrage kam ein waffenloser Dienst, der zwar rechtlich möglich, aber ebenfalls nicht erbeten worden sei, um keine Truppen aus geteilten Ländern zu nutzen.[164] Um einen Beitrag zu den »weltweiten Entspannungsbemühungen« zu leisten, befürwortete das BMVg aber die Unterstützung der Mission. Der Beitrag sollte jedoch »im finanzierbaren Rahmen bleiben« und den Verteidigungsauftrag der Bundeswehr nicht behindern.[165] Sofern also keine finanzielle Belastung bestand, war das BMVg aus Gründen des internationalen Ansehens bereit, erneut eine VN-Mission zu unterstützen. Weil auch das Bundeskabinett am 22. März der Auffassung folgte, der UNIFIL keine Truppen zur Verfügung stellen zu wollen,[166] das AA aber einen »sichtbaren Beitrag« leisten wollte,[167] belief sich die bundesdeutsche Hilfe, ähnlich wie bei der UNEF II, auf den Transport und erstmals auch die Abgabe von Material. Mit Zustimmung des Kabinetts[168] transportier-

---

[160] PA AA, B 30, ZA, Bd 120947, Drahtbericht der Ständigen Vertretung in New York an Referat 230 im AA, Nr. 410 vom 22.2.1978, hier S. 2.
[161] PA AA, B 1, ZA, Bd 178805, Vorlage Abteilung 2 an den Außenminister, Betr.: Deutsche Beteiligung bei VN-Friedensoperationen, 22.3.1978, hier S. 3.
[162] Ebd., S. 6.
[163] PA AA, B 30, ZA, Bd 121020, Fax Vereinte Nationen an die Ständige Vertretung in New York, 22.3.1978; ebd., Drahtbericht der Ständigen Vertretung in New York an Referat 230, Nr. 724, 31.3.1978.
[164] PA AA, B 30, ZA, Bd 120948, Rundschreiben Abteilungsleiter VR im BMVg; Betr.: Rechtsfragen im Zusammenhang mit Bundeswehr-Maßnahmen für die UN-Hilfstruppen im Libanon (UNIFIL), 26.4.1978, hier S. 2 f.
[165] BArch, BW 1/184368, Nebenabdruck Vorlage Fü S III 5 an den Verteidigungsminister, Betr.: Friedenssichernde Maßnahmen, hier: Hilfeleistung für United Nations Interim Forces in Libanon (UNIFIL), 7.4.1978, hier S. 3.
[166] 65. Kabinettssitzung am Mittwoch, dem 22.3.1978, [D.] Lage im Nahen Osten; PA AA, B 30, ZA, Bd 121020, Vermerk Referat 230, Betr.: Kabinettsentscheidung über deutsche Beteiligung an UNIFIL, 22.3.1978.
[167] PA AA, B 30, ZA, Bd 121020, Durchschlag Sprechzettel Referat 230, Betr.: Deutsche Beteiligung an VN-Friedensoperationen im Libanon, 21.3.1978, hier S. 2.
[168] 65. Kabinettssitzung am Mittwoch, dem 22.3.1978, [D.] Lage im Nahen Osten; 67. Kabinettssitzung am Mittwoch, den 5. April 1978, [F] Ausrüstungshilfe für UNO-Truppen.

III. Die Bundesrepublik Deutschland und die Beteiligung an Missionen    115

te die Luftwaffe mit über 50 Transall-Flugzeugen 247 norwegische Soldaten und ihre Fahrzeuge sowie über 400 Tonnen Material für das nepalesische Kontingent nach Tel Aviv.[169] Beim kostenlos überlassenen Material handelte es sich um Fahrzeuge und Kommunikationsmittel. Trotz der Einweisung durch eine 15-köpfige Beratergruppe der Bundeswehr[170] waren die Nepalesen aber mit den Geräten überfordert; die Bedienungsanleitungen gab es nur in deutscher Sprache.[171] Rechtliche Bedenken bestanden weder bei der Einweisung durch Soldaten der Bundeswehr vor Ort noch beim Lufttransport. Bei Letzterem handelte es sich aus Sicht des BMVg um »ein ausschließliches Bundeswehrunternehmen [...] zum Nutzen der VN«.[172] Für das AA war der Transport »keine dauernde militärische Präsenz«. Noch dazu liefere er keinen »Vorwand für militärisches Engagement etwa der DDR«.[173] Politisch war das Engagement daher vertretbar.

Insgesamt fiel die bundesdeutsche Unterstützung aber erneut geringer aus als vom VNGS erhofft.[174] Die Bereitstellung eines Jets für den Kommandeur der UNIFIL samt Crew und Bodenpersonal für eine Dauer von zunächst vier Wochen scheiterte in letzter Sekunde, weil man sich nicht auf die Modalitäten der Versicherung einigen konnte.[175] Weil der Iran die Haftung für Schäden übernahm, erhielt letztlich er den Zuschlag.[176] Von der Charterung eines zivilen Flugzeugs hatte das AA abgesehen, weil es eine zusätzliche freiwillige Aufwendung »ohne optischen Effekt deutscher Präsenz« gewesen wäre.[177] Abgelehnt wurde auch der Transport von 600 senegalesischen Soldaten. Das BMVg sah sich ohne Beschränkung des laufenden Betriebs nicht in der Lage, weitere Leistungen zu erbringen. Mit den durchgeführten Maßnahmen habe die Bundesregierung ohnehin »ganz erhebliche Sonderleistungen erbracht«. Nun seien andere Staaten gefordert, so das AA. Die Bereitschaft

---

[169] BArch, BW 1/184368, Nebenabdruck Schreiben Fü L III 3 an VR III 2, Betr.: Friedenssichernde Maßnahmen – Deutsche Unterstützung für UNIFIL (United Nations Interim Forces) und humanitäre Hilfe für den Libanon, 22.5.1978, hier Anlage.
[170] BArch, BW 1/184368, Tagesmeldung Fü S III 5, Betr.: Deutscher Beitrag für UNIFIL (United Nations Interim Force in Libanon), 17.4.1978; UN-Luftbrücke: Gemeinschaftsaktion von Heer und Luftwaffe. In: Bundeswehr Aktuell, Nr. 14/74, 18.4.1978.
[171] PA AA, B 30, ZA, Bd 121021, Kopie Einzelbericht des Verteidigungsattachés der Bundesrepublik Deutschland in Tel Aviv an Referat Fü S II 4 im BMVg, Betr.: Zustand deutscher Ausrüstungshilfe für UNIFIL, 9.10.1978.
[172] PA AA, B 30, ZA, Bd 120948, Rundschreiben Abteilungsleiter VR im BMVg; Betr.: Rechtsfragen im Zusammenhang mit Bundeswehr-Maßnahmen für die UN-Hilfstruppen im Libanon (UNIFIL), 26.4.1978, hier S. 11.
[173] PA AA, B 30, ZA, Bd 121020, Durchschlag Sprechzettel Referat 230, Betr.: Deutsche Beteiligung an VN-Friedensoperationen im Libanon, 21.3.1978, hier S. 2.
[174] Vgl. ebd., Fax Vereinte Nationen an die Ständige Vertretung in New York, 22.3.1978.
[175] Ebd., Schreiben Acting Director General Legal Division, Office of Legal Affairs, an die Ständige Vertretung in New York, 28.3.1978; BArch, BW 1/184368, Vermerk VR II 4, Betr.: Deutscher Beitrag zu UNIFIL (United Nation Interims Forces in Libanon [sic]), hier: Gestellung eines Bundeswehr Jet-Stars sowie einer Besatzung und einer Wartungsmannschaft, o.D. [vermutlich 29.3.1978].
[176] PA AA, B 30, ZA, Bd 121020, Drahtbericht der Ständigen Vertretung in New York an Referat 230 im AA, Nr. 681, 28.3.1978, hier S. 1.
[177] Ebd., Entwurf Vorlage Referat 230 an den Abteilungsleiter 2, 22.3.1978.

des BMVg sollte nicht überstrapaziert werden.[178] Konsequent lehnte das AA auch den Transport von rund 650 irischen Soldaten ab.[179] In erster Linie diente die Unterstützung also der internationalen Profilierung, verbunden mit Ausbildungsinteressen der Bundeswehr, bei möglichst geringen Kosten.

Während die Beteiligung aus Sicht der Ständigen Vertretung in New York zu einem »deutlich gestiegene[n] Prestige« der Bundesrepublik führte,[180] förderte sie Unstimmigkeiten zwischen den Ressorts zutage. Zunächst war nämlich offen geblieben, wer die Kosten von rund zehn Mio. D-Mark tragen würde.[181] Da es Anfang April zu keiner Einigung im Kabinett gekommen war, hatte sich die Unterstützung sogar verzögert.[182] Erst durch das Drängen des BMVg stimmte das BMF zu, dessen Forderungen im nächsten Haushalt zu berücksichtigen.[183] Dennoch drehte sich die Diskussion um VN-Missionen für das BMVg von nun an nur noch um die Frage der Finanzierung. Der Bedarf der Vereinten Nationen blieb zweitrangig.

Eine parlamentarische Debatte über den Truppentransport gab es nicht. Generell scheint der Libanon-Konflikt 1978 keine Rolle im Parlament gespielt zu haben. Das politische Interesse an der UNIFIL ist als gering zu bewerten. Vermutlich war hierfür die Zurückhaltung gegenüber Israel verantwortlich. So sprach sich der FDP-Abgeordnete Jürgen Möllemann im April zwar für die künftige Beteiligung der Bundeswehr an VN-Missionen etwa auf Zypern aus. Eine Beteiligung in Israel hielt er dagegen für politisch ungeeignet.[184] Die Auswahl der Einsatzorte sollte also weiter von historischen Abwägungen abhängig bleiben.

---

[178] Ebd., Kopie Vorlage Referat 230 an den Abteilungsleiter 2, Betr.: Bitte des VN-Sekretariats um Transport eines senegalesischen Truppenkontingents, 17.4.1978; ebd., Drahterlass Referat 230 im AA an die Ständige Vertretung in New York, Nr. 1842, 17.4.1978, hier S. 1.

[179] Ebd., Drahtbericht der Ständigen Vertretung in New York an Referat 230 im AA, Nr. 1119, 11.5.1978; ebd., Drahterlass Referat 230 im AA an die Ständige Vertretung in New York, Nr. 2336, 12.5.1978.

[180] Ebd., Drahtbericht der Ständigen Vertretung in New York an Referat 230 im AA, Nr. 759, 4.4.1978, S. 1.

[181] Ebd., Vorlage Referat 230 an den Außenminister, Betr.: UNIFIL (UN Interim Force in Lebanon), hier: Zusätzliche deutsche Beteiligung, 4.4.1978; BArch, BW 1/184368, Entwurf Vorlage Fü S III 5 an den Verteidigungsminister, Betr.: Friedenssichernde Maßnahmen, hier: Hilfeleistung für United Nations Interim Forces in Libanon (UNIFIL), 7.4.1978, hier S. 4 und Anlage, S. 2.

[182] BArch, BW 1/184368, Schreiben Büro Staatssekretär Schnell, Betr.: Hilfeleistungen für United Nations Interim Force in Libanon (UNIFIL), hier: Vorlage Fü S III 5 vom 12. April 1978, 12.4.1978; PA AA, B 30, ZA, Bd 121020, Vermerk Referat 230, Betr.: Unsere Sonderleistungen zu UNIFIL, hier: Sachstand am 12.4. morgens, 12.4.1978.

[183] BArch, BW 1/264355, Kopie Schreiben H II 1 im BMVg an das BMF und AA, Betr.: Unterstützungsleistungen durch die Bundeswehr für UNO-Friedensaktion im Libanon, 10.4.1978; BArch, BW 1/184368, Nebenabdruck Schreiben H II an Fü S III 5, Betr.: Unterstützungsleistungen durch die Bundeswehr für UNO-Friedensaktion im Libanon, hier: Abgabe und Transport von Material, 12.4.1978.

[184] Möllemann für UNO-Einsatz der Bundeswehr. In: Die Welt, Nr. 84, 11.4.1978, S. 3; Einsatz der Bundeswehr bleibt im Gespräch. In: Die Welt, Nr. 89, 17.4.1989, S. 3.

III. Die Bundesrepublik Deutschland und die Beteiligung an Missionen

Um die Kooperation zwischen den Ressorts zu verbessern, lud das AA am 20. April 1978 zu einer dritten Ressortbesprechung. Erstmals wurde nun auch das BMF beteiligt,[185] was auf die inhaltliche Verschiebung der Gespräche weist.

Zuvor hatte die Ständige Vertretung in New York bereits eine Neubestimmung der bundesdeutschen Position angeregt. Ziel sollte es sein, »*eine intensivere Mitwirkung unter Einschluss nicht-kombattanter personeller Beteiligung* zu ermöglichen«.[186] Unter »Nicht-Kombattanten« verstand die Ständige Vertretung fälschlicherweise alle Verwendungen, die nichts mit der direkten Anwendung von Waffengewalt zu tun hatten, also Unterstützungs- und Logistikleistungen. Nach der finanziellen und logistischen Unterstützung von VN-Missionen ging es ihr um den nächsten Schritt, um langfristig auch eine »Beteiligung in kombattanten Funktionen« zu prüfen.[187]

Wenn es ein Konzept zur schrittweisen Beteiligung der Bundesrepublik an VN-Missionen gab, dann stammte es von der Ständigen Vertretung in New York. Allerdings orientierte sie sich nur am Maßnahmenkatalog des BMVg, im Widerspruch zur Haltung der eigenen Zentrale. Die Ständige Vertretung argumentierte, dass allein aufgrund der logistischen Unterstützung für die UNIFIL früher oder später »auch die Frage einer personellen Beteiligung« gestellt werden würde.[188] Dies sei sogar von Interesse, da eine Beteiligung »das eigene Ansehen« sowohl international als auch national fördere und im Gegensatz zu anderen, teureren Maßnahmen im Wirtschafts- und Entwicklungsbereich eine gute Kosten-Nutzen-Bilanz habe.[189] Auch regte die Ständige Vertretung an, sich stärker in die Debatte um VN-Missionen einzubringen, da dies zur »Neutralisierung der […] DDR« beitragen könne. Im Gegensatz zur Bundesrepublik war diese Mitglied im Sonderausschuss für Missionen der Vereinten Nationen und hatte dadurch einen Vorteil. Die Ständige Vertretung stellte darüber hinaus infrage, ob »die Erfahrungen eines verlorenen Krieges und die Belastung der Vergangenheit« noch immer »für unser Verhalten ausschlaggebend« sein müssten, da die »Vorbehalte gegen uns […] zurückgetreten« seien und sich »zunehmend auch auf unser ›Image‹ einer reichen und konservativen Industriemacht« bezögen.[190] Die Vorbehalte – die sich gegen die bundesdeutsche ›Scheckbuchdiplomatie‹ richteten – könnten durch eine Beteiligung an VN-Maßnahmen abgebaut werden. Zudem habe das bisherige diplomatische Engagement der Bundesregierung gezeigt, dass »unsere aktive Teilnahme an Versuchen zur Lösung internatio-

---

[185] PA AA, B 30, ZA, Bd 120948, Durchschlag Schnellbrief Referat 230 im AA an das BKAmt, BMVg, BMF, BMI, BMJ, Betr.: Grundsätzliche Fragen der Beteiligung der Bundesrepublik Deutschland an friedenserhaltenden Operationen der VN, 14.4.1978.
[186] Hervorhebung im Original. PA AA, B 30, ZA, Bd 120948, Schriftbericht der Ständigen Vertretung in New York an Referat 230 im AA, Betr.: Friedenserhaltende VN-Massnahmen, hier: Neubestimmung unserer Position, 13.4.1978, hier S. 1.
[187] Ebd., S. 11.
[188] Ebd., S. 6.
[189] Ebd., S. 8 f.
[190] Ebd., S. 9.

naler Streitfragen [...] inzwischen als selbstverständlich gewertet und erwartet« würde.[191]

Die Ständige Vertretung begründete also bereits Ende der 1970er-Jahre die Notwendigkeit von Auslandseinsätzen der Bundeswehr mit einer größeren Verantwortung für die geeinte Bundesrepublik – ein Standpunkt, der in der Politik erst nach 1990 vertreten wurde.[192] Dieser Verantwortung könne man sich, so die Vertretung weiter, nicht mit finanziellen Mitteln entledigen. Aus politischer Sicht sei das Risiko einer begrenzten VN-Teilnahme gering: »Wir können [...] bei einer nicht-kombattanten Beteiligung an VN-Friedensaktionen sowohl innen- als auch aussenpolitisch nichts verlieren, sondern mit verhältnismässig geringem Einsatz nur gewinnen.«[193] Während sich die beteiligten Ressorts scheuten, die rechtliche Grundlage für eine bewaffnete Beteiligung der Bundeswehr im VN-Rahmen zu schaffen, arbeitete die Ständige Vertretung durch eine schrittweise Erweiterung des bundesdeutschen Engagements auf einen militärischen VN-Beitrag hin. Welche Rolle hierbei die Biografie des Botschafters Rüdiger von Wechmar spielte, ist Spekulation. Aus einer Soldatenfamilie stammend, stand er dem Militär offenbar positiv gegenüber.[194] Auch zum Ende seiner Berufung in New York blieb Wechmar daher Kritiker der militärischen Zurückhaltung der Bundesregierung.[195]

Um nicht »bereits abgebaute Vorbehalte und Ressentiments neu zu wecken«, riet die Ständige Vertretung 1978 allerdings, die bisherige Position nicht allzu sprunghaft zu ändern und sich zunächst auf den »nicht-kombattante[n] Bereic[h]« zu beschränken.[196] Zur Umsetzung der Pläne regte sie an, Personal und Material zum Abruf durch den VNGS bereitzuhalten, einen Haushalts-Sondertitel für die finanzielle Beteiligung an VN-Maßnahmen zu schaffen und rechtliche Bedenken gegen einen Einsatz von Bundeswehrangehörigen zu »nicht-kombattanten Zwecken« auszuräumen.[197] Obwohl sich die Ständige Vertretung auf viele Vorschläge des BMVg bezog, stieß das Schreiben auf

---

[191] Ebd., S. 10.
[192] BPA, Verantwortung des vereinten Deutschland für den Frieden in Europa und der Welt. In: Bulletin, Nr. 140, 3.12.1990, S. 1482–1484, hier S. 1484.
[193] PA AA, B 30, ZA, Bd 120948, Schriftbericht der Ständigen Vertretung in New York an Referat 230 im AA, Betr.: Friedenserhaltende VN-Massnahmen, hier: Neubestimmung unserer Position, 13.4.1978, hier S. 10.
[194] Als 17-Jähriger hatte sich Wechmar freiwillig zur Wehrmacht gemeldet und in Nordafrika gekämpft. In seiner Autobiografie schrieb er: »Daß ich mich freiwillig gemeldet hatte, verstand sich als Sohn einer alten Soldatenfamilie von selbst.« Wechmar, Akteur in der Loge, S. 45. 1973 absolvierte er im Dienstgrad eines Hauptmanns eine Wehrübung beim Panzeraufklärungsbataillon 2. Den ihm damals als Staatssekretär zustehenden Dienstgrad Oberst d.R. habe er abgelehnt, da er »die Truppe kennenlernen« wollte. Ebd., S. 284–287.
[195] Vgl. Wechmar, Friedenserhaltende Maßnahmen, S. 10.
[196] PA AA, B 30, ZA, Bd 120948, Schriftbericht der Ständigen Vertretung in New York an Referat 230 im AA, Betr.: Friedenserhaltende VN-Massnahmen, hier: Neubestimmung unserer Position, 13.4.1978, hier S. 11.
[197] Ebd., S. 13 f.

Kritik. Das Rechtsreferat des AA monierte, dass auch Unterstützungspersonal einen Kombattantenstatus habe, sofern es zu den Streitkräften zähle, und regte an, nur noch »von einem verstärkten personellen Engagement außerhalb des Bereichs der eigentlichen Kampftruppen zu sprechen.«[198] Einen erkennbaren Einfluss hatten die Ideen der Ständigen Vertretung auf die Ergebnisse der Ressortbesprechung aber nicht.[199] Deutlich wurde hier allerdings die Konkurrenz der Häuser, vor allem bei der Finanzierung. Laut Vermerk des AA war das BMVg nicht gewillt, weitere Fähigkeiten für VN-Maßnahmen zur Verfügung zu stellen, wenn die Kosten nicht vom federführenden AA getragen würden. Eine Finanzierung aus dem Verteidigungshaushalt könne die der Verteidigung dienende Kampfkraft der Bundeswehr mindern. Zukünftig kämen daher »im beschränkten Rahmen nur Transportleistungen und Ausbildungshilfe« infrage.[200] Dies war eine deutliche Beschränkung der 1975/76 vom BMVg vorgeschlagenen Maßnahmen. Welche Rolle der Ministerwechsel im Februar 1978 von Georg Leber zu Hans Apel (beide SPD) spielte, ist ungewiss. Öffentlich stellte sich Apel in Kontinuität zu Leber.[201] Angesichts der zunehmenden Spannungen zwischen den Bündnissen nahm das BMVg VN-Maßnahmen aber immer stärker als Belastung wahr. Einigkeit zwischen den Ressorts bestand lediglich darin, dass so viele Kosten wie möglich vom regulären VN-Budget getragen und die freiwilligen Beiträge möglichst gering gehalten werden sollten. Zudem einigten sich die Ressorts darauf, einen Leertitel »friedenserhaltende Maßnahmen« in den Haushalt aufzunehmen.[202] Nun zeigte sich aber auch das BMF als Bremser. Leertitel seien nur in Ausnahmefällen zulässig.[203] Auch in Bezug auf eine Verfassungsänderung bestand keine Einigkeit. Dem BMVg fehlte der politisch-militärische Bedarf,[204] aus Sicht des BMI sollte die Initiative vom AA ausgehen[205] und für das BMJ,

---

[198] PA AA, B 30, ZA, Bd 120948, Schreiben Referat 500 an Referat 230, Betr.: Friedenserhaltende VN-Maßnahmen, hier: Neubestimmung unserer Position, 27.4.1978.
[199] Vgl. ebd., Drahterlass Referat 230 im AA an die Ständige Vertretung in New York, Nr. 377, 21.4.1978.
[200] Ebd., Vermerk Referat 230, Betr.: Ressortbesprechung vom 20.4.1978 über Grundsatzfragen deutscher Beteiligung an friedenserhaltenden Operationen der VN, o.D.
[201] BPA, Tagesbefehl an die Bundeswehr. In: Bulletin, Nr. 15, 21.2.1978, S. 130; BPA, Kontinuität der Grundlinien der Sicherheits- und Verteidigungspolitik. In: Bulletin, Nr. 34, 14.4.1978, S. 326–330, hier S. 326 f.
[202] PA AA, B 30, ZA, Bd 120948, Vermerk Referat 230, Betr.: Ressortbesprechung vom 20.4.1978 über Grundsatzfragen deutscher Beteiligung an friedenserhaltenden Operationen der VN, o.D.
[203] Ebd., Kopie Schreiben Referat II C 3 im BMF an das AA, Betr.: Kosten eines deutschen Beitrags zu friedenserhaltenden Aktionen der Vereinten Nationen außerhalb der Leistungen im Rahmen des VN-Beitrags, hier: Antrag auf Ausbringung eines entsprechenden Leertitels im Haushaltsentwurf 1979, 8.6.1978.
[204] Vgl. ebd., BPA-Nachrichtenabt. Ref. II R 2, Hans Apel, Bundesminister der Verteidigung über aktuelle verteidigungspolitische Fragen, 4.6.1978, S. 5.
[205] BArch, B 106/80859, Vermerk Referat V I 4, Betr.: Grundsätzliche Fragen der Beteiligung der Bundesrepublik Deutschland an friedenserhaltenden Operationen der VN, 21.4.1978, hier S. 2.

das wieder an der Besprechung teilnahm,[206] war eine Grundgesetzänderung rechtlich nicht notwendig.[207]

Auch eine weitere Prüfung durch die Rechtsabteilung des AA brachte Ende Mai 1978 keine neuen Erkenntnisse.[208] In einer Stellungnahme kam der für die NATO und Verteidigung zuständige Unterabteilungsleiter 20, Ministerialdirigent Franz Pfeffer, aus politischer Sicht aber zu dem Schluss, dass die »Verwendung von Bundeswehr-Einheiten außerhalb des NATO-Territoriums [...] aus ostpolitischen Gründen wahrscheinlich schädlich, aus westpolitischen Gründen immer noch sehr prekär« sei. »Selbst bei Einsatz unter der Flagge der Vereinten Nationen würden historische Traumata gegen uns wiederbelebt«, so die Befürchtung.[209] Pfeffer widersprach damit der Ständigen Vertretung, die international Forderungen nach bundesdeutscher Beteiligung ausgemacht haben wollte. Ob dies stimmte oder dem eigenen Streben nach Prestige geschuldet war, ist ungewiss. Pfeffer schlussfolgerte derweil, dass die »durch das Grundgesetz uns auferlegte Enthaltsamkeit [...] auf Dauer vorteilhaft gegen indirekte oder direkte militärische Aktionen der DDR kontrastieren« werde. Aufgrund der zu erwartenden innenpolitischen Diskussionen riet er von einer Grundgesetzänderung ab. Nicht zuletzt schaffe dies auch einen Präzedenzfall für weitere VN-Anfragen, was wiederum zu außenpolitischen Kontroversen führen könne.[210] Aus innen- und außenpolitischen Erwägungen nahm das AA daher Abstand von VN-Missionen und einer verfassungsrechtlichen Klarstellung. Politische Motive drängten die ursprünglich juristischen Bedenken weiter zurück.

Öffentlich hatte der neue Verteidigungsminister zu diesem Zeitpunkt bereits Stellung zum Thema bezogen. Am 4. Juni 1978 erklärte Apel im Hessischen Rundfunk, dass das Grundgesetz einen bewaffneten Beitrag der Bundeswehr an VN-Missionen ausschließe. Ausdrücklich erteilte er Beteiligungen in Afrika eine Absage. Den Empfehlungen seines Hauses folgend, seien nur die Entsendung von Soldaten ohne Waffe, Hilfe beim Nachschub oder im fliegeri-

---

[206] PA AA, B 30, ZA, Bd 120948, Vermerk Referat 230, Betr.: Ressortbesprechung vom 20.4.1978 über Grundsatzfragen deutscher Beteiligung an friedenserhaltenden Operationen der VN, o.D., hier Teilnehmerliste.

[207] BArch, B 141/401638, Vorlage Referat IV B 5 an den Justizminister, Betr.: Grundsätzliche Fragen der Beteiligung der Bundesrepublik Deutschland an friedenserhaltenden Operationen der Vereinten Nationen, 3.5.1978, hier S. 3; PA AA, B 30, ZA, Bd 120948, Schreiben BMJ an Referat 230 im AA, Betr.: Grundsätzliche Fragen der Beteiligung der Bundesrepublik Deutschland an friedenserhaltenden Operationen der VN, hier: Ressortbesprechung vom 20. April 1978, 1.6.1978, hier S. 2. Auch wenn das BMJ seine Ansichten nicht öffentlich verteidigte, wurde seine abweichende Meinung medial bekannt. Vgl. Bundesmarine: Germans to the front? In: Der Spiegel, Nr. 49 (1987), 30.11.1987, S. 19–21, hier S. 20.

[208] Aufzeichnung des Ministerialdirektors Fleischhauer, 27.5.1978. In: AAPD 1978, Dok. 162, S. 799–803. Die Vorlage wurde nicht an Außenminister Genscher geleitet, sondern blieb beim Staatssekretär Günther van Well.

[209] Aufzeichnung des Ministerialdirigenten Pfeffer vom 28.5.1978. In: AAPD 1978, Dok. 163, S. 804–806, hier S. 804.

[210] Ebd.

## III. Die Bundesrepublik Deutschland und die Beteiligung an Missionen 121

schen Dienst möglich. Die Absicht einer Grundgesetzänderung wies er zurück. Sicherlich werde man sich aber finanziell an Missionen beteiligen.[211] Kurze Zeit später äußerte sich auch Bundeskanzler Schmidt bei einem Staatsbesuch in Sambia. Zwar sprach er nicht direkt über eine VN-Beteiligung, niemand solle von der Bundesregierung aber »die Entsendung von Truppen in andere Länder« erwarten.[212] Auch wenn Schmidt dies nicht weiter begründete, schien die Linie der Regierung eindeutig. Apel ging es dabei allerdings wohl nur um die Schonung des Verteidigungsetats. Die von ihm angesprochenen Leistungen wären zulasten des AA gegangen.

Allerdings lehnte offenbar auch der damalige Oppositionsführer im Bundestag, der CDU-Vorsitzende Helmut Kohl, die Beteiligung deutscher Soldaten an VN-Missionen ab. Bei einem Treffen mit VNGS Kurt Waldheim Ende Juni 1978 soll er nur die Bereitschaft zum Transport und zur Materialbereitstellung signalisiert haben.[213] Aus deutschlandpolitischen Gründen hatte bereits ein Großteil der CDU/CSU gegen den Beitritt zu den Vereinten Nationen gestimmt.[214] Nun signalisierte sie kein Interesse an einem militärischen VN-Engagement.[215] Eine Grundgesetzänderung hätte sie sicherlich nicht mitgetragen. Verständlicherweise setzte daher keines der Ressorts die innenpolitisch heikle und in der damaligen Situation nicht zwingend erscheinende Frage auf die politische Agenda. Im Parlament spielte sie weiter keine Rolle. Am 21. Juni 1978 begrüßte der Bundestag mit den Stimmen der sozialliberalen Koalition lediglich die Unterstützung von VN-Missionen mit freiwilligen Leistungen.[216] Der Regierung wurde bestätigt, ihre ›Scheckbuchdiplomatie‹ fortsetzen zu können, ohne dass sie zur Frage einer militärischen Beteiligung Stellung beziehen musste. Auf eine Anfrage des SPD-Abgeordneten Ulrich Dübber ließ Staatsministerin im AA Hildegard Hamm-Brücher den Bundestag im Oktober allerdings wissen, dass Art. 87a Abs. 2 des GG eine militärische Beteiligung an VN-Missionen ausschließe.[217] Der vom AA eng gefasste Verteidigungsbegriff war ausgesprochen und blieb bis 1994 zur Wahrung des eigenen Rufes Kern von dessen Argumentation.[218]

---

[211] PA AA, B 30, ZA, Bd 120948, BPA-Nachrichtenabt. Ref. II R 2, Hans Apel, Bundesminister der Verteidigung über aktuelle verteidigungspolitische Fragen, 4.6.1978, S. 4 f.; Apel gegen Einsatz der Bundeswehr bei Konflikten in Afrika. In: Die Welt, Nr. 128, 5.6.1978, S. 2; Bundeswehr nach Afrika? Aus einem Interview des Bundesministers der Verteidigung, Dr. Hans Apel. In: IfdT, Nr. 9 (1978), S. 80 f.
[212] BPA, Besuch des Bundeskanzlers in Nigeria und Sambia. In: Bulletin, Nr. 75, 6.7.1978, S. 701–720, hier S. 716.
[213] PA AA, B 30, ZA, Bd 120948, Doppel Schriftbericht des Generalkonsulats der Bundesrepublik an Referat 011 im AA, Betr.: New York-Aufenthalt des CDU-Vorsitzenden Dr. Helmut Kohl und Delegation in New York vom 25.–27.6.1978, 11.7.1978, hier S. 2.
[214] Vgl. BT-PlPr. 7/30, 10.5.1973, S. 1543–1626; BT-PlPr. 7/31, 11.5.1973, S. 1633–1655.
[215] Siehe dazu den Entschließungsantrag der CDU/CSU in BT-Drs. 8/1613, 10.3.1978.
[216] BT-PlPr. 8/99, 21.6.1978, S. 7915. Zum Antrag siehe BT-Drs. 8/1807, 16.5.1978, S. 1.
[217] BT-Drs. 8/2115, 11.10.1978, S. 6.
[218] In der Folge wurde in öffentlichen Beiträgen immer wieder auf die »bekannten verfassungsrechtlichen Gründe« verwiesen, weshalb sich die Bundesrepublik nicht an VN-Missionen beteiligen könne. Vgl. Wechmar, Die Bundesrepublik Deutschland in den Vereinten Nationen, S. 117.

Die ursprünglich fast ausschließlich auf der Ministerialebene geführte Diskussion hatte sich zu diesem Zeitpunkt allerdings bereits in den öffentlichen Raum verlagert. Schon 1976 hatte der Völkerrechtler Knut Ipsen in einem Sammelband die Meinung vertreten, dass der Einsatz der Bundeswehr im Rahmen der Vereinten Nationen verfassungskonform sei. Wie das BMJ argumentierte Ipsen, dass Art. 87a GG den Einsatz der Bundeswehr nur nach innen regle. Gleichzeitig lasse das Grundgesetz die Selbstverteidigung nach Art. 51 der VN-Charta zu. Die »sehr viel weniger weitreichende Aufgabe der internationalen Friedenssicherung im UN-Rahmen« könne der Bundeswehr demnach nicht verboten sein. Zudem habe sich die Bundesrepublik mit dem Beitritt in die Vereinten Nationen einem System der kollektiven Sicherheit nach Art. 24 Abs. 2 GG angeschlossen. Ihr Ziel, die Wahrung des Friedens, stimme mit dem Wertekanon des Grundgesetzes überein.[219] Ipsens Meinung war in den Ministerien bekannt. Das BMVg überzeugte seine Auffassung aber nicht.[220] Zwei Jahre später vertrat Ipsen seine Position in einem Zeitungsartikel erneut.[221] Während sich das BMJ bis hin zum Minister Hans-Jochen Vogel (SPD) bestätigt sah,[222] hielt die Rechtsabteilung des BMVg die Auffassung Ipsens für »unbeachtlich« und nicht überzeugend.[223] Das BMI unterstellte dem Artikel »eine unzutreffende verfassungsrechtliche Würdigung«.[224] Im AA führte er zwar zur erneuten Prüfung der Rechtslage. Im September 1978 bekräftigten die Juristen aber ihre bisherige Haltung. Ipsen vertrete eine rechtswissenschaftliche Mindermeinung. Es bestehe die Gefahr, dass Soldaten bei einem Einsatz vor Gericht klagten, um die Rechtmäßigkeit ihres Einsatzbefehls zu prüfen – ein Risiko, das die Bundesregierung nicht eingehen dürfe.[225] Statt eine Klärung des Sachverhalts herbeizuführen, schien es dem AA politisch ratsamer, eine militärische Beteiligung aus verfassungsrechtli-

---

[219] Ipsen, Der Einsatz der Bundeswehr, Zitat S. 389.
[220] BArch BW 1/159094, Schreiben Abteilungsleiter VR an den Unterabteilungsleiter VR II, 4.8.1976, hier S. 2
[221] Gottfried Capell, Rechtswissenschaftler widerspricht Bonn. In: Bonner Generalanzeiger, 9.8.1978, S. 2.
[222] BArch, B 141/401638, Vorlage Referat IV A 3 an den Justizminister, Betr.: Beteiligung der Bundesrepublik Deutschland an friedenserhaltenden Operationen der Vereinten Nationen, 30.8.1978.
[223] BArch, BW 1/159095, Vermerk VR II 2, Betr.: Verfassungsrechtliche Zulässigkeit einer Beteiligung der Streitkräfte der Bundesrepublik Deutschland an friedenserhaltenden Maßnahmen der Vereinten Nationen, 9.8.1978, hier S. 1 f. (Zitat); BArch, BW 1/160929, Vermerk VR II 2, Betr.: Einsatz der Bundeswehr zum Waffendienst im Rahmen der Friedensmaßnahmen der VN, hier: Anpassung der Gesetzeslage, 21.5.1979.
[224] BArch, B 106/80859, Vorlage Referat V I 4 an den Innenminister, Betr.: Verfassungsrechtliche Zulässigkeit einer Beteiligung der Streitkräfte der Bundesrepublik Deutschland an friedenserhaltenden Operationen der Vereinten Nationen, 9.8.1978, hier S. 3. Das BMI bezeichnete aber die Aussage als zutreffend, dass eine andere Auslegung des Grundgesetzes derzeit aus politischen Gründen nicht zweckmäßig sei.
[225] PA AA, B 30, ZA, Bd 120948, Nebenabdruck Vorlage D 5 an den Außenminister, Betr.: Verfassungsrechtliche Zulässigkeit des Einsatzes der Bundeswehr im Rahmen von friedenssichernden Aktionen der VN, 11.9.1978, hier S. 3 f.

## III. Die Bundesrepublik Deutschland und die Beteiligung an Missionen

chen Gründen abzulehnen.[226] 15 Jahre später gehörte Ipsen zu den Juristen, die die christlich-liberale Bundesregierung im Organstreit um die Beteiligung der Bundeswehr im Ausland erfolgreich gegen die SPD vertraten.[227] Seine Auffassung, das Grundgesetz lasse die Beteiligung an VN-Missionen mit bewaffneten Soldaten der Bundeswehr auch ohne verfassungsrechtliche Änderung zu, setzte sich durch.[228]

Offenbar auf Bitten von Außenminister Genscher[229] griff am 12. September 1978 zunächst aber der Bundeskanzler in das Thema ein. Im Gespräch mit dem Außen-, dem Innen- und dem Justizminister hielt das BKAmt fest, dass das Grundgesetz nicht per se jeden Einsatz der Bundeswehr außerhalb des NATO-Bereichs verbiete; eine Darstellung, die Genscher nicht widerspruchslos akzeptierte[230]. Derzeit bestehe allerdings »kein Interesse daran, dieses Ergebnis öffentlich zu plakatieren«, so der Vermerk des BKAmts weiter. Gleichwohl bestehe auch kein Interesse, öffentlich zu erklären, dass Einsätze vom Grundgesetz nicht gedeckt seien.[231] Angesichts der gespannten politischen Lage und der kriselnden Koalition wollte sich Helmut Schmidt der politischen Diskussion entziehen. Um sich zukünftig aber alle Handlungsfelder zu erhalten, sollte die Debatte ausgesessen werden.[232] Die Verfassungsbedenken sollten nicht als Feigenblatt dienen, sondern am besten sollte gar nicht über das Thema gesprochen werden. Dass die Diskussion gerade im Laufe des Jahres 1978 an Intensität gewann, lag indes nicht nur an der VN-Mission im Libanon, sondern auch am geplanten VN-Engagement in Namibia, an dem sich das AA beteiligen wollte.

---

[226] Obwohl das AA die Rechtsauffassung Ipsens in der Frage der Beteiligung der Bundeswehr an VN-Missionen nicht teilte, engagierte es Ipsen 1979 als Völkerrechtsberater der deutschen Delegation im Rahmen einer VN-Abrüstungskonferenz. Vgl. BArch, BW 2/8475, Entwurf Vorlage Unterabteilung 22 an den Außenminister, Betr.: VN-Waffenkonferenz, hier: Dankschreiben des Herrn Bundesministers an Prof. Dr. Knut Ipsen für außergewöhnlichen Einsatz auf 2. Session der Vorkonferenz der VN-Waffenkonferenz als Völkerrechtsberater der deutschen Delegation, 10.5.1979.

[227] Vgl. Der Auslandseinsatz deutscher Streitkräfte, S. 652–894.

[228] Ipsen vertrat die Meinung nicht exklusiv. Frühzeitig hatten auch andere Autoren auf Art. 24 GG und die Zulässigkeit einer Beteiligung der Bundeswehr an VN-Missionen hingewiesen. Vgl. Mössner, Bundeswehr in blauen Helmen, S. 111. Die Positionen verschiedener Rechtsgelehrter sind dargestellt in Hoffmann, Bundeswehr und UN-Friedenssicherung, S. 306 ff.

[229] PA AA, B 1, ZA, Bd 178772, Vermerk Ministerbüro, 19.6.1978.

[230] Auch das BMVg, das nicht am Treffen beteiligt war, wollte dem Ergebnisvermerk nicht ohne eigene Darstellung zustimmen. BArch, B 136/17611, Vermerk Chef BK, Betr.: Beteiligung der Bundeswehr an Operationen im Ausland, hier: Frage der verfassungsrechtlichen Zulässigkeit, 14.9.1978.

[231] Ebd., Vermerk Chef des Bundeskanzleramts, Betr.: Beteiligung der Bundeswehr an Operationen im Ausland, hier: Frage der verfassungsrechtlichen Zulässigkeit, 12.9.1978.

[232] Vgl. ebd., Vorlage Referat 213 an den Chef des Bundeskanzleramts, Betr.: Beteiligung der Bundeswehr an Operationen im Ausland, 8.9.1978, hier S. 1. Vgl. auch BArch, B 136/30611, Vorlage Gruppe 23 an den Bundeskanzler, Betr.: Schreiben des MdB Mertens zur Beteiligung von Bw-Soldaten an VN-Friedenstruppen, hier: Vorlage des Antwortentwurfs, 13.9.1979. Auf der Vorlage wies Bundeskanzler Schmidt an, das Thema zurzeit nicht weiter innerhalb der Bundesregierung zu behandeln. Ebd., S. 1.

## d) Die Beschlüsse des Bundessicherheitsrats 1982

Am 29. September 1978 beschloss der VNSR die Aufstellung der Mission UNTAG, die die ehemalige deutsche Kolonie Namibia in die Unabhängigkeit von Südafrika führen sollte.[233] Da die bundesdeutschen Diplomaten am namibischen Friedensprozess beteiligt waren, schien es nur folgerichtig, auch einen eigenen Beitrag für die VN-Maßnahme zu erwägen. Aufgrund der südafrikanischen Blockade verzögerte sich diese aber um zehn Jahre, sodass die Vereinten Nationen zunächst keine offizielle Anfrage an die Bundesregierung stellten. Ein Präzedenzfall blieb aus.[234] Gegensätzlich zur Linie des Kanzlers vertrat Staatsministerin im AA Hamm-Brücher 1980 daher öffentlich weiter die Position, dass die Rechtslage den Einsatz von Bundeswehrsoldaten verhindere.[235] Die abweichende Meinung des BMJ wurde der Öffentlichkeit vorenthalten. Noch 1989 erklärte der Parlamentarische Staatssekretär im BMJ, Friedrich-Adolf Jahn (CDU), dass die zur »ressortinternen Meinungsbildung« gefertigten Prüfungen nicht besprochen werden könnten; dies betreffe den »Kernbereich exekutiver Eigenverantwortung«.[236] Um den Koalitionsfrieden zu wahren, wurde die Minderheitsmeinung des BMJ kaum publik.[237]

Losgelöst von den sich über Jahre hinziehenden Planungen für die UNTAG stellten die beteiligten Ressorts auf Anregung des Bundeskanzlers[238] am 6. April 1981 eine weitere Studie über die Rechtmäßigkeit von Bundeswehreinsätzen im Ausland vor[239]. Anlass war eine von den USA angestoßene Diskussion über die militärische Offenhaltung der Straße von Hormuz im Zuge des 1980 ausgebrochenen Iran-Irak-Kriegs. In erster Linie ging es also nicht um die militärische Beteiligung an VN-Missionen, sondern vor allem um Maßnahmen in Gemeinschaft der NATO-Staaten. Die auf Abteilungsleiterebene vom AA federführend erstellte Vorlage unterschied daher auch zwischen Landes- und Bündnisverteidigung, Einsätzen der Bundeswehr außerhalb von Bündnisverpflichtungen, Einsätzen im Rahmen von VN-Missionen sowie der Evakuierung deutscher Staatsangehöriger aus dem Ausland.[240] Dass die-

---

[233] VNSR, S/RES/435(1978), 29.9.1978.
[234] Ausführlich siehe Kapitel IV.1.
[235] BT-PlPr. 8/230, 4.7.1980, S. 18716. Vgl. auch die Aussage Genschers in BT-PlPr. 8/222, 17.6.1980, S. 17958.
[236] BT-Drs. 11/5068, 11.8.1989, S. 7. Vgl. auch BT-Drs. 11/5102, 25.8.1989, S. 4; BT-Drs. 11/6130, 15.12.1989, S. 1.
[237] Vgl. Löwe, Peacekeeping-Operationen, S. 291 f.
[238] Vgl. BArch, B 136/30611, Vorlage GL 21 an den Bundeskanzler, Betr.: Beteiligung der Bundeswehr (BW) an Einsätzen außerhalb des NATO-Bereichs, 6.10.1980, hier S. 2; ebd., Kopie Schreiben GL 21 im BKAmt an den Leiter des Büros des Staatssekretärs im AA, 10.10.1980.
[239] Der »Spiegel« berichtete ausführlich über den Prozess und hatte offenbar Zugang zu den Gutachten. Vgl. Druck auf Bonn: The Germans to the front. In: Der Spiegel, Nr. 11 (1981), 8.3.1981, S. 19–25.
[240] BArch, B 136/30611, Kopie Vorlage Rechtsabteilung 5 an den Außenminister, Betr.: Auslandseinsatz der Bundeswehr, 6.4.1981. Bereits veröffentlicht in AAPD 1981, Dok. 100, S. 547–554.

se Maßnahmen in der späteren Debatte teilweise vermischt wurden, lag an der politischen Ebene, die den Sachverhalt nicht mehr aus juristischer, sondern nur noch aus politischer Sicht betrachtete. Zwar bestand zwischen den Ressorts Einigkeit, dass die Bundeswehr nicht außerhalb des Bündnis- und Verteidigungsfalls und schon gar nicht aus wirtschaftlichen Überlegungen im Ausland eingesetzt werden dürfe.[241] Auseinander gingen die Meinungen aber weiter bei der Beteiligung an VN-Missionen.[242] Die restriktive Haltung des AA, BMI und BMVg wurde am 1. September 1982 von der sozialliberalen Regierung im geheim tagenden BSR als widerrufliche, aber zunächst politisch bindende Linie bestätigt.[243]

Warum aber fasste die Regierung Schmidt jetzt, 1982, eine Entscheidung und nicht bereits 1975, als alle Ressorts ihre Rechtsauffassung formuliert hatten? Der Beschluss des BSR erfolgte vor dem Hintergrund einer neuen Außenpolitik der USA, dem Iran-Irak-Krieg, der sowjetischen Intervention in Afghanistan und den Planungen der VN-Mission in Namibia. Angesichts der seit 1980 laufenden NATO-Debatte über militärische Maßnahmen auch außerhalb des NATO-Vertragsgebiets[244] wies Schmidt am 12. Mai 1982 das Kabinett an, eine bundesdeutsche Position zu erarbeiten[245] und die Beteiligung der Bundeswehr »an friedenserhaltenden Maßnahmen« – ob nur im VN-Rahmen oder allgemein, blieb offen – im BSR zu behandeln.[246] Parallel dazu kam es zu einem weiteren militärischen Engagement der engsten NATO-Verbündeten im Nahen Osten. Seit Juni 1982 bekämpften israelische Truppen die Palestine Liberation Organization (PLO) im Libanon.[247] Im August intervenierten britische, französische, italienische und US-amerikanische Kräfte (Multinational Force Beirut) zur Überwachung des Abzugs der PLO aus dem Libanon.[248] Dabei handelte es sich um keine VN-mandatierte und keine VN-geführte Operation; der VNSR wurde von den USA blockiert.[249]

---

[241] Ebd.
[242] BArch, B 136/30611, Nebenabdruck Schnellbrief BMJ an das AA, Betr.: Rechtliche Zulässigkeit des Auslandseinsatzes der Bundeswehr nach dem Grundgesetz, 13.1.1981, hier Anlage, S. 2, 5 f.; ebd., Kopie Vorlage Rechtsabteilung 5 an den Außenminister, Betr.: Auslandseinsatz der Bundeswehr, 6.4.1981, S. 9, abgedruckt in AAPD 1981, Dok. 100, S. 547–554, hier S. 553.
[243] BArch, B 136/108219, Auszug aus 14. BSR-Sitzung vom 1.9.82, o.D. Siehe hierzu auch die Kommentare von Rupert Scholz und Ulrich Weisser in: Rechtliche und politische Probleme des Einsatzes der Bundeswehr »out of area«, S. 42, 92 f. Umstritten ist, ob ein Beschluss des BSR bindenden Charakter hat. Ebd., S. 93 f.
[244] Vgl. dazu auch Botschafter Wieck, Brüssel (NATO), an Staatssekretär Meyer-Landrut, 16.3.1984. In: AAPD 1984, Dok. 83, S. 413–419; Aufzeichnung des Ministerialdirigenten Schauer, 18.4.1984. In: ebd., Dok. 112, S. 530–542.
[245] 76. Kabinettssitzung am Mittwoch, dem 12.5.1982, 4. Europafragen.
[246] 85. Kabinettssitzung am Mittwoch, dem 14.7.1982, 3. Internationale Lage.
[247] Zur zeitgenössischen Bewertung siehe Hottinger, Die israelische Kriegsaktion in Libanon.
[248] Weinberger, Peacekeeping Options in Lebanon; Zimbler, Peacekeeping Without the UN; Varady, US Foreign Policy; Scianna, A Blueprint for Successful Peacekeeping?
[249] Vgl. VNSR, S/PV.2377, 8.6.1982; VNSR, S/PV.2381, 26.6.1982; VNSR, S/PV.2391(OR), 6.8.1982.

Da die Beteiligung an einer multinationalen Operation ohne VN-Führung rechtlich nicht möglich und im Nahen Osten sowie vor dem Hintergrund des Ost-West-Konflikts politisch nicht opportun erschien, wogen die Bundesressorts ihre künftige Politik sorgfältig ab. Sie beschränkten sich auf die politische Zustimmung zur Intervention ihrer Partner[250] und die Entsendung des Technischen Hilfswerks (THW) zur Instandsetzung der Wasserversorgung in Beirut.[251] Aufgrund des Unvermögens der Vereinten Nationen, regionale Konflikte zu lösen,[252] der aggressiveren US-Außenpolitik unter Ronald Reagan und der Gefahr, sich nach einem Verständniswandel der NATO[253] immer häufiger gegenüber den Partnern zu Ad-hoc-Operationen positionieren zu müssen, entschied das BKAmt, dass es politisch opportun sei, eine politisch bindende Entscheidung gegen den Einsatz der Bundeswehr außerhalb der Landes- und Bündnisverteidigung zu fällen. Der Entschluss durch den BSR hatte mehrere Gründe. Er konnte später widerrufen werden, erfolgte geheim und losgelöst von der innenpolitischen Debatte.[254] Der Beschluss für eine restriktive Entsendepraxis der Bundeswehr erfolgte im unmittelbaren Umfeld einer ohnehin erhitzten Diskussion um Auf- und Abrüstung der NATO[255]. Dem NATO-Doppelbeschluss zur Stationierung moderner Atomsprengköpfe in Europa bei fortgesetzter Rüstungskontrolle[256] stimmte der Bundestag im November 1983 zu,[257] obwohl ihn breite Schichten der Gesellschaft ablehnten.[258] Innenpolitisch war zur Zeit der BSR-Sitzung aufgrund der unterschiedlichen sicherheitspolitischen Vorstellungen bereits das Ende der sozialliberalen Koalition abzusehen.[259]

Die Entscheidung am 1. September war eine der letzten gemeinsamen Handlungen, ehe die Regierung Schmidt/Genscher am 17. September 1982 zer-

---

[250] Vgl. BPA, Erklärung der Bundesregierung zur Lage im Libanon und im Nahen Osten. In: Bulletin, Nr. 88, 24.9.1982, S. 807 f., hier S. 807.

[251] BPA, Humanitärer Einsatz des Technischen Hilfswerks im Libanon. In: Bulletin, Nr. 104, 5.11.1982, S. 960.

[252] Überschattet wurde das Frühjahr vom Falkland/Malwinen-Krieg zwischen Argentinien und Großbritannien. Für die britische Sicht siehe Freedman, The Official History of the Falkland Campaign. Zur Reaktion der Bundesregierung siehe Erklärung der deutschen Bundesregierung zum Falkland-Konflikt vom 7. April 1982. In: EA, 37 (1982), S. 485.

[253] Vgl. Schlußdokument der Tagung des Nordatlantikrats unter Teilnahme der Staats- bzw. Regierungschefs in Bonn am 10. Juni 1982. In: EA, 37 (1982), S. 342–346, hier S. 346.

[254] Vgl. zur Abwägung im BKAmt die Vorlage für die Sitzung des BSR. BArch, B 136/30611, ohne Autor, Betr.: TOP 9: Beteiligung der Bundeswehr an friedenserhaltenden Maßnahmen, o.D. Laut Rühl handelte es sich beim Beschluss des BSR um eine »Rechts*meinung*«, aber »keine rechts*förmliche* Position« (Hervorhebung im Original). Rühl, Sicherheitspolitik, S. 95.

[255] Vgl. Lutsch, Westbindung, S. 587–750.

[256] Vgl. BPA, Kommuniqué der Sondersitzung der Außen- und Verteidigungsminister der NATO. In: Bulletin, Nr. 154, 18.12.1979, S. 1409 f.; BPA, Kommuniqué der Ministertagung des Nordatlantikrates. In: ebd., S. 1411–1414.

[257] BT-PlPr. 10/36, 22.11.1983, S. 2590 ff.

[258] Vgl. Geiger, Vergeblicher Protest? Zum NATO-Doppelbeschluss siehe Hacke, Die Außenpolitik, S. 237–240; Haftendorn, Deutsche Außenpolitik, S. 264–307; Conze, Die Suche nach Sicherheit, S. 533–544.

[259] Vgl. Genscher, Erinnerungen, S. 445–464.

## III. Die Bundesrepublik Deutschland und die Beteiligung an Missionen

brach. Interessanterweise zog der erst im Jahr zuvor ernannte Justizminister Jürgen Schmude (SPD) die abweichende Position des BMJ in der BSR-Sitzung zurück. Weil ihn die bisherige Argumentation des BMJ nicht überzeugte und er dem aus seiner Sicht auch für Einsätze im Ausland beschränkend wirkenden Art. 87a Vorrang vor Art. 24 GG gab,[260] trat er der Meinung der restlichen Ressorts bei, die eine Beteiligung der Bundeswehr an VN-Missionen aus politischen Motiven begrenzt wissen wollten.[261] Erstmalig herrschte damit Einigkeit zwischen den Ressorts, wobei Kanzler Schmidt sich dafür aussprach, die logistische Unterstützung von VN-Missionen offen zu halten und die VN-Beteiligung des BGS rechtlich zu prüfen.[262] Der BGS hatte durch den Einsatz der GSG 9 zur Befreiung des Lufthansaflugzeugs »Landshut« im Oktober 1977 in Mogadischu (Somalia) nationales und internationales Ansehen gewonnen.[263] Nun sollte er helfen, den internationalen Eindruck zu vermeiden, die Bundesrepublik versuche sich der Beteiligung an VN-Missionen zu entziehen.[264] Die Idee, den BGS als Ersatz der Bundeswehr zu nutzen, stand im Raum. Mangels Notwendigkeit wurde diese Möglichkeit in den kommenden Jahren aber zunächst nicht weiter vertieft.

Auch der Regierungswechsel zur CDU/CSU/FDP im Oktober 1982 hatte zunächst keine Auswirkung auf diese Politik. Der fortwährenden »Berufung auf die Grenzen der Verfassung« lag vielmehr eine »außenpolitische Schutzfunktion« inne, wie es das BMJ beschrieb.[265] Die Ablehnung einer Entsendung der Bundeswehr außerhalb des NATO-Gebiets wurde bereits im neuen Koalitionsvertrag fixiert.[266] Am 3. November, zwei Tage vor dem FDP-Bundesparteitag in Berlin, wurde die bisherige restriktive Linie –

---

[260] BArch, B 141/418384, Kopie Vermerk Justizminister Jürgen Schmude, Betr.: Auslandseinsatz der Bundeswehr im Rahmen einer UNO-Friedenstruppe, 19.7.1982.
[261] BArch, B 136/108219, Auszug aus 14. BSR-Sitzung vom 1.9.82, o.D., hier S. 1. Vgl. auch den Vermerk auf BArch, B 141/418384, Vorlage IV A 2 an den Justizminister, Betr.: Auslandseinsatz der Bundeswehr im Rahmen einer UNO-Friedenstruppe, 3.8.1982, hier S. 1.
[262] BArch, B 136/108219, Auszug aus 14. BSR-Sitzung vom 1.9.82, o.D., hier S. 1.
[263] Vgl. Schütte-Bestek, Aus Bundesgrenzschutz wird Bundespolizei, S. 139.
[264] BArch, B 106/143123, Weisung Staatssekretär im BMI Fröhlich an die Abteilungsleiter V und P, 2.9.1982. Die Anregung dazu kam offenbar von Botschafter Hans-Georg Wieck, damals Ständiger Vertreter bei der NATO in Brüssel.
[265] Vgl. BArch, B 141/418384, Vorlage AL IV an den Staatssekretär, Betr.: Verfassungsrechtliche Zulässigkeit eines Auslandseinsatzes der Bundeswehr, 5.8.1987.
[266] Koalitionsvereinbarung 1982 zwischen den Bundestagsfraktionen der CDU/CSU und FDP für die 9. Wahlperiode des Deutschen Bundestages, S. 8; Eine »uneingeschränkte und eindeutige« Bekräftigung der NATO-Positionen. In: FAZ, Nr. 225/39 D, 29.9.1982, S. 2. Zur ersten Regierungserklärung Kohls siehe BT-PlPr. 9/121, 13.10.1982, S. 7213–7229. In Fragen der Außen- und Sicherheitspolitik sollte die NATO Fixpunkt bleiben. Ebd., S. 7220 f. Hinsichtlich der Arbeit in den VN kündigte Kohl an, dass sich die Bundesregierung hier vor allem auf »vertrauensbildend[e] Maßnahmen« mit den Ländern der »Dritten Welt« fokussieren werde. Ebd., S. 7221. Wenige Tage später erklärte Kohl: »Die Bundesregierung wird auch künftig nachdrücklich für eine Stärkung der Vereinten Nationen und ihres friedenserhaltenden Instrumentariums eintreten.« BT-PlPr. 9/130, 25.11.1982, S. 8010.

wohl auf Wunsch des Außenministers Genscher[267] – vom neuen BSR bestätigt. Angesichts der Neuwahlen im März 1983 sollte vermutlich kein Streit zwischen den Koalitionspartnern geschürt und die deutsche Außenpolitik durch Kontinuität bestimmt werden.[268] Zudem entsprach die Linie Genschers dem Anliegen des nun durch Manfred Wörner (CDU) geführten BMVg, seine Ressourcen für die Landes- und Bündnisverteidigung zu bündeln, sowie des Verständnisses der CDU/CSU und der bereits 1978 dargebotenen Haltung Helmut Kohls. Es wäre daher falsch, alleine Außenminister Genscher als Urheber der restriktiven Entsendepolitik der Bundesregierung zu sehen. Auch die neue Ministerriege beschloss, dass

»militärische Einsätze der Bw [Bundeswehr] außerhalb des NATO-Bereichs grundsätzlich nicht in Frage kommen, es sei denn, es läge ein Konflikt zugrunde, der sich gleichzeitig als ein völkerrechtswidriger Angriff auf die Bundesrepublik Deutschland darstellt. Diese Beschränkung ergibt sich aus grundgesetzlichem Auftrag und war ein Ausgangspunkt bei den Überlegungen, die zur heutigen Struktur und Ausbildung unserer Streitkräfte geführt haben.«[269]

Auch wenn es bei der Beratung um die Unterstützung der USA bzw. der NATO ging, waren damit alle Beteiligungen der Bundeswehr außerhalb des NATO-Vertrags, also auch im Rahmen von VN-Missionen, untersagt.[270] Der Beschluss war politisch motiviert und etablierte eine restriktive Staatspraxis. Rückblickend bezeichnete der ehemalige Generalinspekteur Klaus Naumann den Beschluss als »Feigenblatt« und suchte die Verantwortung in erster Linie bei Außenminister Genscher.[271] Es war aber das BMVg selbst, das 1973 rechtliche Bedenken gegenüber der Beteiligung der Bundeswehr an VN-Missionen geäußert hatte. 1982 stimmte es auch genauso wie das AA gegen die Entsendung der Bundeswehr für militärische Maßnahmen ins Ausland, weil eine zusätzliche, ressourcenaufwendige Aufgabe während des Ost-West-Konflikts nicht in seinem Interesse lag.

Spätestens die Beschlüsse des BSR hatten zur Folge, dass die Vereinten Nationen für die Bundesrepublik an sicherheitspolitischer Bedeutung verloren. Im Weißbuch von 1985 spielten sie keine Rolle, wobei die Bedeutung

---

[267] Löwe, Peacekeeping-Operationen, S. 248, Anm. 80. Vgl. auch Conze, Die Suche nach Sicherheit, S. 619.

[268] »Kontinuität« sollte außenpolitisches »Leitwort« der neuen Regierung sein, »Verläßlichkeit und Berechenbarkeit« sowie »Beständigkeit und Solidität« ihre Eigenschaften. BT-PlPr. 9/121, 13.10.1982, S. 7260. In den Memoiren von Kohl (Erinnerungen 1982–1990) und Genscher (Erinnerungen) ist nichts zu dieser Absprache zu lesen, was auf einen geringen Stellenwert hinweist. Erst im Zuge des Zweiten Golfkriegs kam Kohl in seinen Memoiren auf die Rechtsfrage zu sprechen. Die unterschiedlichen Rechtsvorstellungen der Ressorts in Bezug auf VN-Missionen thematisierte er jedoch nicht. Kohl, Erinnerungen 1990–1994, S. 310 f.

[269] BArch, B 136/108219, Auszug aus 15. BSR-Sitzung vom 3.11.82, o.D., hier S. 2. Die Passage wird zitiert in Aufzeichnung des Ministerialdirigenten Schauer, 18.4.1984. In: AAPD 1984, Dok. 112, S. 530–542, hier S. 534.

[270] Vgl. die Aussagen des Parlamentarischen Staatssekretärs Würzbach in BT-Drs. 11/1184, 13.11.1987, S. 28, und BT-Drs. 11/1586, 30.12.1987, S. 25.

[271] Naumann, Der Wandel des Einsatzes, S. 478.

III. Die Bundesrepublik Deutschland und die Beteiligung an Missionen 129

der Weltorganisation zur internationalen Konfliktbeilegung aufgrund der Blockadehaltung der beiden Supermächte Mitte der 1980er-Jahre ohnehin begrenzt war.[272] Das Weißbuch betonte daher, dass die Bundesregierung »Friedenssicherung außerhalb Europas« lediglich mit »politischen, vor allem wirtschaftlichen und entwicklungspolitischen«, also nicht mit militärischen Mitteln, betreiben würde.[273] Das BMI prüfte zwar, ob der BGS rechtlich zum Einsatz gebracht werden könnte, aufgrund fehlenden Personals und Materials wollte es die Angelegenheit aber vertraulich behandelt wissen.[274] Ähnlich wie die Bundeswehr hatte der BGS einen anderen Auftrag, für den es die Ressourcen zu bündeln galt. Ohne weiteres Personal, so das BMI in einem internen Papier, könne der BGS keine VN-Aufgaben übernehmen.[275]

e) Der Paradigmenwechsel in den Bundesressorts

Der Wandel des politischen Verständnisses zur militärischen Entsendung der Streitkräfte ins Ausland begann im Herbst 1987.[276] Infolge des Iran-Irak-Kriegs verlegte die Bundesregierung – konkret der Bundesminister der Verteidigung nach Rücksprache mit dem Bundeskanzler[277] – zur symbolischen Entlastung der NATO-Partner, die sich zur Offenhaltung der kommerziellen Schifffahrtswege militärisch im Persischen Golf engagierten, Marineeinheiten ins Mittelmeer.[278] Selbst konnte und wollte sich die Bundesregierung unter

---

[272] Vgl. Volger, Geschichte der Vereinten Nationen, S. 160 f.
[273] Weißbuch 1985, S. 26.
[274] PA AA, B 30, ZA, Bd 158171, Schreiben Referat V I 4 im BMI an Referat 230 im AA, Betr.: Sitzung des Bundessicherheitsrats vom 1. September 1982, hier: Problem der Beteiligung des BGS an friedenserhaltenden Maßnahmen der VN, 30.9.1982.
[275] BArch, B 106/143123, P II 1, Aufzeichnung über die Besprechung am 30.9.1982 bei Herrn Staatssekretär Dr. Fröhlich zu Fragen des Einsatzes von BGS-Einheiten im Rahmen einer VN-Friedenstruppe, 2.11.1982, hier S. 4.
[276] Vgl. den Entwurf einer Stellungnahme des BMI zum »Einsatz der Streitkräfte zur Verteidigung«, die unter dem Begriff »Verteidigung« auch »kollektive Selbstverteidigung« ohne territoriale Begrenzung verstand, sowie den Entwurf einer Vorlage des BMVg, die einen größeren Spielraum bei der Verwendung der Marine identifizierte, bei VN-Beteiligungen aber am Rechtsverständnis von 1981 festhielt. PA AA, B 14, ZA, Bd 143383, Nebenabdruck Schreiben V I 1 im BMI an das BMJ, Betr.: Klärung verfassungsrechtlicher Fragen im Zusammenhang mit dem Einsatz der Streitkräfte zur Verteidigung nach Art. 87 a Abs. 2 GG, 16.9.1987; BArch, BW 2/27001, Entwurf Vorlage Fü S III 1 an den Generalinspekteur, Betr.: Rechtliche Bewertung der Einsatzmöglichkeiten der Streitkräfte, 30.10.1987. Bereits abgedruckt in Militärpolitik Dokumentation, Heft 78/79 (1990), S. 72–74. Siehe auch Friedrich Thelen und Roland Tichy, Gesamtkonzept gefragt. Interview mit Horst Teltschik. In: Wirtschaftswoche, Nr. 44, 23.10.1987.
[277] Vgl. PA AA, B 14, ZA, Bd 143384, Vermerk D 2, Betr.: Out-of-area, hier: Entlastung für Entsendung westlicher Marineeinheiten in den Persischen Golf, 7.10.1987.
[278] BArch, BW 2/27001, Weisung Verteidigungsminister an den Inspekteur der Marine, 8.10.1987. Zur Debatte im Bundestag siehe BT-PlPr. 11/29, 7.10.1987, S. 1907–1912. Vgl. auch Bundesmarine: Germans to the front? In: Der Spiegel, Nr. 49 (1987), 30.11.1987, S. 19–21; BT-Drs. 11/2882, 7.9.1988; BT-PlPr. 11/34, 16.10.1987, S. 2297–2310; Giegerich, The German Contribution. Als zeitgenössische Analyse siehe Maull, Die Internationalisierung des Golf-Krieges.

den selbst auferlegten Beschränkungen und zur Aufrechterhaltung des innenpolitischen Koalitionsfriedens nicht militärisch im Nahen Osten beteiligen. Die Entsendung der Marinekräfte erfolgte auch nur nach Kritik der US-Parlamentarier und diente der Unterstützung ihrer Partner, in erster Linie zur Entlastung der aufgrund ihrer kostspieligen weltweiten Sicherheitspolitik innenpolitisch unter Druck stehenden US-Administration.[279] Sie hatte aber nichts mit der Beteiligung an einer VN-Mission zu tun. Folglich blieben die Auswirkungen auf diese Debatte begrenzt. Trotz Entspannung im Ost-West-Konflikt wurden die beiden kleinen VN-Beobachtermissionen UNGOMAP[280] (Afghanistan/Pakistan, 1988–1990) und UNIIMOG[281] (Iran/Irak, 1988–1991) nicht unterstützt. Das Drängen aus den USA hinsichtlich eines größeren bundesdeutschen Militärengagements in der Welt zeugte jedoch von wachsender Ungeduld der Partner gegenüber einer größeren Lastenteilung (Burdensharing) bei internationalen Konfliktlösungen, der sich die Bundesregierung immer schwerer verweigern konnte. Die neue weltpolitische Lage, in der selbst der neue Generalsekretär des Zentralkomitees der KPdSU Michail Gorbatschow im Dezember 1988 vor der VNGV eine stärkere Rolle der Vereinten Nationen zur Beilegung von Konflikten forderte,[282] entfachte die Diskussion daher auch in der Bundesrepublik erneut.[283] Mittlerweile ging es hier aber um den generellen Einsatz der Bundeswehr im Ausland und nicht mehr nur um das Engagement in den Vereinten Nationen. Um deren Missionen bei einem gleichzeitigen Verbot sogenannter ›Out-of-area-Einsätze‹ – nicht VN-mandatierte und -geführte weltweite Maßnahmen – zu ermöglichen, sprach sich im August 1988 eine SPD-Arbeitsgruppe für eine Grundgesetzänderung aus.[284] Ihr Vorschlag wurde aber vom SPD-Parteitag abgelehnt.[285] Noch dominierte bei den Sozialdemokraten die Ablehnung gegen jedes bundesdeutsche Militärengagement im Ausland.

Anders in den Ministerien. Die Politische Abteilung 2 und die Rechtsabteilung des AA kamen 1988 zu dem Schluss, dass es international nach der zweimaligen Mitgliedschaft im VNSR »weniger verstanden«

---

[279] Vgl. PA AA, B 14, ZA, Bd 143383, Entwurf Vorlage Abteilung 2 an den Außenminister, Betr.: Unsere Maßnahmen zur Unterstützung der USA im Golf und zu ihrer Entlastung in anderen Bereichen, 3.7.1987; ebd., Drahtbericht der Botschaft der Bundesrepublik Deutschland in Washington an Referat 204 im AA, Nr. 3839, 11.9.1987.

[280] United Nations Good Offices Mission in Afghanistan and Pakistan. Die 50 Beobachter wurden von anderen Missionen abgezogen. Ausführlich siehe The Blue Helmets, S. 659–666.

[281] United Nations Iran-Iraq Military Observer Group. Ausführlich siehe ebd., S. 667–678.

[282] Vgl. VNGV, A/43/PV.72, 8.12.1988, S. 17 f.

[283] Vgl. Arnold: Deutsche an die Front?, S. 85; Theo Sommer, Blauhelme für die Bundeswehr. In: Die Zeit, Nr. 36, 2.9.1988. Unter den Juristen hatte die Neupositionierung allerdings schon Jahre zuvor begonnen. Siehe Mössner, Bundeswehr in blauen Helmen; Tomuschat Deutscher Beitrag.

[284] Siehe SPD-Vorschlag für Einsatz der Bundeswehr bei UN-Truppen. In: FR, 17.8.1988, Nr. 190, S. 2. Siehe auch Gansel, Beteiligung von Bundeswehreinheiten an UN-Operationen?

[285] Harnisch, Internationale Politik, S. 227, 250.

## III. Die Bundesrepublik Deutschland und die Beteiligung an Missionen   131

werde, dass sich die Bundesrepublik »einem der wichtigsten Instrumente« zur Friedenswahrung »aus prinzipiellen Gründen« versage.[286] Die Nichtbeteiligung gelte »vielfach als ein Zeichen mangelnder Solidarität«. Zudem hätten sich in der Vergangenheit bereits alle wichtigen Verbündeten an VN-Missionen beteiligt und auch die parallele Beteiligung der DDR könne aufgrund der verbesserten Beziehungen »von niemandem so ausgelegt werden, als ob wir uns mit der Trennung abgefunden [...] hätten«.[287] Auch die »Verteidigungsfähigkeit der Bundeswehr« werde nicht geschwächt, da VN-Missionen nur kleine Kontingente und wenig Material erforderten.[288] Zudem sei die Bundesrepublik einer der größten Beitragszahler.[289] Zwangsläufig lag es daher im Interesse der Bundesregierung, Einfluss auf die mitfinanzierten Missionen zu nehmen. Wenn eine Teilnahme politisch opportun sei, so eine Vorlage an den Außenminister, könnte die Ergänzung des Art. 24 GG Klarheit schaffen. Durch eine Grundgesetzänderung würden nicht nur rechtliche Zweifel ausgeräumt, auch würde eine Ergänzung »die bisherige Haltung der Bundesregierung bestätigen«.[290] Während die Beteiligung an VN-Missionen aus Sicht der Arbeitsebene des AA außenpolitisch wünschenswert war, ließ sich dies innen-, aber auch außenpolitisch nur durch eine Änderung des Grundgesetzes rechtfertigen. Nur so konnten das AA und Hans-Dietrich Genscher ihren Anspruch wahren, berechenbar und glaubwürdig zu sein, nachdem sie 15 Jahre lang eine Politik der Zurückhaltung vertreten hatten[291].

Anders als einige Jahre zuvor ließ sich das Thema nun auch nicht mehr aussitzen. Immer größer wurde das internationale Verlangen nach einem stärkeren Engagement einer der größten Volkswirtschaften der Welt.[292] Nicht zuletzt lag dies auch an ihrer prominenten Vermittlerrolle, die die Bundesregierung in ei-

---

[286] PA AA, B 30, ZA, Bd 158181, Nebenabdruck Vorlage Abteilung 2/5 an den Außenminister, Betr.: Diskussion über die Beteiligung der Bundeswehr an friedenssichernden Operationen der Vereinten Nationen, 26.8.1988, hier S. 4.
[287] Ebd., S. 5.
[288] Allerdings wurde gewarnt, dass ein VN-Engagement zu Forderungen nach größerer Lastenteilung im WEU- und NATO-Rahmen führen könnte. Ebd., S. 6.
[289] PA AA, B 30, ZA, Bd 158171, Vorlage Referat 230 an den Staatssekretär, Betr.: Beobachterstatus im Sonderausschuß der VN über friedenserhaltende Maßnahmen, 16.3.1989. Aus diesem Grund wurde die Bundesrepublik 1989 auch zunächst Beobachterin im VN-Sonderausschuss für friedenserhaltende Maßnahmen. PA AA, BAV 173-NEWYVN, Bd 23373, Kopie Note der Ständigen Vertretung in New York an den Vorsitzenden des Special Committee on Peace-keeping Operations, 20.3.1989.
[290] PA AA, B 30, ZA, Bd 158181, Nebenabdruck Vorlage Abteilung 2/5 an den Außenminister, Betr.: Diskussion über die Beteiligung der Bundeswehr an friedenssichernden Operationen der Vereinten Nationen, 26.8.1988, hier S. 7.
[291] Referat 201 hatte dazu ursprünglich geschrieben: »Sofern der Einsatz ohne Grundgesetzänderung erfolgen würde, entstünde gleichzeitig für uns in der Allianz ein Glaubwürdigkeitsdefizit. Seit Jahrzehnten vertreten wir dort den Standpunkt, daß unser Grundgesetz militärische Einsätze der Bundeswehr außerhalb des Bündnisgebiets (›out-of-area‹) verbietet.« PA AA, B 14, ZA, Bd 143317, Kopie Schreiben Referat 201 an Referat 230, Betr.: Einsatz von Bundeswehreinheiten im Rahmen von friedenserhaltenden Operationen der VN, 24.8.1988, hier Anlage, S. 1.
[292] Siehe beispielhaft die Aussage von Marrack Goulding in: Deutsche Beteiligung an Friedensmissionen »wünschenswert«. In: FAZ, Nr. 202/35 D, 31.8.1988, S. 1.

nigen Konflikten einnahm. So wurde die Bundesrepublik 1988 neben Kanada und Spanien von Costa Rica, El Salvador, Guatemala, Honduras, Nicaragua und dem VNGS Javier Pérez de Cuéllar als Teilnehmerin einer Technischen Hilfsgruppe (THG) zur Überwindung der Instabilität in Mittelamerika gehandelt.[293] Auch wenn eine direkte Anfrage an die Bundesregierung ausblieb und aus der THG die im wesentlichen aus 260 Militärbeobachtern[294] bestehende VN-Mission ONUCA[295] wurde, steckte das AA in einem Dilemma. Nach Jahren der militärischen Zurückhaltung aus vermeintlich verfassungsrechtlichen Gründen stand die Glaubwürdigkeit der Bundesregierung bei einer künftigen Entsendung von Bundeswehrsoldaten ins Ausland – und wenn auch nur wie in diesem Fall als Beobachter – auf dem Spiel. Vor »dem Hintergrund unserer Haltung zum Golf«, wo man sich nicht mit militärischen Fähigkeiten beteiligt hatte, so die Überlegungen im AA, »muß unsere politische Glaubwürdigkeit gewahrt bleiben. Dies wird für uns die wichtigste Vorgabe [...] sein.«[296] Aufgrund der seit Jahren mitgetragenen Zurückhaltung orientierten sich das AA und Genscher in Mittelamerika daher von Beginn an nur an einer zivilen, allenfalls polizeilichen Beteiligung.[297] Ohne Rücksprache mit dem BMI dachte es hierbei an den BGS.[298]

Im Vergleich zum AA fiel es dem BMVg leichter, seine Position zu ändern. Im Zuge der Diskussion über eine mögliche Beteiligung der Bundeswehr in Nicaragua begann 1988 noch unter Verteidigungsminister Wörner eine ver-

---

[293] PA AA, B 30, ZA, Bd 158179, Entwurf Vorlage Abteilung 3 an den Außenminister, Betr.: Zentralamerika-Friedensprozeß, hier: Ersuchen der fünf Außenminister Zentralamerikas über den VN-GS zu einer deutschen Teilnahme an der sicherheitspolitischen Überprüfung, 21.4.1988; PA AA, B 33, ZA, Bd 146598, Vorlage Abteilung 3 an den Außenminister, Betr.: Deutsche Teilnahme an der Überwachung des zentralamerikanischen Friedensprozesses, 26.4.1988; PA AA, B 30, ZA, Bd 158179, Sachstand Referat 230, Betr.: Friedensprozeß in Zentralamerika, hier: Deutsche Teilnahme an der Überwachung des ZA-Friedensprozesses, 18.10.1988. Die Bundesrepublik wurde als geeignete Truppenstellerin gesehen, weil Genscher seit Mitte der 1980er-Jahre in Lateinamerika vermittelt hatte. Vgl. Heumann, Hans-Dietrich Genscher, S. 199.

[294] Dazu kamen noch luftbewegliche Kräfte in Stärke von 115, eine Marinekomponente mit 50 und ein Sanitätskontingent mit 14 Personen sowie 192 nationale und internationale Kräfte für politische und administrative Aufgaben. VNSR, S/20895, 11.10.1989, Randnr. 21.

[295] Grupo de Observadores de las Naciones Unidas en Centroamérica. Ausführlich siehe The Blue Helmets, S. 409–421. Vgl. auch Goulding, Peacemonger, S. 215–246.

[296] PA AA, B 30, ZA, Bd 158179, Entwurf Vorlage Abteilung 3 an den Außenminister, Betr.: Zentralamerika-Friedensprozeß, hier: Ersuchen der fünf Außenminister Zentralamerikas über den VN-GS zu einer deutschen Teilnahme an der sicherheitspolitischen Überprüfung, 21.4.1988, hier S. 5. Vgl. auch PA AA, B 14, ZA, Bd 151178, Doppel Vermerk Referat 500, Betr.: Friedensprozeß in Zentralamerika, hier: Frage deutscher Beteiligung an einer technischen Unterstützungsgruppe zur Überwachung von Sicherheitsvereinbarungen, 13.4.1988.

[297] PA AA, B 33, ZA, Bd 146598, Vorlage Abteilung 3 an den Außenminister, Betr.: Deutsche Teilnahme an der Überwachung des zentralamerikanischen Friedensprozesses, 26.4.1988, hier S. 3; Gespräch des Bundesministers Genscher mit dem honduranischen Außenminister López, 7.8.1988. In: AAPD 1988, Dok. 314, S. 1664–1668, hier S. 1666.

[298] Vgl. BArch, B 106/143123, Vorlage Referat P II 1 an Staatssekretär Hans Neusel, Betr.: Beteiligung des Bundesgrenzschutzes bei UN-Friedensmissionen, 27.2.1989.

fassungsrechtliche Neubewertung.[299] Fehlte es in den Jahren zuvor an einem bundesdeutschen Fürsprecher von VN-Missionen, hatte das BMVg mit dem Staatsrechtler Rupert Scholz (CDU)[300] ab Mai 1988 kurzzeitig einen Minister an seiner Spitze, der in Zeiten der allgemeinen Entspannung im Ost-West-Konflikt öffentlich gegen die restriktive Auslegung des Grundgesetzes Stellung bezog. Nachdem die Parteien[301] begonnen hatten, den Vorschlag des SPD-Arbeitskreises zu einer Grundgesetzänderung in den Medien zu diskutieren, widersprach Scholz in einem Interview mit der Süddeutschen Zeitung der Auffassung, dass das Grundgesetz VN-Beteiligungen verbiete. Die Bundesrepublik sei 1973 ohne Vorbehalt Mitglied der Weltgemeinschaft und damit Teil ihres kollektiven Sicherheitssystems geworden. Durch Art. 24 Abs. 2 GG könne die Bundeswehr an VN-Missionen beteiligt werden. Auch wenn Scholz darauf verwies, dass sich die Bundesregierung bisher mit Recht nicht beteiligt habe und sich aus politischen und historischen Gründen auch in Zukunft zurückhalten sollte,[302] sprach sich damit erstmals ein Kabinettsmitglied öffentlich für eine militärische Beteiligung an VN-Missionen aus. Während Scholz in der Öffentlichkeit keine weiteren Forderungen stellte, bezeichnete er die verfassungsrechtlichen Restriktionen 1989 in einem Brief an Bundeskanzler Kohl als »Scheinargument«, hinter dem man sich nicht »weiter verschanzen sollte.« Vor allem die USA würden immer stärker auf einen Beitrag der Bundesrepublik drängen. Zudem könne eine Beteiligung dem Ansehen der Bundeswehr dienen, da

> »gerade im Lichte jener in unserem Lande wachsenden Diskussion um den Sinn und die Notwendigkeit unserer Bundeswehr die Übernahme entsprechend internationaler Verantwortung durchaus nützlich sein könnte. Sie würde [...] bei unseren Soldaten sicherlich viel Sympathie und viel auch an nötigem Selbstbewußtsein schaffen; sie würde in der Öffentlichkeit sicherlich unseren Soldaten viel positives Echo einbringen.«[303]

Der Positionswechsel des BMVg mag an der Biografie Scholz' gelegen haben, der als Staats- und Verfassungsrechtler einen anderen Blick auf die Thematik

---

[299] Vgl. BArch, BW 2/27267, Vorlage Fü S III 1 an den Verteidigungsminister, Betr.: Vorlage zur Unterrichtung über Haltung AA und BMVg zum Einsatz von Soldaten der Bundeswehr in UN-Friedenstruppen (Blauhelme), 10.2.1989, hier S. 2.
[300] Vgl. Kilian, Führungseliten, S. 334–336.
[301] Der Arbeitskreis Außenpolitik der CDU-Bundestagsfraktion hatte das Thema bereits im Mai 1988 erörtert. Vgl. Horst Schreitter-Schwarzenfeld, CDU für deutsche UN-Soldaten. In: FR, 18.8.1988, Nr. 191, S. 4; Kamp, Die Debatte, S. 19.
[302] Josef Joffe, Scholz: Das Grundgesetz erlaubt prinzipiell Einsatz der Bundeswehr in UNO-Friedenstruppen. In: SZ, 25.8.1988, Nr. 195, S. 1, 8. Auch nach seinem Ausscheiden aus der Regierung vertrat Scholz die Meinung, dass die Beteiligung der Bundeswehr an VN-Missionen verfassungskonform sei. Vgl. Rupert Scholz, Deutsche als UNO-Soldaten. In: Die Welt, Nr. 118, 24.5.1989, S. 2; Scholz, Einsatz der Bundeswehr für die UNO?; Scholz, Stand und Perspektiven der Verfassungsdiskussion; MdB/CDU Professor Dr. Rupert Scholz, Deutschlandfunk, 21.12.1992. In: Stichworte zur Sicherheitspolitik, 1 (1993), S. 25 f.
[303] BArch, B 136/108210, Schreiben Verteidigungsminister Rupert Scholz an Bundeskanzler Helmut Kohl, 16.2.1989, hier S. 2.

besaß als seine politischen Amtskollegen.[304] Ob Scholz zuvor Rücksprache mit der Rechtsabteilung des BMVg hielt, ließ sich nicht rekonstruieren.[305] Der aus dem geteilten Berlin stammende Scholz wollte aber auch ein verlässlicher Bündnispartner sein. Angesichts der Kritik der NATO-Partner schien ihm bewusst zu sein, dass sich die Bundesregierung Auslandseinsätzen nicht dauerhaft verweigern konnte.[306] Die Themen »Burdensharing« und »out-of-area«-Einsätze hatte Scholz bereits im Vorfeld öffentlich kommentiert.[307] Beide Themen belasteten die NATO. In erster Linie ging es Scholz bei diesem Vorstoß also um das bundesdeutsche Verhältnis zu seinen Bündnispartnern und weniger um die Stärkung der Vereinten Nationen. Allerdings mag Scholz auch versucht haben, in Zeiten der globalen Entspannung die Legitimation der Bundeswehr zu fördern und den Soldaten neue Motivation zu geben;[308] immerhin erhielten die Truppen der Vereinten Nationen 1988 den Friedensnobelpreis.[309]

Nach der klaren Positionierung Scholz' sympathisierten Teile des BMVg mit einem Engagement in Mittelamerika. In einem Vorlagenentwurf hieß es: »Die Zeit für ein deutliches deutsches Bekenntnis, Streitkräfte auch weltweit im Rahmen der UN-Truppen zur Friedenssicherung einzusetzen, ist überreif.«[310] Weder das BMVg noch das mittlerweile von der CSU geführte BMI stützten noch das politisch motivierte Verfassungsdenken des AA,[311] was in

---

[304] Zeitzeugengespräch mit Dr. Klaus Hahnenfeld am 4.9.2020.
[305] Der damalige Leiter des Referats VR II 2 für Verfassungs- und Staatsrecht konnte sich an keinen vorhergehenden Austausch erinnern und hält eine Initiative von Scholz für möglich. Zeitzeugenbefragung von Ministerialdirektor i.R. Dr. Klaus Dau am 21.5.2020. Der Leiter des Völkerrechtsreferats VR II 8 hatte sich noch Ende April 1988 an der Uni Kiel dafür ausgesprochen, den Einsatzbegriff verfassungsrechtlich zu präzisieren und eine klarstellende Regelung zur Zulässigkeit von Bundeswehreinsätzen für VN-Aufgaben im Grundgesetz zu verankern. Fleck, Rechtsfragen militärischer Meeresnutzung, S. 12, 36. Vgl. auch die Position der Bundesregierung in BT-Drs. 11/1717 vom 26.1.1988.
[306] Zeitzeugengespräch mit General a.D. Dr. Klaus Naumann am 20.4.2020.
[307] Vgl. BPA, Grundsätze der Sicherheitspolitik des Atlantischen Bündnisses. In: Bulletin, Nr. 81, 14.6.1988, S. 770–773, hier S. 773; BPA, Perspektiven deutscher Sicherheits- und Verteidigungspolitik. In: Bulletin, Nr. 103, 26.8.1988, S. 945–949, hier S. 945 f.
[308] Siehe auch BArch, BW 2/27267, Fü S III 1, UN-Einsatz (Hintergrundinformation), 30.6.1989, hier S. 3. Gegenüber dem damaligen Stabsabteilungsleiter Fü S III, dem späteren Generalinspekteur Naumann, soll Scholz nie in diese Richtung argumentiert haben. Zeitzeugengespräch mit General a.D. Dr. Klaus Naumann am 20.4.2020.
[309] The Nobel Peace Prize 1988; PA AA, B 30, ZA, Bd 160033, Kopie Schriftbericht der Botschaft der Bundesrepublik Deutschland in Oslo an Referat 205 im AA, Betr.: Verleihung des Friedensnobelpreises 1988, 14.12.1988.
[310] BArch, BW 2/20000, Entwurf Vorlage Fü S III 1 an den Verteidigungsminister, Betr.: Mögliche Beteiligung der Bundesrepublik Deutschland an Maßnahmen der Vereinten Nationen zur Friedenssicherung, hier: »Blauhelme« Bundeswehr, 28.4.1989, hier S. 3.
[311] BArch, BW 2/27267, Kopie Schnellbrief V I 6 im BMI an Referat 230 im AA, Betr.: Große Anfrage der Fraktion der SPD (BT-Drucks. 11/2427) »Aktivitäten der Bundesrepublik Deutschland in den Vereinten Nationen«, hier: Stellungnahme zum Antwortentwurf Ihres Hauses, 21.12.1988, hier S. 2 f.; BArch, BW 2/20000, Entwurf Vorlage Fü S III 1 an den Verteidigungsminister, Betr.: Mögliche Beteiligung der Bundesrepublik Deutschland an Maßnahmen der Vereinten Nationen zur Friedenssicherung, hier: »Blauhelme« Bundeswehr, 28.4.1989, hier S. 4. Ein Grund für die Neuauslegung von

III. Die Bundesrepublik Deutschland und die Beteiligung an Missionen 135

erster Linie an der neuen weltpolitischen Situation lag. Gerade dem BMVg kam es im Zuge dessen auf die volle Handlungsfähigkeit mit seinen NATO-Partnern an, insbesondere mit den für die Sicherheit der Bundesrepublik weiterhin lebensnotwendigen USA, weniger auf die Stärkung der Vereinten Nationen.[312] Anweisungen an die Bundeswehr, sich für die Beteiligung an VN-Missionen vorzubereiten, gab Scholz offenbar nicht.[313] Zunächst bat er das BKAmt nur darum, das Thema »möglichst umgehend auf die Tagesordnung des BSR zu setzen.«[314] In Bezug auf Mittelamerika hatte sich Außenminister Genscher ohnehin festgelegt und dem Außenminister von Honduras im November 1988 erklärt, dass der Einsatz der Bundeswehr außerhalb des NATO-Gebiets verfassungsrechtlich ausgeschlossen sei.[315] Genscher konnte sich darauf verlassen, dass fast die Hälfte der Bevölkerung die Beteiligung der Bundeswehr an VN-Missionen[316] und ein Großteil der Parlamentarier eine Beteiligung der Bundeswehr in Mittelamerika ablehnte.[317] Weil es darüber hinaus auch keine Mehrheit für eine Grundgesetzänderung gab, hielt er die Debatte für überflüssig.[318] In der Tat hielten die Union und die FDP in der 11. Wahlperiode weniger als 55 Prozent der Sitze im Parlament.[319] Die für eine Grundgesetzänderung erforderliche Zweidrittelmehrheit wäre sicher nicht zustande gekommen. Zwar gab es auch in den Reihen der SPD Befürworter eines stärkeren VN-Engagements,[320] wie gezeigt war die Regierungskoalition in dieser Frage aber selbst nicht geschlossen. Um einem Verfassungsstreit zwischen den Koalitionspartnern zu verhindern, sprach sich daher auch die Rechtsabteilung des BMVg zunächst für eine verfassungsrechtliche Klarstellung aus.[321]

---

Art. 24 Abs. 2 GG war ein Urteil des BVerfG im Zusammenhang mit der Lagerung von chemischen Waffen. In der Begründung waren Art. 24 und Art. 87 verknüpft worden. BVerfGE 77, 170 – Lagerung chemischer Waffen, 29.10.1987; BArch, BW 1/372020, Nebenabdruck Vorlage VR II 2 an den Verteidigungsminister, Betr.: Einsatz deutscher Streitkräfte im Rahmen von friedenssichernden Maßnahmen der Vereinten Nationen, hier: Rechtliche Bewertung, 14.7.1989, hier Anlage, S. 5.

[312] BArch, BW 2/19869, Kopie Fü S III 3, Lastenteilung im Bündnis, 9.5.1989, hier S. 2.
[313] Zeitzeugengespräch mit General a.D. Dr. Klaus Naumann am 20.4.2020.
[314] BArch, B 136/108211, Kopie Schreiben des Verteidigungsministers an den Chef des Bundeskanzleramts, 4.4.1989.
[315] PA AA, B 30, ZA, Bd 158177, Entwurf Drahterlass Referat 331 im AA an die Botschaften der Bundesrepublik in Lateinamerika, ohne Nr., 9.11.1988, hier S. 3.
[316] Vgl. Allensbacher Jahrbuch der Demoskopie, Bd 9, S. 961.
[317] Vgl. BT-PlPr. 11/146, 1.6.1989, S. 10871–10885. Siehe auch die Haltung des SPD-Abgeordneten Hans-Jürgen Wischnewski, der sich intensiv mit Lateinamerika befasste. PA AA, B 30, ZA, Bd 158178, Vermerk Dg 23, Betr.: Verifikationsmechanismus in Zentralamerika, hier: Telefongespräch BM-Dg 23 vom 9.3.1989, 16.3.1989.
[318] PA AA, B 30, ZA, Bd 158181, Kopie Vermerk Referat 205, Betr.: Gespräch BM mit norwegischem AM Stoltenberg in Oslo am 1.9.1988, 15–16.30 h, 5.9.1988, hier S. 8.
[319] Vgl. BPA, Die Wahl zum 11. Deutschen Bundestag. In: Bulletin, Nr. 9, 26.1.1987, S. 65.
[320] Bspw. Hermann Scheer, Norbert Gansel und Karsten Voigt. Vgl. SPD-Abgeordnete wollen UNO stärken. In: Die Welt, Nr. 191, 17.8.1988, S. 1.
[321] BArch, BW 1/372020, Nebenabdruck Vorlage VR II 2 an den Verteidigungsminister, Betr.: Einsatz deutscher Streitkräfte im Rahmen von friedenssichernden Maßnahmen der Vereinten Nationen, hier: Rechtliche Bewertung, 14.7.1989, hier Anlage, S. 6, 10.

Da der Jurist Scholz bereits im April 1989 aufgrund einer Kabinettsumbildung vom gelernten Historiker und vorherigen Finanzminister Gerhard Stoltenberg (CDU) als Verteidigungsminister abgelöst wurde,[322] verlor die Debatte zunächst wieder an Schwung, auch wenn Stoltenberg die Position von Scholz grundsätzlich übernahm.[323] Insgesamt stand er der Beteiligung im Ausland aber wesentlich zögerlicher gegenüber,[324] was auch daran gelegen haben mag, dass Stoltenberg wie Genscher militärische Erfahrungen aus dem Zweiten Weltkrieg besaß.[325] Zwar zeigte die Arbeitsebene des BMVg seit Frühjahr 1989 Bereitschaft, sich in Mittelamerika zu engagieren.[326] Weil das AA aber die Entsendung der Bundeswehr ablehnte,[327] Verteidigungsminister Stoltenberg sich zurückhielt[328] und der neue Innenminister Wolfgang Schäuble (CDU) per Kabinettsbeschluss klarstellen ließ, dass Polizisten nicht für militärische VN-Maßnahmen bereitstünden[329], beteiligte sich die Bundesregierung an der ONUCA, wie zuvor von den Vereinten Nationen erbeten, mit rund einem Dutzend ziviler Ärzte und medizinischem Personal des Malteser Hilfsdienstes, einem politischen Berater des AA sowie einem gecharterten

---

[322] Vgl. Kilian, Führungseliten, S. 336, 394 ff.
[323] Vgl. Rüdiger Moniac, Debatte um »Blauhelme« neu belebt. In: Die Welt, 9.5.1989, Nr. 106, S. 10; Friedemann Weckbach-Mara, Stoltenberg: Gegen Spionage-Satelliten – für UNO-Truppen. In: BamS, 30.7.1989, S. 4; Stoltenberg für deutsche UNO-Friedenstruppe. In: SZ, Nr. 173, 31.7.1989, S. 6.
[324] Vgl. Manfred Schell und Rüdiger Moniac, Stoltenberg: Wir müssen mehr in die Soldaten investieren. In: Die Welt, 2.9.1989, Nr. 204, S. 7.
[325] Zeitzeugengespräch mit General a.D. Dr. Klaus Naumann am 20.4.2020; Zeitzeugengespräch mit Staatssekretär a.D. Dr. Peter Wichert am 5.5.2020. Siehe auch Stephan-Andreas Casdorff, Gerhard Stoltenberg. Neuer Minister für Verteidigung. In: SZ, 17.5.1989, Nr. 111, S. 4.
[326] Vgl. die Anmerkung auf BArch, BW 2/20000, Entwurf Vorlage Fü S III 1 an den Verteidigungsminister, Betr.: Mögliche Beteiligung der Bundesrepublik Deutschland an Maßnahmen der Vereinten Nationen zur Friedenssicherung, hier: »Blauhelme« Bundeswehr, 28.4.1989; PA AA, B 30, ZA, Bd 248943, Vorlage Referat 230 an den Außenminister, Betr.: Ihr Gespräch mit Herrn BM Stoltenberg am 4.10.1989, hier: Deutsche Beteiligung an der VN-Beobachtergruppe für Zentralamerika (ONUCA), 29.9.1989, hier S. 2 und Anlage 1 Ergebnisvermerk.
[327] 73. Kabinettssitzung am Freitag, dem 10.2.1989, 7. Verschiedenes (Fortsetzung); BArch, BW 2/27266, Verfügung Vorlage Fü S III 1 an Staatssekretär Pfahls, Betr.: Einweisung BM (neu) durch StS Dr. Pfahls, hier: Punktation zum Thema »Einsatz der Bundeswehr im Rahmen der UN«, 17.4.1989, hier S. 1; BArch, BW 2/20000, Entwurf Vorlage Fü S III 1 an den Verteidigungsminister, Betr.: Mögliche Beteiligung der Bundesrepublik Deutschland an Maßnahmen der Vereinten Nationen zur Friedenssicherung, hier: »Blauhelme« Bundeswehr, 28.4.1989, hier S. 2.
[328] Vgl. die Anmerkungen auf BArch, BW 2/27267, Vorlage Fü S III 1 an den Verteidigungsminister, Betr.: Deutsche Beteiligung an der UN-Friedenstruppe für Zentralamerika (ONUCA), 21.9.1989, hier S. 1.
[329] BArch, B 136/31647, Vorlage für die Kabinettsitzung Referat 230 im AA/Referat P II 1 im BMI, Betr.: Entsendung von 50 BGS-Beamten nach Namibia im Rahmen der Unterstützungsgruppe der Vereinten Nationen (UNTAG) für Namibia, 24.8.1989, hier Anlage 1.

III. Die Bundesrepublik Deutschland und die Beteiligung an Missionen    137

zivilen Flugzeug samt Personal für den Missionsleiter.[330] Zudem entsandte das AA sechs Wahlbeobachter nach Nicaragua.[331] Das allein wäre schon eine Steigerung zum vorherigen Engagement gewesen, hätte die Bundesregierung nicht kurz zuvor die Entsendung von 50 Beamten des BGS nach Namibia beschlossen.[332]

Nach einigem Widerstand des BMVg, das nach dem Namibia-Beschluss keiner weiteren nicht-militärischen Beteiligung zustimmen wollte, wenn nicht gleichzeitig die Frage einer Beteiligung der Bundeswehr an VN-Missionen geklärt würde,[333] war die Teilnahme an der ONUCA somit keine Weiterentwicklung des bundesdeutschen VN-Engagements und zählt entsprechend der hier verwendeten Definition auch nicht als Beteiligung mit uniformiertem Personal.

Die Aufstellung von gleich fünf VN-Missionen innerhalb von nur zwei Jahren[334] und der dadurch signifikant ansteigende Bedarf an finanziellen, materiellen und personellen Ressourcen zeigten, wie dringlich eine bundesdeutsche Entscheidung war. Aus politischen Erwägungen hielt das AA aber weiter daran fest, der Teilnahme der Bundeswehr im VN-Rahmen nur nach Änderung des Grundgesetzes zuzustimmen.[335] Einer solchen Debatte wollte sich das BKAmt aber entziehen. Zwar bezeichnete dessen Arbeitsebene eine VN-Beteiligung aufgrund des abzusehenden internationalen Ansehensverlusts bei fortwährender Zurückhaltung als »überreif«.[336] Weil bei einer Grundgesetzdebatte aber auch automatisch die Frage nach den

---

[330] Der Entscheidungsprozess findet sich ausführlich in PA AA, B 30, ZA, Bd 248943. Für die ONUCA leistete die Bundesrepublik 1991 zudem freiwillige Zahlungen in Höhe von über 3,6 Mio. D-Mark. PA-DBT 3104, Unterausschuss Vereinte Nationen/Weltweite Organisationen, 12/6, 11.3.1992, S. 15.

[331] Die VN-Maßnahme ONUVEN zur Beobachtung der Wahlen in Nicaragua gilt nicht als VN-Mission. Vgl. United Nations, List of Peacekeeping Operations 1948–2017. Der bundesdeutsche Entscheidungsprozess findet sich ausführlich in PA AA, B 30, ZA, Bd 248944.

[332] Siehe Kapitel IV.1.

[333] Vgl. BArch, BW 1/372020, Kopie Weisung Verteidigungsminister an Staatssekretär Pfahls, Vermerk über Gespräch mit BM Genscher am 4. Okt 1989, 4.10.1989; PA AA, B 30, ZA, Bd 248943, Vermerk Staatssekretär Sudhoff, Betr.: ONUCA, hier: Mein heutiges Gespräch mit StS Pfahls, BMVg, 24.10.1989.

[334] UNGOMAP (1988–1990), UNIIMOG (1988–1991), UNAVEM (1989–1991), UNTAG (1989–1990), ONUCA (1989–1992).

[335] Siegmar Schelling, Wir müssen die Friedensordnung vom Atlantik bis zum Ural schaffen. In: WamS, 21.5.1989, Nr. 21, S. 25 f., hier S. 26; PA AA, B 30, ZA, Bd 158182, Vorlage Abteilung 2/5 an den Staatssekretär, Betr.: Beteiligung der Bundeswehr an friedenssichernden Maßnahmen der Vereinten Nationen, hier: politisches und rechtliches Szenario einer eventuellen Grundgesetzänderung, 1.9.1989. Bereits veröffentlicht in AAPD 1989, Dok. 259, S. 1143–1147. Siehe auch BT-PlPr. 11/146, 1.6.1989, S. 10884; BT-PlPr. 11/165, 6.10.1989, S. 12556.

[336] BArch, B 136/108211, Vorlage Gruppe 23 an den Chef des Bundeskanzleramts, Betr.: Deutsche Beteiligung an der VN-Friedenstruppe für Zentralamerika (ONUCA), 20.9.1989, hier S. 4.

bündnispolitisch relevanteren ›Out-of-area‹-Einsätzen gekommen wäre,[337] schoben die Ressorts die Entscheidung über eine innenpolitisch sensible Frage vor sich her. Für Letzteres war die SPD noch weniger zu gewinnen als für VN-Missionen. Eine Diskussion schien aussichtslos und hätte die Handlungen der Regierung nur beschränkt.

Der Verzicht auf eine öffentlich geführte Debatte lag wohl auch an der bereits in den 1970er-Jahren gezeigten Skepsis des Bundeskanzlers Helmut Kohl. Prinzipiell steckte er im gleichen Dilemma wie Genscher. Auch Kohl hatte die Politik der militärischen Zurückhaltung seit 1982 gestützt und konnte dem neuen Rechtsverständnis seiner Parteifreunde nicht ohne Glaubwürdigkeitsverlust folgen. International vertrat er daher auch noch nach 1990 die Auffassung, dass der Einsatz deutscher Soldaten im Ausland erst nach einer Grundgesetzänderung möglich sei.[338] Anders dagegen die Lage im BMJ. Obwohl Justizminister Hans Engelhard der FDP angehörte, schwenkte sein Ressort 1988 auf die Linie des BMVg. Weil er im November 1982 nicht am Entschluss des BSR beteiligt gewesen war, konnte er die alte, mittlerweile aber auch durch Art. 24 GG begründete Position der Arbeitsebene des BMJ – auf Empfehlung des damaligen Staatssekretärs Klaus Kinkel – politisch übernehmen.[339] In allen Parteien gab es somit Befürworter und Gegner eines militärischen VN-Engagements.

Bedeutend für den Positionswechsel der Politiker war darüber hinaus auch, dass immer weniger Juristen die restriktive Verfassungsinterpretation stützten. Auf einer in den Ministerien und dem Bundestag viel beachteten Tagung des Max-Planck-Instituts im August 1989, an der auch Vertreter der betroffenen Ressorts teilnahmen, vertrat die Mehrheit der anwesenden Juristen unter anderem aufgrund des Art. 24 GG die Meinung, die Beteiligung an VN-Missionen sei zulässig. Nur aus politischen Erwägungen sei eine Klarstellung wünschenswert.[340] Die Auffassung des AA verlor auch hier an Rückhalt.

---

[337] Vgl. BArch, B 136/34363, Entwurf Vorlage AL 2 an den Bundeskanzler, Betr.: VN-Einsatz zur Überwachung des Friedensprozesses in Zentralamerika, hier: Möglichkeiten deutscher Beteiligung, 6.10.1989, hier S. 5.

[338] Vgl. The White House, Telcon with Helmut Kohl, Chancellor of the Federal Republic of Germany, 22.8.1990, hier S. 1, https://bush41library.tamu.edu/files/memcons-telcons/1990-08-22−Kohl.pdf; ARD, Tagesschau vor 20 Jahren, 9.9.1990; Kamp, Die Debatte, S. 18, Anm. 27; Kohl, Berichte zur Lage 1989−1998, S. 169.

[339] Vgl. BArch, B 141/418385, Kopie Vorlage des Staatssekretärs an den Justizminister, Betr.: Verfassungsrechtliche Fragen einer Beteiligung der Bundesrepublik Deutschland an friedenserhaltenden Operationen der Vereinten Nationen, 17.8.1989.

[340] Dem Symposium wurde im BMVg große Bedeutung beigemessen. Laut VR II 2 habe es »auf dem Weg zu einem Sinneswandel des Auswärtigen Amtes wichtige Schrittmacherdienste geleistet.« BArch BW 2/27269, Schreiben VR II 2 an Fü S III 1, Betr.: Sitzung der Arbeitsgruppe Verteidigungspolitik der CDU/CSU-Bundestagsfraktion am 24.10.1989, 9.30 Uhr, 20.10.1989, hier S. 1. Die Ergebnisse des Kolloquiums sind erschienen in dem Band: Rechtliche Aspekte einer Beteiligung der Bundesrepublik Deutschland an Friedenstruppen der Vereinten Nationen. Ende 1991 kam ein mit hochrangigen Wissenschaftlern und Repräsentanten des AA und des BMVg besetztes Symposium an der Universität der Bundeswehr in München zu einem ähnlichen Ergebnis. Vgl. Rechtliche und politische Probleme des Einsatzes der Bundeswehr »out

III. Die Bundesrepublik Deutschland und die Beteiligung an Missionen    139

Selbst hielt es sich für »isoliert«,[341] auch wenn Staatsministerin im AA Irmgard Adam-Schwaetzer im Bundestag betonte, dass Ansichten externer Juristen keine Auswirkungen auf die Meinung der Regierung hätten.[342] Auch das BMI hatte aber spätestens seit August 1988 keine verfassungsrechtlichen Bedenken mehr, da der Begriff der Verteidigung aus Art. 87a Abs. 2 GG in Einheit mit Art. 24 Abs. 2 GG auf die kollektive Selbstverteidigung ausgeweitet wurde.[343] Das Festhalten des AA an der restriktiven Grundgesetzauslegung galt im BMVg daher nur noch als »Gesichtswahrung«.[344] Im Verteidigungsressort gingen die Ideen zur Entsendung der Bundeswehr ins Ausland freilich schon weiter. Eine Grundgesetzänderung zur Teilnahme an VN-Missionen sollte keine ›Out-of-area-Einsätze‹ – gemeint waren vor allem Maßnahmen der NATO-Staaten ohne VN-Bezug – ausschließen.[345] Weil die USA im Unterschied zu den westeuropäischen Staaten das Streben nach deutscher Einheit unterstützten, bestand gerade beim späteren Generalinspekteur Naumann, damals noch Stabsabteilungsleiter Fü S III, der Anspruch, dass sich die Bundesrepublik »als verläßlicher Partner« der USA zu präsentieren habe.[346] Die Möglichkeit einer militärischen bundesdeutschen Beteiligung an VN-Missionen sah das BMVg daher in erster Linie aus Sicht der Lastenteilung im Bündnis.[347] Auch wenn dieses Thema am Vorabend der deutschen Einheit nicht von zentraler Bedeutung für die Leitung des BMVg war,[348] führte sein Streben nach einer umfassenden Verwendung der Streitkräfte im Ausland nicht nur zum Streit mit der Opposition, sondern auch fast zum Bruch mit dem FDP-geführten AA[349].

---

of area«. Mit Michael Bothe, Jochen Abraham Frowein und Knut Ipsen nahmen an dem Symposium alle Staatsrechtler teil, die im späteren Organstreit um die Entsendung der Bundeswehr ins Ausland vor Gericht vertreten waren.

[341] PA AA, B 30, ZA, Bd 167265, Vermerk Referatsleiter 230, Betr.: Rechtliche Aspekte einer Beteiligung der Bundesrepublik Deutschland an VN-Friedenstruppen, 21.8.1989.
[342] BT-PlPr. 11/167, 19.10.1989, S. 12642.
[343] BArch, B 106/143123, Entwurf als Anlage Vorlage V I 1 an Abteilungsleiter V, Betr.: Teilnahme der Streitkräfte oder des BGS an friedenssichernden Maßnahmen der VN aus verfassungsrechtlicher Sicht, hier: Vorlage eines Positionspapiers, 29.8.1988.
[344] BArch, BW 2/27267, Schreiben VR II 2 an Fü S III 1, Betr.: Sitzung der Arbeitsgruppe Verteidigungspolitik der CDU/CSU-Bundestagsfraktion am 24.10.1989, 9.30 Uhr, 20.10.1989, hier S. 1 f.
[345] Ebd.
[346] BArch, BW 2/30577, Stabsabteilungsleiter Fü S III, Militärpolitische Bilanz zum Jahresende 1989, 18.12.1989, hier S. 15.
[347] Ebd., S. 29.
[348] In der Planungsanweisung für die Weiterentwicklung der Bundeswehr hieß es nur, dass sich die VN-Mitgliedschaft »und daraus resultierende Verpflichtungen grundsätzlicher Art« auf die Zukunft der Bundeswehr auswirken könnten. BArch, BW 2/18956, Generalinspekteur der Bundeswehr, Planungsanweisung für die Weiterentwicklung der Bundeswehr, 21.12.1989, Randnr. 221.
[349] In einer Vorlage an den StS im AA Hans Werner Lautenschlager hieß es dazu: »Gegenüber unseren Verbündeten müßten wir rechtzeitig deutlich machen, daß der Einsatz der Bundeswehr bei VN-Friedensmissionen nicht als ein Zeichen wachsender Bereitschaft der Bundesrepublik Deutschland angesehen werden kann, in einem weltweiten Rahmen, und damit auch über den Anwendungsbereich des NATO-Vertrags hi-

## f) Die militärische Zurückhaltung der Bundesregierung: Bisherige Befunde

Warum beteiligte sich die Bundesregierung bis 1989 nicht mit im Einsatzland stationierten Polizisten oder Soldaten an VN-Missionen und wie kam es zur Abkehr von dieser Politik? Die Diskussion um eine bundesdeutsche Beteiligung an VN-Missionen war kein Produkt der deutschen Einheit oder des Endes des Ost-West-Konflikts. Die ministerielle Debatte zur Entsendung der Bundeswehr im Rahmen der Vereinten Nationen wurde seit Sommer 1973 geführt. Sie begann mit den Vorbereitungen der Bundesressorts zum Beitritt zu den Vereinten Nationen. Die Frage nach der generellen militärischen Verwendung der Bundeswehr im Ausland war sogar bereits in den 1960er-Jahren gestellt worden. Seit 1973 bestanden aber zweifellos verfassungsrechtliche Bedenken im BMVg, im AA und im BMI, ob die Entsendung der Bundeswehr ins Ausland verfassungskonform sei. Der 1968 ins Grundgesetz aufgenommene Art. 87a Abs. 2 galt als abschließende Beschränkung für den Einsatz der Streitkräfte. Die wiederholten Rechtsbewertungen zwischen 1973 und 1982 waren Ausdruck dieser Unsicherheit über das rechtlich Zulässige. Die Rechtsbedenken waren kein Vorwand, sondern dominierten die damalige Sicht. Allerdings handelte es sich dabei nur um die *Interpretationen* des Grundgesetzes. Dessen *Text* wäre politisch zu ändern gewesen.

Aufgrund der historischen Last des Zweiten Weltkriegs bestanden bis in die 1990er-Jahre allerdings politisch größte Bedenken, bundesdeutsche Soldaten ins Ausland zu entsenden. Insbesondere das AA fürchtete außenpolitische Konsequenzen, sollten Soldaten der Bundeswehr doch einmal in Kämpfe geraten. Als schädlich für die deutschlandpolitischen Ansprüche der Bundesregierung galt auch die parallele Teilnahme von Truppen der DDR. Die deutsch-deutsche Rivalität war nicht mit dem Grundlagenvertrag überwunden, sondern setzte sich bis 1989 fort. Insofern sollten die CDU/CSU- und FDP-Abgeordneten in den 1990er-Jahren recht haben, wenn sie den Meinungswandel ihrer Fraktionen mit den geänderten außenpolitischen Bedingungen erklärten.[350] Weil das Thema innen- und außenpolitisch heikel und aufgrund der wenigen neuen VN-Missionen nach 1973 nie wirklich akut war, brachte keines der beteiligten Ressorts den nötigen Willen auf, sich des Themas anzunehmen. In Zeiten des Ost-West-Konflikts bestand der Hauptauftrag der Bundeswehr für das BMVg in der Landes- und Bündnisverteidigung. Hierfür war sie aufgestellt worden, hierfür war sie ausgerüstet und daraus zog sie ihre Legitimation. Obwohl VN-Missionen

---

naus, Aufgaben durch die Bundeswehr zu übernehmen.« PA AA, B 30, ZA, Bd 158182, Vorlage Abteilung 2/5 an den Staatssekretär, Betr.: Beteiligung der Bundeswehr an friedenssichernden Maßnahmen der Vereinten Nationen, hier: politisches und rechtliches Szenario einer eventuellen Grundgesetzänderung, 1.9.1989, hier S. 6. Bereits veröffentlicht in AAPD 1989, Dok. 259, S. 1143–1147, hier S. 1147.

[350] Vgl. Dieter Schröder, »Die SPD macht uns mehr Kummer als Freude«. In: SZ, 15.5.1993, Nr. 111, S. 9; BT-PlPr. 12/163, 17.6.1993, S. 14008; BT-PlPr. 12/166, 2.7.1993, S. 14589.

Ausbildungseffekte für die Soldaten versprachen, bewegte sich das Verteidigungsressort daher insgesamt auf der zurückhaltenden Linie des AA und war stets bemüht, den Verteidigungsetat vor zusätzlichen Ausgaben zu bewahren.

Lediglich das BMJ vertrat mit Unterbrechung von sechs Jahren eine großzügigere Auffassung. Durch das im Grundgesetz verankerte Friedensprinzip befand es die Beteiligung der Bundeswehr an VN-Missionen für zulässig und eine Grundgesetzänderung für unnötig. Keineswegs gab es vor 1982 also einen Konsens über die Beteiligung der Bundeswehr an VN-Missionen.[351] Durch die intransparenten Auflagen des BMJ, insbesondere, dass der VNSR eine VN-Mission einstimmig beschließen müsse, ließen sich die anderen Ressorts aber nicht überzeugen. Gleiches galt für die Minderheitsmeinungen unter den bundesdeutschen Staatsrechtlern. Anders als behauptet, orientierten sich die Ministerien sehr wohl an der wissenschaftlichen Meinung. Allerdings hielten sich die Vereinten Nationen auch mit Forderungen nach größerem militärischem Engagement der Bundesrepublik zurück; Deutschland war geteilt und die Bundesrepublik im ›westlichen‹ Militärbündnis verankert. Als Truppensteller kam sie in Zeiten des Ost-West-Konflikts praktisch nicht infrage.

Das BKAmt schaltete sich nur selten in die Debatte ein. 1978 und 1982 entschied es allerdings aufgrund der internationalen Lage, dass es politisch nicht opportun sei, die rechtliche Frage zu klären oder sich an VN-Missionen zu beteiligen.[352] Im BMVg wurde von einer »*politisch* gewollte[n] Selbstbeschränkung« gesprochen.[353] Dass sich der BSR 1982 mit dem Thema beschäftigte und eine verbindliche Linie zur restriktiven Entsendepraxis der Bundeswehr entwarf, war keiner VN-Mission geschuldet, sondern der Schwäche der Vereinten Nationen. Weil die Vetomächte die Handlungsfähigkeit des VNSR blockierten, engagierten sich die NATO-Staaten seit Anfang der 1980er-Jahre immer häufiger militärisch ohne VN-Mandat. Um ihre Zurückhaltung gegenüber solchen risikoreichen und politisch heiklen Operationen legitimieren zu können, verschanzten sich die Bundesressorts durch die Beschlüsse des BSR hinter dem Grundgesetz und entschieden, dass der Einsatz der Bundeswehr außerhalb der Landes- und Bündnisverteidigung rechtlich beschränkt sei. Der institutionelle Wissensverlust in den Ministerien mag anschließend zur Internalisierung dieser Haltung beigetragen haben.

Einzig die Ständige Vertretung in New York erkannte schon früh das außenpolitische Potenzial von VN-Missionen. Wenn es einen Plan zur schritt-

---

[351] Dass es seit 1972 »Übereinstimmung« oder »spätestens« seit 1980 einen »›sicherheitspolitische[n] Konsens‹ gegen den Einsatz der Bundeswehr außerhalb des NATO-Gebietes« gegeben hätte, trifft nicht auf VN-Beteiligungen der Bundeswehr zu. Vgl. Haftendorn, Deutsche Außenpolitik, S. 392; Maulucci, Die Regierung Schmidt, S. 525, 536.
[352] Vgl. die Aussage von Wolfgang Schäuble (CDU) in BT-PlPr. 12/151, 21.4.1993, S. 12937.
[353] Hervorhebung im Original. BArch, BW 1/372020, Vorlage Büro StS Pfahls an den Staatssekretär, Betr.: Einsatz deutscher Streitkräfte im Rahmen von friedenssichernden Maßnahmen der Vereinten Nationen, 21.7.1989, hier S. 1.

weisen Beteiligung der Bundeswehr an VN-Missionen gab, dann bei ihr. Auch die Ständige Vertretung orientierte sich aber an individuellen Interessen, versprach eine VN-Teilnahme doch internationales Ansehen und Mitsprache in der Weltorganisation. Die Ständige Vertretung hätte den größten politischen Nutzen aus einer Beteiligung gezogen und hätte keine eigenen Ressourcen aufbringen müssen.

Es wäre allerdings falsch zu behaupten, dass die Bundesregierung VN-Missionen vor Ende der 1980er-Jahre überhaupt nicht unterstützte; sie beteiligte sich nur nie mit uniformiertem Personal. Die Bundesregierung trug wesentlich zum regulären Haushalt der Weltorganisation bei. Auch half sie wiederholt beim Transport und mit Material. Allerdings tat sie nur das, was international sichtbar, möglichst wenig militärisch und kostengünstig war, und nur so viel, wie es zur Steigerung ihres internationalen Ansehens erforderlich schien.

Erst als sich das Ende des Ost-West-Konflikts abzeichnete, die NATO-Verbündeten, vor allem die USA, immer stärker auf größere Teilhabe der Bundesrepublik drängten, sich die wissenschaftliche Meinung wandelte und immer mehr VN-Missionen aufgestellt wurden, setzte ein Paradigmenwechsel ein. Grund hierfür war weniger das Ziel, die Vereinten Nationen als Institution zu stärken. Insbesondere dem BMVg ging es darum, solidarisch an der Seite seiner NATO-Partner zu stehen, die sich mittlerweile weltweit engagierten. In Zeiten der weltpolitischen Entspannung und der immer größer werdenden gesellschaftlichen Skepsis gegenüber dem Verteidigungsauftrag der Bundeswehr sah das BMVg VN-Missionen zudem als Möglichkeit, neue Legitimation zu gewinnen. Anders als im AA hatte die Spitze des Verteidigungsressorts aber auch gewechselt. Für Außenminister Genscher, der Berechenbarkeit und Verlässlichkeit – einschließlich einer militärischen Zurückhaltung – zum Fundament seiner Außenpolitik erklärt hatte, war eine Neupositionierung politisch nicht tragbar. Weil er 15 Jahre lang die restriktive Politik der Bundesregierung vertreten hatte und auch selbst den Einsatz militärischer Mittel ablehnte, konnte seine Glaubwürdigkeit nur durch eine Grundgesetzänderung aufrechterhalten werden. Auf dieser Linie sollte die FDP bis zum Sommer 1994 verharren. In einer ähnlichen Lage befand sich Bundeskanzler Helmut Kohl. Er hatte die restriktive Politik seit 1982 gestützt und aus politischen Erwägungen vermieden, zeitnah eine juristische Klärung zu erwirken. Eine Grundgesetzänderung hätte somit jeder Seite das Gesicht gewahrt. Als die Diskussion Ende der 1980er-Jahre immer stärker in die Öffentlichkeit getragen wurde, ging es aber nicht mehr nur um die Beteiligung an VN-Missionen, sondern um die generelle Entsendung der Bundeswehr ins Ausland, über die mit der Opposition keine Einigung zu erzielen war.

III. Die Bundesrepublik Deutschland und die Beteiligung an Missionen

## 2. Mehr Verantwortung wagen? Die Bundesrepublik und VN-Missionen, 1990–1994

»Mit der Wiedergewinnung der vollen Souveränität wächst uns Deutschen nicht nur mehr Handlungsfreiheit, sondern auch mehr Verantwortung zu. So sehen es auch unsere Partner in der Welt. Sie erwarten vom vereinten Deutschland, daß es dieser neuen Rolle gerecht wird. [...] Gemeinsame Interessen bedeuten auch gemeinsame Pflichten. Deutschland muß daher künftig bereit sein, auch selbst an konkreten Maßnahmen zur Sicherung von Frieden und Stabilität in der Welt mitzuwirken. Eine immer wichtigere Rolle bei der Friedenssicherung in der Welt spielen die Vereinten Nationen. Mit Recht wird erwartet, daß das vereinte Deutschland sein Engagement in diesem Bereich verstärkt. Hierfür wollen wir die verfassungsrechtlichen Grundlagen klarstellen.«[354]

Am Ende des Ost-West-Konflikts waren die Bundesressorts bereits global handelnde Akteure; nicht nur wirtschaftlich, sondern auch im Bereich der internationalen Konfliktlösung. Ihr Engagement zur Unabhängigkeit Namibias seit Ende der 1970er-Jahre oder zur Befriedung Mittelamerikas Ende der 1980er-Jahre sind Beispiele dafür. Fast ausschließlich handelte es sich hierbei aber um diplomatische, finanzielle und materielle Bemühungen. In Namibia flankierte die Bundesregierung ihre politischen Maßnahmen erstmals mit uniformiertem Personal im Rahmen einer VN-Mission. Zentrale Bedeutung für das bundesdeutsche Handeln auf dem internationalen Parkett war aber weiterhin das Streben, als zuverlässiger und berechenbarer Partner zu gelten.[355] Vor diesem Hintergrund übte sich die Bundesregierung in außenpolitischer Kontinuität. In erster Linie trieb sie die europäische Einigung und den Zusammenhalt des NATO-Bündnisses voran und engagierte sich im Rahmen internationaler Konfliktbewältigung im nicht-militärischen Bereich. Um Zweifel über ein erneutes deutsches Großmachtstreben zu zerstreuen, blieb sie insbesondere gegenüber der Anwendung militärischer Gewalt weiter zurückhaltend.[356]

Voraussetzung für die Beteiligung der Bundesrepublik an VN-Missionen waren das Ende des Ost-West-Konflikts und die deutsche Einheit. Juristisch gesehen erlangte die Bundesrepublik am 15. März 1991 ihre volle Souveränität.[357] Durch die Einigung wurde Deutschland das wirtschaftsstärkste und bevölkerungsreichste Land Kontinentaleuropas, »eine europäische Großmacht [...] und die Zentralmacht Europas«, wie Hans-Peter-Schwarz die neue Bundesrepublik bezeichnete.[358] Als Handelsmacht lagen stabile Verhältnisse

---

[354] Regierungserklärung von Bundeskanzler Helmut Kohl. BT-PlPr. 12/5, 30.1.1991, S. 69, 90.
[355] Vgl. die Aussage von Außenminister Kinkel in BT-PlPr.12/151, 21.4.1993, S. 12929 f.
[356] Vgl. Germany as a Civilian Power?; Meiers, Zu neuen Ufern?; Seppo, From Guilt to Responsibility, S. 114–134.
[357] BT-PlPr. 12/16, 15.3.1991, S. 1025.
[358] Schwarz, Die Zentralmacht Europas, S. 8.

mehr als je zuvor in ihrem Interesse.[359] Dieser Machtzuwachs führte in den Nachbarstaaten einerseits zu Skepsis.[360] Andererseits erwuchs aus ihm die internationale Forderung nach einem stärkeren deutschen Engagement in der Welt; zumindest wurde die Regierung nicht müde zu betonen, dass von Deutschland mehr Verantwortung erwartet würde.[361] Gleichzeitig sah vor allem das AA nach dem Ende der Blockadehaltung der Supermächte im VNSR die Chance, die multilateralen Strukturen der Vereinten Nationen auszubauen und dem Ziel einer »Weltinnenpolitik« durch die Anbindung aller Staaten näherzukommen.[362]

Gerade mit Blick auf die Ressentiments gegen das vereinte Deutschland wollte die Bundesregierung an bestehenden Prinzipien festhalten. Nationale Alleingänge sollten vermieden und die Kooperation mit den europäischen bzw. transatlantischen Partnern gefördert werden. Ihre Politik sollte wertgebunden sein. Sie gab vor, national und international für Menschenrechte einzutreten und weiter »Friedenspolitik« zu betreiben.[363] Dennoch sollte die Beteiligung an VN-Missionen zur ›Normalität‹ werden, wie die eingangs erwähnten Zitate des Kanzlers belegen. Ein Zeichen dafür, dass die neue Bundesrepublik den Vereinten Nationen größere Bedeutung zusprach, war die Konstituierung des Unterausschusses Vereinte Nationen/Weltweite Organisationen des Auswärtigen Ausschusses des Bundestags im September 1991.[364]

Parallel dazu brachte die deutsche Einigung gravierende Änderungen für die Bundeswehr mit sich. Ihre bisherige Rolle, die Landes- und Bündnisverteidigung, schien obsolet.[365] Neben umfassenden Sparmaßnahmen[366] erfolgte die massive personelle Reduktion der Streitkräfte.[367] Durch den Wegfall

---

[359] 1995 erklärte Bundespräsident Roman Herzog: »Deutsche Interessen, das sind zunächst unsere unmittelbaren nationalen Interessen wie Sicherheit und Bewahrung von Wohlstand. [...] Ganz besonders verlangt es die Wahrhaftigkeit, zuzugeben, dass wir auch deshalb für weltweite Freiheit des Handels eintreten, weil das in unserem eigenen Interesse liegt.« BPA, Die Globalisierung der deutschen Außenpolitik ist unvermeidlich. In: Bulletin, Nr. 20, 15.3.1995, S. 161–165, hier S. 164.

[360] Bei den Verhandlungen zur deutschen Einheit waren auch Vorbehalte aus Frankreich und Großbritannien zu überwinden. Hacke, Die Außenpolitik, S. 368–382.

[361] Vgl. BT-PlPr. 11/228, 4.10.1990, S. 18028; BT-PlPr. 12/5, 30.1.1991, S. 69; BT-PlPr. 12/14, 13.3.1991, S. 773; Rede von Bundeskanzler Dr. Helmut Kohl anläßlich der 33. Kommandeurtagung der Bundeswehr in Leipzig am 12. Mai 1992, S. 5 f.; BT-PlPr., 12/172, 8.9.1993, S. 14768.

[362] BPA, Europas Zukunft heißt Offenheit. In: Bulletin, Nr. 12, 1.2.1989, S. 117–120, hier S. 117.

[363] Haftendorn, Deutsche Außenpolitik, S. 386–390. Exemplarisch siehe die Rede von Außenminister Genscher vor der VNGV im September 1990. Genscher, Einheit Deutschlands.

[364] PA-DBT 3104, Unterausschuss Vereinte Nationen/Weltweite Organisationen, 12/1, 6.9.1991. Siehe dazu auch Fuchs, Das Parlament und die Weltorganisation.

[365] Vgl. Weißbuch 1994, S. 23.

[366] Von seinem Höchstwert 1991 (53,6 Mrd. D-Mark) sank das Verteidigungsbudget in den kommenden Jahren kontinuierlich und stand 1993 bei 49,6 Mrd. D-Mark. Ebd., S. 98.

[367] Außenpolitik der Bundesrepublik Deutschland, Dok. 236, S. 699–705, hier S. 701.

## III. Die Bundesrepublik Deutschland und die Beteiligung an Missionen

der Primäraufgabe entstand zudem ein Legitimationsproblem; neue, sinnstiftende Aufträge wurden gesucht.[368]

Gleichzeitig führte das Ende des Ost-West-Konflikts vielerorts zum Ausbruch neuer, innerstaatlicher Konflikte, auf die die internationale Gemeinschaft, aber auch die Bundesregierung, reagieren musste. Im November 1991 verabschiedete die NATO ein neues strategisches Konzept. Nicht mehr die Warschauer Vertragsorganisation, sondern vielfältige Herausforderungen, insbesondere Instabilität in Ländern außerhalb der Mitgliedsstaaten, galten fortan als Bedrohung des Bündnisses.[369] Auch schritt die europäische Kooperation voran.[370] Auf einem Gipfel der WEU in Bonn erklärten sich ihre Mitgliedsstaaten im Juni 1992 bereit, humanitäre Aufgaben, »peacekeeping tasks« und Kampfeinsätze (*tasks of combat forces in crisis management, including peacemaking*) auch militärisch durchzuführen.[371] Zudem begannen zwischen 1988 und 1993 20 neue VN-Missionen, sodass sich die Bundesregierung entscheiden musste, weiterhin eine »Sonderrolle«[372] zu spielen oder sich international auch militärisch zu engagieren[373]. Um ihre Glaubwürdigkeit zu wahren, konnten aber weder das weiter von Hans-Dietrich Genscher geführte AA[374] noch das weiter unter Helmut Kohl stehende BKAmt umgehend mit der militärischen Zurückhaltung brechen.

Mit der deutschen Einheit erfolgte daher kein Bruch mit der bisherigen Politik. Vielmehr setzte sich die in Namibia begonnene Politik einer personellen VN-Beteiligung nur langsam fort. Der Prozess verlief über mehrere Jahre und folgte laut Eckart Conze »keiner prinzipiellen Politik«, sondern immer »auf äußeren Druck«.[375] Noch im Januar 1991 stellte Kohl klar, dass der Auftrag der Bundeswehr die Verteidigung sei.[376] Nur langsam änderte sich diese Haltung. Ende 1994 sprach er davon, dass die Bundeswehr »zur

---

[368] Vgl. Bundeswehr und europäische Sicherheitsordnung, S. 53–68.
[369] NATO, The Alliance's New Strategic Concept agreed by the Heads of State and Government participating in the Meeting of the North Atlantic Council, 8.11.1991.
[370] Am 7.2.1992 unterzeichneten die Staaten der EG den Vertrag über die EU. In: Amtsblatt der Europäischen Gemeinschaften, 35. Jg., 29.7.1992, https://eur-lex.europa.eu/legal-content/DE/TXT/PDF/?uri=OJ:C:1992:191:FULL&from=EN.
[371] Petersberg Declaration, 19.6.1992, S. 6.
[372] Rühe, Rede des Bundesministers der Verteidigung, Volker Rühe, anläßlich der 33. Kommandeurtagung der Bundeswehr am 14. Mai 1992, S. 10; Naumann, Die Bundeswehr in einer Welt im Umbruch, S. 144.
[373] Mit der Zunahme der VN-Missionen wuchs auch die finanzielle Belastung für die Bundesrepublik. Anfang 1992 musste sie 250,5 Mio. D-Mark für VN-Missionen zahlen. PA-DBT 3104, Unterausschuss Vereinte Nationen/Weltweite Organisationen, 12/6, 11.3.1992, S. 17.
[374] Vor der Unabhängigen Kommission für die künftigen Aufgaben der Bundeswehr soll Genscher die Grundgesetzänderung als »politische Notwendigkeit« bezeichnet haben. BArch, BW 1/566617, Entwurf Vorlage Leiter Planungsstab an den Verteidigungsminister, Betr.: Vortrag BM Genscher vor der Unabhängigen Kommission für die künftigen Aufgaben der Bundeswehr am 8. Februar, 8.2.1991, hier S. 2.
[375] Conze, Die Suche nach Sicherheit, S. 877.
[376] BT-PlPr. 12/5, 30.1.1991, S. 87.

Verteidigung fähig sein«, gleichzeitig »aber auch uneingeschränkt am internationalen Krisenmanagement mitwirken können« müsse.[377] Wesentlicher Treiber[378] des Umdenkens waren die Ereignisse des Zweiten Golfkriegs.

### a) Türkei, Irak, Adria, Kambodscha: Die Bundeswehr im Ausland

Der Einmarsch irakischer Soldaten in das Nachbarland Kuwait zeigte der Welt im Sommer 1990, dass Krieg auch nach Ende des Ost-West-Konflikts ein Mittel der Politik blieb. An der VN-mandatierten, aber US-geführten Militärintervention, die den Irak im Frühjahr 1991 zum Rückzug aus Kuwait zwang, beteiligte sich die Bundesregierung aber nicht personell. Um die deutsche Einigung nicht zu gefährden – der Zwei-plus-Vier-Vertrag war noch nicht von der Sowjetunion ratifiziert[379] –, sprach sich vor allem Außenminister Genscher, offiziell aus rechtlichen Gründen, frühzeitig gegen die Stationierung deutscher Soldaten in der Region aus.[380] Zudem führte der Krieg zu Demonstrationen in Teilen der deutschen Bevölkerung, die eine Militärintervention und vor allem die Beteiligung der Bundeswehr an ihr ablehnten, sodass auch der gesamtgesellschaftliche Rückhalt für eine außenpolitische Neupositionierung fehlte.[381] Letztlich zahlte die Bundesregierung zwar über 17 Mrd. D-Mark[382] – rund zehn Prozent der internationalen Interventionskosten[383] –, stationierte auf Ersuchen der türkischen Regierung[384] zum Schutz vor Angriffen des Irak Soldaten und Flugzeuge auf dem Gebiet

---

[377] BT-PlPr. 13/5, 23.11.1994, S. 47.
[378] Siedschlag sprach von »Triggerfunktion«. Siedschlag, Die aktive Beteiligung Deutschlands, S. 38.
[379] Vertrag vom 12. September 1990 über die abschließende Regelung in bezug auf Deutschland »2+4-Vertrag«; Genscher, Erinnerungen, S. 907 f. Der Vertrag trat erst am 15.3.1991 in Kraft. BT-PlPr. 12/16, 15.3.1991, S. 1025.
[380] BT-PlPr. 11/221, 23.8.1990, S. 17469; Meiers, Zu neuen Ufern?, S. 249 f. Auch Kohl sprach gegenüber US-Präsident Bush von verfassungsrechtlichen Gründen: The White House, Telcon with Helmut Kohl, Chancellor of the Federal Republic of Germany, 22.8.1990, https://bush41library.tamu.edu/files/memcons-telcons/1990-08-22-Kohl.pdf.
[381] Vgl. Kaiser/Becher, Deutschland und der Irak-Konflikt, S. 22–28; Meiers, Zu neuen Ufern?, S. 250. Siehe auch ARD, Tagesschau vor 20 Jahren, 26.1.1991.
[382] Darin enthalten waren Materialabgaben und Finanzhilfen. BArch, BW 2/22504, Fü S III 6, Erfahrungsbericht BMVg über Golf Krise/Krieg, 1.11.1992, hier Anlage 3. Übersichten über die Leistungen finden sich in Fechner, Deutscher Beitrag zur Befreiung Kuwaits, S. 213; Außenpolitik der Bundesrepublik Deutschland, Dok. 261, S. 792 f. Ausführlich siehe Inacker, Unter Ausschluß der Öffentlichkeit?, S. 84–107; Hellmann, Absorbing Shocks.
[383] Meiers, Zu neuen Ufern?, S. 252.
[384] Vgl. Telefongespräch des Bundesministers Genscher mit dem amerikanischen Außenminister Baker, 20.12.1990. In: AAPD 1990, Dok. 428, S. 1798–1799, hier S. 1798, Anm. 4. Die Bundesregierung war verärgert über die Art der Anfrage, die ohne vorherige Konsultationen erfolgt sei. Kohl versicherte dem türkischen Präsidenten aber, zu den NATO-Verpflichtungen zu stehen. Telefongespräch des Bundeskanzlers Kohl mit dem türkischen Präsidenten Özal, 21.12.1990. In: AAPD 1990, S. 1800–1803, hier S. 1802 f.

## III. Die Bundesrepublik Deutschland und die Beteiligung an Missionen 147

des NATO-Mitglieds Türkei[385] und entsandte im März 1991 auf Bitten der USA[386] Marineeinheiten zur Minenräumung in den Persischen Golf.[387] Selbst Bundeskanzler Kohl sprach in seinen Memoiren aber von einem Freikaufen aus der Verantwortung.[388] Vor allem medial wurde die deutsche Zurückhaltung international kritisiert.[389] Generalmajor Naumann, damals Stabsabteilungsleiter Fü S III, sprach von einem schwer beschädigten deutschen Ansehen in der NATO.[390] Gerade für die Militärs scheint der Zweite Golfkrieg frustrierend gewesen zu sein, weil sie sich neben ihren dort engagierten NATO-Partnern als zweitklassige Soldaten fühlten.[391] Da sich die Bundesregierung nicht mit eigenem Personal beteiligte, erhielt sie auch kaum Informationen und konnte sich nicht an der Operationsführung beteiligen.[392]

---

[385] Laut BMVg handelte es sich um durchschnittlich 210 Soldaten, 18 Alpha-Jets, 2 UH-1D-Hubschrauber und 2 ABC-Spürpanzer. Zudem wurden 193 Soldaten mit acht Waffensystemen des Typs »Roland« nach Erhac und 178 Soldaten mit dem Waffensystem Hawk nach Diyabakir verlegt. BArch, BW 2/22504, Fü S III 6, Erfahrungsbericht BMVg über Golf Krise/Krieg, 1.11.1992, hier S. 25 f. Ausführlich siehe Lemke, Die Allied Mobile Force, S. 284–299; Hartung, Ein Dach über Europa, S. 228–255.

[386] Vgl. PA AA, B 32, ZA, Bd 179524, Drahtbericht der Botschaft der Bundesrepublik Deutschland in Washington an Referat 204 im AA, Nr. 857, 1.3.1991, hier S. 2; BArch, B 136/34364, Schreiben des US-Botschafters Vernon A. Walters an Peter Hartmann, BKAmt, 6.3.1991.

[387] Zur internen Bewertung siehe BArch, BM 2/5406, Kopie Befehlshaber der Seestreitkräfte der Nordsee, Auswertung Einsatz deutscher See- und Seeluftstreitkräfte im Arabischen/Persischen Golf 11. März 1991 bis 15. September 1991. Für die Marine war die Entsendung etwas Neuartiges: »Erstmals in der Geschichte der Bundesmarine war ein Verband in einem Gebiet außerhalb der geographischen Grenzen der NATO für eine ›echte‹ Aufgabe einzusetzen.« Ebd., S. 22. Durch die Rotation des Personals waren an der Maßnahme 2690 Soldaten inklusive Reservisten beteiligt, wobei 423 Soldaten mehrfach zum Einsatz kamen. Ebd., Anlage 1. Siehe auch Leder, Internationale Minenräumoperationen im Arabischen Golf; Rauch, Auslandseinsätze, S. 95–109; Jentzsch, Die Bundeswehr im Golfkonflikt.

[388] Kohl, Erinnerungen 1990–1994, S. 564.

[389] Vgl. Oldhaver, Öffentliche Meinung, S. 192–203. Als US-Außenminister Baker wiederholt auf die Abwesenheit bundesdeutscher Soldaten verwies, erklärte Kohl erbost: »Deutschland tue mehr als alle anderen, aber bekomme die Prügel. Es wäre einfacher und billiger für uns, eine Fallschirmjäger-Brigade zu entsenden. Dies gehe aber aus Verfassungsgründen nicht.« Gespräch des Bundeskanzlers Kohl mit dem amerikanischen Außenminister Baker in Ludwigshafen-Oggersheim, 15.9.1990. In: AAPD 1990, Dok. 303, S. 1281–1286, hier S. 1283. Zur Reaktion aus den USA siehe auch PA AA, B 14, ZA, Bd 151181, Drahtbericht der Botschaft der Bundesrepublik Deutschland in Washington an Referat 311 im AA, Nr. 3289, 7.9.1990.

[390] BArch, BW 2/53281, Verfügung Schreiben Generalmajor Klaus Naumann an den Verteidigungsminister, 21.1.1991, hier S. 2 f. Zur Haltung der NATO siehe BArch, B 136/34363, Schreiben Manfred Wörner, NATO-Generalsekretär, an den Bundeskanzler, 3.9.1990.

[391] Inacker, Unter Ausschluß der Öffentlichkeit?, S. 117; Naumann, Frieden, S. 112; Neubeck, Die Transformation, S. 87, 92. Dies soll z.B. für die in den USA stationierten Soldaten der Bundeswehr gegolten haben. Zeitzeugengespräch mit Botschafter a.D. Fritjof von Nordenskjöld am 13.1.2021.

[392] PA-DBT 3119, Ausschuss für Verteidigung, 12/1, 30.1.1991, S. 11; PA-DBT 3119, Ausschuss für Verteidigung, 12/2, 20.2.1991, S. 10 f.; BArch, BW 2/22504, Fü S III 6, Erfahrungsbericht BMVg über Golf Krise/Krieg, 1.11.1992, hier S. 50 ff.

Schnellstmöglich wollte sie daher das Grundgesetz ergänzen.[393] Allerdings handelte es sich beim Zweiten Golfkrieg nicht um eine VN-geführte Intervention. Zur Diskussion über eine stärkere Beteiligung an VN-Missionen trug sie kaum bei. Die VN-mandatierte, aber nicht VN-geführte Operation führte vielmehr dazu, dass in der deutschen Debatte pauschal nur noch von ›Out-of-area-Einsätzen‹ der Bundeswehr gesprochen wurde.[394]

Ebenfalls nicht als VN-Mission gilt die anschließende »Kurdenhilfe«. Zur Unterstützung der aus dem Irak fliehenden Bevölkerungsminderheit stationierte die Bundesregierung 24 CH-53- und 16 Bell UH-1D-Transporthubschauber[395] in der Türkei und dem Iran und entsandte ein Feldlazarett der Bundeswehr sowie medizinische Helfer des DRK. Die Maßnahmen waren bis dahin die größte humanitäre Hilfsaktion der Bundeswehr im Ausland[396] und gingen wesentlich auf die Initiative des AA und Außenminister Genschers zurück.[397] Sie erfolgte aber in nationaler Verantwortung und entsprach zuvor geleisteter humanitärer Hilfe. Darüber hinaus begründete Genscher den dringenden Handlungsbedarf damit, dass im Irak ein »versuchter Völkermord« geschehe.[398] Die Maßnahme wurde also moralisch legitimiert.

Anders sah es bei der Unterstützung der Sonderkommission der Vereinten Nationen im Irak, UNSCOM[399], aus. Aufgrund der hier gemachten Erfahrungen war sie ein wichtiger, oft übersehener Schritt auf dem Weg der Bundeswehr zur Einsatzarmee.[400] Auf Grundlage von Resolution 687 sollte die UNSCOM alle biologischen, chemischen und nuklearen Waffen des Irak erfassen und unschädlich machen.[401] Weil sich die Bundesregierung bereits 1988 bei den Vereinten Nationen für ein Verbot von chemischen Waffen eingesetzt hatte,[402] schien es politisch nur folgerichtig, bei der Umsetzung zu

---

[393] BT-PlPr. 11/221, 23.8.1990, S. 17469; BArch, B 136/34363, Vorlage GL 21 an den AL 2, Betr.: Gespräch am 20. August 1990 – Vorbereitung der WEU-Außenministertagung, 24.8.1989. Ein solcher Beschluss sollte den Zusammenhalt der Regierungskoalition stärken und verhindern, dass die Angelegenheit zum Wahlkampfthema wurde. Kaiser/Becher, Deutschland und der Irak-Konflikt, S. 15, 86 f.
[394] Vgl. Philippi, Civilian Power and War.
[395] BArch, BL 19/594, Lufttransportkommando, Erfahrungsbericht zum Einsatz »Flüchtlingshilfe Bw«, 23.7.1991, hier S. 7.
[396] BT-PlPr. 12/20, 17.4.1991, S. 1255 ff.; Brandt, Operation Kurdenhilfe; Rauch, Auslandseinsätze, S. 106 f.; Meiers, Zu neuen Ufern?, S. 253 f., 267. Kritisch zur Beteiligung siehe Viele bunte Smarties. In: Der Spiegel, Nr. 32 (1992), 3.8.1992, S. 34–37.
[397] PA AA, B 30, ZA, Bd 158121, Weisung Ministerbüro, 5.4.1991; ebd., Drahtbericht der Ständigen Vertretung der Bundesrepublik Deutschland in New York an Referat 230 im AA, Nr. 571, 5.4.1991.
[398] BT-PlPr. 12/20, 17.4.1991, S. 1255. Vgl. auch ARD, Tagesschau vor 20 Jahren, 5.4.1991.
[399] United Nations Special Commission.
[400] Zeitzeugengespräch mit Oberst a.D. Klaus Lohmann am 18.11.2019.
[401] VNSR, S/RES/687(1991), 3.4.1991.
[402] VNGV_VNSR, A/43/456_S/20000, 8.7.1988; Andreae, Reform in der Warteschleife, S. 55. Für Außenminister Genscher scheint es ein »moralisch-historische[r] Aspek[t]« gewesen zu sein, weltweit für den Verzicht von Chemiewaffen einzutreten. Vgl. PA AA, B 32, ZA, Bd 179523, Vermerk Referat 204, Betr.: Deutsch-amerikanische Beziehungen, hier: Gespräch BM-AM Baker (Delegationsgespräch) am 12.2.1989 in Bonn, 13.2.1989, hier S. 2.

III. Die Bundesrepublik Deutschland und die Beteiligung an Missionen    149

helfen. Überdies besaßen die Bundesressorts auf diesem Feld insbesondere durch die Auflösung der Nationalen Volksarmee der DDR (NVA) und den Abzug der sowjetischen Truppen aus dem Gebiet der ehemaligen DDR große Expertise. Darüber hinaus erhoffte sich das BMVg für die Debatte um die generelle Beteiligung an VN-Missionen durch den »erstmalige[n] VN-Einsatz der Bundeswehr«, die »innenpolitische Diskussion zu versachlichen und einen wichtigen Beitrag zur Legitimationsfrage der Streitkräfte [zu] leisten.«[403] Zudem hatten die USA um deutsche Unterstützung gebeten.[404]

Auf Anfrage des VN-Sekretariats[405] über das AA stationierte die Bundeswehr ab August 1991 zum Transport des VN-Personals zwei C-160-Transall-Flugzeuge in Bahrain und später drei CH-53-Hubschrauber in Bagdad. Zudem setzte sie auf Bitten der Vereinten Nationen ab Juni einzelne Spezialisten zur Inspektion ein.[406] Im Heer bestanden zunächst Ausbildungsinteressen, weswegen das BMVg die Maßnahmen mehrfach verlängerte.[407] Mit der Zeit nahm der Erfahrungsgewinn aber ab[408] und die Beteiligung wurde zu einer personellen, materiellen und finanziellen Belastung.[409] Ende September 1996 ließ

---

[403] BArch, BW 1/372031, Kopie Vorlage Fü S III 5 an den Verteidigungsminister, Betr.: Rolle des VN-GS bei der Entwaffnung des Irak, hier: Beteiligung Deutschlands an Verifikationsaufgaben im C- und B-Waffenbereich […], 7.6.1991, hier S. 5.

[404] PA AA, B 30, ZA, Bd 158117, Kopie Schreiben der US-Botschaft in Bonn an Referat 230 im AA, 4.4.1991; ebd., Drahterlass Referat 230 im AA an die Ständige Vertretung in New York, Nr. 3154, 5.4.1991; BArch, BW 2/28136, Kopie Vorlage Fü S III 5 an den Verteidigungsminister, Betr.: Beteiligung Deutschlands bei der Implementierung der VN-Sicherheitsrat-Res. 687 im Irak, hier: Gestellung von 3 CH-53 für Einsätze im Irak, 4.7.1991.

[405] PA AA, B 30, ZA, Bd 158119, Kopie Fax Rolf Ekéus, Executive Chairman Office of the Special Commission, an die Ständige Vertretung in New York, 12.6.1991.

[406] Ebd., Kopien Faxe Rolf Ekéus, Executive Chairman Office of the Special Commission, an die Ständige Vertretung der Bundesrepublik Deutschland in New York, 23.5.1991; BArch, BH 41/491, Presseerklärung Fü S III 5, Unterstützung der Vereinten Nationen, 30.7.1991; BArch, BW 2/28126, Verfügung Schreiben Fü S III 5 an Fü S VI 5, Betr.: Einsatz Bw im Auftrag der VN-Sonderkommission zur Entwaffnung des IRAK (UNSCOM), hier: Einrichtung eines deutschen Verbindungskommando, 14.8.1991; BT-Drs. 12/3558, 27.10.1992, S. 2. Ausführlich siehe Schulte, Im Auftrag; Kruse, Deutsche Heeresflieger im Irak; Rauch, Auslandseinsätze, S. 109–112.

[407] Vgl. BArch, BW 1/372031, Kopie Vorlage Fü S III 5 an den Verteidigungsminister, Betr.: Einsatz der Bundeswehr zur Unterstützung der Sonderkommission (SK) der Vereinten Nationen (VN) im Irak, hier: Fortsetzung des Auftrages bis 31.12.1992, 13.5.1992; ebd., Kopie Vorlage Fü S III 5 an den Verteidigungsminister, Betr.: Unterstützung der Sonderkommission der Vereinten Nationen durch die Bundeswehr bei der Abrüstung des Irak, hier: Fortsetzung des Auftrages bis 31.12.1993, 3.11.1992; ebd., Kopie Vorlage Fü S III 5 an den Verteidigungsminister, Betr.: Unterstützung der Sonderkommission der Vereinten Nationen durch die Bundeswehr bei der Abrüstung des Irak, hier: Verlängerung der Unterstützung bis 31.12.1993, 5.5.1993.

[408] Vgl. BArch, BW 1/372021, Nebenabdruck Vorlage Fü S III 5 an den Verteidigungsminister, Betr.: Beteiligung der Bundeswehr an UNSCOM mit Lufttransportunterstützung, hier: Entscheidung zur Fortsetzung der Unterstützung in 1994, 6.10.1993, hier S. 2 f.

[409] Vgl. BArch, BW 2/36690, Fü S III 5, Hintergrundinformation zum Besuch StS Dr. Wichert bei den Vereinten Nationen, 13.5.1993, hier S. 2; BArch, BW 1/372021, Kopie Vorlage Fü S III 5 an den Verteidigungsminister, Betr.: Unterstützung der VN-Sonderkommission im Irak (UNSCOM), hier: Fortsetzung in 1995, 6.10.1994,

der Verteidigungsminister das Engagement auslaufen.⁴¹⁰ Bei der UNSCOM-Beteiligung handelte es sich aber nicht um eine VN-Mission im eigentlichen Sinne. Erstens wurde sie von den Vereinten Nationen nicht als VN-Mission, sondern über das Missionshauptquartier in New York als Nebenorgan des VNSR geführt, da es sich um eine Zwangsmaßnahme handelte.⁴¹¹ Zweitens waren die deutschen Soldaten nicht, wie bei VN-Missionen üblich, der Missionsführung als Truppenkontingent unterstellt, sondern der UNSCOM als »Experts on Mission« »zugeordnet«⁴¹², und drittens legten das AA – bei dem es einige politische und rechtliche Bedenken gab⁴¹³ – und das BMVg selbst Wert darauf, dass es sich nicht um die Beteiligung an einer »›Blauhelm‹-Mission«, sondern nur um eine »technisch[e] Abrüstungsaufgab[e]« handelte;⁴¹⁴ erst nachträglich verlieh die Bundeswehr für die Beteiligung an der UNSCOM Einsatzmedaillen.⁴¹⁵

Noch stärker als vom Zweiten Golfkrieg war die Bundesrepublik vom Zerfall Jugoslawiens betroffen. Durch die Unabhängigkeitsbestrebungen Sloweniens und Kroatiens 1991 bzw. von Bosnien und Herzegowina 1992 kam es hier zu Konflikten. Hunderttausende Menschen flüchteten.⁴¹⁶ Schnell stand die Frage nach der Entsendung europäischer und damit auch deutscher Soldaten im Raum. Angesichts der umstrittenen Rechtslage und der im Zweiten Weltkrieg in dieser Region verübten Verbrechen der Wehrmacht und der Waffen-SS lehnte die Bundesregierung aber zunächst jeden Einsatz deutscher Streitkräfte in diesem Gebiet ab.⁴¹⁷ Die im Februar 1992 beschlos-

---

hier S. 3; ebd., Vorlage Staatssekretär Wichert an den Verteidigungsminister, Betr.: Unterstützung der VN-Sonderkommission im Irak, 17.10.1994; ebd., Kopie Vorlage Fü S III 5 an den Verteidigungsminister, Betr.: Unterstützung der VN-Sonderkommission im Irak (UNSCOM), hier: Fortsetzung in 1995, 25.1.1995; ebd., Kopie Vorlage Fü S III 5 an den Verteidigungsminister, Betr.: Unterstützung der VN-Sonderkommission im Irak (UNSCOM), hier: Fortsetzung in 1995, 28.4.1995, hier S. 2; BArch, BW 2/28125, Kopie als Anlage Vorlage Fü S III 5 an den Verteidigungsminister, Betr.: Deutsche Unterstützung der VN-Sonderkommission im Irak (UNSCOM), hier: Lufttransportunterstützung ab Januar 1996, 16.11.1995, hier S. 2.

⁴¹⁰ Vgl. BArch, BW 2/28125, Telefax FüZBw an LwFüKdo, Fü S III 5, GFAFLNO, Betr.: Unterstützung der VN-Sonderkommission (UNSCOM) im Irak, 2.9.1996; ebd., Kopie Volker Rühe, Tagesbefehl anläßlich der Beendigung der Transportunterstützung für die Sonderkommission der Vereinten Nationen (UNSCOM) im Irak am 2. Oktober 1996.

⁴¹¹ Vgl. VNSR, S/RES/687(1991), 3.4.1991; VNSR, S/23165, 26.10.1991, Randnr. 3.

⁴¹² Vgl. BArch, BH 1/28230, Kopie Fü H III 4, Befehl Nr. 1 für den Einsatz von Hubschraubern im Irak, 10.7.1991, hier S. 1. Vgl. auch Schulte, Im Auftrag, S. 53.

⁴¹³ Vgl. den Mitzeichnungsvermerk auf PA AA, B 30, ZA, Bd 158119, Entwurf Vorlage Abteilung 2A an den Außenminister, Betr.: VN-Sonderkommission (SK) Abrüstung Irak gem. SR-Resolution 687, hier: Entsendung von Bundeswehr-Hubschraubern in den Irak zur Unterstützung von Inspektionsteams, 24.6.1991, hier S. 3.

⁴¹⁴ Ebd.; BArch, BH 41/491, Presseerklärung Fü S III 5, Unterstützung der Vereinten Nationen, 30.7.1991, hier S. 2.

⁴¹⁵ BMVg, Ehrenzeichen und Einsatzmedaillen der Bundeswehr, S. 58.

⁴¹⁶ Hacke, Die Außenpolitik, S. 399–415.

⁴¹⁷ BT-PlPr. 12/42, 20.9.1991, S. 3488; PA AA, B 30, ZA, Bd 158141, Kopie Vorlage Referat 202 an den Außenminister, Betr.: Westeuropäische Union, hier: Ergebnis der Sitzung der ad-hoc-Gruppe zu Jugoslawien am 23.11.1991, 25.11.1991, hier S. 3; BT-PlPr. 12/60, 27.11.1991, S. 5014; BArch, B 136/43514, Entwurf Vermerk AL 2, Betr.: Gespräch des

## III. Die Bundesrepublik Deutschland und die Beteiligung an Missionen    151

sene VN-Mission UNPROFOR[418] wurde daher nicht personell unterstützt,[419] obwohl die deutsche Seite international auf eine rasche Entsendung von VN-Truppen gedrängt hatte.[420]

Anfang Juli 1992 beteiligte sich die Bundeswehr daher wenigstens im nationalen Unterstellungsverhältnis an der humanitären Luftbrücke in die belagerte Stadt Sarajevo (Bosnien und Herzegowina) und brachte Hilfsgüter und Medikamente zu den eingeschlossenen Menschen.[421]

Ab Mitte Juli beteiligte sich die Bundesregierung in der Adria ebenfalls an den maritimen WEU- bzw. NATO-Operationen zur Überwachung eines unter Kapitel VII der VN-Charta mandatierten Embargos[422] gegen die Bundesrepublik Jugoslawien (Operation Sharp Vigilance, später Operation Sharp Fence bzw. Operation Maritime Monitor, schließlich Operation Maritime Guard).[423] Weil die Schiffe keine Exekutivbefugnis besaßen, handelte es sich um eine Maßnahme »unterhalb des Einsatzes von Blauhelmsoldaten«, so Außenminister Kinkel im Bundestag. Sie sollten das Embargo nur überwachen und nicht mit Zwang durchsetzen.[424] Dem Rechtsverständnis der Regierung widersprach die SPD und klagte im Sommer 1992 vor dem Bundesverfassungsgericht.[425] Als die Maßnahmen im November verschärft und den NATO-Verbänden auch das Anhalten und Inspizieren von Schiffen erlaubt wurde, erweiterte die Bundesregierung das deutsche Mandat nicht.[426] Deutsche Schiffe durften weiterhin nur beobachten, sodass sie nicht als vollwertige Partner des multinationalen Verbands galten.[427] Das Embargo war

---

Herrn Bundeskanzlers mit dem Generalsekretär der Vereinten Nationen, Dr. Boutros-Ghali, am Montag, 11. Januar 1993, 12.1.1993, hier S. 5.

[418] United Nations Protection Force. Ausführlich siehe The Blue Helmets, S. 513–541.

[419] Gegenüber dem VNGS erklärte Genscher, dass das Grundgesetz keine Beteiligung zulasse. UNA, S-1086-0093-02-00002, Summary of the Secretary-General's telephone conversation with the Minister for Foreign Affairs of Germany on 29 April 1992, 30.4.1992.

[420] Vgl. PA AA, B 30, ZA, Bd 158141, Drahterlass Referat 230 im AA an die Botschaften der Bundesrepublik Deutschland in Kinshasa u.a., Nr. 1275, 28.11.1991, hier S. 2.

[421] Vgl. BArch, BW 2/22495, Kopie Sprechzettel Sekretariat Koordinierungsstab Einsatzführung, Thema: Statusfrage Deutscher Anteil Luftbrücke Sarajevo, 29.10.1992; Ahrens, Die Luftbrücke.

[422] VNSR, S/RES/713(1991), 25.9.1991; VNSR, S/RES/757(1992), 30.5.1992; BArch, B 136/108223, Kopie Kabinettsache des Außenministers, Betr.: Beteiligung der Bundeswehr an Überwachungsmaßnahmen von WEU und NATO im Mittelmeer, hier: Beschlußempfehlung, 14.7.1992.

[423] Vgl. Schiel, Operation »Sharp Guard«; Jentzsch, Der längste Marineeinsatz der 1990er Jahre. Zur politischen Debatte siehe BT-Drs. 12/3073, 22.7.1992; BT-PlPr. 12/101, 22.7.1992, S. 8607–8655. Zur Sicht aus dem Einsatz siehe Ropers, Embargo-Überwachung in der Adria.

[424] BT-PlPr. 12/101, 22.7.1992, S. 8611 f.

[425] Die Antragsschrift ist abgedruckt in Der Auslandseinsatz deutscher Streitkräfte, S. 377–404.

[426] VNSR, S/RES/787(1992), 16.11.1992; BArch, BW 2/31523, Kopie Vermerk Parlaments- und Kabinettreferat, Betr.: 63. Kabinettsitzung am 19. November 1992 Tagesordnungspunkt »Internationale Lage«, 7.12.1992.

[427] Vgl. PA-DBT 3119, Ausschuss für Verteidigung, 12/78, 25.5.1994, S. 7 f., 67–71.

zwar von den Vereinten Nationen mandatiert, die Maßnahmen wurden aber nicht von ihnen geführt.

Im April 1993 führte die deutsche Beteiligung an den AWACS-Aufklärungsflügen (Operation Deny Flight) zur Überwachung einer vom VNSR beschlossenen Flugverbotszone über Bosnien und Herzegowina[428] fast zum Bruch der Regierung. Weil selbst die Juristen des BMVg die Maßnahme als Einsatz der Bundeswehr im Sinne des Art. 87a Abs. 2 GG bewerteten,[429] sah die FDP die Beteiligung nicht als vom Grundgesetz gedeckt und klagte wie die SPD vergeblich vor dem Bundesverfassungsgericht.[430] Auch hier handelte es sich zwar um eine VN-mandatierte, aber NATO-geführte Aktion, die vom BMVg befürwortet wurde, um die »Verläßlichkeit und Glaubwürdigkeit« der Bundesrepublik im Rahmen der NATO zu bekräftigen.[431]

›Neue‹ Wege im Rahmen einer VN-Mission beschritt die Bundesregierung in Kambodscha, auch wenn sie die dortigen Maßnahmen aus politischen Gründen lediglich als Fortsetzung bereits geleisteter logistischer Hilfe für VN-Missionen bezeichnete.[432] Ähnlich wie zuvor in Namibia hatte der VNSR auch für das Land in Südostasien eine »multifunctional peacekeeping operation«[433] beschlossen, nachdem die dortigen Konfliktparteien im Oktober 1991 einen Friedensvertrag unterzeichnet hatten.[434] Mit Unterstützung der permanenten Mitglieder des VNSR entsandten die Vereinten Nationen zunächst eine Vorausmission (UNAMIC[435]), ehe sie zur Durchführung von Wahlen mit der UNTAC[436] die größte VN-Mission seit den 1960er-Jahren stationierten.[437] Allein wegen der Kosten von weit mehr als einer Mrd. US-Dollar[438], die die Bundesrepublik als drittgrößter Beitragszahler der Vereinten Nationen

---

[428] Wie das Embargo basierte die Durchsetzung der Flugverbotszone auf Kapitel VII der VN-Charta. VNSR/S/RES/816(1993), 31.3.1993. Vgl. BArch, B 136/108223, Kopie Tischvorlage Fü S III 6 im BMVg, Betr.: VN SR Resolution 816 zur Durchsetzung der [sic] Flugverbotes über Bosnien-Herzegowina (BuH), hier: Deutsche Beteiligung, 1.4.1993; Jertz, Einsatz der Luftwaffe über Bosnien.

[429] Vgl. BArch, BW 1/372026, Kopie Vorlage VR II 2 an Staatssekretär Wichert, Betr.: Durchsetzung des Flugverbots der Vereinten Nationen über Bosnien-Herzegowina, 29.12.1992. Admiral Weisser verwendete sogar den Begriff »Kampfeinsatz«. Ebd., Nebenabdruck Vorlage Leiter Planungsstab an den Verteidigungsminister, Betr.: Koalitionsgespräch am 6. Januar 1993, 6.1.1993, hier Anlage 1, S. 2.

[430] Die Antragsschriften sind abgedruckt in Der Auslandseinsatz deutscher Streitkräfte, S. 3–44. Siehe auch ARD, Tagesschau vor 20 Jahren, 2.4.1993.

[431] Vgl. BArch, BW 1/372026, Kopie Verfügung Schreiben Verteidigungsminister an den Bundeskanzler, 12.1.1993, hier S. 2.

[432] Vgl. BT-PlPr. 12/79, 20.2.1992, S. 6525.

[433] Goulding, Peacemonger, S. 247.

[434] Eine deutsche Übersetzung findet sich in BT-Drs. 12/4469, 4.3.1993, S. 6–44.

[435] United Nations Advance Mission in Cambodia. Ausführlich siehe The Blue Helmets, S. 447–481.

[436] United Nations Transitional Authority in Cambodia. Ausführlich siehe ebd.

[437] Goulding, Peacemonger, S. 255.

[438] Der VNGS war im Februar 1992 von zunächst rund 1,9 Mrd. US-Dollar ausgegangen. Letztlich beliefen sich die Kosten der UNAMIC und UNTAC aber ›nur‹ auf rund 1,6 Mrd. US-Dollar. VNSR, S/23613/Add.1, 26.2.1992, Randnr. 3; The Blue Helmets, S. 481.

mittragen musste⁴³⁹, lag es im Interesse des AA, sich an der Mission zu beteiligen.⁴⁴⁰ Für das BMVg bot sich nach der UNSCOM-Beteiligung eine weitere Möglichkeit, »Vorbehalte gegen Einsätze von Bundeswehrpersonal im Rahmen der UN grundsätzlich abzubauen.«⁴⁴¹

Die Idee einer schrittweisen Gewöhnung der Gesellschaft und der Bundeswehr stand im Raum und wurde auch bei künftigen Beteiligungen bedacht.⁴⁴² »Der Einstieg auf dem Gebiet Sanitätsdienst« galt als »am wenigsten kritisch«. Keinesfalls sollten »[d]ie ersten Aktionen deutscher Soldaten im Rahmen der Vereinten Nationen […] von besonders unfallträchtigen Unterstützungsleistungen oder möglicherweise Opfern begleitet werden«.⁴⁴³ Risikoaversion gegenüber eigenen Verlusten dominierte in den Ressorts. Aufgrund der starken französischen Beteiligung sah die Arbeitsebene des BMVg darüber hinaus »einen Testfall für den Einsatz europäisch zusammenwirkender Kräfte in den Vereinten Nationen«.⁴⁴⁴ Zwar sollte sich in der Praxis gerade die Zusammenarbeit mit den Franzosen »wegen der starken Einbindung in ihr nationales Kontingent« als schwierig erweisen.⁴⁴⁵ Auf Bitten der Vereinten Nationen beteiligte sich die Bundeswehr aber ab November 1991 erstmals mit einigen im Einsatzland stationierten Sanitätssoldaten, um die medizinische Versorgung der UNAMIC sicherzustellen. Ihre Entsendung erfolgte nach Abstimmungen zwischen dem AA⁴⁴⁶ und dem BMVg, also ohne

---

⁴³⁹ Seit UNEF II werden die Kosten von VN-Missionen entsprechend ihres Anteils am VN-Haushalt auf die VN-Mitgliedsstaaten umgelegt. Vgl. VNGV, A/RES/3101(XXVIII), 11.12.1973.

⁴⁴⁰ BArch, BW 2/27247, Kopie Vermerk Referat 342 im AA, Betr.: Ressortbesprechung zu Beziehungen zu Kambodscha am 6.2.1992 im Auswärtigen Amt unter Leitung von Dg 34, 12.2.1992, hier S. 2.

⁴⁴¹ BArch, BW 2/27241, Kopie Vorlage Fü S III 1 an den Verteidigungsminister, Betr.: Bereitstellung/Entsendung von Sanitätspersonal (SanPers) Bw zur Unterstützung der UN in Kambodscha, 25.10.1991, hier S. 4.

⁴⁴² Zeitzeugengespräch mit General a.D. Dr. Klaus Naumann am 20.4.2020.

⁴⁴³ BArch, BW 2/27241, Verfügung Vorlage Fü S III 1 an den Verteidigungsminister, Betr.: Unterstützung der Vereinten Nationen durch Personal und Material der Bundeswehr im Rahmen von UNTAC (VN-Übergangsverwaltung in Kambodscha), hier: Vorhaben einer Gemeinsamen [sic] Kabinettvorlage AA/BMVg, 10.2.1992, hier S. 3.

⁴⁴⁴ Ebd., Kopie Vorlage Fü S III 1 an den Verteidigungsminister, Betr.: Bereitstellung/ Entsendung von Sanitätspersonal (SanPers) Bw zur Unterstützung der UN in Kambodscha, 25.10.1991, hier S. 3 f.

⁴⁴⁵ BArch, BW 2/31821, Kopie Schreiben UNAMIC Medical Team an InSan II 1, Betr.: Einsatz eines German Medical Teams im Rahmen der United Nations Advance Mission in Cambodia (UNAMIC) vom 13.11.1991 bis 10.1.1992, hier: Erfahrungsbericht, 22.1.1992, hier S. 8.

⁴⁴⁶ PA AA, B 30, ZA, Bd 158165, Schreiben Referat 230 im AA an Fü S III 1 im BMVg, 22.10.1991. Nach den guten Erfahrungen bei der UNTAG und der ONUCA sowie Personalengpässen bei der Bundeswehr strebte das AA die Entsendung von zivilem medizinischem Personal an, etwa über den DED. Da die zivilen Kräfte zu teuer waren und es ihnen Probleme bereitete, sich in den militärischen Teil der VN-Mission einzuordnen, wurde auf Ebene der Staatssekretäre entschieden, doch deutsche Sanitätssoldaten zu entsenden. Rechtlich begnügte sich das AA mit der Aussicht, dass die deutschen Soldaten die VN-Mission »nicht in militärischer Funktion« unterstützten. Vgl. ebd., Vorlage Abteilung 2 an den Staatssekretär, Betr.: VN-Friedensmission

Kabinettsbeschluss.[447] Am 8. April 1992, eine Woche nach Amtsantritt des neuen Verteidigungsministers Volker Rühe, entschied die Bundesregierung, auch der Folgemission UNTAC mit medizinischem Personal zu helfen.[448] Die Entscheidung erfolgte aber erst nach mehrmaliger informeller Bitte des VN-Sekretariats.[449] Minister Stoltenberg hatte einer größeren Entsendung skep-

---

  in Kambodscha (UNAMIC/UNTAC), hier: Deutsche personelle Beteiligung, 28.10.1991; ebd., Drahterlass Referat 230 im AA an die Ständige Vertretung in New York, Nr. 102, 29.10.1991.

[447] Zunächst war in einer ersten Phase nur die Entsendung von zwei Ärzten und einem Sanitätsunteroffizier vorgesehen. In einer zweiten Phase sollte ein weiterer Offizier und zwei Unteroffiziere folgen. Infolge der UNAMIC-Aufstockung im Frühjahr 1992 wurde die Beteiligung aber auf insgesamt sechs Ärzte, sieben Sanitätsunteroffiziere und zwei Mannschaftssoldaten ausgeweitet. Insgesamt beteiligte sich die Bundeswehr mit 17 Soldaten, da im Januar 1992 planmäßig zwei Ärzte ausgetauscht wurden. Im Einsatzland besaßen sie als Einzelpersonen den Status eines »Expert on Mission«. Ihre zusätzlichen Kosten gingen zulasten des BMVg. BArch, BW 2/27241, Kopie Vorlage Fü S III 1 an den Verteidigungsminister, Betr.: Bereitstellung/Entsendung von Sanitätspersonal (SanPers) Bw zur Unterstützung der UN in Kambodscha, 25.10.1991, hier S. 2; BArch, BW 2/29639, Kopie InSan II 1, Weisung Nr. 1 für die sanitätsdienstliche Versorgung der UN Advanced Mission in Cambodia (UNAMIC), 8.11.1992; ebd., Kopie InSan II 1, Weisung Nr. 2 für die sanitätsdienstliche Versorgung der UN Advanced Mission in Cambodia (UNAMIC), 25.11.1991; BArch, BW 2/27241, Kopie Vorlage InSan II 1 an den Verteidigungsminister, Betr.: Entsendung von zusätzlichem Sanitätspersonal der Bundeswehr durch Unterstützung UNAMIC (UN-Advanced Mission in Cambodia), 27.1.1992, hier S. 2; BArch, BW 1/371346, Kopie Fax Vereinte Nationen an die Ständige Vertretung in New York, 30.1.1992; BArch, BW 2/27244, Kopie InSan II 1, Gesamtweisung für die sanitätsdienstliche Versorgung der UN Advanced Mission in Cambodia (UNAMIC), 13.2.1992; BArch, B 136/34364, Vermerk GL 22/RL 212, Betr.: VN-Friedensmission in Kambodscha, hier: Deutsche personelle Beteiligung, 1.4.1992; BArch, BW 2/29638, Fü S III 5, United Nations Transitional Authority in Cambodia. Zusammenfassung der Ereignisse und Militärpolitische Bilanz des Bw-Einsatzes in Kambodscha, 30.5.1994, S. 2.

[448] BArch, B 136/34364, Kopie Tischvorlage Referat 230 im AA/Fü S III 1 im BMVg, 7.4.1992.

[449] Die ursprünglich bis zum 13.3.1992 für eine Antwort an die VN bestehende Frist ließ die Bundesregierung verstreichen, weil sich die Ressorts nicht auf die Finanzierung der notwendigen zehn Mio. D-Mark einigen konnten. Weil weder die Schweiz noch die Niederlande gewillt waren, sich an der medizinischen UNTAC-Komponente zu beteiligen, drängten die VN aber weiter auf eine Beteiligung der Bundeswehr. Als die Bundesregierung bis zum 2.4.1992 noch immer keine Antwort gegeben hatte, erklärte das VN-Sekretariat, sich anderweitig umsehen zu müssen. Auch ein erneuter Aufschub bis zum 6.4. konnte von der Bundesregierung nicht gehalten werden, da sich der neue Verteidigungsminister Rühe nicht in der Lage sah, eine solche Entscheidung so kurz nach seinem Amtsantritt zu treffen. Nur weil die VN keine Alternative hatten, stimmten sie einer letztmaligen Verlängerung des Ultimatums bis zum 9.4. zu, das durch den Kabinettsbeschluss am 8.4.1992 eingehalten wurde. Vgl. BArch, BW 2/27242, Drahtbericht der Ständigen Vertretung in New York an Referat 230 im AA, Nr. 529, 4.3.1992; BArch, BW 2/27246, Drahtbericht der Ständigen Vertretung in New York an Referat 230 im AA, Nr. 572, 6.3.1992; BArch, BW 1/371346, Drahtbericht der Ständigen Vertretung in New York an Referat 230 im AA, Nr. 582, 9.3.1992; BArch, BW 2/27247, Drahtbericht der Ständigen Vertretung in New York an Referat 230 im AA, Nr. 705, 20.3.1992; ebd., Drahtbericht der Ständigen Vertretung in New York an Referat 230 im AA, Nr. 733, 24.3.1992; BArch, BW 1/371346, Vorlage InSan II 1 an Staatssekretär Wichert, Betr.: Sanitätsdienstlicher [sic] Unterstützung der VN in Kambodscha, hier: UNTAC, 24.3.1992; BArch, B 136/34364, Drahtbericht der Ständigen Vertretung in New

III. Die Bundesrepublik Deutschland und die Beteiligung an Missionen   155

tisch gegenübergestanden. Der Aufstockung des UNAMIC-Personals im Januar 1992 auf 15 deutsche Soldaten stimmte er nur mit dem Vermerk zu, dass dies »die Obergrenze unseres Engagements in Kambodscha sein« solle.[450] An der UNTAC wollte er sich auch nur dann beteiligen,[451] wenn dem BMVg die zu erwartenden Kosten von rund zehn Mio. D-Mark erstattet würden.[452]

Weder die Leitung des BMVg noch die des AA drängten darauf, militärisch stärker in Kambodscha präsent zu sein, zumal auch alle anderen Ressorts jede Pflicht zur Übernahme der Kosten zurückwiesen.[453] Aufgrund der sich hinziehenden Zustimmung klagte der Inspekteur des Sanitätsdienstes, Generaloberstabsarzt Gunter Desch, Ende März, dass die »ausstehende Entscheidung der Bundesregierung zur Teilnahme an UNTAC […] die Stellung und das Ansehen unserer Soldaten in Kambodscha deutlich geschwächt« habe. »Nur mit einer sofortigen Entscheidung zur deutschen Teilnahme«, so Desch weiter, könne »bleibender Schaden am Ansehen der Bundesrepublik Deutschland vermieden werden.«[454]

Erst nachdem sich das AA und das BMVg auf eine Teilung der Kosten geeinigt hatten,[455] um den erwarteten politischen Schaden abzuwenden[456], be-

---

York an Referat 230 im AA, Nr. 839, 2.4.1992; BArch, BW 2/27247, Drahterlass Referat 230 im AA an die Ständige Vertretung in New York, Nr. 3955, 3.4.1992; ebd., Drahtbericht der Ständigen Vertretung in New York an Referat 230 im AA, Nr. 861, 6.4.1992.

[450] BArch, BW 2/27241, Kopie Vorlage InSan II 1 an den Verteidigungsminister, Betr.: Entsendung von zusätzlichem Sanitätspersonal der Bundeswehr durch Unterstützung UNAMIC (UN-Advanced Mission in Cambodia), 27.1.1992, hier S. 1.

[451] Vgl. die Anmerkungen auf BArch, BW 2/27242, Vorlage Fü S III 1 an den Verteidigungsminister, Betr.: Unterstützung der Vereinten Nationen durch Personal der Bundeswehr im Rahmen von UNTAC (VN-Übergangsverwaltung in Kambodscha), 10.3.1992.

[452] Vgl. BArch, B 136/34364, Kopie Schreiben Staatssekretär im BMVg, Jörg Schönbohm, an Staatssekretär im AA, Dieter Kastrup, 16.3.1992. Später wurden die jährlichen Kosten der Beteiligung auf 15,3 Mio. D-Mark geschätzt. BArch, BW 2/24364, Kopie InSan II 1, Sanitätsdienstliche Unterstützung der VN-Mission UNTAC durch die Bundeswehr. Unterrichtung des Verteidigungsausschusses des Deutschen Bundestages, 22.5.1992, S. 19.

[453] BArch, BW 1/415692, BKAmt, Ergebnisprotokoll über die Besprechung der beamteten Staatssekretäre am Montag, 30. März 1992, 30.3.1992, hier S. 3. Auch das BMI wünschte die Refinanzierung der Mehrkosten seiner BGS-Beteiligung. BArch, B 106/143125, Schreiben Z 5 an P II 1, Betr.: Unterstützung der VN durch Entsendung von Beamten des BGS nach Kambodscha, hier: Entwurf der gemeinsamen Kabinettvorlage AA und BMI, 17.3.1992.

[454] BArch, BW 1/371346, Vorlage InspSan an den Verteidigungsminister, Betr.: Einsatz des deutschen Sanitätspersonals bei UN-Missionen Kambodscha, 26.3.1992, hier S. 2.

[455] Zur Vertretung der nach Kambodscha entsandten Ärzte verpflichtete sich das AA, bis zu einer Mio. D-Mark für die Anstellung von Vertragsärzten zu übernehmen und dem Einzelplan 14 entstandene Material- und Transportkosten zu erstatten. Das BMVg sollte neben der Soldfortzahlung auch die Mehrkosten der Auslandsverwendung sowie mögliche Reisekosten eines vorgezogenen Personalwechsels übernehmen. BArch, B 136/34364, Kopie Tischvorlage Referat 230 im AA/Fü S III 1 im BMVg, 7.4.1992, hier Anlage, S. 5 f.

[456] Sowohl Generalinspekteur Naumann als auch Staatssekretär Wichert hatten sich bereits im März dafür ausgesprochen, den zu erwartenden politischen Schaden einer Nichtbeteiligung nicht wegen zehn Mio. D-Mark zu riskieren. Staatssekretär Schönbohm

teiligten sich neben rund 75 Beamten des BGS[457] etwa 150 freiwillig gemeldete Soldaten[458] des Sanitätsdienstes der Bundeswehr an der bis November 1993 laufenden Mission UNTAC.[459] Wegen der vorherigen UNAMIC-Unterstützung[460] und der politisch bedingten Nichtbeteiligung der Bundeswehr an der UNPROFOR schien eine deutsche Beteiligung an der UNTAC außenpolitisch alternativlos.[461] Die Entscheidung des Bundeskabinetts am 8. April[462] fiel daher noch vor der offiziellen Anfrage des VNGS, die erst am 14. April erging.[463]

---

riet dagegen von einer Belastung des BMVg-Budgets ab. Vgl. die Anmerkungen auf BArch, BW 2/27242, Drahtbericht der Ständigen Vertretung in New York an Referat 230 im AA, Nr. 529, 4.3.1992; ebd., Vorlage Fü S III 1 an den Verteidigungsminister, Betr.: Unterstützung der Vereinten Nationen durch Personal der Bundeswehr im Rahmen von UNTAC (VN-Übergangsverwaltung in Kambodscha), 10.3.1992; BArch, BW 1/371346, Vorlage Fü S III 1 an Staatssekretär Wichert, Betr.: Vorbereitung einer Kabinettsentscheidung zur Beteiligung InSan bei UNTAC (Kambodscha), hier: Klärung der finanziellen Regelungen, 19.3.1992.

[457] Deren Kosten von rund sieben Mio. D-Mark sollte das BMI tragen. BArch, B 136/34364, Kopie Tischvorlage Referat 230 im AA/P II 1 im BMI, 7.4.1992, hier Anlage, S. 6.

[458] PA-DBT 3119, Ausschuss für Verteidigung, 12/32, 29.4.1992, S. 31, 44 f. In drei Kontingenten kamen insgesamt 540 Angehörige der Bundeswehr zum Einsatz. Die Angaben im Erfahrungsbericht variierten allerdings. Der Text spricht von 445 Soldaten, die drei Kontingente werden aber in 540 Personen geteilt. Ein Teil des Personals rotierte bereits vor Ablauf der planmäßigen Stehzeit von sechs Monaten. Da sich zu wenige Fachärzte meldeten, musste zu 40 Prozent auf freiwillige Reservisten zurückgegriffen werden. BArch, BW 2/31821, Sanitätsdienstliche Unterstützung der Vereinten Nationen durch die Bundeswehr in Kambodscha (UNTAC) vom 15.3.1992 bis 31.10.1993. Ergebnis- und Erfahrungsbericht, o.D., hier S. 2 f.

[459] Vgl. BArch, B 136/34364, Kopie Tischvorlage Referat 230 im AA/Fü S III 1 im BMVg, 7.4.1992. Zum Verlauf siehe Fraps, Deutscher Sanitätsdienst; Fraps, Unter dem Blauen Barett.

[460] Bereits im Herbst 1991 hatten die VN angekündigt, dass die an der UNAMIC beteiligten Staaten auch als UNTAC-Truppensteller eingeplant würden. PA AA, B 30, ZA, Bd 158165, Drahtbericht der Ständigen Vertretung in New York an Referat 230 im AA, Nr. 2031, 9.10.1991, hier S. 2.

[461] Vgl. BArch, BW 1/371346, Entwurf Vorlage Fü S III 1 an den Generalinspekteur, Betr.: Unterstützung der Vereinten Nationen durch Personal der Bundeswehr im Rahmen von UNTAC (VN-Übergangsverwaltung in Kambodscha), 5.3.1992, hier S. 2; BArch, BW 2/27246, Fernschreiben Außenminister Genscher an Verteidigungsminister Stoltenberg, Nr. 0505, 27.3.1992. Die deutschen UNAMIC-Kräfte gehörten seit dem 16.3.1992 zur UNTAC. BArch, BW 1/371349, Kopie Vorlage InSan II 1 an den Leiter IP-Stab, Betr.: Sanitätsdienstliche Unterstützung der VN in Kambodscha durch die Bundeswehr, 8.4.1992, hier S. 1.

[462] Die Endfassung der Kabinettsvorlage ließ sich nicht in den Akten finden. Dem federführenden Referat im BMVg, Fü S III 1, lag die finale Version offenbar nicht vor. Vgl. BArch, BW 2/27242, Nebenabdruck Vorlage Fü S III 1 an den StAL Fü S III, Betr.: Sanitätsdienstliche Beteiligung Bundeswehr an UNTAC-Mission (VN), hier: Entscheidungsbedarf bezüglich Status der Sanitätstruppe vor Ort, 15.4.1992, hier S. 1.

[463] In den Akten des BMVg ließ sich die Anfrage nicht finden. Dort soll sie auch erst am 22.4. eingegangen sein. Vgl. BArch, BW 2/27246, Kopie als Anlage Schreiben InSan II 1 im BMVg an Referat 230 im AA, Betr.: Sanitätsdienstliche Unterstützung UNTAC, hier: Beteiligung der Bundeswehr, 23.4.1992.

## III. Die Bundesrepublik Deutschland und die Beteiligung an Missionen 157

Obwohl die Soldaten mit Pistolen ausgerüstet waren,[464] hatte es rechtlich kaum Bedenken gegeben. Für die Bundesregierung lief die Maßnahme »unterhalb der Einsatzschwelle«, weil es sich aus ihrer Sicht lediglich um humanitäre Hilfe und die Unterstützung – nicht die Teilnahme an – einer VN-Mission handelte.[465] Zudem wurde der Beginn des deutschen UNTAC-Engagements von den Rücktritten Gerhard Stoltenbergs[466] und Hans-Dietrich Genschers[467] am 31. März bzw. am 18. Mai 1992 sowie dem Petersberger Abkommen im Juni[468] überschattet. Die Beteiligung rückte in den Hintergrund. Zu einer Abstimmung im Bundestag kam es nicht.[469] Dabei fiel der Bundeswehr in Kambodscha mit der Führung des gesamten medizinischen Bereichs durch einen deutschen Oberstarzt große Verantwortung zu.[470] Gemäß der VN-Anfrage bezog sich der deutsche Auftrag in erster Linie auf die medizinische Versorgung der Missionsangehörigen.[471] Zum Missfallen der Vereinten

---

[464] PA-DBT 3119, Ausschuss für Verteidigung, 12/33, 6.5.1992, hier S. 27; BArch, BW 2/27245, Fü S IV/Arbeitsstab Kambodscha, Protokoll 1. Sitzung Arbeitsstab Kambodscha (ArbStKamb), 8.5.1992, hier S. 3. Da Diebstähle im Laufe der Stationierung zunahmen, »wurde bewaffnetes deutsches Personal erfolgreich mit Wachaufgaben auf dem Hospitalgelände betraut.« BArch, BW 2/31821, Sanitätsdienstliche Unterstützung der Vereinten Nationen durch die Bundeswehr in Kambodscha (UNTAC) vom 15.3.1992 bis 31.10.1993. Ergebnis- und Erfahrungsbericht, o.D., hier S. 11. Zur Chronologie der Bewaffnung siehe BArch, BW 2/31822, Sanitätsamt der Bundeswehr, Sanitätsdienstliche Unterstützung der Vereinten Nationen in Kambodscha durch die Bundeswehr, Nov 1991–Nov 1993, Zusammenfassender Erfahrungsbericht, o.D., S. 66 ff.

[465] BArch, B 136/34364, Kopie Tischvorlage Referat 230 im AA/Fü S III 1 im BMVg, 7.4.1992, hier Anlage, S. 4; PA-DBT 3119, Ausschuss für Verteidigung, 12/33, 6.5.1992, hier S. 24 ff.; BArch, BW 2/24364, Kopie InSan II 1, Sanitätsdienstliche Unterstützung der VN-Mission UNTAC durch die Bundeswehr. Unterrichtung des Verteidigungsausschusses des Deutschen Bundestages, 22.5.1992, S. 4 ff.; BT-Drs. 12/3076, 22.7.1992, S. 2. Zur ausweichenden Antwort der Bundesregierung bezüglich der Rechtsgrundlage der Beteiligung vgl. BT-Drs. 12/2711, 1.6.1992. Siehe auch BMVg, Presse- und Informationsstab, Referat Öffentlichkeitsarbeit, Sanitätsdienstliche Unterstützung der UNO-Mission in Kambodscha durch die Bundeswehr, S. 10 f.

[466] BPA, Zum Wechsel im Amt des Bundesministers der Verteidigung. In: Bulletin, Nr. 34, 2.4.1992, S. 329. Der Rücktritt Stoltenbergs verzögerte die Entscheidung im BMVg.

[467] BPA, Ernennung von Bundesministern. In: Bulletin, Nr. 53, 21.5.1992, S. 508.

[468] BPA, Tagung des Ministerrates der Westeuropäischen Union. In: Bulletin, Nr. 68, 23.6.1992, S. 649–653.

[469] Im Juni 1992 forderte die Gruppe PDS/Linke Liste allerdings – vergeblich – den Abzug der deutschen Truppen. BT-Drs. 12/2783, 10.6.1992.

[470] PA-DBT 3119, Ausschuss für Verteidigung, 12/32, 29.4.1992, S. 30, und Ausschuss für Verteidigung, 12/78, 25.5.1994, S. 72–75. Weil die Bundesregierung ihre Entscheidung erst verspätet traf, war Indien, das einen größeren Teil der Sanitätskomponente stellte, als Führungsnation im Sanitätsbereich gehandelt worden. Vgl. BArch, BW 1/371349, Kopie Vorlage Fü S III 1 an den Verteidigungsminister, Betr.: Deutsche Beteiligung UNTAC (United Nations Transitional Authority in Cambodia), hier: Bitte der VN um maßgebliche deutsche Beteiligung bei UNTAC Medical Battalion, 26.3.1992, S. 3 f.

[471] Gemäß Weisung Nr. 1 lautete der Auftrag des deutschen Kontingents, »die medizinische Gesamtleitung UNTAC und die Einrichtung und den Betrieb des zentralen Hospitals mit 60 Betten in Phnom Penh« zu übernehmen. BArch, BW 2/24364, Kopie BMVg Weisung Nr. 1 für die sanitätsdienstliche Unterstützung der Vereinten Nationen in Kambodscha (UNTAC) durch die Bundeswehr, 21.5.1992, S. 2.

Nationen und im Widerspruch zur Ankündigung des Inspekteurs des Sanitäts- und Gesundheitswesens der Bundeswehr im Verteidigungsausschuss[472] kümmerten sich die deutschen Sanitäter aufgrund des von ihnen wörtlich ausgelegten ›humanitären Einsatzes‹ aber von Beginn an auch im großen Stil um die Zivilbevölkerung. Wegen der damit einhergehenden Materialanforderungen des deutschen Kontingents und der potenziellen Verletzung ihrer Neutralität im Konfliktgebiet erwogen die Vereinten Nationen sogar kurzzeitig dessen Abzug.[473] Letztlich kamen die Bundesrepublik und Japan bilateral für die Zahlung der humanitären Verbrauchsgüter auf,[474] sodass das deutsche Kontingent unter offiziell rund 110 000 Patienten etwa 28 000 Einheimische behandelte.[475]

Im Verständnis des BMVg blieb das deutsche Personal aber im nationalen Befehlsverhältnis. Es war den Vereinten Nationen nicht unterstellt, sondern nur »auf Zusammenarbeit« angewiesen.[476] Dies sollte verhindern, dass

---

[472] PA-DBT 3119, Ausschuss für Verteidigung, 12/33, 6.5.1992, hier S. 30.

[473] BArch, BW 2/31821, InSan II 1, Sanitätsdienstliche Unterstützung der VN-Mission UNTAC durch die Bundeswehr, 15.9.1992, hier S. 2; BArch, BW 2/31822, Sanitätsamt der Bundeswehr, Sanitätsdienstliche Unterstützung der Vereinten Nationen in Kambodscha durch die Deutsche Bundeswehr Nov 1991–Nov 1993, Zusammenfassender Erfahrungsbericht, o.D., hier S. 86, 113, 122 f.; Goulding, Peacemonger, S. 258.

[474] Vgl. BArch, BW 2/31821, InSan II 1, Sanitätsdienstliche Unterstützung der VN-Mission UNTAC durch die Bundeswehr, 15.9.1992, hier S. 2; BArch, BW 2/31822, Sanitätsamt der Bundeswehr, Sanitätsdienstliche Unterstützung der Vereinten Nationen in Kambodscha durch die Deutsche Bundeswehr Nov 1991–Nov 1993, Zusammenfassender Erfahrungsbericht, o.D., hier S. 104.

[475] BArch, BW 2/31821, Sanitätsdienstliche Unterstützung der Vereinten Nationen durch die Bundeswehr in Kambodscha (UNTAC) vom 15.3.1992 bis 31.10.1993. Ergebnis- und Erfahrungsbericht, o.D., hier S. 2; DBT 3119, Ausschuss für Verteidigung, 12/67, 1.12.1993, S. 66; BArch, BW 2/29638, Fü S III 5, United Nations Transitional Authority in Cambodia. Zusammenfassung der Ereignisse und Militärpolitische Bilanz des Bw-Einsatzes in Kambodscha, 30.5.1994, S. 4. In BArch, BW 2/31822, Sanitätsamt der Bundeswehr, Sanitätsdienstliche Unterstützung der Vereinten Nationen in Kambodscha durch die Deutsche Bundeswehr Nov 1991–Nov 1993, Zusammenfassender Erfahrungsbericht, o.D., hier S. 106, wird von fast 120 000 Patienten gesprochen. Bei den zu behandelnden Kambodschanern handelte es sich allerdings meist um medizinische Notfälle, bei den VN-Angehörigen eher um Behandlungen von allgemeinmedizinischen Erkrankungen. Zeitzeugengespräch mit Flottillenarzt d.R., Leitender Medizinaldirektor Dr. med. Gerhard Boecken am 6.7.2021.

[476] BArch, B 136/34364, Kopie Tischvorlage Referat 230 im AA/Fü S III 1 im BMVg, 7.4.1992, hier Anlage, S. 4 f.; PA-DBT 3119, Ausschuss für Verteidigung, 12/33, 6.5.1992, hier S. 26 f.; BArch, BW 1/371346, Kopie Vorlage Büro StS Schönbohm an Staatssekretär Schönbohm, Betr.: UNTAC, hier: Unterstellungsverhältnis, 19.5.1992; BArch, BW 2/24364, Kopie BMVg Weisung Nr. 1 für die sanitätsdienstliche Unterstützung der Vereinten Nationen in Kambodscha (UNTAC) durch die Bundeswehr, 21.5.1992, S. 3 f.; ebd., Kopie InSan II 1, Sanitätsdienstliche Unterstützung der VN-Mission UNTAC durch die Bundeswehr. Unterrichtung des Verteidigungsausschusses des Deutschen Bundestages, 22.5.1992, S. 7 f.; BArch, BW 41/1003, Kopie als Anlage Weisung InSan II 1 an das Sanitätsamt der Bundeswehr, Betr.: Sandstl. Unterstützung UNTAC, hier: Unterrichtung der Truppe über den Status, 26.5.1992; BArch, BW 2/31821, Sanitätsdienstliche Unterstützung der Vereinten Nationen durch die Bundeswehr in Kambodscha (UNTAC) vom 15.3.1992 bis 31.10.1993. Ergebnis- und Erfahrungsbericht, o.D., hier S. 12.

## III. Die Bundesrepublik Deutschland und die Beteiligung an Missionen 159

die deutschen Soldaten von der Hauptstadt in das deutlich gefährlichere Landesinnere verlegt werden konnten.[477] Zum »Schutz und zum Zeichen der Zugehörigkeit«, so der Parlamentarische Staatssekretär des BMVg, Bernd Wilz, trugen die deutschen Soldaten dennoch die blauen Barette der Vereinten Nationen,[478] was den inneren Widerspruch der deutschen Beteiligung unterstrich. Eindeutig besaßen innenpolitische Überlegungen Priorität gegenüber lokalen Notwendigkeiten. In der Praxis ließ sich das nationale Unterstellungsverhältnis auch nur schwer realisieren und wurde von den Vereinten Nationen zunächst anders beurteilt.[479] Trotzdem konnten die Bundesressorts angesichts der noch immer fehlenden Klarstellung des Grundgesetzes aufgrund der Sonderstellung der deutschen Sanitäter argumentieren, dass die UNTAC-Teilnahme formell keine ›normale‹, also keine bewaffnete, militärische Beteiligung an einer VN-Mission sei.[480] Bereits Ende April 1992 kündigte Volker Rühe im Verteidigungsausschuss an, dass die »unterstützende Leistung« für die UNTAC nur »ein erster Schritt« sei. In Zukunft »werde ein Einsatz unter UN-Blauhelmen« folgen.[481] Rückhalt hierfür fand er bei Helmut Kohl, der dem VNGS im Mai 1992 eröffnete, dass Deutschland in Zukunft mehr tun müsse, um nicht von seinen Nachbarn bezichtigt zu werden, sich der Verantwortung zu entziehen.[482] Der eingeleitete »Mentalitätswande[l]«, der laut Rühe »behutsam und mit Geduld vorangetrieben werden« müsse,[483] gipfelte 1993 in der Entsendung bewaffneter Soldaten nach Somalia.

### b) Die politisch-rechtliche Debatte um eine VN-Beteiligung

Die Positionen, die die Parteien hinsichtlich einer Änderung des Grundgesetzes zur Entsendung der Bundeswehr ins Ausland vertraten, wurden in

---

[477] Naumann, Der Wandel des Einsatzes, S. 482.
[478] PA-DBT 3119, Ausschuss für Verteidigung, 12/39, 23.9.1992, S. 46.
[479] Vgl. BArch, BW 2/23924, Fü S IV – Arbeitsstab Kambodscha, Protokoll zur 8. Sitzung Arbeitsstab Kambodscha (ArbStKamb), Juni 1992, S. 3; PA-DBT 3119, Ausschuss für Verteidigung, 12/39, 23.9.1992, S. 40; BArch, BW 2/31822, Sanitätsamt der Bundeswehr, Sanitätsdienstliche Unterstützung der Vereinten Nationen in Kambodscha durch die Bundeswehr, Nov 1991–Nov 1993, Zusammenfassender Erfahrungsbericht, o.D., S. 100 f.
[480] Vgl. PA-DBT 3104, Unterausschuss Vereinte Nationen/Weltweite Organisationen, 12/7, 29.4.1992, S. 6.
[481] PA-DBT 3119, Ausschuss für Verteidigung, 12/32, 29.4.1992, S. 38. Siehe auch Udo Bergdoll und Stephan-Andreas Casdorff, »Instinkte lassen sich nicht wegkommandieren«. In: SZ, 8.5.1992, Nr. 106, S. 9; ARD, Tagesschau vor 20 Jahren, 29.5.1992.
[482] UNA, S-1086-0093-02-00002, Notes of the Secretary-General's meeting with Chancellor Helmut Kohl of Germany, 6.5.1992, hier S. 3.
[483] BT-PlPr. 12/103, 9.9.1992, S. 8771. Siehe auch Rühe, Rede des Bundesministers der Verteidigung, Volker Rühe, anlässlich der 33. Kommandeurtagung der Bundeswehr am 14. Mai 1992, S. 10.

der politikwissenschaftlichen Literatur bereits umfangreich dargestellt.[484] Während die Opposition mit sich rang,[485] welchem außenpolitischen Kurs sie folgen wollte, definierte Bundeskanzler Kohl im Oktober 1990 die Marschrichtung der Regierung: Die Teilnahme der Bundeswehr an Maßnahmen der Vereinten Nationen.[486] Erwartungen der USA zu einer größeren Lastenteilung bei internationalen Friedensbemühungen mögen hierfür zentral gewesen sein.[487] Wie der Zweite Golfkrieg aber zeigte, war das traditionell auf Neutralität ausgelegte militärische Agieren der Vereinten Nationen nur noch eine Möglichkeit des internationalen Handelns. Ausdrücklich forderte Kohl im März 1991 – nach der Erlangung der vollen Souveränität der Bundesrepublik – die Beteiligung der Bundeswehr am vollen Spektrum militärischer Maßnahmen.[488] Dies bedeutete in letzter Konsequenz die Beteiligung der Bundeswehr an Kampfeinsätzen zur »Wiederherstellung des Friedens« und vor allem auch die Beteiligung an militärischen Einsätzen im europäischen Rahmen ohne VN-Mandat. Die Vereinten Nationen seien »ein Nebenthema«, so der verteidigungspolitische Sprecher der CDU/CSU-Bundestagsfraktion Karl Lamers.[489] Insbesondere die Franzosen standen einem von Deutschland mit initiierten europäischen Korps ablehnend gegenüber, wenn seine Einsatzbereitschaft von einem VN-Mandat abhing.[490]

Spätestens mit Kohls Ankündigung war daher abzusehen, dass sich die Regierung nicht auf einen Kompromiss einlassen würde, der nur »Blauhelm-Einsätze«, aber keine »Kampfeinsätze« zuließ.[491] Der im Juni 1992 von der SPD

---

[484] Vgl. Kamp, Die Debatte, S. 15–24; BPA, Ein deutscher Beitrag zu internationalen Friedensmissionen?; Löwe, Peacekeeping-Operationen, S. 229–286; Harnisch, Internationale Politik, S. 238–263.

[485] Zu den Überlegungen der SPD zur Änderung des Grundgesetzes siehe Bundesmarine: Germans to the front? In: Der Spiegel, Nr. 49 (1987), 29.11.1987, S. 21; Bardehle, Bundesdeutsche Blauhelme?, S. 391 f.; Bartke, Verteidigungsauftrag, S. 228 ff.; Tolerant, charakterfest. In: Der Spiegel, Nr. 23 (1991), 2.6.1991, S. 20–23; »Wir müssen Uno-fähig werden«. In: Der Spiegel, Nr. 36 (1993), 5.9.1993, S. 22–24; Harnisch, Internationale Politik, S. 250 f. Vgl. auch die Aussagen des Abgeordneten Peter Glotz, der die Beteiligung an »robusten« VN-Missionen unterstützte, sowie des Abgeordneten Horst Niggemeier, der Beteiligungen wie in Somalia durch Art. 24 GG für zulässig hielt. BT-PlPr. 12/151, 21.4.1993, S. 12969; PA-DBT 3119, Ausschuss für Verteidigung, 12/61, 30.6.1993, S. 90 ff.

[486] BPA, Botschaft des Bundeskanzlers an alle Regierungen der Welt. In: Bulletin, Nr. 118, 5.10.1990, S. 1227 f.

[487] Zeitzeugengespräch mit Botschafter a.D. Thomas Matussek am 15.1.2021.

[488] BPA, Die Rolle Deutschlands in Europa. In: Bulletin, Nr. 33, 22.3.1991, S. 241–247, hier S. 243. Siehe auch BT-PlPr. 12/28, 6.6.1991, S. 2100.

[489] Von deutscher Drückebergerei. In: Der Spiegel, Nr. 12 (1992), 16.3.1992, S. 22 f., hier S. 22. Siehe auch BArch, B 136/34364, Kopie Schreiben Karl Lamers, MdB, an Wolfgang Schäuble, Vorsitzender der CDU/CSU-Bundestagsfraktion, 12.3.1992.

[490] Vgl. BArch, B 136/34364, Kopie Schreiben des Generalinspekteurs an den Verteidigungsminister, 23.3.1992; BArch, B 136/108223, Vorlage Abteilungsleiter 2 an den Bundeskanzler, Betr.: Bundeswehr-Einsätze im europäischen und UN-Rahmen, 23.3.1992.

[491] Solche Vorschläge hatte die SPD bereits 1991 gemacht. BT-PlPr. 12/14, 13.3.1991, S. 739, 781; BT-PlPr. 12/37, 4.9.1991, S. 3024. Zur Haltung der CDU/CSU siehe BT-PlPr. 12/14, 13.3.1991, S. 774; BT-PlPr. 12/101, 22.7.1992, S. 8622; BT-PlPr. 12/123, 25.11.1992, S. 10461.

III. Die Bundesrepublik Deutschland und die Beteiligung an Missionen   161

eingebrachte Entwurf zur Grundgesetzänderung war somit zum Scheitern verurteilt.[492] Die SPD wollte den Vereinten Nationen maximal Soldaten »für friedenserhaltende Maßnahmen ohne Kampfauftrag« bereitstellen.[493] Eine solche Beschränkung lehnte das BMVg aber seit Ende der 1980er-Jahre ab, da es den Verlust seiner Handlungsfähigkeit und Glaubwürdigkeit im Rahmen der NATO befürchtete.[494] Erschwerend kam hinzu, dass die SPD den deutschen Soldaten nur die Mitnahme von »leichten Waffen zum Selbstschutz« gestatten wollte und Freiwilligkeit voraussetzte. Wehrpflichtige sollten nicht beteiligt werden.[495] Aus Sicht der Arbeitsebene des BMVg hätte dies die Bundeswehr zu einer »Zweiklassenarmee« degradiert und den deutschen Möglichkeiten zu enge Grenzen gesetzt.[496]

Noch weniger akzeptabel für die Bundesregierung war der Vorschlag der Gruppe Bündnis 90/Die Grünen vom Juli 1992.[497] Aus deren Sicht sollten deutsche Soldaten nur bei unter Kapitel VI der VN-Charta mandatierten »Peace-Keeping Operations« eingesetzt werden. Voraussetzung sollten eine Anfrage des VNGS, eine Resolution des VNSR sowie die Zustimmung aller »am Konflikt beteiligten Staaten« sein. Ein deutsches Kontingent dürfe zudem »nur mit leichten Waffen zum Selbstschutz ausgerüstet« werden, maximal 2000 Soldaten umfassen und nur aus freiwilligen Berufs- und Zeitsoldaten bestehen. Nicht beteiligen dürfe sich die Bundesrepublik an militärischen Maßnahmen in Nachbarländern. Zudem müsse mindestens die Mehrheit aller Bundestagsabgeordneten für die Entsendung stimmen.[498] Als Grundlage des Antrags diente das Konfliktbild der 1960er- und 70er-Jahre, in dem VN-Soldaten zwischen zwei staatlichen Konfliktparteien als neutrale

---

[492] Zur Diskussion des SPD-Entwurfs siehe Zimmer, Einsätze der Bundeswehr, S. 196–199.
[493] BT-Drs. 12/2895, 23.6.1992, S. 1. Einen solchen Entschluss hatte die SPD Ende Mai 1991 auf ihrem Parteitag in Bremen gefasst. Tolerant, charakterfest. In: Der Spiegel, Nr. 23 (1991), 3.6.1991, S. 20–23.
[494] BArch, BW 2/27267, Schreiben VR II 2 an Fü S III 1, Betr.: Sitzung der Arbeitsgruppe Verteidigungspolitik der CDU/CSU-Bundestagsfraktion am 24.10.1989, 9.30 Uhr, 20.10.1989, hier S. 2; BArch, BW 1/566617, Nebenabdruck Vorlage VR II 2 an den Verteidigungsminister, Betr.: Deutsche militärische Mitwirkung im Rahmen kollektiver Sicherheitsmaßnahmen, hier: Ergänzung des Grundgesetzes, 18.12.1990, hier S. 10; BArch, BW 2/34849, Vorlage VR II 2 an den Verteidigungsminister, Betr.: Verfassungsrechtliche Rahmenbedingungen für einen Einsatz der Streitkräfte, 2.6.1992, hier S. 11 ff.; BArch, BW 2/29565, Vorlage Fü S III 1 an den Verteidigungsminister, Betr.: Gesetzentwurf der SPD zur Änderung des Grundgesetzes (»Blauhelme«), hier: Erste Bewertung aus militärpolitischer Sicht, 25.6.1992.
[495] BT-Drs. 12/2895, 23.6.1992, S. 2.
[496] BArch, BW 2/29565, Entwurf Vorlage Fü S III 1 an den Verteidigungsminister, Betr.: Gesetzentwurf der SPD zur Änderung des Grundgesetzes (»Blauhelme«), hier: Erste Bewertung aus militärpolitischer Sicht, 25.6.1992, hier S. 7.
[497] Zur wissenschaftlichen Diskussion siehe Zimmer, Einsätze der Bundeswehr, S. 200 ff. Bei den Abgeordneten der Gruppe handelte es sich ausnahmslos um Bürger der ehemaligen DDR, die einen gemäßigteren Kurs verfolgten als die Grünen in Westdeutschland. Letztere waren 1990 nicht wieder in den Bundestag eingezogen. Zu den unterschiedlichen Ansichten der Ost- und West-Grünen siehe Harnisch, Internationale Politik, S. 257–261.
[498] BT-Drs. 12/3014, 2.7.1992.

Puffer gewirkt hatten. Die folgenden Fallbeispiele zeigen aber, dass immer öfter nichtstaatliche Gewaltakteure die Existenz international – zumindest formell – anerkannter Regierungen gefährdeten. Zudem band der VNSR seine Missionen bis zu diesem Zeitpunkt nicht an ein Kapitel der VN-Charta, sodass der Ruf nach einer Kapitel-VI-Resolution nicht der VN-Praxis entsprach. Darüber hinaus überfrachteten die Grünen ihren Antrag in noch größerem Maße mit Details als die SPD. Die Maximalgröße schien willkürlich gewählt und ließ kaum Handlungsspielraum.

Die mit 17 Abgeordneten im Bundestag vertretene Gruppe PDS/Linke Liste lehnte alle Einsätze der Bundeswehr jenseits der Verteidigung ab und forderte eine entsprechende Anpassung des Grundgesetzes. Ihr erklärtes Ziel war die »Entmilitarisierung der Außenpolitik«;[499] ein Antrag, der von der Regierung nicht weiter ernst genommen wurde.

Da alle Oppositionsparteien Vorschläge für eine Grundgesetzänderung vorgelegt hatten, musste die Regierungskoalition handeln. An Vorschlägen mangelte es nicht.[500] Allerdings sahen einige Abgeordnete beim Scheitern eines Antrags die Gefahr einer Verfestigung der restriktiven Rechtsauslegung. Jeder Außenstehende musste davon ausgehen, dass eine Änderung nur nötig sei, wenn das Grundgesetz zuvor keine Beteiligungen der Bundeswehr im Ausland über die Landes- und Bündnisverteidigung hinaus erlaubte.[501] Wurde der Antrag abgelehnt, wäre die Regierung handlungsunfähig gewesen. Ohne Klärung, so Verteidigungsminister Rühe, laufe Deutschland jedoch »erneut Gefahr, international Außenseiter zu werden und seinen Einfluß auf die Gestaltung der für uns lebenswichtigen Strukturen und Prozesse zu verlieren«.[502] Die FDP[503] sprach sich aus besagten Gründen aber für eine Grundgesetzänderung aus; mit Blick auf das bei den Vereinten Nationen verortete internationale Gewaltmonopol wollte man zunächst eine Beschränkung auf VN-Missionen[504] bzw. nach Genschers Rücktritt auf Maßnahmen mit VN-Mandat.[505] Die Union wollte dagegen das gesamte Einsatzspektrum,

---

[499] BT-Drs. 12/3055, 21.7.1992. Zur wissenschaftlichen Diskussion siehe Zimmer, Einsätze der Bundeswehr, S. 202 f.

[500] Bspw. schlug der CDU-Abgeordnete Hornhues vor, den Art. 87a Abs. 2 in »Außer zur Verteidigung und zur Erfüllung von Aufgaben innerhalb eines Systems gegenseitiger kollektiver Sicherheit dürfen die Streitkräfte nur eingesetzt werden, soweit dieses Grundgesetz es ausdrücklich zuläßt« umzuformulieren. BT-PlPr. 12/14, 13.3.1991, S. 800. Ähnlich Hornhues, Beteiligung der Bundeswehr an Friedensmissionen.

[501] Vgl. BArch, B 136/34364, Schreiben Claus Jäger, MdB, an Rudolf Seiters, Chef des Bundeskanzleramts, 12.6.1991.

[502] BT-PlPr. 12/132, 15.1.1993, S. 11485.

[503] Unabhängig von der CDU/CSU erarbeitete die FDP eigene Vorschläge zur Grundgesetzänderung. Vgl. BPA, Ein deutscher Beitrag zu internationalen Friedensmissionen, S. 4 f.; Harnisch, Internationale Politik, S. 248 f.

[504] Vgl. BT-PlPr. 12/6, 31.1.1991, S. 137; BT-PlPr. 12/14, 13.3.1991, S. 795; Hugo Müller-Vogg und Günther Nonnenmacher, »Bald werden sich die Deutschen an Blauhelm-Einsätzen beteiligen«. In: FAS, 22.3.1992, Nr. 12, S. 3.

[505] Vgl. BT-PlPr. 12/101, 22.7.1992, S. 8626. Im Gegensatz zu Genscher steckte sein Nachfolger Klaus Kinkel nicht im Dilemma, seine Glaubwürdigkeit durch einen Politikwandel zu verlieren. Weil die Mehrheit der FDP aber eine Grundgesetzänderung für notwendig

## III. Die Bundesrepublik Deutschland und die Beteiligung an Missionen

insbesondere auch ohne VN-Mandat im europäischen Rahmen, und erachtete eine Grundgesetzänderung nicht für notwendig, sondern nur für »wünschenswert«.[506] Eine Abstimmung in der Koalition gelang somit erst im Januar 1993.[507] Durch eine Ergänzung des Art. 24 Abs. 2 GG sollte sich die Bundesrepublik an »friedenserhaltenden Maßnahmen« der Vereinten Nationen oder einer Regionalorganisation beteiligen können. Möglich sein sollten aber auch Beteiligungen an »friedensherstellenden Maßnahmen auf Grund der Kapitel VII und VIII« der VN-Charta. Benötigt werde dafür lediglich eine einfache Mehrheit im Bundestag.[508] Die Bundesregierung sollte nie allein, sondern nur mit Partnern handeln[509] und ein militärischer Einsatz immer »Ultima ratio«[510] sein.[511] Zur »Ausübung des Rechtes zur kollektiven Selbstverteidigung gemäß Artikel 51« müssten zwei Drittel der Mitglieder des Bundestags dafür votieren.[512] Gerade Letzteres sorgte für Unverständnis, hätten damit die Hürden für eine kollektive Verteidigung doch höher gelegen als für eine VN-Beteiligung.[513] Auch entsprachen die von der Regierungskoalition verwendeten Begriffe der »friedenserhaltenden« bzw. »friedensherstellenden Maßnahmen« nicht dem Sprachgebrauch des deutschen Übersetzungsdiensts der Vereinten Nationen.[514] Anstatt Klarheit zu stiften, reihte sich der Vorschlag in die ohnehin diffuse Diskussion ein.[515]

Im Schatten der rechtlichen Debatte, *ob* man überhaupt dürfe, ging die Frage, wann und unter welchen Umständen sich die Bundesregierung an VN-Missionen beteiligen wollte, fast unter.[516] Für die FDP und ihren Vorsitzenden Klaus Kinkel sollte die Entscheidung stets von Werten und Interessen abhängen:

---

hielt, musste auch der neue Parteivorsitzende Kinkel diese Linie vertreten. Selbst soll er aber anderer Auffassung gewesen sein. Vgl. Philippi, Bundeswehr-Auslandseinsätze, S. 107.

[506] BT-PlPr. 12/123, 25.11.1992, S. 10461. Siehe auch BArch, B 136/34364, Kopie Schreiben Karl Lamers, MdB, an den Vorsitzenden der CDU/CSU-Bundestagsfraktion, Wolfgang Schäuble, 12.3.1992; BT-PlPr. 12/101, 22.7.1992, S. 8622.
[507] Zur wissenschaftlichen Diskussion siehe Zimmer, Einsätze der Bundeswehr, S. 191–195.
[508] BT-Drs. 12/4107, 13.1.1993.
[509] BT-PlPr. 12/132, 15.1.1993, S. 11469, 11484. Siehe auch BT-PlPr. 12/103, 9.9.1992, S. 8773.
[510] So Bundeskanzler Kohl in BT-PlPr. 12/14, 13.3.1991, S. 774.
[511] BT-PlPr. 12/132, 15.1.1993, S. 11484. Gerade die FDP betonte diesen Sachverhalt. BT-PlPr. 12/151, 21.4.1993, S. 12928.
[512] BT-Drs. 12/4107, 13.1.1993.
[513] Siedschlag, Die aktive Beteiligung Deutschlands, S. 121.
[514] Vgl. VNGV/VNSR, A/47/277_S/24111, 17.6.1992, http://www.un.org/depts/german/friesi/afried/a47277-s24111.pdf. Im Verteidigungsausschuss merkte der spätere Ständige Vertreter in New York, Tono Eitel, an, dass Deutsch keine Amtssprache der VN und »friedensherstellende Maßnahmen« eine »sinngemäße Übersetzung« sei. PA-DBT 3119, Ausschuss für Verteidigung, 12/53, 3.3.1993, S. 75.
[515] März, Bundeswehr in Somalia, S. 88; Siedschlag, Die aktive Beteiligung Deutschlands, S. 120.
[516] Vgl. BArch, BW 1/443700, Kopie Vorlage Planungsstab an den Außenminister, Betr.: Politische Leitlinien für die Frage einer Beteiligung der BW an internationalen Peacekeeping-Missionen nach dem bevorstehenden Urteil des Verfassungsgerichts, 28.6.1994, hier S. 1.

»Ist unser Einsatz durch unser nationales Interesse oder durch andere zwingende Gründe zwingend geboten, oder schließt eventuell unser nationales Interesse einen solchen Einsatz aus? Wie groß ist die Erfolgschance? Wie hoch sind die Kosten? Sind wir bereit, uns auch längerfristig zu engagieren, auch wenn das eventuell Menschenopfer kostet?«[517]

Eine ähnliche, aber deutlich werteorientierte Linie vertrat die CDU/CSU-Bundestagsfraktion durch ihren außenpolitischen Sprecher Karl Lamers. Erstens sei die Verwendung deutscher Soldaten nur gerechtfertigt, wenn das Leben anderer Menschen in Gefahr sei oder Menschenrechte gravierend gebrochen würden. Zweitens müssten alle nichtmilitärischen Maßnahmen gescheitert sein. Drittens müssten militärische Maßnahmen Aussicht auf Erfolg haben, den Ausbruch von Gewalt zu verhindern oder schnellstmöglich zu beenden. Viertens müsse der Einsatz militärischer Mittel die Voraussetzung für eine politische Lösung schaffen.[518] Ähnlich hatte sich zuvor bereits Verteidigungsminister Rühe geäußert. Vor der Deutschen Gesellschaft für Auswärtige Politik erklärte er im Juni 1992, dass jede Entsendung der Bundeswehr eine verfassungsrechtliche Grundlage benötige, eine Beteiligung nur auf Anforderung der Vereinten Nationen oder eventuell der KSZE, nur im multilateralen Rahmen und immer nur mit einem »eindeutigen Manda[t]« erfolgen könne und jede Maßnahme »von Fall zu Fall im Deutschen Bundestag« entschieden werden müsse. Als Voraussetzung von »Blauhelm-Einsätzen« müsse zudem ein Waffenstillstand vorliegen und der politische Wille der Konfliktparteien zum Frieden bestehen.[519] Argumente wie Prestige oder Ausbildungsinteressen, mit denen die bisher erfolgten Unterstützungen zum Teil begründet worden waren, spielten in der öffentlichen Debatte keine Rolle. Bei der Analyse der Fallbeispiele ist daher immer zwischen einer Begründung gegenüber der Öffentlichkeit und einer internen, innerhalb der Bundesregierung und den Bundesressorts verwendeten Begründung zu unterscheiden.

Letztlich fehlte der Regierungskoalition die nötige Zweidrittelmehrheit im Bundestag, das Grundgesetz zu ändern.[520] Erst der politische Streit um die Beteiligung der Bundeswehr in Südosteuropa und in Somalia führte im Sommer 1994 zur juristischen Klärung durch das Bundesverfassungsgericht. Dort betonten die Richter, dass die Bundesregierung auf Grundlage des Art. 24 Abs. 2 GG einem System gegenseitiger kollektiver Sicherheit beitreten und alle damit verbundenen Aufgaben – beispielsweise internationale Einsätze mit der Bundeswehr – unterstützen dürfe. Die Notwendigkeit einer Grundgesetzänderung bestehe nicht. Voraussetzung für einen »bewaffneten Einsatz deutscher Streitkräfte« sei jedoch die vorherige Zustimmung

---

[517] BT-PlPr. 12/169, 2.7.1993, S. 14596.
[518] Ebd., S. 14596 f.
[519] Rühe, Vortrag vor der Jahresversammlung 1992 der Deutschen Gesellschaft für Auswärtige Politik, S. 470 f.
[520] Zur Kritik am Regierungsvorschlag siehe BT-PlPr. 12/132, 15.1.1993, S. 11463–11494.

## III. Die Bundesrepublik Deutschland und die Beteiligung an Missionen

des Bundestags.[521] Unbewaffnete Soldaten durften bereits auf Beschluss des Verteidigungsministers ins Ausland entsandt werden. Nur zur Zahlung eines Auslandsverwendungszuschlags (AVZ) an die Soldaten war ein Kabinettsbeschluss nötig.[522]

Auch wenn Außenminister Kinkel den Vereinten Nationen auf der Generalversammlung im Herbst 1994 die volle Teilnahme der Bundesrepublik an VN-Maßnahmen ankündigte[523] und er vom VNGS bereits zuvor um die generelle Bereitstellung von etwa einem Prozent der deutschen Streitkräfte, rund 3000 bis 4000 Soldaten, für VN-Missionen gebeten worden war,[524] hielt Kinkel an »der Kultur der Zurückhaltung« fest.[525] Die Anwendung militärischer Gewalt sollte »Ultima ratio« der deutschen Außenpolitik bleiben.[526] Auch Verteidigungsminister Rühe stellte nach der Urteilsverkündung im Bundestag klar: »Karlsruhe ist kein Marschbefehl für weltweite Einsätze, [...] sondern es wird verantwortlich in jedem Einzelfall entschieden.« Die Hauptverantwortung der Bundesrepublik liege in Europa und dessen Peripherie.[527] Künftige Einsätze auf dem afrikanischen Kontinent lehnte er ab.

---

[521] BVerfGE 90, 286 – Out-of-area-Einsätze, 12.7.1994. Geklärt wurden vier seit 1992 laufende Klagen gegen die Befugnisse der Bundesregierung: Die Klage der SPD gegen die Beteiligung der Bundesrepublik am Embargo gegen Jugoslawien in der Adria, die beiden von der FDP und der SPD vorgebrachten Klagen gegen die Beteiligung an AWACS-Aufklärungsflügen über Bosnien und Herzegowina sowie das Verfahren der SPD gegen die Beteiligung an der UNOSOM II. Allerdings regelte das Gericht nicht den Streit um die Begriffe »Verteidigung« und »Einsatz«: »Die mannigfachen Meinungsverschiedenheiten darüber, wie in diesem Zusammenhang die Begriffe der ›Verteidigung‹ und des ›Einsatzes‹ auszulegen sind, und ob Art. 87a Abs. 2 GG als eine Vorschrift zu verstehen ist, die nur den Einsatz der Streitkräfte ›nach innen‹ regeln will, bedürfen in den vorliegenden Verfahren keiner Entscheidung. Denn wie immer dies zu beantworten sein mag, jedenfalls wird durch Art. 87a GG der Einsatz bewaffneter deutscher Streitkräfte im Rahmen eines Systems gegenseitiger kollektiver Sicherheit, dem die Bundesrepublik Deutschland gemäß Art. 24 Abs. 2 GG beigetreten ist, nicht ausgeschlossen.« Geregelt wurden daher nur die Befugnisse der Exekutive und der Legislative, die 2005 im Parlamentsbeteiligungsgesetz festgeschrieben wurden. Vgl. Gesetz über die parlamentarische Beteiligung bei der Entscheidung über den Einsatz bewaffneter Streitkräfte im Ausland (Parlamentsbeteiligungsgesetz), 18.3.2005.
[522] Hermsdörfer, Die Auslandseinsätze der Bundeswehr, S. 18.
[523] VNGV, A/49/PV.6, 27.9.1994, S. 17; BPA, Rede des Bundesaußenministers vor den Vereinten Nationen. In: Bulletin, Nr. 89, 30.9.1994, S. 825–829, hier S. 826.
[524] UNA, S-1086-0045-08-00001, Notes of the Secretary-General's meeting with Foreign Minister of Germany, 25.4.1994, hier S. 2. Gegenüber der Bundestagspräsidentin Rita Süssmuth hatte er sogar von einer Obergrenze von 7000 Soldaten gesprochen. UNA, S-1086-0045-08-00001, Notes of the Secretary-General's meeting with President of the Bundestag, 22.4.1994, hier S. 8.
[525] BT-PlPr. 12/240, 22.7.1994, S. 21167; BPA, Die Bundeswehr als Garant von Frieden, Freiheit und Demokratie. In: Bulletin, Nr. 93, 8.10.1994, S. 862–864, hier S. 864; BT-PlPr. 13/63, 25.10.1995, S. 5349.
[526] Kinkel, Die Rolle Deutschlands, S. 4.
[527] BT-PlPr. 12/240, 22.7.1994, S. 21187. Im März 1993 hatte Rühe auf der Jahrestagung der Deutschen Gesellschaft für Wehrtechnik erklärt: »Die Bundeswehr wird nicht an jeden Krisenort dieser Welt geschickt. Deutschland wird nie allein handeln, immer nur zusammen mit Verbündeten und Partnern. Es gibt keinerlei Automatismus. Jeder Einzelfall soll an unseren Grundwerten und unseren Interessen gemessen, im Bewußtsein unserer

Sein Fokus lag auf der NATO, nicht auf den Vereinten Nationen.[528] Kinkel, dessen Ressort die »Meinungsführerschaft« über die künftige Beteiligung an »Friedensmissionen« besitzen wollte,[529] knüpfte die Teilnahme an sechs Kriterien. Erstens müsse eine Mission völkerrechtlich legitimiert sein. Zweitens werde Deutschland nie allein, sondern immer nur mit seinen Partnern handeln. Drittens müsse geklärt werden, ob es ein »klares Mandat« gebe, militärische Maßnahmen sinnvoll zu politischen Bemühungen passten, Mittel und Kräfte der Zielsetzung entsprächen und ein Ende der Maßnahmen absehbar seien. Viertens müssten die Gründe für eine deutsche Beteiligung umso zwingender sein, je gefährlicher eine Mission werde. Fünftens müsse der Bundestag einer Beteiligung zustimmen und sechstens sollten deutsche Soldaten nur dort zum Einsatz kommen, wo sie aufgrund der eigenen Historie nicht konfliktschürend wirkten.[530] Die Analysen der bis zu diesem Zeitpunkt bereits erfolgten (Nicht-)Beteiligungen werden allerdings zeigen, dass normative Aspekte bei der Entscheidung in der Praxis von geringerer Priorität waren als ressortspezifische Interessen.

### c) Ministerielle Vorbereitungen zur Beteiligung an VN-Missionen

Als die Bundesregierung 1989 an der VN-Mission in Namibia teilnahm, betraten das AA und das BMI Neuland. Ähnlich erging es dem BMVg bei seiner Beteiligung im Irak. Im Bereich der VN-Missionen musste jedes Ressort erst Erfahrungen sammeln, Abläufe verinnerlichen und Strukturen anpassen. Am stärksten betroffen war das BMVg, das die Hauptlast des verstärkten internationalen Engagements zu schultern hatte und mit langwierigen Vorbereitungen konfrontiert wurde.

*Auswärtiges Amt*

Zwar ist das AA in Fragen einer VN-Beteiligung federführend, im Gegensatz zum BMI oder BMVg besitzt es aber kaum Personal oder Material, um seine politischen Vorstellungen zu verwirklichen. 1989 hatte es schon Probleme, einen einzelnen aktiven Beamten des höheren Dienstes als politischen Berater

---

historischen Verantwortung abgewogen und durch das deutsche Parlament entschieden werden.« Rühe, Betr.: Bundeswehr, S. 190 f.
[528] Stefan Aust und Dirk Koch, »Wir drängeln uns nicht vor«. In: Der Spiegel, Nr. 2 (1995), 8.1.1995, S. 23–25, hier S. 24.
[529] BArch, BW 1/443700, Kopie Entwurf Vorlage Planungsstab an den Außenminister, Betr.: Politische Leitlinien für die Frage einer Beteiligung der BW an internationalen Peacekeeping-Missionen nach dem bevorstehenden Urteil des Verfassungsgerichts, 28.6.1994, hier S. 1.
[530] Kinkel, Die Rolle Deutschlands, S. 6 f. Siehe auch BT-PlPr. 12/240, 22.7.1994, S. 21167; Kinkel, Peacekeeping Missions; BPA, Die Bundeswehr als Garant von Frieden, Freiheit und Demokratie. In: Bulletin, Nr. 93, 8.10.1994, S. 862–864, hier S. 864.

zur ONUCA nach Mittelamerika zu senden.[531] Für sichtbare Beiträge war es auf Unterstützung angewiesen. Anfang der 1990er-Jahre hatte es daher wenig Bedarf, konkrete Planungen oder Umstrukturierungen vorzunehmen. Mit Referat 230 besaß es bereits ein eigenes VN-Referat und musste nicht erst VN-Expertise entwickeln. Infolge des deutschen Engagements im Irak und in Kambodscha wurde die Ständige Vertretung in New York Anfang 1993 allerdings durch einen Stabsoffizier der Bundeswehr verstärkt, um in militärischen Angelegenheiten beraten und unterstützt zu werden.[532] Insgesamt war die Debatte im AA und seinen unterstellten Bereichen aber weniger technischer als politischer Natur. Die Beteiligung an VN-Missionen sollte der Bundesrepublik in erster Linie »ein Mitsprache- und Mitgestaltungsrecht sichern.«[533] Im Gegensatz zum CDU-geführten BKAmt versuchte das FDP-geführte AA die Beteiligung der Bundeswehr im Ausland auf militärische Maßnahmen der Vereinten Nationen zu begrenzen und nicht auch im europäischen oder NATO-Rahmen zu ermöglichen. Im Gegensatz zur Europapolitik besaß das AA in der VN-Politik Freiheit. Zudem sah die FDP die Stärkung der Weltgemeinschaft als Schritt in Richtung einer »Weltinnenpolitik«.[534]

Erwartungsgemäß war die Ständige Vertretung in New York der größte Verfechter einer stärkeren VN-Beteiligung. Im Gegensatz zu den von Außenminister Kinkel öffentlich vertretenen Motiven nannte sie anlässlich des laufenden Organstreits im Juni 1993 folgende Gründe, weswegen die Bundesregierung bei einer Beteiligung an VN-Missionen »bis an die Grenzen des Möglichen« gehen sollte: Eine Beteiligung diene dem generellen Ansehen Deutschlands in den Vereinten Nationen und dem Wunsch nach einer per-

---

[531] PA AA, B 30, ZA, Bd 248943, Vermerk Referat 101, Betr.: Deutsche Beteiligung an ONUCA, hier: Entsendung eines zivilen Beraters, 10.11.1989; PA AA, B 30, ZA, Bd 248944, Drahtbericht der Ständigen Vertretung in New York an Referat 230 im AA, Nr. 32, 10.1.1990; ebd., Drahterlass Referat 101 im AA an die Ständige Vertretung in New York, Nr. 192, 11.5.1990.

[532] Beim entsandten militärischen Berater handelte es sich um Oberstleutnant, dann Oberst i.G. Achim Biermann, der zunächst als Deputy Director of Operations im Rahmen der UNSCOM im VN-Sekretariat tätig war und ab dem 1.2.1993 in die Ständige Vertretung wechselte. Das BMVg hatte zunächst auf die Gründung einer eigenen militärischen Abteilung innerhalb der Ständigen Vertretung bestanden, während das AA nur gewillt war, einen Dienstposten in der politischen Abteilung der Vertretung zu schaffen. In erster Linie ging es dabei um die Frage, ob ein Soldat gleiche Vortragsbefugnisse beim Ständigen Vertreter haben sollte wie der Leiter der politischen Abteilung als Diplomat. Aufgrund des Widerstands des AA und des dringenden Bedarfs nach militärischer Koordinierung ließ das BMVg seine Forderung fallen. BArch, BW 1/372201, Nebenabdruck Vorlage Fü S III 1 an Staatssekretär Schönbohm, Betr.: Besetzung eines Dienstpostens A 16 in der Ständigen Vertretung der Bundesrepublik Deutschland am Sitz der Vereinten Nationen in New York, hier: Weiteres Vorgehen nach Ihrem Gespräch mit StS Kastrup (AA), 23.10.1992; ebd., Nebenabdruck Vorlage Fü S III 5 an den Verteidigungsminister, Betr.: Personelle Repräsentanz der Bundeswehr bei den Vereinten Nationen (VN), 11.1.1993, hier S. 2.

[533] PA AA, B 30, ZA, Bd 158172, Drahtbericht der Ständigen Vertretung in New York an Referat 230 im AA, Nr. 286, 20.2.1990, hier S. 2. Bereits erschienen in AAPD 1990, Dok. 48, S. 191 f.

[534] Vgl. BT-PlPr. 12/177, 24.9.1993, S. 15307 f.

manenten Mitgliedschaft im VNSR. Zudem sei die nötige positive Einstellung der Öffentlichkeit zur Beteiligung an VN-Missionen »am besten durch positive praktische Erfahrungen« herbeizuführen. Die deutschen Beiträge sollten sich jedoch »an dem ausrichten, was wir verfügbar haben.« Konkret sei das VN-Sekretariat an Spezialfähigkeiten wie Logistikern oder Pionieren interessiert. Eine deutsche Beteiligung an einer VN-Mission sollte vor allem dann erfolgen, »wenn besondere politische Umstände für eine deutsche Beteiligung« sprächen und es die Konfliktparteien wünschten. Nicht beteiligen solle man sich, wenn »politische Opportunität«, beispielsweise historische Gründe im ehemaligen Jugoslawien oder Israel, dagegen sprächen.[535]

Zusätzliche freiwillige Beiträge lehnte die Ständige Vertretung angesichts der stetig wachsenden Pflichtbeiträge ab. Um den internationalen Forderungen nach einem stärkeren Engagement zu entsprechen, sollte sich die Bundesregierung vor allem dort beteiligen, »wo deutsche Präsenz keinen Anstoss« errege.[536] In eine ähnliche Richtung dachte offenbar auch der Planungsstab des AA, wobei er das Credo der »Kultur der Zurückhaltung« aufrechterhielt und auch in Zukunft mehr Ablehnungen als Teilnahmen befürwortete.[537] Ihm ging es in erster Linie aber darum, ein künftiges militärisches Engagement im Ausland »europäisch einzubetten«. Je mehr europäische Partner sich an einer Mission beteiligten, desto eher sollte sich auch Deutschland engagieren. Zwar sollte bei den NATO-Partnern USA und Kanada ähnlich vorgegangen werden,[538] im Gegensatz zum BMVg tendierte das AA bei der Wahl seiner Verbündeten aber eher zur neugegründeten EU als zum atlantischen Bündnis. Ausdrücklich sollten auch ökonomische Interessen und das historische Erbe bei der Entscheidung berücksichtigt werden und die Konfliktakteure keine Einwände gegen eine deutsche Beteiligung haben.[539]

Keine Illusionen machte sich der Planungsstab über die begrenzten Fähigkeiten der Vereinten Nationen. Die »einzige Alternative zu selektivem Handeln« – gemeint war die Auswahl der Konflikte, in denen sich die Weltorganisation engagierte – sei »die generelle Nichtbeteiligung«. Dies gelte vor allem in Afrika. Hier seien in erster Linie afrikanische Staaten zur Konfliktlösung gefragt, wobei in die Entscheidung der Bundesregierung »Verantwortung aus vorausgehendem Handeln«, etwa die deutsche Kolonialzeit in Namibia, einfließen müsse.[540] Mit steigendem Risiko seien die eigenen Maßstäbe allerdings strenger anzulegen, da eigene Opfer »innenpoli-

---

[535] PA AA, B 34, ZA, Bd 160136, Drahtbericht der Ständigen Vertretung in New York an Referat 230 im AA, Nr. 1580, 25.6.1993, hier S. 2.
[536] Ebd., S. 3.
[537] BArch, BW 1/443700, Kopie Entwurf Vorlage Planungsstab an den Außenminister, Betr.: Politische Leitlinien für die Frage einer Beteiligung der BW an internationalen Peacekeeping-Missionen nach dem bevorstehenden Urteil des Verfassungsgerichts, 28.6.1994, hier Anlage 1, S. 1.
[538] Ebd., S. 2 f.
[539] Ebd., S. 4 f.
[540] Ebd., S. 6 f.

III. Die Bundesrepublik Deutschland und die Beteiligung an Missionen    169

tisch vermittelbar« bleiben müssten.[541] Zudem solle man sich nur beteiligen, wenn die deutschen Fähigkeiten »wirklich notwendig« für den Erfolg der Mission seien.[542] Im Gegensatz zu den nach außen kommunizierten wertgebundenen Motiven war die interne Begründung des AA zur Teilnahme an VN-Missionen rationaler. Zum Missfallen des AA plante aber gerade das als ›Zulieferer‹ benötigte BMVg in Teilen ohne Rücksprache mit dem federführenden Ressort,[543] weil sich die Interessen unterschieden.

*Bundeskanzleramt*

Das BKAmt und der Bundeskanzler sind zuständig für die grundsätzliche Ausrichtung der deutschen Politik. Die grundlegende Frage, ob sich die Bundesrepublik an VN-Missionen beteiligen sollte, galt Anfang der 1990er-Jahre daher auch im Kanzleramt als Chefsache. Dies belegen Kohls eingangs zitierte Aussagen. Als führende Industrienation Europas schien es außen- und vor allem bündnispolitisch nicht vertretbar, sich nicht auch militärisch in internationalen Krisen zu engagieren. Dies bedeutet aber nicht, dass es einen strategisch ausgearbeiteten Generalplan zur langsamen Gewöhnung der Öffentlichkeit an VN-Beteiligungen gegeben hätte. Vielmehr wurde auch im BKAmt von Fall zu Fall entschieden.[544] Überdies musste das BKAmt weder eigenes Personal noch Material oder Finanzmittel für eine Beteiligung bereitstellen, sodass seine Planungen begrenzt blieben. Teilweise beschränkte es sich einfach auf die Vermittlung zwischen den Positionen der CDU/CSU und der FDP. Mit Detailfragen beschäftigte sich Kanzler Kohl ohnehin nur bedingt.[545] Insgesamt ging es dem BKAmt bei der Frage einer Beteiligung der Bundeswehr im Ausland weniger um die deutschen Handlungsmöglichkeiten im Rahmen der Vereinten Nationen. Gerade ein ständiger Sitz im VNSR war keine Priorität von Helmut Kohl.[546] Im Interesse des BKAmts lagen ein gutes Verhältnis zu den USA, die Vertiefung der EG und eine stärkere Kooperation mit Frankreich. Europapolitik war ein festes Feld des BKAmts.[547] Unannehmbar waren daher Vorschläge zur Grundgesetzänderung, die nicht das volle Einsatzspektrum von Streitkräften abdeckten oder die militärische Maßnahmen nicht auch im Rahmen der EG oder der KSZE erlaubten. Dies kollidierte nicht nur mit der Haltung der SPD, sondern auch mit dem wesent-

---

[541] Ebd., S. 7 f.
[542] Ebd., S. 9 f. Die Überlegungen des Planungsstabs legten die Grundlage für den Namensartikel Kinkel, Die Rolle Deutschlands.
[543] Vgl. Streit um Weißbuch. In: Der Spiegel, Nr. 9 (1994), 28.2.1994, S. 16.
[544] Zeitzeugengespräch mit Botschafter a.D. Dr. Uwe Kaestner am 25.8.2021.
[545] Fröhlich, »Auf den Kanzler kommt es an«, S. 41 f., 87, 118 f.
[546] BArch, B 136/43514, Entwurf Vermerk AL 2, Betr.: Gespräch des Herrn Bundeskanzlers mit dem Generalsekretär der Vereinten Nationen, Dr. Boutros-Ghali, am Montag, 11. Januar 1993, 12.1.1993, hier S. 4; Zeitzeugengespräch mit Botschafter a.D. Dr. Gunter Pleuger am 15.1.2021; König, Wie Deutschland einen ständigen Sitz im UN-Sicherheitsrat verspielte.
[547] Vgl. Schwarz, Helmut Kohl, S. 748-751.

lich stärker auf die Vereinten Nationen fokussierten AA,[548] weshalb es erst im Januar 1993 zu einem Vorschlag der Koalition zur Grundgesetzänderung kam.

*Bundesministerium des Innern*

Zum Aufgabenbereich des BMI zählten alle Belange des BGS. Seit Ende der 1980er-Jahre befand sich dieser, wie die Bundeswehr, in einem Reformprozess. Im Rahmen der europäischen Zusammenarbeit und der deutschen Einigung verschoben sich Grenzen, alte Aufgaben fielen weg, neue Aufträge kamen hinzu. Die Beteiligung an VN-Maßnahmen war Neuland für das BMI. Es gab keine Strategie, sich langfristig an VN-Missionen zu beteiligen, Eigeninteressen des BMI an der Teilnahme, insbesondere in Afrika, waren nicht zu erkennen. Dementsprechend gab es auch keine besonderen VN-Kompetenzen.[549] Im Gegensatz zur Beteiligung der Bundeswehr handelte es sich bei den Entsendungen des BGS um kleine Kontingente, die zunächst mit den bestehenden Strukturen geführt werden konnten. Auch hielt sich der logistische Aufwand der Entsendungen in Grenzen, sodass sich das BMI in erster Linie mit Fragen der Fürsorge und der sozialer Absicherung, aber nicht mit der operativen Führung befassen musste. Offiziell sollte das Engagement in Namibia auch kein Präzedenzfall für weitere Beteiligungen sein, sodass Anfang der 1990er-Jahre zunächst kein Bedarf für Strukturreformen bestand.[550] Dies änderte sich erst mit den Missionen im ehemaligen Jugoslawien, bei denen zur Deckung des Personalbedarfs auch Polizisten der Länder gebraucht wurden.[551] In diesem Zusammenhang wurde die Entsendung des BGS auch rechtlich geklärt. Zwar war diese juristisch und politisch nie so umstritten wie diejenige der Bundeswehr, zur Schaffung von Rechtssicherheit wurde die Entsendung des BGS aber 1994 im Bundesgrenzschutzgesetz definiert.[552]

---

[548] Vgl. BArch, B 136/34363, Vorlage AL 2 an den Bundeskanzler, Betr.: Einsatz der Bundeswehr außerhalb des NATO-Bündnisgebiets (»out of area«), hier: Sicherung des Handlungsspielraums der Bundesregierung im Falle einer Änderung des Grundgesetzes, 10.9.1990; BArch, B 136/108223, Entwurf Vorlage Referat 212 an den Chef des Bundeskanzleramts, Betr.: Bundeswehr-Einsatz »out-of-area«, hier: Fraktionsgespräch am 30.6.1992, 26.6.1992. Siehe auch ebd., Vorlage Abteilungsleiter 2 an den Bundeskanzler, Betr.: Bundeswehr-Einsätze im europäischen und UN-Rahmen, 23.3.1992.

[549] Zeitzeugenbefragung von Präsident des GSP Süd a.D. Dieter Mechlinski am 5.11.2020; Zeitzeugenbefragung von Bundesrichter Dr. Horst-Dieter Fumi am 20.11.2020; Zeitzeugengespräch mit Präsident des BKA a.D. Dr. Ulrich Kersten am 16.12.2020; Zeitzeugengespräch mit Präsident in der Bundespolizei a.D. Jürgen Bischoff am 17.5.2021; Zeitzeugengespräch mit Präsident eines Bundespolizeipräsidiums a.D. Udo Hansen am 27.5.2021.

[550] Zeitzeugengespräch mit Präsident in der Bundespolizei a.D. Jürgen Bischoff am 17.5.2021. Ausführlich zum Einsatz des BGS in Namibia siehe Kapitel IV.1.d).

[551] Stodiek, Internationale Polizeimissionen, S. 69.

[552] Gesetz zur Neuregelung der Vorschriften über den Bundesgrenzschutz (Bundesgrenzschutzneuregelungsgesetz – BGSNeuRegG) vom 19. Oktober 1994, § 8. In: BGBl., Teil I, Nr. 72 (1994), S. 2978–3000, hier S. 2980 f.; Zeitzeugengespräch mit Präsident

## III. Die Bundesrepublik Deutschland und die Beteiligung an Missionen

*Bundesministerium der Verteidigung*

Kein Ministerium war vom geplanten personellen VN-Engagement so stark betroffen wie das BMVg. Im Verteidigungsministerium gab es Anfang der 1990er-Jahre trotzdem kein Referat, das sich hauptamtlich mit VN-Maßnahmen beschäftigt hätte. Nur wegen seiner Erfahrungen bei den VN-Abrüstungsverhandlungen und bei der UNSCOM wurde das für nukleare und weltweite Rüstungskontrolle zuständige Referat Fü S III 5 beauftragt, im BMVg alle militärpolitischen Fragen zu den Vereinten Nationen zu bearbeiten.[553] Weil es aus Gründen der außenpolitischen Glaubwürdigkeit für das wirtschaftsstarke Deutschland geboten schien, sich militärisch im VN-Rahmen zu engagieren, und Kanzler Kohl eine künftige Beteiligung als Leitlinie ausgegeben hatte, war das Verteidigungsressort aber gewillt, frühzeitig notwendige Grundlagen zu schaffen. Die Frage einer solchen innen- und verfassungsrechtlich umstrittenen Beteiligung blieb dennoch nur ein Thema unter vielen. Hauptanliegen des BMVg bis Mitte der 1990er-Jahre waren die Eingliederung von Teilen der NVA, die Kürzung des Wehretats um mehrere Mrd. D-Mark[554], die Verkleinerung der Bundeswehr und der Abzug der sowjetischen/russischen Truppen aus dem Gebiet der ehemaligen DDR.[555] Obendrein spielten militärische Maßnahmen der NATO für das BMVg weiter eine größere Rolle als die der Vereinten Nationen.

Der neuen NATO-Konzeption folgend, beschloss das Kabinett im Februar 1992 die Aufstellung sogenannter Krisenreaktionskräfte (KRK) zur schnellen Verlegung innerhalb und erst nach Klarstellung des Grundgesetzes auch außerhalb des Bündnisgebiets.[556] Die Gliederung der Streitkräfte in mobile, schnell verlegbare und einsatzorientiert ausgebildete KRK auf der einen und Hauptverteidigungskräfte auf der anderen Seite wurde in den am 26. November 1992 erlassenen Verteidigungspolitischen Richtlinien festgeschrieben.[557] Diese Entscheidung bildete den strukturellen Rahmen einer künftigen Beteiligung im Ausland.

---

des BKA a.D. Dr. Ulrich Kersten am 16.12.2020. Kritisch dazu Fischer-Lescano, Verfassungsrechtliche Fragen.
[553] Zeitzeugengespräch mit Brigadegeneral a.D. Klauswilli Gauchel am 18.12.2019; Zeitzeugenbefragung von Flottillenadmiral a.D. Manfred Hartmann vom 24.3.2020; Zeitzeugengespräch mit General a.D. Dr. Klaus Naumann am 20.4.2020.
[554] Neuneck, Wohin marschiert die Bundeswehr?, S. 96 f.
[555] Siehe dazu Scheven, Die Bundeswehr und der Aufbau Ost.
[556] BArch, BW 2/32476, Kopie Kabinettsache Schreiben BMVg an das BKAmt, Betr.: Stand der Bundeswehrplanung und Weiterentwicklung der Bundeswehr in den 90er Jahren, 11.2.1992. Siehe auch ARD, Tagesschau vor 20 Jahren, 19.2.1992; Beratung des Bundeskabinetts am 19.2.1992 in Bonn, Hardthöhe, über die Bundeswehrplanung. In: Stichworte zur Sicherheitspolitik, Nr. 3 (1992), S. 40–42, hier S. 41 f. Verteidigungsminister Stoltenberg hatte allerdings bereits im März 1991 auf der Kommandeurtagung angekündigt, dass zukünftig »Verbände der Bundeswehr – nach Schaffung der verfassungsrechtlichen Voraussetzungen – auch für kollektive Einsätze außerhalb des Bündnisgebiets zur Verfügung« stehen sollten. BPA, Zukunftsaufgaben der Bundeswehr im vereinten Deutschland. In: Bulletin, Nr. 29, 15.3.1991, S. 214–219, hier S. 216.
[557] Verteidigungspolitische Richtlinien, S. 1150.

Von besonderer Bedeutung beim einsetzenden Wandel der Verteidigungs- hin zu einer Einsatzarmee waren die Ernennung von Klaus Naumann im Oktober 1991 zum Generalinspekteur sowie des damaligen CDU-Generalsekretärs Volker Rühe zum Verteidigungsminister im April 1992[558]. Anders als sein Vorgänger Stoltenberg besaß Rühe keine eigene Kriegserfahrung und gehörte einer anderen Generation von Politikern an. Schon als stellvertretender Vorsitzender der CDU/CSU-Fraktion hatte er sich seit Ende der 1980er-Jahre aus Bündnissolidarität für eine militärische Beteiligung an VN-Missionen ausgesprochen.[559] Er habe erkannt, so Naumann im Rückblick, dass sich das vereinte Deutschland seiner internationalen Verantwortung nicht länger entziehen und sich auch im Ausland militärisch beteiligen können müsse. Beiden sei aber bewusst gewesen, dass dies nur über einen behutsamen Gewöhnungsprozess der – Auslands- und VN-Einsätzen teils skeptisch gegenüberstehenden[560] – Gesellschaft und der Bundeswehr gehe.[561]

Wie die Vorlagen zur Beteiligung in Kambodscha zeigen, existierte in der Tat eine Art »Ideenskizze«[562] für die schrittweise Gewöhnung, auch wenn zu viel gesagt wäre, dass es einen konkreten Plan gegeben hätte. Auch für Naumann und Rühe waren die NATO und die militärische Integration Europas aber wichtiger als die Vereinten Nationen. Im ersten Tagesbefehl des neuen Ministers erwähnte Rühe die Weltorganisation mit keinem Wort.[563] »Konstanten«, so der Planungsstab in einer der ersten Vorlagen für Rühe, müssten sein, dass »deutsche Sicherheitspolitik […] immer Bündnispolitik« und die USA für die Stabilität Europas ein »unersetzlicher Partner und […] wichtigster Verbündeter Deutschlands« seien.[564] Auch Naumann hatte eine Beteiligung an VN-Missionen bereits vor seiner Zeit als Generalinspekteur primär unter dem Aspekt der Lastenteilung im Bündnis verstanden und sah es aufgrund der US-amerikanischen Unterstützung für die deutsche Einheit

---

[558] ARD, Tagesschau vor 20 Jahren, 31.3.1992. Anlässlich seiner Amtseinführung skizzierte Rühe die neue Marschrichtung: »Dem vereinten Deutschland kommt eine größere internationale Verantwortung zu. Ich bin der festen Überzeugung, dass die Bundeswehr in die Lage versetzt werden muss, in Zukunft im Rahmen kollektiver Sicherheitssysteme ihren Beitrag zur Festigung und Wiederherstellung von Frieden und Freiheit in Europa, aber auch darüber hinaus zu leisten. Das vereinte Deutschland kann kein Interesse daran haben, sich außenpolitisch auf Dauer von seinen Freunden und Bündnispartnern zu unterscheiden und vor allem in Europa eine Sonderrolle zu spielen.« BPA, Sinn und Auftrag der Bundeswehr im vereinten Deutschland. In: Bulletin, Nr. 37, 7.4.1992, S. 346 f., hier S. 346. Zur Position Rühes vor seiner Ernennung siehe BT-PlPr. 12/6, 31.1.1991, S. 158–162.
[559] Bonner Beteiligung an UN-Truppen umstritten. In: FAZ, 27.7.1989, Nr. 171, S. 5; Rühe: Deutsche Blauhelme nötig. In: FAZ, 6.3.1992, Nr. 56, S. 4.
[560] Vgl. Allensbacher Jahrbuch der Demoskopie, Bd 9, S. 961, 1085, 1094 ff.
[561] Zeitzeugengespräch mit General a.D. Dr. Klaus Naumann am 20.4.2020.
[562] Ebd.
[563] BPA, Tagesbefehle an die Bundeswehr. In: Bulletin, Nr. 37, 7.4.1992, S. 347 f.
[564] BArch, N 854/2-2, Nebenabdruck Vorlage Leiter Planungsstab an den Verteidigungsminister, 3.4.1992, hier S. 3.

III. Die Bundesrepublik Deutschland und die Beteiligung an Missionen    173

als geboten, ein verlässlicher Partner der USA zu sein.[565] Die Planungen des BMVg zur Entsendung der Bundeswehr ins Ausland müssen somit als Versuch gesehen werden, ein gleichwertiger Partner im Kollektiv der NATO zu bleiben bzw. zu werden. VN-Beteiligung schloss dies mit ein.

Allerdings waren weder Naumann noch Rühe die Initiatoren dieses Wandels. Beide waren Katalysatoren eines Prozesses, der bereits in einigen Bereichen des Ministeriums Einzug gehalten hatte. Schon im Oktober 1990 konstituierte sich im Führungsstab des Heeres eine informelle Arbeitsgruppe, um sich mit der absehbaren Beteiligung von Heereskräften an VN-Missionen zu befassen. Angesichts der Ankündigung einer Grundgesetzänderung wollte die größte Teilstreitkraft vorbereitet sein. Neben Fragen der Ausrüstung und Ausbildung mussten vor allem truppenrechtliche Fragen, beispielsweise der Einsatz von Wehrpflichtigen und Reservisten, geklärt werden. Das Heer war sich der Sensibilität des Themas bewusst und beschäftigte sich weniger aus Eigeninteressen als wegen der absehbaren Notwendigkeit mit dem Thema. Der Führungsstab der Streitkräfte, der sich dem Bereich eigentlich hätte widmen müssen, hatte dies – vermutlich aufgrund der politischen Wirkung – bislang nicht getan. Die Arbeitsgruppe des Heeres sollte daher informell zunächst nur Überlegungen anstellen.[566] Anfang Januar 1991 trug sie dem Inspekteur des Heeres, Generalleutnant Henning von Ondarza, vor. Ihr Ergebnis: Das Heer sei in der Lage, »›Peace Enforcing‹-Einsätze« zu bewältigen. Vor allem aber die personelle Einsatzbereitschaft galt als Herausforderung. Ohne Wehrpflichtige war es dem Heer in der damaligen Struktur nicht möglich, größere Truppen, gesprochen wurde von einer Brigade, ohne Personal aus anderen Einheiten in den Einsatz zu bringen. Da sich die Politiker nicht auf eine Grundgesetzänderung einigten, mündeten die Ergebnisse zunächst nur in ein Planungshandbuch für VN-Missionen.[567]

Spätestens mit der Weisung, Sanitätspersonal in die VN-Mission nach Kambodscha zu senden, musste das BMVg aber konkrete Fragen der Vorsorge und der rechtlichen Absicherung von Soldaten im Ausland klären.[568] Ende Mai 1992 stellte Staatssekretär Peter Wichert eine Arbeitsgruppe VN (AG VN) auf, um alle lösungsbedürftigen truppendienstlichen bzw. -rechtlichen und sozialen Fragen einer VN-Beteiligung zu bearbeiten.[569] Wohl weil eine solche

---

[565] BArch, BW 2/30577, Stabsabteilungsleiter Fü S III, Militärpolitische Bilanz zum Jahresende 1989, 18.12.1989, hier S. 15, 29. Vgl. auch »Keine Sonderrolle Deutschlands«. In: FAZ, Nr. 58, 10.3.1993, S. 4.

[566] Vgl. BArch, BH 1/23903, Fü H III 1, Protokoll der 3. Sitzung der informellen Arbeitsgruppe des Fü H zu Untersuchungen für eine mögliche Beteiligung des Heeres an UN-Einsätzen, 20.11.1990, hier S. 2.

[567] Ebd., StAL Fü H III, Zusammenfassung der Arbeitsergebnisse, Januar 1991; ebd., Fü H III 1, Sprechzettel für StAL Fü H III, Betr.: Debriefing LVU InspH vom 10.1.1991/weiteres Vorgehen, 12.2.1991.

[568] PA-DBT 3119, Ausschuss für Verteidigung, 12/32, 29.4.1992, S. 38; ebd., Ausschuss für Verteidigung, 12/33, 6.5.1992, hier S. 27–32; Rühe, Zukunftsaufgaben deutscher Sicherheitspolitik, S. 424.

[569] Leiter der Arbeitsgruppe war der Chef des Stabes Fü S, Konteradmiral Hans Frank. Ständige Mitglieder waren je ein Stabsabteilungsleiter/Unterabteilungsleiter des Fü S

Beteiligung zu diesem Zeitpunkt innenpolitisch undenkbar schien, wurden »die gewaltsame Durchsetzung von Sanktionen und Kampfeinsätze (Peace-Enforcing)« nicht von der AG untersucht.[570] Erklärtes Ziel des Ministers und daher Zeitfenster der Arbeitsgruppe war es, die Einsatzbereitschaft der Bundeswehr zur Beteiligung mit zwei Bataillonen[571] – das Heer plante wegen der Durchhaltefähigkeit sogar mit bis zu vier Bataillonen[572] – an traditionellen VN-Maßnahmen bis Oktober 1993 sicherzustellen;[573] immer unter der Voraussetzung, dass bis dahin eine verfassungsrechtliche Klarstellung zur Entsendung der Bundeswehr ins Ausland erfolgt sei. Als Leitverbände wurden Ende 1992 die Gebirgsjägerbrigade 23 in Bad Reichenhall und die Luftlandebrigade 25 in Calw bestimmt.[574] Nach wie vor war das Ministerium aber bemüht, nicht den Eindruck entstehen zu lassen, es würde das Primat der Politik untergraben. Auf Weisung Rühes sollten konkrete Vorbereitungen offiziell erst begonnen werden, wenn die rechtliche und politische Klarstellung erfolgt sei.[575] Vor allem die Ausbildung und die Materialbeschaffung erschwerten dies massiv.[576]

---

und der Abteilungen P, Rü T, VR und S. Später kamen noch Angehörige des Fü H und InSan hinzu. Die AG VN konstituierte sich am 29.6.1992. BArch, BW 1/339707, Weisung Staatssekretär Wichert an den Generalinspekteur u.a., Betr.: Beteiligung der Bundeswehr im Rahmen von künftigen Einsätzen der Vereinten Nationen (»Blauhelme«) und im Rahmen von humanitärer Hilfe/Katastrophenhilfe, 22.5.1992; BArch, BW 2/24594, Schreiben Leiter Arbeitsgruppe VN an den Hauptabteilungsleiter Rüstung u.a., Betr.: Konstituierende Sitzung der Arbeitsgruppe VN, 16.6.1992; ebd., ChefStabFü S – Sekretariat AG/VN, Protokoll 1. Sitzung Arbeitsgruppe Vereinte Nationen (AG/VN), 1.7.1992; BArch, BW 1/372201, Kopie Vorlage Chef des Stabes Fü S/Leiter AG VN an Staatssekretär Wichert, Betr.: Arbeitsgruppe VN, hier: Zwischenbericht, 15.9.1992, hier S. 2.

[570] BArch, BW 1/372201, Kopie Vorlage Chef des Stabes Fü S/Leiter AG VN an Staatssekretär Wichert, Betr.: Arbeitsgruppe VN, hier: Zwischenbericht, 15.9.1992, hier S. 2.

[571] Konkret sollte es um die Entsendung von bis zu 2000 Soldaten gehen. Vgl. Michael H. Spreng [u.a.], Rühe: Auch deutsche Soldaten könnten sterben ... In: BamS, 21.6.1992, S. 4.

[572] BArch, N 854/5-1, Fü H I 7, Protokoll Debriefing InspH zu »erweitertem Kollegium« am 2. September 1992, 7.9.1992, hier S. 3; BArch, BW 2/28204, Entwurf Planungsleitlinie 1994, o.D., hier Anlage 8; BArch, N 854/6-3, Kopie Vortragsnotiz Fü H III 4, Betr.: Zuordnung KRK, hier: Anteil »VN-Einsatzkräfte«, 26.10.1992, hier S. 2 f.

[573] BArch, BW 1/372201, Kopie Vorlage Chef des Stabes Fü S/Leiter AG VN an Staatssekretär Wichert, Betr.: Arbeitsgruppe VN, hier: Zwischenbericht, 15.9.1992, hier S. 2 f.; BArch, BW 2/24594, ChefStabFü S – Sekretariat AG/VN, Protokoll 3. Sitzung Arbeitsgruppe Vereinte Nationen (AG/VN), 20.11.1992, hier Anlage 1; BArch, N 854/9-2, Kopie Weisung Verteidigungsminister Rühe an die Staatssekretäre und den Generalinspekteur, Betr.: Ergebnis der Planungskonferenz am 15.12.1992, 15.12.1992, hier S. 1. Der Zwischenbericht an Staatssekretär Wichert ging bereits von einer Beteiligung ab dem dritten Quartal 1993 aus. BArch, BW 1/372201, Nebenabdruck Vorlage Chef des Stabes Fü S/Leiter AG VN an Staatssekretär Wichert, Betr.: Arbeitsgruppe VN, hier: Zwischenbericht, 15.9.1992, hier S. 2.

[574] PA-DBT 3119, Ausschuss für Verteidigung, 12/47, 15.12.1992, S. 35.

[575] Zeitzeugengespräch mit General a.D. Dr. Helge Hansen am 30.3.2020.

[576] Vgl. BArch, BH 1/28215, Kopie Vorlagenotiz Fü H V 2 an den Inspekteur des Heeres, Betr.: Zeitbedarf für die materielle Ausstattung eines deutschen VN-Verbandes, 9.2.1993;

III. Die Bundesrepublik Deutschland und die Beteiligung an Missionen     175

Allen Vorbereitungen zum Trotz kam es im Dezember 1992 zu einer großangelegten Intervention der deutschen Verbündeten in Somalia. Reflexartig bot die Bundesregierung den Vereinten Nationen bis zu 1500 Soldaten an. Das BMVg konnte seine Vorbereitungen somit nicht abschließen[577], sondern musste im laufenden Prozess auf Herausforderungen 6000 Kilometer entfernt der Heimat reagieren. Das »Handbuch für VN-Einsätze«, das von der AG VN bis Anfang 1994 erstellt wurde, nahm daher bereits Bezug auf die in der Praxis gemachten Erfahrungen. Die Vorlage des Handbuchs, das eine Arbeitshilfe für das BMVg sein sollte und Strukturen und Abläufe der Vereinten Nationen sowie nationale Regularien erklärte, markierte das Ende der Arbeitsgruppe. Sie wurde Ende Januar 1994 aufgelöst.[578]

Allerdings war nicht nur der Führungsstab der Streitkräfte mit Planungen beschäftigt. Parallel hatte auch der neue Inspekteur des Heeres, Generalleutnant Helge Hansen[579], im Juni 1992 befohlen, die Planungen für einen Einsatz des Heeres im VN-Rahmen fortzusetzen. Schließlich war das Heer am stärksten von künftigen Beteiligungen betroffen.[580] VN-fähige Kräfte sollten aus Sicht des Inspekteurs helfen, den deutschen »Mitgliedschaftspflichten« in den Vereinten Nationen bzw. »anderer kollektiver Organisationen« zu entsprechen und das »außenpolitisch[e] Mitspracherecht« der Bundesrepublik zu erhalten.[581] Auch im Heer hatte zunächst aber die Reaktionsfähigkeit im Rahmen der NATO Vorrang.[582] Nach der Beteiligung des Sanitätsdienstes in Kambodscha gab Hansen aber auch die Entsendung von bis zu drei Infanteriebataillonen im VN-Rahmen als Prüfauftrag vor. Der politischen Zurückhaltung und der ab Sommer 1992 laufenden Organklage geschuldet, sollten vor der »endgültigen Auftragserfüllung« des Verteidigungsministers aber keine konkreten Truppenteile benannt werden.[583] Am 27. Juli 1992 stell-

---

BArch, BW 1/339718, Kopie Sekretariat Koordinierungsstab für Einsatzaufgaben, Protokoll Sitzung Koordinierungsstab für Einsatzaufgaben 2/93, 9.3.1993, hier S. 3.
577 Im Dezember 1992 wurde der Bericht der Arbeitsgruppe zunächst zurückgestellt. BArch, BW 1/390011, Rundschreiben Arbeitsgruppe VN, Betr.: Sachstand/Entscheidungsbedarf bei lösungsbedürftigen Fragen im Hinblick auf eine mögliche Beteiligung der Bundeswehr an friedenserhaltenden Maßnahmen der VN (Blauhelme), 21.12.1992.
578 BArch, BW 1/372020, Kopie Vorlage Chef des Stabes Fü S an Staatssekretär Wichert, Betr.: Arbeitsgruppe Vereinte Nationen des BMVg, 14.12.1993; BArch, BW 2/24595, Rundschreiben des Chefs des Stabes Fü S, Leiter AG VN, Betr.: Arbeitsgruppe Vereinte Nationen (AG VN), 31.1.1994.
579 Hansen übernahm den Posten am 18.2.1992 von Generalleutnant Jörg Schönbohm, der als Staatssekretär ins BMVg wechselte. BPA, Zukunftsaufgaben der Bundeswehr im Prozeß der neuen Sicherheitspolitik. In: Bulletin, Nr. 21, 21.2.1992, S. 220 f.
580 Zeitzeugengespräch mit General a.D. Dr. Helge Hansen am 30.3.2020.
581 BArch, N 854/8-1, Kopie Inspekteur des Heeres, Weisung für die Weiterentwicklung des Heeres unter geänderten sicherheitspolitischen Rahmenbedingungen, 16.11.1992, hier S. 2.
582 Vgl. BArch, N 854/2-1, Verfügung Weisung Inspekteur des Heeres an den Chef des Stabes Fü H, Betr.: Arbeitsgruppe zur Erhöhung der Reaktionsfähigkeit des Heeres bei III. Korps, 24.2.1992, hier S. 2.
583 BArch, BH 1/23909, Verfügung Weisung Fü H III an die StAL Fü H, Betr.: Arbeitsgruppe VN-Mission, hier: Arbeitsgruppensitzung am 23.6.1992, 11.6.1992; ebd., Kopie als

te die Arbeitsgruppe des Heeres die »Konzeptionelle[n] Grundlagen für den Einsatz von Heereskräften im Rahmen friedenserhaltender Maßnahmen der Vereinten Nationen« vor. Zunächst sollten nicht mehr als 2000 Soldaten für VN-Missionen bereitgestellt werden.[584] Rekrutieren sollten sich diese aufgrund öffentlicher Aussagen des Ministers[585] aus Freiwilligen, eingeschlossen freiwilligen Grundwehrdienstleistenden und Reservisten.[586] Um einen Personal-Pool aufzubauen, sollte die Bereitschaft zur freiwilligen Teilnahme bereits bei der Musterung erfragt werden. Aufgrund der noch ausstehenden Schritte komme ein Einsatz aber »nicht vor Mitte 1993« infrage, falls nicht als »einmalige Improvisation ein Großverband (Div[ision]) beauftragt« würde.[587] Für einen Einsatz brauche man zudem Konzepte zur Truppenbetreuung[588], zur Besoldung und zur Versorgung.[589] Aufgrund der Freiwilligkeit galt gerade die »Attraktivität« als »unverzichtbare Grundbedingung«.[590] Obwohl das Heer wegen der Organklage Ende August 1992 vom Generalinspekteur angewiesen wurde, von allen konkreten Vorbereitungen für einen VN-Einsatz abzusehen,[591] schickte das BMVg ab Herbst 1992[592] Offiziere nach Finnland[593], Norwegen[594]

---

Anlage Schreiben des Inspekteurs des Heeres an den Chef Stab Fü H, Betr.: Einsatz des Heeres im Rahmen von UN »Peace-keeping-missions«, 15.6.1992. Als Arbeitsgrundlage dienten Anforderungen aus einem VN-Bericht von 1990. VNGV, A/45/217, 8.5.1990.

[584] BArch, BW 2/24594, Fü H III 4, Konzeptionelle Grundlagen für den Einsatz von Heereskräften im Rahmen friedenserhaltender Maßnahmen der Vereinten Nationen, 27.7.1992, hier S. 5. Bis zum Abschluss der Heeresreform sollten nur zwei Infanteriebataillone mit je 450–800 Soldaten sowie bis zu drei Unterstützungskompanien, 50 bis 100 Militärbeobachter und etwa 50 Offiziere für Führungs- und Stabsaufgaben eingesetzt werden. Abhängig von der Personalrotation hätten damit etwa 1,5 Prozent aller Heeressoldaten im VN-Dienst gestanden. Ebd., Anlage 4 und 5.

[585] Ebd., Anlage 6. Neben der dadurch erhofften höheren Motivation und der Praxis der Verbündeten, nur Freiwillige zu nutzen, spielte auch der Gedanke eine Rolle, dass die »Unterstützung der Medien« bei Freiwilligenmeldung »wesentlich leichter« gewonnen werden könnte. Ebd., S. 1.

[586] Ebd., S. 6.
[587] Ebd., S. 9 f.
[588] Ebd., S. 18–22.
[589] Ebd., S. 23–29.
[590] Ebd., S. 24.
[591] BArch, N 854/4-2, Kopie Weisung des Generalinspekteurs an den Inspekteur des Heeres, Betr.: Friedenserhaltende Maßnahmen der Vereinten Nationen, 20.8.1992.
[592] Bereits ab Juni 1992 nahmen einzelne Soldaten als Beobachter an internationalen Lehrgängen teil. Vgl. BArch, BW 1/372018, Kopie Vorlage CdS Fü S, Leiter Arbeitsgruppe VN, an den Verteidigungsminister, Betr.: Ausbildung für mögliche VN-Einsätze, 6.8.1992.
[593] BArch, BW 2/33314, Kurzbericht des Verteidigungsattachés der Botschaft der Bundesrepublik Deutschland in Helsinki an Fü S II im BMVg, Nr. 55/92 (V), 10.10.1992. Nach der Entsendung einiger Offiziere hielten sich im März 1993 30 Soldaten der Bundeswehr in Finnland auf, um Erfahrungen zur Ausbildung für VN-Missionen zu sammeln. BArch, BW 1/372201, Kopie Vorlage Fü H III 4 an den Verteidigungsminister, Betr.: VN-Ausbildung Finnland/Skandinavien, hier: Teilnahme von deutschen Soldaten, 25.6.1992; PA-DBT 3119, Ausschuss für Verteidigung, 12/54, 10.3.1993, S. 40.
[594] BArch, BW 2/33314, Oberstleutnant Bernd D. Schulte, Erfahrungsbericht. Teilnahme am Unit Training Course XXX. Kontingent NORBATT/UNIFIL, FDI 4/IR 4 Norwegen, 1.12.1992.

III. Die Bundesrepublik Deutschland und die Beteiligung an Missionen    177

und Österreich[595], um sich über die dortigen Einsatzvorbereitungen zu informieren. Auch wenn Minister Rühe im September intern die »[k]urzfristig[e] Priorisierung von Kräften für VN-Blauhelmeinsätze« anwies,[596] um eine Beteiligung im Oktober 1993 zu realisieren, kamen viele Erkenntnisse für die Beteiligung in Somalia zu spät. Das internationale Engagement am Horn von Afrika traf das BMVg mitten in seinen Vorbereitungen. In vielen Bereichen wurde die Beteiligung an UNOSOM II zur Herausforderung.

Auch bei den Führungsfähigkeiten gab es Bedarf zur Nachbesserung. Bewusst war bei der Aufstellung der Bundeswehr auf einen Generalstab verzichtet worden, im Glauben, Bundeswehreinheiten würden im Ernstfall ohnehin von der NATO geführt.[597] Für die Beteiligungen in Kambodscha und die Luftbrücke nach Sarajevo wurden zwei ad hoc gebildete Arbeitsstäbe im BMVg unter Leitung des Stabsabteilungsleiters Fü S IV gebildet.[598] Schnell zeigte sich aber, dass diese nicht den Anforderungen von immer mehr Auslandsverpflichtungen gewachsen waren. Im November 1992 gingen sie im lageabhängig tagenden Koordinierungsstab für Einsatzführung (KS-EFü) auf, der kurz darauf in Koordinierungsstab für Einsatzaufgaben (KS-EA/KSEA) umbenannt wurde. Der KSEA war dem Generalinspekteur »zugeordnet«[599] und umfasste die verschiedenen Stabsabteilungsleiter[600] aller ministeriellen Abteilungen und Teilstreitkräfte. Den Vorsitz übernahm der Stabsabteilungsleiter Fü S IV, zunächst Brigadegeneral Rolf Ocken, spä-

---

[595] BArch, BW 1/378213, Kopie Schreiben Major i.G. Neumann [u.a.] an Fü H I 6/Fü H III 4, Betr.: UN-Stabsoffizierkurs in Österreich vom 30.11.–18.12.1992, hier: Erfahrungsbericht, 30.12.1992.

[596] BArch, N 854/5-1, Kopie Weisung Minister an die Staatssekretäre und den Generalinspekteur, Betr.: Ergebnis der Planungskonferenz am 17.9.1992, 17.9.1992, hier S. 1.

[597] Im Weißbuch von 1985 hatte es dazu geheißen: »Die Bundeswehr ist als Armee im Bündnis konzipiert und kein Instrument zur selbstständigen militärischen Machtentfaltung der Bundesrepublik Deutschland. Sie kann ihren Auftrag nur im Rahmen des Bündnisses erfüllen. Daher sind die Kampfverbände der Bundeswehr, mit Ausnahmen einiger Verbände des Territorialheeres, zur Unterstellung unter die Operationsführung von NATO-Kommandobehörden vorgesehen.« Weißbuch 1985, S. 73, Randnr. 160. Fast wortgleich übernommen in BArch, BW 2/18956, Generalinspekteur der Bundeswehr, Planungsanweisung für die Weiterentwicklung der Bundeswehr, 21.12.1989, Randnr. 217.

[598] Vgl. zu Kambodscha BArch, BW 1/371346, Kopie Weisung Staatssekretär Wichert, Betr.: Sanitätsdienstliche Unterstützung der UN-Mission UNTAC in Kambodscha im Rahmen der Humanitären Hilfe, hier: Einrichtung eines »Arbeitsstabs Kambodscha« im BMVg, 29.4.1992. Die Leitung des Arbeitsstabs oblag dem Stabsabteilungsleiter Fü S IV. Ständige Mitglieder des Arbeitsstabs sollten die Stabs- bzw. Unterabteilungsleiter InSan II, Fü H V, Fü L III, Fü S VII, H II und VR II sein.

[599] Nach Vorschriftenlage hätte sich der Leiter KSEA unmittelbar an den Minister wenden können. In der Praxis geschah dies aber nicht. Wenn möglich, gingen die Ministervorlagen über den Generalinspekteur und Staatssekretär Wichert. Zeitzeugenbefragung von Generalleutnant a.D. Hartmut Moede am 21.4.2020.

[600] Mit der Zeit nahm die Teilnahmebereitschaft der Stababteilungsleiter ab, was im letzten Protokoll vor Abschluss der UNOSOM-II-Beteiligung kritisch vermerkt wurde: »[G]ewollt war Gremium auf Ebene StAL/UAL.« BArch, BW 2/36754, Fü S IV 4/UStgEinsFüSK, Protokoll Sitzung Koordinierungsstab für Einsatzaufgaben 12/94, 22.3.1994, hier S. 4.

ter Brigadegeneral Hartmut Moede. Ab dem 1. April 1993 war das Referat Fü S IV 4 für die Einsatzführung zuständig und unterstützte den Leiter des Koordinierungsstabs als Sekretariat.[601] Mit der Beendigung des Somalia-Engagements der Bundeswehr ruhte aber auch der KSEA kurzzeitig und wurde erst Ende Juli 1994 anlässlich der Luftbrücke zur Hilfe ruandischer Flüchtlinge reaktiviert.[602] Angesichts der Mitte der 1990er-Jahre immer größer werdenden Einsatzverpflichtungen der Bundeswehr zeigte sich aber schnell, dass der KSEA mit nur einem Referat als Sekretariat nicht in der Lage war, die Aufgaben zu bewältigen.[603] Zur Verbesserung der Führungsfähigkeiten des BMVg wurde das Instrumentarium des KSEA am 1. Januar 1995 zum etwa 80 Dienstposten umfassenden Führungszentrum der Bundeswehr (FüZBw) weiterentwickelt.[604] Unterhalb des BMVg war insbesondere nach der Somalia-Beteiligung aber das Fehlen einer TSK-übergreifenden Führungsstruktur kritisiert worden.[605] 2001 wurde dies durch die Aufstellung des Einsatzführungskommandos der Bundeswehr behoben.[606]

Alle in dieser Arbeit zu betrachtenden Fallbeispiele fielen daher in eine Phase, in der das BMVg zunächst einmal nur die nötigen rechtlichen und strukturellen Grundlagen für ein Auslandsengagement schaffen wollte. Primäraufgabe der neu aufzustellenden, schnell verlegbaren Kräfte war nicht das internationale Krisenmanagement im Rahmen von VN-Missionen.[607] Die für Militärpolitik zuständigen Referate Fü S III 5 und Fü S III 1 waren zwar angesichts der gestiegenen internationalen Erwartung der Meinung, dass es Ziel

---

[601] Ebd., Sekretariat Koordinierungsstab Einsatzführung, Protokoll zur 1. Sitzung Koordinierungsstab für Einsatzführung (KS-EFü), 27.12.1992; ebd., Kopie Weisung Staatssekretär Wichert, Betr.: Koordinierung des Einsatzes der Bundeswehr für Unterstützungsaufgaben, 9.2.1993. Neben dem Referatsleiter und seinem Stellvertreter zählte das Referat Mitte 1993 lediglich eine Handvoll Referenten. Ein Personalaufwuchs erfolgte erst zum 1.1.1995 mit der Schaffung des Führungszentrums der Bundeswehr (FüZBw). Zeitzeugenbefragung von Generalleutnant a.D. Richard Roßmanith am 10.4.2020.

[602] BArch, BW 2/36754, Fü S IV 4/UstgStEinsFüSK, Protokoll Sitzung Koordinierungsstab für Einsatzaufgaben 13/94, 25.7.1994.

[603] Zeitzeugenbefragung von Generalmajor a.D. Rolf Th. Ocken am 23.5.2020.

[604] Das Referat Einsatzführung Bundeswehr wurde daraufhin aufgelöst. BArch, BW 1/547768, Kopie Weisung Staatssekretär Wichert; Betr.: Entscheidungsabläufe im Ministerium für die Einsatzführung der Bundeswehr im Frieden, 31.8.1994. Das FüZBw war keine eigene Dienststelle, sondern blieb Teil des Fü S, sein Leiter war gleichzeitig auch Leiter des KSEA. Vgl. BMVg, Das Führungszentrum der Bundeswehr, S. 7.

[605] BArch, BW 2/30503, BMVg Führungszentrum der Bundeswehr, Erfahrungsbericht UNOSOM II, Zusammenfassende Auswertung Kernaussagen United Nations Operation in Somalia II (UNOSOM II), 22.3.1995, hier S. III. VN-Missionen, die vom Heer durchgeführt wurden, wurden zunächst vom III. Korps, ab März 1994 vom neuaufgestellten Heeresführungskommando geführt. Einsatzverbände der Luftwaffe wurden durch das Luftwaffenführungskommando geführt, Beteiligungen der Marine durch das Flottenkommando in Glücksburg. BArch, BW 2/24721, BMVg, Handbuch VN-Einsätze, 20.1.1994, hier S. III-6–III-9.

[606] Das Einsatzführungskommando nimmt die Aufgaben eines Generalstabs wahr. In: FAZ, Nr. 157, 10.7.2001, S. 4.

[607] BArch, N 854/5-1, Fü H I 7, Protokoll Debriefing InspH zu »erweitertem Kollegium« am 2. September 1992, 7.9.1992, hier S. 2.

der Bundesregierung sein müsse, einen »gleichgewichtige[n] Einsatz« von »finanzieller, materieller und personeller« Beteiligung zu erreichen. Fehlende Erfahrung, begrenzte Ressourcen und noch laufende Planungen sprachen aber »für ein schrittweises Vorgehen und für eine Konzentration auf wenige Einsätze«.[608]

Nicht nur die Politik und die Gesellschaft mussten sich erst an Auslandseinsätze zur internationalen Konfliktlösung gewöhnen, auch die Bundeswehr war nicht in der Lage, große Kontingentbeteiligungen aus dem Stand zu stemmen oder verschiedene Missionen parallel zu bedienen. Grundsätzlich galt ein vorzeitiger Abzug aus einer Verpflichtung als politisch schädlicher für das eigene Ansehen als gar kein Engagement.[609] Ob es daher überhaupt bei einer VN-Mission zu einer deutschen Beteiligung kommen sollte, müsse von Fall zu Fall entschieden werden. Damit eine Mission erfolgreich sein könne, müsse ihr Mandat durchführbar sein und den Rückhalt des VNSR besitzen; die Kooperation der Konfliktparteien und ein breites internationales Engagement müssten gegeben sein. Die deutsche Seite dürfe »sich nicht der Gefahr der Singularisierung aussetzen«. Neben diesen grundlegenden Erfolgsfaktoren für eine Mission, die obendrein ausreichende finanzielle und logistische Mittel besitzen müsse, sei von deutscher Seite abzuwägen, ob die Beteiligung der Bundeswehr historisch vorbelastet sei.[610]

Nur weil sich das BMVg auf Auslandseinsätze zur Bewältigung internationaler Krisen vorbereitete, hieß dies also nicht, dass man sich bedingungslos an jeder Konfliktlösung beteiligen wollte. Noch weniger bedeutete es, dass das BMVg von sich aus im stärkeren Maße international militärisch aktiv werden wollte. Als Kriterien für eine deutsche Beteiligung identifizierten die Referate das Vorliegen deutscher und europäischer Interessen wie die Stabilisierung von Konflikten oder die Förderung der Demokratie, primär in Europa. Darüber hinaus müssten geeignete Bundeswehrkontingente hinsichtlich der geforderten personellen und materiellen Kapazitäten zur Verfügung stehen,[611] das Konzept einer Mission in sich konsistent, also in einen Rahmen politischer Bemühungen eingebettet, und die Gefährdung der Soldaten »kalkulierbar bleiben und eingrenzbar sein«.[612] Kurze, präventive Einsätze wur-

---

[608] BArch, BW 1/339718, Kopie Fü S III 5/Fü S III 1, Voraussetzungen und Kriterien für Unterstützungsleistungen der Bundeswehr außerhalb des NATO-Gebietes, 28.1.1993, hier S. 1.
[609] Ebd.
[610] Ebd., S. 2.
[611] Ebd., S. 3.
[612] Ebd., S. 4. Bereits im Juli 1992 hatte sich Fü S I 4 Gedanken zur Rückholung und Behandlung von im Rahmen von VN-Missionen Gefallener oder Verwundeter gemacht. In abgewandelter Form finden sie heute Verwendung. Ausdrücklich sprach der Verfasser des Konzepts, der spätere Generalmajor Werner Kullack, von Gefallenen und Verwundeten, um »eindeutig die Bedeutung des Einsatzes zu unterstreichen.« Ihm kam es darauf an, »einen solchen Einsatz nicht schönzureden, sondern ihn realistisch und als eine neue Qualität des Einsatzes auch in seinen Folgen für den Bundeswehrsoldaten begreifbar zu machen.« Vgl. BArch, BW 2/32271, Fü S I 4, Gedanken für die Rückführung und Behandlung von gefallenen und verwundeten Soldaten bei UN-Einsätzen, 3.7.1992.

den langen Einsätzen vorgezogen, da der gesellschaftliche Rückhalt sinken könne und bei Letzteren vermutlich mehr Kräfte benötigt würden. Auch müsse die nationale und internationale Akzeptanz der Beteiligung sichergestellt sein.

Noch einmal beiseite stehen wie im Zweiten Golfkrieg wollte das BMVg aber nicht: »Zugunsten eines ›Flaggezeigens‹ auch durch Einsatz von Personal/Betrieb von Einrichtungen in internationaler Gemeinschaft sollte unsere Rolle eines ›Zahlmeisters‹ oder die wenig sichtbare eines Materiallieferanten zurückgedrängt werden.«[613] Auch aus Gründen der internationalen Akzeptanz sprachen sich die Militärplaner daher für ein personelles Engagement der Bundeswehr an Auslandseinsätzen aus. Diese sollten aber wenn möglich nicht den Verteidigungsetat belasten und dem »Sparsamkeitsprinzip (Aufwand-/Nutzenrelation)« entsprechen.[614] Die Kriterien einer Beteiligung der Bundeswehr umfassten somit ein breites Spektrum. Einerseits waren die Bedingungen eines Konflikts, die Aussicht auf Frieden und die Durchführbarkeit des Mandats zu berücksichtigen, auf die die Bundesregierung nur wenig Einfluss hatte. Andererseits spielten nationale, innenpolitische, finanzielle und gesellschaftliche Kriterien eine Rolle, die bei der Entscheidung für oder gegen eine Beteiligung bedacht werden sollten. Wie später zu zeigen ist, wurden diese theoretischen Auflagen sehr variabel angewandt, unterschiedlich gewichtet, teils vernachlässigt oder gebrochen.

Sein neues Selbstverständnis hielt das BMVg 1994 im neuen Weißbuch fest. Erstmals enthielt ein Weißbuch ein eigenes Kapitel über die deutsche Rolle in den Vereinten Nationen.[615] Das neue Verständnis beinhaltete drei Kernelemente: militärischer Einsatz nur als Ultima ratio, keine militärischen Alleingänge ohne Beteiligung von Verbündeten und Handlungen nur, wenn deutsche Interessen betroffen seien. Als zentrale Interessen definierte das BMVg »die Bewahrung von Freiheit, Sicherheit und Wohlfahrt der Bürger Deutschlands und der Unversehrtheit seines Staatsgebietes«, »die Integration mit den europäischen Demokratien in der Europäischen Union«, die Aufrechterhaltung der NATO, die »Heranführung« der östlichen Nachbarländer »an westliche Strukturen und die Gestaltung einer neuen, alle Staaten Europas umfassenden kooperativen Sicherheitsordnung« sowie »die weltweite Achtung des Völkerrechts und der Menschenrechte und eine auf marktwirtschaftlichen Regeln basierende gerechte Weltwirtschaftsordnung«.[616] Neben der Landes- und Bündnisverteidigung stieg »die Fähigkeit zur Teilnahme an kooperativer multinationaler Konfliktverhütung und Krisenbewältigung« zum dritten Pfeiler der deutschen Verteidigungspolitik auf.[617] Auch wenn die

---

[613] BArch, BW 1/339718, Kopie Fü S III 5/Fü S III 1, Voraussetzungen und Kriterien für Unterstützungsleistungen der Bundeswehr außerhalb des NATO-Gebietes, 28.1.1993, hier S. 5.
[614] Ebd., S. 5.
[615] Weißbuch 1994, S. 67–74.
[616] Ebd., S. 42.
[617] Ebd., S. 43.

## III. Die Bundesrepublik Deutschland und die Beteiligung an Missionen 181

Vereinten Nationen im Vergleich zum vorherigen Weißbuch eine Aufwertung erfuhren, waren sie keineswegs die einzige multilaterale Organisation, in der das BMVg eine Beteiligung als möglich erachtete. In stärkerem Maße galt dies auch für die WEU und die KSZE.[618] Im Bewusstsein, die Gesellschaft, aber auch die Bundeswehr langsam an die neuen Aufgaben heranzuführen, zeigte das BMVg mit dem Weißbuch allerdings bereits vor der Entscheidung des Bundesverfassungsgerichts an, auch in Zukunft restriktiv handeln zu wollen. Inwieweit das Weißbuch dem Gericht den guten Willen des BMVg zeigen sollte, auch mit größeren Kompetenzen bedacht umzugehen, lässt sich nicht belegen.

Das Urteil in Karlsruhe bedeutete jedenfalls keine rapide außenpolitische Wende zu einer größeren Beteiligung an VN-Maßnahmen. Die »Kultur der Zurückhaltung« – für General Naumann eine Worthülse[619] – blieb hinsichtlich von VN-Beteiligungen bestehen, die Überlegungen, wann sich die Bundeswehr beteiligen sollte, blieben restriktiv. Einem Entwurf von Fü S III 5 aus dem November 1994 zufolge sollte die Beteiligung der Bundeswehr an Missionen der Vereinten Nationen – und der KSZE – immer

- »die Realisierung eines politischen Konfliktlösungsprozesses unterstützen,
- unseren nationalen Interessen entsprechen,
- unter einem klaren Mandat mit durchführbarem Einsatzkonzept erfolgen,
- einen operativ sinnvollen Beitrag darstellen,
- nach Raum, Zeit, Kräften und finanzieller Auslegung begrenzt sein,
- immer gemeinsam mit Verbündeten erfolgen.«[620]

Von allen Kriterien scheint der letzte Punkt in den bis dahin getroffenen Entscheidungen des BMVg am bedeutendsten gewesen zu sein, wie die Analyse der folgenden Fallbeispiele belegen.

---

[618] Ebd., S. 60 f., 64 ff.
[619] Vgl. die Anmerkung auf BArch, BW 2/23139, Fü S III 5, Thema: Deutsche Beteiligung an VN-Einsätzen – Sachstand, erste Erfahrungen und Perspektive –, 1.9.1994, hier S. 1 f.
[620] BArch, BW 2/34953, Verfügung Vorlage Fü S III 5 an den Verteidigungsminister, Betr.: Einsatz von Streitkräften zu friedensunterstützenden Maßnahmen der VN/KSZE, 23.11.1994, hier S. 2.

## IV. Deutsche ›Blauhelme‹ in Afrika: Namibia, Westsahara, Somalia und Ruanda

Im folgenden Kapitel werden die vier Fallbeispiele analysiert, in denen sich die Bundesregierung mit Polizisten oder Soldaten an einer der zwischen 1988 und 1993 vom VNSR beschlossenen VN-Missionen auf dem afrikanischen Kontinent beteiligte. Zu klären ist, warum die Bundesregierung an den Missionen teilnahm, wie die Entscheidungsfindung ablief, welche Position die verschiedenen Ressorts vertraten und welche Auswirkungen die politischen Vorgaben auf die Auftragserfüllung hatten.

### 1. Der Bundesgrenzschutz in Namibia: Vorreiter der Bundeswehr?

#### a) Hintergrund: Der namibische Unabhängigkeitskampf

1978 machten sich die Bundesressorts erstmals konkrete Gedanken über eine personelle Beteiligung an einer VN-Mission. Namibia, das potenzielle Einsatzland, war – wie Ruanda – insofern ein »Sonderfall«[1], als es sich um eine ehemalige deutsche Kolonie handelte.[2] Noch Anfang der 1990er-Jahre waren zwischen ein und zwei Prozent der namibischen Bevölkerung deutschstämmig.[3] Zudem lastete große Schuld auf der Bundesrepublik. Deutsche

---

[1] Vgl. PA AA, B 34, ZA, Bd 108239, Vorlage Leiter Abteilung 3 an den Staatssekretär, Betr.: Grundzüge unserer Afrika-Politik, hier: Anpassung an veränderte politische Daten, 25.1.1973, hier S. 5. Bereits veröffentlicht in AAPD 1973, Dok. 23, S. 122–132, hier S. 128.

[2] Zur deutschen Kolonialzeit siehe Bley, Namibia Under German Rule; Zimmerer, Deutsche Herrschaft über Afrikaner; Zollmann, Koloniale Herrschaft.

[3] Das Gebiet des heutigen Namibia ist nur dünn besiedelt. 1989 lebten hier wohl nur rund 1,3 Mio. Menschen. 1977 schätzte das Konsulat der Bundesrepublik die Zahl der deutschen bzw. deutschstämmigen Personen auf rund 18 000. BT-PlPr. 8/48, 7.10.1977, S. 3679; Weigend, German Settlement Patterns in Namibia; Pabst, Frieden für Südwest?, S. 19; Cliffe [u.a.], The Transition to Independence in Namibia, S. 248. Ausführlich zur deutschstämmigen Bevölkerung siehe Rüdiger, Die Namibia-Deutschen; Oldhaver, Die deutschsprachige Bevölkerungsgruppe in Namibia.

Soldaten hatten hier den ersten Völkermord[4] des 20. Jahrhunderts an den Herero[5] und Nama verübt.[6] Obwohl Deutschland seine Kolonien bereits nach dem Ersten Weltkrieg verlor,[7] übernahm der Bundestag 1989 eine »besondere Verantwortung« für das Land.[8] Dessen Unabhängigkeit spielte somit zumindest gelegentlich eine Rolle in der bundesdeutschen Politik.[9]

Im Versailler Vertrag hatten die Sieger des Ersten Weltkriegs Südwestafrika – so die damalige Bezeichnung – zunächst die Fähigkeit abgesprochen, sich selbst zu verwalten.[10] Vom Völkerbund autorisiert, übernahm 1920 die Südafrikanische Union die Administration des Gebiets.[11] Anstatt sich aber für das Wohl der Bevölkerung einzusetzen, verfolgte ihr weißes Minderheitsregime auch hier eine Politik der Rassentrennung.[12] Der Versuch, das Gebiet zu annektieren,[13] führte jedoch ab 1945 zum Widerstand in den Vereinten Nationen.[14] Mit den Stimmen der afrikanischen Staaten setzte sich die VNGV für die Unabhängigkeit Südwestafrikas ein. 1966 hob sie das Völkerbundmandat auf und stellte Südwestafrika formell unter Verantwortung der Vereinten Nationen.[15] 1968 wurde das Land in Namibia umbenannt.[16] An der südafrikanischen Herrschaft änderte dies jedoch nichts.

Zu jener Zeit forderten bereits mehrere in Namibia und Südafrika entstandene Interessengruppen die Unabhängigkeit des Landes.[17] Die 1960 gegründete South West Africa People's Organisation (SWAPO) war die bedeutendste.[18] Nachdem sie sich vergeblich um eine friedliche Lösung bemüht hatte, begann die SWAPO 1966 mit dem bewaffneten Widerstand gegen die süd-

---

4 So seit 2021 auch die offizielle Benennung durch die Bundesregierung. Vgl. Außenminister Maas zum Abschluss der Verhandlungen mit Namibia, 28.5.2021, https://www.auswaertiges-amt.de/de/newsroom/-/2463396.
5 Ovaherero in ihrer eigenen Sprache.
6 Völkermord in Deutsch-Südwestafrika; Olusoga/Erichsen, The Kaiser's Holocaust; Häussler, Der Genozid an den Herero.
7 Gesetz über den Friedensschluß zwischen Deutschland und den alliierten und assoziierten Mächten vom 16. Juli 1919, Art. 118 und Art. 119. In: Der Vertrag von Versailles, S. 199.
8 BT-Drs. 11/3934, 30.1.1989; BT-PlPr. 11/134, 16.3.1989, S. 9935–9941.
9 Siehe BT-PlPr. 8/32, 16.6.1977, S. 2386–2391; BT-Drs. 11/908, 7.10.1987.
10 Gesetz über den Friedensschluß zwischen Deutschland und den alliierten und assoziierten Mächten vom 16. Juli 1919, Art. 22. In: Der Vertrag von Versailles, München 1978, S. 131; Slonim, South West Africa, S. 11–58.
11 Vgl. Silagi, Von Deutsch-Südwest zu Namibia.
12 Vgl. Slonim, South West Africa, S. 370; ausführlich siehe Wallace, Geschichte Namibias, S. 343–376.
13 Yearbook of the United Nations 1946–47, S. 205–208.
14 VNGV, A/RES/65(I), 14.12.1946. Eine Übersicht über alle VN-Resolutionen von 1946 bis 1990 findet sich bei Dale, The Namibian War of Independence, S. 133–137.
15 VNGV, A/RES/2145(XXI), 27.10.1966; VNGV, A/PV.1454, 27.10.1966, S. 22; VNGV, A/RES/2248(S-V), 19.5.1967.
16 VNGV, A/RES/2372(XXII), 12.6.1968.
17 Brenke, Die Bundesrepublik, S. 22–54; Udogu, Liberating Namibia, S. 80–89; Wallace, Geschichte Namibias, S. 391–395; Scholtz, The SADF, S. 215–231.
18 Ausführlich siehe Dobell, SWAPO's Struggle for Namibia.

## IV. Deutsche ›Blauhelme‹ in Afrika

afrikanische Besatzung.[19] Ihr Guerillakrieg erzielte jedoch erst 1975 mit der Unabhängigkeit des Nachbarlands Angola größere Wirkung. Fortan versuchte sie mit Unterstützung der in Angola an die Macht gekommenen Movimento Popular de Libertação de Angola (MPLA) ihren Kampf von Südangola nach Namibia zu tragen.[20]

1968 befasste sich auch erstmals der VNSR mit dem Konflikt.[21] 1969 erklärte er – bei Enthaltung von Frankreich und Großbritannien – die südafrikanische Präsenz in Namibia für rechtswidrig.[22] 1969 und 1970 bestätigte er – jeweils bei Enthaltung von Frankreich und Großbritannien sowie 1970 bei Enthaltung von Finnland und den USA – die Unrechtmäßigkeit der südafrikanischen Administration und legitimierte den namibischen Unabhängigkeitskampf.[23] Ohne den Rückhalt aus Westeuropa und den USA bewirkten die Resolutionen aber wenig.

Um die Regierung in Pretoria unter Druck zu setzen, erklärte die VNGV – bei Enthaltungen der kurz zuvor zum VN-Mitglied ernannten Bundesrepublik Deutschland[24] – die SWAPO 1973 zur legitimen Vertreterin der namibischen Bevölkerung.[25] 1976 erhielt sie einen VNGV-Beobachterstatus.[26] Parallel dazu versuchten die südafrikanischen Machthaber, in Windhoek eine ihnen freundlich gesinnte Regierung einzusetzen.[27] Um Rückzugsräume für die SWAPO zu verhindern, intervenierten sie 1975 in Angola und unterstützten im dortigen Bürgerkrieg die angolanische Rebellengruppe União Nacional para a Independência Total de Angola (UNITA) gegen die MPLA.[28] Infolgedessen ergriff Kuba militärisch Partei für die MPLA, wodurch die Auseinandersetzungen in Angola und Namibia endgültig in den Ost-West-Konflikt gezogen wurden.[29] Über Jahre war eine politische Lösung blockiert.

Um zumindest die Namibia-Frage zu klären, forderte der VNSR Südafrika 1976 einstimmig dazu auf, freie und faire Wahlen unter Aufsicht der

---

[19] Vgl. Udogu, Liberating Namibia, S. 94–116; Katjavivi, A History of Resistance in Namibia, S. 59–64; Nujoma, Where Others Wavered, S. 162–181; Udogu, Liberating Namibia, S. 117–130; Dale, The Namibian War, S. 73–79; Wallace, Geschichte Namibias, S. 420 f.

[20] Katjavivi, A History of Resistance in Namibia, S. 84–91; Dreyer, Namibia, S. 100–104, 112–116; Nujoma, Where Others Wavered, S. 227–237; Dale, The Namibian War, S. 83–87; Wallace, Geschichte Namibias, S. 442–451.

[21] VNSR, S/RES/245(1968), 25.1.1968.

[22] VNSR, S/RES/264(1969), 20.3.1969.

[23] VNSR, S/RES/269(1969), 12.8.1969; VNSR, S/RES/276 (1970), 30.1.1970.

[24] VNGV, A/PV.2198, 12.12.1973, S. 8.

[25] VNGV, A/RES/3111(XXVIII), 12.12.1973. 1976 wurde die SWAPO zum Alleinvertreter der namibischen Bevölkerung erklärt. VNGV, A/RES/31/146, 20.12.1976.

[26] VNGV, A/RES/31/152, 20.12.1976.

[27] Kaela, The Question of Namibia, S. 84–90; Udogu, Liberating Namibia, S. 55 f.; Wallace, Geschichte Namibias, S. 451 f.

[28] Vgl. VNSR, S/12900, 19.10.1978, Annex I; VNGV, A/41/24, New York 1989, Randnr. 317–327; Dreyer, Namibia, S. 91–100. Ausführlich zum südafrikanischen Vorgehen siehe Steenkamp, South Africa's Border War; Gleijeses, Conflicting Missions, S. 273–299.

[29] Ausführlich siehe Gleijeses, Conflicting Missions, S. 230–396; George, The Cuban Intervention.

Vereinten Nationen zuzulassen.[30] Ebenfalls einstimmig verhängte er 1977 ein Waffenembargo.[31] Wirtschaftssanktionen scheiterten in der Folge[32] aber an den Wirtschaftsinteressen[33] der westeuropäischen und nordamerikanischen Industriestaaten, obwohl die VNGV 1974 alle Länder aufgefordert hatte, die Ausbeutung der namibischen Bodenschätze zu unterbinden.[34] Um Sanktionen gegen Südafrika und den vermeintlich wachsenden Einfluss der Sowjetunion in der Region aufzuhalten,[35] schlossen sich 1977 die ständigen Mitglieder des VNSR Frankreich, Großbritannien und die USA mit den 1977/78 zu nichtständigen Mitgliedern gewählten Bundesrepublik Deutschland und Kanada zur informellen Kontaktgruppe zusammen.[36] Nach zähen Verhandlungen mit Südafrika, der SWAPO und den Frontlinienstaaten[37] legte sie den Vereinten Nationen im Frühjahr 1978 einen Plan zur Unabhängigkeit Namibias vor.[38] Nachdem Südafrika und die SWAPO[39] dem Kompromiss prinzipiell zugestimmt hatten, forderte der Sicherheitsrat den VNGS – bei Enthaltung der Sowjetunion und der Tschechoslowakei – im Juli 1978 auf, einen Sonderbeauftragten für Namibia zu ernennen und die Unabhängigkeit Namibias durch freie und faire Wahlen vorzubereiten.[40] Die Planungen des VNGS wurden im September 1978 durch Resolution 435 – bei erneuter Enthaltung der Sowjetunion und der Tschechoslowakei[41] – vom VNSR angenommen und die Aufstellung der VN-Mission UNTAG beschlossen.[42]

Die südafrikanische Regierung war aber nie gewillt, eine SWAPO-Regierung zu akzeptieren.[43] Trotz offizieller Zustimmung zum namibischen Unabhängigkeitsprozess hielt sie an einer militärischen[44] und einer eigenen,

---

30 VNSR, S/RES/385(1976), 30.1.1976.
31 VNSR, S/RES/418(1977), 4.11.1977.
32 Vgl. VNSR, S/14459, 27.4.1981; VNSR, S/14460/Rev.1, 29.4.1981; VNSR, S/14461, 27.4.1981; VNSR, S/14462, 27.4.1981; VNSR, S/17633, 15.11.1985; VNSR, S/18705, 19.2.1987, und VNSR, S/18785, 7.4.1987.
33 Vgl. ECOSOC, E/C.10/1985/7, 30.1.1985; VNGV, A/41/24, 1989, Randnr. 337–377; VNGV, A/42/24, 1989, Randnr. 381–436; VNGV, A/43/24, 1991, Randnr. 222–243.
34 VNGV, A/RES/3295(XXIX), 13.12.1974.
35 PA AA, B 34, ZA, Bd 125267, Drahterlass Referat 320 im AA an die Ständige Vertretung in New York, 1.12.1978, hier S. 2 f.; Crocker, High Noon, S. 36; Mitchell, Jimmy Carter in Africa, S. 322–325.
36 Vgl. Jabri, Mediating Conflict, S. 58–94; Vergau, Verhandeln um die Freiheit Namibias.
37 Zum damaligen Zeitpunkt Angola, Botsuana, Nigeria, Mosambik, Sambia und Tansania.
38 VNSR, S/12636, 10.4.1978.
39 Vgl. VNGV/VNSR, A/S-9/12_S/12678, 2.5.1978, Annex, S. 1; VNSR, S/12775, 14.7.1978; Dreyer, Namibia, S. 128–133; Vergau, Verhandeln um die Freiheit Namibias, S. 46–52.
40 VNSR, S/RES/431(1978), 27.7.1978.
41 Vgl. The Namibian Peace Process, S. 21, Anm. 21.
42 VNSR, S/RES/435(1978), 29.9.1978.
43 PA AA, B 34, ZA, Bd 125259, Dg 32, Analytische Betrachtungen zum Verlauf und bisherigen Ergebnis der Initiative der fünf westlichen SR-Mitglieder zur Lösung der Namibia-Frage, 19.12.1977, hier S. 2 ff.; PA AA, B 34, ZA, Bd 125265, Vermerk Referat 320, Betr.: Namibia-Frage, hier: Motive der südafrikanischen Regierung für die Entscheidung vom 20.9.1978, 22.9.1978; VNSR, S/12900, 19.10.1978, Annex I; Gleijeses, Visions of Freedom, S. 150.
44 Hearn, UN Peacekeeping, S. 43.

international nicht anerkannten politischen Lösung fest.[45] Zur Entlastung ihrer Kräfte stellte sie ab 1979 namibische Hilfstruppen auf. Größtenteils aus schwarzen Namibiern zusammengesetzt, trugen die South West African Territorial Force und die South West African Police (SWAPOL) mit ihrer Spezialeinheit Koevoet fortan zur Unterdrückung der Bevölkerung bei.[46]

Die diplomatischen Bemühungen verloren derweil an Bedeutung. Auch eine neue Initiative der Kontaktgruppe brachte 1982 keinen Erfolg.[47] Eher schwächte sich die Kontaktgruppe selbst. Die seit 1981 von Ronald Reagan regierten USA knüpften den südafrikanischen Rückzug aus Namibia – wie die Südafrikaner[48] – gegen den Willen der restlichen Kontaktgruppe an den kubanischen Abzug aus Angola[49] und unterstützten ab 1985 offen die UNITA.[50]

Letztlich schufen erst das militärische Patt im Konflikt in Angola,[51] die Verschlechterung der südafrikanischen Wirtschaftslage,[52] die steigenden Kosten der südafrikanischen Aufstandsbekämpfung[53] sowie die Annäherung der USA und der Sowjetunion einen günstigen Verhandlungsrahmen.[54] Auf Vermittlung der USA und unter sowjetischer Beobachtung kam es im Mai 1988 in London zu ersten formellen Gesprächen zwischen Angola, Kuba und

---

[45] VNGV, A/RES/33/182, 21.12.1978; VNGV, A/RES/33/206, 31.5.1979; Wallace, Geschichte Namibias, S. 457–462.

[46] VNGV, A/43/24, 1991, Randnr. 186–191; Wallace, Geschichte Namibias, S. 462–466.

[47] Siehe VNSR, S/15287, 12.7.1982. Der unter Verschluss gehaltene Text des sogenannten Impartiality Package findet sich in PA AA, B 30, ZA, Bd 158135, Drahtbericht der Ständigen Vertretung in New York an Referat 230 im AA, Nr. 3490 und 3491, 31.12.1988.

[48] VNSR, S/15776, 19.5.1983, Randnr. 11; VNSR, S/15943, 29.8.1983, Randnr. 5 f.; VNSR, S/16106, 31.10.1983; Deutsch-südafrikanische Regierungsgespräche, 5.6.1984. In: AAPD 1984, Dok. 162, S. 781–793, hier S. 782–787.

[49] Zum »linkage« ausführlich Crocker, High Noon, S. 63–74; Gleijeses, Visions of Freedom, S. 180–185. Siehe auch Runderlaß des Vortragenden Legationsrats I. Klasse Vergau, 22.7.1981. In: AAPD 1981, Dok. 216, S. 1164–1167; Aufzeichnung des Ministerialdirigenten Limmer, 12.8.1981. In: ebd., Dok. 232, S. 1222–1227; Runderlaß des Vortragenden Legationsrats I. Klasse Vergau, 28.9.1981. In: ebd., Dok. 279, S. 1479–1482; Aufzeichnung des Ministerialdirektors Gorenflos, 29.1.1982. In: AAPD 1982, Dok. 36, S. 180–185; Ministerialdirigent Haas, z.Z. Ottawa, an das Auswärtige Amt, 25.2.1983. In: AAPD 1983, Dok. 56, S. 295–301. Frankreich verließ die Kontaktgruppe deswegen 1983. Jabri, Mediating Conflict, S. 158–161.

[50] Crocker, High Noon, S. 293–299; Dreyer, Namibia, S. 164 f.; Malaquias, Rebels, S. 80–85; Gleijeses, Visions of Freedom, S. 296–300, 310 f.

[51] Zur militärischen Entwicklung des Konflikts 1987/88 siehe George, The Cuban Intervention, S. 213–235; Scholtz, The SADF, S. 422–427; Gleijeses, Visions of Freedom, S. 393–430.

[52] Dreyer, Namibia, S. 175 f.

[53] PA AA, BAV 173-NEWYVN, Bd 16543, Kopie Schreiben der Botschaft der Bundesrepublik Deutschland in Südafrika an Referat 320 im AA, Betr.: Angolanisch-kubanisch-südafrikanische Verhandlungen über Angola/Namibia, 26.7.1988; VNGV, A/44/24, 1.2.1990, Randnr. 109; Hearn, UN Peacekeeping, S. 47 f.

[54] Botschafter Stabreit, Pretoria, an das Auswärtige Amt, 26.7.1988. In: AAPD 1988, Dok. 215, S. 1144–1148; Crocker, High Noon, S. 409–424; Wallace, Geschichte Namibias, S. 470 f.

Südafrika.⁵⁵ Es folgten zwölf Verhandlungsrunden,⁵⁶ unter anderem im August in Genf, wo ein faktischer Waffenstillstand zwischen Kuba und Südafrika und der Rückzug aller SWAPO-Truppen nördlich des 16. Breitengrads, etwa 160 Kilometer nördlich der namibischen Grenze, vereinbart wurden,⁵⁷ und im Dezember in Brazzaville, wo die Beteiligten dem VNGS den 1. April 1989 als Beginn des namibischen Unabhängigkeitsprozesses unterbreiteten.⁵⁸ Dieser Termin wurde am 22. Dezember 1988 durch eine finale Vereinbarung in New York bestätigt und der Abzug der kubanischen Truppen aus Angola beschlossen.⁵⁹ Letzteres hatten Angola und Kuba bereits zuvor besiegelt.⁶⁰ Aufgrund der neuen weltpolitischen Lage und der Zustimmung der SWAPO zum Waffenstillstand,⁶¹ die wie die UNITA nicht an den Verhandlungen beteiligt war, hielten sich alle Seiten an die Abmachung. Südafrika zog seine Truppen bis zum 30. August 1988 aus Angola ab,⁶² Kuba begann mit der Rückverlegung seiner Soldaten im Januar 1989.⁶³ Im selben Monat bestätigte der VNSR den 1. April als Beginn des namibischen Unabhängigkeitsprozesses.⁶⁴ Südafrika und die SWAPO verpflichteten sich ab diesem Tag zu einem Waffenstillstand.⁶⁵ Die Voraussetzungen für die UNTAG waren geschaffen.

### b) Die VN-Mission UNTAG in Namibia

*Mandatierung und Planung vor 1989*

Die UNTAG war erst die dritte VN-Mission in Subsahara-Afrika.⁶⁶ Zwar war sie seit der Mission ONUC in den 1960er-Jahren im Kongo die größte aller VN-Maßnahmen, nicht aber ihre Größe, sondern ihr Auftrag unterschied die UNTAG von den vorherigen Missionen. Gesamtheitlich war ihr Ziel ein ziviles. Sie sollte ein politisches Klima schaffen, in dem freie und faire Wahlen möglich waren.⁶⁷ Die Mission wird daher auch als »first successful case of

---

55   PA AA, B 30, ZA, Bd 155832, Drahtbericht der Botschaft der Bundesrepublik Deutschland in London an Referat 320 im AA, Nr. 857, 30.4.1988; ebd., Drahtbericht der Ständigen Vertretung in New York an Referat 230 im AA, Nr. 944, 2.5.1988; ebd., Joint Press Statement, o.D.; Crocker, High Noon, S. 392 f.; Dreyer, Namibia, S. 177; Gleijeses, Visions of Freedom, S. 452 f.
56   Crocker, Peacemaking in Southern Africa; George, The Cuban Intervention, S. 236–255; Gleijeses, Visions of Freedom, S. 450–490.
57   VNGV/VNSR, A/43/521_S/20109, 11.8.1988; VNSR, S/20566, 4.4.1989.
58   VNGV/VNSR, A/43/964_S/20325, 14.12.1989.
59   VNGV/VNSR, A/43/989_S/20346, 22.12.1988.
60   VNSR, S/20345, 22.12.1988.
61   VNSR, S/20129, 17.8.1988, S. 3.
62   VNSR, S/20412, 23.1.1989, Randnr. 13.
63   Dreyer, Namibia, S. 188.
64   VNSR, S/RES/629(1989), 16.1.1989.
65   The Blue Helmets, S. 209.
66   United Nations, List of Peacekeeping Operations 1948–2017.
67   VNGV, A/46/609, 19.11.1991, Randnr. 18; Thornberry, A Nation is Born, S. 146.

## IV. Deutsche ›Blauhelme‹ in Afrika

multidimensional peacekeeping«[68] oder als erste »›second generation‹ peacekeeping operation«[69] bezeichnet.

Obwohl die UNTAG erst 1989 begann, wurde ihre Aufstellung 1978 durch Resolution 435 beschlossen. Auf zwölf Monate begrenzt, sollte sie Namibia zur Unabhängigkeit verhelfen.[70] Zur Verfügung stehen sollten dem VN-Sonderbeauftragten dafür Militär-, Zivil- und starke Polizeikräfte,[71] in dieser Größenordnung ein Novum bei VN-Missionen.[72] Die aus heutiger Sicht kurz gefasste Resolution 435 legitimierte die Aufstellung der UNTAG aber nur. Einzelaufträge leiteten sich aus dem Vorschlag der Kontaktgruppe und dem Bericht des VNGS vom August 1978 ab.

Nach Vorstellungen der Kontaktgruppe sollte Südafrika nach einem Waffenstillstand mit der SWAPO seine in Namibia stationierten Truppen innerhalb von zwölf Wochen auf 1500 Soldaten reduzieren.[73] Die von Südafrika in Namibia aufgestellten Kräfte sollten demobilisiert und eine friedliche Rückkehr der SWAPO-Mitglieder ermöglicht werden.[74] Eine militärische VN-Komponente sollte den Waffenstillstand überwachen.[75] Vor Beginn des Wahlkampfs sollten alle diskriminierenden Gesetze aufgehoben, politische Gefangene freigelassen und Flüchtlinge zurückgeführt werden.[76] Recht und Ordnung sollte in der Übergangsphase jedoch weiter von der lokalen Polizei SWAPOL unter Aufsicht des südafrikanischen Generalverwalters garantiert, die SWAPOL jedoch von VN-Personal begleitet werden.[77] Die Kontaktgruppe sah hierfür aber noch keine VN-Polizei vor. Am Ende dieses Prozesses sollten Wahlen zu einer verfassungsgebenden Versammlung, der vollständige Abzug der südafrikanischen Truppen und die Unabhängigkeit Namibias stehen.[78] Details zur Größe oder zur Zusammensetzung der UNTAG fehlten in dem Plan bewusst. Weil Südafrika in Namibia zunächst nur bereit war, eine VN-Präsenz in Höhe von 1000 Soldaten zu akzeptieren, die SWAPO aber 4000 bis

---

68 Howard, United Nations Transition Assistance Group (UNTAG), S. 304.
69 Harbour, Initiating the »Second Generation«, S. 1.
70 VNSR, S/RES/435(1978), 29.9.1978.
71 Im VN-Sprachgebrauch wurde von »Civilian Police« (CIVPOL) gesprochen, um die Beamten von Militärpolizisten (Military Police) zu unterscheiden. Daraus resultierte der im deutschen Sprachgebrauch missverständliche Ausdruck von »zivilen« Polizeikräften, auch wenn es sich um uniformierte Beamte handelte. Zeitzeugengespräch mit Polizeipräsident i.R. Detlef Buwitt am 15.1.2020.
72 Erstmals waren 1960 Polizeieinheiten aus Ghana im Rahmen der VN-Mission ONUC in Léopoldville (Kinshasa) zum Einsatz gekommen. Eine CIVPOL als Teil einer VN-Mission gab es erstmals 1964 bei der UNFICYP auf Zypern. Schmidl, Polizeiaufgaben, S. 39–45. Siehe auch Bardehle, Tendenzen; Lemoine, Introduction to Papers; Hansen, From Congo to Kosovo.
73 VNSR, S/12636, 10.4.1978, Randnr. 8 (a. und b.) und Annex, S. 3.
74 Ebd., Randnr. 8 (c. und d.).
75 Ebd., Annex. S. 1 f.
76 Ebd., Randnr. 7.
77 Ebd., Randnr. 9.
78 Ebd., Annex, S. 4.

5000 Soldaten forderte,[79] hatten sich auch die Mitglieder der Kontaktgruppe nicht auf eine Zahl einigen können. Insbesondere die Diplomaten der USA und der Bundesrepublik hatten sich für eine größere Präsenz ausgesprochen.[80] Während die Kontaktgruppe die fehlenden Details gegenüber Dritten damit begründete, sich nicht stärker in die Kompetenzen des VN-Sekretariats einmischen zu wollte,[81] ergaben interne Planungen der USA eine notwendige Stärke von rund 5300 Soldaten. Aufgrund rechtlicher und innenpolitischer Bedenken sowie der möglichen Forderung der Sowjetunion, an der Mission beteiligt zu werden, wollten sie sich selbst aber nur mit einem Logistik- bzw. Kommunikationselement sowie beim Truppentransport beteiligen. Die US-Planer gingen davon aus, dass auch nur solche Staaten Truppen stellen würden, die keinem Militärblock angehörten. Aufgrund der Sprache zogen sie beispielsweise Einheiten aus Österreich, aber auch aus den Niederlanden in Erwägung, obwohl Letztere zur NATO gehörten.[82]

Um sich einen Überblick über die Anforderungen der UNTAG zu verschaffen, flog der neu ernannte VN-Sonderbeauftragte Martii Ahtisaari im August 1978 nach Namibia. In seinem anschließenden Bericht schlug er die Entsendung von rund 5000 Infanteristen, 200 Militärbeobachtern und 2300 Unterstützungskräften vor, insgesamt 7500 Soldaten. Ihre Bewaffnung sollte einen rein defensiven Charakter haben,[83] die Anwendung von Zwang wurde später ausdrücklich untersagt.[84] Die Soldaten sollten den Waffenstillstand, die Grenzen, den Abzug der südafrikanischen Truppen und die Demobilisierung der namibischen Hilfstruppen überwachen.[85] Auf süd-

---

[79] Die Größe der VN-Mission wurde davon abhängig gemacht, wie viele südafrikanische Soldaten weiter in Namibia stationiert blieben. Die VN-Soldaten sollten diese ergänzen oder ganz ersetzen. Vgl. PA AA, B 34, ZA, Bd 125260, Durchschlag Vorlage Abteilung 3 an den Außenminister, Betr.: Initiative der fünf westlichen Sicherheitsratsmitglieder zur Lösung der Namibia-Frage, hier: Vorbereitung der Simultangespräche auf Außenministerebene, 2.2.1978.

[80] PA AA, B 34, ZA, Bd 125259, Drahterlass Referat 320 im AA an die Botschaften der Bundesrepublik Deutschland in Skandinavien, Nr. 6697, 27.12.1977, hier S. 2 f.; PA AA, B 34, ZA, Bd 125260, Drahtbericht der Ständigen Vertretung in New York an Referat 320 im AA, Nr. 0009, 4.1.1978, hier S. 2; PA AA, B 34, ZA, Bd 125261, Drahtbericht der Ständigen Vertretung in New York an Referat 320 im AA, Nr. 0323, 11.2.1978, hier S. 2.

[81] Vgl. PA AA, B 34, ZA, Bd 125260, Drahtbericht der Botschaft der Bundesrepublik Deutschland in Stockholm an Referat 320 im AA, Nr. 39, 7.2.1978; ebd., Drahtbericht der Ständigen Vertretung in New York an Referat 320 im AA, Nr. 312, 10.2.1978, hier S. 2; PA AA, B 34, ZA, Bd 125261, Drahtbericht der Ständigen Vertretung in New York an Referat 320 im AA, Nr. 559, 14.3.1978, hier S. 3 f.; PA AA, B 30, ZA, Bd 120942, Drahterlass Referat 230 im AA an die Ständige Vertretung in New York, Nr. 617, 26.6.1978.

[82] Vgl. PA AA, B 30, ZA, Bd 120942, Memorandum von PM/ISO – Captain J.E. Burgess, USN an IO/UNP – Mr. Birdges; Betr.: UN Peacekeeping in Namibia, 22.6.1978.

[83] VNSR, S/12827, 29.8.1978, Randnr. 25 f. Aufgrund der Größe des Landes soll der designierte UNTAG-Kommandeur, Generalmajor Johann Phillip aus Österreich, sogar mindestens 15 000 Soldaten in Erwägung gezogen haben. PA AA, B 30, ZA, Bd 120942, Drahtbericht der Botschaft der Bundesrepublik Deutschland in Pretoria an Referat 320 im AA, Nr. 393, 23.8.1978; Thornberry, A Nation is Born, S. 150.

[84] VNSR, S/20943, 3.11.1989, Randnr. 19.

[85] VNSR, S/12827, 29.8.1978, Randnr. 21.

afrikanischen Druck kam später noch die Beobachtung von SWAPO-Basen in Angola und Sambia zum Auftrag der UNTAG-Militärkomponente hinzu.[86]

Anders als die Kontaktgruppe schlug der VNGS auch die Entsendung von 360 Polizisten zur Kontrolle der lokalen Polizei vor. Eine zweite Zivilkomponente von in der Spitze etwa 1200 Personen sollte die Durchführung der Wahlen begleiten.[87] Die veranschlagten Kosten von etwa 300 Mio. US-Dollar[88] sorgten jedoch schnell für Kritik im VNSR. Ende September 1978 versprach der VNGS, den Auftrag so kostengünstig wie möglich durchzuführen. Die 7500 Soldaten sollten nur die Obergrenze darstellen und die Anzahl des tatsächlich einzusetzenden Personals von der Lage abhängig gemacht werden.[89]

Trotz der finanziellen Bedenken bestand großes Interesse an der UNTAG. Das VN-Sekretariat besaß bereits vor Veröffentlichung des Berichts mehr Angebote für Truppen als nötig.[90] Zu ihrer Entsendung kam es vorläufig aber nicht. Für Südafrika war die militärische Obergrenze inakzeptabel.[91] Für nicht hinnehmbar hielt es auch die Beteiligung von anglophonen afrikanischen, der SWAPO vermeintlich freundlich gesonnenen Truppen.[92] Die SWAPO sperrte sich ihrerseits gegen NATO-Soldaten.[93] Uneins waren Südafrika und die SWAPO zudem bei der Entsendung von Polizisten. Für die SWAPO war ihre Stärke zu gering, für Südafrika kam keine Polizei infrage. Auch in Bezug auf den Waffenstillstand, den Abzug der südafrikanischen Truppen aus Namibia, die Kasernierung der SWAPO-Kämpfer in bzw. außerhalb Namibias, das Wahldatum und den Wahlprozess kollidierten die Meinungen.[94] Während die SWAPO den Bericht dennoch akzeptierte, wies Südafrika ihn zurück.[95] Trotz

---

86  VNSR, S/15776, 19.5.1983, Randnr. 7.
87  VNSR, S/12827, 29.8.1978, Randnr. 29–32.
88  Ebd., Randnr. 41.
89  VNSR, S/12869, 28.9.1978, S. 1 ff.
90  PA AA, B 30, ZA, Bd 120942, Drahtbericht der Ständigen Vertretung in New York an Referat 230 im AA, Nr. 1966, 23.8.1978.
91  Zu den südafrikanischen Vorbehalten ausführlich siehe PA AA, B 1, ZA, Bd 178773, Text des Schreibens des südafrikanischen Aussenministers [sic] R.F. Botha an UNO-Generalsekretär Dr. Kurt Waldheim vom 6. September 1978 (deutsche Übersetzung der englischen Originalfassung). Vgl. außerdem PA AA, B 30, ZA, Bd 121066, Pressekonferenz Voster/Botha, 20.9.1978; PA AA, B 1. ZA, Bd 178773, Erklärung des südafrikanischen Ministerpräsidenten B.J. Vorster anlässlich seiner Pressekonferenz am 20. September 1978 in Pretoria, 21.9.1978, hier S. 3.
92  PA AA, B 30, ZA, Bd 120942, Drahtbericht der Ständigen Vertretung in New York an Referat 230 im AA, Nr. 1552 vom 21.6.1978; PA AA, B 30, ZA, 121064, Drahtbericht von der Ständigen Vertretung in New York an Referat 230 im AA, Nr. 1800 vom 26.7.1978; Vergau, Verhandeln um die Freiheit Namibias, S. 74.
93  PA AA, B 34, ZA, Bd 125270, Drahtbericht der Ständigen Vertretung in New York an Referat 320 im AA, Nr. 268, 10.2.1979, hier S. 3. Die auf die SWAPO einwirkenden Frontlinienstaaten wollten nur Logistiktruppen von Staaten aus Militärbündnissen akzeptieren. VNSR, S/13141, 5.3.1979, S. 2.
94  VNSR, S/12836, 6.9.1978; VNSR, S/12841, 8.9.1978; VNSR, S/12853, 20.9.1978; VNSR, S/12868, 27.9.1978; VNSR, S/13148, 7.3.1979.
95  VNSR, S/12836, 6.9.1978; VNSR, S/12841, 8.9.1978, Randnr. 19.

mehrfacher Anpassungen[96] verzögerte sich die Umsetzung der Resolution 435 um zehn Jahre.

*Schleppender Start, erfolgreicher Verlauf: Die UNTAG 1989/90*

Erst nachdem sich die staatlichen Akteure 1988 auf eine Beilegung des Konflikts geeinigt hatten, ließ sich Resolution 435 verwirklichen.[97] Wegen der Finanzkrise der Weltgemeinschaft[98] und der mittlerweile auf rund 700 Mio. US-Dollar geschätzten Kosten[99] blockierten nun aber die ständigen Mitglieder des VNSR den Prozess. Anfang 1989 forderten sie vom VNGS eine Reduzierung der UNTAG-Kosten.[100] Die afrikanischen Staaten verlangten dagegen eine personelle Aufstockung,[101] weswegen der VNGS Ende Januar einen Kompromiss vorschlug. Um die Kosten zu drücken, sollten in Namibia nur noch drei verstärkte Infanteriebataillone stationiert werden. Die restlichen vier Bataillone sollten als Reserve in ihren Heimatländern verbleiben.[102] Die Obergrenze von 7500 Soldaten blieb zwar gültig, zum Einsatz kommen sollten jedoch nur noch 2550 Infanteristen, 300 – bewaffnete[103] – Militärbeobachter, rund 1700 Logistiker und etwa 100 Stabsoldaten.[104] In Namibia stationiert werden sollten Infanteristen aus Finnland, Kenia und Malaysia. Bangladesch, Jugoslawien, Togo und Venezuela sollten die Reserve stellen.[105] Militärbeobachter sollten aus 14 Staaten[106] und logistische Unterstützung überwiegend aus europäischen und nordamerikanischen Ländern kommen.[107] Bei UNTAG waren somit viele NATO-Staaten vertreten und im finanziell vertretbaren Rahmen waren vor allem auch die USA daran

---

[96] Vgl. VNSR, S/12869, 28.9.1978; PA AA, B 34, ZA, Bd 125271, Drahtbericht der Ständigen Vertretung in New York an Referat 320 im AA, Nr. 504, 14.3.1979, hier S. 1 f.; PA AA, B 30, ZA, Bd 128052, Drahtbericht der Ständigen Vertretung in New York an Referat 230 im AA, Nr. 1675, 7.7.1982, hier S. 2.

[97] VNSR, S/20412, 23.1.1989, Randnr. 17–22; VNSR, S/RES/632(1989), 16.2.1989.

[98] Vgl. Tomuschat, Die Krise der Vereinten Nationen; Durch, Paying the Tab, S. 40 f.; Volger, Geschichte der Vereinten Nationen, S. 160. Detailliert siehe PA AA, B 30, ZA, Bd 142232.

[99] PA AA, BAV 173-NEWYVN, Bd 16545, UNTAG, Preliminary Estimates, o.D.; PA AA, B 30, ZA, Bd 158135, Drahtbericht der Ständigen Vertretung in New York an Referat 230 im AA, Nr. 1880, 30.8.1988, hier S. 2; Hearn, UN Peacekeeping, S. 62.

[100] VNSR, S/RES/629(1989), 16.1.1989; VNSR, S/20412, 23.1.1989, Randnr. 49; Thornberry, A Nation is Born, S. 34 ff.

[101] VNSR, S/20412, 23.1.1989, Randnr. 50; VNGV/VNSR, A/44/89_S/20414, 23.1.1989.

[102] VNSR, S/20412, 23.1.1989, Randnr. 53 ff.

[103] Obwohl ursprünglich unbewaffnet, autorisierte der VNGS den UNTAG-Befehlshaber, die Militärbeobachter wenn nötig mit Waffen zur Selbstverteidigung auszustatten. VNSR, S/20457, 9.2.1989, Randnr. 6.

[104] VNSR, S/20412, 23.1.1989, Randnr. 54 (f).

[105] VNSR, S/20479, 23.2.1989; The Blue Helmets, S. 214.

[106] Aus Bangladesch, Finnland, Indien, Irland, Jugoslawien, Kenia, Malaysia, Pakistan, Panama, Peru, Polen, Sudan, Togo und der Tschechoslowakei. VNSR, S/20479, 23.2.1989.

[107] Dazu zählten Dänemark, die Bundesrepublik Deutschland, Italien, Kanada, Österreich, Polen, die Schweiz, Spanien und die USA. VNSR, S/20479, 23.2.1989; The Namibian Peace Process, S. 91.

## IV. Deutsche ›Blauhelme‹ in Afrika

interessiert, ihren diplomatischen Erfolg, der zum Abzug der Kubaner aus Angola geführt hatte, mit der Unabhängigkeit Namibias zu krönen.

Der VNGS schlug auch die Anhebung der Polizeikomponente auf 500 Beamte vor. Letzteres hing mit der gestiegenen Zahl lokaler Polizisten zusammen.[108] Insgesamt sollten die UNTAG-Kosten damit auf 416 Mio. US-Dollar sinken.[109] Am 16. Februar, also sechs Wochen vor dem geplanten Beginn der Mission, stimmte der VNSR den Anpassungen zu.[110] Da die VNGV das Budget aber erst am 1. März verabschiedete[111] und zuvor keine Verträge zur Vorbereitung der Mission geschlossen werden durften,[112] stand am 1. April 1989 nur ein Bruchteil der Truppen im Land. Das Stationierungsabkommen mit Südafrika wurde erst am 10. März unterzeichnet.[113] Das finnische Bataillon wurde erst am 17. April, das malaysische und das kenianische sogar erst am 1. Mai stationiert, teilweise unvollständig ausgerüstet.[114]

Zu diesem Zeitpunkt war die Mission bereits mit ihrer größten militärischen Herausforderung konfrontiert worden. Kurz nach Inkrafttreten des Waffenstillstands am 1. April 1989 überschritten mehrere Hundert SWAPO-Kämpfer die angolanisch-namibische Grenze und lieferten sich Gefechte mit südafrikanischen Soldaten.[115] Die wenigen[116] UNTAG-Kräfte waren nicht in der Lage und auch gar nicht ausgestattet, um zu intervenieren.[117] Mit Zustimmung des VNGS verlegten südafrikanische Einheiten an die Grenze.[118] Bei den anschließenden Gefechten starben bis zu 400 Menschen, überwiegend Angehörige der SWAPO.[119] Der Zwischenfall tat dem Friedensprozess aber keinen Abbruch. Am 9. April verständigten sich Angola, Kuba und Südafrika auf die Einhaltung ihrer Vereinbarungen.[120]

---

[108] VNSR, S/20412, 23.1.1989, Randnr. 42.
[109] Ebd., Randnr. 55. Letztlich kostete die Mission 345 Mio. US-Dollar. VNGV, A/47/555, 28.10.1992, Randnr. 7.
[110] VNSR, S/RES/632(1989), 16.2.1989.
[111] VNGV, A/RES/43/232, 1.3.1989.
[112] The Blue Helmets, S. 209; Thornberry, A Nation is Born, S. 48. Alle Ausgaben über drei Mio. US-Dollar mussten vom Verwaltungs- und Haushaltsausschuss der VNGV beschlossen werden. VNGV, A/RES/44/203, 21.12.1989.
[113] VNSR, S/20412/Add.1, 16.3.1989.
[114] The Blue Helmets, S. 214; Thornberry, A Nation is Born, S. 155.
[115] Cliffe [u.a.], The Transition, S. 84–91; The Blue Helmets, S. 216–219; Pérez de Cuéllar, Pilgrimage for Peace, S. 310–313; Hearn, UN Peacekeeping, S. 89–108; Thornberry, A Nation is Born, S. 87–110; Dale, The Namibian War, S. 80–83; Scholtz, The SADF, S. 427–433.
[116] Den bundesdeutschen Angaben zufolge verfügte die Mission zu diesem Zeitpunkt erst über 920 Personen, von denen sich auch nur neun im Kampfgebiet aufgehalten haben sollen. PA AA, B 30, ZA, Bd 155889, Drahtbericht der Beobachtermission in Windhoek an Referat 320 im AA, Nr. 40, 3.4.1989, hier S. 2; BT-Drs. 11/4846, 21.6.1989, S. 3.
[117] Vgl. The Namibian Peace Process, S. 75.
[118] Cliffe [u.a.], The Transition, S. 85; Pérez de Cuéllar, Pilgrimage for Peace, S. 311; Hearn, UN Peacekeeping, S. 97–100; Goulding, Peacemonger, S. 152–159; Thornberry, A Nation is Born, S. 90–96.
[119] The Blue Helmets, S. 219.
[120] VNSR, S/20579, 17.4.1989, Annex IV.

Während dies die einzige nennenswerte militärische Konfrontation blieb, gestaltete sich in der Folge vor allem der Umgang mit den etwa 3000 Angehörigen der Koevoet problematisch. Ein Großteil von ihnen war in die SWAPOL integriert worden und drangsalierte im Norden weiter die Bevölkerung.[121] Im Mai und im September sah sich der VNSR genötigt, die UNTAG-Polizei um jeweils 500 Beamte auf 1500 aufzustocken.[122] Ihr Einfluss blieb aber begrenzt. Die Beamten durften nur beobachten und berichten, eigene Ermittlungen auf- oder Verhaftungen vornehmen durften sie nicht.[123]

Planmäßiger verlief der von der UNTAG überwachte Abzug der südafrikanischen Armee.[124] Die letzten Truppen verließen Namibia nach den Wahlen im November 1989.[125] Spätestens von da an war der militärische Teil der UNTAG praktisch nutzlos.[126] Auch er trug aber dazu bei, dass nach Bekanntgabe einer Amnestie für alle Exil-Namibier und der Rücknahme aller Apartheid-Gesetze 43 000 namibische Flüchtlinge – rund drei Prozent der namibischen Bevölkerung – zurückkehrten.[127]

Der Höhepunkt der Mission waren die Wahlen vom 7. bis zum 11. November 1989.[128] Bei einer Wahlbeteiligung von 97 Prozent[129] gewann die SWAPO 57 Prozent der Stimmen. Der VN-Sonderbeauftragte Ahtisaari erklärte die Wahlen für frei und fair.[130] Am 9. Februar 1990 wurde eine neue Verfassung verabschiedet und Sam Nujoma (SWAPO) zum ersten frei gewählten Präsidenten des Landes ernannt. Mit der Unabhängigkeit Namibias am 21. März 1990 endete das UNTAG-Mandat.[131] Außer einigen Truppen, die

---

[121] VNSR, S/20883, 6.10.1989, Randnr. 13 f.; Cliffe [u.a.], The Transition, S. 94–110; Hearn, UN Peacekeeping, S. 80–83; Thornberry, A Nation is Born, S. 229–237.
[122] VNSR, S/20657, 26.5.1989; VNSR, S/20658, 26.5.1989; VNSR, S/20871, 28.9.1989; VNSR, S/20872, 28.9.1989.
[123] NDI, Nation Building, S. 68, 78; Hesztera, Civilian Police, S. 19; Hearn, UN Peacekeeping, S. 149–155; Thornberry, A Nation is Born, S. 226 f.
[124] VNSR, S/20883, 6.10.1989, Randnr. 6.
[125] The Blue Helmets, S. 220 f. Neben den SADF-Einheiten beobachtete die UNTAG in Luanda und Lubango auch die noch in Angola befindlichen SWAPO-Kämpfer. Jedoch war die Zahl der UNTAG-Militärbeobachter mit 38 unzureichend, um ein umfassendes Lagebild erstellen zu können. VNSR, S/20883, 6.10.1989, Randnr. 18; Pérez de Cuéllar, Pilgrimage for Peace, S. 324 ff.; Hearn, UN Peacekeeping, S. 118 f.; Goulding, Peacemonger, S. 160 f.; Thornberry, A Nation is Born, S. 159 f.
[126] NDI, Nation Building, S. 70; Fortna, United Nations Transition Assistance Group, S. 371. Laut Thornberry habe es der Befehlshaber Prem Chand abgelehnt, die UNTAG-Soldaten anderweitig einzusetzen. Thornberry, A Nation is Born, S. 157 ff. Auch Horner maß der CIVPOL größeren Einfluss auf die Stabilisierung der Lage zu als den Soldaten, auch wenn es Defizite bei deren Auftragserfüllung gegeben habe. Horner, Australia, S. 102 f., 126–133.
[127] VNSR, S/20883, 6.10.1989, Randnr. 47; VNGV, A/46/725, 6.12.1991, S. 11; Hearn, UN Peacekeeping, S. 168; Thornberry, A Nation is Born, S. 161–179.
[128] Ausführlich siehe Harneit-Sievers, Namibia.
[129] VNSR, S/20967, 14.11.1989, Randnr. 9.
[130] Ebd., Randnr. 6 f.
[131] VNSR, S/21215, 28.3.1990, Randnr. 1.

IV. Deutsche ›Blauhelme‹ in Afrika 195

durch bilaterale Vereinbarungen in Namibia blieben, zogen alle VN-Einheiten ab.[132]

In der Rückschau gilt die UNTAG überwiegend als Erfolg. Als Gründe werden vor allem der Kooperationswillen der Beteiligten und die innovativen Konfliktlösungsmechanismen der zivilen UNTAG-Komponente genannt.[133] Gleichzeitig litt die UNTAG wie viele VN-Missionen an Planungs- und Koordinationsproblemen.[134] Zudem handelte es sich »um einen klassischen Dekolonisationsfall«, der auf vorhandene Infrastruktur und staatliche Strukturen zurückgreifen konnte.[135] Anders als später in Somalia[136] war der Konflikt in Namibia praktisch beendet. Die Vereinten Nationen mussten den Friedensprozess nur unterstützen.[137] Zudem handelte es sich seit vielen Jahren um die erste große VN-Mission, die nach Verleihung des Friedensnobelpreises 1988 große Unterstützung erhielt.[138] Von Beginn an galt Namibia daher als Ausnahme.[139] Kein Einzelfall, sondern der Beginn einer personellen Beteiligung an VN-Missionen, war die UNTAG allerdings für die Bundesregierung, die in Namibia ganz eigene Interessen verfolgte.

c) Die Bundesrepublik Deutschland und der Konflikt in Namibia

Aufgrund der gemeinsamen Geschichte, der noch immer in Namibia lebenden deutschen Minderheit und des als Bedrohung seiner eigenen Interessen wahrgenommenen, vermeintlich wachsenden sozialistischen Einflusses im südlichen Afrika spielte die Unabhängigkeit Namibias für die Bundesregierung eine prominente, wenn auch außenpolitisch nie die wichtigste Rolle.[140] Darüber kann auch der – bei Stimmenthaltung der Abgeordneten der Fraktion der Grünen – fraktionsübergreifend angenommene Antrag des Bundestags ein Jahr vor der Unabhängigkeit Namibias, der der Bundesrepublik eine »be-

---

[132] VNSR, S/21215, 28.3.1990, Randnr. 3; Mwarania, Kenya Battalion in Namibia, S. 95–101, 104–108.
[133] Vgl. Weiland/Braham, Introduction; Hearn, UN Peacekeeping; Lehmann, Peacekeeping and Public Information, S. 28–50; Howard, UN Peace Implementation in Namibia; Howard, United Nations Transition Assistance Group, S. 294–305.
[134] Hearn, UN Peacekeeping, S. 4; Fortna, United Nations Transition Assistance Group, S. 353–375, hier S. 372; Debiel, UN-Friedensoperationen, S. 84.
[135] Hufnagel, UN-Friedensoperationen, S. 48.
[136] Siehe Kapitel IV.3.
[137] Hearn, UN Peacekeeping, S. 239; Saunders, The Role of the United Nations in the Independence of Namibia, S. 742.
[138] Hufnagel, UN-Friedensoperationen, S. 81 f.
[139] Weiland/Braham, Introduction, S. 4; Thornberry, A Nation is Born, S. 374.
[140] Unterschieden werden muss zwischen dem gesamten außenpolitischen Engagement der Bundesregierung und dem afrikapolitischen Engagement. Bei Letzterem nahmen Namibia und Südafrika eine Hauptrolle ein. Engel/Schleicher, Die beiden deutschen Staaten, S. 263–300. Vgl. auch Bley, Namibia, die Bundesrepublik und der Westen, S. 130; Zeitzeugengespräch mit Prof. Dr. Karl-Heinz Hornhues am 15.9.2020. Ausführlich zu den Positionen in der Bundesrepublik siehe Kern, West Germany.

sondere Verantwortung« für Namibia bescheinigte, nicht hinwegtäuschen.[141] Zwar fand das Thema vor allem während der bundesdeutschen Mitgliedschaft im VNSR 1977/78 und 1987/88 sowie im Zuge des Unabhängigkeitsprozesses 1989/90 Beachtung,[142] im Gegensatz zu dessen Planung blieb die Beteiligung der Bundesregierung an der Umsetzung des Friedensprozesses aber begrenzt. Insgesamt spielte das Thema aufgrund der deutschstämmigen Bevölkerung[143], der bundesdeutschen Wirtschaftsinteressen im südlichen Afrika[144] und der internationalen Ächtung der Apartheid eher aus innenpolitischen Gründen eine Rolle. Es war durch (scheinbare) Widersprüche sowie unterschiedliche Positionen von Parteien und Personen, allen voran den gegensätzlichen Haltungen des Außenministers Genscher und des bayerischen Ministerpräsidenten Franz Josef Strauß, geprägt.[145]

Die Bundesregierung unterhielt nämlich gute Beziehungen zu Südafrika.[146] 1962 hatten beide ein Kulturabkommen vereinbart, das bis 1977 auch Namibia einschloss.[147] Zudem betrieb die Bundesrepublik bis Oktober 1977 ein Konsulat in Windhoek, was den Anschein der Anerkennung der südafrikanischen Herrschaft in Namibia erweckte und Resolution 276 untergrub.[148] Zudem war die Rössing-Mine in Namibia zwischen 1976 und 1986 eine der Hauptquellen des bundesdeutschen Uranbezugs.[149] Aufgrund ihrer Rohstoffinteressen im südlichen Afrika[150] und der bereits in der Region getätigten Investitionen lehnte die Bundesregierung auch alle Wirtschaftssanktionen gegen Südafrika

---

[141] BT-Drs. 11/3934, 30.1.1989; BT-PlPr. 11/134, 16.3.1989, S. 9935–9941.
[142] Vgl. BT-Drs. 8/3462, 4.12.1979; BT-Drs. 10/5312, 14.4.1986; BT-PlPr. 11/80, 19.5.1988, S. 5365–5388. Schon 1975 forderte Genscher vor der VNGV die Selbstbestimmung der namibischen Bevölkerung. VNGV, A/PV.2359, 24.9.1975, Randnr. 89.
[143] Vgl. Gespräch des Bundesministers Genscher mit dem amerikanischen UNO-Botschafter Young, 19.7.1977. In: AAPD 1977, Dok. 199, S. 1002–1009, hier S. 1005.
[144] Vgl. Schulz, Development Policy, S. 160; Oldhaver, Die deutschsprachige Bevölkerungsgruppe in Namibia, S. 74 ff.
[145] Treuer Anhänger. In: Der Spiegel, Nr. 32 (1986), 3.8.1986, S. 28; Oldhaver, Die deutschsprachige Bevölkerungsgruppe in Namibia, S. 66–74; Bley/Schleicher, Deutsch-deutsch-namibische Beziehungen, S. 282; Kern, West Germany, S. 58–61. Siehe auch Strauß, Die Erinnerungen, S. 523–527; Genscher, Erinnerungen, S. 472 f.; Möller, Franz Josef Strauß, S. 716 ff.
[146] Ausführlich siehe Wenzel, Südafrika-Politik.
[147] Vgl. Bekanntmachung über das Inkrafttreten des Kulturabkommens zwischen der Bundesrepublik Deutschland und der Republik Südafrika vom 4. Dezember 1963. In: BGBl., Teil II, Nr. 1, 11.1.1964, S. 13–17, hier Artikel 8. Zu dieser Zeit existierte nur ein weiteres Kulturabkommen mit afrikanischen Ländern; seit 1960 mit Ägypten. Wenzel, Südafrika-Politik, S. 89. Das Kulturabkommen mit Südafrika wurde erst 1985 aufgekündigt. Brenke, Die Bundesrepublik, S. 123, 147; Kern, West Germany, S. 143–149.
[148] Brenke, Die Bundesrepublik, S. 109 f., 117–123; Genscher, Die Rolle Deutschlands, S. 10; Kern, West Germany, S. 137–143. Die Schließung des Konsulats wurde mehrfach diskutiert. Insbesondere die CDU/CSU sperrte sich – letztlich erfolglos – gegen die Schließung. PA AA, B 34, ZA, Bd 108239, Vorlage Leiter Abteilung 3 an den Staatssekretär, Betr.: Grundzüge unserer Afrika-Politik, hier: Anpassung an veränderte politische Daten, 25.1.1973; BT-Drs. 8/742 (neu), 8.7.1977; BT-PlPr. 8/52, 27.10.1977, S. 4081 ff.
[149] BT-Drs. 11/5788, 23.11.1989, S. 42; Verber, An der Schnittstelle, S. 382.
[150] PA AA, B 9, ZA, Bd 178428, Planungsstab AA, Zur deutschen Afrikapolitik, 1. Band, Oktober 1977, hier Rohstoffpolitische Bedeutung Afrikas; BT-Drs. 8/1981, 7.7.1978, S. 4.

ab; ohnehin wurde deren Wirksamkeit zur Beendigung der Apartheid bezweifelt.[151] 1977/78 und 1987/88 enthielt sich die Bundesrepublik im VNSR bei Resolutionen, die Südafrika stärker verurteilt und Maßnahmen nach Kapitel VII der VN-Charta gefordert hätten, oder wies sie zurück.[152] Aufgrund ihrer Beziehungen zu Südafrika wurde die Bundesrepublik ab 1976 wiederholt namentlich von der VNGV verurteilt; dort stellten die Staaten Subsahara-Afrikas die größte Gruppe.[153] Darüber hinaus wurde die marxistisch angehauchte[154] SWAPO nie von der Bundesregierung als Alleinvertreterin der namibischen Bevölkerung[155] anerkannt, obwohl Sam Nujoma im Oktober 1980 erstmals mit protokollarischen Ehren in Bonn empfangen wurde.[156] Weder war die SWAPO aber durch Wahlen legitimiert, noch galt ihr bewaffneter Kampf für die Bundesregierung als legitim.[157] Aus politischen Erwägungen lehnte sie den Einsatz von Gewalt zur Durchsetzung politischer Ziele ab.[158] Weiteren Schaden nahm das bundesdeutsche Ansehen bei den afrikanischen Ländern in der zweiten Hälfte der 1980er-Jahre,[159] als Berichte über die Weitergabe von

---

[151] PA AA, B 1, ZA, Bd 178773, Vermerk Referat 320, Haltung zu Wirtschaftssanktionen oder andere Formen des Drucks auf Südafrika im wirtschaftlichen Bereich, 13.4.1978; ebd., Vorlage Abteilung 3 an den Außenminister, Betr.: Herbeiführung der Zustimmung der Republik Südafrika zum Waldheim-Bericht über die Implementierung des westlichen Lösungsvorschlags für Namibia, hier: Maßnahmen zur Unterstützung der Glaubhaftigkeit der westlichen Politik, 4.10.1978, hier S. 2 f.

[152] Vgl. VNSR, S/PV.2045, 31.10.1977, S. 6; VNSR, S/PV.2738, 20.2.1987, S. 67; VNSR, S/PV.2747, 9.4.1987, S. 21; VNSR, S/PV.2797, 8.3.1988, S. 19.

[153] VNGV, A/RES/31/7, 5.11.1976, Randnr. 6; VNGV, A/RES/32/35, 28.11.1977, Randnr. 6 f.; VNGV, A/RES/33/40, 13.12.1978, Randnr. 6 f.; VNGV, A/RES/34/41, 21.11.1979, Randnr. 7 f.; VNGV, A/RES/35/28, 11.11.1980, Randnr. 9; VNGV, A/RES/36/51, 24.11.1981, Randnr. 9.

[154] Zur Bewertung der SWAPO aus bundesdeutscher Sicht siehe BArch, B 136/33825, Drahtbericht der Ständigen Vertretung in New York an Referat 320 im AA, Nr. 140, 20.1.1978.

[155] 1973 enthielt sich die Bundesrepublik zu dieser Frage. VNGV, A/PV.2198, 12.21.1973, S. 8. Gleiches galt 1976 bei der Aufnahme der SWAPO als Beobachter der VNGV. VNGV, A/31/PV.105, 20.12.1976, S. 1575. Für einige Abgeordnete der CSU war die SWAPO eine Terrororganisation. Vgl. BT-PlPr. 7/81, 20.2.1974, S. 5319; BT-PlPr. 11/9, 6.5.1987, S. 509. Ausführlich siehe Oldhaver, Die deutschsprachige Bevölkerungsgruppe in Namibia, S. 103–110.

[156] PA AA, B 1, ZA, Bd 178820, Entwurf Drahterlass Referat 230 im AA an die Ständige Vertretung in New York, ohne Nr., 24.10.1980; PA AA, B 34, ZA, Bd 127747, Entwurf Drahterlass Referat 320 im AA an die Ständige Vertretung in New York u.a., ohne Nr., 27.10.1980; Vergau, Verhandeln um die Freiheit Namibias, S. 82.

[157] BT-PlPr. 7/228, 12.3.1976, S. 15930; BT-Drs. 10/833, 21.12.1983, S. 15 f. Bei den entsprechenden Resolutionen in der VNGV stimmte die Bundesrepublik dagegen. Vgl. VNGV, A/31/PV.105, 20.12.1976, S. 1573. Ausführlich zur Haltung der bundesdeutschen Parteien gegenüber der SWAPO siehe Kern, West Germany, S. 38–66.

[158] Vgl. BArch, BW 1/159093, Kopie Schreiben Referat 230 im AA an den Chef des BKAmts, Betr.: VN-Politik der Bundesrepublik Deutschland, 15.8.1973, hier Anlage, S. 6; VNGV, A/PV.2119, 19.9.1973, Randnr. 141–168; BT-PlPr. 8/52, 27.10.1977, S. 4061 f.; BT-Drs. 8/3463, 4.12.1979, S. 3.

[159] Vgl. VNSR, S/PV.2740, 6.4.1987, S. 43 f.; Aufzeichnung des Ministerialdirigenten Bazing, 4.12.1987. In: AAPD 1987, Dok. 353, S. 1795–1799; Aufzeichnung des Vortragenden Legationsrats I. Klasse Rudolph, 24.11.1989. In: AAPD 1989, Dok. 379, S. 1606–1610.

Konstruktionsplänen für den Bau von U-Booten durch norddeutsche Firmen an Südafrika publik wurden.[160]

Die Bundesregierung steckte damals in einem Dilemma. Die fortwährende Verbindung zu Südafrika belastete die Beziehungen mit den restlichen afrikanischen Staaten, und zwar vermutlich zugunsten des Ostblocks, was als besorgniserregend galt.[161] Eine Entwicklung wie in Angola und die Gefährdung der deutschen Minderheit, beispielsweise durch Enteignung, sollte in Namibia unbedingt verhindert werden.[162] Eine Annäherung an die afrikanischen Staaten ging wiederum auf Kosten der Wirtschaftsbeziehungen zu Südafrika.[163] Um sich größere Handlungsmöglichkeiten und ein besseres Ansehen in Afrika zu verschaffen, leitete die Bundesregierung 1976 einen Wandel ihrer Namibia-Politik ein; das Kulturabkommen mit Südafrika wurde beschränkt, das Konsulat in Windhoek geschlossen und die von bundesdeutschen Steuergeldern finanzierte Deutsche Schule in Windhoek dazu gedrängt, nicht mehr nur weiße Schüler aufzunehmen.[164] Zudem wurde sie Teil der auf Anregung der USA[165] zustande gekommene Kontaktgruppe der fünf ›westlichen‹ Mitglieder des VNSR. Die Bundesregierung wollte den afrikanischen Staaten durch dieses diplomatische Engagement beweisen, dass sie gewillt war, die Apartheid und die namibische Fremdherrschaft überwinden zu helfen. Gleichzeitig fürchteten die Bundesressorts, dass die Fortsetzung des Namibia-Konflikts die Gefahr eines Guerillakriegs in Südafrika erhöhen und die bundesdeutsche Rohstoffversorgung gefährden könnte.[166]

---

[160] BT-Drs. 11/6141, 20.12.1989; BT-Drs. 11/8109, 9.10.1990; BT-Drs. 11/8176, 23.10.1990.

[161] BT-PlPr. 8/52, 27.10.1977, S. 4060; Weißbuch 1979, S. 8, 89 f.; Zeitzeugengespräch mit Prof. Dr. Karl-Heinz Hornhues am 15.9.2020.

[162] PA AA, B 9, ZA, Bd 178392, Vorlage Abteilung 3 an den Staatssekretär, Betr.: Entwurf einer Ministervorlage über die Namibia-Politik der Bundesregierung, 28.1.1977, hier Anlage, S. 3.

[163] Vgl. PA AA, B 34, ZA, Bd 125267, Drahterlass Referat 320 im AA an die Ständige Vertretung in New York, 1.12.1978. Siehe auch PA AA, B 1, ZA, Bd 178587, Übersichtspapier Referat 230, Überblick über die Haltung der Bundesrepublik Deutschland zu bestimmten Konflikten in der Dritten Welt, o.D., S. 3 ff. Die 1973 ausgearbeiteten Leitlinien zur bundesdeutschen VN-Politik sollten ursprünglich lauten: »Wegen unserer Wirtschafts- und Sicherheitsinteressen können wir die friedliche Zusammenarbeit mit Südafrika und Portugal nicht aufgeben.« Aus der finalen Fassung wurde der Absatz jedoch gestrichen. Ebd., Entwurf Referat 231, Die VN-Politik der Bundesrepublik Deutschland, o.D., hier S. 6.

[164] PA AA, B 34, ZA, Bd 108204, Vorlage Abteilung 3 an den Außenminister, Betr.: Konsulat Windhuk – Deutsche Höhere Privatschule – Kulturabkommen, 20.10.1976, hier S. 2; PA AA, B 9, ZA, Bd 178392, Vorlage Abteilung 3 an den Staatssekretär, Betr.: Entwurf einer Ministervorlage über die Namibia-Politik der Bundesregierung, 28.1.1977; Afrika-Politik. Genschers Schwenk. In: Der Spiegel, Nr. 21 (1977), 15.5.1977, S. 36–38.

[165] US-Botschafter Andrew Young hatte den bundesdeutschen Diplomaten Rüdiger von Wechmar und Helmut Redies die Initiative bei einem Gespräch eröffnet. Genscher billigte die Beteiligung zwei Wochen später auf einer US-Reise. PA AA, B 34, ZA, Bd 125256, Drahtberichte der Ständigen Vertretung in New York an Referat 230 im AA, Nr. 0359, 1.3.1977, und Nr. 464, 14.3.1977, hier S. 3 f.; Vergau, Verhandeln um die Freiheit Namibias, S. 11–14.

[166] PA AA, B 1, ZA, Bd 178686, Drahtbericht der Botschaft der Bundesrepublik Deutschland in Washington an Referat 204 im AA, Nr. 902, 14.3.1977, hier S. 3; PA AA, B 34, ZA,

Trotz oder gerade wegen seiner Eigeninteressen strebte das AA keine Führungsrolle in der Namibia-Frage an. Als der Ständigen Vertretung in New York 1977 von den US-Amerikanern angetragen wurde, die Koordination der Namibia-Verhandlungen zu übernehmen, damit sich Großbritannien im südlichen Afrika auf Rhodesien (heute Simbabwe) und die USA auf Südafrika konzentrieren konnten, reagierten die bundesdeutschen Diplomaten verhalten.[167] Zwar wollte man sich international stärker engagieren, aber ungern die sichtbare Verantwortung tragen. Letztlich wechselte der Vorsitz der Kontaktgruppe zwischen ihren Mitgliedern.[168]

Vor allem Hans-Dietrich Genscher entwickelte im Verlauf der sich 13 Jahre hinziehenden Verhandlungen größtes Interesse am Thema.[169] Er reiste mehrfach in die Region und führte wiederholt Gespräche mit den verschiedenen Akteuren. Genscher beschäftigte sich vermutlich deswegen so stark mit Namibia, da die Ost-West-Fragen und die Beziehungen zu den NATO-Partnern vom Bundeskanzler dominiert wurden.[170] Im Bundesvorstand der CDU erklärte Helmut Kohl 1983: »[F]ür mich ist Leipzig und Dresden elementar, aber nicht Windhuk.«[171] Im südlichen Afrika ließ das BKAmt dem AA daher freie Hand.[172]

### d) Die bundesdeutsche Beteiligung an der UNTAG

*Ministerielle Planungen vor 1988*

Als Mitglied der Kontaktgruppe waren die Bundesressorts, genauer das AA, seit 1977 diplomatisch an der Konzeption des namibischen Unabhängigkeitsprozesses beteiligt. Durch ihn sollten die internationalen Forderungen nach Sanktionen gegen Südafrika gemindert, das Wohlergehen der deutschstämmigen Bevölkerung im südlichen Afrika und der Zugriff der bundesdeutschen Wirtschaft auf die dortigen Rohstoffe gesichert und das

---

Bd 125267, Referat 320, Betr.: Fünfergespräch am Rande der NATO-Ministerkonferenz in Brüssel am 7./8. Dezember 1978, Gesprächsvorschlag Namibia, 5.12.1978, hier S. 4; ebd., Drahterlass Referat 320 im AA an die Ständige Vertretung in New York, 1.12.1978, hier S. 4.

[167] PA AA, B 34, ZA, 125256, Drahtbericht der Ständigen Vertretung in New York an Referat 230 im AA, Nr. 0497, 18.3.1977.

[168] Vgl. ebd., Entwurf Drahterlass Referat 230 im AA an die Ständige Vertretung in New York, ohne Nr., 21.3.1977, hier S. 3 f. Es übernahm wohl immer derjenige den Vorsitz, in dessen VN-Botschaft die Sitzung abgehalten wurde. Vergau, Verhandeln um die Freiheit Namibias, S. 17. Laut Jabri hätten aber vor allem die USA, Großbritannien und Kanada die Arbeit der Kontaktgruppe diktiert. Jabri, Mediating Conflict, S. 89.

[169] Crocker, High Noon, S. 92; Weiland, Internationale Konfliktbearbeitung, S. 241; Katjavivi, Namibia's Bilateral Relations with Germany, S. 142.

[170] Brenke, Die Bundesrepublik, S. 71; Hacke, Die Außenpolitik, S. 242, 266–276. Mehrere Zeitzeugen bestätigten diesen Sachverhalt.

[171] Kohl, Berichte zur Lage 1982–1989, S. 104.

[172] Wenzel, Südafrika-Politik, S. 118; Kern, West Germany, S. 49; Zeitzeugengespräch mit Prof. Dr. Karl-Heinz Hornhues am 15.9.2020.

Verhältnis der Bundesrepublik zu den restlichen Staaten Subsahara-Afrikas verbessert werden. Als Ersatz für die aus Namibia abzuziehenden südafrikanischen Soldaten dachten die Mitglieder der Kontaktgruppe seit Sommer 1977 an die Präsenz von VN-Truppen; eine Anregung, die von Außenminister Genscher im Herbst des gleichen Jahres selbst vor der VNGV vertreten wurde.[173] Ins Gespräch gebracht und am stärksten beworben worden war eine VN-Mission durch die Diplomaten der USA.[174] Im Gegensatz zu den sich eher zurückhaltend äußernden Unterhändlern aus Frankreich, Großbritannien und Kanada waren die USA sogar bereit, den VN-Soldaten die Anwendung von Zwang zur Aufrechterhaltung der inneren Sicherheit Namibias zu erlauben. Genscher hatte dem US-Vorschlag offen gegenübergestanden[175] und sich ungeachtet etwaiger Kosten für eine VN-Präsenz von bis zu 5000[176] Soldaten ausgesprochen.[177]

Auch wenn der bundesdeutsche Außenminister grundsätzlich wohl pazifistisch eingestellt war,[178] bedeutete dies nicht, dass er prinzipiell gegen den Einsatz von Soldaten war. Es lag auch an seinen Vorstellungen, dass sich die fünf Mitglieder der Kontaktgruppe nicht auf eine personelle Obergrenze der UNTAG einigen konnten.[179] Lediglich den Einsatz deutscher Soldaten, noch dazu in seiner Verantwortung, lehnte Genscher grundlegend ab.

---

[173] VNGV, A/32/PV.12, 29.9.1977, Randnr. 131.
[174] Vgl. Gespräch des Bundesministers Genscher mit dem amerikanischen UNO-Botschafter Young, 19.7.1977. In: AAPD 1977, Dok. 199, S. 1002–1009, hier S. 1005 f.; PA AA, B 34, ZA, Bd 125258, Drahtberichte der Ständigen Vertretung in New York an Referat 312 im AA, Nr. 1671, 28.7.1977, hier S. 3, Nr. 1719, 3.8.1977, und Nr. 1723, 4.8.1977; PA AA, B 34, ZA, Bd 125259, Vorlage Abteilung 3 an den Außenminister, Betr.: Lage nach der zweiten Gesprächsrunde mit der SWAPO und Vorschlag der Kontaktgruppe für weiteres Vorgehen der Fünf, 25.10.1977, hier S. 2.
[175] Vgl. die Anmerkungen auf PA AA, B 34, ZA, Bd 125258, Vorlage Referat 312 an den Außenminister, Betr.: Namibia-Initiative der Fünf, hier: Ausgangslage von der dritten Gesprächsrunde mit der südafrikanischen Regierung am 22. und 23.9.1977 in Pretoria, 16.9.1977, hier S. 2 f.
[176] Die Zahl ging auf eine Forderung der SWAPO zurück, die seit August 1977 eine VN-Präsenz in dieser Stärke forderte, sowie die Erkenntnisse des US-Generalstabs, der »mindestens 5000 Mann« zur Durchführung der UNTAG vorsah. Vgl. ebd., Drahtbericht der Ständigen Vertretung in New York an Referat 312 im AA, Nr. 1801, 12.8.1977, hier S. 2; PA AA, B 34, ZA, Bd 125259, Drahtbericht der Ständigen Vertretung in New York an Referat 320 im AA, Nr. 3735, 20.12.1977, hier S. 2.
[177] Vgl. die Anmerkungen auf PA AA, B 34, ZA, Bd 125259, Vorlage Abteilung 3 an den Außenminister, Betr.: Initiative der fünf westlichen Sicherheitsrats-Mitglieder zur Lösung der Namibia-Frage, hier: Sachstand und Möglichkeiten des weiteren Vorgehens, 19.12.1977, hier S. 1; ebd., Vorlage Abteilung 3 an den Staatssekretär, Betr.: Initiative der fünf westlichen Sicherheitsratsmitglieder zur Lösung der Namibia-Frage, hier: Abänderungsvorschlag des britischen Außenministers gegenüber dem gemeinsamen Lösungsvorschlag der Fünf, 22.12.1977, hier S. 1; ebd., Drahterlass Referat 320 im AA an die Ständige Vertretung in New York, Nr. 6701, 27.12.1977.
[178] Zeitzeugengespräch mit Botschafter a.D. Dr. Uwe Kaestner am 25.8.2021.
[179] PA AA, B 34, ZA, Bd 125259, Drahterlass Referat 320 im AA an die Botschaften der Bundesrepublik Deutschland in Skandinavien, Nr. 6697, 27.12.1977, hier S. 2 f.; PA AA, B 34, ZA, Bd 125260, Drahtbericht der Ständigen Vertretung in New York an Referat 320 im AA, Nr. 0009, 4.1.1978, hier S. 2.

Auch wenn das AA die US-Überlegungen zur Aufstellung einer VN-Mission von Beginn an mittrug[180], ohne sich aufgrund der fehlenden eigenen Erfahrungen zu sehr in die Debatte einzumischen, und den US-Vorschlägen eher folgte,[181] kam die Idee nur etwa zwei Jahre nach der Mehrheitsentscheidung der bundesdeutschen Ressorts, dass eine Beteiligung bewaffneter Bundeswehrsoldaten im Rahmen von VN-Missionen verfassungswidrig sei. Zumindest bestanden akute Bedenken, was rechtlich zulässig war. Da man die Mission der US-Argumentation entsprechend aber selbst für nötig hielt,[182] schien es einerseits nur konsequent, sie auch selbst mit Fähigkeiten zu unterstützen.

Andererseits waren die Beteiligungsmöglichkeiten der Bundesressorts aufgrund ihrer teils politisch motivierten Rechtsauslegung stark beschränkt. In der Vorstellung des damals unter Leitung des engen Genscher-Vertrauten[183] Klaus Kinkel stehenden Planungsstabs des AA sollte sich die Bundesregierung nur zur materiellen, finanziellen und eventuell personell-logistischen Unterstützung bereiterklären. Soldaten sollten von den traditionellen Truppenstellern aus Skandinavien, Kanada oder Indien kommen.[184] Grundsätzlich stand das AA mit dieser Überlegung nicht alleine. Auch die US-Strategen planten nicht mit eigenen Truppen, obwohl sie die Mission initiierten. Weil sie darüber hinaus auch mit keinem bundesdeutschen Beitrag planten, egal ob personell oder logistisch,[185] stand für das AA von Beginn an fest, dass keine bundesdeutsche Soldaten für die UNTAG infrage kamen. Aufgrund seiner politischen und wirtschaftlichen Interessen im südlichen Afrika und seinem Anspruch, die Bundesrepublik international als verantwortungsbewussten Staat zu präsentieren, wollte sich die Arbeitsebene des AA aber insgesamt stärker an der UNTAG beteiligen als jemals zuvor an einer VN-Mission. Immerhin stand die Glaubwürdigkeit der Bundesregierung auf dem Spiel, wirklich etwas zur Lösung der südafrikanischen Konflikte beitragen zu wollen.

---

[180] Vgl. PA AA, B 9, ZA, Bd 178428, Planungsstab AA, Zur deutschen Afrikapolitik, 2. Band, Oktober 1977, hier 8. Namibia – Überlegungen zum Einsatz von VN-Truppen.

[181] PA AA, B 34, ZA, Bd 125258, Vorlage Referat 312 an den Außenminister, Betr.: Namibia-Initiative der Fünf, hier: Ausgangslage von der dritten Gesprächsrunde mit der südafrikanischen Regierung am 22. und 23.9.1977 in Pretoria, 16.9.1977, hier S. 2 f. Fehlende Erfahrung zeigte sich darin, dass der Planungsstab die sofortige Entsendung von »einige[n] Tausend Mann« als »[r]elativ unproblematisch« erachtete. PA AA, B 9, ZA, Bd 178428, Planungsstab AA, Zur deutschen Afrikapolitik, 2. Band, Oktober 1977, hier 8. Namibia – Überlegungen zum Einsatz von VN-Truppen, S. 3.

[182] Vgl. PA AA, B 34, ZA, Bd 125259, Vorlage Dg 32 an den Außenminister, Betr.: Namibia-Initiative der Fünf, 7.10.1977.

[183] Zeitzeugengespräch mit Botschafter a.D. Dr. Uwe Kaestner am 25.8.2021.

[184] PA AA, B 9, ZA, Bd 178428, Planungsstab AA, Zur deutschen Afrikapolitik, 1. Band, Oktober 1977, hier Namibia, S. 5; ebd., Planungsstab AA, Zur deutschen Afrikapolitik, 2. Band, Oktober 1977, hier 8. Namibia – Überlegungen zum Einsatz von VN-Truppen, S. 3.

[185] Vgl. PA AA, B 30, ZA, Bd 120942, Memorandum von PM/ISO – Captain J. E. Burgess, USN, an IO/UNP – Mr. Birdges; Betr.: UN Peacekeeping in Namibia, 22.6.1978.

Erste Überlegungen der Politischen Abteilung 2 gingen auf eine mündliche Weisung des Außenministers vom 20. März 1978 zurück. Sie erfolgten noch vor Veröffentlichung des Berichts der Kontaktgruppe und fielen mit der bundesdeutschen Transporthilfe für die VN-Mission UNIFIL zusammen. Ganz offensichtlich war auch Genscher wegen seines eigenen Engagements in der Kontaktgruppe an einem UNTAG-Beitrag interessiert. Aufgrund der verfassungsrechtlichen Beschränkungen[186] war sich das AA jedoch einig, dass sich die Bundesregierung nur durch freiwillige finanzielle Beiträge, ziviles Personal für den Stab des VN-Beauftragten oder mit logistischer Unterstützung beteiligen könne. »Art und Ausmaß« sollten jedoch das »besonder[e] Engagement« der Bundesrepublik für die Lösung des Konflikts hervorheben. Gleichzeitig müsse der Beitrag »so dosiert sein«, dass man dem Ostblock und vor allem der DDR »keinen Vorwand« für »eine Art Gegenpräsenz« liefere. Als »theoretischer Extremfall« galt weiterhin die parallele Entsendung von Truppen der DDR,[187] was dem bundesdeutschen Streben nach Einigung geschadet hätte. Obwohl die Hallstein-Doktrin aufgegeben war, prallten die außenpolitischen Gegensätze der beiden deutschen Staaten in kaum einer Region weiter so stark aufeinander wie im südlichen Afrika. Im Gegensatz zur Bundesrepublik unterstützte die DDR die afrikanischen Befreiungsbewegungen gegen die (ehemaligen) Kolonialmächte und weißen Siedlerregime. Darunter befand sich auch die SWAPO.[188] Auch wenn die Wahrscheinlichkeit einer osteuropäischen Truppenpräsenz aufgrund ihrer damals eher ablehnenden Haltung zum Friedensplan als gering bewertet wurde,[189] war die bundesdeutsche Teilnahme an der UNTAG aus Sicht des AA eine Gratwanderung. Einerseits wurde eine Teilnahme aus politischen Gründen gewünscht und sollte das diplomatische Engagement der Bundesrepublik zur Unabhängigkeit Namibias und der Überwindung der Apartheid im südlichen Afrika unterstreichen. Andererseits bestanden verfassungsrechtliche Zweifel, die die Möglichkeiten eines Engagements stark beschränkten, und die politische Gefahr, einen Beitrag der DDR zu provozieren. Letzteres hätte durch den internationalen Prestigegewinn der DDR zu Kritik der oppositionellen CDU/CSU und wohl auch zum Verlust von Wählern für die Regierungskoalition geführt.

---

[186] Im Gegensatz zu Mauluccis Auffassung, dass verfassungsrechtliche Bedenken »offenbar keine wichtige Rolle« bei der Position Genschers gespielt hätten, hatten sich das AA und das BMVg zu dieser Zeit bereits auf eine enge Auslegung des Grundgesetzes verständigt. Maulucci, Die Regierung Schmidt, S. 529.

[187] PA AA, B 1, ZA, Bd 178805, Vorlage Abteilung 2 an den Außenminister, Betr.: Deutsche Beteiligung bei VN-Friedensoperationen, 22.3.1978, hier S. 7. Siehe auch Hornhues, Deutschland einig Vaterland, S. 22 f.

[188] Zur Stellung der DDR gegenüber der SWAPO siehe Engel/Schleicher, Die beiden deutschen Staaten, S. 301–336; Schleicher/Schleicher, Die DDR im südlichen Afrika, S. 151–229; Saunders, SWAPO's »Eastern« Connections, S. 65–76; Saunders, The GDR, SWAPO, and Namibia; Kern, West Germany, S. 66–80.

[189] Die DDR stand Resolution 435 zunächst kritisch gegenüber, da die Macht nicht sofort an die SWAPO übergeben werden sollte und südafrikanische Truppen zunächst weiter im Land verbleiben sollten. Schleicher/Schleicher, Die DDR im südlichen Afrika, S. 157–165.

IV. Deutsche ›Blauhelme‹ in Afrika 203

Zudem stritten die NATO-Staaten zu diesem Zeitpunkt bereits über die Modernisierung ihrer Atomwaffen in Europa.[190] Eine zusätzliche Diskussion über das Engagement der Bundeswehr im Ausland wäre schädlich gewesen und war politisch unerwünscht, wie Bundeskanzler Schmidt im Herbst 1978 festlegen sollte.[191] Weil nach eigener Ansicht politische Gründe gegen die Beteiligung der Bundeswehr in Namibia sprachen,[192] orientierte sich das AA bei seinen Überlegungen zur Unterstützung der UNTAG in erster Linie an nationalen Vorbehalten, nicht an den Erfordernissen der Mission oder der Lage vor Ort.

Im Sommer 1978 erhielt die UNTAG konkrete Formen. Wegen des bisher gezeigten Engagements waren auch die Vereinten Nationen an einer bundesdeutschen Unterstützung interessiert.[193] Eine solche hatte Botschafter von Wechmar bereits im April auf der Sondergeneralversammlung angekündigt.[194] Mitte Juni erkundigte sich ein deutscher Mitarbeiter des VN-Sekretariats informell bei den bundesdeutschen Diplomaten in New York, ob Bereitschaft zu einer logistischen Unterstützung bestehe. Anders als das AA dachte das VN-Sekretariat aber nicht an Transporthilfe. Ihm ging es um die Entsendung einer geschlossenen logistischen Einheit. Das VN-Sekretariat dachte an eine Fernmelde- oder »Werkstattkompanie« – gemeint war eine Instandsetzungskompanie – oder eine leichte Lufttransporteinheit, die während der Mission im Land stehen sollte. Während die Ständige Vertretung gegenüber dem AA befürwortete, auch andere logistische Maßnahmen jenseits der Transporthilfe zu übernehmen,[195] verschwieg sie nicht, dass einige Stimmen im VN-Sekretariat einem personellen Beitrag der Bundesrepublik wegen der deutschsprachigen Bevölkerung Namibias skeptisch gegenüberstanden. Ob die Vereinten Nationen eine offizielle Anfrage zur personellen Beteiligung stellen würden, sei daher ungewiss. Nichtsdestotrotz müsste wie bei der UNIFIL mit einer Anfrage zur logistischen Hilfe gerechnet werden.[196] Das AA ging also von Beginn an davon aus, dass die Vereinten Nationen einen Beitrag der Bundesrepublik erwarteten. Eine Nichtbeteiligung widersprach dem bisherigen außenpolitischen Engagement. Auch aufgrund des frühen Interesses Genschers bestand im AA daher der Wille, sich »substan-

---

[190] Haftendorn, Deutsche Außenpolitik, S. 269–279, 284–289.
[191] Vgl. BArch, B 136/17611, Vermerk Chef des Bundeskanzleramts, Betr.: Beteiligung der Bundeswehr an Operationen im Ausland, hier: Frage der verfassungsrechtlichen Zulässigkeit, 12.9.1978.
[192] Vgl. BArch, B 141/418382, Kopie Vermerk Justizminister Hans-Joachim Vogel, Betr.: Beteiligung der Bundesrepublik Deutschland an friedenserhaltenden Operationen der Vereinten Nationen, 13.9.1978.
[193] PA AA, B 30, ZA, Bd 120942, Drahtbericht der Ständigen Vertretung in New York an Referat 320 im AA, Nr. 1759, 19.7.1978.
[194] BPA, Erklärung über Namibia. In: Bulletin, Nr. 40, 29.4.1978, S. 385–388, hier S. 387.
[195] PA AA, B 30, ZA, Bd 120942, Drahtbericht der Ständigen Vertretung in New York an Referat 230 im AA, Nr. 1741, 17.7.1978.
[196] Ebd., Drahtbericht der Ständigen Vertretung in New York an Referat 320 im AA, Nr. 1759, 19.7.1978.

tiell« an der Umsetzung der Namibia-Initiative zu beteiligen.[197] Die Erfüllung internationaler Erwartungen und der erhoffte Gewinn an Prestige waren zentrale Motive dieses Bestrebens.

Allerdings nahm das AA selbst von der permanenten Stationierung logistischen Personals der Bundeswehr Abstand. Zu groß schien die »Konfliktgefahr« zwischen der weißen, deutschstämmigen und der schwarzen Bevölkerung, in die das AA nicht geraten wollte. Wie bei der UNIFIL kam für das AA daher nur logistische Hilfe durch den Transport oder die Stellung von Gerät infrage. Dies lief jedoch dem eigenen Anspruch zuwider, die »besondere Verantwortung« der Bundesrepublik auch »personell sichtbar« zu machen. Aus diesem Grund wollte sich das AA an der zivilen UNTAG-Komponente beteiligen. Hiermit sollte auch dem Eventualfall vorgebeugt werden, dass sich die DDR personell engagierte.[198] Einerseits wollte das AA die Beteiligung der DDR durch eine möglichst moderate bundesdeutsche Personalpräsenz vermeiden. Andererseits wollte es auf keinen Fall riskieren, dass sich die DDR womöglich stärker beteiligte als die Bundesrepublik. Die gesamte Planung stand also im Schatten der deutsch-deutschen Frage. Zugleich fürchtete das AA, bei einem zu großen Engagement den Anschein einer »[n]eokolonialen Präsenz« zu erwecken. Personell sollte sich die Bundesrepublik daher nur mit einigen wenigen Personen, gegebenenfalls mit Pensionären des Auswärtigen Dienstes im Stab der UNTAG sowie mit einigen Mitarbeitern im technischen und administrativen Bereich beteiligen.[199] Da die VN-Planungen noch nicht abgeschlossen waren, wurden diese Überlegungen des AA zunächst aber nicht weiter konkretisiert.

Am 21. Juli 1978 trafen Außenminister Genscher und VNGS Kurt Waldheim in Salzburg zusammen. Waldheim signalisierte, dass er jede Hilfe, vor allem bei der Ausrüstung, Transport und Logistik, begrüßen werde. Genscher wiederum erklärte, dass sich die Bundesrepublik verfassungsrechtlich nicht mit Soldaten beteiligen könne. Ohne feste Zusage ließ Genscher Waldheim aber wissen, dass er mit bundesdeutscher Unterstützung rechnen und sich die Bundesrepublik bereits an der Erkundung beteiligen könne.[200] Wie inhaltlos diese Aussage war, zeigte sich wenige Tage später. Aufgrund fehlender Kapazitäten konnte der Bitte des VN-Sekretariats um ein Flugzeug zum Transport des VN-Sonderbeauftragten nach Windhoek nicht entsprochen

---

[197] Ebd., Vermerk Referat 230, Betr.: Deutsche Beteiligung an UNTAG, 20.7.1978, hier S. 3.
[198] Ebd., S. 3 f.
[199] Ebd., S. 4 f.
[200] UNA, S-0904-0074-11-00001, Notes on a meeting in Salzburg on 21 July at 6.30 p.m., o.D., hier S. 1 f.; PA AA, B 34, ZA, Bd 125264, Entwurf Vermerk Referat 230, Betr.: Gespräch des Herrn Bundesministers mit GS Waldheim in Salzburg am 21.7.1978, 24.7.1978, hier S. 2 f.; PA AA, B 30, ZA, Bd 120942, Drahterlass Referat 230 im AA an die Ständige Vertretung in New York, Nr. 690, 24.7.1978, hier S. 3. Bereits veröffentlicht in AAPD 1978, Dok. 228, S. 1144–1149, hier S. 1146.

IV. Deutsche ›Blauhelme‹ in Afrika                                        205

werden.[201] Gleiches galt im November 1978 für die Rückholung der »westlichen« VN-Angehörigen aus Namibia.[202]

Vielleicht auch aufgrund dieser Enttäuschung kündigte Außenminister Genscher am 27. Juli im Rahmen einer Sitzung des VNSR die bundesdeutsche Bereitschaft für einen »Beitrag für die Einsatzfähigkeit und Unterhaltung« der UNTAG an;[203] wohlgemerkt ohne Rücksprache mit den anderen Ressorts. Zuvor hatten ihm Waldheim und Ahtisaari eine Auflistung der von der Mission benötigten Fähigkeiten überreicht und ihn um einen großzügigen Beitrag im Bereich der Logistik gebeten.[204] In gewisser Weise durfte sich Genscher einen Beitrag aussuchen, was dafür spricht, dass die Vereinten Nationen großes Interesse an einer bundesdeutschen Beteiligung hatten. Aufgrund der anvisierten Größe der UNTAG benötigten sie nämlich mehr als je zuvor logistische Fähigkeiten, über die nur die Industrienationen in größerem Maße verfügten.[205] Genscher stellte Waldheim Unterstützung im finanziellen Bereich, der Nachrichtentechnik sowie der ärztlichen Versorgung in Aussicht. Bei Letzterem dachte Genscher nicht an die Bundeswehr. Für ihn kam eher die Beteiligung des DRK infrage, das bereits Auslandserfahrung besaß[206]. Offenbar sollten jeder Eindruck eines militärischen Engagements und die damit einhergehende Diskussion in der Bundesrepublik vermieden werden. Die Beteiligung des BGS mit Nachrichtenmitteln und Personal schloss Genscher aber nicht aus. Zudem benannte er Botschafter a.D. Hans-Georg Stelzer als Mitglied von Ahtisaaris Vorkommando.[207] Während Genscher mit der Ernennung Stelzers das bundesdeutsche Engagement bereits in der Vorbereitung der UNTAG personell hervorzuheben versuchte,[208] ist unge-

---

201 Vgl. PA AA, B 30, ZA, Bd 120942, Drahtbericht der Ständigen Vertretung in New York an Referat 230 im AA, Nr. 1772, 24.7.1978; ebd., Drahterlass Referat 230 im AA an die Ständige Vertretung in New York, Nr. 695, 25.7.1978; ebd., Drahtbericht der Ständigen Vertretung in New York an Referat 230 im AA, Nr. 1780, 25.7.1978; ebd., Drahtbericht der Ständigen Vertretung in New York an Referat 230 im AA, Nr. 1784, 25.7.1978; ebd., Drahterlass Referat 230 im AA an die Ständige Vertretung in New York, Nr. 698, 26.7.1978.
202 PA AA, B 34, ZA, Bd 125268, Drahterlass Referat 320 im AA an die Ständige Vertretung in New York, Nr. 5952, 21.11.1978.
203 BPA, Zur Namibia-Frage. Rede des Bundesministers des Auswärtigen. In: Bulletin, Nr. 84, 1.8.1978, S. 797 f. Siehe auch VNSR, S/PV.2082, 27.7.1978, Randnr. 58.
204 PA AA, BAV 173-NEWYVN, Bd 16477, Vermerk Ständige Vertretung in New York, Betr.: Unsere Beteiligung an Namibia-Aktion, 28.7.1978, hier S. 1.
205 Zeitzeugengespräch mit Botschafter a.D. Prof. Dr. Hans-Joachim Vergau am 4.12.2019. Vgl. auch Thornberry, A Nation is Born, S. 50.
206 Das DRK war bspw. bereits in Südkorea und auf einem Lazarettschiff vor der Küste Vietnams zum Einsatz gekommen. Vgl. Merziger, Humanitäre Hilfsaktionen, S. 498–501; Deutsches Rotes Kreuz, Die MS Helgoland; Deutsches Rotes Kreuz, Hilfe in der Not; Bruchhausen, Between Foreign Politics and Humanitarian Neutrality.
207 UNA, S-0904-0015-02-00001, Schreiben des Außenministers Genscher an den VNGS Waldheim, 29.7.1978. Stelzer war 1954 zum ersten Leiter des Afrika-Referats 307 im AA ernannt worden. Engel/Schleicher, Die beiden deutschen Staaten, S. 33.
208 PA AA, B 30, ZA, Bd 120942, Drahterlass Referat 230 im AA an die Ständige Vertretung in New York, Nr. 723, 28.7.1978, hier S. 1.

wiss, auf welcher Grundlage er die restlichen Angebote machte. In den Akten finden sich hierzu keine Äußerungen, sodass nicht auszuschließen ist, dass sie Genscher aufgrund des Bedarfs der Vereinten Nationen selbst formulierte. Allein seine Ankündigung, sich personell an der Mission beteiligen zu wollen, war eine deutliche Entwicklung zum bisherigen Engagement. Dass die Absprachen nicht auf Arbeitsebene, sondern vom Minister persönlich erfolgten, verweist auf ihre Bedeutung und Genschers Interesse am Thema. Jedoch scheiterte bereits sein Wunsch, einen hochrangingen Vertreter im Vorauskommando von Ahtisaari zu platzieren. Dies lag wohl nicht daran, dass Ahtisaari eine bundesdeutsche Beteiligung grundsätzlich ablehnte, auch wenn es in den 1970er-Jahren noch Vorurteile gegenüber Deutschen in den Vereinten Nationen gab.[209] Ahtisaari hatte offenbar Vorbehalte gegenüber VN-fremdem Personal und Stelzer war kein VN-Mitarbeiter.[210] Was auch immer der Grund der Nichtberücksichtigung war, sie sorgte im AA für Unmut.

Ungeachtet dessen trieb Genscher den Entscheidungsprozess in der Bundesrepublik voran. Am 28. Juli unterrichtete er das Bundeskabinett über die VN-Planungen und warb für einen »besonders relevanten und sichtbaren Beitrag«.[211] Dem Rechtsverständnis des AA entsprechend, lehnte er auch im Kabinett die Beteiligung bewaffneter Bundeswehrsoldaten ab. Stattdessen unterbreitete er den restlichen Regierungsmitgliedern vier Handlungsmöglichkeiten: Die Bundesregierung könne der VN-Mission ein Nachrichtensystem, die Transport- und Materialhilfe, die Stellung eines Lazaretts oder die Überlassung von Kraftfahrzeugen mit der Option zur Entsendung einer Instandsetzungskomponente anbieten. Ausdrücklich wünschte Genscher, dass sich die Regierung nicht auf Materiallieferungen beschränkte, sondern Personal anbot. Selbst die Stationierung von Soldaten zur logistischen Hilfe, die laut seines Sprechzettels als Option galt, müsse aber wegen der Konfliktgefahr mit der lokalen Bevölkerung gut durchdacht werden.[212] Auf Anregung Genschers setzte das Kabinett zur weiteren Erörterung eine Arbeitsgruppe auf Ebene der Staatssekretäre ein. Ihr gehörten das AA, das BMF, das BMI, das BMVg, das BMZ und das BMP an.[213] Dass die interministeriellen Planungen auf dieser Ebene fortgesetzt wurden und es

---

[209] Zeitzeugenbefragung von Direktorin i.R. Dr. Ingrid Lehmann am 20.11.2020.
[210] PA AA, B 30, ZA, Bd 120942, Drahterlass Referat 230 im AA an die Ständige Vertretung in New York, Nr. 723, 28.7.1978; ebd., Drahtbericht der Ständigen Vertretung in New York an Referat 230 im AA, Nr. 1816, 28.7.1978; ebd., Drahterlass Referat 230 im AA an die Ständige Vertretung in New York, Nr. 725, 29.7.1978; ebd., Drahtbericht der Ständigen Vertretung in New York an Referat 230 im AA, Nr. 1821, 31.7.1978. Letztlich nahm die deutsche VN-Sekretariatsangehörige Ingrid Lehmann an der Erkundung teil. Vgl. Lehmann, Namibia.
[211] PA AA, BAV 173-NEWYVN, Bd 16477, Sprechzettel für Kabinett, Betr.: Unsere Beteiligung an Namibia Aktion, o.D., hier S. 2; 83. Kabinettssitzung am Mittwoch, dem 26.7.1978, Donnerstag, dem 27.7.1978 und Freitag, dem 28.7.1978, B. Namibia.
[212] PA AA, BAV 173-NEWYVN, Bd 16477, Sprechzettel für Kabinett, Betr.: Unsere Beteiligung an Namibia Aktion, o.D., hier S. 2.
[213] 83. Kabinettssitzung am Mittwoch, dem 26.7.1978, Donnerstag, dem 27.7.1978, und Freitag, dem 28.7.1978, B. Namibia.

Weisungen der Leitung an die Arbeitsebene gab, eine Beteiligung zu ermöglichen, unterstrich die politische Bedeutung des Themas. Nicht nur, dass es politische Interessen gab, Namibia friedlich in die Unabhängigkeit zu führen. Unbedingt sollte die erste Beteiligung der Bundesrepublik mit Personal an einer VN-Mission, noch dazu in einer ehemaligen Kolonie, erfolgreich werden.

Dem AA lagen zu dieser Zeit bereits detaillierte Informationen über den Bedarf der Vereinten Nationen vor. In einem Gespräch mit George Lansky, dem Director Field Operations Service der Vereinten Nationen, hatte die Ständige Vertretung in Erfahrung gebracht, dass Finnland zur Stationierung seines Infanteriebataillons Transporthilfe benötigen würde. Auch benötigten die Vereinten Nationen 24 Hubschrauber und Flugzeuge, rund 300 Fahrzeuge, eine Nachschub- und Transportkompanie mit 340, eine Pionierkompanie mit 330, eine Instandsetzungskompanie mit etwa 300, ein Lazarett mit 220 und eine Fernmeldeeinheit mit 220 Personen sowie bis zu 1000 Wahlhelfer.[214] Aufgrund der erst kürzlich vereinbarten restriktiven Auslegung des Grundgesetzes kamen für das AA die meisten Leistungen nicht in Betracht. Zudem war die Transporthilfe bei der UNIFIL zulasten des BMVg gegangen. Im April 1978 hatte es klargestellt, zukünftig nur noch Material und Personal bereitzustellen, wenn dies vom AA finanziert werde.[215] Die Möglichkeiten des AA, dem Bedarf der Vereinten Nationen zu entsprechen, waren somit begrenzt.

Vor dem Hintergrund, dass die Regierung einer Beteiligung an der UNTAG wohlwollend gegenüberstand, machten sich die Ressorts auf Arbeits[216]- und Staatssekretärsebene[217] an die Sondierung. Nicht nur das AA fürchtete den Abstieg Namibias »zu einem neuen gefährlichen Krisenherd«.[218] Auf Vorschlag des AA erarbeitete das BMI für den Fall einer Massenflucht der

---

[214] PA AA, B 30, ZA, Bd 120942, Drahtbericht der Ständigen Vertretung in New York an Referat 230 im AA, Nr. 1815, 28.7.1978, und Anlagen.

[215] PA AA, B 30, ZA, Bd 120948, Vermerk Referat 230, Betr.: Ressortbesprechung vom 20.4.1978 über Grundsatzfragen deutscher Beteiligung an friedenserhaltenden Operationen der VN, o.D., hier S. 3.

[216] Das BKAmt nahm nicht an der ersten Besprechung teil. BArch, B 136/16666, Kopie Vermerk Referat 230, Betr.: Ressortbesprechung vom 4.8.1978 zur deutschen Beteiligung an der United Nations Transition Assistance Group (UNTAG) in Namibia, 8.8.1978, hier Teilnehmerliste.

[217] Zum Treffen am 10.8.1978 waren Günter Obert (BMF), Siegfried Fröhlich (BMI), Karl Schnell (BMVg), Dietrich Elias (BMP), Carl-Werner Sanne (BMZ) und Manfred Schüler (BKAmt) geladen worden. Den Vorsitz übernahm Peter Hermes (AA). PA AA, B 30, ZA, Bd 120942, Durchschlag Schreiben des Generalsekretärs Hermes, Betr.: Unsere Beteiligung an der westlichen Namibia-Initiative, 3.8.1978. Das BMZ wurde jedoch nur von Ministerialdirigent Böll und das BKAmt von VLR I von der Gablentz vertreten. BArch, B 136/16667, Kopie Vermerk Referat 230 im AA, Betr.: Sitzung der Arbeitsgruppe der Staatssekretäre zur deutschen Beteiligung an der United Nations Transition Assistance Group (UNTAG) in Namibia am 10.8.1978 im Auswärtigen Amt, 14.8.1978, Teilnehmerliste.

[218] BArch, B 136/16666, Schnellbrief Referat 230 im AA an das BKAmt, BMVg, BMF, BMI, BMZ, BMP, Betr.: Beteiligung der Bundesrepublik Deutschland an Namibia-Initiative der fünf westlichen Mitglieder des Sicherheitsrates der Vereinten Nationen, hier: United Nations Transition Assistance Group (UNTAG), 1.8.1978, hier S. 4.

deutschstämmigen Namibier vereinfachte Einbürgerungsverfahren.[219] Die Frage nach dem Schutz deutscher Staatsbürger im Ausland war Mitte 1978 auch Teil eines Rechtsgutachtens des AA.[220] Die friedliche Unabhängigkeit Namibias lag daher auch im innenpolitischen Interesse, da die Aufnahme mehrerer Tausend deutschstämmiger Namibier angesichts einer angespannten Wirtschaftslage als zu vermeidende Belastung galt.

Weiteres zentrales Kriterium der Diskussion war die Grundannahme des AA, dass ein personeller Beitrag mehr Ansehen brachte als ein finanzieller.[221] Da sich das AA aus rechtlichen Gründen nur im technisch-logistischen Bereich beteiligen wollte,[222] aber das Ziel verfolgte, einen »sichtbaren, neutralen und humanitären Beitrag« zu leisten,[223] zog das BMVg wie bei der UNIFIL den Lufttransport von bis zu 700 VN-Soldaten und rund 120 Tonnen leichter Ausrüstung durch vier Boeing 707 nach Windhoek in Erwägung. Ebenfalls kam die Bereitstellung von wartungsarmem Material infrage, beispielsweise von Zelten. Zusätzlich schlug es die Stellung eines Lazaretts vor und signalisierte die Bereitstellung von Personal. Ablehnend stand das BMVg der längerfristigen Entsendung auch von Instandsetzungseinheiten und der Beteiligung mit Fernmeldern entgegen. Letztere zählten zu den Kampftruppen.[224] Grund

---

[219] PA AA, B 34, ZA, Bd 108204, Schreiben Referat V II 5 im BMI an das AA, Betr.: Einbürgerung ehemaliger Deutscher in Namibia (ehem. Deutsch-Südwest-Afrika), 19.8.1976; BArch, BW 1/217675, Kopie Schreiben Referat V II 5 im BMI an den Chef des Bundeskanzleramts, Betr.: Bericht des Bundesministers des Innern und des Bundesministers des Auswärtigen zur Einbürgerung ehemaliger Deutscher in Namibia (ehemaliges Schutzgebiet Deutsch-Südwest), 13.12.1977; BArch, B 106/80859, Schreiben Referat V II 5 an Referat V I 4, Betr.: Kanzlergespräch über Namibia, 8.9.1978; ebd., Vorlage Referat V I 4 an den Innenminister, Betr.: Beteiligung der Bundesrepublik Deutschland an Namibia-Initiative der fünf westlichen Mitglieder des Sicherheitsrates der Vereinten Nationen, hier: United Nations Transitional Assistance Group (UNTAG), 11.9.1978, hier S. 6 f. und Anlage 2 und 3. Staatssekretär Walter Gehlhoff hatte im Jahr 1976 noch Skepsis darüber geäußert: PA AA, B 34, ZA, Bd 108204, Vorlage Abteilung 3 an den Außenminister, Betr.: Namibia, hier: Wiedereinbürgerung ehemaliger deutscher Staatsangehöriger, 2.11.1976.

[220] Vgl. PA AA, B 30, ZA, Bd 120948, Vorlage D5 an den Außenminister, Betr.: Bundeswehr/ Aufgabenbereich nach dem innerstaatlichen Recht der Bundesrepublik Deutschland, hier: rechtliche Zulässigkeit der Beteiligung der Bundeswehr an Friedenstruppen der VN, [...], 27.5.1978. Bereits veröffentlicht in AAPD 1978, Dok. 162, S. 799-803.

[221] PA AA, B 30, ZA, Bd 120942, Vorlage Unterabteilung 23 an den Staatssekretär, Betr.: Beteiligung der BR Deutschland an der United Nations Transition Assistance Group (UNTAG) – Sitzung der Arbeitsgruppe der Staatssekretäre am 10.8.1978, 9.8.1978, hier Anlage 2, S. 8.

[222] BArch, B 136/16666, Schnellbrief Referat 230 im AA an das BKAmt, BMVg, BMF, BMI, BMZ, BMP, Betr.: Beteiligung der Bundesrepublik Deutschland an Namibia-Initiative der fünf westlichen Mitglieder des Sicherheitsrates der Vereinten Nationen, hier: United Nations Transition Assistance Group (UNTAG), 1.8.1978, hier S. 4.

[223] BArch, B 136/16667, Kopie Vermerk Referat 230 im AA, Betr.: Ressortbesprechung vom 22.8.1978 zur deutschen Beteiligung an der United Nations Transition Assistance Group (UNTAG) in Namibia, 23.8.1978, hier S. 2.

[224] BArch, B 136/16666, Kopie Vermerk Referat 230, Betr.: Ressortbesprechung vom 4.8.1978 zur deutschen Beteiligung an der United Nations Transition Assistance Group (UNTAG) in Namibia, 8.8.1978, hier S. 1 f.; BArch, B 136/16667, Kopie Vermerk Referat 230 im AA, Betr.: Sitzung der Arbeitsgruppe der Staatssekretäre zur deutschen

## IV. Deutsche ›Blauhelme‹ in Afrika

für die Zurückhaltung war kein abweichendes Rechtsverständnis. Auch das BMVg sah die bewaffnete Beteiligung der Bundeswehr im VN-Rahmen als nicht vom Grundgesetz gedeckt. Das Angebot des BMVg stand vielmehr im Zeichen der bei UNIFIL gemachten Erfahrungen. Intern legte das BMVg fest, seinen Beitrag an den entstehenden Kosten auszurichten, nicht am Bedarf der Vereinten Nationen oder am möglichen Prestigegewinn der Bundesregierung. Da die vorgesehenen Leistungen nicht zum primären Aufgabenbereich der Bundeswehr gehörten, stünden keine eigenen Mittel zur Verfügung. An der personellen Beteiligung hatte das BMVg auch deswegen kein Interesse, weil es eine Verwicklung in Guerillaangriffe fürchtete. Ob aus Angst vor eigenen Verlusten oder negativer Berichterstattung, ist ungewiss. Letztlich blieben aus Sicht des BMVg nur der Transport von anderen VN-Truppen und die Überlassung von Material.[225] Letzteres sollte nach den Erfahrungen bei der UNIFIL möglichst robust und wartungsarm sein und der Transport einmalig. Für größere Transportmaßnahmen waren die Transall-Flugzeuge nicht ausgelegt. Es mangelte der für die Verteidigung in Mitteleuropa ausgerüsteten Armee an Fähigkeiten.[226]

Das BMI, das zunächst wenig Raum zur eigenen Unterstützung sah, wurde von der Arbeitsebene des AA um die personelle Beteiligung an der Wahlüberwachung gebeten.[227] Aus diesem Grund stellte es nicht nur Material, die Abgabe von Unterkunftsmöglichkeiten für 1000 Personen in Form von Zelten, Betten und Decken im Wert von einer Mio. D-Mark[228] und die Lieferung von Medikamenten und Verbandsmaterial im Wert von 700 000 D-Mark in Aussicht.[229] Auch sollte Personal und Material für die Unterstützung des DRK bei der medizinischen Versorgung gestellt und bei der Vermittlung von Wahlhelfern geholfen werden.[230]

---

Beteiligung an der United Nations Transition Assistance Group (UNTAG) in Namibia am 10.8.1978 im Auswärtigen Amt, 14.8.1978, hier S. 2.

[225] BArch, BW 1/159095, Nebenabdruck Vorlage Fü S III 5 an Staatssekretär Karl Schnell, Betr.: Beteiligung der Bundesrepublik Deutschland an der Namibia-Initiative der fünf westlichen Mitglieder des Sicherheitsrates der Vereinten Nationen, 8.8.1978, hier S. 2 f.

[226] Ebd., S. 4; BArch, BW 1/159095, Kopie Notiz Staatssekretär Karl Schnell, Betr.: StS-Besprechung am 10.8.78 über die Beteiligung der Bundesrepublik Deutschland an der Namibia-Initiative, 14.8.1978, hier S. 1.

[227] BArch, B 136/16666, Kopie Vermerk Referat 230, Betr.: Ressortbesprechung vom 4.8.1978 zur deutschen Beteiligung an der United Nations Transition Assistance Group (UNTAG) in Namibia, 8.8.1978, hier S. 2.

[228] BArch, B 106/80859, ohne Autor, Betr.: UNTAG, hier: Material, das von der Abt. ZV zur Verfügung gestellt werden konnte, o.D., hier S. 1; BArch, B 136/16667, Kopie Vermerk Referat 230 im AA, Betr.: Sitzung der Arbeitsgruppe der Staatssekretäre zur deutschen Beteiligung an der United Nations Transition Assistance Group (UNTAG) in Namibia am 10.8.1978 im Auswärtigen Amt, 14.8.1978, hier S. 2. Spätere Berechnungen ergaben einen Wert von rund 1,2 Mio. D-Mark. BArch, B 106/80859, Schreiben Referat ZV 3 an Referat V I 4, Betr.: UNTAG (Namibia), 30.8.1978.

[229] BArch, B 106/80859, ohne Autor, Betr.: UNTAG, hier: Material, das von der Abt. ZV zur Verfügung gestellt werden konnte, o.D., hier S. 2.

[230] BArch, B 136/16667, Kopie Vermerk Referat 230 im AA, Betr.: Sitzung der Arbeitsgruppe der Staatssekretäre zur deutschen Beteiligung an der United Nations Transition

Das Bundesministerium für das Post- und Fernmeldewesen (BMP), das wegen der von Genscher formulierten Optionen eingeladen worden war, sah die Möglichkeit zur Stellung eines Nachrichtensystems und von freiwilligem Personal.[231] Weil das Kommunikationssystem aber nur für temporäre Zwecke geeignet war, sein Betrieb bis zu 250 Personen benötigte und die Kosten bei rund 30 Mio. D-Mark[232] gelegen hätten, einigten sich die Staatssekretäre, nur den Lufttransport und die medizinische Versorgung der Mission zu verfolgen.[233] Die Abgabe der als nicht optimal betrachteten Unterkunftsmaterialien wurde ähnlich wie das Kommunikationssystem, das zuvor intern vom AA präferiert worden war[234], zurückgestellt. Verworfen wurde aufgrund der dafür notwendigen Stationierung von Personal auch die Bereitstellung von Transportkapazitäten in Namibia sowie die Beteiligung von Wahlbeobachtern; hier bestand Konfliktgefahr mit der deutschstämmigen Bevölkerung.[235] Um Streit über die spätere Finanzierung auszuschließen, sollten die freiwilligen Leistungen möglichst gering bleiben und weitestgehend aus dem regulären VN-Budget finanziert werden.[236] Immerhin hatte die Bundesrepublik einen Pflichtbeitrag von über sieben Prozent der Gesamtkosten zu tragen, also mehrere Mio. D-Mark.

Die Staatssekretäre hatten aber keine Entscheidung getroffen, sondern nur weitere Prüfungen auf Arbeitsebene vereinbart. Weil immer mehr Staaten, darunter auch die USA, Zusagen machten,[237] drängte die Ständige Vertretung in New York zum Handeln. Es bestehe die Gefahr, dass die Vereinten Nationen

---

Assistance Group (UNTAG) in Namibia am 10.8.1978 im Auswärtigen Amt, 14.8.1978, hier S. 3; BArch, B 106/80859, Vermerk Staatssekretär Siegfried Fröhlich, 10.8.1978.

[231] BArch, B 136/16666, Kopie Vermerk Referat 230, Betr.: Ressortbesprechung vom 4.8.1978 zur deutschen Beteiligung an der United Nations Transition Assistance Group (UNTAG) in Namibia, 8.8.1978, hier S. 2.

[232] Abzüglich des vom VN-Haushalt refinanzierten Anteils hätten sich die Kosten auf etwa 24 Mio. D-Mark belaufen. BArch, B 136/16667, Kopie Vermerk Referat 230 im AA, Betr.: Ressortbesprechung vom 22.8.1978 zur deutschen Beteiligung an der United Nations Transition Assistance Group (UNTAG) in Namibia, 23.8.1978, hier S. 4.

[233] Ebd., Kopie Vermerk Referat 230 im AA, Betr.: Sitzung der Arbeitsgruppe der Staatssekretäre zur deutschen Beteiligung an der United Nations Transition Assistance Group (UNTAG) in Namibia am 10.8.1978 im Auswärtigen Amt, 14.8.1978, hier S. 3; BArch, B 106/80859, Vermerk Staatssekretär Siegfried Fröhlich, 10.8.1978.

[234] PA AA, B 30, ZA, Bd 120942, Vorlage Unterabteilung 23 an den Staatssekretär, Betr.: Beteiligung der BR Deutschland an der United Nations Transition Assistance Group (UNTAG) – Sitzung der Arbeitsgruppe der Staatssekretäre am 10.8.1978, 9.8.1978, hier Anlage 1, S. 1.

[235] Ein Großteil der deutschstämmigen Bevölkerung sah die Politik der Bundesregierung gegenüber Namibia als Verrat an ihren Interessen und als Kollaboration mit der aus ihrer Sicht kommunistischen SWAPO. Rüdiger, Die Namibia-Deutschen, S. 84, 131.

[236] BArch, B 136/16667, Kopie Vermerk Referat 230 im AA, Betr.: Sitzung der Arbeitsgruppe der Staatssekretäre zur deutschen Beteiligung an der United Nations Transition Assistance Group (UNTAG) in Namibia am 10.8.1978 im Auswärtigen Amt, 14.8.1978, hier S. 4.

[237] PA AA, B 30, ZA, Bd 120942, Vorlage Unterabteilung 23 an den Staatssekretär, Betr.: Beteiligung der BR Deutschland an der United Nations Transition Assistance Group (UNTAG) – Sitzung der Arbeitsgruppe der Staatssekretäre am 10.8.1978, 9.8.1978, hier Anlage 2, S. 7.

andere Angebote annähmen und die Bundesressorts nicht ihren gewünschten Beitrag leisten könnten. Bei einem solchen Szenario fürchtete die Ständige Vertretung »eine unnötige politische Verstimmung«,[238] mit der sie als Erstes konfrontiert worden wäre.

Das von Hans-Dietrich Genscher ins Gespräch gebrachte DRK hatte auf Anfrage des AA auch bereits einen Kostenvoranschlag für ein Lazarett mit 210 Betten und vier Außenstellen vorgelegt. Für den zehnmonatigen Betrieb ohne Transport und weitere Verwaltungskosten bezifferte es die Aufwendungen auf rund 20 Mio. D-Mark.[239] Auch weil das AA nie mit einem von der Bundeswehr geführten Lazarett plante,[240] kamen die Ressorts Ende August überein, dass in erster Linie das DRK tätig werden sollte.[241] Nur beim Lufttransport von Personal und Material, der dem VN-Sekretariat als erster bundesdeutscher Beitrag gemeldet werden sollte, setzten die Ressorts auf das BMVg.[242] Hierbei bestanden keine rechtlichen Bedenken. Allerdings signalisierten die USA bereits frühzeitig, den gesamten Truppentransport nach Namibia kostenfrei zu übernehmen.[243] Intern prüfte das BMVg daher auch die Gestellung eines Lazaretts. Ende August kam das zuständige Referat der Inspektion des Sanitäts- und Gesundheitswesens im BMVg (InSan II 1) zu dem Ergebnis, dass »die zweifelsfrei günstigste Lösung die Errichtung und der Betrieb eines Feldlazaretts durch die Bundeswehr« sei.[244] Die Kosten des Materialeinsatzes würden sich auf bis zu drei Mio. D-Mark belaufen. Die Überlassung des Materials an Dritte, auch an das DRK, lehnte die Inspektion ab, da sich eine unsachgemäße Bedienung negativ auf das Ansehen der Bundesregierung auswirken könnte.[245] Darüber hinaus komme der Beteiligung mit einem eigenen Lazarett »für die praktische Ausbildung des Personals [...] sehr groß[e]

---

[238] Ebd., Drahtbericht der Ständigen Vertretung in New York an Referat 230 im AA, Nr. 1942, 21.8.1978.
[239] Ebd., Schreiben des Deutschen Roten Kreuz an das AA, 21.8.1978; BArch, B 136/16667, Kopie Vermerk Referat 230 im AA, Betr.: Ressortbesprechung vom 22.8.1978 zur deutschen Beteiligung an der United Nations Transition Assistance Group (UNTAG) in Namibia, 23.8.1978, hier S. 2.
[240] Vgl. PA AA, B 30, ZA, Bd 120942, Vorlage Unterabteilung 23 an den Staatssekretär, Betr.: Beteiligung der BR Deutschland an der United Nations Transition Assistance Group (UNTAG) – Sitzung der Arbeitsgruppe der Staatssekretäre am 10.8.1978, 9.8.1978, hier Anlage 1, S. 3.
[241] BArch, B 136/16667, Kopie Vermerk Referat 230 im AA, Betr.: Ressortbesprechung vom 22.8.1978 zur deutschen Beteiligung an der United Nations Transition Assistance Group (UNTAG) in Namibia, 23.8.1978, hier S. 2.
[242] Ebd., S. 3.
[243] PA AA, B 30, ZA, Bd 120942, Drahtbericht der Botschaft der Bundesrepublik Deutschland in Washington an Referat 230 im AA, Nr. 2817, 1.8.1978; ebd., Vorlage Unterabteilung 23 an den Staatssekretär, Betr.: Beteiligung der BR Deutschland an der United Nations Transition Assistance Group (UNTAG) – Sitzung der Arbeitsgruppe der Staatssekretäre am 10.8.1978, 9.8.1978, hier Anlage 2, S. 7.
[244] BArch, BW 1/159095, Nebenabdruck Schreiben InSan II 1 an Fü S III 5, Betr.: Friedenserhaltende Maßnahmen der Vereinten Nationen (VN), hier: Beitrag des BMVg im Rahmen deutscher Beteiligung an VN-Aktion in NAMIBIA, 30.8.1978, hier S. 3.
[245] Ebd., S. 2 f.

Bedeutung« zu.²⁴⁶ Auch andere Abteilungen des BMVg verwiesen in der Folge auf positive Ausbildungseffekte einer VN-Beteiligung.²⁴⁷ Zumindest Teile des BMVg sahen VN-Missionen daher nicht (nur) als Belastung und Abweichung von der Landes- und Bündnisverteidigung, sondern verknüpften beide Aufgaben. Aufgrund der eigenen Rechtsauffassung und der geringen Zahl neuer VN-Missionen blieb das militärische Engagement in den kommenden Jahren aber weiter begrenzt.

In der Zwischenzeit gingen bei den Vereinten Nationen immer mehr Angebote ein. Die Niederlande, Dänemark und Schweden zeigten Interesse am Lazarett. Die Ständige Vertretung drängte auf eine Entscheidung.²⁴⁸ Unter Handlungsdruck stehend wies Referat 230 die Ständige Vertretung in New York am 24. August noch ohne Kabinettsbeschluss an, den Vereinten Nationen das Interesse zur medizinischen Versorgung der UNTAG und zur Transporthilfe zu melden. Die Entsendung von deutschem Personal für die Durchführung der Wahlen sei dagegen »aus politischen Gründen inopportun.«²⁴⁹ Aufgrund der guten Offerte der Niederlande, die den Vereinten Nationen ein komplettes Feldlazarett mit 125 Fahrzeugen und 235 Personen angeboten hatten, war auch Mitbewerber Schweden bereits um andere Hilfe gebeten worden. Bedarf, so die Ständige Vertretung, bestehe noch beim Inlandstransport, bei der Instandsetzung und beim Nachrichtenwesen;²⁵⁰ alles Bereiche, in denen sich die Bundesressorts aus politischen, rechtlichen oder finanziellen Gründen nicht engagieren wollten, auch wenn sie zur Durchführung der Mission von größter Bedeutung waren. Entsprechende Enttäuschung herrsche im VN-Sekretariat.²⁵¹

In aller Deutlichkeit zeigte sich in dieser Situation, dass es dem AA weniger um die reibungslose Aufstellung der Mission als um einen prestigebringenden Beitrag der Bundesrepublik ging. Obwohl Außenminister Genscher und Bundeskanzler Schmidt²⁵² darüber informiert waren, dass den Vereinten Nationen andere Fähigkeiten fehlten, hielt das AA am Lufttransport und der medizinischen Versorgung fest.²⁵³ Am 30. August, ei-

---

²⁴⁶ Ebd., S. 3.
²⁴⁷ BArch, BW 1/159095, Verfügung Vorlage VR II 2 an den Verteidigungsminister, Betr.: Verfassungsrechtliche Zulässigkeit einer Beteiligung der Bundeswehr an Operationen im Ausland, 20.9.1978, hier S. 4.
²⁴⁸ PA AA, B 30, ZA, Bd 120942, Drahtbericht der Ständigen Vertretung in New York an Referat 230 im AA, Nr. 1966, 23.8.1978.
²⁴⁹ Ebd., Drahterlass Referat 230 im AA an die Ständige Vertretung in New York, Nr. 801, 24.8.1978.
²⁵⁰ Ebd., Drahtbericht der Ständigen Vertretung in New York an Referat 230 im AA, Nr. 1988, 25.8.1978.
²⁵¹ Ebd., Vermerk Legationssekretär Wolfgang Ischinger, Betr.: Meine Gespräche im Sekretariat der Vereinten Nationen am 21. und 22.8.1978, 29.8.1978, hier S. 3.
²⁵² BArch, B 136/16667, Vermerk Referat 213 für die Kabinettssitzung am 30. August 1978, 30.8.1978.
²⁵³ PA AA, B 30, ZA, Bd 120942, Sprechzettel für Kabinettssitzung am Mittwoch, 30.8.1978, o.D.

IV. Deutsche ›Blauhelme‹ in Afrika 213

nen Tag nach Veröffentlichung des Waldheim-Berichts, aber ohne Abschluss eines Friedensvertrags bzw. eines Waffenstillstands in Namibia und ohne VN-Resolution zur Aufstellung der UNTAG, entschied das Bundeskabinett, »grundsätzlich eine Absichtserklärung« zur Beteiligung am Truppentransport nach Namibia sowie zur medizinischen Versorgung oder der Übernahme der Kommunikationstechnik der Mission abzugeben. Eine endgültige Entscheidung sollte nach Beschluss des VNSR getroffen werden.[254] Nicht berücksichtigt wurden mit der Bereitstellung einer Lufttransporteinheit und von Mechanikern jene Dienste, die die Vereinten Nationen noch am dringendsten brauchten. Obwohl die Bundesregierung im Vergleich zu anderen Staaten zögerlich in ihrer Entscheidung war, handelte sie angesichts der unklaren Lage beinahe schon proaktiv, in Abweichung zu vielen Kriterien, die in den 1990er-Jahren als Voraussetzung für eine Beteiligung an VN-Missionen genannt wurden. Inhaltlich liefen ab diesem Zeitpunkt aber die bundesdeutschen Vorstellungen von einem ›sichtbaren‹ Beitrag und der Bedarf der UNTAG auseinander.

Einen möglichen Ausweg bot die im Waldheim-Bericht genannte Polizeikomponente. Da Genscher den Einsatz des BGS, wenn auch unter anderen Vorzeichen, im Gespräch mit Waldheim zur Sprache gebracht hatte, zeigte das AA gegenüber der Ständigen Vertretung diskretes Interesse, auch wenn es in erster Linie an deutschsprachige Polizisten aus Österreich und der Schweiz dachte.[255] Hausintern kam die Beteiligung von Polizisten aufgrund der möglichen Gefährdung und aus Rechtsgründen nicht infrage.[256] Gleichwohl dachte George Lansky im VN-Sekretariat aufgrund der Sprachkenntnisse auch an Polizisten aus der Bundesrepublik und der DDR. Schon innerhalb des VN-Sekretariats stieß er damit aber auf Widerstand. Deutsche galten aufgrund der Lage vor Ort als ungeeignet und eher als Belastung. Aus diesem Grund riet die Ständige Vertretung in New York dem AA vom Einsatz des BGS ab.[257] Anstatt sich am Bedarf der Vereinten Nationen zu orientieren, hielt das AA daher am Lazarett fest. Den Vereinten Nationen sollte angezeigt werden, dass die Bundesrepublik an einem »neutralen humanitären Beitrag« interessiert sei, weil sie größere rechtliche und politische Probleme bei der Beteiligung habe als die Niederlande, Dänemark oder Schweden.[258] Während Dänemark und Schweden alternative Beiträge in Aussicht stellten, ging das AA auf Konfrontation mit seinen Konkurrenten. Für die Instandsetzung hätten der-

---

[254] 88. Kabinettssitzung am Mittwoch, dem 30.8.1978, [B.] Deutsche Beteiligung an UNTAG (United Nations Transition Assistance Group für Namibia).
[255] PA AA, B 30, ZA, Bd 120942, Drahterlass Referat 230 im AA an die Ständige Vertretung in New York, Nr. 828, 31.8.1978.
[256] PA AA, B 1, ZA, Bd 178772, Drahterlass Referat 230 im AA an den Außenminister, Nr. 1292, 31.8.1978.
[257] PA AA, B 30, ZA, Bd 120942, Drahtbericht der Ständigen Vertretung in New York an Referat 230 im AA, Nr. 2034, 31.8.1978.
[258] Ebd., Drahterlass Referat 230 im AA an die Ständige Vertretung in New York, Nr. 4345, 5.9.1978.

weil nicht einmal Soldaten, sondern ›nur‹ zivile Techniker entsandt werden müssen.[259] Letztere standen dem AA aber nicht zur Verfügung.[260]

Bis zur Verabschiedung von Resolution 435 im September 1978 traf das VN-Sekretariat keine Entscheidung. Vor dem VNSR erneuerte Außenminister Genscher aber die Bereitschaft der Bundesregierung, ihren Beitrag zur Durchführung der Resolution zu leisten. Gleichzeitig warb Genscher angesichts der Größe des namibischen Einsatzgebiets für die Entsendung von 7500 Soldaten.[261] Weil es politisch nicht opportun erschien, sich dem innenpolitischen Problem einer Entsendung der Bundeswehr zu stellen[262], und es für viele kriegserfahrene Entscheidungsträger undenkbar war, eigene Soldaten zu entsenden, sollte sich die Bundesrepublik hieran aber nicht beteiligen. Ein Jahrzehnt später sollten die oppositionellen Grünen die gleiche Position übernehmen und die Kritik der FDP ernten. Deren eigener Außenminister hatte diese inkonsequente Forderung allerdings selbst als Erster formuliert.

Zwar stagnierte der Planungsprozess der Vereinten Nationen in der Folge aufgrund der südafrikanischen Blockade, hinter den Kulissen hielt das AA aber am medizinischen Beitrag fest.[263] Darüber hinaus ließ es prüfen, ob private Anbieter den Inlandstransport in Namibia übernehmen könnten. Auch diese Firmen hätten bei den geforderten Flugzeugen aber auf Geräte der Bundeswehr zurückgreifen müssen.[264] Aufgrund fehlender Kapazitäten des BMVg blieb auch die inoffiziell von VN-Untergeneralsekretär Brian Urquhart angefragte Abgabe von 100 Geländefahrzeugen unerfüllt.[265] Dem AA kann nicht unterstellt werden, dass es gar keine alternativen Beiträge suchte. Eine Beteiligung der Bundeswehr, die einen Großteil der noch von den Vereinten Nationen benötigten Leistungen hätte erfüllen können, kam für das AA aber weiter nicht infrage, da dessen Leitung aus politischer Erwägung nicht bereit war, einen Wechsel der Politik einzuleiten. Kriegserfahrungen und innenpolitische Bedenken begrenzten die außenpolitischen Handlungsmöglichkeiten.

---

[259] Ebd., Drahtbericht der Ständigen Vertretung in New York an Referat 230 im AA, Nr. 2050, 5.9.1978.
[260] Vgl. ebd., Schreiben des Büro Führungskräfte zu Internationalen Organisationen an das AA, 1.8.1978.
[261] VNSR, S/PV.2087, 29.9.1978, Randnr. 33 f.
[262] Vgl. BArch, B 136/17611, Vermerk Chef des Bundeskanzleramts, Betr.: Beteiligung der Bundeswehr an Operationen im Ausland, hier: Frage der verfassungsrechtlichen Zulässigkeit, 12.9.1978.
[263] PA AA, BAV 173-NEWYVN, Bd 11298, Drahterlass Referat 230 im AA an die Ständige Vertretung in New York, Nr. 182, 16.1.1979. Siehe auch PA AA, B 30, ZA, Bd 128052, Vorlage Referat 230 an den Staatssekretär, Betr.: Stand der Vorbereitungen für UNTAG, 31.1.1979.
[264] PA AA, B 30, ZA, Bd 128052, Drahtbericht der Ständigen Vertretung in New York an Referat 230 im AA, Nr. 95, 17.1.1979; ebd., Vermerk Referat 320, Betr.: UNTAG, hier: Beteiligung deutscher Firmen an einer VN-Ausschreibung über die Charterung von Flugzeugen zum Einsatz in Namibia, 19.3.1979; ebd., Drahtbericht des Rotorflug Service an AA, Nr. 709, 26.3.1979.
[265] Ebd., Drahtbericht der Ständigen Vertretung in New York an Referat 230 im AA, Nr. 220, 2.2.1979, hier S. 3; PA AA, BAV 173-NEWYVN, Bd 11298, Drahterlass Referat 230 im AA an die Ständige Vertretung in New York, Nr. 580, 7.2.1979.

IV. Deutsche ›Blauhelme‹ in Afrika                                      215

Das Einwirken auf das VN-Sekretariat und die Bereitschaft zur weiteren Hilfe zeigten zudem Erfolg. Als der VNGS den VNSR Ende Februar 1979 in einem vertraulichen Schreiben über den Stand der Vorbereitungen informierte, wurde die Bundesrepublik als Steller der medizinischen Komponente genannt.[266] Aufgrund der südafrikanischen Blockade stagnierten die Pläne aber für die kommenden drei Jahre. Erst im Zuge der erneuten Vermittlung der Kontaktgruppe beschäftigten sich die Ressorts im Sommer 1982 erneut mit der UNTAG. Mittlerweile hatte sich die Lage grundlegend verändert, was nicht nur daran lag, dass am 1. Januar 1982 Javier Pérez de Cuéllar den Posten des VNGS übernommen hatte.[267] Zum Ärger des AA plante das VN-Sekretariat bei der medizinischen Versorgung mittlerweile mit der Schweiz. Grund hierfür war die ablehnende Haltung der SWAPO, die NATO-Truppen – also die Niederlande – und wegen der Haltung der Bundesregierung gegenüber Südafrika speziell Soldaten der Bundeswehr ablehnte.[268]

Im Juli 1982 fühlte das VN-Sekretariat daher vor, ob die Bundesregierung bereit sei, eine aus 200 zivilen Technikern bestehende Instandsetzungseinheit zu stellen.[269] Weder das THW noch private Unternehmen besaßen aber die notwendigen Kapazitäten.[270] Gleiches galt für Instandsetzungskräfte des BGS.[271] Mit der Situation konfrontiert, keinen sichtbaren Beitrag leisten zu können, brachte die Ständige Vertretung in New York erneut die Bundeswehr ins Spiel. Da unbewaffnete Soldaten bereits bei Katastrophenfällen im europäischen Ausland unterstützt hätten, sollte noch einmal die Bereitstellung einer unbewaffneten Instandsetzungskompanie geprüft werden.[272] In der Tat zeigte das BMVg auf Arbeitsebene an, dass es »[u]nter großen Schwierigkeiten« in der Lage sei, eine solche Instandsetzungseinheit für etwa ein Jahr zu stel-

---
[266] PA AA, B 30, ZA, Bd 128052, Drahtbericht der Ständigen Vertretung in New York an Referat 320 im AA, Nr. 412, 1.3.1979, hier S. 4.
[267] VNGV, A/RES/36/137, 15.12.1981; VNSR, S/RES/499(1981), 21.12.1981.
[268] PA AA, B 30, ZA, Bd 128052, Drahtbericht der Ständigen Vertretung in New York an Referat 230 im AA, Nr. 268, 10.2.1979, hier S. 3; ebd., Drahtbericht der Botschaft in Nairobi an Referat 320 im AA, Nr. 77, 1.3.1979; ebd., Drahtbericht der Ständigen Vertretung in New York an Referat 232 im AA, Nr. 1736, 15.7.1982, hier S. 1; ebd., Schreiben Referat 320 an Referat 202, Betr.: Staatsbesuch in der Schweiz (16.–18.8.1982), hier: Möglicher schweizerischer und deutscher UNTAG-Beitrag, 11.8.1982.
[269] Ebd., Drahtbericht der Ständigen Vertretung in New York an Referat 230 im AA, Nr. 1736, 15.7.1982, hier S. 2; ebd., Drahtbericht der Ständigen Vertretung in New York an Referat 230 im AA, Nr. 1753, 20.7.1982.
[270] Ebd., Vermerk Referat 230, Betr.: UNTAG, hier: Instandsetzungseinheit, 21.7.1982; ebd., Vermerk Referat 230, Betr.: UNTAG, hier: zivile deutsche Kfz-Instandsetzungseinheiten, 23.7.1982; ebd., Vermerk Referat 230, Betr.: UNTAG, hier: VN-Sekretariatswunsch nach Bereitstellung ziviler deutscher Kfz-Instandsetzungseinheit, 26.7.1982; ebd., Vermerk Referat 230, Betr.: UNTAG, hier: Zivile Instandsetzungseinheit, 28.7.1982.
[271] Ebd., Kopie Schreiben Referat 230 im AA an Referat V I 4 im BMI, Betr.: Lösung des Namibia-Konfliktes, hier: Bereitstellung einer Instandsetzungseinheit als deutscher Beitrag, 28.7.1982; ebd., Schnellbrief Referat V I 4 im BMI an Referat 230 im AA, Betr.: Lösung des Namibia-Konflikt, hier: Bereitstellung einer Instandsetzungseinheit als deutscher Beitrag, 27.8.1982.
[272] Ebd., Drahtbericht der Ständigen Vertretung in New York an Referat 230 im AA, Nr. 1766, 23.7.1982, hier S. 2.

len.²⁷³ Aufgrund der Verfassungslage komme jedoch nur Zivilpersonal der Bundeswehr infrage, keine Soldaten.²⁷⁴ Zivilmechaniker könnten wiederum nicht in den Einsatz befohlen werden, sondern müssten sich freiwillig melden.²⁷⁵ Wegen des damit zusammenhängenden organisatorischen Aufwands prüfte das BMVg intern auch die Rechtslage erneut und kam zu der Auffassung, dass ein rein technisch-logistischer Einsatz von Soldaten verfassungskonform sei.²⁷⁶ Dies entsprach dem Maßnahmenkatalog, den das BMVg 1975/76 erarbeitet hatte.

Anfang August 1982 schlugen auch die VN-Abteilungen des AA Außenminister Genscher vor, erneut zu prüfen, »ob wir weiterhin den Einsatz von Bundeswehr-Einheiten selbst für ausschließlich logistische Zwecke ausschließen wollen«. Die Bereitstellung einer Instandsetzungseinheit der Bundeswehr sei »aus organisatorisch-technischer Sicht die einzige realisierbare Möglichkeit für eine deutsche Beteiligung im logistischen Bereich von UNTAG.«²⁷⁷ Allein ihre Kosten seien vermutlich günstiger als die veranschlagten 40 bis 60 Mio. D-Mark²⁷⁸ für die Entsendung von Ziviltechnikern.²⁷⁹ Da die verfassungsrechtliche »Selbstbeschränkung hinsichtlich einer personellen Beteiligung der Bundeswehr [...] zunehmend im Widerspruch zu unserer Rolle in der Namibia-Frage sowie generell zum politischen Gewicht der Bundesrepublik in den« Vereinten Nationen stehe, drängte die Unterabteilung 23 auf eine erneute rechtliche Prüfung.²⁸⁰ Allein aus Gründen der »politischen Glaubwürdigkeit« solle die Bundesrepublik als Mitinitiator des Friedensplans einen »signifikante[n]« Beitrag leisten.²⁸¹ Intern stieß die VN-Abteilung daher eine Neubewertung der Rechtslage an, noch ehe Genscher Stellung zu den Vorschlägen bezogen hatte.²⁸² Für den Außenminister blieb die Entsendung von Soldaten aber tabu, vermutlich auch weil sich die rechtliche Rahmenlage aus Sicht des Rechtsreferats seit der ressortabgestimmten

---

²⁷³ Ebd., Vermerk Referat 230, Betr.: UNTAG, hier: Beteiligung der Bundeswehr in Form einer Instandsetzungseinheit an UNTAG, 26.7.1982.
²⁷⁴ Ebd., Vermerk Referat 230, Betr.: UNTAG, hier: Beteiligung des BMVg, 26.7.1982.
²⁷⁵ Ebd., Vermerk Referat 230, Betr.: UNTAG, hier: Deutsche Instandsetzungseinheit, 6.8.1982.
²⁷⁶ Ebd., Vermerk Referat 230, Betr.: Deutscher Beitrag zu UNTAG, hier: Stand der Überlegungen im BMVg, 10.8.1982.
²⁷⁷ Ebd., Vorlage der Unterabteilung 23 an den Außenminister, Betr.: Namibia, hier: Deutscher Beitrag zu UNTAG, 6.8.1982, hier S. 6.
²⁷⁸ Die veranschlagten Kosten für Zivilmechaniker wurden später auf rund 30 Mio. DM reduziert, der Einsatz der Bundeswehr aber auf nur 25 Mio. DM beziffert. PA AA, B 30, ZA, Bd 158134, Vermerk Referat 230, Betr.: Deutscher Beitrag zu UNTAG, hier: Möglichkeiten des BMVg, 2.9.1982, hier S. 1.
²⁷⁹ PA AA, B 30, ZA, Bd 128052, Vorlage der Unterabteilung 23 an den Außenminister, Betr.: Namibia, hier: Deutscher Beitrag zu UNTAG, 6.8.1982, hier S. 5 f.
²⁸⁰ Ebd., S. 6.
²⁸¹ Ebd., S. 7.
²⁸² PA AA, B 30, ZA, Bd 128052, Durchschlag Schreiben Referat 230 an Referat 500, Betr.: Verfassungsrechtliche Zulässigkeit des Einsatzes der Bundeswehr im Rahmen von VN-Friedenstruppen, hier: Bereitstellung einer Bundeswehr-Instandsetzungseinheit für UNTAG, 11.8.1982.

## IV. Deutsche ›Blauhelme‹ in Afrika 217

Studie von 1981 nicht geändert hatte[283]. In der Direktorenbesprechung des AA am 18. August 1982 wies Genscher unter Ausklammerung der Bundeswehr an, noch einmal alle Möglichkeiten einer »sichtbaren« Beteiligung zu prüfen, selbst die Entsendung des BGS.[284] Die Weisung erging noch vor dem Beschluss des BSR am 1. September des gleichen Jahres. Es war also Genscher selbst, der gegenläufig zur Auffassung der politischen, aber im Einklang mit der juristischen Abteilung des AA keine bundesdeutschen Soldaten in Namibia stationieren wollte. Im BMVg überlegte die Arbeitsebene daher auch, ob Soldaten für den Einsatz in den Zivilstatus versetzt werden könnten.[285] Aus dienstrechtlichen Gründen ließ es die Überlegungen aber fallen.[286] Im Oktober 1982, also nach dem ersten Beschluss des BSR, vermerkte Referat 230 enttäuscht:

> »Ein Einsatz von Soldaten der B[undeswehr] mit unverändertem Status, d.h. als Soldaten würde am wenigsten Schwierigkeiten bereiten. Es ist eigentlich nicht einzusehen, daß ein derartiger Einsatz für friedenserhaltende Massnahmen der VN (zumal ohne Waffen) verfassungsrechtlich zweifelhaft sein soll. Denn die von der BW seit vielen Jahren durchgeführten Programme der Ausrüstungshilfe in mehreren Ländern [...] stoßen offensichtlich nicht auf rechtliche Bedenken. Im Übrigen: Es nimmt auch niemand Anstoß daran, daß Experten in Polizeiprojekten (des BMI) am Einsatzort ihre Dienstwaffe tragen.«[287]

Die Beschlüsse des BSR und die Auffassung der Leitung des AA, die das Grundgesetz auch wegen der Erkenntnisse der eigenen Rechtsabteilung am restriktivsten interpretierte, kollidierten mit der Auffassung der eigenen politischen Arbeitsebene, die als Erste mit den daraus resultierenden Konsequenzen konfrontiert war. Dem BMVg fehlte dagegen eine Stelle, die für VN-Missionen zuständig war und Eigeninteressen an einer Beteiligung besaß. Entsprechend halbherzig blieben seine Versuche, das AA bei einer sichtbaren Beteiligung zu unterstützen. Zudem erfolgte die Anfrage auf dem Höhepunkt der Friedensbewegung.[288] Die Entsendung der Bundeswehr ins Ausland hätte hier wohl nur zu Kritik geführt und wurde nie zwingend verfolgt.

Da auch der BGS kein Personal zur Verfügung stellen konnte – dem AA ging es um Mechaniker und nicht um Polizisten[289] –, griff das AA im August 1982 erneut die Überlegungen zur Übernahme der medizinischen Versorgung

---

[283] Vgl. ebd., Nebenabdruck Vorlage D 5 an den Staatssekretär, Betr.: Beteiligung der Bundeswehr an friedenserhaltenden Massnahmen, hier: Sitzung des Bundessicherheitsrats am 1. September 1982, 11.8.1982.
[284] Ebd., Vermerk Abteilungsleiter 2 i.V. an die Unterabteilungsleiterin 23, 18.8.1982.
[285] PA AA, B 30, ZA, Bd 158134, Vermerk Referat 230, Betr.: Deutscher Beitrag zu UNTAG, hier: Möglichkeiten des BMVg, 2.9.1982, hier S. 1.
[286] Ebd., Vermerk Referat 230, Betr.: Möglicher »ziviler« Einsatz der Bundeswehr für UNTAG-Instandsetzungseinheit, 19.10.1982, hier S. 1.
[287] Ebd., S. 1 f.
[288] Vgl. ARD: Tagesschau vom 10.6.1982, https://www.youtube.com/watch?v=UddOmcRcycQ
[289] PA AA, B 30, ZA, Bd 158134, Vorlage Unterabteilung 23 an den Außenminister, Betr.: Namibia, hier: Deutscher Beitrag zu UNTAG unter Ausklammerung eines stationären Einsatzes der Bundeswehr, 10.9.1982, hier S. 2.

der UNTAG auf. Die Idee ging aber offenbar nicht allein vom AA aus, sondern von der französischen Botschaft in Bonn. Ohne Bedarf der Vereinten Nationen regte diese die gemeinsame Gestellung des Lazaretts an, da Frankreich selbst keinen Beitrag vorweisen konnte.[290] Weil die Schweiz fest von den Vereinten Nationen eingeplant werde, tendierte die Unterabteilungsleiterin 23 zwar zu einer französischen Kooperation bei der Instandsetzung.[291] Auf der Direktorenbesprechung am 18. August erbat Genscher jedoch eine Stellungnahme, ob wegen der diplomatischen Rolle der Bundesrepublik in der Kontaktgruppe und ihrer Mitgliedschaft in den Vereinten Nationen – die Schweiz wurde erst 2002 Mitglied[292] – nicht auf die Bereitstellung des Lazaretts gepocht werden sollte.[293] Statt die Rechtslage für die Beteiligung der Bundeswehr zu klären, war die Leitung des AA eher bereit, politischen Druck auf ein Nachbarland auszuüben, um ihre prestigegeleiteten Wünsche durchzusetzen. Weil ein alleiniger Transportbeitrag bei der Mission »untergehen« würde und keine »angemessene Beteiligung« für die Bundesrepublik sei,[294] griff die Arbeitsebene des AA erneut die Kooperation mit dem DRK auf. Auch wenn sich dessen Kosten mittlerweile auf rund 28 Mio. D-Mark erhöht hatten,[295] hielt das AA an der deutsch-französischen Kooperation fest, wobei der Anteil der Bundesrepublik vom DRK gestellt werden sollte. Alternativ blieb nur die Entsendung von bis zu 50 zivilen Kraftfahrzeugmechanikern, deren Rekrutierung ungewiss war.[296] Das Gemeinschaftsprojekt mit Frankreich, immerhin Mitglied des VNSR, galt jedoch als Möglichkeit, den Druck auf das VN-Sekretariat zu erhöhen, nicht das Angebot der Schweiz zu wählen.[297] Zudem wurde es »als sichtbares Zeichen der deutsch-französischen Zusammenarbeit« gesehen und hätte die Kosten gemindert. Obwohl man sich »[n]otgedrungen« gegen die Schweiz positionieren müsse, würde sich die Bundesregierung andernfalls »in die mißliche Lage manövrier[en] [...] keinen unserem Profil [...] entsprechenden vorzeigbaren Beitrag« zu leisten. Um die Beziehungen mit der Schweiz aber nicht zu stark zu belasten, sollte

---

[290] PA AA, B 30, ZA, Bd 128052, Entwurf Schreiben Referat 320 an Referat 202: Ergänzung zum Thema Namibia, Betr.: Staatsbesuch in der Schweiz (16.–18.8.1982), hier: Möglicher schweizerischer und deutscher UNTAG-Beitrag, 11.8.1982; ebd., Drahtbericht der Ständigen Vertretung in New York an Referat 320 im AA, Nr. 1890, 12.8.1982.

[291] Ebd., Drahtbericht der Ständigen Vertretung in New York an Referat 230 im AA, Nr. 1890, 12.8.1982.

[292] VNGV, A/RES/57/1, 18.9.2002; VNGV, A/57/PV.1, 10.9.2002, S. 5 f.

[293] PA AA, B 30, ZA, Bd 128052, Vermerk Abteilungsleiter 2 i.V. an die Unterabteilungsleiterin 23, 18.8.1982.

[294] Vgl. PA AA, B 30, ZA, Bd 158134, Vorlage Unterabteilung 23 an den Außenminister, Betr.: Namibia, hier: Deutscher Beitrag zu UNTAG unter Ausklammerung eines stationären Einsatzes der Bundeswehr, 10.9.1982, hier S. 3.

[295] PA AA, B 30, ZA, Bd 128052, Kopie Schreiben Referat 230 im AA an das DRK, Betr.: Namibia, hier: Feldlazarett für UNTAG, 19.8.1982; ebd., Schreiben des DRK an Referat 230 im AA, Betr.: Feldhospital und Sanitätsdienst für Namibia, 25.8.1982.

[296] PA AA, B 30, ZA, Bd 158134, Vorlage Unterabteilung 23 an den Außenminister, Betr.: Namibia, hier: Deutscher Beitrag zu UNTAG unter Ausklammerung eines stationären Einsatzes der Bundeswehr, 10.9.1982, hier S. 1.

[297] Ebd., S. 4.

im Nachbarland um Verständnis für die Situation der Bundesregierung geworben und innerhalb der Vereinten Nationen die besondere Stellung der Bundesrepublik gegenüber der Schweiz herausgestellt werden.[298]

Inwieweit die Diplomaten wirklich auf die Schweiz einwirkten, ist nicht ersichtlich. Die Vereinten Nationen hielten jedenfalls an ihr fest, sodass Frankreich Anfang September Alternativen prüfte.[299] Nicht so die Leitung des AA. Obwohl die Wunschoption hinfällig war und am Bedarf der Vereinten Nationen vorbeiging, billigte der Außenminister im Oktober 1982 die Stellung eines deutsch-französischen Lazaretts.[300] Mittlerweile war aber die sozialliberale Koalition in Bonn zerbrochen. Die innenpolitische Neuausrichtung beherrschte das politische Geschehen. Zudem bremste das Finanzministerium. Wie zuvor[301] lehnte das BMF eine feste Zusage über die von der Bundesrepublik in Aussicht gestellten Beiträge an die Vereinten Nationen ab. Die Sache sei nicht etatreif. Zudem sei der Kabinettsbeschluss von 1978 »zeitlich überholt«.[302] Nur weil sich die Umsetzung der UNTAG wegen der US-Forderung nach einem Abzug der Kubaner aus Angola weiter verzögerte, blieben diese Bedenken zunächst ohne Folgen. In den Jahren bis 1988 stand das VN-Vorhaben UNTAG in den Bundesressorts jedenfalls nicht mehr auf der Tagesordnung.

*Ministerielle Planungen ab 1988*

Zwischen Planung und Umsetzung der UNTAG lagen zehn Jahre. Durch den Regierungswechsel 1982 war es in der Bundesrepublik zu tiefgreifenden Veränderungen gekommen. Dem Verteidigungsressort standen in diesem Zeitraum drei CDU-Minister vor. Gerhard Stoltenberg übernahm das Amt erst Ende April 1989, drei Wochen nach Beginn der UNTAG. Gleiches galt für Wolfgang Schäuble im BMI. Nur im AA herrschte Kontinuität. Wie bei

---

[298] Ebd., S. 4 f.
[299] Vgl. PA AA, B 30, ZA, Bd 158134, Drahtbericht der Ständigen Vertretung in New York an Referat 230 im AA, Nr. 2022, 2.9.1982. Gegenüber den bundesdeutschen Diplomaten zeigte Frankreich aber weiter Interesse am Lazarett. PA AA, BAV 173-NEWYVN, Bd 11298, Drahterlass Referat 230 im AA an die Ständige Vertretung in New York, Nr. 4978, 10.9.1982.
[300] PA AA, B 30, ZA, Bd 158134, Durchschlag Schreiben Referat 230 an Referat 112, Betr.: Namibia, hier: Deutscher Beitrag zu UNTAG, 14.10.1982; PA AA, BAV 173-NEWYVN, Bd 11298, Drahterlass Referat 230 im AA an die Ständige Vertretung in New York, Nr. 1119, 2.12.1982.
[301] Das BMF hatte bereits 1978/79 die Aufnahme des geschätzten bundesdeutschen Betrags für die Namibia-Initiative in den Bundeshaushalt abgelehnt. PA AA, B 30, ZA, Bd 120942, Schnellbrief Referat II C 3 im BMF an das AA, Betr.: Haushaltsentwurf 1979, hier: Deutscher Beitrag zur Durchführung des Namibia-Plans der Vereinten Nationen, 23.11.1978.
[302] PA AA, B 30, ZA, Bd 158134, Kopie Schreiben Referat II C 3 im BMF an Referat 112 im AA, Betr.: Möglicher deutscher Beitrag zur »United Nations Transition Assistance Group (UNTAG)« für Namibia, 9.11.1982; PA AA, BAV 173-NEWYVN, Bd 11298, Drahterlass Referat 230 im AA an die Ständige Vertretung in New York, Nr. 1119, 2.12.1982.

den Planungen 1978 hieß der Außenminister weiter Hans-Dietrich Genscher. Darüber hinaus war die Bundesrepublik 1987/88 zum zweiten Mal nichtständiges Mitglied im VNSR. Nicht nur die Erwartungen an die Bundesrepublik waren damit gestiegen. Weil die UNTAG Ende 1988 erneut im VNSR debattiert wurde, musste sich das AA auch zwangsläufig wieder mit der Mission befassen. Die bundesdeutschen Diplomaten drängten sogar auf eine rasche Entscheidung, ehe die Bundesrepublik wieder aus dem Gremium ausschied.[303]

Der Wunsch des AA nach einer sichtbaren Beteiligung an der UNTAG war ungebrochen. Erneut zur Sprache kam sie Ende August 1988 in einem Drahtbericht des stellvertretenden Leiters der Ständigen Vertretung in New York, Hans-Joachim Vergau. Vergau, der bereits in den 1970er-Jahren aktiv an der Namibia-Lösung beteiligt gewesen war, glaubte, dass die Bundesregierung durch den Eintritt in die Vereinten Nationen verpflichtet sei, VN-Missionen zu unterstützen.[304] Er warb für »eine sichtbare personelle Mitwirkung«. Auch wenn noch nicht absehbar war, ob es wirklich zur Umsetzung der Resolution 435 käme, rechneten die Vereinten Nationen mit einer »großzügigen Hilfe«.[305] Tatsächlich erkundigte sich der Untergeneralsekretär Marrack Goulding drei Tage später bei der Ständigen Vertretung, ob die Bundesregierung im medizinischen Bereich, bei der Instandsetzung, der Kommunikation, beim Lufttransport oder beim Truppentransport unterstützen könne. Zwar sei die Schweiz um die Stellung des Lazaretts gebeten worden, in anderen Bereichen der medizinischen Versorgung rechnete Goulding aber mit weiterem Bedarf. Da die Ständige Vertretung keine Weisung aus Bonn erhalten hatte, konnte Vergau Goulding allerdings nur mit dem Hinweis auf die problematische Entscheidungsfindung in der Bundesrepublik vertrösten.[306]

Weil die Friedensgespräche zwischen Angola, Kuba und Südafrika voranschritten, brauchte das VN-Sekretariat aber Planungssicherheit. Mitte September erhielt die Ständige Vertretung eine Liste mit benötigtem Gerät,[307] ehe sie erneut um Hilfe beim Lufttransport innerhalb Namibias gebeten wurde. Unter anderem benötigten die Vereinten Nationen zwei Frachtflugzeuge sowie 16 leichte und vier schwere Helikopter.[308] Um das bundesdeutsche Engagement »öffentlichkeitswirksam zu unterstreichen«, waren die politischen Abteilungen 2 und 3 des AA zur Übernahme der Lufttransporteinheit bereit. Um die Einsatzschwelle des Grundgesetzes nicht zu übertreten und die

---

[303] PA AA, B 30, ZA, Bd 158135, Drahterlass Referat 230 im AA an die Ständige Vertretung in New York, Nr. 2452, 30.12.1988. hier S. 2; ebd., Drahterlass Referat 230 im AA an die Ständige Vertretung in New York, Nr. 2463, 31.12.1988, hier S. 2.
[304] Vgl. Vergau, Reform des Sicherheitsrats, S. 34–48.
[305] PA AA, B 30, ZA, Bd 158135, Drahtbericht der Ständigen Vertretung in New York an Referat 230 im AA, Nr. 1880, 30.8.1988.
[306] Ebd., Drahtbericht der Ständigen Vertretung in New York an Referat 230 im AA, Nr. 1912, 2.9.1988.
[307] PA AA, BAV 173-NEWYVN, Bd 16545, Major Equipment/Support Requirements United Nations Transition Assistance Group, o.D.
[308] PA AA, B 30, ZA, Bd 158201, Drahtbericht der Ständigen Vertretung in New York an Referat 230 im AA, Nr. 1954, 13.9.1988.

IV. Deutsche ›Blauhelme‹ in Afrika 221

Gefahr einer Verwicklung in Konflikte zu minimieren, sollten die Flugzeuge der Bundeswehr aber nicht in die militärische Kommandostruktur der UNTAG eingebunden werden und innerhalb Namibias nur logistische Hilfe leisten. Truppen sollten nicht zu Konfliktorten transportiert werden. Die Diplomaten versuchten eine solche, praktisch nur schwer vorstellbare und nicht am Bedarf der Vereinten Nationen ausgerichtete Beteiligung dahingehend zu rechtfertigen, dass die UNTAG keine VN-Mission im klassischen Sinne sei, sondern eine Maßnahme mit primär zivilem Charakter. Die Maßnahme ähnele der 1984/85 in Äthiopien und im Sudan geleisteten humanitären Hilfe.[309] Da Genscher aber die Beteiligung militärischen Personals, die bei der Bereitstellung von Flugzeugen und Helikoptern als Flug- und Wartungspersonal notwendig war, weiter ablehnte, blieb nur die Materialüberlassung.[310]

International standen die Zeichen zwar auf Entspannung, die Leitung des AA nahm die UNTAG-Planungen aber weiter nicht zum Anlass, eine Grundgesetzänderung herbeizuführen. Dies belegt erneut, dass Genscher wohl auch aus persönlicher Erfahrung gegen die Beteiligung der Bundeswehr im Ausland war und nicht nur wegen zweifellos vorhandener rechtlicher Bedenken eine restriktivere Linie vertrat als die politischen Abteilungen seines eigenen Ressorts. Allerdings herrschte auch im BKAmt Kontinuität. Kanzler Kohl stand Einsätzen der Bundeswehr ebenfalls weiter kritisch gegenüber. Kurz vor den Abrüstungsgesprächen zwischen Kohl und Gorbatschow im Oktober 1988 in Moskau[311] hielt Genscher eine erneute Rechtsdebatte vermutlich auch für unangebracht. Zudem hatte der SPD-Parteitag im September gegen eine Beteiligung der Bundeswehr an VN-Missionen gestimmt.[312] Für eine Zweidrittelmehrheit zur Änderung des Grundgesetzes hätten Widerstände in der Regierungskoalition und in der Opposition überwunden werden müssen; von den möglichen internationalen Bedenken einem erneuten deutschen militärischen Engagement im Ausland gegenüber ganz zu schweigen. Die Möglichkeiten der Bundesressorts zur Teilnahme an der UNTAG blieben daher begrenzt, auch wenn die politischen Abteilungen des AA nationales und internationales Unverständnis fürchteten, wenn sich die Bundesregierung nicht mit einem »deutlich sichtbaren Beitrag« beteiligte.[313]

Ende September erbat der VNGS, der am Rande der jährlichen Generalversammlung mit Außenminister Genscher in New York zusammentraf, eine schnellstmögliche Entscheidung zur Bereitstellung von 13 Satelliten-

---

[309] PA AA, B 30, ZA, Bd 155888, Nebenabdruck Entwurf Vorlage Abteilung 2/3 an den Außenminister, Betr.: Eigener Beitrag der Bundesrepublik Deutschland zur VN-Friedensaktion in Namibia (UNTAG), 19.9.1988.
[310] Ebd.; PA AA, BAV 173-NEWYVN, Bd 16545, Vermerk Ständige Vertretung in New York, Betr.: UNTAG, 26.9.1988; PA AA, B 30, ZA, Bd 158201, Drahtbericht der Ständigen Vertretung in New York an Referat 230 im AA, Nr. 2092, 27.9.1988.
[311] Kohl hielt sich vom 24. bis 27. Oktober 1988 mit Genscher und Scholz in der Sowjetunion auf. Ausführlich Kohl, Erinnerungen 1982–1990, S. 755–772.
[312] Harnisch, Internationale Politik, S. 227, 250.
[313] PA AA, B 30, ZA, Bd 158201, Sprechzettel Referat 230 für Staatssekretär Jürgen Sudhoff, 2.9.1988.

bodenstationen samt Instandsetzungspersonal, Kommunikationsausrüstung für zwei Bataillone, 150 Generatoren sowie von Fahrzeugen und Kraftfahrzeugmechanikern. Mit der Situation konfrontiert, möglicherweise keinen sichtbaren Beitrag leisten zu können, stimmte Genscher zu, dies zu prüfen.[314] Da es sich der ablehnenden Haltung des BMF gegenüber freiwilligen Leistungen bewusst war,[315] wollte das AA aber zunächst keine Zusagen geben.[316] In der Tat war das BMF zunächst auch nicht bereit, neben den Pflichtbeiträgen – damals ging man von rund 100 Mio. D-Mark aus – auch noch die vom AA erbetenen zehn Mio. D-Mark für freiwillige Leistungen in den Haushalt aufzunehmen.[317] Staatssekretär Jürgen Sudhoff hatte die Notwendigkeit dieser zusätzlichen Ausgaben zuvor mit den großen freiwilligen Leistungen der anderen europäischen Partner begründet.[318] Erst als Außenminister Genscher beim damaligen Finanzminister Stoltenberg intervenierte[319] und das AA auch das BKAmt über den Zwist informierte,[320] wurden als Kompromiss fünf Mio. D-Mark für freiwillige Leistungen für die UNTAG im Haushalt berücksichtigt.[321] Aufgrund des letztlich doch kleiner ausgefallenen Pflichtbeitrags, eines ähnlichen finanziellen Engagements seiner NATO-Partner und der Bitte des VNGS kamen nach einem weiterem Zwist mit dem BMF noch einmal fünf Mio. D-Mark zur Unterstützung des finanziell unterausgestatteten UNHCR bei der Rückführung der Flüchtlinge hinzu.[322] Letztlich beliefen sich die freiwilligen bundesdeutschen Leistungen somit doch auf zehn Mio. D-Mark.[323]

Die Satellitenbodenstationen konnten dagegen nicht kurzfristig bereitgestellt werden. Ohnehin wären sie zu teuer gewesen. Die Bundeswehr besaß auch keine geeignete Kommunikationsausrüstung zur Abgabe. Nur die Generatoren und Fahrzeuge konnten aufgebracht werden. Das AA dachte daher initiativ auch an die Entsendung von bis zu 50 Wahlhelfern, obwohl sie

---

[314] PA AA, BAV 173-NEWYVN, Bd 16545, Vorlage der Ständigen Vertretung in New York an den Außenminister, Betr.: UNTAG, 26.9.1988; ebd., Vermerk Ständige Vertretung in New York, Betr.: UNTAG, 26.9.1988; PA AA, B 30, ZA, Bd 158201, Drahtbericht der BM-Delegation an Referat 230 im AA, Nr. 36, 29.9.1988.

[315] Siehe den Vermerk von Referat 112 an Referat 230 auf PA AA, B 30, ZA, Bd 158201, Drahtbericht der Ständigen Vertretung in New York an Referat 230 im AA, Nr. 1954, 13.9.1988.

[316] PA AA, BAV 173-NEWYVN, Bd 16545, Drahterlass Referat 230 im AA an die Ständige Vertretung in New York, Nr. 0512, 28.9.1988.

[317] Vgl. PA AA, B 30, ZA, Bd 167339, Schreiben Staatssekretär Günter Obert im BMF an Staatssekretär Jürgen Sudhoff im AA, 25.10.1988.

[318] PA AA, B 30, ZA, Bd 158201, Entwurf Schreiben Staatssekretär Jürgen Sudhoff im AA an Staatssekretär Günter Obert im BMF, 6.10.1988.

[319] BArch, B 136/29871, Kopie Schreiben Außenminister Hans-Dietrich Genscher an Finanzminister Gerhard Stoltenberg, 22.10.1988.

[320] Ebd., Kopie Schreiben Staatssekretär Hans Werner Lautenschlager an den Kanzleramtsminister Wolfgang Schäuble, 31.10.1988.

[321] PA AA, B 30, ZA, Bd 158201, Drahterlass Referat 230 im AA an die Ständige Vertretung in New York, Nr. 684, 11.11.1988; ebd., Vermerk Referat 320, Betr.: Besprechung der Arbeitsgruppe Namibia am 18.11.1988, 24.11.1988, hier S. 3.

[322] Der Vorgang findet sich ausführlich in PA AA, B 30, ZA, Bd 167340.

[323] Vgl. PA-DBT 3122, Ausschuss für wirtschaftliche Zusammenarbeit, 11/44, 19.4.1989, S. 9.

## IV. Deutsche ›Blauhelme‹ in Afrika

bisher nicht von den Vereinten Nationen erbeten worden waren. Gegenüber der Materialabgabe galt ein personeller Beitrag aber nach wie vor als sichtbarer und attraktiver.[324] Um bereits kurzfristig ein Angebot vorlegen zu können, sprach sich die Ständige Vertretung zunächst aber für die Gestellung eines Teils der rund 1500 benötigten Fahrzeuge aus. Die Generatoren sollten eine »Rückfallposition« sein.[325] Anfang Oktober präzisierte das VN-Sekretariat seine Forderung. Die Bundesrepublik solle 98 Busse und gegebenenfalls weitere technische Fahrzeuge stellen.[326] Da es sich hierbei um zivile Fahrzeuge handelte, wandte sich das AA nicht an das BMVg, sondern an deutsche Automobilhersteller.[327] Pünktlich zum Beginn der Mission konnten den Vereinten Nationen dadurch Ende März 1989 115 neue VW-Golf[328] und 52 VW-Transporter übergeben werden.[329] Das Angebot entsprach dem Bedarf der Vereinten Nationen und war die erste materielle bundesdeutsche Unterstützung der UNTAG.

Die Stellung von Fahrzeugen reichte den bundesdeutschen Ansprüchen aber nicht aus, zumal die DDR Anfang Oktober 1988 die Entsendung von Wahlhelfern anbot.[330] Wegen der nationalen und internationalen Wahrnehmung müsse auch die Bundesrepublik eine »angemessene Zahl« an Wahlhelfern entsenden, so Genscher in seinem Schreiben an Finanzminister Stoltenberg.[331] Weil auch alle anderen europäischen Staaten, darunter Großbritannien, Italien und Frankreich, großzügige freiwillige Leistungen in Aussicht stellten, drängte die Ständige Vertretung auf eine schnellstmög-

---

[324] PA AA, BAV 173-NEWYVN, Bd 16545, Drahterlass Referat 230 im AA an die Ständige Vertretung in New York, Nr. 0512, 28.9.1988; PA AA, B 30, ZA, Bd 158201, Vorlage Referat 230 an den Staatssekretär, Betr.: Bitte VN-GS um freiwillige Leistungen im Rahmen von UNTAG, 30.9.1988.

[325] PA AA, B 30, ZA, Bd 158201, Drahtbericht der Ständigen Vertretung in New York an Referat 230 im AA, Nr. 2138, 30.9.1988.

[326] Ebd., Drahtbericht der Ständigen Vertretung in New York an Referat 230 im AA, Nr. 2198, 6.10.1988.

[327] Ebd., Drahtlass Referat 230 im AA an die Ständige Vertretung in New York, Nr. 1555, 29.11.1988; ebd., Vorlage Abteilung 2 an den Staatssekretär, Betr.: Freiwillige Leistung für United Nations Transition Assistance Group (UNTAG), hier: Lieferung von Fahrzeugen nach Namibia, 7.12.1988.

[328] Ursprünglich wollten die VN VW-Passate. Da VW keine rechtsgelenkten Passate mit der gewünschten Klimaanlage produzieren konnte, musste auf Golf umgestiegen werden. Ebd., Vermerk Referat 230, Betr.: Lieferung von Fahrzeugen zu UNTAG, hier: Lieferung von 115 Pkws, 4.1.1989; ebd., Schreiben AA an VW, Betr.: Auftragserteilung für 115 VW Golf CL (Rechtslenker), 5.1.1989.

[329] Der Vorgang findet sich detailliert in PA AA, B 30, ZA, Bd 158201 und Bd 158202 sowie BAV 173-NEWYVN, Bd 16545.

[330] PA AA, B 30, ZA, Bd 158201, Drahtbericht der Ständigen Vertretung in New York an Referat 230 im AA, Nr. 2198, 6.10.1988; PA AA, B 30, ZA, Bd 155888, Nebenabdruck Vorlage Abteilung 2 an den Außenminister, Betr.: Bitte des VN-GS um freiwillige Leistungen für United Nations Transition Assistance Group (UNTAG) in Namibia, hier: 1. Finanzierung frw. Leistungen […], 12.10.1988, hier S. 3 f.; Schleicher/Schleicher, Die DDR im südlichen Afrika, S. 221 f.; Lange, Die polizeiliche Beobachtereinheit, S. 17 f.

[331] BArch, B 136/29871, Kopie Schreiben Außenminister Hans-Dietrich Genscher an Finanzminister Gerhard Stoltenberg, 22.10.1988, hier S. 3.

liche personelle Beteiligung.[332] Ausdrücklich lagen kleine Wahlhelferteams im Interesse des VN-Sekretariats. Am besten sollten die 620 Wahlhelfer aus zwölf Ländern stammen und jeweils etwa 50 Personen umfassen.[333] Bestanden in den Jahren zuvor noch Bedenken beim Einsatz von Wahlhelfern wegen des Konfliktpotenzials mit der deutschstämmigen Bevölkerung, sagte das AA angesichts des geringen bundesdeutschen Beitrags und nach Zustimmung der Vereinten Nationen Ende November 1988 die kostenfreie Entsendung von 50 Wahlhelfern zu.[334]

Darüber hinaus schien es für das VN-Sekretariat nur folgerichtig, wenn die Bundesrepublik neben Fahrzeugen auch erfahrene Mechaniker stellte.[335] Zwar dachte das AA zunächst an Mechaniker von VW,[336] da es um ›Allrounder‹ ging, jedoch schlug die Ständige Vertretung die Anwerbung von Pensionären vor.[337] Ein stärkeres Engagement bei der UNTAG, unter anderem im Bereich der Logistik, hatten auf Arbeitsebene auch die USA gewünscht.[338] Dies gab dem AA die Möglichkeit, »sichtbar präsent« zu werden.[339] Über den Deutschen Entwicklungsdienst (DED) und den Senior Experten Service stellte die Bundesregierung auf Bitten der Vereinten Nationen[340] bis zu 60 Automechaniker und Elektriker zur Verfügung.[341] Bei ihnen handelte es sich

---

[332] PA AA, B 30, ZA, Bd 158201, Drahtbericht der Ständigen Vertretung in New York an Referat 230 im AA, Nr. 2286, 13.10.1988.

[333] Ebd., Drahtbericht der Ständigen Vertretung in New York an Referat 230 im AA, Nr. 2297, 14.10.1988.

[334] Ebd.; PA AA, B 30, ZA, Bd 158201, Drahtbericht der Ständigen Vertretung in New York an Referat 230 im AA, Nr. 3031, 22.11.1988; PA AA, BAV 173-NEWYVN, Bd 16545, Drahterlass Referat 230 im AA an die Ständige Vertretung in New York, Nr. 743, 24.11.1988; ebd., Entwurf Note der Ständigen Vertretung in New York an den VNGS, 1.12.1988.

[335] PA AA, B 30, ZA, Bd 158201, Drahtbericht der Ständigen Vertretung in New York an Referat 230 im AA, Nr. 3454, 23.12.1988.

[336] PA AA, BAV 173-NEWYVN, Bd 16545, Drahterlass Referat 230 im AA an die Ständige Vertretung in New York, Nr. 2351, 23.12.1988.

[337] PA AA, B 30, ZA, Bd 158201, Drahtbericht der Ständigen Vertretung in New York an Referat 230 im AA, Nr. 3469, 23.12.1988.

[338] Ebd., Drahtbericht der Botschaft der Bundesrepublik Deutschland in Washington an Referat 204 im AA, Nr. 5096, 19.12.1988.

[339] PA AA, B 30, ZA, Bd 158204, Vorlage Referat 230 an den Staatssekretär, Betr.: Unsere freiwilligen Leistungen zu UNTAG, hier: Bitte der VN um Entsendung von ca. 60 Kfz-Mechanikern, 17.2.1989, hier S. 2.

[340] Ebd., Drahtbericht der Ständigen Vertretung in New York an Referat 230 im AA, Nr. 199, 8.2.1989.

[341] BT-Drs. 11/7313, 31.5.1990, S. 61; VNGV, A/45/997, 16.4.1991, S. 6. In der Spitze kamen 43 DED-Mechaniker zum Einsatz. Zwar forderte die UNTAG die Ausschöpfung des ganzen Kontingents, die Mechaniker waren aber nicht ausgelastet. Die neuwertigen Fahrzeuge besaßen noch Garantie und mussten in Vertragswerkstätten repariert werden. Darüber hinaus bemängelten die Mechaniker unzureichende Werkzeugkapazitäten und eine im Vergleich zu anderen UNTAG-Angehörigen schlechtere Finanzierung. PA AA, B 30, ZA, Bd 155906, Drahtbericht der Diplomatischen Beobachtermission in Windhoek an Referat 230 im AA, Nr. 207, 12.9.1989; PA AA, B 30, ZA, Bd 158205, Vorlage Referatsleiter 230 an den Staatssekretär, Betr.: Deutsche Beteiligung an UNTAG, hier: Meine Dienstreise vom 31.10 bis 14.11. in Namibia, 15.11.1989, hier S. 3 f.; PA AA, B 30, ZA, Bd 155906, Vorlage Referat 230 an den Staatssekretär, Betr.: Unsere Beteiligung

aber nicht um uniformiertes Personal, das den UNTAG-Kommandeuren unterstand. Im Sinne der hier verwendeten Definition gilt ihre Entsendung daher nicht als uniformierte Teilnahme.

Abgelehnt worden war die Beteiligung im medizinischen Bereich. Obwohl die Schweiz Probleme bei der Personalgestellung hatte,[342] lehnte das AA die Entsendung eines Chirurgenteams ab. Die Kosten hätten sein Budget übertroffen. Zudem sei ein Beitrag im Rahmen einer schweizerischen Leistung »politisch unsichtbar«.[343] Nicht die reibungslose Aufstellung der Mission war das Ziel, sondern ein sichtbarer Beitrag der Bundesregierung.

*Das Ende der Zurückhaltung: Die Entsendung des Bundesgrenzschutzes*

Als die UNTAG im April 1989 begann, beteiligte sich die Bundesregierung neben der Abgabe von 167 Fahrzeugen[344] ›nur‹ mit einigen zivilen Mechanikern[345]. Im Herbst 1989 sollten ihnen noch zivile Wahlhelfer[346] folgen. Neben dem bereits frühzeitig überwiesenen und vom VNGS sehr geschätzten[347] Pflichtanteil von letztlich 62,16 Mio. D-Mark hatte die Bundesregierung zehn Mio. D-Mark für freiwillige Leistungen bereitgestellt.[348] Die Arbeitsebene des AA hatte sich aber einen sichtbareren Beitrag erhofft. Als die CIVPOL-Komponente aufgrund der anhaltenden Probleme mit der lokalen Polizei im Mai erstmals um 500 Beamte aufgestockt wurde, bot sich doch noch die Möglichkeit, uniformiertes Personal zu entsenden. Als wichtiges Auswahlkriterium der zusätzlichen Beamten galten nämlich niederländische, englische oder deutsche

---

an UNTAG, hier: Denkschreiben an StS Lengl wegen des Einsatzes des Deutschen Entwicklungsdienstes (DED) in Namibia, 14.3.1990, hier S. 1.

[342] PA AA, B 30, ZA, Bd 158135, Drahtbericht der Ständigen Vertretung in New York an Referat 230 im AA, Nr. 3032, 22.11.1988.

[343] PA AA, B 30, ZA, Bd 158201, Vorlage Referat 230 an den Außenminister, Betr.: Vorbereitung zur United Nations Transition Assistance Group (UNTAG), hier: 1. Unsere freiwillige Beteiligung; 2. Wahlbeobachtung durch die Kontaktgruppe, 7.12.1988, hier S. 3.

[344] Ende 1989 kamen noch weitere vier Mercedes-Benz UNIMOG und fünf VW-Krankenwagen hinzu. PA AA, B 30, ZA, Bd 155906, Entwurf Note der Ständigen Vertretung in New York an den VNGS, 5.12.1989.

[345] Mitte Mai 1989 waren es erst sieben. Weitere zehn sollten Ende des Monats folgen. PA AA, B 30, ZA, Bd 158202, Sachstand Referat 230, 15.5.1989, hier S. 2.

[346] Von den angebotenen 50 Wahlhelfern erbaten die VN im Oktober 1989 nur 35. Da andere Staaten weniger Beobachter stellten als geplant, sollte die Bundesregierung noch fünf weitere senden. Insgesamt kamen jedoch ›nur‹ 34 Beamte aus allen Bundesressorts zum Einsatz. Hinzu kamen im November elf Fingerabdruck- bzw. Handschriftenexperten des BKA, die von den VN für zwei Wochen erbeten worden waren. Ausführlich zum Vorgang siehe PA AA, B 30, ZA, Bd 155906. Zusätzlich nahmen neun bundesdeutsche VN-Beamte im höheren Dienst an der Mission teil. Weil sie den VN angehörten, zählten sie nicht als nationale Elemente. Vgl. PA AA, B 30, ZA, Bd 158203, Drahtbericht der Diplomatischen Beobachtermission in Windhoek an Referat 230 im AA, Nr. 325, 15.12.1989.

[347] Vgl. PA AA, B 30, ZA, Bd 167339, Kopie Schreiben des VNGS Javier Pérez de Cuéllar an den Außenminister Hans-Dietrich Genscher, 28.3.1989.

[348] PA-DBT 3122, Ausschuss für wirtschaftliche Zusammenarbeit, 11/44, 19.4.1989, S. 9.

Sprachkenntnisse.³⁴⁹ Euphorie löste die Möglichkeit allerdings nicht aus. Für alle Beteiligten, offenbar auch für die Ständige Vertretung in New York, kam die Anfrage der Vereinten Nationen zur Bereitstellung von 50 bundesdeutschen Polizisten im Mai »überraschend«,³⁵⁰ obwohl selbst der SPD-Vorsitzende Hans-Jochen Vogel bei seinem USA-Besuch im April mit dem VNGS über die mögliche Entsendung des BGS im VN-Rahmen gesprochen hatte; damals aber wegen Mittelamerika.³⁵¹ Die »Überraschung« der Ständigen Vertretung war angesichts des heiklen Themas vermutlich auch nur gespielt. Prinzipiell diskreditierte sie ihre eigene Arbeit, hatte sie doch den Auftrag, über VN-politische Belange informiert zu sein. Ihre zaghafte Herangehensweise diente wohl eher dazu, das innenpolitisch sensible Thema vorsichtig einzubringen.³⁵² Die Leitung des AA, allen voran Staatssekretär Sudhoff, stand dem Unterfangen nämlich skeptisch gegenüber.³⁵³ Darüber hinaus arbeitete das AA unter anderem zum Schutz der deutschstämmigen Bevölkerung und ihres Besitzes längst an der künftigen (Entwicklungs-)Politik gegenüber einem unabhängigen Namibia, als ob der konfliktfreie Übergang bereits sicher sei.³⁵⁴ Für Genscher stand der von ihm geprägte politische Prozess im Vordergrund. Die VN-Mission war nur noch Beiwerk.³⁵⁵

Das AA beschäftigte sich nicht erst seit Mai 1989 mit der Entsendung des BGS ins Ausland. Bereits im Februar hatte es sich beim BMI wegen der Anfrage aus Mittelamerika nach der Rechtslage erkundigt.³⁵⁶ Zwar sah das

---

[349] PA AA, B 30, ZA, Bd 158202, Drahtbericht der Ständigen Vertretung in New York an Referat 230 im AA, Nr. 880, 12.5.1989, hier S. 1.

[350] PA AA, B 30, ZA, Bd 155890, Drahtbericht der Ständigen Vertretung in New York an den Staatssekretär im AA, Nr. 891, 15.5.1989; PA AA, B 30, ZA, Bd 167264, Schreiben des Ständigen Vertreters bei den Vereinten Nationen an Staatssekretär Jürgen Sudhoff, 16.5.1989, hier S. 1.

[351] Stephan-Andreas Casdorff, Vogel: Grenzschutz-Teilnahme prüfen. In: SZ, Nr. 80, 7.4.1989, S. 2; Deutsche UNO-Soldaten zur Friedenssicherung angefordert. In: Die Welt, Nr. 81, 7.4.1989, S. 1; Vor die Wand. In: Der Spiegel, Nr. 31 (1989), 30.7.1989, S. 22 f., hier S. 22.

[352] Zeitzeugengespräch mit Botschafter a.D. Martin Kobler am 6.4.2020.

[353] Vgl. die Anmerkungen auf PA AA, B 30, ZA, Bd 167264, Vorlage Referat 230 an den Außenminister, Betr.: Anfrage des VN-GS Pérez de Cuellar an die Bundesregierung, Polizeikräfte aus der Bundesrepublik Deutschland zur Verstärkung von UNTAG bereitzustellen, 18.5.1989.

[354] Im AA hatte sich bereits Ende September 1988 eine »Arbeitsgruppe Namibia« konstituiert, die die künftige bundesdeutsche Politik gegenüber einem unabhängigen Namibia ausarbeiten sollte. Ende Januar 1989 gab Kanzler Kohl den Auftrag, ein ressortabgestimmtes Konzept zu entwerfen, das Genscher Ende März 1989 vorgelegt wurde. PA AA, B 34, ZA, Bd 155883, Vorlage Abteilung 3 an den Außenminister, Betr. Namibia, hier: Unsere Hilfe für ein unabhängiges Namibia, 22.9.1988; ebd., Schreiben des Bundeskanzlers Helmut Kohl an den Außenminister Hans-Dietrich Genscher, 31.1.1989; PA AA, B 34, ZA, Bd 155884, Vorlage Abteilung 3 an den Außenminister, Betr.: Vorlage der Konzeption für die Zusammenarbeit mit Namibia, 21.3.1989. Bereits veröffentlicht in AAPD 1989, Dok. 68, S. 313-324.

[355] Zeitzeugengespräch mit Botschafter a.D. Martin Kobler am 6.4.2020; Zeitzeugengespräch mit Botschafter a.D. Eberhard Schanze am 4.5.2020.

[356] BArch, B 106/371731, Vorlage Referat P III 1 an Staatssekretär Hans Neusel, Betr.: Deutsche Beteiligung im Rahmen der »UNO-Friedenstruppen«, hier: Einsatz von

## IV. Deutsche ›Blauhelme‹ in Afrika 227

seit 1982 unter Leitung von Friedrich Zimmermann (CSU) stehende BMI seit seiner Prüfung im Zuge der BSR-Sitzung des gleichen Jahres keine rechtlichen Vorbehalte bei einer nichtmilitärischen Verwendung des BGS,[357] ihm missfiel aber die Herangehensweise des AA, die fernmündlich, inoffiziell und ohne weitere Informationen erfolgte. Wohl im Gefühl, zweite Wahl zu sein, beschloss die Leitung des BMI, eine offizielle Anfrage des AA abzuwarten.[358]

Der VNGS Javier Pérez de Cuéllar bat Staatsminister im AA Helmut Schäfer auf dessen Reise nach New York am 15. Mai 1989 aber tatsächlich mündlich um die Gestellung von bis zu 50 Beamten für die UNTAG.[359] Dies war insofern untypisch, als nicht zunächst inoffiziell auf Arbeitsebene nach der Bereitschaft der Bundesrepublik vorgefühlt worden war. Ganz offenbar stand der VNGS wegen des schlechten Starts der UNTAG unter Zugzwang. Beim Treffen mit Bundespräsident Richard von Weizsäcker am 5. Juni 1989 wiederholte er sein Anliegen mündlich.[360] Ohne Zweifel besaßen die Vereinten Nationen vor allem wegen der deutschen Sprachkenntnisse Interesse an einer bundesdeutschen Unterstützung.[361] Zunächst mussten aber die Vorbehalte der Leitung des AA überwunden werden. Obwohl die Vereinten Nationen die Polizisten gerne im Juni in Namibia stationiert hätten,[362] dauerte es zwei Wochen, ehe das AA durch Staatssekretär Sudhoff aufgrund der besonderen historischen Verantwortung gegenüber Namibia beim BMI nachdrücklich für die

---

Polizeivollzugsbeamten im BGS, 17.2.1989; PA AA, B 30, ZA, Bd 158178, Entwurf Vorlage Referat 230 an den Außenminister, Betr.: Friedensprozess in Zentralamerika, hier: Deutsche Beteiligung an der Überwachung, 21.3.1989.

[357] BArch, B 106/143123, P II 1, Aufzeichnung über die Besprechung am 30.9.1982 bei Herrn Staatssekretär Dr. Fröhlich zu Fragen des Einsatzes von BGS-Einheiten im Rahmen einer VN-Friedenstruppe, 2.11.1982; ebd., Vorlage Referat P II 1 an Staatssekretär Hans Neusel, Betr.: Beteiligung des Bundesgrenzschutzes bei UN-Friedensmissionen, 27.2.1989. Vgl. auch Ulrich Reitz, Zimmermann sieht keine Bedenken gegen BGS-Einsatz in Friedenstruppe. In: Die Welt, Nr. 86, 13.4.1989, S. 4.

[358] BArch, B 106/143123, Vorlage Referat P II 1 an Staatssekretär Hans Neusel, Betr.: Beteiligung des Bundesgrenzschutzes bei UN-Friedensmissionen, 27.2.1989.

[359] PA AA, B 30, ZA, Bd 155890, Drahtbericht der Ständigen Vertretung in New York an den Staatssekretär im AA, Nr. 891, 15.5.1989; PA AA, B 30, ZA, Bd 167264, Vorlage Referat 230 an den Außenminister, Betr.: Anfrage des VN-GS Pérez de Cuellar an die Bundesregierung, Polizeikräfte aus der Bundesrepublik Deutschland zur Verstärkung von UNTAG bereitzustellen, 18.5.1989.

[360] PA AA, B 30, ZA, Bd 155906, Drahtbericht der Ständigen Vertretung in New York an Referat 230 im AA, Nr. 1074, 5.6.1989. Bereits veröffentlicht in AAPD 1989, Dok. 165, S. 732–737.

[361] PA AA, B 30, ZA, Bd 155890, Drahtbericht der Ständigen Vertretung in New York an den Staatssekretär im AA, Nr. 891, 15.5.1989; PA AA, B 30, ZA, Bd 167264, Drahtbericht der Ständigen Vertretung in New York an Referat 230 im AA, Nr. 1319, 24.7.1989.

[362] Vgl. PA AA, B 30, ZA, Bd 155890, Drahtbericht der Ständigen Vertretung in New York an den Staatssekretär im AA, Nr. 891, 15.5.1989; PA AA, B 30, ZA, Bd 167264, Vorlage Referat 230 an den Außenminister, Betr.: Anfrage des VN-GS Pérez de Cuellar an die Bundesregierung, Polizeikräfte aus der Bundesrepublik Deutschland zur Verstärkung von UNTAG bereitzustellen, 18.5.1989, hier S. 1; PA AA, B 30, ZA, Bd 155906, Drahtbericht der Ständigen Vertretung in New York an Referat 230 im AA, Nr. 1018, 26.5.1989; PA AA, B 30, ZA, Bd 167264, Vermerk Referat 230, Betr.: UNTAG, hier: Nationale Polizeikontingente, 7.6.1989, S. 2.

Beteiligung mit Beamten des BGS oder Polizisten der Länder an der CIVPOL warb.[363] Allein der zeitliche Abstand belegt, dass die Idee zum Engagement nicht vom AA ausging. Vielmehr soll die Meinung des Bundespräsidenten von ausschlaggebender Bedeutung gewesen sein,[364] auch wenn sich dies nicht durch die Akten belegen ließ. Zwar lag kein formelles Gesuch der Vereinten Nationen vor,[365] nach dem schlechten Start der UNTAG stand aber auch das AA als Mitinitiator des Friedensplans unter Druck. Zudem war es auf Ebene des VNGS angefragt worden, was eine Absage politisch erschwerte. Eine zeitintensive Diskussion, was die Polizisten leisten sollten, war hingegen entbehrlich. Ihr Auftrag stand durch die Vorgaben des VNGS fest. Ein weiterer Faktor bei der Entscheidung mag die Kenntnis darüber gewesen sein, dass die DDR den Vereinten Nationen Polizisten angeboten hatte. Die Bundesregierung lief Gefahr, sich weniger sichtbar an der UNTAG zu beteiligen als die DDR.[366] Zwar soll dies auf Arbeitsebene des AA 1989 keine Rolle mehr gespielt haben,[367] diese Denkweise passte aber zu den altgedienten Diplomaten. Letztlich scheint es der Afrikabeauftragte des AA, Hans-Günter Sulimma, gewesen zu sein, der sich auch aufgrund der künftigen Rolle der Bundesrepublik in Namibia am stärksten für ein Polizeiengagement einsetzte.[368] Die sichtbare Teilnahme an der UNTAG sollte die Zusammenarbeit mit der neuen namibischen Regierung erleichtern.

Auch das BKAmt stand einem stärkeren Engagement in Namibia positiv gegenüber, war man sich doch der eigenen Verpflichtung aufgrund der politischen Rolle im Friedensprozess bewusst.[369] Maßgeblich waren auch

---

[363] BArch, B 106/143123, Schreiben Staatssekretär im AA Jürgen Sudhoff an Staatssekretär im BMI Hans Neusel, 8.6.1989.

[364] Der Bundespräsident hatte die Anfrage des VNGS positiv aufgenommen. Hinter diese Position konnte oder wollte das AA nicht zurück, auch wenn es bei der Leitung Bedenken gab, unvorbereitet in eine öffentliche Diskussion über Auslandseinsätze deutscher Sicherheitskräfte hineinzugeraten. Zeitzeugengespräch mit Botschafter a.D. Eberhard Schanze am 4.5.2020.

[365] BArch, B 136/30611, Vorlage IV B 6 an den stellv. Referatsleiter, Betr.: Deutsche Beteiligung an einer UN-Polizeitruppe in Namibia, 26.7.1989, hier S. 1.

[366] Vgl. PA AA, B 30, ZA, Bd 155890, Drahtbericht der Ständigen Vertretung in New York an den Staatssekretär im AA, Nr. 891, 15.5.1989; PA AA, B 30, ZA, Bd 167264, Vorlage Referat 230 an den Außenminister, Betr.: Anfrage des VN-GS Pérez de Cuellar an die Bundesregierung, Polizeikräfte aus der Bundesrepublik Deutschland zur Verstärkung von UNTAG bereitzustellen, 18.5.1989. Der Einsatz der DDR scheiterte zunächst aber am südafrikanischen Veto. Lange, Die polizeiliche Beobachtereinheit, S. 35 f., 38 f.

[367] Zeitzeugengespräch mit Botschafter a.D. Martin Kobler am 6.4.2020; Zeitzeugengespräch mit Botschafter a.D. Eberhard Schanze am 4.5.2020.

[368] PA AA, B 30, ZA, Bd 167264, Schreiben Stellv. D 3 an D 2, Betr.: Anfrage des VN-GS Pérez de Cuellar an die Bundesregierung, Polizeikräfte aus der Bundesrepublik Deutschland zur Verstärkung von UNTAG bereitzustellen, 19.5.1989. Überraschend hielt sich die Ständige Vertretung mit Forderungen zurück und bat nur um weitere Weisung. Vgl. PA AA, B 30, ZA, Bd 155906, Drahtbericht der Ständigen Vertretung in New York an Referat 230 im AA, Nr. 1018, 26.5.1989.

[369] Vgl. BArch, B 136/29871, Vorlage Abteilungsleiter 2 an den Bundeskanzler, Betr.: Unabhängigkeit Namibias und Rückzug der kubanischen Truppen aus Angola, hier: Abschluß der Vierer-Verhandlungen, 20.12.1988.

## IV. Deutsche ›Blauhelme‹ in Afrika

die gemeinsame Geschichte und die Sorge um die rund 20 000 deutschstämmigen Namibier. Zudem plante die Bundesregierung bereits die künftige Zusammenarbeit mit dem neuen, unabhängigen Land. Der Übergang zu einem demokratischen Rechtsstaat lag im bundesdeutschen Interesse.[370] »Das Risiko des Einsatzes« bewertete das BKAmt als »kalkulierbar und verantwortbar.«[371] Auswirkungen auf das Verhalten des BKAmts hatte dies aber nicht. Auf Arbeitsebene trat es praktisch nicht in Erscheinung und überließ dem AA die Führung.[372]

Obwohl ausgerechnet Ex-Verteidigungsminister Scholz die Rechtmäßigkeit einer VN-Beteiligung des BGS öffentlich hinterfragte,[373] hatte das BMI keine rechtlichen Einwände gegen die eindeutig polizeiliche Beteiligung an der UNTAG. Kein Gesetz spreche dagegen. Allerdings müsse die Entsendung aufgrund der politischen Bedeutung vom Kabinett beschlossen werden.[374] Ob neben dem Interesse für die deutschstämmige Bevölkerung weitere Motive für ein Engagement des BMI in Namibia sprachen, ist aus den Akten nicht ersichtlich. Vermutlich wollte das Innenressort bei einer Absage nicht die Schuld für den drohenden außenpolitischen Ansehensverlust der Bundesrepublik tragen.[375] Zudem befand sich der BGS nach der Vereinbarung von Schengen im Umbruch.[376] Vor diesem Hintergrund war das BMI bemüht, den Dienst des BGS attraktiver zu gestaltet.[377] Angesichts der bereits in den Medien diskutierten Entsendung des BGS nach Mittelamerika, wo in erster Linie Militärbeobachter gefragt waren, hatte es aber auch Bedenken, in Zukunft noch öfter und, wie in Mittelamerika gefordert, auch für militärische VN-Aufträge herangezogen zu werden. Das Innenressort trieb die Beteiligung in Namibia daher nicht aktiv voran. Im Gegenteil forderte es einen Kabinettsbeschluss, der gleichzeitig eine grundsätzliche Entscheidung zu VN-Beteiligungen der Bundeswehr treffen sollte. Hierdurch sollten die künftige Entsendung des BGS als Ersatz für die Bundeswehr und insbesondere die Beteiligung in Mittelamerika verhindert werden.[378]

---

[370] BArch, B 136/30611, Vorlage AL 2 i.V. an den Chef des Bundeskanzleramts, Betr.: Entsendung von 50 BGS-Beamten nach Namibia im Rahmen der zivilen Unterstützungsgruppe der Vereinten Nationen (UNTAG) [...], 27.7.1989, hier S. 5.

[371] BArch, B 136/31647, Referat 131, Vermerk für die Kabinettsitzung am 30. August 1989, 29.8.1989, hier S. 2.

[372] Zeitzeugengespräch mit Botschafter a.D. Martin Kobler am 6.4.2020.

[373] Rupert Scholz, Deutsche als UNO-Soldaten. In: Die Welt, Nr. 118, 24.5.1989, S. 2.

[374] BArch, B 106/143123, P II 1, Betr.: Gespräch von Herrn Minister mit dem Bundesvorstand der GdP am 27. Juni 1989, hier: Einsatz des BGS im Rahmen von Friedensmissionen der Vereinten Nationen, 22.6.1989; PA AA, B 30, ZA, Bd 167264, Schreiben Staatssekretär im BMI Hans Neusel an Staatssekretär im AA Jürgen Sudhoff, 26.6.1989.

[375] Zeitzeugenbefragung von Präsident des GSP Süd a.D. Dieter Mechlinski am 5.11.2020.

[376] Vgl. BT-Drs. 11/3594, 30.11.1988; Schütte-Bestek, Aus Bundesgrenzschutz wird Bundespolizei, S. 153–156.

[377] Vgl. Hans Krump, Immer neue Ideen für ein attraktives »Berufsbild BGS« – aber wenig Konkretes. In: Die Welt, 30.5.1989, Nr. 123, S. 4.

[378] PA AA, B 30, ZA, Bd 167264, Schreiben Staatssekretär im BMI Hans Neusel an Staatssekretär im AA Jürgen Sudhoff, 26.6.1989; PA AA, B 30, ZA, Bd 167340,

Die Verbindung beider Themen erfolgte offenbar nicht in Absprache mit dem BKAmt oder dem BMVg und war ein Alleingang des BMI. Zentral bei dieser Forderung war der neue Innenminister Wolfgang Schäuble. Als Chef des BKAmts war Schäuble noch im April 1989 vom BMVg gebeten worden, die Frage einer VN-Beteiligung der Bundeswehr auf die Tagesordnung des BSR zu setzen.[379] Ein Jahr zuvor hatte er aus außenpolitischen Gründen auch noch selbst bei den anderen Ressorts um materielle Unterstützung für die Mission UNIFIL geworben.[380] Schäuble gehörte zur neuen Generation der Unionspolitiker, die über keine aktive Kriegserfahrung verfügte und einem neuen außenpolitischen Kurs wohlwollend gegenüberstand, ohne dies so offen zu formulieren wie der spätere Verteidigungsminister Volker Rühe.[381] Darüber hinaus zweifelte der Jurist Schäuble die Verbindlichkeit des BSR-Beschlusses von 1982 an.[382] Im März 1989 hatte er dem SWAPO-Vorsitzenden Sam Nujoma als Chef des BKAmts bei einem Treffen zudem noch selbst bundesdeutsche Hilfe bei der Sicherung des namibischen Unabhängigkeitsprozesses in Aussicht gestellt.[383] Schäuble war daher mit dem Thema vertraut und konnte nun, wenn auch in anderer Funktion, Wort halten. Allerdings befürchtete der erst seit zwei Monaten im Amt befindliche Innenminister, mit dem BGS in eine Stellvertreterrolle gedrängt zu werden. Angesichts seines überschaubaren Budgets, der zahlreichen polizeilichen Aufgaben an der östlichen Außengrenze, der ablehnenden Haltung des AA gegenüber der Verwendung der Bundeswehr im Ausland und der bereits öffentlich diskutierten Unterstützung des Friedensprozesses in Mittelamerika wollte das BMI der Entsendung nach Namibia nur zustimmen, wenn die Beteiligung kein »Präzedenzfall« würde;[384] durch diesen Sprachgebrauch blie-

---

  Durchschlag Vorlage Unterabteilung 23 an den Außenminister, Betr.: Entsendung von 50 BGS-Beamten nach Namibia im Rahmen von UNTAG, 4.8.1989, hier S. 3.

[379] BArch, B 136/108211, Kopie Schreiben des Verteidigungsministers an den Chef des Bundeskanzleramts, 4.4.1989.

[380] BArch, B 141/401639, Kopie Vermerk Persönlicher Referent des Staatssekretärs, Betr.: Besprechung der beamteten Staatssekretäre am 5. Februar 1988 im Bundeskanzleramt, hier: Auszug aus dem Ergebnisprotokoll, 15.2.1988.

[381] Vgl. Bonner Beteiligung an UN-Truppen umstritten. In: FAZ, 27.7.1989, Nr. 171, S. 5. Beide gehörten zur Kommission »Außen-, Deutschland-, Sicherheits- und Europapolitik« der CDU. Vgl. CDU, Bericht der CDU-Bundesgeschäftsstelle vom 37. Bundesparteitag, 10.–13. September 1989, S. 9 f.

[382] Vgl. PA AA, B 30, ZA, Bd 158109, Kopie als Anlage Schreiben Wolfgang Schäuble an Hans-Dietrich Genscher, 6.2.1990.

[383] BArch, B 136/34116, Vermerk Referat 213 über das Gespräch von Chef BK, BM Dr. Wolfgang Schäuble, mit dem SWAPO-Vorsitzenden Sam Nujoma und dessen Delegation am Freitag, den 3. März 1989, 16.00–17.00 Uhr, 8.3.1989, hier S. 6.

[384] Vgl. BArch, B 106/371731, Entwurf Vorlage P II 1 an den Innenminister, Betr.: Entsendung von 50 Polizeivollzugsbeamten des Bundesgrenzschutzes nach Namibia im Rahmen der Unterstützungsgruppe der Vereinten Nationen (UNTAG), 28.8.1989, hier S. 4; BPA, Beteiligung des Bundesgrenzschutzes an der UN-Friedensmission in Namibia. In: Bulletin, Nr. 86, 6.9.1989, S. 755; PA-DBT 3114, Innenausschuss, 11/59, 14.9.1989, S. 47 f.; Zeitzeugengespräch mit Polizeipräsident i.R. Detlef Buwitt am 15.1.2020. Siehe auch Ulrich Reitz, Polizeieinsatz in Namibia soll kein Präzedenzfall werden. In: Die Welt, Nr. 191, 18.8.1989, S. 1.

ben ihm zukünftig alle Handlungsmöglichkeiten erhalten. Im Unterschied zu Mittelamerika dürfe es sich bei der Beteiligung der UNTAG allerdings auch nicht um die Übernahme militärischer Aufgaben handeln, für die der BGS weder materiell noch personell gerüstet war.[385]

Dem AA missfiel dieses Junktim. Es wollte die Beteiligung des BGS an der UNTAG und die generelle VN-Beteiligung der Bundeswehr getrennt behandeln, wohlwissend, dass die restlichen Ressorts ein anderes Rechtsverständnis hatten. Trennen wollte die beiden Themen aber auch die Arbeitsebene des BKAmts.[386] Auch dies spricht dagegen, dass es sich um Parteischarmützel zwischen CDU und FDP handelte. Vielmehr ging es um Ressortinteressen. Ob es Absprachen zwischen Schäuble und Kohl gab, ließ sich nicht belegen. Dem AA zufolge wies aber auch der Kanzler die Verbindung beider Themen zurück.[387] Das BMJ war aufgrund des Streits gar nicht erst in die Vorbereitung einer Kabinettvorlage einbezogen worden, auch wenn es selbst keine rechtlichen Bedenken hatte.[388]

Die Forderung des BMI bzw. des Innenministers[389] führte zur wochenlangen Blockade der Entscheidungsfindung. Weil eine Vielzahl an Staaten Angebote zur Gestellung von Polizisten machte, geriet das AA – zumindest aus Sicht der Arbeitsebene und weniger für Staatssekretär Sudhoff[390] – unter Zugzwang, wollte es sich mit uniformiertem Personal an der UNTAG beteiligen.[391] Im Bewusstsein der außenpolitischen Folgen einer Ablehnung gegenüber einer Anfrage des VNGS einigten sich die Ressorts nach Gesprächen

---

[385] Vgl. BArch, B 106/143123, Vorlage P II 1 an Staatssekretär Neusel, Betr.: Beteiligung des Bundesgrenzschutzes an VN-Friedensmissionen, 27.2.1989, hier S. 2 f.; BArch, B 106/371731, Kopie Reuter: Schäuble gegen UNO-Einsatz des Grenzschutzes. In: Reuter, 16.5.1989.

[386] BArch, B 136/30611, Entwurf Vorlage GL 21 an den Bundeskanzler, Betr.: Entsendung von 50 Angehörigen des Bundesgrenzschutzes nach Namibia, 28.6.1989; BArch, B 136/33916, Vorlage AL 2 an den Bundeskanzler, Betr.: Entsendung von 50 BGS-Beamten nach Namibia im Rahmen der zivilen Unterstützungsgruppe der Vereinten Nationen (UNTAG) […], 19.7.1989; BArch, B 136/30611, Vorlage AL 2 i.V. an den Chef des Bundeskanzleramts, Betr.: Entsendung von 50 BGS-Beamten nach Namibia im Rahmen der zivilen Unterstützungsgruppe der Vereinten Nationen (UNTAG) […], 27.7.1989, hier S. 1 f.; BArch, B 136/31647, Referat 131, Vermerk für die StS-Besprechung am 22. August 1989, 18.8.1989. Siehe auch Vor die Wand. In: Der Spiegel, Nr. 31 (1989), 30.7.1989, S. 22 f.

[387] Vgl. PA AA, B 30, ZA, Bd 167340, Vermerk Referat 230, Betr.: BGS-Einsatz in Namibia, 25.7.1989.

[388] Vgl. BArch, B 141/418385, Entwurf Vorlage IV A 5 an die Justizministerin, Betr.: Einsatz deutscher Polizeikräfte in Namibia, 3.8.1989; BArch, B 141/401639, Vorlage Referat IV A 5 an den Justizminister, Betr.: Entsendung von 50 BGS-Beamten nach Namibia im Rahmen der Unterstützungsgruppe der Vereinten Nationen (UNTAG) für Namibia, 25.8.1989, hier S. 2, 4.

[389] Vgl. PA AA, B 30, ZA, Bd 167340, Vermerk Referat 230, Betr.: BGS-Einsatz in Namibia, 25.7.1989.

[390] Vgl. PA AA, B 30, ZA, Bd 167264, Vorlage Dg 23 an den Außenminister, Betr.: Entsendung von 50 BGS-Beamten im Rahmen von UNTAG nach Namibia, 27.6.1989.

[391] PA AA, B 30, ZA, Bd 155906, Drahtbericht der Ständigen Vertretung in New York an Referat 230 im AA, Nr. 1165, 21.6.1989.

zwischen Schäuble und Genscher sowie auf Ebene der Staatssekretäre[392] darauf, die Maximalforderung des BMI zur parallelen Entscheidung über das Engagement in Namibia und die grundsätzliche Entsendung der Bundeswehr ins Ausland fallenzulassen. Stattdessen sollte eine Absichtserklärung in den Kabinettsbeschluss aufgenommen werden, das Thema so bald wie möglich zu klären.[393]

Die Formulierung eines solchen Paragrafen fiel aber schwer.[394] Erst billigte Genscher den Entwurf seines eigenen Hauses nicht, weil nicht klar genug formuliert worden war, dass der Einsatz der Bundeswehr derzeit verfassungsrechtlich beschränkt sei.[395] Dann blieb die Vorlage im BMF hängen, da sie keine genauen Angaben zu den Kosten der Beteiligung enthielt,[396] und schließlich stieß die von Genscher gewählte Formulierung zur Notwendigkeit einer Grundgesetzänderung vor einer VN-Beteiligung der Bundeswehr auf Ablehnung im BMI.[397] Seit 1988 vertrat das Innenressort die Auffassung, dass die Beteiligung der Bundeswehr im VN-Rahmen durch Art. 24 Abs. 2 GG zulässig sei.[398] Weil der von Genscher formulierte Abschnitt dem Rechtsverständnis des BMI widersprach, Genscher im Juli 1989 einen Herzinfarkt erlitt[399] und die Sommerpause dazwischen kam,[400] konnten sich die Ressorts erst Ende

---

[392] Nach seiner Zustimmung zur Entsendung des BGS überließ Schäuble überwiegend Staatssekretär Neusel das Geschehen, sodass auch die meisten Vorlagen an den Staatssekretär gerichtet wurden.

[393] PA AA, B 30, ZA, Bd 167264, Vorlage Referat 230 an den Außenminister, Betr.: Entsendung von 50 BGS-Beamten nach Namibia im Rahmen von UNTAG, hier: Entwurf einer Kabinettsvorlage, 29.6.1989; ebd., Vermerk Staatssekretär Jürgen Sudhoff an den Außenminister, 30.6.1989; BArch, B 106/143123, Schreiben Staatssekretär im AA Jürgen Sudhoff an Staatssekretär im BMI Hans Neusel, 6.7.1989; ebd., Entwurf Vermerk P II 1, Betr.: Beteiligung des BGS an UN-Missionen in Namibia, hier: Erstellung einer Kabinettvorlage, 2.8.1989; ebd., Vorlage P II 1 an Staatssekretär Neusel, Betr.: Beteiligung des BGS an VN-Friedensmissionen in Namibia, hier: Entwurf einer Kabinettvorlage, 22.8.1989.

[394] BArch, B 136/31647, Referat 131, Vermerk für die Kabinettsitzung am 30. August 1989, 29.8.1989, hier S. 2.

[395] Siehe die Anmerkungen auf PA AA, B 30, ZA, Bd 167264, Vorlage Referat 230 an den Außenminister, Betr.: Entsendung von 50 BGS-Beamten nach Namibia im Rahmen von UNTAG, hier: Entwurf einer Kabinettsvorlage, 29.6.1989.

[396] Ebd., Schreiben Referat II C 4 im BMF an Referat 230 im AA, Betr.: Entsendung von 50 BGS-Beamten nach Namibia, hier: Entwurf einer Kabinettvorlage, 30.6.1989.

[397] Ebd., Entwurf Vorlage des AA für die Kabinettssitzung am 12. Juli 1989, 26.6.1989; BArch, B 106/143123, Vermerk P II 1, Betr.: Einsatz von Polizeivollzugsbeamten des Bundesgrenzschutzes bei Friedensmissionen der Vereinten Nationen, hier: Entsendung von 50 Polizeibeamten zu UNTAG/Namibia, 7.7.1989; ebd., Vorlage Staatssekretär Neusel an den Innenminister, 21.8.1989.

[398] BArch, B 106/143123, Entwurf als Anlage Vorlage V I 1 an Abteilungsleiter V, Betr.: Teilnahme der Streitkräfte oder des BGS an friedenssichernden Maßnahmen der VN aus verfassungsrechtlicher Sicht, hier: Vorlage eines Positionspapiers, 29.8.1988; ebd., Schreiben V I 1 im BMI/IV A 4 im BMJ, Betr.: Der Einsatz der Streitkräfte zur Verteidigung nach Art. 87a Abs 2 GG, Mai 1989.

[399] Wann kommt »die Zeit nach Genscher«?. In: Der Spiegel, Nr. 31 (1989), 30.7.1989, S. 16–19; Am Tod vorbeigeschrammt. In: Der Spiegel, Nr. 31 (1989), 30.7.1989, S. 18.

[400] BArch, B 106/143124, Vermerk Staatssekretär Neusel, 25.7.1989. Der Minister für wirtschaftliche Zusammenarbeit bat sogar, mit den Beratungen bis zum 30.8., nach seinem

## IV. Deutsche ›Blauhelme‹ in Afrika

August, nach zwischenzeitlicher Rückfrage des Bundespräsidialamts[401] und auf Druck des BKAmts[402], auf eine Kabinettsvorlage einigen. Ein Kompromiss zur Entsendung der Bundeswehr ins Ausland war nicht gefunden, zumindest aber der Einsatz von Polizisten für militärische Aufgaben ausgeschlossen worden.[403] Die weitere Rechtsfrage war auf Bitten des AA wegen der Abwesenheit Genschers gar nicht mehr im Kabinett behandelt worden.[404]

Aufgrund innenpolitischer Ressortkämpfe um ein Thema, das nichts mit der Anfrage der Vereinten Nationen oder der Situation in Namibia zu tun hatte, verging über ein Vierteljahr, ehe das Kabinett am 30. August eine Entscheidung traf. Für die erste CIVPOL-Aufstockung kam die Bundesregierung daher zu spät.[405] Zwar begann das BMI – wohl auf Anregung des BKAmts, das öffentliche Kritik am verspäteten Handeln der Regierung fürchtete[406] – bereits Anfang August und damit vor dem politischen Entschluss, potenzielle Bewerber zu rekrutieren[407] und sich mit den Regularien der Vereinten Nationen zu beschäftigen.[408] Die Entschlossenheit, die VN-Mission schnellstmöglich zu unterstützen, ließ aber kein Ressort erkennen. Allerdings befürworteten alle Seiten die Beteiligung, weil sie der Meinung waren, dass es aus außenpolitischen und nach diversen Äußerungen der Regierungspolitiker auch aus innenpolitischen[409] Gründen notwendig war, sich zu beteiligen.

Das BMI wollte aber unbedingt verhindern, für militärische Aufgaben und zukünftig als Ersatz für die Bundeswehr herangezogen zu wer-

---

Urlaub, zu warten. BArch, B 136/31647, Schreiben Jürgen Warnke an Rudolf Seiters, 28.7.1989.

[401] PA AA, B 30, ZA, Bd 167264, Schreiben Bundespräsidialamt an den Leiter Büro Staatssekretär, Betr.: Gespräch des Herrn Bundespräsidenten mit VN-GS Perez de Cuellar am 5.6.1989 in New York, 4.7.1989.

[402] Vgl. BArch, B 136/34363, Referat 131, Vermerk für die StS-Besprechung am 22. August 1989, 18.8.1989, hier S. 2 f.

[403] BArch, B 136/31647, Vorlage für die Kabinettsitzung Referat 230 im AA/Referat P II 1 im BMI, Betr.: Entsendung von 50 BGS-Beamten nach Namibia im Rahmen der Unterstützungsgruppe der Vereinten Nationen (UNTAG) für Namibia, 24.8.1989; ebd., Referat 131, Vermerk für die Kabinettsitzung am 30. August 1989, 29.8.1989, hier S. 2.

[404] PA AA, B 30, ZA, Bd 167340, Vermerk Büro des StS Lautenschlager, Betr.: Entsendung von BGS-Beamten nach Namibia im Rahmen von UNTAG, 24.8.1989; BArch, B 141/401639, Vorlage Referat IV A 5 an den Justizminister, Betr.: Entsendung von 50 BGS-Beamten nach Namibia im Rahmen der Unterstützungsgruppe der Vereinten Nationen (UNTAG) für Namibia, 25.8.1989, hier S. 2.

[405] Vgl. BArch, B 106/143123, Kopie Schreiben VNGS an den Präsidenten des VNSR, 20.6.1989.

[406] BArch, B 136/34363, Entwurf Vorlage Abteilungsleiter 2 i.V. an den Chef des Bundeskanzleramts, Betr.: Entsendung von 50 BGS-Beamten nach Namibia, 1.8.1989.

[407] Konkret suchte das BMI einen Beamten des höheren, fünf des gehobenen und 44 des mittleren Dienstes. BArch, B 106/371731, Rundschreiben P III 1 im BMI an alle Grenzschutzkommandos, Betr.: Beteiligung von PVB des Bundesgrenzschutzes an der VN-Friedensmission »UNTAG« in Namibia, 10.8.1989, hier S. 2 f.

[408] BArch, B 106/371731, Schreiben Referat P III 1 an Referat P II 1, Betr.: Beteiligung von PVB des Bundesgrenzschutzes an der VN-Friedensmission »UNTAG« in Namibia, hier: Vereinbarung mit den VN, 18.8.1989.

[409] Vgl. BArch, B 136/31647, Auszug aus der Besprechung der beamteten Staatssekretäre vom 22.8.1989.

den. Seine Priorität war es daher, die Aufgaben des BGS von denen der Bundeswehr zu trennen.[410] Die Lage vor Ort und der zeitkritische Bedarf der Vereinten Nationen waren vernachlässigte Kriterien im bundesdeutschen Entscheidungsprozess. Art und Umfang der Beteiligung entsprachen allerdings der Bitte der Vereinten Nationen und standen nie zur Debatte. Die oppositionelle Vermutung, mit der Beteiligung an der UNTAG solle der Weg für die Beteiligung der Bundeswehr an Auslandseinsätzen geebnet werden,[411] lässt sich indes nicht belegen. Zwar erkannte das BKAmt, dass die Entsendung des BGS »einen gewissen politischen Druck zugunsten eines späteren Einsatzes von Bundeswehrkontingenten [...] erzeugen könnte«,[412] aus diesem Grund initiiert wurde die Beteiligung des BGS in Namibia aber nicht. Das BMVg war zu keiner Zeit am Prozess beteiligt. Nach dem Ministerwechsel im April war es mit sich selbst und einem möglichen Engagement in Mittelamerika beschäftigt.[413] Einige Referenten im BMVg bezweifelten sogar den Nutzen der BGS-Entsendung für eine künftige VN-Beteiligung der Bundeswehr. »Sollte sich der Einsatz des BGS in Namibia bewähren«, so Fü S III 1, sei »nicht auszuschließen, daß dieser Präzedenzfall sich langfristig politisch gegen jede B[undes]w[ehr]-Beteiligung an UN-Friedenssicherungsstreitkräften auswirkt.«[414] Die Entsendung des BGS nach Namibia lag daher nicht im Interesse des BMVg. Das Verteidigungsressort unterstützte lediglich die schnellstmögliche Grundsatzentscheidung des Kabinetts zur Verwendung der Bundeswehr im Ausland, zumindest im Bereich der Logistik und als Beobachter. Bestenfalls sollte diese Frage neben der Entsendung des BGS nach Namibia verhandelt werden. Gerne hätte das BMVg daher am Junktim des BMI festgehalten[415] und tat dies auch bei der ONUCA-Unterstützung.[416] Ein Plan des BMVg,

---

[410] Vgl. BArch, B 106/143124, Vorlage Staatssekretär Neusel an den Innenminister, 21.8.1989; BArch, B 136/31647, Referat 131, Vermerk für die Kabinettsitzung am 30. August 1989, 29.8.1989, hier S. 2.

[411] Vgl. PA-DBT 3114, Innenausschuss, 11/59, 14.9.1989, S. 56; BT-PlPr. 11/159, 15.9.1989, S. 12068.

[412] BArch, B 136/30611, Vorlage AL 2 i.V. an den Chef des Bundeskanzleramts, Betr.: Entsendung von 50 BGS-Beamten nach Namibia im Rahmen der zivilen Unterstützungsgruppe der Vereinten Nationen (UNTAG) [...], 27.7.1989, hier S. 2.

[413] Vgl. BArch, BW 2/27268, Vorlage Fü S III 1 an den Verteidigungsminister, Betr.: Zivile Beteiligung der Bundesrepublik Deutschland bei einer Beobachtermission der UN in Lateinamerika (ONUCA), 23.8.1989; BArch, BW 2/27267, Vorlage Fü S III 1 an den Verteidigungsminister, Betr.: Deutsche Beteiligung an der UN-Friedenstruppe für Zentralamerika (ONUCA), 21.9.1989. In diesem Zusammenhang trat das BMVg selbst für die gleichzeitige Behandlung einer ONUCA-Beteiligung und der Grundsatzfrage über die Beteiligung der Bundeswehr an VN-Missionen ein. Vgl. BArch, BW 1/372020, Vorlage Staatssekretär Pfahls an den Verteidigungsminister, Betr.: Deutsche VN-Beteiligung in Zentralamerika (ONUCA), hier: Vorgesehene Kabinettbefassung am 24.10.1989.

[414] BArch, BW 2/27268, Verfügung Vorlage Fü S III 1 an den Generalinspekteur, Betr.: Beteiligung der Bundeswehr an UN-Friedenssicherungsstreitkräften (UN peace-keeping forces), 11.8.1989, hier S. 4.

[415] Ebd., S. 5.

[416] Vgl. PA AA, B 30, ZA, Bd 248943, Vermerk Staatssekretär Sudhoff, Betr.: ONUCA, hier: Mein heutiges Gespräch mit StS Pfahls, BMVg, 24.10.1989.

die Gesellschaft durch die erstmalige Entsendung des BGS langsam an die Beteiligung bewaffneter Organe der Bundesrepublik an Auslandseinsätze zu gewöhnen, lässt sich jedoch nicht erkennen.

Ganz ohne Bundeswehr sollte es aber auch in Namibia nicht gehen. Ursprünglich hatten das AA und die Vereinten Nationen an einen Linienflug gedacht, um die Beamten in das Einsatzgebiet zu transportieren. Die Luftwaffe war für die Arbeitsebene des AA nicht in Betracht gekommen, weil sie ohnehin von der Ablehnung Genschers ausging.[417] Ende August sprachen sich Staatssekretär Hans Neusel und Innenminister Schäuble aber intern für die Verwendung eines Bundeswehrflugzeugs aus.[418] Aufgrund der »Bedeutung dieses Anlasses« und der Möglichkeit, einen Abschiedsappell auf dem Flughafen Köln/Wahn abzuhalten, bat das BMI am 31. August beim BMVg um Unterstützung.[419] Wenige Tage später stimmte der Staatssekretär im BMVg, Karl-Heinz Carl, der Anfrage zu, die Beamten des BGS kostenfrei nach Namibia zu transportieren.[420] Die erste Beteiligung der Bundesrepublik an einer VN-Mission mit uniformiertem Personal konnte beginnen.

*Die politische Diskussion im Bundestag*

Anders als die Konflikte zu den vorherigen VN-Missionen fand jener in Namibia durchaus Beachtung im Bundestag. Im Zentrum des Interesses stand allerdings die Entwicklung im Einsatzland und nicht die UNTAG, was mit der historischen Verbundenheit zu Namibia zu erklären ist. Parteiübergreifend herrschte Einigkeit, dass die Unabhängigkeit Namibias unterstützt werden müsse. Strittig blieb nur das Wie. Allerdings wurde auch Namibia nur in einem sehr begrenzten Kreis von Abgeordneten diskutiert.[421] Das im Sommer 1989 alles überstrahlende Thema war die Flüchtlingswelle aus der DDR.[422] Weil sie die Bundesrepublik direkt betrafen, besaßen innerdeutsche Fragen einen höheren Stellenwert als die Unabhängigkeit eines kaum besiedelten Landes, das vor fast drei Generationen deutsche Kolonie gewesen war.

---

[417] BArch, B 106/371731, Vermerk Referat P III 1, Betr.: Beteiligung von PVB des Bundesgrenzschutzes an der UN-Friedensmission »UNTAG« in Namibia, hier: Anreise des BGS-Kontingents nach Windhuk, 31.8.1989. Im AA galt jede Beteiligung der Bundeswehr als problematisch. Da bereits mit der Entsendung des BGS Neuland betreten wurde, sollte nicht noch mehr Aufsehen erregt werden. Zeitzeugengespräch mit Botschafter a.D. Martin Kobler am 6.4.2020.

[418] Siehe die Anmerkungen auf BArch, B 106/371731, Vorlage Referat P III 1 an Staatssekretär Neusel, Betr.: Beteiligung von PVB des Bundesgrenzschutzes an der UN-Friedensmission »UNTAG« in Namibia, hier: Sachstandsbericht zum Stand der Vorbereitung, 28.8.1989.

[419] Ebd., Vermerk Referat P III 1, Betr.: Beteiligung von PVB des Bundesgrenzschutzes an der UN-Friedensmission »UNTAG« in Namibia, hier: Anreise des BGS-Kontingents nach Windhuk, 31.8.1989.

[420] Ebd., Kopie Vermerk Staatssekretär Hans Neusel, 4.9.1989.

[421] Zumeist handelte es sich nur um die Fachpolitiker der Fraktionen, was allerdings kein Alleinstellungsmerkmal der Namibia-Debatte war. Zeitzeugengespräch mit Dr. Ursula Eid am 26.3.2020; Zeitzeugengespräch mit Prof. Dr. Karl-Heinz Hornhues am 15.9.2020.

[422] Vgl. ARD, Tagesschau vor 20 Jahren, 14.9.1989.

Einzelne Abgeordnete der oppositionellen SPD sprachen sich aber bereits im November 1988 für die Entsendung von Wahlhelfern aus.[423] Im parteiübergreifenden Antrag, der sich zur Verantwortung der Bundesrepublik gegenüber Namibia bekannte, wurde aber nur die Zahlung des bundesdeutschen Pflichtbeitrags begrüßt.[424] Von einer Forderung nach materieller oder personeller, uniformierter Beteiligung an der VN-Mission war keine Rede. Mit der Entscheidung des SPD-Parteitags von 1988 wäre dies auch nicht vereinbar gewesen.

Rund fünf Wochen vor Beginn der UNTAG, am 24. Februar 1989, kam es aufgrund zweier von der SPD[425] bzw. den Grünen[426] eingebrachter Anträge zur Unterstützung der namibischen Unabhängigkeit aber zur parlamentarischen Debatte. Es war dem Bundesminister für wirtschaftliche Zusammenarbeit Hans Klein (CSU) vorbehalten, die Aussprache zu eröffnen.[427] Der Fokus der Regierung lag bereits auf der künftigen Entwicklungszusammenarbeit mit dem unabhängigen Namibia. Vor allem die Grünen kritisierten die aus ihrer Sicht »opportunistische« Politik der Regierung sowie ihre Untätigkeit in den vergangenen Jahren und bezeichneten die Unterstützung zur Umsetzung der Resolution 435 als »Lippenbekenntnisse«.[428] Entsprechend ihres Antrags[429], der lediglich vier Stimmen erhielt,[430] kritisierte Ursula Eid die Reduzierung der UNTAG, was dem CDU-Abgeordneten Dietmar Kansy den Zuruf entlockte: »GRÜNE fordern mehr Soldaten!«[431] Obwohl Eid die Forderung im Juni 1989 wiederholte,[432] ging es ihr nicht um die Entsendung der Bundeswehr. Die Bundesregierung sollte sich nur finanziell an der UNTAG beteiligen: laut Forderung der Grünen mit 20 Mio. D-Mark.[433] Die Grünen steckten aber in einem Dilemma. Einerseits wollten sie die Unabhängigkeit Namibias auch militärisch gesichert wissen, andererseits sollten aufgrund der deutschen Historie – sowohl wegen des Völkermords an den Herero und Nama als auch wegen des Zweiten Weltkriegs – keine deutschen Uniformierten zum Einsatz kommen.[434] Ein Widerspruch, der eigentlich nur von einer Oppositionspartei kommen konnte, hätte ihn nicht zehn Jahre früher bereits Außenminister Genscher vertreten.

Die Abgeordneten der Regierungskoalition zeigten sich mit den bisher angekündigten finanziellen und materiellen Maßnahmen zufrieden. Weitere

---

[423] BT-Drs. 11/108, 22.11.1988, S. 7471.
[424] BT-Drs. 11/3934, 30.1.1989.
[425] BT-Drs. 11/3996, 15.2.1989.
[426] BT-Drs. 11/4039, 21.2.1989.
[427] BT-PlPr. 11/129, 24.2.1989, S. 9494–9496.
[428] Ebd., S. 9501 f.
[429] BT-Drs. 11/4039, 21.2.1989, S. 2. Siehe auch BT-Drs. 11/4618, 31.5.1989.
[430] Vgl. BT-PlPr. 11/129, 24.2.1989, S. 9511.
[431] Ebd., S. 9502.
[432] BT-PlPr. 11/146, 1.6.1989, S. 10875.
[433] BT-PlPr. 11/129, 24.2.1989, S. 9503.
[434] Zeitzeugengespräch mit Dr. Ursula Eid am 26.3.2020.

## IV. Deutsche ›Blauhelme‹ in Afrika

Forderungen stellten sie nicht.[435] Ohnehin richtete sich ihr Blick längst in die Zukunft. Die zweite Debatte über die »besondere Verantwortung der Bundesrepublik Deutschland« am 16. März 1989 war daher noch kürzer als die erste. Erstmals spielte aber auch die Bundeswehr eine Rolle. Der CDU-Abgeordnete Karl-Heinz Hornhues drückte sein Bedauern aus, dass »bei der Friedenstruppe für Namibia Soldaten der Bundeswehr nicht mit dabei« seien. Er hätte sich gewünscht, dass »sich unsere besondere Verantwortung im Rahmen einer Friedenstruppe [...] für den friedlichen Wandel in Namibia hätte niederschlagen können.«[436] Hornhues, der seit den 1970er-Jahren immer wieder nach Namibia reiste, war wohl im Januar 1989 bei einer Reise nach New York von Ahtisaari selbst gefragt worden, ob die Bundesrepublik neben dem finnischen Bataillon »ein oder zwei Fallschirmjäger-Bataillone stellen« könne. Hornhues' diesbezüglich beiläufig im Plenum beim Außenminister und beim Kanzler gestellte Nachfrage sei jedoch auf »höchst ungehaltene Reaktionen« gestoßen.[437] Auch bei den Grünen erntete seine Rede gerade vor dem Hintergrund der belasteten deutschen Historie Kritik.[438] Aus ihrer Sicht bestand kein Unterschied, ob deutsche Soldaten aus nationalen Interessen einer imperialistischen Monarchie oder als Teil einer international legitimierten VN-Mission entsandt wurden. Innenpolitische und ideologische Standpunkte behinderten eine zielführende Debatte über die Bedürfnisse der Weltgemeinschaft zur Erfüllung ihres Auftrags, um den es im Bundestag auch nie wirklich ging. Trotz der neuen Gewalt Anfang April 1989 forderte auch kein Abgeordneter eine Reaktion der Bundesregierung. Sie hätte ohnehin kurzfristig kaum etwas tun können, da sie nicht im VNSR saß. Allenfalls blieb ihr die Möglichkeit, diplomatisch auf Südafrika einzuwirken.

Die Zurückhaltung der Politiker änderte sich auch mit der Anfrage des VNGS zur Entsendung des BGS nicht grundlegend. Die Planungen im AA fielen mit der am 1. Juni 1989 stattfindenden Grundsatzdebatte über die Haltung der Bundesrepublik gegenüber den Vereinten Nationen zusammen. Neben der bekannten Ablehnung von Bundeswehreinsätzen durch die Grünen und die SPD zeigte sich Günter Verheugen (SPD) auch skeptisch gegenüber der Entsendung von Polizisten. Während Mechaniker und Wahlhelfer »relativ unproblematisch« seien, werfe die Entsendung von Polizisten wesentlich schwierigere Fragen auf.[439] Bereits die Verwendung des Begriffs »Polizeiaufseher« verwies auf die Voreingenommenheit in Teilen der SPD.[440] Eine nüchterne Diskussion, welche UNTAG-Fähigkeitslücken die Bundesrepublik am schnellsten schließen könne, war unter diesen Vorzeichen

---

[435] Vgl. BT-PlPr. 11/129, 24.2.1989, S. 9494–9511.
[436] BT-PlPr. 11/134, 16.3.1989, S. 9938.
[437] Hornhues, Namibia, S. 134; Zeitzeugengespräch mit Prof. Dr. Karl-Heinz Hornhues am 15.9.2020.
[438] BT-PlPr. 11/134, 16.3.1989, S. 9938.
[439] BT-PlPr. 11/146, 1.6.1989, S. 10882.
[440] Ebd. Die stellv. Vorsitzende der SPD-Bundestagsfraktion, Herta Däubler-Gmelin, sprach sich allerdings bereits im Juli für eine Polizeibeteiligung aus. Vgl. Eghard Mörbitz, Deutsche Polizei für Namibia? In: FR, 26.7.1989, Nr. 170, S. 1.

unmöglich. Weitere Aufmerksamkeit erhielt der mögliche Polizeieinsatz zunächst nicht, was auch daran lag, dass das BMI eine zeitnahe Entscheidung des Kabinetts durch sein Junktim blockierte. Erst Mitte August bestätigte Staatsminister im AA Schäfer, dass eine Anfrage des VNGS zur Entsendung von 50 Polizisten zur Übernahme von »Polizeiüberwachungsaufgaben« eingegangen, aber noch keine Entscheidung getroffen worden sei.[441] Eine Woche später bestätigte auch Staatssekretär im BMI Hans Neusel die Anfrage. Mit einer rechtlichen Bewertung wollte er dem Kabinettsentscheid aber nicht vorgreifen.[442] Dieser fiel am 30. August 1989, ohne dass die Abgeordneten in der Sommerpause konsultiert worden wären. Er ging allein auf die Exekutive zurück. Dass es zu keiner Aussprache gekommen war, lag jedoch nicht am Versuch der Regierung, das Parlament zu umgehen. Das Engagement des BGS stand aufgrund der gegensätzlichen Positionen des AA und des BMI nur lange infrage, worüber die Medien auch ausgiebig berichteten.[443]

Zwar nutzte der fraktionslose Abgeordnete Thomas Wüppesahl, ein ehemaliger Polizist, bereits die Haushaltsdebatte am 6. September, um der Bundesregierung und Innenminister Schäuble vorzuwerfen, den BGS verfassungswidrig nach Namibia zu entsenden sowie die Gefahren der Beteiligung durch Anschläge hervorzuheben, und an die »Fürsorgepflicht des Dienstherrn« zu appellieren. Wüppesahl gehörte aber zu den wenigen Abgeordneten, die ihre Haltung mit der Lage vor Ort und nicht mit parteipolitischen Erwägungen begründeten.[444] Die von den Grünen am 15. September anberaumte Aktuelle Stunde war nämlich weniger von Inhalten als von persönlichen Anfeindungen geprägt. Anlass der Debatte war die Verabschiedung der BGS-Beamten von Innenminister Schäuble tags zuvor, die medial von der voranschreitenden Ausreisewelle aus der DDR und der Rückkehr des SWAPO-Führers Sam Nujoma nach Namibia überlagert wurde.[445] Einen Vorgeschmack auf den Schlagabtausch hatte bereits die Sitzung des Innenausschusses am 14. September geliefert.[446] Im Auswärtigen Ausschuss war es zu keiner Aussprache gekommen,[447] im Rechtsausschuss wurde die Debatte aus Zeitgründen vertagt.[448] Die Entsendung des BGS fiel in den Bereich des Innenausschusses, sodass die anderen Ausschüsse ohnehin nur Kenntnis von der Situation nehmen konnten und dies angesichts

---

[441] BT-Drs. 11/5068, 11.8.1989, S. 5.
[442] Ebd., S. 2.
[443] Wolfgang Gast, Polizeieinsatz in Namibia wird zum Testballon. In: taz, 27.7.1989, S. 4; Vor die Wand. In: Der Spiegel, Nr. 31 (1989), 30.7.1989, S. 22 f.; Eghard Mörbitz, Der Ruf nach den Urenkeln der kaiserlichen Wachtmeister. In: FR, 4.8.1989, Nr. 178, S. 3.
[444] Vgl. BT-PlPr. 11/157, 6.9.1989, S. 11852.
[445] ARD, Tagesschau vor 20 Jahren, 14.9.1989.
[446] PA-DBT 3114, Innenausschuss, 11/59, 14.9.1989, Anlage 4.
[447] Zwar wurde über die »Lage im südlichen Afrika« berichtet, Staatsminister Schäfer ging aber nicht auf die Entsendung des BGS ein. Vgl. PA-DBT 3104, Auswärtiger Ausschuß, 11/49, 14.9.1989, S. 12 ff.
[448] BArch, B 106/143124, Vorlage P II 1 an den Innenminister, Betr.: BT-Innenausschuß, 15.9.1989, hier S. 2. Die Besprechung wurde am 27.9.1989 in der 53. Sitzung nachgeholt.

## IV. Deutsche ›Blauhelme‹ in Afrika

der vollendeten Tatsachen für verzichtbar hielten.[449] Es waren somit innenpolitische Belange, vor allem die Art der Regierungsentscheidung und die Rechtslage der Entsendung, die von den Grünen, in Teilen aber auch von der SPD, kritisiert wurden.[450] Insbesondere missfiel der Opposition, dass Innenminister Schäuble die Beamten des BGS verabschiedete, während zeitgleich im Ausschuss nur Staatssekretär Neusel Rede und Antwort stand. Die bereits im Innenausschuss hitzig geführte Debatte ging im Bundestag weiter. Der FDP-Abgeordnete Ulrich Irmer warf den Grünen aufgrund ihrer ablehnenden Haltung eine »ekelerregende Heuchelei« vor.[451] Der Grünen-Abgeordnete Manfred Such unterstellte der Bundesregierung eine vorsätzliche »Ausschaltung des Parlaments«, da sie den Entschluss am Bundestag vorbeigedrückt habe.[452] Die Situation vor Ort und die Bedingungen des Einsatzes wurden weitgehend außen vor gelassen. Es dominierte Parteipolitik. Ganz offensichtlich war dies aber auch das Ziel der Grünen, wie der CDU-Abgeordnete Johannes Gerster von einem Informanten erfahren haben wollte.[453] Auf dieser Linie stellte der ehemalige Polizist Such polemisch fest:

> »Die Begründung, es sei Eile geboten gewesen, die UNO habe dringendst um Entsendung von BGS-Einheiten gebeten, wirkt angesichts der Tatsache, daß 50 Beamte entsendet wurden, geradezu lächerlich. An 50 deutschen BGS-Beamten soll die Freiheit Namibias hängen.«[454]

Dabei entsprach es gerade der VN-Philosophie, möglichst viele Staaten an einer Mission zu beteiligen. Letztlich stellten 26 Länder Polizisten.[455] Über die Hälfte von ihnen beteiligten sich mit bis zu 50 Beamten, nur fünf Staaten entsandten mehr als 100[456]. Die 50 Beamten des BGS entsprachen somit der Anforderung der Vereinten Nationen, was aber auch von den Regierungsparteien nicht hinreichend erläutert wurde.[457] Darüber hinaus hätten die Beamten schon seit mehr als zwei Monaten in Namibia sein sollen. Angesichts des feststehenden Wahltermins Anfang November war es zwingend notwendig gewesen, endlich eine Entscheidung zu treffen, wollte man rechtzeitig vor Ort sein, um die SWAPOL bei dem mit Sorgen vor Ausschreitungen erwarteten Beginn des Wahlkampfs zu überwachen. Such verunglimpfte die Beamten jedoch als Hasardeure und stellte infrage, wer »außer ein paar Freiwilligen, die entsprechend der Camel-Reklame nach Abenteuern suchen, [...] diesen Einsatz eigentlich« wolle.[458] Dass die

---

[449] Zeitzeugengespräch mit Prof. Dr. Karl-Heinz Hornhues am 15.9.2020.
[450] Vgl. PA-DBT 3114, Innenausschuss, 11/59, 14.9.1989, Anlage 4.
[451] BT-PlPr. 11/159, 15.9.1989, S. 12071.
[452] Ebd., S. 12067.
[453] PA-DBT 3114, Innenausschuss, 11/59, 14.9.1989, S. 18 f.
[454] BT-PlPr. 11/159, 15.9.1989, S. 12067. Siehe auch PA-DBT 3114, Innenausschuss, 11/59, 14.9.1989, S. 57.
[455] VNSR, S/20883, 6.10.1989, Randnr. 22.
[456] Vgl. Gaß, Österreich im Dienst des Friedens, S. 144.
[457] Den Gedanken nahm der CSU-Abgeordnete Wolfgang Zeitlmann zwar auf, erkannte darin aber eher eine gesellschaftliche Legitimation. BT-PlPr. 11/159, 15.9.1989, S. 12079.
[458] Ebd., S. 12068.

Vereinten Nationen Bedarf an 1000 Polizisten hatten, wurde ignoriert. Darüber hinaus war bei Such der Eindruck entstanden, dass »der BGS die Vorreiterrolle für den Einsatz der Bundeswehr in Krisengebieten übernehmen« werde; er bezeichnete die Nutzung der Bundeswehrmaschine zum Transport der Beamten als »Geschmacklosigkeit«.[459] Eine schleichende Entsendepraxis der Bundesregierung von uniformiertem Personal ins Ausland lässt sich jedoch nicht belegen, wie die Rekonstruktion des Entscheidungsprozesses zeigt. Die Kritik der Grünen war unzutreffend. Weil die Bundesressorts aber keinen Wert darauf gelegt hatten, die Parlamentarier frühzeitig über das Engagement aufzuklären und für die Entsendung zu werben, schien die Kritik nur folgerichtig.

Ein innerlich zerrissenes Bild zeigte die SPD. Für den Abgeordneten Günter Graf war die Entsendung »plumper, unüberlegter Aktionismus«. Aufgrund des in der Kolonialzeit begangenen Völkermords sei eher »Zurückhaltung und Geräuschlosigkeit« angebracht gewesen.[460] Zudem zweifelte er den Nutzen der BGS-Beamten aufgrund ihrer fehlenden Afrikaans-Kenntnisse an.[461] Weder konnten aber die meisten anderen Kontingente diese Sprache, noch war sie Voraussetzung, um mit der im Norden lebenden Bevölkerung zu kommunizieren. Diese sprach überwiegend Oshiwambo oder Khoisan.[462] Afrikaans war lediglich zur Kommunikation mit den Angehörigen der SWAPOL von Relevanz, womit Graf seine Kritik aber nicht begründete.

Gegensätzliche Meinungen vertraten die SPD-Abgeordneten Cornelie Sonntag-Wolgast und Hans-Günther Toetemeyer. Sonntag-Wolgast hoffte, dass der Einsatz der »BGS-Beamten die schlimmen Erinnerungen an das Massaker am Stamm der Hereros zu Beginn dieses Jahrhunderts lindern« könne.[463] Der in Keetmanshoop im heutigen Namibia geborene Toetemeyer erklärte, dass die Bundesrepublik gerade wegen ihrer Verantwortung nicht abseits stehen dürfe, wenn der VNGS um Unterstützung bitte. Es bestehe »die übereinstimmende Auffassung« der SPD-Fraktion, dass die Bundesrepublik »bei Friedensmissionen und gerade in diesem konkreten Falle nicht schamhaft beiseite stehen« dürfe. Auch er prangerte aber die »völlig unnötige Nichtbeteiligung der Parlamentarier« an.[464] Der SPD-Abgeordnete Verheugen stimmte der Entsendung mittlerweile zu und kritisierte die Scheckbuchdiplomatie der Bundesrepublik: »Wir können nicht meinen, daß wir unsere Verantwortlichkeiten immer nur mit Geld erledigen können, daß wir uns von dem, was zu tun ist, mit Geld loskaufen können. Wir haben auch einmal Flagge zu zeigen«. Hinsichtlich des Völkermords habe die

---

[459] Ebd. Zum Argument der »Vorreiter-Rolle« des BGS siehe auch PA-DBT 3114, Innenausschuss, 11/59, 14.9.1989, S. 56.
[460] BT-PlPr. 11/159, 15.9.1989, S. 12069 f. Siehe auch PA-DBT 3114, Innenausschuss, 11/59, 14.9.1989, S. 61.
[461] BT-PlPr. 11/159, 15.9.1989, S. 12070.
[462] Vgl. Weihnachten am Kavango. In: Der Spiegel, Nr. 44 (1989), 29.10.1989, S. 213–216, hier S. 215.
[463] BT-PlPr. 11/159, 15.9.1989, S. 12075.
[464] Ebd., S. 12078.

## IV. Deutsche ›Blauhelme‹ in Afrika

Bundesrepublik eine Chance, »etwas zu tun um diesem Land eine glücklichere Zukunft zu geben und diese sicherzustellen.«[465] Trotz dieser Aussagen war die SPD zu diesem Zeitpunkt die einzige Partei, die eine – zumindest militärische – Beteiligung an VN-Missionen ausschloss. Aufgrund der ablehnenden Grundhaltung war sie so zumindest mitverantwortlich dafür, dass die Ministerien eine grundlegende Debatte über Teilnahmen an VN-Missionen bis zu diesem Zeitpunkt vermieden hatten.

Während die unterschiedlichen Meinungen der SPD einen Vorgeschmack auf die innerparteiliche Debatte der 1990er-Jahre gaben, waren die Aussagen der Regierungsfraktion durch Ungenauigkeiten gekennzeichnet. Ihren Abgeordneten zufolge seien die entsandten Polizisten in erster Linie »Wahlbeobachter«.[466] Ob dies aus Unkenntnis oder bewusst erfolgte, um die Brisanz des Themas herunterzuspielen, ist ungewiss. Allerdings hatte auch die Aussage von Staatsminister Schäfer, man wolle gemeinsam mit anderen verhindern, dass »südafrikanische Polizei- und Koehvoet-Verbände [sic] Aufgaben wahrnehmen, die wir auf Grund unserer demokratischen Einstellung ganz anders erfüllen können«[467], nichts mit dem Auftrag der CIVPOL zu tun. Gleiches galt für die Aussage des FDP-Abgeordneten Burkhard Hirsch: »Die Polizeibeamten des BGS sollen und können in diesem Zusammenhang keine exekutiven Vollmachten und Aufgaben haben. Sie sind Wahlbeobachter. Sie haben keine kriminalpolizeilichen und schutzpolizeilichen Aufgaben«.[468] Inhaltlich stimmte dies mit den Befugnissen der CIVPOL überein. Die Aussage gab aber nicht ihre primäre Aufgabe wieder, die Beobachtung der SWAPOL. Übereinstimmung herrschte bei der Regierungskoalition darin, dass die Entsendung des BGS kein Präzedenzfall für künftige Beteiligungen an VN-Missionen sei und schon gar nicht den Weg für Einsätze der Bundeswehr ebne.[469] Hier argumentierte man auf Ebene des BMI. Überdies dürfe die historische Schuld kein Argument mehr für eine Nichtbeteiligung der Bundesrepublik sein: »Ich bin der Auffassung«, so der CSU-Abgeordnete Wolfgang Zeitlmann, »es muß doch jetzt, 40 Jahre nach dem Zweiten Weltkrieg, möglich sein, daß deutsche Polizeibeamte nach dem Wunsch der Vereinten Nationen in der Reihe der anderen Nationen bei solchen Aktionen dabei sind.«[470] Angesichts der weltpolitischen Entspannung wurde die Frage einer bundesdeutschen VN-Beteiligung vertretbar.

Die rechtliche Zulässigkeit der Entsendung wurde nur angeschnitten. Dem Parlamentarischen Staatssekretär des BMI Horst Waffenschmidt zufolge sei die Entsendung nicht ausdrücklich untersagt.[471] Eine Aussage, die nur

---

[465] Ebd., S. 12079.
[466] Ebd., S. 12068. Siehe auch BT-PlPr. 11/157, 6.9.1989, S. 11852.
[467] BT-PlPr. 11/159, 15.9.1989, S. 12071.
[468] Ebd., S. 12075.
[469] Ebd., S. 12069, 12075.
[470] Ebd., S. 12079.
[471] Ebd., S. 12076.

der fraktionslose Abgeordnete Wüppesahl kritisierte.[472] Unverständnis zeigte auch Staatsminister Schäfer. Es sei »wieder einmal typisch deutsch, sich hier auf bürokratische Weise auseinanderzusetzen, statt die Frage zu stellen, wie wir zum Weltfrieden wirklich ernsthaft beitragen können.« Im Kern stimmte diese Aussage. Genauso gut wie auf das Parlament passte sie aber auch auf die Bundesressorts, bei denen die Frage der Notwendigkeit für eine erfolgreiche Mission nie Priorität besaß. Zudem leistete sich Schäfer den Schnitzer, von »Polizeistreitkräften« zu sprechen,[473] was die Annahme der Opposition, der BGS sei Vorreiter der Bundeswehr, nur verstärkte.

Auswirkungen auf die Beteiligung des BGS hatte die Aussprache nicht. Als sich die Parlamentarier beschimpften, saßen die Polizisten in einer Boeing 707 der Flugbereitschaft der Bundeswehr auf dem Weg nach Namibia und wurden durch den Kapitän über die Diskussion unterrichten.[474] Angesichts ihrer Oberflächlichkeit brachten ihr die Beamten ohnehin nur Unverständnis entgegen.[475] Auch wenn einige Parlamentarier die Polizisten besuchten oder als Wahlbeobachter tätig wurden,[476] verflachte ihr Interesse in der Folge. Spätestens mit dem Fall der Berliner Mauer lag ihre Aufmerksamkeit auf dem deutschen Einigungsprozess.

*Die Durchführung des Auftrags*

Am 15. September 1989, einen Tag nach der Rückkehr Sam Nujomas nach Namibia und kurz nach der Zuspitzung des Wahlkampfs durch die Ermordung des deutschstämmigen SWAPO-Juristen Anton Lubowski, landete das BGS-Kontingent auf dem Flughafen von Windhoek.[477] Zwischen Beschluss des Kabinetts und Einsatzbeginn lagen nur zwei Wochen, wobei das BMI für die Vorbereitungen drei Monate Zeit hatte. Im Gegensatz zu vielen Darstellungen war nicht das Engagement der Bundeswehr in Kambodscha 1992 »der erste Einsatz deutscher Blauhelme«[478], sondern die Entsendung von Beamten des BGS nach Namibia, auch wenn diese keine Helme, sondern Barette trugen. Entsprechend groß war das mediale Interesse, wobei vor allem das militä-

---

[472] Ebd., S. 12077.
[473] Ebd., S. 12072.
[474] BT-Drs. 12/3558, 27.10.1992, S. 2. Für Kontingentführer Buwitt war es symbolträchtig, dass die Beamten nicht in einer Linienmaschine, sondern von der Luftwaffe in das Einsatzgebiet transportiert wurden. Zeitzeugengespräch mit Polizeipräsident i.R. Detlef Buwitt am 15.1.2020.
[475] BArch, B 106/371704, Schreiben Grenzschutzkommando Küste an Referat P III 1 im BMI, Betr.: Beteiligung eines BGS-Kontingentes an der UN-Friedensmission UNTAG Namibia, hier: Abschließender Erfahrungsbericht, 30.5.1990, hier S. 1 f.
[476] Zeitzeugengespräch mit Dr. Ursula Eid am 26.3.2020.
[477] Vgl. Gerd Behrens, Der Friedensprozeß in Namibia ist gefährdet. In: SZ, 14.9.1989, Nr. 211, S. 10; ARD, Tagesschau vor 20 Jahren, 15.9.1989; Jochen Kummer, Deutsche Grenzschützer in Windhuk eingewiesen. In: WamS, 17.9.1989, Nr. 38, S. 2.
[478] Naumann, Der Wandel des Einsatzes, S. 482. Siehe auch Stockfisch, VN-Missionen, S. 629.

## IV. Deutsche ›Blauhelme‹ in Afrika

rische Auftreten der Beamten Erwähnung fand.[479] Kontingentführer Detlef Buwitt hatte größten Wert auf das disziplinierte Auftreten der Beamten gelegt und sich am international angesehenen Auftreten der GSG 9 in Somalia orientiert.[480] Doch welche Auswirkungen hatten die politischen Entscheidungen für die Durchführung des Auftrags? Mit dem Entschluss des Kabinetts waren keine weiteren Auflagen verbunden gewesen, einmal abgesehen von der Anordnung, sich nicht mit der deutschsprachigen Bevölkerung in Namibia zu verbrüdern.[481] Dennoch spielten die Beamten des BGS in Teilen eine Sonderrolle.

Zunächst einmal handelte es sich bei allen 50 Beamten um Freiwillige[482]. Da die Entsendung ins Ausland kein originärer Auftrag des BGS war, konnten die Polizisten nicht nach Namibia befohlen werden. Als weitere Auswahlkriterien galten eine sechsjährige Zugehörigkeit zum BGS, überdurchschnittliche Leistungen, Tropentauglichkeit, gute Englischkenntnisse und keine persönlichen Verbindungen nach Namibia oder Südafrika. Das BMI suchte Beamte, die »durch Haltung und Auftreten das Ansehen der Bundesrepublik Deutschland und des Bundesgrenzschutzes wahren und mehren« konnten.[483] Ein tadelloses Verhalten sollte den Prestigegewinn der Bundesressorts durch die erste VN-Beteiligung garantieren. Das BMI hatte keine Probleme, den Personalbedarf zu decken.[484] Der Anreiz, im Rahmen der Vereinten Nationen eingesetzt zu werden, war groß. Der Wunsch nach Erfahrung im Ausland spielte dabei sicher eine Rolle, auch wenn es andere Möglichkeiten gab, ins Ausland versetzt zu werden. Seit den 1970er-Jahren wurden Beamte des BGS weltweit auf freiwilliger Basis zur Unterstützung der Lufthansa eingesetzt. 1990 waren es 68.[485] Auch konnten sie nach einem entsprechenden Lehrgang an das AA abgeordnet werden und Hausordnungs- sowie Objektschutzdienste an den Botschaften übernehmen.[486] Dies betraf aber nur eine geringe Zahl Beamter, sodass eine Beteiligung im VN-Rahmen etwas Besonderes war.

---

[479] ARD, Tagesschau vor 20 Jahren, 15.9.1989.
[480] Zeitzeugengespräch mit Polizeipräsident i.R. Detlef Buwitt am 15.1.2020.
[481] Ebd.; Zeitzeugengespräch mit Präsident in der Bundespolizei a.D. Jürgen Bischoff am 17.5.2021.
[482] Insgesamt waren 51 Beamte in Namibia. Ein Polizeirat war als Verbindungsbeamter zur Diplomatischen Beobachtermission in Windhoek abgeordnet worden. Er unterstand aber nicht der UNTAG. PA AA, B 30, ZA, Bd 155906, Schreiben Referat 230 an die Referate 320 und 110, Betr.: Entsendung von 50 BGS-Beamten im Rahmen von UNTAG nach Namibia, hier: Abordnung eines BGS-Verbindungsbeamten an die Diplomatische Beobachtermission Windhuk (DBM), 5.9.1989. Lediglich Buwitt war ohne Eigeninitiative von höchster Stelle im BGS zum Kontingentführer bestellt worden. Zeitzeugengespräch mit Polizeipräsident i.R. Detlef Buwitt am 15.1.2020.
[483] BArch, B 106/371731, Rundschreiben Referat P III 1 im BMI, Betr.: Beteiligung von PVP des Bundesgrenzschutzes an der VN-Friedensmission »UNTAG« in Namibia, 10.8.1989, hier S. 2 f.; Buwitt, Erfahrungen des Bundesgrenzschutzes, S. 234 f.
[484] Zeitzeugengespräch mit Präsident in der Bundespolizei a.D. Jürgen Bischoff am 17.5.2021.
[485] BT-Drs. 11/7579, 17.7.1990, S. 1 f.
[486] Zeitzeugenbefragung von Präsident des GSP Süd a.D. Dieter Mechlinski am 5.11.2020; Zeitzeugengespräch mit Präsident in der Bundespolizei a.D. Jürgen Bischoff am

Nach einer mehrtägigen Einweisung in Windhoek, unter anderem in den Linksverkehr,[487] wurden die Polizisten auf acht Posten[488] entlang der namibisch-angolanischen Grenze verteilt. Nur Kontingentführer Buwitt als stellvertretender Chef der Operationsabteilung und ein weiterer Beamter blieben in der Hauptstadt.[489] Grundsätzlich verrichteten die Polizisten ihren Dienst unbewaffnet. Nur kurz vor den Wahlen wurde den Stationsleitern das Mitführen der Dienstwaffe im Fahrzeug gestattet.[490] Obwohl die Polizeigewerkschaft den Einsatz aufgrund der Gefährdung als unverantwortlich kritisierte,[491] hatte die Bundesregierung hierauf keinen Einfluss. Es war die Entscheidung der UNTAG-Führung, die entsprechend der VN-Philosophie davon ausging, dass die Weltgemeinschaft keine Feinde habe und Missionsangehörige daher auch nicht bewaffnet sein müssten.[492]

Schwerer als das Bedrohungspotenzial lasteten ohnehin die Arbeits- und Lebensbedingungen auf den Beamten.[493] Sie waren von extremer Hitze und dürftigen Unterkünften geprägt.[494] Fremd waren auch der Großteil der

---

17.5.2021; Zeitzeugengespräch mit Präsident eines Bundespolizeipräsidiums a.D. Udo Hansen am 27.5.2021.

[487] PA AA, B 30, ZA, Bd 155906, Telefax UNTAG CIVPOL, Reception of Incoming Police Monitors, 11.9.1989; PA AA, B 30, ZA, Bd 158205, Drahtbericht der Deutschen Diplomatischen Beobachtermission in Windhoek an Referat 230 im AA, Nr. 226, 27.9.1989.

[488] Sechs Beamte waren in Ruacana stationiert, fünf in Ombalantu, fünf in Tsandi, zehn in Ondangwa, sechs in Ohangwena, sechs in Okongo, fünf in Rundu und fünf in Omega. Die Station Omega im Caprivizipfel wurde am 2.10.1989 von den BGS-Beamten eingerichtet und bis zum 26.11.1989 betrieben. Neben Okongo galt sie als »entlegenste Hardship-Station überhaupt«. BArch, B 106/371704, Schreiben Grenzschutzkommando Küste an Referat P III 1 im BMI, Betr.: Beteiligung eines BGS-Kontingentes an der UN-Friedensmission UNTAG Namibia, hier: Abschließender Erfahrungsbericht, 30.5.1990, hier S. 8.

[489] PA AA, B 30, ZA, Bd 158205, Drahtbericht der Deutschen Diplomatischen Beobachtermission in Windhoek an Referat 230 im AA, Nr. 226, 27.9.1989; BArch, B 106/371704, Schreiben Grenzschutzkommando Küste an Referat P III 1 im BMI, Betr.: Beteiligung eines BGS-Kontingentes an der UN-Friedensmission UNTAG Namibia, hier: Abschließender Erfahrungsbericht, 30.5.1990, hier S. 6; Buwitt, Erfahrungen des Bundesgrenzschutzes, S. 232.

[490] BArch, B 106/371704, Schreiben Grenzschutzkommando Küste an Referat P III 1 im BMI, Betr.: Beteiligung eines BGS-Kontingentes an der UN-Friedensmission UNTAG Namibia, hier: Abschließender Erfahrungsbericht, 30.5.1990, hier S. 15 f. Da die Polizisten keine Exekutivbefugnisse besaßen, hätten die Waffen nur zum Selbstschutz genutzt werden dürfen. Zeitzeugengespräch mit Polizeipräsident i.R. Detlef Buwitt am 15.1.2020.

[491] Vgl. Wolfgang Gast: Deutsche Polizei zum Einsatz nach Namibia. In: taz, 26.7.1989, S. 4; BArch, B 106/371675, Kopie ddp: Polizeigewerkschaft kritisiert Entwaffnung von BGS in Namibia, 26.9.1989.

[492] Buwitt, Erfahrungen des Bundesgrenzschutzes, S. 237 ff.

[493] Diese arbeiteten täglich acht Stunden im Schichtdienst. BArch, B 106/371704, Schreiben Grenzschutzkommando Küste an Referat P III 1 im BMI, Betr.: Beteiligung eines BGS-Kontingentes an der UN-Friedensmission UNTAG Namibia, hier: Abschließender Erfahrungsbericht, 30.5.1990, hier S. 9.

[494] PA AA, B 30, ZA, Bd 158205, Drahtbericht der Deutschen Diplomatischen Beobachtermission in Windhoek an Referat 230 im AA, Nr. 226, 27.9.1989.

## IV. Deutsche ›Blauhelme‹ in Afrika

Menschen, denen sie begegneten, deren Sprache und Kultur.[495] Hinzu trat zu Beginn eine Besonderheit der bundesdeutschen Polizisten. Aufgrund der Bestimmungen des BMI waren die Beamten im bundesdeutschen Verständnis nicht dem Kommandeur der CIVPOL, sondern weiter dem BMI unterstellt. Ähnlich wie die bundesdeutschen Soldaten der deutsch-französischen Brigade[496] hatten sie nur eine »Anweisung auf Zusammenarbeit« erhalten. Dienstrechtlich befanden sich die Beamten auf einer »Amtsausübung im Ausland«.[497] Nur so konnten die soziale Absicherung aufrechterhalten und Bezüge weiter vom BMI gezahlt werden.[498] Das Ministerium betrat Neuland und die Vorstellung, dass ein bundesdeutscher Polizist unter internationalem Kommando stehen konnte, musste sich erst etablieren.[499] Entsprechend den bundesdeutschen Regeln hatte jeder Beamte in Namibia das Recht auf eine unentgeltliche Unterkunft.[500] Aufgrund des bürokratischen Aufwands konnten die Vereinten Nationen aber nicht überall Unterkünfte stellen. Zur Anmietung eigenen Wohnraums und zur Verpflegung zahlten sie jedem Beamten ein Tagesgeld, das je nach Stationierungsort variierte.[501] Da die Beamten des BGS Bezüge vom BMI erhielten und die Diplomatische Beobachtermission der Bundesrepublik in Windhoek die Kosten übernahm, wenn die Vereinten Nationen keine Unterkunft stellten, sollten die bundesdeutschen Beamten ihr Tagesgeld an den Bund überweisen.[502] Versuche

---

[495] Zeitzeugengespräch mit Botschafter a.D. Martin Kobler am 8.4.2020.
[496] Vgl. Dau, Rechtliche Rahmenbedingungen, S. 185 f.
[497] PA AA, B 30, ZA, Bd 155888, Vermerk Referat 113, Betr.: Besoldungs- und dienstrechtlicher Status der bei den VN in Namibia einzusetzenden Polizeivollzugsbeamten, hier: Ressortbesprechung im Auswärtigen Amt am 27.6.1989, 3.7.1989; PA-DBT 3114, Innenausschuss, 11/59, 14.9.1989, S. 36.
[498] BArch, B 106/371731, Rundschreiben Referat P II 1 im BMI, Betr.: Beteiligung des Bundesgrenzschutzes an VN-Friedensmissionen, hier: Einsatz von Polizeivollzugsbeamten des Bundesgrenzschutzes bei UNTAG/Namibia, 6.7.1989, hier S. 2; BArch, B 136/31647, Vorlage für die Kabinettsitzung Referat 230 im AA/Referat P II 1 im BMI, Betr.: Entsendung von 50 BGS-Beamten nach Namibia im Rahmen der Unterstützungsgruppe der Vereinten Nationen (UNTAG) für Namibia, 24.8.1989, hier Anlage 2.
[499] Zeitzeugengespräch mit Präsident in der Bundespolizei a.D. Jürgen Bischoff am 17.5.2021.
[500] Vgl. BArch, B 106/143124, Schreiben P III 1 an P II 1, Betr.: Beteiligung von PVB des Bundesgrenzschutzes an der VN-Friedensmission »UNTAG« in Namibia, hier: Vereinbarung mit den VN, 10.8.1989, hier S. 3; PA AA, B 30, ZA, Bd 167264, Drahtbericht der Ständigen Vertretung in New York an Referat 230 im AA, Nr. 1526, 29.8.1989, hier S. 2.
[501] Abhängig vom Hotel zahlten die VN in Windhoek zwischen 100 und 175 Rand. Außerhalb von Windhoek erhielten die Beamten 150 Rand, wenn sie ihre Wohnung und Verpflegung selbst zahlten. Der Betrag reduzierte sich bei der Stellung einer Wohnung auf 90 und von täglicher Verpflegung auf 60 Rand. BArch, B 106/143123, Richtlinien für Polizeibeobachter von UNTAG (Zusammenfassung), o.D., S. 5.
[502] BArch, B 106/143124, Schreiben P III 1 an P II 1, Betr.: Beteiligung von PVB des Bundesgrenzschutzes an der VN-Friedensmission »UNTAG« in Namibia, hier: Vereinbarung mit den VN, 10.8.1989; BArch, B 106/371675, Vorlage Referat P III 1 an Staatssekretär Neusel, Betr.: Beteiligung von PVB des BGS an der VN-Friedensmission »UNTAG« in Namibia, hier: Monatsbericht – Teil 2, 4.10.1989, hier S. 3.

des BMI, die Vereinten Nationen dazu zu bringen, die Tagesgelder sofort an die Bundeskasse zu zahlen, waren im Vorhinein gescheitert.[503] Gerade Regierungen aus Osteuropa hätten auf einen solchen Präzedenzfall gewartet, um die Tagesgelder in ihre Kassen zu überführen.[504] Insbesondere für die dienstgradniederen BGS-Beamten hatte dies zur Folge, dass sie im Vergleich zu anderen Missionsangehörigen deutlich weniger verdienten.[505] Aufgrund eines drohenden Moralverlusts prangerte Buwitt bereits Anfang Oktober die Sonderstellung der BGS-Beamten an und stellte in einem Schreiben an das BMI die Durchhaltefähigkeit seines Kontingents infrage:

»Nach hiesiger Beurteilung der Situation werden sich möglicherweise bereits nach 2 bis 3 Monaten die ersten Beamten ablösen lassen, indem sie ihre Freiwilligenmeldungen zurückziehen. Dies wird insbesondere für Beamte auf ›hard ship stations‹[506] erwartet, die unter den vorgefundenen Lebensbedingungen und bei der derzeitigen finanziellen Vergütung des Einsatzes nicht bereit sein werden, den Gesamteinsatzzeitraum durchzustehen.«[507]

Das Schreiben, dessen Inhalt auch in den Medien zirkulierte[508], verfehlte seine Wirkung nicht. Auch auf Anstoß des AA[509] erlaubte das BMI den Beamten Mitte Oktober, das VN-Tagesgeld zu behalten.[510] Die Diplomatische Beobachtermission hatte zuvor Bedenken geäußert, dass sich die Beamten an die Presse oder bei ihrem Besuch an Abgeordnete wenden könnten.[511] Die Entscheidung war daher wohl ein Gemisch aus Fürsorgepflicht und Angst vor negativer Berichterstattung. Unter allen Umständen musste die erste VN-Beteiligung ein Erfolg werden.

Erstmals wurden die Ministerien auch mit dem Thema Tod und Verwundung im Ausland konfrontiert. Eine der größten Gefahren für das UNTAG-Personal waren Verkehrsunfälle, die sich häufig aufgrund zu ho-

---

[503] BArch, B 106/371675, Entwurf Vermerk Referat P III 1, Betr.: Beteiligung von PVB des Bundesgrenzschutzes an der VN-Friedensmission »UNTAG« in Namibia, hier: Unterbringungs-/Abfindungsregelung, September 1989.

[504] PA AA, B 30, ZA, Bd 158205, Drahtbericht der Deutschen Diplomatischen Beobachtermission in Windhoek an Referat 230 im AA, Nr. 231, 27.9.1989.

[505] BArch, B 106/371675, Vorlage Referat P III 1 an Staatssekretär Neusel, Betr.: Beteiligung von PVB des BGS an der VN-Friedensmission »UNTAG« in Namibia, hier: Monatsbericht – Teil 2, 4.10.1989, hier S. 3 f.

[506] Gemeint waren die entlegensten Polizeistationen im Nordosten Namibias, insbesondere im Caprivistreifen.

[507] BArch, B 106/371675, Drahtbericht Referat 230 im AA an Referat P III 1 im BMI, Nr. 2083, 3.10.1989, hier S. 2.

[508] Ebd., Kopie Bonner General-Anzeiger: »BGS-Beamte wollen aus Namibia zurück«. In: Bonner General-Anzeiger, 12.10.1989, S. 22. Siehe auch Günter Bannas, »Jetzt will ich den ›Helden‹ mal was sagen«. In: FAZ, Nr. 244, 20.10.1989, S. 10.

[509] PA AA, B 30, ZA, Bd 155906, Vermerk Referat 230, 26.9.1989; BArch, B 106/371675, Kopie Fax Referat 230 im AA an Referat P III 1 im BMI, Betr.: BGS-Namibia, 27.9.1989.

[510] BArch, B 106/371675, Entwurf Vermerk P III 1, Betr.: Beteiligung von PVB des Bundesgrenzschutzes an der VN-Friedensmission »UNTAG« in Namibia, hier: Auslandsbesoldung, 10.10.1989.

[511] PA AA, B 30, ZA, Bd 158205, Drahtbericht der Deutschen Diplomatischen Beobachtermission in Windhoek an Referat 230 im AA, Nr. 231, 27.9.1989.

her Geschwindigkeit ereigneten.[512] Insgesamt kamen im Laufe der Mission 19 UNTAG-Angehörige ums Leben.[513] Zwar hatte die Bundesrepublik keine eigenen Verluste zu beklagen, aber auch die Beamten des BGS waren mehrfach in Verkehrsunfälle verwickelt. Mitte Oktober erfasste ein bundesdeutscher CIVPOL-Beamter einen Radfahrer, der noch am Unfallort verstarb. Ein Kind und der Beamte wurden verletzt.[514] Im November verletzte ein BGS-Beamter auf einer Sandpiste bei schlechter Sicht eine junge Fußgängerin schwer.[515] Allerdings kam es auch im Heimatbetrieb zu Unfällen, sodass nicht die Vorfälle selbst besonders waren,[516] sondern die Umgebung, die anschließenden Kommunikationswege und die Ermittlungen. Keiner der Beamten handelte schuldhaft. Auch sonst wurde im Laufe des Einsatzes keine Disziplinarmaßnahme verhängt.[517] Zwar war die Belastung der Beamten hoch, Sicherheitsvorfälle hielten sich aber in Grenzen. Kein Mal wurde auf die CIVPOL-Kräfte geschossen, nie mussten die Beamten ihrer Waffe gebrauchen.[518] Zu den befürchteten Zusammenstößen mit der deutschsprachigen Bevölkerung kam es nicht.[519] Abgesehen von einigen Zwischenfällen[520] verlief die bundesdeutsche Beteiligung ruhig.

Die ersten Erfahrungen im multinationalen Rahmen waren dagegen ernüchternd. Schnell stellten sich Unterschiede in der Arbeitsmoral heraus. Vor allem asiatische und afrikanische Beamte hätten aus Sicht der BGS-Beamten

---

[512] Vgl. Horner, Australia, S. 116, Anm. 171; Zeitzeugengespräch mit Polizeipräsident i.R. Detlef Buwitt am 15.1.2020; Zeitzeugengespräch mit Botschafter a.D. Martin Kobler am 8.4.2020.

[513] United Nations, Fatalities by Mission and Incident Type, 30.9.2018, S. 2, https://peacekeeping.un.org/sites/default/files/statsbymissionincidenttype_4_18.pdf.

[514] Ausführlich dazu siehe die verschiedenen Berichte in BArch, B 106/371696.

[515] BArch, B 106/371675, Vorlage P III 1 an Staatssekretär Neusel, Betr.: Beteiligung von Polizeivollzugsbeamten des BGS an der UN-Friedensmission »UNTAG« in Namibia, hier: Schwerer Verkehrsunfall, verursacht durch BGS-Beamten, 8.11.1989; PA AA, B 30, ZA, Bd 158205, Drahtbericht der Deutschen Diplomatischen Beobachtermission in Windhoek an Referat 230 im AA, Nr. 286, 15.11.1989.

[516] Zeitzeugengespräch mit Botschafter a.D. Martin Kobler am 8.4.2020.

[517] BArch, B 106/371704, Schreiben Grenzschutzkommando Küste an Referat P III 1 im BMI, Betr.: Beteiligung eines BGS-Kontingentes an der UN-Friedensmission UNTAG Namibia, hier: Abschließender Erfahrungsbericht, 30.5.1990, hier S. 20; Zeitzeugengespräch mit Polizeipräsident i.R. Detlef Buwitt am 15.1.2020; Zeitzeugengespräch mit Präsident in der Bundespolizei a.D. Jürgen Bischoff am 17.5.2021.

[518] BArch, B 106/371704, Schreiben Grenzschutzkommando Küste an Referat P III 1 im BMI, Betr.: Beteiligung eines BGS-Kontingentes an der UN-Friedensmission UNTAG Namibia, hier: Abschließender Erfahrungsbericht, 30.5.1990, hier S. 16.

[519] Ebd., S. 22. Dass einige Beamte kurz nach der Ankunft von einer deutschstämmigen Person mit dem ›Hitlergruß‹ empfangen wurden, zeigte, wie sehr die Polizisten auf ihre Neutralität achten und Distanz zur Bevölkerung wahren mussten. Zeitzeugengespräch mit Polizeipräsident i.R. Detlef Buwitt am 15.1.2020.

[520] Gerd Behrens, Zum Empfang der Hitlergruß. In: SZ, Nr. 214, 18.9.1989, S. 3; Weihnachten am Kavango. In: Der Spiegel, Nr. 44 (1989), 29.10.1989, S. 213–216, hier S. 213; BArch, B 106/371704, Schreiben Grenzschutzkommando Küste an Referat P III 1 im BMI, Betr.: Beteiligung eines BGS-Kontingentes an der UN-Friedensmission UNTAG Namibia, hier: Abschließender Erfahrungsbericht, 30.5.1990, hier S. 2 f.

die an sie gestellten Anforderungen vielfach nicht erfüllt.[521] Aber auch die bundesdeutsche Bereitschaft hatte Grenzen. Im Frühjahr 1990 bat Sam Nujoma Außenminister Genscher, die Beamten des BGS über den 1. April hinaus für weitere drei Monate im Land zu belassen. Sie sollten während der Ausbildung der namibischen Polizei helfen, die Ordnung aufrechtzuerhalten.[522] Weil Bedenken gegenüber der namibischen Rechtsordnung bestanden, auch Kanada und Schweden von einer weiteren Unterstützung absahen und die BGS-Beamten kaum Bereitschaft zum Verbleib in Namibia zeigten, lehnten das AA und das BMI die Bitte ab.[523]

Zuvor war es in Namibia zu der Situation gekommen, die die Bundesressorts immer gefürchtet hatten: die parallele Beteiligung von uniformiertem Personal der Bundesrepublik und der DDR.[524] Für die DDR war die Beteiligung an der UNTAG die erste VN-Beteiligung – und ihre letzte.[525] Ihr 30 Personen umfassendes Kontingent war infolge der dritten Aufstockung am 12. Oktober 1989 in Namibia gelandet.[526] Es oblag dem in Windhoek stationierten Buwitt, Verbindung aufzunehmen.[527] Aufgrund der Größe des Landes und der verschiedenen CIVPOL-Stationen verliefen sich die Wege jedoch schnell. Lediglich in Ombalantu (Outapi) dienten Angehörige beider deut-

---

[521] BArch, B 106/371704, Schreiben Grenzschutzkommando Küste an Referat P III 1 im BMI, Betr.: Beteiligung eines BGS-Kontingentes an der UN-Friedensmission UNTAG Namibia, hier: Abschließender Erfahrungsbericht, 30.5.1990, hier S. 16; Zeitzeugengespräch mit Polizeipräsident i.R. Detlef Buwitt am 15.1.2020.

[522] PA AA, B 34, ZA, Bd 155907, Schreiben Sam Nujoma an Hans-Dietrich Genscher, 19.2.1989.

[523] BArch, B 106/371704, Vermerk Inspekteur des BGS, Betr.: BGS-UNTAG-Kontingent Namibia, hier: Telefonische Rücksprache PD Buwitt mit Inspekteur BGS, 21.2.1990; ebd., Vermerk P III 1, Betr.: Einsatz von PVB des BGS in Namibia, hier: Unterstützung der Polizei Namibias, 22.2.1990; PA AA, B 34, ZA, Bd 155907, Drahtbericht Referat P III 1 im BMI an Referat 320 im AA, Nr. 4701, 22.2.1990; BArch, B 106/371704, Vorlage P III 1 an den Innenminister, Betr.: Einsatz von Polizeivollzugsbeamten des BGS in Namibia, hier: Ablehnung des Antrags auf Unterstützung der Polizei Namibias, 27.2.1990; PA AA, B 34, ZA, Bd 155907, Vorlage Referat 320 an den Staatssekretär, Betr.: BGS-Einsatz in Namibia, hier: Verlängerung der Tätigkeit des deutschen BGS-Kontingents bei UNTAG auf bilateraler Basis, 13.3.1990; ebd., Drahterlass Referat 320 im AA an die Beobachtermission in Windhoek, Nr. 105, 19.3.1990.

[524] Südafrika hatte sein Veto gegen die Beteiligung der DDR fallengelassen, weil es auch in anderen Bereichen Konzessionen gegeben hatte. Das AA hatte sich in der Frage Zurückhaltung auferlegt und selbst keine Maßnahmen gegen die DDR-Beteiligung ergriffen. PA AA, B 30, ZA, Bd 155906, Drahtbericht des Ständigen Vertretung in New York an Referat 230 im AA, Nr. 1608, 12.9.1989; ebd., Nebenabdruck Vorlage Referat 230 an den Staatssekretär, Betr.: UNTAG, hier: Beteiligung der DDR am UNTAG-Polizeikontingent, 14.9.1989.

[525] Ausführlich siehe Lange, Die polizeiliche Beobachtereinheit.

[526] Zur Vorbereitung siehe ebd., S. 49–68. Siehe auch Schwinge, Pflichterfüllung.

[527] BArch, B 106/371675, Schreiben Kontingentführer BGS-UNTAG-Kontingent an Referat P III 1 im BMI, Betr.: Einsatz des UN-Kontingents der Bundesrepublik Deutschland im Rahmen der UNTAG in Namibia, hier: Monatsbericht Oktober 1989, 3.11.1989, hier S. 6; Bischoff, Staatssekretär Neusel, S. 2; Zeitzeugengespräch mit Polizeipräsident i.R. Detlef Buwitt am 15.1.2020.

## IV. Deutsche ›Blauhelme‹ in Afrika

scher Staaten in einer Station.[528] Im Einsatz fielen die Schranken der ideologischen Distanziertheit. Zunächst ging man »sachlich-korrekt«, später »unproblematisch bis herzlich-kollegial« miteinander um.[529] Ein wesentlicher Einschnitt war der Fall der Mauer, über den die Beamten der DDR offenbar nur unzureichend informiert wurden. Im Anschluss soll sich die Mehrheit der DDR-Beamten kritisch gegenüber der eigenen Führung geäußert und die Nähe der bundesdeutschen Kollegen gesucht haben.[530] Dem neuen Geist entsprechend überlegte die Arbeitsebene des AA sogar, den Abzug aus Namibia durch eine gemeinsame Rückverlegung zu inszenieren. Die Idee wurde aber nie an die Leitung herangetragen.[531] Die Führung der DDR hatte entschieden, ihre Beamten bereits vor der Unabhängigkeit Namibias und vor den eigenen Wahlen am 18. März abzuziehen.[532] Das bundesdeutsche Kontingent flog daher am 6. April 1990 alleine zurück;[533] erneut mit einer Boeing 707 der Flugbereitschaft der Bundeswehr.[534] Die Bedenken der Bundesressorts gegenüber einer parallelen Beteiligung von Personal der Bundesrepublik und der DDR erwiesen sich als grundlos. Die DDR löste sich auf, ehe sie Nutzen aus der Beteiligung ziehen konnte. Die deutsch-deutsche Begegnung in Namibia ist somit nicht mehr als eine Fußnote der deutschen Geschichte.

Für das Kontingent und das BMI war die Beteiligung des BGS, die rund 290 000 D-Mark kostete, ein voller Erfolg.[535] Gleiches galt für die Entsendung

---

[528] BArch, B 106/371675, Schreiben Kontingentführer BGS-UNTAG-Kontingent an Referat P III 1 im BMI, Betr.: Einsatz des UN-Kontingents der Bundesrepublik Deutschland im Rahmen der UNTAG in Namibia, hier: Monatsbericht Oktober 1989, 3.11.1989, hier S. 6; Lange, Die polizeiliche Beobachtereinheit, S. 78–81.

[529] BArch, B 106/371704, Schreiben Grenzschutzkommando Küste an Referat P III 1 im BMI, Betr.: Beteiligung eines BGS-Kontingentes an der UN-Friedensmission UNTAG Namibia, hier: Abschließender Erfahrungsbericht, 30.5.1990, hier S. 22. Siehe auch Lange, Die polizeiliche Beobachtereinheit, S. 78–81.

[530] BArch, B 106/371675, Schreiben PD Detlef Buwitt an Referat P III 1 im BMI, Betr.: Einsatz des UN-Kontingents der Bundesrepublik Deutschland im Rahmen der UNTAG in Namibia, hier: Monatsbericht November, 28.11.1989, hier S. 8 f.; Zeitzeugengespräch mit Polizeipräsident i.R. Detlef Buwitt am 15.1.2020.

[531] PA AA, B 30, ZA, Bd 167264, Vorlage Referat 230 an den Staatssekretär, Betr.: Unsere Beteiligung an der VN-Mission Namibia (UNTAG), hier: Rücktransport des BGS-Kontingentes, 2.2.1990.

[532] Lange, Die polizeiliche Beobachtereinheit, S. 88 ff.

[533] BArch, B 106/371704, Schreiben Grenzschutzkommando Küste an Referat P III 1 im BMI, Betr.: Beteiligung eines BGS-Kontingentes an der UN-Friedensmission UNTAG Namibia, hier: Abschließender Erfahrungsbericht, 30.5.1990, hier S. 15.

[534] Ebd., Schreiben Staatssekretär im BMVg, Karl-Heinz Carl, an Staatssekretär im BMI, Hans Neusel, 6.2.1990; BT-Drs. 12/3558, 27.10.1992, S. 2.

[535] Vgl. BArch, B 106/371704, Rede von Bundesinnenminister Dr. Wolfgang Schäuble bei der Begrüßung der 50 BGS-Beamten nach ihrer Rückkehr von der UNO-Friedensmission in Namibia am 7. April 1990, Flughafen Köln/Wahn, 7.4.1990; ebd., Schreiben Staatssekretär im AA, Jürgen Sudhoff, an Staatssekretär im BMI, Hans Neusel, 11.4.1990; Zeitzeugengespräch mit Polizeipräsident i.R. Detlef Buwitt am 15.1.2020; Zeitzeugengespräch mit Präsident eines Bundespolizeipräsidiums a.D. Udo Hansen am 27.5.2021. Zu den Kosten: BArch, B 106/371704, Entwurf Schreiben Referat P II 2 im BMI an das AA, Betr.: Friedenserhaltende Mission der VN, hier: Erstattung der VN an durchführende Staaten, 27.9.1993, hier S. 1.

der Mechaniker[536] und die Wahlhilfe,[537] auf die sich das AA in den folgenden Jahren immer stärker fixierte. Im Gegensatz zur Entsendung von Uniformierten waren Wahlbeobachter weniger kontrovers und ihr Einsatz leichter durchführbar.[538] Alle Beteiligten, vor allem die Beamten des BGS, sammelten wertvolle Erfahrungen über das System der Vereinten Nationen.[539] Immerhin handelte es sich um die erste Beteiligung der Bundesrepublik, bei der keines der Ressorts auf etablierte Konzepte zurückgreifen konnte.[540] Häufig hatte es zuvor nur vage Vorstellungen vom Handeln der Vereinten Nationen gegeben.[541] In vielfacher Weise betrat das bundesdeutsche Personal Neuland.[542] Von den europäischen Partnern war die Beteiligung »als längst überfällig und notwendig« erachtet worden. Die »vorgeblichen nationalen Ressentiments« würden bei diesen Staaten »nicht (mehr) akzeptiert«, so Buwitt im Erfahrungsbericht.[543] Entsprechend erhofften sich die Vereinten Nationen zeitnah weitere Beteiligungen.[544]

### e) Der BGS in Namibia: Kein Ersatz für die Bundeswehr

Die UNTAG war die erste VN-Mission, an der sich die Bundesregierung mit uniformiertem Personal beteiligte. Treibender Akteur auf nationaler Ebene war das AA, das den Friedensprozess in Namibia seit den 1970er-Jahren diplomatisch begleitet hatte. Als Mitinitiator der dortigen VN-Mission besaß es eine gewisse Verpflichtung gegenüber ihrer erfolgreichen Umsetzung. Außenminister Genscher stieß die Debatte zur grundsätzlichen Unterstützung der UNTAG daher auch selbst in einem Top-Down-Prozess an. Dass sich das AA mit Namibia beschäftigte, ging auf das bundesdeutsche Dilemma im südlichen Afrika zurück. Einerseits besaß man gute Wirtschaftsbeziehungen zum Apartheid-Staat Südafrika und war auf Rohstoffe aus der Region angewie-

---

[536] PA AA, B 30, ZA, Bd 155907, Drahtbericht der Botschaft der Bundesrepublik Deutschland in Windhoek an Referat 230 im AA, Nr. 27, 4.4.1990, hier S. 3. Bereits veröffentlicht in AAPD 1990, Dok. 91, S. 384–388.
[537] PA AA, B 30, ZA, Bd 158205, Vorlage Referatsleiter 230 an den Staatssekretär, Betr.: Deutsche Beteiligung an UNTAG, hier: Meine Dienstreise vom 31.10 bis 14.11. in Namibia, 15.11.1989, hier S. 2.
[538] Zeitzeugengespräch mit Botschafter a.D. Martin Kobler am 8.4.2020.
[539] BArch, B 106/371704, Schreiben Grenzschutzkommando Küste an Referat P III 1 im BMI, Betr.: Beteiligung eines BGS-Kontingentes an der UN-Friedensmission UNTAG Namibia, hier: Abschließender Erfahrungsbericht, 30.5.1990, hier S. 24.
[540] Zeitzeugengespräch mit Botschafter a.D. Martin Kobler am 6.4.2020.
[541] Zeitzeugengespräch mit Polizeipräsident i.R. Detlef Buwitt am 15.1.2020.
[542] Zeitzeugengespräch mit Botschafter a.D. Martin Kobler am 6.4.2020; Zeitzeugengespräch mit Präsident in der Bundespolizei a.D. Jürgen Bischoff am 17.5.2021.
[543] BArch, B 106/371704, Schreiben Grenzschutzkommando Küste an Referat P III 1 im BMI, Betr.: Beteiligung eines BGS-Kontingentes an der UN-Friedensmission UNTAG Namibia, hier: Abschließender Erfahrungsbericht, 30.5.1990, hier S. 2; Buwitt, Erfahrungen des Bundesgrenzschutzes, S. 240.
[544] PA AA, B 30, ZA, Bd 167264, Drahtbericht der Ständigen Vertretung in New York an Referat 230 im AA, Nr. 356, 6.3.1990.

## IV. Deutsche ›Blauhelme‹ in Afrika

sen. Durch diese Beziehungen erntete die Bundesregierung andererseits aber Kritik der anderen afrikanischen Staaten. Hierdurch wiederum fürchtete sie ein Ausgreifen der Sowjetunion und der DDR im südlichen Afrika, die dem System der Apartheid feindselig gegenüberstanden. Um das bundesdeutsche Ansehen bei den afrikanischen Staaten zu verbessern, ohne auf die guten Wirtschaftsbeziehungen zu Südafrika zu verzichten, wollte das AA Namibia gewaltfrei in die Unabhängigkeit führen. Die gemeinsame Geschichte als ehemalige Kolonialmacht spielte dabei ebenso eine Rolle wie die im Land lebende deutschstämmige Minderheit. Deren Enteignung[545] und ihr eventuell gewaltsamer Exodus nach der unvermeidlich erscheinenden Machtübernahme der namibischen Unabhängigkeitsbewegung SWAPO wollten auch das BKAmt und das BMI verhindern. Die Bundesressorts hatten somit nationale Interessen am Einsatzland. Das BKAmt ließ das Außenressort allerdings über weite Strecken gewähren und brachte sich nur selten in das Thema ein. Außenpolitisch besaß es andere Prioritäten.

Neben den Wirtschaftsinteressen im südlichen Afrika bestanden für das AA und Außenminister Genscher als Befürworter und Mitinitiatoren einer großen VN-Mission auch Prestigegründe, die Mission mit einem sichtbaren personellen Beitrag zu unterstützen; offiziell aus Rechtsgründen aber nicht mit der Bundeswehr. Ein finanzielles Engagement über die Pflichtbeiträge hinaus, was angesichts der angespannten Finanzlage der Weltorganisation von größter Bedeutung war und auch von den USA gewünscht wurde,[546] war den bundesdeutschen Diplomaten zu wenig. Im Gegensatz zu einer personellen Präsenz blieben Finanzbeträge unsichtbar. Zudem hatten auch die wichtigsten NATO-Partner, insbesondere die USA, Interesse an Namibia und der Mission, was eine sichtbare bundesdeutsche Beteiligung umso wichtiger erscheinen ließ. Vor allem auf dem AA lastete daher ein gewisser außenpolitischer Druck, einen ebenbürtigen Beitrag wie seine internationalen Verbündeten zu leisten.

Von den in die bundesdeutsche Sicherheitspolitik eingebundenen Ressorts besaß einzig das BMVg keine originären Interessen in bzw. an Namibia. Durch die Erfahrungen bei der Mission UNIFIL geprägt, lehnte es bereits Ende der 1970er-Jahre Unterstützungen im VN-Rahmen ab, wenn diese nicht vom AA finanziert würden. Priorität in Zeiten des Ost-West-Konflikts hatte die Landes- und Bündnisverteidigung. Eine Stationierung auch von unbewaffnetem Personal stand für das BMVg in Namibia nie ernsthaft zur Debatte. Zu groß schien die Gefahr, in Konflikte verwickelt zu werden.

Hier bewegte sich das BMVg auf einer Linie mit dem AA. Maximal sollte aus Sicht des Verteidigungsressorts ein bemanntes Feldlazarett gestellt werden. Beinahe wäre also nicht Kambodscha, sondern Namibia zum ersten

---

[545] Vgl. PA AA, B 30, ZA, Bd 153365, Drahtbericht der Botschaft der Bundesrepublik Deutschland in Luanda an Referat 320 im AA, Nr. 78, 15.2.1989.
[546] Vgl. PA AA, B 30, ZA, Bd 155832, Durchschlag Vorlage Abteilung 3 an den Außenminister, Betr.: Stand der Verhandlungen über das Problem Angola/Namibia, 8.8.1988, hier S. 5.

Einsatzland des bundesdeutschen Sanitätsdiensts geworden. Zwar präferierte auch das AA die Übernahme der medizinischen Versorgung, allerdings hielt es das DRK für besser geeignet als die Bundeswehr. Zum Ärger des AA sprach sich aber nicht nur die SWAPO gegen die Beteiligung der Bundesrepublik im medizinischen Bereich aus. Auch waren die Angebote der Niederlande und der Schweiz besser als das deutsche. Ohne dass die Vereinten Nationen Bedarf gehabt hätten, drängte das AA bis 1988 vergeblich in New York darauf, das Lazarett zu stellen. Außenminister Genscher war sogar bereit, die Schweiz diplomatisch unter Druck zu setzen, um sie von ihrem Angebot abzubringen. Eindeutig ging es dem AA um einen Prestige bringenden Beitrag und weniger um die schnellstmögliche Verwirklichung der Mission. Die Übernahme des von den Vereinten Nationen benötigten Inlandtransports oder der Instandsetzung, die am einfachsten von der Bundeswehr hätten übernommen werden können, hätten eine innenpolitische Debatte und aus Sicht des AA eine Grundgesetzänderung erfordert. Für beides brachte keines der Ressorts den nötigen Willen auf; erst recht nicht Außenminister Genscher, der sogar entsprechende Empfehlungen seiner eigenen politischen Abteilungen überging.

Dass es zu einer uniformierten Beteiligung der Bundesrepublik an der UNTAG kam, lag an Südafrikas gewaltbereiten ehemaligen namibischen Hilfstruppen, die 1989 eine zweimalige Aufstockung der VN-Polizeikomponente erforderlich machten. Eindeutig benötigten die Vereinten Nationen Polizisten, worum der VNGS den Bundespräsidenten auch persönlich bat. Eine schriftliche Anfrage gab es nicht. Die Annahme, Beamte des BGS seien entsandt worden, weil der Einsatz der Bundeswehr als verfassungswidrig erachtet wurde,[547] trifft aber nicht zu. Ein Entweder-oder hat es nie gegeben. Dass der BGS entsandt wurde, lag am Bedarf der Vereinen Nationen. Die Beteiligung der Bundeswehr außerhalb des technischen Bereichs wurde nie wirklich diskutiert, weil sie nicht den Bedürfnissen der UNTAG entsprach.

Aufgrund der Anfrage des VNGS spielte ab Frühjahr 1989 das BMI eine größere Rolle als das BMVg, das wegen des Engagements der USA nicht einmal für den Lufttransport der anderen VN-Truppen benötigt wurde.[548] Da rechtlich nichts gegen eine Beteiligung des BGS sprach, Personal vorhanden war und auch das BMI wegen der deutschen Minderheit Interesse an einer friedlichen Unabhängigkeit Namibias hatte, befürwortete es die Entsendung von 50 Polizisten. Über den genauen Auftrag der Beamten mussten die Bundesressorts nicht debattieren, da dieser vom VNGS vorgegeben war. Von entscheidender Bedeutung war, dass der Auftrag polizeilich war, nicht militärisch. Darüber hinaus war die Mission zeitlich begrenzt, ihre Erfolgsaussichten schienen gut, alle Beteiligten stimmten der bundesdeutschen Beteiligung zu und das Risiko für die Beamten galt als gering. Die Größe des Kontingents

---

[547] Vgl. Philippi, Bundeswehr-Auslandseinsätze, S. 66; Oldhaver, Öffentliche Meinung, S. 111 f.
[548] Fortna, United Nations Transition Assistance Group, S. 366.

## IV. Deutsche ›Blauhelme‹ in Afrika

entsprach den Forderungen der Vereinten Nationen, die eine möglichst heterogene Polizeikomponente suchten. Im BMI gab es daher keinen Grund, sich der Bitte des VNGS zu verweigern und der Bundesregierung außenpolitisch zu schaden. Keinesfalls hatten die deutschen Ressorts aber auf die Beteiligung der Polizei gedrängt. Sie reagierten lediglich auf eine Anfrage, deren Eilbedürftigkeit mit Ressortbefindlichkeiten kollidierte, sodass die Umsetzung über ein Vierteljahr dauerte.

Innenminister Schäuble bestand nämlich darauf, dass die Entsendung des BGS kein Präzedenzfall und vom Bundeskabinett parallel zur Grundsatzfrage zum Einsatz der Bundeswehr im Ausland beschlossen werden sollte. Der personell und finanziell begrenzt ausgestattete BGS dürfe bei VN-Missionen nicht zum Ersatz der Bundeswehr werden, so die Forderung des BMI. Hierbei handelte es sich um die alleinige Position des Innenressorts. Sie war weder mit dem BKAmt noch mit dem BMVg abgestimmt. Das gerade erst vom Wechsel seines Ministers gezeichnete BMVg strebte wenn überhaupt nach einer Beteiligung in Mittelamerika.[549] Weil weder das AA noch das BKAmt das Junktim akzeptierten, kam es über mehrere Wochen zur Blockade der bundesdeutschen Außenpolitik. Nur um außenpolitischen Schaden abzuwenden, rückte das BMI letztlich von seiner Forderung ab.

Keine Rolle bei der Entscheidung spielte der Bundestag. Einen Beschluss zur Entsendung des BGS fasste er nicht. Dies Entscheidung oblag der Exekutive, was auch nicht hinterfragt wurde. Lediglich die Art der Entscheidung, kurz nach der Sommerpause, fand oppositionellen Widerspruch. Letztlich war die Entsendung des BGS aus Sicht der Regierung ein Erfolg, die Ziele der sichtbaren Teilnahme von Uniformierten und die Unabhängigkeit Namibias wurden ohne Zwischenfälle erreicht. International erhielten sowohl die Beamten als auch die Bundesregierung Anerkennung für ihre längst als überfällig erachtete Beteiligung. Alle bundesdeutschen Akteure betraten dabei Neuland. Prozesse und Abläufe mussten sich erst etablieren. Dann war der Erfolg aber so groß, dass sich das BMI auch in der Westsahara bereiterklärte, Polizisten zu entsenden.

---

[549] BArch, BW 2/27268, Vorlage Fü S III 1 an den Verteidigungsminister, Betr.: Zivile Beteiligung der Bundesrepublik Deutschland bei einer Beobachtermission der UN in Lateinamerika (ONUCA), hier: 1. Teilnahme an einer Sondierungsmission […], 23.8.1989.

## 2. Führungsrolle in der Westsahara: Der BGS bei der MINURSO

### a) Hintergrund des Konflikts in der Westsahara

Wie in Namibia handelt es sich bei der Auseinandersetzung in der Westsahara[550] um einen Unabhängigkeits- bzw. Dekolonisationskrieg.[551] Anders als in Namibia dauert der Westsahara-Konflikt aber noch an. Die Mission MINURSO[552] ist das einzige Fallbeispiel dieser Arbeit, das noch nicht abgeschlossen ist. Ähnlich wie die Teilnahme an der VN-Mission in Namibia ist aber auch jene an der MINURSO von Bedeutung für die Geschichte der deutschen VN-Beteiligung: Erstmals stand hier eine uniformierte VN-Komponente unter deutscher Führung[553].

Seit 1884 gehörte das Territorium der Westsahara zum spanischen Herrschaftsgebiet.[554] Infolge ihrer Resolution 1514 (XV) zur Selbstbestimmung aller Völker[555] forderte die VNGV 1965 dessen Unabhängigkeit.[556] Im Folgejahr schlug sie ein Referendum unter Kontrolle der Vereinten Nationen und die Entsendung einer VN-Mission vor.[557] Weil die Diplomatie erfolglos blieb,[558] gründete sich 1973 die Rebellengruppe Frente POLISARIO[559]. Diese versuchte die Unabhängigkeit des Gebiets auch gewaltsam zu erlangen.[560] Doch nicht nur die Bevölkerung der Sahrauis[561] strebte nach der Kontrolle über das phos-

---

[550] Die Westsahara ist ein ca. 266 000 Quadratmeter großes Gebiet, das zwischen dem Atlantischen Ozean, Marokko, Algerien und Mauretanien liegt. VNGV, A/10023/Rev.1 [Vol. III], New York 1977, Annex, Randnr. 117, https://www.undocs.org/A/10023/REV.1%5BVOL.III %5D(SUPP).

[551] Ausführlich siehe Damis, Conflict in Northwest Africa; Hodges, Western Sahara; Zunes/Mundy, Western Sahara.

[552] Im Gegensatz zu vielen anderen Missionen wird für die Mission in der Westsahara das französische Akronym für »Mission des Nations Unies pour l'organisation d'un référendum au Sahara occidental« verwendet.

[553] Zwar stand die medizinische Versorgung der VN-Mission in Kambodscha (UNTAC) unter Führung eines deutschen Offiziers, sie war aber keine eigenständige Missionskomponente.

[554] Siehe Damis, Conflict in Northwest Africa, S. 9–13; Hodges, Western Sahara, S. 40–52; Zunes/Mundy, Western Sahara, S. 99–105.

[555] VNGV, A/RES/1514(XV), 14.12.1960.

[556] VNGV, A/RES/2072(XX), 16.12.1965.

[557] VNGV, A/RES/2229(XXI), 20.12.1966.

[558] Außer 1971 rief die VNGV jährlich zur Abhaltung des Referendums auf. Vgl. VNGV, A/RES/2354(XXII), 19.12.1967; VNGV, A/RES/2428(XXIII), 18.12.1968; VNGV, A/RES/2591(XXIV), 16.12.1969; VNGV, A/RES/2711(XXV), 14.12.1970; VNGV, A/RES/2983(XXVII), 14.12.1972; VNGV, A/RES/3162(XXVIII), 14.12.1973, VNGV, A/RES/3292(XXIX), 13.12.1974.

[559] Frente Popular para la Liberación de Saguía el Hamra y Río de Oro.

[560] Ausführlich zu den Ursprüngen der POLISARIO siehe Damis, Conflict in Northwest Africa, S. 38–44; Hodges, Western Sahara, S. 157–164.

[561] So die Bezeichnung der westsaharischen Bewohner. Sahrauis leben aber auch in Marokko, Mauretanien und Algerien. Vgl. Damis, Conflict in Northwest Africa, S. 7.

phatreiche und über große Fischgründe verfügende Gebiet,[562] sondern auch die Nachbarländer Marokko[563] und Mauretanien[564].

Als Spanien 1974 ein Referendum über die Zukunft der Westsahara ankündigte,[565] protestierte der marokkanische König.[566] Auf seinen Vorschlag erbat die VNGV eine Stellungnahme des Internationalen Gerichtshofs über den rechtlichen Status der Westsahara zum Beginn der spanischen Herrschaft sowie die marokkanischen und mauretanischen Gebietsansprüche.[567] 1975 schlussfolgerte das Gericht, dass die Westsahara vor ihrer Kolonialisierung zwar kein Niemandsland gewesen sei, die historisch begründeten Forderungen Marokkos und Mauretaniens aber hinter dem Selbstbestimmungsrecht der Sahrauis zurückstehen müssten.[568] Als Reaktion auf diese für Marokko unannehmbare Position kündigte König Hassan II. die Entsendung von Hunderttausenden marokkanischen Zivilisten im sogenannten Grünen Marsch Richtung Süden an.[569]

In teils geheimen Verhandlungen einigten sich Spanien, Marokko und Mauretanien im November 1975 auf die künftige Verwaltung der Westsahara.[570] Während Spanien seine Truppen abzog, besetzten marokkanische und mauretanische Soldaten die größten Städte des Gebiets.[571] Am 26. Februar 1976 verkündete Spanien das Ende seiner Verantwortung.[572] Zwei Monate später einigten sich Marokko und Mauretanien auf die Teilung des Landes, ohne auf die sahrauische Bevölkerung einzugehen.[573]

---

[562] Zu den Bodenschätzen siehe VNGV, A/10023/Rev.1 [Vol. III], 1977, Annex, Randnr. 120, 170–184; Damis, Conflict in Northwest Africa, S. 25–29; Hodges, Western Sahara, S. 122–132. Bei der Intervention soll es der marokkanischen Regierung eher um politische Profilierung als um Bodenschätze gegangen sein. Zunes/Mundy, Western Sahara, S. 34 ff.

[563] Erstmals trug Marokko seinen Anspruch auf die Westsahara im Oktober 1957 gegenüber der VNGV vor. VNGV, A/C.4/SR.670, 14.10.1957, Randnr. 56; VNGV, A/10023/Rev.1 [Vol. III], 1977, Randnr. 14, Annex, Randnr. 89–102; Damis, Conflict in Northwest Africa, S. 14–29; Hodges, Western Sahara, S. 85–96.

[564] VNGV, A/10023/Rev.1 [Vol. III], 1977, Randnr. 15 und Annex, Randnr. 103–109; VNGV/VNSR, A/10101_S/11707, 30.5.1975; Damis, Conflict in Northwest Africa, S. 29–34; Hodges, Western Sahara, S. 100–103.

[565] VNGV, A/9714, 21.8.1974.

[566] Sein Anspruch auf die Westsahara fand rege Gefolgschaft in der marokkanischen Bevölkerung und diente dem König zur Ablenkung von anderen soziopolitischen Problemen. Hodges, Western Sahara, S. 174–186.

[567] VNGV, A/RES/3293(XXIX), 13.12.1974.

[568] ICJ, Western Sahara. Advisory Opinion of 16 October 1975; Zunes/Mundy, Western Sahara, S. 106–110.

[569] VNSR, S/11851, 18.10.1975; Damis, Conflict in Northwest Africa, S. 60–66; Hodges, Western Sahara, S. 210–225; Zunes/Mundy, Western Sahara, S. 5 f.; Jensen, Western Sahara, S. 16 f. Im November 1975 verurteilte der VNSR den Grünen Marsch. VNSR, S/RES/380(1975), 6.11.1975.

[570] VNSR, S/11880, 19.11.1975, Annex I, II und III.

[571] Damis, Conflict in Northwest Africa, S. 70; Hodges, Western Sahara, S. 223 ff., 229 ff.

[572] VNGV/VNSR, /31/56_S/11997, 26.2.1974.

[573] Damis, Conflict in Northwest Africa, S. 76 ff.; Hodges, Western Sahara, S. 237 f., 241.

Die POLISARIO hatte der Invasion der Nachbarstaaten wenig entgegenzusetzen.[574] Zehntausende Sahrauis flohen in die Nähe von Tindouf in Algerien.[575] Dennoch rief sie 1976 die Unabhängigkeit ihrer Saharan Arab Democratic Republic (SADR) aus.[576] Mithilfe von Algerien und Libyen[577] bekämpfte sie vor allem die schwächeren mauretanischen Besatzer.[578] 1979 gab Mauretanien seine Gebietsansprüche auf und zog seine Truppen zurück.[579] Die zum alleinigen Ziel der POLISARIO gewordenen marokkanischen Truppen errichteten in der Folge Sandwälle, um die POLISARIO von den größten Siedlungsgebieten und Wirtschaftsräumen der Westsahara fernzuhalten. Durch Minen gesichert, verlaufen sie bis heute quer durch das Gebiet.[580]

Unterdessen hatte sich die Organisation of African Unity (OAU) der Situation angenommen.[581] Als Gegner kolonialer Praktiken hatten immer mehr afrikanische Staaten die POLISARIO als rechtmäßige Vertreterin der sahrauischen Bevölkerung anerkannt. 1984 erhielt die POLISARIO einen Sitz in der OAU, woraufhin Marokko aus der Gemeinschaft austrat.[582] Erst das militärische Patt[583] und die Annäherung zwischen Algerien und Marokko führten in den 1980er-Jahren zu Verhandlungen.[584] 1988 stimmten die POLISARIO und Marokko nach Vermittlung des VNGS und der OAU einem Referendum unter Verantwortung der Vereinten Nationen zu.[585] Ein entspre-

---

[574] Damis, Conflict in Northwest Africa, S. 75 f.; Hodges, Western Sahara, S. 230; Zunes/Mundy, Western Sahara, S. 14 ff.
[575] Vgl. BT-PlPr. 8/215, 25.4.1980, S. 17262; Zunes/Mundy, Western Sahara, S. 125–133.
[576] Hodges, Western Sahara, S. 238.
[577] Zum internationalen Engagement, vor allem zur Unterstützung Marokkos durch die USA, siehe Zunes/Mundy, Western Sahara, S. 16–20. Zur frühen Beteiligung Libyens siehe Damis, Conflict in Northwest Africa, S. 108–113.
[578] Damis, Conflict in Northwest Africa, S. 83 ff.; Hodges, Western Sahara, S. 230 ff., 242–246; Zunes/Mundy, Western Sahara, S. 6–16.
[579] VNGV/VNSR, A/34/427_S/13503, 20.8.1979. Zu den Hintergründen siehe Damis, Conflict in Northwest Africa, S. 85–89; Hodges, Western Sahara, S. 257–276; Zunes/Mundy, Western Sahara, S. 12 ff.
[580] Die als »Berm« bezeichneten Wälle wurden nach mehreren Erweiterungen im April 1987 fertiggestellt und seitdem mehrfach modernisiert. Durch, United Nations Mission for the Referendum, S. 408; Joffe, The Conflict in the Western Sahara, S. 124 f.; Zunes/Mundy, Western Sahara, S. 20–23; Saddiki, The Sahara Wall, S. 204–208.
[581] Pérez de Cuéllar, Pilgrimage for Peace, S. 333 f.
[582] Zunes/Mundy, Western Sahara, S. 174–179. Die VNGV hatte die POLISARIO bereits Ende 1979 als »representative of the people of Western Sahara« bezeichnet. VNGV, A/RES/34/37, 21.11.1979. 1983 wurde die SADR von 54 Staaten – darunter kein europäischer – anerkannt. Ausführlich siehe Hodges, Western Sahara, S. 307–320. Marokko kehrte erst 2017 in den Kreis der afrikanischen Kontinentalorganisation zurück. African Union, Decisions, Declarations, Resolution and Motion, Assembly of the Union, Twenty-Eighth Ordinary Session, 30–31 January 2017.
[583] Zunes/Mundy, Western Sahara, S. 25 f.
[584] Durch, United Nations Mission for the Referendum, S. 409; Ruf, Die neue Welt-UN-Ordnung, S. 40–43; Zoubir/Pazzanita, The United Nations' Failure, S. 616; Zunes/Mundy, Western Sahara, S. 43–50.
[585] VNSR, S/21360, 18.6.1990, Randnr. 1 f. und 58; Pérez de Cuéllar, Pilgrimage for Peace, S. 338–343. Selbst dem VNSR soll der VNGS die Vereinbarung aber erst zwei Jahre später vorgelegt haben. Goulding, Peacemonger, S. 200 f.

IV. Deutsche ›Blauhelme‹ in Afrika                                              257

chender Friedensplan sollte mit dem Inkrafttreten eines Waffenstillstands[586] und der damit einsetzenden Übergangsphase beginnen (D-Day). Am Ende des Prozesses sollte das Ergebnis des Referendums stehen:[587] die Unabhängigkeit oder die Angliederung der Westsahara an Marokko.[588] Zu dessen Unterstützung stimmten die Konfliktparteien einer VN-Mission mit zivilen, militärischen und Polizeieinheiten zu.[589] Der VNSR, der sich bereits 1975 mit der Westsahara beschäftigt hatte,[590] autorisierte den VNGS im September 1988, einen Sondergesandten für die Westsahara zu ernennen, und forderte Details zum Referendum.[591] Der Bericht, der die Aufstellung der MINURSO vorschlug, erschien aufgrund vieler Streitpunkte zwischen den Konfliktparteien aber erst fast zwei Jahre später.[592]

b) Die VN-Mission MINURSO

Nach den Missionen UNAVEM und UNTAG sollte die MINURSO die dritte VN-Mission innerhalb von zwei Jahren auf dem afrikanischen Kontinent werden. Rechtlich basierte sie auf Resolution 690.[593] Details zum Auftrag und Umfang finden sich in zwei Berichten des VNGS von 1990 bzw. 1991. Der Bericht S/21360 vom 18. Juni 1990 enthielt zunächst den Text des von beiden Konfliktparteien akzeptierten Lösungswegs.[594] Dem Friedensplan entsprechend sollte die MINURSO aus einer Zivil-, einer Militär- und einer Polizeikomponente – im Text »Security Unit« genannt – bestehen.[595] Die Zivilkomponente, die als Kernstück der Mission bezeichnet wurde, sollte für die Organisation und die Durchführung des Referendums verantwortlich sein.[596] Hierzu sollte eine »Identification Commission« zunächst ein Wahlregister auf Grundlage des spanischen Zensus von 1974 erstellen.[597] Die Polizeikomponente sollte für Ordnung im Bereich der Registrierungs- und Wahllokale sorgen und die lokale (marokkanische) Polizei beobachten. Anders als in Namibia sollten die VN-Polizisten befugt werden, Personen festzusetzen.[598] Nur bei Bedarf sollten sie zur Durchführung ihres Auftrags

---

[586] VNSR, S/21360, 18.6.1990, Randnr. 51 ff.
[587] Ebd., Randnr. 8.
[588] Ebd., Randnr. 31.
[589] Ebd., Randnr. 9.
[590] Vgl. VNSR, S/RES/377(1975), 22.10.1975; VNSR, S/RES/379(1975), 2.11.1975; VNSR, S/RES/380(1975), 6.11.1975.
[591] VNSR, S/RES/621(1988), 20.9.1988.
[592] VNSR, S/21360, 18.6.1990, Randnr. 49.
[593] VNSR, S/RES/690(1991), 29.4.1991.
[594] VNSR, S/11880, 19.11.1975, Annex I, II und III.
[595] VNSR, S/21360, 18.6.1990, Randnr. 77–82.
[596] Ebd., Randnr. 78.
[597] Ebd., Randnr. 60 ff.; VNSR, S/22464, 19.4.1991, Randnr. 19–24; VNSR, S/23299, 19.12.1991, Annex.
[598] VNSR, S/21360, 18.6.1990, Randnr. 79 f.

vom »Police Commissioner«, dem Befehlshaber der Polizeikomponente, autorisiert werden, Waffen zur Selbstverteidigung zu tragen.[599]

Die Militärkomponente sollte den Waffenstillstand, die Truppenreduktion der marokkanischen Streitkräfte und die Kasernierung der Kombattanten überwachen, für Sicherheit zur Rückkehr der Flüchtlinge sorgen, die Polizeikomponente bei Bedarf unterstützen und je nach Ausgang des Referendums entweder den vollständigen Abzug der marokkanischen Truppen oder die Auflösung der POLISARIO beobachten.[600] Größenangaben enthielt der Bericht nicht.[601] Diese Details lieferte der VNGS aufgrund des alles überschattenden Zweiten Golfkriegs erst im April 1991.[602] Mit einigen hundert Angehörigen sollte die Zivilkomponente deutlich sichtbarer sein als bei vielen anderen Missionen.[603] Trotzdem sollte sie kleiner bleiben als der uniformierte Teil. Für die Polizeikomponente wurden 300 Beamte veranschlagt. 200 von ihnen sollten aber erst kurz vor der Repatriierung der Flüchtlinge zum Einsatz kommen.[604]

Die nominell größte Komponente war erneut die militärische. Der VNGS plante mit 1695 Soldaten, darunter 550 Militärbeobachter und ein Infanteriebataillon mit 700 Soldaten. Ein Vorauskommando und die Logistikkräfte sollten bereits vor Inkrafttreten des Waffenstillstands in die Westsahara verlegen. Um den Waffenstillstand überwachen zu können, sollten auch die Militärbeobachter in voller Stärke vor dem Beginn der Übergangsphase stationiert werden; hier hatte man aus Namibia gelernt. Das Infanteriebataillon sollte erst kurz vor der Repatriierung der Flüchtlinge zum Einsatz kommen.[605]

Insgesamt sollte die Mission ab dem D-Day nicht mehr als 26 Wochen laufen und rund 200 Mio. US-Dollar kosten.[606] Unter den potenziellen 37 Truppenstellern, die der VNGS Anfang Juli 1991 vorschlug, befanden sich erstmals alle fünf ständigen Mitglieder des VNSR sowie unter anderem Italien und Österreich.[607] Nach den Erfolgen in Namibia und Angola bestand großes Interesse an der Mission und ein breiter Rückhalt bei den ständigen Mitgliedern des VNSR.

---

[599] VNSR, S/22464, 19.4.1991, Randnr. 33.
[600] VNSR, S/21360, 18.6.1990, Randnr. 75, 81.
[601] Ebd., Randnr. 84.
[602] Pérez de Cuéllar, Pilgrimage for Peace, S. 348.
[603] Vgl. VNSR, S/22464, 19.4.1991, Randnr. 40–45.
[604] Ebd., Randnr. 46.
[605] Ebd., Randnr. 48 f.
[606] Ebd., Randnr. 50, 52.
[607] VNSR, S/22771, 9.7.1991; VNSR, S/22772, 9.7.1991.

## IV. Deutsche ›Blauhelme‹ in Afrika

Weil sich die Konfliktparteien nicht auf den Kreis der Wahlberechtigten einigen konnten,[608] verzögerte sich aber der für den 6. September 1991[609] geplante Beginn der Übergangsphase. Früh war abzusehen, dass das Referendum nicht wie geplant im Januar 1992 stattfinden würde. Als die marokkanische Luftwaffe im August 1991 erneut Stellungen der POLISARIO bekämpfte,[610] erreichte Javier Pérez de Cuéllar zumindest einen Waffenstillstand. Dieser begann am 6. September.[611] Dem Friedensplan widersprechend, trennte der VNGS den Beginn der Waffenruhe aber von der Übergangsphase, die erst beginnen sollte, wenn alle ausstehenden Fragen geklärt seien; eine Voraussetzung, die bis heute nicht erfüllt wurde. Da der Waffenstillstand laut Friedensplan aber die Grundlage für die Entsendung der MINURSO war, wurden ab dem 5. September die ersten 200 Militärbeobachter und einige Unterstützungskräfte in die Westsahara bzw. das algerische Tindouf entsandt.[612] Ihr Auftrag blieb jedoch auf die Überwachung des Waffenstillstands beschränkt.[613]

Da sich die Konfliktparteien auch in der Folge nicht auf den Kreis der Wahlberechtigten einigten,[614] verlief die weitere Stationierung der MINURSO anders als geplant. Mitte Februar 1992 umfasste die Mission nur 375 Angehörige, darunter 200 Militärbeobachter.[615] Ein Teil des für die MINURSO vorgesehenen Personals und Materials ging an andere Missionen.[616] Besonders starke Auswirkungen hatte die Verzögerung auf die Polizeikomponente. Unter Führung des deutschen »Police Commissioners«

---

[608] Laut Plan sollten nur die etwa 74 000 Sahrauis wählen, die im spanischen Zensus von 1974 registriert und 18 Jahre oder älter waren. Dem widersprach Marokko und verwies auf mehrere Zehntausend Menschen, die im Laufe der Kolonialzeit nach Marokko geflüchtet und deswegen nicht im Zensus vertreten seien. VNGV, A/10023/Rev.1 [Vol. III], 1977, Randnr. 11 (9); VNSR, S/21360, 18.6.1990, Randnr. 24; Ruf, Die neue Welt-UN-Ordnung, 44–48; Solà-Martìn, The United Nations Mission for the Referendum, S. 54–64; Zunes/Mundy, Western Sahara, S. 191–203.

[609] VNSR, S/22779, 10.7.1991.

[610] Tzschaschel, Entkolonisierung und Treuhandfragen, S. 63; Durch, Building on Sand, S. 160; Zoubir/Pazzanita, The United Nations' Failure, S. 617 f.; Solà-Martìn, The United Nations Mission for the Referendum, S. 89 f.

[611] VNSR, S/23008, 4.9.1991; VNSR, S/23009, 4.9.1991.

[612] VNSR, S/23299, 19.12.1991, Randnr. 4 f.; VNSR, S/23662, 28.2.1992, Randnr. 6; Goulding, Peacemonger, S. 210; Horner/Connor, The Good International Citizen, S. 290–293.

[613] VNSR, S/23662, 28.2.1992, Randnr. 7.

[614] Ebd., Randnr. 22; VNSR, S/25170, 26.1.1993, Annex. Ausführlich siehe Jensen, Western Sahara, S. 49–61.

[615] Die größten Kontingente kamen aus der Schweiz (85), die die Sanitätseinheit stellte, aus Australien (43), das die Fernmeldeeinheit stellte, sowie aus den USA und Frankreich, die jeweils 30 Soldaten entsandt hatten. VNSR, S/23662, 28.2.1992, Randnr. 3. Ende Mai verfügte die Mission nach Reduktion des Sanitätspersonals nur noch über 349 Personen, davon 229 Militärbeobachter. Wie Frankreich und die USA stellte mittlerweile auch Russland 30 Soldaten. VNSR, S/24040, 29.5.1992, Randnr. 2. Zum australischen Einsatz ausführlich siehe Horner/Connor, The Good International Citizen, S. 267–330.

[616] VNSR, S/23662, 28.2.1992, Randnr. 23. Zwischen 1993 und 1994 zogen Australien, Großbritannien, Kanada und die Schweiz ihre Truppen ab, sodass die Mission den Großteil ihrer Unterstützungskräfte verlor. VNSR, S/1994/283, 10.3.1994, Randnr. 7 f.; VNSR, S/1994/819, 12.7.1994, Randnr. 6–9.

Jürgen Friedrich Reimann wurde diese erst Mitte 1993 zur Unterstützung der Identifikationskommission zum Einsatz gebracht und umfasste zu Beginn nur 26 Beamte; sechs davon aus Österreich und fünf aus Deutschland.[617]

Während der VNSR die Idee des VNGS[618] zurückwies, das Referendum ohne Zustimmung der Konfliktparteien durchzuführen,[619] begann die MINURSO im Sommer 1994 formell mit der Identifikation von Wahlberechtigten.[620] In diesem Zusammenhang wurde auch die Polizeikomponente auf 55 und später – wenn auch nur formell – auf 160 Beamte aufgestockt.[621] Aufgrund der Unstimmigkeiten zwischen Marokko und der POLISARIO kam der Identifizierungsprozess aber bis 1996 zum Erliegen.[622] In der Folge zog der VNGS einen Großteil des zivilen und militärischen VN-Personals sowie fast alle Polizisten ab.[623]

Trotz einiger Fortschritte ist es bis heute zu keinem Referendum gekommen.[624] Da die MINURSO noch immer läuft, fällt es schwer, ein abschließendes Urteil zu fällen. Seit ihrer Aufstellung hat die Mission nicht zur Lösung des Konfliktes geführt, offen ausgebrochen ist die Gewalt zwischen Marokko und der POLISARIO aber lange Zeit auch nicht wieder[625]. Letztlich fehlt den Konfliktparteien der politische Wille, das Referendum durchzuführen, und das Interesse der großen Industrienationen, die marokkanische Regierung

---

[617] VNSR, S/25818, 21.5.1993, Randnr. 7; VNSR, S/26797, 24.11.1993, Randnr. 11 f.
[618] Vgl. VNSR, S/1994/283, 10.3.1994, Randnr. 24 ff.; VNSR, S/1994/283/Add.1, 21.3.1994; VNSR, S/1994/283/Add.1/Corr.1, 23.3.1994.
[619] VNSR, S/RES/907(1994), 29.3.1994, Randnr. 4.
[620] VNSR, S/1994/819, 12.7.1994, Randnr. 26 f.; VNSR, S/1994/1257, 5.11.1994, Randnr. 9, 12. Zur Kritik am Verfahren siehe HRW, Western Sahara: Keeping it Secret.
[621] VNSR, S/1994/1420, 14.12.1994, Randnr. 19; VNSR, S/RES/973(1995), 13.1.1995, Randnr. 5. Ende Oktober 1994 hatten der Mission allerdings nur 50 Polizisten zur Verfügung gestanden. Der Großteil kam aus Malaysia (15) und Österreich (10). VNSR, S/1994/1257, 5.11.1994, Randnr. 5. Ende März 1995 standen 78 Beamte im Land. Die größten Kontingente stellten Malaysia (15) und Nigeria (15). VNSR, S/1995/240, 30.3.1995, Randnr. 34. Bis Mai 1995 stieg die Zahl der CIVPOL-Beamten auf 98. Angesichts des stockenden Friedensprozesses sollte die Stärke der CIVPOL zunächst nur noch durch die Entsendung von 15 Iren und drei Norwegern erhöht werden. VNSR, S/1995/404, 19.5.1995, Randnr. 23. Diese Stärke wurde jedoch nie erreicht. Im September standen nur 92 Beamte im Land. VNSR, S/1995/779, 8.9.1995, Randnr. 34.
[622] VNSR, S/1996/343, 8.5.1996, Randnr. 9 ff.; VNSR, S/1996/674, 20.8.1996, Randnr. 8 ff.; Zunes/Mundy, Western Sahara, S. 199–203; Jensen, Western Sahara, S. 63–76.
[623] VNSR, S/1996/343, 8.5.1996, Randnr. 33; VNSR, S/1996/674, 20.8.1996, Randnr. 17; VNSR, S/1996/913, 5.11.1996, Randnr. 8, 15. Im Mai 1996 hatte die Mission nur noch 44 Polizisten. Bis August sank die Zahl auf sieben, auch wenn noch danach bis zu neun Beamte zur Sicherung der Ausrüstung blieben. Alle Polizisten verließen die Westsahara bis zum 2.7.1997. VNSR, S/1996/343, 8.5.1996, Randnr. 20; VNSR, S/1996/674, 20.8.1996, Randnr. 21 und Annex II; VNSR, S/1996/913, 5.11.1996, Randnr. 21; VNSR, S/1997/742, 24.9.1997, Randnr. 17.
[624] Zur Entwicklung siehe die Berichte des VNGS unter https://minurso.unmissions.org/secretary-general-reports.
[625] Ende 2020 kündigte die POLISARIO den Waffenstillstand nach einer marokkanischen Militäraktion auf und griff mehrfach marokkanische Stellungen an. Vgl. VNGV, A/76/388, 6.10.2021, Randnr. 5–9.

und die POLISARIO zur Lösung des Konflikts zu drängen, ist nicht besonders hoch.[626]

### c) Die Bundesrepublik Deutschland und die Westsahara

Als Nichtmitglied der Vereinten Nationen konnte und musste die Bundesregierung in den 1960er-Jahren noch nicht über die Resolutionen der VNGV entscheiden. Nach der Aufnahme in die Weltorganisation 1973 befand sich die Bundesregierung in der Westsahara-Frage – ähnlich wie im Falle von Namibia – aber in einem Dilemma. Einerseits unterstützte sie aus deutschlandpolitischen Motiven das Selbstbestimmungsrecht der Völker und damit eine friedliche Abstimmung des sahrauischen Volkes.[627] Andererseits besaß die Bundesrepublik gute wirtschaftspolitische Beziehungen zu Marokko[628] und in ähnlich starkem Maße zu dessen Rivalen Algerien[629].

Da die Bundesressorts anders als in Namibia aber nicht direkt vom Konflikt betroffen waren, verfolgten die Bundesregierungen gleich welcher Couleur offiziell von Beginn an »eine Politik strikter Nichteinmischung«[630]: Weder wurde die POLISARIO als Vertreterin des sahrauischen Volkes, noch der Anspruch Marokkos über das Gebiet akzeptiert.[631] Während die Bundesregierung die sahrauischen Flüchtlinge in Algerien seit 1976 im begrenzten Rahmen humanitär unterstützte,[632] wurde Marokko ab Ende der 1960er-Jahre zu einem

---

[626] Durch, Building on Sand, S. 169–171; Durch, United Nations Mission for the Referendum, S. 412 f., 430; Solà-Martín, The United Nations Mission for the Referendum, S. 109 f., 127; Theofilopoulou, United Nations Mission for the Referendum in Western Sahara, S. 335 f.

[627] Zeitzeugenbefragung von Botschafter a.D. Christian Walter Much am 12.5.2021.

[628] Die Bundesrepublik deckte einen kleinen Teil ihres Phosphatbedarfs durch Importe aus Marokko, das Phosphat in der Westsahara abbaute. Im Vergleich zum gesamten Außenhandel mit Marokko fiel der Phosphatimport monetär aber nur begrenzt ins Gewicht und ging über die Jahre im Volumen zurück. Vgl. die Angaben des Statistischen Bundesamts unter: https://www.statistischebibliothek.de/mir/receive/DESerie_mods_00000087. Siehe auch BT-Drs. 13/5544, 13.9.1996, S. 14.

[629] Zwischen 1986 und 1990, in der Zeit der Verhandlungen in der Westsahara, war Algerien hinter Libyen und Nigeria drittgrößter afrikanischer Erdöllieferant der Bundesrepublik. BT-Drs. 12/342, 9.4.1991, S. 22.

[630] BT-PlPr. 8/65, 19.11.1978, S. 5010.

[631] Vgl. BT-Drs. 10/2588, 7.12.1984, S. 1; BT-Drs. 10/2642, 14.12.1984, S. 2; BT-Drs. 11/2220, 29.4.1988, S. 1; BT-Drs. 12/1423, 22.11.1991, S. 3; BT-Drs. 12/5517, 30.7.1993, S. 1.

[632] 1976 stellte die Bundesregierung für die sahrauischen Flüchtlinge humanitäre Hilfe in Höhe von 160 000 D-Mark zur Verfügung. 1978 waren es 200 000 D-Mark. Hinzu kam die finanzielle Unterstützung des UNHCR, das ebenfalls Programme zur Unterstützung der sahrauischen Flüchtlinge finanzierte. BT-PlPr. 8/215, 25.4.1980, S. 17263; BT-Drs. 11/2094, 8.4.1988, S. 4. Zwischen 1988 und 1994 leisteten sie Nahrungsmittelhilfe in Höhe von 8,9 Mio. D-Mark. Bis 1996 stiegen die Ausgaben zum Ankauf von Nahrungsmitteln auf über zwölf Mio. D-Mark. BT-Drs. 13/3037, 21.11.1995, S. 33; BT-Drs. 13/5544, 13.9.1996, S. 2. Zusätzlich finanzierte Bremen in der Westsahara allein zwischen 1990 und 1993 Einzelprojekte im Wert von 160 000 D-Mark. BT-Drs. 12/7737, 30.5.1994, S. 45.

Schwerpunktland bundesdeutscher Entwicklungshilfe.[633] Ausschlaggebend dafür waren seine geostrategische Lage, sein Einfluss in der arabischen Welt und die Unterstützung der bundesdeutschen Partnerländer, insbesondere der USA. Zwischen 1950 und 1990 war Marokko weltweit das elftwichtigste Empfängerland bundesdeutscher Entwicklungszusammenarbeit und nach Ägypten, Tansania und dem Sudan das viertwichtigste in Afrika. Insgesamt erhielt das Land fast 1,8 Mrd. D-Mark, den überwiegenden Teil in Krediten.[634] Auch arbeiteten die Bundesrepublik und Marokko – wenn auch in geringerem Maße[635] – im militärischen Bereich zusammen. Erstmals überhaupt im Ausland eingesetzt wurde die Bundeswehr 1959 zur humanitären Hilfe in Marokko.[636] Zwischen 1966 und 1982[637] wurden insgesamt 15 marokkanische Heeresoffiziere zu Generalstabsoffizieren ausgebildet. Zudem bildete die Bundeswehr bis 1992 62 marokkanische Offiziere und Unteroffiziere aus, sieben Offiziere studierten an der Universität der Bundeswehr. Die Zahl der Studenten nahm Anfang der 1990er-Jahre zu. 1992 befanden sich 21 marokkanische Offiziere im Studium bzw. in der Vorausbildung.[638] Von deutlich größerem Volumen war die seit 1968 gewährte Ausrüstungshilfe, die bis 1992 insgesamt 61,9 Mio. D-Mark umfasste.[639] Angesichts des im Konflikt befindlichen Partnerlands beteuerte die Bundesregierung dabei stets, dass es sich nicht um Rüstungsgüter handelte, sondern um Hilfe im technischen und medizinischen Bereich.[640] Auch entsandten die Bundesressorts einen ihrer wenigen auf dem afrikanischen Kontinent akkreditierten Militärattachés in die Botschaft nach Rabat.[641]

Darüber hinaus erfreute sich das Land in Nordafrika einer intensiven Reisediplomatie aus der Bundesrepublik. 1988, im Jahr der Friedensinitiative, reisten unter anderem eine Delegation des Auswärtigen Ausschusses[642],

---

[633] Vgl. BT-Drs. 6/1690, 15.1.1971, S. 17.
[634] BT-Drs. 12/4096, 13.1.1993, S. 59. Allein zwischen 1975 und 1988 wurden Marokko Kredite in Höhe von etwa 830 Mio. D-Mark zugesagt. BT-Drs. 11/2094, 8.4.1988, S. 3.
[635] Zur Position des BMVg gegenüber einer stärkeren Kooperation mit Marokko siehe PA AA, B 36, ZA, Bd 154202, Nebenabdruck Schreiben Fü S III 1 im BMVg an Referat 209 im AA, Betr.: Zusammenarbeit mit MAR, hier: Abstimmung mit dem Auswärtigen Amt, 4.7.1988.
[636] Merziger, Out of Area. In der Literatur wird oft die Erdbebenhilfe für Marokko im März 1960 als erster Katastropheneinsatz genannt. Siehe dazu Kruse, Agadir.
[637] Marokko verzichtete auf die Entsendung weiterer Stabsoffiziere an die Führungsakademie. Vgl. BArch, BW 1/257537, Fü S II 5, Militärische Ausbildungshilfe Marokko, 18.3.1986.
[638] BT-Drs. 12/2767, 5.6.1992, S. 2.
[639] BT-Drs. 11/2220, 29.4.1988, S. 1; BT-Drs. 12/5517, 30.7.1993, S. 2.
[640] BT-Drs. 11/2220, 29.4.1988, S. 1; BT-Drs. 11/2194, 22.4.1988, S. 14.
[641] BArch, BW 2/28910, Fü S III 1, Betr.: Militärpolitische Bewertung Afrikas und Deutschlands Unterstützung der afrikanischen Staaten durch die Streitkräfte, 28.11.1994, hier S. 6.
[642] Anlass waren wohl Gespräche zur Lage im Nahen Osten. BT-Drs. 11/3277, 9.11.1988, S. 21.

IV. Deutsche ›Blauhelme‹ in Afrika 263

Bundeswirtschaftsminister Martin Bangemann (FDP)[643] und Außenminister Genscher nach Marokko.[644] 1989 folgte ihnen Bundespräsident Richard von Weizsäcker.[645] Wohl um der guten Beziehungen willen stand die Frage der Westsahara bei diesen Besuchen nie im Vordergrund. Auf offizielle Reisen in die umkämpfte Region wurde aus Gründen der angestrebten Neutralität verzichtet.[646] Angesichts der vielfältigen Beziehungen zu Marokko fiel es aber bereits der bundesdeutschen Opposition schwer, von einer Unparteilichkeit der Bundesregierung in Fragen der Westsahara zu sprechen.[647]

Neben den wirtschaftlichen und geostrategischen Interessen in der Region besaß der Konflikt in der Westsahara für die Bundesregierung auch eine deutsch-deutsche Komponente. Anders als die Bundesrepublik unterstützte die DDR die POLISARIO.[648] Zwar ließ es sich in den Akten nicht belegen, in der Logik der Bundesressorts, die bei der Beteiligung in Namibia zutage getreten war, konnte die Befriedung des Westsaharakonflikts aber dabei helfen, das eigene Ansehen in Subsahara-Afrika zu stärken und den dortigen Einfluss der DDR zu begrenzen. Zwar bedeutete dies nicht, dass sich die bundesdeutschen Diplomaten in ähnlicher Weise an der Lösung des Konflikts beteiligten wie in Namibia, trotz der guten Beziehungen zu Marokko wurde der VNGS 1988 aber auch mit der Stimme der Bundesrepublik, die damals Mitglied des VNSR war, beauftragt, einen Bericht zur Ausgestaltung eines Referendums über die Unabhängigkeit der Westsahara vorzulegen.[649] Weil der Bericht auch die Aufstellung der MINURSO beinhaltete, hatte die Bundesregierung zumindest theoretisch eine Mitverantwortung für die Mission.

---

[643] PA AA, B 36, ZA, Bd 154197, Vermerk Referat V B 4, Betr.: Wirtschaftspolitische Gespräche von BM Dr. Bangemann am 23.3.1988 in Marokko, 28.3.1988.
[644] Hierbei wurde Genscher auch die marokkanische Sicht auf den Westsaharakonflikt erläutert. PA AA, B 36, ZA, Bd 154234, Entwurf Vermerk D 3, Betr.: Gespräch BM – AM Marokko am 15.4.1988, 19.4.1988.
[645] In seiner offiziellen Rede ging er aber nicht auf den Friedensprozess ein. Vgl. BPA, Staatsbesuch des Bundespräsidenten im Königreich Marokko. In: Bulletin, Nr. 113 (1989), 25.10.1989, S. 969 f. Eine Liste der hochrangigen Besuche von 1965 bis 1989 findet sich in PA AA, B 36, ZA, Bd 154197, Schriftbericht der Botschaft der Bundesrepublik Deutschland in Rabat an Referat 311 im AA, Betr.: Länderaufzeichnung, 23.8.1989, hier Anlage 4.
[646] Vgl. PA AA, B 36, ZA, Bd 154234, Vorlage Abteilung 3 an Staatsminister Schäfer, Betr.: Delegationsreise des Auswärtigen Ausschusses des Deutschen Bundestages in den Maghreb (12.–19.3.1988), hier: Marokkanischer Vorschlag eines Besuchs der Westsahara, 24.2.1988; PA AA, B 36, ZA, Bd 154197, Drahtbericht der Botschaft der Bundesrepublik Deutschland in Rabat an Referat 011 im AA, Nr. 93, 22.3.1988.
[647] Vgl. PA-DBT 3104, Unterausschuß für Menschenrechte und Humanitäre Hilfe, 12/7, 25.9.1991, S. 15; PA-DBT 3122, Ausschuss für wirtschaftliche Zusammenarbeit, 12/17, 6.11.1991, S. 12 f.
[648] Vgl. Storkmann, Geheime Solidarität, S. 166, 526.
[649] VNSR, S/PV.2826, 20.9.1988, S. 8.

## d) Die Bundesrepublik und die MINURSO

*Die ministeriellen Planungen zur Teilnahme*

Die VN-Mission in der Westsahara wurde zur ersten Mission auf dem afrikanischen Kontinent, an der sich das vereinte Deutschland beteiligen konnte. Zusagen für ein stärkeres VN-Engagement hatte Helmut Kohl bereits im Zuge der deutschen Einheit gegeben.[650] Auf allen Ministerien lastete somit eine gewisse Verpflichtung. Angesichts der positiven Erfahrungen bei der UNTAG erklärte Staatsministerin im AA Adam-Schwaetzer bereits im März 1990, noch bevor Details zum Auftrag oder Umfang der MINURSO bekannt waren, dass die Bundesregierung bei einer Anfrage der Vereinten Nationen sorgfältig prüfen werde, sich zu beteiligen.[651] Für das BMI sollte Namibia zwar kein Präzedenzfall sein, der nationale und internationale Prestigegewinn stärkte aber auch hier die Bereitschaft für weitere Missionen. Im Oktober 1990 stimmten das BMI und das Bundeskabinett einer Bitte der Vereinten Nationen zu, bis zu sechs Polizisten in die VN-Wahlbeobachtermission ONUVEH[652] nach Haiti zu entsenden.[653] In der Westsahara besaß das Innenressort nicht mehr oder weniger Interessen als in Haiti. Von vornherein wäre eine Begründung demnach schwergefallen, sich bei einer Anfrage des AA nicht auch in der Westsahara zu engagieren. Vom Auftrag und ihrem Risiko her schien die MINURSO zudem eine überschaubare Mission zu werden, weswegen eine Beteiligung auch im BMI mit Wohlwollen betrachtet wurde. Das BMVg spielte dagegen nur eine Nebenrolle im deutschen Entscheidungsprozess, da die Frage einer militärischen VN-Beteiligung weiter offen war.

Mit dem Bericht des VNGS Mitte April 1991 wurde die Frage einer deutschen Beteiligung konkret. Während die Vereinten Nationen einige Staaten fest zur Bereitstellung von Schlüsselfähigkeiten einplanten, rechnete die Ständige Vertretung für die Bundesrepublik mit einer informellen Anfrage im Bereich der Zivil- und/oder der Polizeikomponente.[654] Nach der innenpolitisch heiklen Diskussion um eine militärische Beteiligung am Zweiten Golfkrieg und angesichts der ablehnenden Haltung der politischen Leitung des AA zog die Ständige Vertretung einen deutschen Beitrag zur MINURSO-Militärkomponente gar nicht erst in Betracht. Auch war diese wesentlich

---
[650] BPA, Botschaft des Bundeskanzlers an alle Regierungen der Welt. In: Bulletin, Nr. 118, 5.10.1990, S. 1227 f., hier S. 1228.
[651] BT-Drs. 11/6867, 30.3.1990, S. 3.
[652] Groupe d'observateurs des Nations unies pour la vérification des élections en Haïti. Vgl. VNSR, S/21845, 5.10.1990; VNGV, A/RES/45/2, 10.10.1990.
[653] BArch, B 106/371681, Schreiben Staatssekretär im AA Jürgen Sudhoff an Staatssekretär im BMI Hans Neusel, 16.10.1990; ebd., Vorlage Referat P II 1 an Staatssekretär Hans Neusel, Betr.: Beteiligung des BGS an VN-Friedensmissionen, hier: Einsatz von Polizeivollzugsbeamten des BGS bei der ONUVEH/Haiti, 17.10.1990; ebd., Schreiben Referat 230 im AA/Referat P II 1 im BMI an den Chef des Bundeskanzleramts, Betr.: Entsendung von BGS-Beamten nach Haiti im Rahmen der Wahlbeobachtungsmission der Vereinen Nationen in Haiti (Kurzbezeichnung: ONUVEH), 22.10.1990.
[654] PA AA, B 30, ZA, Bd 158193, Drahtbericht der Ständigen Vertretung in New York an Referat 230 im AA, Nr. 601, 13.4.1991.

## IV. Deutsche ›Blauhelme‹ in Afrika

kleiner als bei der UNTAG, sodass der Bedarf leicht von anderen Staaten gedeckt werden konnte. Die Notwendigkeit für eine solche Diskussion bestand also nicht. Tatsächlich zeigten Vertreter des VN-Sekretariats nur wenige Tage später bei Gesprächen Interesse an einer deutschen Beteiligung in den anderen beiden Bereichen. Die Ständige Vertretung unterbreitete dem AA mit dem Hinweis auf die Dringlichkeit drei Möglichkeiten: Erstens könne die Bundesregierung zehn bis 20 Beamte des BGS entsenden. Zweitens könnten dem VN-Sekretariat bis zu zwei Experten für die Identifikations- und Referendumskommission angeboten werden und drittens könne Deutschland ein kleines Kontingent zur Überwachung des Referendums stellen und an die Wahlbeobachtungen in Namibia und Mittelamerika anknüpfen.[655]

Der Schock des Zweiten Golfkriegs steckte zu dieser Zeit noch tief in den deutschen Ressorts; formell war er erst am 11./12. April 1991 durch einen Waffenstillstand beendet worden.[656] Um sich international als verantwortungsbewusste Akteure zu präsentieren, boten die Bedingungen in der Westsahara ein vielversprechendes Umfeld. Die Bundesregierung hatte sich seit Jahren für die Lösung des dortigen Konflikts eingesetzt. Beide Konfliktparteien versprachen Zugeständnisse zur Abhaltung des Referendums und akzeptierten die VN-Mission. Das Risiko des VN-Personals schien begrenzt. Darüber hinaus besaß die Bundesrepublik zu beiden Konfliktparteien Beziehungen. Auch zeigten wie in Namibia viele ihrer internationalen Partner Interesse an der Mission; alle permanenten Mitglieder des VNSR sollten sich mit Militärbeobachtern beteiligen[657], Polizeikräfte sollten anfänglich aus 27 Staaten kommen[658]. Nach ihren öffentlichen Ankündigungen über die baldige militärische Beteiligung an VN-Missionen und der personellen Zurückhaltung bei der Befreiung Kuwaits konnte es sich die Bundesregierung fast nicht erlauben, eine Bitte der Vereinten Nationen zur Beteiligung in der Westsahara abzulehnen. Im Umkehrschluss konnte sie eine Beteiligung gesellschaftlich aber auch gut legitimieren. Aktive Bemühungen um ein größeres Engagement unternahm sie jedoch nicht, was dafür spricht, dass angesichts der Herausforderungen der deutschen Einheit längst nicht alle Regierungsakteure die Beteiligung an VN-Missionen im Allgemeinen und die in der Westsahara im Speziellen als Priorität sahen. Anders als in Namibia berührte der Konflikt keine nationalen Interessen. Als Einsatzland blieb die Westsahara austauschbar.

Aus besagten Gründen standen aber sowohl die Arbeitsebene des AA als auch jene des BMI einer weiteren VN-Beteiligung im Polizeibereich positiv gegenüber.[659] Nach entsprechenden Bekundungen erhielten sie das

---

[655] Ebd., Drahtbericht der Ständigen Vertretung in New York an Referat 230 im AA, Nr. 653, 18.4.1991.
[656] Vgl. VNSR, S/RES/687(1991), 3.4.1991; S/22456, 6.4.1991; S/22485, 11.4.1991.
[657] Vgl. VNSR, S/22771 und S/22772, 9.7.1991.
[658] Vgl. BArch, B 106/157201, Fernkopie der Ständigen Vertretung in New York an das AA, Nr. 531, hier S. 2 f.
[659] PA AA, B 30, ZA, Bd 158193, Vorlage Referat 230 an Dg 20, Betr.: Unsere mögliche personelle Beteiligung an MINURSO, 19.4.1991; ebd., Drahterlass Referat 230 im AA an die Ständige Vertretung in New York, Nr. 3590, 19.4.1991.

Signal des VN-Sekretariats, sich auf eine Voranfrage einstellen zu können.[660] Als die Vereinten Nationen am 17. Mai 1991 einen Großteil der kommenden Truppensteller in New York versammelten, wurden die deutschen Diplomaten informell von Untergeneralsekretär Marrack Goulding um die Entsendung von bis zu 15 Polizisten gebeten.[661] Ende April war Goulding persönlich über das deutsche Interesse zur Beteiligung an der MINURSO-Polizeikomponente informiert worden. Aufgrund der guten Erfahrungen bei der UNTAG und des noch immer problematischen Verhältnisses der Bundesrepublik zur Entsendung von Soldaten ins Ausland – dies hatte der Unterabteilungsleiter 23, Wolf-Dietrich Schilling, bei seinem Gespräch mit Goulding noch einmal ausdrücklich hervorgehoben – stand eine militärische Beteiligung wohl auch für die Vereinten Nationen nie zur Debatte. Als Schilling das informelle Interesse an einer deutschen MINURSO-Teilnahme äußerte, waren die Planungen des VN-Sekretariats für die militärische Komponente offenbar schon so gut wie abgeschlossen.[662] Das einzige Infanteriebataillon sollte aus Kanada kommen.[663] Die nun von Goulding angefragten Polizisten sollten in zwei Etappen in den Einsatzraum verlegen: erst zehn und später fünf Beamte. Arabisch-, Spanisch- oder Französisch-Kenntnisse waren von Vorteil. Da die Zeit drängte, bat Goulding um Rückmeldung bis zum 24. Mai.[664] Weil die Bundeswehr im AA als Truppensteller ausschied und wohl auch bei den Vereinten Nationen kein Thema war, blieben wie bei der UNTAG das AA und das BMI die wichtigsten Akteure des deutschen Entscheidungsprozesses.

Nach der Teilnahme an der UNTAG und angesichts der günstigen Ausgangslage in der Westsahara sah das AA bei der MINURSO eine weitere Möglichkeit, das Profil der Bundesregierung bei der Unterstützung nicht-militärischer VN-Komponenten zu schärfen. Erneut musste auf nationaler Ebene nicht debattiert werden, welche Aufgaben die Polizisten übernehmen sollten. Ähnlich wie bei der UNTAG wurde deren Auftrag durch den Friedensvertrag und die späteren Berichte des VNGS vorgegeben. Hinzu kam, dass es aus operativen Gründen der Vereinten Nationen nicht zur bereits vom Kabinett beschlossenen Entsendung von Beamten des BGS zur VN-Mission ONUVEH nach Haiti gekommen war[665]. Im AA bestand daher Interesse, eine andere VN-Maßnahme sichtbar zu unterstützen – noch dazu durch Kräfte, die aus Sicht des AA nicht zulasten des eigenen Budgets, sondern auf Kosten des

---

[660] PA AA, B 30, ZA, Bd 158191, Drahtbericht der Ständigen Vertretung in New York an Referat 230 im AA, Nr. 832, 8.5.1991.
[661] Ebd., Drahtbericht der Ständigen Vertretung in New York an Referat 230 im AA, Nr. 951, 17.5.1991.
[662] PA AA, B 30, ZA, Bd 158193, Drahtbericht der Ständigen Vertretung in New York an Referat 230 im AA, Nr. 719, 25.4.1991.
[663] Ebd., Drahtbericht der Ständigen Vertretung in New York an Referat 230 im AA, Nr. 601, 13.4.1991.
[664] PA AA, B 30, ZA, Bd 158191, Drahtbericht der Ständigen Vertretung in New York an Referat 230 im AA, Nr. 951, 17.5.1991.
[665] Die VN hatten nur Militärbeobachter entsandt. BArch, B 106/371681, Drahtbericht der Ständigen Vertretung in New York an Referat 230 im AA, Nr. 1921, 26.10.1990.

## IV. Deutsche ›Blauhelme‹ in Afrika

BMI gehen sollten.[666] Zwei Tage vor Ablauf der Frist bat das Außenressort das BMI daher auch formell um Prüfung des Sachverhalts; zuvor hatte es nur telefonischen Austausch gegeben[667]. Eine MINURSO-Beteiligung sei aus Sicht des AA wünschenswert.[668]

Vor dem Hintergrund der internationalen Kritik an der deutschen Haltung im Zweiten Golfkrieg und der bereits in Namibia geleisteten Unterstützung sprach sich auch die Arbeitsebene des BMI für eine Beteiligung des BGS an der MINURSO aus. Der Auftrag der Polizei schien eindeutig von der militärischen Komponente getrennt. Rechtliche Probleme bestünden nicht. Zudem sei eine Verweigerung international nicht zu vermitteln und würde dem Ansehen der Bundesrepublik schaden, so die Referenten im BMI. Gleichzeitig wurde eine Beteiligung an der MINURSO – wie bereits zuvor in Haiti – als »Werbung für den BGS in der Öffentlichkeit« gesehen.[669] Nach dem Fall der Mauer und der bevorstehenden Reisefreiheit im Schengenraum befand sich der BGS im Umbruch. Die Aussicht, auch im Ausland eingesetzt zu werden, sollte den Dienst im BGS attraktiver gestalten;[670] tatsächlich soll sie sich positiv auf die Bewerberzahlen ausgewirkt haben.[671] Über eine offizielle Zusage sollte aber erneut das Kabinett entscheiden.[672] Ähnlich wie in Namibia besaß das noch immer von Wolfgang Schäuble (CDU) geführte BMI somit auch diesmal eigene Interessen an der weltweiten Verwendung des BGS. Allerdings bestand kein grundlegendes Interesse an der Westsahara. Für das Innenministerium ging es um Eigenwerbung und einen Beitrag für das international beschädigte Ansehen der Bundesrepublik. Ein Ersatz für die Bundeswehr war der BGS auch in diesem Fall nicht. Die Entsendung deutscher Soldaten in die Westsahara stand nie zur Debatte und entsprach auch nicht dem dringenden Bedarf der Vereinten Nationen. Weil sich das AA auch von Beginn an für das Instrument der Polizeiunterstützung und gegen eine militärische VN-

---

[666] PA AA, B 30, ZA, Bd 158191, Vorlage Referat 230 an den Staatssekretär, Betr.: Unsere mögliche personelle Beteiligung an friedenserhaltenden Maßnahmen der VN, hier: VN-Operation in der Westsahara, 10.5.1991.

[667] Vgl. BArch, B 106/157021, Entwurf Vorlage P II 1 an Staatssekretär Neusel, Betr.: Beteiligung des BGS an VN-Friedensmissionen, hier: MINURSO/West-Sahara, 17.5.1991, hier S. 5.

[668] Ebd., Kopie Schreiben Referat 230 im AA an Referat P II 5 im BMI, Betr.: Unsere mögliche Beteiligung an friedenserhaltenden Maßnahmen der VN, hier: VN-Operation in der West-Sahara (MINURSO), 22.5.1991, hier S. 3.

[669] Ebd., Vermerk P II 1, Betr.: Beteiligung des Bundesgrenzschutzes an friedenserhaltenden Maßnahmen der Vereinten Nationen, hier: VN-Operation in der West-Sahara (MINURSO), 24.5.1991.

[670] Vgl. BArch, B 106/143125, Vermerk P II 1, 9.3.1992, hier S. 1.

[671] Zeitzeugengespräch mit Präsident in der Bundespolizei a.D. Jürgen Bischoff am 17.5.2021.

[672] BArch, B 106/157021, Vermerk P II 1, Betr.: Beteiligung des Bundesgrenzschutzes an friedenserhaltenden Maßnahmen der Vereinten Nationen, hier: VN-Operation in der West-Sahara (MINURSO), 24.5.1991, hier S. 4; PA AA, B 30, ZA, Bd 158193, Kopie Schreiben P II 1 im BMI an das AA, Betr.: Beteiligung des Bundesgrenzschutzes an friedenserhaltenden Maßnahmen der Vereinten Nationen, hier: VN-Operation in der West-Sahara (MINURSO), 24.5.1991.

Beteiligung entschieden hatte, gab es wie in Namibia kein Entweder-oder. Ohnehin wurden mittlerweile auch nur noch Polizisten von den Vereinten Nationen gebraucht. Diese wollte und konnte das BMI bereitstellen.

Nachdem den Vereinten Nationen die deutsche Bereitschaft zur Beteiligung Ende Mai 1991 signalisiert worden war,[673] erfolgte Mitte Juli eine offizielle Anfrage des VNGS.[674] Bereits zuvor hatte sich auch die Mehrheit der Parlamentarier für eine personelle Beteiligung an den »zivile[n] Aktivitäten« der MINURSO ausgesprochen.[675] Den Norm- und Wertvorstellungen der deutschen Außenpolitik entsprechend galt es nur als folgerichtig, wenn sich die Bundesrepublik bei einer der letzten Dekolonisationsaufgaben engagierte. Für die Bundesregierung bestand somit nicht nur international, sondern auch national Handlungsbedarf bzw. Handlungslegitimation. Am 14. August beschloss das Kabinett die Beteiligung von bis zu 15 Beamten des BGS an der VN-Mission MINURSO. Das BMI legte dabei erneut größten Wert darauf, die Aufgaben der Beamten öffentlich vom militärischen Auftrag der Mission zu trennen. Es sollte gar nicht erst der Eindruck entstehen, es gehe um ein militärisches Engagement. Während Innenminister Schäuble in seiner anschließenden Presseerklärung den konkreten Beitrag zur Lösung eines »fast vergessenen Konflikt[s]« hervorhob,[676] drückten das AA und das BMI in ihrer Kabinettsvorlage die Hoffnung aus, durch eine weitere Beteiligung die Glaubwürdigkeit der deutschen Bereitschaft zur Übernahme von mehr Verantwortung zu unterstreichen.[677] Das Engagement bei der MINURSO war nach den Erfahrungen des Zweiten Golfkriegs ein Versuch der Bundesressorts, international verlorenes Ansehen zurückzugewinnen. Die Mehrkosten der Auslandsverwendung sollten durch die Erstattungen der Vereinten Nationen gedeckt werden. Monatlich rechnete die Bundesregierung mit bis zu 4000 D-Mark pro Beamten.[678] Ähnlich wie in Namibia führte die Finanzierung später zu Streit.

Obwohl das BMI Anfang August bereits seine Personalauswahl abgeschlossen[679] und die Vereinten Nationen den Abflug der ersten fünf Beamten

---

[673] PA AA, B 30, ZA, Bd 158191, Drahterlass Referat 230 im AA an die Ständige Vertretung in New York, Nr. 4693, 24.5.1991; ebd., Drahtbericht der Ständigen Vertretung in New York an Referat 230 im AA, Nr. 1026, 28.5.1991.
[674] Ebd., Kopie Fax VNGS an die Ständige Vertretung in New York, 18.7.1991; ebd., Drahtbericht der Ständigen Vertretung in New York an Referat 230 im AA, Nr. 1445, 23.7.1991.
[675] BT-Drs. 12/798, 18.6.1991, S. 2; BT-PlPr. 12/33, 19.6.1991, S. 2683−2688.
[676] BPA, Beteiligung des Bundesgrenzschutzes an der VN-Friedensmission in der West-Sahara. In: Bulletin, Nr. 87, 16.8.1991, S. 708.
[677] BArch, B 106/157021, Entwurf Schreiben AA und BMI an den Chef des Bundeskanzleramts, Betr.: Entsendung von 15 Polizeivollzugsbeamten des Bundesgrenzschutzes zu der VN-Mission zur Durchführung des Referendums in der West-Sahara […], 29.7.1991, hier Anlage, S. 5.
[678] Ebd.
[679] BArch, B 106/371650, Vermerk P III 1, Betr.: Entsendung von 15 PVB in die West-Sahara, hier: Personalauswahl, 1.8.1991; BArch, B 106/157021, Rundschreiben P III 1,

## IV. Deutsche ›Blauhelme‹ in Afrika

auf den 31. August gelegt hatten,[680] wurde die Stationierung durch die Meinungsverschiedenheiten der Konfliktparteien um fast zwei Jahre verschoben. Folgerichtig wurde die Abrufbereitschaft der 15 ausgewählten Beamten im September 1991 aufgehoben.[681]

In den folgenden Monaten kam es in der Bundesrepublik zu großen Veränderungen. Im Frühjahr 1992 wurden ein deutsches Sanitätskontingent der Bundeswehr und 75 Beamte des BGS auf freiwilliger Basis nach Kambodscha entsandt. Der im Reformprozess befindliche BGS stieß personell an seine Grenzen.[682] Im Dezember 1992 bot die Regierung die Entsendung von bis zu 1500 Soldaten nach Somalia an. Die Debatte um die Beteiligung der Bundeswehr im Ausland landete vor dem Bundesverfassungsgericht. Neben personellen Veränderungen im BMVg und im AA kam es darüber hinaus auch zum Leitungswechsel im BMI; Rudolf Seiters (CDU) löste im November 1991 Wolfgang Schäuble ab.[683]

Angesichts der bevorstehenden Wählerregistrierung wandten sich die Vereinten Nationen im April 1993 aber erneut an die Bundesressorts. Schriftlich wurde die Ständige Vertretung zur Stationierung von bis zu zehn der zunächst etwa 30 zu entsendenden Beamten gebeten, die bereits Mitte Mai zum sechsmonatigen Einsatz kommen sollten. Wie viele deutsche Beamte exakt für diese Anfangsphase gebraucht würden, hing noch von der Zusage der anderen Truppensteller ab. Erst im Verlauf der Mission sollten alle zehn Beamten des BGS zum Einsatz kommen. Allerdings sollten sich die Bundesressorts bereits auf weitere Anfragen zur Besetzung der insgesamt 300 angedachten CIVPOL-Posten einstellen.[684]

Während die deutschen Ressorts aufgrund der Kurzfristigkeit zunächst nur in der Lage waren, vier und erst im weiteren Verlauf die restlichen sechs der insgesamt vorerst nur zehn angefragten Beamten zu entsenden,[685] baten die Vereinten Nationen Anfang Mai inoffiziell, aber schriftlich, auch um die Gestellung des »Police Commissioners«. Den Posten des Kommandeurs der

---

Betr.: Entsendung von 15 PVB des BGS in die West-Sahara (VN-Mission MINURSO), 20.8.1991.

[680] PA AA, B 30, ZA, Bd 158191, Kopie Fax VNGS an die Ständige Vertretung in New York, 18.7.1991; ebd., Drahtbericht der Ständigen Vertretung in New York an Referat 230 im AA, Nr. 1445, 23.7.1991; ebd., Kopie Fax Field Operations Division United Nations an die Ständige Vertretung in New York, Betr.: MINURSO Deployment Schedule, New York, 1.8.1991, hier Anlage, S. 2.

[681] BArch, B 106/371650, Schreiben Referat 230 im AA an Referat P III 1 im BMI, Betr.: VN-Friedensoperation für die Westsahara (MINURSO), 27.9.1991.

[682] Vgl. BArch, B 106/143125, Vermerk P II 1, 9.3.1992, hier S. 1; BArch, B 136/42828, Vorlage Abteilungsleiter 2 an den Bundeskanzler, Betr.: Einsatz ziviler Polizei in friedenserhaltenden Maßnahmen der VN, 11.5.1992.

[683] Vgl. ARD, Tagesschau vor 20 Jahren, 25.11.1991.

[684] BArch, B 106/371650, Kopie Fax Maurice Baril, Military Advisor, an die Ständige Vertretung in New York, Betr.: Request for civilian police observers for MINURSO, 19.4.1993.

[685] BArch, B 106/157021, Drahterlass Referat 230 im AA an die Ständige Vertretung in New York, Nr. 4615, 27.4.1993; BArch, B 106/371650, Drahtbericht der Ständigen Vertretung in New York an Referat 230 im AA, Nr. 1104, 5.5.1993.

Polizeikomponente im Dienstgrad eines »Colonel« sollte Deutschland ab Mai 1993 für zunächst sechs Monate bekleiden.[686] Hierum waren laut Ständiger Vertretung zuvor auch Kanada und Österreich gebeten worden.[687] Nicht nur die Ständige Vertretung fand die Entsendung des Police Commissioners »besonders wünschenswert«,[688] auch das AA sprach sich für die Übernahme des höchsten Polizeipostens aus.[689] In Kambodscha hatte die Bundesrepublik bereits die Gesamtleitung der medizinischen Versorgung übernommen, die Teil der UNTAC-Militärkomponente war. Die Anfrage zur Leitung der gesamten MINURSO-Polizeikomponente musste nun als Zeichen besonderer Wertschätzung verstanden werden. Gleichzeitig drückte sie aber auch die Hoffnung und Forderung der Vereinten Nationen nach einem größeren Engagement der Bundesregierung aus. Tatsächlich wurde Polizeioberrat Jürgen Reimann kurze Zeit später vom VN-Sekretariat zum Leiter der Polizeikomponente bestimmt.[690] Aufgrund der kurzen Frist konnte Reimann allerdings nicht weiter an den MINURSO-Planungen beteiligt werden. Er selbst erhielt die Anfrage erst rund zwei Wochen vor seiner Entsendung.[691]

Unmittelbar nach dem Zuschlag für den Posten des Polizeikommandeurs ging am 11. Mai auch die offizielle Anfrage der Vereinten Nationen zur Gestellung von zunächst vier weiteren Polizisten ein.[692] Dass nicht die ohnehin gering anmutende Zahl der ursprünglich insgesamt 15 angebotenen deutschen Beamten zum Einsatz kam, lag zu diesem Zeitpunkt am fehlenden Bedarf der Vereinten Nationen. Es war keine wirkliche »token contribution«[693]. Mit den insgesamt fünf Polizisten, die am 4. Juni 1993[694] ihren Dienst in der Westsahara bzw. Algerien aufnahmen,[695] erfüllte die Bundesregierung den von ihr kurzfristig erfüllbaren Bedarf der Vereinten Nationen, die zu

---

[686] BArch, B 106/371670, Kopie Fax Maurice Baril, Military Advisor, an die Ständige Vertretung in New York, Betr.: Request for civilian police commissioner for MINURSO, 5.5.1993.

[687] Die verspätete Anfrage an Deutschland war offiziell ein Bürofehler. Eventuell waren die VN aber auch nur unzufrieden mit den bisherigen Kandidaten. BArch, B 106/371650, Drahtbericht der Ständigen Vertretung in New York an Referat 230 im AA, Nr. 1104, 5.5.1993.

[688] Ebd.

[689] Zeitzeugenbefragung von Botschafter a.D. Christian Walter Much am 13.5.2021.

[690] BArch, B 106/371650, Drahtbericht der Ständigen Vertretung in New York an Referat 230 im AA, Nr. 1167, 11.5.1993; VNSR, S/26185, 28.7.1993, Randnr. 11.

[691] Reimann, Debriefing, S. 108.

[692] Vgl. BArch, B 106/371650, Kopie als Anlage Fax United Nations, 11.5.1993.

[693] Vgl. Coleman, Token Troop Contributions.

[694] BT-Drs. 12/6854, 8.2.1994, S. 609. Aufgrund von Abstimmungsschwierigkeiten der VN hatte sich die Einweisung des designierten CIVPOL-Kommandeurs verzögert, sodass die Entsendung nicht mehr im Mai erfolgt war. Vgl. BArch, B 106/371650, Drahtbericht der Ständigen Vertretung in New York an Referat 230 im AA, Nr. 1209, 14.5.1993.

[695] Der Flug führte zunächst am 4.6. von Frankfurt nach Casablanca, am 5.6. ging es weiter nach Laâyoune. Vgl. BArch, B 106/371650, Fernkopie der Ständigen Vertretung in New York an Referat P III 5 im BMI, Nr. 1227-1, 1.6.1993, hier Anlage; ebd., Fax MINURSO CIVPOL an Referat P III 2 im BMI, Betr.: Erreichbarkeit des BGS-Kontingent (MINURSO) in der Westsahara, 9.6.1993.

IV. Deutsche ›Blauhelme‹ in Afrika                                      271

Beginn auch nur rund 30 Beamte brauchten. Ein neuer Kabinettsbeschluss war dafür nicht nötig, die Zustimmung von 1991 besaß noch ihre Gültigkeit.

*Einsatz in der Wüste: Der BGS in der Westsahara*

Die Entsendung des BGS erfolgte im Schatten der Stationierung des Bundeswehrvorkommandos in Somalia.[696] Zudem kam es Ende Mai 1993 zu einem Brandanschlag mit ausländerfeindlichem Hintergrund in Solingen, bei dem fünf Personen starben. Von der Entsendung der fünf Beamten des BGS in die Westsahara wurde kaum Notiz genommen.[697] Auch für das BMI war sie von geringer Bedeutung. Nach den größeren Beteiligungen in Namibia und Kambodscha grenzte die Teilnahme an der MINURSO mit fünf Beamten an Normalität. Auf einen Abschiedsappell oder den Transfer durch die Luftwaffe wurde verzichtet.[698] Die Entsendung der fünf Beamten war der Regierung anscheinend nicht einmal ein öffentliches Statement wert.

Ähnlich wie in Namibia waren die Arbeitsbedingungen für die Beamten extrem. In den Sommermonaten stieg die Temperatur auf über 50 Grad. Die Orientierung in der Wüste verlangte gute Navigation, andernfalls bestand die Gefahr, sich zu verirren.[699] In der Hauptstadt Laâyoune/El Aaiún waren die Beamten in einfachen Hotels untergebracht, außerhalb teilweise in Kasernenanlagen oder Zelten. Auch um der Eintönigkeit des Alltags zu entgehen, rotierten die Beamten im Abstand von einigen Wochen zwischen den Dienstposten.[700] Eingesetzt wurden sie zunächst zusammen mit den Militärbeobachtern bei Streifen- und Aufklärungsgängen sowie zur Unterstützung und Sicherung der Wähleridentifizierungskommission.[701] Grundsätzlich erfolgte ihr Dienst unbewaffnet.[702] Die Abwehr von Angriffen

---

[696] Vgl. Kapitel IV.3.c).
[697] Vgl. ARD, Tagesschau vor 20 Jahren, Juni 1993.
[698] BArch, B 106/371636, Schreiben Arbeitsgruppe P II 1 an Referat P III 1, Betr.: Einsatz von 15 PVB des BGS im Rahmen der VN-Mission in der West-Sahara (MINURSO), hier: Verabschiedung der Beamten, 6.8.1991. Die Verabschiedung erfolgte am Standort Sankt Augustin durch den Parlamentarischen Staatssekretär im BMI, Eduard Lintner. Dabei wurde nicht nur das MINURSO-Kontingent verabschiedet, sondern auch die BGS-Einheiten für die WEU-Mission auf der Donau. Zeitzeugenbefragung von Präsident des GSP Mitte a.D. Jürgen Reimann am 10.5.2020.
[699] Zeitzeugenbefragung von Präsident des GSP Mitte a.D. Jürgen Reimann am 10.5.2020; Zeitzeugenbefragung von Polizeihauptkommissar Roland Grupe am 11.5.2020; Zeitzeugengespräch mit Brigadegeneral i.R. Walter Fallmann am 16.5.2021.
[700] BArch, B 106/371650, Schreiben Jürgen Reimann an Referat P III 2 im BMI, 8.4.1994, hier Anlage, S. 1; Zeitzeugenbefragung von Präsident des GSP Mitte a.D. Jürgen Reimann am 10.5.2020; Zeitzeugenbefragung von Polizeihauptkommissar Roland Grupe am 11.5.2020.
[701] BArch, B 106/157021, Schreiben MINURSO-CIVPOL-Commissioner an das BMI, Betr.: Monatsbericht Juni 1993, 24.6.1993, hier S. 2.
[702] Zeitzeugenbefragung von Präsident des GSP Mitte a.D. Jürgen Reimann am 10.5.2020; Zeitzeugenbefragung von Polizeihauptkommissar Roland Grupe am 11.5.2020; Zeitzeugenbefragung von Polizeidirektor im BGS i.R. Wolf-Dieter Krampe am 24.11.2020; Zeitzeugengespräch mit Brigadegeneral i.R. Walter Fallmann am 16.5.2021.

auf Wahllokale und dort wartende Wähler wäre – zumindest aus deutscher Sicht – ohnehin nicht Aufgabe der Polizei, sondern der Militärkomponente der MINURSO gewesen.[703] Durch die Verzögerung des Referendums waren die größten Gefahren für die Beamten allerdings ohnehin Krankheiten, Verkehrsunfälle und Landminen.[704] Anders als in Namibia arbeiteten die Beamten nicht im Schichtdienst. Zumindest in der Theorie ging die reguläre Arbeitszeit von 8:00 Uhr bis etwa 17:00 Uhr.[705] Aus Mangel an Unterhaltungsmöglichkeiten verbrachten viele der in Laâyoune/El Aaiún eingesetzten MINURSO-Angehörigen die Abende im ursprünglich von australischen Soldaten betriebenen »Kangaroo Club« im unbenutzten Café eines Hotels. Einige Soldaten konsumierten übermäßig Alkohol;[706] ein wiederkehrendes Problem bei Auslandseinsätzen, das es in dieser Form bei den Polizisten aber nicht gegeben haben soll.[707]

Bei den deutschen Beamten handelte es sich erneut um Freiwillige[708]; der mittlerweile zum Polizeidirektor[709] ernannte Reimann war der einzige der Beamten, der sich nicht bereits 1991 für eine Verwendung in der Westsahara gemeldet hatte.[710] Für die Beteiligung galten sie als zu den Vereinten Nationen abgeordnet.[711] Wie in Namibia mussten auch sie leidvolle Erfahrungen mit dem VN-System machen. Weder erhielten sie vor Ort die nötigen Arbeitsmittel, noch kamen die anderen Polizeikontingente mit geeigneter Ausrüstung.[712]

---

[703] PA AA, B 30, ZA, Bd 158191, Drahtbericht der Ständigen Vertretung in New York an Referat 230 im AA, Nr. 1202, 18.6.1991; BArch, B 106/157021, Entwurf Schreiben AA und BMI an den Chef des Bundeskanzleramts, Betr.: Entsendung von 15 Polizeivollzugsbeamten des Bundesgrenzschutzes zu der VN-Mission zur Durchführung des Referendums in der West-Sahara […], 29.7.1991, hier S. 3.

[704] Vgl. Horner/Connor, The Good International Citizen, S. 310.

[705] BArch, B 106/371650, Fax MINURSO CIVPOL an Referat P III 2 im BMI, Betr.: Erreichbarkeit des BGS-Kontingent (MINURSO) in der Westsahara, 9.6.1993, hier S. 2.

[706] Grupe, Westsahara, S. 176; Horner/Connor, The Good International Citizen, S. 296, 311 f., 323 f.

[707] Zeitzeugenbefragung von Präsident des GSP Mitte a.D. Jürgen Reimann am 10.5.2020; Zeitzeugenbefragung von Polizeihauptkommissar Roland Grupe am 11.5.2020; Zeitzeugenbefragung von Polizeidirektor im BGS i.R. Wolf-Dieter Krampe am 24.11.2020; Zeitzeugengespräch mit Brigadegeneral i.R. Walter Fallmann am 16.5.2021.

[708] Ende Juli hatte das BMI die sechs Grenzschutzkommandos (GSK) aufgefordert, eine Mindestanzahl an Beamten für den Einsatz zu benennen. Das GSK Ost sollte mindestens einen, die GSK Küste, Mitte und West je mindestens zwei und die GSK Nord und Süd je mindestens vier Beamte benennen. Vgl. PA AA, B 36, ZA, Bd 166901, Rundschreiben P III 1 im BMI, Nr. 21, 23.7.1991, hier S. 3.

[709] Im Englischen stets als »Colonel« übersetzt.

[710] Vgl. BArch, B 106/157021, Entwurf Rundschreiben P III 2, Betr.: Einsatz von PVB des BGS im Rahmen einer Friedensmission der VN in der Westsahara – MINURSO –, 18.5.1993.

[711] Zeitzeugenbefragung von Präsident des GSP Mitte a.D. Jürgen Reimann am 10.5.2020; Zeitzeugenbefragung von Polizeihauptkommissar Roland Grupe am 11.5.2020. Rechtsgrundlage bildete mittlerweile § 123a des Beamtenrechtsrahmengesetzes. Vgl. Rahmengesetz zur Vereinheitlichung des Beamtenrechts (Beamtenrechtsrahmengesetz, BRRG), § 123a.

[712] Reimann, Debriefing, S. 108.

## IV. Deutsche ›Blauhelme‹ in Afrika

Ebenfalls traten auch hier erhebliche Unterschiede zwischen europäischen und asiatischen bzw. afrikanischen Beamten bei der Arbeitsweise und den Fähigkeiten zutage. Insbesondere einige afrikanische Truppensteller hätten Beamte mit hohen Dienstgraden, aber beschränktem polizeilichem Wissen entsandt.[713] Ohnehin brachte die Entsendung der vielen kleinen Kontingente administrative Probleme mit sich. Für Police Commissioner Reimann passte die Polizeikomponente zu diesem Zeitpunkt nicht mit dem MINURSO-Konzept zusammen, weil es kaum Situationen gab, in denen wirkliche Polizeiarbeit gefordert war.[714]

Der Beginn des deutschen Einsatzes wurde vom tragischen Absturz eines im Auftrag der schweizerischen Sanitäter fliegenden Flugzeugs überschattet, bei dem drei der vier Insassen starben.[715] Zudem stockte der Friedensprozess ein weiteres Mal, sodass die Vereinten Nationen zunächst keinen Bedarf für weitere Beamte sahen. Einige Staaten zogen ihr Personal sogar ab.[716] Während ein Teil des deutschen Kontingents Ende 1993 turnusgemäß ausgetauscht wurde[717], machte sich das AA für die Aufrechterhaltung der deutschen Beteiligung stark. »VN-politisch[e] Gründ[e]« galten als ausschlaggebend.[718] Im Herbst 1993 war das AA mit der Situation konfrontiert, bald kaum noch eigenes Personal in einer VN-Mission nachweisen zu können. Da die VN-Mission in Kambodscha abgeschlossen worden war und die Beteiligung der Bundeswehr in Somalia im März 1994 enden sollte, bestand im AA großes Interesse, wenigstens die Beteiligung an der MINURSO fortzusetzen. Nicht die Erfolgsaussichten der Mission oder normative Überlegungen bestimmten die Position des AA, sondern nach dem öffentlich verkündeten Anspruch auf einen ständigen Sitz im VNSR der Wunsch, international weiter mit Uniformierten präsent zu sein.

Als die MINURSO Anfang 1994 mit der Wählerregistrierung begann und die Polizeikomponente auf 55 Polizisten aufgestockt werden sollte, baten die Vereinten Nationen informell um die Entsendung der restlichen zehn BGS-Beamten.[719] Vor dem Hintergrund der schwierigen Lage des AA und der 1991 gegenüber den Vereinten Nationen getroffenen Zusage sah sich das

---

[713] Zeitzeugenbefragung von Präsident des GSP Mitte a.D. Jürgen Reimann am 10.5.2020; Zeitzeugengespräch mit Brigadegeneral i.R. Walter Fallmann am 16.5.2021.
[714] Reimann, Debriefing, S. 109 f.; Zeitzeugenbefragung von Präsident des GSP Mitte a.D. Jürgen Reimann am 10.5.2020.
[715] Horner/Connor, The Good International Citizen, S. 322 f.
[716] Ebd., S. 330.
[717] BArch, B 106/371650, Rundschreiben Referat P III 2 im BMI an alle Grenzschutzpräsidien, Betr.: Einsatz von PVB des BGS im Rahmen einer Friedensmission der VN in der Westsahara – MINURSO –, hier: Kontingentswechsel […], 25.11.1993.
[718] Ebd., Kopie Schreiben Referat 230 im AA an Referat P III 2 im BMI, Betr.: Einsatz von Polizeivollzugsbeamten im Rahmen der VN-Friedensmission in der Westsahara, 14.1.1994, hier S. 2.
[719] Vgl. ebd., Kopie Schreiben Staatssekretär im AA, Dieter Kastrup, an Staatssekretär im BMI, Kurt Schelter, 9.5.1994.

Außenressort aus politischen Gründen in der Pflicht, der Anfrage zu entsprechen. Eine diesbezügliche Forderung erreichte das BMI Ende April 1994.[720]

Im BMI hatte es jedoch nicht nur einen erneuten Führungswechsel von Rudolf Seiters[721] zu Manfred Kanther (CDU) gegeben.[722] Auch hatten das BMI und der BGS im Frühjahr 1994 vollkommen andere Prioritäten als noch im Sommer 1991. Zwar waren die grenzpolizeilichen Aufgaben des BGS nach Ende des Ost-West-Konflikts und dem Zusammenwachsen der EG zumindest nach Westen zurückgegangen. Bereits im Frühjahr 1992 übernahm der BGS aber die Aufgaben der Bahnpolizei und der Luftsicherheit. Zudem erforderte die Grenzüberwachung vor rechtswidrigen Übertritten aus dem Osten erhöhte Aufmerksamkeit.[723] Hinzu kamen eine jährliche Kürzung von Planstellen und eine angespannte Haushaltslage, die die Bereitschaft des neuen Ministers und der Fachabteilungen zur Teilnahme an VN-Missionen begrenzte.[724] Auch engagierte sich der BGS zur Überwachung des Embargos gegen die Bundesrepublik Jugoslawien mittlerweile verstärkt auf der Donau[725] und bereitete sich auf einen größeren Polizeieinsatz im Rahmen der WEU in Mostar (Bosnien und Herzegowina) vor.[726] Ähnlich wie für das BMVg ging auch der Blick des BMI zum geografisch näherliegenden und sowohl innen- als auch sicherheitspolitisch bedeutenderen Südosteuropa.[727]

Mit der Anfrage des AA konfrontiert, wollte das BMI den Einsatz in der Westsahara zwar aufgrund des nationalen und internationalen Ansehens beibehalten, aufgestockt werden sollte das Kontingent aber nicht. Nicht nur, dass der BGS mit einer angespannten Personallage und den neuen Aufgaben konfrontiert war. Auch hatten sich die Voraussetzungen der Mission durch ihre lange Erfolglosigkeit grundlegend geändert. Anstatt ein schneller politischer Erfolg zu werden, litt die Mission ebenso wie ihr internationales Ansehen an der Blockade der Konfliktakteure. Anders als andere Staaten war die Bundesrepublik aber noch immer in der Westsahara vertreten und nicht

---

[720] Vgl. ebd., Entwurf Vermerk P III 2, Betr.: Einsatz von PVB des BGS im Rahmen der VN-Mission in der Westsahara – MINURSO, hier: Personelle Verstärkung des deutschen Kontingents, 27.4.1994.

[721] Seiters war am 4.7.1993 zurückgetreten, nachdem bei einem Einsatz der GSG 9 ein Beamter und ein Mitglied der RAF getötet worden waren. Vgl. ARD, Tagesschau vor 20 Jahren, 4.7.1993.

[722] BPA, Entlassung und Ernennung durch den Bundespräsidenten. In: Bulletin, Nr. 63, 14.7.1993, S. 672.

[723] BArch, B 106/371650, Entwurf Vermerk P III 2, Betr.: Einsatz von PVB des BGS im Rahmen der VN-Mission in der Westsahara – MINURSO, hier: Personelle Verstärkung des deutschen Kontingents, 27.4.1994, hier S. 2 f.; BPA, Tätigkeitsbericht 1992 des Bundesgrenzschutzes. In: Bulletin, Nr. 51, 12.6.1993, S. 543 f.

[724] Zeitzeugenbefragung von Präsident des BKA a.D. Dr. Ulrich Kersten am 10.1.2021.

[725] Seit Juni 1993 kamen hier 42 Beamte des BGS zum Einsatz. BArch, B 106/371708, P III 2, Bericht des BMI zum Einsatz von Polizeivollzugsbeamten des Bundesgrenzschutzes (BGS) zur Durchsetzung des VN-Embargos gegenüber Rest-Jugoslawien auf der Donau, o.D.

[726] Zur WEU-Polizeimission in Mostar siehe Janiesch, Der Einsatz europäischer Polizeibeamter; Preuss, Friedensaufbau, S. 75–109; Preuss, Die WEU-Mission in Mostar.

[727] Zeitzeugenbefragung von Minister a.D. Prof. Dr. Kurt Schelter am 6.5.2020.

IV. Deutsche ›Blauhelme‹ in Afrika    275

abgezogen, sodass das BMI nicht sich, sondern andere Nationen in der Pflicht zum Handeln sah.[728] Für das AA war diese Position unannehmbar, zumal die Bundesregierung bereits in Somalia ihrem Versprechen zur Beteiligung an einer Polizeikomponente nicht nachgekommen war[729]. Staatssekretär im AA Dieter Kastrup drängte das BMI daher auf Unterstützung. Die Bundesregierung, aber auch der BGS, stünden in der Gefahr, ihren Ruf als verlässliche Partner zu verlieren, so Kastrup in einem Schreiben an Staatssekretär im BMI Kurt Schelter.[730] Angesichts der dringenden Bitte des AA unterbreitete das BMI einen Kompromiss: Statt der nicht zu entbehrenden zehn Beamten wollte es fünf weitere entsenden. Da nicht wie ursprünglich geplant 300, sondern derzeit nur 55 Beamte bei der MINURSO gebraucht würden, sei es vertretbar, wenn die Bundesrepublik nicht das ganze zugesagte Kontingent entsandte.[731] Der Kompromiss basierte nicht auf dem Bedarf der Vereinten Nationen oder der Lage vor Ort, sondern ausschließlich auf einer politischen Kosten-Nutzen-Abwägung des BMI. Seine Zusage koppelte das Innenressort aber an die Bereitschaft der Vereinten Nationen oder des AA, die Mehrkosten der Auslandsdienstbezüge zu übernehmen.[732]

Für diese Art der Mehrkosten waren die Vereinten Nationen nicht zuständig,[733] weshalb das AA auf die Vereinbarung von 1991 pochte.[734] Mit der Situation konfrontiert, für den Verlust des deutschen Ansehens verantwortlich zu sein, zeigte sich die Arbeitsebene des BMI kompromissbereit; schließlich hätte der Einsatz von fünf weiteren Beamten jährlich nur rund 120 000 D-Mark gekostet. Wenn der Betrag nicht vom AA hätte finanziert werden können, hätte auch noch eine Etatisierung im BGS-Haushalt erfolgen können. Staatssekretär Schelter bestand jedoch auf der Kostenübernahme durch das AA. Diese »Grundsatzfrage«, so Schelter auf einer Leitungsvorlage, sollte vom BMI »durchgehalten werden«.[735] Der Nutzen einer zusätzlichen Beteiligung wurde vom BMI geringer bewertet als die Finanzierung einer bescheiden anmutenden Summe. Auch wenn die Ständige Vertretung im Dezember auf eine Entscheidung drängte, da die Vereinten Nationen die

---

[728] BArch, B 106/371650, Entwurf Vermerk P III 2, Betr.: Einsatz von PVB des BGS im Rahmen der VN-Mission in der Westsahara – MINURSO, hier: Personelle Verstärkung des deutschen Kontingents, 27.4.1994, hier S. 2 f.
[729] Vgl. Kapitel IV.3.b).
[730] BArch, B 106/371650, Kopie Schreiben Staatssekretär im AA, Dieter Kastrup, an Staatssekretär im BMI, Kurt Schelter, 9.5.1994.
[731] Ebd., Entwurf Vermerk P II 1, Betr.: Einsatz von Polizeivollzugsbeamten (PVB) des BGS im Rahmen der VN-Mission in der West-Sahara – MINURSO, hier: Personelle Verstärkung des deutschen Kontingents, 20.6.1994.
[732] Ebd., S. 3.
[733] BArch, B 106/371650, Drahtbericht der Ständigen Vertretung in New York an Referat 230 im AA, Nr. 2188, 14.7.1994.
[734] Ebd., Kopie Schreiben Staatssekretär im AA, Dieter Kastrup, an Staatssekretär im BMI, Kurt Schelter, 5.8.1994.
[735] Siehe die Anmerkungen auf ebd., Kopie Vorlage Arbeitsgruppe P II 1 an den Innenminister, Betr.: Einsatz von Beamten des BGS im Rahmen der VN-Mission in der Westsahara (MINURSO), hier: Beantwortung des Schreibens des Staatssekretärs des Auswärtigen Amts vom 31. Oktober 1994, 21.11.1994, hier S. 3.

Geduld verlören,[736] blieben beide Ressorts bei ihrer Haltung und blockierten einmal mehr die außenpolitische Handlungsfähigkeit der Bundesregierung. Eine Aufstockung des deutschen Kontingents um fünf bzw. zehn Beamte, wie sie das VN-Sekretariat forderte, scheiterte an finanziellen Gründen.

Zumindest für das BMI hielt sich der Prestigeverlust aber in Grenzen. Getreu der VN-Philosophie gelangte die Nichtaufstockung der Bundesressorts nie an die Öffentlichkeit. Gleichzeitig behielt man die Stelle des Polizeikommandeurs; aber nur, weil die Vereinten Nationen den Posten über mehrere Wochen für einen deutschen Nachfolger freihielten, ohne zu wissen, ob Deutschland einen weiteren Kommandeur stellen würde.[737] Ganz offensichtlich erhofften sich die Vereinten Nationen durch die Beibehaltung der deutschen Führungsposition eine stärkere personelle Beteiligung. Diese Hoffnung sollte enttäuscht werden, auch wenn Wolf-Dieter Krampe im März 1995 die Führung der Polizeikomponente von Jürgen Reimann übernahm.[738]

Angesichts der Erfolglosigkeit der MINURSO blieb das BMI auch in den kommenden Monaten bei seiner Haltung. Einer weiteren Anfrage des AA zur Stellung von fünf zusätzlichen Beamten[739] stimmte Staatssekretär Kurt Schelter im Sommer 1995 zwar grundsätzlich zu. Weiterhin beharrte er jedoch darauf, dass deren Kosten nicht zulasten des BGS gehen dürften.[740] Auch wenn das AA im Frühjahr 1995 begann, alle Innenminister der Länder zur Stellung von Personal zu bitten,[741] blieb es beim kleinen deutschen Kontingent von maximal fünf Beamten. Insbesondere der Führungskreis der MINURSO wunderte sich, wieso es dem großen und finanzstarken Deutschland nicht möglich war, 15 Polizisten zu entsenden.[742] Einmal mehr zeigte sich die Abhängigkeit des AA von den personal- und materialstellenden Ressorts. Auch eine Anfrage an das BMVg zur Stellung einer Logistikeinheit, einer Fernmeldekompanie und/oder einer Pionierkompanie wurde vom Verteidigungsressort abschlägig beantwortet, obwohl das Heer grundsätzlich in der Lage war zu unterstützen. Um eben jene Fähigkeiten hatten die Vereinten Nationen im Februar 1995 informell gebeten. Da die Westsahara aus militärpolitischer Sicht aber »nicht im besonderen Interessenbereich Deutschlands« lag, die Finanzierung zu Problemen im BMVg geführt hätte und Kräfte für die NATO-Operation »Determined Effort« für einen möglichen Abzug der UNPROFOR-Kräfte

---

[736] Ebd., Drahtbericht der Ständigen Vertretung in New York an Referat 230 im AA, Nr. 4280, 8.12.1994.
[737] Vgl. ebd.
[738] VNSR, S/1995/240, 30.3.1995, Randnr. 37.
[739] BArch, B 106/371650, Schreiben Leiter der Abteilung Vereinte Nationen, Menschenrechte und humanitäre Hilfe im AA an die Geschäftsstelle der Arbeitsgemeinschaft der Innenministerien der Länder, 6.4.1995.
[740] Ebd., Kopie Schreiben Staatssekretär im BMI, Kurt Schelter, an Staatssekretär im AA, Peter Hartmann, 27.7.1995.
[741] Ebd., Kopie Schreiben des Leiters der Abteilung Vereinte Nationen, Menschenrechte und humanitäre Hilfe im AA an die Geschäftsstelle der Arbeitsgemeinschaft der Innenminister der Länder, 6.4.1995.
[742] Zeitzeugenbefragung von Polizeidirektor im BGS i.R. Wolf-Dieter Krampe am 24.11.2020.

aus Bosnien und Herzegowina zurückgehalten werden sollten, lehnte Verteidigungsminister Rühe eine Beteiligung an der MINURSO ab. Der »nötige Aufwand«, so die Ministervorlage, stehe auch angesichts der ungewissen Erfolgsaussichten der Mission »in keinem vertretbaren Verhältnis zu dem zu erwartenden politischen Nutzen«.[743] Eine mögliche Gefährdung spielte bei der Entscheidung keine Rolle. Die militärische Lage in der Westsahara bewertete das BMVg nämlich als »ruhig« und das Risiko als »durchaus kalkulierbar«.[744] Auch hier spielten also weder die Rahmenlage der Mission noch der Bedarf der Vereinten Nationen eine Rolle bei der Entscheidung, sondern bündnis- und sicherheitspolitische Interessen in Südosteuropa, auch wenn die Nichtgestellung gegenüber dem Bundestag schlicht mit mangelnden Kapazitäten begründet wurde.[745]

Letztlich endete das deutsche personelle Engagement im Sommer 1996; Kontingentführer Krampe war bereits Ende August 1995 zurückgekehrt. Der Posten des Police Commissioners war nicht von einem deutschen Beamten nachbesetzt worden;[746] vermutlich stand kein freiwilliger BGS-Beamter des höheren Dienstes mehr zur Verfügung.[747] Aufgrund des jährlichen Stellenabbaus herrschte bei vielen Dienststellen ein subjektiv empfundener Personalmangel, der es erschwerte, fähiges Personal für mehrere Monate abzustellen.[748]

Der Abzug im Sommer 1996 ging allerdings nicht auf eine Entscheidung der Bundesressorts zurück. Aufgrund der Stagnation des Friedensprozesses war das Mandat der MINURSO geändert und ein Großteil der CIVPOL-Komponente abgezogen worden. Im Juni 1996 folgten die BGS-Beamten nur der internationalen Resignation.[749] Schaden für die deutsche Außenpolitik entstand nicht und auch die Kosten des gesamten Einsatzes hielten sich mit weniger als 500 000 D-Mark in Grenzen.[750] Einen wirklichen Nutzen erzielten die Beamten aufgrund des festgefahrenen Friedensprozesses kaum. Ihren eigentlichen Auftrag, für Ruhe und Ordnung an den Wahllokalen zu sorgen,

---

[743] BArch, BW 1/372598, Kopie Vorlage Fü S III 5 an den Verteidigungsminister, Betr.: VN-Mission für das Referendum in der Westsahara (MINURSO), hier: Informelle Bitte der VN zur Bereitstellung von Logistik-, Fernmelde- und Pionierkomponenten, 1.3.1994 [1995].

[744] Ebd., Kopie als Anlage Schreiben Fü S II 4 an Fü S III 5, Betr.: VN-Mission für das Referendum in der Westsahara (MINURSO), hier: Informelle Bitte der VN zur Bereitstellung von Logistik-, Fernmelde- und Pionierkomponenten, 16.2.1995.

[745] BT-Drs. 13/6773, 15.1.1997, S. 28.

[746] Interimsmäßig übernahm Oberstleutnant Jan Walmann (Norwegen) die Führung, ehe Brigadegeneral Walter Fallmann (Österreich) die CIVPOL von Januar bis Juli 1996 führte. VNSR, S/1995/779, 8.9.1995, Randnr. 34; Schmidl, Friedensoperationen nach 1945, S. 22.

[747] Zeitzeugenbefragung von Polizeidirektor im BGS i.R. Wolf-Dieter Krampe am 24.11.2020.

[748] Zeitzeugengespräch mit Präsident des BKA a.D. Dr. Ulrich Kersten am 16.12.2020.

[749] BArch, B 106/371650, Rundschreiben BGS II 3, Betr.: Einsatz von PVB des BGS im Rahmen der Friedensmission der VN in der Westsahara – MINURSO, hier: Beendigung des Einsatzes für die PVB des BGS, 10.6.1996.

[750] BT-Drs. 13/6558, 13.12.1996, S. 7.

konnten sie nicht erfüllen, weil es nie zum Referendum kam. Die international hoch angesehenen BGS-Beamten[751] trugen jedoch dazu bei, dass der Konflikt nicht wieder ausbrach. Zudem sammelten sie auch hier wertvolle Erfahrungen, die nicht nur jedem Einzelnen, sondern auch der Organisation zugutekamen.[752] Aus nationalem Blickwinkel war ihre Entsendung auch diesmal ein Erfolg.

### e) Der Bundestag und der Friedensprozess in der Westsahara

Anders als in Angola oder Liberia beschäftigten sich die deutschen Politiker frühzeitig mit dem Konflikt in der Westsahara. Ähnlich wie in Namibia konnten sie auch hier ihr afrikapolitisches Profil durch die Hilfe bei der Lösung eines der letzten Dekolonisationskonflikte schärfen. Im Juni 1991, rund sieben Wochen nach Verabschiedung der Resolution 690 zur Aufstellung der MINURSO, forderten die Abgeordneten des Bundestags ein stärkeres bundesdeutsches Engagement zur Beendigung des Konflikts. In einem fraktionsübergreifenden Antrag – ohne die Gruppe PDS/Linke Liste – forderten sie von der Regierung, »auf eine rasche und vollständige Verwirklichung des Friedensplans [...] zu drängen« und »sich sowohl finanziell an der VN-Mission [...] zu beteiligen als auch qualifiziertes [...] Personal für deren zivile Aktivitäten zur Organisation und Durchführung des Referendums zur Verfügung zu stellen«.[753] Damit war zwar keine Forderung nach einer uniformierten Beteiligung an der MINURSO verbunden, jedoch forderten die deutschen Parlamentarier ausdrücklich einen personellen Beitrag, was das Interesse am Konflikt unterstrich. Einen Tag später, in der letzten Sitzung vor der Sommerpause, wurde der Antrag nicht nur von den wenigen Parlamentariern angenommen,[754] in seiner – lediglich zu Protokoll gegebenen – Rede begrüßte Staatsminister im AA Helmut Schäfer den Antrag ausdrücklich und kündigte an, dass die Bundesregierung die Beteiligung eines kleinen Kontingents des BGS prüfen werde.[755]

Konkrete Angaben machte Staatssekretär im BMI Hans Neusel Mitte Juni 1991 im Innenausschuss, ohne dass die Beteiligung grundsätzlich von den Abgeordneten infrage gestellt wurde.[756] Den Entschluss zur Entsendung von bis zu 15 BGS-Beamten fasste das Bundeskabinett – auch als Reaktion

---

[751] Zeitzeugengespräch mit Brigadegeneral i.R. Walter Fallmann am 16.5.2021.
[752] Zeitzeugenbefragung von Präsident des GSP Mitte a.D. Jürgen Reimann am 10.5.2020.
[753] BT-Drs. 12/798, 18.6.1991, S. 2; BT-PlPr. 12/33, 19.6.1991, S. 2683–2688.
[754] BT-PlPR. 12/33, 19.6.1991, S. 2688.
[755] Ebd., S. 2711 f. Anfang Mai hatte Staatssekretär im AA Dieter Kastrup bereits erklärt, dass die Bundesregierung derzeit prüfe, »in welcher Form und mit welchen Mitteln sie die vorgesehene Mission [...] fördern« könne. BT-Drs. 12/500, 10.5.1991, S. 4.
[756] PA-DBT 3114, Innenausschuss, 12/11, 19.6.1991, S. 27 ff. Am kritischsten war Burkhard Hirsch (FDP), der keinen klaren Auftrag und keine Rechtsgrundlage für die Entsendung sah. Ebd.

auf den Antrag der Parlamentarier[757] – am 14. August 1991.[758] Anders als noch in der Debatte um die Beteiligung an der UNTAG regte sich dieses Mal kaum noch Protest, was auch daran lag, dass die Grünen nach den Bundestagswahlen von 1990 nicht mehr im Parlament vertreten waren[759]. Für die übrigen Abgeordneten schien die Beteiligung an einer VN-Mission mit 15 Polizisten nach den Entsendungen des BGS 1989 nach Namibia und der Bundeswehr 1990/91 in die Türkei sowie ins Mittelmeer[760] wenig aufsehenerregend. Ohnehin stand die Mehrheit der Parlamentarier hinter der VN-Maßnahme. In ihrer Kleinen Anfrage Mitte Oktober 1991 erkundigte sich die PDS/Linke Liste lediglich nach den Schritten, die die Bundesregierung bisher zur Unterstützung des Friedensplans in Erwägung gezogen habe. Selbst sie verzichtete aber auf Kritik.[761] Angesichts der Verzögerung der Stationierung forderten die Parlamentarier die Bundesregierung im Juni 1992 erneut dazu auf, sich für die Vollendung des Friedensprozesses starkzumachen.[762] Von der Entsendung der Polizisten im Juni 1993 wurde allerdings kaum Kenntnis genommen; parallel erfolgte der Aufwuchs des Bundeswehrkontingents in Somalia.

Deutlich aktiver wurden die deutschen Diplomaten, als sie 1995/96 erneut als nichtständige Mitglieder im VNSR saßen. Laut Christian Freuding war Deutschland damals »zu den SR-Mitgliedern zu zählen, die sich im Rahmen ihrer Möglichkeiten aktiv dafür einsetzten, das [...] Westsahara-Regime der Vereinten Nationen aufrechtzuerhalten.«[763] Die Opposition kritisierte allerdings die deutschen Beziehungen zu Marokko und sprach der Bundesregierung die Neutralität ab.[764]

Angesichts der problematischen Wähleridentifikation stellten im Februar 1996 alle bis auf die Gruppe PDS/Linke Liste im Bundestag vertretenen Fraktionen einen dritten Antrag, in dem sie »die langjährige personelle, finanzielle und politische Unterstützung« der Bundesrepublik für den Friedensplan bekräftigten und die Regierung aufforderten, weiter für dessen Ver-

---

[757] Vgl. BArch, B 106/371650, Entwurf Vorlage P II 1 an den Staatssekretär, Betr.: Entsendung von 15 Polizeivollzugsbeamten des Bundesgrenzschutzes zu der VN-Mission zur Durchführung des Referendums in der West-Sahara (MINURSO), 1.8.1991, hier S. 2.
[758] BPA, Beteiligung des Bundesgrenzschutzes an der VN-Friedensmission in der West-Sahara. In: Bulletin, Nr. 87, 16.8.1991, S. 708. Siehe auch BT-Drs. 12/1423, 22.11.1991, S. 2; BT-Drs. 12/3781, 20.11.1992, S. 1.
[759] Anlässlich der erneuten marokkanischen Angriffe forderten diese im September 1991 die Revision des deutschen Kabinettsbeschlusses. Die Entsendung deutscher Polizisten entspreche »faktisch einem verdeckten ›out of area Einsatz‹«. BArch, B 106/157021, Die Grünen Pressedienst, Strikte Einhaltung des UNO Friedensplans für die Westsahara, Nr. 179/91, 11.9.1991.
[760] Zum deutschen Engagement im Rahmen des Zweiten Golfkriegs und zur innerdeutschen Debatte ausführlich siehe Kriemann, Hineingerutscht?, S. 51–94.
[761] BT-Drs. 12/1340, 17.10.1991.
[762] BT-Drs. 12/2896, 23.6.1992; BT-PlPr. 12/100, 26.6.1992, S. 8574.
[763] Freuding, Deutschland in der Weltpolitik, S. 439.
[764] Vgl. PA-DBT 3122, Ausschuss für wirtschaftliche Zusammenarbeit, 12/55, 16.6.1993, S. 6.

wirklichung einzutreten.[765] Drei Wochen später drückten die Redner ihre Enttäuschung über den stockenden Friedensprozess in einer halbstündigen Debatte aus und zeigten Sympathien für die geflüchteten Sahrauis. Bei erneuter Enthaltung der PDS/Linke Liste nahmen die wenigen Parlamentarier den Antrag nachts um halb eins an.[766] Weder wurde über konkrete Handlungen der Bundesregierung noch über die Ausgestaltung der Mission MINURSO gesprochen. Lediglich der FDP-Abgeordnete Burkhard Hirsch erklärte, dass »die Hoffnung auf eine friedliche Lösung gegen null« tendiere, sollte die MINURSO abgezogen werden.[767] Konsequenzen für die Bundesregierung zog er daraus aber nicht.

Nach dem gescheiterten Identifikationsprozess und dem Teilabzug der MINURSO nannte der nächste fraktionsübergreifende Antrag der Parlamentarier weder die Mission noch die Vereinten Nationen. Von nun an sollte die Bundesregierung nur noch bilateral und durch die EU auf die Konfliktparteien einwirken und sie zur Umsetzung des Friedensvertrags ermutigen.[768] Erstmals wurde der Antrag auch nicht sofort im Bundestag verabschiedet, sondern ohne Debatte an den Auswärtigen Ausschuss überstellt.[769] Nach dessen Beschlussempfehlung im Januar 1997[770] stimmten die Parlamentarier dem Antrag im Rahmen einer Afrikadebatte zu, ohne erneut auf den Konflikt oder die MINURSO einzugehen.[771] Enttäuschung über die begrenzten Möglichkeiten der Vereinten Nationen hatten die wenn auch nur bei einigen Parlamentariern vorhandene Euphorie der beginnenden 1990er-Jahre verdrängt. Mit technischen Details des Friedensvertrags beschäftigten sich die Parlamentarier nicht. Normativen Überlegungen folgend, setzten sie sich für die politische Lösung des Konflikts und die Rückkehr der Sahraouis ein. Am Bedarf der Vereinten Nationen oder der Notwendigkeit vor Ort orientierten aber auch sie sich nicht.

f) Keine ›token contribution‹ bei der MINURSO

Das Szenario in der Westsahara ähnelte dem in Namibia: Es ging um die Dekolonisation bzw. die Unabhängigkeit eines afrikanischen Gebiets, es existierten ein Fahrplan zur Umsetzung eines Referendums und eine Vereinbarung zum Waffenstillstand. Der Auftrag für die einzusetzenden Kräfte war klar formuliert. Erneut nahmen auch alle wichtigen Partner der Bundesrepublik an der VN-Mission MINURSO teil. Die Rahmenlage erfüllte fast alle Kriterien, die die Bundesressorts später offiziell für wichtig erachteten. Zudem lag es in

---

[765] BT-Drs. 13/3702 (neu), 7.2.1996.
[766] BT-PlPr. 13/89, 29.2.1996, S. 7970–7976.
[767] Ebd., S. 7974.
[768] BT-Drs. 13/5725, 8.10.1996, S. 1.
[769] BT-PlPr. 13/131, 17.10.1996, S. 11989.
[770] BT-Drs. 13/6702, 14.1.1997.
[771] BT-PlPr. 13/151, 16.1.1997, S. 13565–13600.

ihrem Interesse, das Verhältnis der Bundesrepublik zu den Staaten Subsahara-Afrikas zu verbessern, die größtenteils für die Unabhängigkeit der Westsahara einstanden. Auch versuchten die Bundesressorts nach der personellen Nichtbeteiligung am Zweiten Golfkrieg international verlorenes Ansehen zurückzugewinnen. Aufgrund dieser Ausgangsposition, bei der es so gut wie nie um das Einsatzland selbst ging, lag die Beteiligung an der MINURSO fast zwangsläufig im Interesse der Bundesressorts. Da der Umfang der Mission deutlich geringer war als in Namibia, der BGS bei der UNTAG einen guten Eindruck hinterlassen hatte und die deutschen Diplomaten eine Beteiligung der Bundeswehr ausschlossen, fragten die Vereinten Nationen nicht nach Soldaten, sondern erneut nach Polizisten. Wie im Falle von Namibia waren in der Bundesrepublik daher abermals das AA und das BMI die Hauptakteure des deutschen Entscheidungsprozesses.

Das AA versuchte durch die Beteiligung sein internationales Profil zu schärfen und einmal mehr sein gesteigertes Verantwortungsbewusstsein im internationalen Rahmen zu beweisen. Von Beginn an legte es sich dabei auf das Instrument der Polizeibeteiligung fest, sodass es ähnlich wie in Namibia zu keiner Entweder-oder-Abwägung zwischen der Entsendung der Bundeswehr und derjenigen des BGS kam.

Das BMI erkannte in der Auslandsverwendung eine Möglichkeit zur Werbung in eigener Sache, zum Sammeln internationaler Erfahrung und zur Attraktivitätssteigerung des BGS, der sich nach der deutschen Einheit und der bevorstehenden Reisefreiheit im Schengenraum mit Reformen konfrontiert sah. Zudem wollte das BMI nach den Erfahrungen des Zweiten Golfkriegs bei einer erneuten Nichtbeteiligung nicht für einen weiteren Ansehensverlust der Bundesrepublik verantwortlich sein. Die Entscheidung für die Beteiligung des BGS erfolgte somit einstimmig, ohne dass ein Kompromiss zwischen den Akteuren hätte gefunden werden müssen. Die Motive waren überwiegend nationaler Natur. Der Bedarf der Vereinten Nationen spielte nur dahingehend eine Rolle, als man einer Bitte der Vereinten Nationen folgte. Eigeninitiative entwickelten die Ressorts nicht. Dafür fehlten in der Westsahara die sicherheitspolitischen oder wirtschaftlichen Interessen. Anders als Namibia war die Westsahara als Einsatzland austauschbar.

Obwohl nur fünf Beamte in der Westsahara zum Einsatz kamen, handelte es sich hierbei um keine bewusste ›token contribution‹. Wie in Namibia setzten die Vereinten Nationen auf mehrere kleine Polizeikontingente. Zwar waren die Bundesressorts im Frühjahr 1993 kurzfristig auch nicht in der Lage, mehr als die fünf Beamten zu entsenden, aufgrund der Blockade des Friedensprozesses mussten die Vereinten Nationen aber ohnehin von ihrem ursprünglichen Stationierungskonzept abrücken und hatten zunächst gar keinen größeren Bedarf an Personal. Die fünf Beamten reichten somit vorerst aus.

Der ausbleibende Erfolg der Mission, der Abzug eines Großteils der anderen Beteiligten sowie neue polizeiliche Aufgaben innerhalb der Bundesrepublik und im ehemaligen Jugoslawien senkten jedoch schnell das Interesse des

BMI. Zwar war es 1994 bereit, die Mission wie bisher auf moderatem Niveau fortzusetzen, eine Aufstockung, noch dazu auf eigene Kosten, kam dagegen nicht in Betracht. Das AA, das nach der Beendigung der VN-Mission in Kambodscha, dem abzusehenden Ende des Bundeswehrengagements bei der UNOSOM II und dem nicht erfolgten Einsatz des BGS in Somalia seinen Anspruch auf einen ständigen Sitz im VNSR schwinden sah, war nicht in der Lage, seine Interessen gegen das BMI durchzusetzen. Letztlich blieb es bei der Entsendung von maximal fünf Beamten des BGS. Allerdings stellte Deutschland zum ersten Mal den Kommandeur einer uniformierten VN-Komponente. Das deutsche Kontingent war geachtet[772], es sammelte wertvolle Erfahrungen und internationale Anerkennung. Für die Beamten und den BGS war die Beteiligung auch diesmal ein Erfolg.

Interesse am Konflikt war auch bei deutschen Politikern vorhanden. Wiederholt und über Parteigrenzen hinweg sprachen sie sich für eine stärkere Beteiligung der Bundesregierung an der Umsetzung des Friedensplans aus. Dies ist erstaunlich angesichts der relativ begrenzten Dimensionen des Konflikts.[773] Das politische Streben nach dem Selbstbestimmungsrecht der sahraouischen Bevölkerung basierte auf normativen, politischen Überlegungen. Es hatte aber keine längere Diskussion um die VN-Mission MINURSO zur Folge. Zwar wurde der von den Vereinten Nationen ausgearbeitete Friedensplan von allen Seiten begrüßt und politisch unterstützt, eine Diskussion über eine bundesdeutsche Beteiligung an der Mission gab es aber nicht. Allein die Forderung nach Dekolonisation passte in das Profil der bundesdeutschen Außenpolitik, nicht der Einsatz von uniformiertem Personal zu deren Unterstützung.

Großen Einfluss auf die Entscheidung hatte der Bundestag aber ohnehin weiter nicht. Diese wurde einzig im Kabinett getroffen. Anders als im Falle von Namibia führte der Kabinettsbeschluss aber zu keiner Auseinandersetzung mit der Opposition. Weder die Entsendung noch der Abzug der Beamten fand große Aufmerksamkeit, in der Politik genauso wenig wie in der Öffentlichkeit. Nach den Beteiligungen in Namibia und Kambodscha war die Entsendung weniger BGS-Beamter fast schon Normalität. Eine mediale Inszenierung der Entsendung war aufgrund der begrenzten Größe auch nicht mehr im Interesse der Ministerien. Auslandseinsätze, egal ob vom BGS oder der Bundeswehr, gehörten mittlerweile zum Geschäft.

Mit dem Abzug der BGS-Beamten im Sommer 1996 endete nicht das deutsche politische Interesse an der Lösung des Konflikts. Der Abzug war ein Resultat der geänderten VN-Konzeption und ging nicht auf die Initiative der Bundesressorts zurück. Praktisch jährlich beschäftigte sich der Bundestag seitdem mit dem Konflikt und drängte die Bundesregierung zur Unterstützung einer politischen Lösung. Seit 2013 beteiligt sich die Bundesregierung er-

---
[772] Zeitzeugengespräch mit Brigadegeneral i.R. Walter Fallmann am 16.5.2021.
[773] Bis zum Waffenstillstand 1991 sollen nur wenige Tausend Menschen bei den Kämpfen ums Leben gekommen sein. Vgl. Zunes/Mundy, Western Sahara, S. 25.

neut mit uniformiertem Personal an der MINURSO; dieses Mal mit bis zu 20 Soldaten der Bundeswehr, wie das Kabinett im Oktober 2013 beschloss. Bisher kamen jedoch nie mehr als fünf Soldaten gleichzeitig zum Einsatz.[774] Weil dieser unbewaffnet erfolgt,[775] war aus Sicht der Bundesregierung kein Bundestagsmandat erforderlich. Eine deutsche Einsatzmedaille gibt es für die Soldaten der Bundeswehr trotzdem,[776] anders als für die Beamten des BGS. Das erneute deutsche Engagement lässt sich wohl am ehesten mit der 2012 erfolgten Ernennung des Deutschen Wolfgang Weisbrod-Weber zum neuen Leiter der MINURSO[777] erklären. In der Westsahara erfolgte und erfolgt die deutsche Beteiligung eher aus Prestigegründen, auch wenn es aufgrund der Destabilisierung des westlichen Sahels durch den 2012 ausgebrochenen Konflikt in Mali im Interesse der Bundesressorts gelegen haben mag, ohne größeres Risiko weitere Sensoren in der Region zu stationieren.

### 3. »Zurück in der Familie«:[778] Die Bundesrepublik Deutschland und Somalia

#### a) Staatszerfall in Somalia: Von der UNOSOM zur UNOSOM II

Chronologisch gesehen war nicht die Beteiligung des BGS in der Westsahara die zweite Teilnahme der Bundesregierung an einer VN-Mission in Afrika, sondern die Entsendung der Bundeswehr nach Somalia. 1992 herrschte hier eine Hungersnot, die, von einem Bürgerkrieg verstärkt, den Tod Hunderttausender Menschen forderte. Neben einer Luftbrücke zur humanitären Hilfe versuchten hintereinander drei internationale Militärmissionen die Lage zu verbessern. Dass Somalia eine bedeutende Rolle in der Geschichte der Bundeswehr einnimmt – Horst Niggemeier (SPD) sprach im Verteidigungsausschuss von einer »historischen Wende«[779] –, liegt weniger am (Miss-) Erfolg dieser Missionen. Vielmehr war die dortige Beteiligung der erste große Kontingenteinsatz deutscher Streitkräfte nach dem Zweiten Weltkrieg. Zeitweise stellte Deutschland das fünftgrößte Kontingent der VN-Mission UNOSOM II. In den Worten des damaligen Generalinspekteurs Klaus Naumann war Somalia »ein Einsatz, der gut in das Konzept der schrittweisen Gewöhnung Deutschlands an solche Einsätze« passte.[780] Der Weg zur Beteili-

---

[774] Vgl. United Nations, Summary of Contributions to UN Peacekeeping by Country, Mission and Post, 31.5.2017, S. 15, https://peacekeeping.un.org/sites/default/files/may 17_3.pdf.
[775] BT-Drs. 18/1410, 12.5.2014, S. 5.
[776] BMVg, Ehrenzeichen und Einsatzmedaillen der Bundeswehr, S. 46.
[777] VNSR, S/2012/441, 14.6.2012; VNSR, S/2012/442, 14.6.2012.
[778] So der Kommandeur des Vorkommandos, Generalmajor Bernhardt, nach seiner Ankunft in Somalia. ARD, Tagesschau vor 20 Jahren, 16.5.1993.
[779] PA-DBT 3119, Ausschuss für Verteidigung, 12/61, 30.6.1993, S. 90.
[780] Naumann, Der Wandel des Einsatzes, hier S. 485.

gung war jedoch keineswegs gradlinig. Der deutsche Entscheidungsprozess war durch politische Selbstbeschränkung, Ressortegoismen und ständige Lageänderungen geprägt.

*Hintergrund: Der somalische Bürgerkrieg*

Ende der 1980er-Jahre eskalierte in Somalia ein seit langem schwelender Konflikt.[781] Nach einem Militärputsch 1969 hatte der neue Machthaber Mohamed Siad Barre alle wichtigen Positionen im Staat kontrolliert und jede Opposition unterdrückt.[782] 1988 gingen im Nordwesten des Landes operierende Rebellen in die Offensive.[783] Die somalische Armee reagierte erbarmungslos.[784] Bis Anfang 1990 starben rund 60 000 Menschen infolge der Gewalt.[785] Im Dezember 1988 bat die VNGV erstmals um internationale Hilfe für die betroffene Bevölkerung.[786]

Der Bürgerkrieg erfasste jedoch das ganze Land. Immer mehr Bevölkerungsgruppen lehnten sich gegen die Regierung auf. Am 26. Januar 1991, parallel zur US-geführten Befreiung Kuwaits,[787] floh Siad Barre aus der Hauptstadt.[788] Der Konflikt war damit jedoch nicht beendet. Insbesondere die beiden stärksten Gruppen innerhalb Mogadischus, auf der einen Seite die Anhänger des neuen selbsternannten Präsidenten Ali Mahdi Mohamed[789], auf der anderen Seite die des Generals Mohamed Farah Aidid[790], bekämpften sich weiter.[791] Für die Menschen im Zentrum und im Süden Somalias

---

[781] Ausführlich siehe Africa Watch, Somalia. A Government at War with Its Own People; Africa Watch, Somalia. Beyond the Warlords; Krech, Der Bürgerkrieg in Somalia.

[782] Vgl. Krech, Der Bürgerkrieg in Somalia, S. 18 ff.; Herrmann, Der kriegerische Konflikt in Somalia, S. 55–60; Lewis, A Modern History of the Somali, S. 205–225, 248–251, 254–257; Matthies, Kriege am Horn von Afrika, S. 157 f.

[783] Zu den somalischen Rebellengruppen siehe Compagnon, Somali Armed Movements.

[784] Krech, Der Bürgerkrieg in Somalia, S. 37–49; Matthies, Kriege am Horn von Afrika, S. 159 ff. Zur Lage im Frühjahr 1989 siehe auch VNGV, A/44/261, 3.5.1989.

[785] Africa Watch, Somalia. A Government at War with Its Own People, S. 3.

[786] VNGV, A/RES/43/206, 20.12.1988. Die VNGV erneuerte ihren Aufruf jährlich. Vgl. VNGV, A/RES/44/178, 19.12.1989; VNGV, A/RES/45/229, 21.12.1990; VNGV, A/RES/46/176, 19.12.1991.

[787] Die Operation begann am 16.1.1991 mit Luftschlägen gegen den Irak und endete am 28.2.1991 mit einem Waffenstillstand der USA. VNSR, S/22090, 17.1.1991; VNSR, S/22341, 8.3.1991.

[788] Krech, Der Bürgerkrieg in Somalia, S. 49.

[789] Ein ehemaliger Politiker und Hotelbesitzer aus Mogadischu, der dem Sub-Clan Abgaal der Hawiye angehörte. BArch, B 136/43222, Drahtbericht der Botschaft der Bundesrepublik Deutschland in Nairobi an Referat 322 im AA, Nr. 44, 31.1.1991; Krech, Der Bürgerkrieg in Somalia, S. 49.

[790] Ausgebildet u.a. an den Militärakademien in Italien und der Sowjetunion, diente Aidid vor dem Bürgerkrieg als Botschafter in Indien. Wie Ali Mahdi gehörte Aidid zum Clan der Hawiye, aber zum Sub-Clan der Habar Gedir. VNSR, S/26351, 24.8.1993, Annex, Randnr. 22; Krech, Der Bürgerkrieg in Somalia, S. 50.

[791] Ursprünglich gehörten beide zur Koalition des United Somali Congress. Zum Bruch kam es, als Ali Mahdi ohne Absprache mit Aidid zum Interimspräsidenten ernannt wurde. Compagnon, Somali Armed Movements, S. 81. Siehe auch Africa Watch, Somalia. Beyond the Warlords; Peterson, Me Against my Brother, S. 19–37.

## IV. Deutsche ›Blauhelme‹ in Afrika

hatte die Gewalt katastrophale Folgen. Durch Bürgerkrieg, Dürre und Krankheiten[792] starben von einer Bevölkerung von etwa acht Mio. zwischen 1991 und 1993 mehrere Hunderttausend Menschen,[793] rund 4,5 Mio. wurden von Nahrungsmittelknappheit bedroht.[794] Angesichts der fatalen Lage forderte der VNSR am 23. Januar 1992 stärkere humanitäre Hilfe. Zusätzlich verhängte er unter Bezug auf Kapitel VII der VN-Charta ein Waffenembargo.[795]

Auf Vermittlung der Vereinten Nationen stimmten die beiden Kriegsherren zwei Wochen später prinzipiell zu, die Gewalt einzustellen. Der militärisch schwächere[796] Ali Mahdi befürwortete die Entsendung internationaler Truppen zur Überwachung eines Waffenstillstands.[797] Der militärisch überlegene Aidid stand VN-Soldaten dagegen skeptisch gegenüber. Er befürchtete eine Stärkung Ali Mahdis.[798] Dennoch unterzeichneten beide am 3. März 1992 einen nur für Mogadischu geltenden Waffenstillstand und einigten sich prinzipiell auf dessen Überwachung.[799] Hierzu schlug der VNGS die Entsendung von zunächst 40 – in Absprache mit den Konfliktakteuren später 50[800] – Militärbeobachtern und einigen Polizisten zur Unterstützung der Verteilung von Hilfsgütern vor.[801] Der VNSR zögerte die Zustimmung aber hinaus.[802] Finanzielle Bedenken, gerade aus den USA als größtem Beitragszahler, sprachen gegen ein größeres VN-Engagement.[803]

Unterdessen verschlechterte sich die Lage der notleidenden Bevölkerung.[804] Am 21. April 1992 legte der VNGS einen 90-Tage-Nothilfeplan vor.[805] Erst danach wurde er vom VNSR beauftragt, die 50 Militärbeobachter zu entsenden. Zudem stimmte der Sicherheitsrat der Aufstellung einer »United Nations security force« zu. In Abwesenheit einer somalischen Regierung verlangte er aber zunächst weitere Gespräche mit den gut einem Dutzend Konfliktparteien.[806] Nachträglich kritisierte daher auch der zum VN-Sonderbeauftragten ernannte Mohamed Sahnoun die Behäbigkeit, mit der die Vereinten Nationen ihre Hilfe begannen.[807]

---

792 Vgl. Omaar/Waal, Somalia, S. 12–17.
793 The United Nations and Somalia, S. 23, Randnr. 62; BT-Drs. 12/6585, 14.1.2020, S. 4.
794 The United Nations and Somalia, S. 5, Randnr. 9.
795 VNSR, S/RES/733(1992), 23.1.1992.
796 Hirsch/Oakley, Somalia, S. 19.
797 VNSR, S/23693, 11.3.1992, Randnr. 22.
798 Hirsch/Oakley, Somalia, S. 19. Formell stimmte Aidid einer VN-Präsenz erst Ende Juni 1992 zu. VNSR, S/24343, 22.7.1992, Randnr. 15.
799 VNSR, S/23693, 11.3.1992, Randnr. 39.
800 VNSR, S/23829, 21.4.1992, Randnr. 24 ff.
801 VNSR, S/23693, 11.3.1992, Randnr. 42.
802 VNSR, S/RES/746(1992), 17.3.1992.
803 Rutherford, Humanitarianism, S. 21 f.
804 VNSR, S/23829/Add.1, 21.4.1992, Randnr. 10.
805 Ebd.
806 Vgl. VNSR, S/RES/751(1992), 24.4.1992; VNSR, S/24992, 19.12.1992, Randnr. 17; VNSR, S/25168, 26.1.1993, Annex I, S. 10; Krech, Der Bürgerkrieg in Somalia, S. 221–232.
807 Sahnoun, Somalia, S. 18–21.

*Die VN-Mission UNOSOM*

Die 50 Militärbeobachter sollten in VN-Tradition unbewaffnet sein.[808] Je fünf sollten aus Ägypten, Bangladesch, Fidschi, Finnland, Indonesien, Jordanien, Marokko, Österreich, Simbabwe und der Tschechoslowakei stammen.[809] Zum »Chief Military Observer« wurde ein pakistanischer Brigadegeneral ernannt.[810] Aufgrund der Differenzen zwischen Aidid und Ali Mahdi traf er allerdings erst am 5. Juli in Mogadischu ein.[811] Als Schutzkomponente schlug der VNGS die Entsendung von 500 Soldaten vor.[812] Diese sollten das VN-Personal, die Ausrüstung und den Nachschub am Hafen von Mogadischu sowie Hilfstransporte sichern.[813] Die Soldaten sollten Angreifer aber nur durch ihre Präsenz abschrecken und sich sonst nur selbst verteidigen.[814] Da die Vereinbarung zwischen Ali Mahdi und Aidid nur für Mogadischu galt, blieb der Einsatzraum des VN-Personals auch nur auf die Hauptstadt begrenzt.[815] Die erste VN-Mission in Somalia bewegte sich somit im Rahmen des ›traditionellen Peacekeeping‹.[816] Ihre Aufgabe war es nicht, die Kämpfe zu beenden, sondern zu beobachten, zu vermitteln und wo möglich Menschen zu helfen.

Bereits Ende Juni 1992 nahm die Neutralität der Vereinten Nationen aber Schaden. Ein Charterflugzeug mit VN-Logo lieferte Waffen und Geld an Ali Mahdi. Vorübergehend zog Aidid seine Zustimmung zur Stationierung der Beobachter zurück.[817] Die Lage verschlimmerte sich indes weiter. Das Gesundheitssystem brach vollends zusammen, Trinkwasser war nicht länger verfügbar und es drohten Epidemien.[818] Bei einem Bedarf von mindestens 180 000 Tonnen Nahrungsmitteln im ersten Halbjahr wurden bis Juli nur 79 000 geliefert.[819] Über einer Million Kindern drohte der Hungertod. Täglich flohen rund 1000 Menschen nach Kenia.[820] Zur Versorgung der Menschen in schwer zugänglichen Gebieten beschloss der VNSR auf Vorschlag des VNGS[821] Ende Juli den Aufbau einer Luftbrücke.[822] Kurz zuvor waren die 50 Beobachter in Mogadischu gelandet.[823] Weil die Lage aber gespannt blieb,

---

[808] VNSR, S/23829, 21.4.1992, Randnr. 24 ff.
[809] VNSR, S/24177, 25.6.1992.
[810] VNSR, S/24180, 29.6.1992; VNSR, S/24181, 29.6.1992.
[811] VNSR, S/24343, 22.7.1992, Randnr. 6.
[812] VNSR, S/23829, 21.4.1992, Randnr. 29.
[813] Ebd., Randnr. 27.
[814] Ebd., Randnr. 28.
[815] Ebd., Randnr. 31.
[816] The United Nations and Somalia, S. 24, Randnr. 66; Hufnagel, UN-Friedensoperationen, S. 167; O'Neill/Rees, United Nations Peacekeeping, S. 110.
[817] VNSR, S/24343, 22.7.1992, Randnr. 17 ff.; Sahnoun, Somalia, S. 39; Hirsch/Oakley, Somalia, S. 22 f.
[818] VNSR, S/24343, 22.7.1992, Randnr. 27 f.
[819] Ebd., Randnr. 33 (a).
[820] Ebd., Randnr. 26.
[821] Ebd., Randnr. 61.
[822] VNSR, S/RES/767(1992), 24.[27.]7.1992.
[823] VNSR, S/24480, 24.8.1992, Randnr. 27.

weil bewaffnete Banden Konvois und Lagerhäuser plünderten,[824] erklärte sich Pakistan bereit, die 500 Soldaten zu entsenden.[825] Weitere Einheiten mit je 750 Soldaten sollten in Berbera (Nordwestsomalia), Boosaaso (Nordsomalia), Kismaayo (Südsomalia) und in Mandera (Nordostkenia) stationiert werden.[826] Zudem schlug der VNGS die Aufstellung einer Unterstützungskomponente von 719 Personen vor.[827]

Der Vergrößerung der UNOSOM auf bis zu 4219 Soldaten[828] stimmte der VNSR Ende August 1992 zu. Gleichzeitig autorisierte er die Ausweitung des Operationsgebiets auf das Umland von Mogadischu.[829] Zudem verständigten sich die Geberländer im Oktober auf einen neuen 100-Tage-Hilfsplan.[830] Die Aufstockung der UNOSOM verlief jedoch schleppend. Die pakistanischen Soldaten bezogen erst im November – fast drei Monate nach ihrer Autorisierung – Stellung am Flughafen von Mogadischu. Zuvor hatte Aidid die Stationierung verweigert;[831] Hafen und Flughafen lagen im südlichen, von Aidid und seiner Somali National Alliance (SNA) kontrollierten Teil der Stadt.[832]

Obwohl mittlerweile genug Hilfsgüter ins Land kamen, erschwerte die Unsicherheit ihre Verteilung.[833] Weil bereits Ende 1992 – und damit vor Ankunft eines Großteils der VN-Truppen – feststand, dass die UNOSOM ihr Mandat nicht erfüllen konnte,[834] stimmte der VNSR am 3. Dezember einstimmig für eine landesweite Erzwingungsmission unter Führung eines der VN-Mitgliedsstaaten.[835] Aus militärischen, nicht primär humanitären Erwägungen hatten die USA Ende November Bereitschaft zur Führung einer solchen Mission signalisiert.[836] Für den VNGS war eine Mission der Mitgliedsstaaten nur die zweite Wahl. Er hatte eine Mission unter VN-Kommando präferiert.[837] Dennoch beschloss der VNSR auf Initiative der USA mit Resolution 794 erstmals, ohne Zustimmung des Einsatzlandes mit multinationalen Truppen zur Durchsetzung von Maßnahmen nach Kapitel VII der VN-Charta in einem internen Konflikt zu intervenieren. Der Auftrag der vermeintlich »first hu-

---

[824] Ebd., Randnr. 12, 20, 23.
[825] VNSR, S/24451, 14.8.1992; VNSR, S/24452, 14.8.1992.
[826] VNSR, S/24480, 24.8.1992, Randnr. 25 f. und 37.
[827] VNSR, S/24480/Add.1, 28.8.1992, Randnr. 1. Hinzu kamen 212 internationale und 195 nationale Zivilkräfte. Ebd., Annex.
[828] Vgl. VNSR, S/24531, 8.9.1992; VNSR, S/24532, 8.9.1992.
[829] VNSR, S/RES/775(1992), 28.8.1992.
[830] Sahnoun, Somalia, S. 21; Rutherford, Humanitarianism, S. 55.
[831] VNSR, S/24859, 27.11.1992, hier S. 1 f.
[832] Ohls, Somalia, S. 60.
[833] VNSR, S/24859, 27.11.1992, hier S. 3 f. Siehe auch Peterson, Me Against my Brother, S. 37–50. Wie viele Hilfsgüter wirklich geplündert wurden, ist umstritten. Vgl. Omaar/Waal, Somalia, S. 2 ff.
[834] VNSR, S/1994/653, 1.6.1994, Randnr. 30.
[835] VNSR, S/RES/794(1992), 3.12.1992, Randnr. 8.
[836] Recchia, Pragmatism Over Principle.
[837] VNSR, S/24868, 30.11.1992, S. 5 f.

manitarian intervention in history«[838] lautete: »to use all necessary means to establish as soon as possible a secure environment for humanitarian relief operations«.[839] Undefiniert blieb, wie genau ein »secure environment« aussehen sollte. Die Autorisierung der Unified Task Force (UNITAF) – eine VN-mandatierte, aber nicht VN-geführte Mission – bedeutete jedoch nicht das Ende der UNOSOM. Die Stationierung der VN-Soldaten wurde im Schatten der UNITAF fortgesetzt.[840] Auch wenn im Dezember nur 564 VN-Soldaten im Land standen,[841] operierte damit erstmals eine unter Kapitel VII der VN-Charta autorisierte Militärmission neben einer nicht unter Kapitel VII mandatierten VN-Mission im gleichen Land.

*Die multinationale Mission UNITAF – »Operation Restore Hope«*

Auf Grundlage der Resolution 794 befahl US-Präsident George Bush dem US-Militär, Flughäfen und Häfen sowie Nahrungsmittelverteilungspunkte zu schützen, Wege für humanitäre Hilfe zu öffnen, Sicherheit für Konvois herzustellen und die humanitäre Hilfe zu unterstützen.[842] Unter großem Medieninteresse[843] begannen US-Streitkräfte am 9. Dezember mit der Einnahme des Hafens und des Flughafens von Mogadischu. Am 13. bzw. 16. Dezember folgte die Besetzung des Flughafens in Baledogle nordwestlich von Mogadischu und von Baidoa im Zentrum des Südens.[844] Die zweite Phase der Mission endete am 28. Dezember mit der Sicherung von Kismaayo, Baardheere (zeitgenössisch Bardera), Xuddur (zeitgenössisch Oddur), Jalalaqsi (zeitgenössisch Gialalassi) und Beledweyne, ehe US-Soldaten und Italiener am 31. Dezember Marka einnahmen.[845] Das kontrollierte Gebiet umfasste jedoch gerade einmal ein Drittel des Landes und lag ausschließlich im Süden Somalias.[846]

---

[838] The White House, Telephone Conversation with UN Secretary General Boutros Boutros-Ghali, 8.12.1992, S. 1, https://bush41library.tamu.edu/files/memcons-telcons/1992-12-08–Boutros-Ghali.pdf.
[839] VNSR, S/RES/794(1992), 3.12.1992, Randnr. 10.
[840] Ebd., Randnr. 6.
[841] VNSR, S/24992, 19.12.1992, Randnr. 6.
[842] VNSR, S/24976, 17.12.1992, hier S. 2. Ausführlich zur US-Sicht siehe Center of Military History United States Army: United States Forces, Somalia After Action Report; »My Clan Against the World«; Poole, The Effort to Save Somalia; Ohls, Somalia.
[843] Vgl. Peterson, Me Against my Brother, S. 51–70. Siehe auch ARD, Tagesschau vor 20 Jahren, 9.12.1992.
[844] VNSR, S/24976, 17.12.1992, hier S. 2; Hirsch/Oakley, Somalia, S. 63.
[845] VNSR, S/25126, 19.1.1993, S. 2; Hirsch/Oakley, Somalia, S. 65 ff. Jeder Sektor wurde von einem Bataillon kontrolliert: Beledweyne von einem kanadischen, Xuddur von einem französischen, Baardheere, Baledogle und Marka von je einem US-amerikanischen, Baidoa von einem australischen, Jalalaqsi von einem italienischen und Kismaayo von einem belgischen. Bou [u.a.], The Limits of Peacekeeping, S. 81 f.
[846] Hirsch/Oakley, Somalia, S. 65.

## IV. Deutsche ›Blauhelme‹ in Afrika

Die Präsenz der Soldaten – Mitte Januar waren es 31 000[847] – verbesserte vorübergehend die Lage, zumindest in Mogadischu. Zwischen Dezember und Januar kamen rund 40 000 Tonnen Hilfsgüter ins Land.[848] Die UNITAF sicherte die größten Ballungsräume und die Auslieferung der humanitären Hilfe.[849] Parallel dazu unterzeichneten einige somalische Konfliktparteien am 8. und 15. Januar in Addis Abeba einen neuen Waffenstillstand und verständigten sich auf die Abgabe ihrer schweren Waffen.[850] Am 27. März vereinbarten sie eine zweijährige Übergangsphase.[851] Schon früh galt daher der März 1995 als möglicher Endpunkt der VN-Präsenz.[852]

Die UNITAF war indes von Beginn an nur als Brückenmission konzipiert. Die USA wollten so schnell wie möglich wieder abziehen.[853] Nicht einmal zwei Monate nach Beginn der Mission wurden der türkische Generalleutnant Çevik Bir zum neuen Kommandeur der VN-Truppen[854] und der ehemalige US-Admiral Jonathan Howe zum VN-Sondergesandten ernannt.[855] Dass die Wirkung der UNITAF zeitlich begrenzt und die Probleme des Landes nur wie durch einen »Schneepflug« verdrängt, aber nicht gelöst würden, war den damaligen Zeitgenossen bewusst.[856] Boutros-Ghali forderte daher die zeitnahe Entwaffnung aller irregulären Kräfte durch die UNITAF[857] und

---

[847] Neben 21 000 US-Soldaten standen noch 2783 Franzosen, 2150 Italiener, 1356 Marokkaner, 1262 Kanadier, 643 Saudi-Araber, 572 Belgier, 309 Türken, 303 Botsuaner, 270 Ägypter, 90 Briten, 60 Deutsche, 43 Kuwaiter und 42 Neuseeländer im Land. VNSR, S/25126, 19.1.1993, S. 2. Leicht abweichende Zahlen in PA AA, B 34, ZA, Bd 160130, Drahtbericht der Botschaft der Bundesrepublik Deutschland in Nairobi an Referat 322 im AA, Nr. 33, 20.1.1993. Auf ihrem Höhepunkt umfasste die Mission 38 000 Soldaten. Hirsch/Oakley, Somalia, S. 63, Anm. 7. Bei den 60 Deutschen handelt es sich um das Personal der Luftbrücke, das fälschlicherweise zur UNITAF gezählt wurde. PA AA, B 34, ZA, Bd 160130, Drahtbericht der Ständigen Vertretung in New York an Referat 230 im AA, Nr. 122, 21.1.1993; PA AA, B 34, ZA, Bd 160131, Drahtbericht der Botschaft der Bundesrepublik Deutschland in Washington an Referat 322 im AA, Nr. 297, 28.1.1993, hier S. 3.

[848] VNSR, S/25168, 26.1.1993, Randnr. 24. Kritisch zur UNITAF siehe Omaar/Waal, Somalia.

[849] VNSR, S/25168, 26.1.1993, Randnr. 21.

[850] Ebd., S. 11–18; Hirsch/Oakley, Somalia, S. 94, 185–189.

[851] VNSR, S/26317, 17.8.1993, Randnr. 23 ff.; Hirsch/Oakley, Somalia, S. 98 f., 191–198; Rutherford, Humanitarianism, S. 123 f.

[852] PA AA, B 34, ZA, Bd 160133, Drahtbericht der Ständigen Vertretung in New York an Referat 230 im AA, Nr. 1010, 27.4.1993; VNSR, S/26317, 17.8.1993, Annex I, Randnr. 17; VNSR, S/RES/865(1993), 22.9.1993, Randnr. 4; VNSR, S/1994/1166, 14.10.1994, Randnr. 14.

[853] The White House, Telephone Conversation with UN Secretary General Boutros Boutros-Ghali, 8.12.1992, S. 2, https://bush41library.tamu.edu/files/memcons-telcons/1992-12-08-Boutros-Ghali.pdf; VNSR, S/24992, 19.12.1992, Randnr. 21; Rutherford, Humanitarianism, S. 105.

[854] VNSR, S/25295, 16.2.1993; VNSR, S/25296, 16.2.1993.

[855] Hirsch/Oakley, Somalia, S. 110.

[856] Vgl. BArch, BW 1/372026, Vorlage Büro StS Schönbohm an Staatssekretär Schönbohm, Betr.: Besprechung bei BM über Einsatzmöglichkeiten der Bw, 6.1.1993, hier S. 4.

[857] The United Nations and Somalia, Doc. 36, S. 216 f.; VNSR, S/24992, 19.12.1992, Randnr. 23; Boutros-Ghali, Hinter den Kulissen, S. 78 f.; Hirsch/Oakley, Somalia, S. 102–106.

deren Einsatz in ganz Somalia.[858] US-Präsident Bush wollte aber möglichst eigene Verluste vermeiden. Die UNITAF blieb daher im Süden und überließ den Vereinten Nationen die risikoreiche Entwaffnung.[859] Trotz dieser ungünstigen Ausgangslage sollte das Mandat der neuen VN-Mission noch ambitionierter sein als das der UNITAF. Laut VNGS sollten die neuen VN-Truppen die Einhaltung der Waffenruhe überwachen und neue Gewalt mit angemessenen Mitteln verhindern. Darüber hinaus sollte die VN-Mission alle Häfen, Flughäfen, Lagerhäuser und Ausgabestellen sowie VN-Konvois und internationale Organisationen schützen, die Minenräumung vorantreiben und den Wiederaufbau der Polizei unterstützen.[860] Obwohl die Mission weniger Ressourcen erhielt als die UNITAF, umfasste ihr Auftrag unzählige Aufgaben des Staatsaufbaus. Als ihre größte Herausforderung galt von Beginn an die logistische Versorgung.[861] Allein die Logistikkomponente sollte 8000 Soldaten umfassen[862] und zum Großteil aus bereits im Land befindlichen US-Truppen bestehen.[863] Insgesamt schlug der VNGS die Entsendung von bis zu 30 800 Personen vor,[864] was die UNOSOM II zur größten VN-Mission überhaupt machen sollte.[865] Trotz alledem war sie kleiner als die UNITAF, was an der Finanzierung lag.[866] Bei einer Laufzeit von zwölf Monaten sollte die Mission 1,55 Mrd. US-Dollar kosten,[867] für die die Mitgliedsstaaten, in erster Linie die USA, aufkommen mussten.

Die UNOSOM II sollte in vier Phasen verlaufen. Nach der Übernahme von der UNITAF sollten die VN-Truppen in Phase 2 ihre Präsenz im Süden konsolidieren und durch die Nutzung der Häfen Berbera und Boosaaso auch im Norden vorstoßen. In Phase 3 sollte ein stärkerer Fokus auf die Unterstützung ziviler Behörden gelegt und die Sicherheitsverantwortung an die somalische Polizei übergeben werden. Anschließend sollte die Reduktion der VN-Truppen erfolgen.[868] Aufgrund der Lageverschlechterung ließ sich dieser Plan aber nie verwirklichen, was vor allem Folgen für die deutsche Beteiligung hatte.

---

[858] VNSR, S/24992, 19.12.1992, Randnr. 29; Hirsch/Oakley, Somalia, S. 102−106.
[859] Vgl. The White House, Telephone Conversation with UN Secretary General Boutros Boutros-Ghali, 8.12.1992, https://bush41library.tamu.edu/files/memcons-telcons/1992-12-08-Boutros-Ghali.pdf; PA AA, B 34, ZA, Bd 160130, Drahtbericht der Botschaft der Bundesrepublik Deutschland in Addis Abeba an Referat 230 im AA, Nr. 8, 5.1.1993, hier S. 2 f.; VNSR, S/25354, 3.3.1993, Randnr. 6.
[860] VNSR, S/24992, 19.12.1992, Randnr. 32; VNSR, S/25354, 3.3.1993, Randnr. 57, 91. Bis zum 4.5.1993 unterstützte die UNITAF die Aufstellung bzw. Reaktivierung von über 3000 Polizisten. Hirsch/Oakley, Somalia, S. 87−92. Zum Einsatz der CIVPOL siehe Mettle, Operation in Somalia.
[861] VNSR, S/24992, 19.12.1992, Randnr. 36.
[862] VNSR, S/25354, 3.3.1993, Randnr. 71.
[863] BArch, BW 1/455301, United Nations, Guidelines for Governments Contributing Troops to the United Nations Operations in Somalia, o.D., Annex A, S. 2.
[864] Neben den 8000 Logistikern sollten weitere 20 000 Soldaten und rund 2800 Zivilkräfte entsandt werden. VNSR, S/25354, 3.3.1993, Randnr. 89.
[865] Williams, United Nations Operation in Somalia II, S. 429.
[866] VNSR, S/25354, 3.3.1993, Randnr. 74.
[867] VNSR, S/25354/Add.1, 11.3.1993, Randnr. 3; VNGV, A/47/916, 31.3.1993, Randnr. 1.
[868] VNSR, S/25354, 3.3.1993, Randnr. 80−87.

IV. Deutsche ›Blauhelme‹ in Afrika                                              291

Am 26. März 1993 beschloss der VNSR die Aufstellung der UNOSOM II.[869] Ihr militärischer Auftrag in Abschnitt B der Resolution wurde durch Kapitel VII der VN-Charta mandatiert.[870] Bezug genommen wurde auch auf das Abkommen von Addis Abeba, das als Fixpunkt des neuen VN-Engagements galt.[871] Erstmals war damit eine VN-Mission ohne Zustimmung der Konfliktparteien und ohne Waffenstillstand beschlossen worden, deren Befugnisse weit über vorherige VN-Missionen hinaus in Richtung »nation-building«[872] gingen.

*Die VN-Mission UNOSOM II*

Die UNOSOM II übernahm am 4. Mai 1993 das Kommando von der UNITAF. In der Folge zogen die USA, Australien und Kanada den Großteil ihrer Truppen ab.[873] Am 31. Juli verfügte die UNOSOM II daher nur über knapp 20 000 Soldaten,[874] die nicht einmal alle die nötige Ausrüstung besaßen.[875] Als problematisch erwies sich auch, dass nicht alle in Somalia operierenden Truppen den Vereinten Nationen unterstanden. Neben einer national geführten Quick Reaction Force (QRF) stationierten beispielsweise die USA im August einige hundert Spezialkräfte unter Kommando des U.S. Central Command, um Aidid zu fassen.[876]

Bereits kurz nach ihrem Beginn wurde die UNOSOM II zur Kriegspartei.[877] Weil VN-Truppen Anfang Mai eine Offensive von Aidid-Verbündeten auf Kismaayo verhinderten,[878] brachte Aidid die Bevölkerung per Radio gegen

---

[869] VNSR, S/RES/814(1993), 26.3.1993, hier S. 3.
[870] Ebd., Randnr. 5 ff. Siehe auch Hufnagel, UN-Friedensoperationen, S. 164 ff.
[871] VNSR, S/RES/814(1993), 26.3.1993, Randnr. 8.
[872] Crocker, The Lessons of Somalia, S. 4; O'Neill/Rees, United Nations Peacekeeping, S. 124.
[873] VNSR, S/26317, 17.8.1993, Randnr. 4 f.
[874] Das größte Kontingent stellte Pakistan mit fast 5000 Soldaten. Ihm folgten die Logistikeinheit der USA (2700 Soldaten) und Truppen aus Italien (über 2500 Soldaten). VNSR, S/26317, 17.8.1993, Randnr. 6.
[875] Ebd., Randnr. 9; VNSR, S/1994/653, 1.6.1994, Randnr. 50; FES [u.a.], The Comprehensive Report, Randnr. 50.
[876] Aufgrund ihrer eigenen Gesetzeslage durften die USA maximal 1000 Soldaten mit Nicht-Kombattanten-Status unter VN-Kommando stellen. Alle unter Kapitel VII der VN-Charta operierenden US-Truppen mussten unter nationalem Oberkommando verbleiben, weswegen die US-Reaction Force von Beginn an nur unter »tactical control« des VN-Kommandeurs stand. Vgl. Public Law 341, 10.10.1949, https://tile.loc.gov/storage-services/service/ll/llsl//llsl-c81s1/llsl-c81s1.pdf; BArch, BW 1/455301, United Nations, Guidelines for Governments Contributing Troops to the United Nations Operations in Somalia, Annex A, S. 1; VNSR, S/25354, 3.3.1993, Randnr. 71. Siehe auch Baumann, UNOSOM II, S. 139 f.; Hirsch/Oakley, Somalia, S. 119; O'Neill/Rees, United Nations Peacekeeping, S. 127 ff.
[877] Ausführlich siehe Peterson, Me Against my Brother, S. 71–92.
[878] PA AA, B 34, ZA, Bd 160133, Drahtbericht der Botschaft der Bundesrepublik Deutschland in Nairobi an Referat 322 im AA, Nr. 231, 14.4.1993; VNSR, S/1994/653, 1.6.1994, Randnr. 70–73.

die Vereinten Nationen auf.[879] Bei einem koordinierten Hinterhalt auf einen VN-Konvoi in Mogadischu starben am 5. Juni 25 pakistanische Soldaten. Über 50 wurden verwundet.[880] Der Vorfall hatte nicht nur die zwischenzeitliche Evakuierung fast aller zivilen Helfer aus Mogadischu zur Folge,[881] sondern markierte auch den Beginn einer »virtual war situation between UNOSOM II and the SNA«.[882]

Einen Tag nach dem Anschlag ermächtigte der VNSR die UNOSOM II, alle Maßnahmen gegen die Verantwortlichen des Angriffs zu ergreifen und diese festzunehmen.[883] Am 12. Juni begann die Mission eine dreitägige Entwaffnungskampagne im Süden von Mogadischu. Die Verstärkereinheit von Aidids Radio wurde beschlagnahmt[884] und die Sendeeinrichtung durch Luftangriffe zerstört.[885] Nach einer weiteren Offensive gegen Aidid zwischen dem 17. und 25. Juni[886] bombardierten VN-Kräfte am 12. Juli ein vermeintliches Treffen von Aidid-Anhängern. Vermutlich starben dabei mehrere Dutzend Somalier.[887] Nicht alle Kontingente begrüßten dieses Vorgehen. Die ehemalige Kolonialmacht Italien[888] setzte eher auf Vermittlung, kritisierte den robusten Einsatz der US-Soldaten in ihrem Sektor und verzichtete zum Missfallen des VN-Kommandeurs bei ihrem Vormarsch auf die Anwendung von Zwang.[889] Während der VNGS die Unterwanderung der UNOSOM-II-

---

[879] VNSR, S/1994/653, 1.6.1994, Randnr. 81–93; Rutherford, Humanitarianism, S. 129 f.
[880] Es ist ungewiss, ob die Soldaten ein Waffenlager überprüfen oder das Gebiet zur späteren Einnahme der Radiostation Aidids aufklären sollten. VNSR, S/1994/653, 1.6.1994, Randnr. 94 f., 104–124; VNSR, S/26022, 1.7.1993, Randnr. 9. Im ersten Untersuchungsbericht wurde von 24 Gefallenen und 56 Verwundeten gesprochen, später von 25 toten und 57 verwundeten Pakistanis, drei verwundeten US-Amerikanern und einem verwundeten Italiener. VNSR, S/26351, 24.8.1993, Annex, Randnr. 1; VNSR, S/1994/653, 1.6.1994, Randnr. 117.
[881] VNSR, S/26022, 1.7.1993, Randnr. 34.
[882] VNSR, S/1994/653, 1.6.1994, Randnr. 125. Zur SNA ausführlich siehe Biddle, Nonstate Warfare, S. 182–223
[883] VNSR, S/RES/837(1993), 6.6.1993, Randnr. 5.
[884] VNSR, S/26022, 1.7.1993, Randnr. 19.
[885] Ebd., Randnr. 20.
[886] Ebd., Randnr. 25–28. Siehe auch ARD, Tagesschau vor 20 Jahren, 17.6.1993.
[887] VNSR, S/1994/653, 1.6.1994, Randnr. 153 f.; Hirsch/Oakley, Somalia, S. 121; Bou [u.a.], The Limits of Peacekeeping, S. 165.
[888] Über die italienischen Truppen besaß der UNOSOM-II-Kommandeur offenbar nur eine Koordinierungs- und Weisungsbefugnis. PA AA, B 34, ZA, Bd 160136, Drahtbericht der Botschaft der Bundesrepublik Deutschland in Rom an Referat 230 im AA, Nr. 755, 23.8.1993. Trotzdem bemängelten die Italiener einen unzureichenden Einfluss im Hauptquartier der UNOSOM II und ihre Ausgrenzung bei der US-Operationsplanung. Vgl. BArch, BW 2/28176, Kopie Kdr DtUstgVerb Somalia, Vermerk über das heutige Gespräch mit BG Loi, 18.8.1993.
[889] Vgl. VNSR, S/1994/653, 1.6.1994, Randnr. 147, 149; Boutros-Ghali, Hinter den Kulissen, S. 121 f.; O'Neill/Rees, United Nations Peacekeeping, S. 129. Andere Berichte schildern dagegen ein hartes Verhalten der Italiener gegenüber der somalischen Bevölkerung. PA AA, B 34, ZA, Bd 160140, Aktennotiz Verbindungsoffizier der Botschaft der Bundesrepublik Deutschland in Nairobi, 28.6.1993, hier Anlage 1, S. 2 f.

Befehlsstruktur beklagte, erbat Italien die Verlegung seiner Truppen aus Mogadischu ins Zentrum des Landes.[890]

Durch die Machtdemonstration der Vereinten Nationen drehte sich die Gewaltspirale jedoch nur weiter. Allein am 5. September starben bei einem Angriff in Mogadischu sieben nigerianische Soldaten.[891] Der folgenschwerste Vorfall ereignete sich am 3. Oktober. Beim Versuch von nicht unter VN-Kommando stehenden US-Einheiten, Unterführer von Aidid festzunehmen, wurden in Mogadischu zwei US-Hubschrauber abgeschossen und die Soldaten unter heftigen Beschuss genommen. Insgesamt starben 18 US-Soldaten und einer aus Malaysia.[892] Auf somalischer Seite gab es vermutlich bis zu 500 Tote und über 700 Verwundete.[893] US-Präsident Bill Clinton kündigte daraufhin den Abzug aller US-Kräfte bis zum 31. März 1994 an.[894] Das Ende der UNOSOM II zeichnete sich ab. Im November verlängerte der VNSR die Mission bis zum 31. Mai 1994.[895] In diesem Zusammenhang bat der VNGS 42 Staaten, die US-Logistikkräfte zu ersetzen. Für den Fortbestand der Mission legte er drei Optionen vor: Die Beibehaltung der robusten Mission durch ihre Aufstockung um eine Brigade, die Beschneidung der UNOSOM II auf eine ›traditionelle‹ VN-Mission mit 18 500 Soldaten oder ihre Reduktion auf 5000 Soldaten zur Sicherung der wichtigsten Infrastruktur. Den kompletten Abzug lehnte er ab, da Somalia nicht im Stich gelassen werden dürfe.[896] Boutros-Ghali sprach sich für die zweite Möglichkeit aus, obwohl er die erste präferierte. Hierfür fehlten aber die Ressourcen.[897] Skeptisch gegenüber der innersomalischen Entwicklung, nahm der VNSR aber zunächst keine der Optionen an, sondern forderte lediglich die Überprüfung der bisherigen Strategie.[898]

---

[890] VNSR, S/26317, 17.8.1993, Randnr. 78. Auch die Zusammenarbeit zwischen anderen Kontingenten verlief problematisch. Vgl. Rutherford, Humanitarianism, S. 143–146.
[891] VNSR, S/26738, 12.11.1993, Randnr. 66. Eine Auflistung von Zwischenfällen zwischen dem 5.6 und 22.10.1993 findet sich in VNSR, S/1994/653, 1.6.1994, Annex 4.
[892] 78 US-Soldaten wurden verwundet, neun Malaysier und drei Pakistani. VNSR, S/1994/653, 1.6.1994, Randnr. 169–175; Rutherford, Humanitarianism, S. 159–162. Leicht abweichende Angaben in Bou [u.a.], The Limits of Peacekeeping, S. 167. Ausführlich siehe Baumann, UNOSOM II.
[893] Center of Military History United States Army: United States Forces, Somalia After Action Report, S. 139.
[894] Clinton, Address to the Nation on Somalia, 7.10.1993; Rutherford, Humanitarianism, S. 164 f.; Bou [u.a.], The Limits of Peacekeeping, S. 167.
[895] VNSR, S/RES/886(1993), 18.11.1993, Randnr. 3.
[896] VNSR, S/26738, 12.11.1993, Randnr. 90–96.
[897] VNSR, S/1994/12, 6.1.1994, Randnr. 56 f.
[898] VNSR, S/RES/886(1993), 18.11.1993, Randnr. 4.

Obwohl es trotz einer Verbesserung der humanitären Lage in und um Mogadischu weiter zu Übergriffen kam,[899] zogen Frankreich[900], Belgien[901] und Schweden Ende Dezember 1993 aus Somalia ab. Auch Italien, Deutschland, die Türkei und Norwegen kündigten ihren Abzug bis Ende März 1994 an.[902] Kein Staat erklärte sich bereit, die US-Logistik zu ersetzen,[903] sodass letztlich die zivile Firma Brown & Root engagiert werden musste.[904]

Am 4. Februar 1994 bekräftigte der VNSR das Ziel, die UNOSOM II bis zum März 1995 zu beenden. Die Stärke der Mission wurde auf 22 000 Soldaten reduziert und die Unterstützung des politischen Prozesses in den Vordergrund gerückt.[905] Obwohl die Mission weiter unter Kapitel VII der VN-Charta stand, wandelte sie sich zurück zur Friedenswahrung[906] – ohne dass es einen Frieden gab.[907] Angesichts des baldigen VN-Abzugs versuchten die bewaffneten Gruppen Gebiet zu gewinnen. Am 10. April nahm Aidids SNA Marka ein.[908] Auch die humanitäre Lage verschlechterte sich erneut. Im Februar 1994 starben über 1300 Menschen an Cholera.[909]

Während die meisten europäischen Staaten ihre Truppen bis März 1994 abzogen, brachte nur Pakistan weitere 2000 Soldaten ins Land.[910] Der VNGS musste einsehen, dass weder eine Ausweitung des Einsatzgebiets noch die zufriedenstellende Umsetzung des Mandats möglich waren.[911] Mitte August schlug er die Reduzierung auf 17 200 Soldaten vor. Viele Stützpunkte wurden bereits im Herbst 1994 aufgegeben, da sich die UNOSOM II ganz auf Mogadischu, Baidoa und Kismaayo zu konzentrieren versuchte.[912] Als eine

---

[899] VNSR, S/26738, 12.12.1993, Randnr. 81; VNSR, S/1994/12, 6.1.1994, Randnr. 28 f.
[900] Das AA hatte bereits Anfang Juli 1993 Kenntnisse über einen möglichen Abzug der Franzosen. Als Gründe wurden Kapazitäts- und Haushaltszwänge, die geringe Priorität Somalias für die französische Außenpolitik sowie die französische Enttäuschung genannt, in Somalia von den USA »in eine Nebenrolle gedrängt« worden zu sein. PA AA, B 34, ZA, Bd 160136, Drahtbericht der Botschaft der Bundesrepublik Deutschland in Paris an Referat 322 im AA, Nr. 1629, 9.7.1993; ebd., Drahtbericht der Botschaft der Bundesrepublik Deutschland in Paris an Referat 220 im AA, Nr. 1915, 19.8.1993, hier S. 4.
[901] Für Belgien galt die Mission als Misserfolg, weswegen sein Einsatz nach einem Jahr nicht verlängert wurde. Gleichzeitig machte der Abzug aus Somalia Kräfte für die Beteiligung an der VN-Mission in der ehemaligen belgischen Kolonie Ruanda frei. PA AA, B 34, ZA, Bd 160139, Drahtberichte der Botschaft der Bundesrepublik Deutschland in Brüssel an Referat 220 im AA, Nr. 633, 6.12.1993, und Nr. 652, 15.12.1993.
[902] VNSR, S/1994/12, 6.1.1994, Randnr. 37 f.
[903] Ebd., Randnr. 53.
[904] UNA, S-1086-0130-05-00002, Logistics Talking Points, o.D.; VNSR, S/1994/614, 24.5.1994, Randnr. 67.
[905] VNSR, S/RES/897(1994), 4.2.1994.
[906] The United Nations and Somalia, S. 61, Randnr. 170.
[907] Ein im März vereinbarter Vertrag zwischen Aidid und Ali Mahdi führte nicht zur Befriedung. VNSR, S/1994/614, 24.5.1994, Randnr. 5 und Annex.
[908] Ebd., Randnr. 19.
[909] VNSR, S/1994/839, 18.7.1994, Randnr. 9; VNSR, S/1995/231, 28.3.1995, Randnr. 32.
[910] Im Mai besaß die Mission nur 19 000 Soldaten. VNSR, S/1994/614, 24.5.1994, Randnr. 22 f.
[911] VNSR, S/1994/614, 24.5.1994, Randnr. 29.
[912] VNSR, S/1994/1068, 17.9.1994, Randnr. 22.

## IV. Deutsche ›Blauhelme‹ in Afrika

Versöhnungskonferenz des Hawiye-Clans an Aidid scheiterte, resignierte Boutros-Ghali.[913] Anfang November empfahl eine VN-Delegation das Ende der Mission. Weder die Somalier noch die humanitären Organisationen wünschten eine weitere Präsenz.[914] Letztmalig wurde die UNOSOM II am 4. November 1994 verlängert.[915] Mehr als ein halbes Jahrzehnt sollte im Anschluss vergehen, ehe sich der VNSR erneut mit Somalia beschäftigte.[916]

Um den Abzug der VN-Truppen zu sichern, mobilisierten die USA und Italien noch einmal ihre Streitkräfte.[917] In der »Operation United Shield« wurden alle VN-Truppen bis zum 3. März ohne größere Zwischenfälle abgezogen.[918] Insgesamt hatte die Mission fast 1,7 Mrd. US-Dollar[919] und das Leben von mehr als 100 VN-Soldaten gekostet.[920] In seinem finalen Bericht betonte Boutros-Ghali, dass der Einsatz der internationalen Gemeinschaft über 250 000 Menschen gerettet habe und Millionen von der humanitären Hilfe profitiert hätten.[921] Für die Beendigung der Mission machte er die somalischen Akteure verantwortlich.[922] Auch in der Wissenschaft fiel die Bewertung der Missionen aufgrund ihrer humanitären Leistungen gemischt aus.[923] Kritisiert wurden vor allem konzeptionelle Probleme in New York und Washington und die teils ungenaue Mandatierung, was dem Erfolg geschadet habe:[924] »[F]ar too little was achieved too late and the lives of countless Somalis [...] were lost«, so die Bewertung der Friedrich-Ebert-Stiftung.[925] Trotz aller Defizite bewertete eine Regierung ihre Beteiligung aber als Erfolg: die der Bundesrepublik Deutschland.

---

[913] VNSR, S/1994/1166, 14.10.1994, Randnr. 8 f., 22.
[914] VNSR, S/1994/1245, 3.11.1994, Randnr. 27.
[915] VNSR, S/RES/954(1994), 4.11.1994.
[916] Vgl. VNSR, S/RES/1356(2001), 19.6.2001.
[917] PA AA, BAV 172-NEWYGK, Bd 30752, Drahtbericht der Botschaft der Bundesrepublik Deutschland in Washington an Referat 230 im AA, Nr. 260, 1.2.1995.
[918] PA AA, B 34, ZA, Bd 168394, Drahtbericht der Botschaft der Bundesrepublik Deutschland in Washington an Referat 230 im AA, Nr. 510, 28.2.1995; ebd., Drahtbericht der Botschaft der Bundesrepublik Deutschland in Nairobi an Referat 322 im AA, Nr. 97, 2.3.1995; VNSR, S/1995/231, 28.3.1995, Randnr. 58. Ausführlich siehe Ohls, Somalia, S. 173–189.
[919] The Blue Helmets, S. 318.
[920] Offiziell starben 114 VN-Angehörige durch böswillige Handlungen (*malicious act*), 36 bei Unfällen und neun durch Krankheiten. United Nations, (4) Fatalities by Mission and Incident Type, up to 31 Jan 2020, S. 2, https://peacekeeping.un.org/sites/default/files/stats_by_mission_incident_type_4.pdf.
[921] VNSR, S/1995/231, 28.3.1995, Randnr. 26, 62.
[922] Ebd., Randnr. 63.
[923] Vgl. Crocker, The Lessons of Somalia, S. 2–8; Anderson, UNOSOM II, S. 277; Parsons, From Cold War to Hot Peace, S. 205 ff.; Krech, Der Bürgerkrieg in Somalia, S. 142; Herrmann, Der kriegerische Konflikt in Somalia, S. 353; Cohen, Intervening in Africa, S. 215; Hirsch/Oakley, Somalia, S. 150.
[924] Vgl. Stedman, UN Intervention in Civil Wars, S. 51; Lewis/Mayall, Somalia, S. 123; Findlay, The Use of Force, S. 204–218; O'Neill/Rees, United Nations Peacekeeping, S. 132–135; Hirsch/Oakley, Somalia, S. 155; Howard, UN Peacekeeping, S. 21–28; Williams, United Nations Operation in Somalia II, S. 430.
[925] FES [u.a.], The Comprehensive Report, Randnr. 40.

## b) Die Bundesrepublik Deutschland und der Konflikt in Somalia

*Die Beziehungen der Bundesrepublik zu Somalia*

Seit Siad Barre 1977 bundesdeutschen Polizisten erlaubt hatte, ein von Extremisten entführtes Flugzeug der Lufthansa in Mogadischu zu befreien,[926] bestanden »›besondere‹ Beziehungen« zwischen der Bundesrepublik und Somalia.[927] Bemerkbar machte sich dies vor allem durch üppige Entwicklungshilfe. Bis Ende der 1980er-Jahre erhielt Somalia über eine Mrd. D-Mark.[928] Diplomatische Beziehungen hatten die beiden Länder bereits am 1. Juli 1960 aufgenommen.[929] Kulturell und wirtschaftlich war die ehemalige italienisch-britische Kolonie[930] jedoch unbedeutend für die Bundesrepublik. 1978 belief sich der Außenhandel auf 0,4 Mio. D-Mark an Exporten und 40 Mio. D-Mark an Importen.[931] Anfang der 1980er-Jahre hatten sich nur die Importe um etwa 26 Mio. D-Mark erhöht.[932] 1992, im Jahr der UNOSOM-Aufstellung, bestand mit rund 0,7 Mio. D-Mark Importen und fünf Mio. D-Mark Exporten praktisch kein Handel mehr.[933] Bedeutender in Zeiten des Ost-West-Konflikts waren die politischen Beziehungen. Nach einem kurzen sozialistischen Intermezzo wandte sich Somalia Ende der 1970er-Jahre dem ›westlichen‹ Lager zu. Weil Äthiopien nach dem Sturz des Kaisers Haile Selassie I. einen pro-sowjetischen Kurs einschlug, wurde das geostrategisch günstig gelegene Somalia zu einem Hauptprofiteur der bundesdeutschen Entwicklungs- und Ausstattungshilfe, ohne dass sich dies positiv auf die politische Entwicklung Somalias ausgewirkt hätte.[934] Bereits 1962 hatte die somalische Polizei erst-

---

[926] BPA, Dank des Bundeskanzlers für internationale Unterstützung. In: Bulletin, Nr. 104, 20.10.1977, S. 951 f.; BT-PlPr. 8/50, 20.10.1977, S. 3757 f. Vgl. auch Geiger, Die »Landshut« in Mogadischu, S. 447. Außenminister Kinkel griff diesen Aspekt auch vor dem BVerfG auf. Der Auslandseinsatz deutscher Streitkräfte, S. 304.

[927] PA AA, B 34, ZA, Bd 150000, Sachstandsbericht Referat 322, Betr.: Deutsch-somalische Beziehungen, o.D., hier S. 2. Ausführlich zur Entwicklung der gegenseitigen Beziehung siehe Fettich-Biernath, Deutschland gibt, S. 663–683.

[928] BArch, B 122/47309, Vorlage Referat 322 im AA an den Staatssekretär, Betr.: Reise des Bundespräsidenten nach Afrika vom 1. bis 16. März 1988, hier: Somalia, 13.1.1988, hier S. 2.

[929] PA AA, B 34, Bd 169, Abschrift Telegramm Bundeskanzler Adenauer an den Ministerpräsidenten der Somalischen Republik, 30.6.1960. Bereits Anfang der 1960er-Jahre erhielt Somalia bundesdeutsche Kapitalhilfe in Höhe von 25 Mio. D-Mark. Fettich-Biernath, Deutschland gibt, S. 663.

[930] 1960 schlossen sich der ehemals italienische Südteil und der britische Nordwesten zusammen.

[931] BT-Drs. 8/3582, 21.2.1980, S. 77.

[932] BT-Drs. 9/2411, 23.2.1983, S. 131.

[933] Statistisches Bundesamt. Außenhandel, Fachserie 7, Reihe 3, Außenhandel nach Ländern und Warengruppen (Spezialhandel), 2. Halbjahr und Jahr 1992, S. 8, https://www.statistischebibliothek.de/mir/servlets/MCRFileNodeServlet/DEHeft_derivate_00055195/FS-7-3-HJ-1992-02.pdf.

[934] BArch, B 136/34578, Doppel Schriftbericht der Botschaft der Bundesrepublik Deutschland in Mogadischu an Referat 400 im AA, Betr.: Entwicklungspolitische Zusammenarbeit mit Somalia, hier: Zweijahresbericht 1987/1988, 1.3.1989.

mals Ausstattungshilfe erhalten.[935] Nach der Befreiung der »Landshut« nahm diese massiv zu. Von 1979 bis 1981 half die GSG 9 bei der Ausbildung einer Spezialeinheit der somalischen Polizei.[936] Insgesamt erhielt das Land zwischen 1975 und 1990 Ausstattungshilfe in Höhe von rund 50 Mio. D-Mark. Nur Tunesien, Niger und der Sudan erhielten in diesem Zeitraum mehr. Zudem wurden 29 somalische Soldaten in der Bundesrepublik ausgebildet; in Afrika der achthöchste Wert.[937] Insgesamt belief sich die Ausstattungshilfe zwischen 1962 und 1990 auf mehr als 90 Mio. D-Mark.[938] Seit 1965 hielt sich zudem eine Beratergruppe der Bundeswehr im Bereich Transport und Fernmeldetechnik in Somalia auf.[939] Diese unterstützte allerdings nicht die permanent im Konflikt befindliche Armee, sondern die somalische Polizei.[940] 1990 war die Beratergruppe mit acht Angehörigen die größte der Bundeswehr in Afrika.[941] Im Gegenzug unterstützte Somalia bundesdeutsche Kandidaturen in internationalen Organisationen.[942] Höhepunkt der Beziehungen war der Besuch des Bundespräsidenten von Weizsäcker im März 1988 in Mogadischu.[943]

Nach der Verschärfung des Konflikts kürzte die Bundesregierung im Herbst 1989 die Entwicklungszusammenarbeit aber aufgrund der Menschenrechtsverletzungen der somalischen Sicherheitskräfte.[944] Zuvor waren bereits die meisten deutschen Staatsbürger aus dem Norden Somalias

---

[935] Ausführlich zum Beginn der bundesdeutschen Ausrüstungshilfe siehe Fettich-Biernath, Deutschland gibt, S. 683–733. Nicht einmal die Anerkennung der DDR durch Somalia hatte 1970 zum Abbruch der Beziehungen durch die Bundesrepublik geführt. Ebd., S. 879–888.
[936] BT-Drs. 13/2982, 10.11.1995, S. 20.
[937] BT-Drs. 11/8527, 10.12.1990, S. 2.
[938] Vgl. BArch, BW 1/260071, Vorlage Deutsche Beratergruppe Somalia an Rü II 4, Betr.: Ausstattungshilfe Somalia, hier: Rechenschaftsbericht/Erfahrungsbericht, 13.2.1989.
[939] BT-Drs. 11/6038, 12.12.1989, hier S. 3.
[940] Entsprechend positiv bewerteten die Deutschen den Zustand der somalischen Polizei vor dem Sturz Siad Barres. Vgl. BT-Drs. 11/7162, 17.5.1990, S. 4; BArch, BW 2/27361, Einzelbericht des Militär-Attachéstabes Khartoum, Betr.: 2. Dienstreisebericht zu den SOM-Streitkräften, 5.11.1990, hier S. 9.
[941] Vgl. BT-Drs. 11/6282, 19.1.1990, S. 13.
[942] PA AA, B 34, ZA, Bd 150000, Schriftbericht der Botschaft der Bundesrepublik Deutschland in Mogadischu an Referat 322 im AA, Betr.: Deutsch-somalische Beziehungen, hier: Somalia, verläßlicher Unterstützer deutscher Kandidaturen, 12.9.1990.
[943] BPA, Staatsbesuch des Bundespräsidenten in Mali, Nigeria und Simbabwe. In: Bulletin, Nr. 43, 26.3.1988, S. 357–367, hier S. 366 f. Ursprünglich nur als Zwischenstopp geplant, wurde dieser mit allen Ehren als offizieller Besuch abgehalten. BArch, B 122/47309, Drahtbericht der Botschaft der Bundesrepublik Deutschland in Mogadischu an Referat 322 im AA, Nr. 190, 21.3.1988, hier S. 1. Ziel des Besuchs sollte die Normalisierung, also die Dämpfung der hohen Erwartungen der Somalier nach dem 1977 entstandenen »Sonderverhältnis« sein. Ebd., Vorlage Referat 322 im AA an den Staatssekretär, Betr.: Reise des Bundespräsidenten nach Afrika vom 1. bis 16. März 1988, hier: Somalia, 13.1.1988, hier S. 3.
[944] PA AA, B 34, ZA, Bd 150000, Aide-Memoire. Economic Cooperation between Somalia & FRG, o.D.; ebd., Vermerk Referat 322, Betr.: Gespräch D 3 mit StS im somalischen Außenministerium Aden am 28. November 1989 im Auswärtigen Amt, 29.11.1989; BT-Drs. 11/6038, 12.12.1989, hier S. 2.

evakuiert worden.⁹⁴⁵ Zwar suchte das Regime in Mogadischu weiter die Unterstützung der Bundesregierung,⁹⁴⁶ diese war jedoch nicht bereit, dem immer rücksichtsloser gegen die eigene Bevölkerung vorgehenden Siad Barre zur Seite zu stehen. Sein Sturz im Januar 1991 wurde lediglich zur Kenntnis genommen. Die deutsche Botschaft schloss im selben Monat.⁹⁴⁷ Kurz zuvor hatte bereits der Abzug der Beratergruppe begonnen.⁹⁴⁸ Die meisten Verbindungen waren ein Jahr vor Beginn der VN-Missionen durchtrennt, sodass die deutsche Seite kaum noch Informationen aus Somalia erhielt.⁹⁴⁹ Dies mag in der Folge eine Erklärung für das zögerliche Handeln der Bundesregierung gewesen sein.

Dass Somalia zum ersten Einsatzland bewaffneter deutscher Soldaten im VN-Rahmen wurde, war nicht zwangsläufig. Die Beteiligung der Bundeswehr an der UNOSOM II war zudem nur der sichtbarste und kontroverseste Teil des deutschen Engagements. Vor, während und nach der militärischen Beteiligung leisteten zahlreiche zivile Akteure Entwicklungs- und Nothilfe.⁹⁵⁰ Zu nennen ist hier vor allem das THW, das in Mogadischu und im Norden des Landes zum Einsatz kam.⁹⁵¹ Weil die humanitären Helfer aber nicht zum uniformierten Teil der VN-Missionen gehörten, werden sie im Folgenden nur am Rande erwähnt.

---

⁹⁴⁵ Einer bereits in Mogadischu gelandeten Transall der Luftwaffe verweigerte die somalische Regierung die Teilnahme an der Evakuierung, da sie angeblich nicht über die Maßnahmen informiert worden war. BArch, BW 1/260068, Drahtbericht der Botschaft der Bundesrepublik Deutschland in Mogadischu an Referat 322 im AA, Nr. 322, 4.6.1988.
⁹⁴⁶ Vgl. PA AA, B 34, ZA, Bd 150000, Aufzeichnung Botschafterin Anna-Margareta Peters, Betr.: Deutsch-somalische Beziehungen, hier: deutsche Einflußnahme jetzt, 3.4.1990, hier S. 2.
⁹⁴⁷ BArch, BW 1/260067, Rundschreiben Referat 110 im AA, Betr.: Botschaft Mogadischu, hier: vorübergehender Abzug des entsandten Personals, 8.1.1991. Eine detaillierte Lagedarstellung findet sich in ebd., Vermerk LR I Keilholz, Betr.: Der Bürgerkrieg in Somalia bis zum Schließen der Deutschen Botschaft am 7. Januar 1991, 15.1.1991.
⁹⁴⁸ BArch, BW 1/260071, Vorlage Rü T II 3 an den Verteidigungsminister, Betr.: Ausstattungshilfe Somalia, hier: Vorübergehender Abzug der Bundeswehrberatergruppe aus Mogadischu/Somalia, 10.12.1990; BArch, BW 1/260067, Vermerk Rü T II 3, Betr.: Lage in Somalia, hier: Abzug der BerGrp (Bw), 2.1.1991. Bei der Evakuierung spielte die Bundeswehr nur eine Nebenrolle. Zwar war eine Boeing 707 der Flugbereitschaft nach Mombasa entsandt worden, ausgeflogen aus Somalia wurden die deutschen und internationalen Staatsbürger aber vor allem von Italien und den USA. Ebd., Weiterleitung Drahtbericht der Botschaft der Bundesrepublik Deutschland in Nairobi an Referat 322 im AA, Nr. 22, 15.1.1991. Siehe auch ebd., Vermerk LR I Keilholz, Betr.: Der Bürgerkrieg in Somalia bis zum Schließen der Deutschen Botschaft am 7. Januar 1991, 15.1.1991, hier S. 5–8, 13 f.
⁹⁴⁹ Zeitzeugengespräch mit Botschafter a.D. Bernd Mützelburg am 22.11.2019.
⁹⁵⁰ Vgl. BT-Drs. 12/7737, 30.5.1994, S. 11.
⁹⁵¹ Siehe THW, Einsatz in Somalia. Vgl. auch PA AA, B 34, ZA, Bd 160134, Vermerk AS-BhH, Betr.: Humanitäre Hilfe der Bundesregierung in Somalia, hier: Einsatz des THW in Mogadischu und im Nordosten Somalias, 26.5.1993; BT-PlPr. 12/188, 10.11.1993, S. 16199 f.

## Humanitäre Hilfe bis 1992

Im AA fand der somalische Bürgerkrieg offenbar erst Anfang 1989 größere Beachtung. Kurz zuvor hatte die VNGV alle Mitglieder um humanitäre Hilfe gebeten.[952] Zunächst folgte das Bundesressort dem Aufruf aber nicht. Auch als sich der VNGS am 12. Mai direkt an die Ständige Vertretung in New York wandte und um Unterstützung bat,[953] hielten sich die bundesdeutschen Diplomaten zurück. Die Botschaft in Mogadischu riet von finanziellen Zusagen ab, da eine kontrollierte Hilfe für die am stärksten betroffene Region im Nordwesten des Landes wegen der Sicherheitslage »praktisch nicht durchführbar« sei.[954] Auch das Ostafrikareferat 322 hatte Bedenken. Nahrungsmittelhilfen wurden von somalischen Sicherheitskräften missbraucht und eine politische Lösung des Konflikts zeichnete sich nicht ab.[955] Die Hilfe aus dem Budget des AA beschränkte sich 1989 daher auf 900 000 D-Mark für das in Somalia tätige Internationale Komitee vom Roten Kreuz (IKRK).[956] Generell bewegte sich die bilaterale deutsche Hilfe damit auf einem niedrigen Niveau. Zwischen 1987 und 1990 wurde Nahrungsmittelhilfe in Höhe von nur 1,3 Mio. D-Mark gewährt. Hinzu kamen zwar multilaterale Aufwendungen von über 27 Mio. D-Mark, im Vergleich zu Äthiopien (55 Mio. D-Mark) und dem Sudan (42 Mio. D-Mark) waren aber auch diese begrenzt. Insgesamt flossen in diesem Zeitraum weniger als sechs Prozent der für Nahrungsmittelhilfe in Afrika aufgebrachten Gelder nach Somalia.[957] Weil aber auch das restliche internationale Engagement begrenzt blieb, spielten die Bundesressorts hierdurch keine Sonderrolle.

Die Lage im Nordwesten verschlechterte sich allerdings weiter. Außer dem IKRK blieb kaum eine Hilfsorganisation vor Ort.[958] Aufgrund der sich ausbreitenden Gewalt befürwortete die Botschaft im August 1989 einen stufen-

---

[952] VNGV, A/RES/43/206, 20.12.1988.
[953] PA AA, B 34, ZA, Bd 150000, Kopie Verbalnote der Vereinten Nationen an die Ständige Vertretung in New York, New York, 12.5.1989.
[954] Ebd., Drahtbericht der Botschaft der Bundesrepublik Deutschland in Mogadischu an Referat 402 im AA, Nr. 276, 18.5.1989; ebd., Drahtbericht der Botschaft der Bundesrepublik Deutschland in Mogadischu an Referat 301 im AA, Nr. 298, 31.5.1989, hier S. 2.
[955] Ebd., Durchschlag Schreiben Referat 322 an Referat 402, Betr.: ECOSOC, hier: Humanitäre Hilfe für Somalia, 19.5.1989, hier S. 1.
[956] Ebd., Entwurf Drahterlass Referat 301 im AA an die Ständige Vertretung in Genf, ohne Nr., 5.6.1989; ebd., Entwurf Drahterlass Referat 301 im AA an die Ständige Vertretung in Genf, ohne Nr., 30.11.1989.
[957] Insgesamt brachte die Bundesregierung im besagten Zeitraum 512 Mio. D-Mark für Nahrungsmittelhilfe in 38 afrikanischen Staaten auf. 29 Mio. erhielt Somalia. Mit 157 Mio. D-Mark erhielt Äthiopien am meisten Hilfe. Vgl. BT-Drs. 12/840, 20.6.1991, S. 39 f.
[958] PA AA, B 34, ZA, Bd 150000, Nebenabdruck Schriftbericht der Botschaft der Bundesrepublik Deutschland in Mogadischu an Referat 322 im AA, Betr.: Not in Somalias Nord-Westen, hier: UNHCR und WFP ratlos, 5.9.1989.

weisen Rückzug der rund 100 deutschen Staatsbürger.⁹⁵⁹ Ihre Einschätzung gegenüber humanitärer Hilfe änderte sich erst im Frühjahr 1990, nachdem die Vereinten Nationen ihr Nothilfeersuchen erneuert hatten.⁹⁶⁰ Aus Sicht der Botschaft sollte die Bundesrepublik bei Anfrage des VNGS einen »substantiellen Beitrag erwägen [...], da man im [Nordwesten] Hungernde nicht mit ihrem Leben für Untaten von Rebellen und Regierung zahlen lassen« dürfe.⁹⁶¹ Dennoch blieb das bundesdeutsche Engagement aufgrund der unübersichtlichen Lage begrenzt.⁹⁶² Ende August 1990 zog die Deutsche Gesellschaft für Technische Zusammenarbeit (GTZ) alle ausländischen Kräfte aus Somalia ab.⁹⁶³ Das praktische Engagement der Bundesregierung kam zum Erliegen, auch wenn ihre finanzielle Hilfe langsam stieg.⁹⁶⁴

Rund elf Monate nach dem Sturz von Siad Barre bat die deutsche Nichtregierungsorganisation (NRO) Cap Anamur⁹⁶⁵ das BMVg um die Abgabe von Minenräumfahrzeugen.⁹⁶⁶ Im Nordwesten Somalias, wo sich die ›Republik Somaliland‹ für unabhängig erklärt hatte,⁹⁶⁷ wollte sie Sprengvorrichtungen beseitigen. Mit der gleichen Bitte hatte sich bereits am 13. Dezember 1991 der Journalist Franz Alt an den Bundeskanzler und verschiedene Minister gewandt.⁹⁶⁸ Minensuchfahrzeuge zählten aber zu

---

⁹⁵⁹ Ebd., Drahtbericht der Botschaft der Bundesrepublik Deutschland in Mogadischu an Referat 322 im AA, Nr. 425, 6.8.1989. Das AA hatte zuvor den Abzug aller deutschen Fachkräfte angeregt. BArch, BW 1/260068, Drahterlass Referat 322 im AA an die Botschaft der Bundesrepublik Deutschland in Mogadischu, Nr. 6437, 2.8.1988.
⁹⁶⁰ VNGV, A/RES/44/178, 19.12.1989.
⁹⁶¹ PA AA, B 34, ZA, Bd 150000, Drahtbericht der Botschaft der Bundesrepublik Deutschland in Mogadischu an Referat 301 im AA, Nr. 50, 5.2.1990, hier S. 2.
⁹⁶² 1990 stellte das BMZ 1,2 Mio. D-Mark für Nahrungsmittelhilfe bereit. Zusätzlich erhielten das IKRK eine Mio. D-Mark und der UNHCR 800 000 D-Mark. BT-PlPr. vom 14.5.1991, S. 1827. Im gleichen Jahr zahlte das AA rund drei Mio. D-Mark für humanitäre Hilfe und 8,2 Mio. D-Mark für Nahrungsmittelhilfe. PA AA, B 45, ZA, Bd 192023, Entwurf Drahterlass Referat 301 im AA an die Ständige Vertretung in New York, ohne Nr., 25.3.1991.
⁹⁶³ BArch, BW 1/260069, Drahtbericht der Botschaft der Bundesrepublik Deutschland in Mogadischu an Referat 322 im AA, Nr. 324, 19.8.1990; ebd., Drahtbericht Referat 322 im AA an Rü T II 3 im BMVg, Nr. 7071, 21.8.1990; BT-PlPr. 12/130, 13.1.1993, S. 11297.
⁹⁶⁴ 1991 stellte die Bundesrepublik hauptsächlich sechs Mio. ECU im Rahmen eines Hilfspaketes der EG bereit. Dazu kamen Nahrungsmittelhilfen in Höhe von ca. 6,4 Mio. D-Mark für das Rote Kreuz und 2,3 Mio. D-Mark für das Komitee Cap Anamur sowie 2,1 Mio. D-Mark für humanitäre Hilfsprogramme des UNHCR, IKRK und deutscher NROs. Aus dem Topf des BMZ kamen fast neun Mio. D-Mark für Nahrungsmittel. BT-Drs. 12/620, 24.5.1991, S. 3; BT-Drs. 12/7737, 30.5.1994, S. 25; PA AA, B 45, ZA, Bd 192023, Kopie Vorlage Referat 322/320 an den Außenminister, Betr.: Lage in Somalia, hier: Diplomatische Bemühungen zur Beilegung des Konflikts und Hilfsmaßnahmen für notleidende Bevölkerung, 16.1.1992, hier S. 5; VNSR, S/23577, 12.2.1992, hier S. 2.
⁹⁶⁵ Zu den Anfängen von Cap Anamur und ihrem Somalia-Engagement bis 1988 siehe Merziger, The »Radical Humanism« of »Cap Anamur«.
⁹⁶⁶ Vgl. BArch, BW 1/307116, Kopie Schreiben Komitee Cap Anamur an Verteidigungsminister Gerhard Stoltenberg, 17.12.1991.
⁹⁶⁷ Lewis, A Modern History of the Somali, S. 282–286.
⁹⁶⁸ PA AA, B 70, ZA, Bd 220729, Kopie Schreiben Franz Alt, Südwestfunk, an den Außenminister, 13.12.1991.

## IV. Deutsche ›Blauhelme‹ in Afrika

den Kriegswaffen, deren Ausfuhr in Länder Subsahara-Afrikas seit einem Beschluss des BSR von 1975 untersagt waren[969] – erst recht an nichtstaatliche, zivile Organisationen. Obwohl humanitäre Gründe für eine Abgabe sprachen, galt die Bereitstellung der Fahrzeuge im AA wegen der »Rüstungsexport-Kontrollbestimmungen« als »sehr problematisch«.[970] Zudem konnte auch demilitarisiertes Gerät zweckentfremdet werden oder durch falsche Bedienung Schaden verursachen. Dies wiederum könne negativ auf die Bundesregierung zurückfallen, so die Befürchtung im AA.[971] Um Vorbehalte der NRO gegenüber den Streitkräften abzubauen, stand das BMVg der Anfrage aber offen gegenüber.[972] Unter der Voraussetzung, dass die Vereinten Nationen keinen Verstoß gegen ihr Waffenembargo sahen,[973] stimmte der BSR für die leihweise Bereitstellung von zwei demilitarisierten T-55-Panzern mit Minenräumgeräten aus NVA-Beständen.[974] Da kein VNSR-Mitglied Einspruch erhob, konnte die Überlassung an Cap Anamur im Februar erfolgen.[975] Ausschlaggebend für die Zustimmung war ein »erheblicher Mediendruck«.[976] Franz Alt und der Präsident von Cap Anamur, Rupert Neudeck, hatten der Bundesregierung Untätigkeit vorgeworfen und durch eine Fernsehreportage und Zeitungsartikel gesellschaftliche Aufmerksamkeit erregt.[977] Öffentlicher Druck trieb die Bundesressorts zum Handeln. Seit Mitte Januar 1992 interessierte sich zudem auch das BKAmt für den Vorgang.[978]

---

[969] Ebd., Kopie Schreiben Referat 424 an Referat 322 im AA, Betr.: Lieferung von Minensuchfahrzeugen nach Somaliland, 17.12.1991.
[970] PA AA, B 70, ZA, Bd 220583, Kopie Vorlage Referat 322 an den Staatssekretär, Betr.: Bereitstellung von Minensuchfahrzeugen für Nord-Somalia, hier: Forderung des Vorsitzenden des Komitees »Cap Anamur« und des bisherigen »Report«-Moderators Dr. Franz Alt an die Bundesregierung, 17.1.1992, hier S. 2.
[971] Ebd., Kopie Vorlage Referat 322 an den Staatssekretär, Betr.: Bereitstellung von Minensuchfahrzeugen für Nord-Somalia, hier: Forderung des Vorsitzenden des Komitees »Cap Anamur« und des bisherigen »Report«-Moderators Dr. Franz Alt an die Bundesregierung, 17.1.1992, hier S. 3 f. Siehe auch ebd., Nebenabdruck Vorlage Abteilungsleiter 3 an den Staatssekretär, Betr.: Bereitstellung von Minensuchfahrzeugen für Nord-Somalia, 17.1.1992.
[972] BArch, BW 1/307116, Verfügung Vorlage Rü T II 3 an Staatssekretär Pfahls, Betr.: Anfrage des Herrn MdB Alois Graf von Waldburg-Zeil (CDU) vom 18.7.1991, 31.7.1991, hier S. 3; BArch, BW 1/307112, Vermerk Rü T II 3, Betr.: Gespräch mit Vertretern des Deutschen Notärzte-Komitee Cap Anamur; Thema: Möglichkeiten eines Einsatzes von Minenräumfahrzeugen der ehem. NVA in Somaliland, 6.1.1992.
[973] VNSR, S/23524, 6.2.1992.
[974] PA AA, B 70, ZA, Bd 220729, Nebenabdruck Vorlage Referat 322/230 an den Außenminister, Betr.: Bereitstellung von demilitarisierten Minensuchpanzern nebst Peripherie-Gerät für das Minenräumsuchprojekt des »Komitees Cap Anamur« in Nord-Somalia, hier: Vereinbarkeit mit VN-Waffenembargo […], 30.1.1992.
[975] Ebd., Drahtbericht der Ständigen Vertretung in New York an Referat 230 im AA, Nr. 268, 6.2.1992.
[976] Vgl. ebd., Entwurf Drahterlass Referat 322 an die Ständige Vertretung in New York, ohne Nr., 30.1.1992, hier S. 2.
[977] Vgl. Minenräumpanzer für Somalia liegen »auf Eis«. In: Der Tagesspiegel, 28.1.1992, S. 4.
[978] BArch, BW 1/307117, Schreiben Ministerialdirektor Peter Hartmann im BKAmt an Staatssekretär Pfahls im BMVg, 16.1.1992.

Dass es letztlich nie zur Hilfe durch Camp Anamur in Somalia kam, lag an der somalischen Sicherheitslage. Mitte März 1992 musste die NRO ihre Arbeit in ›Somaliland‹ einstellen.[979]

Auch wenn diese Episode nichts mit VN-Missionen zu tun hatte, verdeutlicht sie, dass einerseits politische Bedenken in den deutschen Ministerien Vorrang vor schneller Hilfe hatten und andererseits äußerer Druck Treiber für politisches Handeln sein konnte. Zwar wog die Arbeitsebene die Folgen ihres Handelns pflichtgemäß ab, gerade die Diplomaten scheuten aber größere Risiken. In ihrer Logik fiel den NROs bei Erfolgen der Dank zu, Misserfolge fielen hingegen auf die Regierung zurück. Unmittelbare humanitäre Effekte waren zweitrangig. Ein ähnliches Verhalten zeigte sich Anfang April 1992, als ›Somaliland‹ um Hilfe bei der Zerstörung russischer Raketen bat.[980] Diesmal lehnten sowohl das BMVg als auch das AA die bilaterale Unterstützung aufgrund von Sicherheitsbedenken und des ungeklärten völkerrechtlichen Status von ›Somaliland‹ ab.[981] Keines der Ressorts wollte sich in innerstaatliche Belange mischen. Die deutsche Hilfe stieg daher erst wesentlich an, als sich auch das internationale Engagement verstärkte. Im Laufe des Jahres 1992 wurde die Bundesrepublik mit fast 97 Mio. D-Mark hinter den USA zum zweitgrößten Geber Somalias.[982] Schon deshalb strebte das AA nun auch nach einem sichtbaren personellen Beitrag am Horn von Afrika.

*»Hungerhilfe«*[983] *in Somalia: Der Einsatz der Luftwaffe*

Im Januar 1992 bezeichnete das AA die Lage in Südsomalia als »anarchische[s] Gemetzel jeder gegen jeden«.[984] Kurze Zeit später starteten die Vereinten Nationen ein erstes Nothilfeprogramm. Angesichts des drohenden Hungertods Hunderttausender Menschen und der damit einhergehenden Flüchtlingskrise sah auch das AA Handlungsbedarf über die Bereitstellung von Geldern hinaus. Anfang August sprach es intern von einem »Teufelskreis

---

[979] Ebd., Kopie Schreiben Komitee Cap Anamur an Staatssekretär Dieter Kastrup im AA, 11.3.1992; Stefan Klein, Helfer ziehen sich aus Somalia zurück. In: SZ, 20.3.1992, Nr. 67, S. 9.
[980] BArch, B 136/43467, Schreiben Abdirahman Ahmed Ali, President of the Republic of Somaliland, an Helmut Kohl, 14.2.1992.
[981] BArch, BW 1/339747, Verfügung Schreiben Rü T II 3 im BMVg an das AA, Betr.: Somalia/sog. »Republik Somaliland«, 20.3.1992; BArch, B 136/43467, Vorlage Referat 322 an den Abteilungsleiter 3, Betr.: Somalia/sog. »Republic of Somaliland«, hier: Zerstörung russischer Raketen in Berbera, 6.4.1992. Siehe auch Rupert Neudeck, Rühes Schwindeleien. In: Der Spiegel, Nr. 8 (1994), 21.2.1994, S. 26.
[982] PA AA, B 45, ZA, Bd 192061, Sachstand AS-B-hH, Betr.: Deutsche humanitäre Hilfe für Somalia, 4.1.1993, hier S. 5. Laut VN belief sich die deutsche humanitäre Hilfe zwischen 1992 und 1994 auf über 137 Mio. D-Mark. Fast 54 Mio. D-Mark davon liefen über die EU. VNGV, A/50/447, 19.9.1995, Randnr. 55.
[983] So die Bezeichnung des BMVg gegenüber dem Bundestag. BT-PlPr. 12/185, 28.10.1993, S. 16095; BT-Drs. 12/6255, 26.11.1993, S. 35.
[984] PA AA, B 45, ZA, Bd 192023, Kopie Vorlage Referat 322/320 an den Außenminister, Betr.: Lage in Somalia, hier: Diplomatische Bemühungen zur Beilegung des Konflikts und Hilfsmaßnahmen für notleidende Bevölkerung, 16.1.1992, hier S. 2.

IV. Deutsche ›Blauhelme‹ in Afrika 303

von Gewalt und Hunger«, der Somalia zum größten »Krisenher[d] Afrikas« gemacht habe.[985] Wie zuvor vom VNGS kritisiert,[986] wollte das AA in dieser Situation nicht nur Europa und die Kriege im ehemaligen Jugoslawien beachten:[987] Während in Somalia nur 50 unbewaffnete Militärbeobachter standen, hatten die Vereinten Nationen zum Missfallen vieler afrikanischer Staaten fast 14 000 Soldaten nach Kroatien[988] entsandt. Nach der kurzfristig getroffenen Entscheidung zur Beteiligung der Bundeswehr an der Luftbrücke nach Sarajevo[989] schien es aus Sicht des AA nur folgerichtig, auch die Ende Juli 1992 vom VNSR beschlossene Luftbrücke nach Somalia[990] zu unterstützen. Um eine solche Teilnahme war die Ständige Vertretung in New York Anfang August auch von UNICEF gebeten worden.[991] Zudem kündigten auch die USA am 14. August die Entsendung von Flugzeugen in die Region an (Operation Provide Relief),[992] während die Medien immer erschreckendere Bilder vom Leid der Menschen zeigten.[993] Das AA, das sich die Stärkung multilateraler Strukturen zum Ziel gesetzt hatte, wollte in dieser Situation nicht untätig bleiben. Ob es Absprachen zwischen der Bundes- und der US-Regierung gab, ließ sich bislang nicht belegen. Angesichts des freundschaftlichen Verhältnisses von Präsident Bush und Kanzler Kohl würde es jedoch verwundern, wenn

---

[985] PA AA, B 45, ZA, Bd 192024, Kopie Entwurf Vorlage Referat 301 an den Außenminister, Betr.: Humanitäre Hilfe der Bundesregierung für Somalia, hier: Stand der deutschen Hilfe, 3.8.1992, hier S. 1.
[986] Gegenüber US-Präsident Bush beklagte der VNGS die Wahrnehmung, dass Probleme des Südens international nicht zählten. Vgl. The White House, Working Lunch with Boutros Boutros-Ghali, UN Secretary General, 12.5.1992, S. 5, https://bush41library.tamu.edu/files/memcons-telcons/1992-05-12–Boutros-Ghali.pdf. Dem VNSR soll Boutros-Ghali vorgeworfen haben, er führe einen »rich man's war in Yugoslavia while not lifting a finger to save Somalia from disintegration«. Zitiert nach Rutherford, Humanitarianism, S. 43. Auch gegenüber deutschen Abgeordneten beklagte er die Wahrnehmung vieler afrikanischer Staaten, dass sich die VN mehr für Jugoslawien als für Somalia interessieren würden, »because it was a European country.« UNA, S-1086-0093-02-00002, Notes of the Secretary-General's meeting with Members of the Sub-Committee on United Nations and International Organizations of the Foreign Affairs Committee in the German Bundestag, 6.2.1992, hier S. 1.
[987] PA AA, B 45, ZA, Bd 192024, Kopie Referat 301, Sprechzettel für die Kabinettsitzung am 12.8.1992, 11.8.1992.
[988] VNSR, S/24333, 21.7.1992, Randnr. 13.
[989] Ausführlich dazu siehe Ahrens, Die Luftbrücke.
[990] VNSR, S/RES/767(1992), 24.[27.]7.1992.
[991] BArch, BW 1/307129, Kopie Schreiben UNICEF an die Ständige Vertretung in New York, 5.8.1992; PA AA, B 45, ZA, Bd 192025, Drahtbericht der Ständigen Vertretung in New York an Referat 301 im AA, Nr. 2008, 6.8.1992. Zuvor hatten auch bereits Aidid und Ali Mahdi die Bundesregierung um humanitäre Hilfe gebeten. BArch, B 136/34343, Kopie Schreiben United Somali Congress an die Kommission der Europäischen Gemeinschaft und an die Regierung der Bundesrepublik Deutschland, 31.5.1992; ebd., Schreiben Ali Mahdi an Bundeskanzler Kohl, 2.6.1992.
[992] Statement by Press Secretary Fitzwater on Additional Humanitarian Aid for Somalia, 14.8.1992, https://bush41library.tamu.edu/archives/public-papers/4676.
[993] Beispielhaft siehe Somalia: Das große Sterben. In: Der Spiegel, Nr. 32 (1992), 3.8.1992, S. 122–124.

es vor Beginn des Einsatzes der US-Luftstreitkräfte nicht zu Konsultationen gekommen wäre.

Schon wegen seines begrenzten Budgets[994] war das Außenressort aber auf die Unterstützung der anderen Ministerien angewiesen. Aus humanitären Gründen warb es in der Kabinettssitzung vom 12. August 1992 für die kostenfreie oder vergünstigte Entsendung von Transportflugzeugen der Bundeswehr.[995] Anders als bei VN-Missionen wurden humanitäre Hilfskosten nicht auf die VN-Mitglieder verteilt, sondern mussten national finanziert werden.[996] Da sich das Finanzministerium auf Bitten des Außenministers[997] bereit erklärte, 20 Mio. D-Mark bereitzustellen,[998] und das BMVg dem AA wegen eigener Ausbildungsinteressen für die Besatzungen in Aussicht stellte, die Hälfte der Flugkosten zu erlassen,[999] transportierten ab dem 25. August[1000], und damit drei Tage vor den ersten Hilfsflügen der USA,[1001] zwei Transall-Flugzeuge der Luftwaffe Hilfsgüter von der kenianischen Hafenstadt Mombasa nach Somalia und in den Norden Kenias.[1002]

---

[994] Vgl. PA AA, B 45, ZA, Bd 192024, Entwurf Sachstandsbericht Referat 301, Betr.: Humanitäre Hilfe der Bundesregierung für Somalia, 10.8.1992, hier S. 3.

[995] Ebd., Kopie Referat 301, Sprechzettel für die Kabinettssitzung am 12.8.1992, 11.8.1992; ebd., Kopie Sprechzettel Referat 322, Betr.: Kabinettssitzung am Mittwoch, dem 12. August 1992, hier: TOP Internationale Lage: Lage in Somalia, 11.8.1992, hier S. 2; ebd., Kopie Sachstand Referat 301, Humanitäre Hilfe der Bundesregierung in Somalia, 26.8.1992, hier S. 2; PA AA, B 45, ZA, Bd 192025, Kopie Referat 301, Sprechzettel für die Kabinettssitzung am 27.8.1992, 26.8.1992.

[996] Zur Frage der nationalen Finanzierung siehe BArch, BW 1/307132, Vorlage Rü Z II 4 an Staatssekretär Schönbohm, Betr.: Humanitäre Hilfe der Bundesregierung für Somalia im Rahmen einer Hilfsmaßnahme der Vereinten Nationen, hier: Bereitstellung von Transportflugzeugen der Luftwaffe […], 14.8.1992, hier S. 3.

[997] PA AA, B 45, ZA, Bd 192024, Kopie Schreiben Außenminister Klaus Kinkel an den Parlamentarischen Staatssekretär im BMF Manfred Carstens, 14.8.1992.

[998] PA AA, B 45, ZA, Bd 192025, Kopie Schreiben des Parlamentarischen Staatssekretärs im BMF, Manfred Carstens, an Außenminister Klaus Kinkel, 25.8.1992.

[999] BArch, BW 1/307132, Vorlage Rü Z II 4 an Staatssekretär Schönbohm, Betr.: Humanitäre Hilfe der Bundesregierung für Somalia im Rahmen einer Hilfsmaßnahme der Vereinten Nationen, hier: Bereitstellung von Transportflugzeugen […], 14.8.1992, hier S. 3; PA AA, B 45, ZA, Bd 192024, Entwurf Vorlage Referat 301 an den Außenminister, Betr.: Humanitäre Hilfe für Somalia, hier: Zusätzliche Finanzmittel, 14.8.1992, hier S. 2.

[1000] Die beiden Transall starteten am 21.8. ihre zweitägige Reise nach Mombasa. Bundeswehr-Luftbrücke nach Somalia. In: taz, 20.8.1992, S. 4. Am gleichen Tag brachte eine Boeing 707 das technische Personal nach Kenia. Wegen einer fehlenden diplomatischen Freigabe verzögerte sich die Ankunft des Personals um einen Tag. Vgl. BArch, BL 19/1085, Schreiben des Fliegerarzt an Kommandoarzt LTKdo, Betr.: Erfahrungsbericht über den Einsatz in Somalia vom 21.8.1992–14.9.1992, 20.9.1992, hier S. 1.

[1001] Jane Perlez: U.S. Delivers Tons of Food to Somalia. In: NYT, 29.8.1992, S. 1004; Poole, The Effort to Save Somalia, S. 9 f.

[1002] PA AA, B 45, ZA, Bd 192025, Drahtbericht der Botschaft der Bundesrepublik Deutschland in Nairobi an Referat 301, Nr. 461, 25.8.1992; ebd., Kopie Referat 301, Sprechzettel für die Kabinettssitzung am 27.8.1992, 26.8.1992, hier S. 2; BArch, BW 2/36693, Schreiben Fü L III 3 an Fü S III 6, Betr.: 56. Kabinettssitzung am 11.9.1992, hier: TOP Internationale Lage, Jugoslawien und Somalia, 8.9.1992; PA AA, B 45, ZA, Bd 192067, Drahterlass AS-B-hH im AA an die Botschaft der Bundesrepublik Deutschland in Nairobi, Nr. 1367, 8.2.1993.

Angesichts der verheerenden Lage, des stärker gewordenen internationalen Engagements und des medialen Interesses schien es für die Bundesressorts Zeit für eigene Taten. Dennoch vergingen zwischen der Kabinettssitzung und dem Beginn des Engagements zwei Wochen. Wenn das BMVg wollte, konnte es viel schneller handeln.[1003] Noch 1991 hatte es allerdings die Entsendung von zwei Transall-Flugzeugen zur humanitären Hilfe auf Anfrage des Komitees Cap Anamur aufgrund fehlender Finanzmittel verweigert.[1004] Gleiches galt für eine Anfrage des SPD-Abgeordneten Gernot Erler. Zwar bestand an der Hilfe für Somalia schon Anfang 1991 »ein dringendes Bundesinteresse«, das AA hatte sich damals aber nicht bereit erklärt, diese zu finanzieren.[1005] Ausschlaggebend für die Neupositionierung des BMVg im Sommer 1992 waren die Zusage des AA zur Finanzierung der Flüge sowie der Einsatz des NATO-Partners USA. Keine Rolle beim deutschen Entschluss spielte die Organklage der SPD, die am 11. August unter anderem gegen die Beteiligung der Bundesmarine in der Adria beim Bundesverfassungsgericht eingegangen war.[1006]

Vor allem für das BMVg ähnelten die Maßnahmen in Somalia nur jenen für die Kurden in der Türkei und dem Irak bzw. der Hilfe für Sarajevo. Darüber hinaus besaß die Luftwaffe durch ihre Hilfsflüge in den Sudan und nach Äthiopien Erfahrung in der Region sowie die Mittel zu helfen. Anders als die Entsendung von Bodentruppen schien die humanitäre Hilfe leicht umsetzbar und mit wenigen Risiken behaftet. Kurz, es fehlten Gründe, die Bitte des AA zu verweigern, und es bestanden gewichtige Gründe zu helfen. Dass es sich nur um eine weitere humanitäre Unterstützung neben vielen handelte, zeigte sich an der Federführung im BMVg. Die Koordinierung der Luftbrücke blieb im Aufgabenbereich der Hauptabteilung Rüstung[1007] und ging nicht auf den Führungsstab der Streitkräfte über. Die operative Koordination wurde dem Koordinierungsstab Sarajevo übertragen,[1008] der bereits die dortige Luftbrücke führte. Somalia war daher nur eine Ergänzung des weltweiten Engagements der Bundeswehr und nicht der Schwerpunkt. »Der Somalia-Einsatz«, so der Koordinierungsstab Einsatzführung, passte allerdings auf-

---

[1003] Vgl. die Beteiligung an der Luftbrücke für die ruandischen Flüchtlinge in Kapitel IV.4.c).
[1004] BArch, BW 1/307116, Rü T I 3; Betr.: Humanitäre Hilfe Somalia, hier: Abgabe von Minensuchgeräten und Lufttransportunterstützung, 30.4.1991.
[1005] BArch, BW 1/371645, Kopie Schreiben des Parlamentarischen Staatssekretärs Willy Wimmer an Gernot Erler, 10.4.1991.
[1006] Vgl. ARD, Tagesschau vor 20 Jahren, 11.8.1992.
[1007] Für humanitäre Hilfe in allen nicht-europäischen NATO-Staaten war bis zum 1.6.1993 Referat Rü Z II 4 zuständig. Erst danach fiel die Zuständigkeit an Fü S/Fü S IV 4. BArch, BW 1/371347, Kopie Weisung Staatssekretär, Betr.: Humanitäre Hilfsmaßnahmen der Bundesregierung im Ausland, hier: Einsatz der Bundeswehr, 6.9.1983; BArch, BW 1/548487, Weisung Staatssekretär Wichert, Betr.: Einsatz der Bundeswehr für Unterstützungsaufgaben, hier: Humanitäre Hilfsmaßnahmen der Bundesregierung, 28.5.1993.
[1008] BArch, BW 1/307129, Vermerk Rü Z II 4, 18.8.1992.

grund seines »Status und Inhalt[s] gut zur deutschen Sonderrolle«;[1009] mit Bodentruppen war man weder in Somalia noch Südosteuropa beteiligt. Der Personalansatz der Luftwaffe war allerdings nicht zu verkennen. Inklusive des fliegenden Personals dienten bei dieser Maßnahme in der Spitze 63 Soldaten;[1010] angesichts manch gegenwärtiger VN-Beteiligung[1011] eine relevante Zahl. Allerdings handelten die Deutschen reaktiv. Die Luftbrücke war vom VNSR autorisiert worden, UNICEF hatte um Hilfe gebeten und die USA wollten sich engagieren. Die Bundesressorts folgten, um nicht abseits zu stehen. Initiator oder Führungsnation der Hilfe waren sie nicht.

Auch die mediale Berichterstattung spielte bei der Entscheidung für die Luftbrücke eine Rolle. Im AA war man sich bewusst, dass die Nahrungsmittellage in Mosambik[1012] oder dem südlichen Sudan ähnlich schlecht war. Allerdings bestand dort kaum mediales Interesse, das für die Diplomaten eine sofortige Unterstützung erfordert hätte.[1013] Auch blieb das internationale Engagement in diesen Konflikten gering. In Somalia arbeiteten die Deutschen eng mit den USA, Frankreich und Kanada zusammen, die sich ebenfalls an der Luftbrücke beteiligten.[1014] Abstimmungen mussten daher neben den kenianischen Hausherren und einer Vielzahl an NROs in erster Linie mit bekannten NATO-Staaten getroffen werden. Dies alles sprach für ein verstärktes deutsches Engagement in Somalia, mit dem der deutsche Ruf des verantwortungsbewusst und solidarisch handelnden Akteurs gefestigt werden konnte.

Hinsichtlich des Stationierungsorts hatte es im Vorfeld aber Probleme gegeben. Das BMVg bevorzugte den geografisch nächstliegenden Flughafen in Dschibuti, wo auch auf französische Logistik zurückgegriffen werden konnte.[1015] Für die Hilfsorganisationen war aber Nairobi das logistische Zentrum.

---

[1009] BArch, BW 2/22495, Sekretariat Koordinierungsstab Einsatzführung, Thema: Deutsche Unterstützungsleistungen für VN, 4.11.1992, hier S. 2.

[1010] 22 Offiziere, 28 Unteroffiziere, sieben Mannschafter und sechs Zivilisten. BArch, BW 1/372426, Leistungsbilanz LTP Mombasa, Stand 17.1.1993. Siehe auch BW 1/415695, Fü S II, Unterrichtung zur internationalen Lage, 2.3.1993, hier S. 4.

[1011] Vgl. United Nations, Contribution of Uniformed Personnel to UN by Country, Mission, and Personnel Type, 31.7.2021, S. 17, https://peacekeeping.un.org/sites/default/files/03_country_and_mission_40_july2021.pdf.

[1012] Zum Ausmaß der dortigen Dürre siehe BArch, B 136/43215, Drahtbericht der Botschaft der Bundesrepublik Deutschland in Maputo an Referat 320 im AA, Nr. 125, 23.3.1992. Laut African Rights seien 1991/92 infolge der unsicheren Lage zudem über die Hälfte der Hilfsgüter für Mosambik zweckentfremdet worden. Omaar/Waal, Somalia, S. 3.

[1013] Vgl. PA AA, B 45, ZA, Bd 192026, Kopie Vorlage Referat 301 an den Außenminister, Betr.: Reise von StM Schäfer nach Kenia und Somalia vom 8.9.–10.9.1992, hier: Verlauf, Ergebnis und Schlußfolgerung, 26.9.1992, S. 7.

[1014] VNSR, S/24480, 24.8.1992, Randnr. 17.

[1015] BArch, BW 1/307132, Vorlage Rü Z II 4 an Staatssekretär Schönbohm, Betr.: Humanitäre Hilfe der Bundesregierung für Somalia im Rahmen einer Hilfsmaßnahme der Vereinten Nationen, hier: Bereitstellung von Transportflugzeugen der Luftwaffe für Transportflüge mit Lebensmitteln nach Somalia und ggf. innerhalb des Landes, 14.8.1992, hier S. 4.

IV. Deutsche ›Blauhelme‹ in Afrika                                                    307

Hier hatten sie ihre Büros und von hier koordinierten sie die Hilfe.[1016] Nairobi kam für das BMVg aber schon aus technischen Gründen nicht infrage. Wegen der Höhenlage der kenianischen Hauptstadt hätten pro Flug statt zehn nur noch fünf Tonnen Last transportiert werden können.[1017] Weil die deutsche Seite dem Stationierungswunsch der Hilfsorganisationen[1018] aufgrund der technischen Beschränkungen nicht nachkommen konnte und wollte, demarchierten die deutschen Auslandsvertretungen an die zuständigen Stellen in Kenia und in den USA, um von der kenianischen Hafenstadt Mombasa fliegen zu können.[1019] Der räumlich beschränkte Flughafen Mombasas wurde allerdings bereits von den USA genutzt.[1020] Mitte Dezember stellten sie 18 C-130-Flugzeuge.[1021] Die Luftwaffe musste sich daher mit einem begrenzten Platzangebot arrangieren, um die politisch gewünschte Teilnahme an der Luftbrücke zu erfüllen.

Ursprünglich war das Engagement der Luftwaffe für sechs, maximal zwölf Wochen geplant.[1022] Die Lage machte im Herbst 1992 aber eine Verlängerung nötig.[1023] Da das AA den Großteil der Kosten trug[1024], besaß das BMVg keine Einwände, zumal die Fortsetzung der Luftbrücke ein guter Ausgleich zum Entschluss des BMVg war, sich nicht personell an der mittlerweile vergrößerten VN-Mission UNOSOM zu beteiligen.[1025] Aus dem gleichen Grund beschloss das Bundeskabinett nach Beginn der Mission UNITAF im Dezember

---

[1016] PA AA, B 45, ZA, Bd 192067, Drahtbericht der Ständigen Vertretung in New York an Referat 301 im AA, Nr. 2092, 17.8.1992; Zeitzeugenbefragung von Generalleutnant a.D. Joachim Wundrak am 27.6.2020.

[1017] PA AA, B 45, ZA, Bd 192024, Entwurf Drahterlass Referat 301 im AA an die Botschaften der Bundesrepublik Deutschland in Nairobi und Washington, ohne Nr., 23.8.1992; Zeitzeugenbefragung von Generalleutnant a.D. Joachim Wundrak am 27.6.2020.

[1018] Vgl. PA AA, B 45, ZA, Bd 192025, Drahtberichte der Botschaft der Bundesrepublik Deutschland in Nairobi an Referat 301 im AA, Nr. 455, 23.8.1992, und Nr. 460, 24.8.1992.

[1019] PA AA, B 45, ZA, Bd 192024, Entwurf Drahterlass Referat 301 im AA an die Botschaften der Bundesrepublik Deutschland in Nairobi und Washington, ohne Nr., 23.8.1992; ebd., Drahtbericht der Botschaft der Bundesrepublik Deutschland in Washington an Referat 301 im AA, Nr. 2424, 23.8.1992; ebd., Drahtbericht der Botschaft der Bundesrepublik Deutschland in Nairobi an Referat 301 im AA, Nr. 460, 24.8.1992.

[1020] Vgl. Bettina Gaus, USA trumpfen auf bei Somalia-Hilfe. In: taz, 22.8.1992, S. 7.

[1021] Zudem stellte Frankreich zehn C-160 und Kanada zwei C-130. BArch, BW 2/36693, Kopie als Anlage Fü S II 4, Somalia, Beteiligung an UNOSOM/Restore Hope, o.D.

[1022] PA AA, B 45, ZA, Bd 192024, Kopie Referat 301, Presseverlautbarung. Erhöhung der humanitären Hilfe für Somalia um 20 Mio. DM, 19.8.1992.

[1023] PA-DBT 3104, Auswärtiger Ausschuß, 12/42, 23.9.1992, S. 6; PA AA, B 45, ZA, Bd 192026, Kopie Vorlage Referat 301 an den Außenminister, Betr.: Reise von StM Schäfer nach Kenia und Somalia vom 8.9.–10.9.1992, hier: Verlauf, Ergebnis und Schlußfolgerung, 26.9.1992, S. 6; PA AA, B 45, ZA, Bd 192067, Drahterlass B-hH im AA an die Botschaft der Bundesrepublik Deutschland in Nairobi, Nr. 299, 6.11.1992; BArch, BW 1/307132, Vorlage Rü Z II 4 an Staatssekretär Schönbohm, Betr.: Humanitäre Hilfe für Somalia, hier: Fortsetzung der Hilfsflüge mit Bw-Transall C 160, 23.11.1992.

[1024] Ende November beklagte Verteidigungsminister Rühe allerdings, dass der Treibstoff und die Flugzeuge vom Budget des BMVg bezahlt würden. BT-PlPr. 12/123, 25.11.1992, S. 10563 f.

[1025] Siehe Kapitel IV.3.b).

1992 auch die Aufstockung der Luftbrücke auf bis zu acht Flugzeuge.[1026] Da sich Deutschland nicht personell an der UNITAF beteiligte, blieb die Luftbrücke das sichtbarste Zeichen ihres Engagements. Zwar traf Mitte Dezember eine dritte Transall in Mombasa ein, für mehr Maschinen war am dortigen Flughafen aber auch kein Platz.[1027] Von vornherein ließ sich der Kabinettsbeschluss nie vollständig umsetzen.

Angesichts der internationalen Militärintervention, die die Öffnung der See- und Landwege zum Ziel hatte, wurden die teuren Hilfsflüge ohnehin schnell obsolet. Bereits Mitte Januar bezeichnete die deutsche Botschaft in Nairobi die Aufstockung der Transall-Maschinen als »von Anfang an [...] wenig sinnvoll«. Zudem beklagte sie, dass zwar ein weiteres Flugzeug, nicht aber die dafür erforderlichen zwei Crews bereitgestellt wurden.[1028] Aufgrund fehlender Bodentruppen bei der UNITAF hielt die Leitung des AA aber aus Prestigegründen an der Luftbrücke fest.[1029] Dass die Entsendung von mehr als drei Transall-Flugzeugen nicht der Notwendigkeit entsprach und in Mombasa auch gar nicht realisiert werden konnte, war im BMVg bereits vor dem Kabinettsbeschluss bekannt gewesen[1030]. Flüge aus Dschibuti kamen derweil nicht infrage, weil dort keine Hilfsgüter zur Verteilung bereitstanden. Das Kabinett hatte einen Entschluss gefasst, der technisch nie umgesetzt werden konnte und allein als Geste der internationalen Solidarität zu verstehen ist.

Da das AA die deutsche Luftbrücke finanzierte – insgesamt beliefen sich die Kosten auf 34,1 Mio. D-Mark[1031] –, mehrten sich mit den UNITAF-Fortschritten aber die internen Forderungen zu ihrer Einstellung. Ende Februar resümierte der Beauftragte der Bundesregierung für humanitäre Angelegenheiten, Hansjörg Eiff: »Der Hunger ist beseitigt und die kosten-

---

[1026] Vgl. BPA, Unterstützung der humanitären Anstrengungen der Vereinten Nationen in Somalia. In: Bulletin, Nr. 141, 29.12.1992, S. 1315.

[1027] BArch, BL 1/47747, Nebenabdruck Schreiben Fü L III 3 an Fü S III 5, Betr.: Beteiligung der Bundeswehr an Maßnahmen der Vereinten Nationen in Somalia, 15.12.1992; PA AA, B 34, ZA, Bd 160131, Ergebnisvermerk Referat 322, Betr.: Bestandsaufnahme der Implementierung des Somalia-Kabinettsbeschlusses vom 17. Dezember 1992, hier: Hausbesprechung unter Leitung von Dg 32 am 26.1.1993, 27.1.1993.

[1028] PA AA, B 34, ZA, Bd 160130, Drahtbericht der Botschaft der Bundesrepublik Deutschland in Nairobi an AS-B-hH im AA, Nr. 10, 11.1.1993.

[1029] Vgl. PA AA, B 45, ZA, Bd 192062, Kopie Entwurf Vorlage des Beauftragten für humanitäre Hilfe an den Außenminister, Betr.: Humanitäre Hilfe für Somalia, hier: Einstellung der deutschen Beteiligung an der Luftbrücke von Mombasa aus, 4.3.1993, hier S. 1.

[1030] Fü L III 3 hatte die Aufstockung in Mombasa von zwei auf vier Maschinen und die Entsendung von zusätzlich bis zu vier nach Dschibuti Anfang Dezember selbst vorgeschlagen. BArch, BW 2/28193, Kopie als Anlage Schreiben Fü L III 3 an den StAL Fü S V, Betr.: Humanitäre Lufttransporthilfe Somalia, hier: Optionen zur Erweiterung des deutschen Engagements, 7.12.1992; ebd., Nebenabdruck Schreiben Fü L III 3 an Fü S III 5, Betr.: Beteiligung der Bundeswehr an den Maßnahmen der VN in Somalia, 9.12.1992. Später stellte Fü L III 3 seine eigene Bewertung aber infrage. BArch, BL 1/47747, Nebenabdruck Schreiben Fü L III 3 an Fü S III 5, Betr.: Beteiligung der Bundeswehr an Maßnahmen der Vereinten Nationen in Somalia, 15.12.1992.

[1031] BT-PlPr. 12/185, 28.10.1993, S. 16095.

trächtige Lebensmittelversorgung auf dem Luftweg ab sofort entbehrlich.«[1032] Ohne Rücksprache mit Verteidigungsminister Rühe wollte das AA die Luftbrücke aber nicht beenden.[1033] Weil auch die anderen Nationen ihre Flüge einstellten und die Medien begannen, die Fortsetzung des kostspieligen Engagements zu kritisieren, erneuerte Eiff seine Empfehlung Anfang März. Parallel dazu begann der Einsatz des THW,[1034] der kurzzeitig zur sichtbarsten deutschen Hilfe avancierte. Darüber hinaus kam die Einstellung der Luftbrücke auch dem BMVg entgegen. Hierdurch ließ sich die »angespannte Personal- und Materiallage bei den Transall-Geschwadern«, die in der Luftbrücke nach Sarajevo gebunden waren, entschärfen.[1035] Letztlich wurde die deutsche Hilfe an der Luftbrücke am 21. März 1993 beendet.[1036]

In einem abschließenden Statement bezeichnete Verteidigungsminister Rühe das Engagement der Luftwaffe als »eine ihrer erfolgreichsten humanitären Hilfsmaßnahmen«.[1037] Die Intention der Beteiligung war unbestreitbar humanitär. Angesichts der Notlage der somalischen Bevölkerung war Handeln geboten. Das Medieninteresse und die Beteiligung der USA wirkten aber als Katalysator für die deutsche Entscheidung. Ohne diese Faktoren wäre es vermutlich nicht zur Hilfe gekommen. Das Streben nach internationalem Ansehen spielte daher eine mindestens ebenso große Rolle. Vor diesem Hintergrund ist auch das eher symbolisch zu verstehende Angebot zu sehen, bis zu sechs weitere Transall zu senden. Humanitärer oder militärischer Notwendigkeit entsprach es nicht. Aufgrund des fehlenden Platzes in Mombasa und der sinnlos erscheinenden Stationierung in Dschibuti konnte es nie umgesetzt werden. Angesichts der beginnenden Militärintervention UNITAF war die Luftbrücke aber die einzige Möglichkeit, das deutsche Somalia-Engagement sichtbar zu

---

[1032] PA AA, B 34, ZA, Bd 160131, Drahtbericht der Botschaft der Bundesrepublik Deutschland in Nairobi an Referat 301 AS-b-hH im AA, Nr. 153, 26.2.1993, hier S. 1. Siehe auch BArch, BW 2/29710, Vorlage Fü S III 5 an Staatssekretär Schönbohm, Betr.: Einsatzoptionen Unterstützung UNOSOM II, hier: Bericht Somalia-Dienstreise Botschafter Eiff, 2.3.1993, hier S. 1 f.

[1033] Vgl. BArch, BW 2/29710, Kopie Vorlage Leiter Koordinierungsstab für Einsatzaufgaben an den Verteidigungsminister, Betr.: Humanitäre Hilfe/Luftbrücke Somalia, 3.3.1993.

[1034] PA AA, B 45, ZA, Bd 192062, Vorlagen des Beauftragten für humanitäre Hilfe an den Außenminister, Betr.: Humanitäre Hilfe für Somalia, hier: Einstellung der deutschen Beteiligung an der Luftbrücke von Mombasa aus, 2.3.1993; ebd., Vorlage des Beauftragten für humanitäre Hilfe an den Außenminister, Betr.: Humanitäre Hilfe für Somalia, hier: Einstellung der deutschen Beteiligung an der Luftbrücke von Mombasa aus, 4.3.1993.

[1035] BArch, BW 2/29710, Vorlage Fü S III 5 an Staatssekretär Schönbohm, Betr.: Einsatzoptionen Unterstützung UNOSOM II, hier: Bericht Somalia-Dienstreise Botschafter Eiff, 2.3.1993, hier S. 2.

[1036] PA AA, B 45, ZA, Bd 192062, Drahterlass AS-B-hH im AA an die Botschaft der Bundesrepublik Deutschland in Nairobi, Nr. 2979, 11.3.1993; BArch, BW 2/29715, Abschlußbericht über die Beteiligung der Bundeswehr an UNOSOM II, o.D., S. 2.

[1037] BPA, Abschluss der humanitären Hilfsaktionen für Somalia. In: Bulletin, Nr. 25, 25.3.1993, S. 216. Zur Bewertung des Engagements durch die Bundesressorts siehe auch BT-Drs. 12/3343, 2.10.1992, S. 2; BArch, BW 2/28162, Kopie Fü S IV 4, Kompendium zur humanitären Hilfeleistung in Somalia, 28.2.1994, hier S. 3.

halten. Dies lag vor allem im Interesse des AA, das bereit war, die Kosten zu tragen.

Die Leistung der Transportflieger soll dies nicht schmälern. Bis zum 21. März 1993 transportierten sie in 655 Flügen insgesamt 5900 Tonnen Hilfsgüter,[1038] die teilweise während des Fluges aus niedriger Höhe abgesetzt wurden.[1039] Bei dieser Unterstützung handelte es sich um eine rein nationale Maßnahme, die losgelöst von der im April 1992 beschlossenen VN-Mission UNOSOM erfolgte.[1040] Zwar erforderte sie eine enge Absprache mit den internationalen Hilfsorganisationen, die deutschen Soldaten unterstanden aber dem Lufttransportkommando, nicht den Vereinten Nationen.[1041] Das BMVg hatte zudem großen Wert darauf gelegt, die Maschinen »in oliv und mit Eisernem Kreuz« fliegen zu lassen und nicht im Weiß der Vereinten Nationen zu lackieren, um »den nationalen deutschen Hilfsbeitrag sichtbar« zu machen.[1042] Nach der in dieser Arbeit verwendeten Definition handelt es sich bei der Unterstützung der Luftbrücke daher nicht um die Beteiligung an einer VN-Mission. Obwohl die Luftbrücke außerhalb der VN-Mission erfolgt war, entschied das BMVg 2019, allen Soldaten, die zwischen August 1992 – also seit Beginn der Luftbrücke – und März 1994 in Somalia gedient hatten, die Einsatzmedaille »UNOSOM« zu verleihen.[1043]

Eine Diskussion oder die Zustimmung des Bundestags hatte es für die Unterstützung der Luftbrücke nicht gegeben. Wie bei vorherigen humanitären Maßnahmen machte das Kabinett von seiner Exekutivbefugnis Gebrauch, was auch heute möglich ist, wenn es sich aus politisch-juristischer Sicht nicht um einen Einsatz der Bundeswehr im Sinne des Grundgesetzes handelt. Kritisiert wurde die Beteiligung der Luftwaffe nicht, da sie von humanitärem Nutzen und international erwünscht war. Nachträglich monierte die

---

[1038] BArch, BW 2/29715, Abschlußbericht über die Beteiligung der Bundeswehr an UNOSOM II, o.D., S. 2; BT-Drs. 12/7737, 30.5.1994, S. 11.

[1039] BArch, BW 1/371348, Kopie Vorlage Sekretariat Koordinierungsstab Einsatzführung an den Verteidigungsminister, Betr.: Wöchentliche Information der Leitung zum aktuellen Stand der deutschen VN-Unterstützung (3/92), 29.10.1992, S. 5; BArch, BW 2/29715, Abschlußbericht über die Beteiligung der Bundeswehr an UNOSOM II, o.D., S. 2.

[1040] BArch, BW 2/29714, Vorlage Fü S III 5 an den Verteidigungsminister, Betr.: Beteiligung der Bundeswehr an Maßnahmen der Vereinten Nationen in Somalia, 9.12.1992, hier S. 1 f.

[1041] BArch, BL 19/1085, Lufttransportkommando, Führungsbefehl Humanitäre Hilfe Somalia (Operation Somalia), 20.8.1992, hier S. 5.

[1042] BArch, BW 1/307132, Vorlage Rü Z II 4 an Staatssekretär Schönbohm, Betr.: Humanitäre Hilfe der Bundesregierung für Somalia im Rahmen einer Hilfsmaßnahme der Vereinten Nationen, hier: Bereitstellung von Transportflugzeugen der Luftwaffe […], 14.8.1992, hier S. 5.

[1043] Die Bundeswehr, Neuer Stichtag für Einsatzmedaillen: Anerkennung für Veteranen, 2.5.2019. Eine Kopie der mittlerweile aus dem Netz entfernten Meldung findet sich unter: https://augengeradeaus.net/wp-content/uploads/2019/05/20190502_Bw_Einsatzmedaille_Stichtag.pdf.

Opposition aber das zögerliche Handeln der Regierung.[1044] Die im Juli 1992 begonnene Luftbrücke nach Sarajevo zeigte jedoch, dass auch der Einsatz von Transportfliegern mit der Gefahr für Leib und Leben einherging. Im September 1992 war hier eine italienische Transportmaschine abgeschossen worden,[1045] im Februar 1993 wurde ein Besatzungsmitglied einer deutschen Transall durch Beschuss verwundet.[1046]

Zwar kam es für die Luftwaffe in Somalia nicht zu solch dramatischen Vorfällen, aber auch hier verliefen die Flüge keineswegs reibungslos. Am 16. Oktober wurde die Besatzung einer Transall auf dem Flughafen in Mogadischu von Bewaffneten an der Entladung gehindert und musste nach Baidoa umgeleitet werden. Einen Tag später entdeckte eine Besatzung zwei Gewehreinschusslöcher am Rumpf und im Bereich des Fahrwerks ihrer Transall. Der Kommandoführer in Mombasa entschied daraufhin, den Flughafen in Mogadischu aus Sicherheitsgründen nicht mehr am Nachmittag anzufliegen;[1047] zu dieser Tageszeit standen viele Somalier unter dem Einfluss der Kaudroge Khat und waren unberechenbar.[1048] Am 23. Oktober flog am Flughafen in Baardheere ein Panzerfaustgeschoss beim Entladen über eine Transall, ohne weiteren Schaden anzurichten; ungeklärt blieb, ob es sich um einen gezielten Beschuss handelte.[1049] Über diese Vorfälle hinaus bestand an und um die Flugfelder dauerhaft die Gefahr von marodierenden Banden. Beim Start in Kenia war ungewiss, ob die Sicherheitslage am Ziel eine Landung erlaubte.[1050] Trotzdem flogen die deutschen Besatzungen, im Unterschied zu den US-Streitkräften, zunächst unbewaffnet, da dies als Provokation der lokalen Akteure gesehen wurde. Erst im Laufe der Zeit änderte sich diese Praxis.[1051] Darüber hinaus existierte in Somalia keine Flugsicherung. Die

---

[1044] PA-DBT 3104, Auswärtiger Ausschuß, 12/54, 23.12.1992, S. 49; BT-PlPr. 12/132, 15.1.1993, S. 11491; BT-PlPr. 12/172, 8.9.1993, S. 14809; BT-PlPr. 12/184, 27.10.1993, S. 15937.
[1045] Ahrens, Die Luftbrücke, S. 114.
[1046] Ebd., S. 149–163.
[1047] BArch, BW 1/371486, Kopie Vorlage Sekretariat Koordinierungsstab Einsatzführung an Staatssekretär Schönbohm, Betr.: Humanitäre Hilfe Somalia – Beschuss einer C-160, 19.10.1992; BArch, BW 2/29709, Drahtbericht der Botschaft der Bundesrepublik Deutschland in Nairobi an Referat 301 im AA, Nr. 607, 19.10.1992, hier S. 1; Schüsse auf Transall: Besatzung merkte nichts. In: Kieler Nachrichten, 20.10.1992.
[1048] PA-DBT 3104, Auswärtiger Ausschuß, 12/42, 23.9.1992, S. 3. Ähnlich verhielten sich die Kanadier. Dawson, »Here is hell«, S. 67.
[1049] BArch, BW 2/29709, Drahtbericht der Botschaft der Bundesrepublik Deutschland in Nairobi an Referat 322 im AA, Nr. 618, 26.10.1992.
[1050] Vgl. PA AA, B 45, ZA, Bd 192025, Drahtbericht der Ständigen Vertretung in New York an Referat 301 im AA, Nr. 2059, 12.8.1992.
[1051] BArch, BW 2/29709, Drahtbericht Lufttransportkommando A2 an Fü S III 3 im BMVg, Nr. 5657, 21.9.1992; BArch, BW 1/339711, Nebenabdruck Vorlage Fü S III 6 an Staatssekretär Schönbohm, Betr.: Humanitäre Hilfe im Ausland, hier: Bewaffnung der Soldaten zur Selbstverteidigung, 9.10.1992; BArch, BW 2/29710, Kopie als Anlage Sekretariat Koordinierungsstab Einsatzführung, Bericht zur Bewaffnung deutscher Soldaten im Rahmen von VN-Aufgaben zur humanitären Hilfe im Ausland, 29.12.1992, hier S. 2; PA AA, B 34, ZA, Bd 160131, Büronotiz der Botschaft der Bundesrepublik Deutschland in Nairobi, Betr.: Humanitäre Hilfe für Somalia, hier: Mitführung von Waffen durch C 160 Besatzungen bei Flügen nach Somalia, 1.2.1993.

Besatzungen mussten sich in der Luft per Funk über Starts und Landungen informieren.[1052] Erschwerend kam hinzu, dass die Transall zunächst über kein GPS verfügten.[1053] Trotz dieser Einschränkungen zeigten sich die deutschen Piloten sehr flexibel und nahmen auch kurzfristige Flugänderungen vor.[1054]

Grundsätzlich leistete die Luftwaffe einen wichtigen Beitrag zur humanitären Versorgung der somalischen Bevölkerung. Allein konnte die Luftbrücke die Not aber nicht lindern. Einerseits transportierte sie zu wenige Güter, andererseits hatte sie keinen Einfluss auf das Sicherheitsverhältnis vor Ort, sodass viele Güter zweckentfremdet wurden und die Bevölkerung gar nicht erreichten.[1055] Erst der Einsatz von Bodentruppen stellte die Verteilung der Hilfe sicher und machte die Luftbrücke überflüssig. An eben jener Intervention waren die Bundesressorts aber nicht personell beteiligt, sodass sie nach Alternativen suchten.

*Die UNOSOM: Mission ohne Deutschland*

Das militärische Engagement der Vereinten Nationen in Somalia entwickelte sich nur langsam. Die UNOSOM begann im Frühjahr 1992 mit 50 unbewaffneten Militärbeobachtern und wurde erst später durch die Entsendung von 500 pakistanischen Soldaten verstärkt. Als Truppensteller spielte die Bundesrepublik in dieser frühen Phase keine Rolle. In den vom AA bereitgestellten Akten ließen sich weder eine informelle Anfrage der Vereinten Nationen[1056] noch deutsche Überlegungen zur Teilnahme an der UNOSOM finden. Ohnehin begann im Mai 1992 die bis dahin größte deutsche VN-Beteiligung in Kambodscha. Die neue Leitung des BMVg wollte eine schrittweise Veränderung ihres VN-Engagements. In dieser Situation schien es entbehrlich, Militärbeobachter in einen Konflikt nach Somalia zu senden, von dem man selbst nicht betroffen war, dessen VN-Mission stark begrenzt blieb und an der sich zunächst keiner der deutschen NATO-Partner beteiligte. Auch das AA war nur bereit, das VN-Engagement in Somalia politisch und finanziell zu

---

[1052] BArch, BW 2/29709, Drahtbericht Lufttransportkommando A2 an Fü S III 3 im BMVg, Nr. 6492, 13.10.1992.
[1053] Günter Krabbe, Die Soldaten lieben ihre Transall. In: FAZ, 28.9.1992, Nr. 226, S. 7; Gespräch mit Botschafter a.D. Bernd Mützelburg am 22.11.2019 in Berlin.
[1054] BArch, BW 1/307130, Drahtbericht der Botschaft der Bundesrepublik Deutschland in Nairobi an Referat 301 im AA, Nr. 554, 30.9.1992; PA AA, B 45, ZA, Bd 192061, Referat 113 Reisebericht (Teil 1), Betr.: Gespräche mit dem Sekretariat der Vereinten Nationen, UNDP, UNICEF, Weltbank und IWF über Somalia, 20.12.1992, hier S. 5.
[1055] In seiner Wochenmeldung an die Leitung resümierte der KSEA, dass die »Probleme bei der Verteilung der Versorgungsgüter in Somalia [...] wohl nur durch Verstärkung der UNOSOM-Kräfte« gelöst werden könnten. BArch, BW 1/371348, Kopie Vorlage Sekretariat Koordinierungsstab Einsatzführung an den Verteidigungsminister, Betr.: Wöchentliche Information der Leitung zum aktuellen Stand der deutschen VN-Unterstützung (7/92), 26.11.1992, S. 6.
[1056] Offenbar wurden aus Westeuropa auch nur Finnland und Österreich informell angefragt. Dawson, »Here is hell«, S. 34.

## IV. Deutsche ›Blauhelme‹ in Afrika

unterstützen.[1057] Zudem war der Regierung bewusst, dass die SPD nach der Entsendung der Bundeswehr nach Kambodscha ohne Grundgesetzänderung kein weiteres Auslandsengagement befürworten werde.[1058] Da Österreich und Finnland mit je fünf Militärbeobachtern an UNOSOM teilnahmen,[1059] war der Bedarf an westeuropäischem Personal ohnehin gedeckt. Darüber hinaus erklärte sich Pakistan bereit, die Schutzkomponente von 500 Soldaten zu stellen. Auch hier hatten die Vereinten Nationen also keinen Bedarf, sodass die Bundesressorts nie unter Handlungsdruck gerieten, sich an der UNOSOM zu beteiligen.

Da die Beobachtermission aber nie in der Lage war, die Situation zu verbessern, beschlossen die Vereinten Nationen Ende August 1992 die Aufstockung der UNOSOM auf über 4000 Soldaten.[1060] Am 3. September erkundigte sich das VN-Sekretariat informell – anscheinend telefonisch – auch bei der Ständigen Vertretung in New York über die deutsche Bereitschaft, ein Feldlazarett mit rund 95 Personen zur Versorgung der UNOSOM oder eine leichtbewaffnete Fernmeldeeinheit mit 150 Soldaten zu entsenden. Offenbar wurde Deutschland wegen seiner bisher gut verlaufenden Beteiligung in Kambodscha gefragt. Auch weil nur wenige Staaten über die medizinische Ausrüstung verfügten, sprach sich die Ständige Vertretung für eine Teilnahme aus. Hierdurch könne dem »humanitären Engagement für Somalia ein weiteres, praktisch und politisch wirkungsvolles Element« hinzugefügt werden. Aus ihrer Sicht sollte die Entsendung der Bundeswehr die bisherige deutsche Hilfe also nur sichtbar flankieren. Weil Sanitäter und Fernmelder aber als »Schlüsselbeiträge« für den Erfolg der Mission galten, begründete die Ständige Vertretung ihre Position auch mit dem Bedarf der Vereinten Nationen.[1061] Obwohl das VN-Sekretariat auch westeuropäische Infanteristen suchte, wurde die Bundesrepublik aufgrund ihrer Verfassungslage hierzu wohl nicht gefragt. Weil Großbritannien wegen seines Engagements in Südosteuropa und Frankreich wegen seiner militärischen Stellung in Dschibuti absagten und die Vereinten Nationen Italien als ehemalige Kolonialmacht nicht beteiligen wollten, sollte Belgien die Soldaten schicken.[1062] Von der Bundesrepublik wünschten sich die Vereinten Nationen lediglich die Bereitstellung notwendiger Spezialfähigkeiten, die im eng gesteckten politischen Handlungsrahmen der Bundesregierung möglich schienen und zum Teil bereits in Kambodscha zum Einsatz kamen.

---

[1057] PA AA, B 45, ZA, Bd 192024, Nebenabdruck Vorlage Referat 322/320 an den Außenminister, Betr.: Hilfe der Bundesregierung für Somalia, hier: Politische Lagebewertung, 6.8.1992, hier S. 3.
[1058] Vgl. PA-DBT 3119, Ausschuss für Verteidigung, 12/36, 3.6.1992, hier S. 25 f.
[1059] VNSR, S/24177, 25.6.1992.
[1060] VNSR, S/RES/775(1992), 28.8.1992.
[1061] BArch, BW 1/307131, Vorlage Rü Z II 4 an Staatssekretär Schönbohm, Betr.: Humanitäre Hilfe der Bundesregierung, hier: Unterstützung des VN-Einsatzes in Somalia (UNOSOM), 17.9.1992, hier Anlage 2, S. 3.
[1062] BArch, BW 1/307129, Verfügung Schreiben Rü Z II 4 an Fü S II 4 u.a., Betr.: VN-Operation in Somalia, 2.9.1992, hier Anlage 1, S. 2.

Gerade aber aufgrund der Beteiligung in Kambodscha sah sich das BMVg trotz der dringlichen Bitten des AA[1063] nicht in der Lage, ein weiteres bemanntes Feldlazarett zu entsenden. Es sagte lediglich die Prüfung zu, ein Feldlazarett aus Materialbeständen der NVA ohne Personal bereitzustellen.[1064] Bereits bei der UNTAC hatte es Probleme gegeben, ausreichend Fachärzte zu rekrutieren, da sich diese den politischen Vorgaben entsprechend freiwillig melden mussten. Für Kambodscha hatte der Bedarf daher nur durch freiwillige Reservisten gedeckt werden können.[1065] Weil die dortige Beteiligung auch noch bis zum Herbst 1993 laufen würde und mindestens zwei weitere Kontingente zu entsenden waren, herrschte im Sanitätsbereich für eine weitere VN-Beteiligung Personalmangel.[1066] Während das AA angesichts der humanitären Katastrophe und des Wunschs, international mehr Verantwortung zu übernehmen, gewillt war, sichtbar Präsenz zu zeigen, äußerten aber auch die politischen Abteilungen des BMVg Bedenken. Aufgrund der Sicherheitslage sei der Schutz der humanitären Maßnahmen ohne »Kampfauftrag« nicht möglich. Ohne dass sich die Lage stabilisierte, sollte von einer Beteiligung abgesehen werden.[1067]

Die Bewertung erfolgte vor dem Hintergrund der laufenden Organklage der SPD gegen die Beteiligung der Bundeswehr in der Adria. Aus Sicht des BMVg sollte die Opposition durch ein Engagement in Somalia nicht noch einen Grund zur Klage erhalten.[1068] Ende August hatte Generalinspekteur Naumann das Heer daher auch angewiesen, von allen konkreten Vorbereitungen für eine VN-Beteiligung abzusehen.[1069] Kurzfristig standen somit auch keine größeren Einheiten für den Einsatz bereit. Weil sich die Bundeswehr im Reformprozess befand, zunächst Verpflichtungen im Rahmen der NATO erfüllen wollte und sich die NATO-Partner noch immer nicht substanziell in Somalia engagierten, standen die deutschen Militärs der Entsendung der Bundeswehr nach Somalia skeptisch gegenüber. Die Sicherheitslage und die Bedenken vor eige-

---

[1063] Vgl. BArch, BW 1/307130, Vermerk Rü Z II 4, Betr.: Humanitäre Hilfe für Somalia, hier: Deutsche Beteiligung an UNOSOM, 7.9.1992.
[1064] Ebd.
[1065] BArch, BW 2/24364, Kopie InSan II 1, Sanitätsdienstliche Unterstützung der VN-Mission UNTAC durch die Bundeswehr. Unterrichtung des Verteidigungsausschusses des Deutschen Bundestages, 22.5.1992, S. 7 f.; BArch, BW 2/31821, Sanitätsdienstliche Unterstützung der Vereinten Nationen durch die Bundeswehr in Kambodscha (UNTAC) vom 15.3.1992 bis 31.10.1993. Ergebnis- und Erfahrungsbericht, o.D., hier S. 3 ff.
[1066] Vgl. PA-DBT 3119, Ausschuss für Verteidigung, 12/41, 14.10.1992, S. 113.
[1067] BArch, BW 1/307129, Fü S III 1/Fü S III 4, Betr.: Deutsche militärische Beteiligung an der humanitären VN-Operation Somalia (SOM), hier: Bewertung aus militärpolitischer Sicht, 3.9.1992.
[1068] Ebd.; BArch, BW 1/307130, Vermerk Rü Z II 4, Betr.: Humanitäre Hilfe für Somalia, hier: Deutsche Beteiligung an UNOSOM, 7.9.1992. Aus diesem Grund sollten auch die Befugnisse der Bundesmarine in der Adria beschränkt bleiben. BArch, BW 2/34849, Vorlage VR II 2 an den Verteidigungsminister, Betr.: Organstreitverfahren der Fraktion der SPD und von Abgeordneten der SPD im Deutschen Bundestag, 14.8.1992, hier S. 3.
[1069] BArch, N 854/4−2, Kopie Weisung des Generalinspekteurs an den Inspekteur des Heeres, Betr.: Friedenserhaltende Maßnahmen der Vereinten Nationen, 20.8.1992.

## IV. Deutsche ›Blauhelme‹ in Afrika

nen Verlusten sowie innenpolitisch motivierte Abwägungen begrenzten die außenpolitischen Handlungsmöglichkeiten des AA.

Da beim VN-Sekretariat aber akuter Bedarf bestand, empfahl die Ständige Vertretung in New York wenige Tage später eine Neuprüfung. UNOSOM habe einen humanitären Auftrag und sei kein »Kampfeinsatz«. Angesichts der Medienberichte aus Somalia werde die deutsche Öffentlichkeit Akzeptanz und Verständnis für eine Beteiligung zeigen. Zudem sei Somalia Schwerpunkt der deutschen Hilfe. Es werde »einen ungünstigen Eindruck hinterlassen«, wenn die Bundesregierung »nicht an die Grenzen [ihrer] Möglichkeiten zur Hilfeleistung« ginge. Die Gestellung von Gerät reiche nicht aus. Andere Staaten könnten glauben, Deutschland drücke sich davor, Risiken zu übernehmen.[1070] Prinzipiell steckten die Bundesressorts in einem Dilemma. Die bis dahin größte und teuerste VN-Mission UNTAC war mit Personal unterstützt worden, die im Frühjahr 1992 beschlossene Mission UNPROFOR auf dem Gebiet des ehemaligen Jugoslawien aufgrund historischer und rechtlicher Vorbehalte dagegen nicht.[1071]

Da die Anfrage für Somalia dem Auftrag in Kambodscha ähnelte und Deutschland kaum eine belastete Vergangenheit in der ehemaligen italienisch-britischen Kolonie hatte,[1072] ließ sich eine Nichtbeteiligung in Somalia international weder juristisch noch historisch begründen. Zusätzlich hatten fremdenfeindliche Ausschreitungen im August 1992[1073] dem internationalen Ansehen der Bundesrepublik geschadet.[1074] Allerdings hielt dies Außenminister Kinkel nicht davon ab, wenige Tage später vor der VNGV Ambitionen auf einen ständigen Sitz im VNSR zu bekunden.[1075] Angesichts dessen lag es im Interesse des AA, international stärkere Präsenz zu zeigen und sein Profil zu stärken. Das BMVg beharrte aber auf seiner Position, während der Organklage kein weiteres Personal, sondern lediglich ein unbemanntes Feldlazarett zum Betrieb und auf Kosten Dritter bereitzustellen.[1076] Weil das BMVg zu dieser

---

[1070] BArch, BW 2/29709, Drahtbericht der Ständigen Vertretung in New York an Referat 230 im AA, Nr. 2267, 9.9.1992.
[1071] Vgl. BT-PlPr. 12/42, 20.9.1991, S. 3488. Siehe auch die Aussagen Rühes und Kohls in ARD, Tagesschau vor 20 Jahren, 7.8. u. 12.8.1992.
[1072] Während des Zweiten Weltkriegs war es in Ostafrika praktisch zu keinen deutschen Kampfhandlungen gekommen. Vgl. Schreiber [u.a.]: Der Mittelmeerraum und Südosteuropa.
[1073] Vgl. ARD, Tagesschau vor 20 Jahren, 23.8.1992.
[1074] BArch, BW 1/372130, Nebenabdruck Vorlage Leiter Planungsstab an den Verteidigungsminister, 5.1.1993, hier S. 6; PA-DBT 3104, Unterausschuss Vereinte Nationen/Weltweite Organisationen, 12/15, 3.3.1993, S. 12.
[1075] VNGV, A/47/PV.8, 30.9.1992, S. 59.
[1076] Staatssekretär Schönbohm hatte bereits am 10.9. festgelegt, bei dieser Linie zu bleiben. Siehe den Vermerk auf BArch, BW 1/307130, Vermerk Rü Z II 4, Betr.: Humanitäre Hilfe für Somalia, hier: Deutsche Beteiligung an UNOSOM, 7.9.1992, hier S. 3; BArch, BW 1/307131, Vorlage Rü Z II 4 an Staatssekretär Schönbohm, Betr.: Humanitäre Hilfe der Bundesregierung, hier: Unterstützung des VN-Einsatzes in Somalia (UNOSOM), 17.9.1992; PA AA, B 45, ZA, 192026, Entwurf Drahterlass Referat 230 im AA an die Ständige Vertretung in New York, ohne Nr., 24.9.1992; PA-DBT 3104, Unterausschuss Vereinte Nationen/Weltweite Organisationen, 12/12, 4.11.1992, S. 5. Weil die Statio-

Zeit kein Interesse an einer Beteiligung in Somalia hatte und die Entsendung eigener Soldaten für zu riskant hielt, kam es zu keiner personellen Beteiligung an der UNOSOM. Die Aussicht auf einen ständigen Sitz im VNSR war kein ressortübergreifendes Kriterium und für das BMVg ohne Belang.[1077] Vor dem Hintergrund der Organklage war es dem BMVg wichtiger, nichts zu unternehmen, was den künftigen Einsatz der Bundeswehr im Ausland gefährden konnte. Nur um die Pflichten der Bundeswehr im Bündnis erfüllen zu können, sollte nach der juristischen Klärung schnellstmöglich mit den Vorbereitungen der Streitkräfte für solche Aufgaben begonnen werden. Was zu dieser Zeit in Somalia fehlte, waren ein größeres internationales Militärengagement und der entsprechende internationale Druck auf die Bundesressorts. Auch die anderen klassischen Partnerstaaten zeigten kaum Bereitschaft, die Aufstockung der UNOSOM zu unterstützen. Zu verworren schien die Lage für eine traditionelle VN-Mission. Zu dieser Erkenntnis kamen Ende des Jahres auch die USA und die Vereinten Nationen. Am 3. Dezember autorisierte der VNSR die multinationale Militärmission UNITAF, um die Etablierung eines sicheren Umfelds zur Verteilung humanitärer Hilfe wenn nötig auch durch die Anwendung von Gewalt zu schaffen.[1078]

*Nie mehr Nettozahler der VN: Soldaten nach Somalia!*

Anders als ihre NATO-Partner USA, Belgien, Frankreich oder Italien[1079] beteiligte sich die Bundesrepublik nicht an der Mission UNITAF. Die Bundesregierung erklärte lediglich ihre politische Zustimmung.[1080] Vor dem Hintergrund der Verfassungslage[1081] schien das Risiko zu groß, dass deutsche Soldaten in Kampfhandlungen gerieten. Ob angesichts der erst in der Planung befindlichen Reform zur Aufstellung von schnell verlegbaren Kräften kurzfristig überhaupt entsprechende Einheiten bereitgestanden hätten, ist ebenfalls fraglich. Allerdings scheint die US-Administration die Bundesregierung im Vorfeld auch gar nicht über die anstehende Operation informiert zu haben.[1082]

---

nierung der UNOSOM nicht wie geplant erfolgte, stockte das Angebot zunächst. Erst Mitte November wurde Pakistan gebeten, ein Sanitätskontingent zu entsenden, womit das deutsche Angebot wieder aktuell wurde. Vgl. BArch, BW 2/37638, Kopie Fax Oberfeldarzt Dr. Deckner, Vereinte Nationen, an Fü S Arbeitsstab im BMVg, Betr.: Field Hospital UNOSOM, 19.11.1992, hier Anlage.

[1077] Zeitzeugengespräch mit General a.D. Dr. Klaus Naumann am 20.4.2020.
[1078] VNSR, S/RES/794(1992), 3.12.1992.
[1079] Hinter den USA stellten Frankreich und Italien die größten Kontingente. VNSR, S/25126, 19.1.1993, S. 2.
[1080] BPA, Erklärung der Bundesregierung zur Lage in Somalia. In: Bulletin, Nr. 135, 11.12.1992, S. 1240.
[1081] PA AA, B 34, ZA, Bd 160140, Kopie Ergebnisvermerk Referat 322, Betr.: Deutscher Beitrag zur Durchführung der VN-Sicherheitsrats-Resolution 794 für Somalia, hier: Ressortbesprechung im Auswärtigen Amt am 8.12.1992, 9.12.1992, hier S. 2.
[1082] Zeitzeugenbefragung von General a.D. Dr. Klaus Naumann am 15.12.2020. Das AA entnahm die Information offensichtlich der Presse. Vgl. PA AA, B 45, ZA, Bd 192027, Referat 322, Sachstand Somalia, 26.11.1992, hier S. 4.

## IV. Deutsche ›Blauhelme‹ in Afrika

Angesichts der Erfahrungen des Zweiten Golfkriegs zählte die Bundesrepublik wohl nicht zu den Staaten, auf deren Meinung die USA bei einer Militäroperation gehört hätten. Allerdings scheinen auch andere Nationen im Vorfeld nicht stärker in die US-Überlegungen einbezogen worden zu sein.[1083] Aufgrund der Schutzfrist der entsprechenden Akten ist ungewiss, welche Gespräche es auf höchster Ebene gegeben hat. Im Zweiten Golfkrieg sagte Kanzler Kohl US-Präsident Bush persönlich Unterstützung zu, sofern sie verfassungsrechtlich möglich sei.[1084] Später verhandelten beide telefonisch über die Höhe der deutschen Zahlungen.[1085] Angesichts des bevorstehenden US-Engagements in Somalia wäre es verwunderlich, wenn es nicht auch hier zu Absprachen gekommen wäre. Den teilweise veröffentlichten Telefonprotokollen des US-Präsidenten Bush zufolge rief dieser am 3. Dezember eine Reihe von Staatschefs an, um sie um Unterstützung der UNITAF zu bitten. Neben Frankreich[1086], Großbritannien[1087], Italien[1088] oder Kanada[1089] wurden auch Pakistan[1090] und sogar das ebenfalls rechtlich beschränkte Japan[1091] um ein »peacemaking«-Engagement gebeten. Ein Gespräch mit Kanzler Kohl lässt sich nach Auskunft der George Bush Presidential Library für den Zeitraum vom 25. November bis 17. Dezember 1992 – von der Entscheidung der US-Regierung bis zum Angebot einer deutschen Beteiligung – nicht in den Akten finden.[1092] Das muss nicht bedeuten, dass keines geführt wurde. Im Gegensatz aber beispielsweise zu Australien[1093] ließ sich aus den Akten auch nicht erkennen, dass die USA Deutschland schriftlich um die Teilnahme an der UNITAF oder anderweitige militärische Unterstützung gebeten hätten. Eine Absage wäre vermutlich die Folge gewesen, womit die USA nach den Erfahrungen des Zweiten Golfkonflikts wohl auch rechneten.[1094] Zudem war Schnelligkeit gefragt. Die Bundeswehr, die

---

[1083] Vgl. beispielhaft für Australien Bou [u.a.], The Limits of Peacekeeping, S. 46 f.
[1084] The White House, Telcon with Helmut Kohl, Chancellor of the Federal Republic of Germany, 22.8.1990, hier S. 1, https://bush41library.tamu.edu/files/memcons-telcons/1990-08-22–Kohl.pdf.
[1085] The White House, Telcon with Chancellor Kohl of Germany, 28.1.1991, https://bush41library.tamu.edu/files/memcons-telcons/1991-01-28–Kohl%20[1].pdf und https://bush-41library.tamu.edu/files/memcons-telcons/1991-01-28–Kohl%20[2].pdf.
[1086] The White House, Telcon with President Francois Mitterand of France, 3.12.1992, https://bush41library.tamu.edu/files/memcons-telcons/1992-12-03–Mitterrand.pdf.
[1087] The White House, Telcon with John Major, Prime Minister of United Kingdom, 3.12.1992, https://bush41library.tamu.edu/files/memcons-telcons/1992-12-03–Major.pdf.
[1088] The White House, Telecon with Prime Minister Giuliano Amato of Italy, 3.12.1992, https://bush41library.tamu.edu/files/memcons-telcons/1992-12-03–Amato.pdf.
[1089] The White House, Memorandum of Telephone Conversation, 2.12.1992, https://bush-41library.tamu.edu/files/memcons-telcons/1992-12-02–Mulroney.pdf.
[1090] The White House, Telecon with Prime Minister Nawaz Sharif of Pakistan, 3.12.1992, https://bush41library.tamu.edu/files/memcons-telcons/1992-12-03–Sharif.pdf.
[1091] The White House, Telecon with Kiichi Miyazawa, Prime Minister of Japan, 2.12.1992, https://bush41library.tamu.edu/files/memcons-telcons/1992-12-02–Miyazawa.pdf.
[1092] E-Mail der George Bush Presidential Library, 8.12.2020.
[1093] Bou [u.a.], The Limits of Peacekeeping, S. 48 f.
[1094] Zeitzeugengespräch mit Botschafter a.D. Fritjof von Nordenskjöld am 13.1.2021.

bisher kaum Erfahrung im Einsatz hatte und deren Entsendung politisch problematisch erschien, war nicht erste Wahl.

Anlässlich der Verabschiedung der Resolution 794, in der alle VN-Mitgliedsstaaten aufgerufen wurden, Personal, Material und Geld zur Durchführung der UNITAF bereitzustellen,[1095] sowie angesichts der schockierenden Bilder in den Medien gerieten aber auch die Bundesressorts unter Zugzwang. Neben der gefühlten internationalen Erwartungshaltung, sich mindestens finanziell beteiligen zu müssen[1096] – Japan war von den USA bereits um finanzielle Hilfe für die ärmeren Truppensteller gebeten worden[1097] –, bestand durch die Anstrengungen der Partnerstaaten nun aber auch eine entsprechende Legitimation für die Bundesregierung, sich solidarisch in Somalia zu engagieren.[1098] Bereits am 4. Dezember vereinbarten Frankreich und Deutschland auf dem 60. deutsch-französischen Gipfel in Bonn, »ihre humanitäre Hilfe in Somalia in allen Bereichen zu koordinieren und gemeinsam zu verstärken.«[1099] Das Vorhaben knüpfte an vorhergehende Überlegungen an.[1100] Im August 1992 hatte das AA in Erwägung gezogen, die zwei deutschen Transall-Maschinen der Luftbrücke nach Dschibuti zu verlegen. Grundlage war damals eine Vereinbarung der beiden Luftstreitkräfte von 1991, als Zeichen der »Vitalität der deutsch-französischen sicherheitspolitischen Zusammenarbeit« im humanitären Bereich enger zu kooperieren.[1101] Dem Credo folgend, »nie wieder alleine«, sondern nur noch in Abstimmung mit ihren europäischen und nordamerikanischen Partnern zu handeln[1102], setzte sich die Bundesregierung von Beginn an das Ziel, in Somalia ein Gemeinschaftsprojekt mit Frankreich zu realisieren. Dieses Bekenntnis stand in einer Reihe deutsch-französischer Projekte, die das wiedererstarkte Deutschland enger an Frankreich binden und Vertrauen zwischen den

---

[1095] VNSR, S/RES/794(1992), 3.12.1992, Randnr. 11.
[1096] BArch, B 136/34343, Vorlage Abteilungsleiter 2 an den Bundeskanzler, Betr.: VN-Militäreinsatz in Somalia, 4.12.1992, hier S. 2; ebd., Nebenabdruck Vorlage Abteilungsleiter 2 i.V. an den Bundeskanzler, Betr.: Grundsätzliche Probleme, Risiken und Chancen der bevorstehenden humanitären Intervention in Somalia, 8.12.1992, hier S. 2, 8.
[1097] The White House, Telecon with Kiichi Miyazawa, Prime Minister of Japan, 2.12.1992, https://bush41library.tamu.edu/files/memcons-telcons/1992-12-02–Miyazawa.pdf.
[1098] Zeitzeugengespräch mit Oberst a.D. Klaus Lohmann am 18.11.2019; Zeitzeugengespräch mit Botschafter a.D. Bernd Mützelburg am 22.11.2019.
[1099] BPA, 60. Deutsch-Französische Konsultationen. In: Bulletin, Nr. 133, 9.12.1992, S. 1217–1219, hier S. 1218.
[1100] Vgl. BArch, B 136/34343, Drahtbericht der Botschaft der Bundesrepublik Deutschland in Paris an Referat 322 im AA, Nr. 2016, 14.8.1992.
[1101] BArch, BW 1/371828, Kopie Vorlage VR II 4 an den Verteidigungsminister, Betr.: Vereinbarung zwischen den Verteidigungsministern der Bundesrepublik Deutschland und der französischen Republik über die Zusammenarbeit der deutschen und französischen Luftwaffe bei gemeinsamen humanitären Hilfeleistungen, 8.7.1991; PA AA, B 45, ZA, Bd 192025, Entwurf Schreiben des AA an den Minister für Gesundheit und humanitäre Hilfe der Französischen Republik, 25.8.1992.
[1102] Zur strategischen Kultur der Bundesrepublik siehe Junk/Daase, Germany; Biehl, Zwischen Bündnistreue und militärischer Zurückhaltung; Seppo, From Guilt to Responsibility.

## IV. Deutsche ›Blauhelme‹ in Afrika

Nachbarn schaffen sollten.[1103] Ein gemeinsames Engagement in Somalia sollte daher europa- und bündnispolitische Zwecke erfüllen. Die militärischen Planungen wurden von dieser politischen Vorgabe nachhaltig beeinflusst.

Während das BKAmt zunächst nur mit Forderungen nach finanzieller und humanitärer Hilfe rechnete,[1104] fühlte sich das BMVg durch den Beginn der UNITAF nur allzu schmerzlich an den Zweiten Golfkrieg erinnert. Nicht noch einmal sollte die Bundesregierung passiver Geldgeber einer multinationalen Militärmission sein, ohne alle Informationen zu erhalten und die Operation beeinflussen zu können.[1105] Erste Ideen zu einem stärkeren militärischen Engagement der Bundesrepublik in Somalia entwickelte das BMVg am Montag, den 7. Dezember. Da die Verabschiedung der Resolution 794 auf einen Donnerstag gefallen war, der Inhalt der Resolution erst am Freitag in Bonn verbreitet wurde und sich die militärische Führung am 4. und 5. Dezember zur Klausurtagung in Waldbröl befand[1106], dauerte es, bis die Planungen begannen. Welche Gespräche in dieser Zeit auf Ebene des Kanzlers und der Minister geführt wurden, ließ sich nicht rekonstruieren. Ob es hierüber Aufzeichnungen gibt, ist fraglich.[1107] Sicher ist aber, dass das federführende AA zum Handeln rief. »Im Interesse des Ansehens der Bundesregierung«, so der Afrikabeauftragte Sulimma in einem Drahtbericht an die anderen Ressorts und in der dadurch vom AA einberufenen Ressortbesprechung am 8. Dezember, sei es erforderlich, den Vereinten Nationen so schnell wie möglich einen Beitrag »öffentlichkeitswirksam« anzukündigen.[1108] Nicht die Lage vor Ort schien ausschlaggebend für die nun einsetzenden deutschen Planungen, sondern das große internationale Engagement, allen voran der

---

[1103] Die militärische Verflechtung mit Frankreich auf bilateraler Ebene begann 1989 mit der Aufstellung der deutsch-französischen Brigade. Dau, Rechtliche Rahmenbedingungen; Abel [u.a.], Die Deutsch-Französische Brigade.

[1104] BArch, B 136/34343, Vorlage Abteilungsleiter 2 an den Bundeskanzler, Betr.: VN-Militäreinsatz in Somalia, 4.12.1992, hier S. 2; ebd., Nebenabdruck Vorlage Abteilungsleiter 2 i.V. an den Bundeskanzler, Betr.: Grundsätzliche Probleme, Risiken und Chancen der bevorstehenden humanitären Intervention in Somalia, 8.12.1992, hier S. 2, 8.

[1105] Vgl. BArch, BW 2/29714, Vorlage Fü S III 5 an den Verteidigungsminister, Betr.: Beteiligung der Bundeswehr an Maßnahmen der Vereinten Nationen in Somalia, 9.12.1992, hier S. 5. Rückblickend sprach der damalige Generalinspekteur Naumann von der »Überwindung des beiderseitigen Golfkrieg-Traumas«. Weder für die USA noch für Deutschland habe es eine weitere deutsche Nichtbeteiligung an einer großen internationalen Militärmission geben dürfen. Naumann, Der Wandel des Einsatzes, S. 486.

[1106] Vgl. BArch, N 854/9-1, Kopie Fü S IV 1, Teilnehmerliste MFR Klausurtagung vom 4. bis 5. Dezember 1992 an der AkBwInfoKom in Waldbröl, 1.12.1992; ebd., Kopie Adjutant des Generalinspekteurs, Protokoll über die Besprechungspunkte zum TOP Verschiedenes am Rande der MFR-Klausurtagung in Waldbröl am 4./5.12.1992, 16.12.1992.

[1107] Zeitzeugenbefragung von Staatssekretär a.D. Dr. Peter Wichert am 7.12.2020.

[1108] BArch, B 106/371705, Drahtbericht Sulimma im AA an das BKAmt, BMF, BMI, BMVg, BMZ, Nr. 1855, 7.12.1992; PA AA, B 34, ZA, Bd 160140, Kopie Ergebnisvermerk Referat 322, Betr.: Deutscher Beitrag zur Durchführung der VN-Sicherheitsrats-Resolution 794 für Somalia, hier: Ressortbesprechung im Auswärtigen Amt am 8.12.1992, 9.12.1992, hier S. 1.

USA. Im Zentrum der Ressortbesprechung stand daher auch die Frage, wie sich die Bundesressorts an der Umsetzung der Resolution 794 sichtbar beteiligen, in den Worten des BMI: »Flagge zeigen«,[1109] konnten, und nicht, welche Leistungen die Vereinten Nationen oder Somalia am dringendsten benötigten oder welche Ziele erreicht werden sollten. Bei den bisherigen Beteiligungen hatten sich die Aufträge des zu entsendenden Personals aus den getroffenen Friedensverträgen und Berichten des VNGS abgeleitet. Im Falle von Somalia waren die Aufgaben allenfalls vage, sodass eine solche Debatte nötig gewesen wäre. Weil die deutschen Ressorts ihr primäres Ziel aber darin sahen, überhaupt beteiligt zu sein, stand die Frage nach dem Auftrag der zu entsendenden Kräfte zunächst im Hintergrund.

Als Sofortmaßnahme des BMVg empfahl das federführende Referat 5 der Abteilung III des Führungsstabs der Streitkräfte (Fü S III 5) der Leitung zunächst, die Beteiligung an der Luftbrücke auf vier Flugzeuge zu erhöhen.[1110] Die Beteiligung mit Bodentruppen an der unter Kapitel VII der VN-Charta mandatierten Mission UNITAF schied aus Rechtsbedenken aus.[1111] Zwar fand der bereits angesprochene außenpolitische Wunsch einer deutsch-französischen Kooperation Beachtung, wegen der räumlichen Trennung ließ sich dieser aber bei der Luftbrücke nicht kurzfristig realisieren; die deutschen Flugzeuge standen in Mombasa, die französischen in Dschibuti. Überdies plagten das BMVg finanzielle Sorgen. Nach Budgetkürzungen standen ihm für das Jahr 1993 statt der erhofften 600 Mio. nur 200 Mio. D-Mark für »Auslandsunterstützungseinsätze« zur Verfügung. Es musste also Prioritäten setzen.[1112] Allein aufgrund der neuen Dimension des internationalen Engagements war für das BMVg in Somalia aber »[e]ine deutlich sichtbare Reaktion [...] dringend erforderlich.« Eine Bewertung, die von Staatssekretär Jörg Schönbohm geteilt wurde.[1113] Angesichts der militärischen Bemühungen seiner Partner und vor dem Hintergrund der Erfahrungen im Zweiten Golfkrieg konnte sich Deutschland aus Sicht des Führungsstabs

---

[1109] BArch, B 106/371707, Kopie Vermerk P III 2, Betr.: Deutscher Beitrag zur Durchführung der VN-Sicherheitsrats (RS)–Resolution 794 für Somalia, hier: Ergebnis einer Ressortbesprechung am 8.12.1992 im Auswärtigen Amt, 9.12.1992, hier S. 2.

[1110] BArch, BW 2/29714, Vorlage Fü S III 5 an den Verteidigungsminister, Betr.: Sicherheitsratsresolution 794 und deutsch-französische Erklärung zu Somalia anläßlich des 60. Deutsch-Französischen Gipfels vom 4.12.1992, 7.12.1992.

[1111] PA AA, B 34, ZA, Bd 160140, Kopie Ergebnisvermerk Referat 322, Betr.: Deutscher Beitrag zur Durchführung der VN-Sicherheitsrats-Resolution 794 für Somalia, hier: Ressortbesprechung im Auswärtigen Amt am 8.12.1992, 9.12.1992, hier S. 2; Zeitzeugenbefragung mit Flottillenadmiral a.D. Manfred Hartmann vom 24.3.2020; Zeitzeugengespräch mit General a.D. Dr. Helge Hansen am 30.3.2020.

[1112] BArch, BW 2/29714, Vorlage Fü S III 5 an den Verteidigungsminister, Betr.: Sicherheitsratsresolution 794 und deutsch-französische Erklärung zu Somalia anläßlich des 60. Deutsch-Französischen Gipfels vom 4.12.1992, 7.12.1992. Vgl. auch BArch, BW 1/432963, Schreiben des Finanzministers an den Verteidigungsminister, 7.12.1992.

[1113] Siehe die Anmerkung auf BArch, BW 2/29714, Vorlage Fü S III 5 an den Verteidigungsminister, Betr.: Sicherheitsratsresolution 794 und deutsch-französische Erklärung zu Somalia anläßlich des 60. Deutsch-Französischen Gipfels vom 4.12.1992, 7.12.1992, hier S. 4.

## IV. Deutsche ›Blauhelme‹ in Afrika 321

der Streitkräfte nicht zurückhalten. Im Rahmen seiner Möglichkeiten sollte Deutschland nach der Befriedung Somalias – also nach Abschluss der UNITAF – so schnell wie möglich logistisch-technische Hilfe leisten; also Maßnahmen, die politisch vertretbar schienen.[1114]

Die Auffassung des BMVg entsprach der Einschätzung der Ständigen Vertretung in New York. »[Z]ur Abwehr übermäßiger Geldforderungen und im Hinblick auf das politische Ansehen Deutschlands« hielt sie es für erforderlich, »möglichst rasch über einen deutschen Beitrag« im Rahmen der anlaufenden Militäroperation zu entscheiden.[1115] Allerdings regte sie die Beteiligung mit einem Feldlazarett an der UNITAF an. Die Absage vom Herbst sollte überprüft werden.[1116] Das in Erwägung gezogene deutsch-pakistanische Angebot, bestehend aus einem deutschen Lazarett mit in der Bundesrepublik eingewiesenen pakistanischen Sanitätern, kam für die Vereinten Nationen nicht infrage, weil Personal und Material aus dem gleichen Land kommen sollten[1117]. Sollte die Entsendung von eigenen Sanitätskräften nicht machbar sein, so die Ständige Vertretung weiter, könnte Deutschland seine Lufttransportleistungen sowohl für humanitäre Güter als auch für den Nachschub der UNITAF ausweiten, andere Truppensteller nach Somalia fliegen oder durch aufklärende See- oder Marinekapazitäten zur Durchsetzung des Waffenembargos beitragen. Vorgeschlagen wurde auch, sich an der Vernichtung von Waffen zu beteiligen oder den USA Fernmelder, Pioniere, Polizisten oder Minenräumpersonal anzubieten.[1118] Die Gründe für eine Beteiligung an der UNITAF gingen auf die Erfahrungen des Zweiten Golfkriegs zurück. Erneut stand zu befürchten, dass die Kosten der Militärintervention auf alle Staaten umgelegt und nur solche Leistungen erstattet würden, die im Rahmen der UNITAF erfolgten. Die Ständige Vertretung befürchtete, dass die Luftbrücke und UNOSOM nicht dazugehörten.[1119] Wirtschaftliche Erwägungen sprachen für eine Beteiligung an der UNITAF.

Um nicht wie beim Zweiten Golfkrieg die finanzielle Hauptlast des militärischen Engagements der Partner tragen zu müssen, herrschte auf der kurzfristig vom AA für den 8. Dezember einberufenen Ressortbesprechung

---

[1114] BArch, BW 2/36693, Schreiben Fü S III 1/Fü S III 5, Voraussichtliche Entwicklung Ex-Jugoslawien und Somalia aus militärpolitischer Sicht, 8.12.1992, hier S. 4.
[1115] BArch, B 106/371707, Drahtbericht der Ständigen Vertretung in New York an Dg 32 im AA, Nr. 3750, 7.12.1992, hier S. 3.
[1116] Ebd., S. 2 f.
[1117] Dennoch bat das VN-Sekretariat kurz darauf, das Lazarett bis zum 22.1.1993 bereitzustellen, nachdem sich Pakistan zur Entsendung des noch auszubildenden Sanitätspersonals bereit erklärt hatte. Nur weil die UNITAF genügend Sanitätspersonal besaß, bat das VN-Sekretariat Ende Januar, die Vorbereitungen und die Ausbildung der pakistanischen Sanitäter ruhen zu lassen. BArch, BW 1/307133, Verbalnote des VN-Sekretariats vom 15.12.1992; BArch, B 136/34344, Drahtbericht der Ständigen Vertretung in New York an Referat 230 im AA, Nr. 3899, 18.12.1992. PA AA, B 34, ZA, Bd 160130, Drahtbericht der Ständigen Vertretung in New York an Referat 230 im AA, Nr. 110, 21.1.1993.
[1118] BArch, B 106/371707, Drahtbericht der Ständigen Vertretung in New York an Dg 32 im AA, Nr. 3750, 7.12.1992.
[1119] Ebd., S. 2.

Einigkeit, möglichst schnell eine »öffentlichkeitswirksam« anzukündigende Leistung zu beschließen.[1120] Neben den Vorschlägen des BMVg: Bereitstellung eines Feldlazaretts ohne Personal, Truppentransport für andere Staaten, Entsendung von Pionieren zur Ausbildung somalischen Personals zum Wiederaufbau der Infrastruktur und umgehende Verstärkung der Luftbrücke, in der auch eine »Entlastung der US-Luftwaffe«[1121] gesehen wurde, schlugen das BMI die Unterstützung beim Wiederaufbau der somalischen Polizei sowie die Entsendung des THW zur Wasser- und Elektrizitätsversorgung und das BMZ die Wiederaufnahme der Entwicklungshilfe vor. Das AA sah sich nur in der Lage, humanitäre Hilfe zu finanzieren, eigenes Personal zur Beteiligung besaß es nicht. Während allein die Maßnahmen des BMVg über 100 Mio. D-Mark kosten sollten und offen blieb, wer hierfür zahlen sollte, ließen die Ressorts keinen Zweifel, dass sie gewillt waren zu handeln. Details zur Durchführbarkeit und Finanzierung waren bereits zwei Tage später zu besprechen.[1122] Es lastete Entscheidungsdruck auf den Ministerien, weswegen sie sich auch von Beginn an auf persönlichen Treffen absprachen; weniger allerdings, um möglichst komplementäre Fähigkeiten bereitzustellen und vordefinierte Ziele zu erfüllen, sondern um überhaupt personell in Somalia präsent zu sein.

Noch am 8. Dezember empfahl Staatssekretär Schönbohm Minister Rühe die Verstärkung der Hilfsflüge durch zwei zusätzliche Transall. Vor weiteren Entscheidungen wollte er zunächst Rücksprache mit Staatssekretär im AA Dieter Kastrup halten.[1123] Der ehemalige Generalleutnant handelte besonnen. Der im heutigen Brandenburg geborene Schönbohm war als Befehlshaber des Bundeswehrkommandos Ost einer der Väter der »Armee der Einheit«[1124] und fühlte sich wohl eher der Reform der Bundeswehr und ihren Aufgaben in Europa verpflichtet.[1125] Zudem lief die Organklage, die bei einem negativen Urteil Folgen für die politische Leitung gehabt hätte und daher vor weiteren Auslandsbeteiligungen abgewartet werden sollte.

---

[1120] PA AA, B 34, ZA, Bd 160140, Kopie Ergebnisvermerk Referat 322, Betr.: Deutscher Beitrag zur Durchführung der VN-Sicherheitsrats-Resolution 794 für Somalia, hier: Ressortbesprechung im Auswärtigen Amt am 8.12.1992, 9.12.1992, hier S. 1.

[1121] BArch, B 136/34343, Entwurf Vorlage Abteilungsleiter 2 an den Bundeskanzler, Betr.: Militärintervention in Somalia, hier: Möglichkeiten einer deutschen Mitwirkung, 8.12.1992, hier S. 2.

[1122] Ebd.; PA AA, B 34, ZA, Bd 160140, Kopie Ergebnisvermerk Referat 322, Betr.: Deutscher Beitrag zur Durchführung der VN-Sicherheitsrats-Resolution 794 für Somalia, hier: Ressortbesprechung im Auswärtigen Amt am 8.12.1992, 9.12.1992.

[1123] BArch, BW 2/29714, Vorlage Staatssekretär Schönbohm an den Verteidigungsminister, Betr.: Somalia, 8.12.1992.

[1124] Schönbohm, Konsequenzen für die Heeresplanung. Siehe auch Karl Feldmeyer, Das »Heer der Einheit« formen. In: FAZ, 1.11.1991, Nr. 254, S. 14; Schönbohm, Zwei Armeen.

[1125] Zur Biografie Schönbohms siehe Kilian, Führungseliten, S. 577−581. Auch in seiner Erinnerung kam den Einsätzen Anfang der 1990er-Jahre wenig Bedeutung zu. Schönbohm, Wilde Schwermut. Inwieweit die angeblich von Bundeskanzler Kohl unterstützte Ernennung von Klaus Naumann zum Generalinspekteur auf Kosten des darüber enttäuschten Schönbohm zu Spannungen im BMVg führte, blieb offen. Vgl. ebd., S. 236 f.; Kilian, Führungseliten, S. 410, 580.

## IV. Deutsche ›Blauhelme‹ in Afrika

Deutlich risikofreudiger positionierte sich der Generalinspekteur. General Naumann war ein Fürsprecher der Entsendung der Bundeswehr nach Somalia.[1126] In Vorbereitung auf die zweite Ressortbesprechung wurden Minister Rühe am 9. Dezember drei Handlungsmöglichkeiten unterbreitet: erstens die Ausweitung der humanitären Hilfe durch die Aufstockung auf bis zu vier Transall-Flugzeuge in Mombasa und zur Kooperation mit Frankreich von bis zu vier Flugzeugen in Dschibuti. Zweitens die Beteiligung an der UNOSOM durch die Gestellung eines Feldlazaretts, von Feldjägern, Fernmeldern, ABC-Kräften oder Pionieren oder drittens die Unterstützung der UNITAF durch die Beteiligung mit Objektschutzkräften oder durch den Truppen- und Materialtransport.[1127] Obwohl die für 1993 vorgesehenen Haushaltsmittel nicht zur Deckung der »Auslandsunterstützungseinsätze« reichten, machte sich Fü S III 5 aus rationalen Gründen für eine Beteiligung an der UNOSOM stark: Da sich die luftgestützte humanitäre Hilfe nach dem Abschluss der UNITAF erübrigen würde und gegen die Teilnahme an der UNITAF verfassungsrechtliche Gründe sprachen, blieb nur die UNOSOM. Bilaterale Maßnahmen kämen nicht infrage. Aufgrund »der Außenwirkung und des Schutzes« der Soldaten sei eine »Einbindung in UNOSOM erforderlich«.[1128] Gemeint war vor allem der juristische Schutz, da Angehörige von VN-Missionen gewisse Immunitäten gegenüber dem Gastland erhielten.[1129]

---

[1126] Zeitzeugenbefragung von Flottillenadmiral a.D. Manfred Hartmann vom 24.3.2020. Die Idee für ein stärkeres Engagement stammte wohl vom KSEA. In einem Sprechzettel für General Naumann, der allerdings nicht vorgelegt wurde und dessen Inhalt in der Vorlage von Fü S III 5 vom 9.12. aufging, wurden die Verstärkung der Luftbrücke, die Bereitstellung eines Feldlazaretts, der Aufbau einer Verteilerorganisation, die Durchführung von Infrastrukturarbeiten, medizinische Versorgung oder die Bereitstellung von Fernmeldekräften vorgeschlagen. Einer »aktive[n] Beteiligung« sollte zur Wahrung des deutschen Ansehens größere Priorität eingeräumt werden als materiellen und finanziellen Leistungen. BArch, BW 2/36693, Koordinierungsstab Einsatzführung, Sprechzettel für Generalinspekteur zur Vorbereitung Gespräch mit BM am 9. Dezember 1992, Betr.: Deutscher Beitrag zur Operation Somalia, 8.12.1992.

[1127] BArch, BW 2/29714, Vorlage Fü S III 5 an den Verteidigungsminister, Betr.: Beteiligung der Bundeswehr an Maßnahmen der Vereinten Nationen in Somalia, 9.12.1992, hier S. 2 ff. Parallel zu den Somalia-Planungen liefen in Moskau Abrüstungshilfeverhandlungen. Vom 8. bis 10.12.1992 fehlte daher der Referatsleiter Fü S III 5, Oberst Gauchel. Er wurde von Fregattenkapitän Manfred Hartmann vertreten. Zeitzeugengespräch mit Brigadegeneral a.D. Klauswilli Gauchel am 18.12.2019; Zeitzeugenbefragung von Flottillenadmiral a.D. Manfred Hartmann vom 24.3.2020.

[1128] BArch, BW 2/29714, Vorlage Fü S III 5 an den Verteidigungsminister, Betr.: Beteiligung der Bundeswehr an Maßnahmen der Vereinten Nationen in Somalia, 9.12.1992, hier S. 4.

[1129] Seit 1946 existiert eine Konvention der VNGV, die die Rechtsstellung der für die VN zum Einsatz kommenden »officials« und »experts on missions« regelt. Vgl. Convention on the Privileges and Immunities of the United Nations. Die Bundesrepublik stimmte dem Übereinkommen 1980 zu. Gesetz zu dem Übereinkommen vom 13. Februar 1946 über die Vorrechte und Immunitäten der Vereinten Nationen, 18.8.1980. In: BGBl., Teil II, Nr. 34 (1980), S. 941 f. Zur Regelung des Status ganzer Truppenkontingente begannen die VN im Vorfeld ihrer Missionen Stationierungsabkommen (Status of forces agreement, SOFA) mit dem Gastland einer Mission zu schließen. Das Muster eines SOFA veröffentlichte der VNGS 1990. Demnach sollten die VN-Truppen Bewegungsfreiheit (*freedom of movement*) im Gastland besitzen und von Steuern und Abgaben befreit sein.

Auch General Naumann lehnte die Beibehaltung der national durchgeführten humanitären Hilfe oder eine Transport- und Logistikhilfe ohne Unterstellung unter die UNITAF oder UNOSOM als »unverantwortlich« ab. Weder erhielten die Deutschen dadurch den Schutz eines VN-Status noch alle Informationen zur laufenden Operation. Sollten die nationalen Hilfsflüge parallel zur UNITAF fortgesetzt werden, plädierte er für den Abbruch des Unternehmens;[1130] ein Indiz dafür, dass nicht die Hilfe vor Ort im Fokus stand. Den Betrieb eines Feldlazaretts lehnte er wie im Herbst aufgrund des Fachärztemangels ab.[1131] Schriftlich empfahl General Naumann auf der Vorlage, die Hilfsflüge nach ihrer Unterstellung unter die UNITAF bzw. UNOSOM zu verstärken und sich an der Folgeoperation der UNOSOM mit einem »gemischten Verband« aus Pionieren, Feldjägern sowie Transport- und Führungskräften in Bataillonsstärke und »Blauhelmstatus« – also der Unterstellung der deutschen Truppen unter das Kommando der Vereinten Nationen – zu beteiligen. Das politische Risiko einer Klage der SPD hielt er für »beherrschbar, da ein solcher Einsatz verfassungsrechtlich gedeckt sein dürfte.«[1132]

Unmissverständlich sprach sich der Generalinspekteur für ein massives Engagement der Bundeswehr im Rahmen der Vereinten Nationen aus und bezeichnete dies auch als »Einsatz«. Die Nichtbeteiligung am Zweiten Golfkrieg hatte auch bei ihm zu größter Frustration geführt,[1133] zumal sich Naumann schon vor seiner Zeit als Generalinspekteur aus deutschlandpolitischen Gründen für eine stärkere Partnerschaft mit den USA ausgesprochen hatte.[1134] Jetzt bestand die Möglichkeit zur Solidarität. Seine Empfehlung zur Entsendung eines gemischten Verbands in Bataillonsstärke ging daher über die Vorschläge der Arbeitsebene hinaus. Aus bündnispolitischen Erwägungen sollte die Bundeswehr nicht noch einmal passiv gegenüber einer großen US-geführten Intervention bleiben. In der Rückschau prägte General Naumann das Narrativ, dass die Entsendung der Bundeswehr nach Somalia ein strategischer Schritt auf dem Weg von einer Verteidigungs- hin zu einer Einsatzarmee gewesen sei.[1135] Seit der Beteiligung in Kambodscha gab es diesen Gedanken im BMVg. Im Falle von Somalia blieb er allerdings im Hintergrund. In den entsprechenden Vorlagen hob der Führungsstab der Streitkräfte vielmehr die

---

Sichtbar zur Mission gehörende Soldaten und Polizisten sollten im Dienst berechtigt sein, Waffen zu tragen, und bei Straftaten nicht dem Gesetz des Gast-, sondern ihres Heimatlands unterliegen. VNGV, A/45/594, 9.10.1990.

[1130] Siehe die Anmerkungen auf BArch, BW 2/29714, Vorlage Fü S III 5 an den Verteidigungsminister, Betr.: Beteiligung der Bundeswehr an Maßnahmen der Vereinten Nationen in Somalia, 9.12.1992, hier S. 3.

[1131] Ebd.

[1132] Siehe die Anmerkungen ebd., S. 1.

[1133] Vgl. BArch, BW 2/53281, Verfügung Schreiben Generalmajor Klaus Naumann an den Verteidigungsminister, 21.1.1991; Naumann, Schwerer Schaden für das Ansehen Deutschlands, S. 134; Naumann, Frieden, S. 112.

[1134] BArch, BW 2/30577, Stabsabteilungsleiter Fü S III, Militärpolitische Bilanz zum Jahresende 1989, 18.12.1989, hier S. 15.

[1135] Vgl. Naumann, Der Wandel des Einsatzes, S. 485 f.

# IV. Deutsche ›Blauhelme‹ in Afrika 325

gesellschaftliche und die internationale Meinung als Faktoren für eine stärkere Beteiligung[1136] hervor:

»Die Berichterstattung in den Medien über die desolate Situation wirkt sich auch in der öffentlichen Meinungsbildung aus; unsere politische Reputation nimmt wegen der ›verfassungspolitischen Selbstblockade‹ national und international Schaden. Eine Nichtbeteiligung oder Beschränkung auf die bisherige humanitäre Hilfe würde national wie international nicht mehr akzeptiert werden.«[1137]

Neben dem außenpolitischen Druck wurde daher auch innenpolitischer, gesellschaftlicher Druck als Grund zum Handeln gesehen – ein Kriterium, das im Herbst 1992 gefehlt hatte. Durch die Erfahrungen im Zweiten Golfkrieg geprägt, befürchtete General Naumann überdies, Einfluss auf den weiteren Friedensprozess zu verlieren, die Herabstufung Deutschlands zum Nettozahler für VN-Missionen zu riskieren und langfristig die gesellschaftliche Unterstützung für die Bundeswehr einzubüßen.[1138] Für den Generalinspekteur stand die Zukunftsfähigkeit der Bundeswehr vor allem in der NATO auf dem Spiel, deren Mitglieder sich fast alle in Somalia engagierten und denen nicht erneut ein abseits stehendes Deutschland präsentiert werden sollte. Sicherlich kam es im Vorfeld seiner Empfehlung auch zu Gesprächen mit dem Vorsitzenden des US-Generalstabs Colin Powell bzw. dessen Stellvertreter. Aufzeichnungen darüber ließen sich bisher jedoch nicht finden.

Wie General Naumann wies auch Staatssekretär Schönbohm eine Unterstützung der UNOSOM durch Transport- oder logistische Leistungen ohne Unterstellung unter die Vereinten Nationen zurück und befürwortete die Einbindung in die UNOSOM.[1139] Obwohl es sich um keine Direktvorlage gehandelt hatte, war Schönbohm nicht das von Naumann gezeichnete Dokument, sondern eine Zweitschrift vorgelegt worden. Dies spricht für die Eilbedürftigkeit des Vorgangs. Einziges Bezugsdokument der Vorlage war Resolution 794, die zu Beiträgen der VN-Mitglieder für die UNITAF aufrief. Dies lässt zweifeln, ob es Absprachen der politischen oder militärischen Leitung für konkrete deutsche Beiträge in Somalia gab.

Minister Rühe wurde durch Staatssekretär Schönbohm zunächst mündlich über die Handlungsmöglichkeiten informiert.[1140] Noch am Abend des 9. Dezember schlug Rühe im Rahmen eines Ministergesprächs beim Chef des BKAmts die Beteiligung eines gemischten Verbands in Bataillonsstärke vor. Die Runde, an der auch Außenminister Kinkel, Innenminister Seiters und Justizministerin Sabine Leutheusser-Schnarrenberger (FDP), aber nicht der beim Treffen der Staats- und Regierungschefs der EG in Edinburgh weilen-

---

[1136] Außer beim Begriff »Einsatzstatus« wurde in dieser auf die Bezeichnung ›Einsatz‹ verzichtet.
[1137] BArch, BW 2/29714, Vorlage Fü S III 5 an den Verteidigungsminister, Betr.: Beteiligung der Bundeswehr an Maßnahmen der Vereinten Nationen in Somalia, 9.12.1992, hier S. 2.
[1138] Siehe die Anmerkungen auf ebd.
[1139] Siehe die Anmerkung auf ebd., S. 3 f.
[1140] Siehe die Anm. ebd., S. 1.

de Bundeskanzler Kohl[1141] beteiligt waren, bezeugt die Bedeutung, die der Situation beigemessen wurde. Grundsätzlich stellte Außenminister Kinkel klar, dass die FDP die Beteiligung an der UNITAF oder den Transport militärischer Güter nach Somalia rechtlich nicht mittragen könne. Politisch unterstütze er eine Beteiligung in Somalia, könne dieser aber nur zustimmen, wenn sie unterhalb der »Einsatzschwelle des Artikels 87a GG« bleibe. Andererseits bestehe die politische Gefahr der »Mittäterschaft« und einer erneuten Klage der Opposition. Auch dieses Gespräch drehte sich daher nicht um die bestmögliche Hilfe für Somalia oder die Vereinten Nationen, sondern darum, welche Maßnahmen politisch und rechtlich vertretbar waren. Da weder der Außenminister noch die Justizministerin Vorstellungen von einem gemischten Bataillon besaßen, wurde das BMVg daher zunächst nur beauftragt, die Details schriftlich zu erläutern.[1142] Das BMVg erhielt einen offiziellen Auftrag, ein Engagement der Bundeswehr auszuplanen.

Details zu den Fähigkeiten der Teilstreitkräfte erhielt der Generalinspekteur bereits am folgenden Tag.[1143] Die unterstellten Bereiche planten allerdings ohne konkrete Vorstellungen von der künftigen Mission, ohne Wissen über den konkreten Auftrag der deutschen Truppen und ohne Kenntnisse vom Einsatzraum. Auch planten sie nicht, ein bestimmtes Endziel zu erreichen. Wichtigstes Kriterium war, sich in Somalia sichtbar zu beteiligen.

Aus Sicht des Sanitäts- und Gesundheitswesens stand Material für die Errichtung eines Lazaretts ohne eigenes Personal zur Verfügung. Zudem war es möglich, Fachärzte aus dem Bereich des Zentralen Sanitätsdienstes bzw. freiwillige Reservisten für die Unterstützung des geplanten deutschen Bataillons und in begrenztem Umfang zur Versorgung von zivilen Patienten bereitzustellen.[1144] Ein eigenes Lazarett wurde wohl aufgrund der Personalengpässe nicht erwogen.

Der Führungsstab der Luftwaffe kündigte an, sein Engagement in Mombasa innerhalb von einer Woche auf vier Maschinen erhöhen zu können. Damit sei der dortige Flugplatz aber ausgelastet. Mit Einschränkungen für den routinemäßigen Lufttransport und unter der Voraussetzung, dass Frankreich seine Fähigkeiten in Dschibuti zur Verfügung stellte, könnten auch dort bis zu vier Transall stationiert werden. Den Truppentransport anderer Nationen in das Einsatzgebiet lehnte die Luftwaffe aufgrund fehlender Langstreckenflugzeuge ab.[1145]

Marinekapazitäten in Form einer personellen Transportkomponente stünden laut Auskunft des Führungsstabs der Marine dagegen nur bereit, wenn

---

[1141] Vgl. Kohl, Berichte zur Lage 1989–1998, S. 412.
[1142] BArch, B 136/34343, Verfügung BKAmt, Ergebnisprotokoll des Ministergesprächs bei Chef BK am 9. Dezember 1992 (18.15–19.30 Uhr), 10.12.1992.
[1143] BArch, BW 2/29714, Vorlage Fü S III 5 an den Generalinspekteur, Betr.: Beteiligung der Bundeswehr an den Maßnahmen der Vereinten Nationen in Somalia, hier: Erste Realisierungsuntersuchung der Optionen, 9.12.1992.
[1144] Ebd., Anlage 1.
[1145] Ebd., Anlage 2.

IV. Deutsche ›Blauhelme‹ in Afrika   327

das Heer personell unterstützen würde und Grundwehrdienstleistende herangezogen würden. Grundsätzlich sei die Marinetransportkomponente aber weder für solche Einsätze ausgerüstet noch ausgebildet. Zudem erschwere eine weiterführende Beteiligung den Ausbildungs- und Einsatzbetrieb, vor allem die Beteiligung in der Adria.[1146]

Der Führungsstab des Heeres meldete indes die grundsätzliche Bereitschaft, sich bei Wegfall der politischen Restriktionen zur Beteiligung an VN-Maßnahmen in einer Phase des »Peace-keeping« in Somalia mit Feldjägern, Pionieren, Fernmeldern oder Sanitätskräften beteiligen zu können.[1147] Die Stärke des bereits vom Führungsstab der Streitkräfte angesprochenen Nachschub- und Transportbataillons zu »Aufbau und Sicherstellung der Verteilungsorganisation« von humanitären Gütern bezifferte er mit rund 1000 Soldaten. Eindeutig ging die Idee eines gemischten Bataillons vom BMVg aus und nicht auf ein Gesuch der Vereinten Nationen zurück. Weil es einen solchen Verband aber in der Bundeswehr nicht gab, konnte dieser erst nach einer detaillierten Anforderung zusammengestellt werden. Zusätzlich zur Ausbildung kalkulierte das Heer mit bis zu sieben Wochen Vorlaufzeit; auch dies ein Grund, wieso eine Beteiligung an der UNITAF, die nur sechs Tage nach Verabschiedung der Resolution 794 begann, unrealistisch erschien. Hinsichtlich ihrer Fähigkeiten schränkte das Heer überdies ein, dass eine »Herstellung von Brunnen und Verteilernetzen [...] mangels Ausbildung und vorhandenem Gerät/Material nicht möglich« sei.[1148] Später sollten es gerade die Brunnenarbeiten sein, die in der Öffentlichkeit wahrgenommen[1149] und von Verteidigungsminister Rühe als eine der wesentlichen Leistungen des deutschen Verbands herausgestellt wurden.[1150] Nicht nur hier sollte es im Laufe des Prozesses Anpassungen geben.

Wie auf der Ministerrunde erbeten, versandte das BMVg diese konkretisierten Überlegungen am 11. Dezember in identischen Schreiben an das AA,

---

[1146] Ebd., Anlage 3.
[1147] BArch, BW 1/408087, Kopie Schreiben Fü H III 4 an das Sekretariat Koordinierungsstab Einsatzführung, Betr.: Möglicher Heeresbeitrag zur Operation »Restore Hope«, 8.12.1992. Anders als Fü S III 5 nutzten die Bearbeiter des Heeres mehrmals den Begriff Einsatz.
[1148] BArch, BW 2/29714, Vorlage Fü S III 5 an den Generalinspekteur, Betr.: Beteiligung der Bundeswehr an den Maßnahmen der Vereinten Nationen in Somalia, hier: Erste Realisierungsuntersuchung der Optionen, 9.12.1992, hier Anlage 4.
[1149] In einer Umfrage des »Spiegels« wurde bereits Ende April danach gefragt, ob die Soldaten nur Straßen reparieren oder Brunnen bohren sollten. Schritt für Schritt in den Krieg. In: Der Spiegel, Nr. 17 (1993), 26.4.1993, S. 18–27, hier S. 21.
[1150] Anlässlich seines zweiten Somalia-Besuchs nahm Rühe einen von deutschen Soldaten in Mataban gebohrten Brunnen selbst in Betrieb. Vgl. BArch, BW 2/28167, Vorlage Fü S IV 4 an Staatssekretär Schönbohm, Betr.: Tagesmeldung Somalia, 20.12.1993; Theo Sommer, Bis Ostern heil nach Hause. In: Die Zeit, Nr. 52 (1993), 24.12.1993. Der Ort Mataban war nicht zufällig gewählt worden. Er lag an der einzigen Verbindungsstraße in Richtung Norden, über die die Ausweitung des UNOSOM-II-Operationsgebiets hätte erfolgen müssen. Humanitäre Projekte dienten dem deutschen Verband daher zur ersten Verbindungsaufnahme mit der Bevölkerung in der dortigen Region. Zeitzeugenbefragung von Oberst a.D. Manfred Benkel am 28.3.2020.

das BMI, das BMJ und das BKAmt. Angesichts der nationalen und internationalen Erwartungshaltung, so das BMVg, sei die Bundeswehr in der Lage, »einen substantiellen, innen- und außenpolitisch deutlich sichtbaren personellen und materiellen Beitrag [...] zur Befriedung und Rettung der notleidenden Bevölkerung Somalias zu leisten.«[1151] Auch zwischen den Häusern wurde neben dem nationalen Nutzen einer Beteiligung immer auch ein normatives Narrativ genutzt. Neben der Verstärkung der Hilfsflüge, die zum Schutz und zur besseren Koordination dem UNITAF-Kommandeur unterstellt werden müssten, sei das BMVg bereit, zwischen 1100 und 1500 Soldaten nach Somalia zu entsenden; die Personalstärke wurde großzügig ausgelegt, um angesichts der unklaren Lage vor Ort und den Bedürfnissen der Vereinten Nationen Spielraum zu haben. Der Verband sollte »nach der Befriedung des Landes bzw. innerhalb befriedeter Regionen« hauptsächlich Pioniere, Fernmelder, Feldjäger, Infanteristen und Sanitäter umfassen.[1152] Woher die Auflage der befriedeten Region stammte, ließ sich nicht rekonstruieren. Zur Irritation der Arbeitsebene des BKAmts kam sie offenbar von BMVg und war nicht mit dem Kanzleramt besprochen.[1153] Zurück ging der Begriff auf die Zielsetzung der UNITAF, ein »secure environment for humanitarian relief operations« zu schaffen.[1154] Begrifflich wurde hierdurch eine Grenze zwischen der Beteiligung an der multinationalen Militäroperation UNITAF und der VN-Mission UNOSOM geschaffen und qualitativ ausgeschlossen, dass sich die Bundeswehr an einem Kampfauftrag beteiligte. Dies wäre weder vom AA noch vom BMJ gebilligt worden.[1155] Die Auflage der »befriedeten Region« ermöglichte den beiden FDP-geführten Ressorts die Argumentation, es handele sich nicht um einen »Einsatz« der Streitkräfte im Sinne des Grundgesetzes, da Angriffe in einer befriedeten Region »unwahrscheinlich« seien und das Kriterium für einen »Einsatz«, die »Nutzung des Gewaltpotentials der Streitkräfte«, nicht abgerufen werde.[1156] Zwar konnten die FDP-geführten Ressorts einer Entsendung dadurch zustimmen, das Kriterium des ›secure environment‹ sollte die Verwendung der Bundeswehr in Somalia aber so stark beschränken, dass ihr militärischer Nutzen drastisch sank. Die operati-

---

[1151] BArch, B 136/34343, Schreiben Verteidigungsminister Rühe an den Chef des Bundeskanzleramts Bohl, 11.12.1992, hier S. 1.
[1152] Ebd., S. 2.
[1153] Vgl. BArch, B 136/34343, Verfügung Vorlage Abteilungsleiter 2 an den Chef des Bundeskanzleramts, Betr.: VN-Militäreinsatz in Somalia, hier: Ministergespräch über die mögliche Teilnahme der Bundeswehr bei Ihnen am 9. Dezember 1992, um 18.15 Uhr, 9.12.1992, hier S. 2; BArch, B 136/34344, Vorlage GL 21/GL 22 an den Chef des Bundeskanzleramts, Betr.: Somalia – Deutsche Beteiligung, hier: Phase 2 – UNOSOM, 16.12.1992, hier S. 3.
[1154] VNSR, S/RES/794(1992), 3.12.1992, S. 2.
[1155] Vgl. BArch, B 136/34343, Verfügung BKAmt, Ergebnisprotokoll des Ministergesprächs bei Chef BK am 9. Dezember 1992 (18.15–19.30 Uhr), 10.12.1992; Zeitzeugengespräch mit General a.D. Dr. Klaus Naumann am 20.4.2020; Zeitzeugengespräch mit Staatssekretär a.D. Dr. Peter Wichert am 5.5.2020.
[1156] BArch, B 141/125512, Vermerk Referat IV A 2 im BMJ, Betr.: Beteiligung der Bundeswehr an Aktionen in Somalia, 18.12.1992.

## IV. Deutsche ›Blauhelme‹ in Afrika

ve und taktische Ebene konnte mit der aus politischen Erwägungen offenbar vom BMVg selbst gewählten Auflage wenig anfangen, fehlte doch eine klare Definition.[1157] Ziel der Beteiligung war es daher nicht, möglichst effektiv zu handeln. Ziel war es, überhaupt in Somalia personell und sichtbar dabei zu sein.

In seinem Schreiben an die anderen Ressorts erläuterte das BMVg, dass die »humanitäre[n] Aufgaben« der Soldaten im Aufbau, der Unterstützung und der Sicherstellung der Verteilerorganisation für Hilfsgüter liegen könnten; Vorgaben der Vereinten Nationen wie bei der UNTAG oder UNTAC gab es für das zu entsendende Personal noch nicht. Durch die Beschränkung auf ›humanitäre Aufgaben‹ wurde jedoch ein weiteres Unterscheidungsmerkmal zu den möglichen Kampfhandlungen der UNITAF gesucht. Allerdings sollten deutsche Infanteriekräfte den Schutz eigener Einrichtungen, Unterkünfte und Transporte übernehmen. Landungsboote der Marine könnten die Löschung von Hilfsgütern unterstützen und Sanitäter – ähnlich wie in Kambodscha – in begrenztem Umfang auch die Bevölkerung behandeln. Als Ausstattung würden die Soldaten ihre persönlichen Waffen, Helme und Splitterschutzwesten mitführen; auch hierdurch sollte den anderen Ressorts offenbar ein möglichst wenig martialischer Eindruck vermittelt werden. Insgesamt könne die Bundeswehr laut BMVg »einen wirksamen Beitrag zur Linderung der Not hungernder Menschen in Somalia leisten« und stärke das deutsche Mitspracherecht beim Friedensprozess. Weil der »Einsatz« – zuvor war wie im BMVg üblich nur von Beteiligung gesprochen worden – »humanitärer Art« sei und »nicht die Anwendung von Zwang zum Ziel« habe, ähnle er dem »Einsatz in Kambodscha«.[1158] Die Unterstellung unter die Vereinten Nationen diene einerseits dem Schutz der Soldaten, andererseits »gewinnen wir Mitsprache und verhindern [...] erneut zum Nettozahler einer Operation [...] zu werden, ohne dadurch politisch Einfluß zu erlangen.«[1159]

In Anlehnung an die Vereinbarungen der Ministerrunde rief Rühe die anderen Ressorts auf, »Einvernehmen zu erzielen« und noch vor Weihnachten eine Entscheidung zu treffen.[1160] Das BMVg besaß spätestens durch dieses Schreiben die Führungsrolle im deutschen Somalia-Engagement. Noch dazu preschte es mit der Idee einer umfangreichen Beteiligung deutscher Heeressoldaten vor, ohne dass es Rücksprachen mit den Vereinten Nationen über deren Notwendigkeit gegeben hätte. Im Gegensatz zum Verteidigungsressort präferierten die deutschen Diplomaten zudem ein stärkeres Engagement im Bereich der somalischen Polizeiausbildung,[1161] die in-

---

[1157] Zeitzeugengespräch mit Generalmajor a.D. Klaus Frühhaber am 26.3.2020.
[1158] BArch, B 136/34343, Schreiben Verteidigungsminister Rühe an den Chef des Bundeskanzleramts Bohl, 11.12.1992, hier S. 2 ff.
[1159] Ebd., S. 4.
[1160] Ebd., S. 5.
[1161] Vgl. BArch, B 106/371707, Kopie Vermerk P I 6, Betr.: Deutscher Beitrag zur Durchführung der VN-Sicherheitsratsresolution 794 für Somalia, hier: Ergebnis der Ressortbesprechung im AA am 10.12.1992, 14.12.1992; ebd., Kopie Zusatzvermerk

ternational – unter anderem in den USA – von größerem Interesse war als deutsche Soldaten.[1162]

Bereits am 8. Dezember hatte die deutsche Botschaft in Nairobi gewarnt, dass eine Verstärkung des kostspieligen Lufttransports nur kurzfristig sinnvoll sei, da die UNITAF die Öffnung der Häfen und Straßenverbindungen zum Ziel habe.[1163] Aus Sicht der Botschaft wurde die »Fortsetzung der Transporthilfe in der bisherigen Form über Januar 1993 hinaus für nicht erforderlich gehalten.«[1164] Als Alternative regte sie die Unterstützung der somalischen Polizei an, da Deutschland aufgrund seiner vergangenen Erfahrungen »im gesamten Land einen legendären Ruf genießen und über alle Fraktionen hinweg als – der – Sicherheitswunschpartner gelten« würde.[1165] Ähnliches vermeldete die deutsche Botschaft in Washington. Sie schlug neben der Hilfe im medizinischen, sanitären und Verpflegungsbereich vor, schnellstmöglich »Hilfe für die Ausbildung von Polizei- und Sicherheitskräften« anzubieten, da sich »angesichts unseres beinahe legendären Rufes« in Somalia eine Unterstützung auf diesem Gebiet »geradezu exemplarisch« anbiete.[1166] Kurz zuvor hatte sie noch vermeldet, dass hohe Stellen im Pentagon bei einer VN-Folgemission eine personelle Beteiligung der Bundesrepublik im Bereich Kommunikation, Logistik oder Sanitätswesen erwarteten. Einer der Vorschläge der Botschaft war daher, sich an Pionierarbeiten zu beteiligen. Die dafür benötigten Soldaten sollten vom Dienst freigestellt und nicht als Angehörige der Streitkräfte entsandt werden.[1167] Allerdings unterstützte auch die Ständige Vertretung in New York Polizeihilfe, auch wenn die USA eine deutsche Beteiligung beim Transport anderer Nationen für nützlich hielten.[1168] Letztlich war die Entsendung der Bundeswehr für die deutschen Diplomaten nur eine und nicht die naheliegendste Möglichkeit des Handelns. Die Vereinten Nationen hatten ihre Mitgliedsstaaten bereits im Herbst 1992 um Unterstützung beim Aufbau der somalischen Polizei gebeten.[1169] Im Oktober hatte Deutschland auf Bitte des VN-Sondergesandten Sahnoun rund 15 000 D-Mark für die Beschaffung von 500 Uniformen zur Verfügung gestellt.[1170] Stärker als eine Beteiligung der

---

P I 6, Betr.: Deutscher Beitrag zur Durchführung der VN-Sicherheitsresolution 794 für Somalia, hier: Mögliche Polizeihilfe für Somalia, 16.12.1992.
[1162] Vgl. das Unterkapitel Polizeieinsatz in Somalia.
[1163] BArch, BW 2/29709, Drahtbericht der Botschaft der Bundesrepublik Deutschland in Nairobi an Referat 322 im AA, Nr. 750, 8.12.1992, hier S. 3.
[1164] Ebd., S. 4.
[1165] Ebd., S. 3.
[1166] BArch, B 136/34343, Drahtbericht der Botschaft der Bundesrepublik Deutschland in Washington an Referat 322 im AA, Nr. 3565, 9.12.1992, hier S. 4.
[1167] BArch, B 106/371707, Drahtbericht der Botschaft der Bundesrepublik Deutschland in Washington an Referat 322 im AA, Nr. 3534, 7.12.1992, hier S. 3.
[1168] BArch, B 136/34343, Drahtbericht der Ständigen Vertretung in New York an Dg 32 im AA, Nr. 3795, 9.12.1992, hier S. 2.
[1169] Vgl. UNA, S-1086-0098-10-00002-3, Report of the Special Representative of the Secretary-General for Somalia, 12.10.1992, Randnr. 7 f.
[1170] PA AA, B 45, ZA, Bd 192027, Kopie Vermerk Referat 322, Betr.: Formierung einer Polizeitruppe in Somalia, hier: Deutsche Unterstützung, 16.10.1992; ebd., Entwurf

## IV. Deutsche ›Blauhelme‹ in Afrika

Bundeswehr wurde international also offenbar ein Beitrag im Polizeisektor gewünscht; beim Einsatz deutscher Soldaten hatten die Vereinten Nationen bisher nur Interesse an Sanitätern und Fernmeldern gezeigt. Während das BMI aufgrund der unklaren Sicherheitslage und fehlender staatlicher Strukturen in Somalia aber skeptisch blieb,[1171] kam es für die Ständige Vertretung bei allen Maßnahmen auf eine »rasche« Entscheidung und eine »öffentlichkeitswirksame Darstellung« an. Hierdurch könne der Auffassung vorgebeugt werden, »dass nur der Einsatz von Soldaten ein gültiger Maßstab für das Engagement eines Staates zur Konfliktlösung sei.«[1172] Entsprechend zurückhaltend blieb das AA auch bei den finalen Ressortgesprächen zur Entsendung der Bundeswehr. Weil bisher nicht geprüft worden war, ob die Entsendung der Bundeswehr überhaupt nötig war, zweifelte es an deren Bedarf.[1173] Eindeutig ging die Initiative für Art und Umfang des geplanten Engagements der Bundeswehr auf das Verteidigungsressort zurück.

Warum das BMVg den anderen Ressorts die personalintensive Beteiligung der Bundeswehr vorschlug, wird aus einer Vorlage an Minister Rühe ersichtlich, die dem Schreiben an die anderen Ministerien vorweg ging. Neben der bekannten Argumentation, dass sich Deutschland aufgrund der absehbaren »negative[n] Publicity« und »seiner gestiegenen Verantwortung« nicht noch einmal nur finanziell an einer internationalen Militärmission beteiligen könne,[1174] galten auch die Planungen der NATO für ein Eingreifen im ehemaligen Jugoslawien als Grund für eine deutsche Beteiligung in Somalia. Weil die Beteiligung der Bundeswehr in Südosteuropa »in der derzeitigen Lage noch nicht möglich« sei, sollte die Entsendung nach Somalia genutzt werden, um etwaigen Forderungen entgegenzuwirken: »Das Signal eines Engagements in Somalia könnte die heraufziehende Diskussion weitgehend kompensieren.«[1175] Nicht allein die Erfahrungen des Zweiten Golfkriegs bestimmten also das Handeln im BMVg. Eine Beteiligung in Somalia sollte die militärische Untätigkeit in Südosteuropa ausgleichen, wo die Frage nach einer robusteren Durchsetzung des Embargos und der Verbleib deutscher Soldaten an Bord

---

Drahterlass Referat 300 im AA an die Botschaft der Bundesrepublik Deutschland in Nairobi, ohne Nr., 20.10.1992; ebd., Referat 322, Sachstand Somalia, 26.11.1992, hier S. 5; BT-Drs. 13/1047, 4.4.1995, S. 6.

[1171] Vgl. BArch, B 106/371707, Entwurf Vorlage P I 6 an den Innenminister, Betr.: Deutscher Beitrag zur Durchführung der VN-Sicherheitsresolution 794 für Somalia, hier: Ergebnisse der Ressortbesprechung im AA am 8.12., 10.12. und 15.12.1992, 16.12.1992.

[1172] BArch, BW 2/36693, Drahtbericht der Ständigen Vertretung in New York an Dg 32 im AA, Nr. 3795, 9.12.1992, hier S. 2.

[1173] BArch, B 141/125512, Nebenabdruck Vorlage Referat IV A 2 an die Justizministerin, Betr.: Beteiligung der Bundeswehr an Aktionen in Somalia, 15.12.1992, hier S. 7.

[1174] BArch, BW 2/29714, Vorlage Fü S III 5 an den Verteidigungsminister, Betr.: Beteiligung der Bundeswehr an den Maßnahmen der Vereinten Nationen in Somalia, 10.12.1992, hier S. 2 f.

[1175] Ebd., S. 3. Zur Position des Verteidigungsministers gegenüber einem Engagement in Jugoslawien siehe »Raus aus dem Dilemma«. In: Der Spiegel, Nr. 52 (1992), 20.12.1992, S. 21–23, hier S. 21 f. Zur Beurteilung der Lageentwicklung des BMVg in Jugoslawien siehe BArch, BW 2/36693, Schreiben Fü S III 1/Fü S III 5, Voraussichtliche Entwicklung Ex-Jugoslawien und Somalia aus militärpolitischer Sicht, 8.12.1992.

der NATO-AWACS-Flugzeuge bereits die Regierung belasteten. In Somalia war eine Beteiligung historisch unbedenklich, humanitär begründbar und schien international erwünscht. Am Bedarf orientierten sich die Planungen kaum. Einen höheren Stellenwert bei der Entscheidung spielten bündnispolitische Erwägungen.

Während Minister Rühe bereits am 11. Dezember die – unerfüllbare und wenig zielführende – Aufstockung der Transportflüge für Somalia verkündete,[1176] mussten vor der Entsendung von Bodentruppen noch die verfassungsrechtlichen Bedenken der anderen Ressorts überwunden werden. Dies galt sowohl für die kurzfristige Unterstützung der UNITAF durch die Transportflieger als auch für die Beteiligung an der UNOSOM, wobei die Parteigegensätze zwischen CDU/CSU und FDP deutlich hervortraten. Auf einer Ressortbesprechung der Rechtsabteilungen drückte das AA am 14. Dezember Vorbehalte gegen eine beschränkte Unterstellung der deutschen Flugzeuge unter das Kommando der UNITAF aus. Wie bereits in der Ministerrunde besprochen, einigten sich die Ressorts aber darauf, eine Verbindungsstelle zum UNITAF-Hauptquartier einzurichten[1177] und dem UNITAF-Kommandeur »Operational Control« – ein NATO-Begriff über die begrenzte Weisungsbefugnis eines Kommandeurs gegenüber ihm zugewiesenen Truppen[1178] – zur Koordinierung und Sicherung der weiteren deutschen

---

[1176] Vgl. ARD, Tagesschau vor 20 Jahren, 11.12.1992.

[1177] Dies wurde nachträglich von der UNITAF-Führung als unnötig abgelehnt. BArch, BW 1/47747, Kopie Sofortunterrichtung Fü L III 3 an den Inspekteur der Luftwaffe, Betr.: Humanitäre Lufttransporthilfe, 21.12.1992 und Anlage, S. 3.

[1178] Die NATO-Begriffe stammten aus der Vorschrift MC 57/3 – Overall Organization of the Integrated NATO Forces. In den deutschen Vorschriften standen die Definitionen in der ZDv 1/50 Nr. 214 von 1992. Eine Kopie findet sich in BArch, BW 2/30516. Unter Operational Control wurde »die einem Befehlshaber/Kommandeur übertragene Befugnis« verstanden, »assignierte Kräfte so zu führen, daß er bestimmte Aufgaben oder Aufträge durchführen kann, die im allgemeinen nach Art, Zeit und Raum begrenzt sind; ferner die betreffenden Truppenteile zu dislozieren und die Tactical Control [...] über diese Truppenteile selbst auszuüben oder zu übertragen. Der Begriff umfaßt weder die Befugnis, den gesonderten Einsatz von Teilen dieser Truppenteile anzuordnen, noch sind im allgemeinen truppendienstliche oder logistische Führungsaufgaben mit eingeschlossen.« Ebd. Siehe auch BArch, BW 2/34849, Kopie Fü S III 6, Command und Control Regelungen, Unterstellungsverhältnisse, Befehle, Richtlinien, 22.8.1992 sowie die Erklärungen von Minister Rühe in »Raus aus dem Dilemma«. In: Der Spiegel, Nr. 52 (1992), 20.12.1992, S. 21–23, hier S. 23, und des Generalinspekteurs bei der mündlichen Verhandlung in Karlsruhe in Der Auslandseinsatz deutscher Streitkräfte, S. 268. Die VN besaßen zu dieser Zeit keine eigenen Definitionen der NATO-Begriffe, da viele VN-Truppensteller zunächst offenbar keine umfassende Klärung des Unterstellungsverhältnisses forderten. Ebd., S. 741 f. In der Modellvereinbarung der »Terms of Reference« von 1991 hieß es zur Unterstellung: »During the period of their assignment [...], the personnel made available by [the Participating State] shall remain in their national service but shall be under the command of the United Nations [...] Accordingly, the Secretary-General of the United Nations shall have full authority over the deployment, organization, conduct and direction of [the United Nations peace-keeping operation], including the personnel made available by [the Participating State]. In the field, such authority shall be exercised by the Head of Mission«. Zudem galt ein striktes Weisungsverbot der Nationalstaaten: »Except on national administrative mat-

IV. Deutsche ›Blauhelme‹ in Afrika                                                333

Transportflüge zu übertragen.[1179] Bedenken der anderen Ressorts weckte auch die Entsendung von Pionieren, Feldjägern und Infanteriekräften. Pioniere dürften nur Minen räumen, wenn dies im eigenen Nutzen lag. Eine allgemeine Minenräumung sei verfassungsrechtlich nicht zulässig. Feldjäger dürften keinen Zwang gegenüber Dritten anwenden und Infanteriekräfte keine fremden Transporte schützen. Alle Fähigkeiten dürften nur dem Bedarf des deutschen Verbands dienen, was ihren Mehrwert im Rahmen einer multinationalen Mission von Beginn an in Zweifel zog. Nur mit diesem Kompromiss konnten die FDP-geführten Ministerien für sich in Anspruch nehmen, dass es sich um keinen Einsatz im Sinne des Grundgesetzes handelte.[1180] Was genau mit den begrenzt einsetzbaren Fähigkeiten in Somalia erreicht werden sollte, war weiterhin zweitrangig.

Die rechtliche Begründung, wieso eine Beteiligung an der UNOSOM möglich sein sollte, obwohl die Bundesrepublik die Entsendung uniformierter Kräfte im VN-Rahmen jahrzehntelang aus Verfassungsgründen zurückgewiesen hatte, lieferte die Rechtsabteilung des BMVg (VR II) am 16. Dezember. »[H]umanitäre Unterstützungsdienste« seien keine Verwendung der Bundeswehr mit Vollzugsbefugnissen. Rechtlich möglich sei daher das Mitwirken zur Aufrechterhaltung einer Verteilerorganisation für Hilfsgüter, Maßnahmen zur Instandsetzung von Infrastruktur, zum Transport von Hilfsgütern, die Wasseraufbereitung, aber auch der Schutz eigener Kräfte. Ausgeschlossen seien dagegen »alle Maßnahmen zur Unterstützung« der Mission UNITAF, da diese unter Kapitel VII der VN-Charta mandatiert sei. Auch ausgeschlossen seien »der bewaffnete Schutz« von UNOSOM-Gebäuden sowie »der bewaffnete Begleitschutz« von Hilfstransporten. Bei diesen Maßnahmen seien »Einwirkungsmöglichkeiten auf Dritte immanent«. Solche Handlungen zähl-

---

      ters, they shall not seek or accept instructions in respect of the performance of their duties from any authority external to the United Nations, nor shall the Government of [Participating State] give such instructions to them.« VNGV, A/46/185, 23.5.1991, Randnr. 7, 9. Für die deutschen Ressorts war dieser Wortlaut aber »verfassungsrechtlich unannehmbar«, weswegen sie auf einem eigenen Wortlaut und dem Rückgriff auf die Bezeichnung »Operational Control« bestanden. BArch, BW 1/372423, Drahterlass Referat 230 im AA an die Ständige Vertretung in New York, Nr. 9752, 3.9.1993, hier S. 2.

[1179] BArch, BW 2/29714, Vorlage Fü S III 5 an den Verteidigungsminister, Betr.: Beteiligung der Bundeswehr an den Maßnahmen der Vereinten Nationen in Somalia, hier: Verbalnote zur Verstärkung der deutschen Hilfsflüge im Rahmen »Restore Hope«, 14.12.1992. Siehe auch BArch, B 136/34343, Vorlage GL 21 an den Chef des Bundeskanzleramts, Betr.: Somalia – Deutsche Beteiligung, hier: Phase 1 (Transall-Flüge), 15.12.1992; BL 1/47747, Kopie Letter of Understanding Between the German Air Force and Joint Task Force Provide Relief, 24.12.1992.

[1180] PA AA, B 45, ZA, Bd 192028, Kopie Vorlage Referat 230 an den Außenminister, Betr.: Ministergespräch über deutschen Beitrag zu den internationalen Operationen in Somalia am 17.12.1992, hier: Angestrebter Kabinettsbeschluß über ein Angebot an die Vereinten Nationen zur Unterstützung von UNOSOM durch die Bundeswehr, 16.12.1992, hier S. 3 f. Vgl. auch BArch, B 141/125512, Vorlage Referat IV A 2 an die Justizministerin, Betr.: Beteiligung der Bundeswehr an Aktionen in Somalia, 15.12.1992; BArch, B 136/34343, Vorlage GL 21 an den Chef des Bundeskanzleramts, Betr.: Somalia – Deutsche Beteiligung, hier: Phase 2 (UNOSOM), 15.12.1992, hier S. 3 f.

ten auch deswegen als »Einsatz«, da sie Elemente »der durch die Entfaltung eines auf Abschreckung zielenden militärischen Machtpotenzials« besäßen und »durch obrigkeitsstaatliche Handlungsformen im Sinne von Eingriffsmöglichkeiten, Anordnungs- und Zwangsbefugnissen Dritten gegenüber gekennzeichnet« seien. Unberührt davon bleibe das »Recht zur Selbstverteidigung und zum Schutz eigener Einrichtungen.«[1181]

Die eigene Rechtsabteilung schränkte die Möglichkeiten der Bundeswehr – trotz einer großzügigeren Verfassungsauslegung der CDU/CSU – somit weiter ein, ohne dass Bezug auf die Lage vor Ort oder den Bedarf einer noch nicht abzusehenden neuen VN-Mission genommen wurde. Die spätere Aufgabensuche der Bundeswehr wurde dadurch massiv erschwert. Insbesondere, dass jeder Beistand von unter Kapitel VII der VN-Charta mandatierten Truppen ausgeschlossen wurde, sollte zum Problem werden. Dass die UNOSOM II unter diesem Kapitel mandatiert würde, ahnte zu diesem Zeitpunkt noch keiner.

Zum Missfallen der Opposition[1182] wurden die Parlamentarier zu keiner Zeit über die Planungen informiert. Selbst der Ausschuss für Verteidigung, der am 15. Dezember 1992 tagte, erhielt keine Informationen.[1183] Hinter den Kulissen bemühte sich das BMVg aber, schnellstmöglich Truppen nach Somalia zu senden. Am 16. Dezember bereiteten die Ressorts auf Grundlage eines Textvorschlags des BMVg die Kabinettssitzung des folgenden Tages vor.[1184] Wie von Generalinspekteur Naumann angeregt, sollte den Vereinten Nationen aus Sicht des BMVg ein »verstärktes Nachschub- und Transportbataillon« angeboten werden.[1185] Intern wurde allerdings nicht ausgeschlossen, dass der Bürgerkrieg nach Abzug der UNITAF erneut ausbrechen könnte. Die deutschen Truppen müssten daher über eigene Schutzkräfte verfügen. Ausländische Verbände kämen wegen anderer Abläufe, anderer Sprachen und anderer Ausbildung nicht dafür in Betracht. Um die »Einsatzschwelle« des Grundgesetzes nicht zu überschreiten, sollten die Kräfte gemäß dem Ressortkonsens aber nur »das Recht zur Selbstverteidigung« haben. Die Übertragung von Operational Control an den Kommandeur der UNOSOM sichere die erforderliche Koordinierung.[1186] Dies war auch nötig, da deutsche Soldaten truppendienstlich keinem ausländischen Kommandeur unterstehen durften. Hierfür wäre ein neues Gesetz notwendig gewesen. Dass die Vereinten Nationen noch einmal akzeptieren würden, dass deutsche Soldaten wie in Kambodscha auf Zusammenarbeit an-

---

[1181] BArch, BW 2/29714, Kopie als Anlage VR II 2, Verfassungsrechtliche Bewertung des deutschen Einsatzes in Somalia, 16.12.1992.
[1182] Vgl. PA-DBT 3119, Ausschuss für Verteidigung, 12/48, 13.1.1993, S. 15.
[1183] Vgl. PA-DBT 3119, Ausschuss für Verteidigung, 12/47, 15.12.1992.
[1184] BArch, B 136/34344, Vorlage GL 21/GL 22 an den Chef des Bundeskanzleramts, Betr.: Somalia – Deutsche Beteiligung, hier: Phase 2 – UNOSOM, 16.12.1992, hier S. 1 f.
[1185] BArch, BW 2/29714, Vorlage Fü S III 5 an den Verteidigungsminister, Betr.: Beteiligung der Bundeswehr an den Maßnahmen der Vereinten Nationen in Somalia, 16.12.1992, hier S. 2.
[1186] Ebd., S. 3.

gewiesen wurden, dem VN-Befehlsstrang aber nicht unterstanden, bezweifelte das BMVg. Einen Ausweg bot die Übertragung von Operational Control. Hierbei handelte es sich um keine volle (Full Command), vor allem keine truppendienstliche, sondern nur um eine zeitlich, räumlich und zwecklich begrenzte Unterstellung.[1187] Inklusive des Seetransports rechnete das BMVg mit rund elf Wochen Vorlaufzeit. Die Einsatzdauer sollte so kurz wie nötig sein und Hilfsmaßnahmen schnellstens an zivile Organisationen übergeben werden.[1188] Problematisch gestaltete sich die Finanzierung. Pro Quartal schätzte das BMVg die Kosten des Verbands auf 50 Mio. D-Mark. Während das federführende Referat Fü S III 5 Minister Rühe vorschlug, nach der Abstimmung mit den Vereinten Nationen zusätzliche Mittel anzufordern,[1189] plädierte die Abteilung Haushalt zuerst für die Erhöhung des Einzelplans 60 um mindestens 200 Mio. D-Mark;[1190] eine Auffassung, die von Staatssekretär Wichert geteilt wurde.[1191] Aufgrund der Eilbedürftigkeit – die UNITAF ging in ihre zweite Woche – und der Abwesenheit des BMF bei der Besprechung wurde die Frage der Kosten – nicht aber der Beteiligung an sich – vertagt.[1192] Dies unterstrich einmal mehr den Handlungsdruck, der auf den Ressorts lastete.

Zwei Wochen nach Verabschiedung der Resolution 794, die zu personellen, materiellen und finanziellen Beiträgen für die UNITAF aufgerufen hatte, stimmte das Bundeskabinett am 17. Dezember für die Aufstockung der Luftbrücke auf bis zu acht Flugzeuge.[1193] Der bis dahin einzig sichtbare Teil des bundesdeutschen Engagements sollte vergrößert werden und war den Vereinten Nationen bereits am Tag zuvor durch die Ständige Vertretung verkündet worden.[1194] Wo die Flugzeuge stationiert werden sollten, blieb im Kabinettsbeschluss offen. In Mombasa war kein Platz, weswegen sich das Angebot nie realisieren ließ. Zur besseren Koordinierung erhielt der

---

[1187] BArch, BW 1/372426, Nebenabdruck Vorlage Fü S III 5 an den Verteidigungsminister, Betr.: Beteiligung der Bundeswehr an Maßnahmen der Vereinten Nationen in Somalia, hier: Koalitionsgespräch am 6.1.1993, 5.1.1993, hier S. 3. Siehe auch ebd., Kopie Verfügung Vorlage Fü S IV 1 an Staatssekretär Wichert, Betr.: Unterstellung deutscher Truppenkontingente unter Organe der Vereinten Nationen (VN), hier: Spiegel Interview BMin Rühe Heft 52/1992, 30.12.1992.
[1188] BArch, BW 2/29714, Vorlage Fü S III 5 an den Verteidigungsminister, Betr.: Beteiligung der Bundeswehr an den Maßnahmen der Vereinten Nationen in Somalia, 16.12.1992, hier S. 3.
[1189] Ebd., S. 4.
[1190] Ebd., Anlage 7.
[1191] Siehe die Anmerkung auf ebd., S. 1.
[1192] BArch, B 136/34344, Vorlage GL 21/GL 22 an den Chef des Bundeskanzleramts, Betr.: Somalia – Deutsche Beteiligung, hier: Phase 2 – UNOSOM, 16.12.1992, hier S. 3.
[1193] BArch, BW 2/29716, Referat 230 im AA/Fü S III 5 im BMVg, Tischvorlage, Betr.: Deutscher Beitrag zu den Operationen unter dem Dach der Vereinten Nationen in Somalia, 17.12.1992, hier Anlage Beschlußvorschlag. Wortgleich veröffentlicht wurde der Text in: BPA, Unterstützung der humanitären Anstrengungen der Vereinten Nationen in Somalia. In: Bulletin, Nr. 141, 29.12.1992, S. 1315.
[1194] UNA, S-1086-0093-02-00002, Schreiben der Ständigen Vertretung in New York an den VNGS, 16.12.1992.

UNITAF-Kommandeur Operational Control über die Flugzeuge.[1195] Über die Koordinierungsbefugnis hinaus erhielt er aber keine Eingriffsmöglichkeiten.[1196]

Zusätzlich billigte das Kabinett die vom BMVg vorgeschlagene Beteiligung eines verstärkten Nachschub- und Transportbataillons mit bis zu 1500 Soldaten an der VN-Mission UNOSOM. Auch hierzu sollte dem VN-Kommandeur Operational Control übertragen werden. Auftrag der deutschen Soldaten sollten der Aufbau, die Unterstützung und die Sicherstellung einer Verteilerorganisation für Hilfsgüter sein, soweit die Arbeit nicht von zivilen Organisationen erbracht werden konnte.[1197] Letzteres ging auf das AA zurück, das die Notwendigkeit der Entsendung der Bundeswehr skeptisch sah. Der deutsche Verband sollte nur nach Somalia geschickt werden, wenn er auch wirklich benötigt und von den Vereinten Nationen erbeten würde;[1198] Bedingungen, die zum Zeitpunkt der Entscheidung nicht erfüllt waren, da bisher weder Absprachen mit den Vereinten Nationen noch Erkundungen in Somalia stattgefunden hatten. Die Beteiligung wurde aber noch an weitere Bedingungen geknüpft. Ausdrücklich sollten die deutschen Soldaten »humanitäre Aufgaben« übernehmen. Dadurch wurde eine Grenze zur UNITAF gezogen, die zunächst unter der Anwendung von »all necessary means« – also auch durch die Anwendung von Zwang – ein »secure environment« schaffen sollte. Ebenfalls wurde vom BMVg zur weiteren semantischen Abgrenzung von der UNITAF und als Entgegenkommen an das AA und das BMJ bestimmt, dass die Bundeswehr nur in einer eben solchen »befriedete[n] Region«[1199] und damit erst nach der im Zweifel auch gewaltsamen Erfüllung des UNITAF-Mandats zum Einsatz kommen sollte. Wie eine befriedete Region bzw. ein ›secure environment‹ genau definiert wurden, erklärte der Kabinettsbeschluss nicht. Intern war für das AA aber »die Abwesenheit kriegführender Parteien« das entscheidende Merkmal. Die Anwesenheit krimineller Banden oder einzelner Bewaffneter war davon ausgenommen.[1200] Öffentlich kommuniziert wur-

---

[1195] BPA, Unterstützung der humanitären Anstrengungen der Vereinten Nationen in Somalia. In: Bulletin, Nr. 141, 29.12.1992, S. 1315. Am 24.12. wurde dies schriftlich umgesetzt. Flüge für das WFP sollten oberste Priorität für die Bundeswehr haben. Alle Abflüge sollten aber im einheitlichen Flugplan integriert werden. Die Entscheidungsgewalt zur Priorisierung blieb beim deutschen Kommandoführer. BArch, BL 1/47747, Letter of Understanding between the German Air Force and Joint Task Force Provide Relief, 24.12.1992.

[1196] BArch, B 136/34343, Verfügung BKAmt, Ergebnisprotokoll des Ministergesprächs bei Chef BK am 9. Dezember 1992 (18.15–19.30 Uhr), 10.12.1992, hier S. 3.

[1197] BPA, Unterstützung der humanitären Anstrengungen der Vereinten Nationen in Somalia. In: Bulletin, Nr. 141, 29.12.1992, S. 1315.

[1198] PA AA, B 45, ZA, Bd 192028, Kopie Vorlage Referat 230 an den Außenminister, Betr.: Ministergespräch über deutschen Beitrag zu den internationalen Operationen in Somalia am 17.12.1992, hier: Angestrebter Kabinettsbeschluß über ein Angebot an die Vereinten Nationen zur Unterstützung von UNOSOM durch die Bundeswehr, 16.12.1992, hier S. 4 f.

[1199] BPA, Unterstützung der humanitären Anstrengungen der Vereinten Nationen in Somalia. In: Bulletin, Nr. 141, 29.12.1992, S. 1315.

[1200] PA AA, B 34, ZA, Bd 160133, Entwurf Vorlage Abteilung 2/Abteilung 5 an den Außenminister, Betr.: Deutsche Beteiligung an Friedensoperation in Somalia (UNOSOM II),

de diese Definition zunächst aber nicht. Vor dem Bundesverfassungsgericht ließ Außenminister Kinkel aber erkennen, dass das AA von einem veralteten Kriegs- und Konfliktbild ausging. In dessen Vorstellung waren Flugzeuge und Panzer wesentlich für eine Gefährdung. Ohne diese Waffensysteme schienen größere Kampfhandlungen unwahrscheinlich.[1201] Dass Aufständische mit Kleinwaffen oder improvisierten Sprengfallen[1202] großen Schaden anrichten und technisch überlegene Kräfte binden konnten, war den vom Ost-West-Konflikt geprägten Diplomaten offenbar fremd.

Weil es sich bei dem Angebot im Dezember aber ›nur‹ um die Unterstützung der Vereinten Nationen nach der Beendigung der auf Kapitel VII der VN-Charta mandatierten Mission UNITAF handelte, vertraten die FDP und das AA von Beginn an die Auffassung, dass das Somalia-Engagement der Bundeswehr kein »militärischer Einsatz« und auch kein »Einsatz« im Sinne des Grundgesetzes, sondern nur »humanitäre Hilfe« sei. Schließlich werde der deutsche Verband nicht für Kampfhandlungen entsandt.[1203] Der Begriff »Einsatz« wurde dennoch selbst innerhalb des AA von manchem Bearbeiter genutzt,[1204] was auf dessen Unschärfe verwies. Durch die politischen Auflagen, die zu einem gewissen Teil vom BMVg selbst stammten, versuchten die Ressorts, den Anschein einer politisch unbedenklichen Verwendung der Bundeswehr zu wahren. Hierzu hatte sich das AA durchgesetzt, den Kabinettsbeschluss nicht auf eine nationale Rechtsgrundlage zu stellen. Aufgrund der gegensätzlichen Rechtsauffassungen wollte das AA eine erneute verfassungsrechtliche Debatte vermeiden.[1205] Öffentlich musste das Engagement daher humanitäre Hilfe sein, wie sie die Bundeswehr seit Jahrzehnten leistete, weil alles andere zusätzliche rechtliche Legitimation benötigt hätte. Obwohl der deutsche Verband nur in einem ›secure environ-

---

hier: Vorbereitung eines neuen Kabinettsbeschlusses, 19.4.1993, hier S. 3. Im Verteidigungsausschuss erklärte Generalmajor Bernhardt, dass eine »befriedete Zone […] unter Raumschutz von UNOSOM« stehe und es dort »keine organisierten militärischen Widerstandsgruppen« gebe. PA-DBT 3119, Ausschuss für Verteidigung, 12/61, 30.6.1993, S. 132.

[1201] Vgl. Der Auslandseinsatz deutscher Streitkräfte, S. 310.

[1202] Im August 1993 fuhr ein US-Fahrzeug in Mogadischu auf ein »command-detonated device«, durch dessen Umsetzung vier Soldaten getötet wurden. VNSR, S/26738, 12.11.1993, Randnr. 64.

[1203] Vgl. PA-DBT 3104, Auswärtiger Ausschuß, 12/54, 23.12.1992, S. 4, 15, 30, 91 f.; PA-DBT 3119, Ausschuss für Verteidigung, 12/48, 13.1.1993, S. 16, 20. Gleiches galt für Verteidigungsminister Rühe, der in einem »Spiegel«-Interview erklärte: »Das ist ein Einsatz von Soldaten für humanitäre Zwecke; aber es ist kein Kampfeinsatz.« »Raus aus dem Dilemma«. In: Der Spiegel, Nr. 52 (1992), 20.12.1992, S. 21−23, hier S. 22. Siehe auch die Aussage Kinkels vor dem BVerfG in Der Auslandseinsatz deutscher Streitkräfte, S. 308.

[1204] Beispielhaft siehe PA AA, B 34, ZA, Bd 160131, Vermerk AS-B-hH, Betr.: Geplanter Bw-Einsatz in Somalia im Rahmen von UNOSOM, hier: Gespräch am 26.1.1993 mit dem Koordinierungsstab für Einsatzaufgaben (KS-EA) des BMVg, 28.1.1993.

[1205] BArch, BW 1/462717, Kopie Entwurf Vorlage Unterabteilung 32 an den Außenminister, Betr.: Gemeinsame Tischvorlage des AA und des BMVg über die deutschen Beiträge zu den Operationen unter dem Dach der Vereinten Nationen in Somalia, 17.12.1992, hier S. 2.

ment‹ operieren sollte, stimmte das Kabinett aber für die Entsendung einer Schutzkomponente.[1206] Inwieweit diese Gebrauch von ihren Waffen machten durfte, sagte der Text nicht. Zu diesem Zeitpunkt rechnete die Regierung aber damit, dass die UNOSOM eine klassische VN-Mission würde. Die Beschränkung von Gewalt zur Selbstverteidigung wurde vorausgesetzt, was später noch Bedeutung erlangte.

Anders als üblich, lag der Tischvorlage kein Sprechzettel für den Regierungssprecher bei. Bundeskanzler Helmut Kohl, der gerade von einer Moskau-Reise zurückgekehrt war[1207] und sich vermutlich auch deswegen nicht selbst an der Debatte beteiligt hatte, informierte die Medien bereits vor der Kabinettssitzung.[1208] Dies unterstrich die Bedeutung des Beschlusses, setzte ein Zeichen der Regierungsgeschlossenheit und zeigte den internationalen Partnern, dass die Beteiligung in Somalia Chefsache sei. Die Entsendung der Bundeswehr war jedoch nur der kontroverseste Teil der Entscheidung der Bundesregierung. Diese ging eindeutig vom BMVg aus. Andere Ressorts, gerade das AA, dachten zu dieser Zeit noch immer an die Gestellung eines Lazaretts oder an Fernmelder; jene Fähigkeiten, die die Vereinten Nationen erbeten hatten.[1209] Über die Entsendung der Bundeswehr hinaus beschloss das Kabinett aber auch Maßnahmen zur humanitären Hilfe. Ihr Gesamtwert betrug 63 Mio. D-Mark. Allein das BMZ stellte 15 Mio. D-Mark für Nahrungsmittelhilfe und weitere 35 Mio. für technische Zusammenarbeit in Aussicht. Effektiv sollte dadurch die 1990 eingestellte Entwicklungshilfe wieder aufgenommen werden. Das AA brachte zehn Mio. D-Mark für Soforthilfe des THW sowie drei Mio. für den von ihm präferierten Neuaufbau der somalischen Polizei auf. Gekoppelt wurden die Leistungen aber an die »Herstellung der Sicherheit in einzelnen Regionen«.[1210] Damit war die gerade auch von den Auslandsvertretungen am stärksten befürwortete Option der Polizeihilfe zwar auch angenommen, sie war jedoch nicht vergleichbar mit dem militärischen Angebot; selbst für die Arbeitsebene des BKAmts war der Betrag »völlig unzureichend«.[1211] Dies hing auch damit zusammen, dass die Vereinten Nationen noch weniger Vorstellungen vom künftigen Polizeikonzept hatten als von der

---

[1206] BPA, Unterstützung der humanitären Anstrengungen der Vereinten Nationen in Somalia. In: Bulletin, Nr. 141, 29.12.1992, S. 1315.

[1207] Vgl. Klaus-Helge Donath, Drushba trotz leerer Taschen. In: taz, 17.12.1992, S. 1.

[1208] Vgl. ARD, Tagesschau vor 20 Jahren, 17.12.1992; Hans-Martin Tillack, Deutsche an die Hungerfront. In: taz, 18.12.1992, hier S. 2. Nach der Kabinettssitzung verlas aber Regierungssprecher Dieter Vogel die Erklärung der Bundesregierung. BPA, Unterstützung der humanitären Anstrengungen der Vereinten Nationen in Somalia. In: Bulletin, Nr. 141, 29.12.1992, S. 1315.

[1209] PA AA, B 45, ZA, Bd 192028, Kopie Vorlage Referat 230 an den Außenminister, Betr.: Ministergespräch über deutschen Beitrag zu den internationalen Operationen in Somalia am 17.12.1992, hier: Angestrebter Kabinettsbeschluß über ein Angebot an die Vereinten Nationen zur Unterstützung von UNOSOM durch die Bundeswehr, 16.12.1992, hier S. 5.

[1210] BPA, Unterstützung der humanitären Anstrengungen der Vereinten Nationen in Somalia. In: Bulletin, Nr. 141, 29.12.1992, S. 1315.

[1211] BArch, B 136/34343, Entwurf Vermerk Referatsleiter 215, 16.12.1992.

neuen Militäroperation. Auf deutscher Seite war die Polizeihilfe überdies an hohe Hürden gekoppelt. Die »Herstellung von Sicherheit« wurde im AA mit der Etablierung eines Mindestmaßes an staatlicher Ordnung gleichgesetzt.[1212] Eine Voraussetzung, die Somalia lange Zeit nicht erfüllen sollte und die deutsche Ausbildungshilfe für die einheimische Polizei letztlich scheitern ließ.

Obwohl der Kabinettsbeschluss die Grundlage für ein deutsches militärisches Engagement in Somalia legte, verschob sich die Beteiligung an der UNOSOM noch um mehrere Monate. Als das Kabinett seine Bereitschaft zur Entsendung verkündete, war noch vollkommen unklar, wie die neue VN-Mission aussehen würde. Die Bundesregierung hatte eine Entscheidung gefällt, ohne Kenntnis über die weiteren Pläne der Vereinten Nationen zu haben – unabhängig davon, dass die Bundesressorts zu diesem Zeitpunkt auch nur informell angefragt worden waren, ein Feldlazarett oder Fernmelder zu stellen. Kurz vor Weihnachten meldete das III. Korps, dass bei UNOSOM und UNITAF »bestenfalls verschwommene Vorstellungen über die Unterstützungsmöglichkeiten der Bundeswehr« bestünden.[1213] Insofern handelte die Bundesregierung initiativ, was bereits eine Abkehr zu vielen anderen Missionen war. Allerdings reagierte sie auch nur auf die massive internationale Militärintervention in Somalia. Zentral in der Entscheidungsfindung – gerade für das BMVg – war die Überwindung der Erfahrungen des Zweiten Golfkriegs, weswegen die Planungen eher im Affekt erfolgten, nicht noch einmal unbeteiligt beiseitezustehen. Bedeutend für das BMVg war auch das fehlende Engagement im ehemaligen Jugoslawien, das durch die Entsendung von Soldaten nach Somalia kompensiert werden sollte, um wenigstens dort solidarisch an der Seite seiner NATO-Partner zu stehen. Weder die USA noch die Vereinten Nationen mussten Druck auf die deutschen Ressorts ausüben. Nach den Erfahrungen des Zweiten Golfkriegs hatten diese von sich aus Interesse daran, ihr Verhältnis zur einzig verbliebenen Weltmacht positiv zu gestalten. Ehe die Beteiligung Realität wurde, sollten sich ihre Bedingungen aber noch grundlegend ändern und die Sinnhaftigkeit des deutschen Angebots in Zweifel ziehen.

*Die politische Debatte über die Hilfe der Bundesrepublik in Somalia*

Weit intensiver als im Falle von Namibia beschäftigte sich auch der Bundestag mit Somalia. Die Regierungskoalition stimmte für die Entsendung deutscher Soldaten, obwohl die FDP seit den Zeiten Hans-Dietrich Genschers vor der Beteiligung der Bundeswehr an VN-Maßnahmen auf einer Grundgesetzänderung bestand. Dass die FDP der Entsendung von Soldaten

---

[1212] PA AA, B 45, ZA, Bd 192028, Nebenabdruck Vorlage Referat 230 an den Außenminister, Betr.: Deutscher Beitrag zu UNOSOM, hier: Unterstützung beim Neuaufbau der zentralen somalischen Polizei unter dem Mandat von UNOSOM, 12.12.1992, hier S. 3.
[1213] BArch, N 854/9–3, Kopie Vorlage Kommandierender General III. Korps an den Inspekteur des Heeres, Betr.: Begründung für Inmarschsetzung Erkundungskommando UNOSOM am 29.12. in Stärke von 60 Mann, 22.12.1992, hier S. 1.

nach Somalia zustimmte, lag an semantischen – juristisch aber bedeutenden – Nuancen. Im Narrativ der FDP handelte es sich bei der 1993 auch vom Bundestag beschlossenen Entsendung der Bundeswehr nach Somalia – ähnlich wie bereits zuvor nach Kambodscha[1214] – nicht um einen militärischen Einsatz im Sinne des Grundgesetzes, sondern um humanitäre Hilfe und logistische Unterstützung. Zu einer Debatte über die Möglichkeiten sowie Chancen und Risiken einer bundesdeutschen Beteiligung an der Hilfe für Somalia kam es im Bundestag jedoch nur bedingt. Die Parlamentarier vermischten das Somalia-Engagement mit der generellen ›Out-of-area‹-Debatte und dem innenpolitischen Streit um eine mögliche Änderung des Grundgesetzes. Zwar wurde über die VN-Mission in Somalia diskutiert, größtenteils aber zusammen mit dem NATO-AWACS-Einsatz über Bosnien und Herzegowina und der Entsendung der Bundesmarine in die Adria. Letztere waren keine VN-geführten Maßnahmen. Folglich standen in der deutschen Debatte innenpolitisch-rechtliche Fragen im Vordergrund. Wie den Menschen vor Ort oder den Vereinten Nationen am besten geholfen werden könnte, blieb auch bei den Parlamentariern häufig zweitrangig. Ohnehin erhielt die Lage im ehemaligen Jugoslawien mehr Aufmerksamkeit als diejenige in Somalia. Wohl auch aufgrund der umfangreicheren Medienberichterstattung besaßen die Parlamentarier über den geografisch näheren Konflikt größere Kenntnisse. Zudem war die Bundesrepublik aufgrund Hunderttausender Flüchtlinge aus dem früheren Jugoslawien direkt von der dortigen Situation betroffen.[1215] Im Gegensatz dazu lebten 1994 weniger als 8400 Somalier in Deutschland.[1216] Ihre Sichtbarkeit und ihr Einfluss waren entsprechend begrenzt.

Wie bei vielen anderen Konflikten nahmen die deutschen Abgeordneten die Verschärfung des somalischen Bürgerkriegs 1988 kaum wahr. Zwischen März 1989 und Oktober 1990 erkundigten sich lediglich die Abgeordneten der Grünen in mehreren Kleinen Anfragen nach der Lage in dem ostafrikanischen Land und dem Stand der bundesdeutschen Entwicklungszusammenarbeit.[1217] Forderungen an die Bundesregierung waren damit nicht verbunden. Der Sturz von Siad Barre blieb im Deutschen Bundestag unkommentiert. Auch medial wurde vor allem der Zweite Golfkrieg thematisiert.[1218] Erst ab Mai 1991 erkundigten sich einzelne Abgeordnete erneut nach der Lage in Somalia und

---

[1214] Vgl. BArch, BW 2/31821, InSan II 1, Sanitätsdienstliche Unterstützung der VN-Mission UNTAC durch die Bundeswehr, 15.9.1992, hier Anlage, S. 4. Aus Sicht des BMVg handelte es sich bei der Beteiligung in Kambodscha nicht um die »Verwendung der Bundeswehr als Mittel der vollziehenden Gewalt«. Sie diene der »sanitätsdienstlichen Unterstützung der VN« und entspreche damit einem »humanitären Verwendungsmuster«. Die Beteiligung an UNTAC sei »kein Einsatz i.S. des Art 87 a Abs 2 GG.« Ebd.
[1215] BArch, B 136/43514, Entwurf AL 2, Betr.: Gespräch des Herrn Bundeskanzlers mit dem Generalsekretär der Vereinten Nationen, Dr. Boutros-Ghali, am Montag, 11. Januar 1993, 12.1.1993, hier S. 5, 7; Weißbuch 1994, S. 69.
[1216] BT-Drs. 13/2982, 10.11.1995, S. 20.
[1217] BT-Drs. 11/4116, 2.3.1989; BT-Drs. 11/5420, 19.10.1989; BT-Drs. 11/6559, 1.3.1990; BT-Drs. 11/8292, 25.10.1990.
[1218] Vgl. ARD, Tagesschau vor 20 Jahren, 27.1.1991.

IV. Deutsche ›Blauhelme‹ in Afrika 341

wann die Enzwicklungszusammenarbeit wieder aufgenommen werde.[1219] Ehe die Bundesregierung durch einen Antrag im Parlament aufgefordert wurde, sich stärker in Somalia zu engagieren, verging noch rund ein halbes Jahr. Erst Mitte Dezember 1991, also nachdem die internationale Hilfe für Somalia angelaufen war, stellten die CDU/CSU und die FDP einen Antrag, der neben Somalia auch ein stärkeres Engagement in Angola, Äthiopien und dem Sudan forderte. Es war die Regierungskoalition selbst, die angesichts der verheerenden humanitären Lage – laut Antrag herrsche im südlichen Somalia »völlige Anarchie« – zur Handlung drängte. In den Vorstellungen der Antragssteller sollte sich die Bundesregierung aber vor allem in »Somaliland«, also im Nordwesten, einbringen.[1220] Der Antrag wurde am 12. März 1992 infolge einer entwicklungspolitischen Afrika-Debatte im Bundestag an die Ausschüsse überwiesen. In der Debatte erhielt Somalia zwar mitfühlende Worte – Alois Graf von Waldburg-Zeil (CDU) bezeichnete die Lage als »verzweifelt«,[1221] Konrad Weiß (Bündnis 90/Die Grünen) sprach von einer »Tragödie«[1222] und für Staatsminister im AA Helmut Schäfer war die Situation »bedrückend«[1223] – größere Aufmerksamkeit erhielt jedoch das ebenfalls im politischen Umbruch befindliche und aus wirtschaftlicher Sicht bedeutendere Südafrika.[1224]

Forderungen stellten vor allem die Grünen.[1225] Bereits am 25. Februar 1992 hatten sie die Bundesregierung in einem Antrag aufgefordert, »großzügig finanzielle und technische Mittel für Humanitäre Hilfe in Somalia bereitzustellen«. Ähnlich wie einige Jahre zuvor im Sudan[1226] sollte sich die Bundesregierung bei den Vereinten Nationen für eine Luftbrücke nach Somalia einsetzen, Flüchtlinge in Kenia und Äthiopien unterstützen sowie langfristig zur Entwicklung des Landes beitragen.[1227] Dass sich die Vereinten Nationen Ende Januar 1992 der Situation in Somalia angenommen und ein Waffenembargo verabschiedet hatten, wurde nicht thematisiert, weder im Antrag der Grünen noch in der Bundestagsdebatte. Die deutschen Anträge liefen an den internationalen Bemühungen vorbei. Die Grünen forderten lediglich die Unterstützung der Friedensinitiative der verschiedenen internationalen Organisationen, womit auch die Vereinten Nationen gemeint waren.[1228]

---

1219 BT-PlPr. vom 14.5.1991, S. 1827; BT-Drs. 12/620, 24.5.1991, S. 2 f.
1220 BT-Drs. 12/1814, 11.11.1991, S. 3 f.
1221 BT-PlPr. 12/82, 12.3.1992, S. 6809.
1222 Ebd., S. 6814.
1223 Ebd., S. 6821.
1224 Vgl. ebd., S. 6807–6826.
1225 Ebd., S. 6814.
1226 Zur Unterstützung der Bevölkerung im südlichen Sudan beteiligte sich die Bundeswehr zwischen April und Juni 1989 an der vom IKRK und der Welthungerhilfe der Vereinten Nationen koordinierten Luftbrücke »Lifeline Sudan«. BT-Drs. 11/6737, 16.3.1990, S. 9. Bereits zuvor war die Bundeswehr in dieser Region engagiert gewesen. Vgl. BArch, BL 19/688, Lufttransportkommando, Lufttransport im Rahmen der Nothilfe Sudan (Einsatz »Schneller Eingriff«), 2.8.1985.
1227 BT-Drs. 12/2159, 25.2.1992.
1228 Ebd., S. 2.

Erneut nahmen die Parlamentarier aber den Beginn eines VN-Engagements in einer Krisenregion nicht wahr. Dies galt nicht nur für den Beginn der humanitären Hilfe, sondern auch für die Aufstellung der ersten VN-Mission UNOSOM im April 1992. Zwar ließ sich der Unterausschuss für Menschenrechte und Humanitäre Hilfe des Auswärtigen Ausschusses seit März 1992 von der Bundesregierung »über Notwendigkeit und Möglichkeit des Eingreifens der internationalen Staatengemeinschaft in Somalia berichten«.[1229] Einem nationalen, deutschen Engagement stand aber insbesondere die SPD skeptisch gegenüber. Für sie existierte der somalische Staat als solcher nicht mehr, was Hilfe erschwerte.[1230] Die Mission UNOSOM wurde offenbar erstmals im November 1992 namentlich in einem Bundestag-Dokument erwähnt,[1231] lange nachdem die Aufstockung der Mission auf über 4000 Soldaten beschlossen worden war. Selbst die Aufstellung der Luftbrücke im Sommer 1992, die den Forderungen der Grünen entsprach, wurde im Bundestag nicht thematisiert. Die deutsche Beteiligung daran ging allein auf die Exekutive zurück.

Das System des Bundestags erschien als zu schwerfällig, um auf tagespolitische Ereignisse zu reagieren. Insgesamt vergingen fast zehn Monate[1232], ehe der Auswärtige Ausschuss am 3. November 1992 eine Beschlussempfehlung zum Antrag der Grünen für den Bundestag vorlegte.[1233] Der Antrag der Regierungskoalition wurde sogar erst eine Woche später behandelt.[1234] Zu dieser Zeit unterstützte die Bundeswehr die Luftbrücke nach Somalia schon seit mehreren Monaten, weswegen der Antrag der Grünen in Teilen überholt war. Der Ausschuss empfahl daher auch, ihn für erledigt zu erklären.[1235] Durch einen neuen, nun aber koalitionsübergreifenden Antrag sollte die Bundesregierung aufgefordert werden, »weiterhin großzügige Humanitäre Hilfe zu leisten« und für den Wiederaufbau 35 Mio. D-Mark zur Verfügung zu stellen. Um die Verteilung von Hilfsgütern zu sichern, sollte sie sich zudem für eine Aufstockung der VN-Mission und die Ausweitung der humanitären Hilfe auf ganz Somalia einsetzen. Darüber hinaus sollte die Bundesregierung »der Bitte der Vereinten Nationen [...] entsprechen, der UNOSOM medizinische Hilfeleistungen zur Verfügung zu stellen«.[1236] Offensichtlich nahmen die Parlamentarier Bezug auf die informelle Anfrage der Vereinten Nationen vom 3. September, in der die Bundesressorts um die Stellung eines Feldlazaretts

---

[1229] PA-DBT 3104, Unterausschuss für Menschenrechte und Humanitäre Hilfe, 12/13, 11.3.1992, hier S. 14; PA-DBT 3104, Unterausschuss für Menschenrechte und Humanitäre Hilfe, 12/17, 24.6.1992, hier S. 9.
[1230] PA-DBT 3104, Unterausschuss für Menschenrechte und Humanitäre Hilfe, 12/13, 11.3.1992, hier S. 13 f.
[1231] BT-Drs. 12/3599, 3.11.1992.
[1232] Zuvor war die Lage in Somalia aber im AwZ diskutiert worden. Vgl. PA-DBT 3122, Ausschuss für wirtschaftliche Zusammenarbeit, 12/35, 23.9.1992, S. 24 f.
[1233] BT-Drs. 12/3599, 3.11.1992.
[1234] BT-Drs. 12/3681, 10.11.1992.
[1235] BT-Drs. 12/3599, 3.11.1992, S. 3.
[1236] Ebd., S. 4.

gebeten worden waren. Eine Forderung zur Gestellung von Personal beinhaltete der Antrag des Ausschusses aber nicht. Ohnehin stand für das BMVg bereits fest, keine personellen Kapazitäten zu haben und angesichts des laufenden Organstreits keine weiteren Soldaten ins Ausland zu entsenden, sondern maximal ein unbemanntes Lazarett. Informiert worden waren die Parlamentarier darüber nicht.

Zwei Tage später, am 5. November, wurden die Situation in Somalia sowie der neugefasste Antrag im Rahmen einer Generaldebatte um humanitäre Hilfe im Bundestag diskutiert. Detailkenntnis existierte bei den Parlamentariern weiterhin vorwiegend über das ehemalige Jugoslawien.[1237] In Bezug auf Somalia geizten sie aber nicht mit Pathos. Für Freimut Duve (SPD) schien in Somalia ein »Amoklauf des Hasses« ausgebrochen zu sein.[1238] Für Hans Wallow (SPD) herrschte in Somalia die »Apokalypse«[1239] und für Konrad Weiß (Bündnis 90/Die Grünen) eine »Katastrophe«, die erst durch die »entsetzlichen Hungerbilder« ins Bewusstsein getreten sei.[1240] Auch Michaela Blunk (FDP) sprach von einem »Gemetzel«, dessen »Elend« erst »über das Fernsehen zu uns in die Wohnungen« gelangt sei.[1241] Dass sich die Parlamentarier überhaupt mit dem Land beschäftigten, wurde also von ihnen selbst mit den Medienberichten begründet.[1242] Dies ist umso bemerkenswerter, als sich die noch heute vielfach vertretene Auffassung, die USA hätten wegen des sogenannten CNN-Effekts, der Medienberichterstattung über den Konflikt, in Somalia interveniert,[1243] empirisch nicht belegen lässt. In den USA folgte die Medienberichterstattung eher der Position verschiedener US-Politiker.[1244] Vergleichbare Studien für Deutschland stehen noch aus.

Angesichts der dramatischen Lage in Somalia prangerte die Opposition indes das späte und unzureichende Handeln der Regierung an.[1245] Hans Wallow (SPD) klagte: »Die Hilfe kommt zu spät, ist zu punktuell und zu unorganisiert.« Seine Kritik bezog sich jedoch nicht nur auf die Bundesregierung. Grundsätzlich prangerte er das Missverhältnis zwischen dem internationalen Engagement im Zweiten Golfkrieg und der »Überlebenshilfe« für Somalia an. Es sei »ein Konkurs der Menschlichkeit«, wie wenig Somalia geholfen werde.[1246] Bereitschaft zum eigenen, militärischen Handeln war damit freilich nicht verbunden. Über die im Antrag des Auswärtigen Ausschusses geforderte

---

[1237] BT-PlPr. 12/117, 5.11.1992, S. 9961–9976.
[1238] Ebd., S. 9963.
[1239] Ebd., S. 9974.
[1240] Ebd., S. 9966.
[1241] Ebd., S. 9973.
[1242] Im Falle von Somalia verwiesen die Abgeordneten auch später wiederholt auf die Rolle der Medien. BT-PlPr. 12/117, 5.11.1992, S. 9975; BT-Drs. 12/131, 14.1.1993, S. 11337; BT-PlPr. 12/184, 27.10.1993, S. 15933.
[1243] Vgl. Naumann, Frieden, S. 120; O'Neill/Rees, United Nations Peacekeeping, S. 119; Maurer/Rink, Einsatz ohne Krieg?, S. 23.
[1244] Vgl. Jakobsen, National Interest; Mermin, Television News; Robinson, Operation Restore Hope.
[1245] BT-PlPr. 12/117, 5.11.1992, S. 9966, 9972.
[1246] Ebd., S. 9974.

Unterstützung der UNOSOM wurde nämlich nicht gesprochen. Ohnehin blieb die VN-Mission größtenteils unkommentiert. Allerdings sprach sich Joachim Graf von Schönburg-Glauchau (CDU), der mehrere Jahre Rundfunkprojekte in Somalia betreut hatte,[1247] für eine militärische Intervention aus: »Es ist fürchterlich, auf Menschen zu schießen, aber es gibt Situationen, da kommen wir um das Schießen nicht herum«. Erst wenn nämlich die nötige Sicherheit bestehe, könne humanitäre Hilfe erfolgen.[1248] Während Schönburg-Glauchau offen ließ, wie sich die Bundesregierung in einem solchen Szenario verhalten sollte, verwies er selbstkritisch darauf, dass »manches Elend und mancher Tod hätte vermieden werden können«, wenn die Debatte bereits 1991 geführt worden wäre.[1249] Auch für die Parlamentarier gingen die Prozesse im Bundestag viel zu langsam.

Letztlich wurde die Beschlussempfehlung des Auswärtigen Ausschusses mehrheitlich angenommen.[1250] Im November 1992 forderte das Parlament die Bundesregierung daher auf, die UNOSOM medizinisch zu unterstützen. Ob mit oder ohne Personal, war weder im Antrag noch in der Debatte erörtert worden. Im Unterschied zu den meisten anderen betrachteten Konflikten in Afrika übte das deutsche Parlament im Falle von Somalia aber Druck auf die Bundesregierung aus, stärker zu handeln, und gab ihr so die notwendige Legitimation, sich stärker zu engagieren. Auswirkungen hatte der Antrag aber nicht, da sich die Lage mittlerweile vollkommen gewandelt hatte und die UNOSOM in ihrer geplanten Form nie umgesetzt wurde.

Die Forderung nach einem verstärkten militärischen Engagement der Vereinten Nationen in Somalia kam allerdings nicht nur von der Regierungskoalition. Bereits am 9. September 1992 hatte der SPD-Abgeordnete Karsten Voigt dafür plädiert, »Blauhelmsoldaten« in Somalia zum Einsatz zu bringen. Im Unterschied zum ehemaligen Jugoslawien seien diese in Somalia »sinnvoll« und könnten »lebensrettend wirken«.[1251] Selbst Teile der SPD begrüßten also eine Mission der Vereinten Nationen in Somalia. Strittig blieb nur die Rolle Deutschlands. Mit der Entscheidung des VNSR zur Aufstellung der UNITAF waren die Gedanken an eine klassische VN-Mission überholt. Mit dem Entwurf der SPD zur Grundgesetzänderung stimmte die Lage nicht mehr überein. Allerdings ging die Aufstellung der UNITAF auch fast spurlos am Bundestag vorbei.[1252] Erst am 10. Dezember 1992 nahm Außenminister Kinkel im Rahmen einer Menschenrechtsdebatte Stellung zur »menschlichen Tragödie« in Somalia und bereitete die Parlamentarier indirekt auf ein deutsches militärisches Engagement vor. Zum Schutz von Menschenrechten sei es

---

[1247] Joachim Graf von Schönburg-Glauchau. In: Der Spiegel, Nr. 26 (1993), 28.6.1993, S. 230.
[1248] BT-PlPr.12/117, 5.11.1992, S. 9976.
[1249] Ebd., S. 9975.
[1250] Ebd., S. 9976.
[1251] BT-PlPr. 12/103, 9.9.1992, S. 8767.
[1252] Anfang Dezember thematisierte Karl Lamers (CDU) kurz das bevorstehende US-Engagement. BT-PlPr. 12/126, 2.12.1992, S. 10859.

»eben nicht mehr möglich, sich die Weltlage nur von den Zuschauerbänken aus anzusehen oder auf die Rolle des Zahlmeisters zu beschränken. Das ist auch oder gerade mit unserer Geschichte, aus der uns eine besondere Verantwortung erwachsen ist, nicht zu rechtfertigen.«

Schnellstmöglich müsse die Bundesrepublik daher »zu einem normalen staatlichen Verhalten finden«, um außenpolitischen Schaden abzuwenden.[1253] Unter »normal« verstand Kinkel die Verwendung der Bundeswehr in internationalen Krisen. Von den Planungen innerhalb der Bundesregierung sprach Kinkel nicht. Es war nicht das AA, das eine militärische Beteiligung forcierte, sondern das BMVg. Als federführendes Ressort oblag es aber dem AA, die anstehenden Maßnahmen politisch zu rechtfertigen und ein Narrativ des normativ, verantwortungsbewusst handelnden Akteurs zu prägen. Ungeachtet der fortschreitenden Lage wurde der Sachverhalt aber schnell von der innenpolitischen Debatte überlagert. Damit es zur »Normalisierung« der deutschen Außenpolitik kommen könne, bedürfe es nämlich der entsprechenden Verfassungslage.[1254] Auch die CSU-Abgeordnete Ursula Männle nutzte Somalia, um die Forderung nach einer Klarstellung der deutschen Befugnisse einzufordern:

»Somalia lehrt: Humanitäre Hilfe muß leider [...] auch mit Waffengewalt durchgesetzt werden. Deutschland muß seine internationale Verantwortung neu definieren. [...] Das Grundgesetz kann und darf nicht als Vorwand für politische Abstinenz mißbraucht werden.«[1255]

Bereits früh zeichnete sich daher ab, dass eine militärische Beteiligung Deutschlands in Somalia im Kontext der deutschen Verfassungslage diskutiert würde und nicht im Rahmen der humanitären oder militärischen Notwendigkeit. Ohnehin wurden die Mitglieder des Bundestags am 17. Dezember durch die Entscheidung des Kabinetts vor vollendete Tatsachen gestellt, wie die SPD monierte.[1256] Unverzüglich kündigte der SPD-Vorsitzende Björn Engholm Widerstand an.[1257] An der Entscheidung des Kabinetts änderte dies bekanntlich nichts. Zum Missfallen der FDP wurde das deutsche Somalia-Engagement aber endgültig Gegenstand der ›Out-of-area‹-Debatte. Die Liberalen gerieten in Erklärungsnot, wie die Entsendung von bewaffneten Soldaten in ein Bürgerkriegsland im Sinne des Grundgesetzes rechtlich vertretbar sei; eine Frage, die die Ressorts zur Wahrung des Koalitionsfriedens ausgeklammert hatten.

Vor diesem Hintergrund – ohne allerdings direkten Bezug auf Somalia zu nehmen – verständigten sich die Regierungsfraktionen am 13. Januar 1993 zunächst auf einen eigenen Entwurf zur Änderung des Grundgesetzes.[1258] Die Bekanntgabe fiel mit dem Besuch des VNGS zusammen, der zwei Tage

---

[1253] BT-PlPr. 12/128, 10.12.1992, S. 11104.
[1254] Ebd., S. 11104.
[1255] Ebd., S. 11124.
[1256] Vgl. PA-DBT 3119, Ausschuss für Verteidigung, 12/48, 13.1.1993, S. 15.
[1257] Vgl. ARD, Tagesschau vor 20 Jahren, 17.12.1992.
[1258] BT-Drs. 12/4107, 13.1.1993.

zuvor medienwirksam ein stärkeres Engagement der Bundesrepublik im Rahmen der Vereinten Nationen gefordert hatte.[1259] Als das geplante Somalia-Engagement am 13. Januar aber erstmals im Auswärtigen Ausschuss debattiert wurde, musste sich Staatssekretär im AA Kastrup zunächst der Anschuldigung erwehren, es gehe bei der Entsendung nur um einen ständigen Sitz im VNSR.[1260] Dass sich über 30 Nationen in Somalia militärisch engagierten und die Bundesrepublik nicht zusehen dürfe, entwickelte sich daraufhin zum Gegenargument der Regierung.[1261]

Überdies versuchte die Regierungskoalition in der Plenardebatte am gleichen Tag die Entscheidungen für Somalia aus juristischer Sicht von der generellen Diskussion um Auslandseinsätze der Bundeswehr zu trennen. Wie Ulrich Irmer (FDP) im Bundestag erklärte, sei eine Grundgesetzänderung für die Beteiligung der Bundeswehr an »Kampfeinsätze[n] unter dem Dach der Vereinten Nationen« notwendig. Bei der Entsendung nach Somalia handele es sich aber um einen »humanitären Einsatz«, der durch die Verfassung gedeckt sei.[1262] Dem Chef des Bundeskanzleramts, Friedrich Bohl, unterlief in der Debatte aber ein Fehler, als er erklärte, die Vereinten Nationen hätten das deutsche Angebot zur Entsendung von bis zu 1500 Soldaten bereits »geprüft und angenommen.«[1263] Die Vereinten Nationen wussten zu diesem Zeitpunkt aber noch gar nicht, wie ihre künftige Mission in Somalia aussehen würde. Das deutsche Angebot stellte sie eher vor Probleme, es sinnvoll einzubinden. Um die VN-Mission ging es in der Debatte aber ohnehin nur am Rande. Sehr wohl erntete die Regierung jedoch Kritik für ihr Angebot. Der Abgeordnete Wolfgang Ullmann (Bündnis 90/Die Grünen) drückte seine Scham über den »Soldaten-Vorschlag« aus. Er könne nicht verstehen, wieso die Bundesrepublik als »großes und starkes und reiches Land« nicht anderweitig unterstützen könne.[1264] Selbst seine Fraktion war aber nicht geschlossen. Nur einen Tag später, am 14. Januar, erklärte Konrad Weiß im Rahmen einer Debatte zur Entwicklungspolitik, dass in Somalia Hilfe »ohne militärischen Einsatz nicht möglich« scheine.[1265] Dass sich ein Mitglied der Grünen für militärische Maßnahmen aussprach, zeugte vom allmählichen Umdenken bei vielen Politikern. Dass es auch an Deutschland sei, sich an militärischen

---

[1259] Vgl. VNGS, SG/SM/4904, 14.1.1993. Der Besuch des VNGS und seine Forderungen wurden auch im Bundestag diskutiert. Vgl. BT-PlPr. 12/130, 13.1.1993, S. 11279.
[1260] PA-DBT 3119, Ausschuss für Verteidigung, 12/48, 13.1.1993, S. 31.
[1261] Ebd., S. 19, 24; PA-DBT 3119, Ausschuss für Verteidigung, 12/56, 21.4.1993, Anlage 1, S. 6 f. Vgl. auch PA-DBT 3119, Ausschuss für Verteidigung, 12/58, 12.5.1993, S. 67; BT-PlPr. 12/163, 17.6.1993, S. 13997; BT-PlPr. 12/166, 24.6.1993, S. 14325, 14328; BT-PlPr. 12/169, 2.7.1993, S. 14581, 14595, 14600, 14604.
[1262] BT-PlPr. 12/130, 13.1.1993, S. 11270. Gerade der ehemalige Verteidigungsminister Scholz kritisierte die Unterscheidung zwischen »humanitären« und »militärischen« Maßnahmen, da der Einsatz von Militär in einem Rechtsstaat ohnehin nur für humanitäre Ziele erfolgen dürfe. Scholz, Stand und Perspektiven der Verfassungsdiskussion, S. 35.
[1263] BT-PlPr. 12/130, 13.1.1993, S. 11259.
[1264] Ebd., S. 11270.
[1265] BT-PlPr. 12/131, 14.1.1993, S. 11313.

IV. Deutsche ›Blauhelme‹ in Afrika   347

Maßnahmen zu beteiligen, folgerte Weiß nicht. Dies wäre auch nicht mit dem Antrag der Grünen zur Änderung des Grundgesetzes vereinbar gewesen.

Trotz alledem herrschte mit Ausnahme der PDS/Linken Liste ein unausgesprochener parteiübergreifender Konsens, dass der Einsatz militärischer Mittel zur Verteilung humanitärer Güter in Somalia notwendig schien. In der Debatte am 14. Januar 1993, in der der Antrag der Regierungskoalition vom Dezember 1991 behandelt wurde, betonte der CDU-Abgeordnete Graf von Waldburg-Zeil, dass »die Vielvölkerfamilie« Verantwortung übernehmen müsse, um in Somalia »mit Waffengewalt humanitäre Hilfe abzusichern.«[1266] Ähnlich argumentierte sein Parteifreund Michael Wonneberger,[1267] und auch die SPD-Abgeordnete Ingrid Becker-Inglau hob hervor, dass humanitäre Hilfe derzeit nur noch durch »militärische Gewalt« möglich sei.[1268] Über das bevorstehende Engagement der Bundeswehr sprachen die Abgeordneten kaum. Lediglich der FDP-Abgeordnete Arno Schmidt hielt eine deutsche Unterstützung der VN-Truppen in Somalia »besonders angebracht«.[1269] Wesentlich skeptischer zeigte sich der CDU-Abgeordnete Graf von Schönburg-Glauchau, der sich erneut als Landeskenner entpuppte. Er kritisierte, dass ein Einsatz der Bundeswehr »nur in ausgesprochen beruhigten Gebieten« nicht realistisch sei. »Wer das formuliert hat«, so der CDU-Abgeordnete, »hat von Somalia keine Ahnung.«[1270] Substanzielle Kritik am deutschen Angebot kam damit ausgerechnet aus den Reihen der Regierungskoalition. Ansonsten wurden die anvisierten Beschränkungen der deutschen Beteiligung nicht im Bundestag thematisiert. Angesichts der noch immer dramatischen Situation schien eine auf »humanitäre« Hilfe ausgelegte Beteiligung der Bundeswehr aber offenbar denkbar.

Mit dem Antrag der Regierungskoalition von 1991, den die Parlamentarier »bei wenigen Stimmenthaltungen« annahmen,[1271] hatten die gegenwärtige Situation in Somalia und das angestrebte deutsche Engagement aber nichts mehr zu tun. Zwar war der Text der ursprünglichen Aufforderung an die Bundesregierung grundlegend überarbeitet worden, er bewegte sich jedoch auf dem Stand von November 1992. Weder konnte darin die UNITAF erwähnt werden noch die Entwicklung der UNOSOM oder das Angebot des Kabinetts. Noch immer wurde die Bundesregierung daher aufgefordert, der Bitte der Vereinten Nationen zur medizinischen Hilfe nachzukommen;[1272] eine Forderung, die die Bundesregierung seit November kommentarlos überging. Vom Inhalt blieb der Antrag für Somalia belanglos, weil die Regierung, genauer das BMVg, die Initiative ergriffen hatte, die weit über die Forderungen

---

[1266] Ebd., S. 11320.
[1267] Ebd., S. 11341 f.
[1268] Ebd., S. 11338.
[1269] Ebd., S. 11323.
[1270] Ebd., S. 11350.
[1271] Ebd., S. 11353.
[1272] BT-Drs. 12/3681, 10.11.1992, S. 6. Zur Abstimmung siehe BT-PlPr. 12/131, 14.1.1993, S. 11353.

der Abgeordneten hinausging. Mit den dynamischen Konflikten hielt nur die Exekutive mit, nicht aber die zeitintensiven Prozesse des Parlaments. Einfluss auf die Entscheidungsfindung der Regierung hatte der Bundestag dadurch nicht.

Auch in der Generaldebatte zu Einsätzen der Bundeswehr am 15. Januar wurde Somalia thematisiert. Zwar brachte die Regierungskoalition ihren Entwurf zur Grundgesetzänderung ein und argumentierte unter anderem durch den Außen- und Verteidigungsminister, dass in einer Situation wie Somalia Menschen auch militärisch geschützt werden müssten; neue Erkenntnisse zum deutschen Engagement brachte die Debatte aber nicht.[1273] Da sich die Planungen für die UNOSOM II und ihr mögliches Mandat in New York verzögerten, rückte die angebotene Beteiligung zunächst auch wieder in den Hintergrund. Von Interesse schienen lediglich die soziale Absicherung der Soldaten oder der Einsatz von Wehrpflichtigen.[1274] Anfang Februar musste der Parlamentarische Staatssekretär im BMVg Bernd Wilz auf eine Frage der SPD einräumen, dass das deutsche Angebot nicht auf eine formelle Anfrage der Vereinten Nationen, sondern auf die Bundesregierung zurückging.[1275] Im weiteren Verlauf der Debatte betonten aber vor allem die Minister Kinkel und Rühe, dass die Regierung auf eine Anfrage der Vereinten Nationen reagiere.[1276] Obwohl mit Resolution 794 alle VN-Mitglieder zur Unterstützung des VN-Engagements in Somalia aufgerufen worden waren, erfolgte die offizielle Anfrage des VNGS erst im April 1993.[1277] In anderen Fallbeispielen betonte die Regierung immer, dass sie noch nicht offiziell um einen Beitrag gebeten worden sei; dies erfolgte auch erst, wenn inoffizielle Bereitschaft gezeigt worden war. In diesem Fall legte die Regierung die Resolution 794 zu ihren Gunsten aus und als konkreten Auftrag der Vereinten Nationen. Die Initiative zur Entsendung von 1500 Soldaten ging aber vom BMVg aus und entsprach nicht einem zuvor mit den Vereinten Nationen identifiziertem Bedarf. Von der informellen Anfrage des VN-Sekretariats zur Stellung einer Sanitätseinheit vom September 1992 sprach Wilz nicht, obwohl dies bis dahin die einzige konkrete Anfrage gewesen war.

Überschattet wurde das geplante Engagement in Somalia aber ohnehin von der Beteiligung der Bundeswehr an den AWACS-Aufklärungsflügen über Bosnien und Herzegowina. Sie stürzten die Regierung in eine tiefe Krise.[1278] Fast unweigerlich geriet auch Somalia in die Diskussion, obwohl es sich bei den AWACS-Flügen um eine VN-mandatierte, aber NATO-geführte

---

[1273] BT-PlPr. 12/132, 15.1.1993, S. 11463–11494.
[1274] BT-PlPr. 12/140, 11.2.1993, S. 12122–12124; BT-Drs. 12/4557, 12.3.1993, S. 47; BT-Drs. 12/4591, 19.3.1993, S. 21 f.
[1275] BT-PlPr. 12/140, 11.2.1993, S. 12123.
[1276] PA-DBT 3119, Ausschuss für Verteidigung, 12/58, 12.5.1993, S. 60 f; BT-PlPr. 12/169, 2.7.1993, S. 14594 f.
[1277] BArch, BW 2/28188, Schreiben des VNGS an die Ständige Vertretung in New York, 12.4.1993.
[1278] BT-PlPr. 12/150, 26.3.1993, S. 12867–12881.

IV. Deutsche ›Blauhelme‹ in Afrika 349

Maßnahme, beim angestrebten Engagement im Rahmen der UNOSOM um eine VN-mandatierte und VN-geführte Mission handelte. Diese Nuancen spielten für die Opposition und die Ablehnung der Entsendung von »Infanterieeinheiten« durch die SPD[1279] aber kaum eine Rolle, sollten jedoch erhebliche Auswirkungen auf die weitere Entwicklung haben.

*Das Warten auf die Vereinten Nationen*

Obwohl das Bundeskabinett die erste Entsendung bewaffneter deutscher Soldaten in eine Mission der Vereinten Nationen am 17. Dezember 1992 beschlossen hatte, verging ein halbes Jahr, ehe sie in Marsch gesetzt wurden. Gründe hierfür waren die komplexe Lage in Somalia, die langwierigen Planungen der Vereinten Nationen und das Problem des VN-Sekretariats, das stark eingeschränkte deutsche Angebot in die Mission einzupassen. Von zentraler Bedeutung für die deutschen Ressorts im ersten Quartal 1993 waren die Fragen der Mandatierung der neuen Mission – ob unter Kapitel VI oder VII der VN-Charta –, der Einsatzort der Bundeswehr und ihr Auftrag. Weder der spätere Einsatzraum Beledweyne (zeitgenössisch Belet Uen oder Belet Huen) – etwa 330 Kilometer nordwestlich von Mogadischu, an der Hauptverbindungsstraße Richtung Norden gelegen – noch die logistische Unterstützung für andere UNOSOM-II-Kontingente wurden in Deutschland gewünscht. Letzteres lehnte das BMVg zu Beginn sogar vehement ab. Dass die Bundeswehr trotzdem entsandt wurde, lag an der Vorgabe des Kanzlers: Nach dem öffentlichen Angebot musste eine Beteiligung erfolgen!

Grundsätzlich war die deutsche Seite bestrebt, ihrer Offerte schnellstmöglich nachzukommen. Bereits am 18. Dezember informierte die Ständige Vertretung in New York das VN-Sekretariat über das deutsche Angebot zur Beteiligung von bis zu 1500 Soldaten an der VN-Mission. Über die restliche Unterstützung, vor allem die Polizeiausbildung, sprach ihr Schreiben überraschenderweise nicht.[1280] Dabei hatten die Diplomaten Letzterer den größeren Stellenwert eingeräumt. Parallel zur Information des VN-Sekretariats wandte sich Generalinspekteur Naumann in einem Schreiben an die Soldaten der Bundeswehr. Noch vor Ende des Jahres kündigte er eine Erkundung des mit dem Auftrag betrauten III. Korps[1281] nach Somalia an. Begründet wurde die Beteiligung humanitär. Durch den Beschluss leiste »die Bundeswehr einen bedeutsamen personellen und materiellen Beitrag zur Rettung der schwer not-

---

[1279] Ebd., S. 12874.
[1280] BArch, BW 1/455301, Kopie Schreiben Ständige Vertretung der Bundesrepublik Deutschland in New York an das VN-Sekretariat, 18.12.1992; BArch, BW 1/372419, Drahtbericht der Ständigen Vertretung in New York an Referat 230 im AA, Nr. 3911, 18.12.1992.
[1281] Bereits im August 1992 war das III. Korps vom Inspekteur des Heeres »mit der Vorbereitung, Planung und Führung des Einsatzes von KRK beauftragt« worden. BArch, N 854/4-2, Kopie Weisung Nr. 1 für die Erhöhung der Reaktionsfähigkeit und Einsatzbereitschaft des Heeres in der Übergangsphase, 3.8.1992, hier S. 2.

leidenden Bevölkerung Somalias«.[1282] Anders als im Entscheidungsprozess wurde die Teilnahme gegenüber den Soldaten nicht mit der Nichtbeteiligung am Zweiten Golfkrieg oder der deutschen Zurückhaltung in Bosnien und Herzegowina begründet. Interne und externe Begründung wurden sorgfältig getrennt. Das Argument des Nettozahlers und des internationalen Drucks griff die Leitung des BMVg dagegen auch öffentlich auf. »Wenn wir nicht handeln, müssen wir international sehr viel Geld bezahlen; es trifft uns auch die kalte Verachtung der anderen, wir werden außenpolitisch gelähmt«, so Minister Rühe in einem Interview.[1283]

Um sich selbst ein Bild von der Lage zu machen, reiste der Generalinspekteur am 21./22. Dezember nach Kenia und Somalia. Praktisch handelte es sich dabei um eine der ersten Erkundungen vor Ort; wohlgemerkt nachdem das Angebot zur Beteiligung öffentlich unterbreitet worden war. Während der Reise ging es daher auch bereits um den Einsatzort der angebotenen Soldaten. Mit der Zuteilung eines Gebiets sollten die Vereinten Nationen auch gleich das ganze Angebot annehmen, so die deutschen Vorstellungen. Bei einem Gespräch in Mogadischu sprach sich der UNITAF-Kommandeur vor allem für die Stationierung deutscher Pioniere und Logistiker in der somalischen Hauptstadt aus. Hier werde am meisten Hilfe gebraucht. In Absprache mit dem BMVg präferierte General Naumann allerdings die Stationierung im Süden, beispielsweise in Kismaayo oder Baardheere. Im Gegensatz zu Mogadischu, wo eine Vielzahl ausländischer Truppen stationiert war, bleibe die deutsche Beteiligung im Süden sichtbar.[1284] Kismaayo, wo Truppen aus Belgien stationiert werden sollten,[1285] war bereits kurz zuvor bei Gesprächen einer Delegation des AA, des BMVg und des DRK in Mogadischu zur Sprache gekommen und von den USA als sinnvoll erachtet worden.[1286] Dem Ansinnen General Naumans und der entsprechenden Bitte des BMVg folgend,[1287] wies

---

[1282] BArch, BW 1/462717, Rundschreiben des Generalinspekteurs, Betr.: Truppeninformation, hier: Beteiligung der Bundeswehr an Maßnahmen der VN in Somalia, 18.12.1992.

[1283] »Raus aus dem Dilemma«. In: Der Spiegel, Nr. 52 (1992), 20.12.1992, S. 21–23, hier S. 22.

[1284] BArch, BW 2/28193, Vorlage Sekretariat Koordinierungsstab Einsatzführung an den Verteidigungsminister, Betr.: Ergänzende Information zum Unterstützungsverband Somalia, 22.12.1992; BArch, BW 1/372426, Nebenabdruck Adjutant Generalinspekteur, First Impression Report Besuch GenInsp in Mombasa/Mogadischu, 22.12.1993, hier S. 2; BArch, B 136/34343, Drahtbericht der Botschaft der Bundesrepublik Deutschland in Nairobi an Referat 322 im AA, Nr. 782, 23.12.1992, hier S. 2; BArch, BW 2/36690, Kopie Schreiben Adjutant Generalinspekteur an den Adjutanten des Stellvertretenden Generalinspekteurs, Vermerk über den Besuch GenInsp bei deutschen Soldaten in Mombasa, Phnom Penh und Zagreb vom 21.–26.12.1992, 28.12.1992, hier S. 3.

[1285] Belgische Truppen sollten bereits im Rahmen der UNOSOM in Kismaayo stationiert werden. Vgl. UNA, S-1086-0088-09-00001, Compte rendu de l'entretien du Secrétaire général avec le Secrétaire d'Etat à la Coopération au Développement du Royaume de Belgique, 20.9.1992, hier S. 2.

[1286] BArch, BL 1/47747, Fernkopie AA an das BMVg, Betr.: Humanitäre Hilfe Somalia, 20.12.1992.

[1287] BArch, BW 2/28193, Kopie Schreiben Fü S III 5 im BMVg an Referat 230 im AA, Betr.: Unterstützung der Bundeswehr für UNOSOM, hier: Verstärktes Nachschub-/Transportbataillon, 22.12.1992, hier S. 2; BArch, BW 2/36690, Schreiben Adjutant

## IV. Deutsche ›Blauhelme‹ in Afrika

das AA die Ständige Vertretung in New York daher noch Ende Dezember an, in Gesprächen mit den Vereinten Nationen auf den Einsatzraum Baardheere/Kismaayo hinzuarbeiten.[1288] Beide Städte gehörten zum »triangle of death«, die am stärksten von der Hungersnot betroffen gewesen waren.[1289] Dass Kismaayo in der Folge die nach Mogadischu am heftigsten umkämpfte Stadt werden würde, ahnte zu diesem Zeitpunkt noch keiner.

Obwohl die Vorbereitungen auf deutscher Seite rasch anliefen und der Wille gerade im BMVg erkennbar war, den Kabinettsbeschluss umzusetzen, besaßen die Vereinten Nationen noch keine konkreten Pläne für ihr künftiges Engagement. Hinderlich war vor allem ihr Streit mit den USA über die Entwaffnung der Bevölkerung und die Stationierung der UNITAF in ganz Somalia. Weil das deutsche Angebot an ein »secure environment« geknüpft war, lag die Entwaffnung der Bevölkerung im deutschen Interesse.[1290] Da es aber zu keiner Einigung kam, verzögerte sich die neue Mission. Das deutsche Angebot blieb zunächst unbeantwortet.[1291] Dies hatte Auswirkungen auf die deutschen Planungen.[1292] Ohne neues Mandat stimmten die Vereinten Nationen nämlich keiner deutschen Erkundung unter dem Schutz eines VN-Status zu.[1293] Ohne Erkundung konnten wiederum weder der deutsche Verband ausgeplant noch die Ausbildung der deutschen Soldaten zweckmäßig gestaltet werden.

Angesichts der schleppenden Entwicklung in New York entschied Minister Rühe nach einer Koalitionsvereinbarung Ende Dezember, mit der Entsendung deutscher Soldaten bis nach einer Bundestagsdebatte und einer offiziellen Antwort der Vereinten Nationen zu warten.[1294] Der Entscheidung vorausgegangen war eine von der SPD geforderte Sondersitzung des Auswärtigen Ausschusses am 23. Dezember, in der die Minister Kinkel und Rühe von ihren Planungen berichtet hatten.[1295] Anders als bei der Entwicklung der Idee zur Beteiligung legte Rühe im weiteren Prozess größten Wert dar-

---

Generalinspekteur an den Adjutanten des Stellvertretenden Generalinspekteurs, Vermerk über den Besuch GenInsp bei deutschen Soldaten in Mombasa, Phnom Penh und Zagreb vom 21.–26.12.1992, 28.12.1992, hier S. 3 f.

[1288] PA AA, B 45, ZA, Bd 192028, Entwurf Drahterlass Referat 230 im AA an die Ständige Vertretung in New York, ohne Nr., 29.12.1992. Auch im Verteidigungsausschuss nannte Rühe Baardheere/Kismaayo als bevorzugten Einsatzraum. PA-DBT 3119, Ausschuss für Verteidigung, 12/48, 13.1.1993, S. 83.

[1289] Ohls, Somalia, S. 47.

[1290] BArch, B 136/34344, Drahtbericht der Ständigen Vertretung in New York an Referat 230 im AA, Nr. 3952, 22.12.1992.

[1291] Vgl. ebd.; BArch, B 136/34344, Drahtbericht der Ständigen Vertretung in New York an Referat 230 im AA, Nr. 4000, 29.12.1992.

[1292] Gemäß Vorbefehl sollte das Erkundungskommando am 29.12. nach Somalia verlegen. BArch, BW 1/307133, Drahtbericht Rundschreiben des III. Korps, Vorbefehl Nr. 2, 20.12.1992.

[1293] BArch, B 136/34344, Drahtbericht der Ständigen Vertretung in New York an Referat 230 im AA, Nr. 3952, 22.12.1992, hier S. 2.

[1294] BArch, BL 1/47747, Weisung des Verteidigungsministers, Betr.: Beteiligung der Bundeswehr an Maßnahmen der Vereinten Nationen in Somalia, 29.12.1992, hier S. 2.

[1295] PA-DBT 3104, Auswärtiger Ausschuß, 12/54, 23.12.1992.

auf, die Ausschüsse über die Lage zu informieren. Sich der politischen Folgen des Beschlusses bewusst, suchte er wie bei Kambodscha den Rückhalt der Parlamentarier.[1296] Aufgrund seiner Entscheidung rückte das BMVg noch vor Heiligabend von seiner geplanten Erkundung in Somalia vor Ende des Jahres ab.[1297]

Dennoch forcierte das BMVg die rasche Entsendung. Dem neuen Zeitplan zufolge sollte der Bundestag am 14. Januar über die Beteiligung entscheiden. Anschließend sollte noch im Januar ein Voraus- und ein Erkundungskommando entsandt werden und Ende März der erste Teil des deutschen Verbands in Somalia stehen.[1298] Während Generalinspekteur Naumann appellierte, »gründlich und behutsam« vorzugehen, um Misserfolge auszuschließen, mahnte Staatssekretär Schönbohm zur Besonnenheit. Zunächst einmal müsse die Aussprache im Bundestag abgewartet werden. Einen »Automatismus« dürfe es nicht geben.[1299]

Zur notwendigen Koordination mit den Vereinten Nationen und zum Austausch mit erfahrenen Truppenstellern regte die Ständige Vertretung unterdessen die Entsendung von Personal des BMVg nach New York an. Gleichzeitig forderte sie von der Zentrale ein offizielles Angebot zur Unterstützung der Polizei.[1300] Angesichts der internationalen Reaktionen auf den deutschen Kabinettsbeschluss war die Beteiligung der Bundeswehr für die deutschen Diplomaten noch immer nur eine von mehreren Optionen. Ein dem US-Außenministerium unterstehender Vertreter der United States Agency for International Development hatte dem Polizeisektor größte Bedeutung beigemessen und eine deutsche Beteiligung zur Sprache gebracht.[1301] Offensichtlich übernahm auch das Pentagon diese Sicht. Am 30. Dezember vermeldete die deutsche Botschaft in Washington, dass eine deutsche Polizeihilfe im Pentagon »enthusiastisch begrüßt« werde. Das Angebot von deutschen Soldaten werde »mit Wohlwollen aufgenommen«. Vorrang bei der militärischen Beteiligung an einer VN-Folgemission hätten für das Pentagon nämlich Länder, die durch ihre Teilnahme an der UNITAF bereits Erfahrung in

---

[1296] Zeitzeugengespräch mit General a.D. Dr. Klaus Naumann am 20.4.2020. Siehe auch »Raus aus dem Dilemma«. In: Der Spiegel, Nr. 52 (1992), 20.12.1992, S. 21−23, hier S. 22; PA-DBT 3119, Ausschuss für Verteidigung, 12/48, 13.1.1993, S. 18. Auch bei der Neuausrichtung der Bundeswehr wollte Rühe den Konsens der Parteien suchen. Vgl. BT-PlPr. 12/103, 9.9.1992, S. 8770.
[1297] PA-DBT 3104, Auswärtiger Ausschuß, 12/54, 23.12.1992, S. 8 f., 28 f.; BArch, BW 1/462717, Rundschreiben Fü S I 3 im BMVg, Betr.: Truppeninformation Nr. 2, hier: Beteiligung der Bundeswehr an Maßnahmen der VN in Somalia, 23.12.1992.
[1298] BArch, BW 2/28188, Vorlage Sekretariat Koordinierungsstab Einsatzführung an Staatssekretär Schönbohm, Betr.: Planungsstand Unterstützungsverband Somalia, 28.12.1992.
[1299] Siehe die Anmerkungen auf ebd., hier S. 1.
[1300] BArch, B 136/34344, Drahtbericht der Ständigen Vertretung in New York an Referat 230 im AA, Nr. 3952, 22.12.1992.
[1301] Ebd., Drahtbericht der Botschaft der Bundesrepublik Deutschland in Washington an Referat 322 im AA, Nr. 3652, 17.12.1992, hier S. 2.

Somalia gesammelt hätten.¹³⁰² Deutschland sei daher zweitrangig. Zudem gab es bereits ausreichend Soldaten. Eine funktionierende Polizei war hingegen eine Exit-Strategie der USA. Inwieweit die Berichterstattung zutrifft, lässt sich ohne Einblick in die US-Akten nicht sagen. Treffen die Berichte der Botschaft zu, hätte Ende Dezember 1992 weder eine Anfrage der Vereinten Nationen für die Entsendung eines deutschen Kontingents vorgelegen noch der wichtigste Verbündete der Bundesrepublik eine militärische Unterstützung gefordert. Ob ein deutsches militärisches Engagement aufgrund der internationalen Erwartungshaltung unumgänglich war, ist somit fraglich.

Die Vereinten Nationen nahmen das deutsche Angebot allerdings positiv auf, wie die Ständige Vertretung Ende Dezember meldete. Der Militärberater des VNGS, General Maurice Baril,¹³⁰³ habe die deutsche Beteiligung als »historische[n] Durchbruch« bezeichnet.¹³⁰⁴ Das von der Ständigen Vertretung initiierte Arbeitsgespräch zwischen dem VN-Sekretariat und Angehörigen des BMVg wurde begrüßt. Eine schriftliche Annahme des Angebots könne aber erst erfolgen, wenn der Übergang von der UNITAF zur UNOSOM II geklärt sei. »Positiv« habe sich Baril gegenüber dem deutschen Vorschlag gezeigt, im Raum Baardheere/Kismaayo stationiert zu werden.¹³⁰⁵ Auch wenn die Vereinten Nationen nicht nach einem verstärkten deutschen Verband gefragt hatten, waren ihre Signale vielversprechend. Das VN-Sekretariat verfolgte ein eigenes Kalkül. Eine deutsche Beteiligung in Somalia weckte die Hoffnung auf weitere Teilnahmen.¹³⁰⁶ Angesichts des steigenden Personalbedarfs der Vereinten Nationen galt das deutsche Angebot als Präzedenzfall. Im Falle von Somalia erhofften sie sich durch die deutsche Beteiligung auch größere Kontingente der anderen europäischen Staaten,¹³⁰⁷ die zum Ausgleich der wieder abziehenden, gut gerüsteten US-Truppen gebraucht wurden. Trotz der Beschränkungen des deutschen Angebots waren die Vereinten Nationen daher an dessen Annahme interessiert. Ähnlich positive Rückmeldung erhielten daher auch die beiden Angehörigen des BMVg, die im Januar nach New York reisten. Während die Vereinten Nationen hinsichtlich des Einsatzortes – ob im

---

¹³⁰² BArch, BW 2/29709, Drahtbericht der Botschaft der Bundesrepublik Deutschland in Washington an Referat 201 im AA, Nr. 3765, 30.12.1992, hier S. 4.
¹³⁰³ Der Kanadier Baril hatte den Posten des Military Adviser im Juli 1992 vom ghanaischen Brigadegeneral Timothy Dibuama übernommen. Coulon, Soldiers of Diplomacy, S. 12 f.
¹³⁰⁴ BArch, B 136/34344, Drahtbericht der Ständigen Vertretung in New York an Referat 230 im AA, Nr. 4000, 29.12.1992, hier S. 1.
¹³⁰⁵ Ebd., S. 2.
¹³⁰⁶ In einem Interview mit dem »Spiegel« erklärt der VNGS, »Wir wünschen [...], daß deutsche Soldaten an Friedensmissionen teilnehmen.« Auf die Aussage, das Grundgesetz lasse eine Teilnahme nicht zu, erklärte der VNGS: »Ich hoffe, Sie können die Verfassung so ändern, daß sie demnächst teilnehmen werden.« »Das hat es noch nie gegeben«. In: Der Spiegel, Nr. 50 (1992), 6.12.1992, S. 168–170, hier S. 169 f. Ähnlich äußerte sich der VNGS auch in Butros Ghali [sic], Friedenserhaltung, S. 126.
¹³⁰⁷ Vgl. UNA, S-1086-0120-12-00001, Notes of the Secretary-General's meeting with Mr. Hans-Ulrich Klose, Chairman of the Parliamentary Group of the Social Democratic Party of Germany, 8.4.1993, hier S. 3 f.

Norden oder im Süden – Flexibilität erbaten,[1308] beschäftigte sich das BMVg aufgrund der positiven Rückmeldungen intern bereits mit dem Konzept und der materiellen Ausstattung des Verbands, ohne dessen genauen Rahmen zu kennen.[1309] Auch dies ein Beleg, dass das BMVg handeln wollte.

Notwendiger als Soldaten fand der VNGS zunächst aber finanzielle Unterstützung. Schriftlich hatte er Bundeskanzler Kohl noch im Dezember um Zahlungen an den Treuhandfonds für Somalia gebeten.[1310] Für die aus Sicht der Vereinten Nationen erforderlichen 400 Mio. US-Dollar hatten bisher nur Japan als Mitinitiator des Fonds 100 Mio. US-Dollar und Saudi-Arabien zehn Mio. US-Dollar zugesagt. Der japanische Ministerpräsident war daher auch bereits schriftlich beim Bundeskanzler vorstellig geworden.[1311] Beim Besuch des VNGS am 11./12. Januar 1993 in Bonn sowie auch schriftlich zwei Wochen später verwies Kohl aber auf die personelle, materielle und finanzielle Unterstützung, die die Bundesregierung bereits leiste bzw. zugesagt habe. Für den in Resolution 794 eingerichteten Treuhandfonds könne sie keine Mittel aufbringen.[1312] Sehr wohl war also auch dieses Mal deutsches Geld gefragt. Allerdings ging es bei der Anfrage noch um die Finanzierung der UNITAF, nicht um die neue VN-Mission.

Zu Letzterer ließ Boutros-Ghali bei seinen Gesprächen in Bonn keinen Zweifel, dass er angesichts des absehbaren Abzugs der USA einen substanziellen personellen Beitrag der Bundesrepublik an der UNOSOM II erwarte.[1313] Beim Zusammentreffen mit Außenminister Kinkel ließ er die deutsche Seite jedoch wissen, dass die künftige Mission unter Kapitel VII der VN-Charta stehen und »closer to peace-enforcement than to peace-keeping« sein werde. Um die Sicherheit in Mogadischu aufrechtzuerhalten und die lokale Polizei auszubilden, benötigte die UNOSOM II aber bis zu 5000 deutsche Polizisten.[1314] Erstmals war damit ein konkreter Bedarf für die neue Mission benannt wor-

---

[1308] PA AA, B 34, ZA, Bd 160130, Drahtbericht der Ständigen Vertretung in New York an Referat 230 im AA, Nr. 59, 8.1.1993; BArch, BW 1/429860, Kopie Fü S III 5, Dienstreisebericht über Gespräche bei den Vereinten Nationen am 8. Januar 1993 in New York, 11.1.1993.
[1309] Vgl. BArch, BH 1/28214, Rundschreiben Fü H V 2, Betr.: Besprechung zur Vorbereitung einer koordinierten log/sandstl Unterstützung des III. Korps bei einem humanitären Einsatz in Somalia im Rahmen von UNOSOM, hier: Ergebnisprotokoll, 7.1.1993.
[1310] BArch, B 136/43467, Kopie Schreiben des VNGS Boutros Boutros-Ghali an den Bundeskanzler Helmut Kohl, 23.12.1992. Ähnliche Schreiben erhielten auch die anderen europäischen Staaten, die sich nicht mit Truppen an der UNITAF beteiligten. Dazu gehörten die skandinavischen Staaten, Österreich und Russland. Die Schreiben finden sich in UNA, S-1086-0099-07-00001.
[1311] BArch, B 136/43518, Kopie Gesprächsführungsvorschlag Referat 215, Betr.: Somalia, hier: VN-Treuhandfonds für Somalia, 7.1.1993.
[1312] BArch, B 106/371705, Kopie Schreiben des Bundeskanzlers Helmut Kohl an den VNGS Boutros Boutros-Ghali, 29.1.1993.
[1313] Vermerke zu den Gesprächen des VNGS mit Außenminister Kinkel, Kanzler Kohl sowie den Bundestagsfraktionsvorsitzenden der CDU/CSU, der SPD und der FDP finden sich in UNA, S-1086-0120-12-00001.
[1314] UNA, S-1086-0120-12-00001, Notes of the Secretary-General's meeting with the Minister for Foreign Affairs of Germany, 19.4.1993, hier S. 4.

## IV. Deutsche ›Blauhelme‹ in Afrika

den. Während Außenminister Kinkel betonte, dass Deutschland nur »in einer befriedeten Situation« aktiv werden könne, signalisierte er Bereitschaft zur Polizeihilfe, ohne konkret zu werden.[1315] Im Wissen um den Personalbestand des BGS war eine solche Größenordnung utopisch. Aus diesem Grund flehte Kinkel den VNGS regelrecht zur Annahme des Kabinettbeschlusses an: »The Federal Government has reached an agreement to offer troops for Somalia, so please don't refuse them.«[1316] Anstatt also den Besuch des VNGS zu nutzen, um sich über den Bedarf der Vereinten Nationen zu informieren, verfolgte die Regierung andere Ziele. Ungeachtet der drohenden Auseinandersetzung um das Mandat in Somalia sollte Boutros-Ghali die Opposition, aber auch die Öffentlichkeit, von der Notwendigkeit eines stärkeren deutschen VN-Engagements überzeugen. Kinkel bat Boutros-Ghali, öffentlich klarzustellen, dass von der Bundesregierung nicht nur Geld, sondern die volle Beteiligung an Maßnahmen der Vereinten Nationen inklusive der Anwendung von Gewalt bei Verletzung der Menschenrechte gebraucht werde.[1317]

Ähnlich argumentierte im Anschluss auch Bundeskanzler Kohl. Es sei »inakzeptabel«, wenn »die Beziehungen Deutschlands zum Weltfrieden nur aus finanziellen Zuwendungen bestünden«. Die alleinige Ausbildung der Polizei, um die der VNGS auch Kohl gebeten hatte, sei zu wenig. Um der deutschen Gesellschaft zu verdeutlichen, wie wichtig ein außenpolitischer Kurswechsel sei, bat daher auch der Kanzler den VNGS, öffentlich eine stärkere Beteiligung der Bundesrepublik an VN-Maßnahmen zu fordern.[1318] Anstatt den verfassungsrechtlich unproblematischen Ausweg einer weiteren Polizeibeteiligung zu wählen, drängte der Kanzler auf die Entsendung der Bundeswehr. Obwohl dies zumindest aus Sicht des VNGS nicht zwingend erforderlich war, sah Kohl hierin ein wichtiges Zeichen der deutschen außenpolitischen Handlungsfähigkeit, das es unbedingt zu setzen galt.[1319]

---

[1315] PA AA, B 34, ZA, Bd 160130, Vermerk Unterabteilung 23, Betr.: Gespräch des Bundesministers mit VN-Generalsekretär Boutros-Ghali am 11.1.1993 von 09.00 bis 10.40 Uhr, 11.1.1993, hier S. 3.

[1316] UNA, S-1086-0120-12-00001, Notes of the Secretary-General's meeting with the Minister for Foreign Affairs of Germany, 19.4.1993, hier S. 3.

[1317] Vgl. PA AA, B 34, ZA, Bd 160130, Vermerk Unterabteilung 23, Betr.: Gespräch des Bundesministers mit VN-Generalsekretär Boutros-Ghali am 11.1.1993 von 09.00 bis 10.40 Uhr, 11.1.1993, hier S. 2; UNA, S-1086-0120-12-00001, Notes of the Secretary-General's meeting with the Minister for Foreign Affairs of Germany, 19.4.1993, hier S. 3.

[1318] BArch, B 136/43514, Entwurf AL 2, Betr.: Gespräch des Herrn Bundeskanzlers mit dem Generalsekretär der Vereinten Nationen, Dr. Boutros-Ghali, am Montag, 11.1.1993, 12.1.1993, hier S. 2 f. Siehe auch UNA, S-1086-0120-12-00001, Notes of the Secretary-General's meeting with the Chancellor of the Federal Republic of Germany, 20.1.1993, hier S. 2 f.

[1319] Bereits im Mai 1992 hatte Kohl nur die Entsendung von Polizisten gegenüber dem VNGS als eine für Deutschland zu geringe VN-Leistung bezeichnet. UNA, S-1086-0093-02-00002, Notes of the Secretary-General's meeting with Chancellor Helmut Kohl of Germany, 6.5.1992, hier S. 3.

Obwohl er es bis dahin vermieden hatte, in die Debatte hineingezogen zu werden,[1320] machte sich Boutros-Ghali auf der anschließenden Pressekonferenz wie von Kinkel und Kohl gewünscht für die Beteiligung deutscher Soldaten an VN-Missionen stark.[1321] Die Vereinten Nationen benötigten »the full participation of Germany in peace-keeping, peace-making, peace enforcement and peace-building operations«.[1322] Den Einwand, dass deutsche Truppen im Ausland nicht willkommen seien, wies er wie mit Kinkel besprochen zurück. Deutsche Soldaten seien gerade in Kambodscha, aber auch in Somalia, Mosambik oder Angola willkommen. Zweifel hegte er nur bei der Entsendung deutscher Soldaten ins ehemalige Jugoslawien.[1323] Aufgrund der belasteten deutschen Vergangenheit war dies im vorhergehenden Gespräch noch einmal von Kohl ausgeschlossen worden.[1324]

Indes rügte der VNGS, wie von Außenminister Kinkel erbeten, die bisherige deutsche Scheckbuchdiplomatie: »We do not need money as much as we need a real participation on the ground«.[1325] Die oftmals von der Opposition genutzte Forderung, sich nicht mit Soldaten, sondern stärker finanziell einzubringen, wurde öffentlich vom VNGS entkräftet, obwohl er Kanzler Kohl zuvor selbst um freiwillige Leistungen zum Treuhandfonds gebeten hatte. Überraschenderweise erklärte Boutros-Ghali auch, dass das deutsche Angebot zur Unterstützung der somalischen Polizei und zur Entsendung von Truppen bereits angenommen worden sei.[1326] Beides traf nicht zu, weil noch gar kein Konzept für das neue VN-Engagement vorlag. Außenminister Kinkel hatte aber auch in diese Richtung ein klares Statement gewünscht, um der Opposition zu zeigen, dass das deutsche Angebot willkommen sei.[1327]

Um den innen- wie außenpolitisch bedeutenden Kabinettbeschluss zu verwirklichen, waren beiden Seiten alle Mittel recht. Öffentlich bestritt Boutros-Ghali sogar, von deutscher Seite unter Druck gesetzt worden zu sein, und pochte darauf, dass es seine eigene Meinung sei, dass sich »the third most important country in the world« an VN-Missionen beteiligen müsse.[1328]

---

[1320] Vgl. ebd., Marrack Goulding, Note to Mr. Aimé. Briefing note: Germany – peace-keeping, 1.5.1992.
[1321] Vgl. ARD, Tagesschau vor 20 Jahren, 11.1.1993; Boutros-Ghali verlangt von Bonn uneingeschränkte deutsche Beteiligung an allen Aktionen der UN. In: FAZ, Nr. 9, 12.1.1993, S. 1 f.; Piazza, Einsätze der Bundeswehr im Ausland, S. 11 f.
[1322] VNGS, SG/SM/4904, 14.1.1993, hier S. 1; Pressekonferenz von UNO-Generalsekretär Professor Dr. Boutros Boutros-Ghali (Auszug, 11. Januar 1993). In: Stichworte zur Sicherheitspolitik, Nr. 2 (1993), S. 2 f., hier S. 2; Boutros-Ghali verlangt von Bonn uneingeschränkte deutsche Beteiligung an allen Aktionen der UN. In: FAZ, Nr. 9, 12.1.1993, S. 2.
[1323] VNGS, SG/SM/4904, 14.1.1993, hier S. 2.
[1324] UNA, S-1086-0120-12-00001, Notes of the Secretary-General's luncheon with the Chancellor of the Federal Republic of Germany, 25.1.1993, hier S. 1.
[1325] VNGS, SG/SM/4904, 14.1.1993, hier S. 2.
[1326] Ebd., S. 5. Bereits zuvor war berichtet worden, dass der VNGS die Polizeihilfe angenommen habe. Aussöhnung in Somalia gefährdet. In: FAZ, Nr. 4, 6.1.1993, S. 5.
[1327] UNA, S-1086-0120-12-00001, Notes of the Secretary-General's meeting with the Minister for Foreign Affairs of Germany, 19.4.1993, hier S. 3.
[1328] VNGS, SG/SM/4904, 14.1.1993, hier S. 2.

## IV. Deutsche ›Blauhelme‹ in Afrika

Insgesamt handelte er ganz im Interesse der Bundesregierung und lieferte den innenpolitisch wichtigen Beweis, dass die internationale Gemeinschaft ein größeres deutsches, auch militärisches Engagement in der Welt forderte. In der Folge nutzten die Bundesregierung und die Regierungskoalition seine Aussagen wiederholt, um zu belegen, dass man auf den Wunsch der Vereinten Nationen reagiere,[1329] auch wenn dies nur bedingt zutraf.

Für Somalia dachte der VNGS nämlich eher an die deutsche Unterstützung mit mehreren Tausend Polizisten, wie er auch Wolfgang Schäuble und Hans-Ulrich Klose (SPD) erklärte.[1330] Zwar hatte er gegenüber Schäuble betont, dass er den Einsatz der Deutsch-Französischen Brigade bevorzuge und Polizisten nur wegen der deutschen Rechtslage fordere, Letzteres schien aber auch die einzig realistische Option. Stärker noch als die Regierung warnte Boutros-Ghali Schäuble: »Even if UNITAF confiscated 50 per cent of the weapons, the environment in Somalia would not be secure.«[1331] Obwohl der VNGS frühzeitig bezweifelte, dass sich die Grundbedingung des deutschen Angebots erfüllen ließ, hielten Kohl und seine CDU/CSU aus politischen Gründen an der Entsendung der Bundeswehr fest und waren bereit, die Realitäten Somalias zu verdrängen. Mit der Bitte an Boutros-Ghali, öffentlich Stellung für eine deutsche militärische Beteiligung zu beziehen, setzte sich die Regierung aber auch selbst unter Druck, ihr auch wirklich zu folgen.

Einen Konsens der Parteien bewirkte der Besuch des VNGS nicht. Die Aussprache im Bundestag führte am 14. Januar zu keiner Einigung. Dennoch begann das BMVg anhand der Erkenntnisse der ehemaligen Beratergruppe das mögliche Einsatzgebiet der Bundeswehr zu konkretisieren; wohlgemerkt weiter ohne offizielle Annahme des Angebots durch die Vereinten Nationen oder Details zum neuen Mandat. Hatte General Naumann Ende Dezember 1992 noch die Dislozierung im Raum Baardheere/Kismaayo[1332] präferiert, bewertete der Koordinierungsstab für Einsatzaufgaben im BMVg das Gebiet aufgrund der landeskundlichen Informationen, der klimatischen Lage und der Gefährdung durch Krankheiten als für den Auftrag »kaum geeignet«. Deutlich besser seien die Gebiete in Nordsomalia. Der Raum Berbera/Hargeysa[1333] im Nordwesten sei für die Beteiligung der Bundeswehr »besonders geeignet« und Boosaaso/Garoowe[1334] im Nordosten »geeignet«. Dagegen galten die Räume Baidoa und Gaalkacyo/Beledweyne[1335] in Zentralsomalia

---

[1329] Vgl. BT-PlPr. 12/132, 15.1.1993, S. 11465, 11468, 11474.
[1330] UNA, S-1086-0120-12-00001, Notes of the Secretary-General's meeting with the Chairman of the Parliamentary Group of the Christian Democratic Union and the Christian Social Union (CDU/CSU) in the Bundestag, 6.4.1993, hier S. 1 f.; ebd., Notes of the Secretary-General's meeting with Mr. Hans-Ulrich Klose, Chairman of the Parliamentary Group of the Social Democratic Party of Germany, 8.4.1993, hier S. 3.
[1331] Ebd., Notes of the Secretary-General's meeting with the Chairman of the Parliamentary Group of the Christian Democratic Union and the Christian Social Union (CDU/CSU) in the Bundestag, 6.4.1993, hier S. 2 f.
[1332] Hier geschrieben Kisimayo/Bardera.
[1333] Hier geschrieben Berbera/Hargeisa.
[1334] Hier geschrieben Bosaso/Garoe.
[1335] Hier geschrieben Galcaio/Belet-Weyne.

als »weniger geeignet«. Im Unterschied zu Baidoa bestehe in Gaalkacyo/ Beledweyne jedoch ein »erheblicher Versorgungsnotstand«.[1336] Der spätere Einsatzraum der Bundeswehr wurde daher allen anderen Bereichen im Süden vorgezogen, im Gegensatz zum Norden aber nicht präferiert.

Bei der Auswahl des gewünschten Einsatzraums orientierten sich die Planer im Verteidigungsministerium nicht nur an der Befriedung einer Region, die aufgrund des Kabinettsbeschlusses notwendig war. Weitere Kriterien waren die Versorgbarkeit der eigenen Truppen und Kooperationsmöglichkeiten mit anderen Staaten. Da der deutsche Verband zur besseren Koordination und der politischen Sichtbarkeit nur als Ganzes eingesetzt werden sollte, kamen auch nur solche Regionen in Betracht, die im Rahmen der UNITAF noch keiner Führungsnation zugeordnet worden waren. Die Räume Berbera/Hargeysa und Boosaaso/Garoowe, wo bisher noch überhaupt keine UNITAF-Truppen standen, kamen am ehesten infrage, weil hier auch die »Notwendigkeit« sowie die »ganzjährige Möglichkeit zur humanitären Hilfe« bestünden.[1337] Die Gebiete seien politisch stabil und gälten als befriedet. Den – angeblichen[1338] – Einwänden des AA folgend, sprach sich das BMVg für die Region Boosaaso/ Garoowe aus, obwohl diese schlechter zu versorgen war als der Raum Berbera/ Hargeysa. Letzterer zählte aber zu ›Somaliland‹, das sich für unabhängig erklärt hatte. Den Vorbehalten des AA gegen eine Einmischung in innersomalische Angelegenheiten sollte Rechnung getragen werden. Für die Bereiche im Norden sprach auch, dass von hier – von Boosaaso/Garoowe eingeschränkter – über Dschibuti mit Frankreich kooperiert und die deutsch-französische Vereinbarung aus dem Dezember erfüllt werden konnte.[1339] Nicht dort, wo die somalische Bevölkerung oder die Vereinten Nationen sie am dringendsten brauchten, sollten deutsche Soldaten zum Einsatz kommen, sondern dort, wo die deutschen Auflagen von einem sicheren Umfeld erfüllt werden konnten und Anknüpfungspunkte an Partner bestanden. Interessanterweise verortete der Bundesnachrichtendienst (BND) gerade im Nordosten den stärksten Einfluss islamistischer Extremisten;[1340] eine Warnung, die wenige Jahre später sicher größere Beachtung gefunden hätte.

Als es von den Planungen erfuhr, zeigte sich das AA verwundert. Es ging davon aus, dass erstens die Vereinten Nationen die Einsatzräume zuweisen würden und zweitens die humanitäre Hilfe im Süden notwendiger sei als im Norden.[1341] In einem vom AA erbetenen Arbeitsgespräch wies der Arbeitsstab für humanitäre Hilfe im AA (AS-B-hH) darauf hin, dass das »wesentlich[e]

---

[1336] BArch, BW 2/29710, Vorlage Fü S III 5 an den Verteidigungsminister, Betr.: Einsatzoptionen Unterstützung UNOSOM II, 15.1.1993, hier Anlage 1.
[1337] Ebd., S. 2.
[1338] Siehe die Anmerkungen ebd., S. 3.
[1339] Ebd.
[1340] BArch, BW 1/372421, Kopie Rundschreiben Staatsminister im BKAmt Bernd Schmidbauer an das AA, BMI, BMJ, BMF, BMZ und BMVg, Betr.: 6. Sitzung des Bundessicherheitsrates am 28.1.1993, 28.1.1993, hier Anlage, S. 3 f.
[1341] Siehe die Anmerkungen auf PA AA, B 34, ZA, Bd 160131, Kopie Vorlage Fü S III 5 an den Verteidigungsminister, Betr.: Einsatzoptionen Unterstützung UNOSOM II, 15.1.1993.

## IV. Deutsche ›Blauhelme‹ in Afrika

Kriterium« für die Auswahl des Einsatzortes der Bundeswehr »der Bedarf der notleidenden Bevölkerung« sein müsse.[1342] Noch orientierte sich das AA stärker an der humanitären Notwendigkeit als das BMVg. In die militärischen Planungen war das AA bisher aber nicht einbezogen worden, was bereits im Rahmen der Kurdenhilfe 1991 zu Unzufriedenheit geführt hatte.[1343] Auch im Anschluss wurde die Hilfsbedürftigkeit der Bevölkerung aber nicht zum wichtigsten Kriterium des BMVg. Die Zielsetzung blieb eine sichtbare und politisch erfolgreiche Teilnahme.

Angesichts der Verzögerungen in New York legte sich Verteidigungsminister Rühe aber zunächst auf keinen Einsatzraum fest. Auch sollten nicht ohne Abstimmung im Bundestag Soldaten entsandt werden.[1344] Die Vorbereitungen zur Entsendung eines Voraus- und Vorkommandos waren zu dieser Zeit allerdings bereits fortgeschritten. Innerhalb von 120 Stunden hätten die ersten 18 Soldaten verlegt werden können.[1345] Offen blieb nur, wohin.

Auf Arbeitsebene lotete das BMVg derweil die Kooperationsmöglichkeiten mit den europäischen Partnern Frankreich und Italien aus. Interessanterweise scheint es im BMVg keine größeren Abstimmungen mit den USA gegeben zu haben. Letztere wollten Somalia so schnell wie möglich wieder verlassen und hatten bisher eher an deutsche Polizeihilfe gedacht. Augenscheinlich sollte Somalia daher vor allem die europäische Kooperation stärken, was der Priorität des Kanzlers entsprach. Gemäß der bereits Anfang Dezember 1992 getroffenen Vereinbarung zeigte sich das französische Verteidigungsministerium offen für deutsch-französische Abstimmungen und schlug eine deutsche Beteiligung im Nordosten oder im Zentrum Somalias vor, obwohl der Raum Beledweyne als »gefährdet« galt. Abstand nehmen sollte die Bundeswehr von einer Stationierung in ›Somaliland‹ und im Süden.[1346] Die französischen Einschätzungen deckten sich mit den Planungen des BMVg. Wenige Tage später vermeldete die deutsche Botschaft in Paris nach Gesprächen mit dem französischen Verteidigungsministerium, dass die Beteiligung Deutschlands »erwartet und [...] besonders begrüßt« werde. Dieser Wunsch sei »nicht im Zusammenhang mit Jugoslawien« vorgetragen worden, sondern nur in Bezug auf Somalia. Um Deutschland eine Beteiligung im Rahmen einer Mission unter Kapitel VII der VN-Charta zu ermöglichen, schien Frankreich sogar bereit,

---

[1342] Ebd., Vermerk AS-B-hH, Betr.: Geplanter Bw-Einsatz in Somalia im Rahmen von UNOSOM, hier: Gespräch am 26.1.1993 mit dem Koordinierungsstab für Einsatzaufgaben (KS-EA) des BMVg, 28.1.1993, hier S. 2 f.
[1343] Ebd., hier S. 1.
[1344] Vgl. die Anmerkungen auf BArch, BW 2/29710, Vorlage Fü S III 5 an den Verteidigungsminister, Betr.: Einsatzoptionen Unterstützung UNOSOM II, 15.1.1993, hier S. 1.
[1345] BArch, BW 2/24981, Rundschreiben Fü H III 4, Betr.: Planungsarbeiten »Einsatzverband Somalia«, 22.1.1993, hier S. 2.
[1346] BArch, BW 2/29710, Fü S III 5, Entwurf Dienstreisebericht über das Gespräch im FR Verteidigungsministerium am 22.2.1993 in Paris, Januar 1993; ebd., Vorlage Fü S III 5 an den Generalinspekteur, Betr.: Entsendung eines Vorauskommandos nach Somalia, hier: Ihr Gespräch mit BM Rühe hierzu am 2.2.1993, 1.2.1993, hier S. 1 f.

einen gemeinsamen Verantwortungsbereich zu suchen.[1347] Im Februar erneuerte Frankreich diese Aussichten bei den deutsch-französisch-italienischen Konsultationen.[1348] Während Frankreich in Europa durch sein Engagement im dortigen Südosten Stärke demonstrierte[1349], sollte die deutsch-französische Partnerschaft in Ostafrika erprobt werden. Dass Frankreich die deutsche Kooperation suchte, überrascht nicht. Nach der Aufstellung der deutsch-französischen Brigade 1989 und des Eurokorps 1993 nahmen 1994 auch erstmals deutsche Soldaten an der Militärparade am französischen Nationalfeiertag teil.[1350] Einerseits war für Frankreich jede Anknüpfung an das deutsche Militär und die Stärkung der europäischen NATO-Säule willkommen; so auch in Somalia. Andererseits versuchte es, durch ein stärkeres deutsches Engagement eigene Kräfte zu schonen.[1351]

Eher verhalten reagierte die Arbeitsebene des italienischen Verteidigungsministeriums. Eine Zusammenarbeit mit Deutschland sei nur im WEU-Rahmen denkbar. Hier hatte Italien Anfang 1993 den Vorsitz inne. Sicher sei zudem, dass für die VN-Mission kein Mandat unter Kapitel VI der VN-Charta reichen werde.[1352] Letzteres trieb auch die deutsche Seite um. Am 2. Februar entschied Minister Rühe, keine Absprachen mit den europäischen Partnern zu treffen, ehe das neue Mandat nicht in groben Zügen bekannt sei.[1353] Immer stärker verdichtete sich die Annahme, dass die gesamte Mission auf Grundlage von Kapitel VII der VN-Charta mandatiert und die UNITAF kein »secure environment« schaffen werde.[1354] Hatte das BMVg in der Weihnachtszeit noch auf eine unmittelbare Entsendung von Soldaten gedrängt, begann seine Leitung angesichts der neuen Lage und vor dem Hintergrund des Koalitionsstreits um die AWACS-Flüge über dem ehemaligen Jugoslawien[1355] zu zögern.[1356]

---

[1347] PA AA, B 34, ZA, Bd 160131, Drahtbericht der Botschaft der Bundesrepublik Deutschland in Paris an Referat 201 im AA, Nr. 218, 28.1.1993, hier S. 3.
[1348] PA AA, B 45, ZA, Bd 192061, Vorlage Dg 32 an den Außenminister, Betr.: Deutschfranzösisch-italienische Somalia-Konferenz am 10.2.1993 in Bonn, 12.2.1993, hier S. 4.
[1349] Mit über 6800 Soldaten war Frankreich im Februar 1993 der größte Truppensteller bei VN-Missionen. 4700 Soldaten dienten alleine in der VN-Mission UNPROFOR. United Nations, Summary of Contributions to Peace-Keeping Operations by Countries as of 28 February 1993, S. 2, https://peacekeeping.un.org/sites/default/files/feb-1993.pdf.
[1350] Vgl. ARD, Tagesschau vor 20 Jahren, 14.7.1994.
[1351] Vgl. BArch, B 136/43514, Drahtbericht der Botschaft der Bundesrepublik Deutschland in Paris an Referat 201 im AA, Nr. 407, 19.2.1993, hier S. 2.
[1352] BArch, BW 2/30515, Fü S III 5, Dienstreisebericht über das Gespräch im IT Verteidigungsministerium am 27.1.1993 in Rom, 29.1.1993; BArch, BW 2/29710, Vorlage Fü S III 5 an den Generalinspekteur, Betr.: Entsendung eines Vorauskommandos nach Somalia, hier: Ihr Gespräch mit BM Rühe hierzu am 2.2.1993, 1.2.1993, hier S. 2.
[1353] BArch, BW 2/29710, Schreiben Stabsoffizier beim Chef des Stabes Fü S an Fü S III, Betr.: Somalia, 2.2.1993.
[1354] BArch, BW 1/372026, Vorlage Büro StS Schönbohm an Staatssekretär Schönbohm, Betr.: Besprechung bei BM über Einsatzmöglichkeiten der Bw, 6.1.1993, hier S. 4; BArch, BW 2/29710, Vorlage Fü S III 5 an den Generalinspekteur, Betr.: Entsendung eines Vorauskommandos nach Somalia, hier: Ihr Gespräch mit BM Rühe hierzu am 2.2.1993, 1.2.1993, hier S. 2.
[1355] Vgl. Kinkel und Rühe streiten über Bundeswehreinsatz. In: taz, 21.1.1993, S. 4.
[1356] Vgl. Bundeswehr-Einsatz wird fraglich. In: SZ, 21.1.1993, Nr. 16, S. 1.

Das Problem einer möglichen Mandatierung der VN-Mission unter Kapitel VII der VN-Charta hatte Anfang des Jahres auch schon im AA Bedenken hervorgerufen.[1357] Bereits am 7. Januar waren die Botschaften in Washington, Paris und London sowie die Ständige Vertretung in New York angewiesen worden, diplomatisch auf die Befriedung und Entwaffnung Somalias durch die USA und die UNITAF zu drängen. Ansonsten sei die deutsche Beteiligung gefährdet: »Eine Entsendung eines Bundeswehrverbandes im Rahmen einer Operation nach Kap. Röm 7 der VN-Charta ist uns nicht möglich«, so Referat 230.[1358] Zwar unterstütze man ein robustes Mandat; um teilnehmen zu können, strebte das AA aber eine möglichst breitgefasste Resolution an, die nur in Teilen unter Kapitel VII der VN-Charta laufen sollte.[1359] Ohne im VNSR vertreten zu sein, war der Einfluss der Bundesressorts auf das neue VN-Mandat aber begrenzt und konnte nur durch bilaterale Gespräche erfolgen.

Ein Rückzug des Angebots kam indes aufgrund der absehbaren »Ansehens- und Glaubwürdigkeitseinbußen« nicht mehr in Betracht. Vor allem für die deutsche Kandidatur für einen nichtständigen Sitz im VNSR für die Jahre 1995/96 befürchtete das AA Konsequenzen.[1360] Obwohl sich die deutschen Diplomaten der Grenzen ihres Angebots bewusst waren, sollte an der Beteiligung der Bundeswehr festgehalten und Grauzonen gesucht werden, die mit der deutschen Selbstbeschränkung zu bewältigen waren. Nur so konnte das Bild des verlässlichen Partners gewahrt werden. Die humanitäre Notwendigkeit rückte daher auch im AA in den Hintergrund.

Allen Befürchtungen und den Auflagen zum Trotz zeigten die Vereinten Nationen aber auch weiter Interesse an einer deutschen Beteiligung.[1361] In einem Rundschreiben an die potenziellen Truppensteller forderte General Baril am 29. Januar detaillierte Informationen über die Zusammensetzung des deutschen Verbands, die Länge der geplanten Beteiligung und die absehbare Dauer bis zu dessen Stationierung.[1362] Mit dieser Aufforderung herrschte Gewissheit, dass die Vereinten Nationen mit einem deutschen Engagement rechneten. In erster Linie interessierten sie sich aber für die logistische Unterstützung der Mission, die bisher von US-Truppen abhing. Außer der

---

[1357] PA AA, B 34, ZA, Bd 160130, Vorlage Abteilung 3/Dg 32 an den Außenminister, Betr.: Meine Anwesenheit beim Vorbereitungstreffen für eine somalische Versöhnungskonferenz vom 4.–6.1.1993 in Addis Abeba, 7.1.1993, hier S. 2.
[1358] Ebd., Entwurf Drahterlass Referat 230 im AA an die Botschaften der Bundesrepublik Deutschland in Washington, Paris und London sowie die Ständige Vertretung in New York, ohne Nr., 7.1.1993.
[1359] Ebd., Entwurf Drahterlass Referat 230 im AA an die Ständige Vertretung in New York, ohne Nr., 19.1.1993.
[1360] Vgl. PA AA, B 34, ZA, Bd 160132, Kopie Vorlage Referat 230 an den Außenminister, Betr.: VN-Operation in Somalia (UNOSOM), hier: Bevorstehende definitive Entscheidung über die Teilnahme der Bundeswehr, 10.2.1993, hier S. 4.
[1361] PA AA, B 34, ZA, Bd 160130, Drahtbericht der Ständigen Vertretung in New York an Referat 230 im AA, Nr. 140, 22.1.1993, hier S. 2.
[1362] BArch, BW 2/29710, Fax General Baril, United Nations, an die Ständige Vertretung in New York, Betr.: Second UNOSOM/UNITAF Contributing Countries Meeting, 29.1.1993.

Bundesrepublik hatte kein anderer Staat Logistikkräfte angeboten.[1363] Für die von der Bundesregierung gewünschte humanitäre Aufgabe, ebenfalls eine Grundvoraussetzung des Kabinettbeschlusses, bestand dagegen kein Bedarf.

Aufgrund fehlender Kenntnisse des genauen Auftrags und des Einsatzraums blieben die Planungen des BMVg aber provisorisch. Staatssekretär Schönbohm wurde eine Einsatzlänge bis Ende 1993 vorgeschlagen. Eine Verlängerung sollte von der humanitären Notwendigkeit abhängig gemacht werden.[1364] Ähnlich wie die USA erhoffte sich das BMVg eine kurze, prestigebringende Präsenz. Im Unterschied dazu glaubte das AA an ein langfristiges Engagement.[1365] Nicht nur beim Einsatzraum, auch bei der Dauer der Beteiligung bestanden unterschiedliche Vorstellungen.

Weiterhin drängte die Arbeitsebene des BMVg aber zum Handeln und empfahl Staatssekretär Schönbohm eine sofortige Antwort an das VN-Sekretariat: »Würden wir das Mandat UNOSOM II abwarten, kämen wir zu spät.«[1366] Angesichts der sich wandelnden Rahmenlage zeigte sich die Arbeitsebene des BMVg handlungsfreudiger als die Leitung, die sich aus politischen Gründen zurückhielt.

Gegenüber General Naumann äußerte derweil der Inspekteur des Heeres Zweifel am deutschen Somalia-Engagement, das er durchweg als »Einsatz« bezeichnete. Zweifel bestanden nicht daran, humanitäre Hilfe zu leisten. Zweifel bestanden, ob die nicht befriedete Lage in Somalia den Voraussetzungen des Kabinettsbeschlusses entspreche. Aus Sicht von Generalleutnant Hansen sei zu bezweifeln, ob eine Region als befriedet bezeichnet werden könne, wenn dort eine unter Kapitel VII der VN-Charta mandatierte Mission laufe.[1367] Hansen forderte, von der Beschränkung auf Selbstverteidigung abzurücken. Den deutschen Truppen müsse auch die Anwendung von Zwang zum Entsetzen eingeschlossener Truppen oder der Wiedererlangung entwendeter Güter erlaubt sein. Alles andere sei den Soldaten nicht vermittelbar: »Ein in dieser Situation dennoch befohlener Einsatz könnte auch als ›Mißbrauch‹ der betroffenen Soldaten zur Klärung einer Verfassungsfrage verstanden werden, die die Politik nicht leisten kann oder will.« Eine Arbeitsteilung mit anderen Staaten zum Schutz des deutschen Verbands lehnte er aufgrund des Selbstverständnisses und der Auswirkung auf die Moral der deutschen Soldaten ab. »Ein Aufgabensplitting« in Soldaten »im humanitären Einsatz«

---

[1363] Vgl. UNA, S-1829-0016-0001-00002, Fax Marrack Goulding an den UNOSOM-Kommandeur Imtiaz Shaheen, Betr.: Visit of two officers from Germany, 29.1.1993.
[1364] BArch, BW 2/29710, Vorlage Fü S III 5 an Staatssekretär Schönbohm, Betr.: Beitrag der Bundeswehr zu UNOSOM II, hier: Zusammenstellung unseres Angebots, 5.2.1993, hier S. 2.
[1365] PA AA, B 34, ZA, Bd 160132, Kopie Vorlage Referat 230 an den Außenminister, Betr.: VN-Operation in Somalia (UNOSOM), hier: Bevorstehende definitive Entscheidung über die Teilnahme der Bundeswehr, 10.2.1993, hier S. 2.
[1366] BArch, BW 2/29710, Vorlage Fü S III 5 an Staatssekretär Schönbohm, Betr.: Beitrag der Bundeswehr zu UNOSOM II, hier: Zusammenstellung unseres Angebots, 5.2.1993, hier S. 3.
[1367] Ebd., Schreiben Inspekteur des Heeres an den Generalinspekteur, 11.2.1993, hier S. 1.

IV. Deutsche ›Blauhelme‹ in Afrika 363

und Soldaten mit »Befriedungsauftrag« sei »weder politisch noch militärisch sinnvoll realisierbar, geschweige denn verantwortbar.«[1368] Wenn sich die Bundesregierung an einer Mission unter Kapitel VII der VN-Charta beteiligen wolle, müssten »angemessen[e] Mittel und Verhaltensregeln festgelegt« werden, um die Sicherheit der deutschen Soldaten zu gewähren: »Ein Abstützen auf einen alleinigen Schutz durch andere UNOSOM-Nationen kann es [...] nicht geben.«[1369] Der Inspekteur kritisierte nicht, dass seine Soldaten für humanitäre Aufgaben genutzt werden sollten. Vehement beklagte er aber, dass die Regierung gewillt war, deutsche Soldaten in ein Konfliktgebiet zu entsenden, ohne bereit zu sein, ihnen im Notfall auch die Anwendung von Zwang zur Erfüllung ihres Auftrags zu gestatten. Während die Leitung des BMVg bündnispolitische Ziele verfolgte, schien sich General Hansen mehr um die Sicherheit seiner Soldaten zu sorgen.

In einer von General Naumann geforderten Stellungnahme sprach sich auch der Stabsabteilungsleiter Fü S III, Generalmajor Klaus Wiesmann, dafür aus, das deutsche Angebot unverzüglich zurückzuziehen, wenn kein angemessener Schutz gewährleistet oder kein befriedeter Raum erwartet werde. Ein Rückzug erst nach Erhalt des Mandats sei dagegen »ein erheblicher außenpolitischer Schaden«. Wiesmann zeigte sich jedoch überzeugt, dass die Bundeswehr auch in der jetzigen Situation humanitäre Hilfe auf Grundlage des Kabinettsbeschlusses leisten könne. Wenn die Regierung ihr Angebot zurückziehe, bestehe die Gefahr, dass die Opposition im Organstreit gestärkt werde.[1370] Ähnlich wie der Inspekteur des Heeres sprach sich aber auch Wiesmann gegen unterschiedliche Verhaltensregeln (Rules of Engagement) – einerseits unter Kapitel VII der VN-Charta zur Anwendung von Zwang und andererseits unter Kapitel VI nur zur Selbstverteidigung – in einem Einsatzgebiet aus. Dies widerspreche dem »soldatischen Selbstverständnis«. Sollte die Situation in Somalia keine humanitäre Hilfe zulassen, müsse diese »vorübergehend eingestellt werden«. Aus militärpolitischen Gründen wollte Wiesmann an der Beteiligung festhalten und empfahl eine unverzügliche Erkundung in Somalia.[1371] Als möglichen Einsatzraum nannte er den Norden, da dieser aufgrund seiner Clan-Struktur vermutlich »der am leichtesten dauerhaft zu befriedende Landesteil« sei.[1372]

Die obere Arbeitsebene des BMVg drängte also weiter auf eine Erkundung, um die Planungen voranzutreiben. Angesichts des laufenden Verfassungsstreits wurde eine Nichtbeteiligung als Rückschlag auf dem Weg zur weltweiten Handlungsmöglichkeit der Bundeswehr gesehen. Ausdrücklich lehnte die Arbeitsebene aber die Gestaltung des späteren deutschen Mandats – die Beteiligung mit Befugnissen nach Kapitel VI im

---
[1368] Ebd., S. 2.
[1369] Ebd., S. 3.
[1370] BArch, BW 2/29710, Vorlage Stabsabteilungsleiter Fü S III an den Generalinspekteur, 15.2.1993, hier S. 2 f.
[1371] Ebd., S. 4.
[1372] Ebd., S. 1.

Rahmen einer auf Kapitel VII der VN-Charta mandatierten Mission sowie die logistische Hilfe – ab: »Logistische Aufgaben für UNOSOM II Truppen«, so Wiesmann, »können und wollen wir in Somalia nicht durchführen.« Einerseits stehe dem die Auflage des Kabinettsbeschlusses entgegen, humanitäre Aufgaben zu erfüllen. Andererseits sei »dieser militärische Einsatz« nicht von der Verfassung gedeckt.[1373] Aus Sicht der Militärpolitiker war die spätere Verwendung der Bundeswehr rechtlich problematisch. Aus Prestigegründen sollte die »humanitäre« Beteiligung aber weiter erfolgen.

Angesichts der laufenden Verhandlungen über das künftige UNOSOM-II-Mandat informierte General Naumann Verteidigungsminister Rühe zwar noch am selben Tag, der einzige Punkt, den er von der Kritik des Heeresinspekteurs übernahm, war aber der Hinweis, dass eine sofortige Absage weniger Schaden verursache als eine spätere. Während die Generale Hansen und Wiesmann davon ausgingen, dass die neue Mission unter Kapitel VII der VN-Charta mandatiert würde, meldete Naumann, dass die USA, die die UNITAF als Erfolg beenden wollten, darauf drängten, Somalia ganz oder teilweise zu einem »secure environment« zu erklären. Es sei daher mit einem Mandat auf Grundlage des Kapitels VI der VN-Charta oder einem gemischten Mandat zu rechnen. Naumann empfahl Rühe, zeitnah ein Erkundungskommando nach Somalia zu entsenden, um die Rahmenlage für das weitere Engagement zu klären.[1374] Der Generalinspekteur blieb durch seine optimistische Darstellung treibende Kraft der Beteiligung. Alle Anzeichen sprachen zu diesem Zeitpunkt für eine Mission unter Kapitel VII. Allerdings fürchtete er bei erneuter Passivität um den deutschen Einfluss im Bündnis,[1375] sodass er an der Entsendung der Bundeswehr nach Somalia festhielt. Aus Gründen der Glaubwürdigkeit plädierte er zudem für die Beibehaltung der Beschränkungen des Kabinettsbeschlusses und drängte nicht auf größere Befugnisse der deutschen Soldaten;[1376] gegenüber Hansen mit der Begründung, dass das deutsche Mandat robust genug ausgelegt werde,[1377] insgeheim wohl aber auch mit dem Wissen, dass politisch nicht mehr erreichbar war.[1378] Die Hauptsache blieb, überhaupt sichtbar in Somalia dabei zu sein.

Ob Staatssekretär Schönbohm an dieser internen Diskussion beteiligt war, ist nicht ersichtlich. Auf der Basis des Kabinettsbeschlusses billigte er

---

[1373] Ebd., S. 2.
[1374] BArch, BW 2/29710, Kopie Schreiben Generalinspekteur an den Verteidigungsminister, 15.2.1993.
[1375] Vgl. Deutsche Zwerge. In: taz, 8.3.1993, S. 4; »Keine Sonderrolle Deutschlands«. In: FAZ, Nr. 58, 10.3.1993, S. 4.
[1376] BArch, BW 2/29710, Kopie Schreiben Generalinspekteur an den Verteidigungsminister, 15.2.1993, hier S. 2.
[1377] BArch, N 854/14-1, Schreiben Generalinspekteur an den Inspekteur des Heeres, 26.2.1992, hier S. 2.
[1378] Naumann stand in der Kritik der Abgeordneten, weil er sich zu sehr in die Politik eingemischt habe. Vgl. Streit um Generalinspekteur Naumann. »Er ist kein Politiker«. In: FAZ, Nr. 59, 11.3.1993, S. 4.

am 16. Februar die vorläufige Zusammensetzung des deutschen Verbands.[1379] Neben einem Lufttransportstützpunkt in Mombasa sollte er 1555 Soldaten, acht Hubschrauber, vier Flugzeuge und rund 500 Fahrzeuge, darunter 33 Transport- und Führungspanzer, umfassen. Als Waffen sollte er neben 336 Pistolen P1, 1239 Gewehren G3 und 170 Maschinengewehren MG 3 auch 238 leichte Panzerfäuste mitführen.[1380] Erste Anpassungen der möglichst wenig martialisch wirkenden Pläne aus dem Dezember wurden sichtbar. Obwohl Deutschland nur eine Beteiligung »am humanitären Element von UNOSOM II« anstrebte, drängte das BMVg beim AA auf einen »eigenen räumlichen Verantwortungsbereich«. Gemäß der politischen Vereinbarung müsse dieser aber von den Vereinten Nationen als befriedet erklärt werden. Die Auflage, dass die Erklärung von den Vereinten Nationen – nicht von den Missionen – stammen sollte, ging auf Staatssekretär Schönbohm zurück. Im Entwurf des Briefs an das AA hatte es nur geheißen, der Raum müsse »als befriedete Region angesehen« werden. Den Zweifeln des Heeres und der Arbeitsebene im BMVg zum Trotz setzte sich General Naumann überdies mit seinen Vorstellungen durch, Waffengewalt für das deutsche Kontingent weiter nur auf die Selbstverteidigung zu begrenzen. Gemäß den Einwänden des Stabsabteilungsleiters Fü S III sei Deutschland aber »[k]einesfalls [...] an der Zuweisung logistischer Aufgaben für« andere VN-Truppen interessiert.[1381] Die später vom deutschen Kontingent übernommene Aufgabe wurde Anfang Februar also auch gegenüber dem AA zurückgewiesen. Dem Schreiben fehlte aber eine Begründung. Neben den rechtlichen Bedenken lässt die Forderung nach einem eigenen Verantwortungsbereich vermuten, dass die weniger sichtbare logistische Unterstützung als weniger prestigebringend erachtet wurde. Die spätere Diskussion um Alternativaufgaben stützt dieses Argument.

Über die Entsendung des deutschen Verbands hinaus bestand beim BMVg Interesse, die Position des Deputy Chief of Staff for Operations bis zum Dienstgrad Brigadegeneral, Positionen in den Abteilungen Operations, Logistics, Communication und Medical bis zum Dienstgrad Oberst sowie weitere Stabsposten im Hauptquartier der künftigen Mission zu übernehmen.[1382] Solche Dienstposten waren bedeutsam: Hohe Dienstgrade im Hauptquartier erhielten alle Informationen und konnten auf die Mission einwirken. Beides hatte im Zweiten Golfkrieg gefehlt.

Ohne Ergänzungen des AA wurden die Angaben des BMVg am 18. Februar nach New York gesandt.[1383] Noch am gleichen Tag suchten zwei VN-Mitarbeiter

---

[1379] Siehe die Anmerkung auf BArch, BW 2/29710, Vorlage Fü S III 5 an Staatssekretär Schönbohm, Betr.: Beitrag der Bundeswehr zu UNOSOM II, hier: Zusammenstellung unseres Angebots, 5.2.1993, hier S. 1.
[1380] Ebd., Entwurf als Anlage Schreiben Fü S III 5 im BMVg an Referat 230 im AA, Betr.: Beitrag der Bundeswehr zu UNOSOM II, hier: Zusammenstellung unseres Angebots, o.D., hier Anlage 1.
[1381] Ebd., hier S. 2.
[1382] Ebd.
[1383] PA AA, B 34, ZA, Bd 160131, Entwurf Drahterlass Referat 230 im AA an die Ständige Vertretung in New York, ohne Nr. [1880], 18.2.1993, hier S. 2.

die Ständige Vertretung zur Vorbereitung der Einweisung des designierten türkischen UNOSOM-II-Kommandeurs auf. Unter Berücksichtigung der deutschen Bedingungen und des »Beruhigungsgrad[s]« der Regionen plante das VN-Sekretariat mit der Entsendung des deutschen Kontingents nach Boosaaso.[1384] Grundsätzlich entsprach dies den Wünschen des BMVg. Auch das Interesse an den Stabspositionen werde geprüft, so das VN-Sekretariat. Ein für eine der fünf Zonen verantwortlicher Brigadekommandeur müsse allerdings in der Lage sein, Zwangsmaßnahmen zu befehlen. Eine deutsche Beteiligung in dieser Position schied also aus und auch im Anschluss sollten die deutschen Auflagen verhindern, hochwertige Posten zu übernehmen. Angesichts des potenziellen Einsatzraums in Boosaaso regte das VN-Sekretariat indes an, den deutschen Verband um eine Pionierkompanie zur Minenräumung der Verbindungswege zu verstärken;[1385] eine Tätigkeit, der die Bundeswehr weder personell noch materiell oder rechtlich nachkommen konnte und die sie schon frühzeitig ausgeschlossen hatte.[1386] Insgesamt schlussfolgerte die Ständige Vertretung aber aus dem Gespräch, dass die Vereinten Nationen fest mit einer deutschen Beteiligung rechneten und bemüht seien, die Teilnahme auch im Rahmen einer auf Kapitel VII mandatierten Mission zu ermöglichen.[1387] Die Rücknahme des deutschen Angebots schien nicht mehr ohne außenpolitischen Schaden möglich.

Mittlerweile forderten nämlich auch die USA die Beteiligung der Bundeswehr. Bisher stellten sie den Großteil der UNITAF-Logistiktruppen und wollten möglichst viele eigene Soldaten abziehen. Anfang Februar, kurz vor einer US-Reise des Ministers Rühe[1388], ging im AA eine Demarche der US-Botschaft in Bonn ein, in der für eine deutsche Beteiligung mit Unterstützungstruppen auch im Rahmen einer Kapitel-VII-Mission geworben wurde.[1389] Die USA handelten als »Intervention Entrepreneur«[1390], der die Zusammensetzung der Mission vorantrieb, um eigene Kräfte zu schonen. Öffentlich erklärten die USA, dass in Somalia »die akute Notlage bei der Nahrungsmittelversorgung [...] vorüber sei«.[1391] Nur so galt die UNITAF als Erfolg, was Voraussetzung ihres Abzugs war. Als Ersatz für die im Land stehenden US-Truppen schwebten den USA für die anschließende VN-Mission

---

[1384] PA AA, B 34, ZA, Bd 160132, Drahtbericht der Ständigen Vertretung in New York an Referat 230 im AA, Nr. 358, 18.2.1993, hier S. 2.
[1385] Ebd.
[1386] Vgl. PA AA, B 34, ZA, Bd 160130, Vermerk Referat 320, Betr.: Frage einer Minenräumung durch die Bundeswehr in Somalia, 22.12.1992.
[1387] PA AA, B 34, ZA, Bd 160132, Drahtbericht der Ständigen Vertretung in New York an Referat 230 im AA, Nr. 358, 18.2.1993, hier S. 3.
[1388] Karl Feldmeyer, Rühes bescheidenes Programm. In: FAZ, Nr. 41, 18.2.1993, S. 6; Rühe: Amerika beschließt in Kürze Erzwingung des Flugverbots. In: FAZ, Nr. 42, 19.2.1993, S. 3.
[1389] BArch, BW 2/29710, Kopie als Anlage Fax der Botschaft der USA in Bonn an Referat 301 im AA, o.D.
[1390] Vgl. Henke, A Tale of Three French Interventions, S. 584 f.
[1391] BArch, BW 2/29710, Vorlage Stabsabteilungsleiter Fü S III an den Generalinspekteur, 15.2.1993, hier Anlage 3, S. 2.

deutsche Logistiktruppen für die Versorgung anderer VN-Einheiten vor. In Ergänzung dazu vermeldete Botschafter Hansjörg Eiff nach seiner Somaliareise Ende Februar, dass sich der UNITAF-Kommandeur Generalleutnant Robert Johnston vor allem für den Einsatz deutscher Pioniere in Mogadischu stark gemacht habe. Im Nordosten – wie es das BMVg und auch das VN-Sekretariat anstrebten – seien die deutschen Fähigkeiten weniger sinnvoll.[1392] Zwar handelte es sich um die Aussage von US- bzw. UNITAF-Personal, doch deuteten sich erste Meinungsunterschiede zwischen den Praktikern in Somalia und den Planern in New York an. UNOSOM-II-Kommandeur Bir und sein Stellvertreter Thomas Montgomery hätten zwar »lebhaftes Interesse« an einer Verwendung der Bundeswehr gezeigt, zu diesem Zeitpunkt seien sie aber noch nicht in der Lage gewesen, weitere Details zu nennen.[1393] Wie der Verlauf der Mission zeigte, übernahm die UNOSOM-II-Führung die Ansichten der US-Amerikaner und plante teils gegenläufig zum VN-Sekretariat. Dies sollte gravierende Auswirkungen für die deutsche Beteiligung haben, deren erhoffte rein humanitäre Tätigkeit nicht gebraucht wurde.

Zunächst hielt das BMVg aber am Einsatzort im Nordosten Somalias fest, zumal davon ausgegangen wurde, dass der Norden von den Vereinten Nationen als Erstes für befriedet erklärt werden würde.[1394] Dem Drängen der Arbeitsebene, die Beschränkung zur Vorbereitung des Erkundungskommandos aufzuheben, erteilte Staatssekretär Schönbohm aber eine Absage. Sie sollte erst nach Bekanntgabe der neuen VN-Resolution aufgehoben werden.[1395] Auch auf Ministerebene sprachen sich Kinkel und Rühe am Rande einer Kabinettssitzung Anfang März gegen die Entsendung von Soldaten aus, ehe eine neue Resolution vorliege und diese im Kabinett erörtert worden sei.[1396] Aus innenpolitischen Gründen sollten keine militärischen Tatsachen geschaffen werden. Weiter verhielten sich die Minister abwartend. Je offensichtlicher es wurde, dass die UNOSOM II auf Kapitel VII der VN Charta mandatiert und die UNITAF kein »secure environment« etablieren würde, desto skeptischer wurde vor allem auch das Heer, das den Auftrag durchführen musste. Der Wille, humanitär zu helfen, kann niemandem abgesprochen werden. In erster Linie wollten die Arbeitsebenen des AA und des BMVg aber am Engagement festhalten, um politischen Schaden zu vermeiden. Nun rächte sich der öffentliche Vorstoß im Dezember. Die humanitären oder militärischen Notwendigkeiten spielten im Entscheidungsprozess eine untergeordnete Rolle, was sich auch daran ablesen lässt, dass keine lo-

---

[1392] PA AA, B 34, ZA, Bd 160131, Drahtbericht der Botschaft der Bundesrepublik Deutschland in Nairobi an Referat 301 AS-b-hH im AA, Nr. 153, 26.2.1993.
[1393] Ebd.
[1394] Neben einer humanitären Notwendigkeit und den Kooperationsmöglichkeiten mit Frankreich sprachen auch die persönlichen Kontakte des Polizeichefs Abdi Sugale zur ehemaligen Beratergruppe der Bundeswehr für eine Entsendung nach Boosaaso. BArch, BW 2/29710, Vorlage Fü S III 5 an den Verteidigungsminister, Betr.: Einsatzoptionen Unterstützung UNOSOM II, 26.2.1993.
[1395] Siehe die Anmerkungen auf ebd., hier S. 3.
[1396] PA AA, B 34, ZA, Bd 160131, Vermerk des Außenministers, 4.3.1993, hier S. 1.

gistische Hilfe für andere UNOSOM-II-Truppen geleistet werden sollte, auch wenn dies von den Vereinten Nationen und den USA erbeten wurde. Nicht die Konfliktlage oder die Ausgestaltung der Mission bestimmten das deutsche Angebot, sondern innen- und bündnispolitische Interessen.

*Polizeieinsatz in Somalia?*

Vor dem Hintergrund der schleppenden Planungen in New York und der ungewissen Entsendung der Bundeswehr hatte die Bundesregierung rund einen Monat nach ihrem Beschluss vom Dezember außer der Entsendung eines dritten Flugzeugs wenig vorzuweisen. Entsprechende Kritik kam von der deutschen Botschaft aus Nairobi:

> »Angesichts unseres Unvermögens, relativ zügig mit der Entsendung von Soldaten reagieren können [sic], stellt sich die Frage, welche der im Kabinettsbeschluss angekündigten Maßnahmen unter den gegebenen Umständen überhaupt implementiert werden können.«[1397]

Politisch machbarer sei die Unterstützung der somalischen Polizei, die »nach Meinung aller Beteiligten zu den hochwillkommenen und sinnvollen Maßnahmen« gehöre. Allerdings fehlte den Vereinten Nationen auch hierfür ein Konzept.[1398] Nachdem die Diplomaten bereits vor dem Kabinettsbeschluss Polizeihilfe gefordert hatten, kam der erneute Hinweis nicht ohne Grund. Anfang Januar hatte der Afrikabeauftragte des AA, Hans-Günter Sulimma, im Rahmen der somalischen Versöhnungskonferenz in Addis Abeba die Meinung der lokalen Konfliktakteure zu einem möglichen deutschen Engagement eingeholt und nach eigenen Angaben positive Resonanz hinsichtlich einer deutschen Unterstützung beim Polizeiaufbau erhalten.[1399] Dies sollte sich auch bei einer späteren Erkundung in Nordsomalia bestätigen.[1400] Grundsätzlich sei die Polizeiausbildung für die somalischen Akteure der »wichtigste deutsche Beitrag« gewesen, so Sulimma. Die Entsendung der Bundeswehr sei zwar nach Rückfrage positiv, »jedoch in keinem Fall als vorrangiges somalisches Anliegen« bezeichnet worden.[1401]

Nicht nur die USA, sondern auch die Somalier schienen in der Darstellung des AA eine deutsche Polizeiunterstützung eher zu befürworten als die Entsendung der Bundeswehr. Sulimma meldete, dass es »am Horn von Afrika

---

[1397] PA AA, B 34, ZA, Bd 160130, Drahtbericht der Botschaft der Bundesrepublik Deutschland in Nairobi an den AS-B-hH im AA, Nr. 10, 11.1.1993, hier S. 2.
[1398] Ebd.
[1399] PA AA, B 34, ZA, Bd 160130, Drahtbericht der Botschaft der Bundesrepublik Deutschland in Addis Abeba an Referat 230 im AA, Nr. 14, 6.1.1993; PA-DBT 3104, Auswärtiger Ausschuß, 12/56, 13.1.1993, S. 30 f.
[1400] BArch, BW 2/29717, Fü S III 5, Dienstreisebericht über die ressortübergreifende Erkundungsmission nach Nordsomalia vom 12.3.1993 bis 20.3.1993, 22.3.1993, hier Anlage 1.
[1401] PA AA, B 34, ZA, Bd 160130, Entwurf Vorlage Abteilung 3/Dg 32 an den Außenminister, Betr.: Meine Anwesenheit beim Vorbereitungstreffen für eine somalische Versöhnungskonferenz vom 4.1.–6.1.1993 in Addis Abeba, 7.1.1993, hier S. 4.

fast einen positiven ›Mythos‹ der früheren deutschen Tätigkeit« im Bereich der Polizeiausbildung gebe. Dem Außenminister sollte vorgeschlagen werden, ein Erkundungsteam sowie anschließend im VN-Rahmen Ausbilder zu entsenden, um eine Polizeischule aufzubauen. Zudem sollten die in Aussicht gestellten drei Mio. D-Mark zur Polizeihilfe erhöht werden.[1402] Der Ständigen Vertretung in New York zufolge befürworteten auch das VN-Sekretariat und der Militärberater des VNGS, Brigadegeneral Baril, die Beteiligung eines deutschen Polizeiexperten bei einer Erkundung in Somalia.[1403] Weil auch der VNGS bei seinem Besuch im Januar in Bonn zu jeder Gelegenheit einige Tausend deutsche Polizisten erbat,[1404] schlug das AA den Vereinten Nationen Ende Januar nach Rücksprache mit dem BMI die Entsendung des Leitenden Polizeidirektors im BGS, Werner Feuersenger, zur Beteiligung an einer Erkundung in Somalia vor. Grund für die Entsendung dieses hohen Dienstgrads war der Wunsch der Ständigen Vertretung, die Leitung des Expertenteams zu übernehmen: »Die uns angetragene Expertenstellung bietet uns Gelegenheit, unseren bisher schon guten Ruf im Bereich der VN-Polizeizusammenarbeit weiter zu festigen und ein entsprechendes Profil in den VN auszubauen.«[1405]

Wie die Bundeswehr war die Polizei für das AA ein Instrument unter vielen, um internationales Prestige zu generieren. Ende Januar hatten nämlich auch die USA erstmals öffentlich Position für eine ständige Mitgliedschaft der Bundesrepublik im VNSR bezogen.[1406] Die deutschen Diplomaten schienen fortan noch stärker motiviert, das von ihrer Leitung ausgegebene Ziel durch eigenes Handeln zu legitimieren. Die Beteiligung der Polizei schien hier die einfachste Option. Gleichzeitig lotete das AA auf Arbeitsebene Kooperationsmöglichkeiten mit Frankreich und Italien aus. Für diese Zusammenarbeit hatte sich der VNGS im Januar bei Bundeskanzler Kohl stark gemacht.[1407] Durch eine deutsche Teilnahme erhoffte sich der VNGS größere französische und italienische Kontingente, die die abziehenden US-Truppen ersetzen sollten.[1408] Für die Deutschen dienten die Gespräche mit Frankreich dagegen vor allem dazu, die Anfang Dezember getroffene Absicht einer stär-

---

[1402] Ebd., S. 3 f.
[1403] PA AA, B 34, ZA, Bd 160130, Drahtbericht der Ständigen Vertretung in New York an Referat 230 im AA, Nr. 58, 8.1.1993.
[1404] Vgl. die Gesprächsvermerke in UNA, S-1086-0120-12-00001. Siehe auch PA-DBT 3104, Auswärtiger Ausschuß, 12/55, 12.1.1993, S. 5.
[1405] PA AA, B 34, ZA, Bd 160130, Drahtbericht der Ständigen Vertretung in New York an Referat 230 im AA, Nr. 83, 14.1.1993, hier S. 2.
[1406] Vgl. Christopher für Ständigen Sitz Deutschlands im Sicherheitsrat. In: FAZ, Nr. 22/4, 27.1.1993, S. 1. Zur US-Position hinsichtlich eines ständigen Sitzes der Bundesrepublik im VNSR siehe Andreae, Reform in der Warteschleife, S. 190–199.
[1407] BArch, B 136/43514, Entwurf AL 2, Betr.: Gespräch des Herrn Bundeskanzlers mit dem Generalsekretär der Vereinten Nationen, Dr. Boutros-Ghali, am Montag, 11. Januar 1993, 12.1.1993, hier S. 1 f.
[1408] Vgl. UNA, S-1086-0120-12-00001, Notes of the Secretary-General's meeting with Mr. Hans-Ulrich Klose, Chairman of the Parliamentary Group of the Social Democratic Party of Germany, 8.4.1993, hier S. 3 f.

keren humanitären Kooperation – auch durch die Zusammenarbeit der Polizei – zu verwirklichen.[1409] Die Gespräche mit dem damaligen WEU-Vorsitzenden Italien gingen dagegen von der Besorgnis der ehemaligen Kolonialmacht aus, bei einem deutsch-französischen Polizeiprojekt ausgeschlossen zu werden.[1410] Eine deutsch-französisch-italienische Somalia-Konferenz in Bonn blieb Mitte Februar aber ohne Ergebnisse. Frankreich wollte im Polizeibereich nicht mit Italien zusammenarbeiten und Italien hatte andere Vorstellungen als Deutschland.[1411]

Rückendeckung für ein stärkeres Polizeiengagement bekam das AA allerdings vom Kanzler. Nach seinem Gespräch mit dem VNGS hatte Kohl entschieden, der Unterstützung der somalischen Polizei Priorität einzuräumen.[1412] Zudem hatte auch die Opposition signalisiert, dass die Entsendung von Polizisten nach Somalia verfassungsrechtlich »akzeptabel« sei.[1413] Das BMI besaß somit kaum Spielraum, eine Unterstützung zu verweigern, und folgte den Wünschen des AA.[1414]

Fast zwangsläufig wurde Polizeidirektor Feuersenger daher Ende Januar auf Einladung der Vereinten Nationen zur Vorbereitung auf die Erkundung nach New York entsandt.[1415] Im VN-Hauptquartier traf er mit zwei ebenfalls zum Team gehörenden Experten aus den Niederlanden und Italien zusammen.[1416] Wie von der Ständigen Vertretung erhofft, wurde Feuersenger zum Teamleiter ernannt. Zwischen Januar und Februar leitete er eine Erkundung zur Durchführbarkeit eines von den Vereinten Nationen unterstützten Wiederaufbaus der somalischen Polizei, die das Team auch nach Somalia brachte. Zuvor hatten sich die Experten ihren Auftrag selbst formulieren müssen. Eine VN-Abteilung mit Polizeikompetenzen gab es noch nicht. Laut Ständiger Vertretung sei es »als Kompliment an unsere Polizei« zu verstehen, dass ein deutscher Beamter mit dieser schwierigen Aufgabe be-

---

[1409] PA AA, B 45, ZA, Bd 192061, Nebenabdruck Vorlage Dg 32 an den Außenminister, Betr.: Deutsch-französisch-italienische Somalia-Konsultationen am 10. Februar 1993 in Bonn, 27.1.1993.
[1410] Ebd., Nebenabdruck Vermerk Referat 322, Betr.: Deutsch-italienische Gespräche über mögliche gemeinsame Aktivitäten für den Wiederaufbau einer somalischen Polizei, 4.2.1993.
[1411] Ebd., Nebenabdruck Vorlage Dg 32 an den Außenminister, Betr.: Deutsch-französisch-italienische Somalia-Konferenz am 10.2.1993 in Bonn, 12.2.1993.
[1412] BArch, B 106/371705, Kopie Schreiben von Ministerialdirektor Peter Hartman im BKAmt an Staatssekretär Dieter Kastrup im AA, 15.1.1993; ebd., Kopie Schreiben des Bundeskanzlers Helmut Kohl an den VNGS Boutros Boutros-Ghali, 29.1.1993, hier S. 2.
[1413] PA-DBT 3104, Auswärtiger Ausschuß, 12/55, 12.1.1993, S. 13.
[1414] Vgl. BArch, B 106/371707, Vorlage Referat P III 2 an Staatssekretär Vöcking, Betr.: Deutscher Beitrag zur Durchführung der VN-Sicherheitsrat-Resolution 794 für Somalia – UNOSOM –, hier: 1. Lagebericht des deutschen Polizeiexperten LtdPD Feuersenger, zur Beurteilung der Polizeihilfe für Somalia, 25.2.1993, hier S. 2.
[1415] PA AA, B 34, ZA, Bd 160130, Drahtbericht der Ständigen Vertretung in New York an Referat 230 im AA, Nr. 127, 21.1.1993.
[1416] Ebd., Drahtbericht der Ständigen Vertretung in New York an Referat 230 im AA, Nr. 142, 22.2.1993.

traut worden sei. Feuersenger habe »einen hervorragenden ersten Eindruck hinterlassen.«[1417]

Im Gegensatz zum BMVg bewertete Feuersenger die Sicherheitslage im Norden Somalias als schlechter als in den UNITAF-kontrollierten Gebieten im Süden. Aufgrund der Bürgerkriegssituation stehe die somalische Polizei vor einem »totalen Neuanfang«. Jedoch gebe es gute Voraussetzungen und Zustimmung in der Bevölkerung. Um die Polizei von der lokalen hin zur nationalen Ebene aufzubauen, schlug die Delegation die Entsendung von rund 500 VN-Polizisten vor.[1418] Umgehend bat das AA beim BMI um die Bereitstellung von 30 bis 40 Beamten.[1419] Die Erkundungsergebnisse erreichten New York aber zu spät, um noch für den Bericht des VNGS Anfang März berücksichtigt zu werden.[1420] Die Planungen zur Polizeiausbildung verzögerten sich daher noch stärker als die der gesamten Mission. In der Bundesrepublik rückte dadurch die Entsendung der Bundeswehr wieder in den Vordergrund, obwohl diese international von untergeordneter Bedeutung war.

Durch den Einsatz des Leitenden Polizeidirektors Feuersenger hatte die Bundesrepublik aber einen wesentlichen Beitrag zur Aufstellung einer möglichen CIVPOL-Komponente geleistet. Ein weiteres Engagement schien vorbestimmt. Zudem wurde Deutschland in diesem Bereich von somalischer und internationaler Seite – insbesondere von den USA,[1421] die in lokalen Polizisten eine Exit-Strategie für ihre Truppen sahen[1422] – um einen Beitrag gebeten. Eine Entscheidung des Kabinetts vorausgesetzt, erklärte das BMI im April seine Bereitschaft, rund 30 Polizeibeamte nach Somalia zu senden.[1423] Zusätzlicher Grund für die Einwilligung des BMI war der zu erwartende Prestigegewinn. Wenn, dann sollte der BGS allein und nicht auch die Polizeien der Länder entsandt werden: »Ungeachtet der Personalprobleme des Bundesgrenzschutzes halte ich dies wegen der einfacheren organisatorischen Einsatzdurchführung

---

[1417] Ebd., Drahtbericht der Ständigen Vertretung in New York an Referat 230 im AA, Nr. 196, 28.1.1993.
[1418] Vgl. BArch, B 106/371709, Kopie Bericht Werner Feuersenger [u.a.], Rekonstruktion einer nationalen Polizei in Somalia, 22.2.1993; BArch, B 106/371710, Kopie Schreiben Werner Feuersenger an P III 2 im BMI, Betr.: Deutsche Beteiligung an VN-Friedensmission in Somalia/UNOSOM, hier: Dienstreisebericht des LtdPD Feuersenger, 2.3.1993.
[1419] BArch, B 106/371707, Schreiben Staatssekretär im AA Dieter Kastrup an Staatssekretär im BMI Johannes Vöcking, Betr.: Deutsche Polizeihilfe für Somalia, 22.3.1993.
[1420] Vgl. VNSR, S/25354, 3.3.1993, Randnr. 50.
[1421] Vgl. BArch, B 106/371707, Kopie Schreiben der US-Botschaft in Bonn an den Außenminister Klaus Kinkel, 2.4.1993.
[1422] Vgl. BArch, B 106/371710, Kopie Schreiben Werner Feuersenger an P III 2 im BMI, Betr.: Deutsche Beteiligung an VN-Friedensmission in Somalia/UNOSOM, hier: Dienstreisebericht des LtdPD Feuersenger, 2.3.1993, hier S. 2.
[1423] BArch, B 106/371707, Kopie Schreiben Staatssekretär im BMI Johannes Vöcking an Staatssekretär im AA Dieter Kastrup, 2.4.1993; PA AA, B 34, ZA, Bd 160133, Entwurf Drahterlass Referat 230 im AA an die Ständige Vertretung in New York, ohne Nr. [4744], 29.4.1993. Zehn Beamte sollten an der Aufstellung der Mission beteiligt werden, rund 30 Beamte später folgen. BArch, B 106/371706, Kopie Vorlage Referat P III 2 an Staatssekretär Johannes Vöcking, Betr.: Deutsche Beteiligung an einer VN-Friedensmission in Somalia – UNOSOM, 1.4.1993, hier S. 2 f.

und unter dem Aspekt der Attraktivität dieser Einsätze mit der damit verbundenen Ansehenssteigerung für den BGS für sinnvoll«, so der Wortlaut einer Vorlage an Staatssekretär im BMI Johannes Vöcking.[1424] Neben dem politischen Druck der anderen Ressorts besaß das BMI also erneut Eigeninteressen an einer Beteiligung, die nichts mit Somalia zu tun hatten.

Wie zu erwarten, erbaten die Vereinten Nationen Anfang April auch tatsächlich schriftlich Unterstützung[1425] – ohne dass ein VN-Polizeikonzept existiert hätte, was zu Zurückhaltung in den Bundesressorts führte. Von einer personellen Beteiligung an der CIVPOL wurde daher bei der endgültigen Entscheidung zur Entsendung der Bundeswehr im April nicht gesprochen.[1426] Konkret hatte das VN-Sekretariat um die Bereitstellung von Personal oder Material und Ausrüstung gebeten. Ausdrücklich erwartete Kofi Annan die Einzahlung in den Treuhandfonds: »I appeal to your Government to contribute generously to the trust fund for Somalia«.[1427] Da Bundeskanzler Kohl weitere finanzielle Beiträge ablehnte, blieb es bei der deutschen Bereitschaft zur personellen Unterstützung der Polizei.[1428] Bereits Ende April war den Vereinten Nationen auf Anfrage[1429] der BGS-Beamte Karlheinz Horndasch als Polizeiexperte des VN-Sonderbeauftragten für Somalia angeboten worden. Feuersenger stand aus privaten Gründen nicht mehr zur Verfügung.[1430] Mitte Mai wurde Horndasch für drei Monate in das UNOSOM-II-Polizeiberaterteam berufen.[1431] Allerdings gehörte er mit seinem Status als Expert on Mission nicht zum Personal der UNOSOM II.[1432] Der aufgrund der Gewalt Anfang des Monats nach Nairobi evakuierte Horndasch empfahl dem AA im Juni, sich mit 33 Beamten an der UNOSOM II zu beteiligen,[1433] und konkretisierte

---

[1424] BArch, B 106/371707, Vorlage Referat P III 2 an Staatssekretär Vöcking, Betr.: Deutsche Beteiligung an einer VN-Friedensmission in Somalia – UNOSOM, 1.4.1993, hier S. 3.
[1425] Vgl. UNA, S-1829-0016-0002-00002, Fax Annan, UNATIONS, New York, an Howe UNOSOM, Mogadishu, Betr: Requirement for Civilian and Military Police Advisors and Appeal to Member States for Advisors, 11.4.1993, hier S. 3; BArch, B 106/371705, Drahtbericht der Ständigen Vertretung in New York an Referat 230 im AA, Nr. 882, 14.4.1993.
[1426] Vgl. BPA, Beschluss der Bundesregierung zur Unterstützung von UNOSOM II in Somalia. In: Bulletin, Nr. 32, 23.4.1993, S. 280 f.
[1427] BArch, B 106/371705, Kopie Fax Kofi A. Annan, Under-Secretary-General for Peacekeeping Operations, an die Ständige Vertretung in New York, 7.4.1993, hier S. 2.
[1428] Vgl. PA AA, B 45, ZA, Bd 192063, Referat 322, Betr.: Somalia, hier: Gesprächsführungsvorschlag, 18.6.1993, hier S. 2.
[1429] BArch, B 106/371707, Drahtbericht der Ständigen Vertretung in New York an Referat 230 im AA, Nr. 915, 19.4.1993.
[1430] PA AA, B 34, ZA, Bd 160133, Entwurf Drahterlass Referat 230 im AA an die Ständige Vertretung in New York, ohne Nr. [4744], 29.4.1993; ebd., Entwurf Drahterlass Referat 230 im AA an die Ständige Vertretung in New York, ohne Nr., 30.4.1993.
[1431] PA AA, B 34, ZA, Bd 160134, Drahtbericht der Ständigen Vertretung in New York an Referat 230 im AA, Nr. 1171, 11.5.1993.
[1432] Ebd., Drahtbericht der Ständigen Vertretung in New York an Referat 230 im AA, Nr. 1266, 20.5.1993.
[1433] PA AA, B 34, ZA, Bd 160135, Drahtbericht der Botschaft der Bundesrepublik Deutschland in Nairobi an Referat 300 im AA, Nr. 413, 17.6.1993.

ein erstes Konzept zum Wiederaufbau der somalischen Polizei.[1434] Auch er stand den Vereinten Nationen danach – offiziell aus privaten, inoffiziell aus dienstlichen Gründen – nicht länger zur Verfügung. Sein Vertrag wurde zum 1. August 1993 beendet.[1435] Die Vereinten Nationen[1436] und auch die USA[1437] hielten aber weiter an einer deutschen Unterstützung im Polizeisektor fest.

Durch die Kämpfe in Mogadischu im Sommer und Herbst 1993 sowie den Strategiewechsel der Vereinten Nationen von erzwungener zur freiwilligen Entwaffnung[1438] änderten sich aber die Voraussetzungen. Zwar stellten die Vereinten Nationen Anfang August interessierten Staaten ihr Konzept zur Aufstellung einer bis zu 18 000 Beamten umfassenden somalischen Polizei vor,[1439] es wurde aber nicht wie von den Bundesressorts erhofft zügig vorangetrieben.[1440] Da der politische Wiederaufbau im Land stockte, fehlte aus Sicht des BMI die Grundlage zur Aufstellung somalischer Polizeikräfte.[1441] Auch wenn die Ständige Vertretung[1442] und das BMZ[1443] auf eine baldige Beteiligung deutscher Beamter drängten und die Vereinten Nationen Deutschland im September[1444] den Nordosten als Zuständigkeitsbereich anboten,[1445] verwei-

---

[1434] BArch, B 106/371709, Gutachten von Karlheinz Horndasch, Vorschlag zum Wiederaufbau der Polizei in Somalia, Stand: Juli 1993.

[1435] PA AA, B 34, ZA, Bd 160136, Drahtbericht der Ständigen Vertretung in New York an Referat 230 im AA, Nr. 1780, 23.7.1993.

[1436] »Was ist schon sicher?«. In: Der Spiegel, Nr. 33 (1993), 16.8.1993, S. 99; BArch, B 106/371710, Kopie Fax Kofi A. Annan, Under-Secretary-General for Peace-Keeping Operations, an die Ständige Vertretung in New York, 19.11.1993; PA AA, BAV 173-NEWYVN, Drahtbericht der Ständigen Vertretung in New York an Referat 230 im AA, Nr. 3559, 29.11.1993; BArch, B 106/371710, Drahtbericht der Ständigen Vertretung in New York an Referat 230 im AA, Nr. 3906, 17.12.1993.

[1437] Vgl. BArch, BW 2/29721, Kopie Fü S III 5, Vermerk über Bericht des US Botschafters David Shinn zur Erkundungsmission in Somalia, 2.8.1993, hier S. 4.

[1438] Vgl. die Anmerkung auf BArch, B 106/371725, BND-Brieftelegramm, 25.11.1993, hier S. 3.

[1439] BArch, B 106/371706, Drahtbericht der Ständigen Vertretung in New York an Referat 230 im AA, Nr. 1858, 3.8.1993.

[1440] Vgl. Bou [u.a.], The Limits of Peacekeeping, S. 192–195. Auch das BMVg sprach sich für eine Beteiligung des BGS aus. Als Einsatzort favorisierte es Beledweyne. AA und BMI bevorzugten dagegen den Norden. Siehe die Bemerkungen auf BArch, B 106/371706, Vermerk Referat 322 im AA, Betr.: Ressortbesprechung im AA zu Somalia am 13.8.1993, 19.8.1993, hier S. 5.

[1441] PA-DBT 3114, Innenausschuss, 12/81, 10.11.1993, S. 12 f. Vgl. zu den aus Sicht des AA noch offenen Fragen BT-Drs. 12/6055, 29.10.1993, S. 4.

[1442] BArch, B 106/371706, Drahtbericht der Ständigen Vertretung in New York an Referat 230 im AA, Nr. 1894, 5.8.1993; ebd., Drahtbericht der Ständigen Vertretung in New York an Referat 230 im AA, Nr. 2158, 2.9.1993.

[1443] Ebd., Schreiben Referat 113 im BMZ an P III 2 im BMI, Betr.: Schlußfolgerung aus dem Besuch von BM Spranger in Somalia, hier: Polizeiprojekte im Nordosten Somalias, 13.10.1993.

[1444] In Resolution 865 hatte der VNSR den VNGS aufgefordert, alle nötigen Schritte zum Wiederaufbau der somalischen Polizei zu ergreifen. VNSR, S/RES/865(1993), 22.9.1993, Randnr. 9.

[1445] BArch, B 106/371706, Drahtbericht der Ständigen Vertretung in New York an Referat 230 im AA, Nr. 2275, 15.9.1993. Im Gegensatz zur Bundesrepublik machten andere Staaten im November 1993 konkrete personelle, materielle und finanzielle Angebote. BArch,

gerte Innenminister Manfred Kanther parallel zur Entscheidung über den Abzug der Bundeswehr im November 1993 die Entsendung des BGS nach Somalia. Zum Missfallen des AA, das den Rückzug der Bundeswehr durch die Entsendung von Polizisten abfedern wollte,[1446] war in den Augen des BMI durch das bevorstehende Ende des US-Engagements kein sicheres Umfeld gegeben. Zudem seien die Kosten für die Entsendung von 30 Beamten mit rund acht Mio. D-Mark[1447] zu hoch.[1448] Den in seinem eigenen Haus prognostizierten außenpolitischen »Imageverlust« nahm Kanther in Kauf.[1449] Der Einsatz der im Dezember 1992 zugesagten Mittel sei zum jetzigen Zeitpunkt »absolut weggeworfenes Geld«, so Kanther.[1450]

Trotz des internationalen Interesses, insbesondere aus den USA,[1451] akzeptierte Bundeskanzler Kohl Mitte Dezember die auf Sicherheit bedachte Position des BMI.[1452] Als eine Kabinettsvorlage des AA Mitte Dezember weiter

---

B 106/371725, Drahtbericht der Ständigen Vertretung in New York an Referat 230 im AA, Nr. 3056, 4.11.1993.

[1446] BArch, B 106/371725, Drahtbericht Referat 322 im AA an das BMZ, BMVg und BMI, Nr. 1353, 8.12.1993, hier S. 4; PA AA, BAV 173-NEWYVN, Bd 27426, Kopie Vorlage Dg 32 an den Außenminister, Betr.: Meine Reise an das Horn von Afrika vom 27.11.–11.12.1993, hier: Erkenntnisse mit Relevanz für bevorstehende Kabinettsentscheidung betreffend Verbleib oder Abzug unseres BW-Kontingents, 13.12.1993, hier S. 4.

[1447] Im Vermerk von Referat 322 standen 80 Mio. D-Mark. Das BMI bat um nachträgliche Korrektur. BArch, B 106/371725, Kopie Schreiben Referat P III 2 im BMI an Referat 322 im AA, Betr.: Ressortbesprechung im AA zu Somalia am 14.12.1993, 30.12.1993.

[1448] Ebd., Kopie Vermerk Innenminister Manfred Kanther an Staatssekretär Schelter, Betr.: Somalia-Einsatz BGS, 9.11.1993; BArch, B 106/371706, Entwurf Vorlage P III 2 an den Innenminister, Betr.: Vorgesehener Einsatz von Polizeivollzugsbeamten des BGS im Rahmen der VN-Friedensmission – UNOSOM II – in Somalia, 15.11.1993; BArch, B 106/371725, Vorlage Referat P III 2 an den Innenminister, Betr.: VN-Geberkonferenz zur Polizeirehabilitierung vom 2. bis 4.12.1993 in Addis Abeba, hier: Dienstreisebericht, 7.12.1993; PA AA, B 34, ZA, Bd 160140, Entwurf Vermerk Referat 322, Betr.: Ressortbesprechung im AA zu Somalia am 14.12.1993, 15.12.1993, S. 5.

[1449] BArch, B 106/31709, Vorlage P III 2 an den Innenminister, Betr.: Vorgesehener Einsatz von Polizeivollzugsbeamten des BGS im Rahmen der VN-Friedensmission – UNOSOM II – in Somalia, hier: Entsendung eines Polizeiexperten zu einer Vorbereitungstagung der Vereinten Nationen in Addis Abeba, 25.11.1993, hier S. 2.

[1450] Vgl. die Anmerkungen auf BArch, B 106/371725, Vorlage Referat P III 2 an den Innenminister, Betr.: VN-Geberkonferenz zur Polizeirehabilitierung vom 2. bis 4.12.1993 in Addis Abeba, hier: Dienstreisebericht, 7.12.1993, hier S. 3.

[1451] Die USA wollten selbst 33 Mio. US-Dollar in den Wiederaufbau der somalischen Polizei und Justiz investieren, woraus die deutschen Diplomaten einen entsprechenden Handlungsdruck für die Bundesressorts ableiteten. Vgl. BArch, B 136/43517, Drahtbericht der Botschaft der Bundesrepublik Deutschland in Washington an Referat 230 im AA, Nr. 2941, 27.9.1993; BArch, B 106/371706, Schreiben Referat 300 im AA an P III 2 im BMI, Betr.: Wiederaufbau der somalischen Polizei, 4.10.1993; BArch, B 106/371725, Drahtbericht der Ständigen Vertretung in New York an Referat 230 im AA, Nr. 3841, 13.12.1993; ebd., Drahtbericht der Ständigen Vertretung in New York an Referat 230 im AA, Nr. 3906, 17.12.1993; ebd., Kopie Fax Botschaft der USA an Botschafter Wallau, 17.12.1993; BArch, B 136/43518, Kopie Schreiben Warren Christopher an Klaus Kinkel, 23.12.1993.

[1452] BArch, B 106/371725, Kopie Vermerk SV/Abteilungsleiter IS, Betr.: ND-Lage im Bundeskanzleramt am 7. Dezember 1993, 9.12.1993, hier S. 2.

## IV. Deutsche ›Blauhelme‹ in Afrika

die Beteiligung von 30 Polizisten nannte, widersprach das BMI.[1453] Die Passage zur Polizeihilfe wurde gestrichen. Eine unverbindliche Formel ohne Details[1454] war vom AA abgelehnt worden.[1455] Begründet hatte das BMI seine Ablehnung nicht nur mit der Sicherheitslage, die keinen Einsatz des BGS zulasse. Die Entsendung des BGS dürfe auch kein Ersatz für das auslaufende Engagement der Bundeswehr sein. Zudem existiere kein echtes VN-Polizeikonzept, beim BGS reiche das Personal nicht aus und es gebe keine finanzielle Regelung für die Polizeihilfe.[1456] Auch die personalintensiven Aufgaben an der Ostgrenze der Bundesrepublik scheinen ein Argument gewesen zu sein.[1457] Das AA maß derweil mit zweierlei Maß. Eine Erklärung des Einsatzgebiets der Polizei zum »befriedeten Gebie[t]« durch die Vereinten Nationen sei »verfehlt«. Dies habe man schließlich nur aufgrund der Verfassungsfrage zur Entsendung der Bundeswehr gebraucht. Auch das THW oder die GTZ würden in teilweise »krisenhafte Situationen« entsandt. Die Sicherheit des Personals müsse daher »nach Lage der Dinge beurteilt und nicht von einer Erklärung der VN abhängig gemacht werden.«[1458] Das Kernelement der Entsendung der Bundeswehr, das sogenannte ›secure environment‹, war nicht mehr als die Flucht des AA vor seiner politisch motivierten Rechtsauslegung. Wohl auch aufgrund dieser opportunistischen Haltung gerieten das BMI und das AA über die Frage der Entsendung des BGS auf Arbeitsebene derart aneinander, dass nur ein Ministergespräch Abhilfe schaffen konnte.[1459] Letztlich kam es in Somalia zu keiner Beteiligung des BGS, auch wenn das Polizeiengagement international stärker gefordert[1460] worden war als die Beteiligung der Bundeswehr. Ohne Zustimmung des BMI und die Unterstützung des BKAmts[1461] blieben die Wünsche des AA aber unerfüllt.

---

[1453] Ebd., Kopie Schreiben Referat P III 2 im BMI an Referat 230 im AA, Betr.: VN-Operation in Somalia, hier: Deutscher Beitrag zum Wiederaufbau der somalischen Polizei, 14.12.1993.
[1454] Vgl. die Anmerkungen auf ebd., Fax AA an das BMI vom 14.12.1993.
[1455] Ebd., Vorlage Referat P III 2 an den Innenminister, Betr.: Möglicher Einsatz von Polizeivollzugsbeamten des BGS im Rahmen der VN-Friedensmission in Somalia – UNOSOM II –, hier: Gemeinsame Kabinettsvorlage des AA/BMVg, 15.12.1993.
[1456] Ebd., S. 2.
[1457] BArch, BW 2/30935, Vermerk Fü S IV 4, Betr.: Abstimmung in der Bundesregierung zur humanitären Hilfe im Raum Belet Uen, 16.12.1993, hier S. 2.
[1458] PA AA, B 34, ZA, Bd 160140, Kopie Sprechzettel Referat 230, Betr.: VN-Operation in Somalia, hier: Realisierung des deutschen Beitrags zum Wiederaufbau der somalischen Polizei, 8.12.1993, hier S. 2.
[1459] Ebd., Entwurf Vermerk Referat 322, Ressortbesprechung im AA zu Somalia am 14.12.1993, 15.12.1993, hier S. 5; BArch, B 136/43518, Kopie Schreiben Innenminister Kanther an Außenminister Kinkel, Betr.: Somalia, hier: Aufbauhilfe Polizei, 23.12.1993.
[1460] Trotz der Absage bat das VN-Sekretariat weiter um die Gestellung deutscher Polizisten. PA AA, B 34, ZA, Bd 165137, Drahtbericht der Ständigen Vertretung in New York an Referat 230 im AA, Nr. 4, 3.1.1994, hier S. 2; PA AA, BAV 173-NEWYVN, Bd 27456, Drahtbericht der Ständigen Vertretung in New York an Referat 230 im AA, Nr. 394, 8.2.1994.
[1461] Vgl. BArch, B 136/43518, Vorlage Referat 212 an den Chef des Bundeskanzleramts, Betr.: Frage eines deutschen Beitrags zum Wiederaufbau der somalischen Polizei im Rahmen von UNOSOM II, hier: Absage an die VN, 11.1.1994.

*Die UNOSOM II nimmt Gestalt an: Der Bericht des VNGS*

Am 3. März veröffentlichte der VNGS seinen lang erwarteten Bericht mit ersten Details zur neuen Mission.[1462] Der Bericht bestätigte die deutschen Befürchtungen. Erstens war bisher kein »secure environment« etabliert worden[1463] und zweitens sprach sich der VNGS für eine Mission auf Grundlage von Kapitel VII der VN-Charta aus.[1464] Beides erschwerte die Beteiligung deutscher Soldaten unter dem eng gefassten Kabinettsbeschluss. Intern verkündete das VN-Sekretariat zudem, dass die Erklärung zum »secure environment« vom UNOSOM-II-Kommandeur oder vom VN-Sonderbeauftragten für Somalia erfolgen werde.[1465] Beides war für die deutsche Seite unannehmbar. Zur politischen Legitimation sollte dies von einer möglichst hohen Stelle im VN-Sekretariat erfolgen.[1466]

Angesichts der deutschen Selbstbeschränkungen folgerte das BMVg auf Arbeitsebene, dass eine Beteiligung der Bundeswehr an der UNOSOM II unter den bestehenden Bedingungen nur bei der Repatriierung von Flüchtlingen infrage komme.[1467] Die entsprechende Vorlage wurde Verteidigungsminister Rühe aber nie vorgelegt, da Staatssekretär Schönbohm der Auffassung des Generalinspekteurs folgte, zunächst auf die neue Resolution des VNSR zu warten.[1468] Trotz alledem bestand deutliche Skepsis, im Planungsstab sogar Gewissheit, dass die Rahmenlage nicht mehr den Vorgaben des Kabinettsbeschlusses vom Dezember entsprach.[1469]

Unterdessen hatte Rühe Anfang März zugestimmt, unter Führung des AA an einer ressortübergreifenden Erkundungsmission nach Nordsomalia teilzunehmen und eine Transall für den Transport bereitzustellen. Seiner bisherigen Linie folgend, sollten zuvor aber die Ausschüsse informiert und keine Soldaten des III. Korps entsandt werden. Unter allen Umständen sollte der Anschein vermieden werden, es handle sich um ein Vorauskommando des deutschen Verbands.[1470] Das AA hatte jedoch Bedenken. In der Begleitung

---

[1462] VNSR, S/25354, 3.3.1993.
[1463] Ebd., Randnr. 90.
[1464] Ebd., Randnr. 58.
[1465] PA AA, B 34, ZA, Bd 160131, Drahtbericht der Ständigen Vertretung in New York an Referat 230 im AA, Nr. 494, 4.3.1993, hier S. 1 f.
[1466] Ebd., Drahterlass Referat 230 im AA an die Ständige Vertretung in New York, Nr. 1280, 4.2.1993, hier S. 2; BArch, BW 2/29717, Kopie als Anlage VR II 3, Betr.: UNOSOM II, hier: Bewertung der Sicherheitsratsresolution 814, 29.3.1993, hier S. 2.
[1467] BArch, BW 2/29717, Vorlage Fü S III 5 an den Verteidigungsminister, Betr.: Bericht des Generalsekretärs der Vereinten Nationen an den Sicherheitsrat (SR) zur Lage in Somalia, 10.3.1993, hier S. 3.
[1468] Ebd., S. 1.
[1469] Vgl. BArch, BW 1/372426, Kopie Vorlage Leiter Planungsstab an den Verteidigungsminister, 19.3.1993, hier S. 2. Siehe auch ebd., Entwurf Vorlage Büro StS Schönbohm an Staatssekretär Schönbohm, Betr.: Somalia, 19.3.[1993].
[1470] BArch, BW 2/29710, Vorlage Fü S III 5 an den Verteidigungsminister, Betr.: Erkundungsmission AA, BMZ, THW u.a. in Somalia, hier: Unterstützung/Beteiligung BMVg, 3.3.1993; ebd., Schreiben des Adjutanten des Verteidigungsministers an Staatssekretär Schönbohm, Betr.: Fü S III 5 vom 3.3.1993, 5.3.1993.

## IV. Deutsche ›Blauhelme‹ in Afrika

von Militärs wurde ein Bruch der Regierungsvereinbarung gesehen, keine Soldaten zu entsenden, ehe nicht eine neue Resolution vorlag. Durch die Unterrichtung der Ausschüsse würde zudem unnötige Aufmerksamkeit erregt. Die Erkundung zur Identifizierung humanitärer Projekte war daher ohne die Beteiligung des BMVg geplant worden. Allerdings benötigte das AA zum Transport des Personals und von Sanitätsmaterial Hilfe der Luftwaffe, weswegen das BMVg auch personell beteiligt werden wollte.[1471] Letztlich nahmen drei Soldaten des Führungsstabs der Streitkräfte des BMVg an der Reise teil und konnten erstmals seit Bekanntgabe des deutschen Angebots vor Ort umfangreichere Erkenntnisse für eine Beteiligung der Bundeswehr sammeln.[1472]

Vor der Erkundung waren aber weitere diplomatische Abstimmungen gefragt. Die Ständige Vertretung trat Anfang März Ideen der UNOSOM-II-Planer entgegen, deutsche Truppen in Mogadischu zu stationieren. Wie vom VN-Sekretariat angedacht, setzte sie sich für die Dislozierung in einem eigenen Verantwortungsbereich im Nordosten ein. Dem AA empfahl die Ständige Vertretung, die Befugnisse des UNOSOM-II-Kommandeurs zur Verlegung der deutschen Truppen innerhalb Somalias zu beschränken. Darüber hinaus musste die Ständige Vertretung dem AA mitteilen, dass die VN-Planer bisher keine Vorstellungen hatten, mit welchen humanitären Aufgaben die Bundeswehr betraut werden könnte.[1473] Gefragt blieben deutsche Pioniere zur Minenräumung,[1474] was aus bekannten Gründen für die deutsche Seite problematisch war. Zusammen mit den Erkenntnissen aus dem Bericht des VNGS mehrten sich die Anzeichen, dass die Vereinten Nationen keinen Bedarf an einem auf humanitäre Aufgaben ausgerichteten Verband hatten.

Der Ankündigung der Ständigen Vertretung gegenüber den VN-Mitarbeitern, dass sich die deutschen Soldaten bei Widerstand »absolut defensiv verhalten« würden, entgegnete das Planungsteam, dass die deutschen Truppen dann einen ständigen Begleitschutz bräuchten. Aufgrund der »potentiell sprunghaften Sicherheitssituation« sei alles andere »verantwortungslos«.[1475] Um der deutschen Auflage eines »secure environment« Rechnung zu

---

[1471] Ebd., Vorlage Fü S III 5 an Staatssekretär Schönbohm, Betr.: Erkundungsmission AA, BMZ, THW u.a. in Somalia unter Beteiligung BMVg, hier: Abstimmungsgespräch mit AA am 9.3.1993, 8.3.1993; PA AA, B 45, ZA, Bd 192062, Vorlage B-hH an den Staatssekretär, Betr.: Gespräch StS Dr. Kastrup/StS Schönbohm am 10.3.1993, 8.3.1993; PA AA, B 34, ZA, Bd 160132, Vermerk Referat 201, Betr.: Gespräch StS Kastrup mit StS Schönbohm (BMVg) am 9.3.1993 im BMVg, 10.3.1993, hier S. 5.

[1472] PA AA, B 45, ZA, Bd 192062, Vorlage B-hH an den Außenminister, Betr.: Humanitäre Hilfe für Somalia – Hilfsflug des AA nach Bosasso (Nordost-Somalia) ab 12.3.1993, hier: Teilnahme von drei Angehörigen der Bundeswehr (zusätzlich zur Flugzeugbesatzung), 10.3.1993. Zu den Teilnehmern siehe BArch, BW 2/29717, Fü S III 5, Dienstreisebericht über die ressortübergreifende Erkundungsmission nach Nordsomalia vom 12.3.1993 bis 20.3.1993, 20.3.1993, hier S. 1.

[1473] PA AA, B 34, ZA, Bd 160131, Drahtbericht der Ständigen Vertretung in New York an Referat 230 im AA, Nr. 494, 4.3.1993, hier S. 2.

[1474] Ebd., S. 3.

[1475] Ebd.

tragen, aber keine Zeit durch die Verlegung zu verlieren, regten die Planer an, den deutschen Verband noch vor Festlegung seines endgültigen Einsatzraums in Somalia zu stationieren.[1476] Dies kam für das AA aber nicht infrage. Das Außenressort hatte der Beteiligung nur zugestimmt, wenn die Soldaten auch wirklich für humanitäre Aufgaben gebraucht würden. Auch sollte sich, wie von den Ministern Rühe und Kinkel Anfang März vereinbart, vor der Entsendung der Soldaten noch einmal das Parlament mit dem Thema befassen.[1477] Hierfür fehlten aber Details zum Einsatzort und dem genauen Auftrag, weswegen eine sofortige Entsendung der Soldaten nicht infrage kam.

Obwohl die deutsche Seite an ihren Beschränkungen festhielt, versuchten die Vereinten Nationen das begrenzte Angebot bestmöglich in ihre Pläne einzubinden. Dies versuchten die Vereinten Nationen nicht, weil sie das deutsche Engagement militärisch brauchten. Im VN-Planungsteam bestanden offenbar Zweifel, ob das deutsche Kontingent überhaupt sinnvoll in die Mission eingeordnet werden konnte. Das VN-Sekretariat sah die deutsche Beteiligung aber weiter als Präzedenzfall für künftige deutsche Hilfe. Sie war politisch vom VN-Sekretariat erwünscht.[1478] Militärisch sinnvoll erschien sie zu diesem Zeitpunkt nicht.

Die VN-Planer erklärten der deutschen Delegation Mitte März, dass ihr Wunsch nach einem eigenen Verantwortungsbereich ohne Kooperation mit Kampftruppen zumindest in der Anfangsphase der neuen Mission nicht erfüllbar sei. In internen Dokumenten des VN-Sekretariats galt Deutschland nicht einmal als Truppensteller. Auch die von der Ständigen Vertretung angesprochene Beteiligung an der Repatriierung von Flüchtlingen als Alternative zum rein humanitären Auftrag der Bundeswehr sei zwar »positiv aufgegriffen« worden, komme aber erst zu einem späteren Zeitpunkt der Mission infrage. Zudem deutete General Baril an, dass die deutschen Soldaten dann unter Führung des UNHCR zum Einsatz kommen könnten, also kein Teil der UNOSOM II wären. Eine deutsche Beteiligung wäre daher nur möglich, so die Ständigen Vertretung, wenn Deutschland nicht an der Vorstellung eines »humanitären Einsatzes« und einem eigenen Verantwortungsbereich festhielt.[1479]

In dieser schwierigen Situation erwiesen sich die USA und Frankreich als verlässliche Partner, die ähnliche politische Interessen an einer deutschen Beteiligung hatten wie die Vereinten Nationen. Obwohl die Bundesrepublik 1993 kein Mitglied des VNSR war, ließ das US-Außenministerium der Ständigen Vertretung am 17. März den Entwurf der UNOSOM-II-Resolution zukommen und bat zur Erleichterung der deutschen Beteiligung um

---

[1476] Ebd., S. 2.
[1477] PA AA, B 34, ZA, Bd 160132, Kopie Sprechzettel Referat 230, Betr.: Gespräch StS Kastrup mit StS Schönbohm (BMVg) am 9.3.1993, 15.00 Uhr, hier: Somalia, insbesondere VN-Operation UNOSOM II, o.D., S. 4.
[1478] Ebd., Drahtbericht der Ständigen Vertretung in New York an Referat 230 im AA, Nr. 604, 17.3.1993, hier S. 1.
[1479] Ebd.

## IV. Deutsche ›Blauhelme‹ in Afrika

Änderungswünsche.[1480] Auf Initiative Frankreichs wurde der Resolutionsentwurf in drei Abschnitte geteilt. Nur Teil B des UNOSOM-II-Mandats sollte unter Kapitel VII der VN-Charta mandatiert werden, um »Staaten wie Deutschland« die Teilnahme zu ermöglichen.[1481]

Aus Sicht der Bundesressorts half diese Trennung aber nur bedingt, da jede Unterstützung für unter Kapitel VII der VN-Charta mandatierte Truppen als rechtlich bedenklich galt. Noch wenige Tage zuvor hatte Fü S III 5 die logistische Unterstützung der UNOSOM II zwar als durchführbar bewertet. Wenn Munition oder Treibstoff für Kampftruppen transportiert werden müssten, sei die rechtliche Zulässigkeit aber eingeschränkt. Zudem seien der humanitäre Zweck und die politische Erwünschtheit einer logistischen Unterstützung »allenfalls mittelbar«.[1482] Die logistische Unterstützung wurde daher auch gegenüber dem AA als »rechtlich [...] unmöglich« bezeichnet.[1483] In den Worten des Chefs des Stabes des Fü S, Konteradmiral Hans Frank, ging es somit um die politische Entscheidung, hinzunehmen, dass für das im Dezember gemachte Angebot kein Bedarf bestand, oder das Angebot zu modifizieren, »um dabei sein zu können«.[1484]

In Abstimmung mit dem AA erarbeitete das Verteidigungsressort daher Änderungswünsche für den Resolutionsentwurf, die von den USA und Frankreich als »Rückfallposition« eingesteuert werden sollten. Wenn die humanitäre Unterstützung der Bundeswehr nicht möglich sei, sollte zumindest bei der Repatriierung der Flüchtlinge geholfen werden. Ein entsprechender Punkt, der die Repatriierung zur Aufgabe der UNOSOM II erklärte, sollte in die Resolution aufgenommen werden.[1485] Zudem schlug das BMVg vor, in der späteren Ziffer 4 der VN-Resolution, in der es um die humanitäre Hilfe der somalischen Bevölkerung ging, auch die VN-Mission UNOSOM II zu nennen,

---

[1480] PA AA, B 34, ZA, Bd 160132, Drahtbericht der Botschaft der Bundesrepublik Deutschland in Washington an Referat 230 im AA, Nr. 848, 17.3.1993. Zuvor hatte das BMVg im Rahmen einer US-Reise des Verteidigungsministers den Eindruck gewonnen, die USA verlören aufgrund der deutschen Verfassungslage die Geduld. Ebd., Vermerk Referat 201, Betr.: Gespräch StS Kastrup mit StS Schönbohm (BMVg) am 9.3.1993 im BMVg, 10.3.1993, S. 4.

[1481] Ebd., Drahtbericht der Ständigen Vertretung in New York an Referat 230 im AA, Nr. 613, 17.3.1993.

[1482] BArch, BW 2/29717, Vorlage Fü S III 5 an den Verteidigungsminister, Betr.: Bericht des Generalsekretärs der Vereinten Nationen an den Sicherheitsrat (SR) zur Lage in Somalia, 10.3.1993, hier Anlage 3.

[1483] Vgl. PA AA, B 34, ZA, Bd 160140, Kopie Vermerk Referat 230, Betr.: Beteiligung der Bundeswehr an der VN-Friedensoperation in Somalia (UNOSOM), hier: Ressortbesprechung AA [...] – BMVg [...] am 9.3.1993, 9.3.1993, hier S. 1.

[1484] Siehe die Anmerkung auf BArch, BW 2/29717, Vorlage Fü S III 5 an den Verteidigungsminister, Betr.: Beteiligung der Bw an den VN-Maßnahmen in Somalia, hier: Resolutionsentwurf für UNOSOM II, 19.3.1993, hier S. 2.

[1485] Das BMVg schlug die Formulierung »to assist in the repatriation of refugees and displaced persons« vor. Ebd., Vorlage Fü S III 5 an den Generalinspekteur, Betr.: Beteiligung der Bundeswehr an den Maßnahmen der Vereinten Nationen in Somalia/UNOSOM II, hier: Resolutionsentwurf für UNOSOM II, 18.3.1993, hier S. 3.

um eine Beteiligung der Bundeswehr im humanitären Bereich zu ermöglichen.[1486] Die von General Naumann gebilligten Änderungswünsche wurden am 19. März vom AA an die Ständige Vertretung gesandt.

Die Aufnahme der Repatriierung in den Auftrag der UNOSOM II interessierte das AA auch finanziell. Eine Beteiligung an einer UNHCR-Maßnahme, wie es General Baril vorschwebte, wäre eine bilaterale Maßnahme gewesen und hätte national bezahlt werden müssen. Eine UNOSOM-II-Maßnahme fiel dagegen in das Budget der VN-Mission und wurde durch Beiträge aller VN-Mitglieder finanziert.[1487] Während der deutsche Vorschlag zur Repatriierung der Flüchtlinge nach einer Demarche an Großbritannien[1488] fast wörtlich in die Resolution aufgenommen wurde,[1489] wurde der Wunsch, UNOSOM II in Punkt 4 der Resolution wörtlich zu nennen, nicht erhört.[1490] Der neue Ausdruck »all relevant United Nations entities« schloss die VN-Mission aber mit ein.[1491] Beiden deutschen Wünschen war damit entsprochen und gewährleistet worden, dass die UNOSOM II als Ganzes humanitäre Hilfe leistete. Dies garantierte, dass die humanitäre Ausrichtung der Bundeswehr-Beteiligung auch bei einer logistischen Unterstützung von VN-Truppen gewahrt blieb.

Noch stärkere Bedenken in Bezug auf eine logistische Unterstützung als das BMVg hatte zuvor aber die Rechtsabteilung des AA geäußert. Selbst zivile Güter dürften im Rahmen der UNOSOM II von deutschen Truppen nur dann transportiert werden, wenn diese auch für Flüchtlinge und die lokale Bevölkerung bestimmt seien. Ein ausschließlicher Transport von zivilen Gütern »für kämpfende VN-Einheiten« sei »eine mittelbare Unterstützung einer auf Kapitel VII der VN-Charta gestützte[n] Zwangsmaßnahme« und damit »verfassungsrechtlich nicht zulässig«. Munition dürfe nur dann transportiert werden, wenn diese der Selbstverteidigung der VN-Einheiten diente.[1492] Weitere Beschränkungen machte Referat 500 bei Infrastrukturmaßnahmen. Es dürften z.B. keine Straßen gebaut werden, die Offensivaktionen der Vereinten Nationen begünstigten.[1493] Die Bundeswehr, so Referat 230 gegenüber der Ständigen Vertretung in New York, könne aufgrund der absehba-

---

[1486] Der Vorschlag des BMVg lautete »to provide humanitarian and other assistance, as necessary assisted by UNOSOM II, to the people«. Ebd.
[1487] PA AA, B 34, ZA, Bd 160132, Drahterlass Referat 230 im AA an die Ständige Vertretung in New York, Nr. 2086, 19.3.1993, S. 3.
[1488] BArch, B 136/43515, Drahterlass Referat 230 im AA an die Botschaft der Bundesrepublik Deutschland in London, Nr. 3121, 19.3.1993; ebd., Drahtbericht der Ständigen Vertretung in New York an Referat 230 im AA, Nr. 636, 19.3.1993.
[1489] VNSR, S/RES/814(1993), 26.3.1993, hier Randnr. 4 (b).
[1490] Vgl. dazu den endgültigen Text in ebd., Randnr. 4.
[1491] PA AA, B 34, ZA, Bd 160133, Drahtbericht der Ständigen Vertretung in New York an Referat 230 im AA, Nr. 708, 25.3.1993, hier S. 2; BArch, BW 2/29717, Kopie als Anlage Vermerk VR II 3, Betr.: UNOSOM II, hier: Bewertung der Sicherheitsratsresolution 814, 29.3.1993.
[1492] PA AA, B 34, ZA, Bd 160132, Kopie Schreiben Referat 500 an Referat 230, Betr.: VN-Friedensoperation in Somalia (UNOSOM), hier: Unterstützung durch die Bundeswehr, 18.3.1993, hier S. 1.
[1493] Ebd., S. 2.

## IV. Deutsche ›Blauhelme‹ in Afrika

ren Mandatierung unter Kapitel VII »nicht [...] die Logistik von UNOSOM-Truppen übernehmen«.[1494]

Die enge Rechtsauslegung des AA löste bei der Ständigen Vertretung Bedenken aus. Unter diesen Voraussetzungen werde das deutsche Angebot wohl nicht berücksichtigt werden.[1495] Angesichts der peinlichen Vorstellung, den Vereinten Nationen doch noch absagen zu müssen, versuchte sie die Argumente der Rechtsabteilung zu entkräften. Maßnahmen nach Kapitel VII der VN-Charta seien »ein legitimes Handlungsinstrument« der Vereinten Nationen. Sie als »Kampfmaßnahmen« und die an ihr beteiligten Verbände als »kämpfende Einheiten« zu bezeichnen, werde »dem Sachverhalt nicht gerecht«. Zudem sei die UNOSOM II in ihrer Gesamtheit »humanitär tätig«. Zwang werde nur angewendet, um »die Erfüllung einer humanitären Aufgabe« zu ermöglichen. Die Bedenken des Referats 500 seien »daher nicht überzeugend.«[1496] Der Tatsache geschuldet, dass die internationalen Partner »gelegentlich dräng[end]« auf eine Teilnahme der Bundesrepublik hinarbeiteten und gewillt waren, die Resolution entsprechend der deutschen Bedürfnisse anzupassen, empfahl die Ständige Vertretung, so schnell wie möglich eine politische Entscheidung zu treffen, »wo die Grenzen unseres Könnens und Wollens liegen.«[1497] Erneut waren es die Diplomaten in New York, die im AA am entschiedensten für ein deutsches Engagement eintraten und den Akteuren in Bonn vor Augen führten, wie praxisfremd ihre Beschränkungen waren. Auch der Ständigen Vertretung war aber bewusst, dass das deutsche Angebot von geringem militärischem Nutzen war. Um als verlässlicher Partner zu gelten, sollte die Bundesrepublik bereit sein, das größtmögliche Engagement abzurufen, das sie politisch stemmen konnte; erst recht vor dem Hintergrund des erhofften ständigen Sitzes im VNSR.

Noch folgenreicher für die deutschen Planungen als der Bericht des VNGS und der Resolutionsentwurf für die UNOSOM II waren die Ergebnisse der eigenen ressortübergreifenden Erkundung, die Mitte März in Nordsomalia erfolgt war. Im bis dahin vor allem vom BMVg präferierten Boosaaso gab es keine »größere humanitäre Aufgabe« für den deutschen Verband. Die Sicherheitslage in der Region sei ruhig und die meiste Nothilfe könne laut Aussage der BMVg-Delegation vom THW geleistet werden;[1498] eine Erkenntnis, die Kanada in ähnlicher Form bereits im Herbst 1992 gekommen war.[1499] Alle deutschen Überlegungen zur humanitären Hilfe der Bundeswehr und ihrem gewünschten Einsatzort waren hinfällig.

---

[1494] PA AA, B 34, ZA, Bd 160132, Drahterlass Referat 230 im AA an die Ständige Vertretung in New York, Nr. 2086, 19.3.1993, hier S. 2.
[1495] Ebd., Drahtbericht der Ständigen Vertretung in New York an Referat 230 im AA, Nr. 633, 19.3.1993, hier S. 1 f.
[1496] Ebd., S. 2.
[1497] Ebd., S. 3.
[1498] BArch, BW 2/29717, Fü S III 5, Dienstreisebericht über die ressortübergreifende Erkundungsmission nach Nordsomalia vom 12.3.1993 bis 20.3.1993, 22.3.1993, hier S. 6.
[1499] Ursprünglich sollten im Rahmen der UNOSOM kanadische Truppen nach Boosaaso verlegen. Eine Erkundung im September ergab aber, dass im Nordosten keine Hungersnot

Weil die Bundeswehr dem Bericht der BMVg-Angehörigen zufolge ansonsten nur zur Instandsetzung von Straßen infrage komme,[1500] wurde empfohlen, den Kabinettsbeschluss für eine logistische Beteiligung an der UNOSOM II zu öffnen.[1501] Ähnlich wie die Ständige Vertretung bezweifelte auch die Arbeitsebene des BMVg, dass die Beibehaltung des engen Kabinettsbeschlusses möglich blieb. In ihrer Vorstellung sollten die Art und der Umfang der deutschen Beteiligung aber beibehalten und nur der Auftrag des Verbands geändert werden, um doch an der Seite ihrer Partner ins Feld zu ziehen.

Obwohl auch das AA zum Ergebnis kam, dass es im Raum Boosaaso »kein ausreichendes Betätigungsfeld« für den Einsatz von 1500 Soldaten gab,[1502] zog es andere Schlüsse aus der Erkundung. Ähnlich wie die Angehörigen des BMVg schlug der stellvertretende Referatsleiter des Arbeitsstabs für Humanitäre Hilfe, Karl-Andreas Freiherr von Stenglin, die Instandsetzung einer Straße durch Pioniere oder die Errichtung eines regionalen Radionetzes vor. Beides hätte einen wesentlich kleineren Verband erfordert.[1503] In der Kabinettsbesprechung vom 24. März wollte das AA zudem die Übernahme des Hafenmanagements in Mogadischu unterbreiten.[1504] Anstatt die Beschränkungen des Kabinettsbeschlusses aufzuheben, suchte das AA nach Alternativen, auch wenn dafür weniger als 1500 Soldaten benötigt wurden.

Den Vorstellungen des AA widersetzte sich das BMVg. Anstatt »Nischen« zu suchen, die »politisch und militärisch/-technisch nicht mit unserem ursprünglichen Angebot vergleichbar« seien, sollte weiterhin die »volle Teilnahme/Integration an UNOSOM II« durch die Übernahme der Logistik der Mission angestrebt werden, wie Ende März in einer Leitungsvorlage zu lesen war. Um die Glaubwürdigkeit der Bundesregierung auch gegenüber den deutschen Soldaten nicht zu beschädigen,[1505] vollzog das BMVg eine Kehrtwende seiner Position. Da es »keine größeren, unmittelbar humanitären Aufgaben« für den deutschen Verband gebe, sei die Übernahme der Logistik die einzige Möglichkeit, »[u]m den außenpolitischen Schaden« ei-

---

herrschte. Angesichts der fehlenden Notwendigkeit fürchtete die Regierung bei einer Stationierung negative Medienberichte. Letztlich wurde die kanadische Entsendung nur durch den Beginn der UNITAF gestoppt. Dawson, »Here is hell«, S. 74 ff., 106 ff.

[1500] BArch, BW 2/29717, Fü S III 5, Dienstreisebericht über die ressortübergreifende Erkundungsmission nach Nordsomalia vom 12.3.1993 bis 20.3.1993, 22.3.1993, hier S. 6.
[1501] Ebd., S. 7.
[1502] PA AA, B 45, ZA, Bd 192063, Vermerk AS-B-hH, Betr.: Humanitäre Hilfe für Somalia, hier: Gemeinsame Erkundungsreise nach Nordost-Somalia vom 14.03 bis 20.3.1993 (AA, BMI, BMZ sowie THW, GTZ und ASB) [...], 22.3.1993, hier S. 4.
[1503] Ebd., S. 5.
[1504] BArch, BW 2/29717, Kopie Referat 230 im AA, Gesprächsführungsvorschlag für die Kabinettssitzung am 24.3.1993; Betr.: Beteiligung der Bundeswehr an der VN-Friedensoperation in Somalia (UNOSOM), o.D., S. 3.
[1505] Ebd., Vorlage Fü S III 5 an den Verteidigungsminister, Betr.: Beteiligung der Bundeswehr an UNOSOM II, hier: beabsichtigtes Vorgehen AA, 23.3.1993, hier S. 4.

## IV. Deutsche ›Blauhelme‹ in Afrika

ner Nichtbeteiligung nach dem öffentlich gemachten Angebot im Dezember abzuwenden.[1506]

Die Übernahme von Nischen kam für das BMVg aus praktischen und Prestigegründen nicht infrage. Für die Instandsetzung der Straßen in Nordsomalia fehlte es an Geräten, zur Verwendung von Soldaten als »Schauerleute« im Hafen von Mogadischu an geeignetem Personal.[1507] Die zweite Nische war auch gar nicht ernsthaft untersucht worden.[1508] Handschriftlich ergänzte der Generalinspekteur, dass es »militärisch nicht empfohlen werden« könne, wenn deutsche Soldaten in »einer zweitrangigen Rolle eingesetzt« würden.[1509] Die vom AA vorgeschlagenen Aufgaben könnten ohnehin »effizienter« von zivilen Organisationen durchgeführt werden, so das federführende Referat Fü S III 5. Eine Meinung, die Staatssekretär Schönbohm stützte. Beachtet werden müsse aus Sicht der Arbeitsebene des BMVg zudem, dass sich der deutsche Verband bei solchen Aufgaben massiv reduzieren würde. Der deutsche »Beteiligungswille« würde international »bezweifelt werden« und »eher negative politische Signalwirkung« haben. Fü S III 5 sprach sich daher für die Öffnung des starren Kabinettsbeschlusses zur Übernahme der Logistik der UNOSOM II ohne »Kampfauftrag« aus. Diese Aufgabe entspreche dem Leistungsprofil der Bundeswehr und werde von den Vereinten Nationen und den deutschen Partnern erwartet.[1510]

Obwohl Generalinspekteur Naumann die Empfehlungen stützte, forderte Staatssekretär Schönbohm zunächst eine erneute juristische Bewertung. Für ihn hatte eine logistische Unterstützung eine andere Qualität als die ursprünglich geplante humanitäre Hilfe, noch dazu, weil die VN-Truppen wohl unter Kapitel VII der VN-Charta operieren würden.[1511] Die Meinung des durch verschiedene Äußerungen öffentlich in der Kritik stehenden Generalinspekteurs wurde von der politischen Leitung überhört.[1512] Auch missfiel Schönbohm die Formulierung, durch die Aufrechterhaltung der Teilnahme solle ein außenpolitischer Schaden abgewendet werden. Die Bedingungen des deutschen Engagements seien seit Dezember 1992 bekannt, so der Staatssekretär. Mittlerweile bestehe eben kein Bedarf mehr für den deutschen Verband.[1513] Aus seiner Sicht sollte das BMVg »nicht ›krampfhaft‹«

---

[1506] Ebd., S. 2.
[1507] Ebd., S. 3.
[1508] Vgl. BArch, BW 2/30516, Fü S IV KS/EA, Ergebnisprotokoll der Besprechung vom 23.3.1993, 23.3.1993, hier S. 2.
[1509] Siehe die Anmerkungen auf BArch, BW 2/29713, Vorlage Fü S III 5 an den Verteidigungsminister, Betr.: Beteiligung der Bundeswehr an UNOSOM II, hier: beabsichtigtes Vorgehen AA, 23.3.1993, hier S. 3.
[1510] BArch, BW 2/29717, Vorlage Fü S III 5 an den Verteidigungsminister, Betr.: Beteiligung der Bundeswehr an UNOSOM II, hier: beabsichtigtes Vorgehen AA, 23.3.1993, hier S. 3.
[1511] Siehe die Anmerkung auf ebd., S. 4.
[1512] Vgl. Streit um Generalinspekteur Naumann: »Er ist kein Politiker«. In: FAZ, Nr. 59, 11.3.1993, S. 4.
[1513] BArch, BW 2/29717, Vorlage Fü S III 5 an den Verteidigungsminister, Betr.: Beteiligung der Bundeswehr an UNOSOM II, hier: beabsichtigtes Vorgehen AA, 23.3.1993, hier S. 2.

nach Aufgaben für die Bundeswehr suchen.[1514] Weiterhin hatte die Beteiligung in Somalia für Schönbohm keine Priorität, erst recht nicht in Zeiten, in denen die Bundeswehr aufgrund von Einsparungen und Standortdebatten innerlich zu zerreißen drohte.[1515]

Während die militärische und humanitäre Notwendigkeit einer deutschen Beteiligung Ende März von allen Akteuren bezweifelt wurde, befand Bundeskanzler Kohl, dass die Entsendung der Bundeswehr nach dem öffentlichen Vorstoß im Dezember politisch unumgänglich sei. Am Rande der Kabinettssitzung vom 24. März wies er Rühe und Staatssekretär im AA Dieter Kastrup offenbar an, den Kabinettsbeschluss aufgrund der politischen Notwendigkeit zu erfüllen.[1516] Aus politischen Erwägungen erhielten die Ressorts die Legitimation des Kanzlers, den eigenen Handlungsrahmen so zu dehnen, dass die Beteiligung der Bundeswehr in der beschlossenen Größenordnung verwirklicht werden konnte.

*Resolution 814 und die formelle Anfrage der Vereinten Nationen*

Am 26. März 1993 verabschiedete der VNSR Resolution 814 und beschloss die Aufstellung der UNOSOM II. Erstmals wurden eine VN-geführte Mission ohne Zustimmung des Gastlands autorisiert, unter Kapitel VII der VN-Charta zur Durchsetzung ihres Auftrags auch militärischen Zwang anzuwenden.[1517] Für die Bundesressorts bestand somit Gewissheit über den Rahmen ihres möglichen Engagements und auch das VN-Sekretariat konnte seine Planungen abschließen. Erneut zeigte sich, dass es den Vereinten Nationen nicht an Infanteristen, sondern an Unterstützungskräften mangelte. Trotz der »Zurückhaltung der VN-Militärplaner« gegenüber den deutschen Auflagen interessierte sich der Militärberaterstab des VNGS Ende März wieder stärker für den deutschen Verband. Außer den USA hatte keine Nation größere Logistikkräfte geboten. Die Ständige Vertretung in New York wurde noch einmal inoffiziell um Prüfung gebeten, ob nicht doch zwei Pionierkompanien geschickt werden könnten. Zudem kündigten die Vereinten Nationen an, dass die Bundesrepublik ab dem 5. April mit einer formellen Anfrage zur Entsendung von Soldaten rechnen könne.[1518]

Vor dem Hintergrund der Weisung des Bundeskanzlers, aus politischen Gründen am Angebot festzuhalten, sowie der Resolution 814, und im

---

[1514] Siehe die Anmerkung auf ebd., Vorlage Fü S III 5 an den Verteidigungsminister, Betr.: Beteiligung der Bundeswehr an UNOSOM II, hier: beabsichtigtes Vorgehen AA, 23.3.1993, hier S. 1.
[1515] Vgl. »Das hält keine Armee aus«. In: Der Spiegel, Nr. 12 (1993), 22.3.1993, S. 84–93.
[1516] Vgl. PA AA, B 34, ZA, Bd 160133, Entwurf Vorlage Referat 230 an den Außenminister, Betr.: Deutsche Beteiligung an der Friedensoperation in Somalia (UNOSOM II), hier: Vorbereitung eines erneuten Kabinettsbeschlusses am 21.4.1993 [...], 14.4.1993, hier S. 3. Zur Position Kohls siehe auch Kohl, Berichte zur Lage 1989–1998, S. 440, 458 ff., 473 f.
[1517] VNSR, S/RES/814(1993), 26.3.1993.
[1518] PA AA, B 34, ZA, Bd 160133, Drahtbericht der Ständigen Vertretung in New York an Referat 230 im AA, Nr. 725, 29.3.1993.

## IV. Deutsche ›Blauhelme‹ in Afrika

Bewusstsein, dass die Vereinten Nationen mit einer deutschen Beteiligung planten, machten sich das AA und das BMVg unverzüglich daran, den Kabinettsbeschluss vom 17. Dezember umzusetzen. Problematisch blieb, dass in Somalia keine Aufgabe existierte, die einen Einsatz »im Sinne eines unmittelbaren humanitären Zwecks« gerechtfertigt hätte. Zudem seien die verfassungsrechtlichen Bedenken hinsichtlich einer logistischen Unterstützung der UNOSOM-II-Truppen für die Vereinten Nationen »unzumutbar«.[1519] Zuvor hatte die Rechtsabteilung des BMVg klargestellt, dass die Bundeswehr nur solche Aufgaben übernehmen dürfe, die ausschließlich der Zivilbevölkerung galten oder bei denen ausgeschlossen sei, dass sie Kampfhandlungen der UNOSOM II unterstützten. Munition dürfe nur transportiert werden, wenn diese der »Selbstverteidigung der VN-Truppen« diene.[1520]

Angesichts dieser Ausgangslage entwickelte die Arbeitsebene des BMVg vier Möglichkeiten. Erstens könne auf eine Beteiligung verzichtet werden. Aus Sicht des federführenden Referats Fü S III 5 widersprach dies aber dem »Interesse der Bundesregierung an der Ausweitung unserer Beteiligung an VN-Operationen«. Zweitens könnten wie vom AA präferiert »Nischen« besetzt werden. Da diese Aufgaben »nicht dem Leistungsspektrum der Bundeswehr« entsprächen, nicht die geeigneten Fähigkeiten bereitstünden und zivile Organisationen die Arbeiten effizienter ausführen könnten, sei auch diese Möglichkeit zu verwerfen. Entsprechend der »Qualität des angebotenen Verbandes« sollten die Soldaten einen »angemessenen Auftrag« erhalten.[1521] Drittens könnten unter dem Aspekt der »Schutzpflicht des Staates gegenüber in Not geratenen Staatsbürgern« deutsche Hilfsorganisationen geschützt werden. Weil die Bundeswehr aus rechtlichen Gründen aber nicht das Personal nichtdeutscher Organisationen schützen dürfe, würden die Vereinten Nationen diese Möglichkeit kaum akzeptieren.[1522] Letztlich bliebe nur die zuvor abgelehnte Logistikhilfe für die UNOSOM II, insofern sie keine Kampfhandlungen unterstütze. Benötigt werde aber ein neuer Kabinettsbeschluss, in dem die logistische Hilfe verankert werde. Zwar sei diese Möglichkeit »ein deutlich weniger sichtbarer Beitrag«, da die Soldaten keinen eigenen Raum übernahmen. Die Logistikaufgabe sei jedoch »die einzige verbleibende, mit den *Interessen der VN im Einklang liegende, militärisch sinnvolle* Beteiligungsform«.[1523] Fraglich blieb einzig die rechtliche Legitimation. Sollte das BMVg darauf pochen, dass eine UNOSOM-II-Beteiligung aufgrund des Art. 24 Abs. 2 GG zulässig sei, rechnete die Rechtsabteilung angesichts der laufenden Debatte um eine Beteiligung an den AWACS-Aufklärungsflügen

---

[1519] BArch, BW 2/29717, Vorlage Fü S III 5 an den Verteidigungsminister, Betr.: Beteiligung der Bundeswehr an UNOSOM II, hier: Sicherheitsratsresolution Nr. 814, 30.3.1993, hier S. 2.
[1520] Ebd., Kopie als Anlage Vermerk VR II 3, Betr.: UNOSOM II, hier: Bewertung der Sicherheitsratsresolution 814, 29.3.1993.
[1521] Ebd., Vorlage Fü S III 5 an den Verteidigungsminister, Betr.: Beteiligung der Bundeswehr an UNOSOM II, hier: Sicherheitsratsresolution Nr. 814, 30.3.1993, hier S. 3.
[1522] Ebd., S. 3 f.
[1523] Hervorhebung im Original. Ebd., S. 4.

über Bosnien und Herzegowina mit einer ernsten Koalitionskrise. Die Arbeitsebene des BMVg war jedoch bereit, die rechtlichen Bedenken aufgrund der Außen- und Innenwirkung sowie der möglichen Auswirkung auf die Moral der Truppe zurückzustellen. Andernfalls bleibe nur der Verzicht:

»Die Möglichkeit einer Beteiligung der Bundeswehr an der bisher größten und möglicherweise wegen der Qualität des Mandats wichtigsten Operation der VN stellt sich nur einmal. Diese Chance sollten wir nicht durch eine Beteiligung weit unterhalb unserer Fähigkeiten verspielen, sondern die VN im Bereich Logistik unterstützen, wo heute der größte Bedarf existiert. Ist dies nicht realisierbar, sollte auf die Beteiligung der Bundeswehr an UNOSOM II verzichtet werden.«[1524]

Für das BMVg ging es darum, die angebotenen 1500 oder gar keine Soldaten zu entsenden. Eine Reduzierung des Verbands kam aus Prestigegründen nicht infrage. Während General Naumann die Empfehlung stützte, blieb Staatssekretär Schönbohm skeptisch und tendierte zum Verzicht.[1525] Dem Verteidigungsminister hatte das Dokument durch eine Entscheidung Schönbohms nicht vorgelegen.[1526] Auf Grundlage eines mündlichen Vortrags durch den Generalinspekteur hatte Rühe der logistischen Unterstützung der UNOSOM II aber bereits am 31. März prinzipiell zugestimmt.[1527] Eine Nichtbeteiligung barg offenbar größeren politischen Schaden als die Beteiligung unter umstrittenen rechtlichen Voraussetzungen.

»[I]m Sinne *einer möglichen* Lösung für die Beteiligung der Bundeswehr« billigte daher auch Staatssekretär Schönbohm die Vorlage am 5. April und ebnete den Weg für weitere Verhandlungen mit den Vereinten Nationen.[1528] Überzeugt von der logistischen Unterstützung schien sein Büro »wegen der damit verbundenen Rechtsproblematik [...] den finanziellen Risiken sowie der [...] schwer realisierbaren Umsetzung« nicht.[1529] Dennoch stimmte Schönbohm den Vorschlägen des Generalinspekteurs[1530] zu, vor der erneuten Befassung des Kabinetts eine Arbeitsgruppe aus AA, BMF und gegebenenfalls BKAmt[1531], BMI und BMJ einzusetzen. Auch billigte er die Entsendung

---

[1524] Ebd., S. 5.
[1525] Siehe die Anmerkungen ebd.
[1526] BArch, BW 1/372426, Vorlage Büro StS Schönbohm an Staatssekretär Schönbohm, Betr.: Somalia, hier: Weiteres Vorgehen, 2.4.1993, hier S. 2.
[1527] Siehe die Anmerkung auf BArch, BW 2/29717, Kopie Weisung Staatssekretär Schönbohm an den Chef des Stabes Fü S, AL H, AL VR, Betr.: Somalia, hier: Weitere Vorgehensweise, 31.3.1993; ebd., Nebenabdruck Rundschreiben Fü S III 5, Betr.: Beteiligung der Bundeswehr an UNOSOM II, hier: Integration in UNOSOM II Logistik-Komponente, 1.4.1993.
[1528] Hervorhebung im Original. BArch, BW 2/30516, Kopie Weisung Staatssekretär Schönbohm an den Generalinspekteur, Betr.: Somalia, 5.4.1993.
[1529] Vgl. BArch, BW 1/372426, Vorlage Büro StS Schönbohm an Staatssekretär Schönbohm, Betr.: Somalia, hier: Weiteres Vorgehen, 2.4.1993.
[1530] Siehe die Anmerkung auf BArch, BW 2/29717, Vorlage Fü S III 5 an den Verteidigungsminister, Betr.: Beteiligung der Bundeswehr an UNOSOM II, hier: Sicherheitsratsresolution Nr. 814, 30.3.1993, hier S. 1.
[1531] Zwar bevorzugte Schönbohm die Koordination durch das BKAmt, dieses forderte aber Abstimmungen zwischen AA und BMVg. BArch, BW 1/372426, Büro StS Schönbohm,

eines Verbindungskommandos nach Somalia, sofern das AA einbezogen, nur Personal aus dem BMVg geschickt und die zuständigen Ausschüsse informiert würden.[1532] Aus politischen Erwägungen lenkte der Staatssekretär auf die Position des Generalinspekteurs und der Arbeitsebene des BMVg ein.

Weiterhin abwartend verhielt sich das AA. In einer ebenfalls auf den 30. März datierten Leitungsvorlage wurde zwar darauf verwiesen, dass die Rücknahme des Angebots oder »die bloße Hinnahme seiner Ablehnung« durch die Vereinten Nationen »außenpolitisch unvertretbar« sei. In seinen vorherigen Vorschlägen – Betätigung im Bereich der Repatriierung von Flüchtlingen, der Beteiligung im Straßenbau in Nordsomalia oder der Übernahme des Hafenmanagements – habe das AA aber auch an einer »kleinen Lösung« festhalten wollen. Die Übernahme der Logistik – obwohl von den Vereinten Nationen erwünscht und benötigt – sei nicht im Kabinettsbeschluss vorgesehen und könne zu einer ähnlichen Situation wie bei den AWACS-Flügen führen. Neue Vorschläge wurden dem Außenminister nicht unterbreitet. Aus Sicht des AA strebe das BMVg ohnehin nach einer »große[n] Lösung«: »Dem BMVg geht es [...] entweder um eine möglichst umfangreiche, öffentlichkeitswirksame Beteiligung oder um eine völlige Abstinenz«;[1533] eine Aussage, die das BMVg intern zurückwies.[1534] Zum Missfallen der Ministerien erschien das sensible Papier nämlich Ende April in den Medien.[1535] Fortan diente es der SPD dazu, den humanitären Auftrag der Bundeswehr zu hinterfragen.[1536] Auch wenn die FDP die Bedeutung des Dokuments in der Diskussion zu relativieren versuchte,[1537] war die Kritik der Opposition vertretbar. Spätestens seit Ende März stand fest, dass es für die Bundeswehr keinen humanitären Auftrag gab, der dem Kabinettsbeschluss vom Dezember entsprochen hätte. Auch die Kritik der Medien war berechtigt: Für das BMVg kam entweder nur die Entsendung von 1500 Soldaten oder der Verzicht infrage. Somalia als Einsatzland zählte kaum.

Um Einigung für das weitere Vorgehen zu erzielen, trafen sich am 2. April Vertreter des AA und des BMVg zu einer Ressortbesprechung. Am gleichen Tag stimmte das Bundeskabinett gegen die FDP-Minister für die Fortsetzung der deutschen Beteiligung an den AWACS-Aufklärungsflügen der NATO zur

---

Ergebnisvermerk der Besprechung über das weitere Vorgehen in Bezug auf VOPP und Somalia am 6.4.1993, 7.4.1993, hier S. 2.
[1532] BArch, BW 2/30516, Kopie Weisung Staatssekretär Schönbohm an den Generalinspekteur, Betr.: Somalia, 5.4.1993.
[1533] PA AA, B 34, ZA, Bd 160133, Nebenabdruck Vorlage Referat 230 an den Außenminister, Betr.: Deutsche Beteiligung an der VN-Friedensoperation in Somalia (UNOSOM II), hier: Annahme von VN-SR-Resolution 814, 30.3.1993, hier S. 3 f.
[1534] BArch, BW 2/29713, Vorlage Fü S III 5 an den Verteidigungsminister, Betr.: Beteiligung der Bundeswehr an UNOSOM II, hier: Artikel in der Süddeutschen Zeitung (SZ) vom 21.4.1993, 28.4.1993.
[1535] Massive Vorwürfe gegen Verteidigungsministerium: Einsatz in Somalia dient vor allem der Werbung. In: SZ, Nr. 91, 21.4.1993, S. 1; ARD, Tagesschau vor 20 Jahren, 21.4.1993.
[1536] Vgl. BT-PlPr. 12/169, 2.7.1993, S. 14585. Der Vermerk wurde auch bei den Verhandlungen in Karlsruhe zitiert. Der Auslandseinsatz deutscher Streitkräfte, S. 284 f.
[1537] Vgl. BT-PlPr. 12/169, 2.7.1993, S. 14587.

Durchsetzung der Flugverbotszone über Bosnien und Herzegowina, was zur Organklage der FDP gegen die Bundesregierung führte.[1538] Während beiden Ressorts bewusst war, dass die Entscheidung des Bundesverfassungsgerichts auch Auswirkungen auf eine Beteiligung in Somalia haben würde, blieb das BMVg bei seiner Position, »keine Aufgabe [zu] übernehmen, die zu einer Verringerung des Umfangs bzw. der Sichtbarkeit des zu entsendenden Verbandes« führen würde, so ein Vermerk des AA.[1539] Bei der angestrebten logistischen Unterstützung lehnte das BMVg zudem eine Unterscheidung beim Transport von zivilen und militärischen Gütern ab. In einem neuen Kabinettsbeschluss sollte aus Sicht des Verteidigungsressorts lediglich der Auftrag zur humanitären Hilfe durch die logistische ersetzt werden. Die anderen Parameter – vor allem die Bedingung eines sicheren Umfelds – sollten beibehalten werden. Hier glaubte man an keinen politischen Spielraum. Beim Einsatzort präferierte das BMVg weiterhin den Norden Somalias, nun aber unter den Vorzeichen eines logistischen Auftrags. Gegenvorschläge machte das AA nach seinem abgelehnten Nischenkonzept nicht.[1540] Ohnehin war es abhängig von den Ressourcen des BMVg.

Die Entscheidung, ob sich die Bundesressorts beteiligen sollten, beschleunigte das VN-Sekretariat. Am 5. April erklärte der Militärstab des VNGS im Gespräch mit der Ständigen Vertretung, dass der angebotene deutsche Verband »die beste Option« zur Lösung der logistischen Engpässe der Mission sei. Als deutschen Einsatzraum nannte er weiter den Norden, wünschte aber erneut eine zweite Pionierkompanie.[1541] Noch am gleichen Tag bestätigte der VNSR Deutschland mit 29 anderen Ländern offiziell als Truppensteller.[1542]

Wie von der Ständigen Vertretung angekündigt,[1543] richtete der VNGS am Ostermontag, dem 12. April 1993, eine offizielle Anfrage an die Bundesrepublik und bat um die Entsendung eines Unterstützungs- und Transportbataillons. Im Gegensatz zum nicht von den Vereinten Nationen erbetenen deutschen Angebot im Dezember und den ersten Planungen im Februar sollte dieser mit 1640 Soldaten etwas größer sein als gedacht. Wie mehrfach vom VN-Sekretariat gewünscht, sollte der Verband aus zwei Pionierkompanien mit je 80 Soldaten bestehen. Das gesamte Kontingent sollte dem UNOSOM-II-Kommandeur unterstehen und eine Stehzeit von zunächst sechs Monaten haben. Den Vorgaben des Kabinetts entsprechend würden die deutschen

---

[1538] BPA, Überwachung des Flugverbots über Bosnien-Herzegowina unter deutscher Beteiligung. In: Bulletin, Nr. 29, 7.4.1993, S. 253 f. Die Antragsschrift der FDP ist abgedruckt in Der Auslandseinsatz deutscher Streitkräfte, S. 19–44.

[1539] PA AA, B 34, ZA, Bd 160133, Entwurf Vermerk Referat 230, Betr.: Unterstützung von UNOSOM durch die Bundeswehr, hier: Ressortbesprechung AA (Ref. 322, 500, 230) – BMVg (Fü S III 5, Rechtsabteilung) am 2.4.1993, o.D., hier S. 1.

[1540] Ebd., S. 2.

[1541] PA AA, B 34, ZA, Bd 160133, Drahtbericht der Ständigen Vertretung in New York an Referat 230 im AA, Nr. 815, 5.4.1993.

[1542] VNSR, S/25532, 5.4.1993; VNSR, S/25533, 5.4.1993.

[1543] PA AA, B 34, ZA, Bd 160133, Drahtbericht der Ständigen Vertretung in New York an Referat 230 im AA, Nr. 828, 7.4.1993.

IV. Deutsche ›Blauhelme‹ in Afrika        389

Truppen nur in einem »secure environment« zum Einsatz kommen und den Auftrag haben: »setting up, maintaining and safeguarding the distribution network for relief and logistic supplies«.[1544] Auch in dieser Formulierung nahm die Anfrage Bezug auf die deutschen Vorgaben. Vorsorglich hatte die Ständige Vertretung das VN-Sekretariat darum gebeten, sich am Wortlaut des deutschen Angebots zu orientieren.[1545] Die logistische Unterstützung stand daher offiziell nur an zweiter Stelle des Auftrags, um den humanitären Charakter der deutschen Aufgabe zu wahren.

Bei einem Truppenstellertreffen wenige Tage später ließen die Vereinten Nationen zudem erkennen, dass sie neun Dienstposten im Hauptquartier in Mogadischu mit deutschen Soldaten besetzen wollten. Dabei dachten die VN-Planer gegenläufig zu den deutschen Vorstellungen[1546] an einen Oberstleutnant, zwei Majore und sechs Hauptleute.[1547] Zwar kamen die Vereinten Nationen den deutschen Wünschen später entgegen[1548] und boten auch den Posten des »HQ Commanders« im Dienstgrad eines Oberst an, Einfluss auf die Mission hatte dieser aber kaum, da er für die Sicherheit des Hauptquartiers und dessen administrative Belange verantwortlich war.[1549] Da die Rechtsabteilung VR II 2 nachträglich zur Bewertung kam, dass sich dessen Aufgaben »im Regelungsbereich des Art 87 a, Abs 2 GG« bewegten und nicht vom Kabinettsbeschluss »gedeckt und damit unzulässig« seien,[1550] wurde der Dienstposten im Herbst 1993 nicht von Deutschland nachbesetzt.[1551] Letztlich

---

[1544] Kern des Bataillons sollten zwei Transport- und Nachschubkompanien mit je 140 sowie zwei Infanteriekompanien mit je 120 Soldaten sein. Zudem wurde die Bundesregierung gebeten, u.a. eine Stabskompanie mit 225 und eine Versorgungskompanie mit 145 Soldaten bereitzustellen. BArch, BW 2/28188, Schreiben des VNGS an die Ständige Vertretung in New York, 12.4.1993. Eine deutsche Übersetzung des Schreibens findet sich in BArch, BW 2/29716, Fü S III 5, Resolutionen des Sicherheitsrats zu Somalia und korrespondierende Entscheidungen der Bundesregierung zur Beteiligung der Bundeswehr, 13.4.1994, Anlage 1, und in Stichworte zur Sicherheitspolitik, Nr. 5 (1993), S. 9 f. Eine abweichende Übersetzung findet sich in dem Artikel: »In einer sicheren Umgebung«. In: FAZ, Nr. 91, 20.4.1993, S. 2.

[1545] PA AA, B 34, ZA, Bd 160133, Drahtbericht der Ständigen Vertretung in New York an Referat 230 im AA, Nr. 708, 25.3.1993, hier S. 2.

[1546] Vgl. BArch, BW 2/28177, Vorlage Fü S IV 4 an den Verteidigungsminister, Betr.: Deutsche Beteiligung am HQ UNOSOM II, 30.4.1993.

[1547] PA AA, B 34, ZA, Bd 160133, Drahtbericht der Ständigen Vertretung in New York an Referat 230 im AA, Nr. 903, 16.4.1993, hier S. 2; BArch, BW 2/28177, Kopie Fax Vereinte Nationen an die Ständige Vertretung in New York, 21.4.1993.

[1548] Vgl. BArch, BW 2/28177, Vermerk Fü S IV 4, Stellenbesetzung Headquarter UNOSOM II, 18.5.1993.

[1549] Vgl. PA AA, B 34, ZA, Bd 160133, Drahtbericht der Ständigen Vertretung in New York an Referat 230 im AA, Nr. 988, 23.4.1993, hier S. 1; BArch, BW 2/28177, Kopie Fax Vereinte Nationen an die Ständige Vertretung in New York, 7.5.1993.

[1550] BArch, BW 2/28177, Vorlage Fü S IV 4 an den Generalinspekteur, Betr.: Aufgabenwahrnehmung Oberst Conze, Kdt Stabsquartier im HQ UNOSOM II (HQ Cdt), hier: Vermerk zu seinem Bericht vom 29. September 1993, 5.10.1993.

[1551] BArch, BW 1/372430, Kopie Vorlage Kommandierender General III. Korps an den Generalinspekteur, Betr.: Ergebnisprotokoll meiner Gespräche im HQ-UNOSOM II in Mogadischu und Eindrücke des Besuchs in Belet Weyne vom 8.–11.10.1993, 12.10.1993, hier S. 6 f.; ebd., Kopie Vorlage Generalinspekteur der Bundeswehr an den

erhielt die Bundeswehr keine Schlüsselpositionen im Hauptquartier, weil dies aufgrund der politischen Auflagen unmöglich war. Ressortübergreifend wurde dies später kritisiert.[1552]

Obwohl das deutsche Angebot sehr beschränkt war, hatten die Vereinten Nationen nicht nur aus politischen Erwägungen an einer Beteiligung der Bundesrepublik festgehalten. Auch militärisch schien die deutsche Logistikhilfe für die Vereinten Nationen plötzlich sinnvoll; zumindest in der Theorie. Weil nur die USA ähnliche Kräfte stellten, bestand in diesem Bereich Bedarf. Trotz Bedenken der VN-Militärplaner versuchte das VN-Sekretariat den deutschen Auflagen daher so gut es konnte zu entsprechen. Dass die Vereinten Nationen Deutschland einen Auftrag anbieten konnten, dem vor allem das BMVg im Frühjahr widersprochen hatte, lag an der neuen Rahmenlage. Wollten die Bundesressorts an der bis dahin größten VN-Mission sichtbar teilnehmen, blieb nur die Logistik. Die Alternative war der Verzicht, was aus politischer Erwägung weder im deutschen noch im VN-Interesse lag.

*Der Beschluss der Bundesregierung am 21. April 1993*

Nach der Wahl der Bundesrepublik zum Truppensteller und dem offiziellen Gesuch des VNGS erarbeiteten die Ressorts umgehend eine abgestimmte Kabinettsvorlage. Die Zustimmung der Regierung sollte in der ersten Sitzung nach der Osterpause, am 21. April 1993, erfolgen; zu einer Zeit, als den Anfragen des VNGS außer Indien bereits alle anderen Truppensteller zugestimmt hatten.[1553] In Deutschland bestand somit Anlass zur Eile. Seit dem 12. April nahmen zudem deutsche Soldaten am AWACS-Einsatz der NATO zur Durchsetzung einer Flugverbotszone über Bosnien und Herzegowina teil. Das Bundesverfassungsgericht hatte in diesem Zusammenhang festgestellt, dass sich die Bundeswehr hierdurch »erstmalig [an] einem Kampfeinsatz« beteiligte.[1554] Ein weiterer Präzedenzfall für Auslandseinsätze war geschaffen worden, der das Somalia-Engagement beeinträchtigen sollte.

---

Verteidigungsminister, Betr.: Einsatz des Deutschen Personals im HQ UNOSOM II, 3.11.1993.

[1552] BArch, BW 2/29715, Abschlußbericht über die Beteiligung der Bundeswehr an UNOSOM II, o.D., S. 9; PA AA, B 34, ZA, Bd 165139, Vorlage Referat 322/230 an den Außenminister, Betr.: Rückblick auf und Lehren aus der Somalia-Aktion, 9.5.1994, S. 8; BArch, BW 2/30503, BMVg, Führungszentrum der Bundeswehr, Erfahrungsbericht (Gesamtauswertung) Beteiligung der Bundeswehr an UNOSOM II, 22.3.1995, hier S. 18. Kritisiert wurde jedoch nicht nur die fehlende militärische Präsenz, sondern auch die politische. Im Verteidigungsausschuss erklärte Brigadegeneral Harff, er habe sich geschämt, dass im Hauptquartier nur zehn Offiziere, aber keine politischen Vertreter eingesetzt worden seien. PA-DBT 3119, Ausschuss für Verteidigung, 12/78, 25.5.1994, S. 23 f. Zur Reaktion des AA siehe ebd., S. 103 f.

[1553] BArch, BW 1/372426, Vorlage Fü S III 5 an den Verteidigungsminister, Betr.: Beteiligung der Bundeswehr an UNOSOM II, hier: Aufforderung der Vereinten Nationen (VN) zur Truppenentsendung, 16.4.1993.

[1554] Zitiert nach Der Auslandseinsatz deutscher Streitkräfte, S. 189.

IV. Deutsche ›Blauhelme‹ in Afrika                                                    391

Obwohl es der Entsendung nach Somalia bereits im Dezember zugestimmt hatte, erforderte der neue Logistikauftrag aus Sicht der beiden führenden Ressorts eine erneute Abstimmung des Kabinetts.[1555] Die Frage der rechtlichen Legitimation gestaltete sich aber schwierig, zumal das Koalitionsklima durch den Antrag der FDP auf einstweilige Anordnung gegen die deutsche Beteiligung an den AWACS-Flügen belastet war. Zwar lehnte das Bundesverfassungsgericht den Antrag aufgrund der erwartbaren politischen Folgen durch einen Abzug der deutschen Soldaten am 8. April ab,[1556] trotzdem mahnte Staatssekretär Schönbohm das BMVg hinsichtlich der weiteren Rechtsdebatte zur Zurückhaltung. Offiziell sollte Rücksicht auf das Koalitionsklima genommen werden. Intern spielten aber auch finanzielle Überlegungen eine Rolle. Um die Kosten für eine Entsendung nach Somalia nicht aus eigenem Budget zahlen zu müssen, sollte sich das BMVg vom federführenden AA zur Beteiligung auffordern lassen. Ein zu forsches Auftreten sollte vermieden werden, um nicht den Eindruck eines zu starken Eigeninteresses zu erwecken.[1557]

Keine Illusionen machte sich die Arbeitsebene des BMVg bezüglich der Formulierungen der Anfrage des VNGS. Offensichtlich sei der darin enthaltene Auftrag zur Verteilung von Hilfs- und Versorgungsgütern nur aufgrund der verfassungspolitischen Debatte gewählt worden. Die Arbeitsebene ging davon aus, dass die Verteilung von Hilfsgütern »eine untergeordnete Rolle« spielen werde, was beim ohnehin skeptischen Staatssekretär Schönbohm auf Unverständnis traf.[1558] Obwohl die Vereinten Nationen in ihrer Anfrage vor allem auch dem BMVg entgegengekommen waren, sah es das federführende Referat Fü S III 5 nicht als erforderlich an, die von den Vereinten Nationen mehrfach gewünschte zweite Pionierkompanie zu stellen. Der deutsche Verband sollte nur als Einheit verwendet werden. Eine weitere Pionierkompanie könne auch losgelöst vom Hauptverband zum Einsatz kommen, was »aus grundsätzlichen Erwägungen [...] abgelehnt« werden sollte.[1559]

---

[1555] BArch, BW 1/455301, Rundschreiben Fü S III 5, Betr.: Beteiligung der Bundeswehr an UNOSOM II, hier: Integration in UNOSOM II Logistik-Komponente, 8.4.1993, hier S. 2; PA AA, B 34, ZA, Bd 160133, Entwurf Vorlage Referat 230 an den Außenminister, Betr.: Deutsche Beteiligung an der Friedensoperation in Somalia (UNOSOM II), hier: Vorbereitung eines erneuten Kabinettsbeschlusses am 21.4.1993 [...], 14.4.1993, hier S. 3.
[1556] BVerfG, 2 BvE 5/93, 2 BvQ 11/93, 8.4.1993, http://www.bverfg.de/e/es19930408_2bve 000593.htm.
[1557] BArch, BW 1/372426, Büro StS Schönbohm, Ergebnisvermerk der Besprechung über das weitere Vorgehen in Bezug auf VOPP und Somalia am 6.4.1993, 7.4.1993; BArch, BW 2/30516, Nebenabdruck Vorlage Fü S III 5 an StAL Fü S III, Betr.: Beteiligung der Bundeswehr an Maßnahmen der Vereinten Nationen (VN) in Somalia (UNOSOM II), hier: Besprechung bei StS Schönbohm, 6.4.1993; BArch, BW 1/455301, Ergebnisvermerk H II 2 an den Abteilungsleiter Haushalt, Betr.: Finanzierung möglicher Maßnahmen der Bundeswehr [...], 6.4.1993; BArch, BW 2/30511, Schreiben Fü S III 5 an Fü S IV 4, Betr.: Besprechung Fü S III5/Fü S IV 4/Fü H III 4 am 8.4.1993, 8.4.1993.
[1558] BArch, BW 1/372426, Vorlage Fü S III 5 an den Verteidigungsminister, Betr.: Beteiligung der Bundeswehr an UNOSOM II, hier: Aufforderung der Vereinten Nationen (VN) zur Truppenentsendung, 16.4.1993, hier S. 2.
[1559] Ebd., S. 3.

Auch wenn die Beteiligung des deutschen Verbands an der UNOSOM II aus Sicht der Vereinten Nationen einer militärischen Notwendigkeit entsprach, war das BMVg keinesfalls bemüht, alles für den Erfolg der Mission zu tun. Obwohl die Vorlage offenbar nicht von Staatssekretär Schönbohm gebilligt wurde, zählte für die Arbeitsebene des Verteidigungsministeriums einzig die Beteiligung nach deutschen Konditionen. Der Bedarf der Vereinten Nationen war wie schon im Dezember 1992 zweitrangig.

Auch lehnte es Fü S III 5 auf Weisung der Staatssekretäre ab,[1560] zusätzliche Kosten aus eigenem Budget zu zahlen,[1561] obwohl es im Gegensatz zum AA auf einen umfangreichen Einsatz gepocht hatte. Entgegenkommen sollte das BMVg dem AA – und dem ebenfalls FDP-geführten BMJ – nur in Fragen der rechtlichen Begründung. Anders als die offizielle Leitlinie der Union und die Auffassung der eigenen Rechtsabteilung, dass eine Beteiligung der Bundeswehr an Maßnahmen der Vereinten Nationen aufgrund des Art. 24 Abs. 2 GG möglich sei,[1562] war das BMVg weiterhin bereit, auf eine rechtliche Klarstellung im Kabinett zu verzichten und zu vertreten, dass es sich beim geplanten Engagement nicht um einen »Einsatz« im Sinne des Grundgesetzes handele.[1563] Gleichwohl erkannte Fü S III 5, dass auch die »wahrscheinlich langandauernde« logistische Unterstützung »mit der Gefährdung für das Leben der Soldaten verbunden« sein könnte, und setzte auf »eine angemessene Befähigung zur Selbstverteidigung«.[1564] Offenbar sollte den Bedenken des Heeres entsprochen werden, das mehr Befugnisse gefordert hatte. Wenn schon kein Zwang angewendet werden dürfe, sollte wenigstens der Eigenschutz umfassend sein. Im Dezember war dieser noch auf die persönlichen Waffen, Helme und Schutzwesten beschränkt worden.

Angesichts des Antrags auf einstweilige Anordnung gegenüber der Beteiligung an den AWACS-Flügen und der Position der FDP, dass vor einer Beteiligung der Bundeswehr an VN-Missionen das Grundgesetz geändert werden müsse, hatte das AA größere Probleme bei der Legitimation des deutschen Somalia-Engagements. Intern begnügte es sich mit der Aussicht, dass der deutsche Verband weder militärischen Zwang anwenden noch zur Anwendung von Zwang durch Dritte beitragen werde. Zudem glaubte es, dass der deutsche Verband nicht in Kampfhandlungen verwickelt wer-

---

[1560] BArch, BW 1/372426, Büro StS Schönbohm, Ergebnisvermerk der Besprechung über das weitere Vorgehen in Bezug auf VOPP und Somalia am 6.4.1993, 7.4.1993; ebd., Büro StS Schönbohm, Ergebnisvermerk Besprechung zum weiteren Vorgehen zu Somalia am 14.4.1993, 15.4.1993.
[1561] Ebd., Vorlage Fü S III 5 an den Verteidigungsminister, Betr.: Beteiligung der Bundeswehr an UNOSOM II, hier: Aufforderung der Vereinten Nationen (VN) zur Truppenentsendung, 16.4.1993, hier S. 5.
[1562] BArch, BW 2/29713, Kopie Vorlage VR III 3, Völkerrechtliche und verfassungsrechtliche Bewertung, Vertragsregelung mit den Vereinten Nationen, 20.4.1993, hier S. 2.
[1563] BArch, BW 1/372426, Vorlage Fü S III 5 an den Verteidigungsminister, Betr.: Beteiligung der Bundeswehr an UNOSOM II, hier: Aufforderung der Vereinten Nationen (VN) zur Truppenentsendung, 16.4.1993, hier S. 3 f.
[1564] Ebd., S. 5.

den könne, weil er nur in einem sicheren Umfeld tätig werden dürfe. Des Weiteren habe der deutsche Verband einen rein logistischen Auftrag und werde Waffengewalt nur zur Selbstverteidigung anwenden. Im Narrativ des AA blieb die »Verwendung der Bundeswehr« damit »unterhalb der Schwelle des Einsatzes im Sinne des Art. 87 a, Abs. 2«.[1565] Offenbar reichte Minister Kinkel diese Darstellung aber nicht aus. Neben einer entsprechenden Vorlage des Referats 230 versicherte er sich am gleichen Tag noch einmal bei der Rechtsabteilung, ob eine logistische Beteiligung zulässig sei.

Auch die Rechtsabteilung des AA hob hervor, dass nur die Anwendung militärischen Zwangs einen »Einsatz« im Sinne des Grundgesetzes definiere. Weil die Bundeswehr Nischen ausfülle, die nicht mit der Anwendung von Zwang verbunden seien, sei es egal, dass die UNOSOM II auch Aufgaben nach Kapitel VII der VN-Charta übernehme.[1566] Später versuchte das AA auch den Transport von Waffen und Munition zu legitimieren. Das deutsche Kontingent werde in einem sicheren Umfeld eingesetzt und habe damit auch nur Truppen zu versorgen, die in diesem sicheren Umfeld tätig würden, also nicht kämpfen müssten.[1567] Das AA legte das Grundgesetz entsprechend den Forderungen des Bundeskanzlers variabel aus.

Ausgerechnet das FDP-geführte BMJ vertrat aber eine noch restriktivere Linie als das AA. Im Gegensatz zu den anderen Ressorts hielt es die Einsatzschwelle in Somalia für überschritten. Erstens spreche die Sicherheitslage dafür und zweitens sei das deutsche Kontingent Teil einer Militärmission.[1568] Nur wenn im Kabinettsbeschluss auf »alle strittigen Rechtsausführungen« verzichtet werde, werde es zustimmen.[1569] Wie in den 1970er-Jahren beugte sich das Justizministerium dem Koalitionsfrieden. Dieses Mal in die andere Richtung.

Am 21. April 1993 erneuerte das Kabinett seinen Entschluss zur ersten bewaffneten Entsendung von Bundeswehrsoldaten im Rahmen der Vereinten Nationen. Ausdrücklich sprach es nur von »Entsendung«,[1570] um gar nicht

---

[1565] PA AA, B 34, ZA, Bd 160133, Entwurf Vorlage Referat 230 an den Außenminister, Betr.: Deutsche Beteiligung an der Friedensoperation in Somalia (UNOSOM II), hier: Vorbereitung eines erneuten Kabinettsbeschlusses am 21.4.1993, […], 14.4.1993, hier S. 4 f. Ähnlich äußerte sich Kinkel auch vor dem BVerfG. Vgl. Der Auslandseinsatz deutscher Streitkräfte, S. 303.

[1566] PA AA, B 34, ZA, Bd 160133, Entwurf Vorlage Abteilung 5 an den Außenminister, Betr.: Deutsche Beteiligung an Friedensoperation in Somalia (UNOSOM II), hier: Vorbereitung eines neuen Kabinettsbeschlusses, 14.4.1993.

[1567] Ebd., Entwurf Vorlage Abteilung 2/Abteilung 5 an den Außenminister, Betr.: Deutsche Beteiligung an Friedensoperation in Somalia (UNOSOM II), hier: Vorbereitung eines neuen Kabinettsbeschlusses, 19.4.1993, hier S. 5. Vgl. auch die Aussage Kinkels vor den Ausschüssen. PA-DBT 3119, Ausschuss für Verteidigung, 12/56, 21.4.1993, Anlage 1, S. 4 f.

[1568] Vgl. BArch, B 141/125513, Vorlage IV A 2 an die Justizministerin, Betr.: Teilnahme der Bundeswehr an Aktionen in Somalia – UNOSOM II, 15.4.1993.

[1569] Ebd., Vorlage IV A 2 an die Justizministerin, Betr.: Teilnahme der Bundeswehr an Aktionen in Somalia – UNOSOM II –, 16.4.1993, hier S. 4.

[1570] BArch, BW 2/29715, AA/BMVg, Tischvorlage, Betr.: Deutscher Beitrag zu den Operationen unter dem Dach der Vereinten Nationen in Somalia, 20.4.1993, hier

erst den Anschein zu erwecken, es handle sich um einen »Einsatz« im Sinne des Grundgesetzes. Die Medien verwendeten die Bezeichnung trotzdem.[1571] Auch innerhalb der Ressorts war die Sprachregelung inkonsequent. Die Haushaltsabteilung des BMVg sprach dauerhaft von der »Finanzierung eines Einsatzes der Bundeswehr in Somalia«.[1572] Die im Kabinettsbeschluss gewählte Bezeichnung diente nur dem politischen Narrativ. Auf welcher Rechtslage das Kabinett handelte, blieb zur Wahrung des Ressortfriedens offen.[1573]

Verweise auf Resolutionen der Vereinten Nationen enthielt der Beschluss nicht. Er nahm lediglich Bezug auf die Anfrage des VNGS vom 12. April. Hatte das Kabinett den Vereinten Nationen im Dezember noch von sich aus ein Angebot unterbreitet, konnte die Regierung von nun an begründet argumentieren, sie komme einer Bitte des VNGS nach. Der Auftrag blieb mit der Mithilfe bei »Aufbau, Unterstützung und Sicherstellung der Verteilerorganisation für Hilfs- und Logistikgüter« fast unverändert zum Beschluss im Dezember. Lediglich die Logistikgüter waren ergänzt worden. Nicht mehr gesprochen wurde von humanitären Aufgaben, für die der deutsche Verband eingesetzt werden sollte.[1574] Jetzt sollte dieser nur noch »im Rahmen der humanitären Bemühungen der Vereinten Nationen« mitwirken, wodurch Parallelen zur Resolution 814 gesucht wurden.

Trotz alledem war das Betätigungsfeld der Soldaten wesentlich breiter gefasst worden. Angaben über die Dauer des Engagements oder die Größe des Verbands fehlten.[1575] Im Dezember war noch von bis zu 1500 Soldaten gesprochen worden. Ebenso mangelte es dem Text an einer Begründung, weshalb die Bundeswehr nach Somalia entsandt werde. In einem Entwurf der Kabinettssache hatte es noch geheißen, dass eine Absage »in der Staatengemeinschaft nicht verstanden« werde und den deutschen »außenpolitischen Interessen nachhaltig« schade.[1576] Dem Narrativ des dringend benötigten deutschen Verbands entsprach dies freilich nicht, weswegen auf die Erklärung verzichtet wurde.

---

    Beschlußvorschlag. Der Text des Beschlussvorschlags ist veröffentlicht in: BPA, Beschluss der Bundesregierung zur Unterstützung von UNOSOM II in Somalia. In: Bulletin, Nr. 32, 23.4.1993, S. 280 f.

[1571] Vgl. ARD, Tagesschau vor 20 Jahren, 21.4.1993.

[1572] BArch, BW 1/455301, H II 2, Betr.: Finanzierung eines Einsatzes der Bundeswehr in Somalia, 20.4.1993.

[1573] In einem vorherigen Entwurf war noch auf Resolution 814 Bezug genommen und darauf verwiesen worden, dass die Nichtausübung von militärischem Zwang das entscheidende rechtliche Kriterium zur Beteiligung der Bundeswehr sei. Vgl. ebd., AA/BMVg, Entwurf Vorlage Kabinettssache, o.D., hier S. 3 f. Die Rechtsabteilung des BMVg hatte entsprechend der CDU/CSU-Rechtsauffassung argumentiert, dass eine Beteiligung an VN-Maßnahmen nach Art. 24 Abs. 2 GG erlaubt sei. Ebd., Schreiben VR II 3, Völkerrechtliche und verfassungsrechtliche Bewertung, Vertragsregelungen mit den Vereinten Nationen, 20.4.1993.

[1574] Vgl. BPA, Unterstützung der humanitären Anstrengungen der Vereinten Nationen in Somalia. In: Bulletin, Nr. 141, 29.12.1992, S. 1315.

[1575] BPA, Beschluss der Bundesregierung zur Unterstützung von UNOSOM II in Somalia. In: Bulletin, Nr. 32, 23.4.1993, S. 280 f., hier S. 280.

[1576] Vgl. BArch, BW 1/455301, AA/BMVg, Entwurf Vorlage Kabinettssache, o.D., hier S. 4 f.

IV. Deutsche ›Blauhelme‹ in Afrika 395

Weiterhin sollte der Einsatzort eine »befriedete Region« sein. Im Gegensatz zum Beschluss vom Dezember wurde nun die Auflage erhoben, dass dieser Status vom VNGS vergeben werden müsse.[1577] Minister Rühe hatte dies bereits zuvor gegenüber den Medien verkündet.[1578] Der Kabinettsbeschluss widersprach somit der bisherigen Ankündigung des VN-Sekretariats, dass der UNOSOM-II-Kommandeur oder der VN-Sondergesandte eine Region als gesichert bewerten würden. Die Deutschen waren im Begriff, den Akteuren vor Ort Kompetenzen zu entziehen.

Eine weitere Neuerung im Kabinettstext war die Beschränkung, dass der deutsche Verband keinen »militärischen Zwang« anwenden dürfe.[1579] Diese Auflage war durch die Mandatierung der UNOSOM II notwendig geworden. Generell waren ihre Truppen unter Kapitel VII der VN-Charta zur Anwendung militärischen Zwangs zur Durchsetzung ihres Auftrags legitimiert worden. Trotz der vom Heer geäußerten Bedenken sollte damit ein auf Kapitel VI der VN-Charta handelnder deutscher Verband im gleichen Raum stehen wie auf Kapitel VII der VN-Charta operierende Einheiten. Bei vielen Soldaten sollte dies zu Unverständnis führen.

Nach wie vor sollte der Kommandeur der UNOSOM II Operational Control über die deutschen Truppen erhalten. Die Befehls- und Kommandogewalt blieb beim Verteidigungsminister.[1580] Die Bundesregierung behielt sich zudem vor, die Truppen bei einer Lageänderung abzuziehen und einzugreifen, wenn das Kontingent für Aufgaben eingesetzt werde, die nicht ihrem Beschluss entsprachen. Was der in den Vereinten Nationen ungebräuchliche Begriff Operational Control im VN-Kontext bedeutete, definierte die Regierung nicht. Eine formelle Vereinbarung (Terms of Reference) über den genauen Wortlaut trafen die Bundesressorts und die Weltorganisation erst im November 1993,[1581] kurz bevor die Bundesregierung entschied, ihre Truppen abzuziehen. Unter Operational Control war demnach Folgendes zu verstehen:

»[d]ie einem Kommandeur übertragene Befugnis, ihm unterstellte Truppen so zu führen, daß er bestimmte, in der Regel nach Art, Zeit und Raum begrenzte Aufträge ausführen oder Aufgaben erfüllen kann, ferner die betreffenden Truppenteile zu dislozieren und Tactical Control über die Truppenteile selbst auszuüben oder zu übertragen.«

Nicht eingeschlossen war »die Befugnis, den gesonderten Einsatz von Kräften dieser Truppenteile anzuordnen. Auch truppendienstliche oder logistische

---

[1577] BPA, Beschluss der Bundesregierung zur Unterstützung von UNOSOM II in Somalia. In: Bulletin, Nr. 32, 23.4.1993, S. 280 f., hier S. 280.
[1578] Vgl. ARD, Tagesschau vor 20 Jahren, 20.4.1993.
[1579] BPA, Beschluss der Bundesregierung zur Unterstützung von UNOSOM II in Somalia. In: Bulletin, Nr. 32, 23.4.1993, S. 280 f., hier S. 280.
[1580] Ebd.
[1581] BArch, BW 2/29716, Kopie Fax Kofi Annan, Under-Secretary-General for Peace-keeping Operations, an die Ständige Vertretung in New York, 6.10.1993; BArch, BW 2/28166, Nebenabdruck Vorlage Fü S III 5 im BMVg an Referat 230 im AA, Betr.: Beteiligung der Bundeswehr an UNOSOM II, hier: Übersetzung der Terms of Reference, 17.2.1994, hier: Bezugsdokument.

Führungsaufgaben (Administrative or Logistic Control) sind nicht ohne weiteres mit eingeschlossen.«[1582] In der Praxis sollte sich zeigen, dass das BMVg auf die taktische Ebene des deutschen Verbands einwirkte, die deutschen Vorgaben eine militärisch sinnvolle Verwendung des Kontingents erschwerten und der UNOSOM-II-Kommandeur vor allem bei der Dislozierung der deutschen Truppen und ihrer Einbindung zur Entlastung anderer Einheiten keine Handlungsmöglichkeit hatte. Auch demonstrierte die Bundesregierung mit ihrem Vorbehalt, den Verband bei einer Lageänderung abzuziehen, dass der Erfolg der Mission bei einer Verschlechterung der Lage nebensächlich und das fortwährende Wirken der vom deutschen Verband logistisch abhängigen VN-Truppen »nicht [...] ausschlaggebend« für die Haltung der Regierung war, wie Minister Kinkel vor dem Bundesverfassungsgericht erklärte.[1583] Die Vereinten Nationen stimmten den deutschen Vorbehalten aus Mangel an Alternativen aber selbst zu und waren verantwortlich für die damit einhergehenden Probleme.

Erstmals im Kabinettsbeschluss angesprochen wurden auch die Kosten des Bundeswehr-Engagements, und das, obwohl das BMF bei der letzten Ressortbesprechung gefehlt hatte.[1584] Unter Berücksichtigung des neuen Kräftedispositivs von 1640 Soldaten rechnete das BMVg mit Kosten von 184,4 Mio. D-Mark.[1585] Laut Kabinettsbeschluss waren dafür bis zu 100 Mio. D-Mark aus dem Einzelplan 60 für Allgemeine Finanzverwaltung zu entnehmen. Weitere 50 Mio. D-Mark waren im Einzelplan 14, dem Budget des BMVg, einzuplanen.[1586] Weitere humanitäre Maßnahmen ergriff die Bundesregierung nicht. Die im Dezember begonnenen Maßnahmen sollten aber fortgesetzt werden.[1587] Ausdrücklich informierte die Regierung über die Arbeit der Polizeiexperten und den geplanten Wiederaufbau der somalischen Polizei. Mehr als die im Dezember bereitgestellten drei Mio. D-Mark wollte die Regierung aber nicht entbehren.[1588] Angesichts des umfassenden

---

[1582] Im Original lautete die Definition: »The authority delegated to a Commander to direct forces assigned so that the Commander may accomplish specific missions or tasks which are usually limited by function, time or location, to deploy units concerned, and to retain or assign tactical control of those units. It does not include authority to assign separate employment of components of units concerned. Neither does it, of itself, include administrative or logistic control.« BArch, BW 2/29716, Kopie Fax Kofi Annan, Under-Secretary-General for Peace-keeping Operations, an die Ständige Vertretung der Bundesrepublik Deutschland in New York, 6.10.1993, Anlage B. Die deutsche Übersetzung findet sich im gleichen Ordner.
[1583] Zitiert nach Der Auslandseinsatz deutscher Streitkräfte, S. 307.
[1584] PA AA, B 34, ZA, Bd 160140, Kopie Ergebnisvermerk Referat 230, 16.4.1993, hier S. 2 f.
[1585] BArch, BW 1/455301, Vermerk H II 2, Betr.: UNOSOM II, hier: heutige Ressortverhandlung über den finanziellen Mehrbedarf in 1993 bei Kap. 6004 Tit. 547 02, 15.4.1993; ebd., H II 2, Betr.: Finanzierung eines Einsatzes der Bundeswehr in Somalia, 20.4.1993.
[1586] BPA, Beschluss der Bundesregierung zur Unterstützung von UNOSOM II in Somalia. In: Bulletin, Nr. 32, 23.4.1993, S. 280 f., hier S. 280.
[1587] Ebd., S. 280 f.
[1588] Ebd., S. 281.

militärischen Engagements traten die Polizeikooperation und allen zivilen Leistungen trotz Kritik der Opposition in den Hintergrund.[1589]

Anders als im Dezember, als der Kanzler den Beschluss verkündet hatte, fiel diese Aufgabe nun wieder dem Regierungssprecher zu. Am Vormittag informierten die Minister Kinkel und Rühe die zuständigen Ausschüsse,[1590] womit sie ihrer bisherigen Linie entsprachen. Was die Beschränkungen des neuen Beschlusses für den deutschen Verband in der Praxis bedeuteten, stand zu diesem Zeitpunkt noch nicht fest. Wie die Definition des Operational Control klärten sich die genauen Auflagen der deutschen Beteiligung erst im Herbst 1993. In den Terms of Reference vereinbarte die deutsche Seite nach intensiven Abstimmungen mit dem VN-Sekretariat und gegen die Auffassung des UNOSOM-II-Kommandeurs[1591], dass der deutsche Verband keine Waffen und keine Munition an »combat units« verteilen werde.[1592] Dies hatte Verteidigungsminister Rühe bei der Verhandlung in Karlsruhe klargestellt[1593], auch wenn es diesbezüglich Meinungsunterschiede zwischen dem AA und dem BMVg gab.[1594]

Ferner stimmte das VN-Sekretariat zu, dass der UNOSOM-II-Kommandeur nicht befugt sei, Einheiten aus dem deutschen Verband herauszulösen. Zudem dürften deutsche Soldaten nur in Gebieten eingesetzt werden, die von den Vereinten Nationen – gemeint war das VN-Sekretariat, nicht die UNOSOM II – als »secured« erklärt worden und die durch andere VN-Truppen »controlled and secured« seien. Auch wurden die deutschen RoE des Hauptkontingents erst im November von den Vereinten Nationen akzeptiert. Diese ließen Waffengewalt nur zur Selbstverteidigung zu und unterschieden sich von den allgemeinen Verhaltensregeln der Mission. Das

---

[1589] BT-PlPr. 12/165, 23.6.1993, S. 14175, 14229 f., 14237; PA-DBT 3122, Ausschuss für wirtschaftliche Zusammenarbeit, 12/57, 30.6.1993, S. 5–9.

[1590] PA-DBT 3119, Ausschuss für Verteidigung, 12/56, 21.4.1993, S. 57–80.

[1591] Laut Auffassung von General Bir gehörte es zum deutschen Auftrag, »defensive ammunition« bereitzustellen. Vgl. BArch, BW 2/28175, Telefax III. Korps an Fü S IV 4, SITSOM 108/93, 16.8.1993, hier S. 3 und Anlage 2.

[1592] PA AA, BAV 173-NEWYVN, Durchschlag Schreiben der Ständigen Vertretung in New York an Kofi Annan, Under Secretary-General, 18.11.1993, hier S. 2. Siehe auch PA AA, B 34, ZA, Bd 160144, Drahtbericht der Ständigen Vertretung in New York an Referat 230 im AA, Nr. 2187, 7.9.1993, hier S. 2.

[1593] Siehe die Anmerkungen auf BArch, BW 2/28166, Drahtbericht der Ständigen Vertretung in New York an Referat 230 im AA, Nr. 1991, 17.8.1993; ebd., Schreiben Fü S III 5 an VR II 2 u.a., Betr.: Verhandlung der Terms of Reference (TOR) mit den VN zur Beteiligung der Bundeswehr an UNOSOM II, hier: Abstimmung mit AA, 26.8.1993.

[1594] Vor dem BVerfG hatte Außenminister Kinkel zunächst erklärt, dass für die Inder nur Kleinwaffen und Munition zu deren Selbstverteidigung transportiert würden. Auch gebe es eine klare Abgrenzung zwischen Waffen zur Verteidigung und solchen zur Befriedung. Der Auslandseinsatz deutscher Streitkräfte, S. 308 f., 311. Nach weiteren Gesprächen mit den VN entspreche dies nicht mehr der Richtigkeit, so Minister Rühe im Anschluss: »[E]s ist klar, daß die Versorgung mit Munition und Waffen nicht zum Auftrag des deutschen Kontingents gehört. Es ist eine nationale Aufgabe.« Zitiert nach ebd., S. 323. Eine Woche später erklärte er jedoch, es sei unbestreitbar, dass »die indische Brigade Waffen, Benzin und anderes« bekommen werde. PA-DBT 3119, Ausschuss für Verteidigung, 12/61, 30.6.1993, S. 122.

deutsche Personal erhielt durch die Vereinbarung zudem offiziell einen Status als »Experts on Mission«, was unüblich war, weil es sich um einen geschlossenen Verband und nicht um Einzelpersonen handelte. Ob der Grund hierfür das Fehlen eines Stationierungsabkommens mit dem Einsatzland war und für alle VN-Truppen galt, ließ sich nicht klären.

Aus Sicht der Vereinten Nationen besaß der UNOSOM-II-Kommandeur allerdings Operational Control über den gesamten deutschen Verband, also alle Soldaten,[1595] und nicht nur über ihren Kommandeur, wie es die deutsche Seite stets beschrieb. In der Praxis war dies offenbar unbedeutend, da der UNOSOM-II-Kommandeur gemäß den Absprachen – und der Definition des NATO-Begriffs Operational Control – keine Einheiten aus dem deutschen Verband herauslösen durfte.

Blieb der Kabinettsbeschluss hinsichtlich der rechtlichen Legitimation vage, so informierte Generalinspekteur Naumann die Soldaten noch am 21. April in seiner »Truppeninformation Nr. 3« wesentlich ausführlicher. Ausdrücklich nahm er Bezug auf Teil A der Resolution 814, der nicht unter Kapitel VII der VN-Charta mandatiert worden war. Durch die logistische Aufgabe beteilige sich die Bundeswehr »mittelbar an den direkten humanitären Maßnahmen unter dem Dach von UNOSOM II«.[1596] Dass die restlichen UNOSOM-II-Verbände unter Kapitel VII der VN-Charta mandatiert waren und auch aktiv die Befriedung in Somalia mit militärischem Zwang durchsetzen sollten, blieb nebensächlich.

Während Naumann verkündete, dass der deutsche Verband für andere Kontingente nur zur Selbstverteidigung benötigte Waffen und Munition transportieren werde, machte er auch klar, dass zivile Hilfsorganisationen nur unterstützt würden, wenn es die Lage vor Ort zulasse, Kapazitäten frei seien und Bedarf bestehe.[1597] Die Soldaten sollten wissen, dass die Rechtmäßigkeit für den »Einsatz« vor dem Kabinettsbeschluss geprüft worden sei. Nur an dieser Stelle verwendete er den Einzelbegriff ›Einsatz‹. Ansonsten wurde er vermieden. Nun aber sollten die deutschen Soldaten zeigen, dass sie da seien, wenn sie »gebraucht werden, um zu schützen, zu retten oder zu hel-

---

[1595] BArch, BW 2/29716, Kopie Fax Kofi A. Annan, Under-Secretary-General for Peace-keeping Operations, an die Ständige Vertretung in New York, 6.10.1993. In den UNOSOM-II-Richtlinien stand hierzu: »All military personnel deployed to Somalia come under the command of the Force Commander on arrival in the mission area or upon assignment to UNOSOM II.« BArch, BW 1/455301, United Nations, Guidelines for Governments Contributing Troops to the United Nations Operations in Somalia, 26.3.1993, Part I, Randnr. 9, und Part V, Randnr. 1. In der Eingangsbestätigung des deutschen Angebots hatte Kofi Annan zudem klargestellt, dass »[t]he commander of UNOSOM II will have operational control of this unit«. BArch, BW 2/30516, Kopie Fax Kofi A. Annan, Under-Secretary-General for Peace-keeping Operations, an die Ständige Vertretung in New York, 28.4.1993.

[1596] BArch, BW 2/24981, Rundschreiben Generalinspekteur, Betr.: Truppeninformation Nr. 3, hier: »Beteiligung der Bundeswehr an Maßnahmen der VN in Somalia« (UNOSOM II), 21.4.1993, hier S. 2.

[1597] Ebd., S. 3.

fen«.¹⁵⁹⁸ Dass die Bundeswehr nicht zum Retten oder zur Hilfe akut bedrohter Menschen benötigt wurde, war den Bundesressorts allerdings bewusst; die humanitäre Lage hatte sich bereits entspannt. Auch schützen durfte sie außer sich selbst fast keinen. Das deutsche Mandat blieb beschränkt. Zweifellos entsprachen die zu entsendenden Fähigkeiten aber dem militärischen Bedarf der Vereinten Nationen, die Engpässe bei der Logistik hatten. Die Entsendung der Bundeswehr war in diesem Zusammenhang die beste, da einzige und dringend benötigte Alternative. An den Bedürfnissen vor Ort orientierte sich das deutsche Mandat aber nicht. Weder wurde versucht, sich ganz in das neue Konzept nach Kapitel VII der VN-Charta einzufügen, noch wurde der Bitte der Vereinten Nationen nach zusätzlichen Pionieren entsprochen. Obwohl die Bundesregierung zeigen wollte, außenpolitisch keine Sonderrolle mehr zu spielen, wurden die deutschen Soldaten durch die politischen Beschränkungen bei der Durchführung des Auftrags in eine solche gedrängt. Letztlich zog dies den Sinn ihres ganzen Engagements in Zweifel.

*Die Debatte im Bundestag: Von der Anfrage der Vereinten Nationen bis zur Zustimmung am 21. April 1993*

Nachdem die Vereinten Nationen die Bundesrepublik am 12. April offiziell um die Gestellung eines Kontingents gebeten hatten, entbrannte die öffentliche Diskussion um das deutsche Somalia-Engagement erneut. Vorausgegangen waren die Klagen der SPD und FDP gegen die Beteiligung an den NATO-AWACS-Flügen zur Durchsetzung einer Flugverbotszone über Bosnien und Herzegowina. Am 8. April lehnten die Richter die Anträge auf einstweilige Anordnung aus Rücksicht vor den politischen Folgen ab und verwiesen auf die Verhandlung in der Hauptsache.¹⁵⁹⁹ Das politische Klima blieb jedoch gespannt.

Einen Tag vor dem Kabinettsbeschluss am 21. April versuchte die Gruppe der PDS/Linke Liste die Entsendung der Bundeswehr nach Somalia durch einen Entschließungsantrag zu stoppen.¹⁶⁰⁰ Die SPD stellte parallel zum Kabinettsbeschluss ihren Antrag zur Grundgesetzänderung erneut zur Diskussion, um eine Beteiligung an der UNOSOM II rechtlich zu legitimieren.¹⁶⁰¹ Nur die Grünen stellten als einzige Oppositionspartei keine eigenen Forderungen. In einer gemeinsamen Sitzung des Auswärtigen und des Verteidigungsausschusses, in denen sich die Minister Kinkel und Rühe sowie General Naumann den kritischen Fragen der Opposition stellen mussten,¹⁶⁰²

---
¹⁵⁹⁸ Ebd., S. 5.
¹⁵⁹⁹ BVerfGE, 2 BvE 5/93, 2 BvQ 11/93, 8.4.1993. Siehe auch Schwarz, Die Entscheidung des Bundesverfassungsgerichts vom 8. April 1993.
¹⁶⁰⁰ BT-Drs. 12/4755, 20.4.1993.
¹⁶⁰¹ BT-Drs. 12/4768, 21.4.1993.
¹⁶⁰² PA-DBT 3119, Ausschuss für Verteidigung, 12/56, 21.4.1993, Anlage 1; PA AA, B 34, ZA, Bd 160133, Kopie Schreiben Referat 230 an Referat 011, Betr.: Gemeinsame Sitzung des Auswärtigen Ausschusses und des Verteidigungsausschusses des Deutschen Bundestages am 21.4.1993, 26.4.1993.

waren die Parlamentarier bereits vor der Parlamentsdebatte am 21. April über die Entscheidung der Bundesregierung informiert worden. Aus politischen Gründen legte Außenminister Kinkel großen Wert darauf, dass es sich bei der Maßnahme nur um einen »humanitären Einsatz« handele.[1603] Von der im Dezember entwickelten Argumentation waren das AA und die FDP nicht abgewichen. Dabei hatte sich der Rahmen wesentlich geändert. Im Gegensatz zum Mandat der UNOSOM basierte der militärische Auftrag der UNOSOM II auf Kapitel VII der VN-Charta. Außerdem spielte die im Kabinettsbeschluss vom 17. Dezember hervorgehobene humanitäre Hilfe nur noch eine untergeordnete Rolle. In der Regierungsdarstellung kam dieser Wandel gegenüber der Öffentlichkeit aber kaum zum Tragen und wurde auch von der Opposition unzureichend bedacht.

Die Frage einer Grundgesetzänderung war für die Regierungskoalition in Bezug auf Somalia offiziell nicht von Belang, weil es sich nicht um einen ›Einsatz‹ handelte. Weil das Kabinett die Beteiligung beschlossen hatte, brachten Union und FDP lediglich einen vierzeiligen Antrag im Bundestag ein. Eine richtige Wahl hatten die Abgeordneten nicht, da sie entweder – so wie gegenwärtig auch – der Entscheidung des Kabinetts zustimmen oder durch eine Ablehnung politischen Schaden verursachen konnten. Vor dieses Dilemma gestellt, sollten die Parlamentarier aus Sicht der Regierungskoalition zustimmen, dass deutsche Soldaten die Vereinten Nationen »in befriedeten Regionen Somalias [...] bei humanitären Einsätzen« unterstützen durften.[1604] Ausdrücklich wurde die Beteiligung der Bundeswehr als »Hilfseinsatz« bei »humanitäre[n] Maßnahmen der Vereinten Nationen« bezeichnet, um noch einmal die humanitäre Ausrichtung hervorzuheben. Im Vergleich zu heutigen Anträgen – die auch von der Regierung und nicht von den regierenden Parteien eingebracht werden[1605] – wirkte das Dokument dürftig. Der Antrag sagte nichts über die Art der Unterstützung, den Umfang oder den Auftrag des deutschen Verbands aus. Zu dieser Zeit stand auch noch nicht fest, wo und wofür die deutschen Truppen genau eingesetzt würden. Obwohl diese Erkenntnisse fehlten, schickten sich die Parlamentarier an, der Regierung einen Blankoscheck zu geben.

Zusammen mit der Frage nach einer Grundgesetzänderung und einer deutschen Beteiligung in Südosteuropa wurden die drei Anträge am 21. April 1993 in einer viereinhalbstündigen Sitzung im Bundestag diskutiert. Aufgrund der persönlichen Eindrücke vieler Abgeordneter dominierten erneut die

---

[1603] PA-DBT 3119, Ausschuss für Verteidigung, 12/56, 21.4.1993, Anlage 1, S. 5. Eine Woche später monierte Walter Kolbow (SPD), dass »[d]er Einsatz in Somalia [...] nur deshalb ein humanitärer Einsatz [sei], weil er nichts anderes sein dürfe.« PA-DBT 3119, Ausschuss für Verteidigung, 12/57, 28.4.1993, S. 22.

[1604] BT-Drs. 12/4759, 21.4.1993.

[1605] Vgl. bspw. den Antrag der Bundesregierung zur Beteiligung an der VN-Mission MINUSMA in Mali, der u.a. die völkerrechtliche und die verfassungsrechtliche Grundlage, den Auftrag der Mission und der deutschen Soldaten, die einzusetzenden Fähigkeiten, die Einsatzdauer, das Einsatzgebiet und die personelle Obergrenze definierte. BT-Drs. 17/13754, 5.6.2013.

## IV. Deutsche ›Blauhelme‹ in Afrika

Konflikte im ehemaligen Jugoslawien.[1606] Außenminister Kinkel in Vertretung der Bundesregierung, der CDU/CSU-Fraktionsvorsitzende Schäuble und der Vorsitzende der FDP-Bundestagsfraktion Hermann Otto Solms hoben hervor, dass Deutschland von den Vereinten Nationen um die Stellung von Soldaten für Somalia gebeten worden sei.[1607] Prinzipiell war dies seit fast zwei Wochen korrekt. Dass die Anfrage einem unaufgeforderten Angebot der Bundesregierung zugrunde lag und eine inoffizielle Anfrage zur Stellung eines Lazaretts abgelehnt worden war, blieb unerwähnt. Erst eine Woche später nahm Staatsministerin im AA Ursula Seiler-Albring zu diesem Sachverhalt Stellung. Auf den Einwand von Rudolf Bindig (SPD), dass es sich bei der Anfrage »um eine Art bestellter Anforderung« handle, erwiderte sie, dass die Vereinten Nationen nur »auf exakte Angaben der Mitgliedstaaten« reagieren könnten.[1608] Zwar entsprach dies den Tatsachen, die Bundesregierung hatte das Truppenangebot aber zu einer Zeit gestellt, als die Vereinten Nationen von Deutschland nur ein Sanitäts- oder Fernmeldekontingent wünschten. Die Argumentation der Regierung war brüchig.

Inkonsequent erschien ebenfalls, dass Kinkel den Begriff »Einsatz« mehrfach nutzte, obwohl die Beteiligung an der UNOSOM II ja eben kein Einsatz im Sinne des Grundgesetzes sein sollte. Die Aufgabe der Soldaten sei laut Kinkel der Betrieb einer »Verteilerorganisation für rein zivile Hilfsgüter und für Versorgungsgüter für UNOSOM-II-Einheiten«.[1609] Dabei nutzte Kinkel den offiziellen Wortlaut der VN-Anfrage, auch wenn den Ressorts bewusst war, dass die Priorität der Vereinten Nationen auf der logistischen Versorgung anderer VN-Einheiten lag. Die Verteilung ziviler Hilfsgüter spielte in den Plänen der Vereinten Nationen kaum eine Rolle, da sich die Versorgungslage verbessert hatte. Nur um dem Angebot aus dem Dezember zu entsprechen, hatte der VNGS die Formulierung gewählt, was zur Wahrung des Narrativs eines ›humanitären Einsatzes‹ unterschlagen wurde. Dennoch sei in der jetzigen Lage nur die Bundeswehr in der Lage, Hilfe zu leisten: »Wir dürfen nicht vergessen, daß ein befriedetes Gebiet unter den Bedingungen Somalias eben nicht einer deutschen Fußgängerzone entspricht«, so der Außenminister.[1610] Die sich daraus ergebende Konsequenz, schlimmstenfalls eigene Gefallene, zogen aber nur andere Abgeordnete, weil dies dem Bild des ›humanitären Einsatzes‹ widersprach. Um allerdings frühzeitig an die Solidarität der Parlamentarier zu appellieren, fragte Ulrich Irmer (FDP) rhetorisch, wieso nur Länder wie Irland, Italien oder Indien eigene Opfer riskieren sollten.[1611] Dass diese Länder bereit waren, im Zweifel auch Zwang unter Kapitel VII der VN-Charta anzuwenden, und sich einem wesentlich höheren Risiko aussetzten als die Deutschen, passte wiederum nicht zum Anspruch, keine Sonderrolle mehr

---

[1606] BT-PlPr. 12/151, 21.4.1993, S. 12925–12978.
[1607] Ebd., S. 12929, 12933, 12939.
[1608] BT-PlPr. 12/155, 29.4.1993, S. 13240 f.
[1609] BT-PlPr. 12/151, 21.4.1993, S. 12929.
[1610] Ebd.
[1611] Ebd., S. 12966.

zu spielen. Weitere Details nannte auch Verteidigungsminister Rühe nicht. Er fokussierte sich auf Südosteuropa und streifte Somalia nur am Rande.[1612] Im Fokus der Regierung stand Beschwichtigung, keine Transparenz.

Entsprechend bezeichnete der fraktionslose Abgeordnete Ortwin Lowack das deutsche Kontingent als »eine Art Putzkolonne« und unterstellte, dass die Bundesregierung wohl »froh über den Aufruf [...] von Boutros-Ghali« gewesen sei, etwas zu leisten, »womit man sich möglichst nicht die Finger verbrennt.«[1613] Dass die Bundesressorts zur Wahrung ihres Ansehens einen Auftrag angenommen hatten, der aus Rechtsgründen und wegen des geringen Prestiges zunächst ausgeschlossen worden war, blieb den Parlamentariern verborgen.

Zuvor hatte Kinkel den Gesetzentwurf der SPD kritisiert. Ein Unterschied »zwischen friedenserhaltenden und friedensschaffenden Missionen« entspreche nicht der Realität.[1614] Gerade diese Trennung versuchte aber die Regierung, indem sie ihre Truppen mit Befugnissen nach Kapitel VI der VN-Charta in einer unter Kapitel VII mandatierten Mission einordnete. Was Außenminister Kinkel mit seinen schwammigen Ausführungen begann, führte der SPD-Abgeordnete Karsten Voigt allerdings weiter, indem er das bevorstehende Somalia-Engagement als »militärischen Blauhelm-Eins[a]tz« titulierte;[1615] eine unglückliche, da undefinierte Formulierung. Voigt betonte, dass die SPD ein Engagement in Somalia, anders als im ehemaligen Jugoslawien, nicht ablehne. Man sei für »sinnvolle [...] humanitäre Hilfsmaßnahmen«.[1616] Gleiches unterstrich Günter Verheugen. »[M]it aller Entschiedenheit« sei die SPD dafür, dass die Bundesrepublik »einen großzügigen personellen und materiellen Beitrag zum Gelingen dieser größten aller bisherigen Friedensoperationen« leiste.[1617] Peter Glotz (SPD) stimmte sogar zu, dass es notwendig sein könnte, »irgendeinen Bandenchef zu disziplinieren«, womit nichts anderes als die Anwendung militärischen Zwangs gemeint sein konnte. Allein innenpolitische, rechtliche Bedenken stünden einem solchen Engagement entgegen, weswegen die SPD die Entscheidung der Bundesregierung ablehne.[1618]

Allerdings zeigte sich Verheugen auch nicht überzeugt, dass die Bundeswehr vor Ort gebraucht würde.[1619] Zudem stellte er die berechtigte Frage, wieso die Bundeswehr einen Selbstschutz in befriedetem Gebiet benötigte, während das THW ohne Schutz zum Einsatz kam. Entweder es liege ein befriedetes Umfeld vor, dann könnten zivile Organisationen die humanitäre Hilfe »wesentlich effektiver« leisten, oder es gebe kein befriedetes Umfeld und keinen »humanitäre[n] Einsatz.«[1620] Offen drohte Voigt daher mit einer

---

[1612] Ebd., S. 12948.
[1613] Ebd., S. 12967.
[1614] Ebd., S. 12929.
[1615] Ebd., S. 12930.
[1616] Ebd., S. 12932.
[1617] Ebd., S. 12951.
[1618] Ebd., S. 12968.
[1619] Ebd., S. 12951.
[1620] Ebd., S. 12952.

weiteren Klage vor dem Bundesverfassungsgericht.[1621] Obwohl die wesentlichen Schwachstellen der Regierungsargumentation benannt waren, fehlte es der Debatte an Detailwissen und Sachlichkeit. Ideologische und persönliche Anfeindungen prägten das Bild. Schäuble warf Voigt »Erbärmlichkeit« vor und bezeichnete seine Argumentation als »jämmerlich«.[1622] Günter Verheugen beschimpfte den CDU-Abgeordneten Hornhues als »Heuchler«.[1623] Zudem lieferte sich Schäuble einen Schlagabtausch mit dem ehemaligen Justizminister Vogel, obwohl das BMJ unter dessen Führung das einzige Ressort gewesen war, das VN-Beteiligungen für verfassungskonform gehalten hatte. Vogel wiederum suchte die Schuld für die bisherige Abstinenz bei VN-Missionen bei Hans-Dietrich Genscher.[1624] Was fehlte, war eine Diskussion um die Frage, was Somalia und die Vereinten Nationen brauchten.

Letztlich blieb der SPD-Vorschlag zur Gesetzesänderung unbeachtet. Der Entschließungsantrag der PDS/Linke Liste wurde abgelehnt[1625] und der Antrag der Regierungskoalition zur Beteiligung an der UNOSOM II mit 341 zu 206 Stimmen bei acht Enthaltungen angenommen.[1626] Damit hatte der Deutsche Bundestag erstmals die Entsendung von bewaffneten deutschen Soldaten im VN-Rahmen beschlossen. Viele Fragen blieben offen. Die Abgeordneten stimmten für eine Beteiligung, ohne zu wissen, in welchem Gebiet die deutschen Soldaten eingesetzt werden sollten und auf welcher Rechtsgrundlage diese handelten. Offen blieb auch, welchen Auftrag die Soldaten genau ausführen würden, wie lange die Beteiligung dauern oder wie viel Personal zum Einsatz kommen sollte. Auch über die Finanzierung war im Bundestag nicht gestritten worden – Punkte, die heute zur gelebten Praxis der Parlamentsbeteiligung zählen. Auch der Bundestag musste diese Dinge aber erst lernen.

### c) »Übung«[1627] in Somalia: Deutsche Beteiligung an der UNOSOM II

*Die Festlegung des Einsatzraums*

Mit dem Beschluss der Bundesregierung vom 21. April war zwar die Teilnahme der Bundeswehr an der UNOSOM II beschlossen worden, offen war jedoch noch immer, wo sie eingesetzt werden sollte. Ohne die-

---
[1621] Ebd., S. 12932.
[1622] Ebd., S. 12933.
[1623] Ebd., S. 12957.
[1624] Ebd., S. 12937 f.
[1625] Ebd., S. 12973.
[1626] Ebd., S. 12976 ff. Aus der SPD stimmte nur Axel Wernitz für, aus der Regierungskoalition nur Michaela Blunk (FDP) gegen den Antrag. Für Blunk war die UNOSOM II ein »Kampfeinsatz«. Ebd., S. 12996. Mit Joachim Graf von Schönburg-Glauchau (CDU), Burkhard Hirsch (FDP) und Cornelia von Teichmann (FDP) enthielten sich drei Abgeordnete aus der Regierungskoalition.
[1627] So der Vorwurf des Gründers des Komitees Cap Anamur/Deutsche Notärzte in: Rupert Neudeck, Rühes Schwindeleien. In: Der Spiegel, Nr. 8 (1994), 21.2.1994, S. 26. Ebenfalls verwendet in: Ja, Tapferkeit. In: Der Spiegel, Nr. 10 (1994), 7.3.1994, S. 27 f., hier S. 28.

se Information konnte weder die Zusammenstellung des Verbands noch eine zielgerichtete Vorbereitung erfolgen. Abhilfe sollte die Entsendung eines Verbindungs- und eines Erkundungskommandos schaffen. Noch am 21. April erließ Verteidigungsminister Rühe die Weisung Nr. 1 zur Beteiligung der Bundeswehr an UNOSOM II und wies an, Maßnahmen zur Zusammenstellung des Verbands zu treffen und »unverzüglich« mit der Ausbildung zu beginnen.[1628] Wie zwischen AA und BMVg vereinbart, zeigte bereits der Name der Weisung, dass es sich nicht um einen »Einsatz« handelte.[1629] Sichtbar wurde dies auch am Namen des Verbands. Ursprünglich hieß er »Einsatzverband Somalia«.[1630] Dem Koordinierungsstab Einsatzführung kamen jedoch Bedenken,[1631] sodass er in »Unterstützungsverband Somalia«, »German Composite Force Somalia (GECOMPFORSOM)«, umbenannt wurde.[1632]

Separat vom Kabinettsbeschluss wies Rühe Staatssekretär Schönbohm und den Generalinspekteur an, »unverzüglich« mit der Beschaffung von Material zu beginnen, wenn es angesichts der knappen Ressourcen »unverzichtbar« sei.[1633] Die Beschaffung neuen Materials war von großer Bedeutung. Im Frühjahr 1993 war die Bundeswehr nicht in der Lage, der logistischen Aufgabe in Somalia zu entsprechen.[1634] Der auf die Landes- und Bündnisverteidigung in Mitteleuropa ausgerichteten Armee fehlten Tropenuniformen, Fernmeldemittel, Transport-, Sanitäts- und Kühlcontainer sowie Spezialfahrzeuge. Auf den »zeitkritisch[en]« Bedarf dieser Ausrüstungsgegenstände hatte der Führungsstab des Heeres seinen Inspekteur bereits im Februar aufmerksam gemacht.[1635] Mitte Februar hatte sich Fü H V 2 auch an den Minister gewandt. Ohne das Material könne den Vereinten Nationen kein deutscher Verband zur vollen Verfügung gestellt werden. Nach einer politischen Entscheidung sowie der Bereitstellung zusätzlicher Haushaltsmittel dauere es mindestens sechs Monate, ehe ein

---

[1628] BArch, BW 1/372428, Der Bundesminister der Verteidigung, Weisung Nr. 1 zur Beteiligung der Bundeswehr an UNOSOM II, 21.4.1993.
[1629] Zur Kritik an der Verwendung des Begriffs Beteiligung siehe den Kommentar von Rupert Scholz in: Rechtliche und politische Probleme des Einsatzes der Bundeswehr »out of area«, S. 101, 108 f.
[1630] BArch, BW 1/307133, Entwurf BMVg Weisung Nr. 1 für die Unterstützung der humanitären Hilfe der Vereinten Nationen in Somalia durch die Bundeswehr (Vorbefehl), Dezember 1992.
[1631] Ebd., Kopie Rundschreiben Koordinierungsstab Einsatzführung, Betr.: Weisung Nr. 1 für die Unterstützung der humanitären Hilfe der Vereinten Nationen in Somalia durch die Bundeswehr, 21.12.1992.
[1632] BArch, BW 2/30515, Kopie Fü S IV 4, Betr.: Befehl Nr. 1 zur Beteiligung der Bundeswehr an UNOSOM II, 22.4.1993.
[1633] BArch, BW 2/29715, Weisung Verteidigungsminister Rühe an Staatssekretär Schönbohm und den Generalinspekteur, Betr.: Materielle Ausstattung des deutschen Kontingents für Somalia, 21.4.1993.
[1634] Vgl. BArch, BW 2/30503, BMVg, Führungszentrum der Bundeswehr, Erfahrungsbericht (Gesamtauswertung) Beteiligung der Bundeswehr an UNOSOM II, 22.3.1995, hier S. 24.
[1635] BArch, BH 1/28215, Kopie Vorlagenotiz Fü H V 2 an den Inspekteur des Heeres, Betr.: Zeitbedarf für die materielle Ausstattung eines deutschen VN-Verbandes, 9.2.1993.

## IV. Deutsche ›Blauhelme‹ in Afrika

Kontingent ausgestattet sei.[1636] Ende März hatte daher auch Generalinspekteur Naumann auf die Beschaffung des für alle VN-Beteiligungen als unverzichtbar eingestuften Materials gedrängt.[1637] Erst mit der Weisung vom 21. April konnte die Beschaffung aber beginnen. Deren Kosten beliefen sich auf fast 60 Mio. D-Mark.[1638] In Liberia sollte das BMVg ein Jahr später nicht bereit sein, wenige Hunderttausend D-Mark für die Lackierung und den Transport von 35 Lkw zu zahlen.[1639] Auch dies belegt die Bedeutung, die das BMVg der Beteiligung in Somalia zukommen ließ.

Einen Tag später wandte sich General Naumann mit dem Befehl Nr. 1 zur Beteiligung der Bundeswehr an UNOSOM II an die Truppe.[1640] Dieser und der Befehl Nr. 8 zur Rückverlegung des Verbands[1641] waren die einzigen Befehle, die er selbst zeichnete. Beide Dokumente besaßen symbolischen Wert, handelte es sich doch um den Anfang und das faktische Ende der ersten bewaffneten VN-Beteiligung der Bundeswehr. Beide Befehle zeichnete Naumann entsprechend der Geschäftsordnung »im Auftrag«. Aufgrund einer Staatssekretärsweisung war er ab Mitte Mai aber für keine weitere Unterzeichnung vorgesehen.[1642]

Auch der Befehl Nr. 1 des BMVg verzichtete auf den Begriff »Einsatz«; anders dagegen der Befehl Nr. 1 des III. Korps, der ihn bereits im Titel trug.[1643] Bereits auf operativer Ebene verloren die politischen Formulierungen an Bedeutung. Ab der Ebene des III. Korps standen nicht mehr militärpolitische Erwägungen im Vordergrund, sondern die militärische Führung. Für den operativen Führungsstab war die Beteiligung an der UNOSOM II ein Einsatz.[1644]

---

[1636] BArch, BW 1/372427, Kopie Vorlage Fü H V 2 an den Verteidigungsminister, Betr.: Zeitbedarf für die materielle Ausstattung eines deutschen VN-Verbandes, 19.2.1993.
[1637] BArch, BH 1/28214, Kopie Vorlage des Generalinspekteurs an den Verteidigungsminister, 31.3.1993. Vgl. auch ebd., Kopie als Anlage Schreiben Fü H V 2 an Fü S IV KS/EA, Betr.: Materielle Ausstattung für mögliche VN-Einsätze, hier: Auftrag durch Fü S IV KS/EA // GenInsp, 2.3.1993, hier Anlage.
[1638] BArch, BW 2/30503, BMVg, Führungszentrum der Bundeswehr, Erfahrungsbericht (Gesamtauswertung) Beteiligung der Bundeswehr an UNOSOM II, 22.3.1995, hier S. 24.
[1639] Vgl. Kapitel V.3.e).
[1640] BArch, BW 2/30515, Kopie Fü S IV 4, Betr.: Befehl Nr. 1 zur Beteiligung der Bundeswehr an UNOSOM II, 22.4.1993.
[1641] Ebd., Kopie Fü S IV 4, Betr.: Befehl Nr. 8 zur Beteiligung der Bundeswehr an UNOSOM II, hier: Rückverlegung, 22.12.1993.
[1642] Vgl. BArch, BW 1/372019, Weisung Staatssekretär Wichert, Regelung der Entscheidungsabläufe im Ministerium zur Beteiligung der Bw an UNOSOM II, 17.5.1993; Zeitzeugenbefragung von Generalleutnant a.D. Hartmut Moede am 21.4.2020; Zeitzeugenbefragung von Generalmajor a.D. Rolf Th. Ocken am 23.5.2020. Über das angebliche Streben des Generalinspekteurs nach mehr Kompetenzen bei der Führung von Einsätzen war im April 1992 berichtet worden. Größenwahn der Generäle. In: Der Spiegel, Nr. 15 (1992), 6.4.1992, S. 18‒21.
[1643] BArch, BW 2/30521, Kopie III. Korps, Befehl Nr. 1 für den Einsatz des Unterstützungsverbands Somalia German Composite Force Somalia (GECOMPFORSOM), 23.4.1993.
[1644] Zeitzeugengespräch mit Generalmajor a.D. Klaus Frühhaber am 26.3.2020.

Politische Korrektheit war nebensächlich. Gleiches galt für die Soldaten. Auch für sie war das Engagement ein Einsatz, egal, wie es die Politiker nannten.[1645]

Durch den Befehl Nr. 1 des BMVg wurden die Zuständigkeiten innerhalb der Bundeswehr geklärt. Das III. Korps in Koblenz blieb mit der Aufstellung, der Verlegung und der operativen Führung des Verbands betraut. Zusätzlich sollte es möglichst rasch ein Erkundungs- und ein Vorkommando aufstellen. Der Beginn der Erkundung wurde für den 10. Mai, die Verlegung des Vorkommandos für den 14. Mai sowie das Eintreffen des Gesamtkontingents für Ende Juli bestimmt. Innerhalb der Bundeswehr sollten Anträge des III. Korps sowie der mit der Lufttransportunterstützung beauftragten Luftflotte »als Prioritätsaufgabe« behandelt werden.[1646] Die Bedürfnisse des Auslandsengagements wurden über den Normalbetrieb der Landesverteidigung gestellt; ein noch wenige Jahre zuvor undenkbarer Akt, der den Wandel der Bundeswehr hin zu einer Einsatzarmee verdeutlichte.

Definitionen zum »secure environment« oder eine Klärung, wie sich die deutschen Soldaten den unter Kapitel VII der VN-Charta autorisierten Truppen gegenüber verhalten sollten, beinhaltete keines der bisherigen Dokumente. Was die Selbstbeschränkung in der Praxis bedeutete, ging erst aus dem Befehl Nr. 7 hervor, der nach der Vereinbarung der Terms of Reference mit den Vereinten Nationen im November 1993 erlassen wurde. Da sich die deutschen Soldaten nicht an Maßnahmen nach Kapitel VII der VN-Charta beteiligen durften, waren ihnen die Raumsicherung, der Einsatz von Spähtrupps oder Patrouillen, die Errichtung von Checkpoints, die Durchsuchung von Gebäuden sowie das Zerstören von Waffen und Munition in Waffenlagern untersagt.[1647]

Aus Sicht des BMVg besaßen die Vereinten Nationen kein »Weisungs- oder Durchgriffsrecht« gegenüber den deutschen Soldaten. Nur der deutsche Kommandeur konnte diesen Befehle erteilen. Operational Control besaß der Kommandeur des Logistics Support Command (LSC) – der Logistikabteilung der Mission – bzw. nach dem Abzug des US-geführten LSC der UNOSOM-II-Kommandeur aus deutscher Sicht nur über den deutschen Kontingentführer.[1648] Im Fax von Kofi Annan über die Annahme der Terms of Reference hieß es dagegen, dass der UNOSOM-II-Kommandeur »opera-

---

[1645] Zeitzeugenbefragung von Brigadegeneral a.D. Franz Xaver Pfrengle vom 17.1.2020; Zeitzeugengespräch mit General a.D. Dr. Helge Hansen am 30.3.2020; Zeitzeugenbefragung von Oberst a.D. Alfred Lassonczyk am 8.10.2020.

[1646] BArch, BW 2/30515, Kopie Fü S IV 4, Betr.: Befehl Nr. 1 zur Beteiligung der Bundeswehr an UNOSOM II, 22.4.1993.

[1647] Ebd., Fü S IV 4, Betr.: Befehl Nr. 7 zur Beteiligung der Bundeswehr an UNOSOM II, hier: Anpassung des Deutschen Unterstützungsverbandes Somalia, 30.11.1993, Anlage. Diese Auflistung hatte des BMVg dem BVerfG bereits zur Anhörung im Juni bereitgestellt. Vgl. Der Auslandseinsatz deutscher Streitkräfte, S. 348.

[1648] Vgl. BArch, BW 2/30515, Fü S IV 4, Betr.: Befehl Nr. 7 zur Beteiligung der Bundeswehr an UNOSOM II, hier: Anpassung des Deutschen Unterstützungsverbandes Somalia, 30.11.1993, Anlage; BArch, BW 2/32489, Fü S III 5, Betr.: Führungsregelung/Befehlsstruktur UNOSOM II, April 1994, S. 3.

tional control of the GECOMPFORSOM«, also alle Soldaten, habe.[1649] Wie es zu dieser Abweichung kam und ob sie Auswirkungen auf die Beteiligung des Verbands hatte, ist ungewiss. Wie im Kabinettsbeschluss festgehalten, durfte dem deutschen Verband ohnehin nur Aufträge zur logistischen und humanitären Unterstützung erteilt werden. Alle anderen Anfragen waren abzulehnen.[1650]

Laut Befehl Nr. 7 lag es am deutschen Kommandeur, Weisungen der UNOSOM-II-Führung hinsichtlich der nationalen Auflagen zu prüfen und sich im Zweifel beim BMVg zu vergewissern, ehe er Befehle an den Verband gab.[1651] Die Vereinten Nationen konnten nicht über Kontingentteile verfügen, sondern hatten sich an den nationalen Vorbehalten auszurichten. Diesen Beschränkungen stimmten die Vereinten Nationen aber zu. Denn sie waren kein Sonderfall. Dass nationale Vorbehalte das Unterstellungsverhältnis begrenzen, ist ein generelles Problem multinationaler Missionen.[1652] Aufgrund der besonderen Stellung des deutschen Verbands mit Befugnissen nach Kapitel VI in einer Mission nach Kapitel VII der VN-Charta waren die deutschen Vorbehalte aber stärker als bei anderen Staaten, auch wenn sich das BMVg an den USA orientierte.[1653] Vergleichsstudien stehen allerdings noch aus.

Indes liefen auch die Planungen der Vereinten Nationen weiter. Noch am 21. April berichtete die Ständige Vertretung, dass der Bundeswehrverband erst in der zweiten Operationsphase zum Einsatz kommen sollte, wenn der Süden stabilisiert sei und die VN-Truppen über das Zentrum in den Norden des Landes vorrücken würde. In der Planung des VN-Sekretariats sollten die deutschen Soldaten den Vormarsch anderer VN-Einheiten von Boosaaso über die Achse Boosaaso-Garoowe-Gaalkacyo sowie die dort tätigen Hilfsorganisationen logistisch unterstützen. Mit dem Beginn der Phase wurde aber frühestens Ende Juni gerechnet. Die endgültige Planung oblag dem UNOSOM-II-Kommandeur, sodass die Bedeutung dieser Pläne begrenzt

---

[1649] BArch, BW 2/29716, Kopie Fax Kofi Annan an die Ständige Vertretung in New York, 6.10.1993.
[1650] Vgl. BArch, BW 2/30516, Kopie Schreiben Fü S III 5 an VR II 2, Betr.: Unterstellung der GECOMPFORSOM unter die VN, hier: Argumentation im Zusammenhang mit der Klageerwiderung beim BVerfG, 18.8.1993.
[1651] BArch, BW 2/30515, Fü S IV 4, Betr.: Befehl Nr. 7 zur Beteiligung der Bundeswehr an UNOSOM II, hier: Anpassung des Deutschen Unterstützungsverbandes Somalia, 30.11.1993, Anlage. Im Mai soll General Naumann dagegen im Verteidigungsausschuss erklärt haben, dass »[d]ie deutschen Truppen«, gemeint sein konnten damit nur alle Soldaten, unter Operational Control des Kommandeurs der UNOSOM II stünden. PA-DBT 3119, Ausschuss für Verteidigung, 12/58, 12.5.1993, S. 63.
[1652] Zeitzeugengespräch mit Generalmajor a.D. Klaus Frühhaber am 31.3.2020. Die Thematik wurde auch vor dem BVerfG erläutert. Vgl. Der Auslandseinsatz deutscher Streitkräfte, S. 740–747.
[1653] Vgl. zu den US-Vorbehalten die Aufzeichnung BArch, BW 2/34851, Fü S III 1/Fü S III 6, Einsatz von US-Truppen unter dem Kommando der UN oder regionaler Organisationen, 14.4.1994.

blieb.[1654] Zudem stockten die Planungen erneut. Anders als angekündigt, wollten die USA keine 6500 Logistiksoldaten im Land belassen, sondern nur rund 2400.[1655] In befriedeten Regionen sollte die Logistik von privaten Unternehmen übernommen werden.[1656] Obwohl die Beteiligung der Bundeswehr in diesem Verständnis von vornherein obsolet erschien, hielten auch die USA an ihr fest. Sie war politisch erwünscht, nicht zwingend militärisch notwendig.

Die Planungen für die UNOSOM II wurden aber nicht nur durch Meinungsverschiedenheiten zwischen den USA und den Vereinten Nationen gestört. Auch innerhalb der Vereinten Nationen gab es unterschiedliche Auffassungen zum weiteren Vorgehen, was sich negativ auf den deutschen Verband auswirkte. Um Einblicke in die Planung der UNOSOM-II-Führung zu erhalten, reiste Generalmajor Georg Bernhardt, Stellvertreter des Kommandierenden Generals des III. Korps[1657], am 28. April nach Mogadischu.[1658] An der Truppenstellerkonferenz in New York nahm der designierte deutsche Kontingentführer Oberst Helmut Harff teil.[1659] Abweichend zu den Planungen im VN-Sekretariat ergaben Bernhardts Gespräche, dass die UNOSOM-II-Führung die Bundeswehr im Raum Baledogle/Beledweyne im Zentrum des Landes einsetzen wollte.[1660] In den Planungen des BMVg galt dieser Raum als »weniger geeignet«.[1661] Unabgestimmt mit der Arbeitsebene des BMVg, die deutlich mehr Flexibilität gegenüber dem Einsatzraum zeigte, solange es ein »secure environment« war,[1662] forcierte das AA aber weiter die

---

[1654] PA AA, B 34, ZA, Bd 160133, Drahtbericht der Ständigen Vertretung in New York an Referat 230 im AA, Nr. 936, 21.4.1993.

[1655] Ebd., Drahtbericht der Ständigen Vertretung in New York an Referat 230 im AA, Nr. 988, 21.4.1993, hier S. 2.

[1656] Ebd., Drahtbericht der Botschaft der Bundesrepublik Deutschland in Washington an Referat 230 im AA, Nr. 1302, 27.4.1993.

[1657] Vgl. Stefan Kornelius, Georg Bernhardt. Kommandeur in Somalia. In: SZ, 19.5.1993, Nr. 114, S. 4.

[1658] BArch, BW 2/28188, Vorlage Fü S IV 4 an den Generalinspekteur, Betr.: Verbindungsaufnahme zu HQ UNOSOM II, 27.4.1993.

[1659] PA AA, B 34, ZA, Bd 160133, Drahtbericht der Botschaft der Bundesrepublik Deutschland in Nairobi an Referat 322 im AA, Nr. 265, 26.4.1993; ebd., Entwurf Drahterlass Referat 230 im AA an die Ständige Vertretung in New York, ohne Nr. [4744], 29.4.1993.

[1660] BArch, BW 2/30517, Fax Generalmajor Bernhardt an III. Korps, Betr.: Kurzbericht über Factfinding/Gespräche am 29./30.4., 30.4.1993; PA AA, B 34, ZA, Bd 160133, Entwurf Drahterlass Referat 230 im AA an die Ständige Vertretung in New York, ohne Nr., 3.5.1993, hier S. 1. Für Irritationen in Deutschland sorgte die Aussage General Birs gegenüber dem VN-Sekretariat, dass das deutsche Verbindungskommando auf eine Dislozierung in Beledweyne hinarbeite: »They are working into our concept of operations and are very positive to employment in the Belet Uen area for operations into Central Somalia.« BArch, BW 2/28168, Kopie Fax General Bir an General Baril, 3.5.1993, hier S. 4.

[1661] BArch, BW 2/29710, Vorlage Fü S III 5 an den Verteidigungsminister, Betr.: Einsatzoptionen Unterstützung UNOSOM II, 15.1.1993, hier Anlage.

[1662] Vgl. die Anmerkungen auf BArch, BW 2/30517, Drahterlass Referat 230 im AA an die Ständige Vertretung in New York, Nr. 4909, 3.5.1993, hier S. 2; BArch, BW 2/36694, Weisung Leiter Koordinierungsstab für Einsatzaufgaben der Bundeswehr an den Kommandeur des Deutschen Unterstützungsverbands Somalia, Betr.: Deutsche Beteiligung an UNOSOM II, 5.5.1993, hier S. 1.

## IV. Deutsche ›Blauhelme‹ in Afrika

Stationierung im Nordosten.[1663] Laut Ständiger Vertretung habe sich das VN-Sekretariat am 5. Mai hierzu entschieden.[1664] Ähnliches meldete Oberst Harff nach seinem Gespräch in New York. Für den VNGS sei der Einsatz des deutschen Verbands im Raum Boosaaso »zwingend« und werde dort »dringend erwartet«.[1665] Einen Tag, nachdem die Vereinten Nationen das Kommando von der UNITAF übernommen hatten, und fünf Tage, bevor die deutsche Erkundung beginnen sollte,[1666] schien das VN-Sekretariat die Planungen von General Bir umgeworfen zu haben.[1667] Eine formelle Bestätigung hatten die Deutschen aber weiterhin nicht, was die Planungen erschwerte.

Problematisch für die Bundesressorts war ohnehin, dass die Vereinten Nationen das Kommando übernommen hatten, ohne Somalia als Ganzes oder in Teilen zum »secure environment« zu erklären. Ohne diese Feststellung durften keine deutschen Soldaten im VN-Rahmen entsandt werden; General Bernhardt und ein weiterer Stabsoffizier waren im nationalen Auftrag in Mogadischu. In einem Fax vom 6. Mai hatte der Militärberater Baril auf Nachfrage lediglich die Stadt Boosaaso als »considered secure« bezeichnet. Allerdings seien dort keine anderen VN-Truppen stationiert. Zudem zähle das Erkundungskommando nicht als Teil der UNOSOM II, da es nicht den Vereinten Nationen unterstellt sei.[1668] Für die deutsche Seite war die Erklärung daher nicht akzeptabel. Die Entscheidung zur Entsendung eines Erkundungs- bzw. Vorkommandos wurde vertagt.[1669]

Über die Ständige Vertretung drängte die deutsche Seite das VN-Sekretariat, den Nordosten Somalias zum »secure environment« zu erklären. Hierzu wurde dem VN-Sekretariat ein entsprechender Textentwurf übermittelt, der ausdrücklich die Formulierung »secure environment« enthielt.[1670] Zugleich verdichteten sich im BMVg die Anzeichen, dass sich die

---

[1663] PA AA, B 34, ZA, Bd 160133, Entwurf Drahterlass Referat 230 im AA an die Ständige Vertretung in New York, ohne Nr., 3.5.1993, hier S. 2.
[1664] PA AA, B 34, ZA, Bd 160134, Drahtbericht der Ständigen Vertretung in New York an Referat 230 im AA, Nr. 1102, 5.5.1993.
[1665] BArch, BW 2/28166, Schreiben Kommandeur des Deutschen Unterstützungsverbands Somalia an den Leiter des Koordinierungsstabs im BMVg, Betr.: Deutsche Beteiligung an UNOSOM II, hier: nächste Berichterstattung, 5.5.1993.
[1666] PA AA, B 34, ZA, Bd 160134, Entwurf Drahterlass Referat 230 im AA an die Ständige Vertretung in New York, ohne Nr., 6.5.1993.
[1667] Ebd., Drahtbericht der Ständigen Vertretung in New York an Referat 230 im AA, Nr. 1102, 5.5.1993. Wenig später bekräftigte auch der VN-Sonderbeauftragte Howe, dass die Stationierung deutscher Truppen im Nordosten »perfekt« in sein Konzept passe. Allerdings hatte er falsche Vorstellungen von deren Befugnissen, da sie aus seiner Sicht auch die dort tätigen Ausländer schützen sollten. BArch, B 106/371707, Drahtbericht der Botschaft der Bundesrepublik Deutschland in Nairobi an Referat 322 im AA, Nr. 312, 12.5.1993, hier S. 2.
[1668] BArch, BW 2/29715, Fax Baril, Military Advisor, an die Ständige Vertretung in New York, Betr.: German Reconnaissance Party to Somalia, 6.5.1993.
[1669] Ebd., Vermerk Stabsabteilungsleiter Fü S III an den Chef des Stabes Fü S, 7.5.1993, hier S. 1.
[1670] PA AA, B 34, ZA, Bd 160134, Entwurf Drahterlass Referat 230 im AA an die Ständige Vertretung in New York, ohne Nr. [5176], 7.5.1993; BArch, BW 2/30517, Drahtbericht der Ständigen Vertretung in New York an Referat 230 im AA, Nr. 1132, 7.5.1993.

Stationierung der für den Norden vorgesehenen indischen Brigade verzögern könnte. Der Stabsabteilungsleiter Fü S III, Generalmajor Klaus Wiesmann, meldete dem Chef des Stabes Fü S am 7. Mai, dass die »Wahrscheinlichkeit, daß wir längere Zeit allein in Somalia sind«, größer werde. Wegen der »›Beschäftigung‹ der Soldaten«, des »Sinn[es] des Einsatzes«, des möglichen Vorwurfs der »Steuerverschwendung« und einer potenziellen »Konkurrenz zu humanitären Organisationen« könnten innenpolitische Probleme entstehen. Auch um den Vorwürfen des AA zu entgehen, der Kräfteansatz des deutschen Verbands sei für die wenigen Aufgaben im Norden zu groß, sollte für das BMVg auch die Option bestehen, sich das Zentrum von Somalia »zum Secure Environment ›erklären zu lassen‹«.[1671] Ohne Anpassung der eigenen Präferenz blieb nur die Nichtbeteiligung, die politisch unmöglich erschien. Entsprechend offen war Minister Rühe für den Einsatz in Zentralsomalia.[1672]

Eine Vorentscheidung traf Untergeneralsekretär Kofi Annan am 11. Mai. In einem Fax skizzierte Annan zwei Möglichkeiten. Einerseits könne der deutsche Verband wie geplant im Nordosten stationiert werden. Dieses Gebiet sei »calm and stable but has not been pacified fully«.[1673] Ohne die Bezeichnung »secure environment« war hier keine deutsche Beteiligung möglich.[1674] Zudem erklärte das VN-Sekretariat, dass im Nordosten keine anderen VN-Truppen stationiert seien und die US-Soldaten nicht zeitnah eingreifen könnten. Die verspätete Stationierung neuer Kontingente und der vorzeitige Abzug der Australier und Kanadier erfordere vielmehr eine Anpassung der Pläne. Als Alternative bat Kofi Annan zunächst (*initially*) um die vorübergehende (*temporarily*) Stationierung des deutschen Verbands im Raum Beledweyne.[1675] Hier waren bisher Kanadier stationiert, die sich trotz Bitten der USA und der Vereinten Nationen nicht weiter in Somalia engagieren wollten.[1676] Kofi Annan zufolge sei die Gegend »secure and calm« und es seien andere VN-Truppen vor Ort. Mit der dortigen Stationierung würde der deutsche Verband »a vital addition to the logistic and humanitarian support missions in this region« und »necessary conditions to allow expansions of

---

[1671] BArch, BW 2/29715, Vermerk Stabsabteilungsleiter Fü S III an den Chef des Stabes Fü S, 7.5.1993, hier S. 2.
[1672] BArch, BW 2/30511, Fü S IV 4 Vermerk auf Weisung StAL Fü S IV, 13.5.1993.
[1673] BArch, BW 2/36693, Kopie Schreiben Kofi Annan, Under-Secretary-General Department of Peace-keeping Operations, an die Ständige Vertretung in New York, 11.5.1993.
[1674] Vgl. PA AA, B 34, ZA, Bd 160134, Entwurf Vorlage Referat 230 an den Außenminister, Betr.: VN-Mission in Somalia (UNOSOM II), hier: Anforderungsschreiben der VN zum Dislozierungsraum Zentralsomalia, 12.5.1993, hier S. 2.
[1675] BArch, BW 2/36693, Kopie Schreiben Kofi Annan, Under-Secretary-General Department of Peace-keeping Operations, an die Ständige Vertretung in New York, 11.5.1993; PA AA, B 34, ZA, Bd 160134, Drahtbericht der Ständigen Vertretung in New York an Referat 230 im AA, Nr. 1158, 11.5.1993. Eine deutsche Übersetzung des Schreibens findet sich in BArch, BW 2/29716, Fü S III 5, Resolutionen des Sicherheitsrats zu Somalia und korrespondierende Entscheidungen der Bundesregierung zur Beteiligung der Bundeswehr, 13.4.1994, hier Anlage.
[1676] Dawson, »Here is hell«, S. 159 f.

## IV. Deutsche ›Blauhelme‹ in Afrika

the force to the North« leisten.[1677] Der von den Vereinten Nationen präferierte Einsatzraum lag über 1000 Kilometer südwestlich von Boosaaso. Er verfügte über keinen Hafen, war logistisch schwer zu versorgen und erlaubte keine direkte Zusammenarbeit mit den Franzosen. Im Gegensatz zum Norden ging man hier auch von einer größeren Clan-Rivalität aus.[1678] Die meisten deutschen Planungen sowie die zur Mitnahme vorgesehene Ausrüstung waren anzupassen. Die sich bereits in der Ausbildung befindlichen Soldaten mussten sich neu orientieren.[1679]

Fraglich ist, auf welcher Grundlage Kofi Annan die Bewertung »secure and calm« fällte. Im Bericht des III. Korps, der sich auf den Sicherheitsstatus der Vereinten Nationen bezog, galt Beledweyne auch nach dem 11. Mai nur als »stabil«, nicht aber als »sicher«. Unter »sicher« verstanden die Vereinten Nationen eine Region, die vollkommen entwaffnet worden war und eine funktionierende örtliche Verwaltung besaß. Dies traf auf Beledweyne nicht zu, sodass es nur als »stabil« galt, genauso wie die anderen Einsatzregionen. Als »stable« bezeichneten die Vereinten Nationen Gebiete, in denen sich ruhige Verhältnisse durchsetzten, deren örtliche Verwaltung und Polizei sich aber noch organisierten und in denen es noch immer auf niedrigem Niveau zu Überfällen und Gewalttätigkeiten kam.[1680] Annan orientierte sich bei seiner Erklärung »secure and calm« also an anderen Kriterien, die nicht zu rekonstruieren sind. Vermutlich gaben die Vereinten Nationen dem deutschen Druck schlicht nach, um die für die Ausbreitung des Operationsraums nach Norden wichtigen Logistikkräfte zu erhalten.

Auffällig in diesem Zusammenhang ist der Sprachgebrauch der täglichen Meldungen des III. Korps an das BMVg. Seit der Neubestimmung des Sicherheitsstatus der fünf Verantwortungsbereiche in Somalia am 7. Mai galten alle fünf Gebiete, also auch Mogadischu und Beledweyne, als »stabil aber nicht sicher.«[1681] In den Situation Reports (SITREPs) des III. Korps unmittelbar nach dem 11. Mai wurde der Zusatz »aber nicht sicher« zunächst geschwärzt und dann geweißt, sodass nur noch »stabil« zu lesen war.[1682] Wer die Schwärzung vornahm, geht aus den Akten nicht hervor. Es ist möglich, dass

---

[1677] BArch, BW 2/36693, Kopie Schreiben Kofi Annan, Under-Secretary-General Department of Peace-keeping Operations, an die Ständige Vertretung in New York, 11.5.1993.
[1678] BArch, BW 2/29710, Vorlage Fü S III 5 an den Verteidigungsminister, Betr.: Einsatzoptionen Unterstützung UNOSOM II, 15.1.1993, hier Anlage 1.
[1679] Zeitzeugenbefragung von Brigadegeneral a.D. Franz Xaver Pfrengle am 17.1.2020; Zeitzeugenbefragung von Generalmajor a.D. Georg Bernhardt am 22.6.2020; Zeitzeugengespräch mit Generalleutnant a.D. Volker Halbauer am 14.5.2021.
[1680] BArch, BW 2/28182, Telefax III. Korps an Fü S IV 4 im BMVg, Betr.: SITREP 009, 7.5.1993, Anlage 1; ebd., Telefax III. Korps an Fü S IV 4 im BMVg, Betr.: UNOSOM II SITREP 13/93, 13.5.1993, hier Anlage 1.
[1681] Vgl. ebd., Telefax III. Korps an Fü S IV 4 im BMVg, Betr.: SITREP 010 vom 10.5.1993, 10.5.1993, hier S. 1.
[1682] Vgl. ebd., Telefax III. Korps an Fü S IV 4 im BMVg, Betr.: SITREP 012 vom 12.5.1993, 12.5.1993, hier S. 1; ebd., Telefax III. Korps an Fü S IV 4 im BMVg, Betr.: UNOSOM II 1 SITREP 13/93, 13.5.1993, hier S. 1; ebd., Telefax III. Korps an Fü S IV 4 im BMVg, Betr.: UNOSOM II 1 SITREP 14/93, 14.5.1993, hier S. 1.

dies im BMVg erfolgte. Das III. Korps hätte den Zusatz wohl gar nicht erst geschrieben.[1683] Allerdings waren die Änderungen bereits vor dem Versand erfolgt, was gegen eine Schwärzung im BMVg spricht. Später galt die Lage in Beledweyne nur noch als »ruhig«[1684], »stabil«[1685] oder »ruhig und stabil«.[1686] Erst ab Ende Juni wurde tageweise und ohne erkennbaren Grund von »ruhig und sicher«[1687] gesprochen, obwohl die Vereinten Nationen alle Regionen als »stabil«, aber eben nicht als »sicher« bezeichneten.[1688]

Ob der politischen Führung diese Nuancen bewusst waren, ist fraglich. Aus den Berichten des III. Korps formte das BMVg seine eigenen Meldungen, die Staatssekretär Schönbohm vorgelegt wurden. Hier fehlte die Übersicht über den Sicherheitsstatus der verschiedenen Verantwortungsbereiche.[1689] Dies soll nicht bedeuten, dass Beledweyne nicht verhältnismäßig sicher gewesen wäre. Die Region ließ sich nicht mit Kismaayo oder Mogadischu vergleichen. Der an Resolution 794 orientierte Kabinettsbeschluss verlangte aber ein »secure environment«. Es musste daher alles dafür getan werden, diesen Begriff in die Lageanalyse einzubinden, obwohl er nie definiert worden war. Im Verständnis des BMVg handelte es sich um eine Region, in der andere VN-Truppen stationiert, organisierte militärische Kräfte zerschlagen und alle schweren Waffen – nicht alle Kleinwaffen – eingesammelt worden waren, wie General Bernhardt vor dem Bundesverfassungsbericht erklärte.[1690] In der Antwort des BMVg auf einen Fragenkatalog des Gerichts hatte es zuvor lediglich geheißen, dass in einem »secure environment« kein »Rückgriff auf militärische Zwangsgewalt« erforderlich sei.[1691] Beide Darstellungen orientierten sich nicht am UNOSOM-II-Sicherheitsstatus oder einem bekannten Schema. Mit anscheinend willkürlich gewählten Begriffen schufen sich das VN-Sekretariat und die Bundesressorts den nötigen Rahmen, um die deutsche Beteiligung zu ermöglichen.

In Absprache mit Außenminister Kinkel billigte Rühe noch am 11. Mai Beledweyne als Einsatzraum.[1692] Die Ausschüsse informierten die Minister am folgenden Tag.[1693] Mit Kofi Annans Fax existierte drei Wochen nach dem

---

[1683] Zeitzeugengespräch mit Generalmajor a.D. Klaus Frühhaber am 26.3.2020; Zeitzeugengespräch mit General a.D. Dr. Helge Hansen am 30.3.2020. Keiner der Zeitzeugen konnte sich an diesen Sachverhalt erinnern.
[1684] BArch, BW 2/28182, Telefax III. Korps an Fü S IV 4, Betr.: SITREP 19/93, 19.5.1993, hier S. 1.
[1685] Ebd., Telefax III. Korps an Fü S IV 4, Betr.: SITREP 23/93, 23.5.1993, hier S. 1.
[1686] Vgl. die Tagesmeldungen ab dem 7.6.1993 in BArch, BW 2/28167.
[1687] Vgl. die Tagesmeldungen vom 23.6. bis 25.6.1993 in ebd.
[1688] Vgl. BArch, BW 2/28182, Telefax III. Korps an Fü S IV 4, Betr.: SITREP 53/93, 20.6.1993.
[1689] Alle Tagesmeldungen, die Referat Fü S IV 4 erstellte, finden sich in BArch, BW 2/28167.
[1690] Vgl. Der Auslandseinsatz deutscher Streitkräfte, S. 327 f.
[1691] Zitiert nach ebd., S. 348.
[1692] BArch, BW 2/30511, Vermerk Fü S IV 4, Betr.: Entsendung Vorkdo deutscher Unterstützungsverband UNOSOM II, 11.5.1993.
[1693] PA AA, B 34, ZA, Bd 160134, Kopie Schreiben des AA an den Vorsitzenden des Auswärtigen Ausschusses im Deutschen Bundestag Herrn Dr. Hans Stercken, 12.5.1993; PA-DBT 3119, Ausschuss für Verteidigung, 12/58, 12.5.1993, S. 53–77; PA AA, B 34, ZA,

Kabinettsbeschluss die notwendige Grundlage zu dessen Umsetzung. Anders als von Minister Rühe öffentlich gefordert, kam die Erklärung aber nicht vom VNGS persönlich. Angesichts des deutschen Drucks, der nötig gewesen war, um überhaupt eine Erklärung zu erhalten, wurden Abstriche gemacht. Noch am gleichen Tag wurde den Vereinten Nationen die deutsche Entscheidung übermittelt.[1694] Handlungsspielraum besaßen die Bundesressorts nicht. Entweder sie konnten das Angebot annehmen und wie öffentlich angekündigt einen Beitrag zur humanitären Mission leisten, oder sie mussten das Angebot ablehnen, was einer Nichtbeteiligung gleichkam. Da der Kanzler die Beteiligung für politisch notwendig erachtete, blieb den Ministern keine Wahl.

*Die politische Debatte und der Antrag der SPD auf einstweilige Anordnung*

Nach dem Bundeskabinett stimmte auch der Bundestag am 21. April mit den Stimmen der Regierungskoalition für die Entsendung der Bundeswehr in eine ›befriedete Region‹ nach Somalia. Was darunter zu verstehen war, versuchte Staatsminister im AA Helmut Schäfer den Parlamentariern im Mai zu erklären. Zwar gebe es keine Definition, »als ausschlaggebendes Kriterium« gelte aber »die Durchführbarkeit humanitärer Hilfsoperationen ohne Behinderung durch kriegführende Parteien.« Da die Soldaten nur in einem solchen Gebiet eingesetzt würden, bestehe nur ein »Grundrisiko«. Ihre Bewaffnung diene zum Schutz »gegen bewaffnete Banden«. Von Konfrontationen mit organisierten Milizen wie denen von Aidid rechnete man im »befriedeten Gebiet« nicht. Zu diesem Zeitpunkt nannte Schäfer noch den Nordosten als möglichen Einsatzraum.[1695] Seit der ressortübergreifenden Erkundung im März war den Ministerien allerdings bekannt, dass es dort für die Bundeswehr keine humanitäre Aufgabe gab. Weil die UNOSOM II aber eine humanitäre »Gesamtzielsetzung« besitze und diese Zielrichtung die »Geschäftsgrundlage« der deutschen Beteiligung sei, handle es sich »ausschließlich« um einen humanitären Einsatz, so Schäfer gegenüber dem Parlament.[1696]

Am 12. Mai informierte Verteidigungsminister Rühe die Öffentlichkeit, dass die Vereinten Nationen um die Entsendung der Bundeswehr in die als »sicher und ruhig« bezeichnete Region Beledweyne gebeten hätten. Der Unterstützungsverband könne nicht mehr im Norden eingesetzt werde, weil sich »die Verfügbarkeit anderer Kontingente verändert« habe. Es sei daher zu einer »Anpassung des operativen Konzepts« der Vereinten Nationen ge-

---

Bd 160134, Rundschreiben Referat 230, Betr.: Unterrichtung des Verteidigungsausschusses durch BMVg Rühe am 12.5.1993 über die Entsendung der Bundeswehr nach Zentralsomalia, 13.5.1993.

[1694] PA AA, B 34, ZA, Bd 160134, Entwurf Drahterlass Referat 230 im AA an die Ständige Vertretung in New York, ohne Nr., 12.5.1993; ebd., Kopie Schreiben der Ständigen Vertretung in New York an den Stellvertretenden Generalsekretär der Vereinten Nationen Kofi Annan, 12.5.1993.
[1695] BT-Drs. 12/4951, 14.5.1993, S. 5 f.
[1696] Ebd., S. 7.

kommen. Wenn es in ihrem Interesse lag, konnten die Bundesressorts also ihre Pläne anpassen. Zur Legitimation des Bundeswehreinsatzes hieß es, dass die an den Verband gestellten Aufgaben »die Fähigkeiten von zivilen Hilfsorganisationen bei weitem überschreiten« würden.[1697] Für die logistische Unterstützung traf dies durchaus zu, da zivile Hilfsorganisationen kaum logistische Unterstützung für Militäreinheiten geleistet hätten. Weil die logistische Unterstützung der Hauptauftrag der Vereinten Nationen war, hätte dies der ausschlaggebende Grund für die Entsendung sein müssen. Rhetorisch fragte Rühe daher auch, ob die Diakonie eine indische Brigade versorgen könne.[1698] Weil er aber allein aus Rücksicht auf das AA und die FDP weiter von einem »humanitäre[n] Einsatz«[1699] sprechen musste, konnte die logistische Hilfe für unter Kapitel VII der VN-Charta mandatierte Truppen nicht im Mittelpunkt seiner Argumentation stehen. Im Verteidigungsausschuss widersprach Rühe später sogar, dass es überhaupt zu einer Änderung des deutschen Auftrags gekommen sei, da schon immer humanitäre und logistische Aufgaben bewältigt werden sollten.[1700] Nachweislich traf die Aussage nicht zu, insofern es sich um Logistik für andere VN-Truppen handelte. Die Möglichkeit von Waffen- und Munitionstransporten für die nach Norden vorstoßenden VN-Soldaten nahm Walter Kolbow (SPD) daher auch zum Anlass, die Beteiligung als »Etikettenschwindel« zu bezeichnen. Es sei ein »militärischer Einsatz im Rahmen der Vereinten Nationen«,[1701] wobei offen blieb, was er darunter genau verstand.

Drei Wochen nach der Debatte im Bundestag stellte die SPD einen Antrag auf einstweilige Anordnung.[1702] Die Situation in Somalia, genauer gesagt in Mogadischu, hatte sich dramatisch verschlechtert. Am 5. Juni mussten die Vereinten Nationen bei einem Angriff über 20 Gefallene beklagen und begannen, Aidid zu jagen. Die deutsche Beteiligung in einem solchen Umfeld verstoße gegen Art. 87a GG, so die Klage der SPD. Es bestehe akute Gefahr für Leib und Leben der Soldaten. Außenpolitischer Schaden entstehe beim Abzug der Bundeswehr nicht, da die UNOSOM II auch ohne diese funktioniere.[1703] Einen Tag später, am 16. Juni 1993, reichte die SPD einen Antrag zur Beendigung des Somalia-Engagements im Bundestag ein. Die Begründung entsprach den Argumenten der Klage. Aus Sicht der SPD werde die Beteiligung »mit

---

[1697] BPA, Erklärung des Bundesverteidigungsministers zur Entsendung eines deutschen Unterstützungsverbandes nach Somalia. In: Bulletin, Nr. 39, 17.5.1993, S. 347.
[1698] Vgl. ARD, Tagesschau vor 20 Jahren, 12.5.1993.
[1699] BPA, Erklärung des Bundesverteidigungsministers zur Entsendung eines deutschen Unterstützungsverbandes nach Somalia. In: Bulletin, Nr. 39, 17.5.1993, S. 347.
[1700] PA-DBT 3119, Ausschuss für Verteidigung, 12/58, 12.5.1993, S. 59.
[1701] Vgl. ARD, Tagesschau vor 20 Jahren, 12.5.1993.
[1702] Vgl. ARD, Tagesschau vor 20 Jahren, 15.6.1993. Die Antragsschriften sind abgedruckt in Der Auslandseinsatz deutscher Streitkräfte, S. 192–213.
[1703] Vgl. Der Auslandseinsatz deutscher Streitkräfte, S. 192–213. Im Verteidigungsausschuss erklärte Rühe, dass die Soldaten in Somalia weniger gefährdet seien als die Transportflieger nach Sarajevo. PA-DBT 3119, Ausschuss für Verteidigung, 12/59, 16.6.1993, S. 46.

hoher Wahrscheinlichkeit zu Kampfhandlungen führen«. Jedoch sprach sie sich nicht per se gegen die UNOSOM II aus. Es sei nur unter der jetzigen Rechtslage eine deutsche Beteiligung ausgeschlossen.[1704] Angesichts des großen internationalen Engagements versuchte die SPD ihre außenpolitische Handlungsfähigkeit und ein gutes Verhältnis zur Bundeswehr zu wahren.

Wesentlich schärfer war die Forderung der PDS/Linke Liste, die zum sofortigen Abzug aus Somalia rief.[1705] Beide Anträge wurden am 17. Juni einstündig und erneut hitzig im Parlament debattiert.[1706] Walter Kolbow (SPD) warf der Regierung wegen der noch immer nicht erfolgten Grundgesetzänderung »politische Brandstiftung« und »Brunnenvergiftung« vor.[1707] Paul Breuer (CDU) bezichtigte den SPD-Abgeordneten Karl-Heinz Klejdzinski der »Sophisterei«.[1708] Auch zeigte sich erneut, wie vage die Kenntnisse zu Somalia waren. In der Eröffnungsrede erklärte Volkmar Köhler (CDU), dass die »Operation ›Restore Hope‹« mit größeren Problemen verlaufe als gedacht.[1709] Die Operation gab es zu diesem Zeitpunkt aber nicht mehr: Die UNITAF hatte Anfang Mai alle Befugnisse an die UNOSOM II übertragen. Ähnlich unscharf argumentierte Vera Wollenberger (Bündnis 90/Die Grünen), die der »UNOSOM I« eine »unzureichende Erfüllung« ihres Mandats vorwarf, weil die somalische Bevölkerung nicht vollständig entwaffnet worden sei.[1710] Dabei war es die UNITAF, die durch Rückgriff auf Kapitel VII der VN-Charta für solche Aufgaben mandatiert worden war und nicht die parallel im Land stehende VN-Mission UNOSOM. Weil bereits diese Zusammenhänge unklar waren, fehlte es der Diskussion an Tiefe.

In der Debatte prallten erneut die Parteipositionen im Verfassungsstreit und die bereits zuvor genannten Begründungen für eine deutsche Beteiligung aufeinander. Verteidigungsminister Rühe bezeichnete die Maßnahmen der Vereinten Nationen als »die einzige Hoffnung« Somalias.[1711] Der CDU-Abgeordnete Köhler und Außenminister Kinkel versuchten zudem Solidarität gegenüber dem somalischen Volk zu wecken und verwiesen auf die Geiselbefreiung von 1977.[1712] Als weiterer Grund diente die Rolle der Verbündeten. Weil sie die Sicherheit Europas 40 Jahre verteidigt hätten, müsse die Bundesrepublik nun etwas zurückzahlen.[1713] Die Regierungskoalition führte weiter normativ-moralische Gründe für die Beteiligung an, auch wenn diese bei den Planungen von untergeordneter Rolle gewesen waren.

Kinkel betonte zudem erneut, dass der VNGS bereits im Januar 1993 um den Einsatz der Bundeswehr gebeten habe und die bevorstehende Entsendung

---

[1704] BT-Drs. 12/5140, 16.6.1993.
[1705] BT-Drs. 12/5136, 16.6.1993.
[1706] BT-PlPr. 12/163, 17.6.1993, S. 13992–14011.
[1707] Ebd., S. 14004.
[1708] Ebd., S. 14009.
[1709] Ebd., S. 13992.
[1710] Ebd., S. 14000.
[1711] Ebd., S. 14001.
[1712] Ebd., S. 13993, 13998.
[1713] Ebd., S. 14011.

der VN-Anfrage vom 12. April entspreche.[1714] Dass das BMVg die inoffizielle Anfrage zur Gestellung eines Lazaretts im Herbst 1992 verweigert und der VNGS im Januar in erster Linie um Polizisten gebeten hatte, blieb weiter unerwähnt. Im Gegensatz zum Verteidigungsminister beharrte Kinkel aber darauf, dass der Auftrag der Bundeswehr »humanitäre Hilfe und Logistik« sei. Weiter verdrehte er die Priorität der Vereinten Nationen, um den Anschein des »humanitären Einsatzes« zu wahren, auch wenn er sich am Text der Vereinten Nationen orientierte.

Volker Rühe dagegen betitelte die Mission in ihrer Gesamtheit als »humanitäre[n] Einsatz«, hob aber die militärische Notwendigkeit des deutschen Beitrags hervor. Weil nur wenige Staaten in der Lage seien, die logistischen Anforderungen der Vereinten Nationen zu erfüllen, sei die Mission abhängig vom deutschen Beitrag.[1715] Zudem verwies Rühe zum ersten Mal auf die humanitären Leistungen der mittlerweile in Somalia tätigen Soldaten, etwa die Unterstützung des Krankenhauses in Beledweyne.[1716] Ein Abzug gefährde »die konkrete und unmittelbare humanitäre Hilfe für die Menschen« vor Ort und »die Verläßlichkeit und Glaubwürdigkeit der deutschen Außenpolitik«.[1717] Ähnlich begründete auch Kinkel die Fortsetzung der Maßnahmen, da neben einer indischen Brigade – die noch gar nicht im Raum stand – auch »mindestens ein halbes Dutzend« Hilfsorganisationen auf die Deutschen angewiesen seien.[1718]

Noch drastischer formulierte es Volkmar Köhler. Ein deutscher Abzug würde sich »lähmend« auf die VN-Mission auswirken. Er wäre eine »entsetzliche Blamage«; die Bundesrepublik werde vermutlich »zum Parasiten der Völkergemeinschaft« abgestempelt werden.[1719] In diese Position hatte sich die Regierung aber selbst manövriert und von sich aus Soldaten angeboten, obwohl Polizisten wahrscheinlich ausreichend gewesen wären. Zudem stimmte das Argument, die Mission würde unter dem Abzug der deutschen Truppen leiden, nur bedingt. Ohne Materialhilfe der USA oder durch Frankreich konnte die Bundeswehr den an sie gerichteten Auftrag nicht voll erfüllen. Sie besaß weder ein mobiles Lazarettsystem noch alle erforderlichen Fahrzeuge oder Wüstenuniformen.[1720] Obendrein ist fraglich, ob der politisch beschränkte

---

[1714] Ebd., S. 13997.
[1715] Ebd., S. 14001.
[1716] Ebd., S. 14002. Das BMZ und einige deutsche NROs sahen die Unterstützung des Krankenhauses kritisch. Von Beginn wurde bezweifelt, ob die Somalier es später ohne finanzielle Hilfe würden betreiben können. PA AA, B 34, ZA, Bd 165137, Vermerk Referat 322, Betr.: Ressortbesprechung im AA am 17.2.1994 zur möglichen Weiterführung des Krankenhauses in Belet Huen, 1.3.1994.
[1717] BT-PlPr. 12/163, 17.6.1993, S. 14003.
[1718] Ebd., S. 13997.
[1719] Ebd., S. 13993.
[1720] Zur Bewertung des geliehenen Materials siehe BArch, BW 24/17860, Kopie Generalarzt des Heeres, UNOSOM II – GECOMPFORSOM, Sanitätsdienstliche Erfahrungen, 2.12.1994, hier S. 35, 37 f.

## IV. Deutsche ›Blauhelme‹ in Afrika 417

Verband überhaupt den VN-Anforderungen zur vollen Zufriedenheit hätte genügen können. Dass der Fortbestand der Mission vom Kontingent der Bundeswehr abhing, ist zweifelhaft, erst recht, weil dieses Argument im Herbst plötzlich egal war, als die USA begannen, ihre Kräfte abzuziehen, und die UNOSOM II dringender Logistiker brauchte denn je.

Statt sich diesen Problemen zu stellen, attackierte Rühe die SPD und fragte, wieso sie nicht im Dezember oder im April geklagt habe. Die »Grundlagen« des Einsatzes hätten sich nicht verändert.[1721] Tatsächlich hatten sich die Vorzeichen des Auftrags um 180 Grad gedreht. Die zuvor intern abgelehnte logistische Hilfe war nun Hauptauftrag des Kontingents, auch wenn die Abgeordneten hierüber nicht informiert wurden. Natürlich könnten zivile Organisationen die humanitären Aufgaben besser und günstiger leisten, so Rühe, aber erst, wenn »die Soldaten ihre Arbeit gemacht« hätten.[1722] Der deutsche Auftrag bestand ja aber gerade nicht darin, eine Region zu befrieden. Nur weil der deutsche Einsatz überhaupt in einem befriedeten Gebiet erfolgte, war er nach Aussage Kinkels vom Grundgesetz gedeckt.[1723] Aus Sicht der USA sollten in solchen Regionen aber zeitnah private Firmen die Logistik leisten. Inwieweit die Bundeswehr überhaupt gebraucht wurde, war eine legitime Frage.

Den veränderten Auftrag nahm Walter Kolbow auf und bezog sich auf einen internen Vermerk des AA. Durch das Fehlen eines humanitären Auftrags sei »krampfhaft« eine neue Aufgabe gesucht worden, wobei das AA aus verfassungsrechtlichen Gründen vor der Übernahme der Logistik gewarnt habe.[1724] Kolbow gab die Entwicklung des deutschen Auftrags präzise wieder. Dass Günther Nolting (FDP) und Ulrich Irmer (FDP) dies bestritten, passte in die ungenaue Begründung der Liberalen.[1725] Für Anke Fuchs, Stellvertretende Vorsitzende der SPD-Bundestagsfraktion, ging es in der Debatte aber ohnehin nicht darum, »ob und wie in Somalia geholfen werden« könne. Einzig die Rechtmäßigkeit der deutschen Beteiligung sei zu klären.[1726] Das eigentlich außenpolitische Thema wurde auf seinen innenpolitischen Kern begrenzt. Allerdings verwies Fuchs auch auf die Grauzone des als »befriedet« bezeichneten Einsatzraums. Um nach Beledweyne zu kommen, müssten die deutschen Soldaten nach ihrer Ankunft in Mogadischu durch »unbefriedetes Gebiet« fahren. Die Unterscheidung der Gebiete sei daher »schwachsinnig« und diene nur der Zustimmung der FDP.[1727] In der Tat sollte Mogadischu immer ein sensibles Thema für die Bundesressorts bleiben und der Anspruch auf ein »befriedetes Gebiet« zu Spannungen mit den Vereinten Nationen füh-

---

[1721] BT-PlPr. 12/163, 17.6.1993, S. 14003.
[1722] Ebd., S. 14002.
[1723] Ebd., S. 13997.
[1724] Ebd., S. 14005.
[1725] Ebd., S. 14005 f., 14014. Siehe auch BT-PlPr. 12/166, 24.6.1993, S. 14339, 14587.
[1726] BT-PlPr. 12/163, 17.6.1993, S. 13994.
[1727] Ebd., S. 13995.

ren. Zu einer Annäherung der Parteien kam es nicht. Erwartungsgemäß lehnte die Regierungsmehrheit die Anträge ab.[1728]

Weiter beharkten sich die Parteien am 23. Juni anlässlich einer entwicklungspolitischen Debatte.[1729] Die Opposition kritisierte die große Summe, die die Regierung in das militärische Engagement investierte, während die Entwicklungszusammenarbeit gekürzt werde.[1730] Die Beteiligung sei »entwicklungspolitisch ziemlich wertlos«, weil kein Konzept bestehe, das Engagement der Soldaten mit dem Wiederaufbau Somalias zu verknüpfen, so Ingomar Hauchler (SPD).[1731] Die Bundeswehr spiele »Entwicklungshelfer«, anstatt im Rahmen eines »Blauhelm-Einsatz[es] [...] sinnvolle sicherheitspolitische Maßnahmen zu übernehmen«.[1732] Auch für Konrad Weiß (Bündnis 90/ Die Grünen) handelte es sich um einen »wirklich sinnlosen« Einsatz der Bundeswehr, die »in Afrika [...] nichts zu suchen« habe.[1733] Grundsätzlich folgten die humanitären Projekte der Bundeswehr schon einer Logik, allerdings einer militärischen, keiner entwicklungspolitischen, wie noch näher zu erläutern ist. Allerdings fehlte tatsächlich ein abgestimmter Ansatz, was die Nachhaltigkeit vieler Projekte negativ beeinflusste.

Die Regierungskoalition argumentierte weiter moralisch. Die SPD falle »der Bundesregierung in den Rücken«, so Winfried Pinger (CDU), während sich diese »um den Schutz der Menschen in Somalia vor Mord und Verhungern« sorge.[1734] Das Argument traf freilich nicht zu, da der deutsche Auftrag nicht die aktive Sicherung der Bevölkerung zum Ziel hatte und es den Soldaten verboten war, NROs oder andere Organisationen aktiv zu schützen.

Ungeachtet des politischen Streits erhielt die Regierung am Nachmittag des gleichen Tages Handlungssicherheit. Das Bundesverfassungsgericht wies die einstweilige Anordnung der SPD gegen die weiteren Teilnahme[1735] in Somalia ab, wenn der Bundestag die Fortführung beschließe; nun aber nicht mehr nur mit einem Entschließungsantrag.[1736] Das BMVg hatte erklärt, dass die Entsendung verfassungskonform sei, ein Rückzug außenpolitischen Schaden verursache und erhebliche Konsequenzen für den Fortbestand der UNOSOM II habe.[1737] Da es sich um humanitäre Hilfe und

---

[1728] Ebd., S. 14011.
[1729] BT-PlPr. 12/165, 23.6.1993, S. 14227–14254.
[1730] Ebd., S. 14175, 14229 f., 14237.
[1731] Ebd., S. 14230.
[1732] Ebd., S. 14239.
[1733] Ebd., S. 14237.
[1734] Ebd., S. 14229.
[1735] Im Bundestag merkte Walter Kolbow (SPD) nachträglich an, dass das BVerfG lediglich von »Entsendung« und nicht von »Einsatz« gesprochen habe, was Wolfgang Schäuble (CDU) mit dem Wortlaut des Antrags der SPD-Fraktion begründete. BT-PlPr. 12/166, 24.6.1993, S. 14326.
[1736] BVerfGE 89, 38 – Somalia, 23.6.1993, http://www.servat.unibe.ch/dfr/bv089038.html. Vgl. auch ARD, Tagesschau vor 20 Jahren, 23.6.1993.
[1737] Letzteres war von der Arbeitsebene des BMVg als Hauptverteidigungslinie identifiziert worden. Vgl. die Anmerkungen auf BArch, BW 2/29713, Fü S III 5, Gedankenskizze/ Feingliederung zur Klageerwiderung auf den Antrag der SPD-Fraktion auf Erlaß einer

logistische Unterstützung handele, liege kein Einsatz nach Art. 87a Abs. 2 GG vor.[1738] Art. 24 GG stand zur Wahrung des Koalitionsfriedens nicht im Zentrum der Argumentation. Auf Bitte des Bundeskanzlers[1739] hatte VN-Untergeneralsekretär Vladimir Petrovsky die operative Notwendigkeit der deutschen Beteiligung bezeugt.[1740] Prinzipiell war dies korrekt. Die Vereinten Nationen besaßen keine logistische Alternative. General Bir zufolge sollte der deutsche Verband auch schnellstmöglich in Somalia stationiert werden und ab August den Vormarsch nach Norden unterstützen.[1741] Allerdings war die Bundeswehr mit ihrem Material und ihren Beschränkungen gar nicht in der Lage, den Auftrag voll auszuführen. Auch verteidigte die Bundesregierung die Stationierung von Personal im UNOSOM-II-Hauptquartier in Mogadischu. Der Stab befinde sich in der ehemaligen Botschaft der USA und »damit im sichersten Bereich der Hauptstadt«. »Eine Gefährdung«, so die Verteidigung, sei »nahezu auszuschließen«.[1742] Später sorgte diese Argumentation auch bei den eigenen Soldaten für Unverständnis, wurde das Areal des Hauptquartiers doch mehrfach beschossen.

Zwar war noch keineswegs entschieden, ob die Beteiligung verfassungskonform war, in Somalia drückte Oberst Jürgen Eigenbrod, stellvertretender Kommandeur des deutschen Verbands, aber seine Freude aus. Für die Soldaten »wäre die Enttäuschung am größten gewesen, wenn wir hätten abbauen müssen.« Ein Stabsunteroffizier ergänzte: »Jetzt sind wir schon mal hier, dann bleiben wir auch da«.[1743]

*Die Zustimmung des deutschen Bundestags am 2. Juli 1993*

Einen Tag nach dem Urteil des Bundesverfassungsgerichts vom 23. Juni brachte die Regierungskoalition wie von den Richtern gefordert einen neuen Antrag im Bundestag ein. Die Parlamentarier sollten von sich aus die Entsendung eines Nachschub- und Transportbataillons beschließen. Der Antrag war detaillierter als noch im April. Im Titel ging es nicht mehr

---

einstweiligen Anordnung zur Beteiligung der Bundeswehr an UNOSOM II, 11.6.1993, hier S. 1; BArch, BW 2/30516, Kopie Weisung Chef des Stabes Fü S an Fü S III, Betr.: Somalia, hier: Vorbereitung auf Karlsruhe, 13.6.1993. Siehe auch BArch, BW 1/405298, Schreiben Jochen Abr. Frowein und Knut Ipsen an das Bundesverfassungsgericht, 2. Senat, 17.6.1993, hier S. 12; BVerfGE 89, 38 – Somalia, 23.6.1993.

[1738] BArch, BW 1/405298, Schreiben Jochen Abr. Frowein und Knut Ipsen an das Bundesverfassungsgericht, 2. Senat, 17.6.1993, hier S. 10.
[1739] Vgl. UNA, S-1086-0120-11-00002, Schreiben des Bundeskanzlers Helmut Kohl an den VNGS Boutros Boutros-Ghali, 18.6.1993.
[1740] Vgl. Der Auslandseinsatz deutscher Streitkräfte, S. 313–323. Auch Boutros-Ghali nannte die deutsche Unterstützung während seines Besuchs in Bonn »einen unerlässlichen Beitrag zum Erfolg« von UNOSOM II. BPA, Gespräch des Bundeskanzlers mit dem Generalsekretär der Vereinten Nationen. In: Bulletin, Nr. 57, 30.6.1993, S. 608.
[1741] BArch, BW 2/30485, Kopie Fax General Bir an General Baril, Betr.: German Composite Force Somalia (GECOMPFORSOM), 31.5.1993.
[1742] BArch, BW 1/405298, Schreiben Jochen Abr. Frowein und Knut Ipsen an das Bundesverfassungsgericht, 2. Senat, 17.6.1993, hier S. 6.
[1743] Zitiert nach ARD, Tagesschau vor 20 Jahren, 23.6.1993.

um »humanitäre Maßnahmen« im Rahmen der Vereinten Nationen, sondern um die »Beteiligung der Bundeswehr an UNOSOM II«. Ausdrücklich nahm der Antrag Bezug auf das Urteil des Gerichts und die parlamentarische Zustimmung vom 21. April. Ansonsten übernahm der Text den Kabinettsbeschluss wörtlich.[1744] Zu den strittigen Fragen wie der Definition der »befriedeten Regionen«, der Stärke oder der Einsatzdauer fehlte weiter jedes Detail. Entsprechend oberflächlich blieb die Debatte.

Diese begann noch am gleichen Tag.[1745] Anders als im April wurde der Antrag der Regierungskoalition an die Ausschüsse übergeben.[1746] In einer im Vergleich zu den ersten Anträgen zu Somalia rasanten Geschwindigkeit legte der Verteidigungsausschuss bereits sechs Tage später seine Empfehlung vor. Alle beteiligten Ausschüsse hatten ihre Zustimmung am 30. Juni erteilt. Die Kostenfrage war nicht erörtert worden, was bei einem Kostenumfang von einigen Hundert Millionen D-Mark verwundert.[1747] Rund eine Woche später, am 2. Juli, stimmte der Bundestag über die Beteiligung an der UNOSOM II ab.[1748] Wenn der politische Wille bestand, konnte das Parlament auf aktuelle Ereignisse reagieren. 1991/92, als sich die humanitäre Lage in Somalia zuspitzte, hatte dieser gefehlt. Jetzt lag die Schnelligkeit aber auch an der anstehenden Sommerpause. Wollten die Parlamentarier nicht noch eine Sondersitzung des Bundestags provozieren, mussten sie handeln.[1749]

In den entsprechenden Debatten hatten erneut die innenpolitischen Aspekte dominiert. Zudem war auch immer die Teilnahme an den AWACS-Aufklärungsflügen eingeflossen,[1750] obwohl es sich – wie in der Debatte auch angesprochen – um eine völlig andere Art von Beteiligung handelte. Erneut war es zu sprachlichen Entgleisungen gekommen. Der Fraktionsvorsitzende der CDU/CSU Schäuble warf der SPD eine »Verdummbeutelung des Publikums« durch ihre Auslegung des Urteils vor.[1751] Rühe unterstellte dem stellvertretenden Vorsitzenden der SPD-Bundestagsfraktion Wolfgang Thierse »geistig[e] Umweltverschmutzung«[1752] und Hans Büttner (SPD) beschimpfte Michael Glos (CDU) als »Volksverhetzer«.[1753]

Inhaltlich hatten die Aussprachen wenig Neues zu bieten. Die Argumentationslinie der Regierungskoalition blieb weitgehend auf der moralisch-verpflichtenden Ebene. Volker Rühe sprach gar von einem »zutiefst mo-

---

[1744] BT-Drs. 12/5248, 24.6.1993.
[1745] BT-PlPr. 12/166, 24.6.1993, S. 14325–14340; ARD, Tagesschau vor 20 Jahren, 24.6.1993.
[1746] BT-PlPr. 12/166, 24.6.1993, S. 14340. Zur Debatte im Verteidigungsausschuss siehe PA-DBT 3119, Ausschuss für Verteidigung, 12/61, 30.6.1993.
[1747] BT-Drs. 12/5338, 30.6.1993.
[1748] BT-PlPr. 12/169, 2.7.1993, S. 14579–14608.
[1749] Vgl. BArch, B 136/43516, Nebenabdruck Schreiben Gruppenleiter 13 an den Gruppenleiter 22, Betr.: Folgerungen aus dem gestrigen Urteil des Bundesverfassungsgerichts zu Somalia, 24.6.1993.
[1750] Vgl. BT-PlPr. 12/166, 24.6.1993, S. 14327–14336; BT-PlPr. 12/169, 2.7.1993, S. 14591.
[1751] BT-PlPr. 12/166, 24.6.1993, S. 14327.
[1752] Ebd., S. 14339.
[1753] BT-PlPr. 12/169, 2.7.1993, S. 14582.

ralische[n] Auftrag«, in Somalia zu helfen.[1754] Weil im BMVg bereits bekannt war, dass sich die Stationierung der Inder verzögern und der Logistikauftrag erst einmal nicht abgerufen würde, betonte Rühe auch die schon vom Vorkommando geleistete humanitäre Hilfe.[1755] Der Logistikauftrag, die Primäraufgabe des deutschen Verbands, kam allenfalls bei der Opposition oder der FDP zur Sprache.[1756]

Die SPD schaffte es nie, die militärische Notwendigkeit des Verbands ernsthaft infrage zu stellen, und untergrub ihre eigene Glaubwürdigkeit. Weil sie nicht der Meinung sei, dass »die Probleme in der Welt durch Einsatz militärischer Gewalt gelöst« werden könnten, so Günter Verheugen, werde sie den Antrag ablehnen.[1757] Solange sich die SPD in der Opposition befand, ließen sich Aussagen treffen, mit denen das ganze internationale Engagement abgewertet wurde. Für die Bundesregierung aber hätte eine öffentliche Ablehnung der international umfangreich unterstützten VN-Mission zur außenpolitischen Isolation geführt.

Erneut griff die SPD auf die zum Teil von den Medien veröffentlichten Ministerialdokumente zurück. Albrecht Müller zitierte aus dem Vermerk des AA vom 30. März, wonach das BMVg einen möglichst öffentlichkeitswirksamen oder gar keinen Einsatz angestrebt habe. Es sei dem BMVg um »Öffentlichkeitsarbeit« gegangen und »nicht um die geschundenen Menschen«. Es sei »ganz klar, daß hier der Public-Relation-Aspekt, die Öffentlichkeitsarbeit deutlich im Vordergrund« stehe und der Bundeswehr »ein neues Betätigungsfeld« gesucht werde.[1758] Hans-Ulrich Klose griff auf die Vorlage von Fü S III 5 vom 9. Dezember 1992 zurück, um »der Legende« entgegenzuwirken, es sei der Bundesregierung »in erster Linie um Hilfe für die Menschen in Somalia« gegangen. Vielmehr habe sie »ein politisches Signal« setzen und sich aus ihrem »Golf-Trauma lösen« wollen. Gestützt auf die Vorlage verwies Klose darauf, dass das Angebot der Bundesregierung nicht vom VNGS erbeten sei, sondern von ihr selbst stamme. Der VNGS habe noch im Januar 1993 nur von Polizisten gesprochen. Außenminister Kinkel habe die wahren Ziele der Beteiligung »verdeckt« und »humanitär« verkleidet.[1759] Juristisch mochte die SPD die Diskussion um die deutsche Beteiligung in Somalia verloren haben. Bei diesem Sachverhalt hatte sie recht. Nur schaffte sie es nie, die Regierung ins Wanken zu bringen, was auch an der Inkonsistenz[1760] der eigenen Position und ihrem Fokus auf die angeblich fehlende Rechtsgrundlage statt der Notwendigkeit der Maßnahmen lag.

---

[1754] Ebd., S. 14339.
[1755] Ebd., S. 14600.
[1756] Ebd., S. 14584 f., 14588, 14602, 14605, 14647 f.
[1757] BT-PlPr. 12/166, 24.6.1993, S. 14332.
[1758] Ebd., S. 14338 f.
[1759] BT-PlPr. 12/169, 2.7.1993, S. 14585 f.
[1760] So auch der Vorwurf von Michael Glos, der auf einen Antrag der SPD vom Februar 1993 anspielte, in dem die Entsendung einer VN-Mission nach Togo zur Überwachung der dortigen Armee gefordert wurde. Ebd., S. 14582. Der Antrag findet sich unter BT-Drs. 12/4315, 10.2.1993.

Deutlich zu weit ging die Kritik von Gregor Gysi (PDS/Linke Liste). Angeblich wolle die Bundesregierung die Öffentlichkeit »an solche Einsätze« und an die »damit verbundenen Opfer [...] gewöhnen.« Mit der Teilnahme an militärischen Maßnahmen betreibe sie »Großmachtpolitik«.[1761] In der Regierung herrschte hinsichtlich ihrer anzustrebenden Außenpolitik aber keineswegs Einigkeit. Zwar ging es vor allem dem AA um außenpolitisches Prestige und Einfluss in den Vereinten Nationen, für das BMVg waren solche Aspekte aber zweitrangig und auch das BKAmt griff so selten in die Somalia-Maßnahmen ein, dass von keiner »Großmachtpolitik« gesprochen werden kann. Auch hinkt der Vorwurf, die Öffentlichkeit habe durch ein weiteres Engagement an Auslandseinsätze gewöhnt werden sollen. Zwar findet sich diese Begründung im Falle von Kambodscha, die Beteiligung in Somalia war aber eher ein Reflex und schien angesichts des internationalen Engagements politisch notwendig. Gewünscht hätten sich die Bundesressorts die Entsendung aufgrund der schleppenden Reform der Bundeswehr zu diesem Zeitpunkt sicher nicht.

Nur selten schafften es die Redner, sachbezogene Kritik zu äußern. Peter Glotz (SPD) kritisierte, dass weder das Ziel der Mission UNOSOM II klar noch eine Lösung für den Bürgerkrieg zu erkennen sei. Die Vereinten Nationen liefen Gefahr, selbst zur Kriegspartei zu werden. Insgesamt handele es sich um eine »nicht ausreichend überlegte Aktion«, an der sich die SPD nicht beteiligen werde.[1762] Der ehemalige Brigadegeneral Manfred Opel (SPD) ergänzte, dass die Beschränkung auf Selbstverteidigung nicht mit der Lage vor Ort vereinbar sei und die Truppe in Schwierigkeiten bringe, wenn sie von »bewaffneten Wegelagerern angehalten« werde. Durch die Beschränkung der eigenen Soldaten spiele die Bundesregierung jene »Sonderrolle«, die sie eigentlich nicht spielen wollte. Für die humanitären Leistungen brauche man keine Soldaten. Gefahr bestehe vor allem für die Logistikkonvois, wenn sich die Mission nach Norden ausdehne. Die logistische Unterstützung sei wiederum »die mittelbare Beteiligung an Kampfeinsätzen«. Auch sei die Argumentation der Regierung widersprüchlich. Wenn der Abzug gegenwärtig undenkbar sei, weil er negative Folgen für die Mission habe, wie könne die Regierung es dann begründen, den Verband bei einer Lageverschlechterung abzuziehen?[1763] Günter Verheugen (SPD) kritisierte, dass Verteidigungsminister Rühe aufgrund der Abwesenheit der indischen Truppen den Eindruck erwecken wolle, beim Bundeswehr-Engagement »ginge es darum, Milchpulver zu verteilen und armen, kranken Somaliern zu helfen.« Das Management des Hafens von Mogadischu, die »humanitäre Hilfe gewesen« wäre, sei dagegen für Rühe »nicht attraktiv genug« gewesen.[1764] Alle Argumente waren berechtigt und zeigten die konzeptionellen Probleme der Beteiligung. Allerdings wurden sie zu selten genutzt und kollidierten mit der inkonsequenten Linie

---

[1761] BT-PlPr. 12/166, 24.6.1993, S. 14336 f.
[1762] BT-PlPr. 12/169, 2.7.1993, S. 14598 ff.
[1763] Vgl. ebd., S. 14602.
[1764] Ebd., S. 14605.

## IV. Deutsche ›Blauhelme‹ in Afrika

der SPD, die prinzipiell nicht gegen eine humanitäre Beteiligung in Somalia war und in Teilen sogar zustimmte, dass die Lage in Somalia für Zivilhelfer zu gefährlich sei. Unterscheiden von der Regierung konnte sich die SPD daher nur durch die Frage der rechtlichen Legitimation, die entsprechend häufig im Fokus der Debatte stand.

Letztlich stimmten 336 Abgeordnete für und 184 gegen den Antrag. 14 Abgeordnete enthielten sich; alle aus der SPD. Michaela Blunk (FPD) war die einzige Abgeordnete der Regierungskoalition, die gegen den Antrag stimmte.[1765] Erstmals hatte der Bundestag damit die Entsendung von Soldaten der Bundeswehr ins Ausland beschlossen. Das Ergebnis wirkte länger als der Inhalt der Debatte. Was den Parlamentariern aller Couleur fehlte, waren Fachkenntnisse, sowohl von VN-Missionen als auch von der Lage in Somalia. Die Regierung und die beteiligten Ressorts handelten intransparent, was auch an der chaotischen Planung der Vereinten Nationen lag. Die SPD hatte die Entsendung durch ihre Klage zu einem innenpolitischen Thema gemacht, sodass zu selten über die Notwendigkeiten vor Ort gesprochen wurde.

*Das Vorkommando*

Einen Tag nachdem das VN-Sekretariat den Raum Beledweyne als »secure and calm« bezeichnet hatte, erließ das BMVg den Befehl Nr. 2 zur Entsendung eines Vorkommandos. Dieses sollte den temporär zugewiesenen Einsatzraum bis zum 31. Mai erkunden.[1766] Hierzu sollten zunächst 45 und einige Tage später 145 weitere, nur leicht bewaffnete Soldaten nach Somalia verlegen.[1767] Um den VN-Status zu erhalten, wurde von der Bezeichnung »Erkundungskommando« Abstand genommen. Es wurde in »Vorkommando I« umbenannt, behielt aber den gleichen Material- und Personalbestand. Das bisherige Vorkommando wurde zum »Vorkommando II«.[1768] Auch hier wurden semantische Nuancen genutzt, um die Beteiligung zu ermöglichen. Allerdings waren diese Soldaten nicht die ersten deutschen, die somalischen Boden betraten. Oberstleutnant Gerhard Sontheim, der mit Generalmajor Bernhardt am 28. April nach Mogadischu gereist war und als Verbindungsoffizier zum UNOSOM-II-Hauptquartier fungierte, war gar nicht mehr nach Deutschland zurückgekehrt.[1769] Dieses Verbindungselement war der UNOSOM-II-Führung aller-

---

[1765] Ebd., S. 14608 ff. Bundestagsvizepräsidentin Schmidt verkündete fälschlicherweise 337 Ja- bei 185 Nein-Stimmen und 13 Enthaltungen.
[1766] BArch, BW 2/28188, Kopie Fü S IV 4, Betr.: Befehl Nr. 2 zur Beteiligung der Bundeswehr an UNOSOM II, hier: Befehl für das Vorkommando, 12.5.1993.
[1767] Ebd., Anlage.
[1768] Vgl. BArch, BW 2/30511, Vermerk Leiter KSEA, 7.5.1993; BArch, BW 2/28182, Telefax III. Korps an Fü S IV 4, Betr.: SITREP 10/93, 10.5.1993, hier S. 1; PA AA, B 34, ZA, Bd 160134, Entwurf Fü S IV 4, Betr.: Befehl Nr. 2 zur Beteiligung der Bundeswehr an UNOSOM II, hier: Befehl für das Erkundungs-/Vorkommando, Mai 1993, hier Anlage 1; BArch, BW 2/28188, Kopie Fü S IV 4, Betr.: Befehl Nr. 2 zur Beteiligung der Bundeswehr an UNOSOM II, hier: Befehl für das Vorkommando, 12.5.1993, hier Anlage.
[1769] Wenig später wurde Sontheim von einem Unteroffizier und einem Gefreiten der Fernmelder unterstützt. Zunächst waren sie in einem Hotel untergebracht. Ende

dings nicht unterstellt, sondern nur auf Zusammenarbeit angewiesen,[1770] sodass es unterschiedliche Möglichkeiten gibt, den Beginn der UNOSOM-II-Beteiligung der Bundeswehr zu datieren; auf den 28. April mit der Ankunft des Verbindungselements[1771] oder auf den 15. Mai mit der Unterstellung des Vorkommandos unter die UNOSOM-II-Führung.

Eine Sonderrolle im Gefüge der UNOSOM-II-Truppen spielten die Deutschen bei den Einsatzrichtlinien, den Rules of Engagement. Diese regeln, in welchen Situationen Soldaten ihrer Waffe gebrauchen dürfen. Im Gegensatz zur Mehrheit der UNOSOM-II-Truppen – Ausnahmen gab es wohl auch für Saudi-Arabien, Kuwait oder die VAE[1772] – durften die deutschen Soldaten ihren Auftrag nicht mit militärischem Zwang durchsetzen. Die UNOSOM-II-RoE[1773] gingen der deutschen Seite daher zu weit. Für alle Kontingente, die nicht unter Kapitel VII der VN-Charta operierten, sollten aus Sicht der Vereinten Nationen die RoE der traditionellen VN-Mission UNIFIL gelten.[1774] Auch diese RoE waren den deutschen Ministerien aber zu weitreichend. Selbstverteidigung im UNIFIL-Rahmen bedeutete nämlich auch die Anwendung von Zwang gegenüber Dritten, wenn die VN-Truppen mit Gewalt an der Erfüllung ihres Auftrags gehindert wurden.[1775]

Weil den deutschen Soldaten genau das zur Wahrung des Narrativs des ›humanitären Einsatzes‹ untersagt werden sollte, entwarfen die deutschen Ressorts auf Grundlage der UNIFIL-RoE noch restriktivere Richtlinien, die nur für die deutschen Soldaten galten.[1776] Eine erste Version erhielt das

---

Mai zogen sie in das Areal der ehemaligen US-Botschaft. Zeitzeugenbefragung von Oberstleutnant a.D. Gerhard Sontheim am 8.10.2020.

[1770] Unterstellt war es dem III. Korps. Zeitzeugenbefragung von Oberstleutnant a.D. Gerhard Sontheim am 8.10.2020.

[1771] Obwohl das Verbindungselement dem Vorkommando in der Folge nicht unterstellt war, fasste das III. Korps beide Stärkeangaben ab Mai 1993 zusammen. Vgl. BArch, BW 2/28182, Telefax III. Korps an Fü S IV 4 im BMVg, Betr.: SITREP Unterstützungsverband Somalia, 27.4.1993, hier S. 1; ebd., Telefax III. Korps an Fü S IV 4 im BMVg, Betr.: SITREP 005, 3.5.1993, hier S. 1; ebd., Telefax III. Korps an Fü S IV 4 im BMVg, Betr.: UNOSOM II 1 SITREP 14/93, 14.5.1993, hier S. 2; Zeitzeugenbefragung von Oberstleutnant a.D. Gerhard Sontheim am 8.10.2020.

[1772] Eknes [u.a.], Fighting for Hope. Siehe auch Albright, Madam Secretary, S. 184.

[1773] Die RoE für UNOSOM II sind abgedruckt in Findlay, The Use of Force, S. 423 f. »[D]eadly force« durfte bei folgenden Szenarien angewendet werden: »(a) To defend themselves, other UN lives, or persons and areas under their protection against hostile acts or hostile intent. (b) To resist attempts by forceful means to prevent the Force from discharging its duties.«

[1774] PA AA, B 34, ZA, Bd 160134, Drahtbericht der Ständigen Vertretung in New York an Referat 230 im AA, Nr. 1102, 5.5.1993, hier S. 2; BArch, BW 2/28166, Schreiben Kommandeur des Deutschen Unterstützungsverbands Somalia an den Leiter des Koordinierungsstabs im BMVg, Betr.: Deutsche Beteiligung an UNOSOM II, hier: nächste Berichterstattung, 5.5.1993, hier S. 2.

[1775] PA AA, B 34, ZA, Bd 160134, Kopie Vorlage Referat 230 an den Staatssekretär, Betr.: Beteiligung der Bundeswehr an der VN-Operation in Somalia (UNOSOM II), hier: Regeln für den Waffengebrauch (»Rules of Engagement« – RoE) [...], 17.5.1993. Zu den Befugnissen der UNIFIL siehe VNSR, S/11052/Rev.1, 27.10.1973, Randnr. 4 (d).

[1776] PA AA, B 34, ZA, Bd 160134, Entwurf Drahterlass Referat 230 im AA an die Ständige Vertretung in New York, ohne Nr., 12.5.1993, hier S. 2.

## IV. Deutsche ›Blauhelme‹ in Afrika

Vorkommando am 13. Mai.[1777] Wie politisch bestimmt, durften die deutschen Soldaten Waffengewalt nur zur Selbstverteidigung und auch nur als äußerstes Mittel anwenden. Vor dem Gebrauch der Schusswaffe sollten sie einen potenziellen Angreifer zweimal mit »Joogso«, übersetzt mit »Halt«, anrufen, wenn nicht eine unmittelbare Gefahr für das eigene Leben bestand. Vor einem scharfen Schuss sollte mindestens ein Warnschuss erfolgen und der scharfe Schuss nur Angriffe verhindern oder beenden. Eine »Tötungsabsicht« durfte er nicht haben.[1778] Unter Selbstverteidigung verstanden die deutschen Ressorts ausschließlich die Abwehr von Angriffen gegen »Leib und Leben des Soldaten oder eines Dritten« sowie »gegen Einrichtungen, Anlagen und Material des deutschen UNOSOM II-Kontingents«.[1779] Weil von Angriffen gegen das Leben »des Soldaten«, also eines Deutschen, oder »eines Dritten« gesprochen wurde, ist nicht sofort ersichtlich, ob damit auch Angriffe gegen andere VN-Truppen gemeint waren. Zwar war die Hilfe anderer VN-Soldaten im Rahmen der Nothilfe erlaubt,[1780] untersagt war dem Vorkommando aber der Schutz anderer VN-Einrichtungen.[1781] Ausgeschlossen war zudem, anderen VN-Soldaten zu Hilfe zu eilen, die im Rahmen der Friedensschaffung in Gefechte verwickelt waren.[1782] Wo in der Praxis Nothilfe endete, blieb dadurch unscharf. Das auf Unterstützung anderer Truppen angewiesene Vorkommando hätte Soldaten fremder Nationen nur bedingt zur Seite stehen dürfen. Im Extremfall forderten die Deutschen Opferbereitschaft anderer Staaten, ohne diese in jeder Lage erwidern zu dürfen.

Von einer gleichberechtigten Eingliederung in den multinationalen Verband war das Vorkommando weit entfernt, wobei das BMVg aber auch kei-

---

[1777] BArch, BW 2/24981, Kopie Weisung Fü S IV 4 an III. Korps, Luftflottenkommando, Betr.: Regeln für den Waffengebrauch (Rules of Engagement) Deutscher Unterstützungsverband Somalia, 13.5.1993.

[1778] Ebd., Anlage 2.

[1779] Ebd., Anlage 1.

[1780] Vgl. Der Auslandseinsatz deutscher Streitkräfte, S. 347; Zeitzeugengespräch mit Staatssekretär a.D. Dr. Peter Wichert am 5.5.2020; Zeitzeugenbefragung von Ministerialdirektor i.R. Dr. Klaus Dau am 21.5.2020; Zeitzeugenbefragung von Generalmajor a.D. Rolf Th. Ocken am 23.5.2020.

[1781] BArch, BW 2/24981, Weisung Fü S IV 4 an III. Korps, Luftflottenkommando, Betr.: Regeln für den Waffengebrauch (Rules of Engagement) Deutscher Unterstützungsverband Somalia, 13.5.1993, hier Anlage 1. Dies wurde von Referat VR II noch einmal bestätigt. »Einrichtungen und Anlagen Dritter« durften nur dann mit Waffengewalt geschützt werden, wenn sich deutsche Soldaten darin befanden und sich ein Angriff auch gegen diese richtete. BArch, BW 2/37610, Schreiben VR II an StAL Fü S IV, Betr.: Regeln für den Waffengebrauch (Rules of Engagement) Deutscher Unterstützungsverband Somalia, 27.5.1993. Weil sich laut Bundesregierung in einem ›humanitären Einsatz‹ befand, konnte sich die Bundeswehr nicht den allgemeinen VN-Bestimmungen unterordnen. Für sie konnte Selbstverteidigung nur die Abwehr von Angriffen gegen sich selbst bedeuten. Vgl. BArch, BW 2/36754, Fü S IV 4, Protokoll Sitzung Koordinierungsstab für Einsatzaufgaben 6/93, 18.5.1993, hier S. 4.

[1782] In der Antwort des BMVg auf eine Frage des BVerfG hieß es: »Eine militärische Unterstützung in Kämpfe verwickelter Soldaten ist für den deutschen Unterstützungsverband durch seine RoE ausgeschlossen.« Zitiert nach Der Auslandseinsatz deutscher Streitkräfte, S. 347.

ne Erfahrung mit Einsatzregeln hatte. Noch bevor die Vereinten Nationen den deutschen RoE zustimmten, stand bereits fest, dass das Hauptkontingent detailliertere Richtlinien erhalten sollte.[1783] Speziell war auch, dass die Deutschen einen eigenen Rechtsberater entsandten.[1784] »[S]elbstverständlich« habe kein anderes Kontingent einen Juristen, da der UNOSOM-II-Kommandeur einen besitze, so die Ständige Vertretung in New York.[1785] Ob andere Verbände wirklich auf eigene Rechtsberater verzichteten, ließ sich nicht klären. Die Entsendung des deutschen Juristen passte aber zum Absicherungsdenken des BMVg, das sich durch die gesamte Beteiligung zog.

Mit der Verlegung des ersten Materials über Kreta und Dschibuti nach Mogadischu begann am 12. Mai die praktische Umsetzung der deutschen Beteiligung. Der erste Teil des Vorkommandos folgte am 14. Mai von Dschibuti nach Beledweyne,[1786] der zweite fünf Tage später.[1787] In Dschibuti wurde ein Lufttransportstützpunkt (LTP) errichtet, um die medizinische Evakuierung und die Anschlussversorgung des Verbands zu sichern.[1788] Am 15. Mai trafen Generalmajor Georg Bernhardt und die ersten Soldaten in Mogadischu ein.[1789] Mit Bernhardts Unterstellung unter das Kommando von Çevik Bir begann die deutsche Beteiligung offiziell. Einen Tag später flogen die ersten deutschen Soldaten nach Beledweyne.[1790] Hier trafen sie auf kanadische Truppen, die sich im Aufbruch befanden. Die Kanadier waren Teil der UNITAF und hatten auf Grundlage des Kapitels VII der VN-Charta operiert. Wie später be-

---

[1783] PA AA, B 34, ZA, Bd 160134, Kopie Vorlage Referat 230 an den Staatssekretär, Betr.: Beteiligung der Bundeswehr an der VN-Operation in Somalia (UNOSOM II), hier: Regeln für den Waffengebrauch (»Rules of Engagement« – RoE) […], 17.5.1993, hier S. 3.

[1784] BArch, BW 1/426314, Nebenabdruck Schreiben VR II 3 an VR I 5, Betr.: Deutscher Unterstützungsverband Somalia, hier: Entsendung eines Rechtsberaters in das deutsche Kontingent, 17.5.1993; Zeitzeugengespräch mit Oberst a.D. Klaus Lohmann am 18.11.2019.

[1785] BArch, BW 1/408091, Schreiben Fü S III 5 an VR II 3, Betr.: Deutsche Beteiligung an UNOSOM II, hier: Berücksichtigung eines Rechtsberaters im Personal-Kontingent des deutschen Verbandes, 14.5.1993.

[1786] PA AA, B 34, ZA, Bd 160134, Entwurf Drahterlass Referat 230 im AA an die Ständige Vertretung in New York, ohne Nr., 12.5.1993; BArch, BW 2/28182, Telefax III. Korps an Fü S IV 4 im BMVg, Betr.: SITREP 012, 12.5.1993, hier S. 2; ebd., Telefax III. Korps an Fü S IV 4 im BMVg, Betr.: SITREP 014, 14.5.1993, hier S. 3.

[1787] BArch, BW 2/28182, Telefax III. Korps an Fü S IV 4 im BMVg, Betr.: SITREP 020, 20.5.1993, hier S. 1; BArch, BW 2/28167, Vorlage Fü S IV 4 an Staatssekretär Schönbohm, Betr.: Tagesmeldung Somalia, 21.5.1993.

[1788] BArch, BW 1/372426, Vorlage Fü S III 5 an den Verteidigungsminister, Betr.: Beteiligung der Bundeswehr an UNOSOM II, hier: Aufforderung der Vereinten Nationen (VN) zur Truppenentsendung, 16.4.1993, hier S. 3; PA AA, B 34, ZA, Bd 160134, Schreiben der Botschaft der Bundesrepublik Deutschland in Sanaa an Referat 322 im AA, Betr.: Deutsche Beteiligung an UNOSOM II, hier: Kontakt zu DSI-AM und frz. Botschafter, 17.5.1993; ebd., Entwurf Drahterlass Referat 230 im AA an die Botschaft der Bundesrepublik Deutschland in Paris, ohne Nr., 18.5.1993.

[1789] BArch, BW 2/28167, Kopie Vorlage Fü S IV 4 an Staatssekretär Schönbohm, Betr.: Lage Somalia, 17.5.1993. Siehe auch ARD, Tagesschau vor 20 Jahren, 15.5.1993.

[1790] Bundeswehr beginnt humanitäre Mission in Somalia. In: Stuttgarter Zeitung, 17.5.1993, Nr. 112, S. 2.

## IV. Deutsche ›Blauhelme‹ in Afrika

kannt wurde, waren einige ihrer Soldaten für die Tötung und Folterung von Zivilisten verantwortlich.[1791]

Während die Kanadier in den ersten Tagen wertvolle Hilfe für das deutsche Kontingent leisteten,[1792] konnten und sollten die deutschen Truppen die Kanadier im Gegensatz zur medialen Darstellung[1793] nicht ersetzen; sie waren nicht zur Anwendung von Waffengewalt autorisiert, worauf das AA großen Wert legte.[1794] Die Kanadier waren aber auch für den humanitären Sektor in Beledweyne verantwortlich, weswegen die Deutschen nicht nur das kanadische Feldlager, sondern auch viele humanitäre Projekte übernahmen.[1795] Den vor Ort tätigen NROs – noch zählten hierzu keine deutschen[1796] – reichte dies aber nicht aus. Laut Auskunft der Botschaft in Nairobi habe die begrenzte Beteiligung der Bundeswehr »erhebliche Beunruhigung« bei den NROs geweckt. Gerade die bewaffneten Patrouillen der Kanadier[1797] hätten in Verbindung mit ihrer humanitären Tätigkeit zur Stabilisierung der Region beigetragen. Ein Ansatz, den der deutsche Verband aus rechtspolitischen Gründen nicht leisten durfte; Patrouillen waren ihm verboten. Dem nigerianischen Bataillon[1798], das unter Kapitel VII der VN-Charta mandatiert neben den Deutschen in der Region stationiert werden sollte, trauten die NROs den Ersatz der Kanadier nicht zu.[1799] Der begrenzte deutsche Auftrag erntete daher Unverständnis von den NROs, wie General Bernhardt auch vor dem Bundesverfassungsgericht[1800] und dem Ausschuss für wirtschaftliche Zusammenarbeit erklärte.[1801] Ob Bernhardt damit großzügigere Befugnisse erwirken wollte, lässt sich nicht belegen. Laut eigener Aussage ging es ihm vor allem um die erforderliche Handlungs- und Rektionsfähigkeit vor Ort.[1802] Ebenfalls für die Erweiterung des deutschen Auftrags zum Schutz von NROs sprachen sich die CDU-Abgeordneten Winfried Pinger und Joachim Graf von

---

[1791] Ausführlich siehe Razack, Dark Threats.
[1792] Zeitzeugengespräch mit Generalleutnant a.D. Volker Halbauer am 14.5.2021.
[1793] Vgl. ARD, Tagesschau vor 20 Jahren, 16.5.1993.
[1794] PA AA, B 34, ZA, Bd 160134, Entwurf Drahterlass Referat 230 im AA an die Ständige Vertretung in New York, ohne Nr., 18.5.1993.
[1795] BArch, BW 1/390411, Heeresführungskommando, Erfahrungsbericht Somalia, 25.4.1994, hier Anlage Führungsgrundgebiete 1, S. 1. Zur humanitären Hilfe Kanadas siehe Bush, Somalia, S. 98 f.
[1796] Vgl. BArch, BW 1/372422, Kopie Vorlage Fü S IV 4 an Staatssekretär Wichert, Betr.: Ihr geplantes Gespräch mit den in Somalia tätigen deutschen Hilfsorganisationen, 2.6.1993.
[1797] Vgl. Dawson, »Here is hell«, S. 151 ff.
[1798] Zu dieser Zeit stand noch nicht fest, ob Nigeria oder Malaysia die deutschen Truppen unterstützen sollte. Erste unter Operational Control eines im Raum Beledweyne stationierten italienischen Verbands stehende nigerianische Soldaten kamen Ende Mai. Vgl. BArch, BW 2/28167, Vorlage Fü S IV 4 an den Chef des Stabes Fü S, Betr.: UNOSOM II, hier: Einsatz Vorkommando, 24.5.1993; ebd., Vorlage Fü S IV 4 an Staatssekretär Schönbohm, Betr.: Tagesmeldung Somalia, 24.5.1993; ebd., Vorlage Fü S IV 4 an Staatssekretär Schönbohm, Betr.: Tagesmeldung Somalia, 28.5.1993.
[1799] PA AA, B 34, ZA, Bd 160134, Drahtbericht der Botschaft der Bundesrepublik Deutschland in Nairobi an Referat 230 im AA, Nr. 336, 21.5.1993, hier S. 2 f.
[1800] Der Auslandseinsatz deutscher Streitkräfte, S. 330.
[1801] PA-DBT 3122, Ausschuss für wirtschaftliche Zusammenarbeit, 12/57, 30.6.1993, S. 10 f.
[1802] Zeitzeugenbefragung von Generalmajor a.D. Georg Bernhardt am 22.6.2020.

Schönburg-Glauchau nach einer Informationsreise nach Beledweyne aus.[1803] Diese Maßnahme wurde von der Koordinierungsstelle des AA in Mogadischu »voll« bekräftigt[1804] und am 28. Mai auch von Entwicklungsminister Carl-Dieter Spranger in einem Schreiben an Minister Rühe erbeten. Den Schutz deutscher Entwicklungshelfer wies Rühe jedoch zurück. Schutz könne allenfalls im Rahmen der Nothilfe und innerhalb der deutschen Anlagen gewährleistet werden. »[N]och«, so der Verteidigungsminister, sei man »ein Stück von der vollen außenpolitischen Normalität entfernt«.[1805]

Denn auch für das AA kam ein solcher Auftrag nicht infrage, wobei es sich auf den Kabinettsbeschluss berief.[1806] Die Angst, dass deutsche Soldaten in Kämpfe geraten könnten, war im AA größer als der Wille zu ihrer bedarfsgerechten Verwendung. Um humanitäre Hilfe leisten zu können, drängte das AA die Vereinten Nationen, Maßnahmen für den deutschen Verband zu benennen.[1807] Für die Vereinten Nationen war die logistische Hilfe aber bereits eine humanitäre Leistung. Die UNOSOM II als Ganzes verfolge ja humanitäre Ziele, wie es auch von der Regierung immer wieder betont wurde. Die Vorschläge der Vereinten Nationen für humanitäre Projekte blieben daher vage. Die Deutschen könnten sich an spontanen Hilfsmaßnahmen für das tägliche Leben der Bevölkerung, etwa der Instandsetzung von Straßen und Gebäuden, dem Management von Flugplätzen und der Unterstützung in lokalen Einrichtungen wie Krankenhäusern beteiligen. Andererseits könnten sie beim Umschlagen von Nahrungsmitteln helfen. Bei Ersterem ginge es jedoch mehr um die Koordinierung und weniger um die Durchführung der Maßnahmen.[1808] Ein größeres, sichtbares humanitäres Engagement, wie es sich das AA vorstellte, brauchte es nicht. Aus Sicht der Vereinten Nationen sollte der deutsche Verband dies auch gar nicht leisten. Seine Primäraufgabe war die logistische Unterstützung der UNOSOM II, die aus Gründen der politischen Legitimation in der Bundesrepublik öffentlich immer im Hintergrund stand.

---

[1803] PA AA, B 34, ZA, Bd 160134, Verbindungsoffizier der Botschaft der Bundesrepublik Deutschland in Nairobi, Vermerk über die Dienstreise nach Mogadischu in Begleitung Prof. Pinger/Graf von Schönburg-Glauchau, 24.5.1993, hier S. 3; Gerlind Schaldt, Deutsche sollen Helfer schützen. In: Bonner Rundschau, 25.5.1993.

[1804] PA AA, B 34, ZA, Bd 160134, Schreiben der Koordinierungsstelle der Bundesrepublik Deutschland in Mogadischu an das Referat 322 im AA, Betr.: Besuch MdB's Professor Dr. Pinger und Graf von Schönburg-Glauchau vom 20. bis 22.5.1993 in Somalia, 27.5.1993, hier S. 2.

[1805] BArch, BW 1/372420, Verfügung Schreiben Verteidigungsminister Rühe an den Bundesminister für wirtschaftliche Zusammenarbeit und Entwicklung Spranger, 15.7.1993.

[1806] PA AA, B 34, ZA, Bd 160134, Entwurf Vorlage Referat 230 an den Außenminister, Betr.: Unterstützung der humanitären Operation der VN in Somalia (UNOSOM II) durch Entsendung eines verstärkten Nachschub- und Transportbataillons, hier: Konkretisierung der Aufgaben für die Bundeswehr-Einheit, 27.5.1993, hier S. 3.

[1807] Ebd., Entwurf Drahterlass Referat 230 im AA an die Ständige Vertretung in New York, ohne Nr., 18.5.1993.

[1808] Ebd., Drahtbericht der Ständigen Vertretung in New York an Referat 230 im AA, Nr. 1276, 21.5.1993.

## IV. Deutsche ›Blauhelme‹ in Afrika

Intern bezeichnete aber auch das BMVg humanitäre Tätigkeiten als »Nebenaufgabe« und »direkte humanitäre Aufgabenstellungen« nur als Möglichkeit zur Überwindung der abzusehenden »Beschäftigungslücke«; noch standen kaum zu versorgende VN-Truppen im Raum. Die »primäre Zielsetzung« war die logistische Unterstützung.[1809] Diesem Tenor entsprach auch der mit dem BMVg abgestimmte[1810] Auftrag des UNOSOM-II-Hauptquartiers, den das Vorkommando am 1. Juni in Bonn vorlegte.[1811] Unter eigenem Schutz sollten die deutschen Truppen hauptsächlich Logistik für ein VN-Kontingent mit rund 4000 Soldaten leisten, Mengenverbrauchsgüter für einen Bedarf von mindestens 30 Tagen lagern und sich auf die Verlegung in den Norden vorbereiten. Operational Control über den deutschen Verband sollte das Logistic Support Command (LSC) erhalten,[1812] das für die Logistik der ganzen Mission verantwortlich war. Aufgabe des LSC sollte es somit auch sein, Mengenverbrauchsgüter zum deutschen Verband in Beledweyne zu bringen.[1813] Die Bundeswehr sollte täglich bis zu 450 000 Liter Wasser produzieren, 500 000 Liter Betriebsstoffe und 120 000 Verpflegungsrationen lagern, bis zu 600 Tonnen Versorgungsgüter transportieren und die für den Transport nötige Infrastruktur instandhalten.[1814] Nur im Rahmen verfügbarer Kapazitäten (*within available capabilities*) sollte sie humanitäre Hilfe leisten.[1815] Von Munitions- oder Waffentransporten, die den deutschen Ressorts rechtliche Bedenken bescherten, sprach der Auftrag nicht.

Da ihm die Vereinten Nationen keine humanitären Aufgaben zuwiesen, machte das Vorkommando eigene Vorschläge. Vorrangig sollten sich die deutschen Soldaten bei der Instandsetzung von Schulen, der Wiederherstellung von Brunnen, dem Transport und der Verwahrung von Geld für NROs, der Wasseraufbereitung und der Bereitstellung von Medikamenten für das lokale Krankenhaus oder bei der Unterstützung der Polizei engagieren. Die Übernahme der Schutzfunktion für NROs sei zumindest zu prüfen.[1816] Mit solchen Maßnahmen sollte »die Sympathie der Bevölkerung« gewonnen und die eigene Sicherheit erhöht werden.[1817] Aus Sicht des BMVg waren sie zu-

---

[1809] BArch, BW 2/29713, Vorlage Fü S III 5 an den Generalinspekteur, Betr.: Humanitäre Aufgaben der Bundeswehr in Somalia, 25.5.1993.
[1810] Vgl. BArch, BW 2/30516, Fax StAL Fü S IV, Brigadegeneral Ocken, an DFC UNOSOM II, Generalmajor Montgomery, Betr.: Mission: GECOMPFOR, 28.5.1993.
[1811] BArch, BW 2/29713, Vorlage G 3 III. Korps an den Generalinspekteur, Betr.: UNOSOM II, hier: Vorlage des Erkundungsergebnisses, 1.6.1993.
[1812] Ebd., G 3 III. Korps, Erkundungsergebnis GECOMPFORSOM, 31.5.1993, hier S. 6.
[1813] Ebd., hier S. 8; BArch, BH 7-2/1147, Heeresführungskommando, Erfahrungsbericht Somalia, 25.4.1994, hier Anlage Führungsgrundgebiete 4, S. 4. Das Vorkommando war allerdings noch davon ausgegangen, dass der deutsche Verband für die Logistik zwischen Mogadischu und Beledweyne verantwortlich sei. BArch, BW 2/30517, Fax Luftlandebrigade 26 an Fü S IV 4 im BMVg, Betr.: Sachstand GECOMPFORSOM, 27.5.1993, S. 12 f.
[1814] BArch, BW 2/29713, G 3 III. Korps, Erkundungsergebnis GECOMPFORSOM, 31.5.1993, hier S. 8.
[1815] Ebd., S. 6 f.
[1816] Ebd., Anlage U.
[1817] Ebd., S. 25–29.

dem eine willkommene Beschäftigung für die Soldaten, falls ihre Logistik nicht zeitnah benötigt würde.[1818] Von einem ressortübergreifenden oder am humanitären Bedarf ausgerichteten Vorgehen kann keine Rede sein, was aber nicht den Militärs anzulasten ist, die aus einer militärischen und keiner entwicklungspolitischen Logik handelten. Für sie stand nicht der Bedarf der Bevölkerung im Fokus, sondern die Auswirkungen von humanitären Projekten auf die Sicherheit der eigenen Truppe.

Zur Umsetzung des Auftrags empfahl das Vorkommando die Entsendung von 1686 Soldaten[1819]. Allein die zwei Sicherungskompanien sollten 307 Soldaten umfassen, womit sie die größte Komponente des offiziell zur humanitären Unterstützung zu entsendenden Verbands stellten.[1820] Militärischer Logik entsprechend stand der Selbstschutz der Soldaten an erster Stelle. Zwar sei die Lage in Beledweyne »verhältnismäßig sicher und ruhig«, regelmäßig komme es aber zu Diebstahlversuchen.[1821] Angefordert wurden auch über 500 Fahrzeuge, darunter 46 Transportpanzer des Typs »Fuchs« und sechs Kettenfahrzeuge des Typs »Wiesel«. Außerdem sollte der Verband fünf leichte Mehrzweckhubschrauber des Typs Bell UH-1D umfassen.[1822] Zwar fehlte dem Bericht eine genaue Auflistung der Kleinwaffen, von Rühes Ankündigung, die Soldaten würden nur Handfeuerwaffen besitzen, war man aber abgewichen. Obwohl die Rechtsabteilung des AA im Januar selbst die Entsendung der Transportpanzer »Fuchs« kritisiert hatte,[1823] erforderte die neue Lage – aber auch die Kritik des Heeres – Anpassungen. Eine Rolle bei der Wahl des Großgeräts spielte auch die Psychologie. Durch die Nutzung des über zwei Meter hohen »Fuchs« war gewährleistet, dass die Somalier zu den deutschen Soldaten aufsehen mussten. Allein dies sollte auf potenzielle Angreifer abschreckend wirken.[1824]

Ausdrücklich forderte das Vorkommando die Bereitstellung geländegängiger Großraum-Straßentankwagen. Bei Verwendung des eigenen Geräts werde die Grenze von 1700 Soldaten »deutlich überschritten«. Die nicht ge-

---

[1818] Vgl. BArch, BW 2/30516, Verfügung Weisung Fü S IV 4 an III. Korps, Betr.: Auftrag GECOMPFOR, 3.8.1993.
[1819] Dies war ein Additionsfehler, da ein Offizier und ein Unteroffizier zu viel gezählt wurden.
[1820] Insgesamt sollte es sich um 118 Offiziere, 523 Unteroffiziere und 1043 Mannschaftssoldaten handeln. Aufgrund des Additionsfehlers wurde aber von 119 Offizieren und 524 Unteroffizieren gesprochen. Vgl. BArch, BW 2/29713, G 3 III. Korps, Erkundungsergebnis GECOMPFORSOM, 31.5.1993, hier Anlage D.
[1821] Ebd., S. 2.
[1822] Ebd., hier Anlage E, S. 1.
[1823] Dieser Fahrzeugtyp war im Vertrag über konventionelle Streitkräfte in Europa (KSE-Vertrag) gelistet worden. PA AA, B 45, ZA, Bd 192066, Kopie Vermerk Referat 230, Betr.: Mögliche Beteiligung der Bundeswehr an VN-Operation UNOSOM in Somalia, hier: Ressortbesprechung am 6.1.1993 zur Vorbereitung einer Reise einer BMVg-Delegation zum VN-Sekretariat am 7. und 8.1.1993, 11.1.1993, hier S. 2. Gerade die Minengefahr sprach aus militärischer Sicht aber für den Einsatz des Fuchs. Vgl. Der Auslandseinsatz deutscher Streitkräfte, S. 335.
[1824] Zeitzeugengespräch mit Generalmajor a.D. Klaus Frühhaber am 26.3.2020.

IV. Deutsche ›Blauhelme‹ in Afrika                                                                431

ländefähigen Tanklastwagen der Bundeswehr könnten nicht in Somalia eingesetzt werden.[1825] Ohne die Bereitstellung der Tanklastwagen durch die Vereinten Nationen, so das für die Durchführung des Auftrags federführende Referat Fü S IV 4 in der Vorlage an den Minister, sei »ein wesentlicher Teil des Auftrages nicht erfüllbar«.[1826] Zwar stellte die Bundeswehr den Vereinten Nationen wichtige Logistik in Aussicht, die von der Bundesregierung auch vor Gericht vertretene Haltung, ohne den deutschen Verband würde das Logistikkonzept der Mission zusammenbrechen, hinkt jedoch. Ohne die Bereitstellung zusätzlicher Fahrzeuge – diese wurden von den USA gemietet[1827] – war der deutsche Verband nur eingeschränkt für die Verwendung in Somalia geeignet. Im Erfahrungsbericht des BMVg hieß es später: »Ohne dieses Material wäre der Auftrag des DtUstgVbd nur erschwert bzw. mit wesentlich höherem Personal- und Materialaufwand erfüllbar gewesen.«[1828] Die Argumentation der Regierung war unscharf und sollte nur ermöglichen, überhaupt in Somalia dabei sein zu können.

Weil die Beteiligung politisch gewollt war, billigte Rühe die Zusammenstellung bereits am 3. Juni.[1829] Neben den – um den Rechenfehler bereinigten – 1684 Soldaten in Beledweyne sollten 13 Soldaten im Hauptquartier bzw. als Verbindungselement zum LSC in Mogadischu stationiert werden. Zusätzlich sollten 70 Soldaten einen Lufttransportstützpunkt in Dschibuti betreiben.[1830] Letztere gehörten nicht zum VN-Kontingent und blieben in nationaler Unterstellung,[1831] zumal Minister Rühe diese 83 Soldaten gar nicht in die Gesamtstärke einbeziehen wollte. Diese hätte sonst über 1700 gelegen,[1832] auch wenn die Vereinten Nationen die deutsche Gesamtstärke von bis zu

---

[1825] BArch, BW 2/29713, G 3 III. Korps, Erkundungsergebnis GECOMPFORSOM, 31.5.1993, hier S. 31.
[1826] BArch, BW 2/29715, Entwurf Vorlage Fü S IV 4 an den Verteidigungsminister, Betr.: Deutsche Beteiligung an UNOSOM II, 3.6.1993, hier S. 3.
[1827] BArch, BW 1/372430, Kopie Vorlage Fü H V 2 an Staatssekretär Schönbohm, Betr.: Ausstattung GECOMPFORSOM mit Wasser- und Betriebstoff-Transportfahrzeugen (Wasser- und BstTrspKfz), 11.10.1993.
[1828] BArch, BW 2/29715, Abschlußbericht über die Beteiligung der Bundeswehr an UNOSOM II, o.D., S. 10.
[1829] Ebd., Entwurf Vorlage Fü S IV 4 an den Verteidigungsminister, Betr.: Deutsche Beteiligung an UNOSOM II, 3.6.1993; BArch, BW 2/30511, Entwurf Vermerk Fü S IV 4, Betr.: Debriefing StAL Fü S IV 4 nach Ministerentscheidung 3.6.1993, hier: Entscheidung über deutschen Beitrag UNOSOM II, Juni 1993, hier S. 2. Es ist ungewiss, ob eine von Rühe gezeichnete Vorlage existiert, da dieser mündlich informiert wurde.
[1830] BArch, BW 2/29715, Entwurf Vorlage Fü S IV 4 an den Verteidigungsminister, Betr.: Deutsche Beteiligung an UNOSOM II, 3.6.1993, hier S. 2; BArch, BW 2/30511, Fü S IV 4, Betr.: Befehl Nr. 3 zur Beteiligung der Bundeswehr an UNOSOM II, hier: Hauptkontingent, 3.7.1993, hier Anlage 1.
[1831] BArch, BL 1/47824, Kurzmitteilung Fü L III 3 an den Chef des Stabes Fü L, Betr.: Einsatz des deutschen Unterstützungsverbandes Somalia, hier: Frage der Refinanzierung durch die UNO, 12.10.1993.
[1832] Vgl. BArch, BW 2/30511, Vermerk Fü S IV 4, Betr.: Debriefing StAL Fü S IV 4 nach Ministerentscheidung 3.6.1993, hier: Entscheidung über deutschen Beitrag UNOSOM II, Juni 1993, hier S. 2.

1767 Soldaten im November akzeptierten.[1833] Der LTP unterstand daher nicht dem III. Korps des Heeres, sondern dem Luftflottenkommando der Luftwaffe in Köln.[1834] Die Unterstellung außerhalb der UNOSOM II und der in Teilen unklare rechtliche Status der Soldaten des LTP wurde später intern kritisiert.[1835]

Zuvor hatte sich das Vorkommando ohne Begründung – offenbar waren nur die Möglichkeiten Dschibuti und Mogadischu in Betracht gezogen worden[1836] – für die Errichtung des LTP am Golf von Aden ausgesprochen.[1837] An der Wahl Dschibutis zeigte sich, welche Rolle politische Abwägungen bei der Aufstellung des deutschen Verbands spielten. Der Verbindungsoffizier an der Botschaft in Nairobi, der Kommandoführer des Lufttransportkommandos in Dschibuti, das Luftflottenkommando und die von der Luftwaffe[1838] beeinflusste Arbeitsebene des BMVg hatten das kenianische Mombasa für den LTP vorgeschlagen.[1839] Das AA bzw. die für Dschibuti zuständige Botschaft in Sanaa (Jemen) wurden offenbar nicht in die Entscheidung einbezogen.[1840]

Außer, dass Dschibuti räumlich näher an Deutschland und Beledweyne lag, sprachen alle Parameter für die kenianische Hafenstadt. Die Kosten zur Unterbringung der Soldaten in Hotels sei niedrig, das Klima erträglich, es bestehe eine gute Anbindung an das internationale Flugnetz, die Landessprache

---

[1833] Vgl. BArch, BW 2/29716, Kopie Fax Kofi Annan, Under-Secretary-General for Peacekeeping Operations, an die Ständige Vertretung der Bundesrepublik Deutschland in New York, 6.10.1993, Anlage A.

[1834] BArch, BW 2/30515, Fü S IV 4, Betr.: Befehl Nr. 3 zur Beteiligung der Bundeswehr an UNOSOM II, hier: Hauptkontingent, 3.7.1993, hier S. 2 f.

[1835] BArch, BW 18/6865, Vorlage Befehlshaber des Heeresführungskommandos an den Generalinspekteur der Bundeswehr, 22.4.1994; BArch, BH 1/28214, Rundschreiben Fü S IV 4, Betr.: Auswertung der Beteiligung der Bundeswehr an UNOSOM II, 2.8.1994, Anlage 3, hier S. 26; BArch, BH 41/521, Log-Basis Djibouti, Deutscher Unterstützungsverband Somalia, Erfahrungsbericht 2. Kontingent, o.D., S. 4.

[1836] Dies geht aus einem Bericht des III. Korps hervor. Demnach wurde Dschibuti unter anderem aufgrund der möglichen französischen Unterstützung gewählt. Einen Vergleich mit Mombasa gab es nicht. BArch, BW 2/28182, Telefax III. Korps an Fü S IV 4 im BMVg, Betr.: SITREP 012 vom 12.5.1993, 12.5.1993, hier S. 2.

[1837] BArch, BW 2/31392, Schreiben Erkundungskommando Djibouti an den Chef des Stabes GECOMPFORSOM, Betr.: Einrichtung einer logistischen Basis in Djibouti, hier: vorläufiges Erkundungsergebnis, 27.5.1993; BArch, BW 2/29713, III. Korps – G3, Erkundungsergebnis GECOMPFORSOM, 31.5.1993, hier S. 23 f.

[1838] Solange Boosaaso als Einsatzraum des deutschen Kontingents galt, bevorzugte auch die Luftwaffe Dschibuti. BArch, BL 1/47826, Fü L III 3 Sprechzettel für den stellvertretenden Inspekteur der Luftwaffe, 6.5.1993.

[1839] PA AA, B 34, ZA, Bd 160134, Verbindungsoffizier der Botschaft der Bundesrepublik Deutschland in Nairobi, Vermerk über die Dienstreise nach Mogadischu in Begleitung Prof. Pinger/Graf von Schönburg-Glauchau, 24.5.1993, hier S. 6 f.; BArch, BL 1/47826, Schreiben Kommandoführer Lufttransportkommando in Djibouti an Lufttransportkommando, Betr.: Errichtung eines zukünftigen LTP zur Unterstützung des deutschen Kontingents an UNOSOM II, 24.5.1993; BArch, BW 2/28187, Schreiben Luftflottenkommando an Fü S IV 4, Betr.: Stellungnahme zum Vergleich der LTPs Mombasa – Djibouti, 3.6.1993; BArch, BW 2/29715, Entwurf Vorlage Fü S IV 4 an den Verteidigungsminister, Betr.: Deutsche Beteiligung an UNOSOM II, 3.6.1993, hier S. 5 und Beilage zu Anlage 6.

[1840] Zeitzeugengespräch mit Botschafter a.D. Eberhard Schanze am 4.5.2020.

## IV. Deutsche ›Blauhelme‹ in Afrika

sei Englisch, es gebe eine Botschaft im Land, die den LTP diplomatisch unterstützen könne, und die Versorgung in Mombasa sei besser als in Dschibuti. Zudem könnten die Transall aufgrund des günstigeren Klimas pro Flug bis zu zwei Tonnen mehr befördern als bei Flügen von Dschibuti.[1841] Wegen eines dortigen Konflikts[1842] hatten die Bundesressorts im Februar 1992 auch ihre militärische Ausstattungshilfe für die dschibutische Polizei beendet,[1843] was das Verhältnis beider Staaten belastete.[1844] Dennoch entschied sich Verteidigungsminister Rühe für Dschibuti.[1845]

Erklären lässt sich dies mit dem Versprechen der Bundesregierung, stärker mit Frankreich zu kooperieren. Im Befehl Nr. 3 wurde das Luftflottenkommando daher auch beauftragt, durch den LTP »die Voraussetzung für eine intensive deutsch-französische Zusammenarbeit im Rahmen humanitärer Hilfe in Somalia« zu schaffen.[1846] Dass der politische Aushandlungsprozess dort länger laufen würde als in Kenia, weil Dschibuti durch die Botschaft in Sanaa auf der anderen Seite der Meerenge betreut wurde, wurde hingenommen. Offenbar hatte das BMVg auch gar nicht bedacht, die Regierung Dschibutis um Erlaubnis zu bitten, da es davon ausging, nur französische Einrichtungen zu nutzen.[1847] Eine Zustimmung Dschibutis zur Stationierung deutscher Soldaten und der Nutzung des Hafens erfolgte erst Mitte August.[1848] Zu einem Zollabkommen mit Djibouti sollte es nie kommen,[1849] weil Djibouti

---

[1841] PA AA, B 34, ZA, Bd 160134, Verbindungsoffizier der Botschaft der Bundesrepublik Deutschland in Nairobi, Vermerk über die Dienstreise nach Mogadischu in Begleitung Prof. Pinger/Graf von Schönburg-Glauchau, 24.5.1993, hier S. 6 f.; BArch, BW 2/29715, Entwurf Vorlage Fü S IV 4 an den Verteidigungsminister, Betr.: Deutsche Beteiligung an UNOSOM II, 3.6.1993, Anlage 6.

[1842] Vgl. Schraeder, Ethnic Politics in Djibouti.

[1843] BArch, BW 2/35084, Kopie Schreiben Referat 202 im AA an Referat Fü S II 5, Betr.: Militärische Ausbildungshilfe für Dschibuti, hier: Einstellung der Ausbildungshilfe, 20.2.1992; BArch, BW 1/372833, Kopie Vorlage Rü T II 3 an den Verteidigungsminister, Betr.: Ausstattungshilfe-Programm 1992–1994, hier: Programmteil Djibouti; Einstellung der Hilfe; Verlegung der Beratergruppe, 5.3.1992.

[1844] PA AA, B 34, ZA, Drahtbericht der Botschaft der Bundesrepublik Deutschland in Sanaa an Referat 322 im AA, Nr. 174, 24.7.1993.

[1845] BArch, BW 2/30511, Vermerk Fü S IV 4, Betr.: Debriefing StAL Fü S IV 4 nach Ministerentscheidung 3.6.1993, hier: Entscheidung über deutschen Beitrag UNOSOM II, Juni 1993, hier S. 3.

[1846] BArch, BW 2/30515, Fü S IV 4, Betr.: Befehl Nr. 3 zur Beteiligung der Bundeswehr an UNOSOM II, hier: Hauptkontingent, 3.7.1993, hier S. 2.

[1847] Zeitzeugengespräch mit Botschafter a.D. Eberhard Schanze am 4.5.2020.

[1848] BArch, BW 1/477784, Kopie Schreiben des Ministeriums für Auswärtige Angelegenheiten und Zusammenarbeit in Djibouti an die Botschaft der Bundesrepublik Deutschland in Sanaa, 16.8.1993. Erst danach stimmte auch die französische Seite der rückwirkend gültigen Vereinbarung zur Nutzung ihrer Anlagen in Dschibuti zu. Ebd., Kopie Technische Vereinbarung zwischen dem Bundesministerium der Verteidigung der Bundesrepublik Deutschland und dem Ministerium der Verteidigung der Französischen Republik über die Unterstützung der Bundeswehr durch in Dschibuti stationierte französische Streitkräfte im Rahmen von UNOSOM II, 2./24.8.1993.

[1849] Vgl. PA AA, B 34, ZA, Bd 165138, Schriftbericht der Botschaft der Bundesrepublik Deutschland in Sanaa an Referat 322 im AA, Betr.: Beendigung der UNOSOM II Beteiligung der Bundeswehr in Dschibuti, 27.3.1994, hier S. 1.

versuchte, das deutsche Engagement für seine eigenen Interessen zu nutzen. Sowohl die Ausstattungshilfe, die das AA wegen Menschenrechtsverletzungen eingestellt hatte, sollte reaktiviert als auch größere Entwicklungs- und Budgethilfe geleistet werden. Beides lehnten die Bundesressorts ab,[1850] weswegen die Zusammenarbeit mit Dschibuti dauerhaft gespannt blieb.

Während General Bir wegen der Regenzeit im Oktober den raschen Aufwuchs der deutschen Kräfte anstrebte und den – für den deutschen Verband nicht zu haltenden – 1. August als Beginn der Expansion in Richtung Norden vorsah,[1851] wurde die deutsche Entscheidung zur Ausgestaltung ihrer Beteiligung vom schwersten Zwischenfall der jüngsten VN-Geschichte überschattet. Dieser veränderte alle Planungen und hatte negative Konsequenzen für den Nutzen des deutschen Verbands. Am 5. Juni fielen bei Kämpfen mit Aidid-Anhängern über 20 pakistanische VN-Soldaten.[1852] Aus Sicherheitsgründen wurde der Einsatz der 50 Angehörigen des THW in Mogadischu beendet. Auch das Personal des AA und ziviler Organisationen sowie Polizeiberater Horndasch wurden nach Nairobi evakuiert. In der Hauptstadt blieben nur die Verbindungssoldaten der Bundeswehr zum UNOSOM-II-Hauptquartier.[1853] Die VN-Mission wechselte in den Kriegsmodus gegen Aidid.

Obwohl die Gewalt keine direkte Auswirkung auf die deutschen Soldaten hatte,[1854] entbrannte in der Bundesrepublik eine Diskussion um die Sicherheit in Beledweyne.[1855] Zwar bestanden in den Ministerien keine Bedenken für den Einsatzraum der Bundeswehr,[1856] durch die Eskalation

---

[1850] BArch, BW 1/565070, Vorlage VR II 4 an den AL VR, Betr.: Besprechung Koordinierungsstab für Einsatzaufgaben (KS-EA) bei StS Dr. Wichert am 27.7.1993, 23.7.1993; BArch, BW 2/29718, Vorlage Fü S III 5 an den Generalinspekteur, Betr.: Notenwechsel mit Dschibuti zur Errichtung einer logistischen Basis, 29.7.1993, hier S. 2.

[1851] Vgl. BArch, BW 2/30485, Kopie Fax General Bir an General Baril, Betr.: German Composite Force Somalia (GECOMPFORSOM), 31.5.1993.

[1852] Vgl. Kapitel IV.3.a).

[1853] BArch, BW 2/28171, Telefax Verbindungsoffizier in Nairobi an Fü S IV 4, Betr.: Evakuierung THW-Personal aus Mogadischu, 7.6.1993; PA AA, B 34, ZA, Bd 160135, Referat 322, Sachstand Somalia jüngste Ereignisse ab 6.6.1993, 8.6.1993, hier S. 2; BArch, B 106/371707, Telefax Karlheinz Horndasch an P III 2, Betr.: Beratertätigkeit UNOSOM HG Mogadischu, hier: Lagebericht, Stand: 9.6.1993.

[1854] Zwei deutsche Sanitätskräfte unterstützten in Mogadischu die Versorgung der Verwundeten. BArch, BW 2/28182, Telefax III. Korps an Fü S IV 4 im BMVg, Betr.: SITREP 37/93, 6.6.1993, hier S. 3; Säbelraßler oder Hosenscheißer. In: Der Spiegel, Nr. 25 (1993), 20.6.1993, S. 116–118, hier S. 117 f. Zudem verlegten auf Anforderung der UNOSOM-II-Führung zwei deutsche Hubschrauber zum Verwundetentransport von Beledweyne nach Mogadischu. BArch, BW 2/36754, Fü S IV 4, Protokoll Sitzung Koordinierungsstab für Einsatzaufgaben 09/93, 8.6.1993, hier S. 2.

[1855] Vgl. ARD, Tagesschau vor 20 Jahren, 7.6.1993; SPD will Abbruch des Somalia-Einsatzes erzwingen. Fraktion für Eilantrag beim Bundesverfassungsgericht. In: SZ, 8.6.1993, Nr. 129, S. 1.

[1856] BArch, BW 2/30518, Kopie Sachstand Referat 320/322, Betr.: Koalitionsrunde am 8.6.1993, hier: Angriffe auf die VN-Operation in Somalia (UNOSOM) in Mogadischu am 5. Juni 1993, 7.6.1993; PA AA, B 34, ZA, Bd 160135, Drahtbericht der Botschaft der Bundesrepublik Deutschland in Nairobi an Referat 322 im AA, Nr. 373, 7.6.1993; ebd.,

IV. Deutsche ›Blauhelme‹ in Afrika 435

in Mogadischu geriet das Konzept zum Aufwuchs des Kontingents aber in Gefahr. Grundsätzlich durften die deutschen Soldaten nur in einem »secure environment« tätig werden. Der deutsche Verband erreichte Somalia aber in Mogadischu und musste über Land nach Beledweyne verlegen. Schützen durften die deutschen Soldaten nur sich selbst, nicht aber fremde Räume in Mogadischu. Die Bundesressorts nahmen daher die Vereinten Nationen noch stärker in die Verantwortung, die Sicherheit am Flughafen zu garantieren.[1857]

Die Lage in Mogadischu war ein Grund, wieso die SPD Mitte Juni eine einstweilige Anordnung gegen die Verlegung deutscher Truppen nach Somalia beantragte.[1858] Die rechtliche Grauzone in Mogadischu trieb auch das AA um. Am 11. Juni wurde die Ständige Vertretung in New York angewiesen, eine Bestätigung von den Vereinten Nationen einzuholen, dass auch das deutsche Personal im UNOSOM-II-Hauptquartier »in einem de facto sicheren Umfeld im Sinne des Kabinettsbeschlusses« diente.[1859] Eine informelle Bestätigung erhielt es am 16. Juni. Da das UNOSOM-II-Hauptquartier von einem VN-Bataillon gesichert werde, sahen die Vereinten Nationen das Areal als »secure environment« an.[1860] Im Gegensatz zur Erklärung für Beledweyne reichte dem AA diese Mitteilung aus. Eine offizielle Bekundung der Vereinten Nationen wäre vermutlich nicht zustande gekommen. Maßnahmen zum besseren Schutz der deutschen Soldaten schlug das AA nicht vor. Dabei war die Erklärung vollkommene Willkür, wie ein Zwischenfall am 9. Juli belegt. Beim Einschlag mehrerer Mörsergranaten im Areal des Hauptquartiers wurden vier norwegische Soldaten verwundet.[1861] Aus Sicht der in Mogadischu eingesetzten Soldaten war die Bezeichnung »secure environment« eher »eine politische Beschwichtigungsformel« denn militärische Realität.[1862] Sie diente einzig dem Absicherungsdenken der Ressorts.

Das BMVg wollte sich beim Schutz des deutschen Kontingents daher nicht nur auf andere Kontingente und schriftliche Aussagen verlassen. Generalinspekteur Naumann zeigte sich gar irritiert über die Weisung des AA, die deutschen Transporte verstärkt durch andere VN-Truppen zu sichern.[1863] Das BMVg setzte lieber auf größeren Selbstschutz. Anfang Juni genehmigte Rühe die Nachführung von Panzerabwehrlenkraketen. In der Ministervorlage

---

Drahtbericht der Botschaft der Bundesrepublik Deutschland in Nairobi an Referat 322 im AA, Nr. 406, 15.6.1993.
[1857] PA AA, B 34, ZA, Bd 160135, Entwurf Drahterlass Referat 230 im AA an die Ständige Vertretung in New York, ohne Nr., 7.6.1993.
[1858] Vgl. ARD, Tagesschau vor 20 Jahren, 15.6.1993.
[1859] PA AA, B 34, ZA, Bd 160135, Entwurf Drahterlass Referat 230 im AA an die Ständige Vertretung in New York, ohne Nr., 11.6.1993.
[1860] Ebd., Drahtbericht der Ständigen Vertretung in New York an Referat 230 im AA, Nr. 1488, 16.6.1993.
[1861] BArch, BW 2/28183, Telefax III. Korps an Fü S IV 4 im BMVg, Betr.: SITREP 71/93, 10.7.1993, hier S. 1.
[1862] Zeitzeugenbefragung von Oberstleutnant a.D. Gerhard Sontheim am 8.10.2020.
[1863] Siehe die Anmerkungen auf BArch, BW 2/30517, Kopie Drahterlass Referat 230 im AA an die Ständige Vertretung in New York, Nr. 6615, 14.6.1993.

wurde die »deeskalierende Wirkung« der Waffensysteme hervorgehoben. Sie sollten potenzielle Angreifer abschrecken und den eigenen Soldaten ein Gefühl der Sicherheit vermitteln.[1864] In ähnlicher Weise wollte das BMVg das AA Mitte April über die Mitnahme der »Wiesel« beschwichtigen. Es sei möglich, dass »das Zeigen dieser Waffen zur Sicherheit unserer Soldaten« und zur »Abschreckung« von Banden und Kriminellen nötig werden könne.[1865] Nicht nur gegenüber der Öffentlichkeit, sondern auch gegenüber dem AA wurde eine möglichst wenig martialisch wirkende Sprache genutzt, auch wenn die militärische Bereitschaft zur Anwendung der Waffen wohl zu keiner Zeit in Zweifel stand.[1866] Allerdings ging das BMVg sehr behutsam bei diesem Thema vor, wohlwissend, dass es den Ressortfrieden wahren musste. Zwar stimmte Rühe Mitte Juli auch noch der Entsendung von vier weiteren Waffenträgern des Typs »Wiesel« mit 20-mm-Maschinenkanone zu,[1867] für den Konvoischutz waren sie im Savannengelände aber wegen ihrer geringen Beobachtungshöhe und wegen ihres hohen Kettenverschleißes anfänglich nur eingeschränkt geeignet. Auf dem Weg nach Beledweyne wurden sie zunächst auf Lkws verladen mitgeführt,[1868] sodass ihr taktischer Nutzen während der Bewegung der Marschformation begrenzt blieb und primär in der Raumverteidigung zur Geltung kam.[1869] Erst nach der Zuführung robusterer Ketten konnten sie die Konvois auch selbstständig begleiten.[1870]

Die materielle Aufrüstung des Verbands mit zusätzlichen »Wieseln« erfolgte aber erst, nachdem die erste Entscheidung im Organstreit zugunsten der Bundesregierung gefallen war.[1871] Im Laufe der Verhandlung hatten sich aber die Beschränkungen des deutschen Verbands konkretisiert. Rühe kündigte an, dass die deutschen Truppen keine Munition für andere Verbände transportieren würden. Hierfür sei jede Nation selbst verantwortlich.[1872] Im Befehl Nr. 7 wurde später zudem darauf verwiesen, dass es mit Ausnahme der im

---

[1864] BArch, BW 2/28188, Vorlage Fü S IV 4 an den Verteidigungsminister, Betr.: Verstärkung der Panzerabwehr des Vorkommandos des Unterstützungsverbandes Somalia, 9.6.1993.
[1865] BArch, BW 2/30517, Kopie Entwurf Schreiben Fü S III 5 im BMVg an Referat 230 im AA, Betr.: Beteiligung der Bundeswehr an UNOSOM II, 16.4.1993, hier S. 4.
[1866] Zeitzeugenbefragung von Generalmajor a.D. Rolf Th. Ocken am 23.5.2020.
[1867] Zwei der nach Somalia transportierten »Wiesel« waren ausgefallen. BArch, BW 2/28188, Vorlage Fü S IV 4 an den Verteidigungsminister, Betr.: Erweiterung der Ausstattung des Deutschen Unterstützungsverbandes Somalia, 14.7.1993.
[1868] BArch, BH 7-2/1147, Heeresführungskommando, Erfahrungsbericht Somalia, 25.4.1994, hier Beilage 15, S. 3; Zeitzeugenbefragung von Generalmajor a.D. Georg Bernhardt am 22.6.2020.
[1869] Zeitzeugengespräch mit General a.D. Dr. Helge Hansen am 30.3.2020.
[1870] Zeitzeugenbefragung von Generalmajor a.D. Georg Bernhardt am 22.6.2020.
[1871] Vgl. BVerfGE 89, 38 – Somalia, 23.6.1993.
[1872] Der Auslandseinsatz deutscher Streitkräfte, S. 323–327. Entsprechend wies das UNOSOM-II-Hauptquartier das LSC Ende August an: »The German contingent is constrained politically in its ability to transport ammunition. GECOMPFROSOM is not to be tasked with the movement of other nation's ammunition.« BArch, BW 2/28194, Kopie Weisung Chief Logistics Officer UNOSOM II an das Logistic Support Command, 23.7.[8.]1993.

IV. Deutsche ›Blauhelme‹ in Afrika 437

UNOSOM-II-Hauptquartier tätigen Deutschen[1873] keinem Bundeswehrsoldat erlaubt sei, permanent in Mogadischu stationiert zu werden. Bewegungen von Mogadischu nach Beledweyne seien nur für die Dislozierung des Verbands gestattet.[1874] Auch wenn sich diese Auflage nicht in der Verhandlungsschrift finden lässt,[1875] wurde die Bewegungsfreiheit der deutschen Soldaten weiter beschränkt – mit Folgen für ihre Versorgung.

Mit Zustimmung des Bundestags vom 2. Juli konnte zunächst aber das Hauptkontingent in Marsch gesetzt werden. Der Befehl Nr. 3 des BMVg vom folgenden Tag enthielt neue RoE. Im Gegensatz zu den RoE des Vorkommandos waren sie detaillierter und breiter gefasst. Ausdrücklich durften die Soldaten jetzt auch Waffengewalt zur Verteidigung »unter ihrem Schutz« stehender Personen anwenden.[1876] Die deutschen Soldaten wurden jedoch vor eine weitere Herausforderung gestellt. Wo immer möglich, sollten Angreifer bevorzugt auf Somali (*UN, ko hanaga yoogo ama waa guban*)[1877]

---

[1873] Die zehn Offiziere für den UNOSOM-II-Stab waren am 24.6. in Mogadischu eingetroffen. PA AA, B 34, ZA, Bd 160140, Aktennotiz Verbindungsoffizier der Botschaft der Bundesrepublik Deutschland in Nairobi, 28.6.1993.

[1874] Eine Übersicht über die Auflagen des BVerfG findet sich in BArch, BW 2/30515, Fü S IV 4, Betr.: Befehl Nr. 7 zur Beteiligung der Bundeswehr an UNOSOM II, hier: Anpassung des Deutschen Unterstützungsverbandes Somalia, 30.11.1993, hier Anlage.

[1875] In der Antwort des BMVg auf den Fragenkomplex des BVerfG hieß es dazu nur: »Aufenthalte auf dem Flugplatz Mogadischu sind während des Personalaustauschs nach 4 bzw. 6 Monaten möglich, soweit der Personalaustausch nicht über Djibouti durchgeführt wird, darüber hinaus, wenn der Lufttransport durch die VN mit zivilen Charterflugzeugen erfolgt. Ggf. Mithilfe beim Umschlag von Material im Seehafen bzw. auf dem Flughafen während der Verlegung des Hauptkontingents sowie zur Sicherstellung des Umschlages der Folgeversorgung durch ein Kleines Seeumschlagkommando. Vereinzelt wird Stabspersonal des Unterstützungsverbandes zu Besprechungen und Befehlsausgaben zum Hauptquartier nach Mogadischu reisen.« Zitiert nach Der Auslandseinsatz deutscher Streitkräfte, S. 352 f.

[1876] Beim Angriff von »Unbewaffneten, einer Volksmenge und/oder Aufrührern« sollte das »angemessene geringste Zwangsmittel« angewendet werden. Darunter zählten »mündliche Warnungen [...], das Zeigen der Abwehrmittel und Warnschüsse.« Der letale Einsatz zum Schutz war nicht vorgesehen. BArch, BW 2/30515, Fü S IV 4, Betr.: Befehl Nr. 3 zur Beteiligung der Bundeswehr an UNOSOM II, hier: Hauptkontingent, 3.7.1993, hier Anlage 3.

[1877] Der Anruf stammte aus den UNOSOM-II-RoE, lautete hier aber »UN, Ka Hanaga Joogo Ama Waa Guban«. BArch, BW 1/28182, Telefax III. Korps an Fü S IV 4, Betr.: SITREP 031/93, 31.5.1993, hier Anlage 2. Es ist ungewiss, wieso das BMVg hiervon im Befehl abwich. In der finalen, mit den VN abgestimmten Version, die an die anderen Ressorts versandt wurde, wich die Schreibweise im englischsprachigen (*UN, ka hanaga joogo ama waan guban*) und im deutschsprachigen Teil (*UN, ko hanaga yoogo ama waa guban*) ebenfalls voneinander ab. BArch, B 106/371707, Kopie Rundschreiben VR II 2 im BMVg, Betr.: Deutscher Unterstützungsverband Somalia, hier: Rules of Engagement, 25.6.1993, hier Anlage. Mitte Juli wurde der Anruf aber ohnehin in »Aniga Unada, jogso! Ama wa toogan!« geändert, nachdem im BMVg aufgefallen war, dass der ursprüngliche Wortlaut einem nicht in Beledweyne gesprochenen Dialekt entnommen war. BArch, BW 1/372428, Kopie Vorlage VR II 2 an den Verteidigungsminister, Betr.: Deutscher Unterstützungsverband Somalia, hier: Taschenkarte, 15.7.1993, hier Anlage, S. 2; BArch, B 141/125514, Schreiben VR II 2 im BMVg an die Referate 230 und 500 im AA, Referat V I 1 im BMI, IV A 2 im BMJ und Gruppe 22 im BKAmt, Betr.: Deutscher Unterstützungsverband Somalia, hier: Rules of Engagement, 16.7.1993.

oder auf Englisch (*UN, stop or I fire*) angerufen werden.[1878] In den UNOSOM-II-RoE wurde Englisch als Erstes genannt.[1879] Der deutsche Passus ging auf das AA zurück, das die Warnfunktion des Anrufs in einer anderen Sprache als Somali für nicht gewährleistet hielt.[1880] Nach Rücksprache zwischen dem VN-Sekretariat und dem UNOSOM-II-Hauptquartier hatten die Vereinten Nationen die deutschen Einsatzregeln am 21. Juni gebilligt.[1881]

Gemäß Befehl sollten humanitäre Aufgaben, wie mit den Vereinten Nationen vereinbart, nur »im Rahmen verfügbarer Kapazitäten« geleistet werden, wobei das BMVg den Empfehlungen des Vorkommandos folgte. Auf die Bitte der lokalen NROs, zu ihrem Schutz beizutragen, ging das BMVg nicht ein. Lediglich mit Fernmeldemitteln zur Kommunikation mit dem deutschen Verband sollten die NROs nach Verfügbarkeit ausgestattet werden.[1882] Auch war auf eine zweite, von den Vereinten Nationen erwünschte Pionierkompanie verzichtet worden. Zwar besaß die deutsche Pionierkompanie mit 167 Soldaten mehr Personal als die von den Vereinten Nationen erbetenen zwei Kompanien zusammen,[1883] eingesetzt werden sollte sie aber nur im Sinne des deutschen Verbands.

Bereits am 2. Juli erließ Generalinspekteur Naumann die vierte Truppeninformation. Zwar hieß der Titel weiter »Beteiligung der Bundeswehr«, der Text sprach aber vom Beschluss zur »Fortsetzung unseres Einsatzes«.[1884] Die Terminologie begann sich zu ändern. Mit der Übergabe des Kommandos von Generalmajor Bernhardt an Oberst Harff endete am 14. Juli der Auftrag des Vorkommandos.[1885] Die Beteiligung des Hauptkontingents im engen politischen Rahmen konnte beginnen.

---

[1878] BArch, BW 2/30515, Fü S IV 4, Betr.: Befehl Nr. 3 zur Beteiligung der Bundeswehr an UNOSOM II, hier: Hauptkontingent, 3.7.1993, hier Anlage 3.
[1879] BArch, BW 1/28182, Telefax III. Korps an Fü S IV 4, Betr.: SITREP 031/93, 31.5.1993, hier Anlage 2.
[1880] PA AA, B 45, ZA, Bd 192069, Kopie Vorlage Referat 230 an den Außenminister, Betr.: Beteiligung der Bundeswehr an der VN-Operation in Somalia (UNOSOM II), hier: Rules of engagement, 4.6.1993, hier S. 3 und Anlage 3.
[1881] PA AA, B 34, ZA, Bd 160135, Fernkopie von der Ständigen Vertretung in New York an die Referate 230 und 322 im AA, Betr.: VN-Friedensmission in Somalia (UNOSOM II), hier: Genehmigung der deutschen »Rules of Engagement«, 21.6.1993, hier Anlage.
[1882] BArch, BW 2/30515, Fü S IV 4, Betr.: Befehl Nr. 3 zur Beteiligung der Bundeswehr an UNOSOM II, hier: Hauptkontingent, 3.7.1993, hier Anlage 2.
[1883] Vgl. BArch, BW 2/28188, Schreiben des VNGS an die Ständige Vertretung in New York, 12.4.1993; BArch, BW 2/30515, Fü S IV 4, Betr.: Befehl Nr. 3 zur Beteiligung der Bundeswehr an UNOSOM II, hier: Hauptkontingent, 3.7.1993, hier Anlage 1.
[1884] BArch, BW 1/477784, Rundschreiben Generalinspekteur, Betr.: Truppeninformation Nr. 4, hier: »Beteiligung der Bundeswehr an Maßnahmen der VN in Somalia« (UNOSOM II), 2.7.1993, hier S. 1.
[1885] BArch, BW 2/30520, III. Korps, Tagesbefehl zur Übernahme der Befehlsgewalt in Somalia durch Oberst Harff am 14. Juli 1993, 14.7.1993.

## IV. Deutsche ›Blauhelme‹ in Afrika

*Der begrenzte ›Einsatz‹ der Bundeswehr in Somalia*

Mit der Übernahme des Kommandos durch Oberst Harff machte sich der deutsche Verband daran, seine volle Einsatzbereitschaft herzustellen. Noch am gleichen Tag zeigte sich die Gefahr des Umschlagplatzes in Mogadischu. In der Nacht vom 14. auf den 15. Juli geriet der Flughafen unter Beschuss. Die anwesenden neun deutschen Soldaten suchten Schutz in einem Unterstand und blieben unverletzt.[1886] In der Heimat war zunächst nicht einmal klar, ob und wie viele deutsche Soldaten sich am Flughafen befanden.[1887] Die Meldewege mussten sich erst einspielen. In den deutschen Medien wurde ausführlich über den Vorfall berichtet. Für Rühe war er jedoch nur eine Bestätigung, dass die Bundeswehr und keine Zivilorganisation entsandt wurde.[1888] Solange kein deutscher Soldat zu Schaden kam, dienten Sicherheitsvorfälle zur Legitimation der militärischen Beteiligung.

Am 21. Juli begann die Verlegung des Hauptkontingents. Um 5 Uhr morgens verabschiedete der Verteidigungsminister 200 Soldaten vom Flughafen Köln/Bonn in den »Einsatz« nach Somalia. Gegenüber den Soldaten war der Sprachgebrauch weniger restriktiv.[1889] Am gleichen Tag ereignete sich ein weiterer Zwischenfall, der die Gefahren des Landmarschs verdeutlichte. Beim Beschuss eines VN-Konvois unweit des UNOSOM-II-Hauptquartiers wurde ein Soldat aus Simbabwe am Fuß verwundet. Der Fahrer des Fahrzeugs, ein deutscher Major des Verbindungskommandos, blieb unverletzt.[1890] Die Kolonnen des Hauptkontingents, die in den folgenden Tagen mit ihrem Gerät von Mogadischu über das italienische Lager in Jalalaqsi (italienisch Gialalassi) bis nach Beledweyne zogen, wurden daher nicht nur von eigenen Kräften gesichert, sondern auch von italienischen[1891]. Die QRF der US-Amerikaner und pakistanische Kräfte hielten sich zur Unterstützung bereit.[1892] Größtenteils

---

[1886] BArch, BW 2/28188, Verfügung Vorlage Fü S IV 4 an den Verteidigungsminister, Betr.: Lage auf dem Flugplatz Mogadischu in der Nacht vom 14. auf 15.7.1993, 15.7.1993; BArch, BW 2/28167, Vorlage Fü S IV 4 an Staatssekretär Schönbohm, Betr.: Tagesmeldung Somalia, 2. Fassung, 15.7.1993; BArch, BW 2/28183, Telefax III. Korps an Fü S IV 4, Betr.: SITREP 77/93, 16.7.1993, hier S. 1.

[1887] BArch, BW 2/28188, Aktenvermerk als Anlage Fü S IV 4, Betr.: Angriff auf UNOSOM-Flugplatz in Mogadischu am 14.7.1993 von 21.25 Uhr bis 00:30 Uhr, hier: Meldewesen, 15.7.1993; BArch, BW 2/28167, Vorlage Fü S IV 4 an Staatssekretär Schönbohm, Betr.: Tagesmeldung Somalia, 15.7.1993.

[1888] Vgl. ARD, Tagesschau vor 20 Jahren, 15.7.1993.

[1889] Vgl. ARD, Tagesschau vor 20 Jahren, 21.7.1993.

[1890] BArch, BW 2/28183, Telefax III. Korps an Fü S IV 4, Betr.: SITREP 83/93, 22.7.1993, hier S. 1. Vgl. auch Erich Wiedemann, »Ganz normaler Auftrag«. In: Der Spiegel, Nr. 30 (1993), 25.7.1993, S. 110–112, hier S. 110.

[1891] Beim deutschen Verband und seinen Partnern rief die Kooperation Erinnerungen an das deutsch-italienische Bündnis während des Afrikafeldzugs im Zweiten Weltkrieg hervor. Zeitzeugengespräch mit Generalmajor a.D. Klaus Frühhaber am 26.3.2020; Zeitzeugengespräch mit General a.D. Dr. Helge Hansen am 30.3.2020.

[1892] BArch, BW 2/28188, Vorlage Fü S IV 4 an den Verteidigungsminister, Betr.: Beteiligung der Bundeswehr an UNOSOM II, 19.7.1993, hier S. 3; ebd., Nebenabdruck Vorlage Fü S II 3 an Staatssekretär Wichert, Betr.: Lage GECOMPFORSOM, 29.7.1993.

sollte es bei einer solchen Aufgabenteilung bleiben. Die deutschen Soldaten benötigten Unterstützung von anderen Kräften, weil es ihnen nicht erlaubt war, viele Aufgaben selbst zu übernehmen, auch wenn sie es gekonnt hätten. Allerdings ist die Vorstellung falsch, dass die Soldaten auf den Schutz anderer Kräfte angewiesen waren. Eigenschutz durften sie betreiben. Es war ihnen aber nicht erlaubt, ihren Auftrag mit Zwang durchzusetzen.[1893] Eine bemannte Straßenblockade auf dem Weg nach Beledweyne hätte beispielsweise nicht vom deutschen Verband geräumt werden dürfen. Dafür brauchte er Unterstützung anderer Nationen.[1894] Selbst hielten sich die Deutschen indes penibel an ihre Vorgaben. Die erweiterte medizinische Versorgung für alle VN-Truppen im Raum Beledweyne war Anfang Juni vom Verband zurückgewiesen worden, da sie nicht dem deutschen Auftrag entsprach. Sie könne allenfalls nach Eintreffen des Hauptkontingents erfolgen.[1895] Auch später lehnte das BMVg aber die zusätzliche Entsendung medizinischen Personals ab, obwohl die Ressourcen vorhanden waren; es bestand die Gefahr, dass Personal außerhalb eines »secure environment« eingesetzt würde.[1896] Die uneigennützige Unterstützung anderer Kontingente war durch die deutschen Vorgaben erschwert.

Da es sich um einen schwachen, aber für die Mission wichtigen Bestandteil handele, befürchteten das BKA und der BND indes gezielte Angriffe von Aidid-Anhängern auf die deutschen Truppen, um ihren Abzug zu erzwingen.[1897] Zu kleineren Vorfällen war es auch schon gekommen. Am 15. Juli war am Flugplatz in Beledweyne in Richtung eines deutschen Wachpostens geschossen worden.[1898] Glücklicherweise sollte es bei der Verlegung aber zu keinem größeren Zwischenfall kommen, sodass Material und Personal in mehreren Umläufen

---

[1893] BArch, BW 1/372428, Kopie Vorlage VR II 2 an den Verteidigungsminister, Betr.: Deutscher Unterstützungsverband Somalia, hier: Taschenkarte, 15.7.1993, hier Anlage, S. 1. In der Antwort des BMVg auf eine Frage des BVerfG hieß es dazu: »Keinesfalls erlauben die RoE für das deutsche Kontingent den Waffengebrauch gegen Kräfte, die sie an der Ausführung des UNOSOM II-Auftrages zu hindern suchen.« Zitiert nach Der Auslandseinsatz deutscher Streitkräfte, S. 347. Vgl. auch BArch, BW 2/30503, Vorlage Fü S IV/Fü S IV 4 an den Generalinspekteur, Betr.: Erfahrungsbericht Somalia Heeresführungskommando vom 25.4.1994, hier: Ergänzende Ausführungen zum Erfahrungsbericht, 18.5.1994.
[1894] Zeitzeugengespräch mit Generalleutnant a.D. Hartmut Moede am 24.4.2020; Zeitzeugenbefragung von Oberst a.D. Alfred Lassonczyk am 8.10.2020.
[1895] BArch, BW 2/28182, Telefax III. Korps an Fü S IV 4 im BMVg, Betr.: SITREP 36/93, 5.6.1993, hier S. 2.
[1896] BArch, BW 1/372429, Kopie Vorlage Fü S IV 4 an die Staatssekretäre Schönbohm und Wichert, Betr.: Erweiterung der Beteiligung an UNOSOM II, hier: MEDEVAC-Personal, 4.10.1993.
[1897] PA AA, B 34, ZA, Bd 160136, Durchschlag Vorlage Referat 230 an den Außenminister, Betr.: VN-Operation in Somalia (UNOSOM), hier: Gefährdungslage für die deutschen Truppen in Somalia, 22.7.1993, hier S. 2; BArch, BW 2/28188, Vorlage Fü S II 3 an Staatssekretär Wichert, Betr.: Lage GECOMPFORSOM, 29.7.1993. Siehe auch ARD, Tagesschau vor 20 Jahren, 21.7.1993.
[1898] BArch, BW 2/28167, Vorlage Fü S IV 4 an Staatssekretär Schönbohm, Betr.: Tagesmeldung Somalia, 16.7.1993, hier S. 1.

## IV. Deutsche ›Blauhelme‹ in Afrika

unbeschadet nach Beledweyne gelangten. Am 24. August, rund eine Woche später als von den Deutschen angestrebt,[1899] meldete der deutsche Verband seine bedingte Einsatzbereitschaft.[1900] Zwar verfehlte er damit den ursprünglich von General Bir erhofften Zeitplan zur Ausweitung der UNOSOM II in den Norden um rund drei Wochen, durch das verspätete Eintreffen der Inder fiel dies aber nicht auf den deutschen Verband zurück. Nach den politischen Schwierigkeiten hielt die Bundeswehr ihre Planungen ein und demonstrierte – mit Abstrichen beim Luft- und Seetransport – ihre Fähigkeit, eine logistisch anspruchsvolle Dislozierung mehrere Tausend Kilometer entfernt von der Heimat durchzuführen. Aus militärisch-technischer Perspektive war die Beteiligung schon jetzt ein Erfolg.[1901] Kleinere Zwischenfälle hatte es dennoch gegeben. Am 20. August gab ein Soldat noch im Stadtgebiet von Mogadischu einen Warnschuss ab, um einen Diebstahlversuch vom deutschen Konvoi zu verhindern.[1902] Der vermutlich medienwirksamste Vorfall ereignete sich am 25./26. Juli, als Minister Rühe den ersten Konvoi des Hauptkontingents in Beledweyne empfing. Zur Schadenfreude der Journalisten stolperte Rühe beim anschließenden Rundgang über einen Stein und schlug auf dem sandigen Boden des Bundeswehr-Camps auf.[1903]

Mit dem Aufwuchs des deutschen Verbands konnte die logistische Unterstützung der anderen VN-Truppen langsam beginnen.[1904] Hierzu war der deutsche Verband abhängig vom Logistics Support Command in Mogadischu. Weil die Bundeswehr nur in einem »secure environment« helfen durfte, musste das LSC alle Verbrauchsgüter nach Beledweyne befördern. Erst dort sollten die Waren von den Deutschen übernommen und innerhalb des »secure environment« an andere VN-Truppen verteilt werden. So zumindest die Theorie für das BMVg.[1905] In der Praxis war das LSC nicht für die Versorgung von fast 30 000 Soldaten ausgelegt und der deutsche Verband aufgrund seiner politischen Vorgaben nur von begrenztem Nutzen für die Mission.

Bereits Mitte Juli wurde der deutsche Verband auf Arbeitsebene vom UNOSOM-II-Hauptquartier angefragt, eine Erkundung in den Raum Gaalkacyo, rund 400 Kilometer nordöstlich von Beledweyne, oder sogar bis

---

[1899] Ursprünglich war der 15. August angestrebt worden. Vgl. BArch, BW 2/36754, Fü S IV 4, Protokoll Sitzung Koordinierungsstab für Einsatzaufgaben 08/93, 8.6.1993, hier S. 2.
[1900] BArch, BW 2/28167, Vorlage Fü S IV 4 an Staatssekretär Schönbohm, Betr.: Tagesmeldung Somalia, 25.8.1993.
[1901] Zeitzeugengespräch mit General a.D. Dr. Klaus Reinhardt am 26.10.2021.
[1902] BArch, BW 2/28183, Telefax III. Korps an Fü S IV 4, Betr.: SITSOM 112/93, 20.8.1993, hier S. 2.
[1903] Vgl. ARD, Tagesschau vor 20 Jahren, 25.7.1993; Rühe bei Einsatz in Somalia verletzt. In: taz, 26.7.1993, S. 1. Siehe auch ARD, Tagesschau vor 20 Jahren, 26.7.1993.
[1904] BArch, BW 2/28167, Vorlage Fü S IV 4 an Staatssekretär Schönbohm, Betr.: Tagesmeldung Somalia, 25.5.1993.
[1905] Vgl. BArch, BW 2/30486, Vorlage Fü S IV 4 an den Chef des Stabes Fü S, Betr.: Aufgaben LSC, 26.11.1993; ebd., Vorlage Fü S IV 4 an den Chef des Stabes Fü S, Betr.: Aufgaben Logistic Support Command, 6.12.1993. Siehe auch die Antwort des BMVg auf eine Frage des BVerfG in Der Auslandseinsatz deutscher Streitkräfte, S. 352.

nach Boosaaso zu unterstützen. Im Bewusstsein, dass dieser Auftrag mit politischen und militärischen Risiken behaftet war, hielten Generalmajor Bernhardt und Oberst Harff Rücksprache mit dem nationalen Befehlsstrang.[1906] Für das BMVg kam eine solche Aufgabe nicht infrage: Die zu erkundende Region galt nicht als »secure environment«; der deutsche Verband durfte nur als Ganzes eingesetzt werden, die Herauslösung einzelner Teile war unzulässig; deutsche Soldaten durften nicht die Sicherung einer solchen Erkundung übernehmen, da sie »deutlich in Richtung Kapitel VII-Maßnahmen« gehe und das Bundesverfassungsgericht festgelegt hatte, dass eine Änderung des deutschen Auftrags immer von der Regierung und dem Bundestag beschlossen werden müsse. Die Erkundung wurde dem deutschen Verband untersagt. Künftige Anfragen in diese Richtung sollte er selbst ablehnen.[1907] Die unkomplizierte Unterstützung der Mission war kein Anliegen des BMVg. Hilfe sollte – und konnte – nur im von ihm selbst mitbestimmten, eng gesteckten politischen Rahmen erfolgen.

Entscheidend für die Bewegungsfreiheit der Bundeswehr war aus Sicht des AA nicht nur, dass ein Gebiet von den Vereinten Nationen zum »secure environment« erklärt worden war. Wichtig war auch, dass im Operationsgebiet andere VN-Truppen stationiert waren.[1908] Bei dieser Auflage ist es schwer vorstellbar, wie ein Vormarsch von VN-Truppen logistisch hätte unterstützt werden können, von den materiellen Beschränkungen des Verbands einmal abgesehen. Ohne weitere Straßentankwagen wäre die Versorgung der indischen Brigade von Beledweyne in Richtung Norden mit Frischwasser nicht über die gesamte Distanz möglich gewesen.[1909] Bis zur Erklärung eines »secure environment« hätten die vorrückenden VN-Truppen in diesem Verständnis autark operieren müssen. Deutsche Unterstützung wäre also nicht beim Vormarsch, sondern erst bei der Konsolidierung möglich gewesen und hätte den taktischen Nutzen des deutschen Verbands reduziert. Diese Frage war daher auch Gegenstand der Verhandlungen in Karlsruhe.[1910] Da es nie zur Ausweitung des Operationsgebiets kam, blieben die Überlegungen hypothetisch. Für die deutsche Seite scheint es aber ein Glücksfall gewesen zu sein, dass der UNOSOM-II-Operationsplan nie umgesetzt wurde und der deutsche Verband nie in die Verlegenheit kam, seinen Auftrag erfüllen zu müssen.

---

[1906] BArch, BW 2/28188, Kopie als Anlage Vorlage Deutscher Unterstützungsverband Somalia an III. Korps, Betr.: Zusätzlicher oder geänderter Auftrag GECOMPFORSOM, 12.7.1993.
[1907] Ebd., Vorlage Fü S IV 4 an den Verteidigungsminister, Betr.: Erweiterung des Auftrages des Deutschen Unterstützungsverbandes Somalia, 14.7.1993.
[1908] PA AA, B 34, ZA, Bd 160136, Kopie Schreiben Referat 230 im AA an Referat Fü S IV 4 im BMVg, Betr.: Beteiligung der Bundeswehr an UNOSOM, hier: mögliche Änderung des ursprünglichen Dislozierungsraums des deutschen Verbands, 13.7.1993.
[1909] Vgl. BArch, BW 2/31393, Stellungnahme G4/Trsp UStabEFüSK, 16.8.1993; ebd., G4 UStabEFüSK, Betr.: Einsatz DtUstVerb Somalia, hier: Untersuchungsauftrag »NORD-Option«, 12.10.1993.
[1910] Vgl. Der Auslandseinsatz deutscher Streitkräfte, S. 332, 350.

IV. Deutsche ›Blauhelme‹ in Afrika                                                    443

Trotz der deutschen Vorbehalte folgten weitere Anfragen, da die VN-Mission logistischen Bedarf hatte. Im September bat das UNOSOM-II-Hauptquartier den deutschen Verband mehrmals um logistisches Entgegenkommen auch außerhalb des Raums Beledweyne. Zunächst wurden die Deutschen angefragt, den Transport zwischen Jalalaqsi, rund 150 Kilometer nordwestlich von Mogadischu, bis Beledweyne zu leisten.[1911] Weil dem UNOSOM-II-Hauptquartier bekannt war, dass die deutschen Truppen nur in einem sicheren Umfeld handeln durften, erklärte der verantwortliche Logistik-Stabsoffizier den Raum selbst zum »secure environment«.[1912] Obwohl das AA für eine Ausnahme bereit war, reichte ihm die Erklärung nicht aus, da sie nicht vom VNGS oder seinem Stellvertreter kam. Eine Auffassung, der Staatssekretär Wichert trotz anderslautender Auffassung der Arbeitsebene nicht widersprechen wollte.[1913] Um eine solche Erklärung zu erwirken, wurde der deutsche Verband angewiesen, dem LSC zunächst nicht entgegenzukommen.[1914] Effektiv behinderte die deutsche Seite wegen Formalitäten den Fortgang der Mission. Dem deutschen Verband waren nämlich nicht alle Bewegungen außerhalb von Beledweyne untersagt: Eigene Fahrzeuge und spezielles Material durften selbst aus Mogadischu abgeholt werden, da der Betrieb der Fahrzeuge keinem Unkundigen überlassen werden sollte und die Diebstahlgefahr als hoch galt.[1915] Die deutsche Seite maß mit zweierlei Maß.

Mitte September wurde dem deutschen Verband vom UNOSOM-II-Hauptquartier mitgeteilt, dass er im Gegensatz zur VN-Planung nur mit Frischverpflegung versorgt werden könne, wenn er die Waren selbst in Mogadischu abhole.[1916] Für die deutschen Ressorts kam dies aus rechtli-

---

[1911] BArch, BW 2/28170, Schreiben Chief Logistics Officer UNOSOM II an German Liaison Officer; Betr.: Trailer Transfer Point (TTP), 8.9.1993; BArch, BW 2/28189, Vorlage Fü S IV 4 an den Verteidigungsminister, Betr.: Auftrag des Deutschen Unterstützungsverbandes Somalia, hier: Transportunterstützung für Logistic Support Command, 21.9.1993.
[1912] BArch, BW 2/28170, Schreiben Chief Logistics Officer UNOSOM II an German Liaison Officer; Betr.: Trailer Transfer Point (TTP), 8.9.1993.
[1913] Vgl. die Anmerkungen auf BArch, BW 2/28189, Vorlage Fü S IV 4 an den Verteidigungsminister, Betr.: Auftrag des Deutschen Unterstützungsverbandes Somalia, hier: Transportunterstützung für Logistic Support Command, 15.9.1993, hier S. 1, 5; BArch, BW 2/30517, Nebenabdruck Schreiben Fü S III 5 im BMVg an Referat 230 im AA, Betr.: Beteiligung der Bundeswehr an UNOSOM II, hier: Erklärung der AOR ITA zum »secure environment«, 16.9.1993.
[1914] BArch, BW 2/30520, Weisung III. Korps an GECOMPFORSOM, Weisung III. Korps vom 21.9.1993, 21.9.1993, hier S. 1; ebd., Weisung III. Korps an GECOMPFORSOM, Weisung III. Korps vom 22.9.1993, 22.9.1993, hier S. 1.
[1915] Vgl. BArch, BW 2/28183, Telefax III. Korps an Fü S IV 4, SITSOM 124/93, 1.9.1993, hier S. 4; BArch, BW 2/29718, Kopie Verfügung Vorlage Fü S IV 4 an den Verteidigungsminister, Betr.: 1. Abzugsplanung des US Logistic Support Command aus Somalia [...], 6.11.1993, hier Anlage 4, S. 2. Siehe auch BArch, BW 1/372430, Kopie Vorlage Fü S IV 4 an Rühe, Betr.: Verlegung von Kraftfahrzeugen von Mogadischu nach Belet Uen, 9.11.1993.
[1916] BArch, BW 2/28170, Schreiben Chief Logistics Officer UNOSOM II an Commander German Composite Force Somalia, Betr.: Collection of fresh rations, 15.9.1993; ebd., Schreiben III. Korps an Fü S IV 4, Betr.: DtUstgVbd Somalia, hier: Zuführung von Frischverpflegung, 15.9.1993. Entsprechend den VN-Richtlinien sollte sich jeder Verband

chen Gründen nicht in Betracht. Aber auch nationale Befindlichkeiten spielten eine Rolle. Es könne nicht zugelassen werden, dass sich die USA ihrer Verantwortung entzögen und der deutsche Verband Schritt für Schritt »in die Rolle des LSC«[1917] gedrängt werde, wie es im BMVg hieß, damit die USA ihr Engagement reduzieren könnten. Eine Abholung von Gütern aus Mogadischu galt im AA als »unakzeptable Abweichung« von den Vereinbarungen.[1918] Sollte das US-geführte LSC die Versorgung des deutschen Verbands nicht schaffen, könne Frischverpflegung aus Dschibuti oder Mombasa eingeflogen werden – aus Sicht der deutschen Ressorts auf Kosten der Vereinten Nationen.[1919] Die keineswegs nur logistisch völlig überforderte Mission nachhaltig zu entlasten, war keine Priorität der deutschen Ressorts, obwohl der Verband die erforderlichen Fähigkeiten besaß. Mitte September hatte die politische Führung des BMVg aber bereits eine dringend (*urgent*) von den Vereinten Nationen erbetene Personalerhöhung im UNOSOM-II-Hauptquartier um neun Soldaten abgelehnt.[1920] Keiner der Posten hätte Einfluss auf die Mission gehabt. Andere VN-Anfragen zur Übernahme zusätzlicher Dienstposten mussten abgelehnt werden, da ihre Tätigkeit außerhalb des Hauptquartiers und damit außerhalb des vermeintlichen »secure environment« lag.[1921] Ein Beispiel war die vom BMVg angestrebte Stelle eines Offiziers im Dienstgrad Oberst für zivilmilitä-

---

  mindestens für die ersten 30 Tage selbst versorgen. Danach oblag die Versorgung mit Mengenverbrauchsgütern den VN. Im Mai war dieser Zeitraum auf 60 Tage verlängert worden. BArch, BW 1/455301, United Nations, Guidelines for Governments Contributing Troops to the United Nations Operations in Somalia, 26.3.1993, Part II, Randnr. 14; BArch, BW 2/30485, OTL Bernd Schulte, Dienstreisebericht, 10.5.1993, hier S. 2. Insgesamt benötigte der deutsche Verband täglich rund zehn Tonnen Verpflegung. BArch, BW 2/24373, Fü S IV 4, Tagungsordnungspunkt »3.d.(11) Folgeversorgung« – hier: Verpflegung, 9.8.1993, hier S. 1.

[1917] BArch, BW 2/30515, Verfügung Vermerk Leiter Koordinierungsstab Einsatzaufgaben BMVg an den CdS Fü S, Betr.: Einsatzführung Bundeswehr, hier: Unterstützungsverband Somalia, 17.9.1993, hier S. 1.

[1918] PA AA, B 34, ZA, Bd 160144, Drahterlass Referat 230 im AA an die Ständige Vertretung in New York, Nr. 0677, 27.9.1993, hier S. 2.

[1919] BArch, BW 2/28170, Schreiben Referat 230 im AA an Fü S IV 4 im BMVg, Betr.: VN-Operation in Somalia (UNOSOM), hier: Ausdehnung des Tätigkeitsgebiets des deutschen Kontingents, 17.9.1993; BArch, BW 2/28189, Vorlage Fü S IV 4 an den Verteidigungsminister, Betr.: Auftrag des Deutschen Unterstützungsverbandes Somalia, hier: Transportunterstützung für Logistic Support Command, 21.9.1993. Bereits im August mussten rund 1,5 Tonnen Frischobst aus Dschibuti bzw. Beledweyne zugekauft werden. BArch, BW 2/30516, Kopie Fax Kommandeur Deutscher Unterstützungsverband Somalia, Oberst Harff, an Brigadegeneral Ocken, 11.9.1993; PA AA, B 34, ZA, Bd 160144, Entwurf Drahterlass Referat 230 im AA an die Ständige Vertretung in New York, ohne Nr., 27.9.1993, hier S. 3.

[1920] BArch, BW 2/28189, Fax VN-Sekretariat an die Ständige Vertretung der Bundesrepublik Deutschland in New York, 7.9.1993; ebd., Vorlage Fü S IV 4 an den Verteidigungsminister, Betr.: Personal der Bundeswehr im HQ UNOSOM II, hier: Personalverstärkung durch Offiziere (milFD) und Unteroffiziere/Mannschaften vom 17.9.1993.

[1921] BArch, BW 2/29718, Vorlage Fü S III 5 an Staatssekretär Schönbohm, Betr.: Verstärkung der personellen deutschen Repräsentanz im HQ UNOSOM II, 15.10.1993.

## IV. Deutsche ›Blauhelme‹ in Afrika

rische Zusammenarbeit.[1922] Die Übernahme des vom Generalinspekteur befürworteten[1923] Dienstpostens eines für Logistik zuständigen Oberst scheiterte am Veto der Rechtsabteilung des BMVg. Diese sah ein Risiko, in Maßnahmen nach Kapitel VII der VN-Charta verwickelt zu werden.[1924] Obwohl das BMVg einflussreiche Posten im Hauptquartier wünschte, scheiterte es an seinen eigenen Auflagen.[1925] Abhilfe schufen weder die Bitten der Vereinten Nationen noch die Fürsprache der USA, die bei Arbeitsgesprächen im August eine stärkere deutsche Präsenz im Stab der Mission anregten.[1926] Die multinationale Solidarität der Deutschen hielt sich aber in Grenzen, wenn sie nicht eigenen Interessen diente oder den politischen Vorgaben entsprach.

Einer auf vier Wochen begrenzten Abholung von Verbrauchsgütern aus Jalalaqsi zur »Überlebensfähigkeit des Verbands«[1927] stimmten Minister Rühe[1928] und das AA zwar Ende September grundsätzlich zu, Voraussetzung blieb aber die Erklärung der Region – am besten des gesamten italienischen Operationsgebiets – zum »secure environment« durch das VN-Sekretariat.[1929] Trotz ihrer logistischen Defizite ließen sich die Vereinten Nationen aber mit einer Antwort Zeit; das vollkommen unterbesetzte VN-Sekretariat musste neben Somalia auch alle anderen VN-Missionen koordinieren.[1930]

Dringenden Bedarf hatte jedoch das deutsche Kontingent. Eine Erklärung des UNOSOM-II-Kommandeurs, dass der gesamte Korridor von Beledweyne bis zum Hafen in Mogadischu »secure« sei,[1931] reichte der deutschen Seite

---

[1922] BArch, BW 2/29720, Vorlage Fü S III 5 an Staatssekretär Schönbohm, Betr.: Verstärkung der personellen deutschen Repräsentanz im HQ UNOSOM II, 23.11.1993.

[1923] Vgl. die Anmerkungen auf BArch, BW 2/28177, Drahtbericht der Ständigen Vertretung in New York an Referat 230 im AA, Nr. 2624, 11.10.1993.

[1924] BArch, BW 2/29718, Vorlage Fü S III 5 an Staatssekretär Schönbohm, Betr.: Verstärkung der personellen deutschen Repräsentanz im HQ UNOSOM II, 15.10.1993, hier Anlage 4.

[1925] Vgl. BArch, BW 2/29715, Abschlußbericht über die Beteiligung der Bundeswehr an UNOSOM II, o.D., S. 9; PA AA, B 34, ZA, Bd 165139, Vorlage Referat 322/230 an den Außenminister, Betr.: Rückblick auf und Lehren aus der Somalia-Aktion, 9.5.1994, S. 8; BArch, BW 2/30503, BMVg, Führungszentrum der Bundeswehr, Erfahrungsbericht (Gesamtauswertung) Beteiligung der Bundeswehr an UNOSOM II, 22.3.1995, hier S. 18.

[1926] BArch, BW 2/29721, Drahtbericht der Botschaft der Bundesrepublik Deutschland in Washington an Referat 201 im AA, Nr. 2476, 17.8.1993.

[1927] BArch, BW 2/36754, Fü S IV 4/SKA-UStabEFüSK, Protokoll Sitzung Koordinierungsstab für Einsatzaufgaben 28/93, 22.10.1993, hier S. 3.

[1928] BArch, BW 2/28189, Vorlage Fü S IV 4 an den Verteidigungsminister, Betr.: Auftrag des Deutschen Unterstützungsverbandes Somalia, hier: Transportunterstützung für Logistic Support Command, 21.9.1993, hier S. 3.

[1929] PA AA, B 34, ZA, Bd 160144, Entwurf Drahterlass Referat 230 im AA an die Ständige Vertretung in New York, ohne Nr., 27.9.1993; BArch, BW 1/372430, Vermerk Adjutant des Verteidigungsministers an Staatssekretär Schönbohm, 13.10.1993. Ursprünglich hatte Fü S IV sogar angeregt, ganz Somalia außer Mogadischu von den VN zum »secure environment« erklären zulassen, sofern die Gebiete durch VN-Truppen kontrolliert wurden. Vgl. BArch, BW 1/565072, Nebenabdruck Schreiben Stabsabteilungsleiter Fü S IV an den Stabsabteilungsleiter Fü S III, Betr.: Deutscher Unterstützungsverband Somalia, hier: 1. Ausweitung des Secure Environment […], 3.9.1993.

[1930] Vgl. Findlay, The Use of Force, S. 11 f.

[1931] BArch, BW 2/28167, Kopie Fax Kommandeur UNOSOM II an GECOMPFORSOM, Betr.: Safe Corridor from Belet Uen to Mogadishu Seaport, 23.9.1993.

aber weiter nicht aus.[1932] Da dem deutschen Verband die Betriebsstoffe ausgingen – nach starken Regenfällen war die Straße nach Beledweyne für Logistikkonvois unpassierbar, sodass der Kraftstoff (JP-5) Mitte Oktober ohne Rationierung noch gerade für einen Tag reichte und der Auftrag logistisch nur noch eingeschränkt erfüllbar war[1933] –, drängte die deutsche Seite auf eine Erklärung der Vereinten Nationen.[1934]

Weil Kofi Annan und General Baril in Somalia weilten und den Vereinten Nationen aufgrund ihrer eigenen logistischen Engpässe kaum eine andere Wahl blieb, als auf die deutschen Befindlichkeiten einzugehen, erklärte Assistant Secretary-General Iqbal Riza auf Empfehlung von General Bir Mitte Oktober sowohl den Einsatzraum der Italiener in Jalalaqsi als auch den Verantwortungsbereich der Franzosen in Baidoa als »secure for military escorted convoys«.[1935] Militärberater Baril hatte dem Sonderbeauftragten des VNGS, Jonathan Howe, diesen Schritt empfohlen, um nicht täglich mit den deutschen Belangen konfrontiert zu werden. Seine Empfehlung fußte auf keinen ersichtlichen Kriterien. Sie sollte nur dazu dienen, ein für die Vereinten Nationen lästiges Problem zu lösen: »To avoid having to deal with this problem on a daily basis [...], I propose that the Italian area of responsibility be declared secure«.[1936] Da sich die verwendete Formel »secure for military escorted convoys« aber von »secure and calm« unterschied, wie es Kofi Annan im Mai formuliert hatte, diskutierten die deutschen Ressorts auch vor dem Hintergrund des ersten deutschen toten VN-Soldaten in Kambodscha wenige Tage zuvor, ob ihren Auflagen Rechnung getragen war.[1937] Letztlich

---

[1932] BArch, BW 1/372430, Kopie Vorlage Kommandierender General III. Korps an den Generalinspekteur, Betr.: Ergebnisprotokoll meiner Gespräche im HQ-UNOSOM II in Mogadischu und Eindrücke des Besuchs in Belet Weyne 8.–11.10.1993, 12.10.1993, S. 3.

[1933] Vgl. die Berichte des III. Korps an Fü S IV 4 von SITSOM 163/93, 10.10.1993 bis SITSOM 170/93, 17.10.1993, in BArch, BW 2/28184, sowie die Tagesmeldungen von Fü S IV 4 an Staatssekretär Schönbohm vom 11.10. bis zum 18.10.1993 in BArch, BW 2/28167. Siehe auch BArch, BW 2/28170, Kopie Vorlage III. Korps an Fü S IV 4, Betr.: BstfVersorgung für DtUstgVerband Somalia durch LSC, hier: TrspUnterstützung durch DtUstgVerband Somalia auf der Strecke Gialalassi–Belet Weyne, 8.10.1993; BArch, BW 1/372430, Kopie Vorlage Fü S IV 4 an PR BM, Büro StS Schönbohm, Betr.: Beurteilung der logistischen Lage des Deutschen Unterstützungsverbandes Somalia, 12.10.1993.

[1934] Vgl. PA AA, B 34, ZA, Bd 160144, Entwurf Drahterlass Referat 230 im AA an die Ständige Vertretung in New York, ohne Nr., 27.9.1993; BArch, BW 1/372430, Kopie Vorlage Kommandierender General III. Korps an den Generalinspekteur, Betr.: Ergebnisprotokoll meiner Gespräche im HQ-UNOSOM II in Mogadischu und Eindrücke des Besuchs in Belet Weyne vom 8.–11.10.1993, 12.10.1993, hier S. 2 f.

[1935] BArch, BW 2/30517, Kopie Fax General Bir an General Baril, Betr.: MSR Status, 13.10.1993; BArch, BW 2/28189, Kopie Fax Iqbal Riza, Assistant-Secretary-General for Peace-keeping Operations, an die Ständige Vertretung der Bundesrepublik Deutschland in New York, 13.10.1993; PA AA, B 34, ZA, Bd 160144, Drahtbericht der Ständigen Vertretung in New York an Referat 230 im AA, Nr. 2665, 13.10.1993.

[1936] BArch, BW 2/28170, Fax Baril, Military Adviser United Nations in New York, an Howe, SRSG, UNOSOM, Betr.: German Contingent, 8.10.1993.

[1937] BArch, BW 1/372425, Kopie Telefax Büro StS Schönbohm an Staatssekretär Schönbohm, Betr.: Somalia, 14.10.1993; BArch, BW 2/30520, Weisung III. Korps an GECOMPFORSOM, 18.10.1993.

## IV. Deutsche ›Blauhelme‹ in Afrika

genügte sie dem BMVg wohl aufgrund der Dringlichkeit, sofern die deutschen Konvois von anderen VN-Truppen begleitet würden.[1938] Rund sieben Wochen nach der UNOSOM-II-Anfrage war es dem deutschen Verband zunächst bis zum 16. November erlaubt, Versorgungsgüter aus Jalalaqsi abzuholen.[1939] Hierhin hatte das LSC den Kraftstoff JP-5 Anfang Oktober bereits transportiert.[1940] Die von General Bir zur Entlastung des LSC angestrebte Bewegungsfreiheit des deutschen Verbands bis nach Mogadischu war damit aber nicht erreicht; Mogadischu gehörte nicht zum ›secure environment‹. Der erneut Anfang Oktober 1993 vom UNOSOM-II-Hauptquartier an alle Kontingente vorgetragenen Bitte, ihre Frischverpflegung selbst im Hafen der Hauptstadt abzuholen,[1941] wurde nicht entsprochen. Der deutsche Verband tendierte zur schnellen, aber kostspieligeren Luftversorgung,[1942] da er politisch keine Handlungsfreiheit besaß.

Intern setzte sich der deutsche Verband aber sehr wohl für eine sinnvolle Nutzung im VN-Rahmen ein. Ende September befürwortete Oberst Harff eine Verlegung der meisten deutschen Kräfte in den Raum Baidoa, um die dort zum Einsatz kommenden indischen Soldaten zu versorgen.[1943] Der stellvertretende UNOSOM-II-Kommandeur Thomas Montgomery hatte solche Überlegungen gegenüber deutschen Parlamentariern angesprochen, die sich in ihrem Reisebericht aber ablehnend äußerten.[1944] Auch wenn der deutsche Verband ab dem 16. Oktober mit der Abholung von Gütern in Jalalaqsi be-

---

[1938] BArch, BW 1/372425, Kopie Vorlage Fü S IV/Fü S IV 4 an den Verteidigungsminister, Betr.: Betriebsstoffversorgung des Deutschen Unterstützungsverbandes Somalia, hier: Durchführung von Transporten nach Gialalassi, 14.10.1993; ebd., Vorlage Staatssekretär Schönbohm an den Verteidigungsminister, 15.10.1993; ebd., Weisung StS Schönbohm an Fü S IV 4, 22.11.[10.]1993.

[1939] BArch, BW 2/30516, Kopie Weisung Fü S IV 4 an das III. Korps, Betr.: Unterstützung UNLSC durch Deutschen Unterstützungsverband Somalia, hier: Transport Gialalassi–Belet Uen, 26.10.1993.

[1940] BArch, BW 1/372430, Kopie Vorlage Fü S IV 4 an PR BM, Büro StS Schönbohm, Betr.: Beurteilung der logistischen Lage des Deutschen Unterstützungsverbandes Somalia, 12.10.1993, hier S. 2.

[1941] BArch, BW 2/28184, Telefax III. Korps an Fü S IV 4, SITSOM 164/93, 11.10.1993, hier Anlage 1.

[1942] Ebd., Kopie Fax GECOMPFORSOM an UNOSOM HQ SSO/FOOD, 10.10.1993; BArch, BW 2/28170, Vorlage III. Korps an Fü S IV 4, Betr.: Versorgung des DtUstgVerbandes Somalia mit Verpflegung, 25.10.1993.

[1943] BArch, BW 2/28168, Schreiben Kommandeur des Deutschen Unterstützungsverbands Somalia an III. Korps, Betr.: Sachstand der Planung für weiteres Vorgehen von UNOSOM II, 26.9.1993, hier S. 3.

[1944] BArch, BW 2/30512, StAL Fü S IV, Betr.: Berichterstattung Delegationsreise VgA, hier: 2. Teil (Punktation), 26.9.1993, hier S. 2; ebd., Vorlage StAL Fü S IV an den Verteidigungsminister, Betr.: Unterstützungsverband, hier: Reise des Verteidigungsausschusses nach Somalia, 29.9.1993, hier S. 2. Als Gründe für die Parlamentarier galten das deutsche humanitäre Engagement in Beledweyne und die mögliche Ausweitung nach Norden. BArch, BL 1/47824, Kopie Deutscher Bundestag Sekretariat Verteidigungsausschuss, Reisebericht über den Besuch einer Delegation des Verteidigungsausschusses in Somalia vom 25. bis 27. September 1993, 20.10.1993, hier S. 2.

ginnen durfte – jeder Marsch war vom BMVg zu genehmigen[1945] –, waren das AA und das BMVg nicht gewillt, das LSC dauerhaft zu entlasten.[1946] Bei einem Besuch in Mogadischu stellte General Naumann im Oktober gegenüber der UNOSOM-II-Führung klar, dass die von ihr angedachte Verlegung des deutschen Verbands nach Baidoa oder dessen Aufteilung ausgeschlossen seien. Naumann drängte auf eine rasche Ausdehnung der Mission in Richtung Norden und drohte mit der Reduzierung des deutschen Verbands.[1947] Ein Vorbefehl (*warning order*) des LSC zur Entlastung durch den deutschen Verband ging zwar im Oktober bei den deutschen Stellen ein, dessen Umsetzung wurde auf Weisung Rühes aber nicht weiter verfolgt.

Im Vorhaben des LSC hätte der deutsche Verband innerhalb einer eigenen »Area of Logistic Responsibility« entlang der Straße Mogadischu–Beledweyne andere VN-Truppen logistisch unterstützen sollen. Hierfür hätte der deutsche Verband Umschlagspunkte entlang der Straße betreiben und die Güter vom LCS abholen müssen. Zudem wurde der deutsche Verband gebeten, andere VN-Truppen medizinisch zu versorgen und seine Hubschrauber für MEDEVAC-Einsätze bereitzuhalten. Das LCS forderte also vom deutschen Verband, den Raum Beledweyne zu verlassen und deutlich mehr Personal und Material für die logistische Versorgung der Mission bereitzustellen.[1948] Dies passte nicht zum engen Kabinettsbeschluss.

Eine Aufgabenänderung hätte ein neues Bundestagsmandat benötigt,[1949] weswegen das BMVg angesichts der ohnehin erhitzten politischen Situation

---

[1945] BArch, BW 2/36754, Fü S IV 4/SKA-UStabEFüSK, Protokoll Sitzung Koordinierungsstab für Einsatzaufgaben 29/93, 26.10.1993, hier S. 3.

[1946] BArch, BW 2/28170 Telefax Fü S IV 4 an III. Korps, Betr.: Durchführung des Betriebsstofftransports von Belet Uen nach Gialalassi und zurück, 16.10.1993; PA AA, B 45, ZA, Bd 192065, Entwurf Drahterlass Referat 230 im AA an die Ständige Vertretung in New York, ohne Nr., 18.10.1993.

[1947] BArch, BW 2/36696, Schreiben Adjutant des Generalinspekteurs an den Stabsoffizier beim Chef des Stabes im Führungsstab der Streitkräfte im BMVg, Vermerk über den Truppenbesuch GenInsp bei dem Deutschen Kontingent UNOSOM II in Belet Uen vom 1. bis 3. Oktober 1993, 4.10.1993, hier S. 3 f.

[1948] BArch, BW 2/28190, Kopie als Anlage UNLSC-S Warning Order, 22.10.1993; BArch, BW 2/30516, Kopie III. Korps, Betr.: UN LSC-Warning order vom 220900COCT93, hier Kurzauswertung, 25.10.1993; BArch, BW 2/30494, Schreiben III. Korps an Fü S IV 4 im BMVg, Betr.: EINSOM 12/93, 25.10.1993, hier S. 1; BArch, BW 2/28190, Vorlage Fü S IV 4 an den Verteidigungsminister, Betr.: Auftrag Deutscher Unterstützungsverband Somalia, hier: Auftragserweiterung durch UN Logistic Support Command (UNLSC), 27.10.1993; BArch, BW 2/30516, Kopie Weisung Fü S IV 4 an das III. Korps, Betr.: Warning Order Logistic Support Command vom 22.10.1993, hier: Weisung an den Kommandeur des Deutschen Unterstützungsverbandes Somalia, 2.11.1993; ebd., Kopie Schreiben Fü S III 5 im BMVg an Referat 230 im AA, Betr.: Auftrag DtUstVerb Somalia, hier: Auftragserweiterung durch UN Logistic, 4.11.1993; BArch, BW 1/372430, Vermerk Adjutant des Verteidigungsministers an die Staatssekretäre Wichert und Schönbohm, 9.11.1993.

[1949] Zeitzeugengespräch mit General a.D. Dr. Klaus Naumann am 20.4.2020; Zeitzeugenbefragung von Generalleutnant a.D. Hartmut Moede am 21.4.2020; Zeitzeugengespräch mit Staatssekretär a.D. Dr. Peter Wichert am 5.5.2020. Siehe auch BArch, BW 2/30516, Kopie Schreiben Fü S IV 4 an Fü S III 5, Betr.: Sitzung Verteidigungsausschuß am 10.11.1993, hier: Ergänzender Beitrag zur Lage in Somalia, 5.11.1993.

von sich aus ablehnte. Überdies bestanden nach dem angekündigten Abzug der US-Truppen Anfang Oktober Bedenken, zukünftig für die Logistik der gesamten Mission verantwortlich zu sein.[1950] Ein solches Szenario lag weder im Interesse der deutschen Ressorts noch im Rahmen der Möglichkeiten des deutschen Verbands. Aufgrund der politischen Begrenzung durften die deutschen Soldaten die Vereinten Nationen nicht stärker unterstützen.

Auch die humanitäre Hilfe, mit der die deutschen Soldaten im Sommer begannen, war begrenzt. Im Oktober bat der deutsche Verband das BMVg, den Generator an einer »für Tausende von Menschen« lebensnotwendigen Wasserstelle instandsetzen zu dürfen. Hierdurch sollten Clan-Kämpfe durch Bevölkerungsbewegungen verhindert werden. Da sich die Wasserstelle außerhalb von Beledweyne im nordöstlich gelegenen Balanballe (zeitgenössisch Balan Bale) befand, sagten die italienischen Kräfte Sicherung zu. Der Generator war bereits von der UNOSOM II an den deutschen Verband ausgeliefert worden und die somalische Bevölkerung begrüßte das Vorhaben.[1951] Obwohl das III. Korps und Fü S IV 4 das Unterfangen unterstützten,[1952] verweigerte die Rechtsabteilung des BMVg die Zustimmung; die Wasserstelle lag außerhalb des »secure environment«.[1953] Auch ein erneuter Antrag Anfang November scheiterte zunächst an dieser selbst auferlegten Hürde;[1954] eine spätere Bitte des stellvertretenden Kommandeurs der UNOSOM II zur Bohrung eines Brunnens in der nicht als »secure environment« betitelten Region Baidoa für die nachgerückten indischen Truppen lehnte das III. Korps bereits von sich aus ab.[1955] Zwar wurde der Brunnen in Balanballe im Dezember instandgesetzt, nachdem das VN-Sekretariat den gesamten italienischen Einsatzraum zum »secure environment« erklärt hatte,[1956] von einem humanitären Einsatz

---

[1950] BArch, BW 2/28190, Vorlage Fü S IV 4 an den Verteidigungsminister, Betr.: Auftrag Deutscher Unterstützungsverband Somalia, hier: Auftragserweiterung durch UN Logistic Support Command (UNLSC), 27.10.1993.

[1951] BArch, BW 2/28184, Vorlage Deutscher Unterstützungsverband an III. Korps, Betr.: Einsatz zu einer humanitären Unterstützungsmaßnahme in Balan Bale, 28.10.1993; BArch, BW 2/30522, Schreiben III. Korps an Fü S IV 4 im BMVg, Betr.: Humanitäre Hilfe, hier: Brunneninstandsetzung in Balan Bale, 28.10.1993; ebd., Schreiben Fü S II 3 an Fü S IV 4, Betr.: Einsatz deutscher Soldaten zur Reparatur einer Wasserstelle in Balan Bale, hier: Stellungnahme des Referats zum Antrag III. Korps, 29.10.1993.

[1952] BArch, BW 2/30522, Entwurf Vorlage Fü S IV 4 an den Verteidigungsminister, Betr.: Instandsetzung einer Brunnenanlage/Wasserstelle durch deutschen Unterstützungsverband Somalia, 11.10.1993.

[1953] Ebd., Schreiben VR II 2 an Fü S IV 4, Betr.: Instandsetzung einer Wasserförderanlage in Balan Bale durch Soldaten des Deutschen Unterstützungsverbandes Somalia, 12.10.1993; ebd., Weisung Fü S IV 4 an III. Korps, Betr.: Brunneninstandsetzung Balan Bale, 12.10.1993.

[1954] Vgl. ebd., Weisung Fü S IV 4 an III. Korps, Betr.: Brunneninstandsetzung Balan Bale, 3.11.1993.

[1955] BArch, BW 2/28184, Telefax III. Korps an Fü S IV 4, SITSOM 214/93, 30.11.1993, hier S. 4.

[1956] Vgl. BArch, BW 2/28167, Vorlage Fü S IV 4 an Staatssekretär Schönbohm, Betr.: Tagesmeldung Somalia, 29.12.1993.

sprechen zu wollen, fällt aufgrund dieser selbst auferlegten politischen Beschränkung aber schwer.

Selbst der Kommandierende General des III. Korps, Klaus Reinhardt, verstand die Vorgaben der politischen und militärischen Führung nicht.[1957] Unverständlich vor Ort war vor allem, dass deutsche Soldaten im Hauptquartier in Mogadischu eingesetzt werden durften, aber ein eintägiger Hilfseinsatz an rechtlichen Bedenken scheiterte. Auch im Raum Beledweyne kam es überdies zu Zwischenfällen. Anfang Oktober hoben italienische Soldaten ein Waffenlager aus und lieferten sich Gefechte mit Bewaffneten; vermutlich starben zwei Personen; 16, darunter sechs italienische Soldaten, wurden verwundet.[1958] Wenige Tage später wurden italienische Schützenpanzer rund einen Kilometer vom deutschen Lager entfernt mit Handgranaten beworfen.[1959] Sicherheitsvorfälle gab es daher auch im ›secure environment‹ Beledweyne, wobei sich die Gefahr außerhalb des Feldlagers natürlich erhöhte. Mitte September war eine deutsche Marschgruppe zwischen Balad und Afgooye beschossen worden und hatte das Feuer erwidert.[1960] Aus genau dieser Logik – dass die Umgebung nicht sicher für zivile Organisationen sei – war die Bundeswehr offiziell entsandt worden. Den politisch gewünschten humanitären Einsatz konnten die Soldaten aber teilweise gar nicht erfüllen, weil es ihnen untersagt war, der humanitären Notwendigkeit zu entsprechen.

Überdies waren die Fähigkeiten des deutschen Verbands Ende Oktober weiter beschnitten worden. Der bis dahin in Mogadischu eingerichtete Luftumschlagpunkt (LUP) war nach der ›Schlacht von Mogadischu‹ auf Weisung Rühes geräumt worden. Anders als das UNOSOM-II-Hauptquartier hatte das VN-Sekretariat den Hafen und den Flughafen nicht zum »secure environment« erklärt. Entsprechend der politischen Auflagen ordnete die Leitung des BMVg aus Selbstschutz, aber zum Leidwesen des Unterstützungsverbands[1961] und des III. Korps[1962], die Verlegung des LUP-

---

[1957] Vgl. BArch, BW 2/28179, Schreiben Kommandierender General des III. Korps an den Generalinspekteur, 3.11.1993, hier S. 7; Zeitzeugengespräch mit Generalmajor a.D. Klaus Frühhaber am 26.3.2020.
[1958] BArch, BW 2/28167, Vorlage Fü S IV 4 an Staatssekretär Schönbohm, Betr.: Tagesmeldung Somalia, 11.10.1993, hier S. 1.
[1959] Ebd., Vorlage Fü S IV 4 an Staatssekretär Schönbohm, Betr.: Tagesmeldung Somalia, 14.10.1993, hier S. 1.
[1960] Ebd., Vorlage Fü S IV 4 an Staatssekretär Schönbohm, Betr.: Tagesmeldung Somalia, 14.9.1993, hier S. 1.
[1961] BArch, BW 2/30519, Kopie Telefax Kommandeur Deutscher Unterstützungsverband Somalia an III. Korps, Betr.: Verlegung des LUZ Mogadishu [sic] vom Flughafen zum Embassy Compound, 26.10.1993.
[1962] Vgl. ebd., Telefax III. Korps an Fü S IV 4, Betr.: Einsatz von Personal im Rahmen von UNOSOM II in Mogadischu, 6.10.1993; ebd., Kopie Schreiben Stellvertretender Kommandierender General III. Korps an den Generalinspekteur, Betr.: Abzug des Personals vom Umschlagpunkt auf dem Flughafen Mogadischu, 20.10.1993; BArch, BW 2/28177, Kopie Schreiben Kommandierender General III. Korps an den Generalinspekteur, 5.11.1993.

## IV. Deutsche ›Blauhelme‹ in Afrika

Personals nach Beledweyne an.[1963] Im UNOSOM-II-Hauptquartier war für die rund 15 Soldaten[1964] kein Platz.[1965] »Die ernsten Probleme in der Versorgung des Verbandes«, so Fü S IV 4, seien »mit allen Konsequenzen in Kauf zu nehmen«.[1966] Den im Hauptquartier eingesetzten Soldaten, deren Areal wiederholt unter Beschuss stand, war dies nicht vermittelbar.[1967] Die Position widersprach jeder Vernunft.

Derweil hätte der deutsche Verband seinen Auftrag auch aufgrund seiner materiellen Ausstattung nicht voll erfüllen können. Zwar hatten die USA die dringend benötigten Straßentransportwagen leihweise bereitgestellt. Aus technischen Gründen konnten diese aber im Gelände nicht mit 20 Kubikmetern Wasser gefüllt werden, sondern nur mit zwölf. Zudem kam es vermutlich durch Standschäden zu Ausfällen; die Fahrzeuge waren über 20 Jahre alt.[1968] Von 27 geleasten Fahrzeugen waren im September nur rund ein Dutzend einsatzfähig. Weil die USA dieses Modell nicht in Somalia verwendeten, gab es vor Ort auch keine Instandsetzungshilfe.[1969] Der Einsatzwert des deutschen Verbands war also auch in materieller Hinsicht geringer als gefordert. Es war ein Glücksfall für die Bundesregierung, dass der Operationsplan der Vereinten Nationen nie zur Anwendung kam. Letztlich fielen die logistischen Unzulänglichkeiten der Mission und die taktisch wertlose Beteiligung der Bundeswehr in der Praxis kaum ins Gewicht. Nach den Zusammenstößen in Mogadischu im Sommer bzw. Herbst 1993 wurde die indische Brigade im südlichen Somalia stationiert. Die vom BMVg als ›Nebenauftrag‹ titulierte humanitäre Hilfe rückte in den Vordergrund.

*Das Warten auf die Inder und die humanitäre Hilfe des deutschen Verbands*

Der Auftrag des deutschen Verbands sah die logistische Versorgung eines VN-Kontingents mit rund 4000 Soldaten vor. Ursprünglich hatten die Vereinten Nationen die Stationierung einer indischen Brigade in Beledweyne geplant,

---

[1963] BArch, BW 2/30519, Weisung Fü S IV 4 an III. Korps, Betr.: Personal in Mogadischu, 19.10.1993.
[1964] Die tatsächliche Stärke des Luftumschlagzugs wurde nicht einzeln in den Tagesberichten gemeldet. Gemäß III. Korps besaß er 15 Soldaten. Vgl. ebd., Telefax III. Korps an Fü S IV 4, Betr.: Personal Flugplatz, 7.10.1993.
[1965] BArch, BW 1/372430, Kopie Vorlage Fü S IV 4 an den Verteidigungsminister, Betr.: Einsatz von Personal Deutscher Unterstützungsverband Somalia in Mogadischu, 12.10.1993.
[1966] BArch, BW 2/30519, Kopie Vorlage Fü S IV 4 an den Generalinspekteur, Betr.: Anträge KG III. Korps zum Einsatz Dt UstgVerb, 5.11.1993, hier S. 3.
[1967] Zeitzeugenbefragung von Oberstleutnant a.D. Gerhard Sontheim am 8.10.2020.
[1968] BArch, BW 1/372430, Kopie Vorlage Fü H V 2 an Staatssekretär Schönbohm, Betr.: Ausstattung GECOMPFORSOM mit Wasser- und Betriebsstoff-Transportfahrzeugen (Wasser- und BstTrspKfz), 11.10.1993, hier S. 3.
[1969] BArch, BW 2/28183, Telefax III. Korps an Fü S IV 4, SITSOM 147/93, 24.9.1993, hier S. 3; BArch, BW 2/28167, Vorlage Fü S IV 4 an Staatssekretär Schönbohm, Betr.: Tagesmeldung Somalia, 21.9.1993; ebd., Vorlage Fü S IV 4 an Staatssekretär Schönbohm, Betr.: Tagesmeldung Somalia, 24.9.1993; BArch, BH 7-2/1147a, III. Korps, Erfahrungsbericht Somalia, 17.12.1993, hier Führungsgrundgebiet 4, S. 21.

die in Richtung Norden vorstoßen sollte. Nicht nur das Eintreffen der indischen Soldaten verzögerte sich aber, auch führte die Gewalt in Mogadischu zur Änderung des Operationsplans, sodass die Bundeswehr nie zur Erfüllung ihres Hauptauftrags kam. Ähnlich wie bei der Bestimmung des Einsatzraums verschleierten aber Differenzen zwischen dem UNOSOM-II-Hauptquartier und dem VN-Sekretariat ein klares Lagebild. Bis Oktober 1993 fehlte den Deutschen jede Gewissheit über die Dislozierung der Inder.[1970] Allerdings machten die deutschen Ministerien auch keinerlei Anstalten, sich den neuen Erfordernissen anzupassen, sondern pochten auf veraltete Vereinbarungen.

Erste Anzeichen, dass sich das Eintreffen der Inder verspäten würde, hatte es bereits Anfang Mai gegeben, als sich der deutsche Verband noch gar nicht in Somalia befand.[1971] Als das deutsche Verbindungskommando Anfang Juni erste Gespräche mit einem indischen Erkundungskommando in Mogadischu führte, schienen die Pläne aber auf einem guten Weg.[1972] In der Zeit des deutschen Aufwuchses fiel der fehlende logistische Auftrag ohnehin nicht ins Gewicht und sollte auch noch gar nicht voll erfüllt werden. Die Truppe hatte genug mit sich selbst zu tun.[1973] Durch die Eskalation der Gewalt Anfang Juli und die Ankündigungen Frankreichs und Belgiens, ihre Truppen zum Ende des Jahres abzuziehen, änderten sich aber die Pläne der Mission. Bereits Mitte Juni 1993 war sich das BMVg darüber bewusst, dass es wohl nur nach der Stabilisierung Mogadischus zum Vormarsch in Richtung Norden käme.[1974]

Fortan kursierten Gerüchte, dass die indische Brigade nach Mogadischu, allenfalls in Teilen nach Beledweyne verlegt werde.[1975] Vor allem die USA forderten die Befriedung Mogadischus, auch wenn das VN-Sekretariat weiter signalisierte, es werde am bisherigen Plan festhalten.[1976] Je näher

---

[1970] Zu den widersprüchlichen Aussagen der VN siehe BArch, BW 2/28174, Nebenabdruck Vorlage Fü S III 5 an StAL Fü S III, StAL Fü S VII, Betr.: Informationspolitik HQ-UNOSOM II und VN-Sekretariat zur veränderten Einsatzplanung IND Kontingent, 6.10.1993.
[1971] BArch, BW 2/29715, Vermerk Stabsabteilungsleiter Fü S III an den Chef des Stabes Fü S, 7.5.1993.
[1972] BArch, BW 2/28182, Telefax III. Korps an Fü S IV 4 im BMVg, Betr.: Lage Unterstützungsverband Somalia – GECOMPFORSOM –, hier: SITREP 39/93, 8.6.1993, Anlage 2; BArch, BW 1/415696, Fü S II 3, Unterrichtung zur internationalen Lage, 8.6.1993, hier S. 4.
[1973] BArch, BW 2/28189, Kopie Vorlage Fü S IV 4 an Staatssekretär Schönbohm, Betr.: Humanitäre Hilfeleistung durch GECOMPFORSOM bis zur Aufnahme der vollen logistischen Unterstützung für UNOSOM II, 13.8.1993; BArch, BL 1/47833, Büro ParlStS Wilz, Bericht über die Dienstreise ParlStS Wilz und Delegation nach Belet Uen, Mogadischu und Dschibuti in der Zeit vom 22. bis 24. August 1993, 1.9.1993, hier S. 2 f.; BArch, BH 7-2/1147, Heeresführungskommando, Erfahrungsbericht Somalia, 25.4.1994, hier Anlage Führungsgrundgebiete 4, S. 7.
[1974] BArch, BW 2/36754, Fü S IV 4, Protokoll Sitzung Koordinierungsstab für Einsatzaufgaben 10/93, 14.6.1993, hier S. 2.
[1975] Vgl. BArch, BW 1/408092, Kopie Fernschreiben Oberst Walter Conze, HQ-Comdt, an III. Korps, 4.7.1993, hier S. 3; BArch, BW 2/28173, Drahtbericht der Ständigen Vertretung in New York an Referat 230 im AA, Nr. 1987, 16.8.1993.
[1976] BArch, B 136/43517, Drahtbericht der Ständigen Vertretung in New York an Referat 230 im AA, Nr. 1931, 10.8.1993; PA AA, B 34, ZA, Bd 160136, Drahtbericht der Ständigen

die Einsatzbereitschaft des deutschen Verbands rückte, desto deutlicher zeichnete sich ab, dass der VN-Plan nicht zeitnah umgesetzt würde. Im Umkehrschluss bedeutete dies, dass die Logistik des deutschen Verbands kaum in Beledweyne gebraucht würde.[1977] Dies brachte die Bundesressorts innenpolitisch in Bedrängnis. Gegenüber den Parlamentariern und den Richtern in Karlsruhe hatten sie den dringenden Bedarf der deutschen Truppen zur Aufrechterhaltung der Mission betont. Diese werde »für Monate zusammenbrechen«, so Minister Rühe im Juni vor dem Verteidigungsausschuss, »wenn das deutsche Kontingent abziehen müßte.«[1978] Auch sorgte sich das BMVg um die Kosten eines untätigen Verbands und dessen inneres Gefüge.[1979] Das AA schloss sich den negativen Befürchtungen für den »publikumswirksamste[n]« Teil des deutschen Engagements an.[1980] Im Interesse der Ressorts lag daher die schnelle Ausdehnung der UNOSOM II in Richtung Norden.[1981] Alternativ sollten die Vereinten Nationen den deutschen Truppen einen Ersatzauftrag suchen, der den politischen Vorgaben entsprach.[1982] Bis dahin sollte der Verband »flankierende Maßnahmen auf humanitärem und entwicklungspolitischem Gebiet« leisten,[1983] wobei er keine lokalen Abhängigkeiten erzeugen und beim Eintreffen der Inder sofort logistisch unterstützen sollte.[1984]

---

Vertretung in New York an Referat 230 im AA, Nr. 2008, 18.8.1993; PA AA, B 34, ZA, Bd 160138, Drahtbericht der Botschaft der Bundesrepublik Deutschland in Washington an Referat 322 im AA, Nr. 2493, 18.8.1993.

[1977] Vgl. BArch, N 854/23, Schriftbericht III. Korps Kommandierender General, Erste Eindrücke und Überlegungen zum weiteren Vorgehen Somalia, 2.8.1993, hier S. 5.

[1978] PA-DBT 3119, Ausschuss für Verteidigung, 12/59, 16.6.1993, S. 45. Ähnlich äußerten sich Kinkel und Untergeneralsekretär Petrovsky vor dem BVerfG. Vgl. Der Auslandseinsatz deutscher Streitkräfte, S. 304, 315 f.

[1979] BArch, BW 2/30517, Positionspapier Fü S IV 4, Betr.: Beteiligung der Bundeswehr an UNOSOM II, hier: Operationsplanung, weiteres Vorgehen und Zielsetzung, 2.8.1993.

[1980] PA AA, B 34, ZA, Bd 160145, Vorlage Referat 322 an den Außenminister, Betr.: Das deutsche Engagement in Somalia, hier: Politische, humanitäre und entwicklungspolitische Unterstützung der VN-Aktion, 16.8.1993, hier S. 4.

[1981] BArch, BW 2/29713, Vorlage Fü S III 5 an den Verteidigungsminister, Betr.: Entwicklung in Somalia, 15.7.1993; BArch, BW 2/30517, Positionspapier Fü S IV 4, Betr.: Beteiligung der Bundeswehr an UNOSOM II, hier: Operationsplanung, weiteres Vorgehen und Zielsetzung, 2.8.1993; BArch, N 854/23, Schriftbericht III. Korps Kommandierender General, Erste Eindrücke und Überlegungen zum weiteren Vorgehen Somalia, 2.8.1993, hier S. 7; PA AA, B 34, ZA, Bd 160136, Drahterlass Referat 230 im AA an die Ständige Vertretung in New York, Nr. 8914, 12.8.1993, hier S. 2; PA AA, B 34, ZA, Bd 160145, Vorlage Referat 322 an den Außenminister, Betr.: Das deutsche Engagement in Somalia, hier: Politische, humanitäre und entwicklungspolitische Unterstützung der VN-Aktion, 16.8.1993, hier S. 4; BArch, BW 2/28195, Fü S III 1, Politische Ziele UNOSOM II, D-Interessenlage vor Eintreffen der IT Kräfte/der IND Brigade im Raum NO Belet Uen, 19.8.1993.

[1982] PA AA, B 34, ZA, Bd 160136, Drahterlass Referat 230 im AA an die Ständige Vertretung in New York, Nr. 8914, 12.8.1993, hier S. 3.

[1983] PA AA, B 34, ZA, Bd 160145, Vorlage Referat 322 an den Außenminister, Betr.: Das deutsche Engagement in Somalia, hier: Politische, humanitäre und entwicklungspolitische Unterstützung der VN-Aktion, 16.8.1993, hier S. 4.

[1984] Vgl. BArch, BW 2/30516, Verfügung Weisung Fü S IV 4 an das III. Korps, Betr.: Auftrag GECOMPFOR, 3.8.1993.

Von deutscher Seite initiierte Gespräche zwischen dem UNOSOM-II-Kommandeur und Oberst Harff schafften Mitte August keine Gewissheit über den Einsatz der Inder. Die Vereinten Nationen besaßen nämlich selbst keine Planungssicherheit. Zwar hielt die UNOSOM-II-Führung an der Stationierung der Inder im Raum Beledweyne fest, vor Ende September sei ihre Ankunft aber unrealistisch. Zudem werde ein Bataillon zur Entwaffnung in Mogadischu benötigt. Gleichzeitig wurde dem deutschen Verband mitgeteilt, dass im Oktober auch das Bataillon aus Nigeria anlässlich seiner Rotation aus Beledweyne abgezogen würde. Nachrücken würden aber italienische Kräfte, die aus Mogadischu ins Zentrum verlegten.[1985]

Während die »Bild am Sonntag« bereits im August »Bundeswehr nutzlos in Somalia? Inder kommen nicht« titelte,[1986] bemühten sich die deutschen Diplomaten um Klärung. Mitte August meldete die Botschaft in Neu-Delhi, dass das indische Vorauskommando am 21. August und das Hauptkommando am 7. September entsandt würden.[1987] Das VN-Sekretariat und die UNOSOM-II-Führung planten im Laufe des Herbstes mit der vollständigen Dislozierung.[1988] Da sich die Überlegungen des UNOSOM-II-Hauptquartiers verfestigten, die indische Brigade aufzuteilen und zumindest ein Bataillon in Mogadischu zu stationieren,[1989] wurde es immer unwahrscheinlicher, dass der deutsche Verband zeitnah 4000 Soldaten versorgen musste. Dies erhöhte den Druck auf die deutsche Seite, war die Notwendigkeit der deutschen Beteiligung doch entscheidend für die Zustimmung des Bundesverfassungsgerichts und des Bundestags gewesen.[1990]

Nachdem einige indische Soldaten Anfang September Beledweyne erkundet hatten,[1991] suchte Außenminister Kinkel am Rande der VN-

---

[1985] BArch, BW 2/29721, Schreiben Deutscher Unterstützungsverband Somalia an III. Korps, Betr.: Lage DtUstgVerb Somalia; Ergebnis Com Conference 12.8.1993, 13.8.1993, hier Anlage 2; ebd., Fax Deutscher Unterstützungsverband Somalia, Betr.: Gespräch GECOMPFORSOM mit Kdr UNOSOM II am 13.8.1993, 15.8.1993. Dabei handelte es sich ungefähr um 500 Soldaten. Vgl. BT-PlPr. 12/182, 21.10.1993, S. 15720.
[1986] Barbara Schmid, Bundeswehr nutzlos in Somalia? Inder kommen nicht. In: BamS, 15.8.1993, Nr. 33, S. 2.
[1987] PA AA, B 34, ZA, Bd 160138, Drahtbericht der Botschaft der Bundesrepublik Deutschland in Neu-Delhi an Referat 230 im AA, Nr. 1141, 18.8.1993, hier S. 2.
[1988] PA AA, B 34, ZA, Bd 160136, Drahtbericht der Ständigen Vertretung in New York an Referat 230 im AA, Nr. 2008, 18.8.1993, hier S. 2; PA AA, B 34, ZA, Bd 160139, Drahtbericht der Botschaft der Bundesrepublik Deutschland in Nairobi an Referat 322 im AA, Nr. 571, 26.8.1993, hier S. 5.
[1989] PA AA, B 34, ZA, Bd 160139, Drahtbericht der Botschaft der Bundesrepublik Deutschland in Nairobi an Referat 322 im AA, Nr. 571, 26.8.1993, hier S. 4; BArch, BW 2/30516, Telefax III. Korps an Fü S IV 4, Betr.: DtUstgVbd Somalia, hier: Sachstand zum Einsatz IND Brigade, 15.9.1993.
[1990] BArch, BW 2/28188, Vorlage Fü S IV 4 an Staatssekretär Schönbohm, Betr.: Fortgang der Operation UNOSOM II, 5.8.1993, hier S. 3 f.
[1991] BArch, BW 2/28167, Vorlage Fü S IV 4 an Staatssekretär Schönbohm, Betr.: Tagesmeldung Somalia, 6.9.1993.

Generalversammlung das Gespräch mit seinem indischen Kollegen. Zu diesem Zeitpunkt standen bereits 4000 indische Soldaten in Somalia. Ihr Außenminister bestätigte, dass sein Land eine vollständige Dislozierung in Beledweyne befürworte,[1992] weswegen Kinkel auch beim VNGS in diese Richtung insistierte.[1993] Weiterhin unterschieden sich aber die Vorstellungen im VN-Sekretariat und die Planungen der Mission.[1994] Spätestens nach der Ankündigung der USA und einiger westeuropäischer Staaten, sich bis März 1994 aus Somalia zurückzuziehen, sprachen militärische Gründe für die Dislozierung der indischen Brigade im Süden. Letztlich wurde sie in drei Regionen und ihr Hauptquartier in Baidoa stationiert.[1995] Vergeblich versuchten die deutschen Diplomaten die Inder zur vollständigen Dislozierung in Beledweyne zu bewegen, wodurch sie die Planungen der VN-Mission untergruben. Die indische Armee war aber zur Überzeugung gelangt, dass ihre Truppen dem UNOSOM-II-Kommandeur unterstanden und sie sich nicht in dessen Entscheidungen einzumischen hatten;[1996] eine Position, die General Bir zum Abschluss seines Einsatzes ausdrücklich lobte[1997] und die dem deutschen Verhalten so offenkundig widersprach.

Außer den in der Region stationierten nigerianischen und später italienischen Truppen hatte der deutsche Verband somit keine VN-Einheiten zu versorgen. Aus politischen Erwägungen kam auch die Entlastung der logistisch überforderten VN-Mission nicht in Betracht. Die deutschen Ressorts, allen voran Verteidigungsminister Rühe, waren daher spätestens seit seinem Truppenbesuch Ende Juli darum bemüht, die humanitären Leistungen der Soldaten zu betonen. Zum Leuchtturmprojekt wurde die medizinische Hilfe im Krankenhaus in Beledweyne.[1998] Auch halfen die Soldaten beim Bau von

---

[1992] PA AA, B 34, ZA, Bd 160138, Entwurf VLR I Dr. Altenburg, Vermerk über das Gespräch BM mit indischem AM am 27.9.1993 in New York, 27.9.1993, hier S. 2.
[1993] Vgl. ebd., Drahtbericht der Ständigen Vertretung in New York an Referat 230 im AA, Nr. 2540, 5.10.1993.
[1994] Vgl. ebd., Drahtbericht der Ständigen Vertretung in New York an Referat 230 im AA, Nr. 2361, 22.9.1993.
[1995] BArch, BW 2/28184, Telefax III. Korps an Fü S IV 4, SITSOM 155/93, 2.10.1993, hier S. 1; PA AA, B 34, ZA, Bd 160138, Drahtbericht der Ständigen Vertretung in New York an Referat 230 im AA, Nr. 2603, 11.10.1993, hier S. 3; PA AA, B 34, ZA, Bd 160144, Drahtbericht der Botschaft der Bundesrepublik Deutschland in New Delhi an Referat 230 im AA, Nr. 1401, 14.10.1993; VNSR, S/26738, 12.11.1993, Randnr. 44.
[1996] BArch, BW 2/36694, Drahtbericht der Botschaft der Bundesrepublik Deutschland in New Delhi an Referat 340 im AA, Nr. 1389, 10.10.1993.
[1997] PA AA, B 34, ZA, Bd 165137, Drahtbericht der Ständigen Vertretung in New York an Referat 230 im AA, Nr. 242, 24.1.1994, hier S. 3.
[1998] BT-PlPr. 12/169, 2.7.1993, S. 14600; BArch, BW 2/29561, BPA-Nachrichtenabt. Referat II A 5, Abschriften mehrerer Interviews mit Volker Rühe: ARD-Tagesthemen am 25.7.1993; RTL-Aktuell am 25.7.1993; Deutschlandfunk am 26.7.1993; SAT 1 Newsmagazin am 26.7.1993; MDR-Kultur am 27.7.1993, hier S. 2. Siehe auch die Antwort der Parlamentarischen Staatssekretärin Michaela Geiger in BT-PlPr. 12/182, 21.10.1993, S. 15719.

Schulen[1999] und bohrten bzw. setzten sieben Brunnen instand,[2000] obwohl dies im Dezember noch als undurchführbar gegolten hatte.

Bei der Opposition – aber auch bei Angehörigen der FDP – blieben die Maßnahmen jedoch nicht ohne Kritik. Die Bundeswehr übernehme Aufgaben der Entwicklungshilfe, für die sie nicht zuständig sei. Überdies koste ihre Beteiligung allein im ersten Jahr rund 180 Mio. D-Mark, während Somalia weniger als 40 Mio. D-Mark Entwicklungshilfe erhielt.[2001] Das humanitäre Engagement der Soldaten stand daher auch in Teilen des AA infrage. Die Maßnahmen der Bundeswehr, so der Beauftragte für humanitäre Hilfe, hätten wenig mit »humanitärer Soforthilfe« zu tun. Der Hunger sei besiegt. Zur Bereitstellung von Nahrung brauche es keine Soldaten. Auch die Hilfe im Krankenhaus sei »mehr struktureller Natur, als daß sie der unmittelbaren Rettung von Menschenleben dient.« Im Bereich der Trinkwasserversorgung müsse der Verband sogar aufpassen, nicht mit lokalen Händlern zu konkurrieren.[2002] Darüber hinaus entsprachen die Projekte nicht in erster Linie den dringendsten Bedürfnissen der Menschen. In erster Linie sollten sie helfen, den Schutz der Soldaten zu erhöhen. Von einer Bevölkerung, der der Verband nutzte, so die militärische Logik, ging weniger Gefahr aus.

Humanitäre Maßnahmen blieben für das BMVg und die Bundeswehr auch immer nur ein Nebenauftrag, der »die Erfüllung des Hauptauftrages, der logistischen Unterstützung von UNOSOM« nicht gefährden durfte. Projekte sollten schnellstmöglich an zivile Organisationen übergeben werden.[2003] Diese Priorisierung bekräftigte das BMVg im Befehl Nr. 6[2004] und formte nur nach außen ein anderes Narrativ. Schon früh wollte das BMVg aber deutsche NROs nach Beledweyne holen und hier die deutsche Hilfe konzentrieren.[2005]

---

[1999] BArch, BW 2/29715, Abschlußbericht über die Beteiligung der Bundeswehr an UNOSOM II, o.D., S. 7.

[2000] Wie die Somalier die Brunnen instandhalten sollten, wurde im Vorfeld offenbar nicht ausreichend bedacht. Groffebert, Helfer unter Helmen, S. 48.

[2001] Vgl. PA-DBT 3122, Ausschuss für wirtschaftliche Zusammenarbeit, 12/55, 16.6.1993, S. 6 f.; ebd., Ausschuss für wirtschaftliche Zusammenarbeit, 12/57, 30.6.1993, S. 5 f.; BT-PlPr. 12/169, 2.7.1993, S. 14607; BT-PlPr. 12/172, 8.9.1993, S. 14797, 14809; PA-DBT 3122, Ausschuss für wirtschaftliche Zusammenarbeit, 12/58, 22.9.1993, S. 16 ff.; BT-PlPr. 12/208, 3.2.1994, S. 18023.

[2002] PA AA, B 34, ZA, Bd 160145, Kopie Vorlage AS-B-hH, an den Außenminister, Betr.: Besuch von PStS Wilz (BMVg) in Belet Huen und Dschibuti, hier: Reisebericht, 26.8.1993, hier S. 6.

[2003] BArch, BW 2/28189, Vorlage Fü S IV 4 an Staatssekretär Schönbohm, Betr.: Humanitäre Hilfeleistung durch GECOMPFORSOM bis zur Aufnahme der vollen logistischen Unterstützung für UNOSOM II, 13.8.1993, hier S. 3. Siehe auch BArch, BW 2/29718, Schreiben III. Korps an Fü S IV 4 im BMVg, Betr.: Auftragswahrnehmung GECOMPFORSOM bis zum Eintreffen von UNOSOM II-Kräften in Brigadestärke, 9.8.1993.

[2004] BArch, BW 2/30515, Fü S IV 4, Betr.: Befehl Nr. 6 zur Beteiligung der Bundeswehr an UNOSOM II, hier: Weiteres Vorgehen nach Verlegung des Deutschen Unterstützungsverbandes (DtUstVerb) Somalia, 26.8.1993. Siehe auch BArch, BW 2/30520, III. Korps, Befehl Nr. 3 für die Fortführung des Einsatzes des Deutschen Unterstützungsverbandes (DtUstgBerb) Somalia, 31.8.1993.

[2005] BArch, BW 1/372422, Kopie Vorlage Fü S IV 4 an Staatssekretär Wichert, Betr.: Ihr geplantes Gespräch mit den in Somalia tätigen deutschen Hilfsorganisationen, 2.6.1993;

## IV. Deutsche ›Blauhelme‹ in Afrika

Erste Gespräche zwischen den Bundesressorts und verschiedenen NROs gab es im August.[2006] Neben vermeintlichen »Berührungsängsten« gegenüber der Bundeswehr[2007] zeigten sich die NROs auch aufgrund des Verfassungsstreits zurückhaltend hinsichtlich eines Engagements in Beledweyne; noch war unbekannt, wie lange der deutsche Verband hier bleiben würde. Zudem lag der Schwerpunkt der deutschen Entwicklungshilfe im Norden, der lange als Einsatzraum der Bundeswehr gehandelt worden war. Beledweyne galt in den VN-Plänen nur als vorübergehender Standort der Bundeswehr, weshalb der Wunsch des BMVg, NROs ins Zentrum zu holen, problematisch war.[2008] Für ein ressortübergreifendes Konzept kamen die Gespräche ohnehin zu spät.

Die politischen Auflagen verhinderten auch, dass sich der deutsche Verband nach den Kämpfen in Mogadischu Anfang Oktober sinnvoll in die neuen UNOSOM-II-Pläne einordnen konnte. Angesichts des baldigen Abzugs der US-Logistiktruppen und der Ablösung der französischen und belgischen Truppen durch indische Einheiten hatte UNOSOM-II-Kommandeur Bir das VN-Sekretariat Mitte Oktober um die Verlegung des deutschen Verbands gebeten. Vorgesehen war ein neuer Einsatzraum zwischen Baidoa, Jalalaqsi und Beledweyne.[2009] Das BMVg lehnte die Verlegung aber ab.[2010] Bei Gesprächen in New York hatte Flottillenadmiral Erich Happach, Stabsabteilungsleiter VII im BMVg, zusammen mit der Ständigen Vertretung bereits Anfang des Monats darauf gedrängt, das Bundeswehrkontingent in Beledweyne gemäß

---

BArch, BW 1/372428, Kopie Weisung Staatssekretär Wichert an den Chef des Stabes Fü S, Betr.: Konzentrierung der deutschen humanitären Hilfe in Somalia auf den Raum Belet Uen, 22.7.1993; PA AA, B 34, ZA, Bd 160139, Vermerk Dg 23, Betr.: Somalia, hier: Vorschläge des BMVg für entwicklungspolitische Aktivitäten in Belet Uen einschließlich einer Ressortbesprechung auf Staatssekretärsebene, 4.8.1993; BArch, BW 2/29718, Kopie als Anlage Schreiben Staatssekretär Jörg Schönbohm im BMVg an Staatssekretär Jürgen Trumpf im AA, 5.8.1993.

[2006] PA AA, B 45, ZA, Bd 192069, Entwurf Vorlage des Beauftragten für humanitäre Hilfe an den Staatssekretär, Betr.: Koordinierung humanitäre Hilfe, hier: Zusammenarbeit mit der Bundeswehr, 23.6.1993, hier S. 2; PA AA, B 45, ZA, Bd 192064, Vermerk AS-B-hH, Betr.: Humanitäre Hilfe in Somalia, hier: Besprechung am 11.8.1993, 12.8.1993; BArch, BW 2/28189, Fü S VII an den Chef des Stabes des Fü S, Vermerk über Ressortbesprechung im AA, 16.8.1993.

[2007] BArch, BW 1/372428, Kopie Vorlage Fü S IV 4 an die Staatssekretäre Wichert und Schönbohm, Betr.: Organisation der humanitären Hilfe in Somalia, hier: Erstellung einer abgestimmten Gesamtvorlage, 30.7.1993.

[2008] PA AA, B 45, ZA, Bd 192064, Kopie Vorlage Referat 322 an den Staatssekretär, Betr.: Humanitäre und entwicklungspolitische deutsche Aktivitäten im Raum Belet Huen in Somalia, 21.7.1993, hier S. 2; PA AA, B 45, ZA, Bd 192069, Entwurf Vorlage des Beauftragten für humanitäre Hilfe an den Staatssekretär, Betr.: Koordinierung humanitäre Hilfe, hier: Zusammenarbeit mit der Bundeswehr, 23.6.1993, hier S. 2; PA AA, B 34, ZA, Bd 160145, Vorlage Referat 322 an den Außenminister, Betr.: Das deutsche Engagement in Somalia, hier: Politische, humanitäre und entwicklungspolitische Unterstützung der VN-Aktion, 16.8.1993, hier S. 4.

[2009] BArch, BW 2/30517, Kopie Fax General Bir an General Baril, Betr.: German Move Out of Belet Uen, 18.10.1993.

[2010] BArch, BW 2/30516, Nebenabdruck Schreiben Fü S III 5 im BMVg an Referat 230 im AA, Betr.: Aufgaben des DtUStVerb Somalia, hier: Brief General Bir an General Baril zur Redislozierung des Verbandes, 21.10.1993.

der Absprachen einzusetzen und die Mission nach Norden auszudehnen.[2011] Auch eine Aufteilung des deutschen Verbands zur logistischen Unterstützung der Mission an mehreren Plätzen wurde vom BMVg abgelehnt. Zum einen würde dadurch der Kräftebedarf erhöht, weil zusätzliche Sicherungs- und Unterstützungskräfte gebraucht würden. Zum anderen könnten die logistischen Aufgaben der USA nicht übernommen werden, weil dafür aus dem nicht befriedeten Mogadischu operiert werden müsse.[2012]

Das AA vermied es, sich abschließend zu positionieren. Zwar sah es die Ankündigung von Präsident Clinton, in Zukunft stärker auf politische Versöhnung zu setzen, als Bestätigung seiner eigenen Linie.[2013] Durch die Haltung des BMVg und die »Ablehnung der Übernahme einer sinnvollen Aufgabe im Rahmen« der VN-Mission war aus Sicht des AA aber »eine Vorentscheidung für den Abzug des deutschen Kontingents« gefallen.[2014] Allerdings hatten auch im AA nie wirkliche Überlegungen bestanden, den deutschen Verband aus Beledweyne hin zum Bedarf der UNOSOM II zu verlegen. Die Reduzierung oder der Abzug des Verbands waren aufgrund der eigenen rechtspolitischen Haltung stets realistischere Positionen.[2015] Gegenläufig zum militärischen Bedarf setzten die deutschen Ressorts das VN-Sekretariat daher unter Druck. Wenn es nicht bis zum 26. Oktober eine »angemessene Aufgabe« für das deutsche Kontingent in Beledweyne finde, werde das BMVg der Bundesregierung die Reduzierung des Verbands um bis zu 500 Soldaten empfehlen.[2016] Als der Bedarf der Vereinten Nationen am größten war und sich die Mission wie vom AA erhofft stärker auf die politischen Prozesse in Somalia konzentrieren wollte, entschied sich das BMVg, seinen NATO-Partnern zu folgen und sein Engagement in Somalia schrittweise zu beenden.

---

[2011] BArch, BW 2/28174, Drahtbericht der Ständigen Vertretung in New York an Referat 230 im AA, Nr. 2599, 7.10.1993. Siehe auch BArch, BW 1/372425, Vermerk StS Schönbohm, 27.9.1993.

[2012] PA AA, B 34, ZA, Bd 160140, Vermerk Referat 322, Betr.: Ressortbesprechung im AA zu Somalia am 15.10.1993, 29.10.1993, hier S. 3 f.

[2013] Ebd., Punktuation Referat 322, Betr.: Ressortbesprechung am 15.10.1993 im AA zu Somalia, 14.10.1993, hier S. 2.

[2014] PA AA, B 34, ZA, Bd 160146, Kopie Vorlage Referat 230 an den Außenminister, Betr.: Aufgaben des deutschen Kontingents in Somalia, hier: Brief des UNOSOM-Truppenkommandeurs General Bir an den Militärberater des VN-Generalsekretärs Baril zur Reduzierung des deutschen Verbandes von Belet Uen nach Baidoa, 26.10.1993, hier S. 2.

[2015] Vgl. PA AA, B 34, ZA, Bd 160140, Punktuation Referat 322, Betr.: Ressortbesprechung am 15.10.1993 im AA zu Somalia, 14.10.1993, hier S. 3; ebd., Vermerk Referat 322, Betr.: Ressortbesprechung im AA zu Somalia am 15.10.1993, 29.10.1993, hier S. 2.

[2016] PA AA, B 34, ZA, Bd 160146, Entwurf Drahterlass Referat 230 im AA an die Ständige Vertretung in New York, ohne Nr. [1862], 23.10.1993.

IV. Deutsche ›Blauhelme‹ in Afrika                                            459

*Die Reduzierung des 2. Kontingents*

Ursprünglich lief das Mandat der UNOSOM II bis zum 31. Oktober 1993.[2017] Von einer möglichen Verlängerung des Mandats hatte Kofi Annan aber bereits im April gesprochen. Seit dem Sommer plante das BMVg daher mit einem Kontingentwechsel im November/Dezember.[2018] Da die Entsendung des Hauptkontingents im Juli begann, schienen diese Monate der logische Zeitraum. Die Vereinten Nationen finanzierten pro Jahr zwei Rotationen. Jeder weitere Personalwechsel musste von den Truppenstellern selbst finanziert werden.[2019] Auch aufgrund der höheren Akzeptanz bei den Soldaten und der damit einhergehenden höheren Freiwilligenmeldung befürwortete das Heer aber nur eine Stehzeit von vier statt sechs Monaten,[2020] sodass eine längere Stationierung gar nicht infrage kam.

Bereits in der Truppeninformation Nr. 4 vom 2. Juli war die Gebirgsjägerbrigade 23 als Leitverband eines 2. Kontingents benannt worden.[2021] Im Laufe des Sommers deutete Minister Rühe auch mehrfach an, dass es zu einem Kontingentwechsel kommen werde. Auf die Frage, wie lange die Beteiligung dauern werde, sprach er von einem oder anderthalb Jahren.[2022] Beim Kräfteansatz des 2. Kontingents plante das BMVg zunächst mit der bisherigen Größe. Für die Verlängerung hielt die Arbeitsebene des BMVg allerdings den erneuten Beschlusses der Regierung und des Parlaments für erforderlich.[2023] Warum ein erneuter Beschluss erwirkt werden sollte, ist nicht ersichtlich. Rechtlich bedurfte es keiner weiteren Zustimmung, da weder das Kabinett noch der Bundestag die Beteiligung zeitlich befristet hatten. Die erneute Beteiligung des Parlaments entsprach aber der Linie des Verteidigungsressorts, einen möglichst breiten politischen Rückhalt zu haben. Minister Rühe billigte Anfang August die Vorbereitungen eines zweiten Kontingents, sofern das UNOSOM-II-Mandat verlängert wurde

---

[2017] VNSR, S/RES/814(1993), 26.3.1993, Randnr. 6.
[2018] BArch, BW 1/372430, Schreiben III. Korps an den Verteidigungsminister, Betr.: Entscheidung über die Verlängerung des Auftrages für GECOMPFORSOM (2. Kontingent), 15.7.1993.
[2019] BArch, BW 2/28189, Fax Denis Beissel an die Ständige Vertretung in New York, Betr.: UNOSOM – Scheduled Rotations, 8.10.1993.
[2020] BArch, BW 1/372428, Kopie Vorlage Inspekteur des Heeres an Staatssekretär Schönbohm, Betr.: Stehzeit der Folgekontingente Deutscher Unterstützungsverband Somalia, 20.7.1993; ebd., Kopie Vorlage Fü H III 4 an den Verteidigungsminister, Betr.: Stehzeit der Folgekontingente des Deutschen Unterstützungsverbandes Somalia, hier: Vorschlag des Fü H zur Entscheidung, 27.7.1993.
[2021] BArch, BW 2/24981, Rundschreiben Generalinspekteur, Betr.: Truppeninformation Nr. 4, hier: »Beteiligung der Bundeswehr an Maßnahmen der VN in Somalia« (UNOSOM II), 2.7.1993, hier S. 4.
[2022] BArch, BW 2/29561, BPA-Nachrichtenabt. Referat II A 5, Abschrift Interview Volker Rühe mit der ARD am 21.7.1993; ebd., BPA-Nachrichtenabt. Referat II A 5, Abschrift Interview Volker Rühe mit RTL-Aktuell am 25.7.1993.
[2023] BArch, BW 2/28189, Verfügung Vorlage Fü S IV 4 an den Verteidigungsminister, Betr.: Beteiligung der Bundeswehr an UNOSOM II, hier: Vorbereitung des zweiten Kontingents, 28.7.1993.

und die Regierung und der Bundestag zustimmten.[2024] Der Befehl für den Kontingentwechsel erging am 27. September.[2025]

Mitten in den deutschen Planungen eskalierte die Gewalt in Mogadischu. Mit der Ankündigung der USA, ihre Truppen bis März 1994 aus Somalia abzuziehen, bestand für die Bundesrepublik plötzlich die Gefahr, als einziges Land »des westlichen Lagers« in Somalia zu verbleiben.[2026] Mitte Oktober machten sich daher auch die deutschen Ressorts Gedanken um ihr Engagement. Noch stärker als bei der Entsendung kollidierten dabei die Auffassungen des AA und des BMVg.

Von entscheidender Bedeutung für die Beteiligung der Bundeswehr war die Logistik der Mission. Das Logistics Support Command, von dem der deutsche Verband abhing, bestand aus Logistiktruppen der USA. Wie alle anderen US-Kräfte sollten diese bis März 1994 abziehen. Ein nationaler Ersatz war nicht in Sicht. Zwar versicherten die Vereinten Nationen, dass sie den deutschen Verband auch weiter mit Mengenverbrauchsgütern beliefern würden, nun aber durch ein ziviles Unternehmen.[2027] Mit dem Abzug der USA reduzierten sich aber auch die medizinischen Fähigkeiten der Mission.[2028] Vor diesem Hintergrund hatte das BMVg größte Bedenken, seine Soldaten in Somalia zu belassen. Zusätzlich fürchtete es aus rein praktischen Gründen den Verlust all seiner NATO-Partner und eine »Afrikanisierung« der Mission; gemeint war der überwiegende Einsatz von afrikanischen, aber auch asiatischen Truppen. Anders als bei den NATO-Partnern fürchtete das BMVg bei diesen Truppenstellern allein aufgrund der guten deutschen Ausrüstung Unverständnis für die verfassungspolitische Lage der Bundesrepublik und die Selbstbeschränkung auf Kapitel VI der VN-Charta. Auch existierten Sicherheitsbedenken. Das BMVg traute den Nicht-NATO-Staaten nicht zu, ein »secure environment« aufrechterhalten zu können. Im BMVg zirkulierte daher bereits Mitte Oktober der März 1994 als möglicher Abzugstermin.[2029] Unbedingt sollten hierfür die Fähigkeiten der USA und der Italiener ge-

---

[2024] BArch, BW 2/28188, Schreiben Adj BM an den Parlamentarischen Staatssekretär Wilz und Staatssekretär Schönbohm, 3.8.1993; BArch, BW 2/30515, Fü S IV 4, Betr.: Befehl Nr. 5 zur Beteiligung der Bundeswehr an UNOSOM II, hier: Vorbereitung 2. Kontingent Deutscher Unterstützungsverband Somalia, 11.8.1993; BArch, BW 2/28189, III. Korps, Vorbefehl 1 für den Einsatz des Unterstützungsverbandes Somalia GECOMPFORSOM, 2. Kontingent, 12.8.1993.
[2025] BArch, BW 2/28189, Kopie als Anlage III. Korps, Befehl für den Kontingentwechsel GECOMPFORSOM, 27.9.1993.
[2026] PA AA, B 34, ZA, Bd 160140, Vermerk Referat 322, Betr.: Ressortbesprechung im AA zu Somalia am 15.10.1993, 29.10.1993, hier S. 2.
[2027] BArch, BW 2/30491, Fax General Baril an die Ständige Vertretung in New York, 2.12.1993.
[2028] Dies war später der Hauptgrund für die Abstimmungen zwischen General Naumann und dem US-Generalstabschef. Vgl. BArch, BW 2/30512, Kopie Schreiben Generalinspekteur Klaus Naumann an General John M. Shalikashvili, Chairman of the Joint Chiefs of Staff, 29.12.1993.
[2029] Vgl. BArch, BW 2/28189, Vorlage Fü S IV 4 an den Verteidigungsminister, Betr.: Verringerung des Deutschen Unterstützungsverbands Somalia (2. Kontingent), 15.10.1993, Anlage 3.

## IV. Deutsche ›Blauhelme‹ in Afrika

nutzt werden, solange sie noch im Land waren.[2030] Auswirkungen auf die Haltung im BMVg mag auch der Tod des ersten Bundeswehrsoldaten im Rahmen einer VN-Mission gehabt haben. Am 14. Oktober 1993 wurde der Feldwebel Alexander Arndt als Angehöriger der VN-Mission UNTAC in Kambodscha ermordet.[2031] Medial kam dadurch erneut die Frage auf, wofür deutsche Soldaten im Ausland dienten.[2032] Für Kambodscha entschied sich die Bundesregierung gegen eine von den Vereinten Nationen erbetene Verlängerung ihres Engagements. Angesichts der laufenden Verfassungsklage sollten alle weiteren Opfer vermieden werden.[2033] In Somalia sollte diese Haltung das Engagement des zweiten deutschen Kontingents nachdrücklich prägen.

Um außenpolitischen Schaden abzuwenden, wollte das AA aber zunächst die weiteren Pläne der Vereinten Nationen abwarten.[2034] Nicht nur, dass sich die Bundesrepublik erst im Juni 1993 erneut zu einem möglichen ständigen Sitz im VNSR bekannt hatte[2035] und die Wahl zum nichtständigen Mitglied des VNSR für den Zeitraum 1995/96 anstand.[2036] Es bestand auch nach Rücksprache mit dem indischen Verbindungsoffizier in Somalia noch immer Hoffnung, dass zumindest ein Teil der indischen Soldaten nach Beledweyne verlegt würde.[2037] Noch Anfang Dezember sprach das VN-Sekretariat von einer baldigen Ausdehnung in Richtung Norden,[2038] eben jenem Plan, den die Deutschen permanent gefordert hatten. In dieser Situation kam für das AA kein Rückzug infrage. Es wollte als verlässlicher VN-Partner gelten. Weil Ende November 1993 auch das Engagement in Kambodscha auslief und sich die Bundesrepublik an keiner weiteren VN-Mission substanziell beteiligte, fürchtete das AA negative Konsequenzen für seine VN-Politik. Im Gegenzug für einem möglichen Abzug der Bundeswehr aus Somalia warb Außenminister Kinkel in der Kabinettssitzung vom 20. Oktober für die baldige Beteiligung an einer anderen »begrenzte[n], verfassungsrechtlich unproblematische[n] und

---

[2030] BArch, BW 2/30512, Vermerk CdS Fü S für den Generalinspekteur, hier: Somalia, 25.10.1993; BArch, B 136/43517, Vorlage Abteilungsleiter 2 i.V. an den Bundeskanzler, betr.: Verlängerung des Mandats von UNOSOM II und Auswirkungen auf das deutsche Bundeswehrkontingent, hier: Erörterung in der Kabinettssitzung am 23. November 1993, 22.11.1993, hier S. 5.
[2031] DBT 3119, Ausschuss für Verteidigung, 12/65, 20.10.1993, Anlage 1.
[2032] Vgl. SpiegelTV: Tod in Kambodscha, Oktober 1993. Zur Reaktion der Bundesregierung auf den Tod Arndts siehe BPA, Friedenspolitik in einer veränderten Welt. In: Bulletin, Nr. 92, 27.10.1993, S. 1033–1035, hier S. 1035.
[2033] BArch, BW 2/29638, Vorlage Fü S III 5 an den Verteidigungsminister, VN-Mission in Kambodscha, hier: Verlängerung von Teilen des deutschen Kontingents, 5.11.1993.
[2034] PA AA, B 34, ZA, Bd 160140, Vermerk Referat 322, Betr.: Ressortbesprechung im AA zu Somalia am 15.10.1993, 29.10.1993, hier S. 2.
[2035] VNGV, A/48/264, 20.7.1993, S. 44.
[2036] Die Wahl erfolgte am 20.10.1994. VNGV, A/49/PV.40, 20.10.1994, S. 3.
[2037] Vgl. BArch, BW 2/28184, Telefax III. Korps an Fü S IV 4, SITSOM 173/93, 20.10.1993, hier Anlage 1.
[2038] BArch, B 136/43517, Drahtbericht der Ständigen Vertretung in New York an Referat 230 im AA, Nr. 3623, 1.12.1993, hier S. 4 f.

erfolgsversprechende[n]« VN-Mission.[2039] Bei den Vereinten Nationen stellte das AA ein Ultimatum für eine sinnvolle Aufgabenzuweisung in Beledweyne. Andernfalls werde am 26. Oktober die Reduzierung des Kontingents beschlossen.[2040]

Die gegenläufigen Ansichten der Ministerien waren zu dieser Zeit bereits publik geworden. Verwerfungen erzeugte ein Interview von Verteidigungsminister Rühe Mitte Oktober. Ohne Absprache mit den anderen Ressorts nannte er darin den April 1994 als möglichen Abzugstermin.[2041] Im UNOSOM-II-Hauptquartier führte dies zu einer noch kritischeren Sicht auf das deutsche Kontingent.[2042] Hatte das BMVg im Dezember 1992 noch auf eine schnelle Beteiligung in Somalia gedrängt, trieb es nun ungeachtet der möglichen außenpolitischen Konsequenzen den Abzug voran. In einem Gespräch mit Außenminister Kinkel machte sich Rühe am 21. Oktober dafür stark, in der nächsten Kabinettssitzung die Rückführung der deutschen Soldaten zu erwirken.[2043]

Zunächst liefen aber die Planungen des BMVg für den Kontingentwechsel weiter. Die Stehzeit des 1. Kontingents sollte nicht unnötig verlängert werden.[2044] Zeitlich benötigte die Bundeswehr drei Monate für den Abzug.[2045] Selbst wenn dieser Ende Oktober beschlossen worden wäre, hätte die Rückführung nicht vor Januar beendet werden können. Bis Ende März blieben zudem die USA, sodass es beim Kontingentwechsel bleiben sollte. Allerdings sollte das zweite Kontingent der Lage angepasst werden. Die Führung des BMVg ordnete eine deutliche Reduzierung des Verbands an.[2046] Das III. Korps erarbeitete in Rücksprache mit dem Unterstützungsverband und dem feder-

---

[2039] PA AA, B 34, ZA, Bd 160146, Kopie Sprechzettel Referat 230, Betr.: Kabinettssitzung am 20.10.1993, hier: weitere Entwicklung der VN-Operation in Somalia (UNOSOM II) und Fragen der deutschen Beteiligung, 19.10.1993, hier S. 2.
[2040] Ebd., Drahterlass Referat 230 im AA an die Ständige Vertretung in New York, ohne Nr. [1862], 23.10.1993.
[2041] Bundesminister der Verteidigung Volker Rühe, ZDF, 17.10.1993. In: Stichworte zur Sicherheitspolitik, 11 (1993), S. 19; PA AA, B 34, ZA, Bd 160145, Entwurf Vorlage Referat 230 an den Außenminister, Betr.: Deutsche Beteiligung an UNOSOM, hier: Lage nach Äußerungen BM Rühes vom Wochenende über den deutschen Truppenabzug, 18.10.1993; Wann und wohin kommen die Inder? In: FAZ, Nr. 249, 26.10.1993, S. 10.
[2042] Vgl. BArch, BW 2/28168, Kommandeur Deutscher Unterstützungsverband Somalia, Aktenvermerk über das Gespräch im HQ UNOSOM II am 15.11.1993, 15.11.1993, hier S. 3.
[2043] PA AA, B 34, ZA, Bd 160145, Vermerk Ministerbüro, Betr.: Deutscher Einsatz in Somalia, 22.10.1993.
[2044] Zeitzeugengespräch mit General a.D. Dr. Klaus Naumann am 20.4.2020; Zeitzeugenbefragung von Generalleutnant a.D. Hartmut Moede am 21.4.2020.
[2045] Neben der logistischen Frage war die Mitte März beginnende Regenzeit ein wesentlicher Faktor bei den Planungen. BArch, BW 2/28190, Vorlage Fü S IV 4 an den Verteidigungsminister, Betr.: Beteiligung der Bundeswehr an UNOSOM II, hier: 1. Anpassung der Stärke des Deutschen Unterstützungsverbandes […], 25.11.1993, hier Anlage 2.
[2046] BArch, BW 2/28163, Vorlage III. Korps an Fü S IV 4 im BMVg, Betr.: Auftrag, Zusammensetzung und Stärke des deutschen Unterstützungsverbandes Somalia, 15.10.1993, hier S. 1.

führenden Referat Fü S IV 4 im Oktober fünf Möglichkeiten. In jeder wurde die humanitäre Hilfe in gleichem Maße fortgesetzt. Bei zwei Möglichkeiten wurde sie sogar erhöht.[2047] Verteidigungsminister Rühe hatte dies öffentlich als Ziel bekundet.[2048] Offenbar gingen die Pläne auf eine mündliche Weisung von Staatssekretär Schönbohm zurück, der nur noch von der Versorgung von rund 1500 VN-Soldaten ausging.[2049]

Zusätzlich zu den humanitären Leitungen sahen vier der fünf Möglichkeiten den Aufbau eines logistischen Umschlagpunkts in Jalalaqsi bzw. Balad vor, was den Vereinten Nationen den Transport erleichtert und »die permanente Überlastung des LSC« verringert hätte. Die beiden letzten Optionen wurden aber bereits von der Arbeitsebene verworfen. Bei der Errichtung eines Umschlagpunkts in Jalalaqsi lag die Reduzierung des Verbands bei nur etwa 170 Soldaten, im Falle von Balad sogar bei weniger als zehn. Zusätzlich hätten hierfür die Transportkapazitäten verstärkt und neue Fahrzeuge beschafft werden müssen. Da die Leitung eine drastische Truppenreduzierung forderte, kamen diese Optionen nicht infrage.[2050] Das BMVg war nicht bereit, weiter in die Mission zu investieren. Deren Erfolg war nicht das primäre Ziel der deutschen Überlegungen.

Reduzierungsmöglichkeiten bestanden nur bei den Fähigkeiten zur Versorgung anderer VN-Truppen. Andernfalls hätten ganze Aufgabenbereiche, etwa der Straßenbau oder die humanitäre Hilfe, wegfallen müssen. Die Reduzierung der Truppenstärke lag je nach Möglichkeit bei unter zehn bis etwa 300 Soldaten.[2051] Am stärksten betroffen waren die Transportkompanie und die Sicherungskomponente, die beide um mehr als 80 Dienstposten reduziert werden sollten. Die Sanitätskompanie, die für humanitäre Hilfeleistungen benötigt wurde, sollte dagegen 15 neue Dienstposten erhalten.[2052] Die Arbeitsebene des BMVg orientierte sich also an einer neuen Hauptaufgabe: der humanitären Hilfe.

Während Generalinspekteur Naumann den Überlegungen im Grundsatz zustimmte und weitere Kürzungen über die angestrebten 297 Soldaten hinaus auf einen späteren Zeitpunkt verschieben wollte,[2053] drängte Rühe auf weitere

---

[2047] BArch, BW 2/28189, Vorlage Fü S IV 4 an den Verteidigungsminister, Betr.: Verringerung des Deutschen Unterstützungsverbands Somalia (2. Kontingent), 15.10.1993, hier S. 4.
[2048] Bundesminister der Verteidigung Volker Rühe, ZDF, 17.10.1993. In: Stichworte zur Sicherheitspolitik, 11 (1993), S. 19.
[2049] BArch, BW 2/28189, Vorlage III. Korps an Fü S IV 4 im BMVg, Betr.: Auftrag, Zusammensetzung und Stärke des deutschen Unterstützungsverbandes Somalia, 15.10.1993, hier S. 1.
[2050] Ebd., Vorlage Fü S IV 4 an den Verteidigungsminister, Betr.: Verringerung des Deutschen Unterstützungsverbands Somalia (2. Kontingent), 15.10.1993, hier S. 4 ff.
[2051] Ebd., S. 4.
[2052] BArch, BW 2/28189, Fü S IV 4, Reduzierung GECOMPFORSOM, 18.10.1993.
[2053] Siehe die Anmerkung auf ebd., Vorlage Fü S IV 4 an den Verteidigungsminister, Betr.: Verringerung des Deutschen Unterstützungsverbands Somalia (2. Kontingent), 15.10.1993, hier S. 1.

Einsparungen.[2054] Zwar wiesen das III. Korps – das aus Zeitgründen keine Rücksprache mehr mit dem Unterstützungsverband hatte halten können[2055] – und die Arbeitsebene des BMVg darauf hin, dass zusätzliche Kürzungen zulasten der humanitären Hilfe gingen.[2056] Statt um 297 sollte der Verband nun aber um über 400 Soldaten reduziert werden. Die größten Einsparungen fielen auf die Transportkomponente und die Pionierkompanie. Im Gegensatz zur ersten Planung wurden nun auch Sanitäter gestrichen.[2057] Noch weitere Kürzungen hätten aus Sicht der Arbeitsebene des BMVg zur Einschränkung des Grundbetriebs geführt.[2058]

Die Kürzungen der humanitären Hilfe nahm die politische Leitung des BMVg trotz anderslautender öffentlicher Bekundungen in Kauf und beschloss Ende November die Streichung von 402 Dienstposten.[2059] In Kauf genommen wurde dadurch auch, sich vollkommen abhängig vom LSC – beziehungsweise der nachfolgenden zivilen Firma Brown & Root – zu machen. Reserven, um das LSC zu entlasten, besaß das 2. Kontingent nicht mehr.[2060] Erneut war es das AA beziehungsweise die Ständige Vertretung in New York, die aus diplomatischen Gründen forderte, die Bekanntgabe der Truppenreduzierung zu vertagen. Dies lag im Interesse der Vereinten Nationen, um andere Truppensteller nicht zu verschrecken. Die Ständige Vertretung fürchtete, dass die Reduzierung des deutschen Verbands als Schritt zur Beendigung des

---

[2054] Ebd., Kopie Schreiben Stabsabteilungsleiter Fü S IV an den Generalinspekteur, Betr.: BM-Vorlage zur Reduzierung des 2. Kontingents, 16.10.1993; ebd., Kopie Weisung Generalinspekteur Naumann an den Chef des Stabes Fü S, Betr.: Somalia, 16.10.1993.

[2055] BArch, BW 2/28163, Vorlage III. Korps an BMVg, Betr.: GECOMPFORSOM, hier: Weitere Reduzierung, 18.10.1993.

[2056] Ebd., Vorlage III. Korps an Fü S IV 4, Betr.: Reduzierung GECOMPFORSOM, hier: Auswirkung auf die Auftragserfüllung, 18.10.1993; BArch, BW 2/29189, Kopie Schreiben Stabsabteilungsleiter Fü S IV an den Chef des Stabes Fü S, Betr.: Leitungsgespräch am 19.10.1993, hier: Reduzierung 2. Kontingent SOM, 18.10.1993.

[2057] BArch, BW 2/28163, Vorlage III. Korps an BMVg, Betr.: GECOMPFORSOM, hier: Weitere Reduzierung, 18.10.1993; BArch, BW 2/28189, Fü S IV 4, Reduzierung GECOMPFORSOM, 18.10.1993. Zur endgültigen Anpassung siehe BArch, BW 2/28190, Vorlage Fü S IV 4 an den Verteidigungsminister, Betr.: Beteiligung der Bundeswehr an UNOSOM II, hier: 1. Anpassung der Stärke des Deutschen Unterstützungsverbandes […], 25.11.1993, hier Anlage 1.

[2058] BArch, BW 2/28189, Kopie Vorlage Fü S IV 4 an den Chef des Stabes Fü S, Betr.: Leitungsgespräch am 19.10.1993, hier: Reduzierung 2. Kontingent, 18.10.1993, hier S. 2.

[2059] BArch, BW 2/28190, Vorlage Fü S IV 4 an den Verteidigungsminister, Betr.: Beteiligung der Bundeswehr an UNOSOM II, hier: 1. Anpassung der Stärke des Deutschen Unterstützungsverbandes […], 25.11.1993; BArch, BW 2/28163, III. Korps, Befehl Nr. 4 für die Reduzierung GECOMPFORSOM 2. Kontingent und Fortführung des Auftrages unter veränderten Rahmenbedingungen, 1.12.1993, hier Anlage B. Durch eine Neubewertung wurde die Kürzung der Sicherungskomponente im Dezember aufgehoben, sodass das 2. Kontingent nur um 369 Dienstposten verringert wurde. BArch, BW 2/28190, Vorlage Fü S IV 4 an den Verteidigungsminister, Betr.: Reduzierung des Deutschen Unterstützungsverbandes Somalia, hier: Sicherungskräfte, 10.12.1993.

[2060] BArch, BW 2/28190, Vorlage Fü S IV 4 an den Verteidigungsminister, Betr.: Reduzierung des Deutschen Unterstützungsverbandes Somalia (2. Kontingent), 21.10.1993, hier S. 4. Die Vorlage wurde offenbar zu spät vorgelegt und von den Staatssekretären zurückgewiesen.

## IV. Deutsche ›Blauhelme‹ in Afrika 465

gesamten deutschen Engagements verstanden würde. Das »Image eines ›unsicheren Kantonisten‹« könne sowohl die Bewerbung um einen nichtständigen als auch um einen ständigen Sitz gefährden, so ihre Bedenken.[2061]

Zum Leidwesen von Volker Rühe setzte sich diese Auffassung zunächst in der Regierung durch. Bundeskanzler Kohl wies Ende Oktober an, zunächst abzuwarten, wie sich die Vereinten Nationen positionierten, und untersagte dem BMVg, vollendete Tatsachen zu schaffen.[2062] Die Vereinten Nationen wussten aber selbst nicht genau, wie die Zukunft der Mission aussehen sollte. Um den Versöhnungsprozess in Somalia zu verfolgen, verlängerte der VNSR die UNOSOM II am 29. Oktober zunächst nur um drei Wochen.[2063] Die Zeit des Wartens nutzte das BMVg, um national und international Rückhalt für seine Pläne zu gewinnen. Anfang November reiste Generalinspekteur Naumann nach New York und machte die Position des BMVg deutlich. Eine Fortsetzung des deutschen Engagements werde es nur geben, wenn andere VN-Truppen in Beledweyne versorgt werden müssten und die Zulieferung mit Verbrauchsgütern durch die Vereinten Nationen gesichert sei. Angesichts des drohenden Abzugs der letzten großen Logistikeinheit versprach Untergeneralsekretär Kofi Annan die Verlegung der italienischen Brigade in den Bereich Beledweyne und die schnellstmögliche Ausdehnung nach Norden.[2064] Ob Annan noch selbst an diesen Plan glaubte, ist zu bezweifeln. Offensichtlich versuchte er auch aufgrund der negativen Signalwirkung für andere Truppensteller aber alles, um den deutschen Verband in Somalia zu halten. Zunächst versicherte er General Naumann, dass die Pläne des UNOSOM-II-Kommandeurs zur Verlegung des deutschen Kontingents nach Baidoa abgelehnt worden seien.[2065] Zudem erklärte er das ganze italienische Operationsgebiet – mit Ausnahme von Mogadischu – am 3. November zum »secure environment«.[2066] Hierdurch bekam die zuvor von Minister Rühe nur bis zum 16. November genehmigte Abholung der Mengenverbrauchsgüter aus Jalalaqsi ein zufriedenstellendes Fundament und konnte unbefristet weitergeführt werden.

---

[2061] PA AA, B 34, ZA, Bd 160144, Drahtbericht der Ständigen Vertretung in New York an Referat 230 im AA, Nr. 2863, 25.10.1993, hier S. 4 f.
[2062] BArch, BW 1/372425, Kopie Vermerk StS Schönbohm, 20.10.1993; BArch, B 136/43517, Vorlage Abteilungsleiter 2 an den Bundeskanzler, Betr.: Deutscher militärischer Beitrag zu den Operationen der Vereinten Nationen in Somalia (UNOSOM II), 26.10.1993, hier S. 3.
[2063] VNSR, S/RES/878(1993), 29.10.1993.
[2064] PA AA, B 34, ZA, Bd 160139, Drahtbericht der Ständigen Vertretung in New York an Referat 230 im AA, Nr. 3012, 2.11.1993, hier S. 2; ebd., Drahtbericht der Ständigen Vertretung in New York an Referat 230 im AA, Nr. 3013, 2.11.1993.
[2065] Ebd., Drahtbericht der Ständigen Vertretung in New York an Referat 230 im AA, Nr. 3012, 2.11.1993, hier S. 2; ebd., Drahtbericht der Ständigen Vertretung in New York an Referat 230 im AA, Nr. 3013, 2.11.1993.
[2066] BArch, BW 2/29716, Fax von Kofi Annan, Under-Secretary-General for Peace-keeping Operations, an die Ständige Vertretung der Bundesrepublik Deutschland in New York, 3.11.1993.

Das LSC war aber weiter nicht in der Lage, den nötigen Nachschub zu liefern. Südlicher als Jalalaqsi durfte der deutsche Verband laut Weisung kein logistisches Lager betreiben und sich auch nicht außerhalb des italienischen Verantwortungsbereichs bewegen.[2067] Durch das Unvermögen des LSC, die eigenen Beschränkungen und die einsetzende kleine Regenzeit, die den Straßentransport erschwerte, war der deutsche Verband Ende Oktober erneut in Engpässe beim Trinkwasser und bei Betriebsstoffen geraten.[2068] Der Verbrauch von Kraftstoff (JP-5) musste erneut für über zwei Wochen rationiert werden[2069], die logistische Auftragserfüllung war nur »mit Einschränkung« möglich.[2070] Die Rationierung hatte auch »starke Einschränkungen« der humanitären Hilfe zur Folge.[2071]

Konteradmiral Hans Frank, Chef des Stabes des Führungsstabs der Streitkräfte im BMVg, bewertete die Situation gegenüber dem Generalinspekteur als »unhaltbare Lage« und warnte, dass »die anfänglich erfolgreiche Gesamtaktion nun auch hinsichtlich der psychologischen Auswirkung auf die Truppe zu einen [sic] Misserfolg werden könnte.«[2072] Anstatt aber die Versorgung des Verbands so wie alle anderen Truppensteller[2073] langfristig auf dem – wegen des Regens allerdings zu dieser Zeit teilweise unpassierbaren – Landweg aus dem für die deutschen Akteure unsicher erscheinenden Mogadischu sicherzustellen, ordnete das BMVg an, den deutschen Verband in nationaler Eigenregie zu versorgen. Beim Transport sollte man dem LSC nicht entgegengekommen. Vor allem

---

[2067] BArch, BW 2/30520, Weisung Fü S IV 4 an das III. Korps, Betr.: Einsatz des Deutschen Unterstützungsverbandes Somalia, hier: Erklärung zum »Secure Environment«, 10.11.1993; ebd., Weisung III. Korps an GECOMPFORSOM, 10.11.1993.

[2068] Vgl. die Berichte des III. Korps ab SITSOM 182/93, 29.10.1993, in BArch, BW 2/28184, und die Tagesmeldungen von Fü S IV 4 an Staatssekretär Schönbohm ab dem 2.11.1993 in BArch, BW 2/28167.

[2069] Erst am 18.11. meldete der Verband die notwendige Auffüllung des Vorrats. BArch, BW 2/28184, Telefax III. Korps an Fü S IV 4, SITSOM 200/93, 16.11.1993, hier, S. 3; ebd., Telefax III. Korps an Fü S IV 4, SITSOM 202/93, 18.11.1993, hier, S. 3.

[2070] Vgl. die Berichte des III. Korps ab SITSOM 184/93, 31.10.1993, in ebd. Im Verteidigungsausschuss erklärte Brigadegeneral Schmitz (StAL Fü S II) Anfang Dezember, dass es im »Einzelfall« durch »Überlastungen und wetterbedingte Situationen zu Einschränkungen bei der deutschen Versorgungslage gekommen« sei. DBT 3119, Ausschuss für Verteidigung, 12/67, 1.12.1993, S. 30. In der gleichen Sitzung räumte Staatssekretär Schönbohm die Rationierung von Betriebsstoffen ein. Ebd., S. 31. Allerdings sollen die Engpässe aufgrund der nicht abgerufenen logistischen Unterstützung kaum Auswirkungen auf den deutschen Verband gehabt haben. Zeitzeugenbefragung von Oberst a.D. Manfred Benkel am 28.3.2020; Zeitzeugengespräch mit General a.D. Dr. Klaus Reinhardt am 26.10.2021.

[2071] BArch, BW 2/28184, Telefax III. Korps an Fü S IV 4, Betr.: SITSOM 199/93, 15.11.1993, hier S. 3.

[2072] BArch, BW 2/30516, Kopie Vorlage Chef des Stabes Fü S an den Generalinspekteur, Betr.: Somalia, 3.11.1993.

[2073] Laut Fü S IV 4 holten »[a]lle UNOSOM II-Truppenteile mit Ausnahme des DtUstgVbd [...] Verpflegung in Mogadischu selbst ab.« BArch, BW 2/28190, Vorlage Fü S IV 4 an den Verteidigungsminister, Betr.: Beteiligung der Bundeswehr an UNOSOM II, hier: 1. Anpassung der Stärke des Deutschen Unterstützungsverbandes [...], 25.11.1993, hier Anlage 3, S. 2.

## IV. Deutsche ›Blauhelme‹ in Afrika

Staatssekretär Schönbohm sprach sich gegen eine Abholung südlich von Jalalaqsi aus, auch wenn dies von Generalinspekteur Naumann empfohlen worden war. Trotz anfallender Kosten wies Schönbohm auch an, dass nach Mogadischu gelieferte Marketenderwaren und Ersatzteile nicht ausgeladen und wieder nach Dschibuti oder Deutschland befördert werden sollten, wenn die Vereinten Nationen nicht in der Lage waren, sie nach Beledweyne zu transportieren. Eine Abholung durch deutsche Kräfte und einen möglichen Präzedenzfall sollte es nicht geben. Um die Überlebensfähigkeit des Verbands sicherzustellen, sollte in letzter Instanz – wie bereits mehrfach durch das LSC und den deutschen Verband geschehen[2074] – auf den teuren Lufttransport zurückgegriffen werden.[2075] Es waren diese Einstellung und dieser begrenzte Handlungswille, die kaum zur Entlastung anderer Truppen beitrugen, weshalb die materiell und personell gut ausgerüstete deutsche Beteiligung innerhalb des UNOSOM-II-Hauptquartiers zunehmend kritisiert wurde.[2076]

Letzteres trieb auch den Kommandierenden General des III. Korps um. Anfang November echauffierte sich Generalleutnant Klaus Reinhardt beim Generalinspekteur über die unzumutbare Situation, in der die Soldaten durch die politischen Vorgaben steckten. Aus seiner Sicht blieben nur der Abzug mit den restlichen »weißen« Nationen oder die Eingliederung in das neue Logistikkonzept und die damit verbundene Verlegung der Logistikkomponente.[2077] Die Lage des deutschen Verbands sei prekär, sowohl logistisch als auch psychologisch. Das ursprünglich positive Ansehen der deutschen Soldaten schlage durch die politische Beschränkung bei den anderen VN-Truppen »in eine Antistimmung um«. Trotz der bestehenden Versorgungsengpässe sei es dem deutschen Verband untersagt, das LSC zu entlasten, »obwohl er die Mittel hätte«.[2078] Eine Versorgung auf dem Luftweg könne »nur eine Notfallmaßnahme« sein und sei »finanziell kaum zu recht-

---

[2074] Vgl. die Tagesmeldungen von Fü S IV 4 an Staatssekretär Schönbohm zwischen dem 3. und 16.11.1993 in BArch, BW 2/28167.
[2075] Vgl. BArch, BW 2/30486, Vorlage Fü S IV 4 an die Staatssekretäre Schönbohm und Wichert, Betr.: Versorgungslage Deutscher Unterstützungsverband Somalia, hier: Einsatz von C-160 zur Versorgung mit Betriebsstoffen, 9.11.1993, sowie die Vermerke auf BArch, BW 2/28190, Vorlage Fü S IV 4 an den Verteidigungsminister, Betr.: Beteiligung der Bundeswehr an UNOSOM II, hier: 1. Anpassung der Stärke des Deutschen Unterstützungsverbandes […], 25.11.1993.
[2076] BArch, BW 2/28176, Schreiben III. Korps an Fü S IV 4 u.a., Betr.: Wöchentliche Lageinformation aus FHQ UNOSOM II, 1.10.1993, hier S. 2 f.; BArch, BW 2/28184, Telefax III. Korps an Fü S IV 4, SITSOM 182/93, 29.10.1993, hier S. 4; BArch, BW 2/28167, Vorlage Fü S IV 4 an Staatssekretär Schönbohm, Betr.: Tagesmeldung Somalia, 29.10.1993; ebd., Schreiben Deutscher Unterstützungsverband an III. Korps, Betr.: Erkenntnisse aus Gespräche während des Armed Forces Day der ITA Brig am 4.11.1993 in Balad, 24.10.[11.]1993, hier S. 3; BArch, BW 2/28168, Kommandeur Deutscher Unterstützungsverband Somalia, Aktenvermerk über das Gespräch im HQ UNOSOM II am 15.11.1993, 15.11.1993; BArch, BW 2/35084, Kopie Vermerk StAL Fü S IV über Besuch StAL Fü S IV bei DtUStVerb Somalia und LTP Djibouti, 2.12.–5.12.1993, 7.12.1993, hier S. 2.
[2077] BArch, BW 2/28179, Schreiben Kommandierender General des III. Korps an den Generalinspekteur, 3.11.1993, hier S. 3.
[2078] Ebd., S. 6.

fertigen«. Die Thematik des »secure environment« habe das Vertrauen der Soldaten in die Führung »teilweise erschüttert«. Die »Fiktion« des sicheren Umfelds, des »am stärksten gefährdeten« Gebiets, des UNOSOM-II-Hauptquartiers, bei gleichzeitiger Beschränkung aller anderen Bereiche, stoße auf Unverständnis.[2079] Generalleutnant Reinhardt machte sich daher für eine kurzfristige Lockerung der »selbstauferlegte[n] Knebelung« stark:

> »Durch unsere innenpolitisch bedingten Restriktionen befinden wir uns zwischenzeitlich in einem circulus viciosus [sic], der der Truppe vor Ort den Eindruck des absurden Theaters vermittelt. [...] Die Truppe könnte und will, darf aber nicht.«

Es bestehe die Gefahr, dass die Soldaten des ersten Kontingents »ernüchtert und frustriert« zurückkehrten. Auch um ihr »angeknackste[s] Selbstbewußtsein« zu stärken, bat der General um die Ausdehnung des Transportkorridors bis nach Balad sowie der humanitären Hilfe entlang der Hauptstraße Richtung Mogadischu.[2080] Zum Ende des 1. Kontingents war dies eine vernichtende Bilanz. Militärisch erschien die Beteiligung aus Sicht des Generals unter den politischen Bedingungen sinnlos. Zudem gefährdeten die Beschränkungen die Moral der Soldaten und ihr Ansehen innerhalb der Vereinten Nationen – ein Zustand, der von keiner Seite gewollt sein konnte. Wesentlichen Einfluss auf die Entscheidung der Leitung des BMVg hatte General Reinhardt aber nicht. General Naumann entschied, den Sachverhalt erst nach Verlängerung des VN-Mandats an den Minister zu geben.[2081]

Ohnehin konzentrierte sich das BMVg einzig auf die zwei vorgeschlagenen Handlungsmöglichkeiten. Die Kritik von General Reinhardt am bisherigen Vorgehen wurde akzeptiert. Dass »Unmut und Unverständnis« in der Truppe aufgekommen seien, sei bekannt, lasse sich aber »aufgrund politischer und verfassungsrechtlicher Rahmenbedingungen derzeit nicht [...] ändern«, so Fü S IV 4 in einer Vorlage an den Generalinspekteur.[2082] Dabei fehlte einzig der politische Wille, andere Bedingungen zu schaffen, ehe das Bundesverfassungsgericht sein abschließendes Urteil zu Auslandseinsätzen der Bundeswehr fällte. Das BMVg nahm den Ansehensverlust der deutschen Truppe in Kauf, was so weit führte, dass der stellvertretende UNOSOM-II-

---

[2079] Ebd., S. 7. Zur Selbstsicht des in Mogadischu eingesetzten Personals, das vor allem die Trennung zwischen Aufgaben nach Kapitel VI und VII der VN-Charta anzweifelte, siehe BArch, BW 2/28177, Kopie Fernschreiben Oberst Walter Conze, HQ-Comdt, an III. Korps, 4.7.1993; ebd., Auszugsweise Abschrift Bericht DDO HQ UNOSOM II, Oberst Walter Conze, an III. Korps, Betr.: G2-SOM, 29.9.1993.

[2080] BArch, BW 2/28179, Schreiben Kommandierender General des III. Korps an den Generalinspekteur, 3.11.1993, hier S. 8.

[2081] Siehe die Weisung auf BArch, BW 2/28190, Vorlage Fü S IV 4 an den Generalinspekteur, Betr.: Handlungsmöglichkeiten des Deutschen Unterstützungsverbandes Somalia, 6.11.1993. Eine Antwort erhielt General Reinhardt offenbar nicht. Zeitzeugengespräch mit General a.D. Dr. Klaus Reinhardt am 26.10.2021.

[2082] BArch, BW 2/28190, Vorlage Fü S IV 4 an den Generalinspekteur, Betr.: Handlungsmöglichkeiten des Deutschen Unterstützungsverbandes Somalia, 6.11.1993, hier S. 3.

IV. Deutsche ›Blauhelme‹ in Afrika                                              469

Kommandeur Montgomery den deutschen Verband im November als unnötig bezeichnete.[2083] Anstatt sich aber in das neue Konzept der UNOSOM II einzugliedern, folgte man dem von Minister Rühe vorgegebenen Weg zur möglichst baldigen Rückkehr aller Soldaten.

Gegen den Willen des BKAmts, das aus außenpolitischen Gründen auf die Verlängerung des UNOSOM-II-Mandats warten wollte,[2084] warb Rühe bereits am 10. November im Verteidigungsausschuss für den Abzug zum 1. April 1994. Vor allem der Einsatz einer privaten Logistikfirma zur Versorgung sei »unverantwortbar« für die Bundeswehr.[2085] Die Rückendeckung der Parlamentarier schien für Rühe von großer Bedeutung, um den Druck auf das AA zu erhöhen. Dass die Versorgung durch eine zivile Firma nicht infrage kam, lag an der vom BKAmt geteilten Sorge, dass diese »bei einer sich verschärfenden Sicherheitslage ihre Dienstleistung einstellen« könnte.[2086] Genau dieses Verhalten hatte Außenminister Kinkel vor dem Bundesverfassungsgericht aber auch für den deutschen Verband angekündigt. Die angebliche Sorge war eine Verkennung der Realität. Durch die Arbeit in Mogadischu war die Firma Brown & Root gewillt, mehr Risiko einzugehen als die Bundesressorts.

Das UNOSOM-II-Hauptquartier plante dagegen sehr wohl mit dem Verbleib der deutschen Truppen, allerdings nicht in Beledweyne. In den Worten des stellvertretenden UNOSOM-II-Kommandeurs Montgomery sollten die deutschen Soldaten »[w]eg von der Randlage, hin zum Bedarf«[2087] verlegt werden. Sicher schien, dass es nach dem US-Abzug genügend Infanteristen, aber zu wenig Logistiker gebe. Der deutsche Verband sollte daher zum logistischen Bindeglied zwischen der Firma Brown & Root und den VN-Truppen im Raum Baidoa werden. Dies erforderte die Verlegung des Camps nach Baledogle und die Abholung von Verbrauchsgütern aus Mogadischu.[2088] Dies waren zwei für die deutsche Seite aus »innenpolitischen

---

[2083] Vgl. ebd., Vorlage Fü S IV 4 an den Verteidigungsminister, Betr.: Beteiligung der Bundeswehr an UNOSOM II, hier: 1. Anpassung der Stärke des Deutschen Unterstützungsverbandes […], 25.11.1993, hier S. 4.
[2084] BArch, B 136/43517, Vorlage Abteilungsleiter 2 an den Bundeskanzler, Betr.: Einsatz des [sic] Bundeswehr in Somalia, hier: Behandlung im Kabinett am Mittwoch, den 10. November 1993, 8.11.1993.
[2085] PA AA, B 34, ZA, Bd 160139, Vermerk Referat 320, Betr.: Sitzung des Verteidigungsausschusses des Deutschen Bundestages am 10.11.1993, hier: TOP 5 Bericht des BM der Verteidigung über den Einsatz der Bundeswehr in Somalia, 10.11.1993, hier S. 2; PA-DBT 3119, Ausschuss für Verteidigung, 12/66, 10.11.1993, S. 41.
[2086] BArch, B 136/43517, Vorlage Abteilungsleiter 2 i.V. an den Bundeskanzler, betr.: Verlängerung des Mandats von UNOSOM II und Auswirkungen auf das deutsche Bundeswehrkontingent, hier: Erörterung in der Kabinettsitzung am 23. November 1993, 22.11.1993, hier S. 4.
[2087] BArch, BW 2/28168, Kommandeur Deutscher Unterstützungsverband Somalia, Aktenvermerk über das Gespräch im HQ UNOSOM II am 15.11.1993, 15.11.1993, hier S. 2.
[2088] BArch, BW 2/28176, Entwurf Fax General Bir an General Baril, 6.11.1993; PA AA, BAV 173-NEWYVN, Bd 27426, Kopie Drahtbericht der Botschaft der Bundesrepublik Deutschland in Nairobi an Referat 322 im AA, Nr. 811, 6.12.1993.

Gründen«[2089] inakzeptable Bedingungen[2090]. Andernfalls könne der Verband in Beledweyne verbleiben, hier werde er aber weder benötigt, noch würde er vom LSC versorgt.[2091]

Am 18. November 1993 verlängerte der VNSR das Mandat der UNOSOM II zunächst unverändert bis Ende Mai.[2092] Die Ausdehnung der Mission in Richtung Norden wurde vertagt.[2093] Zur weiteren Planungssicherheit der Vereinten Nationen musste sich aber auch die Bundesregierung positionieren. Obwohl Minister Rühe auf die Festlegung eines Abzugtermins pochte,[2094] verzögerte das AA die Entscheidung und wollte mit den Vereinten Nationen nach Alternativen suchen.[2095] Seine Priorität war die Wahrung des deutschen Rufs als verlässlicher Partner. In einem Interview mit dem »Spiegel« erklärte Kinkel: »Ich trage nun mal außenpolitische Verantwortung und muß mir sehr genau überlegen, wie der Abzug von deutschen Soldaten international wirkt.«[2096] Am 23. November beschloss das Kabinett daher nicht den Abzug der Bundeswehr aus Somalia, sondern nur die vom BMVg geforderte Reduzierung des 2. Kontingents; der deutsche Verband werde »in den nächsten Monaten hinsichtlich seiner logistischen Aufgabenstellung nicht ausgelastet sein«. Der Umfang der Reduzierung war im Beschluss aber nicht geregelt. Eine personelle Obergrenze fehlte weiter, um flexibel reagieren zu können.[2097] Das Parlament war auf Verlangen des BKAmts nicht mit

---

[2089] PA AA, BAV 173-NEWYVN, Bd 27426, Kopie Drahtbericht der Botschaft der Bundesrepublik Deutschland in Nairobi an Referat 322 im AA, Nr. 812, 6.12.1993, hier S. 2.

[2090] Anfang Oktober hatte die Arbeitsebene des BMVg die Verlegung nach Baidoa bereits aus logistischer Sicht abgelehnt, da diese nur über den unsicheren Großraum Mogadischu möglich war. BArch, BW 2/28163, Kopie UStabEinsFüSK, Betr.: Einsatz DtUstVerb SOM, hier: Verlegung der IND-Brig, 6.10.1993. Nach Abzug des belgischen Kontingents Mitte Dezember wurde Baidoa auch wieder zu einem »unsicheren Gebiet« erklärt. BArch, BW 2/36754, Fü S IV 4/UstgStEinsFüSK, Protokoll Sitzung Koordinierungsstab für Einsatzaufgaben 37/93, 21.12.1993, hier S. 1.

[2091] BArch, BW 2/28168, Kommandeur Deutscher Unterstützungsverband Somalia, Aktenvermerk über das Gespräch im HQ UNOSOM II am 15.11.1993, 15.11.1993, hier S. 3.

[2092] VNSR, S/RES/886(1993), 18.11.1993.

[2093] BArch, BW 2/29718, Vorlage Fü S III 5 an den Verteidigungsminister, Betr.: Operation der Vereinten Nationen (VN) in Somalia (UNOSOM II), hier: Verlängerung Mandat, 19.11.1993, hier S. 2.

[2094] In der Kabinettssitzung am 23.11. sollte Rühe laut Sprechzettel die Abhängigkeit von der US-Logistik, den Abzug aller anderen »westliche[n]« Industrienationen und den fehlenden Schutz der USA als Gründe für den schnellstmöglichen Abzug nennen. Auch sei es nicht hinnehmbar, logistisch auf zivile Firmen und somalische Subunternehmer angewiesen zu sein. BArch, BW 2/29720, Kopie Fü S III 5, Sprechzettel zur Kabinettssitzung am 23.11.1993, 22.11.1993.

[2095] BArch, BW 2/29718, Kopie Vermerk Fü S III 5 an Staatssekretär Schönbohm, Betr.: Beteiligung der Bundeswehr an UNOSOM II, hier: Tischvorlage zur Kabinettssitzung am 23.11.1993 zur Reduzierung des Verbandes und zur weiteren Dauer der Beteiligung an UNOSOM II, 18.11.1993.

[2096] Paul Lersch und Rainer Pörtner, »Die Zukunft steht auf dem Spiel«. In: Der Spiegel, Nr. 47 (1993), 22.11.1993, S. 41–44, hier S. 41.

[2097] BArch, BW 2/29720, Vorlage Fü S III 5 an den Verteidigungsminister, Betr.: Deutscher militärischer Beitrag zu den Operationen der Vereinten Nationen in Somalia (UNOSOM II), hier: Unterrichtung des Kabinetts am 23.11.1993, 22.11.1993, hier

## IV. Deutsche ›Blauhelme‹ in Afrika

der Entsendung des 2. Kontingents befasst worden.[2098] Gleichzeitig wies das BKAmt das AA und das BMVg aber auch an, zeitnah einen abgestimmten Vorschlag für den Abzug des deutschen Kontingents zu unterbreiten.[2099]

Das III. Korps war bereits am 22. November angewiesen worden, die ermittelten Dienstposten im Rahmen des Kontingentwechsels zu streichen. Auch wurde dem Einsatzverband untersagt, in einen anderen Raum zu verlegen.[2100] Die sinnvolle Eingliederung in das neue VN-Konzept war ausgeschlossen. Weiterhin sollten nur der italienische Verband versorgt und die humanitäre Hilfe »im bisherigen Umfang« fortgesetzt werden. Neue Projekte sollten nur begonnen werden, wenn diese bis März 1994 beendet werden konnten.[2101] Die Regierung – in erster Linie das BMVg – nahm hin, dass die Versorgung des deutschen Verbands gefährdet blieb. Das UNOSOM-II-Hauptquartier hatte deutlich erklärt, dass die Versorgung des deutschen Verbands in Beledweyne von geringer Priorität war. Entlasten durfte der deutsche Verband das überforderte LSC nicht, obwohl er die Fähigkeiten besaß. Dies hätte Anfang Dezember beinahe zu einer absurden Situation geführt. Der deutsche Verband hatte das BMVg gebeten, nicht mehr benötigte Fahrzeuge selbstständig nach Mogadischu verlegen zu dürfen. Die Rechtsabteilung und der Generalinspekteur hatten aber untersagt, auf dem Rückweg die ebenfalls in Mogadischu lagernde Verpflegung nach Beledweyne zu bringen. Letzteres blieb unter den deutschen Vorgaben verboten[2102] und hatte nur keine Auswirkungen, weil Staatssekretär Schönbohm, über die Kurzfristigkeit der Anfrage verärgert, den gesamten Marsch untersagte.[2103] Die räumliche

---

Anlage; BArch, B 136/43517, Vorlage Abteilungsleiter 2 i.V. an den Bundeskanzler, betr.: Verlängerung des Mandats von UNOSOM II und Auswirkungen auf das deutsche Bundeswehrkontingent, hier: Erörterung in der Kabinettsitzung am 23. November 1993, 22.11.1993, hier S. 3.

[2098] PA AA, B 34, ZA, Bd 160140, Vermerk Referat 322, Betr.: Ressortbesprechung im AA zu Somalia am 15.10.1993, 29.10.1993, hier S. 6. Einzig das BMVg hatte im Vorfeld für eine erneute Beteiligung des Parlaments plädiert. Vgl. BArch, BW 2/30516, Nebenabdruck Vorlage VR II 2 an Staatssekretär Wichert, Betr.: Beteiligung der Bundeswehr an UNOSOM II, hier: Verlängerung des Mandats und Beteiligung des Deutschen Bundestages, 30.9.1993.

[2099] Vgl. BArch, B 136/43517, Vorlage Abteilungsleiter 2 i.V. an den Bundeskanzler, betr.: Verlängerung des Mandats von UNOSOM II und Auswirkungen auf das deutsche Bundeswehrkontingent, hier: Erörterung in der Kabinettsitzung am 23. November 1993, 22.11.1993.

[2100] BArch, BW 2/30515, Weisung Fü S IV 4 an das III. Korps, Betr.: Deutscher Unterstützungsverband Somalia, hier: Anpassung an geänderte Rahmenbedingungen, 22.11.1993.

[2101] Ebd.

[2102] Vgl. BArch, BW 2/28170, Schreiben VR II 2 an Fü S IV 4, Betr.: Abholung von Betriebsstoff durch GECOMPFORSOM aus Mogadischu, 23.11.1993.

[2103] BArch, BW 2/28190, Vorlage Fü S IV 4 an den Verteidigungsminister, Betr.: Deutscher Unterstützungsverband Somalia, hier: Rückführung von Fahrzeugen und Material im Rahmen der Reduzierung des 2. Kontingents, 6.12.1993; BArch, BW 2/28184, Telefax III. Korps an Fü S IV 4, SITSOM 222/93, 8.12.1993, hier S. 2. Eine ähnliche Situation hatte es bereits im November gegeben, als Fü S IV 4 dem III. Korps untersagte, neben der Entladung des Feederschiffs »MS Bremer Handel« auch Betriebsstoffe aus Mogadischu

Fixierung auf Beledweyne bedeutete, dass die Missionsführung den deutschen Verband nicht sinnvoll in die Planung einbinden konnte und dessen logistische Fähigkeiten nutzlos blieben. Eindeutig standen die Zeichen auf Abzug.

*Der Abzug des deutschen Verbands*

Die Rotation der Kontingente und die damit einhergehende Reduzierung des deutschen Verbands[2104] begannen am 18. November 1993 und erfolgten in neun Umläufen.[2105] Die Kommandoübergabe von Oberst Harff an Oberst Holger Kammerhoff am 10. Dezember markierte den offiziellen Beginn des 2. Kontingents.[2106] Prinzipiell waren die neuen Soldaten gekommen, um das Feldlager abzubauen und das Material nach Deutschland zu schaffen. Durch Befehl Nr. 7 des BMVg wusste der Verband seit Ende November, dass er sich auf eine Rückkehr im Frühjahr 1994 einzustellen hatte. Ein drittes Kontingent sollte es nicht geben, obwohl das Kabinett dies noch gar nicht beschlossen hatte. Ausdrücklich wurde das III. Korps aber angewiesen, ein bis März 1994 reichendes Konzept zur humanitären Hilfe in Beledweyne zu erarbeiten.[2107] Eindeutig lag der Fokus nun auf humanitären Maßnahmen, da es kaum logistische Aufgaben gab. Die humanitäre Hilfe erfolgte aber weiter unter militärischer Logik. Im Konzept des deutschen Verbands erhielten die Aufgaben Priorität, die entlang der wichtigsten Versorgungsstraßen lagen. Es folgten Vorhaben, die das »Überleben« der Bevölkerung sicherten. Der Nutzen für den Schutz des deutschen Verbands stand bei allen Aktivitäten

---

aufzunehmen. BArch, BW 2/28170, Weisung Fü S IV 4 an III. Korps, Betr.: Mitnahme von Betriebsstoff, 23.11.1993.

[2104] Die Bitte des Verbands, nur 366 Dienstposten zu streichen, wurde Anfang Dezember abgelehnt. BArch, BW 2/30491, Weisung III. Korps an GECOMPFORSOM, 7.12.1993.

[2105] BArch, BW 2/28163, Vorlage Fü S IV 4 an den Verteidigungsminister, Betr.: Kontingentwechsel des Deutschen Unterstützungsverbandes Somalia, 11.11.1993; BArch, BH 9-23/140, Deutscher Unterstützungsverband Somalia, Kommandeur, an II. Korps, Betr.: Erfahrungsbericht 1. Kontingent DtUstgVbd SOMALIA 21.7.1993–18.11.1993, 12.11.1993, hier Führungsgrundgebiet 1, S. 3. Ursprünglich hatten die VN vorgesehen, die deutschen Truppen über Mogadischu nach Somalia zu bringen. Aus Sicherheitsgründen erwirkte das BMVg aber den Transport über Dschibuti. BArch, BW 2/28163, Telefax Fü S IV 4 an die Ständige Vertretung in New York, Betr.: Kontingentwechsel Deutscher Unterstützungsverband NOV/DEZ 1993, 12.10.1993. Aus Sicherheitsbedenken wurde dann auch der Vertrag mit einem zivilen Charterunternehmen gekündigt und der Transport zwischen Dschibuti und Beledweyne mit deutschen C-160 vollzogen. BArch, BW 2/30486, Vorlage Fü S IV 4 an den Verteidigungsminister, Betr.: Durchführung der VN-Shuttleflüge Djibouti-Belet Uen mit TRANSAERO, Polen im Rahmen des Personalaustauschs DtUstgVerb Somalia, hier: Ablehnung des Lufttransports durch TRANS AERO [sic], 25.11.1993.

[2106] BArch, BW 2/30491, III. Korps, Tagesbefehl, 10.12.1993.

[2107] BArch, BW 2/30515, Fü S IV 4, Betr.: Befehl Nr. 7 zur Beteiligung der Bundeswehr an UNOSOM II, hier: Anpassung des Deutschen Unterstützungsverbandes Somalia, 30.11.1993, hier S. 2.

im Vordergrund.[2108] Dies ist den Soldaten nicht vorzuwerfen, sondern der Regierung, die Soldaten und keine zivilen Organisationen in das Gebiet entsandte. Die Hilfe blieb somit punktuell und orientierte sich nicht ausschließlich am humanitären Bedarf.

Zur Aufrechterhaltung ihres Ansehens versuchten die Bundesressorts indes, die Schuld für einen deutschen Abzug bei den Vereinten Nationen zu suchen.[2109] In einem Sprechzettel für Außenminister Kinkel sollte es für eine Sitzung der FDP Anfang Januar heißen, dass UNOSOM II »trotz dauernden Drängens [...] nicht in der Lage war, unseren Truppen eine adäquate und akzeptable Aufgabe zuzuweisen«.[2110] Zwar stimmte es, dass die Deutschen die Vereinten Nationen monatelang gedrängt hatten. Sie waren aber selbst nie bereit, von ihren im April 1993 getroffenen, mittlerweile unrealistischen Absprachen abzuweichen und sich sinnvoll ins neue Konzept der UNOSOM II einzufügen. Die Bundesressorts stahlen sich aus der Verantwortung, als die Vereinten Nationen am dringendsten Hilfe brauchten.

Insbesondere das BMVg drängte auf eine rasche Entscheidung, da die Zeit für einen Abzug unter dem Schutz der USA schwand. Dass die vom VN-Sekretariat Anfang Dezember 1993 mit Nachdruck verfolgte Ausdehnung in Richtung Norden erfolgen würde, glaubte das BMVg nicht.[2111] Insbesondere die Meinungsunterschiede zwischen der UNOSOM-II-Führung und dem VN-Sekretariat über das weitere Vorgehen weckten im BMVg Zweifel.[2112] Dass das VN-Sekretariat vorgab, fest mit dem deutschen Logistikverband zu planen, blieb folgenlos. Aus Sicht des BMVg war es weder wünschenswert noch rechtlich möglich, im neuen Operationsplan der Vereinten Nationen eine größere Rolle zu spielen oder gar als logistische »lead nation« aufzutreten.[2113] Das BMVg und die Bundeswehrführung wollten den schnellen Abzug aus

---

[2108] BArch, BW 2/30491, Kopie Vorlage Stellvertretender Kommandeur GECOMPFORSOM an das III. Korps, Betr.: Humanitäre Hilfeleistungen, hier: Planung zukünftiger Hilfeleistungen, 8.12.1993; BArch, BW 2/28190, Vorlage Fü S IV 4 an den Verteidigungsminister, Betr.: Humanitäre Hilfeleistung durch DtUstgVbd Somalia, 17.12.1993.
[2109] PA AA, B 34, ZA, Bd 160140, Entwurf Vermerk Referat 322, Betr.: Ressortbesprechung im AA zu Somalia am 14.12.1993, 15.12.1993, S. 4. Siehe auch die Aussage von Minister Rühe in BT-PlPr. 12/192, 24.11.1993, S. 16632.
[2110] PA AA, B 34, ZA, Bd 165139, Kopie Sprechzettel Referat 322, Betr.: Sitzung des FDP-Arbeitskreises I am 11.1.1994, hier: Somalia, 4.1.1994, hier S. 2.
[2111] BArch, BW 2/28168, Fax Kofi Annan an Cevik Bir, Betr.: FC Code Cable CMN−981 of 1 December 1993, 3.12.1993; BArch, BW 2/29720, Vorlage Fü S III 5 an den Verteidigungsminister, Betr.: Deutscher militärischer Beitrag zu den Operationen der Vereinten Nationen in Somalia (UNOSOM II), hier: »Neues Strategisches Konzept« des VN-Sekretariats, 3.12.1993; ebd., Vermerk Fü S III 5 an den Chef des Stabes Fü S, Betr.: Abstimmungsgespräch BMVg – AA auf Staatssekretärsebene am 9.12.1993, hier: Position AA zum »Neuen Strategischen Konzept« [...], 9.12.1993.
[2112] Vgl. die Anmerkungen auf BArch, BW 2/28168, Drahtbericht der Ständigen Vertretung in New York an Referat 230 im AA, Nr. 3754, 9.12.1993.
[2113] BArch, BW 2/29718, Vorlage Fü S III 5 an den Verteidigungsminister, Betr.: Bericht des Generalsekretärs der Vereinten Nationen an den Sicherheitsrat (SR) zur Lage in Somalia, 16.11.1993.

Somalia und stellten seit November Überlegungen zu dessen Durchführung an.[2114]

In einer Besprechung am 14. Dezember einigten sich die Ressorts darauf, dass es angesichts der VN-Planungen sinnlos wäre, wenn die Bundeswehr in Beledweyne bliebe. Eine Verlegung nach Baledogle wurde wegen der planerischen Vorlaufzeit ausgeschlossen. Eine »unabhängige Kommission« müsse vorher prüfen, ob es sich hierbei um ein »secure environment« handele.[2115] Warum die Erklärung der Vereinten Nationen nicht mehr reichte, ist ungewiss. Vermutlich wollte das BMVg die Hürden für einen Verbleib so hoch wie möglich legen, um einen Abzug zu erzwingen. Indes hatte nämlich auch Italien seinen Abzug bis Ende März angekündigt, von dessen Kräften ein reibungsloser deutscher Abzug abhing.[2116] Eine unabhängige Erkundung hatte intern aber auch der Afrikabeauftragte des AA gefordert. Für ihn stand fest, dass ein Verbleib in Beledweyne sinnlos sei. Wegen ihres »eklatanten Mißverhältnisses von Aufwand und Ergebnis« rechtfertigten auch die humanitären Maßnahmen der Soldaten keinen Verbleib. Die Verlegung nach Baledogle sei »sinnvoll«. Aufgrund der widersprüchlichen Informationen wollte er den Vereinten Nationen insbesondere bei der Frage des befriedeten Gebiets aber aus innenpolitischen Bedenken nicht mehr trauen. Im Bewusstsein des dafür notwendigen Zeitaufwands und der Position des BMVg resignierte daher auch der noch am stärksten für ein zweckmäßige Unterstützung Somalias eintretende Afrikabeauftragte gegenüber Außenminister Kinkel. Die aus seiner Sicht »wünschenswerte« Prüfung einer Verlegung nach Baledogle sei »vor dem Hintergrund unserer spezifischen innenpolitischen Diskussion des Somalia-Einsatzes und im Hinblick auf mangelnden Schulterschluß [...] innerhalb der Bundesregierung wohl nicht mehr realistisch.« Letztlich müsse die Bundesregierung daher den »sehr aufwendigen und teuren Einsatz beenden, ohne daß die ursprünglich gestellte Aufgabe erfüllt werden konnte.«[2117]

Aufgrund der ablehnenden Haltung des BMVg gegenüber einer sinnvollen Eingliederung in das neue UNOSOM-II-Konzept, die wegen der innenpolitischen Haltung des AA und des BMJ aber auch nur schwer umsetzbar war, beschloss das Kabinett am 20. Dezember die Rückverlegung

---

[2114] Ebd., UStabEFüSK, Überlegungen zur Verlegung des Deutschen Unterstützungsverbandes Somalia (GECOMPFORSOM) in nationaler Zuständigkeit, 26.11.1993.
[2115] PA AA, B 34, ZA, Bd 160140, Entwurf Vermerk Referat 322, Betr.: Ressortbesprechung im AA zu Somalia am 14.12.1993, 15.12.1993, S. 3.
[2116] BArch, BW 2/28181, Kopie Vorlage Leiter Planungsstab an den Verteidigungsminister, 16.12.1993. Generalinspekteur Naumann bat den italienischen Generalstabschef Domenico Corcione, zwei italienische Kompanien bis zum Abzug des deutschen Kontingents in Beledweyne zu belassen. BArch, BW 2/30512, Kopie Entwurf Schreiben General Naumann an General Corcione, Betr.: Redeployment of the Italian Task Force, Beled Weyne, 20.12.1993.
[2117] PA AA, BAV 173-NEWYVN, Bd 27426, Kopie Vorlage Dg 32 an den Außenminister, Betr.: Meine Reise an das Horn von Afrika vom 27.11.–11.12.1993, hier: Erkenntnisse mit Relevanz für bevorstehende Kabinettsentscheidung [...], 13.12.1993, hier S. 2 f.

## IV. Deutsche ›Blauhelme‹ in Afrika

der Bundeswehr.[2118] Eine halbherzige Bitte der USA, die Truppen in Somalia zu belassen, wurde ausgeschlagen.[2119] Für die Bundesressorts kam es nun darauf an, die Verantwortung für den deutschen Abzug bei den Vereinten Nationen zu suchen.[2120] Durch den Rückzug der anderen Kontingente und die veränderte Lage sei aus Sicht der Bundesregierung »die ursprüngliche Grundlage der Entsendung [...] entfallen«, so der Kabinettsbeschluss. Die Beteiligung werde daher »in Abstimmung mit den Vereinten Nationen« bis zum 31. März 1994 beendet. Dass die Vereinten Nationen noch immer Pläne mit dem deutschen Verband hatten, blieb unerwähnt. Um das Gesicht der Bundesressorts zu wahren, galt die UNOSOM II bereits als Erfolg. Der Mission sei »es gelungen, Somalia aus dem Chaos [...] zu führen.« »Humanitäre Hilfe« sei »nur noch punktuell notwendig.« Durch sein Engagement habe der deutsche Verband einen wichtigen Beitrag zur Förderung des politischen Prozesses in Beledweyne geleistet. Zudem werde sich nur die Bundeswehr, nicht aber die Bundesrepublik aus Somalia zurückziehen. Die angestoßenen Projekte würden an zivile Organisationen übergeben und die im Dezember 1992 beschlossenen zivilen Maßnahmen fortgeführt;[2121] so zumindest die Theorie, deren Umsetzung sich durch die fehlende Bereitschaft der NROs zur fortwährenden Unterstützung des Krankenhauses in Beledweyne als schwierig erwies.[2122]

Im veröffentlichten Narrativ der Bundesregierung flüchtete die Bundeswehr nicht wegen Sicherheitsbedenken und eines sinnlosen politischen Auftrags aus Somalia, sondern verließ das Land nach Erfüllung ihrer Aufgabe mit erhobenem Haupt. Die Bewertung der Beteiligung hatte das Kabinett also bereits vorgenommen, obwohl sie noch immer lief. Angesichts

---

[2118] Vgl. auch ARD, Tagesschau vor 20 Jahren, 20.12.1993.
[2119] Vgl. BArch, B 136/43518, Vorlage RL 212 an den Abteilungsleiter 2, betr.: Beendigung des deutschen militärischen Engagements in Somalia, hier: Kabinettbefassung am 20. Dezember 1993, 20.12.1993.
[2120] PA AA, BAV 173-NEWYVN, Bd 27426, Kopie Vorlage Dg 32 an den Außenminister, Betr.: Meine Reise an das Horn von Afrika vom 27.11.–11.12.1993, hier: Erkenntnisse mit Relevanz für bevorstehende Kabinettsentscheidung […], 13.12.1993, hier S. 4.
[2121] BArch, BW 2/29720, Vorlage Fü S III 5 an den Verteidigungsminister, Betr.: Deutscher militärischer Beitrag zu den Operationen der Vereinten Nationen in Somalia (UNOSOM II), hier: Gemeinsame Kabinettsvorlage zur Friedensmission der Vereinten Nationen in Somalia (UNOSOM II), 15.12.1993, hier Anlage 1. Der Text wurde veröffentlicht in BPA, Kabinettsbeschluss zur Beendigung der Bundeswehrbeteiligung an UNOSOM II. In: Bulletin, Nr. 114, 23.12.1993, S. 1260.
[2122] Das Krankenhaus war das einzige Projekt, das fortlaufende Unterstützung benötigte. Mit Ausnahme der Johanniter hielt sich die Bereitschaft der NROs zur Hilfe aber zurück. BArch, BW 2/30935, Vermerk Fü S IV 4, Betr.: Abstimmung in der Bundesregierung zur humanitären Hilfe im Raum Belet Uen, 16.12.1993, hier S. 2; PA AA, B 34, ZA, Bd 165137, Vermerk Referat 322, Betr.: Ressortbesprechung im AA am 17.2.1994 zur möglichen Weiterführung des Krankenhauses in Belet Huen, 1.3.1994. Aufgrund der Sicherheitslage in Beledweyne lehnte das DRK eine Unterstützung im März 1994 ab. BArch, BW 24/20723, Schreiben des Generalsekretärs des Deutschen Roten Kreuz an Staatssekretär Schönbohm, 10.3.1994. Schnell seien die Verhältnisse im Krankenhaus daher »ernüchtern[d]« gewesen. BArch, BW 24/20727, Oberstarzt Dr. Gerhard Boecken, Erfahrungsbericht Somalia-Einsatz, 12.4.1994, hier S. 4.

der noch laufenden Organklage musste die Entsendung der Bundeswehr nach Somalia ein Erfolg sein, auch wenn die erbrachten Leistungen nicht dem entsprachen, was die Vereinten Nationen sich erhofft hatten, und für die Bevölkerung in Beledweyne alles andere als nachhaltig waren. Aufrichtig wäre das Eingeständnis gewesen, dass jedes weitere Engagement ohne die USA für das eigene Personal für zu gefährlich gehalten wurde und der Fortbestand der UNOSOM II sowie die Entwicklungen in Somalia nach dem Abzug der NATO-Partner zweitrangig für die Bundesressorts waren. Stattdessen übten sie sich in Schönrederei.

Noch am selben Tag wandte sich Generalinspekteur Naumann in einem sechsseitigen Schreiben mit gleichem Tenor an die Truppe, obwohl die Beteiligung noch drei Monate lief. »Für die Bundeswehr«, so Naumann, »war der Einsatz militärisch ein Erfolg.« Sie habe »umfangreiche und sehr wertvolle Erfahrungen« im Rahmen einer multinationalen Mission gesammelt.[2123] Zudem habe Deutschland in seinem Bereich einen großen Beitrag zum Wiederaufbau Somalias geleistet. Die Weltorganisation sei verantwortlich, dass der eigentliche Auftrag des Verbands nicht abgerufen worden sei.[2124] Ungeachtet der großen Probleme, die der Verband hatte, zeigte sich die deutsche Seite gegenüber der Öffentlichkeit bereits jetzt zufrieden. Das 2. Kontingent musste daher nur noch heil zurückkehren, um das Narrativ des erfolgreichen humanitären Einsatzes zu festigen.

Zwei Tage später erließ das BMVg seinen achten und vorletzten Befehl für den Unterstützungsverband. Bis zum 3. Januar sollte das III. Korps einen Operationsplan erarbeiten.[2125] Abweichend von den bisherigen Vorgaben wurde dem deutschen Verband gestattet, sich unter zusätzlichem Schutz anderer VN-Truppen auch außerhalb des »secure environment« zu bewegen. In Mogadischu sollte jedoch möglichst wenig deutsches Personal stationiert werden. Humanitäre Maßnahmen sollten nur noch durchgeführt werden, wenn sie den Abzug nicht beeinträchtigten. Ansonsten waren sie an zivile Organisationen zu übergeben.[2126]

Der Abzug des deutschen Verbands ging jedoch einher mit einer Verschlechterung der Sicherheitslage in Mogadischu. Zwischen November 1993 und Mitte März 1994 zählte das BMVg 115 bewaffnete Überfälle. Allein 46 ereigneten sich zwischen Anfang Februar und Mitte März.[2127] Am 29. Dezember wurde ein Fahrzeug der Bundeswehr auf dem Weg zum UNOSOM-II-Hauptquartier beschossen. Die vorzeitige Herauslösung der zwei betroffenen

---

[2123] BArch, BW 1/462718, Rundschreiben Generalinspekteur, Betr.: Truppeninformation Nr. 5, hier: »Beteiligung der Bundeswehr an Maßnahmen der VN in Somalia« (UNOSOM II), 20.12.1993, hier S. 5.
[2124] Ebd., S. 3.
[2125] BArch, BW 2/30515, Kopie Fü S IV 4, Betr.: Befehl Nr. 8 zur Beteiligung der Bundeswehr an UNOSOM II, hier: Rückverlegung, 22.12.1993.
[2126] Ebd., S. 2; BArch, BW 1/390411, Heeresführungskommando, Erfahrungsbericht Somalia, 25.4.1994, hier Anlage Führungsgrundgebiete 3, S. 16.
[2127] BArch, BW 2/36754, Fü S IV 4/UStabEFüSK, Protokoll Sitzung Koordinierungsstab für Einsatzaufgaben 11/94, 16.3.1994, hier S. 1.

## IV. Deutsche ›Blauhelme‹ in Afrika

deutschen Soldaten aus dem Bereich »Zivil-Militärische Zusammenarbeit« war die Folge, da diese einen Teil ihres Dienstes außerhalb des Hauptquartiers verrichten mussten. Verstimmungen bei den Vereinten Nationen wurden akzeptiert.[2128] Nach der bereits öffentlich gemachten positiven Bewertung sollte das Risiko der deutschen Soldaten minimiert werden, gleich wie die Reaktion der anderen Truppen oder der Vereinten Nationen war.

Aufgrund der instabilen Lage, aber wohl eher aufgrund der US-Entscheidung, den Luftraum über Mogadischu für die Rückholung der eigenen Soldaten zu sperren,[2129] entschied sich Minister Rühe am 24. Januar, die deutschen Soldaten nicht – wie zunächst vom III. Korps geplant – von Mogadischu nach Deutschland auszufliegen,[2130] sondern ähnlich wie die USA[2131] im Seetransport von Mogadischu nach Mombasa und erst von dort in Flugzeugen nach Deutschland zu transportieren.[2132] Obwohl der Minister die Entscheidung öffentlich machte, ehe die kenianischen Stellen informiert worden waren, konnte eine politische Verstimmung aufgrund der guten diplomatischen Verbindungen vor Ort verhindert werden.[2133] Ein letztes Mal war die teils holprige Koordination zwischen den Ministerien zutage getreten.

Für die Rückführung erhielt das III. Korps nicht die volle Befehlsgewalt. Zur Verlegung des Personals auf dem Seeweg wurde das Flottenkommando

---

[2128] BArch, BW 2/28190, Vorlage Fü S IV 4 an den Verteidigungsminister, Betr.: Einsatz deutsches Personal im HQ UNOSOM II, hier: Beschuß von deutschen Soldaten in Mogadischu am 29. Dez. 1993, 7.1.1994; BArch, BW 2/28177, Telefax Fü S IV 4 an Fü S III 5, III. Korps, Einsatz deutschen Personals im HQ UNOSOM II, hier: Personal im Bereich Zivil-Militärische Zusammenarbeit (CIMOC), 12.1.1994; PA AA, BAV 173-NEWYVN, Bd 27427, Drahterlass Referat 230 im AA an die Ständige Vertretung in New York, Nr. 0570, 18.1.1994.

[2129] Vgl. BArch, BW 2/30518, Kopie Vermerk Fü S II 3 an den StAL Fü S IV/Ltr KSEA, StAL Fü L III, Betr.: Sicherheitslage in Mogadischu, hier: Gefährdung von Luftfahrzeugen am Flughafen Mogadischu, 17.1.1994, hier S. 3.

[2130] Vgl. BArch, BW 2/28179, III. Korps, Operationsplan für die Rückverlegung des Deutschen Unterstützungsverband Somalia, 3.1.1994; BArch, BW 2/28190, Vorlage Fü S IV 4 an den Verteidigungsminister, Betr.: Rückverlegung des Deutschen Unterstützungsverbandes Somalia, hier: Operationsplanung, 5.1.1994.

[2131] BArch, B 136/43518, Drahtbericht der Botschaft der Bundesrepublik Deutschland in Washington an Referat 201 im AA, Nr. 102, 13.1.1994; ebd., Drahtbericht der Botschaft der Bundesrepublik Deutschland in Washington an Referat 221 im AA, Nr. 128, 18.1.1994.

[2132] BArch, BW 1/372431, Vorlage Fü S IV 4 an den Verteidigungsminister, Betr.: Rückverlegung des Personals des Deutschen Unterstützungsverbandes Somalia, hier: Transport des Personals von Mogadischu nach Mombasa über See, 21.1.1994; BArch, BW 2/30515, Fü S IV 4, Betr.: Befehl Nr. 9 zur Beteiligung der Bundeswehr an UNOSOM II, hier: Rückverlegung des Personals im Seetransport bis Mombasa, 25.1.1994. Ausführlich zur Marineoperation »Southern Cross« siehe BArch, BM 10/2698, Abschlußbericht Auswertung, Einsatz Marineverband Somalia – Southern Cross – 21. Januar–23. März 1994 des Flottenkommandos, 7.4.1994.

[2133] BArch, BW 2/28180, Führer Umschlagorganisation Mombasa, Betr.: Rückverlegung des Personals GECOMPFORSOM von Mogadischu über Mombasa nach Deutschland, hier: Erfahrungsbericht der Umschlagorganisation Mombasa (UOrgMOM), 19.3.1994, hier S. 3 f.

beauftragt, einen Flottenverband der Marine aufzustellen.[2134] Im Dezember war die Entsendung eines Schiffverbands noch als unnötig verworfen worden,[2135] da insbesondere Generalinspekteur Naumann nach Absprache mit dem US-Generalstabschef auf die uneingeschränkte Marineunterstützung der USA gesetzt hatte. Letztere hatten den Deutschen offenbar angeboten, den Abzug durch ihre vor Somalia liegenden Marine Expeditionary Units zu unterstützen, was General Naumann dankend annahm. Um die US-Bereitschaft nicht zu gefährden, versicherte er in der Folge, keine eigenen Marinekräfte zu entsenden.[2136] Im Gegensatz zu Frankreich und Italien sollte es vor der Küste Somalias aber ausgerechnet zwischen der deutschen und der US-Marine zu fast keiner Zusammenarbeit kommen, sodass die Marineführung nachträglich bezweifelte, ob die USA bei einem Zwischenfall unverzüglich geholfen hätten.[2137]

Die Aufstellung des Marineverbands lief indes zügig an. Da erste Planungen bereits vorlagen, konnten die Fregatte »Köln« aus der Adria abgezogen und die Fregatte »Karlsruhe«, der Versorger »Nienburg« und der Tanker »Spessart« zeitnah aus Deutschland nach Somalia geschickt werden.[2138] Für die Marine begann die nationale Unterstützungsleistung »Operation Southern Cross«, in der sie die deutschen Soldaten in mehreren Umläufen von Mogadischu nach Mombasa transportierte.[2139]

---

[2134] BArch, BW 2/30515, Fü S IV 4, Betr.: Befehl Nr. 9 zur Beteiligung der Bundeswehr an UNOSOM II, hier: Rückverlegung des Personals im Seetransport bis Mombasa, 25.1.1994. Entsprechende Kapazitäten hatte die Marine bereits am 15.12 zur Unterstützung des Abzugs in Aussicht gestellt. BArch, BW 2/28179, Schreiben Fü M III 3 an Fü S IV 4 (KSEA), Betr.: Unterstützung durch TSK Marine bei Rückzug aus Somalia, 15.12.1993.

[2135] Ursprünglich sollte der deutsche Marineverband keine Soldaten befördern, sondern die Rückverlegung logistisch und medizinisch unterstützen. BArch, BW 2/28190, Vorlage Fü S IV 4 an den Verteidigungsminister, Betr.: Beendigung der Beteiligung der Bundeswehr an UNOSOM II, 17.12.1993; ebd., Vermerk Adjutant des Verteidigungsministers an Staatssekretär Wichert, 22.12.1993; ebd., Vorlage Fü S IV 4 an den Verteidigungsminister, Betr.: Rückführung des Deutschen Unterstützungsverbandes Somalia, hier: Unterstützung der Rückverlegung mit Marinestreitkräften, 29.12.1993; BArch, BW 1/372431, Kopie Vorlage Staatssekretär Wichert an den Verteidigungsminister, 29.12.1993.

[2136] Vgl. PA AA, BAV 173-NEWYVN, Bd 27426, Drahtbericht der Botschaft der Bundesrepublik Deutschland in Washington an Referat 201 im AA, Nr. 3769, 21.12.1993; BArch, BW 2/30512, Kopie Schreiben Generalinspekteur Klaus Naumann an General John M. Shalikashvili, Chairman of the Joint Chiefs of Staff, 29.12.1993; BArch, BW 2/28194, Kopie Vermerk Generalinspekteur, o.D. [29.12.1993].

[2137] Bezweifelt wurde, dass die Absprachen zwischen Naumann und Shalikashvili auf die Operationsebene weitergegeben wurden. Auch nutzten die USA nationale Verschlüsselungen, die eine Verbindungsaufnahme erschwerten. BArch, BM 2/5406, Flottenkommando OP3, Erfahrungsbericht – Erstauswertung Einsatz Marineverband Somalia – Southern Cross – 21. Januar–23. März 1994 des Flottenkommandos, hier S. 9; BArch, BM 10/2698, Abschlußbericht Auswertung, Einsatz Marineverband Somalia – Southern Cross – 21. Januar–23. März 1994, 7.4.1994, hier S. 10, 32 f.

[2138] BArch, BM 10/2698, Abschlußbericht Auswertung, Einsatz Marineverband Somalia – Southern Cross – 21. Januar–23. März 1994, 7.4.1994, hier S. 6.

[2139] Siehe dazu Hoch, Einsätze am Horn von Afrika, S. 676–685; Jentzsch, »Southern Cross« 1994.

## IV. Deutsche ›Blauhelme‹ in Afrika

Die Rückverlegung des Materials hatte da bereits begonnen.[2140] Anders als das Personal wurde das Großgerät mit zivilen Frachtschiffen auf dem Seeweg nach Deutschland gebracht.[2141] Für die Deutschen überraschend, gehörte Beledweyne seit dem 18. Januar aber nicht mehr zum Verantwortungsbereich der ebenfalls abziehenden Italiener. Der deutsche Verband war hierüber nicht informiert worden. Erneut machte sich bemerkbar, wie wenig Einfluss er im UNOSOM-II-Hauptquartier besaß und wie wenig Rücksicht dessen Führung noch auf ihn nahm. Entscheidend war für die sich im Abzug befindenden Deutschen aber nur, dass Beledweyne für die Vereinten Nationen weiter als »secure environment« galt und eine italienische und eine neue malaysische Kompanie zur Sicherung der deutschen Truppen bereitstanden.[2142]

Sicherung war dahingehend von Bedeutung, als der Aufbruch des deutschen Kontingents zur Zunahme von Diebstahlversuchen führte. Zwar war es seit Beginn der Stationierung immer wieder zu Eindringversuchen ins deutschen Feldlager gekommen,[2143] nun häuften sich aber die Zwischenfälle. Am 19. Februar stahl ein Somali im Lager einen Lkw und konnte erst nach einer Verfolgungsjagd und der Abgabe mehrerer Schüsse auf das Fahrzeug

---

[2140] BArch, BW 2/29711, Fü S IV 4, Betr.: Tagesmeldung Somalia (Berichtszeitraum 11.1.1994), 12.1.1994.

[2141] BArch, BW 2/30515, Kopie Fü S IV 4, Betr.: Befehl Nr. 8 zur Beteiligung der Bundeswehr an UNOSOM II, hier: Rückverlegung, 22.12.1993, hier S. 4; BArch, BW 2/28179, III. Korps, Befehl Nr. 5 für die Rückverlegung GECOMPFORSOM, 22.12.1993, hier S. 7, 10 f.; ebd., III. Korps, Operationsplan für die Rückverlegung des Deutschen Unterstützungsverband Somalia, 3.1.1994, hier S. 1 f.

[2142] BArch, BW 2/28185, Telefax III. Korps an Fü S IV 4, Betr.: SITSOM 265/93, 20.1.1994, hier S. 2; BArch, BW 2/28168, Nebenabdruck Schreiben Fü S III 5 im BMVg an Referat 230 im AA, Betr.: Beteiligung der Bundeswehr an UNOSOM II, hier: Änderung der Raumordnung im italienischen Verantwortungsbereich, 28.1.1994; PA AA, B 34, ZA, Bd 165137, Drahtbericht der Ständigen Vertretung in New York an Referat 230 im AA, Nr. 336, 2.2.1994; BArch, BW 2/28168, Schreiben Fü S III 5 an Fü S IV 4, Betr.: Veränderung der IT-AOR zur AOR Balad, 3.2.1994; BArch, BW 2/28190, Vorlage Fü S IV 4 an den Verteidigungsminister, Betr.: Beteiligung der Bundeswehr an UNOSOM II, hier: Änderung der Raumordnung hinsichtlich des italienischen Verantwortungsbereiches, 4.2.1994; PA AA, B 34, ZA, Bd 165138, Drahtbericht der Ständigen Vertretung in New York an Referat 230 im AA, Nr. 383, 7.2.1994.

[2143] Die Anzahl der Diebstahlversuche war bereits während des kanadischen Abzugs gestiegen. BArch, BW 2/29167, Vorlage Fü S IV 4 an Staatssekretär Schönbohm, Betr.: Tagesmeldung Somalia, 26.5.1993; ebd., Vorlage Fü S IV 4 an Staatssekretär Schönbohm, Betr.: Tagesmeldung Somalia, 28.5.1993. Den ersten Eindringversuch in das deutsche Feldlager gab es am 31.5.1993. BArch, BW 2/28182, Telefax III. Korps an Fü S IV 4, Betr.: SITREP 32/93, 1.6.1993; BArch, BW 2/28167, Vorlage Fü S IV 4 an Staatssekretär Schönbohm, Betr.: Tagesmeldung Somalia, 1.6.1993. Am 2.6. gab ein deutscher Wachsoldat erstmals einen Warnschuss ab, um einen Eindringversuch zu stoppen. BArch, BW 2/28182, Telefax III. Korps an Fü S IV 4, Betr.: Meldung über Waffeneinsatz, 3.6.1993; BArch, BW 2/28167, Vorlage Fü S IV 4 an Staatssekretär Schönbohm, Betr.: Tagesmeldung Somalia, 3.6.1993. Über die ersten Eindringversuche berichteten auch die Medien. Vgl. Carsten Holm, Säbelraßler oder Hosenscheißer. In: Der Spiegel, Nr. 25 (1993), 21.6.1993, S. 116–118, hier S. 117. Bis zum 21.1.1994 kam es laut Fü S IV 4 zu 43 Eindringversuchen. 34 wurden durch die Abgabe von Warnschüssen beendet. BArch, BW 2/28169, Entwurf Telefax Fü S IV 4 an den Leiter Pressestab, Betr.: Eindringversuche Lager DtUstgVBd, 21.1.1994.

gestoppt werden.[2144] Zum gravierendsten Zwischenfall war es am 21. Januar gekommen, als ein deutscher Wachposten einen somalischen Eindringling im Feldlager nach der Abgabe mehrerer Warnschüsse tödlich verwundete.[2145] Auch außerhalb des deutschen Feldlagers verstärkten sich die Vorfälle. Ende Januar wurde das Lager des Welternährungsprogramms in Beledweyne geplündert.[2146] Anfang Februar warfen Unbekannte eine Handgranate auf das Büro des International Medical Corps, der deutsche Vertreter des IKRK wurde von seinen eigenen Leibwächtern mit dem Tode bedroht. Aufgrund dieser und weiterer Zwischenfälle verließen alle internationalen NROs Beledweyne.[2147] Die Bundeswehr hinterließ kein stabilisiertes Gebiet. Anders als die Kanadier hatte sie aber auch nicht die Befugnis, gegen Unruhestifter vorzugehen, sondern waren hierfür auf die Italiener angewiesen. Angesichts des politisch gewollten Mandats waren die deutschen Soldaten in solchen Situationen hilflos.

Die Sonderrolle des deutschen Verbands wurde im Januar 1994 noch einmal durch die Ergänzung der nationalen RoE sichtbar. Anlässlich des Landmarsches nach Mogadischu wurde den Soldaten erlaubt, die Rückverlegung im Notfall auch mit Zwang durchzusetzen und in Ausnahmefällen Straßensperren zu räumen und Menschenansammlungen abzudrängen.[2148] Die Rechtsabteilung hatte argumentiert, dass beim Ausfall anderer unter Kapitel VII der VN-Charta operierender Truppen das Recht des deutschen

---

[2144] BArch, BW 2/30495, Chef des Stabes des Deutschen Unterstützungsverbands Somalia, Betr.: Diebstahlversuch des LKW 5 to IM Y-610 760 mit Elo/Inst-Kabine für Knotenvermittlung, 19.2.1994. Siehe auch BArch, BH 9-23/129, GECOMPFORSOM G4, Meldung, 19.3.1994.

[2145] Vgl. BArch, BW 1/372431, Kopie als Anlage Schreiben Rechtsberater des Deutschen Unterstützungsverbands an VR II 7, Betr.: Ereignis mit Todesfolge am 21.1.1994, 30.1.1994. Den Hinterbliebenen zahlte die Bundesrepublik als »good will« 3000 US-Dollar und lieferte zwei Lkw-Ladungen Holz. Der Bundeswehr war es wichtig, nicht von Entschädigung oder Wiedergutmachung zu sprechen. BArch, BW 2/28167, Kopie mit Anmerkungen Vorlage Fü S IV 4 an Staatssekretär Schönbohm, Betr.: Tagesmeldung Somalia, 26.1.1994; ebd., Vorlage Fü S IV 4 an Staatssekretär Schönbohm, Betr.: Tagesmeldung Somalia, 24.2.1994; ebd., Vorlage Fü S IV 4 an Staatssekretär Schönbohm, Betr.: Tagesmeldung Somalia, 1.3.1994; BT-Drs. 12/6989, 8.3.1994; PA-DBT 3119, Ausschuss für Verteidigung, 12/73, 9.3.1994, S. 33.

[2146] BArch, BW 2/28167, Vorlage Fü S IV 4 an Staatssekretär Schönbohm, Betr.: Tagesmeldung Somalia, 28.1.1994, hier S. 1; BArch, BW 2/30491, III. Korps an Fü S IV 4 im BMVg, Betr.: EINSSOM 27/94, 7.2.1994, hier S. 2.

[2147] PA AA, B 34, ZA, Bd 165139, Drahtbericht der Botschaft der Bundesrepublik Deutschland in Nairobi an Referat 322 im AA, Nr. 74, 10.2.1994; BArch, BW 2/28167, Vorlage Fü S IV 4 an Staatssekretär Schönbohm, Betr.: Tagesmeldung Somalia, 10.2.1994; BArch, BW 2/28185, Schreiben Deutscher Unterstützungsverband an das III. Korps, Betr.: Regionale Sicherheitslage, hier: Entführung und Bedrohung eines Deutschen Staatsbürgers und IKRK Mitarbeiters, 12.2.1994; BArch, BW 2/30495, III. Korps, Betr.: Lage Unterstützungsverband Somalia, hier: III. Korps SITSOM 289, 13.2.1994, hier S. 1; BArch, BW 2/28167, Vorlage Fü S IV 4 an Staatssekretär Schönbohm, Betr.: Tagesmeldung Somalia, 15.2.1994.

[2148] BArch, BW 2/28190, Vorlage VR II 2 an den Verteidigungsminister, Betr.: Rückverlegung des Deutschen Unterstützungsverbandes Somalia, hier: Taschenkarte, 31.1.1994, hier Anlage.

## IV. Deutsche ›Blauhelme‹ in Afrika

Verbands auf Selbstverteidigung bei Einhaltung der Verhältnismäßigkeit »auch massive militärische Abwehrhandlungen« umfasse.[2149] »[A]ngemessene Zwangsmittel« dürften aber nur eingesetzt werden, wenn die deutschen Soldaten »an der Weiterfahrt gehindert *und* dabei bedroht oder angegriffen« würden. Das vorhergehende Anrufen der potenziellen Angreifer in somalischer Sprache blieb obligatorisch. Hervorgehoben wurde aber auch, dass die deutschen Soldaten ihrem VN-Begleitschutz bei Angriffen im Rahmen der Notwehr helfen durften.[2150] Innerhalb von zehn Monaten hatte das BMVg damit vier RoE veröffentlicht, was nachträglich vom III. Korps kritisiert wurde.[2151] Zudem führte die Formulierung zu Unbehagen beim deutschen Kommandeur. Durch die neuen Befugnisse fürchtete Oberst Kammerhoff, dass alle unter Kapitel VII der VN-Charta operierenden Truppen umgehend abgezogen würden, da sich die Deutschen ja nun selbst helfen könnten;[2152] eine Sicht, der das BMVg widersprach und ankündigte, notfalls politisch gegen solche Entwicklungen vorzugehen.[2153] Zwar ist ungewiss, ob die neue Taschenkarte noch in Somalia ausgegeben wurde,[2154] plötzlich war das BMVg aber bereit, dem deutschen Verband diejenige Flexibilität einzuräumen, die er zur tatkräftigen Unterstützung der UNOSOM II von Beginn an gebraucht hätte. Jetzt ging es nur nicht mehr um den Erfolg der Mission, sondern einzig um den Schutz des in nationaler Verantwortung durchgeführten Abzugs, bei dem es nicht noch zu innenpolitisch kaum tolerierbaren Verlusten kommen sollte.

Wie die Dislozierung des deutschen Verbands war auch der Abzug eine logistische Leistung. Zwischen dem 13. Februar[2155] und dem 11. März wurden über 1100 Soldaten in fünf Teilkontingenten durch den deutschen Flottenverband von Mogadischu nach Mombasa gebracht. Das sechste und

---

[2149] BArch, BW 2/30513, Kopie Vorlage VR II 2 an den Unterabteilungsleiter VR II, Betr.: Deutscher Unterstützungsverband Somalia, hier: Rechtsgrundlagen für den Waffengebrauch, wenn andere UNOSOM II-Kräfte ihren Schutz während der Rückverlegungsphase des Deutschen Unterstützungsverbandes nicht mehr gewährleisten können, 3.1.1994.

[2150] Vor der Anwendung von Zwang sollten die Soldaten »Wadada Fura!« (Machen Sie die Straße frei!) und bei Ausbleiben einer Reaktion »Wadada Fura sidhaqsa ah ama waxaan isticmaali awood!« (Machen Sie die Straße sofort frei, oder wir wenden Gewalt an!) rufen. BArch, BW 2/28190, Vorlage VR II 2 an den Verteidigungsminister, Betr.: Rückverlegung des Deutschen Unterstützungsverbandes Somalia, hier: Taschenkarte, 31.1.1994, hier Anlage. Die Vorlage wurde von den Staatssekretären Wichert und Schönbohm gebilligt. Vgl. BArch, BW 1/426492, und BArch, BW 1/372431.

[2151] Vgl. BArch, BH 7-2/1147a, III. Korps, Erfahrungsbericht Somalia, 17.12.1993, hier Führungsgrundgebiet 3, S. 21 ff.; BArch, BH 7-2/1151, Kopie Schreiben Kommandeur der Gebirgsjägerbrigade 23, Oberst Kammerhof, an den Kommandierenden General des II. Korps, Generalleutnant Edgar Trost, 30.4.1994, hier Führungsgrundgebiet 1, S. 19 f.

[2152] BArch, BW 2/37610, Kopie Schreiben Kommandeur des Deutschen Unterstützungsverbandes Somalia an den Chef des Stabes III. Korps, Betr.: Rules of Engagement, hier: Abstimmung mit Force Commander UNOSOM II, 2.2.1994.

[2153] BArch, BW 2/30513, Punktation Fü S IV 4, Betr.: Ergänzung ROE [sic], 3.2.1994.

[2154] Offenbar geschah dies nicht. Zeitzeugenbefragung von Oberst a.D. Alfred Lassonczyk am 8.10.2020.

[2155] Vgl. ARD, Tagesschau vor 20 Jahren, 13.2.1994.

letzte Teilkontingent wurde am 18. März aufgrund der Sicherheitslage per Bordhubschrauber eingeschifft und nach Dschibuti transportiert.[2156] Am 28. Februar hatten die letzten deutschen Soldaten das Feldlager in Beledweyne verlassen.[2157] Weil im Januar beschlossen worden war, auch die Stellen im UNOSOM-II-Hauptquartier nicht nachzubesetzen,[2158] verfügte Deutschland ab dem 18. März über keine militärische Präsenz mehr im Land. Die erste Beteiligung der Bundesrepublik mit bewaffneten Soldaten an einer VN-Mission, die offiziell rund 310 Mio. D-Mark gekostet hatte, war zu Ende.[2159]

Verluste hatte der deutsche Verband nicht zu beklagen, auch wenn der Abzug gefährlich war. Am 16. März schlug am Hafen in Mogadischu ein 120-mm-Mörsergeschoss rund 200 Meter entfernt von deutschen Sicherungskräften ein. Verwundet wurde niemand.[2160] Guten Gewissens konnte Verteidigungsminister Rühe die letzten Rückkehrer am 23. März in Köln[2161] begrüßen und den deutschen Unterstützungsverband außer Dienst stellen. Die Rückführung des Materials endete am 14. April.[2162] Im zugehörigen Tagesbefehl dankte Rühe allen Soldaten und nutzte auch den Begriff »Einsatz«. Durch den »größten Blauhelmeinsatz der Bundeswehr« sei Deutschland ein »verläßlicher und leistungsfähiger Partner« gewesen. Der Unterstützungsverband habe »seinen Auftrag erfüllt«.[2163] Ebenfalls zu Ende ging am 27. März die Präsenz der deutschen Soldaten in Dschibuti. Die deutsche Botschaft in Sanaa resümierte zu diesem Anlass: »Die zunächst problematisch erscheinende Wahl Dschibutis als logistische Basis [...] hat sich, abgesehen von den extrem hohen Versorgungskosten [...], positiver als erwartet erwiesen.«[2164] Dem positiven Grundtenor sollten alle offiziellen Bewertungen folgen. Lediglich das 1. Kontingent und das III. Korps, die am stärksten von den deutschen Auflagen betroffen waren und das Unverständnis der

---

[2156] BArch, BW 1/390411, Heeresführungskommando, Erfahrungsbericht Somalia, 25.4.1994, hier Anlage Führungsgrundgebiete 3, S. 43; BArch, BM 10/2698, Abschlußbericht Auswertung, Einsatz Marineverband Somalia – Southern Cross – 21. Januar–23. März 1994, 7.4.1994, hier S. 7.

[2157] BArch, BW 2/29715, Abschlußbericht über die Beteiligung der Bundeswehr an UNOSOM II, o.D., S. 5.

[2158] PA AA, BAV 173-NEWYVN, Bd 27427, Drahterlass Referat 230 im AA an die Ständige Vertretung in New York, Nr. 0570, 18.1.1994.

[2159] In der angegebenen Summe unberücksichtigt waren die Rückzahlungen der Vereinten Nationen. BT-Drs. 13/5234, 5.7.1996, S. 4. 2018 gab die Bundesregierung Kosten von 179,8 Mio. Euro an. BT-Drs. 19/6011, 26.11.2018, S. 6. Das Ende der militärischen Beteiligung bedeutete nicht das Ende des deutschen Engagements. Zu den geleisteten Maßnahmen siehe BT-Drs. 14/3891, 5.7.2000.

[2160] BArch, BW 2/28185, Telefax III. Korps an Fü S IV, Betr.: SITSOM 322/94, 18.3.1993, hier S. 1.

[2161] Vgl. ARD, Tagesschau vor 20 Jahren, 23.3.1994.

[2162] BArch, BW 2/29715, Abschlußbericht über die Beteiligung der Bundeswehr an UNOSOM II, o.D., hier S. 5.

[2163] BArch, BW 1/462718, Tagesbefehl des Verteidigungsministers anläßlich der Rückkehr des letzten Kontingents des deutschen Unterstützungsverbandes Somalia, 23.3.1994.

[2164] PA AA, B 34, ZA, Bd 165138, Schriftbericht der Botschaft der Bundesrepublik Deutschland in Sanaa an Referat 322 im AA, Betr.: Beendigung der UNOSOM II Beteiligung der Bundeswehr in Dschibuti, 27.3.1994, hier S. 2.

IV. Deutsche ›Blauhelme‹ in Afrika                                               483

Partnerstaaten zu spüren bekamen, hielten nicht mit Kritik zurück. Durch das Urteil des Bundesverfassungsgerichts im Juli 1994 konnten das BMVg und die Regierung die Auflagen in Somalia aber als Sonderfall abtun. Zu einer selbstkritischen Aufarbeitung kam es daher nie.

*Politische Debatte über den Abzug*

Nach dem Beschluss des Deutschen Bundestags am 2. Juli 1993 verflachte die politische Debatte. Zwar kritisierte die Opposition den beschränkten Auftrag und die Kosten des deutschen Kontingents,[2165] großes Interesse fand das Unternehmen aber nicht mehr. Die Verschlechterung der Lage in Mogadischu Anfang Oktober ging am Parlament vorbei. Diskutiert wurde eher die Verzögerung der indischen Kräfte. Mitte Oktober musste die Parlamentarische Staatssekretärin im BMVg Michaela Geiger eingestehen, dass der deutsche Verband lediglich 500 italienische und drei indische Soldaten versorgen musste. Durch die Aufzählung der humanitären Leistungen war sie jedoch bemüht, das deutsche Unternehmen zu rechtfertigen.[2166] Gleichwohl übte sie sich in Durchhalteparolen und beschwor das Eintreffen der Inder. Dabei kam ihr die unangenehme Aufgabe zu, die Linie des AA zu vertreten, auf die weiteren VN-Planungen zu warten, während das BMVg zum Abzug tendierte.[2167] Auf die Frage, ob das Parlament bei einer Verlängerung des deutschen Beitrags erneut befragt werden müsse, antwortete Geiger nicht. Die Frage stand nicht im Zusammenhang der Debatte,[2168] war innenpolitisch wegen der vor dem Bundesverfassungsgericht anstehenden Bewertung der Befugnisse der Exekutive brisant und nicht vom BKAmt gewünscht.

Aufmerksamkeit erhielt erst wieder die Frage des Abzugs. Angesichts der Entwicklung in Somalia hatte die Gruppe PDS/Linke Liste am 27. Oktober eine Aktuelle Stunde[2169] anberaumt und den sofortigen Rückzug gefordert. Zivile Organisationen könnten die Aufgaben besser und günstiger durchführen.[2170] Auch sprachen mittlerweile alle Abgeordneten von einem »Einsatz«[2171]. Die Zeit der semantischen Verschleierung schien vorbei.

In diesem Zusammenhang übte vor allem die SPD Kritik. Karsten Voigt bezeichnete das Somalia-Engagement der Bundesregierung als »Scherbenhaufen«.[2172] Karl-Heinz Klejdzinski warf der Bundesregierung vor, im Streben nach einem ständigen Sitz im VNSR die Beteiligung dilettantisch vorbereitet zu haben. Allerdings lässt seine Auffassung, die Diskussion im

---
[2165] BT-PlPr. 12/172, 8.9.1993, S. 14797, 14803; BT-PlPr. 12/182, 21.10.1993, S. 15718–15723.
[2166] BT-PlPr. 12/182, 21.10.1993, S. 15720.
[2167] Ebd., S. 15721 f.
[2168] Ebd., S. 15722 f.
[2169] BT-PlPr. 12/184, 27.10.1993, S. 15928–15946.
[2170] Ebd., S. 15928 f.
[2171] Im Bericht des Wehrbeauftragten wurde die Beteiligung später auch als »Einsatz der Soldaten in Somalia« überschrieben. BT-Drs. 12/6950, 8.3.1994, S. 5.
[2172] BT-PlPr. 12/184, 27.10.1993, S. 15930.

Parlament wäre nicht dazu da, über den »Einsatzauftrag« zu streiten,[2173] Fragen über das Verständnis von der Rolle des Bundestags zu. Anhand des Einsatzauftrags ließ sich ja gerade über die Notwendigkeit der Beteiligung streiten. Praktisch alle SPD-Abgeordneten spotteten daher auch über die Verspätung der indischen Brigade und den Zwist zwischen Außen- und Verteidigungsminister. Aufgrund der Lage in Mogadischu, der Kosten und der noch immer fehlenden Rechtsgrundlage plädierten sie schon jetzt für einen Abzug und nicht erst 1994.[2174] Das eigentliche Dilemma des Verbands, die Nutzlosigkeit aufgrund des beschränkten deutschen Mandats, griffen die Abgeordneten aber weiter viel zu selten auf. Dabei hatte der außenpolitische Sprecher der SPD, Karsten Voigt, das Dilemma dieses »Nichteinsatz[es]«, formell auf Schutz anderer, schlechter ausgerüsteter Nationen angewiesen zu sein, bereits Anfang September benannt.[2175] Allerdings war die SPD-Fraktion in ihrer Haltung gegenüber den Maßnahmen in Somalia nicht geschlossen. Korrekterweise kritisierte Eberhard Brecht, dass »das deutsche Engagement in Somalia unter dem unglücklichen Stern des Dranges nach einer außenpolitisch vorteilhaften Reputation der Bundesregierung« gestanden habe. Er widersprach aber seiner Fraktion, indem er nur einen schrittweisen und keinen sofortigen Abzug aus Somalia forderte, um ein Aufbrechen des Konflikts zu verhindern.[2176]

Auch für die Grünen war die gesamte VN-Mission ein »Desaster«, da sie nur auf eine militärische Lösung gesetzt habe.[2177] Im Falle der Beteiligung der Bundeswehr brachte Gerd Poppe das Dilemma der Bundesregierung erneut auf den Punkt: »Entweder sind keine Soldaten nötig, weil zivile Aufgaben zu erfüllen sind, oder sie sind nötig, weil immer noch Krieg herrscht; dann aber fehlt die Rechtsgrundlage.« Konsequenterweise müssten die Soldaten unverzüglich zurückgeholt werden: »Die Einsicht und die Korrektur begangener Fehler beschädigen das deutsche Ansehen weniger als das Beharren auf ihnen.«[2178]

Entsprechend der Position des AA wollten die Abgeordneten der FDP zur Aufrechterhaltung des deutschen Ansehens sowie der Erfolge vor Ort keine voreilige Entscheidung treffen. Eine Regionalisierung der Konfliktlösung wurde begrüßt.[2179] Die FDP legitimierte die andauernde Stationierung mit der humanitären Hilfe. Außenminister Kinkel sprach daher auch nur von einer möglichen Reduzierung, nicht vom Abzug.[2180] Die Aussage des Abgeordneten Nolting, es habe »zwei gleichberechtigte« Aufträge – logistische und humanitäre Unterstützung – gegeben,[2181] trifft allerdings nicht zu. Die humanitäre

---

[2173] Ebd., S. 15943.
[2174] Ebd., S. 15930 f., 15936 f., 15940, 15942.
[2175] BT-PlPr. 12/172, 8.9.1993, S. 14803.
[2176] BT-PlPr. 12/184, 27.10.1993, S. 15940 f.
[2177] Ebd., S. 15932.
[2178] Ebd., S. 15933.
[2179] Ebd., S. 15932.
[2180] Ebd., S. 15934 f.
[2181] Ebd., S. 15931.

Hilfe war allein durch die Bundesressorts in den Auftrag gelangt und war für die Vereinten Nationen zweitrangig.

Angesichts der Entwicklung in Somalia erwogen aber auch immer mehr Abgeordnete der Union ein geordnetes Ende des Engagements.[2182] Verteidigungsminister Rühe erklärte, dass die deutschen Soldaten »einen wesentlichen Beitrag zum Frieden« in Beledweyne geleistet hätten. Die Maßnahmen der Vereinten Nationen seien »ein humanitärer Erfolg«, aber eben »noch kein politischer«.[2183] Ein wesentlicher Teil, der zur Verbesserung der Lage beigetragen hatte, ging aber auf die UNITAF zurück, an der Deutschland nicht beteiligt war. Vor dem Hintergrund des ständigen Schlingerkurses über die deutschen Kompetenzen verwunderte indes eine Aussage von Rühe zutiefst. »In Zukunft«, so der Minister, dürfe es »für alle an UNOSOM teilnehmenden Nationen nur ein Konzept geben [...], das dann von allen mitgetragen wird.«[2184] Dabei wehrte sich die deutsche Seite selbst am heftigsten gegen die neuen Pläne der Mission und hielt zwanghaft an undurchführbaren Vorhaben fest. Rühe ging es daher nicht um ein Konzept im Sinne der Vereinten Nationen, sondern um ein Konzept im Rahmen der deutschen Vorgaben. Rühe sprach allerdings auch die Versorgungsprobleme des Verbands an und versuchte diese zu rechtfertigen. Der Verband dürfe eben keine Betriebsstoffe aus Mogadischu abholen, weil Mogadischu nicht sicher sei und der deutsche Verband »keinen Kampfverband [hat], der sich notfalls seinen Weg freikämpfen« könne.[2185] Die Auflage des »secure environment« und die Zusammensetzung des Verbands gingen jedoch einzig auf das BMVg zurück. Minister Rühe hatte das Dilemma also selbst zu verantworten. Auch wurde damit die Legitimation der militärischen Beteiligung ad absurdum geführt. Wenn bereits deutsche Soldaten auf die Unterstützung anderer Truppen angewiesen waren, wieso hätten dann nicht unter dem Schutz internationaler Truppen stehende zivile Organisationen die humanitären Aufgaben übernehmen können?

Indes kündigte Rühe die Anpassung des Verbands an, wobei er versprach, die »erfolgreiche humanitäre Hilfe« fortzuführen.[2186] Intern war es aber der Minister selbst, der auf noch größere Kürzungen des Verbands gedrängt hatte und die Reduzierung der humanitären Hilfe duldete. Die Ankündigung, die Bundeswehr werde »weiter einen Beitrag dazu leisten, daß UNOSOM II erfolgreich beendet werden kann«,[2187] glich einer Farce. Möglichkeiten, der Mission zu helfen, gab es genug. Die deutsche Seite war jedoch nie bereit, sich vorbehaltlos in das VN-Konzept einzubringen oder es mit ihren Fähigkeiten sinnvoll zu unterstützen. Auch die Aussage des Abgeordneten Paul Breuer, »Nur derjenige, der dazu bereit ist, Verantwortung und Risiken zu übernehmen,

---

[2182] Ebd., S. 15929.
[2183] Ebd., S. 15938.
[2184] Ebd., S. 15939.
[2185] Ebd.
[2186] Ebd.
[2187] Ebd., S. 15940.

kann auch seinen konstruktiven Beitrag leisten«,[2188] verkannte die eigentliche Lage. Zwar war die Bundesregierung bereit, deutsche Soldaten nach Somalia zu senden, sie war aber aufgrund politischer Selbstbeschränkungen nicht bereit, sie auf taktischer Ebene zum vollen Nutzen der Mission einzusetzen.

Korrekterweise gab Thomas Kossendey (CDU) den normativ einzig legitimen Bewertungsmaßstab des deutschen Engagements aus: »Was hilft den Menschen in Somalia, was wird den Menschen dort gerecht?«[2189] Die Planungen hatten aber nie unter dieser Prämisse gestanden, sondern hatten immer das Ziel verfolgt, sich sichtbar zu beteiligen. Auch waren die humanitären Maßnahmen der Soldaten von militärischer Logik geleitet und dienten in erster Linie dem Selbstschutz. Das Verbot, einen Brunnen zu bohren, weil dieser außerhalb eines auf intransparenten Wegen definierten ›secure environment‹ lag, wurde den Menschen vor Ort nicht gerecht. In einer Beziehung lag Kossendey nämlich falsch. Der Regierung ging es zu einem Großteil sehr wohl darum, »zu höherem Ruhm« zu gelangen.[2190] Konzeptionelle Schwächen sah die Regierungskoalition öffentlich aber nur bei den Vereinten Nationen.[2191] Für die Gestaltung der UNOSOM II war die Bundesregierung nämlich nicht zu kritisieren, weil sie kein Mitglied des VNSR war.[2192]

Seinem Anspruch, »konstruktive Töne in die Debatte« zu bringen, folgte Graf von Schönburg-Glauchau (CDU). Berechtigterweise merkte er an: »Auch der nigerianische und der jordanische Soldat haben eine Mutter, die nachts schlecht schläft, weil sie Angst um ihren Buben hat.« Es sei daher »fürchterlich, wenn wir sagen, die anderen sollen marschieren, die anderen sollen als Blauhelme Ordnung in der Welt schaffen, während wir die Klugscheißer sind und daheim sitzen.«[2193] In Somalia nahm die Bundesrepublik aber genau diese Sonderrolle ein. Anders als bei den Nigerianern waren die Kompetenzen der Deutschen stark begrenzt, obwohl sie besser ausgerüstet waren und wohl bessere militärische Fähigkeiten besaßen.[2194] An der fraktionsübergreifend geforderten Entwaffnung hätte sich kein deutscher Soldat beteiligen können. Ihnen war es nicht einmal erlaubt, Waffenlager auszuheben und zu zerstören, geschweige denn selbstlos für andere VN-Truppen einzustehen. Konsequent wäre daher Kritik an der Entscheidung der Regierung gewesen, Soldaten zu entsenden, ohne ihnen die volle militärische Handlungsfähigkeit zu geben.

Wie bereits vor der Zustimmung des Bundestags blieb die Debatte auf einer abstrakten Ebene. Die wirklichen Herausforderungen wurden – wenn überhaupt – von den Regierungsvertretern selbst angesprochen. Zu einem wirklichen Schlagabtausch fehlten den Abgeordneten die Kenntnisse, sodass

---

[2188] Ebd., S. 15942.
[2189] Ebd., S. 15943.
[2190] Ebd., S. 15944.
[2191] Ebd., S. 15944 f.
[2192] Als Nicht-Mitglied nahm die Bundesrepublik 1993 im VNSR offenbar nur einmal mündlich Stellung, und zwar zur Situation im ehemaligen Jugoslawien. Vgl. VNSR, S/PV.3201, 19.4.1993.
[2193] BT-PlPr. 12/184, 27.10.1993, S. 15945.
[2194] Zeitzeugengespräch mit Generalleutnant a.D. Volker Halbauer am 14.5.2021.

vor allem die SPD auf den drei zu versorgenden indischen Soldaten herumritt, anstatt die Beteiligung von der technischen Seite zu kritisieren. Einzig die Kosten interessierten die Opposition.[2195] Sie wurden immer wieder herangezogen, um die Unwirtschaftlichkeit des Einsatzes von Soldaten gegenüber zivilen Organisationen zu betonen.[2196] Ansonsten blieb der Einfluss der Parlamentarier begrenzt. Auf Weisung des BKAmts wurde der Bundestag nicht in die Entscheidung zur Reduzierung des 2. Kontingents einbezogen. Auch zum Abzug wurden die Parlamentarier nicht befragt. Die Beteiligung endete ohne weitere Debatte. Auch das Parlament und hier vor allem die Opposition mussten erst lernen, mit Auslandseinsätzen umzugehen. Eine detaillierte Aufarbeitung der Beteiligung in Somalia gab es auf politischer Ebene nicht. Spätestens mit dem Urteil des Bundesverfassungsgerichts im Sommer 1994 war der Hauptstreitpunkt der Entsendung gelöst. Da innenpolitisch-verfassungsrechtliche Fragen die Debatte geprägt hatten, schien eine weitere Aufarbeitung unnötig. Zumindest in dieser Hinsicht herrschte zwischen den Gewalten Einigkeit.

### d) Mission gescheitert, Ziel erreicht? Bewertung des deutschen Engagements

*Deutsche Beteiligung an der UNOSOM II: Erfolg und Einzelfall?*

Offiziell war die Beteiligung der Bundeswehr an der UNOSOM II ein Erfolg, militärisch und politisch. Beides aber nur für die Bundesressorts, nicht für Somalia. Es war von Beginn an ein gewollter Erfolg, der öffentlich nicht in Zweifel gezogen werden durfte. Schließlich handelte es sich um das erste große Auslandsengagement der Bundeswehr, das richtungsweisend war. Intern hatten die politischen Vorgaben aber für Verstimmungen zwischen einem Teil der Soldaten und der politischen und militärischen Führung gesorgt. Dass Mogadischu für die deutschen Soldaten angeblich zu gefährlich war, sei von ihnen als »demütigend« empfunden worden, so einer der Truppenpsychologen.[2197] Gemessen am Erreichten war ein Großteil der Soldaten aber zufrieden,[2198] sodass in der Bewertung zwischen der politisch-strategischen und der operativ-taktischen Ebene unterschieden wer-

---

[2195] BT-PlPr. 12/155, 29.4.1993, S. 13241 f.; BT-PlPr. 12/185, 28.10.1993, S. 16095; BT-Drs. 12/6156, 12.11.1993, S. 41; BT-Drs. 12/6255, 26.11.1993, S. 35 f.; BT-Drs. 12/6539, 7.1.1994, S. 13.
[2196] Vgl. BT-PlPr. 12/172, 8.9.1993, S. 14797, 14803; BT-PlPr. 12/192, 24.11.1993, S. 16602, 16621, 16625; BT-PlPr. 12/210, 24.2.1994, S. 18207.
[2197] BArch, BW 2/28161, Beratender Psychologe Heeresfliegerwaffenschule, Vortrag: Erfahrungen eines Truppenpsychologen beim DtUstVbd Somalia, o.D., S. 14.
[2198] Vgl. BArch, 2/32977, Kopie Vorlage Fü S I 4 an den Generalinspekteur, Betr.: Repräsentativbefragung von ehemaligen Angehörigen des Deutschen Unterstützungsverbandes Somalia (Dt UstgVbd Somalia), hier: Darstellung und Bewertung von Ergebnissen, 24.6.1994, hier S. 3.

den muss. Die Soldaten vor Ort konnten nur so viel leisten, wie ihnen die politische Führung erlaubte. Das blieb stark begrenzt, was die militärischen Führer der taktischen Ebene heftig kritisierten. Ähnlich wie Generalleutnant Reinhardts Brief an den Generalinspekteur fiel auch der Erfahrungsbericht des 1. Kontingents aus. Deutlich trat die Verbitterung von Oberst Harff und seinem Stab in der Auswertung des Auftrags hervor:

»Ziel war es weniger im Rahmen einer schlüssigen militärischen Gesamtoperation eine bestimmte Teilaufgabe möglichst effizient zu lösen, sondern D[eutschland] die Gelegenheit einzuräumen, mit einem eigenen Kontingent an UNOSOM II teilnehmen zu können. Die daraus resultierenden, zwangsläufig entstehenden Einschränkungen erschwerten in erheblichem Maße die Auftragserfüllung. Die Auflage ›Einsatz nur in einem secure environment‹, die in militärischen Weisungen und Befehlen nicht festgelegt ist, machte Auftragstaktik unter OPCON [Operational Control] der vorgesetzten UNOSOM Kommandobehörde nur mit starken Einschränkungen möglich und läßt nur Reaktion, ohne jede Möglichkeit zur Aktion, zu. Die militärischen Möglichkeiten des Verbandes wurden offensichtlich aus politischen Gründen reduziert, seine Bewegungsfreiheit eingeengt und seine Reaktionsfähigkeit beschnitten. Mit der befohlenen Räumung des LUP auf dem Flughafen in MOGADISHU [sic] am 26.10.1993 wurde dem Verband endgültig ein wesentlicher Teil seiner Handlungsfähigkeit genommen. Besonders bemerkenswert war in diesem Zusammenhang, daß das politische Dilemma, Personal außerhalb des Secure Environment stationiert zu haben, dadurch gelöst werden sollte, daß Soldaten aus ihrem bisherigen relativ sicheren Umfeld, das aber nicht zum Secure Environment erklärt worden war, in das FHQ [Forces Headquarters] verlegt werden sollten, das eindeutig nach objektiven Kriterien einer höheren Gefährdung ausgesetzt war, aber offiziell das Siegel des Secure Environments trug. Nach Änderung der Rahmenbedingung für UNOSOM II kommt jetzt die sinnvolle Einbindung des Verbandes auf Grund der politischen Vorgaben und Auflagen einer Quadratur des Kreises gleich.«[2199]

In allen nur denkbaren Aspekten stellte das 1. Kontingent den Sinn der deutschen Beteiligung infrage. Schonungslos prangerte es die konfuse Konstellation des »secure environment« an, die nie definiert worden war. Ähnlich wie Generalleutnant Reinhardt beklagte der Stab um Oberst Harff, dass der deutsche Verband viel mehr hätte leisten können, es aber aufgrund der politischen Vorgaben nicht durfte. Eine sinnvolle Eingliederung in das – unausgegorene – VN-Konzept war so nicht möglich. Negativ wirkte sich dies auch auf die Arbeit mit den anderen Nationen aus, deren

»Einstellung gegenüber den Deutschen im Verlauf des Einsatzes auf Grund ihrer nicht übersehbaren Zurückhaltung deutlich reservierter wurde. Es wurde insgesamt nicht verstanden, daß die Deutschen mit ihrer überall hoch gelobten materiellen Ausstattung ständig in allen Bereichen unterstützt werden müssen, ohne

---

[2199] BArch, BH 9-23/140, Deutscher Unterstützungsverband Somalia, Kommandeur, an II. Korps, Betr.: Erfahrungsbericht 1. Kontingent DtUstgVbd SOMALIA 21.7.1993–18.11.1993, 12.11.1993, hier Führungsgrundgebiet 3, S. 16 f.

ihre logistischen Kapazitäten zumindest für die Eigenversorgung zur Entlastung des ohnehin schon stark beanspruchten LSC einbringen zu können.«[2200]
Aufgrund der fehlenden Unterstützung für das LSC habe dieses im Empfinden des deutschen Verbands auch »nur das Notwendigste veranlaßt, um die Überlebensfähigkeit des Verbandes sicherzustellen.« Der Versuch, »durch einen restriktiven Einsatz Druck auf UNOSOM/UN N[ew] Y[ork] auszuüben, ging zumindest für den Verband nach hinten los.«[2201] Der Kommandeur des 1. Kontingents, der täglich mit den restriktiven Richtlinien der Politik und der Kritik der multinationalen Partner konfrontiert worden war, übte deutliche Kritik. Als Fallschirmjäger verkörperte Harff allerdings auch einen Typ von Soldat, der eher militärisches Handeln und weniger militärpolitische Ziele verfolgte.[2202] Sinnbildlich für das teils als übermütig erachtete Vorgehen des ersten Kontingentführers galt ein von Oberst Harff genehmigtes Fallschirmspringen mit dem italienischen Kontingent, bei dem sich ein deutscher Soldat schwer verletzte.[2203] Allerdings schien drastische Sprache auch die einzige Möglichkeit, sich bei der politischen Führung Gehör zu verschaffen.[2204]

Weniger kritisch war das 2. Kontingent. In seinem Erfahrungsbericht beschränkte es sich weitgehend auf technische Empfehlungen. Im Gegensatz zum 1. Kontingent war die Rahmenlage seiner Entsendung klar. Die neuen Soldaten hatten das Feldlager abzubauen und heil nach Hause zu kommen. Kritisiert wurde allerdings, dass die Schwerpunktverschiebung von logistischer zu humanitärer Hilfe nicht offiziell bei den Vereinten Nationen angezeigt worden sei. »Die unklare Lage« habe vor allem im Umgang mit dem UNOSOM-II-Kommandeur zu Irritationen geführt. Für die Zukunft empfahl Oberst Kammerhoff, »im Interesse des Verbandes« auf eine Lageänderung mit einer Neuformulierung des Auftrags zu reagieren.[2205] Problematisch sei auch die unterschiedliche Auslegung der Befugnisse des Verbands gewesen. Das UNOSOM-II-Hauptquartier habe die unter Kapitel VI der VN-Charta legitimierten Handlungsmöglichkeiten wesentlich breiter ausgelegt als der deutsche Verband. Eine Klarstellung hätte auf diplomatischem Wege in New York und nicht auf der militärischen Ebene im Einsatz erfolgen sollen.[2206]

---

[2200] Ebd., hier Führungsgrundgebiet 3, S. 34.
[2201] Ebd., hier Führungsgrundgebiet 4, S. 40.
[2202] Zeitzeugengespräch mit Oberst a.D. Manfred Benkel am 24.3.2020; Zeitzeugengespräch mit Generalmajor a.D. Klaus Frühhaber am 24.3.2020; Zeitzeugengespräch mit Generalleutnant a.D. Hartmut Moede am 24.4.2020; Zeitzeugengespräch mit Generalleutnant a.D. Volker Halbauer am 14.5.2021.
[2203] Vgl. BArch, BW 2/28183, Telefax III. Korps an Fü S IV 4, Betr.: SITSOM 129/93, 6.9.1993, hier S. 1; BArch, BW 2/28167, Vorlage Fü S IV 4 an Staatssekretär Schönbohm, Betr.: Tagesmeldung Somalia, 6.9.1993, hier S. 2.
[2204] Zeitzeugengespräch mit Generalmajor a.D. Klaus Frühhaber am 24.3.2020.
[2205] BArch, BH 7-2/1151, Kopie Schreiben Kommandeur der Gebirgsjägerbrigade 23, Oberst Kammerhof, an den Kommandierenden General des II. Korps, Generalleutnant Edgar Trost, 30.4.1994, hier Führungsgrundgebiet 3, S. 1.
[2206] Ebd., S. 2.

Bereits im Dezember 1993 hatte auch das III. Korps einen ersten Erfahrungsbericht vorgelegt. Am 31. März 1994 wurde es aufgelöst. Im Gegensatz zum Brief von Generalleutnant Reinhardt an den Generalinspekteur von Anfang November verzichtete der Bericht auf Vorwürfe gegen die politische und militärische Führung, ohne unkritisch zu sein. Grundlegende Erkenntnisse zur Auftragserteilung und Auftragserfüllung standen nicht im Bericht, sondern in einer als vertraulich eingestuften Anlage.[2207] Aufgrund der geltenden Schutzfrist konnte diese nicht eingesehen werden. Angesichts des sonst positiven Grundtenors lassen sich hier die wesentlichen Kritikpunkte am Engagement vermuten. Andernfalls wäre wohl keine höhere Einstufung erforderlich gewesen.

Das III. Korps hatte den Eindruck, dass »die Bundeswehr auch ihrem neuen Aufgabenspektrum gewachsen« sei.[2208] Sie habe gezeigt, dass sie »solche Operationen über große Entfernungen schnell und effektiv« durchführen könne.[2209] Trotzdem bestehe Optimierungsbedarf bei Ausbildung, Ausrüstung und Führung.[2210] Wichtige Kritikpunkte waren der langwierige Entscheidungsprozess und das Verbot, materielle Voraussetzungen zu schaffen oder mit der Ausbildung zu beginnen, um die politische Entscheidung nicht vorwegzunehmen.[2211] Ebenfalls kritisiert wurden die politisch-rechtlichen Vorgaben: »Insbesondere die unklare Definition des ›secure environment‹ ließ Interpretationen viel Raum und führte zu Mißverständnissen zwischen den jeweiligen Führungsebenen.« Der »klärende Gesamtbefehl« Nr. 7, der am 30. November erging und den genauen Rahmen des deutschen Verbands durch die mit den Vereinten Nationen vereinbarten Terms of Reference beinhaltete, sei für den Verband zu spät gekommen. Zu diesem Zeitpunkt habe es bereits Reibungsverluste gegeben. In der Praxis unmöglich sei auch die Trennung von Aufgaben nach Kapitel VI und VII der VN-Charta. Entsprechend klar müssten die politischen Vorgaben für den militärischen Verband sein.[2212] Sehr deutlich kritisierte das III. Korps die umfassende Meldepflicht und das Eingreifen des BMVg: »Die jeweiligen Führungsebenen müssen sich wieder auf ihre eigenen Verantwortlichkeiten konzentrieren und taktische und truppendienstliche Entscheidungen dem Führer vor Ort überlassen.« Andernfalls sei mit einem Vertrauensverlust in die Führung zu rechnen.[2213] Für das künftige Engagement der Bundeswehr müsse die

---

[2207] BArch, BH 7-2/1147a, III. Korps, Erfahrungsbericht Somalia, 17.12.1993, hier Führungsgrundgebiet 3, S. 1.
[2208] Ebd., Vorbemerkungen, S. II.
[2209] Ebd., Grundsätzliche Erkenntnisse zur personellen und materiellen Vorbereitung des Erkundungs-/Vorkommandos, S. 17.
[2210] Ebd., passim.
[2211] Ebd., Grundsätzliche Erkenntnisse zur personellen und materiellen Vorbereitung des Erkundungs-/Vorkommandos, S. 2.
[2212] Ebd., S. 14.
[2213] Ebd., S. 15.

Entscheidung des Bundesverfassungsgerichts abgewartet werden. Nicht aber, um Einsätze unter Kapitel VII der VN-Charta zu erlauben, sondern um im Rahmen nach Kapitel VI der VN-Charta flexibel handeln zu können.[2214] Für das III. Korps schien der nächste logische Schritt daher nicht die Beteiligung an einer Kapitel-VII-Maßnahme, sondern die unbeschränkte Teilnahme an einer Kapitel-VI-Mission.

Kritisiert wurde auch das Logistikkonzept. Zu einem Großteil lag dies an der Bürokratie der Vereinten Nationen, aber auch an den »einengende[n] Auflagen« des deutschen Verbands. Diese hätten »bei verschiedenen Versorgungsgütern zu Engpässen« geführt, die »nicht akzeptabel« seien.[2215] Auch sei die Besetzung hoher Dienstposten im Hauptquartier dringend erforderlich, um Einfluss auf die Mission zu nehmen. Die Besetzung von Dienstposten dürfe nicht von nationalen Restriktionen abhängen.[2216] Vor allem im Bereich der RoE habe sich »die ganze Problematik des deutschen Einsatzes nach Kap. VI (PEACE-KEEPING) in einer nach Kap. VII (PEACE-ENFORCING) der Charta der VN geführten Operation« gezeigt. Eine Änderung während des Einsatzes sollte in Zukunft vermieden werden.[2217] Zwar sei die Zusammenarbeit mit den NATO-Partnern unproblematisch gewesen,[2218] die deutsche Sonderrolle habe sich aber negativ auf die Zusammenarbeit mit anderen Nationen ausgewirkt. Deren Einstellung sei aufgrund der deutschen »Zurückhaltung deutlich reservierter« geworden. Insgesamt werde nicht verstanden, wieso »die Deutschen mit dem qualitativ hohen Stand ihrer materiellen Ausstattung ständig unterstützt werden müssen, ohne ihre logistische Kapazität zumindest für die Eigenversorgung zur Entlastung des ohnehin schon stark beanspruchten LSC« einzubringen.[2219] Hier folgte das III. Korps dem 1. Kontingent.

Auf Unverständnis stieß, dass für humanitäre Hilfe zunächst keine weiteren Haushaltsmittel zur Verfügung gestellt wurden, obwohl dies die zweite Aufgabe des Verbands war.[2220] Zudem hätten mit Beginn des Vorkommandos Vertreter des AA und BMZ als Kenner des Landes zur Auswahl und Begleitung der Maßnahmen dabei sein müssen.[2221] Von sich aus wollte die operative Ebene also einem – wie man heute sagen würde – vernetzten Ansatz folgen. Die politischen Leitungen, aber auch die zivilen Organisationen waren jedoch noch nicht so weit. Auffällig sei die gute Zusammenarbeit mit internationalen NROs gewesen, während die Kooperation mit deutschen Organisationen »zu

---

[2214] Ebd., S. 17.
[2215] Ebd., hier Führungsgrundgebiet 3, S. 3.
[2216] Ebd., S. 5.
[2217] Ebd., S. 18.
[2218] Ebd., S. 41.
[2219] Ebd.
[2220] Ebd., Führungsgrundgebiet 5, S. 2.
[2221] Ebd., S. 1 f.

wünschen übrig« ließ.[2222] Allerdings mangelte es auch den Vereinten Nationen an einem abgestimmten humanitären Konzept.[2223]

Insgesamt gab das III. Korps die Kritik des 1. Kontingents in vielen Teilen an das BMVg weiter. Angesichts des vorangegangenen Lageberichts von General Reinhardt an den Generalinspekteur verwundert dies nicht. Bereits das III. Korps war aber schon nicht mehr direkt von den Auswirkungen der politischen Auflagen betroffen, sodass es einen milderen Ton anschlug als das 1. Kontingent. Mit seiner Auflösung ging ein Teil des III. Korps im neuen Heeresführungskommando auf. Dieses legte seinen abschließenden Erfahrungsbericht über die gesamte Dauer der Beteiligung am 25. April 1994 vor. Befehlshaber des Heeresführungskommandos wurde Generalleutnant Reinhardt, der auch für diesen Bericht verantwortlich war. Nun allerdings bereits mit größerem zeitlichen Abstand und mit der Gewissheit, dass sich die politische Führung nicht dazu hatte durchringen können, den deutschen Verband sinnvoll in das neue Missionskonzept einzugliedern.

Bereits in den Vorbemerkungen des Erfahrungsberichts des Heeresführungskommandos wurde darauf verwiesen, dass die »Unterstützungsaktion der Bundeswehr« als »Einsatz« bezeichnet würde, ohne dies als juristische Wertung verstehen zu wollen. Der Grundtenor des Berichtes blieb mit dem Erfahrungsbericht des III. Korps identisch. Die Bundeswehr habe trotz erheblichen Verbesserungsbedarfs gezeigt, dass sie die neuen Aufgaben bewältigen könne. Das »Hauptproblem« des Einsatzes sei »die Beschränkung der Handlungsfreiheit vor Ort durch die ungeklärten rechtlich-politischen Voraussetzungen« gewesen. Dies habe »zu unnötigen Friktionen und Kosten« geführt und die Zusammenarbeit mit anderen Akteuren erschwert.[2224] Nichtsdestotrotz habe Somalia gezeigt, dass die Bundesrepublik einer der wenigen Staaten sei, »die über Fähigkeiten in den Bereichen Technik, Führungsmittel, Logistik und San[itätsdienst]« verfüge. Auch in Zukunft müsse damit gerechnet werden, dass Deutschland primär auf diesen Feldern um Hilfe gebeten werde.[2225] Allerdings dürfe nicht vergessen werden, dass es sich bei der Unterstützung der UNOSOM II nur um einen logistischen und humanitären Auftrag gehandelt habe, der viele militärische Herausforderungen gar nicht entstehen ließ.[2226]

Wie im Bericht des III. Korps standen die Erkenntnisse zur Auftragserteilung und -erfüllung in einer als vertraulich eingestuften Anlage.[2227] Wie einer Vorlage an den Generalinspekteur zu entnehmen ist, wurden hier vor

---

[2222] Ebd., S. 4. Siehe auch BArch, BW 24/17860, Kopie Generalarzt des Heeres, UNOSOM II – GECOMPFORSOM, Sanitätsdienstliche Erfahrungen, 2.12.1994, hier S. 57 ff.
[2223] BArch, BH 7-2/1147a, III. Korps, Erfahrungsbericht Somalia, 17.12.1993, hier Führungsgrundgebiet 5, S. 5.
[2224] BArch, BH 7-2/1147, Heeresführungskommando, Erfahrungsbericht Somalia, 25.4.1994, hier Vorbemerkung, S. 1.
[2225] Ebd., Anlage Führungsgrundgebiete 1, S. 3.
[2226] Ebd., Vorbemerkung, S. 1.
[2227] Ebd., Erkenntnisse und Empfehlungen des Deutschen Unterstützungsverbandes aus dem Einsatz für die Vereinten Nationen in Somalia, S. 1.

## IV. Deutsche ›Blauhelme‹ in Afrika

allem der fehlende Spielraum bei der Zusammenstellung des Verbands, die fehlende Verhandlungsbefugnis des Erkundungskommandos zur Mitgestaltung des Auftrags und der angebliche Tatbestand kritisiert, dass der gut ausgerüstete deutsche Verband auf den Schutz weniger qualifizierter Truppen angewiesen war.[2228] Auch ansonsten blieb der Bericht so kritisch wie der Zwischenbericht des III. Korps, was nicht verwundert. Viele Passagen übernahm er wörtlich. Anerkennung sprach das Heeresführungskommando dem Verband für seine humanitären Leistungen aus, die im Rahmen des veränderten Operationskonzepts der Vereinten Nationen zum »Hauptauftrag« geworden seien. Alle Soldaten hätten sich mit dem humanitären Engagement identifiziert. Zur Nachhaltigkeit habe jedoch ein Gesamtkonzept mit dem AA und dem BMZ gefehlt.[2229] Enttäuschend sei die Präsenz deutscher Zivilorganisationen in Beledweyne gewesen, da es eben an Abstimmungen mit dem AA und BMZ gemangelt habe.[2230] Hervorgehoben wurde die Kooperation zwischen den Teilstreitkräften, auch wenn eine einheitliche Führung gefordert wurde.[2231]

Ende März legte auch die Marine eine Erstauswertung zu ihrer Operation »Southern Cross« vor. Ein großer Kritikpunkt war die fehlende Kooperation mit den USA vor der Küste Somalias, auf deren Hilfe die militärische Führung gesetzt hatte.[2232] Zwar sei die Zusammenarbeit mit den anderen Teilstreitkräften gut verlaufen, es sei jedoch ein Glücksfall gewesen, dass keine Lageverschärfung eingetreten sei: »Die eingenommene Führungsstruktur [...] unter Beibehaltung der getrennten Führungsverantwortung bei den TSKs [Teilstreitkräften] wäre nicht geeignet gewesen, Verschärfungen der Lage zu meistern.« Die Forderung nach einer »TSK-übergreifende[n] Kommandostruktur«[2233] wurde einige Jahre später mit der Aufstellung des Einsatzführungskommandos erfüllt. Kritisiert wurde auch die ungleiche Betreuung von Heeres- und Luftwaffensoldaten gegenüber denjenigen der Marine. Die »hohen und teilweise überzogenen Standards« hätten zu Unmut bei den Marinesoldaten geführt.[2234] Weil »Southern Cross« eine nationale Operation war, blieben die weiteren Erkenntnisse allerdings ohne Belang für das VN-Engagement.

Mit dem ersten Bericht der Marine hatte die Bundeswehr ihre Erfahrungen im Rahmen der UNOSOM II aber eindrücklich geschildert und nicht mit

---

[2228] Vgl. BArch, BW 2/30503, Vorlage Fü S IV/Fü S IV 4 an den Generalinspekteur, Betr.: Erfahrungsbericht Somalia Heeresführungskommando vom 25.4.1994, hier: Ergänzende Ausführungen zum Erfahrungsbericht, 18.5.1994.
[2229] BArch, BH 7-2/1147, Heeresführungskommando, Erfahrungsbericht Somalia, 25.4.1994, hier: Erkenntnisse und Empfehlungen des Deutschen Unterstützungsverbandes aus dem Einsatz für die Vereinten Nationen in Somalia, S. 7.
[2230] Ebd., Anlage Führungsgrundgebiete 5, S. 1.
[2231] Ebd., Anlage Führungsgrundgebiete 3, S. 42 ff.
[2232] BArch, BM 2/5406, Flottenkommando OP3, Erfahrungsbericht – Erstauswertung Einsatz Marineverband Somalia – Southern Cross – 21. Januar–23. März 1994 des Flottenkommandos, hier S. 9.
[2233] Ebd., S. 8.
[2234] Ebd., S. 11.

Kritik am politischen Entscheidungsprozess gespart. Viele dieser Punkte, vor allem die Feststellung, dass der Verband militärisch bedeutungslos für die UNOSOM II gewesen war, versandeten aber im BMVg. Im Abschlussbericht des BMVg, der am 20. Juli 1994 an die anderen Ressorts und den Verteidigungsausschuss versandt wurde, wurde die Beteiligung als Erfolg deklariert. Durch den »Einsatz« sei die Bundesregierung »ihren Verpflichtungen gegenüber den VN vollständig nachgekommen« und habe »erheblich zur Stabilisierung der Region« Beledweyne beigetragen. Mit dem »erfolgreichen Engagement« habe sich Deutschland die »Anerkennung der VN« erworben.[2235] Die Beteiligung habe »den außenpolitischen Interessen« der Bundesrepublik entsprochen und »der Förderung des internationalen Ansehens« gedient. Die Dislozierung der deutschen Truppen sei »präzise, pünktlich und im vollen zugesagten Umfang« erfolgt. Zwar sei die eigentliche Aufgabe des Verbands wegen der neuen Operationsplanung der Vereinten Nationen »nicht in vollem Umfang abgefordert« worden. Trotzdem habe die Bundeswehr durch die Teilnahme »wertvolle Erfahrungen« gesammelt.[2236] Die für den Einsatz aufgebrachten Haushaltsmittel seien eine »Investition in das Wissen und die Professionalität« der Soldaten gewesen.[2237] Eigeninteressen waren somit auch offiziell wichtiger als die Auswirkungen der Mission. Stabilisiert war die Lage nämlich nicht. Im Juli 1994 nahmen Aidids Anhänger Beledweyne ein, ein Großteil der Einwohner floh. Die Schule wurde geplündert, über den Fortbestand der Brunnen gab es keine Informationen. Das DRK musste evakuiert werden.[2238] Die Langzeiteffekte waren begrenzt, wobei zu fragen ist, inwiefern eurozentrisch geprägte Strukturen überhaupt von außen in der somalischen Gesellschaft hätten etabliert werden können.[2239] Darüber hinaus ist zweifelhaft, ob Deutschland bei den Vereinten Nationen viel Kredit gewann. Laut Generalmajor a.D. Manfred Eisele, von 1994 bis 1998 Assistant Secretary General for Planning and Support of Peacekeeping Operations in New York, hat zum Beginn seiner Amtszeit im VN-Sekretariat die Vorstellung geherrscht, dass die Deutschen im Vorfeld einer Mission nicht um Unterstützung gefragt werden müssten, weil sie ohnehin ablehnten.[2240] Die Beteiligung in Somalia hatte diese Einschätzung offenbar nicht geändert.

Im Abschlussbericht des BMVg rückten daher stärker als zuvor die Kennzahlen des deutschen Engagements in den Vordergrund. Der Unterstützungsverband hatte in rund neun Monaten über 10 600 Somalier

---

[2235] BArch, BW 2/29715, Abschlußbericht über die Beteiligung der Bundeswehr an UNOSOM II, o.D., S. 5.
[2236] Ebd., S. 6.
[2237] Ebd., S. 7.
[2238] Vgl. PA AA, B 34, ZA, Bd 168393, Drahtbericht der Botschaft der Bundesrepublik Deutschland in Nairobi an Referat 322 im AA, Nr. 149, 6.4.1995.
[2239] Zeitzeugengespräch mit Generalmajor a.D. Klaus Frühhaber am 31.3.2020.
[2240] Zeitzeugengespräch mit Generalmajor a.D. Manfred Eisele am 19.1.2020. Noch heute ist Deutschland aufgrund seiner Risikoaversität und nationalen Auflagen ein problematischer Truppensteller für die VN. Zeitzeugengespräch mit Botschafter a.D. Martin Kobler vom 8.4.2020.

## IV. Deutsche ›Blauhelme‹ in Afrika

medizinisch behandelt und bei rund 500 Operationen mitgewirkt. Im gleichen Zeitraum hatten allerdings auch fast 6500 Behandlungen deutscher Soldaten stattgefunden, was die Zahlen relativiert.[2241] In Kambodscha waren in 18 Monaten zudem offiziell mehr als 109 000 Patienten behandelt worden, davon 28 000 Einheimische.[2242] Diese Zahlen unterstrichen, dass die UNOSOM-II-Beteiligung in erster Linie logistische Hilfe leisten sollte und humanitäre Unterstützung zweitrangig war. Gleiches galt für die Trinkwasseraufbereitung. Laut BMVg seien 3,8 Mio. Liter Trinkwasser für die Bevölkerung aufbereitet worden.[2243] Dass das Gesamtvolumen rund 26 Mio. Liter umfasste und damit weniger als 15 Prozent der lokalen Bevölkerung zugutekamen, stand an anderer Stelle.[2244] Allerdings war die lokale Bevölkerung auch an das Flusswasser gewöhnt und lehnte das chemisch aufbereitete Wasser des deutschen Verbands teilweise schlicht ab.[2245] Der »Geldwert« aller humanitären Aktivitäten belief sich auf 5,6 Mio. D-Mark.[2246] Insgesamt kostete die Beteiligung aber 310,3 Mio. D-Mark, wobei nicht alle Rückzahlungen der Vereinten Nationen berücksichtigt waren.[2247]

Es verwundert nicht, dass die Unausgewogenheit von NROs kritisiert wurde.[2248] Bei einer näheren Betrachtung der Gesamtausgaben des deutschen Verbands wirken die humanitären Aufwendungen nämlich noch viel geringer. Allein der Auslandsverwendungszuschlag der Soldaten belief sich auf 40,5 Mio. D-Mark. Zusatzverpflegung und Betreuungskosten schlugen mit einer Mio., die Feldpost mit 2,5 Mio. D-Mark zu Buche.[2249] Die Kritik der Opposition am aus ihrer Sicht unverhältnismäßig teuren Einsatz

---

[2241] BArch, BW 2/29715, Abschlußbericht über die Beteiligung der Bundeswehr an UNOSOM II, o.D., S. 17.
[2242] BArch, BW 2/31821, Sanitätsdienstliche Unterstützung der Vereinten Nationen durch die Bundeswehr in Kambodscha (UNTAC) vom 15.3.1992 bis 31.10.1993. Ergebnis- und Erfahrungsbericht, o.D., hier S. 2; BArch, BW 2/29638, Fü S III 5, United Nations Transitional Authority in Cambodia. Zusammenfassung der Ereignisse und Militärpolitische Bilanz des Bw-Einsatzes in Kambodscha, 30.5.1994, S. 4. Zu beachten ist, dass es sich bei den zu behandelnden Kambodschanern meist um akute medizinische Notfälle handelte, bei den VN-Angehörigen eher um Behandlungen von allgemeinmedizinischen Erkrankungen. Zeitzeugengespräch mit Flottillenarzt d.R., Leitender Medizinaldirektor Dr. med. Gerhard Boecken am 6.7.2021.
[2243] BArch, BW 2/29715, Abschlußbericht über die Beteiligung der Bundeswehr an UNOSOM II, o.D., S. 7.
[2244] Ebd., S. 13.
[2245] Stephan-Andreas Casdorff, Das angebotene reine Trinkwasser geben die Somalier lieber ihren Tieren. In: Bonner Rundschau, Nr. 197, S. 4, 25.8.1993; Zeitzeugengespräch mit Generalmajor a.D. Klaus Frühhaber am 31.3.2020; Zeitzeugenbefragung von Oberst a.D. Alfred Lassonczyk am 8.10.2020; Zeitzeugengespräch mit Generalleutnant a.D. Volker Halbauer am 14.5.2021.
[2246] Darin enthalten waren 469 000 D-Mark aus den Budgets des AA und des BMZ sowie Spenden in Höhe von 140 000 D-Mark. BArch, BW 2/29715, Abschlußbericht über die Beteiligung der Bundeswehr an UNOSOM II, o.D., S. 8.
[2247] Ebd., S. 24.
[2248] Vgl. Groffebert, Helfer unter Helmen.
[2249] BArch, BW 2/29715, Abschlußbericht über die Beteiligung der Bundeswehr an UNOSOM II, o.D., S. 24.

der Bundeswehr scheint begründet. Zwar leuchtet das Argument auf den ersten Blick ein, humanitäre Hilfe könne nicht ohne Sicherheit geleistet werden. Das deutsche Kontingent war aber gar nicht dafür zuständig, Sicherheit zu schaffen. Es war nur zum Selbstschutz legitimiert und musste sich zur Durchsetzung seines Auftrags auf die Nigerianer und Italiener verlassen, was die Frage aufwirft, ob nicht humanitäre Organisationen neben privaten Logistikfirmen unter dem Schutz anderer VN-Truppen die gleiche Arbeit wesentlich günstiger hätten leisten können.

Auf technische Details und Empfehlungen verzichtete der BMVg-Bericht größtenteils. Er umfasste gerade einmal 29 Seiten. Interessanter als der Inhalt war ohnehin seine Entstehung. In weiten Teilen sparte der Bericht mit Kritik am deutschen Engagement. Er diente als Bewertung des BMVg und war der erste Bericht, der auch für Stellen außerhalb des Verteidigungsressorts gedacht war. Ursprünglich war er gar nicht als »Abschlussbericht« vorgesehen gewesen, sondern nur als »Erfahrungsbericht«. Um die politisch erforderliche Berichterstattung an den Bundestag aber noch vor der parlamentarischen Sommerpause abzuschließen, ließ Staatssekretär Schönbohm den Text in »Abschlussbericht« umbenennen.[2250] Passagen, »die zu weiteren Nachfragen« hätten führen können, waren zuvor verändert oder gestrichen worden.[2251] Einige weitere Abschnitte ließ Staatssekretär Schönbohm selbst aus dem aus seiner Sicht noch immer zu detaillierten Entwurf entfernen.[2252] Wenn Kritik geübt wurde, dann bezog sie sich auf die Vereinten Nationen und die Führung der UNOSOM II. So sei das LSC »zu keiner Zeit in der Lage [gewesen], seinen logistischen Auftrag in vollem Umfang wahrzunehmen«.[2253] Dies entsprach den Tatsachen, verschwieg jedoch, dass dem deutschen Verband fast alle Maßnahmen untersagt waren, um das LSC zu entlasten. Vor diesem Hintergrund zeichnete der ursprüngliche Bericht ein düsteres Bild:

> »Hätte der DtUstgVbd, seinem eigentlichen Auftrag entsprechend, auch die Versorgung eines größeren UNOSOM II-Verbandes [sic] sicherstellen müssen, so hätte dies aufgrund der geschilderten Situation zu erheblichen Problemen geführt, die allerdings nicht durch den DtUstgVbd zu verantworten gewesen wären.«

Um sich nicht der Frage auszusetzen, was die Bundeswehr zur Verbesserung der logistischen Gesamtlage beigetragen habe, ließ der Chef des Stabes Fü S, Konteradmiral Hans Frank, die Passage auf Weisung des Staatssekretärs Schönbohm streichen.[2254] Schönbohm selbst strich Aussagen zur Luftwaffe und der Marine, woraufhin Admiral Frank die Bewertung der Teilstreitkräfte

---

[2250] BArch, BH 1/28214, Kopie Rundschreiben Fü S IV 4, Betr.: Auswertung der Beteiligung der Bundeswehr an UNOSOM II, 2.8.1994.
[2251] BArch, BW 2/28161, Schreiben des Chefs des Stabes des Führungsstabs der Streitkräfte an Staatssekretär Schönbohm, Betr.: Abschlußbericht UNOSOM II, 12.7.1994.
[2252] Vgl. die Anmerkungen auf ebd.
[2253] BArch, BW 2/29715, Abschlußbericht über die Beteiligung der Bundeswehr an UNOSOM II, o.D., S. 14.
[2254] BArch, BW 2/28161, Entwurf Erfahrungsbericht Beteiligung der Bundeswehr an UNOSOM II, o.D., hier S. 16.

## IV. Deutsche ›Blauhelme‹ in Afrika

ganz aus dem Bericht nahm. Darin enthalten war die Kritik, dass die getrennten Kommandostrukturen die Führung bei Krisensituationen erschwert hätten. Auch im Hinblick auf die Etablierung des LTP wurde eine Passage gestrichen. Ursprünglich wurde davon gesprochen, dass »der Routine- und Übungsflugbetrieb mit der C-160 ausgesetzt (Inland-Lufttransport) oder erheblich eingeschränkt« werden musste, um ausreichend Kräfte für den LTP in Dschibuti freizusetzen.[2255] Diese Passage hätte Rückschlüsse darauf gegeben, dass zumindest die Luftwaffe in Teilen an der Belastungsgrenze stand. Wenige Tage später beschloss die Bundesregierung aber eine weitere Luftunterstützung für Ruanda.[2256] Kritik an der Leistungsfähigkeit der Luftwaffe schien nicht opportun.

Ebenfalls von Staatssekretär Schönbohm gestrichen wurde die Kritik über den lange Zeit ungeklärten Status der Soldaten des LTP in Dschibuti und die damit zusammenhängende Forderung, das AA bereits frühzeitig in die Planungen einzubeziehen.[2257] Letztlich war es eine politisch motivierte Entscheidung von Verteidigungsminister Rühe gewesen, Dschibuti zu wählen, obwohl sein eigenes Haus zu Mombasa tendierte. Die fehlende diplomatische Unterstützung im Land war akzeptiert worden.

Vom Staatssekretär gestrichen wurden auch Angaben zu den schwierigen Lebensbedingungen der Soldaten des LTP[2258] sowie die aus dem Bericht der Marine stammende Kritik über die hohen Betreuungsstandards des Heeres und der Luftwaffe.[2259] Gegenüber den Parlamentariern musste die Beteiligung in Somalia ein Erfolg sein und Kritik am Handeln des BMVg vermieden werden. In diesem Sinne hatte Staatssekretär Schönbohm bereits im Februar 1994 in einem Entwurf des vorläufigen Erfahrungsberichts eine Passage streichen lassen, die die politischen Vorgaben und deren Auswirkungen auf das Führen vor Ort kritisiert hatten.[2260] Größerer Wert wurde im finalen Bericht auf die Leistungen des Unterstützungsverbands gelegt. So habe dieser »dazu beigetragen«, dass »zehntausende Menschen vor dem sicheren Hungertod« bewahrt wurden.[2261] Angesichts der Situation im Mai 1993 und dem begrenz-

---

[2255] Ebd., S. 23.
[2256] Ausführlich siehe Kapitel IV.4.c).
[2257] BArch, BW 2/28161, Entwurf Erfahrungsbericht Beteiligung der Bundeswehr an UNOSOM II, o.D., hier S. 24.
[2258] Ebd. Ausführlich zur Kritik der Luftwaffe an den Bedingungen in Dschibuti siehe BArch, BL 1/47824, Vorlage Fü L III 3 an den Parlamentarischen Staatssekretär Wilz, Betr.: Unterbringung der Soldaten des Lufttransportstützpunktes (LTP) Djibouti, 2.9.1993.
[2259] BArch, BW 2/28161, Entwurf Erfahrungsbericht Beteiligung der Bundeswehr an UNOSOM II, o.D., hier S. 26. Zur Kritik der Marine siehe auch BArch, BM 10/2698, Abschlußbericht Auswertung, Einsatz Marineverband Somalia – Southern Cross – 21. Januar–23. März 1994, 7.4.1994, hier S. 11.
[2260] BArch, BW 2/28161, Kopie Vorlage Fü S IV 4 an die Staatssekretäre Schönbohm und Wichert, Betr.: Humanitäre Hilfeleistung der Bundeswehr in Somalia, 18.2.1994, Anlage 3, S. 12.
[2261] BArch, BW 2/29715, Abschlußbericht über die Beteiligung der Bundeswehr an UNOSOM II, o.D., S. 7.

ten Engagement der Bundeswehr scheint dies übertrieben. Gegenüber den Parlamentariern wollte das BMVg allerdings gut dastehen. So habe sich Deutschland als »verläßlicher Partner in der Völkergemeinschaft erwiesen« und der Erwartung der Verbündeten »überzeugend entsprochen.«[2262] Auch dies lässt sich angesichts der strikten Beschränkung des deutschen Verbands, der nicht geleisteten Unterstützung für das LSC und der daraus resultierenden Missstimmung der internationalen Partner gegenüber den deutschen Soldaten bezweifeln. Trotzdem kam das BMVg zu dem Schluss, dass die Zusammenarbeit mit den anderen Truppenstellern »reibungslos« verlaufen sei.[2263] Hervorgehoben wurde hier lediglich die Zusammenarbeit mit Italien, Frankreich und den USA, also ihren NATO-Partnern. Über die Nigerianer, die als Erstes in der Region versorgt worden waren, verlor der Abschnitt kein Wort, was auf die bündnispolitischen Absichten der deutschen Beteiligung verwies.[2264]

Mit dem im August 1994 an die Mitglieder des Verteidigungsausschusses übersandten Abschlussbericht war das BMVg aber nur seiner Pflicht der parlamentarischen Unterrichtung nachgekommen und hatte die Basis zur Öffentlichkeitsarbeit gelegt.[2265] Einen umfangreicheren, mit allen Referaten abgestimmten Erfahrungsbericht zur internen Auswertung legte das BMVg erst im März 1995 vor. Er bildete zusammen mit anderen Dokumenten die Grundlage zur Überarbeitung des »Handbuch der Bundeswehr für Einsätze im Rahmen der Vereinten Nationen.«[2266] Im Grundtenor orientierte sich der Erfahrungsbericht am Abschlussbericht des BMVg und übernahm ganze Passagen. Allerdings wurden auch die zuvor von Staatssekretär Schönbohm und Admiral Frank gestrichenen Absätze wieder aufgenommen. Da die Veröffentlichung nach dem Urteil des Bundesverfassungsgerichts erfolgte, ging der Bericht nicht mehr auf die Beschränkung des deutschen Engagements ein.[2267] Eine grundlegende Aufarbeitung der Restriktionen und der damit verbundenen militärischen Nutzlosigkeit des deutschen Verbands blieb aus.[2268] Das BMVg zeigte sich daher zufrieden mit dem Verlauf. Der verfassungsrechtlich bedingte Rahmen sei »konsequent verfolgt und eingehalten worden.«[2269] Nach der rechtlichen Klarstellung stand für das BMVg fest, dass die Beteiligung in Somalia »eine Ausnahmeregelung« gewesen sei. In Zukunft fielen alle in

---

[2262] Ebd.
[2263] Ebd., S. 9.
[2264] Ebd., S. 9 f.
[2265] Vgl. BArch, BW 18/6865, Vorlage Stabsabteilungsleiter Fü S IV an den CdS Fü S, Betr.: Vorläufiger Erfahrungsbericht Somalia, 20.5.1994.
[2266] BArch, BW 2/30503, Rundschreiben Leiter KSEA, Betr.: Erfahrungsbericht UNOSOM II, 22.3.1995, hier S. 2.
[2267] BArch, BW 2/30503, BMVg Führungszentrum der Bundeswehr, Erfahrungsbericht UNOSOM II, Zusammenfassende Auswertung Kernaussagen United Nations Operation in Somalia II (UNOSOM II), 22.3.1995, hier S. II.
[2268] Die eigene Beschränkung bei der logistischen Versorgung wurde in der zusammenfassenden Auswertung nur in einem Halbsatz erwähnt. Vgl. ebd., S. VIII.
[2269] BArch, BW 2/30503, BMVg, Führungszentrum der Bundeswehr, Erfahrungsbericht (Gesamtauswertung) Beteiligung der Bundeswehr an UNOSOM II, 22.3.1995, hier S. 52.

## IV. Deutsche ›Blauhelme‹ in Afrika

Somalia notwendig gewordenen Beschränkungen weg.[2270] Die Beteiligung in Somalia galt daher auch nicht als Präzedenzfall für künftige Entsendungen. Es könne »nicht darauf ankommen, den Zuschnitt der Streitkräfte auf diesen einen Fall (low threat environment) hin zu optimieren.« Bei den künftigen Aufgaben müsse auch mit der Verwicklung in Kampfhandlungen gerechnet werden.[2271] Das BMVg zog als Lehre aus Somalia, dass vor einer Entscheidung über eine Beteiligung der Bundeswehr alle Rahmendaten – Lage, Auftrag und Mittel – bekannt sein sollten.[2272] Zu einer Situation, in der bereits politisch Versprechungen gemacht, aber noch keine Erkundung vor Ort durchgeführt worden war, sollte es nicht mehr kommen. Letztlich stellte die Beteiligung an der UNOSOM II nur einen Schritt auf dem Weg zur ›Einsatzarmee‹ dar. Einen Schritt, in dem die deutschen Streitkräfte eine Sonderrolle spielten. Nichtsdestotrotz war das BMVg mit der Beteiligung in Somalia zufrieden:

> »Die Bundeswehr hat durch die Beteiligung an UNOSOM II wesentliche Erfahrungen in der Handhabung des Instrumentariums zur Planung und Durchführung der Unterstützung einer VN-Friedensmission gewonnen und ist damit für zukünftige Aufgaben auf diesem Gebiet erheblich besser vorbereitet als bisher.«[2273]

Was die Beteiligung dem Land Somalia gebracht hatte, wurde in keinem der Berichte des BMVg wirklich hinterfragt. Die Darstellung, deutsche Soldaten hätten zur vorübergehenden Stabilisierung in Beledweyne beigetragen, reichte der politischen und militärischen Leitung vollkommen aus. Was nach dem Abzug mit Somalia geschah, lag nicht mehr in ihrem Fokus.

Nicht viel anders bewertete auch das AA die Mission. Angesichts eines verheerenden Zwischenberichts des VNGS mahnte Referat 230 bereits im Januar 1994, dass die Bundesrepublik weder ihr »Engagement desavouieren noch [ihre] Leistungen verstecken« sollte.[2274] In einer Kurzbewertung kamen die federführenden Referate 322 und 230 Anfang Mai daher zu dem Schluss, dass die VN-Mission als Ganzes ihre Ziele zwar »nur teilweise erreicht« habe, die Beteiligung der Bundesrepublik »aber militärisch und außenpolitisch ein Erfolg gewesen« sei.[2275] Kritik geübt wurde ausnahmslos an den Vereinten Nationen und den USA, die sich an »nationalem Interesse« orientiert hätten. In dieser Hinsicht glichen sich das AA und das BMVg. Auch das AA musste aber anerkennen, dass die deutschen Auflagen »die organisato-

---

[2270] Ebd., Zusammenfassende Auswertung Kernaussagen United Nations Operation in Somalia II (UNOSOM II), 22.3.1995, hier S. IX.
[2271] BArch, BW 2/30503, BMVg, Führungszentrum der Bundeswehr, Erfahrungsbericht UNOSOM II, 22.3.1995, hier Anlage, S. 54.
[2272] Ebd., Zusammenfassende Auswertung Kernaussagen United Nations Operation in Somalia II (UNOSOM II), 22.3.1995, hier S. V.
[2273] Ebd., S. II.
[2274] PA AA, B 34, ZA, Bd 165139, Durchschlag Vorlage Referat 230 an den Außenminister, Betr.: VN-Operation in Somalia (UNOSOM II), hier: Weiterer Bericht des VN-GS zur Fortführung der Operation, 13.1.1994, hier S. 3.
[2275] Ebd., Durchschlag Vorlage Referat 322/230 an den Außenminister, Betr.: Rückblick auf und Lehren aus der Somalia-Aktion, 9.5.1994, hier S. 1 f.

rischen Schwierigkeiten der VN nicht gerade erleichtert« hätten. Aufgrund der Sicherheitslage sei der Einsatz von NROs und zivilen Organisationen aber nicht möglich und die Entsendung der Bundeswehr trotz ihrer Kosten gerechtfertigt gewesen.[2276] Überdies habe die Beteiligung der Bundeswehr »Anerkennung bei den VN und in der Staatengemeinschaft eingebracht.« Dass der deutsche Verband seinem eigentlichen Auftrag nicht nachkommen konnte, habe nicht an Deutschland gelegen, sondern an der veränderten Operationsplanung. Das Bundeswehrkontingent sei »präzise, pünktlich und in zugesagtem Umfang« zum Einsatz gebracht worden. Intern monierte das AA jedoch vor allem die Kontroverse mit dem BMVg in Bezug auf den Abzug. Zwar sei die Zusammenarbeit der Ressorts »im allgemeinen gut« gewesen, trotzdem sei es auch zu »Alleingänge[n] einzelner Ministerien bzw. Minister« gekommen.[2277] Vermutlich zur Aufrechterhaltung des Ressortfriedens war dieser Satz nicht in der Version enthalten, die die anderen Ministerien erhielten.[2278]

Für das AA stand jedoch auch fest, dass sich die Bundesrepublik nur ohne politische Auflagen gehörbringend beteiligen könne. Auch sollten in Zukunft so früh wie möglich hochrangige Vertreter in die Leitungsstäbe entsandt werden; eine Forderung, die vor allem auch aus dem deutschen Unterstützungsverband gekommen war. In der bereinigten Version an die anderen Ressorts fehlte aber auch diese Passage.[2279]

Letztlich hätten »nationale Interesse[n]« anderer Truppensteller die Befehlsstrukturen zwischen dem VN-Sekretariat und dem UNOSOM-II-Hauptquartier die Mission geschwächt.[2280] Allerdings trug die deutsche Seite selbst dazu bei, die Stellung des UNOSOM-II-Kommandeurs zu untergraben, indem Entscheidungen aus Mogadischu vom VN-Sekretariat bestätigt werden mussten und wichtige Anfragen wegen politischer Vorbehalte – denen die Vereinten Nationen allerdings zugestimmt hatten – nicht umgesetzt wurden.

Auch zur Begründung des deutschen Engagements gaben die betreffenden Referate eine Bewertung ab. So habe die Beteiligung der Bundesrepublik in erster Linie humanitäre Gründe gehabt und sei der »Forderung der Öffentlichkeit nach mehr Aktivität« gefolgt. Eine wesentliche Rolle habe aber auch die Erfahrung des Zweiten Golfkriegs gespielt, dass die Bundesregierung »nicht noch einmal in die peinliche Lage geraten [darf] wegen unserer physi-

---

[2276] Ebd., S. 2.
[2277] Ebd., S. 3.
[2278] BArch, BW 2/30503, Schreiben des AA an das BKAmt, BMF, BMI, BMVg, BMZ, Betr.: Auflösung des »interministeriellen Arbeitsstabes Somalia«, 31.5.1994, hier Anlage, S. 2.
[2279] Vgl. PA AA, B 34, ZA, Bd 165139, Durchschlag Vorlage Referat 322/230 an den Außenminister, Betr.: Rückblick auf und Lehren aus der Somalia-Aktion, 9.5.1994, hier S. 3; BArch, BW 2/30503, Schreiben des AA an das BKAmt, BMF, BMI, BMVg, BMZ, Betr.: Auflösung des »interministeriellen Arbeitsstabes Somalia«, 31.5.1994, hier Anlage, S. 2.
[2280] PA AA, B 34, ZA, Bd 165139, Durchschlag Vorlage Referat 322/230 an den Außenminister, Betr.: Rückblick auf und Lehren aus der Somalia-Aktion, 9.5.1994, hier S. 3.

schen Abstinenz trotz finanziell hoher Beiträge ein wenig überzeugendes Bild abzugeben.« Ob »beim BMVg der ›Nützlichkeitsnachweis‹ in der Sinnkrise nach dem Wegfall des Ost-West-Konflikts« eine Rolle bei der Beteiligung gespielt habe, wollte das AA nicht sagen.[2281] Anders als die Kurzbewertung wurde diese Anlage nicht an die anderen Ressorts versandt. Hier wurde nämlich die Zusammenarbeit mit dem BMVg deutlich kritischer bewertet. Verteidigungsminister Rühe sei »wiederholt durch nicht-abgesprochene, nach Ansicht des AA voreilige Äußerungen gegenüber der Presse« in Erscheinung getreten. Auch deshalb sei die Zusammenarbeit mit dem BMVg »zeitweilig nicht ganz einfach« gewesen. Auch im Hinblick auf die Kooperation mit Dschibuti habe es dem BMVg an Fingerspitzengefühl gefehlt, da es ohne Zustimmung der dortigen Regierung mit der französischen Seite ein Abkommen über die Nutzung der französischen Militäranlagen geschlossen habe.[2282] Glücklich schätzte sich das AA dagegen, dass es nicht zu schwereren Zwischenfällen gekommen war. Tote Bundeswehrsoldaten hätten vermutlich einen plötzlichen Abzug zur Folge gehabt.[2283] Neben dem BMVg zeigte sich das AA auch enttäuscht vom BMI, das aus innenpolitischen Gründen entschieden habe, auf eine Polizeiunterstützung zu verzichten. Die Glaubwürdigkeit der Bundesrepublik in den Vereinten Nationen sei dadurch infrage gestellt worden.[2284] Auch deswegen forcierte das AA in der Folge die Aufstockung der deutschen Polizisten in der Westsahara.[2285]

Der positive Grundtenor im AA folgte der Bewertung der Ständigen Vertretung in New York. Aus ihrer Sicht habe die Beteiligung der Bundeswehr »die deutsche Position und [das] Ansehen« der Bundesrepublik in den Vereinten Nationen gestärkt. Durch das Auftreten der Bundeswehr gehöre Deutschland zu den Staaten, »deren Kontingente als besonders leistungsfähig und zuverlässig gelten.« Die verfassungsrechtlichen Beschränkungen hätten »diese positive Gesamtbewertung spürbar nicht beeinträchtigen können.«[2286] Vielmehr habe die UNOSOM-II-Führung »notwendige politische Sensitivität vermissen« lassen, als sie auf die Lageentwicklung reagieren wollte.[2287] Auch der Ständigen Vertretung mangelte es an Selbstreflexion. Was zählte, war der potenzielle Prestigegewinn für die Bundesrepublik. Ob der Mission oder gar Somalia geholfen worden war, stand nicht im Fokus der Bewertung. Allerdings musste die Beteiligung für die Ständige Vertretung ein Erfolg sein, schließlich wollte sie in Zukunft eine noch stärkere deutsche Beteiligung, um noch mehr Einfluss in der Weltgemeinschaft zu erhalten. Recht hatte die Ständige Vertretung aber mit ihrer Feststellung, dass den Vereinten Nationen

---

[2281] PA AA, B 34, ZA, Bd 165139, Rückblick auf die VN-Somalia-Aktion, o.D., S. 5.
[2282] Ebd., S. 8. Zur Kritik der Botschaft in Sanaa am Verhalten des BMVg siehe BArch, BW 1/408093, Drahtbericht des AA an das BMVg, Nr. 1556, 15.10.1993.
[2283] PA AA, B 34, ZA, Bd 165139, Rückblick auf die VN-Somalia-Aktion, o.D., S. 7.
[2284] Ebd., S. 8 f.
[2285] Vgl. Kapitel IV.2.d).
[2286] BArch, B 136/43518, Drahtbericht der Ständigen Vertretung in New York an Referat 230 im AA, Nr. 987, 31.3.1994, hier S. 2.
[2287] Ebd., S. 4.

die Grundlage des deutschen Engagements – Beteiligung nur in einem »secure environment« und ohne Anwendung von Zwangsmaßnahmen nach Kapitel VII der VN-Charta – von Beginn an bekannt gewesen seien.[2288] Dass der deutsche Verband für die VN-Mission größtenteils nutzlos war, lag daher auch an den Vereinten Nationen, die das beschränkte Angebot aus Mangel an Alternativen und, um die Deutschen das erste Mal dabei zu haben, überhaupt erst angenommen hatten. Bei der Analyse der Bewertung des AA gilt es auch zu bedenken, dass es weiter an dem Wunsch nach einem ständigen Sitz im VNSR und an der Bedeutung der Vereinten Nationen festhielt. In dieser Lesart musste es die positiven Effekte der UNOSOM II herausstellen, um die restlichen Ressorts auch in Zukunft zu einer VN-Beteiligung animieren zu können. Andernfalls fehlte dem AA eines der wichtigsten Werkzeuge im internationalen Wettbewerb um Einfluss und Ansehen in der Weltgemeinschaft.

*Operation »United Shield«: Keine Rückkehr der Bundeswehr*

Der Abzug der deutschen Truppen bedeutete zwar das Ende ihres Somalia-Engagements, die UNOSOM II lief jedoch noch rund ein Jahr weiter; letztlich ohne Erfolg. Zu einer politischen Lösung des Konflikts trug sie nicht bei. Um die letzten internationalen Kräfte aus Somalia abzuziehen, baten die Vereinten Nationen Ende 1994 noch einmal um Hilfe. Außenminister Kinkel war von Boutros-Ghali hierzu persönlich in New York angesprochen worden, was die Dringlichkeit unterstrich. Im Oktober 1994 standen jedoch Bundestagswahlen an. Kinkel musste den VNGS daher vertrösten.[2289] Bereits Ende September war die Gestellung von militärischem Personal, 59 Personen, zum Betrieb des Flughafens in Mogadischu als Ersatz für die abziehenden australischen Soldaten von der Arbeitsebene des AA abgelehnt worden.[2290] Anfang November zeigten die Vereinten Nationen gegenüber der Ständigen Vertretung in New York jedoch den Bedarf eines Hospitalschiffs, von amphibischen Verbänden und von Lufttransportkapazitäten für den Abzug an. Die Ständige Vertretung unterstützte eine Beteiligung, weil die Bundesrepublik ab Januar 1995 nichtständiges Mitglied im VNSR wurde. Eine weitere Beteiligung könne das Profil schärfen.[2291]

---

[2288] Ebd., S. 3.
[2289] PA AA, B 34, ZA, Bd 165139, Kopie Vorlage Referat 230 an den Außenminister, Betr.: Ende der VN-Mission in Somalia, hier: Mögliche logistische Unterstützung für den Abzug durch deutsche Marineeinheiten, 10.11.1994, hier S. 1.
[2290] Vgl. die Anmerkungen auf PA AA, B 34, ZA, Bd 165137, Drahtbericht der Ständigen Vertretung in New York an Referat 230 im AA, Nr. 3024, 23.9.1994; PA AA, BAV 172-NEWYGK, Bd 30752, Drahterlass Referat 230 im AA an die Ständige Vertretung in New York, Nr. 1461, 28.9.1994; ebd., Durchschlag Verbalnote der Ständigen Vertretung in New York an das VN-Sekretariat, 3.10.1994.
[2291] PA AA, B 34, ZA, Bd 165138, Drahtbericht der Ständigen Vertretung in New York an Referat 230 im AA, Nr. 3710, 4.11.1994.

## IV. Deutsche ›Blauhelme‹ in Afrika

Zudem war im August 1994 Karl Theodor Paschke zum Untergeneralsekretär der Vereinten Nationen ernannt worden,[2292] die Ernennung von Generalmajor Manfred Eisele zum beigeordneten Generalsekretär stand kurz bevor.[2293] Beides ließ eine gesteigerte Erwartungshaltung des VN-Sekretariats erwarten. Auch Referat 230 schlug der Leitung des AA daher die Entsendung eines Transport- oder eines Hospitalschiffs vor: »Jetzt können wir durch ein begrenztes Engagement mit sehr niedrigem Risiko für einen kurzen und genau definierten Zeitraum [...] Boden zurückgewinnen und für Entlastung bei möglichen anderen Erwartungen/Anforderungen der VN und der Partner sorgen.«[2294] Angesichts der begrenzten Beteiligung in Ruanda oder der Nichtaufstockung der Polizei in der Westsahara sah die Arbeitsebene des AA in Somalia eine Gelegenheit, um außenpolitisch Kredit zu gewinnen. Allerdings wollte das AA nicht für die Kosten aufkommen und sah das BMVg in der Pflicht.[2295] Angesichts der immer strittig ausgefochtenen Finanzierungsfrage war dies ein Hinweis auf fehlenden politischen Willen.

Das BMVg verhielt sich zurückhaltend. Wenn deutsche Soldaten somalischen Boden betreten sollten, mahnte die Rechtsabteilung des BMVg aufgrund der schlechten Sicherheitslage in Somalia an, dass gemäß Urteil des Bundesverfassungsgerichts zuvor unbedingt ein Beschluss des Bundestags herbeigeführt werden müsse.[2296] Noch ehe sich die Ressorts konkretere Gedanken um eine mögliche Beteiligung machen konnten, zeigten die westeuropäischen Staaten sowie die USA so große Bereitschaft, dass für die Bundesrepublik nur noch die Gestellung von Landungsschiffen übrig blieb. Über solche Fähigkeiten verfügte die Marine nicht, sodass das BMVg eine Unterstützung zurückwies. Ohnehin besaß es aufgrund der prekären Sicherheitslage kein Interesse, sich erneut in Somalia zu engagieren.[2297] Dem AA, das »vermutlich um internationales Prestige zu pflegen« an einer Beteiligung interessiert war, wollte das BMVg nicht entgegenkommen: »Eine erneute Beteiligung an UNOSOM II kann aufgrund der Erfolglosigkeit der VN-Mission nicht in unserem Interesse liegen. Von Angeboten zur Beteiligung wird *abgeraten*, was ohne Gesichtsverlust möglich ist, da wir nicht über noch

---

[2292] VNGV, A/48/PV.103, S. 3.
[2293] Die Wahl wurde Mitte November bekanntgegeben. Vgl. Deutscher General organisiert UN-Friedenseinsätze. In: FAZ, Nr. 267, 17.11.1994, S. 4.
[2294] PA AA, B 34, ZA, Bd 165139, Kopie Vorlage Referat 230 an den Außenminister, Betr.: Ende der VN-Mission in Somalia, hier: Mögliche logistische Unterstützung für den Abzug durch deutsche Marineeinheiten, 10.11.1994, hier S. 2.
[2295] Ebd., Kopie Vorlage Referat 230 an den Außenminister, Betr.: Mögliche Unterstützung für den UNOSOM-Abzug durch deutsche Marineeinheiten, hier: Finanzierungsfragen, 14.11.1994.
[2296] BArch, BW 1/426494, Verfügung Schreiben VR II 2 an Fü S III 5, Betr.: UNOSOM II, hier: Unterstützung des VN-Truppenabzugs aus Somalia, 11.11.1994.
[2297] BArch, BW 2/29720, Vorlage Fü S III 5 an Staatssekretär Schönbohm, Betr.: Unterstützung des VN-Truppenabzuges aus Somalia, 18.11.1994; BArch, BW 2/34953, Verfügung Vorlage Fü S III 5 an den Verteidigungsminister, Betr.: Einsatz von Streitkräften zu friedensunterstützenden Maßnahmen der VN/KSZE, 23.11.1994.

benötigte Verbände verfügen.«[2298] Aufgrund der Ablehnung des BMVg sollte es zu keinem weiteren Engagement der Bundeswehr in Somalia kommen.[2299]

### e) Mehr als ein »Werbefeldzug«:[2300] Erfahrung gewonnen, politischen Willen verloren

Die Rahmenlage für die erste bewaffnete Beteiligung der Bundeswehr an einer VN-Mission war denkbar schlecht. In Somalia existierte keine Regierung, verschiedene Milizen bekämpften sich untereinander und kriminelle Banden konkurrierten um Hilfsgüter, die in das Land kamen. Die VN-Missionen UNOSOM und UNOSOM II wurden ohne Zustimmung aller Konfliktparteien eingesetzt. Ein Stationierungsabkommen über den speziellen Status der VN-Soldaten gab es nicht. Auch existierten weder ein funktionierender Waffenstillstand noch ein Friedensvertrag. Keine der am Konflikt beteiligten Parteien hatte die Entsendung deutscher Soldaten erbeten. Überdies wurde die UNOSOM II auf Kapitel VII der VN-Charta mandatiert und ging in ihren Befugnissen weit über die meisten vorherigen VN-Missionen hinaus. Zwar verbesserte sich die Lage durch den Einsatz der UNITAF im ersten Quartal 1993 und auch danach kam es mehrheitlich nur in Kismaayo und Mogadischu zu neuen Kämpfen, doch angesichts dieser Ausgangslage stellt sich dennoch die Frage, warum sich die Bundesregierung ausgerechnet in Somalia das erste Mal mit bewaffneten Soldaten an einer VN-Mission beteiligte.

Für das BMVg gab es im Wesentlichen zwei Motive. Nach den Erfahrungen des Zweiten Golfkriegs, wo Deutschland nur als Nettozahler aufgetreten war, stand für das Verteidigungsressort im Dezember 1992 fest, dass sich eine Situation, in der deutsche Soldaten aufgrund ihrer Abwesenheit bei einer multinationalen Militärintervention von ihren NATO-Partnern zumindest gefühlt nicht als gleichwertig angesehen würden, nicht wiederholen dürfe. Weil sich an der UNITAF alle wichtigen NATO-Partner beteiligten, müsse sich auch die Bundeswehr engagieren. Aufgrund rechtlicher und gesellschaftlicher Vorbehalte kam die Beteiligung an dieser Militärintervention aber nicht infrage, sodass nur die VN-Folgemission unterstützt werden konnte.

Die Initiative hierfür ging vom BMVg aus. Zwar reagierte es auf Resolution 794, mit der alle VN-Mitglieder zur personellen, finanziellen oder materiellen Unterstützung in Somalia aufgerufen worden waren. Die Idee zur Entsendung von bis zu 1500 Soldaten entstand im Dezember aber nicht in Absprache mit den Vereinten Nationen und orientierte sich nicht am Bedarf

---

[2298] Hervorhebung im Original. BArch, BW 2/34953, Verfügung Vorlage Fü S III 5 an den Verteidigungsminister, Betr.: Einsatz von Streitkräften zu friedensunterstützenden Maßnahmen der VN/KSZE, 23.11.1994, Anlage 8, S. 2.
[2299] Vgl. PA AA, BAV 172-NEWYGK, Bd 30752, Drahterlass Referat 230 im AA an die Ständige Vertretung in New York, Nr. 0726, 2.12.1994.
[2300] Vgl. Säbelraßler oder Hosenscheißer. In: Der Spiegel, Nr. 25 (1993), 20.6.1992, S. 116–118, hier S. 117.

## IV. Deutsche ›Blauhelme‹ in Afrika

der Weltgemeinschaft, sondern an den Fähigkeiten, die das BMVg gewillt war einzusetzen. Bereits zuvor hatten die Vereinten Nationen um Hilfe gebeten, sodass der Bezug auf Resolution 794 nur in die Argumentation des Verteidigungsressorts passte, nicht aber ein ausschlaggebendes Kriterium war. Durch die Beteiligung in Somalia versuchte das BMVg nämlich auch den internationalen Druck zu senken, sich stärker im ehemaligen Jugoslawien zu engagieren.

Selbst wenn den Handelnden im BMVg nicht abgesprochen werden kann, dass sie sich auch aus humanitären Gründen in Somalia engagierten, waren es in erster Linie diese Ressortinteressen, die eine Beteiligung attraktiv machten. Das Streben nach einem ständigen Sitz im VNSR zählte nicht dazu. Ähnliches kann über die These der »Salamitaktik« zur langsamen Gewöhnung der Öffentlichkeit an Auslandseinsätze der Bundeswehr gesagt werden.[2301] Auch wenn dieser Gedanke im Falle von Kambodscha eine Rolle spielte, rückte er bei Somalia in den Hintergrund. Angesichts der Erfahrungen des Zweiten Golfkriegs war Handlungsbereitschaft gefragt, um international nicht isoliert zu werden. Eine bewusste Entscheidung, nach Sanitätssoldaten in Kambodscha nun in Somalia erstmals auch bewaffnete Soldaten einzusetzen, gab es nicht. Die Beteiligung in Somalia war ein Reflex, um nicht erneut abseits zu stehen. Möglicherweise mag dabei der Gedanke eine Rolle gespielt haben, dass angesichts der verheerenden Lage in Somalia und zur Wahrung des internationalen Ansehens noch mehr geleistet werden müsse als in Kambodscha oder zumindest Vergleichbares mit den engsten NATO-Partnern, die sich teils mit großen Kontingenten in der UNITAF engagierten.

Hätten die Bundesregierung bzw. das BMVg einen weiteren Einsatz zur Gewöhnung der Gesellschaft gewollt, hätten sie sich an der UNOSOM beteiligen können. Eben dies wollte aber vor allem das BMVg nicht, weil es negative Konsequenzen für das Urteil des Bundesverfassungsgerichts fürchtete. Erst als ein eigenes Engagement nach dem Beginn der UNITAF politisch unumgänglich erschien, reagierten die deutschen Ressorts. Ein strategisches Kalkül lässt sich bei diesem Handeln nicht erkennen. Die Idee zur Beteiligung mit Logistik- und Nachschubelementen passte dann allerdings ins Profil einer langsamen Gewöhnung der Öffentlichkeit, die sich nicht an den Bedürfnissen vor Ort orientierte, da das Angebot vor allen Erkundungen erfolgte. Offenbar wurde das BMVg nicht im Vorfeld von den USA um eine Beteiligung gebeten. Nach den Erfahrungen des Zweiten Golfkriegs war das BMVg von sich aus daran interessiert, sein Verhältnis zu den USA zu stärken.

Für die Diplomaten des AA diente eine Beteiligung der Bundeswehr einmal mehr zur Flankierung ihres politischen Anspruchs auf mehr Mitsprache in den Vereinten Nationen und zur Steigerung ihres Ansehens, insbesondere nachdem Außenminister Kinkel den Anspruch auf einen ständigen Sitz im VNSR verkündet hatte. Die Entsendung der Bundeswehr war für das AA und

---

[2301] Vgl. Matthies, Die UNO in Somalia, S. 8. Siehe auch Clement, Auslandseinsätze, S. 126–129; Schuhkraft, Die Afrikapolitik, S. 209.

die ihm untergebenen Stellen aber nicht zwingend notwendig und nur zweite Wahl. Priorität hatte nach Rücksprache mit den Vereinten Nationen, den USA und den somalischen Akteuren der Wiederaufbau der somalischen Polizei. Ein dortiges Engagement wurde international von Deutschland erwartet und von den Konfliktparteien begrüßt. Angesichts der massiven internationalen Intervention forcierte das BMVg allerdings die Beteiligung der Bundeswehr. Diese war keineswegs unvermeidlich. Hätte die Bundesregierung ›nur‹ Polizisten zum Aufbau der somalischen Polizei und Sanitätskräfte der Bundeswehr bereitgestellt, wäre dies vermutlich ausreichend gewesen; diese Fähigkeiten wurden nachgefragt. Einsatzbereite Sanitätskräfte waren in der Bundeswehr jedoch Mangelware und auch die Polizeiressourcen waren begrenzt, sodass sich das BMVg mit seinen Vorstellungen durchsetzte.

Das lag auch an der ambivalenten Haltung des BMI. Zwar sagte es auf politischen Druck des Bundeskanzlers nach dessen Gespräch mit Boutros-Ghali im Januar 1993 die Entsendung von Polizisten nach Somalia zu. Ähnlich wie die Stationierung der Bundeswehr wurde aber auch die Entsendung von Polizisten an hohe Sicherheitsstandards gekoppelt. Da die Vereinten Nationen nie in der Lage waren, ein stimmiges Polizeikonzept zu entwickeln und zufriedenstellende Sicherheitsvoraussetzungen zu schaffen, zog das BMI seine Zusage zurück. Parallel zeichnete sich das ehemalige Jugoslawien als neuer Schwerpunkt des BGS-Auslandsengagements ab, für den das BMI seine begrenzten Ressourcen schonte.

Das BKAmt handelte lediglich als Mittler zwischen den Ressorts, auch wenn es eine Beteiligung nach den Erfahrungen des Zweiten Golfkriegs für erforderlich hielt. Während Kanzler Kohl vor allem gegenüber dem VNGS klarstellte, dass eine Polizeibeteiligung nicht ausreiche und er den Einsatz der Bundeswehr aus europapolitischen Überlegungen wollte, griff das BKAmt in der Folge nicht weiter in die Detailfragen ein. Für das Kanzleramt war es nur noch wichtig, dass es zu einer substanziellen Beteiligung kam, nachdem diese von Kohl selbst verkündet worden war.

Anders als im Falle von Namibia besaßen die Bundesressorts keine eigenen Interessen am somalischen Einsatzland. Wäre die VN-Mission in Mosambik mit ähnlich großem internationalem Engagement unterstützt worden, wäre es vielleicht dort und nicht in Somalia zur ersten bewaffneten Beteiligung der Bundeswehr gekommen. Insofern war die deutsche Beteiligung in Somalia in der Tat ein Erfolg, weil es den Bundesressorts darum ging, solidarisch neben ihren Partnern zu stehen. Der Einsatzort Somalia war austauschbar, auch wenn es aufgrund der Geiselbefreiung von 1977 Anknüpfungspunkte gab.

Der öffentlichen Ankündigung im Dezember 1992, 1500 Soldaten nach Somalia zu entsenden, lag keine Anfrage der Vereinten Nationen zugrunde. Zu diesem Zeitpunkt stand noch nicht fest, wie eine UNITAF-Folgemission unter VN-Führung aussehen würde. Die deutsche Seite plante mit einer Mission nach Kapitel VI ohne Befugnisse zur Anwendung von Zwang und mit dem Ziel der humanitären Hilfe. Die schnellstmögliche öffentliche

Ankündigung diente lediglich als Signal an andere Staaten, auch etwas zu tun. Als sich die Lage in Somalia aber nicht wie erhofft entwickelte und die UNOSOM II unter Kapitel VII der VN-Charta mandatiert wurde, konnte die Bundesregierung ihr Angebot nicht ohne Verlust ihres Ansehens zurückziehen. Weil Bundeskanzler Kohl die Umsetzung des von ihm persönlich verkündeten Kabinettsbeschlusses aufgrund der außenpolitischen Folgen verlangte, zeigte das BMVg höchste Flexibilität beim Einsatzort und der Aufgabe des Verbands. Anstelle von Boosaaso im Nordosten wurden die deutschen Soldaten in Zentralsomalia, in Beledweyne stationiert; anstatt humanitäre Hilfe zu leisten, sollten sie die logistische Versorgung anderer VN-Truppen übernehmen. Die politischen Beschränkungen blieben allerdings hoch. Der deutsche Verband durfte nur in einem »secure environment« eingesetzt werden, Waffengewalt nur zur Selbstverteidigung anwenden und Munition und Waffen nur zur Selbstverteidigung transportieren. Ohne diese Auflagen hätten die FDP und die von ihr geführten Ministerien nicht zugestimmt. Die Selbstbeschränkung eröffnete den Liberalen die Möglichkeit, nicht von einem Einsatz im Sinne des Grundgesetzes, sondern von einem »humanitären Einsatz« zu sprechen; einen ähnlichen semantischen Schlingerkurs fuhren die deutschen Politiker 20 Jahre später in Afghanistan bei der Frage, ob dort Krieg herrsche.[2302] Mit Blick auf Somalia bemerkte die SPD-Abgeordnete Uta Zapf 1993 im Verteidigungsausschuss zutreffend, dass die dortige Beteiligung ein humanitärer Einsatz sein musste, weil er kein militärischer Einsatz sein durfte.[2303] Dabei erfolgte die Erklärung von Beledweyne zum »secure environment« durch das VN-Sekretariat willkürlich, da es keine transparenten Kriterien dafür gab. Sie diente einzig der politischen Absicherung der Bundesregierung.

Ungenau ist die Annahme, dass das BMVg oder die Regierung von sich aus die Region Beledweyne gewählt hätten, weil sie ruhiger war als andere Regionen.[2304] Tatsächlich trugen die Vereinten Nationen die Region an Deutschland heran, wohlwissend, dass der deutsche Verband außer im Nordosten, wo die Bundesressorts eigentlich zum Einsatz kommen wollten, aus politischen Bedenken nicht in Somalia stationiert werden konnte. Insgesamt spielte die Sicherheitslage für die eigenen Soldaten zwar eine wichtige Rolle in den Entscheidungen der Bundesressorts, durch die Stationierung eigener Truppen in Somalia gingen die Entscheidungsträger aber bereits größere Risiken ein, als sie bei der Teilnahme an der zur gleichen Zeit aufgestellten Mission in Mosambik hätten eingehen müssen. Die Sicherheit für das eigene Personal war daher nicht ausschlaggebend für die Entscheidung. Vor Ort wurde dann allerdings versucht, das Risiko möglichst gering zu halten.

Hatten die Bundesressorts in den 1970er-Jahren noch die Beteiligung an VN-Missionen dadurch ausgeschlossen, dass diese nicht unter Kapitel VII

---

[2302] Vgl. Maurer/Rink, Einsatz ohne Krieg?, S. 9–30; Neitzel, Deutsche Krieger, S. 515 f.
[2303] PA-DBT 3119, Ausschuss für Verteidigung, 12/48, 13.1.1993, S. 21.
[2304] Vgl. Mayer, Möglichkeiten und Grenzen, S. 66; Neitzel, Deutsche Krieger, S. 466.

der VN-Charta mandatiert würden und deshalb nicht zu einem System der kollektiven Sicherheit gehörten, legten die Ministerien nun größten Wert darauf, bei einer unter Kapitel VII der VN-Charta mandatierten Mission nur auf Grundlage des Kapitels VI zum Einsatz zu kommen. Von Beginn an hatten die Vereinten Nationen daher das Problem, das beschränkte deutsche Angebot sinnvoll in das – unausgegorene – Gesamtkonzept der UNOSOM II einzubringen. Nur weil den Vereinten Nationen Logistiktruppen fehlten und durch die deutsche Beteiligung in Somalia ein Präzedenzfall[2305] für ein zukünftig stärkeres deutsches Engagement geschaffen werden sollte, nahmen sie das Angebot an. Die Vereinten Nationen waren daher mitverantwortlich für die spätere militärische Nutzlosigkeit des deutschen Verbands, auch wenn sie sich größere Hilfe von ihm erhofft hatten.

Die politische Selbstbeschränkung verhinderte, dass die deutschen Soldaten die VN-Mission militärisch entlasten durften. Obwohl die UNOSOM II dauerhaft unter Logistikengpässen litt, durfte der gut ausgerüstete und fähige deutsche Verband keine Abhilfe schaffen. Ein Großteil des deutschen Kontingents diente vielmehr zur Sicherung der eigenen Existenz, auch wenn die von Eknes [u.a.] genannten 83 Prozent aller hierfür eingesetzten Kräfte übertrieben scheinen.[2306] Das BMVg griff tief in die taktische Ebene des Verbands ein und trug zur Entmündigung der deutschen und der internationalen Führung bei, ohne einen Mehrwert für die VN-Mission zu bilden. Dies sorgte nicht nur bei den eigenen, sondern auch bei den internationalen Truppen für Unverständnis; der Verband sah »das Prinzip der Auftragstaktik beschädigt«.[2307]

Von einer gleichberechtigten Beteiligung kann nicht gesprochen werden. Die deutsche Seite nahm umfassende Hilfe anderer Akteure in Anspruch, rückte aber nach der erfolgten Stationierung nur zögerlich von eigenen Positionen ab. Den Wunsch, in Somalia keinen Sonderweg zu gehen, verfehlten die Bundesressorts. Auf deutscher Seite kam es dabei zwischen den Kräften vor Ort und den Entscheidungsträgern außerhalb Somalias zu erheblichen Widersprüchen. So regte der deutsche Verband im Herbst 1993 eine Anpassung der restriktiven Bedingungen an den neuen Operationsplan der Vereinten Nationen an, insbesondere eine Verlegung des Feldlagers. Aus innenpolitischen Motiven wurde er aber von den Ministerien überstimmt. Wie die Verantwortlichen in den USA oder Italien etablierten die Bundesressorts dadurch parallele Kommandostrukturen und schwächten das Gefüge der UNOSOM II.

---

[2305] Vor dem BVerfG erklärte Untergeneralsekretär Petrovsky: »I hope, that today's meeting is not the end of the story, but an introduction to many new chapters of growing co-operation between Germany and the United Nations.« Zitiert nach Der Auslandseinsatz deutscher Streitkräfte, S. 316.
[2306] Eknes [u.a.], Fighting for Hope.
[2307] Zeitzeugenbefragung von Oberst a.D. Manfred Benkel am 28.3.2020.

## IV. Deutsche ›Blauhelme‹ in Afrika

Zwar erhielten die deutschen Soldaten nie nationale Aufträge zur Durchsetzung deutscher Interessen,[2308] wie dies in Teilen für die USA oder auch Italien galt. Gezwungenermaßen hielten die deutschen Kommandeure aber kontinuierlich Rücksprache mit dem BMVg, um sich abzusichern, ob sie die von der UNOSOM II gewünschten Aufträge durchführen durften. Die deutschen Ressorts forderten wiederholt Erklärungen des VN-Sekretariats über Operationspläne und Sicherheitslagen, was zu Verzögerungen und zur Entmündigung der UNOSOM-II-Führung beitrug. Das Fehlen eines einheitlichen Verständnisses der Truppensteller zum Verhalten in einer unter Kapitel VII der VN-Charta mandatierten Mission, die Abhängigkeit einiger Truppen von der Versorgung des LSC sowie nationale Beschränkungen zur Dislozierung ihrer Truppen erkannte daher auch der scheidende UNOSOM-II-Kommandeur Bir als größte Hindernisse der Mission.[2309]

Den entsprechenden nationalen deutschen Auflagen hatten die Vereinten Nationen aber selbst zugestimmt. Ohnehin besitzen nationale Truppen in jeder Mission eigene Vorbehalte.[2310] Vorzuwerfen ist der deutschen Seite allerdings, dass sie ihre eigenen Defizite nie hinterfragte und die Schuld für die stockende Auftragserfüllung bei den Vereinten Nationen oder den USA suchte. Andernfalls hätte die Erkenntnis reifen müssen, dass die Bundeswehr unter den innenpolitischen Bedingungen nicht hätte nach Somalia entsandt werden dürfen. Weil es bei der Entsendung der Bundeswehr aber eher um bündnispolitische Überlegungen und weniger um Somalia oder die UNOSOM II ging, wurden diese Sachfragen nur selten gestellt.

Darüber hinaus ist es ein Mythos, dass die indische Brigade nicht in Somalia erschien und verantwortlich für die Untätigkeit des deutschen Verbands war.[2311] Die indische Brigade traf sehr wohl in Somalia ein, wenn auch verspätet. Anders als die deutsche Seite akzeptierten die Inder aber die neue Rahmenlage und fügten sich flexibel in das neue Konzept der UNOSOM II ein. Das BMVg und das AA weigerten sich dagegen, den deutschen Verband von Beledweyne in eine andere Region zu verlegen, um die VN-Mission sinnvoll zu unterstützen. Die geringe Auslastung des deutschen Verbands ist daher auf die mangelnde Flexibilität und den fehlenden Willen der deutschen Entscheidungsträger zurückzuführen. Ein neuer Auftrag in einem weniger sicheren Umfeld wäre unter den damaligen innenpolitischen Vorbehalten aber

---

[2308] Zeitzeugengespräch mit Staatssekretär a.D. Dr. Peter Wichert am 5.5.2020.
[2309] PA AA, B 34, ZA, Bd 165137, Drahtbericht der Ständigen Vertretung in New York an Referat 230 im AA, Nr. 242, 24.1.1994.
[2310] Zeitzeugengespräch mit Generalmajor a.D. Klaus Frühhaber am 31.3.2020; Zeitzeugengespräch mit Botschafter a.D. Martin Kobler vom 8.4.2020; Zeitzeugenbefragung von Generalleutnant a.D. Richard Roßmanith am 10.4.2020.
[2311] Vgl. Weihnachten in Somalia. In: Die Welt, Nr. 169, 22.7.1994, S. 6; Günter Lerch, Die Somalen allein in Belet Huen. In: FAZ, Nr. 178, 3.8.1994, S. 3; Somalia. Operation Rückverlegung. In: Soldat und Technik, Nr. 3 (1993), S. 136 f., hier S. 136; Breitwieser, Verfassungshistorische und verfassungsrechtliche Aspekte der Auslandseinsätze, S. 162; Mader, Öffentliche Meinung zu Auslandseinsätzen der Bundeswehr, S. 84, Anm. 54; Mayer, Möglichkeiten und Grenzen, S. 66.

auch nur schwer umsetzbar gewesen. Der deutschen Seite musste daher auf die schnellstmögliche Ausdehnung des UNOSOM-II-Operationsgebiets in Richtung Norden pochen, sollte der deutsche Verband doch noch militärisch von Nutzen sein. Da die Ausdehnung nicht zur Lage vor Ort passte, blieb dem deutschen Verband nur die militärische Nutzlosigkeit.

Mit dem Abzug der US-Amerikaner fielen die wichtigste Schutzkomponente und die stärkste Logistikeinheit weg, auf die der deutsche Verband durch seine Selbstbeschränkung angewiesen war. Unter den neuen Bedingungen war die begrenzte deutsche Beteiligung nicht mehr ohne Weiteres durchführbar und musste abgebrochen werden, wollten sich die Ressorts nicht einem neuen politischen Entscheidungsprozess stellen. Hätte der deutschen Seite etwas am Erfolg der Mission gelegen, hätten gerade im Angesicht des bevorstehenden Abzugs der USA weitere Einheiten angeboten werden müssen. Allein der politische Wille und das Interesse an der international immer zurückhaltender unterstützten Mission fehlten, wobei es dem Konzept der UNOSOM II auch an Eignung mangelte. Von Beginn an war es zu ambitioniert, im somalischen Kontext vermutlich unrealistisch und mit den begrenzten Ressourcen schlicht nicht umsetzbar. Dennoch trug die Bundesregierung zum Scheitern der UNOSOM II bei, weil sie – wie die meisten anderen Staaten auch – nicht willens war, die nötigen militärischen wie zivilen Ressourcen bereitzustellen. Die Fähigkeiten, die die Regierung bereitstellte, sollten zudem unter deutscher Kontrolle bleiben. Dies war zwar kein deutsches Alleinstellungsmerkmal, aber einer der Hauptgründe, weshalb die ambitionierte Mission scheiterte. Darüber hinaus waren die anderen Staaten ohne die USA unfähig, einen derartigen Auftrag durchzuführen. Anstatt sich also ab Herbst 1993 stärker zu engagieren, kehrte die Bundesregierung und hier vor allem das BMVg Somalia nach dem angekündigten Abzug der USA den Rücken, obwohl die ganze Beteiligung ursprünglich mit der dringenden Notwendigkeit der deutschen Fähigkeiten begründet worden war.

Dass aber nicht die Mission UNOSOM II oder die Entwicklung in Somalia im Fokus des deutschen Engagements standen, belegen die ministeriellen Bewertungen. Aus deutscher Sicht war die Beteiligung der Bundeswehr ein Erfolg. Die Bundeswehr hatte unter Einsatzbedingungen die Fähigkeit bewiesen, einen Verband Tausende Kilometer entfernt von der Heimat zu stationieren. Zwar lag fast ein halbes Jahr zwischen der Ankündigung der Regierung und der Entsendung der ersten Truppen. Die vorhandene Zeit durfte aufgrund der innenpolitischen Streitigkeiten aber nicht vollumfänglich zur Vorbereitung genutzt werden. Die Bundeswehr erhielt vielmehr die Auflage, ihre öffentlichen Planungen weitgehend zurückzufahren, was den Start des Engagements erschwerte. Zwar traf das Hauptkontingent später als von der UNOSOM-II-Führung erhofft in Beledweyne ein; nachdem der politische Streit in der Heimat fürs erste geklärt war, verlief der Aufwuchs des deutschen Verbands aber recht schnell. In Somalia sammelte die Bundeswehr wichtige Erkenntnisse für künftige Einsätze und verbesserte sich durch

## IV. Deutsche ›Blauhelme‹ in Afrika

Investitionen in Millionenhöhe vor allem in den Bereichen Nachschub und Logistik. Das Zusammenwirken der verschiedenen Teilstreitkräfte war unter scharfen Bedingungen geübt worden und Deutschland hatte den Willen demonstriert, im Rahmen begrenzter Möglichkeiten international auch militärisch zu handeln. Somalia kann somit als wichtiges Experimentierfeld – als »bester Truppenübungsplatzaufenthalt«[2312] – der Bundeswehr auf dem Weg von einer Verteidigungs- hin zu einer Einsatzarmee bezeichnet werden. Nicht vergessen werden darf zudem, dass das BMVg und die Bundeswehr in Somalia in vielerlei Hinsicht »absolutes Neuland«[2313] betraten und kurzfristig Vorschriften und Bestimmungen erfinden mussten. Auch mussten sich erst Zuständigkeiten innerhalb des Verteidigungsressorts, der Streitkräfte und ihrer zivilen Gegenstücke herauskristallisieren, was nicht immer reibungslos verlief. Hierdurch wurden Grundlagen für das künftige Auslandsengagement der Bundeswehr gelegt. Nach dem Urteil des Bundesverfassungsgerichts bestand zudem Gewissheit, dass die Bundeswehr in Zukunft das volle Aufgabenspektrum militärischer Maßnahmen abdecken konnte. Die in Somalia geltenden politischen Beschränkungen wurden daher nie aufgearbeitet.

Militärisch sinnvoll für die Vereinten Nationen war die Beteiligung der Bundeswehr nicht. Der Erfolg der UNOSOM II oder eine langfristige Stabilisierung Somalias waren zweitrangig für die Bundesressorts. Das soll nicht bedeuten, dass sich die Soldaten nicht mit ihrer Rolle als humanitäre Helfer identifiziert hätten und die einheimische Bevölkerung unterstützen wollten.[2314] Bei den Soldaten überwog der Stolz, in Somalia gewesen zu sein.[2315] Aus humanitärer Sicht empfanden sie die Beteiligung als Erfolg.[2316] In der Tat hatte der Verband auch einiges erreicht. Ein militärischer Verband ist jedoch keine Hilfsorganisation. Die humanitären Projekte dienten in militärischer Logik zum Selbstschutz und nicht den Notwendigkeiten vor Ort, was sich vor allem an den abgelehnten Aufträgen ablesen lässt, die humanitär sinnvoll gewesen wären, aber nicht im Einklang mit den politischen Vorgaben standen. Das Missverhältnis zwischen Gesamtkosten und humanitärer Hilfe war daher ein berechtigter Kritikpunkt. Zudem fehlte es den deutschen Maßnahmen an

---

[2312] Zeitzeugengespräch mit Generalmajor a.D. Klaus Frühhaber am 26.3.2020.
[2313] Zeitzeugenbefragung von Generalleutnant a.D. Richard Roßmanith am 10.4.2020.
[2314] PA AA, B 34, ZA, Bd 160145, Kopie Vorlage AS-B-hH, an den Außenminster, Betr.: Besuch von PStS Wilz (BMVg) in Belet Huen und Dschibuti, hier: Reisebericht, 26.8.1993, hier S. 9.
[2315] Zeitzeugenbefragung von Oberst a.D. Manfred Benkel am 28.3.2020; Zeitzeugengespräch mit General a.D. Dr. Helge Hansen am 30.3.2020; Zeitzeugenbefragung von Oberstleutnant a.D. Gerhard Sontheim am 8.10.2020; Zeitzeugengespräch mit Generalleutnant a.D. Volker Halbauer am 14.5.2021; Zeitzeugengespräch mit General a.D. Dr. Klaus Reinhardt am 26.10.2021.
[2316] Vgl. BArch, BW 2/33354, Streitkräfteamt, Dezernat Militärpsychologie, BEV, Befragung von Einsatz-Verbänden. Bericht zur Befragung des Unterstützungsverbandes für UNOSOM II (Somalia), 15.7.1994, hier S. 20.

Nachhaltigkeit.[2317] Nach Abzug der Bundeswehr flammte auch in Beledweyne der Konflikt erneut auf und alle Projekte wurden zerstört. Letztlich war es ein Glücksfall für die Bundesregierung und die Streitkräfte, dass der eigentliche Auftrag, die logistische Versorgung einer Brigade beim Vormarsch in den Norden, nie abgefragt wurde, da hierbei alle konzeptionellen Defizite zutage getreten wären. Überdies sprachen sich die Ressorts zwar von Beginn an ab, es wurde aber nie ein ressortübergreifendes Konzept entwickelt. Vielmehr brachte jedes Ministerium eigene Fähigkeiten ein, um überhaupt ein deutsches Engagement in Somalia zu ermöglichen. Der Versuch, die verschiedenen bereits laufenden Ansätze zusammenzuführen, kam zu spät.

In der Rückschau blieb auch die Hoffnung der Vereinten Nationen unerfüllt, einen Präzedenzfall für ein stärkeres deutsches VN-Engagement zu schaffen. Nach der Beteiligung in Somalia wandten sich die Bundesressorts verstärkt der NATO zu. Aufgrund der eigenen Verluste in Somalia und der Erkenntnis, dass die Vereinten Nationen zu militärischen Großoperationen unfähig waren, hatten die USA bereits im Oktober 1993 angedeutet, dass sie im ehemaligen Jugoslawien allenfalls auf eine Mission des Bündnisses setzen würden.[2318] Auch auf deutscher Seite machte sich daher Ernüchterung breit.[2319] Bis heute ist die Beteiligung an der UNOSOM II die größte Beteiligung der Bundeswehr im VN-Rahmen geblieben. Bereits in Ruanda fehlte das nötige internationale Engagement, weswegen sich das BMVg aus innenpolitischen Überlegungen vor einer erneuten personellen Beteiligung auf dem afrikanischen Kontinent sperrte.

## 4. Deutsche Beteiligung in Ruanda: Polizei aus Rheinland-Pfalz

### a) Die Vereinten Nationen in Ruanda

Nirgendwo sonst wirkten sich die negativen Erfahrungen der Vereinten Nationen aus Somalia so stark auf die internationalen Friedensbemühungen aus wie in Ruanda. Weil die USA immer skeptischer gegenüber multilateralen Missionen wurden, tat die internationale Staatengemeinschaft im Frühjahr 1994 kaum etwas, um den Genozid in Ruanda zu stoppen. Auch die Bundesregierung hielt sich (militärisch) zurück. Angesichts der Erfahrungen aus Somalia, der Konflikte in Südosteuropa und innenpoliti-

---

[2317] Zeitzeugengespräch mit Flottillenarzt d.R., Leitender Medizinaldirektor Dr. med. Gerhard Boecken am 6.7.2021.
[2318] BArch, BW 2/36694, Vermerk Fü S III 1, Betr.: D/US-Konsultationen am 7.10.1993 in Washington zur Vorbereitung des NATO-Gipfel, 9.10.1993, S. 3.
[2319] Vgl. PA AA, B 34, ZA, Bd 165139, Kopie Sprechzettel Referat 322, Betr.: Sitzung des FDP-Arbeitskreises I am 11.1.1994, hier: Somalia, 4.1.1994, hier S. 3; PA-DBT 3119, Ausschuss für Verteidigung, 12/69, 12.1.1994, S. 16; BArch, BW 2/28162, Fü S III 5, Erste Bilanz Somalia, 23.3.1994, hier S. 4.

IV. Deutsche ›Blauhelme‹ in Afrika                                      513

scher Überlegungen beteiligte sie sich an den VN-Missionen in Ruanda nur
mit wenigen Uniformierten: Polizisten aus Rheinland-Pfalz.

*Der Beginn des ruandischen Bürgerkriegs*

Der ruandische Bürgerkrieg von 1990 und der anschließende Genozid waren – wie so viele Konflikte in Afrika – Folgen der Kolonialzeit. Seit Ende des 19. Jahrhunderts hatte das Deutsche Reich das Gebiet des heutigen Ruanda für sich beansprucht. Nach dem Ersten Weltkrieg übernahm Belgien als Mandatsmacht die Verwaltung der einstigen deutschen Kolonie; dazu gehörte auch die durch die Vergabe von Ausweisdokumenten institutionalisierte ethnische Klassifizierung der ruandischen Bevölkerung.[2320] In eurozentristisch geprägter Sicht setzte sich diese 1994 aus drei Gruppen zusammen: etwa 84 Prozent Hutu, 14 Prozent Tutsi und zwei Prozent Twa. Ob es sich hierbei um Ethnien, soziale Klassen oder Kasten handelt, ist umstritten. Lange Zeit behandelten die Europäer die aus ihrer Sicht zur Gruppe der Tutsi gehörenden Menschen gegenüber den Hutu und Twa als höherwertig und trugen zur Spaltung der Bevölkerung bei.[2321] Noch vor der Unabhängigkeit Ruandas am 1. Juli 1962 erhoben sich Teile der Hutu-Mehrheit gegen die Tutsi-Dominanz. Zwischen 1959 und 1962 starben vermutlich mehrere Tausend Menschen in Folge von Gewalttaten, Tausende Tutsi flüchteten.[2322] Als 1963 ein Teil der Geflüchteten versuchte, gewaltsam nach Ruanda zurückzukehren, mündete dies in erneute Massaker an Tutsi und ihre systematische Vertreibung, vor allem nach Burundi und Uganda.[2323] Als sich Verteidigungsminister Generalmajor Juvénal Habyarimana im Juli 1973 an die Macht putschte, verhärteten sich die Machtverhältnisse in Ruanda nur weiter.[2324]

Die ugandische Regierung versuchte die in ihrem Land lebenden ruandischen Flüchtlinge ihrerseits in den 1980er-Jahren auszuweisen. Ein Teil von ihnen schloss sich daraufhin der ugandischen Rebellengruppe National

---

[2320] Mayersen, On the Path to Genocide, S. 104–116.
[2321] VNSR, S/1994/1125, 4.10.1994, Randnr. 45; Des Forges, Kein Zeuge darf überleben, S. 55–64; Mayersen, On the Path to Genocide, S. 100. Zur Entwicklung und Nutzung der Begriffe siehe Prunier, The Rwandan Crisis, S. 5–9; Heeger, Politische und gesellschaftliche Entwicklungen, S. 18 ff.; Strizek, Kongo/Zaïre, S. 55–65; Mamdani, When Victims Become Killers, S. 41–75; Stockhammer, Ruanda, S. 13–19; Strauss, The Order of Genocide, S. 18–23.
[2322] Prunier, The Rwandan Crisis, S. 41–64; Wütherich, Revolution und Erste Republik; Mamdani, When Victims Become Killers, S. 103–131, 164 ff.; Mayersen, On the Path to Genocide, S. 124–132.
[2323] Prunier, The Rwandan Crisis, S. 55 ff., 61–64; Mamdani, When Victims Become Killers, S. 129 f.; Mayersen, On the Path to Genocide, S. 136–141; Guichaoua, From War to Genocide, S. 7 f.
[2324] Prunier, The Rwandan Crisis, S. 74–90; Ullrich, Die Ära Juvénal Habyarimana; Mamdani, When Victims Become Killers, S. 140–144; Des Forges, Kein Zeuge darf überleben, S. 66–74; Melvern, Ruanda, S. 20–24; Mayersen, On the Path to Genocide, S. 150–160; Guichaoua, From War to Genocide, S. 13–17.

Resistance Movement an. Nach einem Guerillakrieg übernahm diese 1986 in Uganda die Macht. Fortan gehörten mehrere Tausend Tutsi zur neuen ugandischen Armee.[2325] Spannungen mit der ugandischen Führung stärkten unter ihnen jedoch eine militante Bewegung, die zur Rückkehr nach Ruanda drängte.[2326]

Bereits Ende der 1970er-Jahre hatten hierzu ruandische Flüchtlinge in Uganda eine Vereinigung gegründet[2327]; seit 1987 nannte sie sich Rwandan Patriotic Front (RPF).[2328] Mit einigen Tausend Kämpfern fiel die RPF am 1. Oktober 1990 in Ruanda ein.[2329] Um den Rebellen standzuhalten, wurde die ruandische Armee mit Unterstützung aus Frankreich[2330] und Ägypten[2331] in den nächsten drei Jahren von etwa 5000 auf rund 30 000 teils undisziplinierte Soldaten aufgestockt.[2332] Dennoch gelang es der RPF unter ihrem Kommandeur, dem späteren Staatspräsidenten Paul Kagame, Gebiete im Norden Ruandas zu erobern.[2333] Ein im Juli 1992 vereinbarter Waffenstillstand[2334] blieb brüchig, obwohl die OAU 50 Militärbeobachter zur Überwachung entsandte.[2335] Erst am 4. August 1993 unterzeichneten die Konfliktparteien in Arusha (Tansania) einen Friedensvertrag; seine wichtigsten Komponenten waren die Bildung einer Übergangsregierung innerhalb von 37 Tagen, die Aufstellung einer neuen Armee und die Rückführung der Geflüchteten.[2336] Neben einer internationalen Militärmission unter Führung der Vereinten Nationen[2337] einigten sich beide Seiten auch auf die Stationierung eines RPF-Bataillons zum Schutz ihrer Führung in Kigali.[2338] Anders als in Somalia existierten in Ruanda mit der RPF und den Regierungstruppen somit zunächst nur zwei unterschied-

---

[2325] Prunier, The Rwandan Crisis, S. 70 ff.; Reed, Exile, S. 484 ff.; Mamdani, When Victims Become Killers, S. 168–175.
[2326] Prunier, The Rwandan Crisis, S. 90 ff.; Hufmann, Die Verunsicherung von außen.
[2327] Prunier, The Rwandan Crisis, S. 67; Mamdani, When Victims Become Killers, S. 166.
[2328] Prunier, The Rwandan Crisis, S. 72 f.; Mamdani, When Victims Become Killers, S. 175.
[2329] Prunier, The Rwandan Crisis, S. 93–96; Reed, Exile, S. 486–490; Prunier, Africa's World War, S. 13 f.
[2330] 1975 schlossen Frankreich und Ruanda einen Vertrag über militärische/technische Zusammenarbeit. Zur Rolle Frankreichs siehe Commission de recherche sur les archives Françaises […], La France, le Rwanda; Levy [u.a.], A Foreseeable Genocide.
[2331] Salton, Dangerous Diplomacy, S. 94 ff., 206–214.
[2332] Vgl. BArch, BW 1/342366, Beratergruppe der Bundeswehr in der Republik Ruanda, Jahresabschlussbericht 1992, 20.1.1993, hier S. 2, 11; HRW, Arming Rwanda; Prunier, The Rwandan Crisis, S. 113; Des Forges, Kein Zeuge darf überleben, S. 153–159.
[2333] Prunier, The Rwandan Crisis, S. 114–120; Reed, Exile, S. 490 f.; Mamdani, When Victims Become Killers, S. 186–189; Melvern, Ruanda, S. 24–30.
[2334] Veröffentlicht in VNSR, S/25363, 4.3.1993, Annex I.
[2335] Jeweils zehn Offiziere stammten aus Mali, Nigeria, Senegal und Simbabwe. Sie wurden ergänzt von jeweils fünf Angehörigen der RPF und der ruandischen Armee. VNSR, S/25363, 4.3.1993, Annex I, S. 4; VNSR, S/26350, 24.8.1993, Randnr. 8. Die OAU hatte bereits im April 1991 je 15 Militärbeobachter aus Burundi, Uganda und Zaire nach Ruanda entsandt. Berman/Sams, Peacekeeping in Africa, S. 58; OAU, Rwanda, Randnr. 11.24.
[2336] VNGV/VNSR, A/48/824_S/26915, 23.12.1993.
[2337] Zum Auftrag der Neutral International Force siehe ebd., S. 104–107.
[2338] VNSR, S/26488, 24.9.1993, Randnr. 6.

liche Konfliktparteien, die sich zumindest formell auf die Beendigung der Gewalt geeinigt hatten und VN-Truppen zustimmten. Die Ausgangslage der VN-Mission schien gut zu sein.[2339]

*Von der VN-Mission UNOMUR zur UNAMIR: Planung, Aufstellung und Verlauf*

Zum Zeitpunkt der Unterzeichnung des Friedensvertrags in Arusha hatten die Vereinten Nationen bereits eine Beobachtermission für das Land beschlossen. Sie diente jedoch nicht der direkten Unterstützung des Friedensvertrags, sondern sollte im Rahmen des Friedensprozesses vermeintliche[2340] Waffenlieferungen von Uganda nach Ruanda – also von Uganda an die RPF – überwachen.[2341] Eine solche Mission war im Februar 1993 von der ruandischen und der ugandischen Regierung[2342] erbeten worden. Weil die RPF die Stationierung im von ihr gehaltenen Gebiet verweigerte, kam dies nur auf ugandischer Seite infrage.[2343] Ende Juni befürwortete der VNSR unter französischem Druck die Aufstellung der United Nations Observer Mission Uganda-Rwanda (UNOMUR).[2344] Zum Chief Military Observer wurde der kanadische Brigadegeneral Roméo Dallaire ernannt.[2345] Ihm unterstellt wurden 81 Militärbeobachter.[2346] Da Uganda das Stationierungsabkommen aber erst im August unterzeichnete, konnte deren Stationierung erst am 18. des Monats beginnen. Der anschließende Aufwuchs verlief aufgrund der geringen Größe aber zügig und endete im Oktober.[2347]

Zur Unterstützung der vereinbarten Übergangsregierung hatten sich die ruandische Regierung und die RPF zu dieser Zeit bereits auf eine größere VN-Mission geeinigt.[2348] Da die Vereinten Nationen nur mit zeitlichem Vorlauf

---

[2339] Memorandum for Samuel R. Berger from Nick Rasmussen, 29.9.1993, https://nsarchive2.gwu.edu/NSAEBB/NSAEBB511/docs/2014-0278-M_19930929.pdf; Howard, UN Peacekeeping, S. 29.
[2340] Laut Kagame soll Uganda trotz öffentlicher Leugnung Waffen und Munition bereitgestellt haben. Vgl. Levy [u.a.], A Foreseeable Genocide, S. 46.
[2341] VNSR, S/RES/846(1993), 22.6.1993, Randnr. 3
[2342] VNSR, S/25355, 3.3.1993; VNSR, S/25356, 3.3.1993; VNSR, S/25797, 19.5.1993.
[2343] VNSR, S/25810, 20.5.1993, Randnr. 10.
[2344] VNSR, S/RES/846(1993), 22.6.1993. Frankreich war an der Entlastung seiner eigenen und der verbündeten ruandischen Regierungstruppen interessiert. International wurde die einseitig gegen die RPF gerichtete Mission daher skeptisch gesehen, sodass die USA und Spanien auf ihre Begrenzung gedrängt hatten. BArch, BW 2/29685, Vorlage Fü S III 5 an den Generalinspekteur, Betr.: VN-Beobachtermission in Ruanda (UNOMUR), hier: Erstbewertung SRR 846; Meinungsbildung zur Beteiligung der Bundeswehr an UNOMUR, 12.7.1993, hier Anlage 3.
[2345] VNSR, S/26019, 30.6.1993; VNSR, S/26020, 30.6.1993.
[2346] Dem Anspruch einer angemessenen geografischen Repräsentanz folgend, kamen diese aus Bangladesch (22), Brasilien (13), dem Senegal (10), Botsuana (9), den Niederlanden (9), Simbabwe (9), der Slowakei (5) und Ungarn (4). Hinzu kamen 24 Zivilkräfte. VNSR, S/26878, 15.12.1993, Randnr. 4.
[2347] VNSR, S/26618, 22.10.1993, Randnr. 3 f.
[2348] VNSR, S/25951, 15.6.1993; VNSR, S/26488, 24.9.1993, Randnr. 21; VNSR, S/26488/Add.1, 29.9.1993, Randnr. 1.

Truppen in Ruanda stationieren konnten,[2349] entsandte die OAU zunächst bis zu 132 Beobachter. Kapazitäten für eine umfangreichere Mission besaß sie nicht.[2350] Die neue VN-Mission sollte in vier Phasen verlaufen[2351] und auf ihrem Höhepunkt, im März 1994, 2548 Soldaten umfassen. Ihr Abzug war bis November 1995 vorgesehen.[2352] Zusätzlich zur Militärkomponente sollten 60 Polizisten die Erhaltung von Recht und Ordnung überwachen.[2353] Während die OAU-Beobachter in die neue Mission integriert werden sollten, war vorgesehen, ihr die UNOMUR-Soldaten nur zu unterstellen. Ihren Aufgaben sollten beide Missionen aber getrennt nachgehen.[2354]

Am 5. Oktober, einen Tag nach den schweren Verlusten der USA in Mogadischu[2355] und trotz ihres Widerstands gegen eine größere, teure VN-Präsenz im Land,[2356] stimmte der VNSR der Aufstellung der UNAMIR zu. Diese sollte zur Aufrechterhaltung einer waffenfreien Zone in Kigali beitragen, den Waffenstillstand überwachen, bei der Räumung von Minen und der Rückführung von Geflüchteten unterstützen, die humanitäre Hilfe koordinieren und die Gendarmerie und Polizei beobachten. Spätestens enden sollte sie nach den angestrebten Wahlen im Herbst 1995.[2357] Die UNOMUR, die ab sofort administrativ unter dem Kommando der UNAMIR stand, behielt ein eigenes Mandat. Es wurde im Dezember 1993 verlängert.[2358] Ihr kommandierender General Dallaire wurde jedoch Kommandeur der UNAMIR.[2359]

Obwohl die Stationierung der Mission zügig voranging und sie Ende Dezember über 1260 Soldaten umfasste – allein 564 aus Bangladesch und 424 aus Belgien[2360] –, reichten ihre Ressourcen nie für die Erfüllung des Auftrags. Im Vorfeld hatte eine Erkundung eine notwendige Truppenstärke von 4500, besser noch 8000 Soldaten ergeben. Aufgrund der Kosten und der Eindrücke aus Somalia hatten aber insbesondere die USA auf eine finanzierbare Stärke

---

[2349] Vgl. Barnett, Eyewitness to a Genocide, S. 63.
[2350] VNSR, S/26488, 24.9.1993, Randnr. 9, 14; Berman/Sams, Peacekeeping in Africa, S. 59 f.
[2351] VNSR, S/26488, 24.9.1993, Randnr. 40–43.
[2352] Ebd., S. 16, Annex II.
[2353] Ebd., Randnr. 44–47. Ausführlich zum Einsatz der Polizei siehe Diarra, United Nations Assistance Mission for Rwanda.
[2354] VNSR, S/26488, 24.9.1993, Randnr. 31.
[2355] Vgl. Kapitel IV.3.a).
[2356] »The United States, as usual, wanted to keep the costs down, the numbers low, and the Africans involved«, so der ehemalige US-Botschafter in Ruanda. Rawson, Prelude to Genocide, S. 189. Siehe auch Memorandum for Anthony Lake from Susan Rice, 2.8.1993, https://nsarchive2.gwu.edu/NSAEBB/NSAEBB511/docs/2014-0278-M_ 199308 02.pdf; Bou [u.a.], The Limits of Peacekeeping, S. 208 f. Ausführlich zur US-Position Gasbarri, Revisiting the Linkage.
[2357] VNSR, S/RES/872(1993), 5.10.1993.
[2358] VNSR, S/RES/891(1993), 20.12.1993.
[2359] VNSR, S/26593, 18.10.1993; VNSR, S/26594, 18.10.1993.
[2360] VNSR, S/26927, 30.12.1993, Randnr. 20.

gedrängt.[2361] Auch fehlte es der Mission an Logistik und Ausrüstung.[2362] Trotz dieser Defizite wurde die Umsetzung des Friedensvertrags vorangetrieben. Am 24. Dezember wurde die demilitarisierte Zone errichtet, vier Tage später erreichte das RPF-Bataillon Kigali.[2363]

Unterdessen starben bei neuen Gewalttaten landesweit Dutzende Menschen. Die Hintergründe blieben häufig ungeklärt.[2364] Im Radio mehrte sich aber Hasspropaganda gegen den Friedensprozess und gegen Angehörige der Tutsi.[2365] Anfang 1994 nahmen die Spannungen weiter zu, da sich die ruandischen Politiker nicht auf die Zusammensetzung der Übergangsregierung einigen konnten.[2366] Hinweisen auf Waffenlager und die geplante ›Ausrottung‹ (*extermination*) der Tutsi, die Dallaire im Januar von einem Informanten erhalten hatte, durfte die UNAMIR nicht nachgehen. Dies hätte ihr Mandat überschritten, so die Weisung des VN-Sekretariats.[2367]

Am Abend des 6. April 1994, einen Tag nachdem der VNSR die UNAMIR bis Juli verlängert hatte,[2368] wurde das Flugzeug des ruandischen Präsidenten beim Anflug auf Kigali abgeschossen.[2369] Der bis heute ungeklärte Vorfall markierte den Beginn des Völkermords an Tutsi, gemäßigten Hutu und vielen Twa[2370]. Innerhalb von drei Monaten fielen ihm zwischen 500 000 und einer Million Menschen zum Opfer.[2371] Bereits am 7. April wurden die ruandische Premierministerin Agathe Uwilingiyimana und zehn zu ihrem

---

[2361] Memorandum for Anthony Lake, Draft Message to General Quesnot on Rwanda Peacekeeping, 1.10.1993, https://clinton.presidentiallibraries.us/items/show/47964; VNSR, S/1999/1257, 16.12.1999, S. 32; Des Forges, Kein Zeuge darf überleben, S. 170; Melvern, Ruanda, S. 86 f.; Dallaire, Handschlag mit dem Teufel, S. 104 ff.; Annan, Ein Leben, S. 72 f.; Melvern, United Nations Observer Mission Uganda, S. 465.

[2362] Vgl. VNSR, S/1999/1257, 16.12.1999, S. 40 f.; Barnett, Eyewitness to a Genocide, S. 92; Melvern, Ruanda, S. 94 ff.; Salton, Dangerous Diplomacy, S. 60–63; Rawson, Prelude to Genocide, S. 198.

[2363] VNSR, S/26927, 30.12.1993, Randnr. 12; Melvern, Ruanda, S. 113 ff.

[2364] VNSR, S/26927, 30.12.1993, Randnr. 5, 18; Des Forges, Kein Zeuge darf überleben, S. 183–187; Guichaoua, From War to Genocide, S. 68 ff., 107–114.

[2365] Ausführlich siehe Rau, Hate Radio.

[2366] VNSR, S/1994/360, 30.3.1994, Randnr. 6–22; Des Forges, Kein Zeuge darf überleben, S. 187–211.

[2367] Fax Dallaire an Baril, 11.1.1994, unter https://nsarchive2.gwu.edu/NSAEBB/NSAEBB 452/docs/doc03.pdf; Barnett, Eyewitness to a Genocide, S. 78–88; Melvern, Ruanda, S. 117–123.

[2368] VNSR, S/RES/909(1994), 5.4.1994.

[2369] Mit an Bord befanden sich auch der Staatspräsident Burundis und der ruandische Generalstabschef, die ebenfalls den Tod fanden. Melvern, Ruanda, S. 158–163; Guichaoua, From War to Genocide, S. 143.

[2370] Vermutlich wurden etwa 10 000 Twa ermordet, rund 30 Prozent ihrer Gruppe. Thomson, Ethnic Twa; Collins [u.a.], Becoming »Historically Marginalized Peoples«, S. 581 f.

[2371] Weil Bevölkerungsstatistiken aus der Zeit kurz vor dem Völkermord fehlen, ist ungewiss, wie viele Menschen starben. VNSR, S/1994/1125, 4.10.1994, Randnr. 43; VNGV/VNSR, A/49/508_S/1994/1157, 13.10.1994, Randnr. 24; Prunier, The Rwandan Crisis S. 263 ff.; Des Forges, Kein Zeuge darf überleben, S. 33 ff.; Melvern, Ruanda, S. 297 f.; Stockhammer, Ruanda, S. 43 f.; Strauss, The Order of Genocide, S. 51–60.

Schutz entsandte belgische VN-Soldaten ermordet.[2372] Weil die Lage nicht mehr dem begrenzten Mandat der Mission entsprach, kündigte Belgien den Abzug seiner Truppen an.[2373] Zusammen mit den USA befürwortete es sogar das Ende der ganzen Mission.[2374] Die kurzfristige Entsendung von zusätzlichen belgischen und französischen Soldaten diente nur zur Evakuierung von ausländischen Staatsbürgern.[2375] Obwohl die UNAMIR bis Anfang April auf 2500 Soldaten angewachsen war,[2376] unternahm sie wenig, um die Gewalt zu stoppen. Belgische VN-Soldaten überließen in der Ecole Technique Officielle in Kigali sogar rund 2000 Menschen ihren Mördern, als sie die Schule nach der Evakuierung aller Ausländer verließen.[2377] Allerdings waren die VN-Truppen zur Beendigung der Gewalt weder mandatiert noch ausgestattet. Trotz mangelnder Kapazitäten, Führungs- und Disziplinproblemen retteten einige VN-Soldaten unter Einsatz ihres Lebens Tausende Menschen vor der Ermordung.[2378]

Parallel zum Völkermord, den überwiegend Partei-Milizen, Soldaten der Präsidialgarde und anderer Eliteeinheiten sowie normale Bürger verübten,[2379] kam es zu neuen Kämpfen zwischen der RPF und der ruandischen Armee.[2380] Vor allem diese Bürgerkriegssituation bestimmte in der Folge das Konfliktbild der internationalen Gemeinschaft.[2381] Als Reaktion auf die Gewalt und den Abzug Belgiens machte der VNGS am 20. April drei Vorschläge; die Entsendung einer ›Peace-Enforcement‹-Mission mit mehreren Tausend

---

[2372] Vgl. Commission d'enquête parlementaire concernant les événements du Rwanda, Rapport. Ausführlich zu den Ereignissen der ersten Tage siehe African Rights, Rwanda, S. 177–572.

[2373] VNSR, S/1994/430, 13.4.1994; VNSR, S/1994/446, 15.4.1994. Ausführlich siehe Grünfeld/Huijboom, The Failure to Prevent Genocide, S. 179–198.

[2374] PA AA, B 34, ZA, Bd 165113, Drahtbericht der Ständigen Vertretung in New York an Referat 230 im AA, Nr. 1064, 7.4.1994; Albright, Madam Secretary, S. 189 ff.; Melvern, Ruanda, S. 234–241; Salton, Dangerous Diplomacy, S. 103–114; Gasbarri, Revisiting the Linkage, S. 796.

[2375] PA AA, B 34, ZA, Bd 165113, Drahtbericht der Botschaft der Bundesrepublik Deutschland in Paris an Referat 322 im AA, Nr. 787, 9.4.1994; ebd., Drahtbericht der Botschaft der Bundesrepublik Deutschland in Paris an Referat 322 im AA, Nr. 791, 9.4.1994; VNSR, S/1994/430, 13.4.1994; VNSR, S/1999/1257, 16.12.1999, S. 19, 48 f.; Barnett, Eyewitness to a Genocide, S. 100; Des Forges, Kein Zeuge darf überleben, S. 719–728.

[2376] VNSR, S/1994/360, 30.3.1994, Randnr. 25.

[2377] VNSR, S/1999/1257, 16.12.1999, S. 18 f., 45 f.

[2378] Ebd., S. 30 f. Zu Ehren des senegalesischen Hauptmanns Mbaye Diagne, der zahlreichen Menschen das Leben rettete und im Mai 1994 selbst getötet wurde, stifteten die VN 2014 die »Captain Mbaye Diagne Medal for Exceptional Courage«. VNSR, S/RES/2154(2014), 8.5.2014. Siehe auch Peterson, Me Against my Brother, S. 298 f.

[2379] VNSR, S/1994/1125, 4.10.1994, Randnr. 51, 55–78; VNGV/VNSR, A/49/508_S/1994/1157, 13.10.1994, Randnr. 21; African Rights, Rwanda, S. 100–176; Mamdani, When Victims Become Killers, S. 216–233; Des Forges, Kein Zeuge darf überleben, S. 269–315. Zu den Mordmotiven nichtmilitärischer Akteure siehe Strauss, The Order of Genocide; Fujii, Killing Neighbors.

[2380] Zur Truppenbewegung der RPF siehe Kuperman, The Limits of Humanitarian Intervention, S. 42 f.

[2381] VNSR, S/1994/640, 31.5.1994, Randnr. 12 ff.; Barnett, Eyewitness to a Genocide, S. 102 f.; Salton, Dangerous Diplomacy, S. 88 f.

Soldaten, die Reduzierung der UNAMIR auf etwa 270 Soldaten zur Vermittlung zwischen den Kriegsparteien und zur Unterstützung humanitärer Hilfe oder den vollständigen Abzug.[2382] Durch Somalia geprägt, beschloss der VNSR am folgenden Tag die Reduktion der Mission auf 270 Soldaten.[2383] Von Genozid sprach die Resolution nicht, nur von »large-scale violence«, ohne Täter zu nennen.[2384] Auch eine weitere Bitte des VNGS vom 29. April, Mitgliedsstaaten zur Beendigung der Gewalt zu autorisieren,[2385] verhallte. Angesichts der anhaltenden Morde forderte der VNSR den VNGS erst am 6. Mai auf, humanitäre Hilfe und die Verstärkung der VN-Präsenz zu planen.[2386]

Eine Woche später empfahl der VNGS die Aufstellung einer neuen Mission, UNAMIR II. Mit bis zu 5500 Soldaten sollte sie humanitäre Organisationen und Vertriebenenlager schützen. Ohne eine ›Peace-Enforcement‹-Mission zu sein, sollte ihr die Anwendung von Zwang »against persons or groups who threaten protected sites and populations and the means of delivery and distribution of humanitarian relief« erlaubt sein.[2387] Es vergingen jedoch weitere vier Tage, bis der VNSR die phasenweise Aufstockung der UNAMIR – im Gegensatz zum VNGS blieb der VNSR bei der ursprünglichen Bezeichnung – zum Schutz von Zivilpersonen durch die Einrichtung von »secure humanitarian areas« wo immer möglich und die Unterstützung der Verteilung von Hilfsgütern billigte.[2388] Vor allem die USA waren aufgrund eines fehlenden Waffenstillstands, der fehlenden Zustimmung der Konfliktparteien zum Einsatz und der Ungewissheit über verfügbare Truppen gegen eine robustere Mission.[2389] In der »Presidential Decision Directive 25« vom 3. Mai hatte US-Präsident Bill Clinton zudem bestimmt, dass die USA in Zukunft nur noch solche Missionen unterstützen würden, die von US-Interesse seien.[2390] Auch die neue Resolution sprach daher nicht von Genozid – was rechtlich zum

---

[2382] VNSR, S/1994/470, 20.4.1994, Randnr. 12−19.
[2383] VNSR, S/RES/912(1994), 21.4.1994, Randnr. 8. Die Minimalstärke wurde nie erreicht. Am Tiefststand im Juni verfügte die Mission noch immer über 593 bzw. 456 Personen. Vgl. Minear/Guillot, Soldiers to the Rescue, S. 75; Kuperman, The Limits of Humanitarian Intervention, S. 42.
[2384] VNSR, S/RES/912(1994), 21.4.1994, S. 2. Neben den USA seien auch die afrikanischen Staaten gegen den Begriff »Völkermord« gewesen. Die USA, weil sie vermutlich den damit einhergehenden Handlungsdruck fürchteten, die afrikanischen Staaten, weil sie nicht einräumen wollten, dass ein Genozid auf ihrem Kontinent stattfand. Vgl. PA AA, B 45, ZA, Bd 192447, Drahtbericht der Ständigen Vertretung in New York an Referat 230 im AA, Nr. 1441, 6.5.1994, S. 2; ebd., Drahtbericht der Ständigen Vertretung in New York an Referat 230 im AA, Nr. 1850, 15.6.1994, hier S. 4 f.
[2385] VNSR, S/1994/518, 29.4.1994; Boutros-Ghali, Hinter den Kulissen, S. 163−167.
[2386] VNSR, S/1994/546, 6.5.1994.
[2387] VNSR, S/1994/565, 13.5.1994, Randnr. 11−17. Siehe auch Salton, Dangerous Diplomacy, S. 114−117.
[2388] VNSR, S/RES/918(1994), 17.5.1994, Randnr. 3.
[2389] PA AA, B 45, ZA, Bd 192447, Drahtbericht der Ständigen Vertretung in New York an Referat 230 im AA, Nr. 1535, 17.5.1994; Melvern, Ruanda, S. 271 ff.; Gasbarri, Revisiting the Linkage, S. 796 f., 799 f.; Bou [u.a.], The Limits of Peacekeeping, S. 216 f.
[2390] The White House, Presidential Decision Directive/NSC 25, 3.5.1994, S. 2, https://fas.org/irp/offdocs/pdd/pdd-25.pdf; Gasbarri, Revisiting the Linkage, S. 792−813.

Handeln gedrängt hätte – und die UNAMIR wurde nicht unter Kapitel VII der VN-Charta mandatiert. Dies galt nur für das ebenfalls in der Resolution verankerte Waffenembargo gegen Ruanda.[2391] Die stark beschränkte Beobachtermission UNOMUR lief indes mit angepasstem Mandat[2392] bis zum 21. September 1994 weiter.[2393] Aus Sicht des VNGS spielte sie
»a useful role as a confidence-building mechanism in the months following the conclusion on 4 August 1993 [...] Following the resumption of the civil war [...], UNOMUR also played an important role in support of the deployment of the expanded UNAMIR and of the coordination of humanitarian relief activities«.[2394]
Trotz der nominellen Aufstockung der UNAMIR, ihrer Verlängerung im Juni bis zum Dezember[2395] und der damit einhergehenden Feststellung des VNSR, dass in Ruanda »acts of genocide« verübt worden seien,[2396] verlief ihr Aufwuchs schleppend. Außer Kanada stellte keine Industrienation Truppen in Aussicht, was zu »Ressentiments« bei afrikanischen und asiatischen Staaten führte.[2397] Letztere boten dagegen meist nur Truppen ohne Ausrüstung. Am 25. Juli umfasste die UNAMIR nur 550 Soldaten.[2398] Mangel herrschte vor allem bei Spezialisten wie Sanitätern oder Logistikern.[2399] Im August fand der VNGS zur fehlenden Unterstützung deutliche Worte: »[T]he failure of Member States to reinforce the military component of UNAMIR with the necessary speed severely limited its capacity to reduce the human suffering that accompanied the civil conflict and the deliberate massacres of civilians«.[2400]

Auch aufgrund des schleppenden Aufwuchses der UNAMIR erwirkte Frankreich im Juni 1994 – gegen den Willen der RPF[2401] – die Zustimmung des VNSR zur Entsendung einer unter französischem Kommando stehenden ›Brückenmission‹.[2402] Bei fünf Enthaltungen[2403] autorisierte der VN-Sicherheitsrat die als »Opération Turquoise« bezeichnete Intervention für eine

---

[2391] VNSR, S/RES/918(1994), 17.5.1994; Gasbarri, Revisiting the Linkage, S. 798.
[2392] VNSR, S/1994/715, 16.6.1994, Randnr. 5–10.
[2393] VNSR, S/1994/1073, 19.9.1994, Randnr. 11.
[2394] Ebd., Randnr. 13.
[2395] VNSR, S/RES/925(1994), 8.6.1994, Randnr. 3. Um die Akzeptanz der RPF zu erhalten, sollte UNAMIR nicht als Puffer zwischen den Konfliktakteuren fungieren. Ebd., S. 1; Bou [u.a.], The Limits of Peacekeeping, S. 224.
[2396] VNSR, S/RES/925(1994), 8.6.1994, S. 1.
[2397] PA AA, B 45, ZA, Bd 192447, Drahtbericht der Ständigen Vertretung in New York an Referat 230 im AA, Nr. 1850, 15.6.1994, hier S. 4; Minear/Guillot, Soldiers to the Rescue, S. 79; Bou [u.a.], The Limits of Peacekeeping, S. 218 f.
[2398] VNSR, S/1994/923, 3.8.1994, S. 1; VNSR, S/1999/1257, 16.12.1999, S. 25.
[2399] VNSR, S/1994/728, 20.6.1994, Randnr. 9 f.
[2400] VNSR, S/1994/924, 3.8.1994, Randnr. 19.
[2401] Die RPF kündigte daraufhin an, nicht mehr für die Sicherheit der VN-Soldaten garantieren zu könne. PA AA, B 45, ZA, Bd 192447, Drahtbericht der Ständigen Vertretung in New York an Referat 230 im AA, Nr. 1921, 22.6.1994, hier S. 4.
[2402] Ebd., Drahtbericht der Ständigen Vertretung in New York an Referat 230 im AA, Nr. 1879, 18.6.1994; VNSR, S/1994/734, 21.6.1994.
[2403] Brasilien, China, Neuseeland, Nigeria und Pakistan. VNSR, S/PV.3392, 22.6.1994, S. 5.

IV. Deutsche ›Blauhelme‹ in Afrika     521

Dauer von zwei Monaten.[2404] Waren zuvor keine ausgerüsteten Truppen für die UNAMIR vorhanden gewesen, verlegte Frankreich nun in kürzester Zeit einige Tausend Soldaten[2405] in das Nachbarland Zaire (heute Demokratische Republik Kongo) und intervenierte von dort zum Aufbau einer »safe humanitarian zone« militärisch im Südwesten Ruandas.[2406] Unter Bezug auf Kapitel VII der VN-Charta war die Operation legitimiert, »in an impartial way, to the security and protection of displaced persons, refugees and civilians at risk« beizutragen.[2407] Aufgrund der vorherigen Zusammenarbeit zwischen Ruanda und Frankreich und einer angeblichen Komplizenschaft mit flüchtenden Völkermördern wurde die Operation trotz der Rettung Zehntausender Menschen international kritisch gesehen.[2408]

Am 4. Juli nahm die RPF Kigali ein, am 18. Juli erklärte sie einen einseitigen Waffenstillstand.[2409] Der Sieg der RPF ging mit der Flucht Hunderttausender Menschen einher,[2410] die angetrieben von den ehemaligen Regierungsanhängern aus Angst vor Vergeltung durch die RPF vor allem nach Zaire flüchteten.[2411] Als am 19. Juli eine Übergangsregierung aufgestellt wurde,[2412] war die humanitäre Situation verheerend. Von rund sieben Millionen Einwohnern waren Hunderttausende getötet und drei Millionen vertrieben worden, zwei Millionen waren in die Nachbarländer geflohen.[2413]

Angesichts der veränderten Lage modifizierte der VNSR den Auftrag der UNAMIR. Um die Geflüchteten zur Rückkehr zu bewegen, half die Mission fortan verstärkt bei der Stabilisierung im Land, beim Schutz und der

---

[2404] VNSR, S/RES/929(1994), 22.6.1994. Ausführlich siehe Minear/Guillot, Soldiers to the Rescue, S. 95–109.
[2405] VNSR, S/1994/795, 5.7.1994, S. 2. Auf ihrem Höhepunkt umfasste die Mission 3060 Soldaten. 508 davon kamen aus dem Senegal, Guinea-Bissau, dem Tschad, Mauretanien, Ägypten, Niger und der Republik Kongo. VNSR, S/1994/1100, 27.9.1994, S. 2. Auch in Europa und Nordamerika soll Frankreich – letztlich vergeblich – um zumindest logistische Hilfe gebeten haben. Vgl. Commission de recherche sur les archives Françaises […], La France, le Rwanda, S. 476–483.
[2406] VNSR, S/1994/1100, 27.9.1994, S. 4.
[2407] VNSR, S/RES/929(1994), 22.6.1994, Randnr. 2.
[2408] African Rights, Rwanda, S. 1138–1154; OAU, Rwanda, Randnr. 15.53–15.85; Kuperman, The Limits of Humanitarian Intervention, S. 44–51; Des Forges, Kein Zeuge darf überleben, S. 786–808; Levy [u.a.], A Foreseeable Genocide, S. 412–481.
[2409] VNSR, S/1994/924, 3.8.1994, Randnr. 3. Bei ihrem Vormarsch soll auch die RPF Menschenrechte verletzt und Zehntausende Menschen getötet haben. Vgl. VNSR, S/1994/1125, 4.10.1994, Randnr. 79–82; VNSR, S/1994/1405, 9.12.1994, Randnr. 93–100; Khan, The Shallow Graves, S. 50–56; Des Forges, Kein Zeuge darf überleben, S. 811–814, 824–854; Ogata, The Turbulent Decade, S. 190–196; Prunier, Africa's World War, S. 15–24.
[2410] VNGV/VNSR, A/49/508_S/1994/1157, 13.10.1994, Randnr. 35 f.; VNSR, S/1994/1308, 18.11.1994, Randnr. 6. Ausführlich siehe Siebels, Die Flüchtlingskrise; Ogata, The Turbulent Decade, S. 178–196.
[2411] Khan, The Shallow Graves, S. 32–37; Prunier, Africa's World War, S. 24–29.
[2412] VNSR, S/1994/924, 3.8.1994, Randnr. 26.
[2413] Ebd., Randnr. 8; VNGV, A/49/516, 14.10.1994, Randnr. 13. Leicht abweichende Zahlen bei Bou [u.a.], The Limits of Peacekeeping, S. 237.

Unterstützung humanitärer Organisationen sowie bei der Versöhnung.[2414] Aus der Mission zum »Peacekeeping« wurde eine Mission des »Statebuilding«.[2415] Größere Unterstützung als die Mission in Ruanda erhielt allerdings das Hilfegesuch des UNHCR. Es hatte am 15. Juli zur Versorgung der ruandischen Flüchtlinge außerhalb Ruandas aufgerufen.[2416] Laut Angaben des UNHCR war die Sterberate in den Flüchtlingslagern in Goma (Zaire) aufgrund der katastrophalen Bedingungen zwischenzeitlich auf 1600 Tote pro Tag gestiegen.[2417] Nach dem Aufruf beteiligten sich daher vor allem in Zaire eine Vielzahl an NROs und internationaler Streitkräfte, sodass die dortigen Flüchtlinge mehr Hilfe erhielten als die noch in Ruanda lebende Bevölkerung.[2418] In den Flüchtlingslagern waren aber auch viele Hutu-Extremisten untergekommen, die die Rückkehr der Geflüchteten unterbanden.[2419] Zur Entsendung einer weiteren Mission oder privater Sicherheitskräfte zum Schutz der humanitären Helfer in den Camps oder zur Entwaffnung der Extremisten kam es nie.[2420]

Zum Abzug der »Opération Turquoise« übernahm die UNAMIR die Kontrolle der »humanitarian protection zone«.[2421] Zwar wuchs die VN-Mission ab August stark auf, Anfang Oktober besaß sie jedoch noch immer weniger als 4300 Soldaten.[2422] Fehlende Ausrüstung minderte ihren Einsatzwert.[2423] Zudem mangelte es den Vereinten Nationen an französischsprachigen Polizisten. Im Oktober 1994 verfügte die Mission nur über 30 Beamte aus Ghana, Mali und Nigeria.[2424] Erst Anfang November standen 80 der 90 autorisierten Beamten zur Verfügung.[2425] Im gleichen Monat wurde das Mandat der UNAMIR bis Juni 1995 verlängert. Fortan sollte die Mission auch beim Aufbau der Polizei helfen und Angehörige des Internationalen Gerichtshofs für Ruanda sichern.[2426] Dieser sollte die schwersten Verbrechen während des Konflikts

---

[2414] VNSR, S/1994/924, 3.8.1994, Randnr. 20.
[2415] Melvern, United Nations Assistance Mission for Rwanda II, S. 473.
[2416] Khan, The Shallow Graves, S. 35. Konkret erbat der UNHCR die Übernahme von acht »Dienstleistungspaketen«: Airport Service, Logistic Base Services, Road Servicing and Road Security, Site Preparation, Provision of Domestic Fuel, Sanitation Facilities, Water Management, Management of AirHead. BArch, BW 2/28147, Schreiben UNHCR, Urgent Requirements for Relief Operation for Rwandese Refugees in Eastern Zaire, 20.7.1994.
[2417] BArch, BW 2/28909, Schreiben Fü S IV 4 an den Adjutanten des Verteidigungsministers u.a., Betr.: Kurzinfo humanitäre Hilfe für ruandische Flüchtlinge, 25.7.1994. Vgl. auch die Übersicht in Minear/Guillot, Soldiers to the Rescue, S. 116.
[2418] Prunier, Africa's World War, S. 30.
[2419] VNSR, S/1994/1133, 6.10.1994, Randnr. 16–22; VNSR, S/1994/1308, 18.11.1994, Randnr. 6–11; VNSR, S/1994/1344, 25.11.1994, Randnr. 12 f.; Ogata, The Turbulent Decade, S. 196–207.
[2420] VNSR, S/1994/1308, 18.11.1994, Randnr. 18–30; VNSR, S/1995/65, 25.1.1995, Randnr. 21–25; VNSR, S/1995/65, 25.1.1995, Randnr. 26–32; Khan, The Shallow Graves, S. 78 ff.; Ogata, The Turbulent Decade, S. 204.
[2421] VNSR, S/1994/1133, 6.10.1994, Randnr. 24 f. Die Übernahme wäre fast an der zu geringen Personalstärke der UNAMIR gescheitert. Khan, The Shallow Graves, S. 38 ff.
[2422] VNSR, S/1994/1133, 6.10.1994, Randnr. 30.
[2423] Ebd., Randnr. 35.
[2424] Ebd., Randnr. 42.
[2425] VNSR, S/1994/1344, 25.11.1994, Randnr. 26.
[2426] VNSR, S/RES/965(1994), 30.11.1994, Randnr. 2 f.

aufklären.²⁴²⁷ Zwar konnte die UNAMIR ab Dezember 1994 einen Beitrag zur Rückkehr eines Teils der Vertriebenen leisten (Opération Retour),²⁴²⁸ zum Missfallen der ruandischen Regierung allerdings zu langsam und auf Basis von Freiwilligkeit. Im April 1995 löste sie daher das Camp in Kibeho, in dem vermutlich rund 100 000 Vertriebene – darunter auch organisierte Milizen – lebten, gewaltsam auf. In Gegenwart von VN-Soldaten starben vermutlich einige Tausend Menschen.²⁴²⁹

In der Folge forderte die ruandische Regierung die Verkleinerung der Mission.²⁴³⁰ Weil sie auf Kapitel VI der VN-Charta basierte, war die Zustimmung der Regierung Voraussetzung für den Verbleib der Truppen.²⁴³¹ Nach einer vom VNSR genehmigten Reduzierung auf 2300 bzw. 1800 Soldaten²⁴³² forderte die ruandische Regierung im Dezember 1995 das Ende der Mission; sie helfe Ruanda nicht.²⁴³³ Bei sofortigem Abzug der Polizei verlängerte der VNSR die UNAMIR letztmalig um drei Monate.²⁴³⁴ Da Kanada seine Soldaten bis Februar 1996 abzog, blieb nur eine Rumpfmission.²⁴³⁵ Am 9. März lief ihr Mandat aus, offiziell endete sie am 19. April.²⁴³⁶

In seinem Abschlussbericht lobte der VNGS die humanitären Leistungen der Mission.²⁴³⁷ Gerade auch die während des Genozids vor Ort gebliebenen Truppen aus Ghana und Tunesien verdienten Anerkennung.²⁴³⁸ In der politikwissenschaftlichen Forschung gilt die UNAMIR aber als gescheitert.²⁴³⁹ Dies lag jedoch nicht an ihr alleine. 1999 urteilte eine VN-Untersuchungskommission:

»The failure by the United Nations to prevent, and subsequently, to stop the genocide in Rwanda was a failure by the United Nations system as a whole. The fundamental failure was the lack of resources and political commitment devoted

---

²⁴²⁷ VNSR, S/RES/955(1994), 8.11.1994.
²⁴²⁸ VNSR, S/1995/107, 6.2.1995, Randnr. 27 f.; VNSR, S/1995/297, 9.4.1995, Randnr. 38.
²⁴²⁹ MSF, Report on Events in Kibeho Camp, April 1995; VNSR, S/1995/411, 23.5.1995; Khan, The Shallow Graves, S. 104–119; Prunier, Africa's World War, S. 37–42. Aus australischer Sicht siehe O'Halloran, Rwanda, S. 104–165; Bou [u.a.], The Limits of Peacekeeping, S. 302–339.
²⁴³⁰ Zu den Spannungen zwischen der UNAMIR und der Regierung siehe Khan, The Shallow Graves, S. 97–103, 122–128. Zur Reduzierung siehe VNSR, S/1995/457, 4.6.1995, Randnr. 52–59.
²⁴³¹ PA AA, B 34, ZA, Bd 168379, Drahtbericht der Ständigen Vertretung in New York an Referat 230 im AA, Nr. 1701, 9.5.1995, hier S. 3.
²⁴³² VNSR, S/RES/997(1995), 9.6.1995, Randnr. 1.
²⁴³³ VNSR, S/1995/1002, 1.12.1995, Randnr. 49; Khan, The Shallow Graves, S. 177–182.
²⁴³⁴ VNSR, S/RES/1029(1995), 12.12.1995.
²⁴³⁵ VNSR, S/1996/35, 17.1.1996; VNGV/VNSR, A/50/868_S/1996/61, 30.1.1996, Randnr. 19; Khan, The Shallow Graves, S. 179 f.
²⁴³⁶ Ebd., S. 180 f. In Abstimmung mit der ruandischen Regierung durften Teile der UNAMIR vorübergehend zum Schutz des Personals des Internationalen Gerichtshofs in Ruanda verbleiben. VNSR, S/RES/1050(1996), 8.3.1996.
²⁴³⁷ VNSR, S/1996/149, 29.2.1996, Randnr. 42 f.
²⁴³⁸ VNSR, S/1999/1257, 16.12.1999, S. 43; Dallaire, Handschlag mit dem Teufel, S. 350.
²⁴³⁹ Trines, Unterlassene Hilfeleistung; MacQueen, Peacekeeping, S. 201–205; Howard, UN Peacekeeping, S. 28–35; Adebajo, UN Peacekeeping, S. 71–75; Melvern, United Nations Observer Mission Uganda, S. 469; Melvern, United Nations Assistance Mission for Rwanda II, S. 481.

to developments in Rwanda and to the United Nations presence there. There was a persistent lack of political will by Member States to act, or to act with enough assertiveness.«[2440]

Der fehlende Wille, in einen internen Konflikt einzugreifen, ließ die UNAMIR scheitern. Die Weltgemeinschaft, also jedes Mitglied der Vereinten Nationen, machte sich mitverantwortlich für den Völkermord.[2441] Dies lag auch an der falschen Lagebeurteilung, die nicht zwischen Bürgerkrieg und Genozid unterschied und sich auf den Abschluss eines Waffenstillstands versteifte.[2442] Anlässlich der Veröffentlichung des Untersuchungsberichts entschuldigte sich Kofi Annan für die begangenen Fehler:

»All of us must bitterly regret that we did not do more to prevent it. There was a United Nations force in the country at the time, but it was neither mandated nor equipped for the kind of forceful action which would have been needed to prevent or halt the genocide. On behalf of the United Nations, I acknowledge this failure and express my deep remorse.«[2443]

Die Bundesressorts pflegten dagegen das Narrativ, dass man 1994 »leider Gottes keinen Einfluß« auf den Ausbruch der Gewalt und die weiteren Ereignisse habe nehmen können.[2444] Dies ist zumindest in Teilen zu bezweifeln, wie die Entscheidungsprozesse um eine deutsche VN-Beteiligung in Ruanda zeigen.

### b) Die Bundesrepublik Deutschland, Ruanda und der Völkermord

Wie Namibia gehörte Ruanda einst zu den deutschen »Schutzgebieten«.[2445] Bei Ruanda handelte es sich jedoch nie um eine Siedlerkolonie; der Anteil der dort lebenden Deutschen blieb immer gering.[2446] Einerseits blieben dadurch die Kampfhandlungen im Ersten Weltkrieg begrenzt,[2447] andererseits gab es nach dem Ende der Kolonialzeit auch kaum kulturelle Anknüpfungspunkte. Laut Angaben der Bundesregierung sprachen Anfang der 1980er-Jahre gera-

---

[2440] VNSR, S/1999/1257, 16.12.1999, S. 3.
[2441] Dallaire, Handschlag mit dem Teufel, S. 582; Annan, Ein Leben, S. 84; Melvern, United Nations Assistance Mission for Rwanda II, S. 482.
[2442] Khan, The Shallow Graves, S. 196 f.; Salton, Dangerous Diplomacy, S. 88 f.
[2443] VNGS, SG/SM/7263, 16.12.1999, https://www.un.org/press/en/1999/19991216.sgsm7263.doc.html.
[2444] BT-PlPr. 12/228, 19.5.1994, S. 19767.
[2445] Siehe Bindseil, Ruanda und Deutschland; Strizek, Geschenkte Kolonien.
[2446] 1914 sollen sich in Ruanda-Urundi nur 190 Europäer aufgehalten haben, davon 130 Missionare. Heeger, Die Erfindung der Ethnien, S. 25. Gérard Prunier spricht von nur 96 Europäern. Prunier, The Rwandan Crisis, S. 25. Laut Bindseil hätten 1986 mit rund 380 Personen so viele Deutsche wie noch nie in Ruanda gelebt. Bindseil, Ruanda und Deutschland, S. 35.
[2447] Bei der Eroberung Ruandas und Burundis sollen lediglich vier belgische und fünf indigene Soldaten gestorben sein, da die deutschen Truppen Richtung Südosten flohen. Vgl. Pesek, Das Ende eines Kolonialreiches, S. 63 ff., 83 f.

## IV. Deutsche ›Blauhelme‹ in Afrika

de einmal rund 100 Personen in Ruanda Deutsch.[2448] Das deutsche kulturelle Engagement blieb »bescheiden«.[2449] Auch wirtschaftlich spielte Ruanda für die Bundesrepublik kaum eine Rolle. 1978 umfasste das Außenhandelsvolumen gerade einmal Exporte im Wert von 31 Mio. D-Mark und Importe im Wert von 33 Mio. D-Mark.[2450] 1993, im Jahr der UNAMIR-Aufstellung, betrug der Umfang der Importe aus deutscher Sicht nur etwa 56 Mio. D-Mark und der Exporte 35 Mio. D-Mark.[2451] Nur beim Kaffeeexport besaß Ruanda in begrenztem Maße Bedeutung für die Bundesrepublik.[2452]

Allein aufgrund der gemeinsamen (Kolonial-)Geschichte nahmen die beiden Staaten bereits 1963, wenige Monate nach der ruandischen Unabhängigkeit, diplomatische Beziehungen auf.[2453] 1964 vereinbarten sie ein Abkommen über Kapitalhilfe,[2454] 1968 ein Abkommen zur Förderung von Kapitalanlagen[2455] und 1979 ein Abkommen über technische Zusammenarbeit.[2456] Fast jährlich sprachen sich die ruandischen Diplomaten in der VNGV für die deutsche Einheit aus.[2457] 1977 besuchte Präsident Juvénal Habyarimana die Bundesrepublik,[2458] 1978 reiste Außenminister Hans-Dietrich Genscher nach Kigali.[2459] Flankiert wurden die guten diplomatischen Beziehungen mit üppiger Entwicklungshilfe: zwischen 1963 und 1986 angeblich rund 600 Mio. D-Mark.[2460] Allein für den Zeitraum von 1989 bis 1991 sagte die

---

[2448] BT-Drs. 10/3784, 4.9.1985, S. 38 f.
[2449] Bindseil, Ruanda und Deutschland, S. 241.
[2450] BT-Drs. 8/3582, 21.2.1980, S. 76. Für 1981 siehe BT-Drs. 9/2411, 23.2.1983, S. 129.
[2451] Statistisches Bundesamt, Außenhandel, Fachserie 7, Reihe 3, Außenhandel nach Ländern und Warengruppen (Spezialhandel), 2. Halbjahr und Jahr 1993, Wiesbaden 1994, S. 9, https://www.statistischebibliothek.de/mir/servlets/MCRFileNodeServlet/DEHeft_derivate_00055196/FS-7-3-HJ-1993-02.pdf.
[2452] Fast der gesamte Wert der ruandischen Exporte nach Deutschland entfiel auf Kaffee. Ebd., S. 276. Siehe auch BT-Drs. 12/8466, 7.9.1994, S. 51.
[2453] BPA, Deutsche Botschaft in Rwanda. In: Bulletin, Nr. 44, 9.3.1963, S. 398.
[2454] Das Abkommen über Kapitalhilfe, seit 1979 Abkommen über Finanzielle Zusammenarbeit, wurde regelmäßig erneuert. BGBl., Fundstellennachweis B 2006, 2.2.2007, S. 140.
[2455] BT-Drs. 05/2779, 28.3.1968; BT-PlPr. 5/191, 23.10.1968, S. 10391.
[2456] Abkommen zwischen der Regierung der Bundesrepublik Deutschland und der Regierung der Republik Ruanda über Technische Zusammenarbeit, 22.11.1979. In: BGBl., Teil II (1980), Nr. 26, 28.6.1980, S. 809–811.
[2457] VNGV, A/PV.1235, 9.10.1963, Randnr. 143; VNGV, A/PV.1360, 13.10.1965, Randnr. 43; VNGV, A/PV.1428, 4.10.1966, Randnr. 27; VNGV, A/PV.1590, 13.10.1967, Randnr. 15; VNGV, A/PV.1688, 9.10.1968, Randnr. 169; VNGV, A/PV.1769, 29.9.1969, Randnr. 26; VNGV, A/PV.2054, 5.10.1972, Randnr. 19; VNGV, A/PV.2135, 1.10.1973, Randnr. 108; VNGV, A/31/PV.19, 6.10.1976, Randnr. 180; VNGV, A/35/PV.12, 26.9.1980, Randnr. 3 f.; VNGV, A/36/PV.21, 1.10.1981, Randnr. 34; VNGV, A/38/PV.30, 12.10.1983, Randnr. 93; VNGV, A/39/PV.26, 9.10.1984, Randnr. 54; VNGV, A/40/PV.29, 10.10.1985, S. 49; VNGV, A/41/PV.29, 9.10.1986, S. 61; VNGV, A/42/PV.9, 25.9.1987, S. 37; VNGV, A/43/PV.9, 30.9.1988, S. 123.
[2458] Ausführlich zum Besuch siehe BArch, B 136/17350.
[2459] Eine Übersicht der Staatsbesuche findet sich in Bindseil, Ruanda und Deutschland, S. 29–35.
[2460] Laut Bindseil sollen es 280 Mio. D-Mark finanzielle, 202 Mio. D-Mark technische und 116 Mio. D-Mark sonstige Zusammenarbeit gewesen sein. Ruanda sei »ein Schwerpunktland deutscher Entwicklungszusammenarbeit« gewesen. Ebd., S. 35, 239.

Bundesregierung Ruanda Entwicklungshilfe in Höhe von 217,9 Mio. D-Mark zu.[2461] 1982 schlossen Rheinland-Pfalz und Ruanda eine Partnerschaft. Nur der Sudan besaß mit Niedersachsen eine ähnliche Verbindung.[2462] Zudem errichtete die Deutsche Welle 1965 eine Relaisstation unweit von Kigali, von der aus ihre in Köln produzierten Sendungen auf dem afrikanischen Kontinent verbreitet wurden.[2463] Zum Ausbruch des Konflikts im Oktober 1990 hielten sich daher rund 400 deutsche Staatsbürger in Ruanda auf.[2464] Der Großteil flog allerdings wenige Tage später unter dem Schutz kurzfristig entsandter französischer und belgischer Fallschirmjäger mit zivilen Flugzeugen aus.[2465]

Auch im Sicherheitssektor gab es eine moderate Kooperation. Insbesondere zum Schutz der Relaisstation der Deutschen Welle[2466] unterstützte das BMI zwischen 1967 und 1975 auf Wunsch des AA die ruandische Polizei.[2467] Hinzu kam die Ausbildung einiger Dutzend ruandischer Polizisten[2468] und zwischen 1975 und 1990 von 39 ruandischen Soldaten in der Bundesrepublik. Bei Letzteren lag Ruanda laut Angaben der Bundesregierung zahlenmäßig auf Platz elf von 74 Staaten.[2469] 1978 entsandte die Bundeswehr eine Beratergruppe nach Ruanda.[2470] Zunächst unterstützte diese die ruandischen Streitkräfte vor allem beim Fernmeldewesen, später durch Ausbildung im Pionier- und

---

[2461] BT-Drs. 12/2198, 6.3.1992, S. 57.
[2462] BT-Drs. 10/3028, 14.3.1985, S. 69; BT-Drs. 11/7313, 31.5.1990, S. 65. Siehe auch Bindseil, Ruanda und Deutschland, S. 251.
[2463] Vgl. Meier, Goodbye, Kigali.
[2464] PA AA, B 34, ZA, Bd 149983, Sachstand Referat 322, Betr.: Eindringen bewaffneter Kräfte aus Uganda nach Ruanda, 3.10.1990, hier S. 2.
[2465] PA AA, B 34, ZA, Bd 149983, Vorlage Referat 322 an den Staatssekretär, Betr.: Lage in Ruanda, hier: Evakuierungsempfehlung für Deutsche, 5.10.1990; ebd., Drahtbericht der Botschaft der Bundesrepublik Deutschland in Kigali an Referat 322 im AA, Nr. 243, 7.10.1990; ebd., Vorlage Referat 322 an den Staatssekretär, Betr.: Bewaffneter Konflikt in Ruanda, 12.10.1990, hier S. 2.
[2466] BArch, B 106/380807, Referat III B 5 im AA, Niederschrift über die Ressortbesprechung am 1. Dezember 1966 im Auswärtigen Amt über Fragen der Entwicklungshilfe für Rwanda, 5.12.1966, hier S. 1.
[2467] Zur Entwicklung des Engagements siehe BArch, B 106/380807.
[2468] BArch, B 106/380807, Vorlage Referat ÖS 7 an den Innenminister, Betr.: Besuch des ruandischen Jugendministers Rwagafilita, 13.11.1973, hier S. 2 f. BT-Drs. 10/1012, 16.2.1984, S. 2.
[2469] BT-Drs. 11/8527, 10.12.1990, S. 2. Von den 1993 in Deutschland befindlichen 122 afrikanischen Soldaten stammten sechs Unteroffiziere aus Ruanda. Von 18 unterstützten Staaten lag Ruanda damit auf Platz neun. BT-Drs. 12/6525, 30.12.1993, S. 6. Aufgrund des Bürgerkrieges rief die ruandische Regierung 1991 alle Soldaten im Ausland zurück. Die Ausbildung in Deutschland wurde erst 1992 für sechs ruandische Soldaten fortgesetzt. BArch, BW 1/342366, Beratergruppe der Bundeswehr in der Republik Ruanda, Jahresabschlussbericht 1992, 20.1.1993, hier S. 6. Auch nach Beginn des Genozids hielten sich fünf ruandische Unteroffiziere in der Bundesrepublik auf. Ihre im Herbst 1994 endende Ausbildung wurde fortgesetzt. BArch, BW 2/28909, Schreiben Militärattachéreferat im BMVg an Referat 202 im AA, Betr.: Militärische Ausbildungshilfe Ruanda, 30.6.1994; ebd., Schreiben Referat 202 im AA an Fü S II 5 im BMVg, Betr.: Militärische Ausbildungshilfe Ruanda, hier: Ausbildung fünf ruandischer Unteroffiziere in der Bundeswehr, 22.8.1994.
[2470] BT-Drs. 11/901, 7.10.1987, S. 4; BT-Drs. 11/8527, 10.12.1990, S. 1; Bindseil, Ruanda und Deutschland, S. 249.

Fahrschulwesen bei der Instandsetzung sowie beim Straßenbau.[2471] 1990 umfasste die Beratergruppe einen Offizier[2472] und fünf Unteroffiziere.[2473]

Der Vorwurf von Michael Henke (Bündnis 90/Die Grünen), die Soldaten hätten vor dem Genozid »die Autos der Armee gewartet« und die Bundesrepublik dadurch »indirekt« am Völkermord beteiligt,[2474] mag angesichts der überschaubaren personellen Größe überzogen sein. Das Finanzvolumen dieser Unterstützung betrug zwischen 1975 und 1990 aber 29,5 Mio. D-Mark, womit Ruanda auf Platz sieben von 43 vergleichbaren Staaten lag.[2475] Weitere fünf Mio. D-Mark an militärischer Ausstattungshilfe waren für die Jahre 1991 bis 1993 bestimmt.[2476] Aufgrund der Konfliktsituation verweigerten die Bundesressorts Ende 1990 aber zunächst weitere Materiallieferungen an die ruandische Armee.[2477] Ein »Zusatzabkommen« über die Zusammenarbeit im Zeitraum 1992 bis 1994 wurde erst nach Unterzeichnung des ruandischen Friedensvertrags von 1993 vereinbart.[2478] Bereitgestellt werden sollten neben vier Kipplastern je zwei Wassertankwagen und Schwenklader sowie 20 gebrauchte Geländefahrzeuge des Typs VW-Iltis.[2479]

Prinzipiell nahm die Bundesrepublik dadurch Partei in einem noch immer nicht gelösten Konflikt, auch wenn die ruandische Regierung 1990 nachweislich von der RPF angegriffen worden war. Durch die Bereitstellung von deutschen Werkzeugen und Montageplätzen knüpfte die Beratergruppe im

---

[2471] BArch, BW 1/248621, Kopie Vorlage Rü II 4 an den Staatssekretär, Betr.: Ausrüstungshilfe Ruanda, 10.6.1977; BT-Drs. 13/2982, 10.11.1995, S. 18. Kurzbeschreibungen der wichtigsten Projekte finden sich in BArch, BW 1/342365 und BW 1/342366.

[2472] Zuletzt bekleidete Oberstleutnant Wolf-Rüdiger Haupt den Posten. BArch, BW 1/342366, Beratergruppe der Bundeswehr in der Republik Ruanda, Jahresabschlussbericht 1992, Kigali, 20.1.1993, hier S. 4. Im Erfahrungsbericht über die Evakuierung der Beratergruppe schrieb er: »Der Untergang Ruandas auf derart grausame Weise war undenkbar gewesen. [...] Daher sollte mit vorsichtiger Kritik hinterfragt werden, was rechtzeitig im Vorfeld erkennbar gewesen wäre und wie man diesem Zeitpunkt des Ausbruchs der Massaker hätte ausweichen können.« BArch, BW 1/342368, LtrDtBerGrp (Bw) Ruanda an Rü Z II 4 im BMVg, Betr.: Erfahrungsbericht über den Ablauf der Evakuierung aus Kigali/Ruanda, 30.5.1994, hier S. 8. Später kritisierte er die deutsche Rolle beim Völkermord allerdings deutlich. Vgl. Sven Felix Kellerhoff, Deutschlands mögliche Mitschuld am Ruanda-Genozid. In: Die Welt, 9.4.2014, https://www.welt.de/geschichte/article126766466/Deutschlands-moegliche-Mitschuld-am-Ruanda-Genozid.html.

[2473] BT-Drs. 11/6282, 19.1.1990, S. 13.

[2474] LT-RLP-PlPr. 12/85, 25.8.1994, S. 6831.

[2475] BT-Drs. 11/8527, 10.12.1990, S. 2.

[2476] BT-Drs. 12/1633, 22.11.1991, S. 13.

[2477] Vgl. BArch, BW 1/307280, Drahtbericht der Botschaft der Bundesrepublik Deutschland in Kigali an Referat 300 im AA, Nr. 320, 20.11.1990.

[2478] PA AA, B 46, ZA, Bd 219732, Drahtbericht der Botschaft der Bundesrepublik Deutschland in Kigali an Referat 300 im AA, Nr. 217, 13.8.1993; BArch, BW 1/342366, Beratergruppe der Bundeswehr in der Republik Ruanda, Jahresabschlussbericht 1993, 31.1.1994, hier S. 8.

[2479] Vgl. PA AA, B 46, ZA, Bd 219732, Protokoll über das am 1. September 1993 beim Generalstab der ruandischen Armee verhandelte Durchführungsprogramm, 2.9.1993, hier S. 1.

Oktober 1993 auch erste Verbindungen mit den belgischen VN-Soldaten. »Erhebliche Probleme in ihrem Einsatzbereich und Auftrag« hätten die »anfängliche Mitteilsamkeit und Zusammenarbeit« gegen Ende des Jahres aber »beeinträchtigt«.[2480] Dennoch verfügte die Bundesregierung mit der unbewaffneten[2481] Beratergruppe – so wie mit ihren Diplomaten, den Journalisten der Deutschen Welle, den humanitären Helfern[2482] und dem rheinland-pfälzischen Koordinationsbüro[2483] – über eine gute Quelle, um Informationen über die sicherheitspolitische Lage in Ruanda zu gewinnen.[2484] Am 25. November 1993 kam es in Kigali sogar zu Gesprächen zwischen Dallaire, der Beratergruppe und der deutschen Botschaft.[2485] Ob ihre Erkenntnisse in die Risikoanalyse der Bundesressorts einflossen, um sich nicht stärker in Ruanda zu beteiligen, ließ sich nicht belegen. Allerdings scheint es Defizite im Informationsfluss gegeben zu haben. Wo diese lagen, ob bei der Beratergruppe, wie in der Wissenschaft vermutet in der Botschaft[2486] oder im BMVg, konnte nicht geklärt werden. Der Beginn des Genozids und die erneuten Kämpfe führten im April 1994 aber ohnehin zur Evakuierung der deutschen Soldaten. Ein Großteil der Berater floh mit ihren Familien im Rahmen eines von der US-Botschaft koordinierten Konvois auf dem Landweg nach Burundi.[2487] Die Ausstattungshilfe wurde wegen der »kriegerischen Auseinandersetzungen« am 26. April gestoppt und offiziell zum 31. Mai 1994 beendet.[2488] Mit größeren Rüstungslieferungen scheint die Ausbildung laut Bundesregierung nicht verbunden gewesen sein. Zwischen 1985 und 1993 betrugen diese gerade einmal 0,4 Mio. D-Mark.[2489]

---

[2480] BArch, BW 1/342366, Beratergruppe der Bundeswehr in der Republik Ruanda, Jahresabschlussbericht 1993, 31.1.1994, hier S. 4, 8 f.

[2481] Grundsätzlich erfolgte der Dienst ohne Waffe. Die Soldaten scheinen aber Handfeuerwaffen besessen zu haben. Vgl. BArch, BW 1/342366, Beratergruppe der Bundeswehr in der Republik Ruanda, Jahresabschlussbericht 1993, 31.1.1994, hier S. 5.

[2482] Von den rund 400 im Land lebenden deutschen Staatsangehörigen hatten zu Beginn des Konflikts aber etwa 300 Ruanda zumindest vorübergehend verlassen. Darunter auf Anweisung des BMZ auch die Mitarbeiter der GTZ. PA AA, B 34, ZA, Bd 149983, Vorlage Referat 322 an den Staatssekretär, Betr.: Bewaffneter Konflikt in Ruanda, 12.10.1990, hier S. 2.

[2483] Noch Ende Februar 1994 wurden die rheinland-pfälzischen Abgeordneten über die verschlechterte Sicherheitslage informiert. LT-RLP-PlPr. 12/73, 25.2.1994, S. 5863 ff.

[2484] Vgl. Wolff/Mehler, Hauptbericht zur Evaluierung, S. 45 f.

[2485] Vgl. BArch, BW 1/342366, Beratergruppe der Bundeswehr in der Republik Ruanda, Jahresabschlussbericht 1993, 31.1.1994, hier S. 11. Über den Inhalt dieses Gesprächs liegen keine Informationen vor.

[2486] Wolff/Mehler sind der Auffassung, dass die Botschaft »dramatische Informationen über die Vorbereitung des Völkermordes« besaß, darüber aber nicht berichtete. Wolff/Mehler, Hauptbericht zur Evaluierung, S. 50. Siehe auch Brockmeier/Peez, Akteneinsichten, S. 10–15.

[2487] BArch, BW 1/342368, LtrDtBerGrp (Bw) Ruanda an Rü Z II 4 im BMVg, Betr.: Erfahrungsbericht über den Ablauf der Evakuierung aus Kigali/Ruanda, 30.5.1994.

[2488] BArch, BW 1/342366, Kopie Schreiben Rü Z II 4 im BMVg an Referat 300 im AA, Betr.: Ausstattungshilfeprogramm der Bundesregierung, hier: Programm-Teil Ruanda, 26.4.1994; Ebd., Kopie Schreiben Rü Z II 4 im BMVg an die Botschaft der Republik Ruanda in Bonn, 26.4.1994.

[2489] BT-Drs. 13/2982, 10.11.1995, S. 18.

Zwischen 1985 und 1994 wurden aber auch Jagd- und Sportwaffen im Wert von 340 000 D-Mark nach Burundi und Ruanda exportiert.[2490] Da ein Großteil der Gewalt mit einfachen Waffen verübt wurde[2491], eine nicht zu unterschätzende Größe.

Trotz des seit 1990 herrschenden Bürgerkriegs und der Menschenrechtsvergehen der Regierung[2492] setzte die Bundesregierung auf Bitten Habyarimanas[2493] zunächst auch die entwicklungspolitische Zusammenarbeit fort.[2494] Mit jährlich 30 bis 40 Mio. US-Dollar zählte die Bundesrepublik zu den wichtigsten Gebern Ruandas.[2495] Zu Beginn des ruandischen Bürgerkriegs bestand daher eine »traditionell[e] Freundschaft« zwischen beiden Ländern,[2496] auch wenn Belgien und Frankreich wesentlich größeren Einfluss hatten.[2497] Dennoch wurden auch die deutschen Diplomaten seit Oktober 1990 regelmäßig von der ruandischen Regierung über die Kampfhandlungen informiert.[2498] Zur Beilegung des Konflikts präferierte die deutsche Seite allerdings keine nationale, sondern eine europäische Initiative.[2499] Darüber hinaus pflegte die Bundesrepublik auch gute Beziehungen zu Uganda, das von

---

[2490] BT-PlPr. 12/218, 13.4.1994, S. 18902.
[2491] Vgl. Meijer/Verwimp, The Use and Perception of Weapons.
[2492] Eine unabhängige Menschenrechtskommission warf der Regierung 1993 vor, seit Ausbruch des Konflikts für die Ermordung von über 2000 Zivilisten, mehrheitlich Tutsi, verantwortlich gewesen zu sein. Africa Watch [u.a.], Report of the International Commission. Aus Sicht des VN-Sonderberichterstatters für außergerichtliche, standrechtliche oder willkürliche Hinrichtungen, Bacre Waly Ndiaye, könnten die Taten als Genozid bezeichnet werden. ECOSOC, E/CN.4/1994/7/Add.1, 11.8.1993, Randnr. 78 ff. Da sein Bericht nach der Unterzeichnung des Arusha-Vertrags erschien, fand er aber offenbar kaum Beachtung. Leader, From Hope to Horror, S. 228 ff.
[2493] PA AA, B 34, ZA, Bd 149984, Kopie Schreiben Juvénal Habyarimana an Helmut Kohl, 16.11.1990.
[2494] PA AA, B 34, ZA, Bd 149985, Kopie Schreiben Helmut Kohl an Juvénal Habyarimana, 31.1.1991.
[2495] Baaré [u.a.], The Limits and Scope for the Use of Development Assistance Incentives, S. 44. Detailliert zu den Jahren 1990 bis 1993 siehe BT-Drs. 12/7737, 30.5.1994.
[2496] PA AA, B 34, ZA, Bd 149985, Kopie Schreiben Helmut Kohl an Juvénal Habyarimana, 31.1.1991, hier S. 1.
[2497] Vgl. Rawson, Prelude to Genocide, S. 215 ff.
[2498] Vgl. PA AA, B 34, ZA, Bd 149983, Drahtbericht der Botschaft der Bundesrepublik Deutschland in Kigali an Referat 322 im AA, Nr. 232, 2.10.1990; ebd., Drahtbericht der Botschaft der Bundesrepublik Deutschland in Kigali an Referat 322 im AA, Nr. 243, 7.10.1990; ebd., Drahtbericht der Botschaft der Bundesrepublik Deutschland in Kigali an Referat 322 im AA, Nr. 245, 9.10.1990; ebd., Drahtbericht der Botschaft der Bundesrepublik Deutschland in Kigali an Referat 322 im AA, Nr. 242 [sic], 10.10.1990; ebd., Drahtbericht der Botschaft der Bundesrepublik Deutschland in Kigali an Referat 322 im AA, Nr. 250, 12.10.1990; PA AA, B 34, ZA, Bd 149984, Drahtbericht der Botschaft der Bundesrepublik Deutschland in Kigali an Referat 322 im AA, Nr. 285, 31.10.1990; ebd., Drahtbericht der Botschaft der Bundesrepublik Deutschland in Kigali an Referat 322 im AA, Nr. 18, 12.1.1991; PA AA, B 34, ZA, Bd 149985, Schriftbericht der Botschaft der Bundesrepublik Deutschland in Kigali an Referat 322 im AA, Betr.: Ruanda-Konflikt, hier: Unterrichtung über die Ergebnisse von Sansibar und Daressalam durch AM Dr. Bizimungu, 24.2.1991.
[2499] Im ersten Halbjahr 1993 fungierte der deutsche Botschafter in Ruanda als Sprachrohr der EU. Vgl. Rawson, Prelude to Genocide, S. 206 f.

Beginn an der Komplizenschaft mit der RPF verdächtigt war und auf dessen Regierung es einzuwirken galt.[2500] Ähnlich wie in Mosambik[2501] wurde die Bundesrepublik daher auch am ruandischen Friedensprozess beteiligt, wenn auch in geringerem Maße. Zwar war die Bundesrepublik kein Beobachter der Joint Political Military Commission, die nach dem Waffenstillstand im Juli 1992 aufgestellt werden sollte.[2502] Sie gehörte aber zu den Beobachtern der Friedensgespräche in Arusha.[2503] Im März 1993 erklärte Außenminister Kinkel, dass man »eine aktive Rolle durch Beratung und Vermittlung zwischen den Konfliktparteien« gespielt habe.[2504] In der Forschung wird dies bezweifelt.[2505] Eine uniformierte Beteiligung an den VN-Missionen hatte sie jedenfalls nicht zur Folge. Erst nach dem Völkermord setzte die Bundesregierung angesichts der Flüchtlingskrise Soldaten der Bundeswehr ein; allerdings nicht im Rahmen der UNAMIR, sondern auf Bitten des UNHCR.[2506] Darüber hinaus produzierte das THW in Zaire zwischen August 1994 und Februar 1995 täglich bis zu drei Mio. Liter Trinkwasser und leistete technische Hilfe für andere Organisationen.[2507] Mit rund 60 Helfern vor Ort bezeichnete das BMI den THW-Einsatz zu Recht als »Schwerpunkt der deutschen Soforthilfe«.[2508] Zudem engagierten sich auch Organisationen wie das DRK, der Malteser Hilfsdienst, die Caritas und die Diakonie.[2509]

Finanziell brachte die Bundesregierung 1994 bilateral rund 162 Mio. D-Mark und über die EU rund 150 Mio. D-Mark zur Hilfe für ruandische Flüchtlinge auf.[2510] 25,6 Mio. D-Mark kostete die Unterstützung der Luftbrücke, über 40 Mio. D-Mark die Wasseraufbereitung und die Installation

---

[2500] PA AA, B 34, ZA, Bd 149983, Vermerk Referat 322, Betr.: Lage in Ruanda, hier: Gespräch mit dem Gesandten der ugandischen Botschaft in Bonn, 9.10.1990; ebd., Vorlage Referat 322 an den Staatssekretär, Betr.: Bewaffneter Konflikt in Ruanda, 12.10.1990, hier S. 3 f.; ebd., Drahtbericht der Botschaft der Bundesrepublik Deutschland in Kampala an Referat 322 im AA, Nr. 382, 12.10.1990.
[2501] Vgl. Kapitel V.2.d).
[2502] Diese sollten Burundi, Tansania, Zaire, Belgien, Frankreich und die USA sein. VNSR, S/25363, 4.3.1993, Annex I, S. 5.
[2503] Die weiteren Beobachter waren Belgien, Burundi, Frankreich, Nigeria, Simbabwe, Tansania, Uganda und die USA. VNSR, S/26350, 24.8.1993, Randnr. 19; VNGV/VNSR, A/48/824_S/26915, 23.12.1993, S. 7. Zur US-Sicht siehe Rawson, Prelude to Genocide; Leader, From Hope to Horror, S. 161–197.
[2504] BPA, Dialog und Partnerschaft mit den Ländern Afrikas. In: Bulletin, Nr. 18, 3.3.1993, S. 144–145, hier S. 145.
[2505] Vgl. Brockmeier/Peez, Akteneinsichten, S. 19 ff.
[2506] Vgl. Kapitel IV.4.c).
[2507] BT-Drs. 13/2982, 10.11.1995, S. 17; BT-Drs. 14/3891, 5.7.2000, S. 13.
[2508] BArch, BW 2/28152, Nebenabdruck Schreiben des BMI an den Arbeitsstab Humanitäre Hilfe im AA, Betr.: Humanitäre Hilfe der Bundesregierung für Ruanda, 28.7.1994.
[2509] Vgl. ebd., Schreiben Fü S IV 4 an StAL Fü S IV, Betr.: Deutsche Hilfe für ruandische Flüchtlinge, hier: derzeitiger Stand, 1.8.1994.
[2510] BT-Drs. 13/2982, 10.11.1995, S. 18. Die Hilfe hatte jedoch erst ab Sommer 1994 drastisch zugenommen. Noch im Mai belief sich die Hilfe des AA auf nur etwa vier Mio. D-Mark. PA-DBT 3104, Unterausschuss für Menschenrechte und Humanitäre Hilfe, 12/34, 25.5.1994, hier S. 39 f.

## IV. Deutsche ›Blauhelme‹ in Afrika

von Sanitäranlagen.[2511] Zwischen 1994 und 1997 investierte auch Rheinland-Pfalz über zehn Mio. D-Mark in verschiedene Projekte.[2512] Die gesamte bilaterale Entwicklungszusammenarbeit zwischen 1990 und 1994 umfasste rund 217 Mio. D-Mark.[2513] Darüber hinaus beteiligte sich die Bundesrepublik an der Finanzierung der UNAMIR, alleine 1995 mit 43,6 Mio. D-Mark,[2514] und ab 1994 ihrem Pflichtanteil am VN-Haushalt entsprechend mit 8,94 Prozent an den Kosten des Internationalen Kriegsverbrechertribunals für Ruanda.[2515]

Durch diese finanzielle Unterstützung spielte Deutschland in Ruanda nach dem Genozid eine nicht zu unterschätzende Rolle. Im November 1994 gehörte die Bundesrepublik als einer der größten Geber – und als ehemalige ruandische Kolonialmacht[2516] – zu den konstituierenden Mitgliedern der Operational Support Group, die auf Bestreben der USA die Unterstützung der Vereinten Nationen in und um Ruanda verbessern wollte.[2517] Bereits im September 1994 besuchte der neue ruandische Präsident Pasteur Bizimungu die Bundesrepublik, auch wenn er nur vom Chef des Bundeskanzleramts empfangen wurde.[2518] Im Juli 1995 reiste Außenminister Kinkel nach Ruanda. Der Afrikabeauftragte des AA, Harald Ganns, hielt sich nach eigenen Angaben zwischen 1994 und 1996 zehn Mal in Ruanda auf und traf mehrmals mit dem damaligen Vizepräsidenten Paul Kagame zusammen.[2519]

Auch nach 1994 erhielt Ruanda beträchtliche Hilfe. Insgesamt sollen den ruandischen Flüchtlingen von 1994 bis 1996 über 300 Mio. D-Mark, davon etwa die Hälfte durch EU-Hilfen, zugutegekommen sein.[2520] Auch wenn Ruanda aus humanitärer und entwicklungspolitischer Sicht eine große Unterstützung von Deutschland erfuhr, waren fast alle personellen und materiellen Maßnahmen bilateraler Natur. Die Soldaten der Bundeswehr und das zivile Personal unterstanden nicht den Vereinten Nationen.[2521] Dies bedeutet jedoch nicht, dass die Bundesrepublik gar nicht mit uniformiertem Personal

---

[2511] BT-Drs. 13/1449, 19.5.1995, S. 1.
[2512] BT-Drs. 14/3891, 5.7.2000, S. 94 f.
[2513] BT-Drs. 13/2982, 10.1.1995, S. 17.
[2514] BT-Drs. 13/3777, 9.2.1996, S. 1.
[2515] BT-PlPr. 13/38, 18.5.1995, S. 2981.
[2516] Vgl. Fax US-Secretary of State an die Botschaft der USA in Paris u.a., 27.9.1994, hier S. 2, https://reydams.files.wordpress.com/2012/11/document-49.pdf.
[2517] Neben Deutschland waren zunächst nur Belgien, Frankreich, Großbritannien, Japan, Kanada, Schweden und die OAU zur Teilnahme an der ersten ›Friends-of-Rwanda‹-Sitzung gebeten worden. Vorlage AF/C Arlene Render an AF Mr. Moose, Betr.: Your Meeting with Belgian Ambassador Adam, 2.11.1994, hier S. 2, http://www.rwandadocumentsproject.net/gsdl/collect/usdocs/index/assoc/HASH6f6c/9203774f.dir/3225.pdf; Meeting of Rwanda Operational Support Group Opening Remarks, 17.11.1994, https://reydams.files.wordpress.com/2012/11/document-50.pdf; BT-Drs. 13/2982, 10.11.1995, S. 17.
[2518] BPA, Gespräch mit dem Präsidenten von Ruanda. In: Bulletin, Nr. 86, 22.9.1994, S. 808.
[2519] Ganns, Deutsche Doppelstrategie.
[2520] BT-Drs. 13/3777, 9.2.1996, S. 2; BT-Drs. 13/4532, 7.5.1996, S. 12.
[2521] Vgl. die monatlichen Auflistungen der VN von 1994, in denen keine deutsche militärische Beteiligung vermerkt ist. United Nations, Troop and Police Contributors.

an der UNAMIR beteiligt war. Ab dem 16. Januar 1995 stellte Rheinland-Pfalz für rund ein Jahr bis zu neun Polizisten.[2522]

Für die Diplomaten erhielt Ruanda 1995/96 noch einmal stärkere Bedeutung, als die Bundesrepublik nichtständiges Mitglied im VNSR wurde. Die Bundesrepublik, so Christian Freuding, sei »europäischer Hauptakteur bei der Formulierung der SR-Politik zu Ruanda« gewesen.[2523] Im Februar 1995 beteiligte sich Botschafter Gerhard Henze an einer Erkundungsmission des VNSR nach Ruanda[2524] und im selben Jahr der deutsche Diplomat Karl Flittner an der Untersuchungskommission zur Räumung des Vertriebenen-Camps in Kibeho.[2525] Ganns zufolge sei die Verlängerung des UNAMIR-Mandats im Juni 1995 in »Direktgesprächen zwischen der deutschen und der ruandischen Regierung«, genauer zwischen Ganns und Vizepräsident Kagame, zustande gekommen.[2526]

Im Dezember 1995 trat die Bundesrepublik zwar als Unterstützerin der VN-Resolution hervor, die zur Beendigung der Mission führte. In seinem Statement vor dem VNSR drückte Botschafter Henze aber gegenteilige Interessen aus: »It is no secret that we would have liked a mandate with a longer term and a larger UNAMIR force.«[2527] Selbst hatten sich die deutschen Ressorts aufgrund gegensätzlicher Interessen aber auf keine eigene Beteiligung im größeren Rahmen an der UNAMIR einigen können. Mit Verabschiedung der Resolution wurde im Dezember 1995 auch die deutsche VN-Polizeipräsenz beendet. Letztlich hatte sich die Bundesregierung, genauer gesagt Rheinland-Pfalz, mit uniformiertem Personal an der Mission UNAMIR beteiligt, wobei der Personalumfang nicht vergleichbar mit dem deutschen Engagement in Somalia war. Unter Ausklammerung der Frage, welche Kenntnisse die deutschen Akteure im Vorfeld des Völkermords hatten und ob sie eine Mitschuld an dessen Ausbruch und Ausmaß trugen,[2528] ist zu fragen, warum sich die Bundesregierung, die offensichtlich gute politische Beziehungen zu Ruanda pflegte und auch im Friedensprozess involviert war, nicht stärker an den VN-Missionen beteiligte.

---

[2522] Vgl. Kapitel IV.4.d).
[2523] In dieser Zeit soll sich die deutsche Delegation für die Erarbeitung der Erklärungen des VNSR verantwortlich gezeigt haben. Freuding, Deutschland in der Weltpolitik, S. 419. Siehe auch Andreae, Reform in der Warteschleife, S. 141.
[2524] Vgl. VNSR, S/1995/164, 28.2.1995.
[2525] VNSR, S/1995/411, 23.5.1995; Khan, The Shallow Graves, S. 116.
[2526] Ganns, Deutsche Doppelstrategie, S. IX; Zeitzeugenbefragung von Botschafter a.D. Harald Ganns am 4.5.2020.
[2527] VNSR, S/PV.3605, 12.12.1995, S. 9. Aus »politischen Gründen« war das AA bereit, für eine größere Reduzierung zu stimmen als zuvor gewünscht. Vgl. PA AA, B 34, ZA, Bd 168379, Entwurf Drahterlass Referat VN 10 im AA an die Ständige Vertretung in New York, ohne Nr., 12.12.1995.
[2528] Siehe dazu Wolff/Mehler, Hauptbericht zur Evaluierung; Brockmeier/Peez, Akteneinsichten.

## c) Deutsche Soldaten nach Ruanda?

*Die Bundeswehr und die VN-Mission UNOMUR*

Die Missionen UNOMUR und UNAMIR erfolgten parallel zur Beteiligung der Bundeswehr in Somalia und dem Rechtsstreit vor dem Bundesverfassungsgericht. Ein Großteil der deutschen Planung für Ruanda stand unmittelbar im Zusammenhang mit diesen Prozessen. Zentral für die Ministerien war daher immer die innenpolitische Frage, ob die militärische Unterstützung der Missionen in Ruanda ein ›Einsatz‹ im Sinne des Grundgesetzes sei und den Organstreit beeinflussen würde.

Erste Gedanken zur Entsendung deutscher Soldaten nach Ruanda – abgesehen von der Beratergruppe – gab es offenbar bereits im Herbst 1992,[2529] kurz nachdem Außenminister Kinkel den Wunsch nach einem ständigen Sitz im VNSR verkündet hatte. Zu dieser Zeit beteiligte sich das AA bereits mit einem Diplomaten an den ruandischen Friedensgesprächen. Um die deutsche Position in diesem relativ einfach anmutenden Konflikt – es gab nominell nur zwei Konfliktparteien, die zusammengeführt werden mussten – noch sichtbarer zu machen, bat das AA das BMVg um die »Entsendung« eines einzelnen, unbewaffneten militärischen Beobachters. Dass Ruanda einmal deutsche Kolonie gewesen war, spielte keine Rolle. Vielmehr ging es dem AA und den ihm unterstellten Stellen um eine schnelle, ansehensfördernde Maßnahme im Ausland.[2530]

Das BMVg wies die Bitte aus militärpolitischen Gründen aber offenbar bereits auf Arbeitsebene zurück. Es gebe keinen Grund, einen Beobachter nach Ruanda zu entsenden, zumal die Bundeswehr für solche Aufgaben keine Experten besitze, so das federführende Referat 1 der Abteilung III des Führungsstabs der Streitkräfte (Fü S III 1). Weil das AA aber an seiner Bitte festhielt, wollten die Militärpolitiker des BMVg die Anfrage nutzen, um von ihrer Leitung eine grundsätzliche Ablehnung von neuen afrikapolitischen Maßnahmen des AA herbeizuführen. Fü S III 1 empfahl Staatssekretär Schönbohm im Februar 1993, weitere Entscheidungen zu einem »vom AA beabsichtigten verstärkten Engagemen[t] Deutschlands bei der Lösung innerafrikanischer Konflikte« im BMVg »auf keinen Fall vor Klärung der Verfassungsproblematik« einzuleiten.[2531]

Nicht nur, dass das BMVg offensichtlich keinerlei Interesse am ruandischen Konflikt hatte. Mit Blick auf das ausstehende Urteil des Bun-

---

[2529] Die Originaldokumente von Fü S III 1 ließen sich nicht im BArch finden. Die Informationen sind abgeleitet aus BArch, BW 2/29685, Nebenabdruck Vorlage Fü S III 1 an Staatssekretär Schönbohm, Betr.: Wunsch AA auf Entsendung eines deutschen militärischen Beobachters zu den Friedensverhandlungen in Ruanda, 15.2.1993.
[2530] Zeitzeugenbefragung von Botschafter a.D. Christian Walter Much am 16.5.2021.
[2531] BArch, BW 2/29685, Nebenabdruck Vorlage Fü S III 1 an Staatssekretär Schönbohm, Betr.: Wunsch AA auf Entsendung eines deutschen militärischen Beobachters zu den Friedensverhandlungen in Ruanda, 15.2.1993, hier S. 2.

desverfassungsgerichts war es aus strategischem Kalkül sogar bereit, den außenpolitischen Handlungsspielraum des AA weit über den Fall Ruanda hinaus zu beschränken. Die ablehnende Haltung des AA gegenüber der Entsendung der Bundeswehr ins Ausland und der regierungsinterne Konflikt über die Beteiligung an den NATO-AWACS-Aufklärungsflügen[2532] dürften diese Position geprägt haben. Dabei war die Anfrage nicht zu vergleichen mit den parallel laufenden Planungen zur Entsendung eines bewaffneten deutschen Verbands nach Somalia. Hier besaß das BMVg aber Interesse an einer Teilnahme. In Ruanda bestand dieses – für eine personelle Beteiligung – von Beginn an nicht.

Allerdings kam es zu einer materiellen Unterstützung der internationalen Militärpräsenz. Im Frühjahr 1993 erhielt die afrikanische Beobachtermission 16 Geländewagen im Wert von rund 450 000 D-Mark.[2533] Die Beratergruppe half anschließend bei der Einweisung und der Wartung.[2534] Die Maßnahme war im Herbst 1992 durch die deutsche Botschaft erbeten und auf Bitte des AA vom BMVg bewilligt worden. Nicht nur, dass das AA versprochen hatte, die Kosten zu übernehmen,[2535] auch hatten die NATO-Partner Belgien, Frankreich und die USA der überforderten[2536] OAU-Mission frühzeitig Ausrüstung zur Verfügung gestellt und die Bundesregierung schon 1991 um Unterstützung einer ersten, letztlich erfolglosen OAU-Mission gebeten.[2537] Weil das Konzept der Mission von Beginn an problembehaftet war, war es damals allerdings zu keiner deutschen Hilfe gekommen. Von der Entsendung eigener Beobachter hatte das AA frühzeitig abgesehen.[2538] In erster Linie sollte die OAU eine Lösung für den Konflikt finden, so die deutschen Diplomaten.[2539]

Die Präsenz von VN-Truppen in Ruanda begann im Juni 1993 durch die Beobachtermission UNOMUR. Das AA zeigte im Februar 1993 erstmals

---

[2532] Im März 1993 zerbrach die Regierung fast an der deutschen Beteiligung an den AWACS-Flügen über Bosnien und Herzegowina. Vgl. zur deutschen Debatte Kriemann, Hineingerutscht?, S. 139–154.

[2533] PA AA, B 46, ZA, Bd 219732, Kopie Vorlage Referat 322 an D 3, Betr.: Hilfe für Ruanda, hier: Anregung Präsident Mitterands, 3.2.1993, hier S. 2; BArch, BW 1/342366, Beratergruppe der Bundeswehr in der Republik Ruanda, Jahresabschlussbericht 1993, 31.1.1994, hier S. 4.

[2534] BArch, BW 1/342366, Beratergruppe der Bundeswehr in der Republik Ruanda, Jahresabschlussbericht 1993, 31.1.1994, hier S. 4, 8 f.

[2535] Vgl. BArch, BW 1/442034, Verfügung Schreiben Rü Z II 4 im BMVg an Referat 300 im AA, Betr.: Hilfen der Bundesregierung für die unabhängige Militärbeobachtermission in Ruanda, hier: Abgabe von 16 EA VW-Iltis, 9.10.1993 und Bezugsdokumente.

[2536] Rawson, Prelude to Genocide, S. 159.

[2537] PA AA, B 34, ZA, Bd 149985, Drahterlass Referat 322 im AA an die Botschaften der Bundesrepublik Deutschland in Addis Abeba, Paris und Kigali, Nr. 3577, 19.4.1991; ebd., Drahtbericht der Botschaft der Bundesrepublik Deutschland in Addis Abeba an Referat 322 im AA, Nr. 634, 25.4.1991; ebd., Drahtbericht der Botschaft der Bundesrepublik Deutschland in Kigali an Referat 322 im AA, Nr. 118, 29.4.1991; PA AA, B 34, ZA, Bd 149986, Drahtbericht der Botschaft der Bundesrepublik Deutschland in Kigali an Referat 322 im AA, Nr. 150, 4.6.1991.

[2538] PA AA, B 34, ZA, Bd 149986, Durchschlag Referat 322, Betr. Allgemeiner Rat in Brüssel am 4.2.1991, hier: EPZ-Themen/Ruanda, 4.2.1991.

[2539] Ebd., Vermerk Referat 322, Betr.: Bewaffneter Konflikt in Ruanda, 26.10.1990, hier S. 4.

Interesse an einer personellen deutschen Beteiligung an dem in Planung befindlichen VN-Engagement. Für die deutschen Diplomaten in New York war es naheliegend, dass sich Deutschland aufgrund seiner diplomatischen Bemühungen im Friedensprozess auch an der UNOMUR beteiligen sollte. Wenn die Verfassungsdiskussion die Entsendung eigener Militärbeobachter verhindere, dann sollte das BMVg wenigstens die materielle Unterstützung beispielsweise des angedachten polnischen Kontingents prüfen.[2540] Zu dieser Zeit beteiligte sich die Bundesrepublik mit insgesamt 213 Uniformierten an der VN-Mission UNTAC in Kambodscha.[2541] Ob die geplante Entsendung nach Somalia stattfinden würde, stand noch nicht fest.[2542]

Angesichts des öffentlich gemachten Anspruchs, einen ständigen Sitz in einem reformierten VNSR übernehmen zu wollen, stand es dem AA gut zu Gesicht, weitere VN-Missionen zu unterstützen. Aus Mangel an Spezialisten empfahl der Führungsstab der Streitkräfte Staatssekretär Schönbohm aber am 26. Februar, weiter die bereits zuvor erbetene Entsendung eines militärischen Experten nach Ruanda abzulehnen. Zudem sei es »nach Ausbruch erneuter Kämpfe«, gemeint war der Vormarsch der RPF im Februar 1993[2543], »nicht angebracht«, einen deutschen Beobachter nach Ruanda zu schicken. Gleiches galt für die Entsendung von Militärbeobachtern.[2544]

Während die labile Sicherheitslage und die damit einhergehende Bedrohung für eigenes Personal mit in die Beurteilung einflossen, diente der noch immer ungeklärte Verfassungsstreit als primäre Begründung für die Ablehnung. Vor dessen Lösung sollte keine »weitergehende Entscheidungsfindung« zur Beteiligung des BMVg an der Lösung »innerafrikanischer Konflikte« unternommen werden. Eine materielle Unterstützung sei nur dann möglich, wenn das AA die Kosten übernehme: »So könnte einerseits [das] AA seinen Unterstützungsvorstellungen nachkommen, andererseits ein direkter militärischer Bezug vermieden werden.«[2545] Von Anfang an wollte das BMVg aus Rücksicht auf den Verfassungsstreit einen personellen militärischen Fußabdruck in Ruanda vermeiden. Konsequent wurde daher auch nicht von »Einsatz« gesprochen. Die »Entsendung« von Militärbeobachtern hätte unterhalb des nur wenige Wochen später beginnenden Engagements in Somalia gelegen. Auch erlaubte Minister Rühe Anfang September 1993 die Entsendung von zwei Sanitätssoldaten und von bis zu vier Militärbeobachtern

---

[2540] BArch, BW 2/29685, Kopie als Anlage Vorlage Fü S III 1 an Staatssekretär Schönbohm, Betr.: Entsendung deutscher militärischer Beobachter nach Ruanda, 26.2.1993, hier Bezugsdokument 5, S. 2.
[2541] Dabei handelte es sich um 137 Soldaten und 76 Polizisten. United Nations: Summary of Contributions to Peace-Keeping Operations by Countries as of 28. February 1993, S. 2, https://peacekeeping.un.org/sites/default/files/feb-1993.pdf.
[2542] Siehe Kapitel IV.3.b).
[2543] Prunier, The Rwandan Crisis, S. 174–180.
[2544] Hervorhebung im Original. BArch, BW 2/29685, Kopie als Anlage Vorlage Fü S III 1 an Staatssekretär Schönbohm, Betr.: Entsendung deutscher militärischer Beobachter nach Ruanda, 26.2.1993, hier S. 3 f.
[2545] Ebd., S. 4.

zur VN-Mission nach Georgien,[2546] was unterhalb der Einsatzschwelle verortet wurde.[2547] Bereits ein Jahr zuvor hatte er der Entsendung eines Stabsoffiziers im Rahmen einer KSZE-Erkundung nach Südossetien (Georgien) zugestimmt.[2548] In einem Vorlagenentwurf für den Generalinspekteur nach dem Zwischenentscheid des Bundesverfassungsgerichts vom 23. Juni 1993[2549] stufte das BMVg die Beteiligung an der UNOMUR auch als verfassungsrechtlich unproblematisch ein.[2550] Zwar fehlte die Passage im finalen Dokument,[2551] rechtliche Vorbehalte gegen eine Beteiligung an der UNOMUR bestanden im BMVg aber wohl kaum. Für eine Beteiligung fehlte es dem BMVg angesichts der laufenden Organklage schlicht an Interesse.

Wie bereits die ablehnende Haltung der Arbeitsebene gegenüber der Entsendung eines einzelnen Experten zu den Friedensgesprächen, lässt sich diese Nichtbeteiligung aber auch mit dem internen Streit der beiden Ressorts über die verfassungsrechtliche Zulässigkeit von Auslandseinsätzen der Bundeswehr erklären. Auf der Vorlage vom 26. Februar notierte Generalinspekteur Naumann die Vermutung, dass »durch Handeln unterhalb der Verfassungsschwelle die damit durch [das] AA erzeugte Selbstblockade«

---

[2546] Die VN hatten angefragt, ob die Bundesrepublik bis zu fünf Beobachter stellen könne. Das BMVg hatte aber nicht genügend russischsprachiges, für Beobachtermissionen ausgebildetes Personal. Vgl. BArch, BW 2/29585, Kopie Fax Maurice Baril, Military Adviser, an die Ständige Vertretung in New York, Betr.: Military Observers for Georgia, 25.8.1993; BArch, BW 1/372505, Kopie Vorlage Fü S III 5 an den Verteidigungsminister, Betr.: VN-Beobachtermission Abchasien unter deutscher Beteiligung, hier: Sicherheitsrats(SR)-Res 854 und konkrete Anfrage der VN zur deutschen Beteiligung, 12.8.1993; ebd., Kopie Vorlage Fü S III 5 an den Verteidigungsminister, Betr.: VN-Beobachtermission Georgien/Abchasien unter deutscher Beteiligung, hier: Sicherheitsrats(SR)-Res 858 und Anfrage der VN zur deutschen Beteiligung, 27.8.1993.

[2547] Vgl. PA-DBT 3104, Unterausschuss Vereinte Nationen/Weltweite Organisationen, 12/20, 20.9.1993, S. 48 f. Die Entsendung nach Georgien beschloss das Kabinett am 2.2.1994. Die Verfassungsmäßigkeit wurde damit begründet, dass die Tätigkeit der Soldaten »eher diplomatischer Natur« sei. BArch, BW 1/372505, Kopie Vorlage Fü S III 5 an den Verteidigungsminister, Betr.: VN-Beobachtermission Georgien/Abchasien (UNOMIG), hier: Anfrage der VN zur Verstärkung der Sanitätskomponente UNOMIG, 4.7.1994, hier Anlage 1, S. 4. Allerdings hatte auch die SPD signalisiert, keine Bedenken gegen die Beteiligung zu haben. Vgl. PA-DBT 3119, Ausschuss für Verteidigung, 12/62, 22.9.1993, S. 43 f.

[2548] BArch, BW 2/51488, Kopie Vorlage Fü S III 4 an den Verteidigungsminister, Betr.: Unterstützung von KSZE-Missionen durch die Bundeswehr, hier: Unterstützung militärischer Überwachungsmissionen in Nagorny-Karabach und Süd-Ossetien, 16.9.1992; PA-DBT 3119, Ausschuss für Verteidigung, 12/40, 7.10.1992, S. 36.

[2549] In diesem hatte das BVerfG entschieden, dass bis zur Entscheidung in der Hauptsache und nach Beschluss des Bundestags die Beteiligung der Bundeswehr an der UNOSOM II fortgeführt werden dürfe. BVerfGE 89, 38 – Somalia, 23.6.1993.

[2550] »Verfassungspolitisch steht nach dem Urteil des BVerfGer vom 23.6.1993 einer Beteiligung an UNOMUR nichts entgegen.« BArch, BW 2/29685, Verfügung Vorlage Fü S III 5 an den Generalinspekteur, Betr.: VN-Beobachtermission in Ruanda (UNOMUR), hier: Erstbewertung SRR 846; Meinungsbildung zur Beteiligung der Bundeswehr an UNOMUR, 9.7.1993, hier S. 3.

[2551] Vgl. ebd., Vorlage Fü S III 5 an den Generalinspekteur, Betr.: VN-Beobachtermission in Ruanda (UNOMUR), hier: Erstbewertung SRR 846; Meinungsbildung zur Beteiligung der Bundeswehr an UNOMUR, 12.7.1993, hier S. 3.

## IV. Deutsche ›Blauhelme‹ in Afrika

aufgelöst werden sollte.[2552] Da das AA die Handlungsmöglichkeiten des BMVg im Rahmen der NATO durch seine ablehnende Haltung zu Auslandseinsätzen der Bundeswehr vor allem im ehemaligen Jugoslawien begrenzte und das Ansehen der Bundeswehr im Bündnis zu beschädigen drohte – immerhin sollte die FDP gegen die Beteiligung der Bundeswehr an den NATO-AWACS-Aufklärungsflügen selbst Klage vor dem Bundesverfassungsgericht einreichen –, sah das BMVg keinen Grund, das AA zum Gewinn eigenen Ansehens in einem für das BMVg unbedeutenden Teil der Welt zu unterstützen. Normative Überlegungen zur Befriedung Ruandas, der Bedarf der Vereinten Nationen oder sicherheitspolitische Interessen am Land waren für das BMVg zweitrangig. Bestimmt wurde die Entscheidungsfindung von Ressortegoismen.

Obwohl das BMVg dem AA eine Absage erteilte,[2553] wagte dieses Ende April – noch immer vor der Mandatierung der UNOMUR – einen erneuten Versuch. Dieses Mal schlug es auf Bitte Polens eine deutsch-polnische Zusammenarbeit bei der medizinischen Versorgung der künftigen Mission vor.[2554] Bereits zuvor hatte Polen über die Ständige Vertretung in New York Interesse an einer VN-Zusammenarbeit bekundet.[2555] Auch Verteidigungsminister Rühe hatte im Rahmen der Debatte zur Grundgesetzänderung über die Kooperation mit den »beiden wichtigen Nachbarn« Frankreich und Polen gesprochen[2556] und ein solches Projekt bei einer Rede für den polnischen Verteidigungsminister selbst vorgeschlagen.[2557] Dem neuen Nachbarn im Osten sollte durch eine Zusammenarbeit im VN-Rahmen demonstriert werden, wie friedfertig das geeinte Deutschland sei.[2558] Den deutschen Ressorts ging es bei diesen Überlegungen daher weniger um die Vereinten Nationen oder das Konfliktland, sondern um nationale außen- und europapolitische Belange. Ähnlich wie in Kambodscha bat das AA das BMVg um die »Bereitstellung« von Sanitätern. Die voraussichtliche Größe der VN-Mission schätzte es auf etwa 500 Soldaten. Das von Deutschland bereitzustellende Personal sei daher begrenzt. Trotzdem werde eine solche Maßnahme einen »Beitrag zur

---

[2552] Vgl. die Anmerkung auf ebd., Kopie als Anlage Vorlage Fü S III 1 an Staatssekretär Schönbohm, Betr.: Entsendung deutscher militärischer Beobachter nach Ruanda, 26.2.1993, hier S. 4.

[2553] Im Antwortschreiben des BMVg wurde die Nichtbeteiligung vor allem mit den neuen Kämpfen begründet. Zudem wurde dem AA mitgeteilt, dass »[e]ine weitergehende grundsätzliche Entscheidungsfindung zu Fragen einer militärischen Beteiligung im Rahmen eines verstärkten Engagement [sic] Deutschlands bei der Lösung innerafrikanischer Konflikte [...] vor Klärung der Verfassungsproblematik nicht« im BMVg anstehe. Ebd., Kopie als Anlage Schreiben Stv. Stabsabteilungsleiter Fü S III im BMVg an Unterabteilungsleiter 25 im AA, 9.3.1993.

[2554] Ebd., Verfügung Vorlage Fü S III 5 an Staatssekretär Schönbohm, Betr.: VN-Friedensbemühungen in Ruanda, hier: Möglichkeiten einer deutsch-polnischen Zusammenarbeit im Rahmen einer eventuellen VN-Friedensmission, 6.5.1993, hier Anlage 2.

[2555] Ebd., hier Anlage.

[2556] BT-PlPr. 12/132, 15.1.1993, S. 11483 f.

[2557] Rühe, Betr.: Bundeswehr, S. 134. Ähnlich auch Ende März 1993 bei einer Rede in London. Ebd., S. 183.

[2558] Zeitzeugenbefragung von Botschafter a.D. Christian Walter Much am 12.5.2021.

Aufrechterhaltung des Friedens in einem afrikanischen Land« leisten, zur »Verstärkung der deutschen Präsenz« in den Vereinten Nationen beitragen und eine »konkrete Umsetzung der Zusammenarbeit mit Polen« bedeuten.[2559] Interessanterweise sprach das AA von der »Aufrechterhaltung des Friedens in einem afrikanischen Land« und nicht in Ruanda. Offenbar interessierte auch hier weniger die Stabilisierung Ruandas als überhaupt ein sichtbares Engagement in Afrika. Dem AA ging es bei der erhofften Beteiligung der Bundeswehr also primär um die sichtbare militärische Flankierung der deutschen VN-Politik und der Kooperation mit Polen; kurz, ihm ging es um internationales Ansehen und um die Intensivierung der Beziehungen zum wichtigsten östlichen Nachbarn.[2560]

Während dem BMVg die Abgabe von Material – bei Finanzierung des AA bzw. der Vereinten Nationen – unproblematisch erschien, sperrte es sich gegen eine personelle Beteiligung. In einer Vorlage an Staatssekretär Schönbohm meldete das mittlerweile federführende Referat Fü S III 5, dass die medizinischen Kapazitäten der Bundeswehr – vor allem aufgrund des Engagements in Kambodscha – »bereits stark beansprucht« seien und »ein weiterer VN-Beitrag kostenträchtige Einschnitte in unsere Friedensversorgung zur Folge hätte«. Obwohl die Unterabteilung II der Inspektion des Sanitäts- und Gesundheitswesens (InSan II) ein Gemeinschaftsprojekt mit Polen begrüßte, stehe weder Personal noch Material für einen »Einsatz in Ruanda« zur Verfügung. Während die Idee einer deutsch-polnischen VN-Kooperation nach Beendigung der deutschen »Verpflichtungen« in Kambodscha wieder aufgenommen und Polen weiter die Bereitschaft für eine Zusammenarbeit signalisiert werden sollte, würden gegenwärtig auch die »militärpolitischen Gründe gegen einen weiteren Einsatz in Afrika« sprechen;[2561] die Landung des deutschen Vorkommandos in Somalia stand kurz bevor. Spätestens durch diese Entwicklung lag der VN-Schwerpunkt des BMVg bei der UNOSOM II; hier waren alle wichtigen NATO-Partner beteiligt. Zudem galt es, das Angebot zur Entsendung eigener Truppen nach Somalia vom Dezember 1992 zu erfüllen.[2562] Da bereits im Herbst 1992 Kapazitäten für ein Lazarett für die UNOSOM fehlten, scheint es zudem fraglich, ob die auf Verteidigung in Mitteleuropa ausgelegte Bundeswehr überhaupt eine dritte, parallel laufende Beteiligung hätte stemmen können. Um Ressourcen in Ruanda aufzubringen, reichte das Interesse zu diesem Zeitpunkt definitiv nicht.

---

[2559] BArch, BW 2/29685, Vorlage Fü S III 5 an Staatssekretär Schönbohm, Betr.: VN-Friedensbemühungen in Ruanda, hier: Möglichkeit einer deutsch-polnischen Zusammenarbeit im Rahmen einer VN-Friedensmission, 10.5.1993, hier Bezugsdokument 2.
[2560] Zeitzeugenbefragung von Botschafter a.D. Christian Walter Much am 16.5.2021.
[2561] BArch, BW 2/29685, Vorlage Fü S III 5 an Staatssekretär Schönbohm, Betr.: VN-Friedensbemühungen in Ruanda, hier: Möglichkeit einer deutsch-polnischen Zusammenarbeit im Rahmen einer VN-Friedensmission, 10.5.1993, hier S. 2.
[2562] Vgl. Kapitel IV.3.b) und c).

IV. Deutsche ›Blauhelme‹ in Afrika 539

Auffällig ist, dass in der Vorlage vom 10. Mai und auch im Antwortschreiben des BMVg an das AA[2563] von einem »weiteren Einsatz in Afrika« gesprochen wurde. Zuvor war nur von »Entsendung« oder »Beteiligung« die Rede gewesen. Da von einem »weiteren Einsatz« abgesehen werden sollte, das Engagement in Somalia offiziell aber für keines der beiden Ressorts ein »Einsatz« im Sinne des Grundgesetzes war,[2564] zeigt das Dokument, wie inkonsequent mit den Begriffen gearbeitet wurde.

In der Vorlage vom Mai wurde Staatssekretär Schönbohm aber darauf hingewiesen, dass für Ruanda noch kein VNSR-Mandat vorlag.[2565] Auch gegenüber dem AA galt dies als Grund für die Ablehnung.[2566] Hätte Interesse an einer Beteiligung bestanden, wäre dies jedoch kein Hindernis gewesen, interne Planungen einzuleiten. Fast die gesamte Planung für die Beteiligung in Somalia war vor der Verabschiedung einer neuen VN-Resolution erfolgt. In der Vorlage unerwähnt blieben dagegen erneut verfassungsrechtliche Gründe. Offenbar fühlte sich das BMVg durch die Abweisung der Anträge der FDP und der SPD zur Beteiligung an den NATO-AWACS-Flügen in seiner Auffassung bestärkt.

Aufgrund der zweimaligen Ablehnung des BMVg erfolgte nach Verabschiedung der Resolution 846 zur Aufstellung der UNOMUR am 22. Juni 1993[2567] zunächst keine weitere Anfrage des AA an das BMVg. Vor allem die Ständige Vertretung in New York warb aber weiter für ein deutsches Engagement. Zum einen bestünden politische Gründe – die Möglichkeit einer deutsch-polnischen Kooperation –, zum anderen handle es sich um eine Mission nach Kapitel VI der VN-Charta.[2568] Eine weitere Beteiligung an einer VN-Mission hätte das nur wenige Tage später per Schreiben der Bundesregierung an die Vereinten Nationen erneut vorgebrachte Bekenntnis der Bundesrepublik gut untermauert, im Falle einer Reform des VNSR alle Pflichten eines ständigen Mitglieds übernehmen zu wollen.[2569] Selbst wenn es zu einer weiteren Anfrage des AA gekommen wäre, wäre das BMVg aber bei seiner Ablehnung geblieben, wie eine Vorlage an den Generalinspekteur vom 12. Juli 1993 belegt. Nicht nur, dass die Effektivität der UNOMUR zur

---

[2563] BArch, BW 2/29685, Verfügung Schreiben Fü S III 5 im BMVg an Referat 230 im AA, Betr.: VN-Friedensbemühungen in Ruanda, hier: Möglichkeit einer deutsch-polnischen Zusammenarbeit im Rahmen einer VN-Friedensmission, 19.5.1993.
[2564] Vgl. BArch, BW 2/29714, VR II 2, Verfassungsrechtliche Bewertung des deutschen Einsatzes in Somalia, 16.12.1992; PA-DBT 3119, Ausschuss für Verteidigung, 12/48, 13.1.1993, S. 20.
[2565] BArch, BW 2/29685, Vorlage Fü S III 5 an Staatssekretär Schönbohm, Betr.: VN-Friedensbemühungen in Ruanda, hier: Möglichkeit einer deutsch-polnischen Zusammenarbeit im Rahmen einer VN-Friedensmission, 10.5.1993, hier S. 2.
[2566] Ebd., Verfügung Schreiben Fü S III 5 im BMVg an Referat 230 im AA, Betr.: VN-Friedensbemühungen in Ruanda, hier: Möglichkeit einer deutsch-polnischen Zusammenarbeit im Rahmen einer VN-Friedensmission, 19.5.1993.
[2567] VNSR, S/RES/846(1993), 22.6.1993.
[2568] PA AA, B 34, ZA, Bd 160136, Drahtbericht der Ständigen Vertretung in New York an Referat 230 im AA, Nr. 1580, 25.6.1993, hier S. 2 f.
[2569] VNGV, A/48/264, 20.7.1993, S. 44.

Kontrolle von Waffentransfers von Uganda nach Ruanda bezweifelt wurde. Auch galt die Gefährdung der Beobachter als »höher [...] als bei ›normalen‹ Beobachtermissionen«, da die Mission einseitig gegen die RPF gerichtet sei. Das BMVg hatte daher kein Interesse, sich auch nur mit bis zu zehn Beobachtern an der Mission zu beteiligen, solange kein »zwingendes Erfordernis« durch die Bundesregierung bestand.[2570]

Im Unterschied zu den vorherigen Dokumenten ging diese Vorlage stärker auf den Kontext des Konflikts und die potenzielle Bedrohung des eigenen Personals ein.[2571] Verfassungsfragen und militärpolitische Überlegungen spielten wie oben gezeigt keine Rolle; vermutlich, weil es sich um ein internes Papier des Führungsstabs der Streitkräfte handelte. Anders als zuvor wurde aber wieder nur von »Beteiligung« und nicht von »Einsatz« gesprochen, was entweder daran lag, dass es sich hierbei nur um die Abstellung von unbewaffneten Militärbeobachtern handelte, oder an einer inkonsequenten Verwendung des Begriffs in der Vorlage vom 10. Mai. Keinesfalls wollte das BMVg aber in einen französisch dominierten Prozess hineingezogen werden, der große Risiken barg, aber nicht dem eigenen sicherheitspolitischen Interesse diente. Da auch das AA keine weitere Anfrage stellte, billigte Generalinspekteur Naumann Anfang August 1993 die Nichtbeteiligung an der UNOMUR.[2572] Damit hatten sich sowohl Staatssekretär Schönbohm als auch Generalinspekteur Naumann innerhalb eines halben Jahres aufgrund innen- und militärpolitischer Abwägungen mehrfach gegen die Entsendung von deutschen Soldaten im VN-Rahmen nach Ruanda entschieden, ohne dass es zu einer inoffiziellen Anfrage der Vereinten Nationen gekommen war. Wie gezeigt, war Ruanda für Deutschland weder wirtschaftlich noch kulturell bedeutend. Die VN-Mission UNOMUR war mit 81 Militärbeobachtern sehr klein. Als westeuropäische Nation waren nur die Niederlande mit neun Soldaten vertreten.[2573] Außer Kanada, das den Kommandeur stellte, war kein anderer NATO-Partner personell beteiligt. Zudem nahm die Bundesregierung ab Mai 1993 in Somalia erstmals mit bewaffneten Soldaten an einer VN-Mission teil. Vor dem Hintergrund der Entsendung von in der Spitze über 1700 Soldaten hätte die Beteiligung von wenigen Militärbeobachtern an einer international weitaus weniger beachteten Mission zwar erneuten Führungsaufwand, ein gewisses Risiko und weitere Verwerfungen mit der Opposition bedeutet, vermutlich aber kaum neues Ansehen oder zusätzliche Erfahrung gebracht, so zumindest die Meinung im BMVg. Angesichts des Ressortstreits drängte aber auch das AA nicht stärker auf eine Beteiligung an der UNOMUR, wohlwis-

---

[2570] BArch, BW 2/29685, Vorlage Fü S III 5 an den Generalinspekteur, Betr.: VN-Beobachtermission in Ruanda (UNOMUR), hier: Erstbewertung SRR 846; Meinungsbildung zur Beteiligung der Bundeswehr an UNOMUR, 12.7.1993, hier S. 3 f.
[2571] Fü S II 4 hatte für die Vorlage einen sechsseitigen Lagebericht verfasst. Ebd., Kopie als Anlage Fü S II 4, Ruanda – Lage im Bürgerkrieg, 7.7.1993.
[2572] Ebd., Vorlage Fü S III 5 an den Generalinspekteur, Betr.: VN-Beobachtermission in Ruanda (UNOMUR), hier: Erstbewertung SRR 846; Meinungsbildung zur Beteiligung der Bundeswehr an UNOMUR, 12.7.1993.
[2573] VNSR, S/26878, 15.12.1993, Randnr. 4.

send, dass seine Argumente nach seiner Blockade und Klage gegen eine fortgesetzte deutsche NATO-AWACS-Beteiligung begrenzt waren.

*Die Bundeswehr und die VN-Mission UNAMIR*

Die Lage für die deutschen Ressorts änderte sich mit den Planungen der Vereinten Nationen zu einer größeren Mission für Ruanda. Am 10. September 1993 erreichte die Ständige Vertretung in New York eine erste informelle Anfrage des VN-Sekretariats, ob die Bundesregierung bereit sei, eine Versorgungskompanie[2574] mit rund 200 Soldaten und/oder einem Feldlazarett mit etwa 50 Personen zu stellen.[2575] Nun ging es nicht mehr nur um die theoretische Frage, ob sich die Bundesrepublik in Ruanda beteiligen sollte, sondern um den konkreten Bedarf. Mit Nachdruck befürwortete die Ständige Vertretung eine Teilnahme. Grundsätzlich könnten »die politischen Rahmenbedingungen für einen erfolgreichen und gewaltfreien Verlauf« der Mission »fast als optimal bezeichnet werden«. Anders als in Somalia handele es sich um eine »eindeutig auf die Friedensbewahrung« ausgelegte Mission. Eine Beteiligung würde vermutlich keine verfassungsrechtlichen Probleme aufwerfen.[2576] Zusätzlich hatte auch ein Vertreter der RPF seine Hoffnung auf ein deutsches Engagement bekundet.[2577] Angesichts der verworrenen Situation in Somalia herrschte bei den deutschen Diplomaten in Bezug auf Ruanda Optimismus[2578], zumal der deutsche Beitrag in Somalia infolge der geänderten Operationsplanung zunehmend in die Kritik geriet.[2579] Während Beobachter nachträglich infrage stellten, ob die ruandischen Konfliktparteien jemals an der Umsetzung des Friedensvertrags interessiert waren,[2580] schien die Ständige Vertretung vom erneut öffentlich bekundeten Anspruch des AA geleitet worden zu sein, einen ständigen Sitz im VNSR zu erhalten.[2581] Dieser hätte nicht zuletzt der Ständigen Vertretung Prestige und Einfluss beschert. Anzeichen, dass der Friedensprozess in Ruanda scheitern könnte, erkannte die Ständige Vertretung entweder nicht oder gab sie angesichts ih-

---

[2574] Im VN-Dokument wurde von einer »Logistics Company« mit einer Stabsabteilung (COY HQ), einem »Supply Platoon«, einem »Movement Platoon«, einem »Maintenance Platoon« und einem »Administration Platoon« gesprochen. BArch, BW 2/29687, Fernkopie der Ständigen Vertretung in New York an das AA, Betr.: Geplante Entsendung einer VN-Friedenstruppe nach Ruanda (UNOMUR bzw. Nachfolge-Operation), hier: Voranfrage nach eventueller deutscher Beteiligung mit Bundeswehrkontingent, 10.9.1993, hier Anlage, S. 1.
[2575] PA AA, B 46, ZA, Bd 219732, Drahtbericht der Ständigen Vertretung in New York an Referat 230 im AA, Nr. 2225, 10.9.1993.
[2576] PA AA, B 34, ZA, Bd 160120, Drahtbericht der Ständigen Vertretung in New York an Referat 230 im AA, Nr. 2391, 24.9.1993, hier S. 3.
[2577] PA AA, B 46, ZA, Bd 219732, Drahtbericht der Ständigen Vertretung in New York an Referat 230 im AA, Nr. 2225, 10.9.1993, hier S. 3.
[2578] Vgl. Brockmeier/Peez, Akteneinsichten, S. 22.
[2579] Vgl. Kapitel IV.3.c).
[2580] Vgl. Melvern, Ruanda, S. 55–58.
[2581] Vgl. PA AA, B 34, ZA, Bd 160120, Drahtbericht der Ständigen Vertretung in New York an Referat 230 im AA, Nr. 2691, 14.10.1993, hier S. 3.

res Wunsches zur Teilnahme an der UNAMIR nicht weiter. Unterstützung erhielt sie von der Botschaft in Kigali. Mitte September schrieb Botschafter Dieter Hölscher: »Die allgemeinen Umstände und Gegebenheiten für die Durchführung der [...] Friedensmission verbessern sich weiter.« Allerdings hielten die Konfliktakteure die Umsetzung des Friedensvertrags ohne VN-Mission für unmöglich, weswegen auch er beim AA »um wohlwollende Prüfung« bat, wie Deutschland die Mission unterstützen könne.[2582]

Auch das AA nahm die Anfrage des VN-Sekretariats positiv entgegen. Allerdings zog es aufgrund der logistischen Belastungen in Somalia die Entsendung eines Lazaretts vor. In seiner Anfrage an das BMVg vom 22. September 1993 nannte das AA die von Beginn an bestehende Unterstützung Deutschlands bei den Friedensbemühungen in Ruanda als Grund für eine weitergehende »Unterstützung«. Zudem handele es sich bei der UNAMIR um eine »klassische friedenserhaltende Operation«, ohne die Anwendung von Zwang. Anders als die UNOSOM II sollte die UNAMIR nicht auf Grundlage von Kapitel VII der VN-Charta mandatiert werden. Darüber hinaus würden nicht nur das VN-Sekretariat eine deutsche »Unterstützung« begrüßen, sondern auch die Konfliktparteien. Die Erfolgsaussichten der Mission seien gut und eine Präsenz der Bundeswehr würde die deutsche »Bereitschaft unterstreichen, VN-friedenserhaltende Maßnahmen im Rahmen des verfassungsrechtlichen Möglichen zu unterstützen«. Da das Feldlazarett der Bundeswehr im November aus Kambodscha abgezogen werde, könnten die freien Kapazitäten in Ruanda genutzt werden.[2583] Um einen »Einsatz« im Sinne des Grundgesetzes handelte es sich aus Sicht des AA offensichtlich nicht. Vielmehr sprach es weiter nur von »Unterstützung« und »Beteiligung«. Allerdings lastete großer außenpolitischer Druck auf dem AA. Parallel zur Anfrage bewarb sich die Bundesrepublik für den Zeitraum 1995/96 um einen nichtständigen Sitz im VNSR[2584] und erst im Juni 1993 war ein weiteres Bekenntnis zur Übernahme eines ständigen Sitzes abgelegt worden.[2585]

Das BMVg bewertete die Ausgangslage in einer Vorlage an Staatssekretär Schönbohm – die erstmals auch von Verteidigungsminister Rühe zur Kenntnis genommen wurde – ebenfalls als unkritisch. Die Konfliktparteien hätten sich bisher an den Waffenstillstand gehalten; von ihrer Zustimmung zur Mission sei auszugehen.[2586] Bereits nach Eingang des Drahtberichts über die inoffizielle Anfrage des VN-Sekretariats bei der Ständigen Vertretung am

---

[2582] BArch, BW 1/442034, Drahtbericht der Botschaft der Bundesrepublik Deutschland in Kigali an Referat 230 im AA, Nr. 245, 15.9.1993.
[2583] PA AA, B 34, ZA, Bd 160120, Kopie Schreiben Referat 230 im AA an Fü S III 5 im BMVg, Betr.: VN-Operation in Ruanda, hier: deutsche Beteiligung, 22.9.1993.
[2584] Die Wahl erfolgte am 20.10.1994. VNGV, A/49/PV.40, 20.10.1994, S. 3.
[2585] VNGV, A/48/264, 20.7.1993, S. 44.
[2586] BArch, BW 2/29685, Vorlage Fü S III 5 an Staatssekretär Schönbohm, Betr.: Geplante Entsendung einer VN-Friedenstruppe nach Ruanda, hier: Sachstand/Bewertung zur Beteiligung der Bundeswehr, 14.9.1993, hier: S. 2 f. Fü S II 4 schrieb hierzu: »Trotz der Verzögerung bei der Umsetzung des Friedensvertrags ist die Lage nicht als kritisch einzuschätzen, doch die Zeit drängt und die Entsendung einer Friedenstruppe muß schnell

## IV. Deutsche ›Blauhelme‹ in Afrika

10. September hatte sich der Referatsleiter Fü S III 5 jedoch gemäß der bisherigen Haltung gegen die Teilnahme ausgesprochen.[2587] Erst wenige Tage zuvor waren das AA und das BMVg übereingekommen, einen Kabinettsbeschluss für die Entsendung von vier Militärbeobachtern sowie zunächst zwei Sanitätern zur ersten VN-Mission (UNOMIG) in einem ehemaligen Teil der Sowjetunion, Georgien, herbeizuführen.[2588]

Auch wenn der Beschluss erst am 2. Februar[2589] vom Kabinett gefasst und die Soldaten erst im Laufe des Jahres 1994 entsandt wurden,[2590] hatte sich die Bundeswehr, allerdings in sehr kleinem Rahmen, auf eine weitere Beteiligung vorzubereiten; erstmals für eine Beobachtermission.[2591] Die Vorlage für Staatssekretär Schönbohm zur Beteiligung in Ruanda wurde daher bereits acht Tage vor der Anfrage des AA an das BMVg geschrieben, am 14. September. Sie enthielt verschiedene Gründe für eine fortwährende Ablehnung. Den handschriftlichen Anmerkungen von Staatssekretär Schönbohm zufolge war eine öffentlich Aussage von Verteidigungsminister Rühe anlässlich seines Truppenbesuchs in Somalia am 25./26. Juli 1993 ausschlaggebend für seine Entscheidung. In einem Interview hatte Rühe erklärt, dass er in der laufenden Legislaturperiode »keine weiteren Einsätze« plane, zumindest nicht »in vergleichbarer Größenordnung« wie in Somalia. Als Gründe nannte Rühe, dass sich Deutschland noch im Einigungsprozess befinde und durch die laufenden Beteiligungen bereits genug Verantwortung übernommen habe.[2592]

Im Verteidigungsausschuss hatte Rühe überdies schon Ende Juni weitere Einsätze in der laufenden Legislaturperiode ausgeschlossen. Dort nannte er vor allem begrenzte materielle Fähigkeiten sowie die anstehende Truppenrotation des deutschen Verbands in Somalia als Gründe für die künftige Zurückhaltung. Die »Hauptaufgabe« der Bundeswehr sei die Landes- und Bündnisverteidigung. Zudem sehe er derzeit »keinen internationalen Druck«, weitere Maßnahmen zu unterstützen.[2593] Um nicht von dieser öffentlich ge-

---

erfolgen, um die Gunst der durchaus positiv erscheinenden derzeitigen Lage zu nutzen.« Ebd., Kopie als Anlage Fü S II, Ruanda – Lage nach dem Bürgerkrieg, 14.9.1993.
[2587] Siehe die Anmerkung auf BArch, BW 2/29687, Drahtbericht der Ständigen Vertretung in New York an Referat 230 im AA, Nr. 2225, 10.9.1993, hier S. 1.
[2588] Vgl. PA-DBT 3104, Unterausschuss Vereinte Nationen/Weltweite Organisationen, 12/20, 20.9.1993, S. 48 f.
[2589] BArch, BW 1/372505, Kopie als Anlage Parlaments- und Kabinettreferat, 107. Kabinettsitzung der Bundesregierung am Mittwoch, dem 2. Februar 1994, 09.00 Uhr im Bundeskanzleramt, Kabinettsaal, Punkt 9; BArch, BW 2/29584, Fü S IV 4, Betr.: Befehl Nr. 1 zur Beteiligung der Bundeswehr an UNOMIG, 28.2.1994.
[2590] Die Sanitätssoldaten wurden Ende März, die Beobachter Ende Juni in Georgien stationiert. Im Laufe des Jahres folgten vier weitere Sanitätssoldaten. Vgl. BArch, BW 1/372203, Fü S IV 4, Hintergrundinformation Beteiligung der Bundeswehr an Missionen der Vereinten Nationen, 14.11.1994, hier S. 5.
[2591] Vgl. PA-DBT 3104, Unterausschuss Vereinte Nationen/Weltweite Organisationen, 12/20, 20.9.1993, S. 48 f.
[2592] BArch, BW 2/29561, BPA-Nachrichtenabt. Referat II A 5, Abschrift Interview Volker Rühe mit MDR-Kultur am 27.7.1993. Siehe auch Der Streit um die Bundeswehreinsätze geht weiter. In: FAZ, Nr. 171, 27.7.1993, S. 1.
[2593] PA-DBT 3119, Ausschuss für Verteidigung, 12/61, 30.6.1993, S. 123 f.

äußerten Position abzurücken – im Herbst 1994 waren Bundestagswahlen –, empfahl das federführende Referat Fü S III 5, von einer Beteiligung in Ruanda abzusehen. Ferner wurden die noch immer »unklar[e] verfassungspolitisch[e] Situation«, der laufende Organstreit, die »weiterhin grundsätzlichen militär-politischen Vorbehalte gegen weitere Beteiligungen der Bundeswehr in Schwarzafrika«, die »bereits umfangreich[e] Beteiligung der Bundeswehr an anderen Maßnahmen der VN« sowie knappe Haushaltsmittel genannt.[2594]

Dass ein Feldlazarett aufgrund von Personal- und Materialmangel durch die noch laufende Verpflichtung in Kambodscha gar nicht gestellt werden könne, fehlte als Begründung. Die Prüfung, ob die Bundeswehr überhaupt in der Lage sei, die von den Vereinten Nationen angefragten Fähigkeiten zu stellen, wurde offenbar erst jetzt eingeleitet. Referat 1 der Unterabteilung II der Inspektion des Sanitäts- und Gesundheitswesens (InSan II 1) teilte am 27. September – also nach Eingang der Anfrage des AA, aber nach Fertigstellung der Vorlage an Staatssekretär Schönbohm – mit, dass das in Kambodscha genutzte Gerät zunächst im Depot instandgesetzt werden müsse. Bis voraussichtlich Mitte 1994 werde die Bundeswehr daher kein mobiles Feldlazarett für eine VN-Mission bereitstellen können.[2595] Aus den Akten ist nicht ersichtlich, ob eine Prüfung zur Gestellung einer Versorgungskompanie erfolgte. Da sich das AA in seiner Anfrage auf die Sanitätskomponente konzentriert hatte, scheint das BMVg dieser Frage nicht weiter nachgegangen zu sein.

Noch drastischer formuliert waren die Gründe für die Ablehnung in einem Entwurf einer weiteren Leitungsvorlage des Führungsstabs: »Mit jedem weiteren Engagement in Schwarzafrika wird der ohnehin knappe finanzielle Spielraum für Beteiligungen mit höherem sicherheitspolitischen/ militärpolitischen Interesse schwinden.«[2596] Wegen der Einsparungen im Verteidigungsressort besaßen Afrika und Ruanda nicht genug Bedeutung für die Planer im BMVg. Zudem hatte Verteidigungsminister Rühe Anfang August die Entsendung des zweiten Kontingents nach Somalia beschlossen. Damit stand fest, dass die Bundeswehr über den Jahreswechsel 1993/94 hinaus am Horn von Afrika gebunden sein würde.[2597] Da die Sicherheitsinteressen der Bundesrepublik durch den Konflikt in Ruanda nicht berührt wurden, lohnte es sich insbesondere angesichts der Konflikte in Südosteuropa nicht, Ressourcen zu dessen Überwindung aufzubringen.

---

[2594] BArch, BW 2/29685, Vorlage Fü S III 5 an Staatssekretär Schönbohm, Betr.: Geplante Entsendung einer VN-Friedenstruppe nach Ruanda, hier: Sachstand/Bewertung zur Beteiligung der Bundeswehr, 14.9.1993, hier S. 3.
[2595] Ebd., Schreiben InSan II 1 an Fü S III 5, Betr.: Geplante Entsendung einer Friedenstruppe nach Ruanda, 27.9.1993.
[2596] Ebd., Entwurf Vorlage Fü S III 5 an Staatssekretär Schönbohm, Betr.: Geplante Entsendung einer Friedenstruppe nach Ruanda, hier: Bitte des AA um Abstellung eines Feldlazaretts, 27.9.1993, hier S. 2.
[2597] BArch, BW 2/28188, Schreiben Adj BM an die Parlamentarischen Staatssekretäre Wilz und Schönbohm, 3.8.1993.

IV. Deutsche ›Blauhelme‹ in Afrika 545

Die Vorlage vom 14. September diente somit weniger zur Klärung, ob die Bundeswehr die Kapazitäten für eine Beteiligung in Ruanda besitze, sondern nur zur Bekräftigung der ablehnenden Haltung gegenüber einem weiteren Engagement in Afrika. Dem AA wurde mitgeteilt, dass »bis voraussichtlich Mitte 1994« kein Sanitätspersonal und Material zur Verfügung stehe. Zudem habe der Verteidigungsminister entschieden, sich in der laufenden Legislaturperiode nicht »an UNOMUR« zu beteiligen.[2598] Vom Bericht des VNGS vom 24. September, in dem »UNAMIR« als Name der neuen Mission genannt worden war,[2599] hatte das BMVg offenbar keine Kenntnis genommen. Beinahe zynisch erscheint die Schlussfloskel der Antwort: »BMVg bedauert, kein positiveres Ergebnis der Prüfung der Anfrage AA mitteilen zu können«.[2600]

Die Arbeitsebene des BMVg hatte sich der Haltung ihrer Leitung entsprechend bereits vor der Anfrage des AA ablehnend positioniert. Dabei hatten weder die von den deutschen Diplomaten durchaus positiv geschilderten Aussichten auf einen Erfolg der Mission noch die Bitten der Vereinten Nationen und der beiden Konfliktparteien oder der Bedarf der Mission Einfluss auf die Haltung des BMVg. Ganz zum Bedauern der nach Ansehen strebenden Ständigen Vertretung. Anfang Oktober hatte sie das VN-Sekretariat weisungsgemäß darüber informiert, dass Deutschland für eine Beteiligung in Ruanda keine Sanitätskräfte verfügbar habe.[2601] Im Gegensatz zu Somalia wurde die deutsche Seite aber von niemandem – weder politisch noch medial – gedrängt, in Ruanda aktiv zu werden. Angesichts der moderaten Kosten von etwa 63 Mio. US-Dollar in den ersten sechs Monaten,[2602] von denen die Bundesrepublik etwa sieben zahlen musste, schien es politisch auch nicht zwingend, sich an dieser Mission zu beteiligen. Unterstützung des BKAmts für seine Anfrage an das BMVg holte sich das AA daher offenbar nie, eine Befassung des Kabinetts gab es nicht. Letztlich sollte es zu keiner Beteiligung kommen, die mit dem Bundeswehr-Engagement in Somalia vergleichbar war. Versuche, die zur Umsetzung des Friedensvertrags so wichtige VN-Mission ausreichend zu unterstützen, gab es nicht, obwohl die Möglichkeit dazu bestand. Für die Unterausstattung der Mission, der nach der »Weigerung Deutschlands«, so der deutsche Botschafter in Kigali, zunächst medizinische

---

[2598] BArch, BW 2/29685, Kopie Schreiben Fü S III 5 im BMVg an Referat 230 im AA, Betr.: Geplante Entsendung einer Friedenstruppe nach Ruanda, hier: Bitte des AA um Abstellung eines Feldlazaretts, 29.9.1993.
[2599] VNSR, S/26488, 24.9.1993, Randnr. 66.
[2600] BArch, BW 2/29685, Kopie Schreiben Fü S III 5 im BMVg an Referat 230 im AA, Betr.: Geplante Entsendung einer Friedenstruppe nach Ruanda, hier: Bitte des AA um Abstellung eines Feldlazaretts, 29.9.1993, hier S. 2.
[2601] Vgl. PA AA, B 34, ZA, Bd 160120, Drahtbericht der Ständigen Vertretung in New York an Referat 230 im AA, Nr. 2691, 14.10.1993.
[2602] VNSR, S/26488/Add.1, 29.9.1993, Randnr. 2.

Fähigkeiten fehlten,[2603] zeichneten somit auch die deutschen Ressorts, vor allem das BMVg, verantwortlich.

*(Keine) Hilfe während des Völkermords*

Der Ausbruch des Genozids Anfang April 1994 änderte nichts an der ablehnenden Haltung des BMVg gegenüber einer Beteiligung an der UNAMIR. Aus VN-politischer Sicht und angesichts des Strebens des AA nach einem ständigen Sitz im VNSR war dies bemerkenswert, hatte Deutschland doch gerade sein militärisches Somalia-Engagement beendet und war nur noch mit sieben Uniformierten in zwei Missionen der Vereinten Nationen vertreten.[2604] In Ruanda gehörte die Bundesrepublik im Frühjahr 1994 aber wohl auch durch ihre vorherige Ablehnung gegenüber einer eigenen Beteiligung an der UNAMIR nicht zu den bedeutendsten Akteuren. Entsprechend begrenzt scheint der Informationsfluss gewesen zu sein. Die Kenntnis über die geplante Auslöschung der Tutsi teilte die UNAMIR-Führung im Januar mit den Botschaftern aus Belgien, Frankreich und den USA.[2605] Offenbar nicht mit dem deutschen, auch wenn zumindest das BMVg durch die Beratergruppe eigene Informationen über den stockenden Friedensprozess erhielt.[2606] Mehr als eine Nebenrolle spielte die Bundesregierung in dieser Zeit aber nicht. Für die OAU zählte sie nicht zu den »major actors whose intervention could directly have prevented, halted or reduced the slaughter«,[2607] auch wenn der deutsche Botschafter im ersten Halbjahr 1994 als Sprachrohr der EU in Ruanda fungierte.[2608] Der Wortwahl des VNSR folgend,[2609] vermieden die Bundesressorts im April lange Zeit die Begriffe »Völkermord« und »Genozid« für die Beschreibung der Situation in Ruanda. Inwieweit das Ausmaß der Gewalt in den ersten Apriltagen überhaupt abzusehen war, ist umstritten.[2610] Sicher ist, dass die Frage, ob eine mögliche Beteiligung der Bundeswehr an der UNAMIR ein »Einsatz« im Sinne des Grundgesetzes sei, auf deutscher Seite eine größere Bedeutung hatte als die Frage, wie den Menschen in Ruanda oder der VN-Mission geholfen werden könnte. Das alles überschattende Ereignis dieser Tage war das Verfahren vor dem Bundesverfassungsgericht, dessen

---

[2603] PA AA, B 34, ZA, Bd 160120, Drahtbericht der Deutschen Botschaft in Kigali an Referat 230 im AA, Nr. 315, 15.11.1993, hier S. 2 f.
[2604] Fünf Polizisten in der Westsahara (MINURSO) und zwei Soldaten in Georgien (UNOMIG). United Nations, Summary of Contributions to Peace-Keeping Operations by Countries as of 31 March 1994, S. 2, https://peacekeeping.un.org/sites/default/files/mar-1994.pdf.
[2605] Dallaire, Handschlag mit dem Teufel, S. 184; Rawson, Prelude to Genocide, S. 201 ff.
[2606] In ihrem Jahresbericht hatte die Beratergruppe ein pessimistisches Bild gezeichnet. Der Friedensvertrag werde »immer mehr zur Farce«. Vgl. BArch, BW 1/342366, Beratergruppe der Bundeswehr in der Republik Ruanda, Jahresabschlussbericht 1993, 31.1.1994, hier S. 2. Zum Informationsfluss an die deutschen Stellen siehe ebd., S. 3 f.
[2607] OAU, Rwanda, Randnr. 15.40.
[2608] Rawson, Prelude to Genocide, S. 206 f.
[2609] Vgl. Barnett, Eyewitness to a Genocide, S. 102 f., 133.
[2610] Vgl. Guichaoua, From War to Genocide, S. 227–240.

mündliche Verhandlung am 19. und 20. April stattfand.[2611] Dessen Ausgang sollte keineswegs negativ beeinflusst werden. Dass Verteidigungsminister Rühe im Januar 1993 zur Legitimation einer Grundgesetzänderung die Handlungsfähigkeit bei einem Völkermord betont hatte,[2612] blieb folgenlos.

Während sich das AA und das BMVg auf die rechtliche Auseinandersetzung in Karlsruhe vorbereiteten, interessierte sie in Ruanda zunächst nur die Evakuierung der etwa 300 deutschen Staatsbürger.[2613] Auch hier spielte die Bundesrepublik aber nur eine Nebenrolle, standen doch vor allem Belgien, Frankreich und die USA zum Schutz ihrer eigenen Landsleute im engen Austausch.[2614] Am 9. April beschloss aber auch Staatssekretär Schönbohm die Entsendung eines Flugzeugs der Luftwaffe nach Burundi.[2615] Hierhin war ein Großteil der in Ruanda lebenden Deutschen auf Anraten der Bundesbehörden geflohen. Die Lage in Kigali war nach Abschuss der Präsidentenmaschine zu unsicher.[2616] Am 10./11. April transportierte die Luftwaffe 141 überwiegend deutsche Staatsbürger von Bujumbura nach Köln-Wahn.[2617] Einige Familienangehörige der Bundeswehr-Beratergruppe und elf Mitarbeiter der Deutschen Welle mit ihren Angehörigen wurden am 13. April von belgischen Soldaten evakuiert.[2618] Eigene Planungen zur Rettung der deutschen Bürger

---

[2611] Vgl. PA AA, B 34, ZA, Bd 165138, Nebenabdruck Vorlage Abteilung 5 an den Außenminister, Betr.: Verfahren vor dem BVerfG zum Auslandseinsatz der Bundeswehr (Adria, AWACS, Somalia), hier: Erkenntnisse und Prognose aufgrund des Verlaufs der mündlichen Verhandlung am 19.–20.4.1994, 21.4.1994. Die Wortprotokolle sind abgedruckt in Der Auslandseinsatz deutscher Streitkräfte, S. 668–894.

[2612] BT-PlPr. 12/132, 15.1.1993, S. 11485.

[2613] Vgl. PA AA, B 34, ZA, Bd 165113, Schriftbericht der Botschaft der Bundesrepublik Deutschland in Kigali an Referat 513 im AA, Betr.: Hilfe für Deutsche im Ausland, hier: allgemeine Krisenvorsorge, 28.2.1994; ebd., Referate 322/321, Ergebnisprotokoll Krisensitzung Ruanda im Auswärtigen Amt am 8.4.1994, 14:30 Uhr, 8.4.1994; ebd., Vermerk Referat 322, Betr.: Krise in Ruanda, hier: Evakuierung Deutscher, 9.4.1994. Ausführlich zur internationalen Evakuierung Grünfeld/Huijboom, The Failure to Prevent Genocide, S. 167–178.

[2614] Vgl. Memorandum Donald K. Steinberg, 7.4.1994, https://nsarchive2.gwu.edu/NSAEBB/NSAEBB511/docs/2014-0278-M_19940407b.pdf; Memorandum for William H. Itoh from Marc Grossman, 8.4.1994, https://nsarchive2.gwu.edu/NSAEBB/NSAEBB511/docs/2014-0278-M_19940408c.pdf; PA AA, B 34, ZA, Bd 164114, Drahtbericht der Botschaft der Bundesrepublik Deutschland in Brüssel an Referat 220 im AA, Nr. 237, 11.4.1994.

[2615] Vgl. BArch, BW 2/28160, Entwurf Vermerk Fü S IV 4, Betr.: Evakuierung deutscher Staatsangehöriger aus Ruanda, April 1994.

[2616] PA AA, B 34, ZA, Bd 165113, Drahtbericht der Botschaft der Bundesrepublik Deutschland in Bujumbura an Referat 322 im AA, Nr. 119, 9.4.1994; Zeitzeugenbefragung von Botschafter a.D. Harald Ganns am 4.5.2020.

[2617] PA AA, B 34, ZA, Bd 165114, Vermerk Dg 32, Betr.: Krisenstab Kigali, hier: Ablauf Evakuierungsflug Bujumbura am 10./11.4.1994, 18.4.1994, hier S. 2. Siehe auch ARD, Tagesschau vor 20 Jahren, 11.4.1994. Ein Teil der Deutschen war in einem von der US-Botschaft koordinierten Konvoi nach Burundi geflohen. Leader, From Hope to Horror, S. 261–271.

[2618] Vgl. ARD, Tagesschau vor 20 Jahren, 13.4.1994. Am 15. April bedankte sich Bundeskanzler Helmut Kohl bei seinem belgischen Amtskollegen für die geleistete Hilfe. BPA, Dank des Bundeskanzlers für die Rettung der Deutschen in Kigali. In: Bulletin, Nr. 33, 15.4.1994, S. 300. Die USA hatten Hilfe zurückgewiesen, um nicht selbst mit

durch die Bundeswehr wurden zuvor verworfen. Ihr Einsatz wäre zu zeitintensiv und zu aufwendig gewesen, da für die Evakuierung Hubschrauber benötigt wurden, die erst in Deutschland hätten zerlegt und nach Ruanda gebracht werden müssen.[2619]

Das Ausmaß der Gewalt für die ruandische Bevölkerung war bis dahin nur beiläufig beachtet worden,[2620] obwohl das AA bereits Mitte April von Zehntausenden Toten sprach.[2621] Mit der Evakuierung praktisch aller deutschen Staatsangehörigen verloren die Bundesressorts nun aber alle Sensoren, die sie für eine eigene Lagefeststellung brauchten. Als Nichtmitglied des VNSR waren sie ab diesem Zeitpunkt nur noch Zuschauer des Konflikts, wenn die Ereignisse angesichts anderer Spannungsgebiete[2622] überhaupt noch richtig verfolgt wurden; insbesondere im AA nahm der Umfang des Schriftverkehrs zu Ruanda nach der Rückkehr der Mitarbeiter der Deutschen Welle signifikant ab.[2623]

Es verging ein ganzer Monat, ehe die Bundesministerien die Unterstützung der UNAMIR erneut prüften. Am 12. Mai fragte Untergeneralsekretär Kofi Annan die Ständige Vertretung in New York, ob Deutschland kurzfristig 50 gepanzerte Mannschaftstransportwagen und eine Sanitätskompanie mit rund 100 Personen zur medizinischen Versorgung der Mission stellen könne.[2624] Um Fahrzeuge waren wohl auch über 40 andere Staaten gebeten wor-

---

Truppen eingreifen zu müssen. Memorandum Donald K. Steinberg, 11.4.1994, https://nsarchive2.gwu.edu/NSAEBB/NSAEBB511/docs/2014-0278-M_19940411c.pdf.

[2619] Zeitzeugenbefragung von Generalleutnant a.D. Richard Roßmanith am 10.4.2020. In den Akten ließen sich keine Planungen finden. Es ist möglich, dass es aufgrund der Kurzfristigkeit keine schriftlichen Aufzeichnungen gab. Zeitzeugengespräch mit Generalleutnant a.D. Hartmut Moede am 24.4.2020. Generalinspekteur Naumann wurde offensichtlich direkt von Bundeskanzler Kohl angewiesen, die deutschen Staatsbürger zurückzuholen. Diesbezüglich führte er Telefonate mit US-General Colin Powell und dem belgischen Generalstabschef José Charlier. Letzterer erklärte sich bereit, bei der Evakuierung zu helfen. Zeitzeugengespräch mit General a.D. Dr. Klaus Naumann am 20.4.2020. Vgl. auch BArch, BW 18/6865, Schreiben Befehlshaber des Heeresführungskommandos an den Generalinspekteur der Bundeswehr, Betr.: Folgerungen aus den Führungsabläufen zu einem möglichen Einsatz in Ruanda am 13.4.1994, 18.4.1994. Zuvor hatte Kinkel auch den VNGS um Hilfe gebeten. UNA, S-1086-0045-08-00001, Notes of the Secretary-General's meeting with the Foreign Minister of Germany, 22.4.1994, hier S. 3 f.

[2620] Vgl. die Botschaftsberichte in PA AA, B 34, ZA, Bd 165113 und 165114, bei denen es – verständlicherweise – hauptsächlich um den Verbleib der deutschen Staatsbürger ging. Anders die enthaltenen Medienberichte, die vor allem von der wahllos erscheinenden Gewalt handelten.

[2621] PA AA, B 34, ZA, Bd 165115, Sachstand Referat 322, Betr.: Lage in Ruanda, 18.4.1994, hier S. 2.

[2622] Am 12.4. hatten NATO-Flugzeuge erstmals serbische Stellungen in Bosnien und Herzegowina angegriffen und auch dort eine weitere Schwelle der Eskalation überschritten. ARD, Tagesschau vor 20 Jahren, 12.4.1994.

[2623] Vgl. die Akten PA AA, B 34, ZA, Bd 165113–165115.

[2624] BArch, BW 2/29686, Fax Vereinte Nationen, Kofi Annan, an die Ständige Vertretung in New York, 12.5.1994; PA AA, B 45, ZA, Bd 192447, Drahtbericht der Ständigen Vertretung in New York an Referat 230 im AA, Nr. 1508, 13.5.1994; BArch, BW 2/29686, Fax Vereinte Nationen, Kofi Annan, an die Ständige Vertretung in New York, 13.5.1994.

## IV. Deutsche ›Blauhelme‹ in Afrika

den.[2625] Anders als üblich, erfolgte die Anfrage nicht informell und mündlich, sondern schriftlich und einen Tag bevor die Planung des VNGS zur Entsendung von bis zu 5500 Soldaten veröffentlicht wurde[2626] – auch das ein Hinweis auf die Dringlichkeit der Bitte. Bei seinem Besuch am 12./13. April in Bonn hatte der VNGS noch um eine stärkere deutsche Beteiligung im Rahmen der Vereinten Nationen gebeten[2627] und Kanzler Kohl ihm versichert, mehr Verantwortung übernehmen zu wollen[2628] – jetzt bestand Handlungsbedarf.

Zusätzlich erhielt die Ständige Vertretung am 13. Mai die informelle, aber schriftliche Anfrage des VN-Sekretariats, ob die Bundesrepublik UNAMIR ab dem 23. Mai beim Lufttransport von Nairobi nach Kigali unterstützen könne. Hintergrund der Anfrage nach einer deutschen Transall war der wartungsbedingte Abzug eines kanadischen Transportflugzeugs. Auf Kosten der Vereinten Nationen sollten zweimal täglich »for UNAMIR Kigali and humanitarian assistance [...] food, supplies, equipment and personnel« transportiert werden.[2629] Bei dieser logistischen Unterstützung, die bisher allein durch Kanada erfolgte,[2630] handelte es sich jedoch nicht um eine direkte Beteiligung an der UNAMIR. Die hier zum Einsatz kommenden kanadischen Soldaten waren der Mission nicht unterstellt. Ihre Flüge wurden lediglich von einem Verbindungsbüro der Mission in Nairobi koordiniert.[2631] Handschriftlich sprach sich Generalinspekteur Naumann bereits auf dem Drahtbericht für eine positive Antwort aus, um andere Bitten »umso leichter ablehnen zu kön-

---

[2625] Dallaire, Handschlag mit dem Teufel, S. 431 f.
[2626] VNSR, S/1994/565, 13.5.1994, Randnr. 11–17.
[2627] Vgl. UNA, S-1086-0045-08-00001, Notes of the Secretary-General's meeting with President of the Bundestag, 22.4.1994, hier S. 8; UNA, S-1086-0045-08-00001, Notes of the Secretary-General's meeting with Foreign Minister of Germany, 25.4.1994, hier S. 2.
[2628] Die Lage in Ruanda war offenbar nicht weiter erörtert worden. Vgl. UNA, S-1086-0045-08-00001, Notes of the Secretary-General's meeting with the Chancellor of Germany, 22.4.1994.
[2629] BArch, BW 2/29686, Fax United Nations, Denis Beissel Acting Director FOD/DPKO/UNHQ, an die Ständige Vertretung in New York, 13.5.1994; PA AA, B 45, ZA, Bd 192447, Drahtbericht der Ständigen Vertretung in New York an Referat 230 im AA, Nr. 1541, 17.5.1994; BArch, BW 2/29686, Telefax Fü S IV4 an Fü S II 4 und Fü L III 3, 16.5.1994; PA AA, B 45, ZA, Bd 192393, Nebenabdruck Referat 230, Gesprächsführungsvorschlag zur Kabinettssitzung am 19.5.1994, Betr.: Ruanda, 18.5.1994, S. 2. In der Bundesrepublik war man zunächst davon ausgegangen, dass Deutschland den Lufttransport allein übernehmen sollte. Ein kanadisches Flugzeug hätte aber weiter zur Verfügung gestanden. BArch, BW 2/29686, Schreiben Fü S IV 4 an Fü S III 5, Betr.: Lufttransportunterstützung für UNAMIR, hier: Beitrag Fü S IV 4 für Ministervorlage, 20.5.1994, hier S. 1; ebd., Vorlage Fü S III 5 an den Verteidigungsminister, Betr.: VN-Operation in Ruanda (UNAMIR), hier: D-Lufttransportunterstützung UNAMIR, 20.5.1994, hier S. 2.
[2630] Kanada hatte auf Bitten des VN-Sekretariats nach dem Abzug der belgischen Soldaten die Versorgung der verbliebenen VN-Truppen übernommen. PA AA, B 45, ZA, Bd 192447, Drahtbericht der Ständigen Vertretung in New York an Referat 230 im AA, Nr. 1548, 18.5.1994. Siehe dazu Minear/Guillot, Soldiers to the Rescue, S. 130 f.
[2631] BArch, BW 2/29686, Fax Militärattaché der Ständigen Vertretung in New York an das BMVg, 18.5.1994; PA AA, B 45, ZA, Bd 192447, Drahtbericht der Ständigen Vertretung in New York an Referat 230 im AA, Nr. 1541, 17.5.1994.

nen«.[2632] Eine Beteiligung an der UNAMIR sollte weiterhin vermieden werden; noch hatten die Verfassungsrichter in Karlsruhe ihr Urteil nicht gefällt.

Während die Anfragen in der Bundesrepublik geprüft wurden, autorisierte der VNSR am 17. Mai die Aufstockung der UNAMIR.[2633] Die Antwort zur Beteiligung Deutschlands wurde dringend gebraucht. »Angesichts des hohen Erwartungsdrucks in der Öffentlichkeit und im Parlament« empfahl die Arbeitsebene des AA die Entsendung der erbetenen Sanitätskompanie oder zumindest eines Feldlazaretts ohne Personal. Sich des möglichen Widerstands des BMVg bewusst, sollte dies auf Leitungsebene erbeten werden. Aus Gründen seines Ansehens war die Arbeitsebene des AA dabei sogar erneut bereit, ihre restriktive Rechtsauffassung variabel auszulegen und am Präzedenzfall Kambodscha anzuknüpfen.[2634] Das Ausmaß der Gewalt und die humanitäre Notwendigkeit waren für ihre Argumentation zweitrangig.

Noch bevor das AA eine formelle Anfrage an das BMVg stellte, lehnte das Verteidigungsressort intern bereits jedes personelle Engagement ab. Zunächst einmal konnte das BMVg den Vereinten Nationen keine 50 gepanzerten Mannschaftstransportwagen zur Verfügung stellen; noch vorrätige Fahrzeuge waren bereits zur Abgabe an andere Staaten geplant.[2635] Auch zur Stellung der Sanitätseinheit sollte es aufgrund der bereits öffentlich gemachten Ablehnung von Verteidigungsminister Rühe gegenüber einer weiteren VN-Beteiligung nicht kommen.[2636] Zwar hätte die Sanitätskompanie grundsätzlich entsandt werden können,[2637] die Lage in Ruanda schien dem BMVg aber zu chaotisch. In der unter Federführung des Referats 5 der Abteilung III des Führungsstabs der Streitkräfte (Fü S III 5) für Minister Rühe ausgearbeiteten Vorlage folgte das BMVg aber fälschlicherweise der international verbreiteten Ansicht, dass es sich in Ruanda um einen »ethnisch begründeten Bürgerkrieg« handle. Die Bewertung der Situation und die daran anknüpfenden Empfehlungen

---

[2632] Vgl. die Anmerkung auf dem Bericht in BArch, BW 2/29687, hier S. 1.
[2633] VNSR, S/RES/918(1994), 17.5.1994.
[2634] PA AA, B 34, ZA, Bd 165115, Nebenabdruck Vorlage Referat 230 an den Außenminister, Betr.: Lage in Ruanda, hier: Möglichkeiten der Hilfeleistung durch die Bundesrepublik Deutschland, 17.5.1994.
[2635] BArch, BW 2/29686, Fü S V 2, Gesprächsnotiz, Betr.: Voranfrage von USG Annan zur möglichen dt. Bereitschaft zur pers. und mat. Unterstützung in Ruanda, hier: 50 gepanzerte MTW, 17.5.1994; ebd., Vorlage Fü S III 5 an den Verteidigungsminister, Betr.: VN-Operation in Ruanda (UNAMIR), hier: Sicherheitsratsresolution 918 sowie Anfrage der VN zu D-Unterstützungsleistungen vom 13. und 17. Mai 1994, 18.5.1994, hier S. 4; PA AA, B 45, ZA, Bd 192393, Nebenabdruck Referat 230, Gesprächsführungsvorschlag zur Kabinettssitzung am 19.5.1994, Betr.: Ruanda, 18.5.1994, S. 3.
[2636] Dieses Argument war grundlegend für die weitere Haltung des BMVg. BArch, BW 2/29686, Vorlage Fü S III 5 an den Verteidigungsminister, Betr.: VN-Operation in Ruanda (UNAMIR), hier: Sicherheitsratsresolution 918 sowie Anfrage der VN zu D-Unterstützungsleistungen vom 13. und 17. Mai 1994, 18.5.1994, hier S. 2, 5. Letztlich entschied Australien am 25. Juli, sich mit Sanitätern zu beteiligen. Weitere Sanitätskräfte kamen aus Großbritannien und Kanada. Vgl. VNSR, S/1994/923, 3.8.1994, S. 3; Bou [u.a.], The Limits of Peacekeeping, S. 230−301.
[2637] BArch, BW 2/29686, Schreiben InSan II 1 an Fü S III 5, Betr.: Ruanda, hier: Voranfrage USG K. Annan über D-Bereitschaft zur pers/mat Hilfeleistung, 17.5.1994.

IV. Deutsche ›Blauhelme‹ in Afrika  551

sparten den parallel zum Konflikt zwischen Regierungstruppen und RPF geschehenden Genozid vollkommen aus.[2638] Da vor dem Hintergrund des Bürgerkriegs »die Erfolgsaussichten von UNAMIR« aufgrund ihrer Beschränkung auf Kapitel VI der VN-Charta und einer problematischen Operationsplanung[2639] als »eher gering bewertet« und die militärische Lage landesweit als »verworren« bezeichnet wurde, schlussfolgerte das Referat: »Aus militärpolitischer Sicht erscheint es unverändert, besonders aber nach dem überraschend und unkontrolliert ausgebrochenen Bürgerkrieg, *nicht* angebracht, eine Beteiligung der Bundeswehr an UNAMIR zu befürworten«. Moralische Gründe, wie sie öffentlich zur Legitimation des Engagements in Somalia herangezogen wurden, blieben weitgehend unberücksichtigt, obwohl die Entscheidung des VNSR zur Entsendung einer größeren Mission für das BMVg »aus humanitärer Sicht [...] begründbar« war. Insgesamt wurde die Aufstockung der UNAMIR aber »aus VN-politischer Sicht als Akt der Hilflosigkeit bewertet«. Die Konfliktparteien hatten keiner neuen VN-Mission zugestimmt und es gab keinen Waffenstillstand.[2640] Die Ablehnung, Personal zu stellen, lag somit nicht daran, dass keines bereitgestanden hätte; aus Sicht der Inspektion des Sanitäts- und Gesundheitswesens wäre eine Beteiligung mit zusätzlicher Schutzkomponente möglich gewesen.[2641] Grund für die ablehnende Haltung waren die falsche Lagebeurteilung, die nicht den Genozid an der Bevölkerung, sondern allein den innerstaatlichen Konflikt zwischen RPF und Regierung betrachtete, und die daraus resultierende Skepsis, ob eine mit begrenztem Mandat ausgestattete VN-Mission in dieser Lage überhaupt angebracht sei. Dementsprechend zurückhaltend blieb die Bewertung von Fü S III 5:

»[M]it Blick auf die gegenwärtige militärische Lageentwicklung in Ruanda, die nicht vorhandene Zustimmung der Konfliktparteien zur Durchführung UNAMIR

---

[2638] In Bezug auf das verhängte Waffenembargo wurde lediglich von verübten »Massakern« gesprochen, ohne Täter oder Opfer zu nennen. BArch, BW 2/29686, Vorlage Fü S III 5 an den Verteidigungsminister, Betr.: VN-Operation in Ruanda (UNAMIR), hier: Sicherheitsratsresolution 918 sowie Anfrage der VN zu D-Unterstützungsleistungen vom 13. und 17. Mai 1994, 18.5.1994, hier S. 3. Fü S II 4 konzentrierte sich in seiner Lagedarstellung auf den Konflikt zwischen Regierungstruppen und RPF und nicht auf die Gewalt gegen die Zivilbevölkerung. Ebd., Kopie als Anlage Fü S II 4, Militärische Lage in Ruanda, Stand: 17.5.1994.

[2639] In der Darstellung des BMVg sollte die UNAMIR zunächst humanitäre Hilfe an der östlichen Grenze zu Tansania leisten. Hierfür sollte aber der im Zentrum gelegene, noch immer umkämpfte Flughafen von Kigali genutzt und zur neutralen Zone erklärt werden.

[2640] Hervorhebung im Original. BArch, BW 2/29686, Vorlage Fü S III 5 an den Verteidigungsminister, Betr.: VN-Operation in Ruanda (UNAMIR), hier: Sicherheitsratsresolution 918 sowie Anfrage der VN zu D-Unterstützungsleistungen vom 13. und 17. Mai 1994, 18.5.1994, hier S. 3.

[2641] InSan II 1 teilte mit, dass die Unterstützung »aus fachlicher Sicht grundsätzlich sichergestellt werden« könne. Die Stärke von 100 Soldaten wurde jedoch als zu gering beurteilt, da eine eigene Sicherungskomponente benötigt würde. Ebd., Schreiben InSan II 1 an Fü S III 5, Betr.: Ruanda, hier: Voranfrage USG K. Annan über D-Bereitschaft zur pers/mat Hilfeleistung, 17.5.1994.

sowie der bislang noch nicht abgestimmten Afrikapolitik wird empfohlen, eine [sic] *Beteiligung der Bundeswehr an UNAMIR nicht zuzustimmen*«.[2642]
Die Zeit der »Responsibility to Protect«[2643], in der der Schutz von Menschen im Vordergrund steht, hatte noch nicht begonnen. Das BMVg handelte entsprechend des herrschenden Prinzips, sich nicht in innerstaatliche Konflikte einzumischen.

Neben der unübersichtlichen Lage in Ruanda und der diffusen Planung zur Aufstockung der UNAMIR sprachen aber auch innenpolitische Überlegungen gegen eine Beteiligung. Gerade die Rechtsabteilung VR II habe »erhebliche Bedenken im Hinblick auf die in Kürze anstehende Entscheidung des Bundesverfassungsgerichts« geäußert. Vor Verkündung des Urteils »sollte kein *neues* Engagement eingegangen werden, da davon ein schädliches Signal für den zweiten Senat ausgehen könnte«.[2644] Die anstehende juristische Klärung über Einsätze der Bundeswehr im Ausland, nicht das Rechtsverständnis des BMVg, begrenzte den außenpolitischen Handlungsspielraum der Bundesregierung. Die Entscheidung der Verfassungsrichter sollte unter keinen Umständen gestört, ein negatives Urteil verhindert werden.[2645]

Nicht abgelehnt wurde dagegen die Lufttransportunterstützung zwischen Nairobi und Kigali. Aufgrund des bestehenden Risikos beim Anflug auf die ruandische Hauptstadt wollte sich das BMVg aber vorbehalten, die Flüge bei einer Verschlechterung der Sicherheitslage einzustellen.[2646] Vermutlich spielten bei diesem Vorbehalt die Erfahrungen aus Sarajevo eine Rolle, bei denen Transportflieger wiederholt beschossen worden waren.[2647] Für das BMVg stellte sich jedoch die Frage der Finanzierung. Obwohl die auf nur wenige Wochen beschränkte Maßnahme grundsätzlich erbracht werden konn-

---

[2642] Hervorhebung im Original. Ebd., Vorlage Fü S III 5 an den Verteidigungsminister, Betr.: VN-Operation in Ruanda (UNAMIR), hier: Sicherheitsratsresolution 918 sowie Anfrage der VN zu D-Unterstützungsleistungen vom 13. und 17. Mai 1994, 18.5.1994, hier S. 4.
[2643] 2001 entwarf die International Commission on Intervention and State Sovereignty das Konzept einer internationalen Schutzverantwortung, wonach es die Pflicht der Weltgemeinschaft sei, in Situationen einzuschreiten, in denen ein Staat unfähig oder unwillig sei, die Rechte seiner eigenen Bevölkerung zu schützen. International Commission on Intervention and State Sovereignty, The Responsibility to Protect. 2005 nahm die VNGV das Konzept »Responsibility to protect populations from genocide, war crimes, ethnic cleansing and crimes against humanity« als Richtlinie an. VNGV, A/RES/60/1, 24.10.2005, Randnr. 138 f.
[2644] Hervorhebung im Original. BArch, BW 2/29686, Vorlage Fü S III 5 an den Verteidigungsminister, Betr.: VN-Operation in Ruanda (UNAMIR), hier: Sicherheitsratsresolution 918 sowie Anfrage der VN zu D-Unterstützungsleistungen vom 13. und 17. Mai 1994, 18.5.1994, hier S. 4. Siehe auch ebd., Telefax VR II 2 an Fü S III 5, Betr.: UN-Operation in Ruanda (UNAMIR), 18.5.1994.
[2645] Zeitzeugengespräch mit Brigadegeneral a.D. Klauswilli Gauchel am 18.12.2019.
[2646] BArch, BW 2/29686, Vorlage Fü S III 5 an den Verteidigungsminister, Betr.: VN-Operation in Ruanda (UNAMIR), hier: Sicherheitsratsresolution 918 sowie Anfrage der VN zu D-Unterstützungsleistungen vom 13. und 17. Mai 1994, 18.5.1994, hier S. 4.
[2647] Vgl. Ahrens, Die Luftbrücke, S. 149‒163.

te[2648], besaß das BMVg aufgrund von Einsparungen und bereits verplanter Gelder offiziell keine Mittel.[2649] Zwar sagten die Vereinten Nationen eine Kostenerstattung zu. Die Kosten zum Transport und zur Errichtung eines kleinen Lufttransportstützpunkts in Nairobi mit zwei Flugzeugen und rund 20 Soldaten hätte jedoch vorfinanziert werden müssen. Konkret ging es um 700 000 D-Mark. Anschließend wurden die Betriebskosten auf 600 000 D-Mark wöchentlich geschätzt. Mit einer Kostenerstattung seitens der Vereinten Nationen wurde nicht mehr im laufenden Jahr gerechnet.[2650]

Den Anmerkungen auf der Vorlage zufolge zögerte Staatssekretär Schönbohm vor allem aufgrund dieses finanziellen Aspekts und tendierte offenbar zur Ablehnung.[2651] Die Entscheidung über die Bereitstellung deutscher Flugzeuge zur Beteiligung »an humanitären Hilfsflügen« war aber offensichtlich bereits im Gespräch zwischen Außenminister Kinkel, dem Chef des BKAmts Bundesminister Bohl und Verteidigungsminister Rühe am 18. Mai gefallen. Darüber, dass das AA den Vereinten Nationen bereits die deutsche Bereitschaft zur Hilfe übermittelt habe,[2652] wollte Außenminister Kinkel das Bundeskabinett in einer außerplanmäßigen Sitzung am Donnerstag, dem 19. Mai, informieren. Laut seines Sprechzettels sollten deutsche Flugzeuge zum Einsatz kommen, sobald es die Lage am Flughafen in Kigali zulasse und die Zustimmung der Konfliktparteien zur Einrichtung einer Luftbrücke vorliege. Transportiert werden sollten »Medikamente, Lebensmittel und Güter des unmittelbaren humanitären Bedarfs«. Aus Sicht des AA handelte es sich also um ›normale‹ humanitäre Hilfe, wie sie schon häufig von der Bundeswehr geleistet worden war. Die Entsendung einer Sanitätseinheit sei dagegen »zur Zeit [...] nicht möglich«. Bedeutender »als die noch immer ungeklärte Verfassungslage« sei, dass die Lage in Ruanda unübersichtlich und das Mandat der UNAMIR unklar sei. Hierin hätten Kinkel und Rühe übereingestimmt. Aus Sicht des AA sei »ein *erfolgreicher humanitärer Einsatz der Bundeswehr im Rahmen dieser Mission* [...] *nicht gesichert*«.[2653] Prinzipiell folgte das AA dadurch der seit 1993 vertretenen Linie

---

[2648] Vgl. BArch, BW 2/28160, Schreiben Fü S IV 4 an Fü S III 5, Betr.: Lufttransportunterstützung UNAMIR, 17.5.1994, hier S. 2. Für eine umfangreichere Lufttransportunterstützung fehlte der Luftwaffe das Personal, das u.a. bei den Maßnahmen für das ehemalige Jugoslawien gebunden war. Ebd., Schreiben Fü L III 3 an Fü S IV 4, Betr.: Lufttransportunterstützung UNAMIR, 16.5.1994.

[2649] Der Verteidigungshaushalt 1994 war um 1,25 Mrd. D-Mark gekürzt worden. Laut Minister Rühe entfielen 100 Mio. D-Mark der Kürzung auf den Posten internationaler Einsätze. DBT 3119, Ausschuss für Verteidigung, 12/71, 2.2.1994, S. 39 f.

[2650] BArch, BW 2/29686, Vorlage Fü S III 5 an den Verteidigungsminister, Betr.: VN-Operation in Ruanda (UNAMIR), hier: Sicherheitsratsresolution 918 sowie Anfrage der VN zu D-Unterstützungsleistungen vom 13. und 17. Mai 1994, 18.5.1994, hier S. 4.

[2651] Vgl. die Anmerkungen von StS Schönbohm auf der Vorlage. Auf S. 1 vermerkte er: »[A]ktuell nur zum Sachverhalt[.] Bewertung teile ich nicht; dazu mein mündlicher Vortrag«. Ebd.

[2652] Deutschland ist zu Hilfsflügen nach Ruanda bereit. In: FAZ, Nr. 115, 19.5.1994, S. 1.

[2653] Hervorhebung im Original. PA AA, B 45, ZA, Bd 192393, Nebenabdruck Referat 230, Gesprächsführungsvorschlag zur Kabinettssitzung am 19.5.1994, Betr.: Ruanda, 18.5.1994, S. 3.

des BMVg, kein Personal für die UNAMIR bereitzustellen. Die Begründung war jedoch eine andere und bezog sich ausschließlich auf die Situation vor Ort. Diese schloss einen »Einsatz« aus. Ausdrücklich wurde jedoch von »Einsatz« gesprochen, wenn auch nur von einem »humanitären«. Ähnlich wie im Falle Somalias argumentierte das AA daher auch in Ruanda mit normativen Gründen. Im Gegensatz zur Vorlage des BMVg enthielt der vom AA entworfene Gesprächsvorschlag detailliertere Informationen zur Lage. Zwar wurde auch hier lediglich von »Massakern unter der Zivilbevölkerung« und nicht von Völkermord gesprochen, die Zahl der Toten wurde aber bereits auf über 200 000 geschätzt. Dennoch legte das AA den Fokus auf die internationale Unterstützung zum Abschluss eines Waffenstillstands zwischen den Regierungstruppen und der RPF[2654] und nicht auf die sofortige Beendigung des Völkermords. Der Linie des VNSR entsprechend wurde dieser offenbar nicht als solcher wahrgenommen.

Bereits tags zuvor hatte die Ständige Vertretung dem VN-Sekretariat weisungsgemäß die Bereitschaft zur Übernahme der Lufttransportunterstützung mitgeteilt, sobald Landungen in Kigali möglich seien und die Zustimmung der Konfliktparteien zum Aufbau einer Luftbrücke vorliege.[2655] Mit der Einnahme des Flughafens durch die RPF am 20. Mai und ihrer Zustimmung zu Hilfsflügen waren die von Deutschland geforderten Voraussetzungen für den Beginn einer Lufttransportunterstützung erfüllt.[2656] Noch am selben Tag ging eine formelle Anfrage des VN-Sekretariats bei der Ständigen Vertretung in New York ein. Darin wurde Deutschland gebeten, den Nachschub der UNAMIR zu unterstützen und zweimal täglich »food, water and general supplies to UN Troops at Kigali« zu transportieren. Nur gelegentlich (*occasionally*) werde freier Transportraum für »humanitarian supplies« genutzt.[2657]

In erster Linie ging es den Vereinten Nationen also um die Unterstützung für die Mission UNAMIR und nicht um »humanitäre Hilfsflüge«, wie sie dem AA auch aus politisch-rechtlichen Überlegungen vorschwebten.[2658] Aufgrund der unterschiedlichen Auffassung, welche Güter für wen transportiert werden sollten, war es im Kabinett aber zu keiner Entscheidung gekommen.[2659] Auf Arbeitsebene der beteiligten Ressorts war ungeklärt geblieben, ob es sich

---

[2654] Ebd., S. 1.
[2655] PA AA, B 45, ZA, Bd 192447, Drahtbericht der Ständigen Vertretung in New York an Referat 230 im AA, Nr. 1552, 18.5.1994.
[2656] BArch, BW 2/29686, Vermerk Fü S III 5 an den Generalinspekteur, Betr.: D-Lufttransportunterstützung UNAMIR, hier: Leitungsgespräch am 26.5.1994, 09.15 Uhr, 25.5.1994, hier S. 1. Laut VN lag der Flughafen aber noch immer in Reichweite der Artillerie der Regierungstruppen. PA AA, B 45, ZA, Bd 192447, Drahtbericht der Ständigen Vertretung in New York an Referat 230 im AA, Nr. 1621, 24.5.1994.
[2657] BArch, BW 2/29687, Fax Denis Beissel, Acting Director FOD/DPKO/UNHQ an die Ständige Vertretung in New York, Betr.: Airlift Support to Rwanda, 20.5.1994.
[2658] PA AA, B 45, ZA, Bd 192393, Nebenabdruck Referat 230, Gesprächsführungsvorschlag zur Kabinettssitzung am 19.5.1994, Betr.: Ruanda, 18.5.1994, S. 3.
[2659] BArch, BW 2/29686, Vermerk Stabsoffizier beim Stabsabteilungsleiter Fü S III, Betr.: Einsatz D Transall in Ruanda, 19.5.1994.

bei der Transportleistung um einen »Einsatz« nach Art. 87a GG handelte, da auch nicht humanitäre Güter für die UNAMIR transportiert würden.

Während das AA die Auffassung vertrat, dass sich eine Übernahme des Lufttransports für die UNAMIR unterhalb der Einsatzschwelle des Grundgesetzes sowie im Rahmen der bereits für die UNIFIL geleisteten Hilfe bewege und eine Ablehnung der Transportleistung gegenüber der Zustimmung zur Beteiligung an der UNOSOM II »inkonsequent« wäre,[2660] widersprach ausgerechnet das ebenfalls von der FDP geführte BMJ. Hatte dieses unter SPD-Vorsitz in der Vergangenheit die großzügigste Verfassungsauslegung aller Ressorts vertreten, betonte es nun, dass die Unterstützung der UNAMIR eine Teilnahme an einem militärischen Einsatz sei und daher oberhalb der Einsatzschwelle des Art. 87a Abs. 2 GG liege.[2661] Nur für die CDU-geführten Ressorts des BMI und BMVg war es unerheblich, ob es sich um einen »Einsatz« im Sinne des Grundgesetzes handelte. In ihrem Verständnis war eine Unterstützung durch Art. 24 Abs. 2 GG gedeckt.[2662] Weil sich die Unterstützung der UNAMIR aber aus Sicht des BMJ, des BMI und der Rechtsabteilung VR II des BMVg »kontraproduktiv auf den Prozeßverlauf des BVerfG auswirken könnte«[2663], sollte zunächst einmal das Urteil abgewartet werden, so die Meinung der Justizministerin Leutheusser-Schnarrenberger.[2664] Eine Trennung von humanitären Gütern und solchen, die für die UNAMIR bestimmt waren, hatte Fü S III 5 – nicht aber die eigene Rechtsabteilung[2665] –

---

[2660] PA AA, B 45, ZA, Bd 165128, Entwurf Vorlage Referat 500 an den Außenminister, Betr.: Ruanda, hier: Übernahme von Lufttransportleistungen von Nairobi nach Kigali durch die Bundesluftwaffe, 19.5.1994. Dass die Wertung der Transporthilfe für die UNAMIR als Einsatz »inkonsequent« wäre, wurde in der finalen Version gestrichen. Vgl. PA AA, B 80, Bd 1469, Vorlage Referat 500 an den Außenminister, Betr.: Ruanda, hier: Übernahme von Lufttransportleistungen von Nairobi nach Kigali durch die Bundesluftwaffe, 19.5.1994, hier S. 4.
[2661] BArch, BW 2/29686, Vermerk Fü S III 5, Betr.: Ressortbesprechung zur Frage der Transportunterstützung UNAMIR, 19.5.1994, hier S. 1.
[2662] Vgl. BArch, BW 1/426503, Vorlage VR II an den Verteidigungsminister, Betr.: VN-Operation in Ruanda (UNAMIR), hier: Deutsche Unterstützungsleistungen, 20.5.1994, hier S. 3.
[2663] Fü S III 5 nahm sich von dieser Bewertung aus. BArch, BW 2/29686, Vermerk Fü S III 5, Betr.: Ressortbesprechung zur Frage der Transportunterstützung UNAMIR, 19.5.1994, hier S. 1. Die Rechtsabteilung VR II erklärte jedoch tags darauf in einer Ministervorlage: »Das Prozeßrisiko würde unverhältnismäßig erhöht (BMI; der Vertreter des BMJ sprach sogar von einer Provokation des BVerfG).« BArch, BW 1/426503, Vorlage VR II an den Verteidigungsminister, Betr.: VN-Operation in Ruanda (UNAMIR), hier: Deutsche Unterstützungsleistungen, 20.5.1994, hier S. 4.
[2664] PA AA, B 34, ZA, Bd 165128, Kopie als Anlage Sachstand Referat 230, Betr.: Übernahme von Lufttransportleistungen durch die Bundesluftwaffe im Zusammenhang mit der VN-Mission UNAMIR (Ruanda), hier: Bedenken des BMJ, o.D., hier S. 1.
[2665] In der Folge vertrat VR II 2 die Position des BMJ und billigte eine Lufttransportunterstützungsleistung nur, wenn ausschließlich humanitäre Güter und kein Personal oder Material für UNAMIR transportiert würden. BArch, BW 1/426503, Verfügung Schreiben VR II 2 an Fü S III 5, Betr.: UN-Operation in Ruanda (UNAMIR), hier: Deutsche Unterstützungsleistungen, 13.6.1994.

zuvor als nicht umsetzbar abgelehnt. Offen blieb auch, in welcher Form das Parlament an einer Entscheidung beteiligt werden müsste[2666] und wie die Beteiligung finanziert werden könnte. Noch immer bestand das BMVg darauf, keine Mittel zu haben. Obwohl materielle und personelle Fähigkeiten zur Verfügung standen, den Beteiligten – zumindest im AA – die Lage in Ruanda bewusst war und jeden Tag Tausende Menschen starben, blockierten die unterschiedlichen Verfassungsauslegungen von zwei FDP-geführten Ministerien, innenpolitische Abwägungen sowie finanzielle Ressortinteressen die außenpolitische Handlungsfähigkeit der Bundesregierung während eines Genozids.

Der Dissens verhinderte, dass das Thema am 19. Mai im Kabinett behandelt wurde. Das BMVg fuhr seine Planungen daher zunächst zurück. Lediglich die Prüfung zur Finanzierung lief weiter.[2667] Bereits am 20. Mai erarbeitete Fü S III 5 im Auftrag von Staatssekretär Wichert eine weitere Vorlage. Weiterhin wurde Minister Rühe die Beteiligung an der Lufttransportunterstützung der UNAMIR – ohne Unterscheidung von humanitären und militärischen Gütern – empfohlen, wenn hierfür die rechtliche Möglichkeit bestehe, es die Lage vor Ort zulasse und das BMF die Einsparungsauflage des BMVg von insgesamt 1,25 Mrd. D-Mark reduziere.[2668] Getrennt davon präsentierte der Unterabteilungsleiter VR II, Ministerialdirigent Klaus Dau, ein rechtliche Stellungnahme. In dieser skizzierte er die verfassungsrechtlichen Bedenken und die gegebenenfalls negativen Konsequenzen für das Urteil im Organstreit. Da der UNAMIR der Schutz der Zivilbevölkerung mit Waffengewalt erlaubt sei, gingen ihre Befugnisse über das Kapitel VI der VN-Charta hinaus.[2669] Allerdings erkannte er Spielraum bei einer »Unterstützung humanitären Charakters«:

> »[I]n diesem Falle [wäre] beim Bundesverfassungsgericht wohl eher Verständnis dafür zu finden, daß die Bundesrepublik Deutschland in einem ausschließlich humanitär bestimmten Bereich angesichts menschenverachtender Greueltaten nicht tatenlos bleiben darf, bis das Bundesverfassungsgericht in einem verfassungsrechtlich kritischeren Bereich die Rechtslage verdeutlicht hat.«[2670]

Obwohl sie ethische Gründe für ein Engagement in Ruanda erkannte, unterstützte die Rechtsabteilung des BMVg aus prozesstaktischen Gründen aber

---

[2666] Rechtlich hielt das BMJ die Beteiligung des Bundestags für unnötig, während das BMI auf dessen Zustimmung drängte. Ebd., Vorlage VR II an den Verteidigungsminister, Betr.: VN-Operation in Ruanda (UNAMIR), hier: Deutsche Unterstützungsleistungen, 20.5.1994, hier S. 3 f.

[2667] BArch, BW 2/29686, Kurzmitteilung Fü S III 5 an H I 5, Betr.: Lufttransportunterstützung für VN-Operation in Ruanda (UNAMIR), hier: Prüfung von Lösungsmöglichkeiten zur Sicherstellung der Finanzierung, 19.5.1994.

[2668] Ebd., Vorlage Fü S III 5 an den Verteidigungsminister, Betr.: VN-Operation in Ruanda (UNAMIR), hier: D-Lufttransportunterstützung UNAMIR, 20.5.1994, hier S. 3.

[2669] BArch, BW 1/426503, Vorlage VR II an den Verteidigungsminister, Betr.: VN-Operation in Ruanda (UNAMIR), hier: Deutsche Unterstützungsleistungen, 20.5.1994, hier S. 2 f.

[2670] Ebd., S. 4 f.

## IV. Deutsche ›Blauhelme‹ in Afrika

nur den Transport humanitärer Güter.[2671] Wie in dieser Denkart 1993 der logistischen Unterstützung der unter Kapitel VII der VN-Charta operierenden VN-Truppen in Somalia zugestimmt werden konnte, aber eine Beteiligung an der Lufttransportunterstützung für die nicht unter Kapitel VII mandatierte VN-Mission UNAMIR rechtlich ausschied, ist nicht erklärbar.

Strittig blieb auch die Finanzierung, da Staatssekretär Wichert die bisherigen Vorschläge für nicht realisierbar hielt. Wenn das BMF oder das AA keine Haushaltsmittel zur Verfügung stellten, müsse der Generalinspekteur an anderer Stelle im Budget kürzen und Mittel freimachen. Für Wichert sollte die angestrebte Unterstützung aber allenfalls drei Wochen andauern;[2672] die Gefahr eines unbegrenzten Engagements stand im Raum: »Wenn wir uns engagieren, ist [ein] Abzug kaum möglich, weil dann [die] Versorgung der UNO-Truppen zusammenbricht«.[2673] Hatte die Bundesregierung im Falle von Somalia noch darauf verwiesen, dass ein Abbruch des deutschen Engagements negative Folgen für das weitere Wirken der UNOSOM II haben werde, sollte in Ruanda lieber ganz auf ein deutsches Engagement verzichtet werden, ehe es endlos würde. Diese Haltung entsprach weder dem Anspruch, mehr Verantwortung zu übernehmen, noch dem moralischen Credo Rühes, bei einem Völkermord zu handeln. Finanzielle Ressortinteressen wogen schwerer als die Lage vor Ort und der Bedarf der Vereinten Nationen. Abseits der Finanzierung bewertete das BMVg die Lage nämlich als unkritisch. Die »direkte und absichtliche Bedrohung« der Transportflieger sei »gering«, auch wenn sich die Lage schnell ändern könne.[2674] Moniert wurde jedoch weiter das Fehlen eines Waffenstillstands. Von der humanitären Notwendigkeit und den Dimensionen der Gewalt sprach die Vorlage im Unterschied zu den Dokumenten des AA nicht.

Aufgrund der innenpolitischen Unstimmigkeiten blieb die formelle Anfrage des VN-Sekretariats vom 20. Mai – trotz wiederholter Nachfragen

---

[2671] Vgl. BArch, BW 1/426503, Verfügung Schreiben VR II 2 an Fü S III 5, Betr.: UN-Operation in Ruanda (UNAMIR), hier: Deutsche Unterstützungsleistungen, 13.6.1994.

[2672] In der Vorlage stand »vier« Wochen. Staatssekretär Wichert änderte dies handschriftlich in »3«. BArch, BW 2/29686, Vorlage Fü S III 5 an den Verteidigungsminister, Betr.: VN-Operation in Ruanda (UNAMIR), hier: D-Lufttransportunterstützung UNAMIR, 20.5.1994, hier S. 3.

[2673] Vgl. die Anmerkungen ebd., S. 2. Fü S IV 4 hatte gewarnt, dass nach einem kanadischen Abzug noch größere Forderungen an Deutschland drohten, die »zu weiteren Einschränkungen im logistischen Lufttransport führen« könnten. BArch, BW 2/29686, Schreiben Fü S IV 4 an Fü S III 5, Betr.: Lufttransportunterstützung für UNAMIR, hier: Beitrag Fü S IV 4 für Ministervorlage, 20.5.1994, hier S. 2.

[2674] Allerdings wurde darauf verwiesen, dass beide Konfliktparteien »über tragbare Flugabwehrraketen und Flugabwehr-Rohrwaffen« verfügten. BArch, BW 2/29686, Vorlage Fü S III 5 an den Verteidigungsminister, Betr.: VN-Operation in Ruanda (UNAMIR), hier: D-Lufttransportunterstützung UNAMIR, 20.5.1994, hier S. 2. Aufgrund »der Sicherheit, der Beschaffenheit anderer Landepisten wie auch aus Kapazitätsgründen« schloss Fü S IV 4 zudem Hilfe außerhalb Kigalis aus. Ebd., Schreiben Fü S IV 4 an Fü S III 5, Betr.: Lufttransportunterstützung für UNAMIR, hier: Beitrag Fü S IV 4 für Ministervorlage, 20.5.1994, hier S. 2.

der Vereinten Nationen und Kanadas[2675] – zunächst unbeantwortet.[2676] Die Vereinten Nationen hatten überdies deutlich gemacht, dass sie an »einer möglichst flexiblen und unkonditionierten« Unterstützung interessiert waren und trotz des dringenden Bedarfs Abstand vom deutschen Angebot nehmen würden, wenn nicht alle Güter und alle Personen – also auch Soldaten – transportiert würden.[2677] Die Ständige Vertretung in New York drängte daher einmal mehr auf die Erfüllung der deutschen Zusage – nicht, weil es die Situation in Ruanda verlangte, sondern weil die Vereinten Nationen begannen, mit anderen Staaten zu verhandeln. Es bestand »das Risiko«, dass das deutsche Angebot nicht mehr gebraucht würde.[2678] Eine Woche später vermeldete sie konsterniert die italienische und niederländische Zusage zur Stellung von Flugzeugen: »Wie von uns befürchtet [...], dürfte unser grundsätzliches Hilfsangebot [...] in seiner Bedeutung bereits verringert worden sein«.[2679] Die nach einem ständigen Sitz im VNSR und damit nach mehr Einfluss strebende Ständige Vertretung bangte um ihren Prestigegewinn; insbesondere auch deshalb, weil Italien einer der stärksten deutschen Widersacher bei einer Reform des VNSR war[2680].

Am 23. Mai nahm Kanada die Luftversorgung der UNAMIR erneut alleine auf.[2681] Anfang Juni ereignete sich jedoch am Flughafen in Kigali ein Zwischenfall, der die Bedenken des BMVg bestätigte. Als eine kanadische Transportmaschine mit dem italienischen Staatssekretär des Außenministeriums auf der Rollbahn stand, schlugen zwei Granaten ein.[2682] Aus Sicherheitsgründen wurden die Flüge bis zum 14. Juni ausgesetzt,[2683] sodass die Bundesregierung zusätzliche Bedenkzeit erhielt.

Unterdessen hatte die Ständige Vertretung dem VN-Sekretariat mitgeteilt, dass die Bundesrepublik weder die Sanitäter noch die Mannschafts-

---

[2675] PA AA, B 45, ZA, Bd 192447, Drahtbericht der Ständigen Vertretung in New York an Referat 230 im AA, Nr. 1701, 1.6.1994; Nr. 1752, 7.6.1994.
[2676] Zwar trafen die beamteten Staatssekretäre am 30.5. zusammen, weil das AA die Unterstützung der UNAMIR aber nicht auf die Tagesordnung der Kabinettssitzung am 1.6. gesetzt hatte, war das BMVg nicht gewillt, über das Thema zu sprechen. BArch, BW 2/29686, Kopie Schreiben Fü S III 5 im BMVg an Referat 230 im AA, Betr.: Kabinettssitzung am 1.6.1994, 31.5.1994.
[2677] PA AA, B 45, ZA, Bd 192447, Drahtbericht der Ständigen Vertretung in New York an Referat 230 im AA, Nr. 1599, 20.5.1994.
[2678] Ebd., Drahtbericht der Ständigen Vertretung in New York an Referat 230 im AA, Nr. 1701, 1.6.1994, hier S. 3.
[2679] Ebd., Drahtbericht der Ständigen Vertretung in New York an Referat 230 im AA, Nr. 1752, 7.6.1994, hier S. 1. Allerdings durften die Maschinen nicht im ruandischen Luftraum fliegen. VNSR, S/1994/728, 20.6.1994, S. 2.
[2680] Zeitzeugenbefragung von Botschafter a.D. Christian Walter Much am 14.5.2021.
[2681] BArch, BW 2/28160, Telefax German Federal Armed Forces Liaison Officer (GEFAFLO) in Nairobi an Fü S IV 4 im BMVg, Betr.: Transportunterstützung UNAMIR, hier: Weitere Infos über Randbedingungen, 24.5.1994.
[2682] Flughafen von Kigali beschossen. In: FAZ, Nr. 128, 6.6.1994, S. 6; Flughafen beschossen. In: taz, 6.6.1994, S. 2.
[2683] PA AA, B 45, ZA, Bd 192447, Drahtbericht der Ständigen Vertretung in New York an Referat 230 im AA, Nr. 1800, 10.6.1994.

transportwagen stellen würde.[2684] Nichtsdestotrotz entschloss sich der VNSR am 8. Juni für die schnellstmögliche Aufstockung der Mission.[2685] Folgerichtig erkundigte sich das VN-Sekretariat – über drei Wochen nach der grundsätzlichen Erklärung der deutschen Bereitschaft zur Lufttransportunterstützung –, ob die verfassungsrechtlichen Bedenken der Bundesregierung zur Beteiligung an der Mission ausgeräumt seien. Offenbar war es dem VN-Sekretariat unerklärlich, dass Deutschland in Somalia Material für eine unter Kapitel VII der VN-Charta mandatierte Mission transportiert hatte und nun vor einer Lufttransportleistung für eine unter Kapitel VI stehende Mission zurückschreckte.[2686] Das BMJ hielt aber an seiner Rechtsauffassung fest und auch die Rechtsabteilung des BMVg lehnte trotz des Bedarfs der Vereinten Nationen weiter den Transport von Gütern ab, die nicht »*ausschließlich*« zur humanitären Hilfe gedacht waren. Die vollumfängliche »Lufttransportunterstützung für UNAMIR« sei rechtlich nicht möglich. Ohnehin blieb auch die Frage der Finanzierung offen, ohne deren Klärung Minister Rühe aus Sicht von Fü S III 5 keine Entscheidung treffen sollte. Allerdings sollte sich das BMVg die Lufttransportunterstützung aus innen- und bündnispolitischen Gründen weiter offenhalten. Es müsse beobachtet werden, ob sich die NATO-Partner in Zukunft stärker in Ruanda beteiligten und wie die Medien die öffentliche Meinung beeinflussten:

> »Unter dem Eindruck der sich zuspitzenden humanitären Lage in Ruanda kann nicht ausgeschlossen werden, daß in der Öffentlichkeit ein zunehmendes Unverständnis gegenüber den gegenwärtig bestehenden rechtspolitischen Erwägungen und der damit verbundenen D[eutschen]-Zurückhaltung aufkommen kann.«[2687]

Nicht die humanitäre Lage in Ruanda, sondern die mediale Berichterstattung wurde in einem Wahljahr als Problem dabei gesehen, sich vollständig in Ruanda zurückzuhalten. Unbedingt müsse »vermieden werden, daß eine mögliche Nichtbeteiligung an der Luftbrücke UNAMIR mit einer Verweigerungshaltung seitens BMVg begründet wird«.[2688] Dass in Ruanda ein Völkermord lief, spielte keine Rolle, obwohl die Bundesrepublik 1954 der Konvention über die Verhütung und Bestrafung von Völkermord beigetreten war. Aus dieser ging zwar keine Pflicht zur Intervention hervor, allerdings sollten die Unterzeichner die Vereinten Nationen auffordern, angemessene Maßnahmen zur Verhinderung eines Genozids zu ergreifen.[2689]

---

[2684] Vgl. BArch, BW 2/29686, Vorlage Fü S III 5 an den Verteidigungsminister, Betr.: VN-Operation in Ruanda (UNAMIR), hier: VN-SR Resolution 925 vom 8.6.1994, 13.6.1994, hier S. 2.
[2685] VNSR, S/RES/925(1994), 8.6.1994, Randnr. 3.
[2686] PA AA, B 45, ZA, Bd 192447, Drahtbericht der Ständigen Vertretung in New York an Referat 230 im AA, Nr. 1800, 10.6.1994.
[2687] Hervorhebung im Original. BArch, BW 2/29686, Vorlage Fü S III 5 an den Verteidigungsminister, Betr.: VN-Operation in Ruanda (UNAMIR), hier: VN-SR Resolution 925 vom 8.6.1994, 13.6.1994, hier S. 3.
[2688] Ebd.
[2689] VNGV, A/RES/3/260, 9.12.1948, Artikel VIII, http://www.un-documents.net/a3r260.htm.

In der jetzigen Ministervorlage wurde auch erstmals zwischen Bürgerkrieg und Völkermord unterschieden.[2690] Ähnlich wie im Falle von Somalia erhöhte aber erst ein erkennbarer öffentlicher Druck bzw. das mögliche Engagement von Partnerstaaten die Handlungsbereitschaft im BMVg. Da das internationale Engagement in Ruanda moderat blieb, sich vor allem die USA zurückhielten[2691] und die Größe der UNAMIR gerade einmal ein Fünftel der UNOSOM II betrug, konnte das BMVg aber fortfahren wie bisher. Keiner der deutschen Partner drängte auf ein stärkeres Engagement und von medialer Seite fehlte es an Aufmerksamkeit. Die Bundesressorts stritten daher weiter, ob eine Lufttransportunterstützung ein »Einsatz« im Sinne des Grundgesetzes sei, und beschäftigten sich nicht mit der Frage, wie den Menschen vor Ort und der Mission UNAMIR am besten geholfen werden könne.

Auch das Wissen, dass die afrikanischen und asiatischen Truppen nicht zeitnah in Ruanda eingesetzt werden konnten, änderte nichts an der deutschen Haltung. Frankreichs Initiative, mit einigen Tausend Soldaten in Ruanda zu intervenieren, wurde begrüßt. Um einen eigenen Beitrag wurden die Deutschen aufgrund ihrer Verfassungslage aber offenbar nicht gebeten.[2692] Die Position, »dass mit einer deutschen Beteiligung an einer militärischen Intervention aufgrund der bekannten verfassungsrechtlichen Lage kaum zu rechnen« sei, sollte die Ständige Vertretung in Brüssel auch auf der Sondersitzung des Ständigen Rates der WEU am 17. Juni vertreten.[2693]

---

[2690] Vgl. BArch, BW 2/29686, Vorlage Fü S III 5 an den Verteidigungsminister, Betr.: VN-Operation in Ruanda (UNAMIR), hier: VN-SR Resolution 925 vom 8.6.1994, 13.6.1994, hier S. 2. Außenminister Kinkel hatte den Begriff »Völkermord« bereits am 1. Juni anlässlich einer Rede zum 31. Jahrestag der OAU genutzt. BPA, Solidarität und Partnerschaft mit Afrika. In: Bulletin, Nr. 55, 8.6.1994, S. 517–521, hier S. 517. Der VNGS hatte bereits Ende Mai von Völkermord gesprochen und die internationale Untätigkeit beklagt. Boutros-Ghali prangert Versagen der Welt in Ruanda an. In: FAZ, Nr. 120, 26.5.1994, S. 1.

[2691] Keine US-Soldaten nach Ruanda. In: SZ, 30.5.1994, Nr. 122, S. 8.

[2692] Admiral Jacques Lanxade, Chef des französischen Generalstabs, hatte Generalinspekteur Naumann am 16. Juni über die anstehende Operation unterrichten wollen. Aufgrund Naumanns Abwesenheit wurde jedoch nur ein Vermerk gefertigt. BArch, BW 2/28909, Adjutant des Generalinspekteurs, Vermerk über möglichen Einsatz Französischer Truppen in Ruanda, 17.6.1994. Am 20. Juni besprachen der französische Verteidigungsminister François Léotard und Volker Rühe das weitere Vorgehen. Gemäß Sprechzettel sollte Rühe das Eingreifen begrüßen, die eigene Verfassungsproblematik ansprechen und die humanitäre Hilfe der Bundesregierung hervorheben. BArch, BW 2/29686, Fü S III 1, Betr.: Gespräch mit VM Léotard, 20.6.1994. Bei einem Gespräch mit der deutschen Botschaft, die die Erfolgsaussichten der französischen Intervention zwar skeptisch bewertete, aufgrund des deutschen Ansehens aber für eine solidarische Geste der Bundesrepublik gegenüber Frankreich warb, soll Léotard Ende Juni allerdings die baldige Beteiligung Deutschlands mit Sanitäts- oder Logistikkräften gewünscht haben. Vgl. BArch, BW 2/28150, Drahtbericht der Botschaft der Bundesrepublik Deutschland in Paris an Referat 203 im AA, Nr. 1422, 7.7.1994, hier S. 4.

[2693] Gleichzeitig sollte sich die Ständige Vertretung aber dafür aussprechen, bis zu 3000 Soldaten von der VN-Mission in Somalia für Ruanda abzuziehen, wenn es die Truppensteller zuließen. BArch, BW 1/408084, Drahterlass Referat 202 im AA an die Ständige Vertretung in Brüssel, Nr. 7086, 17.6.1994, hier S. 2.

## IV. Deutsche ›Blauhelme‹ in Afrika 561

Angesichts der bevorstehenden französischen Intervention geriet die Bundesregierung in Europa aber unter Zugzwang. Neben Luxemburg war Deutschland das einzige WEU-Mitglied, das auf einer weiteren Sondersitzung des Ständigen Rates am 21. Juni keinen eigenen Beitrag unter dem Dach der WEU vermelden konnte[2694] – und das, obwohl die Bundesrepublik zum 1. Juli den Ratsvorsitz der EU übernahm.[2695] Europapolitische Prestigegründe legten eine Haltungsänderung nahe, nachdem der VNGS die bisher eingegangenen Angebote, darunter Material und Fähigkeiten aus Italien, den Niederlanden, Großbritannien und Frankreich,[2696] öffentlich gemacht hatte. Wollte sich die Bundesregierung kurz vor den anstehenden Bundestagswahlen schon nicht mit Personal an der aus ihrer Sicht für die deutsche Gesellschaft unpopulär erscheinenden Aufstockung der UNAMIR beteiligen, wie Staatsminister im AA Dieter Kastrup dem VNGS bei einem Treffen Ende Juni in New York erklärte,[2697] so sollte sie doch wenigstens wie die anderen europäischen Staaten Material bereitstellen; ohnehin mangelte es den Vereinten Nationen wie so häufig weniger an Personal als an Ausrüstung.[2698] Als Kofi Annan die Ständige Vertretung in New York am 1. Juli schriftlich um die Bereitstellung von Lkw, Tankfahrzeugen, Feldküchen und anderem Pioniergerät bat,[2699] wurde die Bitte umgehend vom BMVg geprüft und nach einigen Wochen in Teilen erfüllt. Plötzlich engagierten sich nämlich auch die USA, was zusätzlichen Druck erzeugte.

---

[2694] Die Ständige Vertretung bat daher zu prüfen, ob die nicht ohnehin zugesagte Lufttransportunterstützung unter »WEU Label« stattfinden könne. BArch, BW 2/28160, Drahtbericht der Ständigen Vertretung in Brüssel an Referat 202 im AA, Nr. 398, 21.6.1994. Vor der Ratssitzung am 24. Juni wurde die Ständige Vertretung in Brüssel angewiesen, die von der Bundesregierung bereitgestellten 20 Mio. D-Mark für die Unterstützung ruandischer Flüchtlinge hervorzuheben. Nur bei »ausdrücklich[er]« Nachfrage sollte erklärt werden, dass Deutschland sich aufgrund der Verfassungslage nicht militärisch beteiligen könne. Ebd., Drahterlass Referat 230 im AA an die Ständige Vertretung in Brüssel, Nr. 7329, 23.6.1994, hier S. 2.

[2695] Vgl. BT-Drs. 13/1070, 4.4.1995, S. 4.

[2696] Vgl. VNSR, S/1994/728, 20.6.1994.

[2697] Zuvor hatte der VNGS im Falle eines positiven Urteils des BVerfG um eine deutsche Beteiligung an der UNAMIR gebeten. UNA, S-1086-0045-08-00001, Notes of the Secretary-General's meeting with the State Secretary of the Federal Foreign Office to Germany, 30.6.1994, hier S. 2.

[2698] Äthiopien, Ghana, Sambia, der Senegal und Simbabwe hatten Zusagen für mechanisierte bzw. Infanteriebataillone gemacht, wenn diese von Dritten ausgerüstet würden. VNSR, S/1994/728, 20.6.1994, S. 2. Insgesamt seien 5760 Soldaten angeboten worden, davon 4460 aus afrikanischen Staaten, die aber größtenteils nicht einsatzbereit waren. PA AA, B 45, ZA, Bd 192447, Drahtbericht der Ständigen Vertretung in New York an Referat 230 im AA, Nr. 2415, 3.8.1994. Boutros-Ghali sprach sogar von über 30 000 Soldaten, die angeboten worden seien. Boutros-Ghali, Hinter den Kulissen, S. 170.

[2699] BArch, BW 1/442050, Fax von Kofi Annan, UNHQ, an die Ständige Vertretung in New York, Betr.: Call for additional contributions to UNAMIR, 1.7.1994.

*Die Unterstützung der Luftbrücke des UNHCR*

Am 4. Juli nahm die RPF Kigali ein, am 18. Juli verkündete sie einen Waffenstillstand. Die Grundlage einer raschen Dislozierung der UNAMIR war gelegt; ihr logistischer Bedarf vergrößerte sich schlagartig. Durch den Wegfall der Bürgerkriegssituation war auch ein wichtiges Kriterium für die Entsendung der Luftwaffe erfüllt. Zudem schaffte das Bundesverfassungsgericht am 12. Juli mit seinem Urteil juristisch Klarheit über Auslandseinsätze der Bundeswehr.[2700] Der militärische Sieg der RPF ging jedoch mit der Flucht Hunderttausender Menschen einher. Hinzu kam ein erhöhtes mediales Interesse: Ab dem 14. Juli erschienen täglich neue Fernsehberichte über das Elend der geflüchteten Ruander in Zaire.[2701]

Aufgrund der neuen Rahmenlage erbat die Ständige Vertretung in New York bereits am 15. Juli bei der Zentrale in Bonn die erneute Prüfung von Hilfsflügen zwischen Nairobi und Kigali. Deutschland habe dies den Vereinten Nationen im Mai zugesagt. Ferner werde die Mission international stark beobachtet und Frankreich könne bei seiner Operation entlastet werden.[2702] Nicht aber die Aufstockung der UNAMIR führte zur Stationierung von deutschen Soldaten in der Region, sondern die Situation der Geflüchteten. Um deren Hilfe bat die Hohe Flüchtlingskommissarin der Vereinten Nationen, Sadako Ogata, ebenfalls am 15. Juli.[2703] Hatte es im Mai 1994 noch Diskussionen zwischen den deutschen Ressorts um die Rechtmäßigkeit einer logistischen Unterstützung der UNAMIR gegeben, waren mit dem Urteil des Bundesverfassungsgerichts nun alle Fragen geklärt. Humanitäre Hilfsmaßnahmen konnten weiter ohne Zustimmung des Bundestags beschlossen werden,[2704] und von nichts anderem handelte die Bitte des UNHCR. Insbesondere der strittige Transport von VN-Soldaten spielte bei dieser Anfrage keine Rolle.

Auf Bitte des AA stimmte Verteidigungsminister Rühe noch am 16. Juli der in der Ministervorlage durchgängig als »Einsatz« bezeichneten Entsendung einer B-707 zum Lufttransport von Hilfsgütern für zunächst vier Wochen zu. Ein Grund für die rasche Zustimmung war das Versprechen des AA, die Kosten der Transportflüge zu übernehmen.[2705] Im Frühjahr hatte es in Bezug auf die Lufttransportunterstützung der UNAMIR hierüber keine Einigung

---

[2700] Vgl. BVerfGE 90, 286 – Out-of-area-Einsätze, 12.7.1994.
[2701] Vgl. ARD, Tagesschau vor 20 Jahren, Juli 1994.
[2702] BArch, BW 1/442050, Drahtbericht der Ständigen Vertretung in New York an Referat 230 im AA, Nr. 2203, 15.7.1994.
[2703] Vgl. PA AA, B 45, ZA, Bd 192447, Drahtbericht der Ständigen Vertretung in New York an AS-B-hH im AA, Nr. 2204, 15.7.1994; Ogata, The Turbulent Decade, S. 181 f. Ende Juni hatte sich Ogata in Bonn aufgehalten und auch die Flüchtlingslage in Ruanda angesprochen. Vgl. Ogata, Refugees.
[2704] BArch, BW 1/408084, Fax Fü S IV 4 an VR II 3, Betr.: Luftbrücke Ruanda, 19.7.1994.
[2705] Ursprünglich bat das AA nur um eine Transall und um einen möglichst geringen Kostenansatz. BArch, BW 2/28149, Kopie Schreiben H II im BMVg an Referat 112 im AA, Betr.: Finanzierung Hilfsoperationen Ruanda, 1.12.1994, hier Anlage. Wegen der klimatischen und geografischen Bedingungen vor Ort konnte die B-707 aber mehr Ladung transportieren. BArch, BW 2/28146, Kopie Vorlage Fü S IV 4 an den

## IV. Deutsche ›Blauhelme‹ in Afrika

gegeben. Ein eigenes, kostenreduzierendes Ausbildungsinteresse für die eingesetzten Soldaten bestand für das BMVg nicht. Laut Vorlage bestand aber auch keine Gefährdung mehr für das eingesetzte Personal.[2706] Wenn man wollte, so flogen die deutschen Maschinen in ein »secure environment«[2707]. Zudem hatte die Bundeswehr durch die Luftbrücke nach Sarajevo bereits gute Erfahrungen in der Zusammenarbeit mit dem UNHCR gemacht, die eine schnelle Unterstützung erleichterten.[2708] Nach dem Schlingerkurs im Mai, der nicht zur Unterstützung der UNAMIR geführt hatte, als die Mission dringend internationale Hilfe gebraucht hätte, konnten sich das BMVg und Minister Rühe nun angesichts einer akuten Notlage als verantwortungsbewusste und entscheidungsfreudige Akteure präsentieren.

Die Schnelligkeit, mit der die Führungsspitze entschied – Minister Rühe stimmte der Vorlage samstags um 21:40 Uhr zu – zeigt, dass das BMVg in diesem Fall tatsächlich flexibel handelte.[2709] Dabei ist die Vermutung wohl falsch, dass das deutsche Engagement allein eine Reaktion auf die mediale Berichterstattung gewesen wäre. Diese nahm erst mit dem beginnenden deutschen Engagement deutlich zu.[2710] Beide Handlungsstränge verliefen parallel und bedingten sich gegenseitig. Das Kabinett wurde offiziell erst am 19. Juli über die Entscheidung informiert. Zur Entsendung hatte es keinen Kabinettsbeschluss gebraucht.[2711] Sein Einvernehmen musste nur herbeigeführt werden, um den Soldaten einen Auslandsverwendungszuschlag zu zahlen.[2712] Ob es zuvor Gespräche zwischen Bundeskanzler Kohl und US-Präsident Clinton oder andere internationale Abstimmungen gab, ließ sich bisher nicht belegen Es ist aber anzunehmen, dass solche Gespräche ge-

---

Verteidigungsminister, Betr.: Abstellung einer Transall C-160 für Hilfsflüge im Rahmen der Luftbrücke zur Rettung ruandischer Flüchtlinge in Ruanda/Zaire, 16.7.1994, S. 2.
[2706] Ebd.
[2707] Zeitzeugengespräch mit General a.D. Dr. Klaus Naumann am 20.4.2020.
[2708] Zeitzeugenbefragung von Generalleutnant a.D. Richard Roßmanith am 10.4.2020.
[2709] Eine Zeitleiste zur Zustimmung findet sich in BArch, BW 2/28146. Siehe auch U. Brüssel und D[irk] Hoeren, Deutsche Ruanda-Hilfe: Nach 70 Stunden hob der 1. Jet ab. In: Bild, 19.7.1994, S. 2.
[2710] Vgl. die verschiedenen Beiträge in ARD, Tagesschau vor 20 Jahren, Juli 1994.
[2711] Da es keine formelle Kabinettsvorlage gab, informierte Staatssekretär Wichert das BMVg über die Zustimmung der Regierung. Vgl. BArch, BW 1/408084, Weisung Staatssekretär Wichert an AL VR u.a., Betr.: Beteiligung der Bundeswehr am VN-Einsatz zur humanitären Versorgung von Flüchtlingen aus Ruanda, hier: Anwendung der Regelungen des Auslandsverwendungsgesetzes, 26.7.1994.
[2712] Das BMVg beantragte einen AVZ in Höhe von 50 D-Mark pro Tag. Als belastend galten vor allem das Klima und das Krankheitsrisiko. Im BMI galt das Engagement aber als Routinemaßnahme. Später nahm das BMVg daher auch Bezug auf den Beschuss in Goma und das erhöhte Risiko der Besatzungen. Auch die Belastung für das Bodenpersonal in Nairobi sei größer als im Normalbetrieb. Letztlich wurde der Betrag von 50 D-Mark erst nach der Einigung zwischen Staatssekretär Wichert und Staatssekretär Overhaus und der anschließenden Zustimmung des BMI vom 24.8. – also über einen Monat nach Beginn der Transportflüge – festgelegt. Zuvor hatte das BMI selbst einen AVZ in Höhe von 50 D-Mark für die 60 in Goma befindlichen THW-Helfer angemeldet. Der Vorgang findet sich in BArch, BW 1/417520.

führt wurden und auf den Entscheidungswillen des Ministers einwirkten. Bemerkenswert ist jedoch, dass die Bundesressorts noch vor den USA handelten. Diese gaben ihre Hilfe erst mit der Verkündung des Waffenstillstands durch die RPF am 18. Juli bekannt.[2713]

An diesem Tag flog die deutsche B-707, von einem großen Medienecho begleitet, bereits in den Einsatz.[2714] Im Rahmen des ruandischen Konflikts leistete die Bundeswehr ihre größte Unterstützung nicht für die UNAMIR und zur Beendigung des Völkermords, sondern für den UNHCR zur Unterstützung von Flüchtlingen. Treffend hieß der am 25. Juli 1994 erlassene Befehl des BMVg »Befehl Nr. 1 für die Unterstützung des UNHCR zur Rettung ruandischer Flüchtlinge«. Der Name UNAMIR tauchte im Dokument nicht auf.[2715] Der Fokus der Unterstützung lag auch nicht auf Ruanda, sondern auf den ruandischen Flüchtlingen im Nachbarland Zaire, unter denen sich auch ein Teil der Völkermörder befand.[2716] Zwischen dem deutschen Engagement und der UNAMIR bestand kein direkter Bezug. Der Mission unterstanden weder die deutschen Flugzeuge noch das Personal,[2717] womit die Bundesrepublik in der gleichen Position war wie die USA.[2718] Trotzdem wird die UNAMIR von der Bundeswehr als »abgeschlossene[r] Eins[a]t[z]« verbucht. Zwar wird offiziell von »Unterstützung der VN-Mission in Ruanda« gesprochen, dennoch ist die Nennung missverständlich.[2719] Die direkte Unterstützung der UNAMIR durch die Bundeswehr belief sich – wie noch zu zeigen ist – auf die Bereitstellung von Fahrzeugen und Material. Die Luftbrücke unterstützte den UNHCR.

---

[2713] Gasbarri, Revisiting the Linkage, S. 797.
[2714] ARD, Tagesschau vor 20 Jahren, 18.7.1994; BArch, BL 19/614, Schreiben des stellvertretenden Kommandeurs und Chef des Stabes des Lufttransportkommandos an den Chef des Stabes im Luftwaffenführungskommando, Betr.: Lufttransportunterstützung für UNHCR zur Rettung ruandischer Flüchtlinge (OP Ruanda), hier: Erfahrungsbericht, 8.2.1995.
[2715] BArch, BW 2/28146, Fü S IV 4, Befehl Nr. 1 für die Unterstützung des UNHCR zur Rettung ruandischer Flüchtlinge, 25.7.1994.
[2716] Zur Lage in den Camps in Goma siehe Gourevitsch, We Wish to Inform You, S. 163–168, 269–273.
[2717] Auf diesen Sachverhalt wurde immer wieder verwiesen. Vgl. BArch, BW 2/28146, Telefax Fü S IV 4 an die Ständige Vertretung in New York, Betr.: Unterstützung UNHCR zur Rettung ruandischer Flüchtlinge, 28.7.1994. Letztlich blieben die deutschen Flugzeuge national unterstellt. BArch, BL 15/1871, Befehl Kommandeur des Lufttransportkommandos, Kommandobefehl (14/94) für die Lufttransportunterstützung des UNHCR zur Rettung ruandischer Flüchtlinge, 30.8.1994, hier S. 2.
[2718] Gasbarri, Revisiting the Linkage, S. 797.
[2719] Auf der Homepage der Bundeswehr stand hierzu: »In diesem Umfeld [gemeint war der Völkermord in Ruanda] richtete die Luftwaffe vom 18. Juli bis 31. Dezember 1994 zur Unterstützung der VN-Mission UNAMIR in Ruanda [...] eine Luftbrücke von Nairobi (Kenia) und Johannesburg (Südafrika) nach Goma (Zaire) und Kigali (Ruanda) zur Versorgung ruandischer Flüchtlinge ein.« Bundeswehr, Ruanda – UNAMIR (United Nations Assistance Mission for Ruanda), o.D., https://www.bundeswehr.de/de/einsaetze-bundeswehr/abgeschlossene-einsaetze-der-bundeswehr/ruanda-unamir. Missverständlich war auch die Aussage im Bericht des Wehrbeauftragten: »Die Mission der VN in Ruanda (UNAMIR) wurde logistisch unterstützt«, da UNAMIR nur materiell unterstützt wurde. BT-Drs. 13/700, 7.3.1995, S. 12.

## IV. Deutsche ›Blauhelme‹ in Afrika

Dass auch diese Beteiligung nicht ohne Risiko war, zeigte ein Zwischenfall am 17. Juli, bei dem Mörsergranaten auf dem Flughafen in Goma einschlugen.[2720] Nichtsdestotrotz wurde die deutsche Beteiligung bereits am 27. Juli um zwei C-160-Transportflugzeuge verstärkt.[2721] Dem vorausgegangen war ein Hilfegesuch des US-Präsidenten Bill Clinton.[2722] Internationale Forderungen nach größerem Engagement, die Betroffenheit der deutschen Öffentlichkeit und die Bereitschaft des AA, die Kosten zu übernehmen,[2723] waren ausschlaggebend für das schnelle Handeln des BMVg. Der Umfang der Hilfe mit drei Flugzeugen passte dabei zur beschränkten Kapazität in Goma. Der Treibstoff zum Nachtanken war in der ganzen Region begrenzt und am Flughafen in Goma gab es nur wenige Park- und Entladepositionen. Insbesondere größere Maschinen sollten nur bis Entebbe (Uganda) fliegen und ihre Fracht dort in kleinere Maschinen verladen, um den Flughafen in Goma nicht zu blockieren.[2724]

Durch die zwei zusätzlichen Flugzeuge erhöhte sich auch der Umfang des eingesetzten deutschen Personals, das größtenteils aus den Lufttransportgeschwadern 61, 62 und 63 sowie der Flugbereitschaft der Bundeswehr stammte.[2725] Schließlich waren es über 60 Soldaten[2726], eine im

---

[2720] Vgl. ARD, Tagesschau vor 20 Jahren, 17.7.1994; Granaten vor Bundeswehr-Einsatz in Zaire. In: Die Welt, Nr. 165, 18.7.1994, S. 3.

[2721] BArch, BL 19/614, Schreiben des stellvertretenden Kommandeurs und Chef des Stabes des Lufttransportkommandos an den Chef des Stabes im Luftwaffenführungskommando, Betr.: Lufttransportunterstützung für UNHCR zur Rettung ruandischer Flüchtlinge (OP Ruanda), hier: Erfahrungsbericht, 8.2.1995, hier S. 1.

[2722] BArch, BW 2/29686, Kopie Operational Text of Letter from President Clinton to Chancellor Kohl, o.D. [Eingangsdatum 23.7.1994].

[2723] BArch, BW 2/28149, Telefax, Fü S IV 4 im BMVg an AS-B-hH im AA, Betr.: Humanitäre Hilfe für ruandische Flüchtlinge, 26.7.1994.

[2724] Vgl. Kuperman, The Limits of Humanitarian Intervention, S. 57–62. Eindrücklich zu den Bedingungen siehe Günter Krabbe, Mit britischem Gerät ist die Boeing nach zwei Stunden entladen. In: FAZ, Nr. 171, 26.7.1994, S. 3.

[2725] Vgl. BArch, BL 15/1871, Befehl Kommandeur des Lufttransportkommandos, Kommandobefehl (14/94) für die Lufttransportunterstützung des UNHCR zur Rettung ruandischer Flüchtlinge, 30.8.1994.

[2726] Aufgrund der Rotation bei den C-160 betrug die maximale Einsatzstärke am 8./9.11.1994 64 Soldaten. Zehn Soldaten waren mit der B-707 in Johannesburg stationiert. BArch, BW 2/28156, Telefax Luftwaffenführungskommando an Fü S IV 4, SITREP, 8.11.1994. Der Austausch der Besatzung erfolgte bei der B-707 alle drei Wochen. Für den Betrieb der zwei C-160 standen bis Ende August nur zwei Besatzungen zur Verfügung. Erst danach wurde eine dritte Besatzung nach Nairobi entsandt. BArch, BL 19/614, Schreiben des stellvertretenden Kommandeurs und Chef des Stabes des Lufttransportkommandos an den Chef des Stabes im Luftwaffenführungskommando, Betr.: Lufttransportunterstützung für UNHCR zur Rettung ruandischer Flüchtlinge (OP Ruanda), hier: Erfahrungsbericht, 8.2.1995, hier S. 2, 4. Von den SITREPs nicht mitgezählt, aber trotzdem im Einsatzland stationiert, war zudem ein Offizier in der Koordinierungsstelle in Goma. BArch, BW 2/28146, Fü S IV 4, Befehl Nr. 2 für die Unterstützung der Hilfsmaßnahmen zur Rettung ruandischer Flüchtlinge, Betr.: Koordinierungsstab AA in Zaire, hier: Bw-Beteiligung, 29.7.1994. Zur Abstimmung mit den USA diente auch ein Offizier im US-EUCOM in Stuttgart. Ebd., Fü S IV 4, Befehl Nr. 1 für die Unterstützung des UNHCR zur Rettung ruandischer Flüchtlinge, 25.7.1994.

Vergleich zur Beteiligung an einigen gegenwärtigen VN-Missionen bemerkenswerte Zahl, wobei es sich bei diesem deutschen Engagement eben nicht um die Teilnahme an einer Mission der Vereinten Nationen handelte. Gerade die Stationierung des Personals zeigte die Abgrenzung zur UNAMIR. Das deutsche Bodenpersonal war nicht in Kigali, sondern den Anforderungen des UNHCR entsprechend in Nairobi stationiert, wo ein Teil der Hilfsgüter aufgenommen wurde.[2727] Die B-707 flog von Anfang September bis zur Einstellung ihres Einsatzes am 25. November 1994 sogar von Johannesburg aus Güter in die Krisenregion.[2728]

Anfang August erbat das AA die Fortsetzung der Luftbrücke um weitere vier Wochen.[2729] Allerdings erklärte sich das AA nicht mehr zur weiteren Finanzierung bereit. Die Gefahr einer erneuten Verschlechterung der Situation nach Beendigung des Engagements, das »negativ[e] Signal« für andere Staaten und die UNAMIR sowie das zu erwartende Unverständnis in der Bevölkerung im Falle eines Abzugs sprachen aus Sicht des federführenden Referats Fü S IV 4 im BMVg dennoch für eine Verlängerung des Engagements.[2730] Allerdings lief diese für das Verteidigungsressort nicht problemlos. Bereits Anfang August beklagte das BMVg eine fehlende Strategie des UNHCR und den ineffizienten Einsatz von Ressourcen;[2731] eine Kritik, die vom AA nicht geteilt wurde.[2732] Letztlich stimmte das BMVg aus politischen Erwägungen für eine Verlängerung des Lufttransports. Sowohl den Anfragen

---

[2727] Vgl. BArch, BL 15/1871, Befehl Kommandeur des Lufttransportkommandos, Kommandobefehl (14/94) für die Lufttransportunterstützung des UNHCR zur Rettung ruandischer Flüchtlinge, 30.8.1994.

[2728] BArch, BW 2/28147, Verfügung Schreiben Fü S IV 4 im BMVg an AS-B-hH im AA, Betr.: Luftbrücke zur Rettung ruandischer Flüchtlinge, hier: Einsatz einer B 707 der Deutschen Luftwaffe (statistische Angaben), 19.12.1994; BArch, BL 19/614, Schreiben des stellvertretenden Kommandeurs und Chef des Stabes des Lufttransportkommandos an den Chef des Stabes im Luftwaffenführungskommando, Betr.: Lufttransportunterstützung für UNHCR zur Rettung ruandischer Flüchtlinge (OP Ruanda), hier: Erfahrungsbericht, 8.2.1995, hier S. 2 f., 5.

[2729] BArch, BW 2/28149, Entwurf Schreiben Fü S IV 4 im BMVg an den AS-B-hH im AA, Betr.: Humanitäre Hilfe für ruandische Flüchtlinge, hier: Einsatz von Luftfahrzeugen der Bundeswehr, 9.8.1994, hier Bezugsdokument 1.

[2730] BArch, BW 2/28146, Vorlage Fü S IV 4 an den Verteidigungsminister, Betr.: Hilfsoperationen zur Rettung ruandischer Flüchtlinge, hier: Fortsetzung der Operation und Finanzierung, 22.8.1994, hier S. 3.

[2731] BArch, BW 1/372562, Kopie Telefax German Air Force Liaison Officer UNHCR Sarajevo Airlift Operations Cell an Fü S IV 4 im BMVg, Betr.: Lagebericht Luftbrücke Rwanda, 28.7.1994; BArch, BW 2/28157, Kopie Schreiben Fü S IV 4 im BMVg an AS-B-hH im AA, Betr.: Hilfsoperationen zur Rettung ruandischer Flüchtlinge, hier: Koordinierung durch UNHCR, 5.8.1994; ebd., Kopie Schreiben Fü S IV 4 im BMVg an AS-B-hH im AA, Betr.: Hilfsoperationen zur Rettung ruandischer Flüchtlinge, hier: Koordinierung durch UNHCR, 6.9.1994.

[2732] Vgl. BArch, BW 2/28146, Vorlage Fü S IV 4 an die Staatssekretäre Schönbohm und Wichert, Betr.: Unterstützungsleistung der Bundeswehr für ruandische Flüchtlinge, hier: Sachstand, 19.9.1994, hier Anlage 5.

IV. Deutsche ›Blauhelme‹ in Afrika 567

des UNHCR im September[2733] und November[2734] als auch der Bitte des AA im November um eine weitere Verlängerung bis zum 31. Dezember 1994 wurde entsprochen,[2735] obwohl das AA nicht die Kosten übernehmen wollte.[2736]

Wegen der Finanzierung gerieten die Ressorts aber auf Ebene der Staatssekretäre aneinander. Seit der Verlängerung im August gab das AA vor, keine Mittel mehr zu haben. Im Haushaltstitel »Humanitäre Hilfe« hatte es Kürzungen von 21 Mio. auf nur noch 64 Mio. D-Mark gegeben. Angesichts eigener Etatkürzungen von insgesamt 1,25 Mrd. D-Mark pochte das BMVg aber auf die Finanzierung der Amtshilfe. Folglich mussten sich auch das BMF und das BKAmt mit dem Streit befassen.[2737] Vor allem Generalinspekteur Naumann stützte den harten Kurs von Staatssekretär Wichert. Auf einem Schreiben des Büros von Staatssekretär Schönbohm vermerkte Naumann: »Die Leistung liegt im Interesse des AA, nicht des BMVg, von daher sollten wir kaum Zugeständnisse machen.«[2738] Als das AA dem BMVg im November erklärte, lediglich die Kosten von 5,6 Mio. D-Mark für den ersten Monat, nicht aber die Kosten des weiteren Zeitraums zu übernehmen und auch nach Zuweisung neuer Gelder zum 1. Januar 1995 keine Mittel zur Refinanzierung des Lufttransportes aufbringen zu wollen,[2739] informierte Staatssekretär Wichert seinen Amtskollegen Dieter Kastrup im AA, dass »die Bundeswehr gezwungen [ist], die Flüge zum nächstmöglichen Zeitpunkt einzustellen«.[2740] Einmal mehr bestimmten finanzielle Ressortegoismen die außenpolitische Handlungsfähigkeit der Bundesregierung. Dabei hatte Minister Rühe erst wenige Tage zuvor entschieden, den Lufttransport bis mindestens zum 31. Dezember 1994 fortzusetzen,[2741] da noch ausreichend Haushaltsmittel für die Vorfinanzierung der Flüge zur Verfügung standen.[2742] Allerdings ver-

---

[2733] BArch, BW 2/28149, Kopie Schreiben des UNHCR an die Ständige Vertretung in Genf, 94/FRS/1149, 27.9.1994. Da die Weisung des Staatssekretärs Wichert noch gültig war, wurde im BMVg keine weitere Vorlage erstellt. Vgl. die Anmerkungen auf ebd., Schreiben AS-B-hH im AA an Fü S IV 4 im BMVg, Betr.: Humanitäre Hilfe für ruandische Flüchtlinge und Vertriebene, hier: Hilfsflüge der Bundeswehr in Zusammenarbeit mit dem UNHCR, 7.10.1994.
[2734] Ebd., Kopie Schreiben des UNHCR an die Ständige Vertretung in Genf, 94/FRS/1276, 8.11.1994.
[2735] BArch, BW 2/28146, Vorlage Fü S IV 4 an den Verteidigungsminister, Betr.: Hilfsoperationen zur Rettung ruandischer Flüchtlinge, hier: Fortsetzung der Unterstützung des UNHCR mit Luftfahrzeugen, 24.11.1994.
[2736] BArch, BW 2/28149, Telefax Fü S IV 4 an Fü S II 3 u.a., Betr.: Hilfsoperation zur Rettung ruandischer Flüchtlinge, 18.11.1994, hier Anlage.
[2737] Ausführlich zum Vorgang siehe BArch, BW 2/28149.
[2738] Ebd., Kopie Schreiben Büro Staatssekretär Schönbohm an Abteilungsleiter Haushalt, Chef des Stabes Fü S, Betr.: Hilfsoperation »Ruanda«, hier: Finanzierung, 21.9.1994.
[2739] Ebd., Kopie Vermerk Staatssekretär Wichert, Betr.: Ruanda-Finanzierung, 28.11.1994.
[2740] Ebd., Nebenabdruck Schreiben Staatssekretär Wichert im BMVg an Staatssekretär Kastrup im AA, Betr.: Ruanda-Finanzierung, 29.11.1994.
[2741] BArch, BW 2/28146, Vorlage Fü S IV 4 an den Verteidigungsminister, Betr.: Hilfsoperationen zur Rettung ruandischer Flüchtlinge, hier: Fortsetzung der Unterstützung des UNHCR mit Luftfahrzeugen, 24.11.1994.
[2742] Weil von den 250 Mio. D-Mark des Kapitels 1403 Titel 547 01 »Maßnahmen der Bundeswehr im Zusammenhang mit internationalen humanitären Hilfsmaßnahmen«

langte das BMVg die Refinanzierung durch das AA zum Beginn des neuen Haushaltsjahrs.[2743] Dies wiederum lehnte das AA mit der Begründung ab, das BMVg habe genug Mittel.[2744]

Zu diesem Zeitpunkt hatten sich aber ohnehin schon fast alle anderen internationalen Kräfte aus dem militärischen Lufttransport zurückgezogen und auch der Einsatz der deutschen Boeing 707 war aufgrund des fehlenden Bedarfs des UNHCR eingestellt worden.[2745] Als der UNHCR im Dezember 1994 mitteilte, dass kein Bedarf für eine weitere Unterstützung auf dem Luftweg bestehe, da die Hilfsgüter über Land transportiert werden könnten, entschieden die Staatssekretäre des AA, des BMF und des BMVg unter Leitung des Chefs des BKAmts, die Luftbrücke zum 31. Dezember zu beenden.[2746]

Grundsätzlich hätte der UNHCR die weitere Stationierung der Luftfahrzeuge, z.B. für die Evakuierung der noch immer vor Ort arbeitenden deutschen Helfer[2747], begrüßt. Allerdings hätten die deutschen Soldaten zur besseren Koordination von Nairobi nach Kigali verlegt werden müssen. Da das AA nicht genügend finanzielle Mittel besaß[2748] und die beteiligten Ressorts den Zeitraum von zwei Tagen zur Entsendung einer Transall für eine Evakuierung für ausreichend erachteten,[2749] wurde von einer weiteren

---

bis zum 30.9.1994 nur 91,9 Mio. D-Mark benötigt worden waren, stimmte auch das BMF der Finanzierung zu. BArch, BW 2/28149, Kopie als Anlage Schreiben Staatssekretär Overhaus im BMF an Staatssekretär Wichert im BMVg, 8.11.1994.

[2743] BArch, BW 2/28146, Vorlage Fü S IV 4 an den Verteidigungsminister, Betr.: Hilfsoperationen zur Rettung ruandischer Flüchtlinge, hier: Fortsetzung der Unterstützung des UNHCR mit Luftfahrzeugen, 24.11.1994.

[2744] PA AA, B 34, ZA, Bd 165120, Entwurf Vorlage B-hH i.V. an den Staatssekretär, Betr.: Hilfsflüge der Bundeswehr für ruandische Flüchtlinge und Vertriebene, hier: Finanzierung, 15.12.1994.

[2745] BArch, BW 2/28149, Schreiben des UNHCR an die Ständige Vertretung in Genf, 94/FRS/1276, 8.11.1994; PA AA, B 34, ZA, Bd 165120, Nebenabdruck Vermerk AS-B-hH, Betr.: Hilfsflüge der Bundeswehr im Rahmen der humanitären Hilfe für ruandische Flüchtlinge und Vertriebene, hier: Einstellung der Flüge der Boeing 707 am 27.11.1994, 28.11.1994.

[2746] PA AA, B 34, ZA, Bd 165120, Entwurf Vorlage B-hH i.V. an den Außenminister, Betr.: Humanitäre Hilfe für ruandische Flüchtlinge und Vertriebene, hier: Einstellung der Hilfsflüge der Bundeswehr zum 31.12.1994, 22.12.1994; BArch, BW 2/28146, Vermerk StS. Wichert, Betr.: Hilfsflüge Ruanda, hier: Finanzierung, 22.12.1994; ebd., Rundschreiben Fü S IV 4, Betr.: Sofortinformation Ruanda, hier: Einstellung der Unterstützung der Luftbrücke des UNHCR, 30.12.1994.

[2747] Im Dezember 1994 zählten die deutschen Hilfsorganisationen 327 Helfer, davon 267 in Zaire und 60 in Ruanda. BArch, BW 2/28153, Anzahl der Helfer, Stand: Dezember 1994. Vgl. auch Sorge um deutsche Helfer in Goma. In: FAZ, Nr. 271, 22.11.1994, S. 7.

[2748] PA AA, B 34, ZA, Bd 165120, Drahtbericht der Ständigen Vertretung in Genf an AS-B-hH im AA, Nr. 2375, 16.12.1994; ebd., Entwurf Vorlage B-hH i.V. an den Außenminister, Betr.: Humanitäre Hilfe für ruandische Flüchtlinge und Vertriebene, hier: 1. Hilfsflüge der Bundeswehr in Zusammenarbeit mit dem UNHCR, [...], 19.12.1994.

[2749] BArch, BW 2/28146, Kopie Vermerk StS Wichert, Betr.: Hilfsflüge Ruanda, hier: Finanzierung, 22.12.1994; BArch, BW 2/28153, Entwurf Vorlage Referat LZV 8 im BMI an den Innenminister, Betr.: Notfallplanung für THW-Helfer in Goma, 22.12.1994; PA AA, B 34, ZA, Bd 165120, Entwurf Vorlage B-hH i.V. an den Außenminister, Betr.: Humanitäre Hilfe für ruandische Flüchtlinge und Vertriebene, hier: Einstellung der Hilfsflüge der Bundeswehr zum 31.12.1994, 22.12.1994, hier S. 2; BArch, BW 2/28153,

## IV. Deutsche ›Blauhelme‹ in Afrika 569

Stationierung in der Region abgesehen. Ohnehin blieb das BMVg auf einem Großteil der Kosten – zwischen 19 und 30 Mio. D-Mark[2750] – sitzen. Das AA zahlte nur die 5,6 Mio. D-Mark für die ersten vier Wochen, was vom BMVg als »Panne« vermerkt wurde.[2751]

Insgesamt waren die drei Flugzeuge 276 Einsätze bzw. 1470 Stunden geflogen. Sie hatten 1832 Personen und 3871 Tonnen Hilfsgüter in das Einsatzgebiet transportiert. Allein auf die größere Boeing 707 kamen über 2400 Tonnen.[2752] Abgesehen von einem Vorfall in Nairobi, bei dem ein Angehöriger des dort stationierten Personals unweit seines Hotels überfallen, ausgeraubt und leicht am Hals verletzt worden war,[2753] war es zu keinem sicherheitsrelevanten Vorfall gekommen. Im Gegensatz zur B-707[2754] hatten sich die Transall aber als technisch anfällig erwiesen und waren häufig defekt.[2755] Da das Personal begrenzt gehalten werden sollte und die Luftwaffe durch die Beteiligung an der Luftbrücke nach Sarajevo und Übungen in der Türkei anderweitig gebunden war, fehlten vor Ort ausreichend Techniker und Ersatzteile. Nicht immer waren daher zwei Flüge pro Tag möglich.[2756]

---

Vermerk FÜZBw/EF an den Generalinspekteur, Betr.: Notfallplanung für THW-Helfer in Goma, 16.1.1995. Eine dauerhafte Stationierung einer C-160 in Goma bzw. von Hubschraubern hatte das BMVg zuvor in einer Besprechung mit dem BMI »als derzeit nicht erforderlich bzw. nicht durchführbar abgelehnt«. Ebd., Schreiben Fü S IV 4 an Leiter FüZBw, Betr.: Notfallplanung für Mitarbeiter des THW in Goma, hier: Besprechung bei BMI am 21.12.1994, 21.12.1994.

[2750] Die Abweichung ergab sich aus der Abrechnung der B-707, für die eine Flugstunde im Amtshilfesatz 13 050 D-Mark kostete und im Vollkostensatz 31 801 D-Mark. Vgl. BArch, BW 2/28147, Verfügung Schreiben Fü S IV 4 im BMVg an AS-B-hH im AA, Betr.: Luftbrücke zur Rettung ruandischer Flüchtlinge, hier: Einsatz einer B 707 der Deutschen Luftwaffe (statistische Angaben), 19.12.1994; ebd., Verfügung Schreiben FüZBw EF im BMVg an AS-B-hH im AA, Betr.: Luftbrücke zur Rettung ruandischer Flüchtlinge, hier: Einsatz von zwei C-160 der Deutschen Luftwaffe (statistische Angaben), 11.1.1995.

[2751] BArch, BW 2/28146, Kopie Vermerk StS Wichert, Betr.: Hilfsflüge Ruanda, hier: Finanzierung, 22.12.1994.

[2752] BArch, BL 19/614, Schreiben des stellvertretenden Kommandeurs und Chef des Stabes des Lufttransportkommandos an den Chef des Stabes im Luftwaffenführungskommando, Betr.: Lufttransportunterstützung für UNHCR zur Rettung ruandischer Flüchtlinge (OP Ruanda), hier: Erfahrungsbericht, 8.2.1995, hier S. 2.

[2753] BArch, BW 2/28156, Telefax Luftwaffenführungskommando an Fü S IV 4, SITREP 25.9.1994, 26.9.1994.

[2754] Die einzig nennenswerte Panne ereignete sich Mitte Oktober, als die B-707 wegen eines Lecks in der Kraftstoffanlage ausgetauscht werden musste. Ebd., SITREP über den Luftwaffeneinsatz im Rahmen der Lufttransportunterstützung des UNHCR zur Rettung ruandischer Flüchtlinge, 14.10.1994; BArch, BL 19/614, Schreiben des stellvertretenden Kommandeurs und Chef des Stabes des Lufttransportkommandos an den Chef des Stabes im Luftwaffenführungskommando, Betr.: Lufttransportunterstützung für UNHCR zur Rettung ruandischer Flüchtlinge (OP Ruanda), hier: Erfahrungsbericht, 8.2.1995, hier S. 2 f.

[2755] Vgl. die Tagesberichte in BArch, BW 2/28156. Ende Oktober waren beide C-160 für mehrere Tage defekt und konnten erst nach Eintreffen von Ersatzteilen aus Deutschland repariert werden. Ebd., SITREP über den Luftwaffeneinsatz im Rahmen der Lufttransportunterstützung des UNHCR zur Rettung ruandischer Flüchtlinge, 26.10.1994.

[2756] BArch, BL 19/614, Schreiben des stellvertretenden Kommandeurs und Chef des Stabes des Lufttransportkommandos an den Chef des Stabes im Luftwaffenführungs-

*Materialhilfe der Bundeswehr*

Zusätzlich zur Luftbrücke stellte die Bundeswehr Material für zivile deutsche Hilfsorganisationen zur Verfügung und half diesen im Rahmen des Transports.[2757] Zur Errichtung einer Zeltstadt zur Unterbringung von 250 Helfern wurden der NRO CARE-Deutschland[2758] auf Anfrage leihweise Material und Gerät im Wert von rund einer Mio. D-Mark zur Verfügung gestellt.[2759] Grund für die Unterstützung waren die Finanzierung durch das AA und der öffentliche Druck, den CARE-Deutschland durch seine Werbung erzeugt hatte.[2760] Ein vergleichbarer Druck hatte im Juli gefehlt, als der VN-Mission UNAMIR wegen des Eigenbedarfs der Bundeswehr bzw. Asbest- oder PCP-Belastung keine brauchbaren Zelte angeboten werden konnten.[2761]

Darüber hinaus wollte Verteidigungsminister Rühe dem UNHCR jetzt auch zwei bewegliche Arzttrupps und einen Hygienetrupp, insgesamt 14 Soldaten, sowie eine Wasseraufbereitungsanlage mit oder ohne Personal anbieten, sofern das AA den Transport in Höhe von etwa einer halben Mio. D-Mark finanzierte.[2762] Nun sollten doch Sanitäter in die Region, aber nach Zaire und nicht im Rahmen der VN-Mission nach Ruanda. Minister Rühe hatte die kleine Lösung gewählt. Es ging wohl eher darum, Flagge zu zeigen. Die umfassendere Variante mit bis zu 220 Sanitätssoldaten, die Staatssekretär

---

kommando, Betr.: Lufttransportunterstützung für UNHCR zur Rettung ruandischer Flüchtlinge (OP Ruanda), hier: Erfahrungsbericht, 8.2.1995, hier S. 5.

[2757] BArch, BW 1/372562, Fü S IV 4, Aktueller Lagebericht (2/94), 15.8.1994, hier S. 2.

[2758] Ende Juli hatte CARE-Deutschland junge Ärzte und Medizinstudenten im praktischen Jahr dazu aufgerufen, sich für jeweils zwei Wochen an der humanitären Hilfe in den Flüchtlingslagern an der Grenze zu Ruanda zu beteiligen. Die NRO wollte über sechs Monate jeweils bis zu 200 Ärzte einsetzen und warb damit, von Bundesgesundheitsminister Horst Seehofer und der Bundesregierung unterstützt zu werden. BArch, BW 1/408084, CARE-Deutschland, Menschlichkeit für Ruanda, 26.7.1994. Die Aktion geriet aber schnell in die Kritik, weil sich CARE angeblich nicht in das Konzept des UNHCR einordnete. Zudem sorgte die Rotation des nicht den Anforderungen des UNHCR entsprechenden Personals für Irritationen bei den anderen Organisationen. Vgl. Dieter Ebeling, Care-Helfer fühlen sich als Werbeobjekte missbraucht. In: FR, 22.8.1994, Nr. 194, S. 2; Jürgen Neffe, »Mir dreht es den Magen um«. In: Der Spiegel, Nr. 34 (1994), 22.8.1994, S. 36–38; PA-DBT 3104, Auswärtiger Ausschuß, 12/101, 25.8.1993, S. 99–123; Klinkhammer, Care-Aktion »Menschlichkeit für Ruanda«; Spielberg, Care-Einsatz in Ruanda.

[2759] Vgl. BArch, BH 7-2/1157, Befehl Abt V6 im Heeresamt, Betr.: Unterstützung für Flüchtlingshilfe Ruanda, 3.8.1994, hier Anlage Materialliste.

[2760] BArch, BW 2/28146, Vorlage Fü S IV 4 an Staatssekretär Wichert, Betr.: Hilfsoperationen zur Rettung ruandischer Flüchtlinge, hier: Unterstützung von CARE Deutschland mit einer »Zeltstadt«, 2.8.1994.

[2761] Vgl. BArch, BW 1/442050, Kopie Telefax Fü H V 3 an Rü Z II 4, Betr.: Hilfeleistung zum Aufbau einer Friedenstruppe in Ruanda, hier: Zeltmaterial, 13.7.1994; ebd., Schreiben Rü Z II 4 an Fü H V 3, Betr.: Unterstützung für Ruanda, hier: Materialüberlassung an CARE-Deutschland, 3.8.1994.

[2762] BArch, BW 24/35111, Entwurf Telefax Fü S IV 4 im BMVg an AS-B-hH im AA, Betr.: Humanitäre Hilfe für Flüchtlinge aus Ruanda, hier: Angebot des Bundesministers der Verteidigung an das Hohe Flüchtlingskommissariat, 22.7.1994.

## IV. Deutsche ›Blauhelme‹ in Afrika

Wichert vorgelegen hatte, blieb unbeachtet.[2763] Obwohl sich die Sanitäter weisungsgemäß auf ihre Verlegung vorbereiteten,[2764] wurde ihre Entsendung nie dem UNHCR gemeldet. Die am 22. Juli parallel zu einer Ressortbesprechung eingegangene Bitte des UNHCR verlangte keine deutschen Sanitäter.[2765]

Plötzlich stand nun aber auch Material für die UNAMIR zur Verfügung. Das AA bescheinigte einer Überlassung des Anfang Juli erbetenen Geräts »das dringende Bundesinteresse«.[2766] Ein Grund für das plötzliche Engagement ist im internationalen und medialen Druck zu sehen. Am 16., 22., 23. und 24. Juli war die humanitäre Lage in Goma Hauptthema der Tagesschau.[2767] Das Elend von Hunderttausenden Menschen auf einem begrenzten Gebiet war leichter einzufangen als die Gewalttaten zuvor. Welche Rolle die Geflüchteten im Genozid gespielt hatten, wurde nicht hinterfragt.[2768] Für das AA war »ein schneller deutscher Beitrag zumindest zur materiellen Ausrüstung der VN-Mission« aufgrund internationaler Erwartung »aus politischen Gründen geboten«.[2769] Auch jetzt wurde die Bereitschaft zur Unterstützung der VN-Mission nicht mit dem Bedarf, sondern mit der politischen Notwendigkeit begründet.

Der traditionelle Weg der Materialüberlassung über die Vereinten Nationen war aber zeitaufwendig und passte oft nicht zu den Bedürfnissen der Truppensteller.[2770] Um den Aufwuchs der UNAMIR zu beschleunigen, bat Kofi Annan die »westlichen« Staaten und Russland am 25. Juli auf Vorschlag der USA[2771], Patenschaften für afrikanische Truppen zu übernehmen. Die Industrieländer sollten die afrikanischen Einheiten mit Material beliefern

---

[2763] BArch, BW 24/35112, Kopie Vorlage StvInspSan, InSan II 2 an Staatssekretär Wichert, Betr.: Erste Überlegungen zu Optionen für einen kurzfristig durchzuführenden Einsatz sanitätsdienstlicher Kräfte und Mittel im Rahmen humanitärer Hilfeleistungen im Ausland, 19.7.1994.

[2764] BArch, BW 24/35111, Entwurf Telefax InSan II 1 an Sanitätsamt der Bundeswehr, Betr.: Einsatz zur sanitätsdienstlichen Versorgung ruandischer Flüchtlinge in Zaire, 21.7.1994; ebd., Nebenabdruck Weisung Sanitätsamt der Bundeswehr an die Sanitätsakademie der Bundeswehr, Betr.: Weisung zum Einsatz zur sanitätsdienstlichen Versorgung ruandischer Flüchtlinge in Zaire, 22.7.1994; ebd., Vorlage InSan II 1 an den Inspekteur des Sanitätsdienstes der Bundeswehr, Betr.: Aktion »Ruanda«, 25.7.1994.

[2765] Ebd., Entwurf Telefax InSan II 1 an SanABw, SanAkBw, Betr.: Aktion »Ruanda«, 22.7.1994; ebd., Vorlage InSan II 1 an den Inspekteur des Sanitätsdienstes der Bundeswehr, Betr.: »Aktion »Ruanda«, 25.7.1994.

[2766] BArch, BW 1/442050, Kopie als Anlage Schreiben Referat 230 im AA an Rü II Z 4 im BMVg, Betr.: Materielle Unterstützung für UNAMIR (Ruanda), 20.7.1994.

[2767] Vgl. ARD, Tagesschau vor 20 Jahren, Juli 1994.

[2768] White, The Ignorant Bystander?, S. 109; Bou [u.a.], The Limits of Peacekeeping, S. 226.

[2769] BArch, BW 1/442050, Vorlage Rü Z II 4 an Staatssekretär Schönbohm, Betr.: Deutsche Unterstützung für VN-Maßnahmen, hier: Materielle Hilfe für die VN-Truppe in Ruanda (UNAMIR) aus Beständen der Bundeswehr, 27.7.1994, hier Anlage 2.

[2770] PA AA, B 45, ZA, Bd 192447, Drahtbericht der Ständigen Vertretung in New York an Referat 230 im AA, Nr. 2415, 3.8.1994.

[2771] Drahtbericht Jennifer Ward, Senior Director of African Affairs and Rwanda, an die Ständige Vertretung der USA bei den Vereinten Nationen, Betr.: Rwanda: Getting UNAMIR moving, 22.7.1994, https://clinton.presidentiallibraries.us/items/show/47965.

und vor Ort einweisen.[2772] Zur Verbesserung der Lage hatte sich zwei Tage zuvor bereits US-Präsident Bill Clinton schriftlich an 30 Regierungschefs gewandt; so auch an Bundeskanzler Kohl.[2773] Wie in Somalia traten die USA mittlerweile als »Intervention Entrepreneur«[2774] auf, der die Aufstellung der Mission vorantrieb. Clinton selbst, der erst wenige Tage zuvor Deutschland besucht und öffentlich die deutsche Übernahme von mehr Verantwortung gefordert hatte,[2775] kündigte an, vier der acht vom UNHCR erbetenen »service packages« zur humanitären Soforthilfe der Flüchtlinge zu übernehmen, zusätzliche Ressourcen für die Luftbrücke sowie weitere 75 Mio. US-Dollar »in cash and commodities« zur Verfügung zu stellen. Gleichzeitig bat er auch die anderen Staatschefs, die Beteiligung von Soldaten zur Bewältigung der Flüchtlingskrise sowie finanzielle Leistungen für NROs zu prüfen. Clinton drängte mit einem eindringlichen Appell auf die Entsendung von weiteren Truppen für die UNAMIR oder die Patenschaft von afrikanischen Kontingenten: »Every day that UNAMIR is not yet fully functioning is another day that refugees will be unable to return. As a result, many will die in the terrible conditions their exile has caused.«[2776]

Auch auf die Bitte des wichtigsten NATO-Partners hin billigte Staatssekretär Wichert Ende Juli die Abgabe von 35 Lkw, zwei Wassertankfahrzeugen, fünf Feldküchen, zwei Feldarbeitsgeräten, einem Berge-Kfz und einer Werkstattausrüstung. Das Gerät war bei der Bundeswehr »überschüssig« und sollte für »politische Entlastung« sorgen. Weil der Wert der Geräte rund 611 000 D-Mark betrug, musste das BMF zustimmen. Die Instandsetzungs- und Transportkosten von rund 280 000 D-Mark sollten von den Vereinten Nationen getragen werden.[2777] Das war kein Sonderfall. Auch die USA und Großbritannien forderten Refinanzierung.[2778] International unter Druck stehend, wies Staatssekretär Wichert aber an, umgehend mit der Lackierung und

---

[2772] PA AA, B 34, ZA, Bd 165128, Drahtbericht der Ständigen Vertretung in New York an Referat 230 im AA, Nr. 2322, 25.7.1994.

[2773] BArch, BW 2/29686, Kopie Operational Text of Letter from President Clinton to Chancellor Kohl, o.D. [Eingangsdatum 23.7.1994].

[2774] Vgl. Henke, A Tale of Three French Interventions, S. 584 f.

[2775] Karl-Ludwig Günsche, Clinton für deutsche UNO-Einsätze. In: Die Welt, Nr. 160, 12.7.1994, S. 1; Deutschland soll stärkere Führungsrolle ausüben. In: SZ, Nr. 158, 12.7.1994, S. 1. In der Vorbereitungsmappe Clintons hieß es zum Thema Auslandseinsätze der Bundeswehr: »While we understand the sensitivity of this issue, [...] we make clear our hope that a unified Germany will assume the responsibilities and burdens appropriate to its new status in the international system.« Anthony Lake, Memorandum for the President, Your Trip to Germany, July 10–12, hier S. 22, https://clinton.presidentiallibraries.us/items/show/36625, [1.9.2021].

[2776] BArch, BW 2/29686, Kopie Operational Text of Letter from President Clinton to Chancellor Kohl, o.D. [Eingangsdatum 23.7.1994].

[2777] BArch, BW 1/442050, Vorlage Rü Z II 4 an Staatssekretär Schönbohm, Betr.: Deutsche Unterstützung für VN-Maßnahmen, hier: Materielle Hilfe für die VN-Truppe in Ruanda (UNAMIR) aus Beständen der Bundeswehr, 27.7.1994.

[2778] Dallaire, Handschlag mit dem Teufel, S. 431 f.; White, The Ignorant Bystander?, S. 89 f.

## IV. Deutsche ›Blauhelme‹ in Afrika

Instandsetzung zu beginnen und nicht erst auf die Zustimmung der Vereinten Nationen zu warten.[2779]

Die Abgabe von 50 Mannschaftstransportwagen M 113 im Wert von sechs Mio. D-Mark an die UNAMIR billigte Wichert ebenfalls. Die Transportkosten sollten auch hier von den Vereinten Nationen oder der Transport von der US-Airforce übernommen werden. Aus rechtlichen Gründen war die Abgabe nicht an Drittstaaten, sondern an die Weltorganisation geplant.[2780] Damit wurden den Vereinten Nationen jene 50 Fahrzeuge angeboten, die diese im Mai kurz nach Beginn des Genozids erbeten, aufgrund fehlender deutscher Kapazitäten aber nicht erhalten hatten. Zusätzlich konnten den Vereinten Nationen nun auch bis zu 50 Lkw mit 5 t und bis zu 20 Lkw mit 0,5 t angeboten werden, falls die Instandsetzung erstattet würde. Erneut war nicht ihr Bedarf ausschlaggebend, sondern die Absicht, nicht hinter den USA zurückzustehen. Die Abgabe der 50 M 113 »entspräche [...] der materiellen Unterstützung durch die USA«. Dass plötzlich Material zur Verfügung stand, wurde mit der »dramatische[n] Lageentwicklung der letzten Wochen« begründet, die »den Rückgriff auf die Großgerätereserven des Heeres« rechtfertige. Mit der Rückkehr der Flüchtlinge sollte »eine Katastrophe größeren Ausmaßes« verhindert werden.[2781] Dass während der vergangenen drei Monate Hunderttausende Menschen ermordet worden waren und die Lage deutlich schlimmer als zuvor in Somalia gewesen war, war offenbar nicht in dem Ausmaß wahrgenommen worden oder hatte nicht als Handlungsgrund gereicht.

Weil die Lkw eine zeitintensive und kostspielige Instandsetzung benötigten und für die Mongolei und Tunesien vorgesehen waren, empfahl die Arbeitsebene des BMVg die Bereitstellung der M 113.[2782] Eingegangene bilaterale Verpflichtungen hatten einen höheren Stellenwert als die VN-Mission. Das von den Vereinten Nationen präferierte Modell der Patenschaft kam für das BMVg – ähnlich wie für das AA, für das die angedachte Materialmenge »viel zu beschränkt [ist,] um einen wirklichen positiven Effekt auf die bilateralen Beziehungen« mit einem Empfängerland zu haben[2783] – aus

---

[2779] Insgesamt handelte es sich um 35 Lkw, zwei Wassertankfahrzeuge, zwei Wassertankanhänger, fünf Feldküchenfahrzeuge, ein Berge-Kfz, zwei Feldarbeitsgeräte, einen Satz Werkstattausstattung und Zelte. BArch, BW 1/442050, Vorlage Rü Z II 4 an Staatssekretär Schönbohm, Betr.: Deutsche Unterstützung für VN-Maßnahmen, hier: Materielle Hilfe für die VN-Truppe in Ruanda (UNAMIR) aus Beständen der Bundeswehr, 27.7.1994. Zur Meldung des BMVg an das AA siehe ebd., Verfügung Schreiben Rü Z II 4 im BMVg an Referat 230 im AA, Betr.: Deutsche Unterstützung für UNAMIR, 29.7.1994.
[2780] BArch, BW 2/29686, Vorlage Fü S III 5 an den Verteidigungsminister, Betr.: D-Unterstützung UNAMIR, 29.7.1994.
[2781] Ebd., S. 2 f. Siehe auch BArch, BW 2/29686, Kopie Schreiben Fü S III 5 an Referat 230 im AA, Betr.: Deutsche Unterstützung für UNAMIR, hier: Angebot zur materiellen Unterstützung, 1.8.1994.
[2782] BArch, BW 2/29686, Vorlage Fü S III 5 an den Verteidigungsminister, Betr.: D-Unterstützung UNAMIR, 29.7.1994, hier S. 3.
[2783] PA AA, B 34, ZA, Bd 165128, Vorlage Referat 230/322 an den Außenminister, Betr.: Ausrüstung afrikanischer Truppenkontingente für den VN-Einsatz in Ruanda, hier: Sog. »Adoptionsschema«, 25.7.1994.

zwei Gründen nicht infrage. Einerseits sollte durch die Überlassung von Rüstungsgütern an die Vereinten Nationen verhindert werden, dass die Abgabe unter das Kriegswaffenkontrollgesetz fiel.[2784] Andererseits bereitete die Ausbildung am Gerät Probleme. Rechtlich war eine Ausbildung von Nicht-NATO-Kontingenten in der Bundesrepublik verboten. Allenfalls hätten einzelne Soldaten ausgebildet werden dürfen. Eine Einweisung durch Personal der Bundeswehr in Ruanda war zwar verfassungsrechtlich möglich, das BMVg wollte jedoch »die – zeitaufwendige – Befassung des Kabinetts« umgehen, die nötig wurde, um die Soldaten auf Grundlage des Auslandsverwendungsgesetzes zu entsenden. Eher sollten die USA gebeten werden, die Einweisung der M 113 zu übernehmen.[2785] Ende August stimmte der Generalinspekteur zu, das Patenschaftsmodell aufgrund finanzieller, materieller und rechtlicher Beschränkungen nicht weiter zu verfolgen.[2786] Die Bitten des VN-Sekretariats zur Patenschaft für ein malisches Kontingent[2787] bzw. der OAU, ein äthiopisches Bataillon für Ruanda auszustatten, blieben offenbar unbeachtet.[2788]

Als über zwei Wochen nach der Bitte von Präsident Clinton aber noch immer keine materielle Hilfe von Deutschland an die UNAMIR erfolgt war, äußerte Bundeskanzler Kohl öffentlich Kritik.[2789] Dass es danach zu weiteren Verzögerungen kam, lag an der mangelnden Kommunikation zwischen den Vereinten Nationen, den USA und Deutschland sowie fehlenden US-Transportkapazitäten.[2790] Letztlich wurden die Mannschaftstransportwagen nie der UNAMIR übergeben. Die ruandische Regierung wollte keine weiteren M 113 im Land.[2791] Auch die 35 Lkw lehnten die Vereinten Nationen ab.[2792] Einzig das verbliebene Großgerät wurde Mitte September nach Ruanda transportiert.[2793] Die zwei Wassertankfahrzeuge, die Feldküchengeräte, das

---

[2784] BArch, BW 2/29686, Vorlage Fü S III 5 an den Verteidigungsminister, Betr.: D-Unterstützung UNAMIR, 29.7.1994, hier S. 3.

[2785] BArch, BW 1/408084, Schreiben VR II 2 an Fü S III 5, Betr.: Materielle Unterstützung UNAMIR, 29.7.1994; BArch, BW 2/29686, Vorlage Fü S III 5 an den Verteidigungsminister, Betr.: D-Unterstützung UNAMIR, 29.7.1994, hier S. 4.

[2786] BArch, BW 2/29686, Vorlage Fü S III 5 an den Generalinspekteur, Betr.: »Patenschaft« für VN-Truppensteller, 22.8.1994.

[2787] PA AA, B 45, ZA, Bd 192447, Drahtbericht der Ständigen Vertretung in New York an Referat 230 im AA, Nr. 2365, 28.7.1994.

[2788] PA AA, B 34, ZA, Bd 165128, Drahtbericht der Botschaft der Bundesrepublik Deutschland in Addis Abeba an Referat 230 im AA, Nr. 765, 4.8.1994.

[2789] Vgl. 3000 Deutsche wollen nach Ruanda. In: Die Welt, Nr. 178, 2.8.1994, S. 2.

[2790] Der Vorgang findet sich ausführlich in BArch, BW 2/28159.

[2791] PA AA, B 34, ZA, Bd 165128, Telefax der Ständigen Vertretung in New York an Referat 230 im AA, Nr. 2860, 13.9.1994; ebd., Drahtbericht der Ständigen Vertretung in New York an Referat 230 im AA, Nr. 2863, 14.9.1994; BArch, BW 1/372562, Kurzmitteilung Fü S III 5 an Büro Staatssekretär Schönbohm, Betr.: Deutsche Unterstützung für UNAMIR (Ruanda), hier: Abtransport des Materials, 15.9.1994.

[2792] PA AA, B 34, ZA, Bd 165128, Drahtbericht der Ständigen Vertretung in New York an Referat 230 im AA, Nr. 2423, 3.8.1994.

[2793] BArch, BW 1/372562, Kurzmitteilung Fü S III 5 an Büro Staatssekretär Schönbohm, Betr.: Deutsche Unterstützung für UNAMIR (Ruanda), hier: Abtransport des Materials, 15.9.1994.

IV. Deutsche ›Blauhelme‹ in Afrika 575

Bergefahrzeug, die zwei Frontlader und die Werkstattausstattung wurden den dortigen Behörden nach Beendigung der Mission übergeben.[2794] Für das BMVg war dies die einzige direkte Unterstützung der UNAMIR. Sie entsprach dem im Juli formulierten Bedarf der Vereinten Nationen. Allerdings erfolgte die Abgabe erst im Herbst und weniger aufgrund der Bitte der Vereinten Nationen als des internationalen Drucks, mehr Hilfe zu leisten.

*Keine Helikopter nach Ruanda*

Das deutsche Verhalten gegenüber einer UNAMIR-Unterstützung während des Genozids hatte zur Folge, dass die Vereinten Nationen Deutschland erst ein halbes Jahr später erneut um eine personelle Beteiligung baten. Am 7. November 1994 fragte das VN-Sekretariat die Ständige Vertretung in New York, ob die Bundesrepublik drei Transport- und/oder drei Beobachtungshubschrauber sowie das zugehörige Personal stellen könne. Kofi Annan betonte in seiner inoffiziellen Anfrage, dass andere Staaten bereits im Oktober vergeblich um Hilfe gebeten worden seien.[2795] Großbritannien soll die Anfrage sogar bereits Ende August erhalten haben.[2796] Die Bundesrepublik war nur noch dritte Wahl. Hinzu kam, dass sie bereits im Juli die Gestellung von sechs Hubschraubern für die VN-Mission UNPROFOR abgelehnt hatte.[2797]

Da eine Antwort der Bundesregierung ausblieb, wiederholte das VN-Sekretariat am 23. November in einem Gespräch mit der Ständigen Vertretung den Bedarf. Es erwähnte aber auch, dass bereits an die Anmietung ziviler Hubschrauber gedacht werde. Dies entsprach der bevorzugten Lösung des BMVg.[2798] Generalinspekteur Naumann hatte bereits beim Eingang des Drahtberichts auf den erheblichen logistischen Aufwand und die Kosten verwiesen.[2799] Ob es überhaupt zu einer Anfrage des AA an das BMVg kam, ging aus den Akten nicht hervor. Rechtliche Bedenken standen einem »Einsatz« zu diesem Zeitpunkt nicht mehr entgegen. Ausdrücklich wurde im BMVg daher auch von einem Einsatz gesprochen. Wegen der »instabilen Sicherheitslage in Ruanda« schien aber eine bewaffnete Sicherheitskomponente zum Schutz des fliegenden Personals und des Geräts erforderlich. Das Parlament hät-

---

[2794] Vgl. BArch, BW 1/442051, Press-Release Embassy of the Federal Republic of Germany, All German UNAMIR-Material to be transferred to the Rwandese Government, 19.4.1996.
[2795] BArch, BW 2/29687, Fax Kofi Annan, United Nations, an die Ständige Vertretung in New York, 7.11.1994.
[2796] White, The Ignorant Bystander?, S. 128.
[2797] Vgl. BArch, BW 1/372021, Drahterlass Referat 230 im AA an die Ständige Vertretung in New York, Nr. 8701, 25.7.1994.
[2798] Vgl. die Anmerkung auf BArch, BW 2/28159, Drahtbericht der Ständigen Vertretung in New York an Referat 230 im AA, Nr. 3810, 11.11.1994. Ein Referent von Fü S IV 4 vermerkte zur Information aus New York: »Na also!« Ebd., Drahtbericht der Ständigen Vertretung in New York an Referat 230 im AA, Nr. 4051, 23.11.1994, hier S. 2.
[2799] Vgl. die Anmerkung auf ebd., Drahtbericht der Ständigen Vertretung in New York an Referat 230 im AA, Nr. 3810, 11.11.1994, hier S. 1.

te somit beteiligt werden müssen.[2800] Das BMVg spielte daher auf Zeit. Zunächst ließ es das AA wissen, dass für den Einsatz ein zeitaufwendiger Parlamentsbeschluss nötig sei, weswegen die Vereinten Nationen um eine Frist zur Antwort gebeten werden sollten.[2801] Unberechtigt war der zeitliche Einwand nicht. Im Oktober hatte Deutschland gewählt. Eine neue Regierung bildete sich erst nach der Wiederwahl von Helmut Kohl zum Bundeskanzler am 15. November.[2802] Vermutlich wären erneut mehrere Wochen verstrichen, ehe den Vereinten Nationen hätte geholfen werden können.

Das Risiko eines solchen Einsatzes bewertete das BMVg als »gering«, die Sicherheitslage in Kigali wurde als »ruhig« eingestuft.[2803] Der Handlungsbedarf für die Vereinten Nationen sei wiederum dringend, da die UNAMIR »rasch schlagkräftig werden« müsse, um »glaubhaft sichere Lebensbedingungen« garantieren zu können, und auch der angefragte Beitrag sei operativ sinnvoll, da eine schnelle Luftverlegbarkeit zur frühzeitigen Eindämmung von Gewalt beitragen könne.[2804] Während die Luftwaffe nur drei leichte Transporthubschrauber aufbringen konnte und damit die Anfrage der Vereinten Nationen nur zum Teil hätte erfüllen können,[2805] schlug das Heeresführungskommando die Entsendung von zehn leichten Transporthubschraubern des Typs Bell UH-1D mit 300 Soldaten vor.[2806] Ohne die Flugkosten hätte ein solcher Einsatz monatlich rund 2,7 Mio. D-Mark gekostet.[2807]

Obwohl die Fähigkeiten und das Personal wie bei der Anfrage zur Entsendung von Sanitätskräften zur Verfügung standen, erwirkte das federführende Referat Fü S III 5 Ende November die auch dem Minister vorgelegene

---

[2800] BArch, BW 1/429792, Verfügung Schreiben VR II 2 an Fü S III 5, Betr.: UNAMIR, hier: Unterstützung mit Hubschraubern, 18.11.1994.
[2801] Ebd., Kopie Schreiben Referat Fü S III 5 im BMVg an Referat 230 im AA, Betr.: UNAMIR, hier: Unterstützung mit Hubschraubern, 14.11.1994.
[2802] Vgl. BT-PlPr. 13/2, 15.11.1994; BT-PlPr. 13/3, 15.11.1994.
[2803] BArch, BW 2/29687, Schreiben Fü S II 3 an Fü S III 5, Betr.: Risikobewertung Hubschraubereinsatz für UNAMIR in Ruanda, 18.11.1994.
[2804] BArch, BW 1/372203, Kopie Vorlage Fü S III 5 an den Verteidigungsminister, Betr.: Einsatz von Streitkräften zu friedensunterstützenden Maßnahmen der VN/KSZE, 23.11.1994, hier Anlage 9, S. 1.
[2805] BArch, BW 2/28159, Kopie Schreiben Fü L III 3 an Fü S III 5, Betr.: Unterstützung UNAMIR II, 18.11.1994. Laut Fü S III 5 sah Fü L aber »in einem solchen Einsatz die Chance, Konzepte und Verfahren für Auslandseinsätze im Rahmen einer VN-Mission zu erproben.« BArch, BW 2/29686, Vorlage Fü S III 5 an Staatssekretär Schönbohm, Betr.: UN Assistance Mission for Ruanda (UNAMIR), hier: Anfrage zur Unterstützung mit Hubschraubern, 25.11.1994, hier S. 2.
[2806] Neben den sechs angeforderten Maschinen sollten ein Aufklärungshubschrauber, ein MEDEVAC-Hubschrauber und zwei Reservehubschrauber entsandt werden. Die Verlegung von mittleren Transporthubschraubern wurde aufgrund des Aufwandes, der Einschränkungen für die Ausbildung und des schlechten Klarstands abgelehnt. BArch, BW 2/28159, Kopie Schreiben Heeresführungskommando G 3 Operation an Fü H III 4 im BMVg, Betr.: UNAMIR, hier: Unterstützung mit Hubschraubern, 18.11.1994.
[2807] BArch, BW 2/29686, Vorlage Fü S III 5 an Staatssekretär Schönbohm, Betr.: UN Assistance Mission for Ruanda (UNAMIR), hier: Anfrage zur Unterstützung mit Hubschraubern, 25.11.1994, hier S. 2.

## IV. Deutsche ›Blauhelme‹ in Afrika

Ablehnung von Staatssekretär Schönbohm. Die Entscheidung entsprach der bisherigen Haltung, eine Beteiligung an der UNAMIR zu vermeiden. Wörtlich hieß es in der Vorlage: »Der Einsatz des Hubschrauberkontingents würde den Einstieg in UNAMIR bedeuten, den wir bisher abgelehnt haben.«[2808] Obwohl das Somalia-Engagement beendet worden war, wollte das BMVg keine weitere Mission in Afrika; aus Sicht des BMVg bestand kaum »nationales Interesse am Einsatz«.[2809] Ruanda lag »nicht in unmittelbarem Interessensgebiet«.[2810] Stattdessen sollte die Bundeswehr ihre Ressourcen schonen, um für künftige Herausforderungen in Europa gewappnet zu sein.[2811] Hatte das BMVg 1992 auf eine Beteiligung in Somalia gedrängt, um sich nicht stärker im ehemaligen Jugoslawien engagieren zu müssen, wollte es jetzt keine Hochwertfähigkeiten in Ruanda stationieren, die später eventuell auf dem wesentlich bedeutenderen europäischen Festland benötigt würden.

Darüber hinaus bewertete das BMVg die Erfolgsaussichten der UNAMIR als gering. Auf die Rückführung der Flüchtlinge und die Stabilisierung der Nachbarländer habe die Mission kaum Einfluss. Statt »militärische[r] Maßnahmen« hielt das BMVg ein »umfassendes Aufbauprogramm für die ganze Region« für erforderlich.[2812] Verglichen mit Somalia war dies eine neue Sichtweise. Darüber hinaus fürchtete das BMVg die Verstetigung des Einsatzes ohne Aussicht auf einen Abzug, an dem kaum »westliche Partner« beteiligt waren.[2813] Obwohl sich mit Kanada und Großbritannien zwei NATO-Partner sichtbar engagierten,[2814] fehlte es im Gegensatz zu Somalia am Engagement der USA. Ein weiterer Grund für die Ablehnung war das Risiko einer erneuten Eskalation. Das BMVg fürchtete um das eigene Ansehen, falls die VN-Soldaten wie im April abgezogen werden müssten. Da die zivilen Organisationen und die Transportunterstützung für den UNHCR der »moralischen Verpflichtung« genügten, billigte Staatssekretär Schönbohm die Empfehlung, »eine Teilnahme von Kräften der B[undeswehr] an UNAMIR abzulehnen«.[2815] Nach dem Wegfall verfassungsrechtlicher Bedenken entsprang die erneute Weigerung einer rein sachlichen Priorisierung von möglichen Aufgaben in Europa; angesichts der 1995 in Bosnien und Herzegowina

---

[2808] Ebd.
[2809] Ebd., S. 3.
[2810] BArch, BW 1/372203, Kopie Vorlage Fü S III 5 an den Verteidigungsminister, Betr.: Einsatz von Streitkräften zu friedensunterstützenden Maßnahmen der VN/KSZE, 23.11.1994, hier Anlage 9, S. 2.
[2811] BArch, BW 2/29686, Vorlage Fü S III 5 an Staatssekretär Schönbohm, Betr.: UN Assistance Mission for Ruanda (UNAMIR), hier: Anfrage zur Unterstützung mit Hubschraubern, 25.11.1994, hier S. 3.
[2812] Ebd., S. 2.
[2813] Ebd.
[2814] Vgl. United Nations, Summary of Contributions to Peace-Keeping Operations by Countries as of 31 October 1994, https://peacekeeping.un.org/sites/default/files/oct-1994.pdf.
[2815] BArch, BW 2/29686, Vorlage Fü S III 5 an Staatssekretär Schönbohm, Betr.: UN Assistance Mission for Ruanda (UNAMIR), hier: Anfrage zur Unterstützung mit Hubschraubern, 25.11.1994, hier S. 3.

verübten Massaker und der deutschen Unterstützung an der im Sommer des Jahres aufgestellten internationalen Eingreiftruppe rückwirkend eine nachvollziehbare Entscheidung.[2816] Überdies hatte das AA das BMVg auch nicht um Hilfe gebeten.[2817] Grund zum Handeln bestand für das BMVg somit nicht.

Offiziell begründet wurde die Ablehnung zunächst nicht. In ihrer Antwort auf eine Große Anfrage der SPD von 1997 nannte die Regierung aber »Kapazitätsgründe« für die Zurückweisung der informellen Anfrage des VN-Sekretariats zur Stellung einer Hubschraubereinheit.[2818] Wie gezeigt, waren die Fähigkeiten vorhanden. Aus sicherheits- und bündnispolitischen Überlegungen war das BMVg nur nicht gewillt, diese in Ruanda einzusetzen.

Die Vereinten Nationen wandten sich anschließend noch zwei Mal zur militärischen Unterstützung der UNAMIR an Deutschland. Mitte Dezember 1995 wurde die Ständige Vertretung in New York inoffiziell und mündlich vom Stabschef des Militärberaters des VNGS angefragt, für die letzten drei Monate der Mission, von Dezember 1995 bis März 1996, den Kommandeur der UNAMIR zu stellen. Grund war der Abzug des kanadischen Kontingents mit dem bisherigen Befehlshaber. Obwohl dies die erste deutsche Führung einer militärischen VN-Komponente gewesen wäre, lehnte das BMVg ab. Da Deutschland keine Soldaten stellte, befürchtete es Akzeptanzprobleme bei den afrikanischen und asiatischen Truppen. Auch sei fraglich, ob Ruanda einen deutschen Kommandeur akzeptieren werde. Da die Mission nur noch drei Monate laufe, könne Deutschland durch die Übernahme des Dienstpostens auch »keinen signifikanten Beitrag« mehr zum Friedensprozess leisten. Weil Ruanda außerhalb des deutschen Interessengebiets lag, wurde die Anfrage mit Genehmigung des Staatssekretärs Schönbohm – dem Minister hatte die Vorlage nicht vorgelegen – nicht weiter verfolgt.[2819]

Als das VN-Sekretariat Anfang Februar 1996 informell bei der Ständigen Vertretung in New York noch einmal um die Entsendung einer deutschen Logistik- bzw. Pionierkompanie anfragte, wurde dies gar nicht mehr vom BMVg geprüft und bereits vom Generalinspekteur abgelehnt. Die Beteiligung der Bundeswehr an der UNAMIR lag aus Sicht des Führungsstabs der Streitkräfte »unverändert nicht im deutschen Interesse«.[2820] Dabei waren es

---

[2816] Zur dortigen Unterstützung siehe Kriemann, Hineingerutscht?, S. 154–163.
[2817] BArch, BW 2/29686, Vorlage Fü S III 5 an Staatssekretär Schönbohm, Betr.: UN Assistance Mission for Ruanda (UNAMIR), hier: Anfrage zur Unterstützung mit Hubschraubern, 25.11.1994, hier S. 3.
[2818] BT-Drs. 13/6773, 15.1.1997, S. 28. Die Ablehnung einer »Lufttransportleistung« mit einer Transall wurde mit fehlenden Kapazitäten, der Teilnahme an der Luftbrücke nach Sarajevo und der UNSCOM begründet. Dabei ist ungewiss, auf welche Anfrage sich die Bundesregierung bezog, da nur Anfragen nach dem 12.7.1994 aufgenommen wurden.
[2819] BArch, BW 2/34954, Vorlage Fü S III 5 an Staatssekretär Schönbohm, Betr.: VN-Mission in Ruanda (UNAMIR), hier: Inoffizielle Voranfrage der VN zur Übernahme des Force Commander UNAMIR durch DEU, 14.12.1995.
[2820] BArch, BW 2/29689, Vorlage Fü S III 5 an den Generalinspekteur, Betr.: VN-Mission in Ruanda (UNAMIR), hier: Bitte der VN um Entsendung einer deutschen Logistik/Pionierkompanie, 12.2.1996.

gerade die deutschen Diplomaten, die sich im VNSR für die Beibehaltung einer größeren Mission aussprachen.[2821] Wie die Ablehnungen zuvor jedoch gezeigt hatten, ließ sich das BMVg bei seiner Entscheidung nur selten von den Wünschen des AA beeinflussen. Wollte sich das AA sichtbar an der UNAMIR beteiligen, musste es andere Wege gehen.

### d) Der Polizeieinsatz bei der UNAMIR

Die Aufstockung der UNAMIR im Sommer 1994 war von militärischen Überlegungen geprägt. Ende November erhielt aber auch die Polizeikomponente ein stärkeres Profil. Durch Resolution 965 sollte die nominell 90-köpfige CIVPOL-Komponente die Aufstellung einer neuen ruandischen Polizei unterstützen.[2822] In diesem Zusammenhang beschäftigten sich auch die deutschen Ressorts mit einer direkten Beteiligung an der UNAMIR. Für das AA waren die Interessen klar. Außer mit fünf Beamten des BGS in der Westsahara und zehn Militärbeobachtern bzw. Sanitätssoldaten in Georgien beteiligte sich die Bundesrepublik im dritten Quartal 1994 personell an keiner weiteren VN-Mission. Im Streben nach einem ständigen Sitz im VNSR kam die Aufstockung der Polizeikomponente gerade recht, zumal das BMVg jede weitere personelle militärische Unterstützung in Afrika verwehrte. Hinzu kam die Übernahme eines nichtständigen Sitzes im VNSR 1995/96, dessen Anspruch mit der zusätzlichen Beteiligung an einer VN-Mission untermauert werden konnte. Das BMI, das bisher die Polizeikomponenten unterstützt hatte, besaß mit dem ehemaligen Jugoslawien aber bereits einen regionalen Schwerpunkt. Die Entsendung von Polizisten nach Somalia war im Winter 1993 an den Vorbehalten des BMI gescheitert. Im Sommer 1994 verweigerte es die Aufstockung des BGS-Kontingents in der Westsahara.[2823] Eine weitere Anfrage schien wenig erfolgversprechend.

Am 29. August 1994 wandte sich das AA daher an das SPD-geführte Innenministerium von Rheinland-Pfalz. Aufgrund der jahrelangen Kooperation mit Ruanda bestünden ein »besondere[s] Vertrauensverhältni[s]« und »außerordentlich günstige Voraussetzungen für den Einsatz« rheinland-pfälzischer Polizisten, wie einem Schreiben des dortigen Innenministers Walter Zuber (SPD) zu entnehmen ist.[2824] Vorausgegangen war ein Briefwechsel zwischen Zuber und Kinkel, in dem die Bundesregierung aufgefordert wurde, sich stärker bei der juristischen Aufarbeitung der Menschenrechtsvergehen

---

[2821] Vgl. VNSR, S/PV.3605, 12.12.1995, S. 9.
[2822] VNSR, S/RES/965(1994), 30.11.1994, Randnr. 3.
[2823] Ausführlich siehe Kapitel VI.2.d) und 3.b).
[2824] Vgl. LHAKo, Best. 880, Nr. 13958, Entwurf Schreiben Minister des Innern und für Sport des Landes Rheinland-Pfalz Walter Zuber an Staatsminister Gernot Mittler, Betr.: Teilnahme von Polizeibeamten aus Rheinland-Pfalz an der VN-Mission in Ruanda (UNAMIR), 6.12.1994.

in Ruanda zu engagieren.[2825] Die Beteiligung von Polizisten aus Rheinland-Pfalz bot die Möglichkeit, nun auch selbst im Bereich der Strafverfolgung aktiv zu werden. Die Planungen zur Beteiligung der Länder an internationalen Polizeimaßnahmen waren mit der Entsendung von Polizisten in die WEU-Mission nach Mostar (Bosnien und Herzegowina) zudem bereits angestoßen worden und kein Präzedenzfall[2826]. Für das Innenministerium von Rheinland-Pfalz bestand somit eine gute Gelegenheit, das Partnerland Ruanda durch eine weitere Maßnahme zu unterstützen.[2827] Den Rückhalt aller im rheinland-pfälzischen Landtag vertretenen Parteien für die Unterstützung Ruandas besaß es,[2828] zumal der Landtag Ende August die vollständige Dislozierung der VN-Mission gefordert hatte.[2829] Im Oktober/November 1994 reiste Innenminister Zuber in Absprache mit dem neuen Ministerpräsidenten Kurt Beck (SPD)[2830] als einer der ersten westeuropäischen Politiker nach Ende des Konflikts nach Ruanda.[2831] Die hier gewonnenen Eindrücke mögen Zuber bestärkt haben, Polizisten zu entsenden. Offenbar wurde er von der neuen Regierung in Kigali auch darum gebeten.[2832] Die Entscheidung war zu diesem Zeitpunkt aber bereits gefallen.[2833] Von Beginn an legte Zuber größten Wert darauf, dass es sich bei der Beteiligung der Landespolizei nicht um »einen reinen Ländereinsatz« handelte, sondern um die Unterstützung des Bundes. Die Beteiligung sei vergleichbar mit der Entsendung des BGS oder der Landespolizeien nach Mostar.[2834] Der Grund war wie so häufig die Frage der sozialen Absicherung der Beamten und deren Finanzierung. Dass die Beteiligung eine gesamt-

---

[2825] Vgl. PA AA, B 80, Bd 1469, Entwurf Schreiben Außenminister Klaus Kinkel an den Minister des Innern und für Sport des Landes Rheinland-Pfalz Walter Zuber, 15.6.1994; LT-RLP-PlPr. 12/85, 25.8.1994, S. 6827.

[2826] Insgesamt sollten rund 70 deutsche Polizisten in Mostar zum Einsatz kommen. Bonn will 70 Polizisten nach Bosnien schicken. In: FAZ, Nr. 143, 23.6.1994, S. 2. Zur WEU-Polizeimission in Mostar siehe Janiesch, Der Einsatz europäischer Polizeibeamter, S. 22–25; Preuss, Friedensaufbau, S. 75–109; Preuss, Die WEU-Mission in Mostar.

[2827] Vgl. die Rede von Innenminister Zuber in LT-RLP-PlPr. 12/78, 21.4.1994, S. 6256–6259. Auch wenn der Polizeikontingent nicht am Entscheidungsprozess beteiligt war, geht sein erster Kontingentführer davon aus, dass die Beteiligung »eine Herzensangelegenheit« Zubers gewesen sei. Zeitzeugenbefragung von Polizeioberrat i.R. Anton Barz am 7.2.2020. Zuber hatte sich vor Oktober 1994 aber nie selbst in Ruanda aufgehalten. Seine persönliche Verbundenheit zur Partnerschaft zwischen Rheinland-Pfalz und Ruanda wurde erst kurz vor der Entsendung der Polizisten geweckt. Zeitzeugengespräch mit Dr. Carola Stein am 11.5.2020.

[2828] Vgl. die fraktionsübergreifenden Entschließungen in LT-RLP-Drs. 12/4682, 15.4.1994; LT-RLP-Drs. 12/5294, 25.8.1994.

[2829] LT-RLP-Drs. 12/5294, 25.8.1994.

[2830] In seiner ersten Regierungserklärung hatte Beck verkündet: »Die gepeinigten und zutiefst verunsicherten Menschen in Ruanda bedürfen unserer Hilfe. Deshalb müssen in der nächsten Zeit auch die humanitären Anstrengungen fortgesetzt werden.« LT-RLPPlPr. 12/91, 27.10.1994, S. 7181.

[2831] Siehe dazu die Erklärung Zubers in LT-RLP-PlPr. 12/94, 10.11.1994, S. 7339–7344.

[2832] BArch, BW 1/371371, Bericht über die Reise von Herrn Staatsminister Walter Zuber nach Ruanda vom 28. Oktober bis 9. November 1994, o.D., S. 21.

[2833] Deutsche Polizisten im Auftrag der UN nach Ruanda. In: FAZ, Nr. 208, 7.9.1994, S. 3.

[2834] LHAKo, Best. 880, Nr. 13958, Entwurf Schreiben des Ministers des Innern und für Sport des Landes Rheinland-Pfalz Walter Zuber an den Bundesminister des Innern

## IV. Deutsche ›Blauhelme‹ in Afrika

staatliche Angelegenheit sei, meinte auch Bundesinnenminister Manfred Kanther,[2835] für den die Teilnahme von Rheinland-Pfalz eine Entlastung des BMI bedeutete.

Ähnlich wie bei den Verwendungen des BGS war das Interesse der rheinland-pfälzischen Beamten groß. 39 Polizisten bewarben sich auf die zehn verfügbaren Stellen.[2836] Voraussetzungen für eine Bewerbung waren neben der Freiwilligkeit Ruanda- bzw. Afrikaerfahrung und Französischkenntnisse.[2837] Im Gegensatz zur Entsendung des BGS fehlte aber die rechtliche Grundlage zur Finanzierung. Das Auslandsverwendungsgesetz, das im Juli 1993 verabschiedet worden war, galt nur für Bundesbeamte.[2838] Die Polizisten in Mostar erhielten kein Geld von der WEU, weshalb es keine Vorlage zur Finanzierung einer Auslandsverwendung der Landespolizeien gab. Um der Anfrage dennoch zu entsprechen, wurde das Finanzministerium Rheinland-Pfalz gebeten, einer steuerfreien Aufwandsentschädigung nach dem Landesbesoldungsgesetz zuzustimmen.[2839] Der Staatssekretär im Finanzministerium, Thilo Sarrazin, teilte Anfang Januar 1995 jedoch mit, dass eine Aufwandsentschädigung steuerrechtlich nicht zulässig sei. Das Innenministerium müsse eine Regelung mit dem AA finden und solle dort die Kostenübernahme der weiterlaufenden Inlandsbesoldung und der Vorsorgeansprüche erbitten.[2840] Das AA hatte jedoch bereits klargestellt, dass im Haushaltsjahr 1995 keine Kosten für die UNAMIR veranschlagt worden seien und es die Kosten nicht tragen könne.[2841]

Anstatt aber wie das BMI in der Frage der MINURSO die weiteren Planungen einzustellen, wandte sich der rheinland-pfälzische Innenminister Mitte Januar an Bundesfinanzminister Theo Waigel (CSU) und bat um eine

---

Manfred Kanther, Betr.: Durchführung von Polizeieinsätzen im Ausland im Rahmen von internationalen Unterstützungsaktionen, 21.11.1994.

[2835] Ebd., Schreiben des Bundesministers des Innern Manfred Kanther an den Minister des Innern und für Sport des Landes Rheinland-Pfalz Walter Zuber, 28.12.1994.

[2836] Ebd., Entwurf Schreiben des Ministers des Innern und für Sport des Landes Rheinland-Pfalz Walter Zuber an Staatsminister Gernot Mittler, Betr.: Teilnahme von Polizeibeamten aus Rheinland-Pfalz an der VN-Mission in Ruanda (UNAMIR), 6.12.1994.

[2837] LHAKo, Best. 880, Nr. 13960, Vermerk Abteilung 4 für Minister Zuber, Betr.: Teilnahme von Polizeibeamten aus Rheinland-Pfalz an der VN-Mission in Ruanda (UNAMIR), 9.1.1995, hier S. 2.

[2838] Gesetz über dienstrechtliche Regelungen für besondere Verwendungen im Ausland (Auslandsverwendungsgesetz – AuslVG), 28.7.1993. In: BGBl., Teil I, Nr. 42 (1993), S. 1394–1398.

[2839] LHAKo, Best. 880, Nr. 13958, Entwurf Schreiben des Ministers des Innern und für Sport des Landes Rheinland-Pfalz Walter Zuber an Staatsminister Gernot Mittler, Betr.: Teilnahme von Polizeibeamten aus Rheinland-Pfalz an der VN-Mission in Ruanda (UNAMIR), 6.12.1994.

[2840] Der Betrag des Tagesgeldes variierte zwischen 40 und 70 US-Dollar. Ebd., Schreiben des Ministeriums der Finanzen des Landes Rheinland-Pfalz an den Minister des Innern und für Sport des Landes Rheinland-Pfalz Walter Zuber, Betr.: Teilnahme von Polizeibeamten aus Rheinland-Pfalz an der VN-Mission in Ruanda (UNAMIR), 3.1.1995.

[2841] Ebd., Schreiben Referat 230 im AA an das Ministerium des Innern und für Sport des Landes Rheinland-Pfalz, Betr.: Entsendung von Polizeibeamten aus Rheinland-Pfalz nach Ruanda, hier: Finanzierungsfragen, 2.12.1994.

steuerfreie tägliche Aufwandsentschädigung in Höhe von 100 D-Mark pro Beamten.[2842] Ganz offensichtlich lag es im tiefsten Interesse von Zuber, Rheinland-Pfalz an dieser Mission zu beteiligen und dem besonderen Verhältnis mit Ruanda zu entsprechen. Auch Finanzminister Waigel wies die Zuständigkeit seines Hauses aber zurück. Eine Steuerfreistellung des Bundes komme nur in Betracht, wenn die Regierung entsprechende Haushaltsmittel bereitstelle.[2843] Nach weiteren erfolglosen Gesprächen auf Bundesebene beschloss letztlich der Ministerrat von Rheinland-Pfalz im März 1995, bei Enthaltung des Finanzministers, die Zahlung einer Aufwandsentschädigung von täglich 100 D-Mark an die Beamten.[2844] Mit dem nötigen politischen Willen ließen sich viele Herausforderungen meistern.

Zu dieser Zeit lief die Beteiligung bereits. Aufgrund eines gesundheitlichen Ausfalls und des kurzfristigen Rückzugs eines weiteren Bewerbers[2845] konnte den Vereinten Nationen im Januar 1995 aber nur die Beteiligung von neun statt zehn Beamten gemeldet werden.[2846] Die anderen Kontingente waren jedoch nicht größer[2847] und die deutschen Beamten wurden sehnlichst erwartet, hatte die Mission doch entschieden, 31 andere, nicht den Voraussetzungen entsprechende Beamte zu repatriieren.[2848] Im Gegensatz

---

[2842] Ebd., Entwurf Schreiben des Ministers des Innern und für Sport des Landes Rheinland-Pfalz Walter Zuber an den Bundesminister der Finanzen Theo Waigel, Betr.: Durchführung von Polizeieinsätzen im Ausland im Rahmen von internationalen Unterstützungsaktionen, 13.1.1995.

[2843] Ebd., Schreiben des Bundesministers der Finanzen Theo Waigel an den Minister des Innern und für Sport des Landes Rheinland-Pfalz Walter Zuber, 15.2.1995.

[2844] Ebd., Auszug aus der Niederschrift über die Sitzung des Ministerrats am 14.3.1995. Auf eine kleine Anfrage antwortete Zuber, dass die Beamten sogar einen Auslandsverwendungszuschlag in Höhe von 130 D-Mark, Auslandstagegeld in Höhe von 55,80 D-Mark und Auslandsübernachtungsgeld in Höhe von 40 D-Mark erhalten hätten. LT-RLP-Drs. 12/7922, 19.12.1995. Anders als in Namibia spielte die Frage der Besoldung daher keine Rolle für das rheinland-pfälzische Kontingent. Zeitzeugenbefragung von Polizeioberrat i.R. Anton Barz am 7.2.2020.

[2845] LHAKo, Best. 880, Nr. 13958, Schreiben Bereitschaftspolizei 1. Abteilung Rheinland-Pfalz an das Ministerium des Innern und für Sport, Betr.: Teilnahme von Polizeibeamten an der UN-Mission in Ruanda, hier: Ergebnisprotokoll, 15.12.1994, hier S. 1; ebd., Schreiben Ministerium des Innern und für Sport des Landes Rheinland-Pfalz an den Hauptpersonalrat der Polizei beim Ministerium des Innern und für Sport, Betr.: Teilnahme von Polizeibeamtinnen/-beamten aus Rheinland-Pfalz an der VN-Mission in Ruanda (UNAMIR), 4.1.1995.

[2846] LHAKo, Best. 880, Nr. 13960, Vermerk Abteilung 4 für Minister Zuber, Betr.: Teilnahme von Polizeibeamten aus Rheinland-Pfalz an der VN-Mission in Ruanda (UNAMIR), 9.1.1995; LHAKo, Best. 880, Nr. 13958, Schreiben Ministerium des Innern und für Sport des Landes Rheinland-Pfalz an die Vereinten Nationen Field Administration and Logistics Division (FALD), Betr.: Teilnahme von Polizeibeamten aus Rheinland-Pfalz an der VN-Mission in Ruanda (UNAMIR), 10.1.1995, hier S. 3.

[2847] Im April 1995 bestand die CIVPOL aus 58 Beamten. Mit je zehn Polizisten stellten Ghana, Mali und Nigeria die größten Kontingente. UNA, S-1060-0021-0005-00001, United Nations: UNAMIR CIVPOL Structure, 21.4.1995, hier S. 3.

[2848] Vgl. UNA, S-1062-0070-0003-00002, Fax Annan, UNATIONS, New York, an Khan, UNAMIR, Kigali, Betr.: UNAMIR CIVPOL, 20.12.1994; UNA, S-1060-0023-0005-00001, Fax CIVPOL Commissioner an den VNGS, Betr.: CIVPOL Staffing, 23.12.1994.

## IV. Deutsche ›Blauhelme‹ in Afrika

zur üblichen Einsatzdauer der Vereinten Nationen von einem Jahr plante Rheinland-Pfalz aber nur mit einer Stehzeit von sechs Monaten. Nur mit Zustimmung der Beamten war eine Verlängerung möglich.[2849] Insofern stellte die Einsatzdauer eine erste Sonderrolle für das deutsche Kontingent dar. Im Einsatzland erhielten die Beamten von den Vereinten Nationen ein Tagesgeld von 70 US-Dollar bei freier Unterkunft und 40 US-Dollar bei freier Unterkunft und Verpflegung.[2850] Das Tagesgeld wurde allerdings auf die von Rheinland-Pfalz gezahlte Aufwandsentschädigung von 100 D-Mark angerechnet.[2851]

Nicht alle Stellen waren mit der Entsendung zufrieden. Angesichts der angespannten Lage hinterfragte die Deutsche Polizeigewerkschaft Rheinland-Pfalz, ob es opportun sei, Polizisten zu entsenden, zumal nicht sichergestellt sei, dass in der gegenwärtigen Situation Ruandas eine demokratische Polizei aufgebaut werden könnte.[2852] Zuber erachtete die sofortige Hilfe für das Partnerland aber als notwendig, zumal für die Beamten keine unmittelbare Gefährdung bestehe.[2853] Für die Polizisten war die Debatte »überflüssig und wenig hilfreich«.[2854] Auswirkungen auf die Beteiligung hatten die Bedenken nicht.[2855] Am 16. Januar 1995 flogen die neun Polizisten mit Linienmaschinen von Frankfurt über Brüssel nach Kigali.[2856] Ähnlich wie im Falle des BGS in der

---

[2849] LHAKo, Best. 880, Nr. 13958, Drahtbericht der Ständigen Vertretung in New York an Referat 230 im AA, Nr. 4259, 7.12.1994; ebd., Schreiben des Ministeriums des Innern und für Sport des Landes Rheinland-Pfalz an die Vereinten Nationen Field Administration and Logistics Division (FALD), Betr.: Teilnahme von Polizeibeamten aus Rheinland-Pfalz an der VN-Mission in Ruanda (UNAMIR), 10.1.1995, hier S. 3.

[2850] Ebd., Schreiben des Ministeriums des Innern und für Sport des Landes Rheinland-Pfalz an die Vereinten Nationen Field Administration and Logistics Division (FALD), Betr.: Teilnahme von Polizeibeamten aus Rheinland-Pfalz an der VN-Mission in Ruanda (UNAMIR), 10.1.1995, hier S. 3.

[2851] Ebd., hier S. 4.

[2852] LHAKo, Best. 880, Nr. 13960, Schreiben des Landesvorsitzenden der Deutschen Polizeigewerkschaft Rheinland-Pfalz an den Minister des Innern und für Sport des Landes Rheinland-Pfalz Walter Zuber, Betr.: Teilnahme von Polizeibeamtinnen/-beamten aus Rheinland-Pfalz an VN-Mission Ruanda, 15.11.1994. Ende November 1994 forderte die Gewerkschaft der Polizei des Landesbezirks Rheinland-Pfalz, dass nur Freiwillige und diese nur nach einer angemessenen Information zur Sicherheitslage entsandt werden dürften. Ebd., Schreiben des Vorsitzenden der Gewerkschaft der Polizei, Landesbezirk Rheinland-Pfalz an den Minister des Innern und für Sport des Landes Rheinland-Pfalz Walter Zuber, Betr.: Einsatz in Ruanda, 21.11.1994.

[2853] Ebd., Entwurf Schreiben des Ministers des Innern und für Sport des Landes Rheinland-Pfalz Walter Zuber an die Deutsche Polizeigewerkschaft Rheinland-Pfalz, Betr.: Teilnahme von Polizeibeamten aus Rheinland-Pfalz an der VN-Mission in Ruanda (UNAMIR), 13.12.1994.

[2854] Zeitzeugenbefragung von Polizeioberrat i.R. Anton Barz am 7.2.2020.

[2855] Zeitzeugenbefragung von Erster Polizeihauptkommissar i.R. Siegfried Sczech am 13.5.2020.

[2856] LHAKo, Best. 880, Nr. 13958, Schreiben des Ministeriums des Innern und für Sport des Landes Rheinland-Pfalz an die Vereinten Nationen Field Administration and Logistics Division (FALD), Betr.: Teilnahme von Polizeibeamten aus Rheinland-Pfalz an der VN-Mission in Ruanda (UNAMIR), 10.1.1995, hier S. 4. Verabschiedet wurde das Kontingent von Innenminister Zuber. Zeitzeugenbefragung von Erster Polizeihauptkommissar i.R. Siegfried Sczech am 13.5.2020.

Westsahara gab es aufgrund ihrer geringen Zahl keinen Grund, ein Flugzeug der Luftwaffe zu nutzen. Obwohl es eine Unterstützung des Bundes sein sollte, erfolgte auch keine offizielle Verabschiedung der Bundesregierung.[2857] Am 16. Januar wurde lediglich der Innenausschuss des Bundestags über die Entsendung der Polizisten informiert.[2858] In einem Schreiben an Innenminister Zuber drückte Bundesaußenminister Kinkel jedoch seinen Dank aus. Das Polizeikontingent aus Rheinland-Pfalz sei in Ruanda das erste »aus der westlichen Hemisphäre«. Es zeige »für Europa Flagge in einem schwergeprüften Land, das befürchtet, von der westlichen Welt vergessen zu werden.«[2859]

Die Beteiligung selbst war geprägt von extremen Erfahrungen, unermesslichem Leid und großer Frustration. Neben der fast vollkommen zerstörten Infrastruktur wurden die Beamten mit Gewalt, Tod[2860] und Schikanen der neuen ruandischen Sicherheitskräfte konfrontiert.[2861] Einer der Beamten wurde von Unbekannten in seinem Haus überfallen.[2862] Trotz alledem blieben die Polizisten unbewaffnet.[2863] Im Gegensatz zur UNTAG und der MINURSO bildeten die CIVPOL-Beamten der UNAMIR in erster Linie ruandische Polizisten aus.[2864] Die deutschen Beamten kamen allerdings überwiegend als Beobachter zum Einsatz und unterstützten bei Ermittlungen.[2865]

---

[2857] Zeitzeugenbefragung von Polizeioberrat i.R. Anton Barz am 7.2.2020.
[2858] BArch, B 106/371681, Kopie Schreiben Staatsminister im AA, Helmut Schäfer, an den Geschäftsführenden Vorsitzenden des Innenausschusses, Hartmut Büttner, 16.1.1995; Zeitzeugenbefragung von Polizeioberrat i.R. Anton Barz am 7.2.2020.
[2859] LHAKo, Best. 880, Nr. 13958, Schreiben des Bundesministers des Auswärtigen Klaus Kinkel an den Minister des Innern und für Sport des Landes Rheinland-Pfalz Walter Zuber, 1.2.1995, hier S. 1.
[2860] Allein 1995 sollen über 1000 Menschen infolge politisch motivierter Gewalt gestorben sein. Boyle, Violence after War, S. 160.
[2861] LHAKo, Best. 880, Nr. 13962, Fax der Deutschen Botschaft in Kigali, Betr.: Allgemeine Lebensbedingungen und finanzielle Situation des deutschen Kontingents im Rahmen des UN-Einsatzes in Ruanda, 15.3.1995, hier S. 1; LHAKo, Best. 880, Nr. 13961, Fax Capt. S. Sczech, CIVPOL HQ, an das Ministerium des Innern und für Sport in Rheinland-Pfalz, 1. BPA Enkenbach, Betr.: Polizeieinsatz in Rwanda, Lagemeldung Nr. 10, 18.5.1995, hier S. 1 f. Allein in der Präfektur Gisenyi soll der deutsche Kontingentführer in seinem sechsmonatigen Einsatz mit zwölf Tötungsdelikten konfrontiert worden sein. Zeitzeugenbefragung von Polizeioberrat i.R. Anton Barz am 7.2.2020.
[2862] LHAKo, Best. 880, Nr. 13961, Fax Lt Schlicht, CIVPOL Gitarama, Betr.: Bewaffneter Raubüberfall auf Unterkunft eines deutschen Civpolangehörigen und österreichischen Militärbeobachters, Gitarama, 14.5.1995. Ende April 1995 wurde auch ein für die GTZ tätiges deutsches Ehepaar in seiner Wohnung ausgeraubt und leicht verletzt. LHAKo, Best. 880, Nr. 13962, Fax Capt. S. Sczech, CIVPOL HQ, an das Ministerium des Innern und für Sport in Rheinland-Pfalz, 1. BPA Enkenbach, Betr.: Polizeieinsatz in Rwanda, Lagemeldung Nr. 9, 1.5.1995, hier S. 2.
[2863] LHAKo, Best. 880, Nr. 13958, Drahtbericht der Ständigen Vertretung in New York an Referat 230 im AA, Nr. 4259, 7.12.1994.
[2864] Zur CIVPOL ausführlich siehe Diarra, United Nations Assistance Mission for Rwanda.
[2865] Zeitzeugenbefragung von Polizeioberrat i.R. Anton Barz am 7.2.2020. Siehe auch LHAKo, Best. 880, Nr. 13962, Fax der Deutschen Botschaft in Kigali, Betr.: Allgemeine Lebensbedingungen und finanzielle Situation des deutschen Kontingents im Rahmen des UN-Einsatzes in Ruanda, 15.3.1995, hier S. 1.

IV. Deutsche ›Blauhelme‹ in Afrika 585

Aufgrund mäßiger Fremdsprachenkenntnisse[2866] hatte die CIVPOL-Führung davon abgesehen, die deutschen Beamten als Ausbilder einzusetzen. Obwohl das deutsche Kontingent versucht hatte, zusammenzubleiben, wurde es auf sieben Präfekturen verteilt. Nur zwei Beamte blieben in Kigali und leisteten Stabsarbeit.[2867] Vor allem das AA sammelte durch ihre Berichte wichtige Informationen für seine Arbeit im VNSR, weswegen die rheinland-pfälzischen Polizisten von dieser Seite besondere Anerkennung erfuhren.[2868] Das Innenministerium Rheinland-Pfalz hielt sich überwiegend zurück und griff anders als das BMVg in Somalia nie in die taktische Ebene ein.[2869]

Die prägendste Erfahrung für die meisten Beamten war die Konfrontation mit extremen Gewalttaten[2870] und den völlig überfüllten ruandischen Gefängnissen[2871]. Darüber hinaus erwies sich wie in Namibia auch die Zusammenarbeit mit einigen der afrikanischen[2872] Polizeibeamten der UNAMIR als schwierig.[2873] Während die österreichischen Militärbeobachter den deutschen Polizisten mit Rat und Geld zur Seite standen,[2874] meldete das Kontingent im Mai frustriert: »Der ueberwiegende Teil unserer afrikanischen Kollegen ist bemüht, den Tag möglichst konfliktfrei und ohne grosse Anstrengung zu verbringen.« Außer dem deutschen Kontingentführer,

---

[2866] Nur drei der neun Beamten sprachen ausreichend Französisch. Zeitzeugenbefragung von Polizeioberrat i.R. Anton Barz am 7.2.2020.
[2867] LHAKo, Best. 880, Nr. 13961, Fax Capt. S. Sczech, CIVPOL HQ, an das Ministerium des Innern und für Sport in Rheinland-Pfalz, BPA Enkenbach, Betr.: Polizeieinsatz in Rwanda, Lagebericht, 20.1.1995; ebd., Fax Capt. S. Sczech, CIVPOL HQ, an das Ministerium des Innern und für Sport in Rheinland-Pfalz, 1. BPA Enkenbach, Betr.: Polizeieinsatz in Rwanda, Lagemeldung Nr. 2, 28.1.1995, hier S. 1; ebd., Drahtbericht der Botschaft der Bundesrepublik Deutschland in Kigali an Referat 230 im AA, Nr. 46, 2.2.1995, hier S. 2.
[2868] Zeitzeugenbefragung von Erster Polizeihauptkommissar i.R. Siegfried Sczech am 13.5.2020.
[2869] Zeitzeugenbefragung von Polizeioberrat i.R. Anton Barz am 7.2.2020; Zeitzeugenbefragung von Erster Polizeihauptkommissar i.R. Siegfried Sczech am 13.5.2020.
[2870] Bspw. das Massaker von Kanama im September 1995, bei dem Soldaten der Rwandan Patriotic Army 110 Menschen ermordet haben sollen. Zeitzeugenbefragung von Erster Polizeihauptkommissar i.R. Siegfried Sczech am 13.5.2020.
[2871] Siehe dazu HRW, Rwanda. The Crisis Continues; AI, Rwanda. Crying Out for Justice; AI, Fear of Further Deaths in Custody; MSF, The Violence of the New Rwandan Regime.
[2872] Im Frühjahr 1995 kamen die Beamten aus Dschibuti, Ghana, Guinea-Bissau, Jordanien, Mali, Nigeria, Sambia und dem Tschad. Vgl. United Nations, Monthly Summary of troop Contributions to Peace-Keeping Operations as of 31 May 1995, https://peacekeeping.un.org/sites/default/files/may-1995.pdf.
[2873] LHAKo, Best. 880, Nr. 13962, Fax Capt. S. Sczech, CIVPOL HQ, an das Ministerium des Innern und für Sport in Rheinland-Pfalz, 1. BPA Enkenbach, Betr.: Polizeieinsatz in Rwanda, Lagemeldung Nr. 5, 13.3.1995, hier S. 1; LHAKo, Best. 880, Nr. 13961, Fax Lt Schlicht, CIVPOL UNAMIR, Gitarama, Lagemeldung Gitarama, Gitarama vom 19.6.1995, hier S. 3 f.; Zeitzeugenbefragung von Erster Polizeihauptkommissar i.R. Siegfried Sczech am 13.5.2020.
[2874] LHAKo, Best. 880, Nr. 13962, Fax der Deutschen Botschaft in Kigali, Betr.: Allgemeine Lebensbedingungen und finanzielle Situation des deutschen Kontingents im Rahmen des UN-Einsatzes in Ruanda, 15.3.1995, hier S. 3.

Polizeirat Anton Barz, der im Einsatz den Dienstgrad Major[2875] besaß, standen die restlichen deutschen Beamten in einem zu niedrigen Dienstgrad, um Einfluss auf die militärisch geprägte Mission zu nehmen.[2876] Die Bewertung des ersten Kontingents zum Ende seines Einsatzes war entsprechend verheerend. Zwar wurde die Polizeiunterstützung für Ruanda als sinnvoll erachtet. In Zukunft sollte diese aber bilateral durch den Bund oder Rheinland-Pfalz und nicht mehr im Rahmen des wenig sinnvoll erscheinenden CIVPOL-Konzepts der UNAMIR erfolgen.[2877] Auch aufgrund des starken Widerstands der neuen Führung in Kigali gegen die UNAMIR galt eine bilaterale Zusammenarbeit als sinnvoller.[2878] Interesse hieran war von ruandischer Seite bereits im Frühjahr signalisiert worden.[2879] Aufgrund der schlechten Rahmenlage und der ernüchternden Umsetzung des CIVPOL-Konzepts entschied sich nur ein Beamter, seinen Einsatz zu verlängern.[2880] Die Entsendung eines zweiten Kontingents empfahlen die Beamten nicht.[2881]

Angesichts der großen VN-politischen Bedeutung einer personellen Beteiligung plädierte das AA aber für die Fortsetzung, vor allem nicht auf die Beendigung zugunsten einer bilateralen Kooperation.[2882] Als nichtständiges Mitglied im VNSR hätte die Einstellung der Beteiligung im VN-Rahmen bei gleichzeitiger Aufnahme einer bilateralen Zusammenarbeit vermutlich VN-politischen Schaden verursacht. Zudem hätte das AA eine Informationsquelle verloren, die ihm bei seiner Arbeit im VNSR half. Aufgrund der Intervention

---

[2875] Im Heimatbetrieb war Barz Erster Polizeihauptkommissar. Zeitzeugenbefragung von Polizeioberrat i.R. Anton Barz am 7.2.2020.

[2876] LHAKo, Best. 880, Nr. 13962, Fax Capt. S. Sczech, CIVPOL HQ, an das Ministerium des Innern und für Sport in Rheinland-Pfalz, 1. BPA Enkenbach, Betr.: Polizeieinsatz in Rwanda, Lagemeldung Nr. 5, 13.3.1995, hier S. 1; LHAKo, Best. 880, Nr. 13961, Fax Capt. S. Sczech, CIVPOL HQ, an das Ministerium des Innern und für Sport in Rheinland-Pfalz, 1. BPA Enkenbach, Betr.: Polizeieinsatz in Rwanda, Lagemeldung Nr. 10, 18.5.1995, hier S. 2.

[2877] LHAKo, Best. 880, Nr. 13961, Fax Capt. S. Sczech, CIVPOL HQ, an das Ministerium des Innern und für Sport in Rheinland-Pfalz, Betr.: Checkliste des Deutschen UN Polizei Kontingents, Kigali, 18.5.1995; ebd., Fax Capt. S. Sczech, CIVPOL HQ, an die Deutsche Botschaft in Kigali, Betr.: Deutsches UN Polizei Kontingent, hier: Zukünftige Unterstützung der ruandischen Polizei, 6.6.1995.

[2878] Zeitzeugenbefragung von Polizeioberrat i.R. Anton Barz am 7.2.2020.

[2879] LHAKo, Best. 880, Nr. 13961, Fax Capt. S. Sczech, CIVPOL HQ, an das Ministerium des Innern und für Sport in Rheinland-Pfalz, Betr.: Gesprächsprotokoll vom 16.5.1995 zwischen Col. Ndibwami und Capt. Bernd-Christian Mayer, Kigali, 18.5.1995.

[2880] LHAKo, Best. 880, Nr. 13962, Fax Capt. S. Sczech, CIVPOL HQ, an das Ministerium des Innern und für Sport in Rheinland-Pfalz, 1. BPA Enkenbach, Betr.: Polizeieinsatz in Rwanda, Lagemeldung Nr. 9, 1.5.1995, hier S. 3.

[2881] LHAKo, Best. 880, Nr. 13961, Fax Capt. S. Sczech, CIVPOL HQ, an das Ministerium des Innern und für Sport in Rheinland-Pfalz, Betr.: Checkliste des Deutschen UN Polizei Kontingents, Kigali, 18.5.1995; ebd., Fax Capt. S. Sczech, CIVPOL HQ, an die Deutsche Botschaft in Kigali, Betr.: Deutsches UN Polizei Kontingent, hier: Zukünftige Unterstützung der ruandischen Polizei, 6.6.1995.

[2882] LHAKo, Best. 880, Nr. 13964, Schreiben VN 10 im AA an das Ministerium des Innern und für Sport des Landes Rheinland-Pfalz, Betr.: Teilnahme von Polizeibeamten aus Rheinland-Pfalz an der Mission der Vereinten Nationen in Ruanda, hier: Entsendung des zweiten Kontingents, 13.6.1995.

## IV. Deutsche ›Blauhelme‹ in Afrika

des AA, der mit deutscher Stimme und unter deutschem Vorsitz im VNSR[2883] erfolgten Verlängerung der Mission im Juni 1995 und der eigenen Forderung, die VN-Mission zu stärken[2884], hielt auch das Innenministerium von Rheinland-Pfalz an der Beteiligung fest. Sie sollte – wenn nicht anders möglich – auch mit geringerem Personal fortgesetzt werden, wobei sich das AA bei den Vereinten Nationen für eine Verbesserung der Arbeitssituation einsetzen sollte.[2885]

Personell gestaltete sich die Aufstellung eines zweiten Kontingents aber schwierig. Bereits Anfang Mai hatte ein Beamter Ruanda aus privaten Gründen verlassen, ohne ersetzt zu werden. Die vier Beamten des Ersatzkontingents hatten ihre Bewerbung aufgrund der medialen Berichterstattung und der Erzählungen der vor Ort eingesetzten Polizisten zurückgezogen. Vor allem die Schlechterstellung im Verhältnis zu Beamten anderer Staaten galt als problematisch. Auch schreckten die Bewerber Übergriffe auf Hilfsorganisationen und die UNAMIR ab.[2886] Für das zweite Kontingent meldeten sich nur noch 20 Beamte, nur 14 erfüllten die Voraussetzungen.[2887] Größtes Problem war die französische Sprache.[2888] Nach einem Informationsgespräch stimmten nur sechs Beamte dem Einsatz zu,[2889] sodass das zweite Kontingent insgesamt

---

[2883] VNSR, S/PV.3542, 9.6.1995.

[2884] Anlässlich der Räumung von Kibeho hatte Innenminister Zuber im Landtag erklärt: »Nach meiner Überzeugung muß das Mandat der UN-Blauhelme gestärkt werden, ebenso die internationale Hilfe zum Wiederaufbau.« LT-RLP-PlPr. 12/107, 3.5.1995, S. 8312.

[2885] LHAKo, Best. 880, Nr. 13964, Vermerk Abteilung 4 des Ministeriums des Innern und für Sport des Landes Rheinland-Pfalz, Betr.: Teilnahme von Polizeibeamten aus Rheinland-Pfalz an der VN-Mission in Ruanda (UNAMIR), hier: Entsendung eines II. Kontingents, 19.6.1995.

[2886] LHAKo, Best. 880, Nr. 13961, Fax Deutsche Botschaft in Kigali an das Ministerium des Innern und für Sport, Betr.: Aufhebung meiner Abordnung zu dem Einsatz der Vereinten Nationen in Ruanda (UNAMIR), 27.4.1995; ebd., Vermerk Abteilung 4 des Ministeriums des Innern und für Sport in Rheinland-Pfalz, Betr.: Teilnahme von Polizeibeamten aus Rheinland-Pfalz an der Mission in Ruanda (UNAMIR), 23.5.1995.

[2887] LHAKo, Best. 880, Nr. 13964, Vermerk Abteilung 4 des Ministeriums des Innern und für Sport des Landes Rheinland-Pfalz, Betr.: Teilnahme von Polizeibeamten aus Rheinland-Pfalz an der VN-Mission in Ruanda (UNAMIR), hier: Entsendung eines II. Kontingents, 29.6.1995; ebd., Schreiben des Ministeriums des Innern und für Sport des Landes Rheinland-Pfalz an den Hauptpersonalrat Polizei, Betr.: Teilnahme von Polizeibeamten aus Rheinland-Pfalz an der VN-Mission in Ruanda (UNAMIR), hier: Entsendung eines II. Kontingents, 29.6.1995.

[2888] LHAKo, Best. 880, Nr. 13961, Vermerk Abteilung 4 des Ministeriums des Innern und für Sport in Rheinland-Pfalz, Betr.: Teilnahme von Polizeibeamten aus Rheinland-Pfalz an der Mission in Ruanda (UNAMIR), 23.5.1995.

[2889] LHAKo, Best. 880, Nr. 13964, Vermerk Abteilung 4 des Ministeriums des Innern und für Sport des Landes Rheinland-Pfalz, Betr.: Teilnahme von Polizeibeamten aus Rheinland-Pfalz an der VN-Mission in Ruanda (UNAMIR), hier: Entsendung eines II. Kontingents, Mainz, 29.6.1995; ebd., Schreiben des Ministeriums des Innern und für Sport des Landes Rheinland-Pfalz an den Hauptpersonalrat Polizei, Betr.: Teilnahme von Polizeibeamten aus Rheinland-Pfalz an der VN-Mission in Ruanda (UNAMIR), hier: Entsendung eines II. Kontingents, 29.6.1995.

nur noch sieben Beamte umfasste.[2890] Weil die anderen Kontingente aber aus maximal zehn Polizisten bestanden, lag die deutsche Beteiligung weiter im Schnitt.[2891]

Um die Einflussfähigkeiten der deutschen Beamten innerhalb der CIVPOL-Komponente zu stärken, wurde bei ihrer Anmeldung bei den Vereinten Nationen »mit größerer Flexibilität verfahren«; sie erhielten entsprechend höhere Dienstgrade.[2892] Auch erklärte sich das AA auf Bitten von Rheinland-Pfalz bereit, die fast 160 000 D-Mark an Mehrkosten für das zweite Kontingent zu übernehmen.[2893] Im Gegensatz zum ersten Kontingent standen nun Haushaltsmittel zur Verfügung.[2894] Aus politischen Erwägungen fand daher Mitte August 1995 der Kontingentwechsel statt.[2895] Während die zunächst hochmotivierten Beamten des ersten Kontingents relativ schnell desillusioniert worden waren, reiste das zweite Kontingent bereits durch die Erfahrung ihrer Kollegen geprägt nach Ruanda. Eine wirkliche Verbesserung der Lage trat nicht ein. Immer stärker geriet die UNAMIR unter Druck der ruandischen Regierung. Aufgrund der problematischen Zusammenarbeit im CIVPOL-Rahmen baten fünf der deutschen Beamten bereits Anfang November, ihren Dienst zum 8. Dezember, dem Stichtag des bis dahin laufenden UNAMIR-Mandats, beenden zu dürfen. Ihnen ging es nicht um die Beendigung des Dienstes in Ruanda per se. Sie lehnten lediglich die weitere Verwendung im Rahmen der UNAMIR ab. Für eine bilaterale Zusammenarbeit standen sie weiter zur Verfügung.[2896]

---

[2890] United Nations, Monthly Summary of Troop Contributions to Peace-Keeping Operations as of 30 September 1995, S. 2, https://peacekeeping.un.org/sites/default/files/sep-1995.pdf.

[2891] Vgl. UNA, S-1060-0004-0007-00001, United Nations, CIVPOL, 25.11.1994, hier S. 4.

[2892] LHAKo, Best. 880, Nr. 13964, Schreiben des Ministeriums des Innern und für Sport des Landes Rheinland-Pfalz, Betr.: Teilnahme von Polizeibeamten aus Rheinland-Pfalz an der VN-Mission in Ruanda (UNAMIR), 11.6.1995; ebd., Fax von Capt. S. Sczech, CIVPOL HQ an das Ministerium des Innern und für Sport, 1. BPA Enkenbach, Betr.: Polizeieinsatz in Rwanda, Lagemeldung Nr. 12, 26.6.1995; LHAKo, Best. 880, Nr. 13965, Schreiben VN 10 im AA an das Ministerium des Innern und für Sport in Rheinland-Pfalz, Betr.: Teilnahme von Polizeibeamten aus Rheinland-Pfalz an der Mission der Vereinten Nationen in Ruanda, hier: Entsendung des zweiten Kontingents, 18.7.1995.

[2893] LHAKo, Best. 880, Nr. 13965, Schreiben VN 10 im AA an das Ministerium des Innern und für Sport in Rheinland-Pfalz, Betr.: Teilnahme von Polizeibeamten aus Rheinland-Pfalz an der Mission der Vereinten Nationen in Ruanda, hier: Ihr Schreiben vom 19.10.1995, 7.11.1995; BT-Drs. 13/6558, 13.12.1996, S. 8.

[2894] LHAKo, Best. 880, Nr. 13965, Schreiben VN 10 im AA an das Ministerium des Innern und für Sport in Rheinland-Pfalz, Betr.: Teilnahme von Polizeibeamten aus Rheinland-Pfalz an der Mission der Vereinten Nationen in Ruanda, hier: Entsendung des zweiten Kontingents, 18.7.1995.

[2895] LHAKo, Best. 880, Nr. 13963, Fax von Rolf Bastian, CIVPOL HQ, an das Ministerium des Innern und für Sport, Betr.: Einsatz der rheinland-pfälzischen Polizeibeamten in Rwanda, 4.9.1995.

[2896] Ebd., Vermerk Abteilung 4 des Ministeriums des Innern und für Sport in Rheinland-Pfalz, Betr.: Teilnahme von Polizeibeamten aus Rheinland-Pfalz an der Mission der Vereinten Nationen in Ruanda, 2.11.1995, hier S. 2.

## IV. Deutsche ›Blauhelme‹ in Afrika

Letztlich entschied der VNSR im Dezember 1995 auch mit deutscher Stimme den sofortigen Abzug der CIVPOL.[2897] Ohne Verlust des politischen Ansehens konnten nun auch die Bundesressorts ihre VN-Teilnahme beenden[2898] und Rheinland-Pfalz sich in der Folge bilateral engagieren.[2899] Die internationale Aufmerksamkeit dieser Tage lag aber ohnehin beim Friedensprozess für Bosnien und Herzegowina. Das am 14. Dezember unterzeichnete Abkommen von Dayton trug auch die Unterschrift von Bundeskanzler Kohl und verdeutlichte einmal mehr die deutsche Schwerpunktsetzung in Südosteuropa.[2900] Mit überwältigender Mehrheit hatten die deutschen Parlamentarier bereits am 6. Dezember für die Entsendung von bis zu 4000 Soldaten der Bundeswehr zur Absicherung des Friedensvertrags in der NATO-geführten Implementation Force (IFOR) gestimmt.[2901]

Für das weit entfernte Ruanda hatte es diese Unterstützung nie gegeben. Angesichts des neuen Schwerpunkts wurde das Ende der deutschen UNAMIR-Beteiligung, bei der insgesamt 15 Beamte[2902] eingesetzt worden waren, kaum beachtet. Letztlich hatte die UNAMIR-CIVPOL-Komponente ihre Aufgaben nie wirklich erfüllen können. Auch wenn das AA die Entsendung der rheinland-pfälzischen Polizei als »positive[s] Beispiel für das Verhältnis von Bund und Ländern« pries,[2903] mögen die negativen Erfahrungen im militärisch strukturierten VN-Rahmen ein Grund dafür gewesen sein, weshalb sich die Bundesressorts in den folgenden Jahren weder mit Polizisten noch mit Soldaten maßgeblich an VN-Missionen auf dem afrikanischen Kontinent beteiligten. Auch bei Polizeieinsätzen lag der neue Schwerpunkt in Südosteuropa und hier immer häufiger im Rahmen der EU. VN-Verdrossenheit machte sich breit.

### e) Die deutsche politische Debatte über den Konflikt in Ruanda

Obwohl vielfältige Beziehungen zwischen Ruanda und der Bundesrepublik bestanden, nahm der Bundestag vom Ausbruch des ruandischen Konflikts

---

[2897] VNSR, S/PV.3605, 12.12.1995, S. 10; VNSR, S/RES/1029(1995), 12.12.1995, Randnr. 6.
[2898] LHAKo, Best. 880, Nr. 13963, Vermerk Abteilung 4 des Ministeriums des Innern und für Sport des Landes Rheinland-Pfalz, Betr.: Teilnahme von Polizeibeamten aus Rheinland-Pfalz an der Mission der Vereinten Nationen in Ruanda (UNAMIR); Empfang der Beamten am 10.1.1996 durch Herrn Minister Zuber, 4.1.1996, S. 2.
[2899] Erste Ausbildungsmaßnahmen erfolgten 1996/97. Zeitzeugenbefragung von Polizeioberrat i.R. Anton Barz am 7.2.2020; Zeitzeugenbefragung von Erster Polizeihauptkommissar i.R. Siegfried Sczech am 13.5.2020.
[2900] Vgl. ARD, Tagesschau vor 20 Jahren, 14.12.1995.
[2901] BT-Drs. 13/3122, 28.11.1995; BT-PlPr. 13/76, 6.12.1995, S. 6673–6675.
[2902] Staatsminister im AA Helmut Schäfer nannte im Bundestag die Zahl 16. BT-Drs. 13/3777, 9.2.1996, S. 1. Das erste Kontingent umfasste aber neun und das zweite nur sechs neue Beamte. Zeitzeugenbefragung von Erster Polizeihauptkommissar i.R. Siegfried Sczech am 13.5.2020.
[2903] PA-DBT 3104, Unterausschuss Vereinte Nationen/Weltweite Organisationen, 13/12, 24.4.1996, S. 22.

kaum Notiz.[2904] Dies ist insofern überraschend, als extreme Gewalttaten und die politischen Prozesse im südlichen Nachbarland Burundi Ende der 1980er-Jahre mehrfach bei den Parlamentariern Beachtung fanden.[2905] Allerdings fiel der Beginn des ruandischen Konflikts mit der deutschen Einheit zusammen und den Medien mangelte es schlicht an Bildern,[2906] was sich auf das Interesse der Parlamentarier ausgewirkt haben könnte. Erstmals zur Sprache kam der ruandische Konflikt im Juni 1991, als der SPD-Abgeordneten Horst Sielaff nach der Unterstützung der Bundesrepublik bei der Rückkehr ruandischer Flüchtlinge fragte. In seiner Antwort verwies Staatsminister im AA Helmut Schäfer auf die diplomatischen Bemühungen der Bundesrepublik und ihre bisherige Entwicklungshilfe, ohne auf die aktuelle Situation einzugehen.[2907]

Erstmals direkt zum Konflikt erkundigte sich im März 1992 der SPD-Abgeordnete Karl Diller. Auf die Frage, welche Erkenntnisse die Bundesregierung über den Konflikt habe, beschrieb Staatsministerin Ursula Seiler-Albring den Bürgerkrieg als vermeintlichen Konflikt zwischen zwei »Stämmen«, der trotz Waffenstillstandsvereinbarungen nicht zur Ruhe komme. Die Bundesregierung unterstütze die Einberufung einer regionalen Friedenskonferenz, um den Konflikt zu lösen.[2908] Obwohl auch ein deutscher Diplomat bei den seit März 1993 laufenden Gesprächen im tansanischen Arusha vertreten war, wurden weder der Friedensschluss im August noch die Aufstellung der Missionen UNOMUR oder UNAMIR im deutschen Parlament behandelt. Ein Grund könnte gewesen sein, dass die westdeutschen Grünen, die im Falle von Namibia Wortführer im Bundestag gewesen waren und afrikapolitische Themen immer wieder im Bundestag einzubringen versuchten, 1990 nicht wieder ins Parlament eingezogen waren.[2909]

Erstmals findet sich der Begriff UNAMIR in den Dokumenten des Bundestags im Plenarprotokoll vom 28. April 1994, also rund ein halbes Jahr nach ihrer Aufstellung.[2910] Ein Engagement der Bundesregierung bei der Umsetzung des Friedensvertrags oder der beiden VN-Missionen wurde im Bundestag von keiner Partei gefordert. Für die Bundesressorts fehlte also auch von dieser Seite der Druck, sich an der Mission zu beteiligen, auch wenn

---

[2904] Im Rahmen der EG wurde jedoch bereits am 18.10.1990 eine Erklärung zur Entwicklung in Ruanda veröffentlicht. BPA, Europäische politische Zusammenarbeit. In: Bulletin, Nr. 132, 14.11.1990, S. 1372.
[2905] Vgl. BT-Drs. 11/3028, 30.9.1988, S. 1 f.; BT-Drs. 11/3812, 6.1.1989, S. 10 f.; BT-Drs. 11/4324, 10.4.1989; BT-Drs. 11/6926, 17.4.1990.
[2906] In der Tagesschau wurde zwar über die begonnenen Kämpfe und die Evakuierung der deutschen Staatsbürger berichtet, aber keine Bilder aus Ruanda gezeigt. Vgl. ARD, Tagesschau vor 20 Jahren vom 5., 6. und 7.10.1990.
[2907] BT-PlPr. 12/33, 19.6.1991, S. 2715 f.
[2908] BT-Drs. 12/2256, 13.3.1992, S. 1 f. Im Hinblick auf die Entwicklungszusammenarbeit war die Lage in Ruanda am 15.1.1992 auch Thema im AwZ. PA-DBT 3122, Ausschuss für wirtschaftliche Zusammenarbeit, 12/22, 15.1.1992, S. 16–21.
[2909] Zeitzeugengespräch mit Dr. Ursula Eid am 26.3.2020.
[2910] BT-PlPr. 12/225, 28.4.1994, S. 19424. Im Protokoll des Unterausschusses Vereinte Nationen stand fälschlicherweise UNOMIR. PA-DBT 3104, Unterausschuss Vereinte Nationen/Weltweite Organisationen, 12/27, 27.4.1994, S. 2–5.

ein Vertreter des AA im Unterausschuss Vereinte Nationen Ende September 1993 für die Unterstützung des Parlaments zur Entsendung von »45 bis 50 Personen« für diesen »rein humanitären Einsatz« geworben hatte.[2911] Auch waren die Ausschussmitglieder im Herbst 1993 – wenn auch nach der bereits an New York gesendeten Ablehnung – über die informelle Anfrage des VN-Sekretariats nach Gestellung von Sanitätern informiert worden.[2912] Zumindest einigen Parlamentariern war somit bekannt, dass die Vereinten Nationen ein stärkeres deutsches Engagement in Ruanda wünschten. Noch Ende Oktober informierte der Parlamentarische Staatssekretär im BMZ Hans-Peter Repnik die Mitglieder des Ausschusses für wirtschaftliche Zusammenarbeit und Entwicklung (AwZ), dass die Frage nach dem Lazarett »noch nicht abschließend beantwortet« sei.[2913] Zu dieser Zeit hatte sich das BMVg allerdings bereits dagegen entschieden, wobei ungewiss ist, ob das BMZ über den Sachstand informiert worden war.

Mehr Aufmerksamkeit als Ruanda erhielt Burundi.[2914] Im südlichen Nachbarland putschten im Oktober 1993 Teile des Militärs und ermordeten Präsident Melchior Ndadaye. In der Folge starben bei Massakern Zehntausende Menschen, Hunderttausende flohen nach Ruanda.[2915] Ein fraktionsübergreifender Entschließungsantrag, der am 29. Oktober 1993 bei Enthaltung der PDS/Linke Liste angenommen wurde,[2916] rief die Bundesregierung auf, »Ruanda bei der Bewältigung der durch die ins Land strömenden Flüchtlinge entstandenen Probleme zu helfen und umgehende humanitäre Hilfe zu leisten.«[2917] Die Debatte zeigte, dass bei den Parlamentariern (vermeintliche) Kenntnisse über die Bevölkerungsstrukturen in Ruanda und Burundi vorhanden waren. Prinzipiell behielt die Debatte aber den in der Tagesordnung festgelegten burundischen Fokus, ohne auf den ruandischen Friedensprozess einzugehen.[2918]

Gerade weil sich die Parlamentarier mit der Region beschäftigten, ist es verwunderlich, dass der Abschuss der ruandischen Präsidentenmaschine und der Ausbruch des Völkermords zunächst im Bundestag unkommentiert blieben;[2919] noch dazu, wo zumindest zu Beginn des Völkermords Fernsehbilder

---

[2911] PA-DBT 3104, Unterausschuss Vereinte Nationen/Weltweite Organisationen, 12/20, 20.9.1993, S. 8 f.
[2912] Ebd., Unterausschuss Vereinte Nationen/Weltweite Organisationen, 12/22, 27.10.1993, S. 59. In der offenbar nur sehr kurzen Aussprache bedauerte Christian Ruck (CSU) die Haltung des BMVg. Karl-Heinz Klejdzinski (SPD) sprach der Bundeswehr die Tauglichkeit für die Aufgabe ab. Sie sei eine Verteidigungs- und keine Angriffsarmee. Ebd., S. 7.
[2913] PA-DBT 3122, Ausschuss für wirtschaftliche Zusammenarbeit, 12/61, 27.10.1993, S. 14.
[2914] Vgl. ebd., S. 12 ff.
[2915] Ausführlich siehe VNSR, S/1996/682, 22.8.1996.
[2916] BT-PlPr. 12/186, 29.10.1993, S. 16129.
[2917] BT-Drs. 12/5986 (neu), 28.10.1993.
[2918] BT-PlPr. 12/186, 29.10.1993, S. 16126.
[2919] Lediglich im AwZ wurde die Lage kurz zusammen mit der Situation in Burundi und Tansania thematisiert. PA-DBT 3122, Ausschuss für wirtschaftliche Zusammenarbeit, 12/72, 13.4.1994, S. 37 ff. Im rheinland-pfälzischen Landtag gab es infolge eines Antrags

von mit Macheten bewaffneten Menschen bei der Zerstückelung von Zivilisten zur besten Sendezeit ausgestrahlt wurden.[2920] Allerdings schafften es die Medien nie, ähnliche Empathie zu erzeugen wie zuvor in Somalia.[2921] Erst am 13. April 1994 sprach Gerd Poppe (Bündnis 90/Die Grünen) in einer Debatte zu den deutsch-türkischen Beziehungen von »entsetzlichen Mordbrennereien«, die sich in Ruanda abspielten, ohne weiter auf die Ereignisse einzugehen.[2922] Einen Tag später verkündete Außenminister Kinkel im Bundestag erleichtert, dass alle deutschen Staatsbürger aus Ruanda evakuiert worden seien. Kinkel dankte Belgien für seine Hilfe und ging nahtlos zum eigentlichen Tagespunkt über, der Lage im ehemaligen Jugoslawien.[2923] Am folgenden Tag schloss sich der Wehrbeauftragte Alfred Biehle (CSU) den Glückwünschen an die belgischen Soldaten an. Versehentlich dankte er ihnen auch für die Evakuierung der sechs Bundeswehrsoldaten und ihrer Familien,[2924] die mehrheitlich in den US-Konvois nach Burundi geflohen waren.[2925]

Erst über zwei Wochen nach Beginn des Völkermordes erkundigte sich der SPD-Abgeordnete Klaus Kübler in einer schriftlichen Anfrage nach den Beiträgen der Bundesregierung zur Herbeiführung einer politischen Lösung in Ruanda und zur humanitären Hilfe. Staatsminister im AA Schäfer sprach von »anhaltenden gewaltsamen Auseinandersetzungen«, die die Bundesregierung »mit großer Sorge« betrachte, und verwies auf finanzielle und diplomatische Soforthilfe.[2926] Den zu aktiverem Handeln drängenden Begriff »Völkermord« wollte Schäfer auf Nachfrage nicht verwenden, obwohl es bisher »zu Zehntausenden von Toten« gekommen sei. Kübler hatte zuvor als erster Parlamentarier den Begriff Völkermord im Bundestag genutzt und zu dessen Beendigung einen Appell von Bundeskanzler Kohl gefordert.[2927] Die UNAMIR blieb in Schäfers Antwort unerwähnt. Er betonte lediglich, dass auch »seitens der Vereinten Nationen alles« getan werden müsse, »damit die schreckliche, grauenhafte Kampftätigkeit eingestellt« werde. Auch

---

     der FDP zur Partnerschaftshilfe zumindest eine Aussprache über Ruanda, in der Innenminister Walter Zuber ankündigte, die Partnerschaft fortzusetzen. LT-RLP-PlPr. 12/78, 21.4.1994, S. 6250–6259.

[2920] Vgl. ARD, Tagesschau vor 20 Jahren, 11.4.1994. Zur Analyse der Berichterstattung siehe Heintze/Nannen, Aspekte der Presseberichterstattung in Deutschland; Schmoll, Die Wa(h)re Nachricht über Afrika; Helm, Rwanda, S. 9 ff.
[2921] Vgl. Helm, Rwanda, S. 11.
[2922] BT-PlPr. 12/218, 13.4.1994, S. 18874.
[2923] BT-PlPr. 12/219, 14.4.1994, S. 18908.
[2924] BT-PlPr. 12/220, 15.4.1994, S. 19069.
[2925] BArch, BW 2/28160, Vermerk Fü S IV 4, Betr.: Evakuierung deutscher Staatsangehöriger aus Ruanda, April 1994, hier S. 2.
[2926] BT-PlPr. 12/225, 28.4.1994, S. 19423.
[2927] Schäfer beschrieb die Lage als eine »Situation, in der im Busch gekämpft wird«. BT-PlPr. 12/225, 28.4.1994, S. 19424. Erst einen Monat später sollte mit Ulrich Briefs (fraktionslos) ein weiterer Parlamentarier den Begriff Völkermord im Bundestag gebrauchen. Vgl. BT-PlPr. 12/230, 26.5.1994, S. 20080. Die EU hatte bereits am 16.5. in einem Statement, dem sich die Bundesregierung anschloss, aufgerufen, den »Völkermord« zu beenden. BPA, Gemeinsame Außen- und Sicherheitspolitik der Europäischen Union. In: Bulletin, Nr. 46, 20.5.1994, S. 415.

auf Nachfrage des SPD-Abgeordneten Eberhard Brecht, ob die reduzierten UNAMIR-Truppen in der Lage seien, im Landesinneren zu helfen, antwortete Schäfer ausweichend. In erster Linie wolle die Bundesregierung versuchen, Hilfsgüter für die vor Ort tätigen Organisationen bereitzustellen. Selbst sei man nicht zur Verteilung von Hilfe in der Lage, da die Botschaft größtenteils evakuiert worden sei.[2928] Über die diplomatische und zögerliche humanitäre Hilfe hinaus, deren Durchführbarkeit infrage gestellt wurde, kündigte die Bundesregierung keine Hilfe an. Aufgrund der ablehnenden Haltung des BMVg gegenüber einer Beteiligung an der UNAMIR Ende 1993 schien es hierzu aber auch keine konkreteren Planungen gegeben zu haben.

Erst zwei Tage nachdem der VNSR die Aufstockung der UNAMIR auf 5500 Soldaten beschlossen hatte, erkundigte sich der CDU-Politiker Claus Jäger erneut nach der Situation in Ruanda. Auf die Frage, warum die Vereinten Nationen »nichts gegen das schauerliche Blutvergießen« unternähmen und was genau für die Flüchtlinge in den Nachbarländern geleistet werde, antwortete Staatsminister Schäfer, dass die UNAMIR bisher »[f]ür ein aktives Eingreifen [...] weder das Mandat noch die entsprechende militärische und technische Ausrüstung« besessen habe. Die nun aufgestockte Mission bezeichnete er als »humanitäre Operation« und hob den Schutz der Flüchtlinge hervor. Zudem erklärte er, dass die Bundesregierung von den Vereinten Nationen angefragt worden sei, sich an Hilfsflügen – hier beschrieben als der Transport »von Medikamenten und Materialien zur Hilfe in den Flüchtlingslagern« – zu beteiligen. Er hoffe, möglichst schnell an den »Lufttransportleistungen von Nairobi nach Kigali« mitwirken zu können.[2929] Ohne Zweifel handelte es sich hierbei um die Anfrage des VN-Sekretariats vom 13. Mai, in der die Bundesregierung um die Unterstützung Kanadas beim Lufttransport für die UNAMIR gebeten worden war. Wie gezeigt, ging es dem VN-Sekretariat aber in erster Linie um den Transport von Gütern für die VN-Truppen in Kigali. Schäfer schob nach, dass bei der laufenden Prüfung »Schwierigkeiten« aufgetreten seien, auf die er nicht weiter einging.[2930] Tatsächlich hatte das AA dem VN-Sekretariat tags zuvor die deutsche Bereitschaft zur Lufttransportunterstützung mitteilen lassen. Die Diskussion zwischen den Ressorts hatte aber zu keiner Einigung geführt, da das FDP-geführte BMJ die Beteiligung aus verfassungspolitischen Gründen blockierte.

Dass die Anfrage der Vereinten Nationen nicht missverstanden worden war und Staatsminister Schäfer ihr absichtlich einen humanitären Anstrich gab, zeigte seine Antwort auf die Nachfrage von Jäger, was die Bundesregierung tue, um die Maßnahmen der Vereinten Nationen zu stärken. Eindrücklich skizzierte Schäfer das Dilemma der Bundesregierung und – ohne es auszusprechen – auch den Zwist der beteiligten Ressorts und Parteien:

---

[2928] BT-PlrPr. 12/225, 28.4.1994, S. 19424.
[2929] BT-PlrPr. 12/228, 19.5.1994, S. 19765 f.
[2930] Ebd., S. 19766.

»Alles, was wir in den Vereinten Nationen verlangen, wird immer die Gegenfrage auslösen: Was tun Sie dabei? Hier stoßen wir gelegentlich immer noch auf gewisse Schwierigkeiten z.B. [...], daß sich dann, wenn wir Transallmaschinen zur Verfügung stellen, die Lebensmittel, Medikamente und anderes mehr dorthin bringen und wenn möglicherweise auch der Transport einiger weniger Beobachter der Vereinten Nationen in diesen deutschen Flugzeugen erfolgen soll, hier schon wieder die Frage nach theoretischen Spitzfindigkeiten, ob das mit der Verfassungslage in Einklang steht, stellt. Ich darf hier nur einmal andeuten, wie schwirig die Situation ist und wie wenig wir ernst genommen werden könnten, wenn wir in den Vereinten Nationen dauernd als besonders moralische Kritiker auftreten, ohne selber in der Lage zu sein, bei solchen Operationen militärisch mitzuwirken oder möglicherweise auch nur andere Militärs dorthin zu transportieren.«[2931]

Offenkundig richtete sich diese Spitze nicht nur gegen die oppositionelle SPD, deren Organklage noch immer lief. Auch schien Schäfer sich seiner Enttäuschung über die Blockade zwischen den Ressorts Luft zu machen. Zur Wahrung des Koalitionsfriedens und der Geschlossenheit der FDP verwies er jedoch nicht auf den Zwist zwischen AA und BMJ und zeichnete ein hypothetisches Bild von Kritikern aus den Reihen des Bundestags. Die Skizzierung eines rein humanitären Unterfangens, in dem eventuell »Beobachter« der Vereinten Nationen transportiert werden könnten, lässt aber darauf schließen, dass das AA zu diesem Zeitpunkt noch an eine Unterstützung glaubte oder sich zumindest die Möglichkeit offenhielt und versuchte, die Parlamentarier und die Öffentlichkeit auf solche Maßnahmen vorzubereiten.

Zu Recht fragte allerdings der SPD-Abgeordnete Gernot Erler, wieso die Bundesregierung Truppen nach Somalia, aber nicht nach Ruanda entsende, wo die Gewalt noch gravierender sei. Schäfer wischte die Nachfrage als »Polemik« ab, da die Bundesrepublik gar nicht gefragt worden sei, »wie im Falle Somalia Truppen zu entsenden«. Zwar verwies Schäfer auf die Anfrage des VN-Sekretariats zur Übernahme der Lufttransportleistung, verschwieg aber die inoffizielle Anfrage zur Entsendung einer Sanitätskompanie sowie die bereits im Herbst 1993 abgelehnte inoffizielle Anfrage zur Stellung von Sanitätern und einer Versorgungskompanie.[2932] Die Frage Erlers war berechtigt, da sich die Situationen glichen. Sowohl in Ruanda als auch in Somalia war die Bundesrepublik zuerst um die Gestellung von Sanitätern gebeten worden.[2933] Im Gegensatz zu Somalia hatte das BMVg in Ruanda nur kein Interesse, an der Mission teilzunehmen. Ob Schäfer nur bewaffnetes Personal unter »Truppen« verstanden wissen wollte, bleibt dahingestellt. Das Narrativ, man sei »machtlos, diesem gräßlichen Treiben ein Ende zu setzen«, und die Bundesregierung habe »keinen Einfluß nehmen können«,[2934] widersprach nicht nur dem Anspruch, mehr Verantwortung in der Welt zu übernehmen,

---
[2931] Ebd.
[2932] Ebd.
[2933] Vgl. Kapitel IV.3.b).
[2934] BT-PlrPr. 12/228, 19.5.1994, S. 19767.

## IV. Deutsche ›Blauhelme‹ in Afrika

es war schlicht falsch. Hätte die Bundesregierung bzw. das BMVg Interesse an einer Beteiligung in Ruanda gehabt, hätten der Friedensprozess und die UNAMIR frühzeitig unterstützt werden können. Die Bundesregierung und hier vor allem der Verteidigungsminister und sein Ressort wollten jedoch nicht durch die Beteiligung an der Mission Einfluss auf das Geschehen nehmen, da dem innenpolitische Bedenken und fehlende Interessen entgegenstanden. Eher legten die deutschen Entscheidungsträger »Kleinstaatentugenden«[2935] an den Tag und vermieden größere Verantwortung.

Von den Abgeordneten war aber auch nie eine militärische Beteiligung gefordert worden. Erst die Zahlen der Toten und Vertriebenen führten bei einigen Parlamentariern zum Umdenken. Im AwZ forderten die Abgeordneten Pinger (CDU) und Hauchler (SPD) Ende Mai die Aufstellung einer internationalen Eingreiftruppe unter Führung des VNSR. Aus Sicht Pingers sollte sich auch Deutschland beteiligen, falls die Verfassung dies erlaube. Die bisherigen VN-Kontingente bezeichnete er als »Alibi-Truppen«.[2936] Auch der CDU-Abgeordnete Joachim Graf von Schönburg-Glauchau zweifelte am Einmischungsverbot in innerstaatliche Angelegenheiten.[2937] Die Vorboten eines Verständnisses zur internationalen Schutzverantwortung waren zu spüren. Grundsätzlich sprachen die Abgeordneten der Bundesregierung aber jede Handlungsmöglichkeit ab,[2938] was nicht den Tatsachen entsprach.

Einen Tag später, am 26. Mai, stellte die SPD-Fraktion einen Antrag zur Lage in Ruanda. Der Bundestag sollte die Bundesregierung auffordern, sich diplomatisch für einen sofortigen Waffenstillstand und die Einhaltung des Waffenembargos einzusetzen. Sie sollte im Rahmen der Vereinten Nationen darauf hinarbeiten, dass nach einem Waffenstillstand unverzüglich »ein sofortiges aktives Handeln der internationalen Gemeinschaft [...] möglich wird, um einen erneuten Ausbruch der Gewalt zu unterbinden«. Letzteres müsse »durch die bereits beschlossene Entsendung einer VN-Friedensmission in ausreichender Größe erfolgen«.[2939] Die SPD forderte das militärische Eingreifen der Vereinten Nationen, schwieg aber zu einem deutschen Beitrag. Einen Monat nach der mündlichen Verhandlung vor dem Bundesverfassungsgericht wäre dies politisch nicht tragbar gewesen. Auch sprach die SPD nicht direkt von Völkermord, sondern von einem »Bürgerkrieg [...], der in seiner Grausamkeit und Menschenverachtung völkermordartige Dimensionen« angenommen habe.[2940] Während der Antrag wegen einzelner Formulierungen abgelehnt wurde,[2941] deckte er sich mit dem Szenario, das Staatsminister Schäfer eine Woche zuvor beschrieben hatte: Die Forderung nach umfangreichen Maßnahmen

---

[2935] Vgl. Schwarz, Die Zentralmacht Europas, S. 9.
[2936] PA-DBT 3122, Ausschuss für wirtschaftliche Zusammenarbeit, 12/77, 25.5.1994, S. 52 f.
[2937] Ebd., S. 54.
[2938] Ebd., S. 50–59.
[2939] BT-Drs. 12/7739, 26.5.1994.
[2940] Ebd., S. 1.
[2941] PA-DBT 3122, Ausschuss für wirtschaftliche Zusammenarbeit, 12/78, 15.6.1994, S. 1 f.

der Vereinten Nationen ohne deutsche Beteiligung. Es ging schlicht um Symbolpolitik, gleich ob seitens der Regierung oder der Opposition.

Erneut verging ein Monat,[2942] ehe die Gruppe Bündnis 90/Die Grünen am 28. Juni 1994 einen Entschließungsantrag einbrachte. In diesem wurde vor allem die Rolle Frankreichs in Ruanda und sein militärisches Eingreifen kritisiert.[2943] Die Bundesregierung wurde aufgefordert, sich im Rahmen ihrer EU-Ratspräsidentschaft für einen Waffenstillstand in Ruanda einzusetzen und die Friedensbemühungen finanziell und logistisch zu unterstützen.[2944] Von einer Unterstützung der UNAMIR sprach auch diese Partei nicht, obwohl festgestellt wurde, dass die Mission nicht »ansatzweise« ausreiche, um einen Waffenstillstand zu sichern.[2945] Aufgrund der Dringlichkeit und der bevorstehenden Sommerpause forderten die Grünen die sofortige Abstimmung. Weil dies nicht möglich war, stimmten die Grünen als einzige Partei gegen die Überweisung ihres Antrages an die Ausschüsse.[2946] Aufgrund der Beendigung des Völkermords und des militärischen Sieges der RPF wurde er nicht weiter verfolgt.

Im Juli 1994 fiel durch das Urteil des Bundesverfassungsgerichts die Beschränkung, sich nicht mit Truppen an Auslandseinsätzen zu beteiligen. Die neuen militärischen Möglichkeiten mündeten aber in keiner größeren Beteiligung an VN-Missionen. Waren es zuvor verfassungsrechtliche Bedenken, die öffentlich dazu dienten, den restriktiven Gebrauch der Bundeswehr zu erklären, wurden nun andere Gründe vorgeschoben, eine deutsche Beteiligung auszuschließen. In der Bundestagsdebatte vom 22. Juli, in der es um die generelle Entsendung der Bundeswehr ins Ausland ging, erklärte der stellvertretende Vorsitzende der CDU/CSU-Bundestagsfraktion, Michael Glos:

»Für die Einsätze der Bundeswehr gelten für uns klare Grundsätze. Oben an steht der Schutz der Sicherheit unserer eigenen Bürger und der Bürger der mit uns verbündeten Länder. Wir sehen für unsere Streitkräfte vor allen Dingen unsere Rolle in Europa. Bei entfernter gelegenen Krisenherden ist zunächst einmal die Frage zu stellen und zu erörtern, ob nicht andere Länder mit größerer geographischer Nähe Verantwortung übernehmen können und sollen. Das gilt [...] beispielsweise für Ruanda, wo wir selbstverständlich im nötigen Umfang humanitäre Hilfe leisten.«[2947]

Zu dieser Zeit war bereits absehbar, dass die afrikanischen Staaten über Personal, nicht aber über die notwendige Ausrüstung und Logistik verfügten. Wie das BMVg teilten auch die Parlamentarier die Welt in Interessenräume. Ihr Fokus lag eindeutig auf Europa. Entsprechend fehlte der CDU/CSU der

---

[2942] Zwischenzeitlich wurde jedoch in Rheinland-Pfalz über eine humanitäre Beteiligung der Bundeswehr in Ruanda gestritten. Vgl. LT-RLP-PlPr. 12/82, 23.6.1994, S. 6556–6560.
[2943] BT-Drs. 12/8154, 28.6.1994, S. 2.
[2944] Ebd., S. 3.
[2945] Ebd., S. 2.
[2946] BT-PlPr. 12/237, 29.7.1994, S. 20803.
[2947] BT-PlPr. 12/240, 22.7.1994, S. 21177.

## IV. Deutsche ›Blauhelme‹ in Afrika

politische Wille, zur Verbesserung der VN-Mission in Ruanda beizutragen. Für einige Politiker wie Werner Schulz (Bündnis 90/Die Grünen) hatte sich mit dem Bundesverfassungsgerichtsurteil ohnehin nichts geändert: »Es gibt keinen plötzlichen Handlungsbedarf. Die Situation ist weitgehend unverändert. Es gibt auch keinen Zeitdruck [...], es sei denn, [...] wir hätten uns heute [...] tatsächlich über Hilfsaktionen für Ruanda hier verständigt. Das hätte Sinn gemacht, auch in meinen Augen.«[2948] Für den SPD-Abgeordneten Karsten Voigt bestanden aber weiterhin Bedenken, die gegen eine Beteiligung deutscher Soldaten bei VN-Missionen sprachen:

»Es ist z.B. ein wichtiges Moment, daß wir, wenn wir nach Ruanda oder in die Umgebung von Ruanda gehen würden, in eine afrikanische Außen- und Sicherheitspolitik mit der Präsenz deutscher Blauhelme hineingezogen werden würden – auch wenn es nur friedenserhaltende Blauhelme sind –, womit wir faktisch in der Vergangenheit außerordentlich wenig Erfahrungen gemacht haben. Wir könnten dann sehr leicht in die Situation geraten, als Neokolonialmacht wahrgenommen zu werden [...] Deshalb müssen wir in einem solchen Fall sehr genau abwägen, ob [...] die außenpolitischen Risiken verantwortbar sind und ob wir nicht die Möglichkeit zur friedlichen Konfliktlösung beeinträchtigen, indem wir uns an der Entsendung von Soldaten dorthin beteiligen.«[2949]

Quer durch die Parteien herrschte Einigkeit, sich nicht militärisch an der VN-Mission in Ruanda zu beteiligen; nicht, weil man es nicht konnte oder rechtlich durfte, sondern weil man es aus politischen Erwägungen nicht wollte. Der Bedarf der Vereinten Nationen oder die Lage vor Ort wurden kaum beachtet, obwohl selbst Regierungsmitglieder öffentlich eine starke VN-Militärpräsenz für notwendig hielten.[2950]

Erst im Juni 1995 wurde ein fraktionsübergreifender Antrag zur Stärkung der UNAMIR eingebracht, mit dem die Bundesregierung aufgefordert wurde, sich für die Verlängerung der Mission einzusetzen »und ausreichende Mittel dafür zur Verfügung zu stellen.« Auch dieser Appell ging jedoch nicht einher mit einer eigenen Beteiligung, da »die Kontingente der UNAMIR [...] aus Angehörigen von vor Ort allseits akzeptierten afrikanischen Nationen bestehen« müssten. Allerdings sollten der Justizsektor und die Polizeireform unterstützt werden, was unter anderem durch die »Verstärkung der Polizeihilfe durch die Bundesländer (Rheinland-Pfalz) erfolgen« könne.[2951] Zwar standen zu dieser Zeit bereits Polizisten aus Rheinland-Pfalz im Land, bei dieser Forderung ging es jedoch eher um bilaterale Unterstützung als um eine stärkere Beteiligung an der UNAMIR. Bezeichnenderweise ging in der Aussprache am folgenden Tag außer Staatsminister Schäfer keiner der Abgeordneten auf die VN-Mission ein.[2952] Von der Entsendung der Polizisten nach Ruanda hatte der Bundestag auch keine Kenntnis genommen. Da es sich nicht um die

---

[2948] Ebd., S. 21196.
[2949] Ebd., S. 21202.
[2950] Vgl. Hans-Peter Repnik, Aus der Tragödie lernen. In: Die Zeit, Nr. 37, 9.9.1994.
[2951] BT-Drs. 13/1732, 21.6.1995.
[2952] BT-PlPr. 13/44. vom 22.6.1995, S. 3630–3637.

Entsendung bewaffneter Soldaten handelte, bedurfte sie keiner parlamentarischen Zustimmung.

Bis zum Ende der Mission im Frühjahr 1996 fehlte es den deutschen Politikern gleich welcher Couleur – so wie den meisten anderen internationalen Politikern – an politischem Willen, den Vereinten Nationen und der UNAMIR ausreichend Ressourcen zur Verfügung zu stellen, um eine größere Rolle bei den Friedensbemühungen bzw. der Beendigung des Völkermordes zu spielen. Auch die Äußerung von Außenminister Kinkel im Herbst 1995 nach seiner Reise nach Burundi, Ruanda und Tansania, die Vereinten Nationen seien »total überfordert« und man müsse »sie konstruktiv unterstützen«,[2953] blieb ein Lippenbekenntnis. Diplomatisch setzte sich Deutschland für den Fortbestand der UNAMIR ein, sie personell zu unterstützen stand vor allem für das BMVg nie zur Debatte.

### f) Deutsche Untätigkeit beim Völkermord

Dass die UNAMIR im Kapitel der deutschen Beteiligungen an VN-Missionen behandelt wird, ist eigentlich widersprüchlich. Die Mission ist eine Geschichte der permanenten Nichtteilnahme, zumindest für das BMVg. Eine direkte Beteiligung an den beiden VN-Missionen durch deutsche Soldaten erfolgte nicht. Insbesondere wurde kein Personal der Bundeswehr in Ruanda stationiert. Dort kamen ›nur‹ Polizisten aus Rheinland-Pfalz zum Einsatz. Ihr Engagement kann nicht mit demjenigen verglichen werden, das die Bundesressorts bereit waren in Somalia zu leisten. Dass Außenminister Kinkel im Oktober 1995 stolz verkündete, der BGS stelle in Ruanda ein »Polizeikontingent«,[2954] passte in das konfuse Bild, das die Ressorts abgaben. Weder beteiligte sich der BGS in Ruanda noch kann bei der Entsendung von bis zu neun Polizisten aus Rheinland-Pfalz von einem Kontingent im eigentlichen Sinne gesprochen werden. Auch wenn die Bereitstellung der Polizisten den Anforderungen der Vereinten Nationen entsprach, war die Beteiligung der Bundesrepublik angesichts der vielen Absagen eher eine *token contribution*. Und nicht einmal das Kontingent von zehn Beamten konnte aufgrund akuten Personalmangels über zwölf Monate gestellt werden.

Im Gegensatz zum BMVg oder dem BMI besaß Rheinland-Pfalz aufgrund seiner jahrelangen Partnerschaft mit Ruanda aber größten politischen Willen, sich an der UNAMIR zu beteiligen. Allein deshalb wurde die Bundesrepublik zu einem Truppensteller, auch wenn es die Beteiligung eines einzelnen Bundeslands war. Die Bundesressorts, hier in erster Linie das BMVg, waren angesichts des schwebenden Organstreits nicht gewillt, den wiederholten Anfragen der Vereinten Nationen zur Gestellung von Personal

---

[2953] BT-PlPr. 13/51, 6.9.1995, S. 4278.
[2954] BPA, Erklärung der Bundesregierung 50. Jahrestag der Vereinten Nationen. In: Bulletin, Nr. 87, 27.10.1995, S. 846–849, hier S. 846.

zu entsprechen. Einmal mehr zeigte sich die Schwäche des AA, das in der Ausgestaltung seiner Politik abhängig vom Verteidigungs- und Innenressort war. Selbst hätte es sich gerne beteiligt, nicht nur wegen des abzusehenden Prestigegewinns, sondern auch weil Deutschland zu den wichtigsten Gebern Ruandas zählte und daher ein Interesse an stabilen Verhältnissen bestand. Die Nichtbeteiligung der Bundeswehr in Ruanda war letztlich aber kein Versagen der Politik. Es war eine bewusste Entscheidung des BMVg, sich militärisch nicht in Ruanda zu engagieren.[2955]

Für das BMVg sprachen rationale militärpolitische Überlegungen, also nationale Ressortinteressen, gegen eine weitere Mission auf dem afrikanischen Kontinent. Die Antwort der Bundesregierung auf eine Große Anfrage der PDS im November 1995, man habe »durch Überlassung von zehn Spezialfahrzeugen eine schnellere Arbeitsaufnahme der Mission gefördert«,[2956] wirkt vor allem angesichts der nicht erfolgten Lufttransportunterstützung im Frühjahr 1994 irritierend. Hätten die Bundesressorts der Mission beim schnellen Aufwuchs helfen wollen, hätten sie mehrfach die Möglichkeit gehabt, sich personell und mit Spezialfähigkeiten einzubringen. Stets wurde dies aber vom BMVg abgelehnt. Erst, weil Minister Rühe vor den anstehenden Bundestagswahlen verkündet hatte, an keiner weiteren VN-Mission mehr teilnehmen zu wollen und vor dem anstehenden Bundesverfassungsgerichtsurteil keine weitere Mission zu unterstützen, dann, weil das BMVg die Sinnhaftigkeit der UNAMIR anzweifelte und später Fähigkeiten für mögliche Einsätze in Europa zurückhielt. Bei diesen Entscheidungen waren nicht das Wohl der Menschen in Ruanda oder der Erfolg der VN-Missionen das entscheidende Kriterium, sondern die antizipierten negativen Folgen für das weitere Engagement der Bundeswehr im Ausland.

Dass Meinungsverschiedenheiten zwischen zwei von der FDP geführten Ressorts selbst eine Lufttransportunterstützung verhinderten, die in ähnlicher Form seit den 1970er-Jahren mehrmals durchgeführt worden war, ist besonders hervorzuheben. Darüber hinaus war Ruanda für das BMVg ohne sicherheitspolitisches Interesse, das die Entsendung von Personal gerechtfertigt hätte. Die Tatsache, dass viele Entscheidungen von den Staatssekretären getroffen und nicht dem Minister vorgelegt wurden, spricht für die geringe Bedeutung des Landes und der dortigen VN-Missionen. Zwar wollte das AA aus politischen Überlegungen wiederholt die Beteiligung mit Personal forcieren, es tat aber nicht alles Erdenkliche, um das BMVg zu überzeugen. Den Weg über das BKAmt suchte es offenbar nicht; erst die Einsicht in die Akten des AA, die für diese Arbeit nur bruchstückhaft gewährt wurde, wird hier aber Gewissheit bringen. Nach der Klage der FDP gegen die Beteiligung der Bundeswehr an den NATO-AWACS-Aufklärungsflügen über Bosnien und Herzegowina waren die Möglichkeiten des FDP-geführten AA aber begrenzt.

---

[2955] Zu diesem Gedankengang siehe die Bewertung des Journalisten Philip Gourevitch zur US-Außenpolitik in Frontline, The Triumph of Evil, 26.1.1999.
[2956] BT-Drs. 13/2982, 10.11.1995, S. 17.

Eine Beteiligung an der kleinen Beobachtermission UNOMUR wurde auch aufgrund des beginnenden Somalia-Engagements vom BMVg nicht weiter verfolgt. Die Entsendung weniger Beobachter hätte kaum zu einem größeren Prestigegewinn im Bündnis geführt und nur weiteren Koordinationsaufwand bedeutet. Eine Beteiligung an der UNAMIR fiel nicht weiter ins Gewicht, da die internationale Präsenz hier im Gegensatz zur Mission in Somalia begrenzt blieb. Zudem verlief die Aufstellung der UNAMIR parallel zu den deutschen Planungen zum Kontingentwechsel bei der UNOSOM II und dem Abzug der UNTAC aus Kambodscha, wodurch personelle und materielle Ressourcen gebunden waren. In Teilen war die auf Verteidigung ausgelegte Bundeswehr zu dieser Zeit noch gar nicht in der Lage, in verschiedenen Regionen der Welt zu operieren, vor allem nicht, wenn es um begrenzte Hochwertfähigkeiten wie Sanitäter ging – vom Transport von Truppen und Material in Eigenregie ganz zu schweigen. Im Gegensatz zur UNOSOM II bestand bei der UNAMIR aber auch kein politischer Zwang, unbedingt Flagge zeigen zu müssen. Gerade das Engagement des wichtigsten NATO-Partners USA blieb begrenzt. Die Bundesregierung musste nicht frühzeitig einen Beitrag ankündigen und steckte daher nicht wie in Somalia im Dilemma, einem Angebot nachkommen zu müssen. Interessanterweise sind auch die Erinnerungen an die Planungen bei den meisten Zeitzeugen verblasst. Während bei vielen ehemaligen Entscheidungsträgern noch Detailkenntnisse zu Somalia vorhanden waren, fehlte zu Ruanda meist jede Erinnerung. Dies kann einerseits als Selbstschutz der Betroffenen gewertet werden, sich nicht an die Untätigkeit erinnern zu wollen. Andererseits scheinen Ruanda und die zugehörigen Planungen im Vergleich zu Somalia und der UNOSOM II einfach auch zu unbedeutend und in ihrem Umfang zu gering gewesen zu sein, um im Gedächtnis zu bleiben. Ruanda war für die Bundeswehr ohne größere Bedeutung und für das BMVg allenfalls ein Randthema.

Die Lage vor Ort spielte bei den Entscheidungen kaum eine Rolle. Gerade zu Beginn der UNAMIR schienen ihre Voraussetzungen gut: Es gab zwei unterschiedliche Konfliktparteien, es existierten ein Waffenstillstand und ein Friedensvertrag – egal wie realistisch deren Umsetzung war –, es lag ein Mandat des VNSR vor, die Mission entsprach einer traditionellen VN-Mission, die nicht die Anwendung von Zwang auf Grundlage des Kapitels VII der VN-Charta erforderte, und sowohl das VN-Sekretariat als auch beide Konfliktparteien wollten eine deutsche Beteiligung. Zudem waren mit Belgien und Kanada zwei befreundete Nationen an der Mission beteiligt. An der ablehnenden Haltung des BMVg änderte dies nichts. Aus deutscher Sicht sollte daher nicht nur die Untätigkeit der »Welt« oder des VNSR beachtet werden,[2957] sondern auch die fehlende Handlungsbereitschaft der deutschen Ressorts, allen voran des BMVg.

---

[2957] Vgl. Naumann, Frieden, S. 119, 122; Naumann, Der Wandel des Einsatzes, S. 488. Im Unterausschuss Vereinte Nationen resümierte der stellvertretende Referatsleiter VN 10 Günter Overfeld dem Kurzprotokoll zufolge: »Das Problem sei die Bereitschaft der Mitgliedstaaten der VN, jedenfalls zentraler Mitgliedstaaten, zu personellen und ma-

Auch der Genozid führte zu keinem Umdenken, was vor allem auf eine falsche Lagebeurteilung zurückzuführen ist. Wie die gesamte internationale Gemeinschaft betrachtete vor allem das Verteidigungsressort die Situation in Ruanda als ethnisch motivierten Bürgerkrieg. Nach der Evakuierung der Beratergruppe und der Botschaft fehlten den deutschen Stellen zwar eigene Sensoren, um die Schnelligkeit des Mordens richtig zu bewerten, ihnen war aber durchaus bewusst, dass binnen kürzester Zeit Zehntausende Menschen ermordet wurden. Dass es dauerte, die Lage als Genozid zu erkennen, ist nachvollziehbar. Ungewiss ist nur, inwieweit die Regierung durch ihre Verbündeten über die Ereignisse informiert war und ob es Absprachen gab, den Begriff Völkermord zunächst nicht zu nutzen.

Als der Genozid als solcher benannt wurde, zog dies allerdings kein deutsches militärisches Handeln nach sich. Die Luftunterstützung der UNAMIR scheiterte an der Frage, ob der Transport von VN-Soldaten und nicht-humanitären Gütern ein ›Einsatz‹ im Sinne des Grundgesetzes sei. Angesichts der politischen Opposition gegen ›Einsätze‹ der Bundeswehr im Ausland und der Furcht, das Urteil des Bundesverfassungsgerichts zu ihren Ungunsten zu beeinflussen, blieben die Bundesressorts trotz des laufenden Völkermords passiv. Ihr im Bundestag gepflegtes Narrativ, man habe nichts tun können, entsprach aber nicht der Realität.

Dass das BMVg in der Lage war, in kürzester Zeit zu handeln, zeigte es im Juli 1994. Der Unterstützung des UNHCR kam die Luftwaffe umgehend nach, weil sich mittlerweile auch die USA engagierten, die Medien auf die Situation aufmerksam wurden und das AA versprach, die Kosten zu übernehmen. Der Einsatz der Luftwaffe war keine Beteiligung an der UNAMIR, auch wenn dies nicht der gegenwärtigen Darstellung der Einsatzhistorie der Bundeswehr entspricht. Er war bilaterale Hilfe für den UNHCR. Angesichts des nationalen und internationalen Drängens sollte die Beteiligung an der Luftbrücke Präsenz zeigen, auch wenn die Hilfe nicht nur Flüchtlingen zugutekam, sondern auch einem Teil der Völkermörder. Internationaler Druck, genauer von US-Präsident Bill Clinton, führte auch zur einzigen wirklichen Unterstützung des BMVg für die UNAMIR: der Abgabe von Material und Fahrzeugen. Zwar entsprach dies den Anforderungen der Vereinten Nationen, die Hilfe verlief aber schleppend. Aufgrund fehlender Transportkapazitäten und der ungeklärten Finanzierung dauerte es über zwei Monate, ehe der UNAMIR das Material übergeben wurde. Ausnahmsweise schaltete sich aufgrund der Verzögerungen sogar Bundeskanzler Kohl ein, der von Präsident Clinton direkt um Hilfe gebeten worden war. Ansonsten hielt sich das BKAmt offenbar zurück. Eine vollständige Akteneinsicht steht aber noch aus.

---

teriellen Opfern, auch wenn vitale eigene Interessen nicht auf dem Spiel stehen. An diesem Dilemma sei UNAMIR letztendlich bei der Bewältigung seiner entscheidenden Aufgaben 1994 gescheitert.« PA-DBT 3104, Unterausschuss Vereinte Nationen/Weltweite Organisationen, 13/12, 24.4.1996, S. 22.

Gut verdeutlicht das Fallbeispiel Ruanda die Problematik des Einsatzbegriffs. Streng genommen waren keine der Soldaten, sondern nur die Polizisten im Konfliktgebiet stationiert. Vor allem das Bodenpersonal der Luftbrücke verbrachte die meiste Zeit am Flughafen oder im Hotel in Nairobi; unter anspruchsvollen Bedingungen, aber nicht vergleichbar mit der Situation, die die tunesischen oder ghanaischen Soldaten während des Genozids in Ruanda erlebten. Dennoch verlieh das BMVg rückwirkend die Einsatzmedaille ›UNAMIR‹, obwohl kein Soldat an der UNAMIR beteiligt war.

Anlässlich des 20. Jahrestags des Völkermords wurde im Bundestag das Versagen der Weltgemeinschaft und der Bundesrepublik beklagt.[2958] Auch stellte die Fraktion Bündnis 90/Die Grünen mehrfach Anträge zur historischen Aufarbeitung des deutschen Engagements in Ruanda.[2959] Auch wenn noch viele Akten unerschlossen sind, zeichnet sich ab, dass wegen innenpolitischer Überlegungen, stetigen Haushaltskürzungen und der Lage in Südosteuropa keines der deutschen Ministerien – aber auch keine Partei im Bundestag – ausreichend Willen besaß, nach dem Engagement in Somalia erneut uniformiertes Personal in größerem Umfang in ein afrikanisches Land zu entsenden. Ob eine stärkere Beteiligung der Bundesrepublik zu Beginn der UNOMUR oder der UNAMIR etwas am Verlauf der Missionen geändert hätte, bleibt fraglich.[2960] Vielleicht hätte eine Unterstützung der UNAMIR im Herbst 1993 zu größerem Vertrauen bei den Konfliktakteuren oder im Mai 1994 zum schnelleren Aufwuchs der Mission und damit zur schnelleren Stabilisierung des Landes geführt. Ganz sicher kam das BMVg dem im Januar 1993 geäußerten Anspruch, bei Völkermorden handeln zu wollen, aber nicht nach. Wegen ihrer bewussten Entscheidung, sich nicht bzw. nicht in stärkerem Maße an den VN-Missionen zu beteiligen, sind die Bundesressorts genauso wie die restliche Welt mitverantwortlich für den tragischen Verlauf des Völkermords in Ruanda.

## 5. Zwischenfazit: Bundesdeutsche Motive für eine Beteiligung an VN-Missionen in Afrika

Nach 16 Jahren der Zurückhaltung beteiligten sich die Bundesressorts an vier der zehn zwischen 1989 und 1993 auf dem afrikanischen Kontinent begonnenen VN-Missionen mit im Einsatzland stationierten Polizisten oder Soldaten: Zwei Mal schickten sie Beamte des BGS, einmal Soldaten der Bundeswehr und einmal Polizisten aus Rheinland-Pfalz. Eine Blaupause für ein bundes-

---

[2958] BT-PlPr. 18/27, 4.4.2014, S. 2163–2180.
[2959] BT-Drs. 18/4811, 6.5.2015; BT-Drs. 19/8978, 3.4.2019.
[2960] Zu den Möglichkeiten und Folgen einer frühzeitigen US-Intervention siehe Kuperman, The Limits of Humanitarian Intervention, S. 63–77.

## IV. Deutsche ›Blauhelme‹ in Afrika

deutsches Engagement gab es nicht und konnte es auch nicht geben. Die bundesdeutsche Beteiligung 1989 in Namibia war die erste mit uniformiertem Personal im Rahmen einer VN-Mission überhaupt. Vor dem Engagement in Somalia hatte nie ein deutsches Kontingent in vergleichbarer Größe an einem Auslandseinsatz und vor Rheinland-Pfalz nie ein Bundesland im Rahmen einer VN-Mission teilgenommen. Die Entscheidungen fielen von Fall zu Fall. Alle Beteiligten mussten erst Erfahrungen sammeln, Abläufe sich einspielen. Was aber waren die Motive der Bundesressorts – mit Ausnahme von Somalia war der Bundestag nie am Entscheidungsprozess beteiligt –, uniformiertes Personal in VN-Missionen nach Afrika zu senden? Wieso beteiligten sich die Ministerien an ausgerechnet diesen vier Missionen, warum beteiligte man sich in der personellen Größenordnung und mit dem Personal, das entsandt wurde, und welche Auswirkungen hatten die politischen Entscheidungen auf die taktische Auftragserfüllung?

Gemäß den Vorstellungen des »Bureaucratic Politics Approach« bzw. des GPM gingen die Beteiligungen in allen vier Fällen auf Aushandlungsprozesse zwischen den betroffenen Ressorts zurück. Die Beschlüsse zur Beteiligung waren häufig Kompromisse zwischen dem AA, dem BMI, dem BMVg sowie in Teilen des BKAmts, des BMF und des BMJ. Im Bundeskabinett wurden die Entscheidungen lediglich formalisiert. Grundlegend diskutiert wurde hier nicht, weil Bundeskanzler Kohl die Aushandlung von Konflikten im Kabinett nicht schätzte.[2961] Der Aushandlungsprozess fand daher überwiegend auf Arbeitsebene der Ressorts statt, wo jedes Ministerium versuchte, seine eigenen Interessen bestmöglich durchzusetzen.

Weil Anfang der 1990er-Jahre der Personalbedarf der Vereinten Nationen durch die Aufstellung vieler neuer Missionen stieg, war die Weltgemeinschaft immer häufiger auch an einer deutschen Unterstützung interessiert. Weil es den Vereinten Nationen selten an Infanteristen, sondern eher an Spezialisten wie Sanitätern oder Logistikern fehlte, erbat das VN-Sekretariat von der bundesdeutschen Wirtschaftsmacht in erster Linie Hochwertfähigkeiten.

Das AA und die ihm angegliederten Stellen waren nur allzu gern bereit, den Anfragen des VN-Sekretariats zu entsprechen. Dem Außenressort ging es bei den Teilnahmen in erster Linie um internationales, außenpolitisches Ansehen, um Vertrauensbildung im internationalen Kontext und darum, sich als verantwortungsbewusster und verlässlicher Partner zu präsentieren. VN-Politik gehörte zum festen Aufgabenbereich des AA. Weil sich das BKAmt der europäischen Einigung und der Annäherung an die Sowjetunion/Russland verschrieben hatte, boten die Vereinten Nationen eines der wichtigsten Felder, auf denen sich das AA international profilieren konnte.

Mit dem 1992 öffentlich gemachten Wunsch, einen ständigen Sitz in einem reformierten VNSR zu übernehmen, schien ein personelles, sichtbares Engagement im Rahmen von VN-Missionen umso wichtiger – insbesonde-

---

[2961] Vgl. Andreae/Kaiser, Die »Außenpolitik« der Fachministerien, S. 40.

re, weil finanzielle Leistungen international nicht als wirkliche Bürde für die wirtschaftsstarke Bundesrepublik empfunden wurden. Das AA beabsichtigte daher, möglichst sichtbar in VN-Missionen präsent zu sein. In welchem Land und bei welcher Mission eine Beteiligung erfolgte, war eher nebensächlich. Eine Ausnahme war lediglich Namibia, wo es historische, politische und wirtschaftliche Bezüge gab.

Zweitrangig war auch die Art der personellen Beteiligung. Soldaten der Bundeswehr versprachen zwar am meisten Prestige[2962], die Entsendung von Militärs war aber nur ein außenpolitisches Instrument von vielen. Beamte des BGS, Polizisten der Länder oder auch größere Gruppen an Wahlbeobachtern gehörten ebenfalls zum Portfolio des AA, zusätzlich zu den weniger sichtbaren finanziellen und materiellen Hilfen. Grundsätzlich war die Beteiligung von Polizisten innenpolitisch weniger brisant als die Beteiligung der Bundeswehr. Aufgrund der Haltung von Außenminister Genscher wurde die Entsendung von Polizisten in Namibia und der Westsahara von Beginn an vom AA zur Beteiligungsform seiner Wahl bestimmt. Die Rekrutierung freiwilliger Polizisten war allerdings aufwendiger und ihr Einsatz vielfach weniger sichtbar als der von Soldaten.[2963]

Dennoch blieb das AA bis zur Klärung des Verfassungsstreits zurückhaltend, wenn es um die Beteiligung von Soldaten ging, da seine FDP-geführte Leitung die personelle, militärische Nichtbeteiligung an VN-Missionen jahrzehntelang mit verfassungsrechtlichen Beschränkungen begründet hatte. Eine andere Linie hätte den Anspruch des AA auf Glaubwürdigkeit und Verlässlichkeit untergraben, auch wenn gerade seine Arbeitsebene versuchte, die Grenzen des Machbaren wo immer möglich auszureizen. Da es selbst kein Material oder Personal besaß, war es bei der Ausgestaltung seiner Außenpolitik aber stets auf die Ressourcen des BMI oder des BMVg angewiesen, die vielfach andere Interessen verfolgten.

Grundlegend besaß das BMI kein originäres Interesse an einer VN-Beteiligung, erst recht nicht an VN-Missionen auf dem afrikanischen Kontinent. Hier besaß es allenfalls geringe innen-, europa- oder sicherheitspolitische Interessen. Zwar präferierte das BMI zur Beteiligung an VN-Missionen in erster Linie die Bundeswehr, deren Einsatz es seit Ende der 1980er-Jahre rechtlich für möglich hielt und die über größere Ressourcen verfügte als der BGS, an einem internationalen Ansehensverlust infolge einer personellen Abstinenz wollte es aber nicht schuld sein. Mehrfach entsprach es daher den Bitten des AA zur Gestellung von Personal. Einen Ersatz für die Bundeswehr wollte das BMI durch die Stellung von Polizisten allerdings nicht bieten. Wenn Polizisten eingesetzt werden sollten, dann nur für ausschließlich polizeiliche Aufgaben. Das BMI und der BGS waren auch nie Platzhalter der Bundeswehr, nicht von ihren Aufgaben her und auch nicht im Rahmen

---

[2962] Zeitzeugenbefragung von Botschafter a.D. Christian Walter Much am 16.5.2021.
[2963] Zeitzeugenbefragung von Botschafter a.D. Christian Walter Much am 14.5.2021.

## IV. Deutsche ›Blauhelme‹ in Afrika

der Entscheidungsfindung. Weder in Namibia noch in der Westsahara war eine Beteiligung der Bundeswehr von den Vereinten Nationen ernsthaft in Erwägung gezogen worden. Auch in der Bundesrepublik kam es nie wirklich zur Abwägung, ob nun Soldaten oder Polizisten geschickt werden sollten; in Namibia hatte Außenminister Genscher sich frühzeitig gegen Soldaten entschieden, sodass nicht nur dort, sondern auch später in der Westsahara jegliche Überlegungen in diese Richtung im Keim erstickt wurden. Wenn Polizisten zum Einsatz kamen, waren sie von den Vereinten Nationen erbeten worden. Für andere Zwecke stand das BMI nicht zur Verfügung. Auch der Umfang der Beteiligung spiegelte – bei der MINURSO zumindest zu Beginn – den Bedarf der Vereinten Nationen wider, egal, wie gering er ausfiel. Vor allem im Polizeibereich setzten die Vereinten Nationen lieber auf mehrere kleine als auf ein großes nationales Kontingent, sodass selbst die Entsendung von fünf Polizisten in die Westsahara keine klassische *token contribution* war; sie entsprachen zunächst dem geringen Personalbedarf der Vereinten Nationen.

Aus den positiven Erfahrungen in Namibia und der Westsahara konnte das BMI weiteren Nutzen ziehen. Die Bereitstellung einiger weniger Beamter wirkte nach innen und außen ansehensfördernd und machte den Dienst des sich im Umbruch befindlichen BGS attraktiver. Auf Dauer durfte das Afrika-Engagement aber nicht zulasten seiner begrenzten Ressourcen gehen. Aufgrund innen-, europa- und sicherheitspolitischer Abwägungen konzentrierte sich das BMI ab Mitte der 1990er-Jahre zunehmend auf Südosteuropa. In Afrika war es nach den ersten positiven Erfahrungen nicht mehr gewillt, zusätzliche Ressourcen bereitzustellen. Hier fehlte es dann schlicht an eigenem Interesse, sodass die VN-Mission UNOSOM II auch aufgrund des hohen Risikos für die Beamten und der ungewissen Erfolgsaussichten des VN-Konzepts nicht personell unterstützt wurde. Das Kontingent in der Westsahara wurde nie aufgestockt und in Ruanda kam der Einsatz des BGS aufgrund der Interessenverschiebung nach Südosteuropa gar nicht mehr infrage.

Noch skeptischer als das BMI positionierte sich von Beginn an das BMVg. Das Streben nach internationalem Prestige im Rahmen der Vereinten Nationen oder einem ständigen Sitz im VNSR waren für das Verteidigungsressort ohne Belang. Die Bundeswehr steckte Anfang der 1990er-Jahre im Reformprozess, der die volle Aufmerksamkeit des BMVg verlangte. Es wurden Zehntausende Dienststellen gestrichen, Personal aus der NVA übernommen und Material der NVA abgerüstet. Bis Ende August 1994 standen noch immer sowjetische/russische Truppen auf dem Gebiet der ehemaligen DDR, die es zurückzuführen galt. Ohnehin war für das BMVg die NATO von wesentlich größerer Bedeutung als die Vereinten Nationen. In keiner anderen Organisation war die Bundeswehr so stark mit ihren Partnerstaaten verbunden wie hier. Regelmäßige Übungen, Austauschlehrgänge oder Verwendungen in internationalen Stäben machten es für die Bundeswehr schwer, beiseitezustehen, wenn die Partnerstaaten militärisch in einem Konflikt intervenierten; und dies taten vor allem die USA seit Anfang der 1980er-Jahre immer häufiger.

Die neue, verjüngte Leitungsebene des BMVg erkannte daher früh, dass sich die führende Industrienation Europas, so auch die Auffassung im BKAmt, bei internationalen Krisen schon aus Solidarität mit ihren NATO-Partnern nicht auf Dauer militärisch enthalten könne. Für ein gemeinsames Vorgehen auf dem Territorium des Bündnisses wurden ab 1992 schnell verlegbare, hochspezialisierte Einheiten der Bundeswehr aufgestellt. Erst nach Schaffung der rechtlichen Grundlagen sollten diese auch im VN-Rahmen genutzt werden. Weil der Zweite Golfkonflikt und die deutsche Sonderstellung in der Adria den Soldaten aber auf nur allzu schmerzliche Weise verdeutlicht hatte, in der NATO als Soldaten zweiter Klasse wahrgenommen zu werden – so zumindest ihre Vorstellung –, war es das erklärte Ziel der Leitung, nicht noch einmal abseits ihrer Bündnispartner zu stehen.

Innenpolitisch umstrittene, weltweite Einsätze im Rahmen der Vereinten Nationen waren vor diesem Hintergrund zunächst nur ein – politisch gefordertes – behutsam zu behandelndes Randthema, das in erster Linie unter dem Aspekt des *burden sharing* der NATO-Partner gesehen wurde. Gerade angesichts des laufenden Organstreits sollte alles Unnötige vermieden werden, was die Urteilsfindung und damit die künftig gleichberechtigte Einsatzmöglichkeit der Bundeswehr neben ihren Partnern negativ beeinflussen konnte. Mit dem Beginn der US-geführten Mission UNITAF stand für die Leitung des BMVg aber fest, dass sich auch die Bundeswehr in Somalia beteiligen müsse, um nicht noch stärker in eine Sonderrolle abzurutschen. Weil die Beteiligung an der Militäroperation UNITAF in der Bundesrepublik rechtlich nicht zu legitimieren war, blieb nur die Beteiligung an der nachfolgenden Mission der Vereinten Nationen. Die Beteiligung an der UNOSOM II hatte daher weniger VN-politische als bündnispolitische Gründe. Der Erfolg der Mission oder die Entwicklung im Einsatzland waren zweitrangig, was die stark beschränkenden politischen Auflagen belegen, die die Möglichkeiten der Soldaten auf taktischer Ebene so sehr begrenzten, dass sie zur militärischen Nutzlosigkeit verkamen.

Stärker noch als das BMI orientierte sich das BMVg bei einer möglichen Beteiligung auch an der Kassenlage. Angesichts massiver Einsparungen sollte keine der VN-Maßnahmen zulasten des Verteidigungsetats gehen. Wenn Ressourcen aufgebracht wurden, lag dies in erster Linie an bündnispolitischen Erwägungen. Die unterstützten Maßnahmen des BMVg zielten somit weniger auf die Stärkung der Vereinten Nationen als Organisation als auf den Gewinn von Glaubwürdigkeit und ein solidarisches Verhalten an der Seite der NATO-Partner. Sie mussten dem BMVg also einen eigenen Nutzen versprechen. Nur aus diesem Grund wurden für das Somalia-Engagement Millionen von D-Mark aus dem Haushalt des BMVg eingesetzt. Ressourcen für Unternehmen des AA in Afrika, die dem BMVg wenig eigenen Nutzen versprachen, sollten vom AA oder den Vereinten Nationen gezahlt werden. Nachdem die FDP gegen die Beteiligung deutscher Soldaten im Rahmen der NATO-AWACS-Aufklärungsflüge über Bosnien und Herzegowina geklagt hatte, sank die

Bereitschaft des BMVg in diese Richtung weiter. Eine Beteiligung in Ruanda wurde daher vor allem aus innenpolitischen Erwägungen blockiert.

Das BKAmt nahm überraschend wenig Einfluss auf die Aushandlungsprozesse. In erster Linie koordinierte es zwischen den Ressorts, wenn sich diese auf eine Bereitstellung von Ressourcen geeinigt hatten. Eigeninitiative zu einer VN-Beteiligung ging nie von ihm aus. Sein außenpolitischer Schwerpunkt lag in Europa. Für die Vereinten Nationen brachte Kohl nur wenig Begeisterung auf. Vielfach ließ das BKAmt die anderen Ressorts daher gewähren. Nur wenn der außenpolitische Bedarf bestand, schaltete sich der Bundeskanzler selbst in die Debatte ein, etwa im Frühjahr 1993, als er das AA und das BMVg anwies, die öffentlich gemachte Zusage für eine Beteiligung in Somalia um jeden Preis umzusetzen. Ebenso im Falle von Ruanda, nachdem sich US-Präsident Clinton persönlich mit einem Hilfegesuch an Kohl gewandt hatte. In beiden Fällen hatte die Bereitschaft des BKAmts also ebenfalls wenig mit den VN-Missionen an sich zu tun, sondern folgte außenpolitischen Erwägungen. Sie sollten einem Ansehensverlust vorbeugen und eine solidarische Geste gegenüber den Partnern, in erster Linie den USA, sein.

Lediglich Namibia hatte als Einsatzland für den Entscheidungsprozess Bedeutung, da es sich um eine noch immer nicht selbstständige, ehemalige deutsche Kolonie mit einer weiterhin präsenten deutschen Bevölkerung handelte. Das bereits seit 1962 unabhängige Ruanda war nur für Rheinland-Pfalz von Bedeutung. Die deutsche Kolonialgeschichte war insbesondere auch von der Ständigen Vertretung bewusst ausgeblendet worden, hätte sie doch vermutlich niemanden beeindruckt und eher zu Verunsicherung geführt.[2964] Weil Rheinland-Pfalz eine Partnerschaft mit Ruanda eingegangen war, kamen hier Polizisten des Landes zum Einsatz. Beamte aus Bayern oder Brandenburg wären dagegen schwer vorstellbar gewesen. Für Rheinland-Pfalz und seinen damaligen Innenminister Walter Zuber war die Beteiligung in Ruanda eine Herzensangelegenheit. Ansonsten waren die Einsatzorte ein zu vernachlässigendes Detail im deutschen Entscheidungsprozess und im Grunde austauschbar. Gleiches galt für die Bedingungen der Mission. Ob nun ein Waffenstillstand bzw. ein Friedensvertrag vorlag, die Vereinten Nationen dringend Personal oder Material benötigten, das VN-Mandat zeitlich begrenzt oder das Risiko des einzusetzenden Personals gering waren, war weniger ausschlaggebend für den Entscheidungsprozess als außenpolitischer Zwang durch das bereits laufende oder abzusehende Engagement der deutschen NATO-Partner bzw. ein starkes mediales und öffentliches Interesse an einem Konfliktgebiet.

Humanitäre Gründe waren nie ausschlaggebend für eine Beteiligung. Das Vorliegen einer humanitären Notlage reichte nicht aus, um eine positive Entscheidung der Ressorts zu erwirken. Dies zeigte nicht nur der Völkermord in Ruanda. Ohne internationales Engagement, in erster Linie der USA, war vor allem das BMVg nicht bereit, Ressourcen zur Verfügung zu stellen. Nur

---

[2964] Zeitzeugenbefragung von Botschafter a.D. Christian Walter Much am 16.5.2021.

wenn es aufgrund eines großen internationalen Engagements der engsten Partnerstaaten, aber auch aufgrund eines medialen und öffentlichen Interesses politisch notwendig schien, sich stärker an einer VN-Mission zu beteiligen, gingen die Bundesressorts einen – im Falle von Somalia stark vom BMVg geprägten – Kompromiss ein, wenn ihnen dieser einen größeren Nutzen versprach als eine personelle Abstinenz. Fehlten diese Grundvoraussetzungen, kam es zum Leidwesen des AA meist zu keiner Beteiligung, wie das folgende Kapitel zeigen wird.

## V. Freundliches Desinteresse? Die Nichtbeteiligung der Bundesrepublik an den Missionen in Angola, Mosambik und Liberia

Nach der Analyse der Fallbeispiele zur Beteiligung der Bundesregierung an VN-Missionen auf dem afrikanischen Kontinent werden im Folgenden diejenigen Missionen aus dem Untersuchungszeitraum betrachtet, an denen die Bundesressorts nicht mit Soldaten oder Polizisten beteiligt waren. Untersucht wird, welche Motive gegen eine Teilnahme sprachen. Erneut bedarf es dazu zunächst einer Rekonstruktion des historischen Kontexts und der Beziehungen zwischen der Bundesrepublik und dem jeweiligen Einsatzland, ehe die ministeriellen Planungen untersucht werden können.

### 1. Die VN-Missionen UNAVEM und UNAVEM II

#### a) Hintergrund des angolanischen Bürgerkriegs

Der angolanische Bürgerkrieg begann in den 1960er-Jahren als Dekolonisationskrieg und wurde spätestens 1975 zum »Heißen Krieg« im »Kalten Krieg«.[1] Bis zu diesem Zeitpunkt gehörte Angola zum portugiesischen Kolonialreich.[2] Während Frankreich und Großbritannien ihre Kolonien überwiegend in den 1960er-Jahren in die Unabhängigkeit entließen, hielt Portugal an seinen Überseegebieten fest. In Angola bildeten sich daraufhin in den 1960er-Jahren drei große Rebellengruppen, die die Unabhängigkeit des Landes zu erzwingen versuchten:[3] die MPLA, die Frente Nacional de Libertação de Angola (FNLA) und die UNITA. Trotz vergleichbarer Ziele konkurrierten die Bewegungen untereinander, da sie sich in ihrer Sozialstruktur, ihrer ideolo-

---

[1] Vgl. Heiße Kriege im Kalten Krieg; Krisen im Kalten Krieg.
[2] Seit Ende des 15. Jahrhunderts gab es portugiesische Stützpunkte an der afrikanischen Küste. Der Einfluss auf das Landesinnere blieb jedoch marginal. Die tatsächliche Besetzung des von Portugal beanspruchten Kolonialgebiets in Afrika erfolgte erst Anfang des 20. Jahrhunderts. Abele, Kein kleines Land, S. 37–42.
[3] Ausführlich zum portugiesischen Kolonialkrieg siehe MacQueen, The Decolonization; Weigert, Angola, S. 8–68; Venter, Portugal's Guerilla Wars.

gischen Ausrichtung und durch ihre internationalen Unterstützer unterschieden.[4] Obwohl Portugal 1974 der Unabhängigkeit Angolas zustimmte, beendete dies nicht die Gewalt zwischen den drei angolanischen Gruppen. Eine im Januar 1975 vereinbarte Übergangsregierung brach rasch auseinander. Am Tag der Unabhängigkeit, dem 11. November 1975, übernahm die MPLA die alleinige Macht in der Hauptstadt Luanda und etablierte in Opposition zur UNITA und der FNLA einen Einparteienstaat.[5]

Zu dieser Zeit war der Bürgerkrieg schon längst Teil des Ost-West-Konflikts geworden. Während die MPLA von der Sowjetunion und ab 1975 durch Soldaten aus Kuba unterstützt wurde, erhielten die FNLA Unterstützung von China, den USA und Zaire sowie die UNITA ab 1975 von Südafrika und später von den USA.[6] Vor allem die Beteiligung von Kuba und Südafrika behinderte über Jahre eine Lösung des Konflikts.[7] Erst infolge der internationalen Entspannung zwischen den USA und der Sowjetunion verständigten sich Angola, Kuba und Südafrika 1988 auf den Abzug der kubanischen Truppen aus Angola und den Rückzug der Südafrikaner aus Namibia; dies bedeutete zugleich die Unabhängigkeit des angolanischen Nachbarlands.[8] Die Verhandlungen über den Abzug der internationalen Truppen aus Angola beendeten jedoch nicht den Konflikt zwischen der MPLA und der UNITA; die FNLA spielte zu dieser Zeit keine Rolle mehr.[9] Die UNITA war nicht an den Verhandlungen beteiligt worden, sodass der angolanische Bürgerkrieg weiter schwelte.[10] Da der Abzug der Kubaner aber auch im Interesse der UNITA lag, verlief dieser fast reibungslos.

### b) Mandat und Aufstellung der VN-Mission UNAVEM

Die erste VN-Mission in Angola hatte nicht die Beendigung des angolanischen Bürgerkriegs zum Ziel, sondern war das Ergebnis der Verhandlungen zwischen Angola, Kuba und Südafrika zur Lösung der Namibia-Frage. Grundlage waren ein am 22. Dezember 1988 zwischen den drei Staaten unterzeichneter

---

[4] Cornwell, The War for Independence, S. 48–56; Gleijeses, Conflicting Missions, S. 235–245; Malaquias, Rebels, S. 50–71; Reno, Warfare in Independent Africa, S. 67–72.
[5] Vgl. Birmingham, Angola, S. 145–148; Gleijeses, Conflicting Missions, S. 246–272; Pearce, Political Identity, S. 31–46. Wegen der Kämpfe um Luanda flüchteten Hunderttausende Portugiesen zurück nach Europa. Zu den Entwicklungen in Portugal in den letzten Kriegsjahren siehe Abele, Kein kleines Land, S. 249–272.
[6] Cornwell, The War for Independence, S. 60–64; Malaquias, Rebels, S. 50–71, 74–88; Weigert, Angola, S. 69–90; Westad, The Global Cold War, S. 222–241.
[7] Siehe Kapitel IV.1.a).
[8] VNGV/VNSR, A/43/989_S/20346, 22.12.1988. Zu den Verhandlungen ausführlich siehe Crocker, Peacemaking in Southern Africa.
[9] Vgl. PA AA, B 34, ZA, Bd 155748, Vorlage Referat 320 an den Außenminister, Betr.: Innere Befriedung Angolas, hier: Stand der Bemühungen um die Konfliktlösung und Aussichten für die weitere politische Entwicklung und die bilateralen Beziehungen, 10.1.1991, hier S. 1, 4.
[10] Vgl. Weigert, Angola, S. 93–100.

## V. Freundliches Desinteresse?

Friedensvertrag[11] sowie eine zuvor getroffene Vereinbarung zwischen Angola und Kuba über den Abzug der in Angola stationierten 50 000 kubanischen Soldaten.[12] Um diesen Prozess zu überwachen, erbaten beide Staaten eine Mission der Vereinten Nationen.[13]

Grundlage der für einen Zeitraum von 31 Monaten mandatierten United Nations Angola Verification Mission (UNAVEM) wurde Resolution 626, die am 20. Dezember 1988 vom VNSR verabschiedet wurde.[14] Im Gegensatz zur UNTAG in Namibia handelte es sich bei der UNAVEM um eine reine Beobachtermission aus unbewaffneten Militärs, deren alleiniger Auftrag die Überwachung des kubanischen Abzugs war. Mandat und Laufzeit, bis Juli 1991, waren begrenzt. VN-Beobachter sollten nur in Luanda, an den zur Repatriierung genutzten Häfen und Flughäfen sowie entlang des 15. und 13. Breitengrads stationiert werden. Mit bis zu 70 Militärbeobachtern und 20 Zivilkräften waren die Dimensionen der Mission begrenzt.[15] Sie konnte in wenigen Tagen geplant werden.[16] Die Herkunft der Beobachter sollte nach Zustimmung von Angola und Kuba dem Prinzip der angemessenen geografischen Repräsentanz der VN-Mitgliedsstaaten entsprechen.[17] Dass überhaupt Militärbeobachter und keine Zivilisten zum Einsatz kamen, lag an der anhaltenden Bürgerkriegssituation. Einen Waffenstillstand zwischen der MPLA und der UNITA gab es nicht. Außerdem benötigte das VN-Personal militärische Kenntnisse zur Identifizierung der kubanischen Ausrüstung und zur Kooperation mit den angolanischen und kubanischen Militärs.[18] Dies wurde Soldaten eher zugetraut als Zivilisten. Aufgrund der begrenzten Größe bewegten sich auch die geschätzten Kosten von rund 20,4 Mio. US-Dollar auf einem moderaten Niveau.[19] Nichtsdestotrotz stimmte die VNGV dem Budget erst im Februar 1989 zu.[20] Zu diesem Zeitpunkt lief die Mission bereits.

Anders als in Namibia wurde die verspätete Finanzierung der UNAVEM nicht zum Problem. Bereits am 3. Januar 1989 trafen die ersten Militärbeobachter in Luanda ein, um den Abzug der ersten 450 Kubaner zu verifizieren.[21] Kuba zog seine Truppen in der Folge sogar schneller ab als geplant.[22] Lediglich Anfang 1990 kam es infolge eines Gefechts mit UNITA-Truppen zur

---

11 VNGV/VNSR, A/43/989_S/20346, 22.12.1988.
12 VNSR, S/20345, 22.12.1988, Appendix.
13 VNSR, S/20336, 17.12.1988; VNSR, S/20337, 17.12.1988.
14 VNSR, S/RES/626(1988), 20.12.1988.
15 VNSR, S/20338, 17.12.1988, Randnr. 3–11.
16 Goulding, Peacemonger, S. 143.
17 VNSR, S/20338, 17.12.1988, Randnr. 6 (a). Die Beobachter sollten aus Algerien, Argentinien, Brasilien, Indien, Jordanien, Jugoslawien, der Volksrepublik Kongo, Norwegen, Spanien und der Tschechoslowakei stammen. VNSR, S/20351, 23.12.1988.
18 Fortna, United Nations Angola Verification Mission I, S. 382.
19 VNSR, S/20338, 17.12.1988, Randnr. 13. Später wurde die Kostenschätzung auf 19,4 Mio. US-Dollar gesenkt. VNGV, A/43/249/Add.1, 31.1.1989.
20 VNGV, A/RES/43/231, 16.2.1989.
21 VNSR, S/20625, 10.5.1989, Randnr. 7.
22 Ebd., Randnr. 9; VNSR, S/20955, 9.11.1989.

Verzögerung.[23] Da Angola und Kuba aber zu ihrer Vereinbarung standen und mit dem VN-Personal kooperierten,[24] konnte die UNAVEM Anfang 1990 auf 60 Beobachter reduziert werden.[25] Letztlich beendete Kuba die Repatriierung seiner Soldaten bereits im Mai 1991, fünf Wochen früher als geplant.[26] Der VNGS resümierte im Juni: »UNAVEM has carried out, fully and effectively, the mandate entrusted to it«.[27]

Vor allem aufgrund ihres begrenzten Mandats wird die UNAVEM auch in der Literatur positiv bewertet.[28] Zwar sei die Mission nicht für sich selbst bedeutend gewesen, sie habe aber einen wichtigen Beitrag zum Friedensprozess im südlichen Afrika geleistet. Zentral für den Erfolg sei die Kooperationsbereitschaft von Angola und Kuba gewesen,[29] die Interesse am Erfolg des Prozesses hatten.[30] Für Norrie MacQueen war die UNAVEM »a text-book exercise in successful military observation«.[31] Das Ende der Internationalisierung des angolanischen Bürgerkriegs schuf zudem Raum für Verhandlungen zwischen den nationalen Konfliktakteuren,[32] sodass 1991 eine Ausweitung der VN-Mission beschlossen werden konnte.

### c) Verändertes und erweitertes Mandat: Die UNAVEM II

Parallel zum Abzug der Kubaner hatten die MPLA und die UNITA mit internationaler Unterstützung Verhandlungen aufgenommen und sich am 31. Mai 1991 auf einen Friedensvertrag geeinigt.[33] Die Umsetzung des Vertrags, der über einen Waffenstillstand hinaus die Aufstellung einer neuen Armee und Wahlen vorsah,[34] sollte auf Bitten der angolanischen Regierung durch eine Ausweitung des UNAVEM-Mandats überwacht werden.[35] Der VNGS schlug hierzu die Entsendung weiterer Beobachter vor. Außerdem sollte die angolanische Polizei beobachtet und auf Anfrage bei den Wahlen geholfen werden.[36] Exekutivfunktionen sollten die VN-Kräfte nicht übernehmen.[37] Die Aufgabe

---

[23] VNSR, S/21246, 12.4.1990, Randnr. 8.
[24] VNSR, S/22678, 6.6.1991, Randnr. 14.
[25] VNSR, S/21246, 12.4.1990, Randnr. 3, 5.
[26] VNSR, S/22644, 28.5.1991; VNSR, S/22678, 6.6.1991, Randnr. 8.
[27] VNSR, S/22678, 6.6.1991, Randnr. 13.
[28] Krška, Peacekeeping in Angola, S. 82 f.; Guyot/Vines, United Nations Angola Verification Mission I.
[29] Fortna, United Nations Angola Verification Mission I, S. 385.
[30] Ebd., S. 379.
[31] MacQueen, Peacekeeping, S. 190 f.
[32] Vgl. Gasbarri, US Foreign Policy, S. 71–83.
[33] Cohen, Intervening in Africa, S. 87–110; Goulding, Peacemonger, S. 176–179; Weigert, Angola, S. 100.
[34] VNSR, S/22609, 17.5.1991, Enclosure, Peace Accords for Angola.
[35] VNSR, S/22609, 17.5.1991, S. 2, Annex; VNSR, S/22617, 18.5.1991.
[36] VNSR, S/22627, 20.5.1991, Randnr. 6–9.
[37] VNSR, S/23191, 31.10.1991, Randnr. 28.

## V. Freundliches Desinteresse?                                           613

der Militär- und Polizeibeobachter sollte einzig in der Begleitung und Überprüfung der im Friedensvertrag vereinbarten angolanischen Beobachter der Joint Political-Military Commission sein.[38] Weiterhin hielt sich die Größe der Mission daher in Grenzen: Lediglich 350 Militär- und 90 Polizeibeobachter, 14 Sanitäts- und rund 80 Zivilkräfte sollte die UNAVEM II umfassen.[39] Als Truppensteller kamen zunächst die bereits in Angola engagierten Staaten infrage.[40]

Der VNSR stimmte der Aufstellung der UNAVEM II am 30. Mai 1991 zu und mandatierte sie für 17 Monate.[41] Die neue Mission begann tags darauf mit dem Waffenstillstand zwischen der MPLA und der UNITA.[42] Aufgrund logistischer und finanzieller Engpässe verlief der Aufwuchs der Mission aber schleppend.[43] Erschwerend wirkten sich die Größe des Einsatzraums sowie eine weitgehend zerstörte oder nicht vorhandene Infrastruktur aus.[44] Weil das Budget erst zweieinhalb Monate nach Beschluss der Mission verabschiedet wurde,[45] konnte die UNAVEM II erst Ende September 1992 vollständig stationiert werden.[46]

Unterdessen verschleppten die angolanischen Konfliktakteure die Umsetzung der Vereinbarungen. Die Kasernierung der rund 165 440 Kombattanten begann nur zögerlich,[47] weniger als die Hälfte wurde demobilisiert.[48] Einen Monat vor den Wahlen umfasste die neue Armee lediglich ein Fünftel ihrer anvisierten Stärke von 50 000 Soldaten.[49] Auch konnten die VN-Polizeibeobachter ihre Arbeit erst verspätet aufnehmen, weil es bei der

---

[38] VNSR, S/22627, 20.5.1991, Randnr. 16 f.; Goulding, Peacemonger, S. 178.
[39] VNSR, S/22627, 20.5.1991, Randnr. 15.
[40] Ebd., Randnr. 19.
[41] VNSR, S/RES/696(1991), 30.5.1991. Ausführlich zur Mission siehe Anstee, Orphan of the Cold War.
[42] VNSR, S/23191, 31.10.1991, Randnr. 6.
[43] Vgl. ebd., Randnr. 20 f.; Goulding, Peacemonger, S. 181.
[44] VNSR, S/23191, 31.10.1991, Randnr. 14.
[45] VNGV, A/RES/45/269, 27.8.1991; VNSR, S/23191, 31.10.1991, Randnr. 16. Aufgrund der ausbleibenden Zahlungen der USA steckten die VN in einer Finanzkrise. Vgl. Boutros-Ghali, Hinter den Kulissen, S. 27 f.
[46] VNSR, S/23191, 31.10.1991, Randnr. 17. Einige VN-Beobachter waren zuvor zur Aufstellung einer neuen Mission in Jugoslawien abkommandiert worden. Anstee, Orphan of the Cold War, S. 17. Ende Oktober standen der Mission 548 Personen zur Verfügung. Die Beobachter kamen aus Ägypten, Algerien, Argentinien, Brasilien, Guinea-Bissau, Indien, Irland, Jordanien, Kanada, der Republik Kongo, Malaysia, Marokko, den Niederlanden, Neuseeland, Nigeria, Norwegen, dem Senegal, Singapur, Spanien, Schweden, Simbabwe, der Tschechoslowakei und Ungarn. VNSR, S/23191, 31.10.1991, Randnr. 10 ff. Angesichts der miserablen Infrastruktur und der rudimentären Unterbringung des VN-Personals kamen für wenige Woche zusätzlich rund 25 finnische Pioniere hinzu. VNSR, S/23271, 9.12.1991.
[47] VNSR, S/23191, 31.10.1991, Randnr. 24 f.; VNSR, S/24145, 24.6.1992, Randnr. 16; Anstee, Orphan of the Cold War, S. 19, 48–60; Goulding, Peacemonger, S. 187 f.
[48] VNSR, S/24145, 24.6.1992, Randnr. 19; VNSR, S/24556, 9.9.1992, Randnr. 13.
[49] VNSR, S/24556, 9.9.1992, Randnr. 5; Anstee, Orphan of the Cold War, S. 64–68.

Aufstellung der angolanischen Beobachtungsteams zu einer monatelangen Verzögerung gekommen war.[50]

Trotz dieser Defizite hielten die Beteiligten am Wahltermin fest.[51] Schon damals nahm die Gewalt im Land aber erneut zu.[52] Misstrauen zwischen der MPLA und der UNITA verstärkte die Spannungen.[53] Zwar verliefen die Präsidentschafts- und Parlamentswahlen am 29./30. September 1992 ruhig,[54] als es aber zu Verzögerungen bei der Auszählung kam, warf die UNITA der Regierung Betrug vor und zog ihr Personal aus der Armee zurück.[55] In Luanda und anderen Landesteilen kam es zu erneuter Gewalt.[56] Die Verkündung des Wahlsiegs der MPLA mit rund 54 Prozent der Stimmen am 17. Oktober[57] führte zur Remobilisierung der UNITA[58] und zu koordinierten Rebellenoffensiven in verschiedenen Regionen des Landes.[59] Zur zweiten Wahlrunde für das Präsidialamt – keiner der Kandidaten hatte die erforderliche Mehrheit von über 50 Prozent der Stimmen gewonnen[60] – kam es nicht mehr. Während UNITA-Führer Jonas Savimbi aus Luanda floh,[61] gingen Regierungsanhänger in der Hauptstadt gewaltsam gegen UNITA-Sympathisanten vor.[62] Das Land versank erneut im Bürgerkrieg.

Die Angehörigen der UNAVEM II handelten in dieser Situation jenseits der Grenzen ihres Mandats, traten als Vermittler zwischen den Parteien auf[63] und gerieten selbst in die Schusslinie.[64] Der VNSR reagierte mit der vorübergehenden Verlängerung des Mandats.[65] Die Ausweitung der Kämpfe verhinderte dies aber nicht.[66] Im Januar 1993 musste ein Großteil der UNAVEM-II-Beobachtungsposten unter Verlust der dortigen Ausrüstung evakuiert werden.[67] Zu diesem Zeitpunkt verfügte die Mission schon gar nicht mehr über ihr autorisiertes Personal. Ende Oktober 1992 waren viele Verträge ausgelaufen und nicht nachbesetzt worden. Im November besaß die Mission

---

50 VNSR, S/23191, 31.10.1991, Randnr. 27; VNSR, S/24145, 24.6.1992, Randnr. 20; Anstee, Orphan of the Cold War, S. 69–77. Ausführlich zur CIVPOL siehe Iqbal, An Overview of the CIVPOL Operations in Angola.
51 Vgl. Goulding, Peacemonger, S. 188.
52 VNSR, S/24556, 9.9.1992, Randnr. 6; Anstee, Orphan of the Cold War, S. 78–84.
53 VNSR, S/24556, 9.9.1992, Randnr. 10.
54 VNSR, S/24858, 25.11.1992, Randnr. 10; Anstee, Orphan of the Cold War, S. 187–198.
55 VNSR, S/24858, 25.11.1992, Randnr. 12 f.; Goulding, Peacemonger, S. 189.
56 VNSR, S/24858, 25.11.1992, Randnr. 24.
57 Ebd., Randnr. 19.
58 Ebd., Randnr. 49.
59 Ebd., Randnr. 25.
60 Ebd., Randnr. 19.
61 VNSR, S/25140, 21.1.1993, Randnr. 2.
62 VNSR, S/24858, 25.11.1992, Randnr. 28; VNSR, S/25140, 21.1.1993, Randnr. 13; Anstee, Orphan of the Cold War, S. 265–291; Cohen, Intervening in Africa, S. 119 f.; Goulding, Peacemonger, S. 189 f.
63 VNSR, S/24858, 25.11.1992, Randnr. 47.
64 Ebd., Randnr. 52; VNSR, S/25140, 21.1.1993, Randnr. 4; Anstee, Orphan of the Cold War, S. 328 f.
65 VNSR, S/RES/785(1992), 30.10.1992; VNSR, S/RES/793(1992), 30.11.1992.
66 VNSR, S/24858, 25.11.1992, Randnr. 27–35; VNSR, S/25140, 21.1.1993, Randnr. 6, 13.
67 VNSR, S/25140, 21.1.1993, Randnr. 21 ff., 31.

## V. Freundliches Desinteresse?

nur noch 210 Militär- und 77 Polizeibeobachter.[68] Zwar stieg die Zahl bis Mitte Januar 1993 um rund 40 Uniformierte,[69] aufgrund der anhaltenden Kämpfe und begrenzter Ressourcen riet der VNGS aber von einem größeren Engagement ab.[70] Konsterniert resümierte Boutros-Ghali: »Angola has returned to civil war, and is probably in an even worse situation than that which prevailed before«.[71] Im Frühjahr 1993 starben vermutlich jeden Tag an die 1000 Menschen, mehr als in jedem anderen gleichzeitig laufenden Konflikt der Welt.[72] Laut Amnesty International kamen allein zwischen 1992 und 1994 zwischen 100 000 und 500 000 Menschen ums Leben,[73] bei einer Gesamtbevölkerung von etwa 13 Mio. Einwohnern.[74]

Durch die Gewalt konnte die UNAVEM II ihren Auftrag nicht erfüllen. Am 29. Januar 1993 verlängerte der VNSR das Mandat um drei Monate und autorisierte den VNGS, das VN-Personal in Luanda zusammenzuziehen.[75] Die Stärke der daraufhin nur noch in fünf Städten[76] dislozierten Kräfte wurde Ende Mai auf 50 Militär- und 18 Polizeibeobachter, 11 Sanitäter sowie 115 Zivilkräfte reduziert.[77] Deutlich wurden den Vereinten Nationen die Grenzen ihrer Möglichkeiten aufgezeigt. Die Bitte der VN-Sondergesandten um eine Aufstockung der Truppen wurde mit dem Verweis auf knappe Ressourcen abgelehnt;[78] parallel erfolgte die Aufstockung der VN-Mission in Somalia, die mehrere Tausend Soldaten erforderte und in der Aufmerksamkeit der USA stand.[79] Während der VNSR die UNAVEM II in der Folge wiederholt um mehrere Monate verlängerte,[80] dauerte es bis zum 20. November 1994, ehe die beiden Konfliktakteure nach einer Großoffensive der Regierung[81] einen weiteren Friedensvertrag unterzeichneten.[82] Im »Lusaka-Protokoll« wurden die Vereinten Nationen erneut zum Beobachter des Prozesses bestimmt.[83] Am 8. Februar 1995 beschloss der VNSR die Aufstellung der UNAVEM III

---

68 VNSR, S/24858, 25.11.1992, Randnr. 54.
69 VNSR, S/25140, 21.1.1993, Randnr. 19.
70 Ebd., Randnr. 28.
71 Ebd., Randnr. 13.
72 VNSR, S/25840, 25.5.1993, Randnr. 19; VNSR, S/26434, 13.9.1993, Randnr. 20; VNSR, S/26644, 27.10.1993, Randnr. 19.
73 AI, Angola. The Lusaka Protocol, S. 9.
74 Vgl. The World Bank, Population, total – Angola, o.D., https://data.worldbank.org/indicator/SP.POP.TOTL?locations=AO.
75 VNSR, S/RES/804(1993), 29.1.1993.
76 VNSR, S/25840, 25.5.1993, Randnr. 27.
77 VNSR, S/25840/Add.1, 27.5.1993.
78 Anstee, The United Nations in Angola, S. 603 ff.
79 Siehe Kapitel IV.3.a).
80 VNSR, S/RES/823(1993), 30.4.1993; VNSR, S/RES/834(1993), 1.6.1993; VNSR, S/RES/851(1993), 15.7.1993; VNSR, S/RES/864(1993), 15.9.1993; VNSR, S/RES/890(1993), 15.12.1993; VNSR, S/RES/903(1994), 16.3.1994; VNSR, S/RES/922(1994), 31.5.1994; VNSR, S/RES/932(1994), 30.6.1994; VNSR, S/RES/945(1994), 29.9.1994; VNSR, S/RES/952(1994), 27.10.1994.
81 VNSR, S/1994/1376, 4.12.1994, Randnr. 10–15; Weigert, Angola, S. 119.
82 VNSR, S/1994/1376, 4.12.1994, Randnr. 2.
83 VNSR, S/1994/1441, 22.12.1994, S. 47 f.

mit bis zu 7000 Soldaten, 350 Militär- und 250 Polizeibeobachtern.[84] Vor dem Hintergrund der negativen Erfahrungen von 1992 und den positiven Erfahrungen aus der VN-Mission in Mosambik brach der VNSR mit seinem bisherigen Ansatz, möglichst wenige Ressourcen bereitzustellen. Auch die UNAVEM III schaffte es aber nicht, zur Lösung des Konflikts beizutragen. Erst der Tod des UNITA-Chefs Jonas Savimbi Anfang 2002 besiegelte das Ende eines der längsten und blutigsten Konflikte in Afrika.[85] Die UNAVEM III begann allerdings nicht mehr in der »VN-Expansionsphase«, sodass die Mission hier nicht weiter zu untersuchen ist.

Größtenteils gilt die UNAVEM II als gescheitert.[86] Die Gründe lagen weniger am Design der Mission als vielmehr am »incomplete fulfilment [...] of key provisions in the Peace Accords«. Dazu gehörten die unvollständige Demobilisierung der Kombattanten sowie Verzögerungen beim Aufbau der neuen Sicherheitskräfte. Zudem habe bei den Konfliktakteuren nach 16 Jahren Bürgerkrieg zu viel Misstrauen und zu wenig Verständnis für eine Mehrparteiendemokratie bestanden, so der VNGS.[87] Virginia Page Fortna sprach auch den USA und der Sowjetunion eine Mitschuld am Desaster zu. Zwar seien beide an der Lösung des Konflikts interessiert gewesen, keiner habe aber eine große VN-Mission finanzieren wollen.[88] Während die UNTAG in Namibia rund 4500 Personen umfasste, erhielt die UNAVEM II eine Maximalstärke von weit unter 1000 Personen, obwohl die Bevölkerung Angolas etwa zwölf Mal so groß war wie diejenige in Namibia. Auch kümmerte sich die internationale Presse wenig um Angola. Andere Konflikte, vor allem Somalia, erhielten mehr Aufmerksamkeit.[89] Mit ihrem vage formulierten Mandat zur Verifizierung und Beobachtung war die UNAVEM II »neither peacebuilding, peacemaking, peacekeeping nor peace enforcement.«[90]

### d) Die Bundesrepublik und Angola

Angesichts ihres Engagements im namibischen Unabhängigkeitsprozess musste sich die Bundesregierung beinahe schon zwangsläufig auch mit der Situation in Angola befassen. Im Oktober 1987 reiste Außenminister Genscher nach Luanda und suchte das Gespräch mit Präsident José

---

[84] VNSR, S/RES/976(1995), 8.2.1995.
[85] Vgl. für die Ereignisse nach 1995 Birmingham, Angola, S. 176–184; Hodges, Angola, S. 14–19; Weigert, Angola, S. 123–175.
[86] Krška, Peacekeeping in Angola, S. 92 ff.; O'Neill/Rees, United Nations Peacekeeping, S. 162–165; Debiel, UN-Friedensoperationen, S. 106 f.; MacQueen, Peacekeeping, S. 194 ff.; Guyot/Vines, United Nations Angola Verification Mission II and III.
[87] VNSR, S/24858, 25.11.1992, Randnr. 57.
[88] Fortna, United Nations Angola Verification Mission II, S. 391. Anstee titulierte den Konflikt in Angola daher auch als »Orphan of the Cold War«. Anstee, Orphan of the Cold War, S. 536. Siehe auch O'Neill/Rees, United Nations Peacekeeping, S. 152 f.
[89] Vgl. Parsons, From Cold War to Hot Peace, S. 145.
[90] Malaquias, Rebels, S. 90.

## V. Freundliches Desinteresse?

Eduardo dos Santos.[91] Wenige Monate zuvor hatten sich beide Seiten auf ein Nahrungsmittelhilfeabkommen geeinigt.[92] Die Beziehungen zwischen der Bundesrepublik und Angola standen bis Ende der 1980er-Jahre aber ganz im Zeichen des Ost-West-Konflikts. Die Aufnahme diplomatischer Beziehungen war erst 1979 erfolgt[93] und aufgrund der fehlenden angolanischen Anerkennung des bundesdeutschen Sonderstatus von Berlin zunächst nicht weiter vertieft worden.[94] Die formelle Anerkennung erfolgte erst 1987, als mit Staatsminister im AA Helmut Schäfer erstmals ein hoher Vertreter der Bundesregierung nach Luanda reiste.[95] Grundsätzlich waren Angola – und Mosambik – aus Sicht der Bundesregierung »Schwerpunktländer des DDR-Engagements in Afrika«.[96] Zur Regierung in Ost-Berlin bestanden seit der Unabhängigkeit 1975 diplomatische Beziehungen. Bereits zuvor hatte die MPLA von der DDR Militärhilfe erhalten.[97] 1979 unterzeichneten beide Staaten einen Vertrag über Freundschaft und Zusammenarbeit.[98]

Die Rahmenlage für gute Beziehungen zur MPLA-Regierung war für die Bundesressorts daher denkbar schlecht. Hinzu kam, dass die Bundesrepublik zu einem der wichtigsten Rüstungspartner Portugals gehört hatte,[99] einige bundesdeutsche Politiker der FNLA und der UNITA nahestanden[100] und die Bundesregierung gute Beziehungen zu Südafrika pflegte, das militärisch in Südangola operierte. Nichtsdestotrotz engagierte sich die Bundesregierung bereits früh in der Region. Infolge des Bürgerkriegs evakuierte die Luftwaffe 1975/76 über 4500 Menschen.[101] Anschließend leisteten die Bundesressorts humanitäre Hilfe, um Vorurteile abzubauen und den eigenen Einfluss zu

---

[91] Vgl. Botschafter Disdorn, Luanda, an das Auswärtige Amt vom 30.10.1987. In: AAPD 1987, Dok. 303, S. 1528–1532; Genscher, Erinnerungen, S. 553.

[92] Botschafter Disdorn, Luanda, an das Auswärtige Amt vom 30.10.1987. In: AAPD 1987, Dok. 303, S. 1528–1532, hier S. 1529, Anm. 6.

[93] BPA, Aufnahme diplomatischer Beziehungen mit Angola. In: Bulletin, Nr. 97, 17.8.1979, S. 916.

[94] Vgl. Gespräch des Bundeskanzlers Schmidt mit Präsident Figueiredo, 18.5.1981. In: AAPD 1981, Dok. 141, S. 786–792, hier S. 791, Anm. 27.

[95] Vgl. BArch, B 136/43429, Vorlage Abteilung 3 an den Staatssekretär, Betr.: Besuch einer Delegation der Interparlamentarischen Gruppe Angolas in der Bundesrepublik und in Berlin (West) vom 7.–11.12.1987, hier: Empfang der Delegation durch den Herrn Bundeskanzler, 24.9.1987, hier S. 2

[96] BT-Drs. 8/3463, 4.12.1979, S. 8, 10.

[97] Storkmann, Geheime Solidarität, S. 64. Zur späteren Militärkooperation zwischen der DDR und Angola siehe die Aufzeichnung des Vortragenden Legationsrats I. Klasse Freiherr von Richthofen, 15.2.1980. In: AAPD 1980, Dok. 51, S. 294–297.

[98] Frenzke, Vertrag über Freundschaft und Zusammenarbeit zwischen der Deutschen Demokratischen Republik und der Volksrepublik Angola.

[99] Für die Beziehungen der Bundesrepublik gegenüber der ehemaligen portugiesischen Kolonie Angola siehe Hallbauer, Die Beziehungen, vor allem S. 251–263. Laut Hallbauer habe bundesdeutsche Hilfe einen entscheidenden Beitrag bei der Fortsetzung der portugiesischen Kolonialkriege gespielt. Zu den Wirtschaftsbeziehungen der Bundesrepublik gegenüber der ehemaligen portugiesischen Kolonie Angola siehe auch Gülstorff, Trade Follows Hallstein?, S. 320–327.

[100] Vgl. Gülstorff, Trade Follows Hallstein?, S. 405–414.

[101] Vgl. BT-Drs. 8/2155, 3.10.1978, S. 25.

stärken. In der ersten Hälfte der 1980er-Jahre betrug die bundesdeutsche Unterstützung für Angola mehr als fünf Mio. D-Mark. Lediglich die Notlagen in Äthiopien und im Sudan erhielten auf dem afrikanischen Kontinent mehr Zuwendungen.[102] Ab Mitte der 1980er-Jahre erhöhte sich die Summe für Angola sogar auf über zehn Mio. D-Mark. Dennoch lag sie weiter hinter dem Sudan und Äthiopien zurück, die jeweils fast doppelt so viel erhielten.[103] Sonst aber blieben der Einfluss und das Interesse der Bundesregierung an Angola begrenzt und immer vom Ost-West-Gegensatz geprägt. In Teilen schienen bei den bundesdeutschen Politikern auch einfach Kenntnisse über das Land, den dortigen Bürgerkrieg und die Konfliktparteien zu fehlen.[104]

Einen kurzen Aufschwung erhielt die Kooperation infolge der internationalen Entspannung und des Besuchs von Außenminister Genscher. Hatte Angola 1986 nur 78 000 Tonnen Erdöl in die Bundesrepublik geliefert, stieg der Umfang 1987 auf 339 000 Tonnen und im folgenden Jahr auf über 2,1 Mio. Tonnen. Hinter Libyen, Algerien und Nigeria wurde Angola 1988 zum viertwichtigsten afrikanischen Rohöllieferanten der Bundesrepublik. Dennoch kamen 1990 lediglich 1,5 Prozent der bundesdeutschen Rohöleinfuhr aus Angola.[105] Die wirtschaftlichen Interessen der Bundesrepublik waren demnach begrenzt.[106] Solange der internationalisierte Bürgerkrieg nicht beigelegt war, fehlten aus Sicht der Bundesregierung die notwendigen politischen Voraussetzungen für stärkere bilaterale Beziehungen.[107] Die bilaterale Entwicklungszusammenarbeit wurde erst 1993 aufgenommen.[108] Hinzu kam, dass anderweitige, dem Ansehen der Bundesrepublik im südlichen Afrika schadende Kontakte bestanden: Die US-protegierte[109] UNITA unterhielt eine eigene Auslandsvertretung in Bonn, über die sie Propagandamaterial in deutscher Sprache verbreitete.[110] Zudem traf der bayerische Ministerpräsident Franz Josef Strauß – angeblich ohne Zustimmung des Bundeskanzlers[111] – auf seiner Reise im südlichen Afrika Anfang 1988 auch mit UNITA-Chef Jonas

---

[102] Vgl. BT-Drs. 10/6564, 25.11.1986, S. 11–14.
[103] BT-Drs. 11/7313, 31.5.1990, S. 156 f.; BT-Drs. 11/7508, 27.6.1990, S. 11–13.
[104] Vgl. BT-Drs. 11/6506, 19.2.1990; Zeitzeugengespräch mit Dr. Ursula Eid am 26.3.2020.
[105] BT-Drs. 12/342, 9.4.1991, S. 22.
[106] Außer Erdöl führte die Bundesrepublik praktisch keine Güter aus Angola ein. Auch ihre Exporte nach Angola blieben begrenzt. Vgl. die Berichte des Statistischen Bundesamts unter https://www.statistischebibliothek.de/mir/receive/DESerie_mods_00000087.
[107] Vgl. BT-Drs. 10/833, 21.12.1983, S. 18.
[108] BT-Drs. 14/2287, 1.12.1999, S. 7. Weil die Projekte der DDR ideologisch motiviert waren oder kaum Anknüpfungspunkte für bundesdeutsche Programme boten, wurden auch diese nur bedingt fortgeführt. Vgl. BArch, B 213/61364, Kopie Vermerk Referat 123, Betr.: EZ mit Angola, hier: Stellungnahme, 23.11.1990.
[109] 1986 war Jonas Savimbi sogar von US-Präsident Reagan in Washington empfangen worden. R.W. Apple Jr., Red Carpet for a Rebel, Or How a Star Is Born. In: The New York Times, 7.2.1986, https://www.nytimes.com/1986/02/07/us/red-carpet-for-a-rebel-or-how-a-star-is-born.html.
[110] Vgl. UNITA-Nachrichten. Informationen der UNITA-Vertretung in der Bundesrepublik Deutschland, Bonn 1989–1990.
[111] BT-PlPr. 11/58, 4.2.1988, S. 3969; BT-PlPr. 11/59, 5.2.1988, S. 4126.

## V. Freundliches Desinteresse?

Savimbi zusammen.[112] Letzteres veranlasste Bundeskanzler Kohl dazu, im Bundestag klarzustellen, dass die Bundesregierung »politische Beziehungen zur Regierung Angolas [unterhält], sie unterhält keine zu angolanischen Widerstandsbewegungen«.[113] Entsprechend zurückhaltend agierte die Bundesregierung gegenüber der weiteren angolanischen Entwicklung.

### e) Ministerielle Planungen im Zuge der VN-Mission UNAVEM

Die Bundesregierung war nicht an den Friedensverhandlungen zwischen Angola, Kuba und Südafrika beteiligt. Das AA ließ sich zwar von allen Stellen ausführlich über die Gespräche informieren,[114] trotz des Interesses der USA engagierte es sich aber aufgrund seines fehlenden Gewichts im Land nicht selbst an den Beratungen.[115] Die angolanisch-kubanisch-südafrikanischen Vereinbarungen bedeuteten für die Bundesregierung somit auch wirklich nur den Auftakt zur Unabhängigkeit Namibias, die in ihrem afrikapolitischen Fokus lag. Die Verhandlungsergebnisse wurden nicht unmittelbar als Chance zur weiteren Entspannung in Angola gesehen, sondern sollten vom weiteren Prozess in Namibia getrennt bleiben.[116] Der bundesdeutsche Einfluss auf die innerangolanische Entwicklung blieb daher begrenzt und stand immer im Schatten der namibischen Entwicklung.[117]

Allerdings war die Bundesrepublik 1987/88 nichtständiges Mitglied im VNSR und stimmte im Dezember 1988 für die Entsendung der VN-Mission UNAVEM.[118] Obwohl sie damit eine gewisse Verantwortung für deren Erfolg trug und Außenminister Genscher den Abzug der kubanischen Soldaten als grundlegend für die Befriedung des südlichen Afrikas ansah,[119] kam die

---

[112] Vgl. Das macht ihm keiner nach. In: Der Spiegel, Nr. 5 (1988), 31.1.1988, S. 29–31. In seiner Autobiografie ging Strauß nicht weiter auf das Treffen ein, auch wenn er Savimbi zu seinen Gesprächspartnern zählte. Strauß, Die Erinnerungen, S. 527.
[113] BT-PlPr. 11/58, 4.2.1988, S. 3970.
[114] Siehe dazu die Dokumente in PA AA, B 34, ZA, Bd 155832 und 155833.
[115] Vgl. PA AA, B 30, ZA, Bd 153365, Entwurf Vorlage Abteilung 3 an den Staatssekretär, Betr.: Viererverhandlungen über Angola/Namibia, hier: US-Bitte um deutsches Eintreten bei angolanischer Regierung für »nationale Versöhnung«, 15.8.1988.
[116] Vgl. PA AA, B 34, ZA, Bd 155833, Vorlage Abteilung 3 an den Außenminister, Betr.: Stand der Bemühungen über die Implementierung von Resolution 435, hier: Unsere Folgerungen nach der Zeichnung des Protokolls von Brazzaville vom 13.12.1988, hier S. 3.
[117] Vgl. BArch, B 136/43429, Vorlage Referat 320 im AA an den Staatssekretär, Betr.: Besuchswunsch des angolanischen Präsidenten Eduardo Dos Santos in Bonn Ende September 1989, 18.8.1989, hier S. 2 f.; ebd., Vorlage AL 2 i.V. an den Bundeskanzler, Betr.: Besuchswunsch des angolanischen Präsidenten Eduardo Dos Santos in Bonn für Ende September 1989, 23.8.1989, hier S. 2.
[118] PA AA, B 30, ZA, Bd 158135, Drahtbericht der Ständigen Vertretung in New York an Referat 230 im AA, Nr. 3409, 19.12.1988; ebd., Entwurf Drahterlass Referat 230 im AA an die Ständige Vertretung in New York, ohne Nr., 20.12.1988; ebd., Drahtbericht der Ständigen Vertretung in New York an Referat 230 im AA, Nr. 3421, 20.12.1988.
[119] Vgl. das Gespräch des Bundesministers Genscher mit dem portugiesischen Außenminister Pinheiro, 19.4.1988. In: AAPD 1988, Dok. 118, S. 632–638, hier S. 634.

Bundesrepublik nie als Truppensteller infrage. Zwar hatten hohe Vertreter des AA wiederholt den Willen bekundet, zum Frieden in Angola beitragen zu wollen.[120] Parallel zur Aufstellung der UNAVEM liefen jedoch die letzten Planungen für die VN-Mission UNTAG in Namibia. Deren Umsetzung war durch die angolanisch-kubanisch-südafrikanischen Gespräche möglich geworden und für das AA aus politischen Gründen von wesentlich größerer Bedeutung als die UNAVEM.[121] Zudem hatte sich Außenminister Genscher bereits in Namibia gegen die Entsendung bundesdeutscher Soldaten entschieden. In Angola sollten praktisch nur Militärs zum Einsatz kommen, wenn auch als unbewaffnete Beobachter. Zwar bestand hier nicht wie in Namibia die Gefahr, in Konflikte mit einer deutschsprachigen Minderheit zu geraten, dennoch zeigte das AA – vom BMVg ganz zu schweigen – den Akten und seiner zuvor an den Tag gelegten Politik zufolge keinerlei Interesse, sich an der dortigen Mission zu beteiligen.[122] Das Außenressort bot lediglich Hilfe im Bereich der Versöhnung an, um die es von den USA und anderen afrikanischen Staaten gebeten wurde.[123]

Neben rechtlichen und politischen Bedenken, die die Position des AA hinsichtlich der Entsendung von Soldaten ins Ausland seit Anfang der 1970er-Jahre prägten, lassen sich noch weitere Gründe anführen, weshalb die Beteiligung an der UNAVEM offenbar nie zur Debatte stand. Zunächst herrschte in Angola eine größere Sprachbarriere, als dies in Namibia der Fall war. Von Vorteil waren Portugiesisch- und Spanischkenntnisse, um den Abzug der Kubaner verifizieren zu können;[124] Sprachfertigkeiten, die in der Bundesrepublik eher begrenzt waren.[125] Zweitens war Angola weiterhin Kriegsgebiet. Die Vereinbarungen zwischen Angola, Kuba und Südafrika betrafen den Abzug der kubanischen Truppen. Verbindliche Auswirkungen

---

[120] Aufzeichnung des Vortragenden Legationsrats I. Klasse Nöldeke, 9.5.1988. In: ebd., Dok. 142, S. 776–778, hier S. 778; Gespräch des Ministerialdirigenten Sulimma mit dem angolanischen Botschafter Escórcio, 11.8.1988. In: ebd., Dok. 227, S. 1205–1209, hier S. 1207.

[121] Zeitzeugengespräch mit Botschafter a.D. Martin Kobler am 8.4.2020.

[122] Die Ständige Vertretung war am 29.11.1988 in einem vertraulichen Gespräch von Martti Ahtisaari über die Planungen einer Beobachtermission in Angola informiert worden. Die Frage einer bundesdeutschen Beteiligung war damit nicht verbunden. PA AA, B 30, ZA, Bd 153365, Drahtbericht der Ständigen Vertretung in New York an Referat 320 im AA, Nr. 3153, 29.11.1988, hier S. 2.

[123] Gespräch des Ministerialdirigenten Sulimma mit dem angolanischen Botschafter Escórcio, 11.8.1988. In: AAPD 1988, Dok. 227, S. 1205–1209, hier S. 1206 f.

[124] Portugiesisch und Spanisch waren zumindest Voraussetzung für die Militärbeobachter bei der UNAVEM III. Vgl. BArch, BW 2/34953, Fax Maurice Baril, United Nations, an die Ständige Vertretung in New York, Betr.: Contingency planning for an enlarged UNAVEM, 14.7.1994, hier S. 1.

[125] Vgl. BArch, BW 1/372225, Nebenabdruck Vorlage Fü S III 5 an den Verteidigungsminister, Betr.: VN-Mission in Angola (UNAVEM II), hier: Informelle Voranfrage des VN-Sekretariats zu einer eventuellen deutschen Beteiligung, 19.7.1994, S. 3. Mit diesem Problem stand die Bundeswehr aber nicht allein. Spanischkenntnisse waren auch Anfang der 1990er-Jahre ein Problem bei der Suche nach Wahlbeobachtern für Mittelamerika. Zeitzeugengespräch mit Botschafter a.D. Martin Kobler am 8.4.2020.

auf die Gewalt zwischen der MPLA und der UNITA hatten sie nicht. Die Fortsetzung des Konflikts als »Bürgerkrieg« wurde vom AA erwartet.[126] Es konnte daher nicht ausgeschlossen werden, dass die UNAVEM und damit auch mögliche deutsche Beobachter in die Gewalt hineingezogen würden. Drittens hätte die Beteiligung der Bundesrepublik wohl eine Beteiligung der DDR provoziert, die ein deutlich engeres Verhältnis zur angolanischen Regierung pflegte als die Bundesrepublik und deren parallele Beteiligung dem AA aus deutschlandpolitischen Überlegungen bereits bei den UNTAG-Planungen Sorge bereitet hatte.

Letztlich wurde die Bundesrepublik aber auch gar nicht benötigt und nie gefragt. Die Vereinten Nationen hatten so viele Angebote, dass sie bereits drei Tage nach der Resolution vom 20. Dezember 1988 die Zusammensetzung der Mission beenden konnten. Anders als bei der UNTAG beteiligte sich auch keiner der großen NATO-Staaten sichtbar an der Mission.[127] Auf der Bundesregierung lastete somit einerseits wenig Druck, selbst aktiv zu werden, weil niemand auf einen solidarischen Beitrag drängte, andererseits besaß sie gegenüber der Öffentlichkeit auch keine Begründung, wieso sie eigenes Personal hätte entsenden wollen. Mit Norwegen und Spanien waren überdies bereits zwei westeuropäische Staaten vertreten. Um eine gerechte regionale Präsenz zu wahren, wäre die Beteiligung eines dritten westeuropäischen Staates wohl nicht infrage gekommen. Ganz zu schweigen davon, dass die MPLA die Beteiligung der als südafrikafreundlich geltenden Bundesrepublik sicher abgelehnt hätte. Eine Beteiligung erschien somit auch wenig hilfreich. Darüber hinaus verlor der angolanische Konflikt durch die Einigung über den Abzug der Kubaner ohnehin an Bedeutung für die Bundesressorts, da die Lage fortan nicht mehr unter dem Aspekt des Ost-West-Konflikts betrachtet werden musste. Die Beteiligung mit Soldaten an der UNAVEM schien für sie undenkbar[128] und unnötig und wurde den Akten zufolge offenbar auch nicht in Erwägung gezogen.

### f) Die politische Debatte um den Konflikt in Angola

Noch weniger Interesse als die Bundesregierung hatte der Bundestag an Angola. Selbst die Grünen, die afrikapolitische Themen am häufigsten auf die Agenda setzten, mieden den Konflikt aufgrund seiner ideologischen Komplexität.[129] Obwohl im Februar 1989 eine interparlamenta-

---

[126] PA AA, B 34, ZA, Bd 155833, Vorlage Referat 320 an den Staatssekretär, Betr.: Politische Entwicklungen im südlichen Afrika, hier: Namibia – Angola, 27.1.1989, hier S. 2.
[127] VNSR, S/20351, 23.12.1988; VNSR, S/20352, 23.12.1988; VNSR, S/20625, 10.5.1989, Randnr. 3.
[128] Zeitzeugengespräch mit Botschafter a.D. Eberhard Schanze am 4.5.2020.
[129] Ursprünglich war die UNITA tendenziell maoistisch und die MPLA marxistisch eingestellt, was die Parteinahme für Außenstehende erschwerte. Zeitzeugengespräch mit Dr. Ursula Eid am 26.3.2020.

rische Delegation des Bundestags nach Angola reiste,[130] kam der dortige Friedensprozess zunächst nur im Zusammenhang mit der Debatte um die Verantwortung der Bundesrepublik gegenüber Namibia im Parlament zur Sprache. Anlässlich dessen forderte der FDP-Politiker Ulrich Irmer, »die Entwicklungszusammenarbeit mit Angola ganz massiv aufzunehmen«,[131] da Angola eine wichtige Rolle bei der Befriedung des südlichen Afrikas spiele. Die Entwicklungszusammenarbeit hatte aufgrund der schwierigen diplomatischen Verhandlungen zu diesem Zeitpunkt noch nicht begonnen und bildete den Schwerpunkt des parlamentarischen Interesses. Staatsminister im AA Helmut Schäfer verkündete indes, dass die Bundesregierung alle Bemühungen »zur Herbeiführung des Friedens in Angola« unterstützen werde.[132] Auf das Engagement der Vereinten Nationen und die zu diesem Zeitpunkt laufende Mission UNAVEM ging er jedoch nicht ein, weil sich die Ressorts mit diesen Vorgängen nicht beschäftigten. Der CDU-Abgeordnete Alois Graf von Waldburg-Zeil ergänzte zwar, dass die Bundesrepublik »den friedlichen Wiederaufbauproß in Angola« fördern könne,[133] auch er forderte aber keine konkreten Maßnahmen. Im Fokus des Bundestags stand Namibia, Angola war lediglich eine Randerscheinung. Zur Stabilisierung Namibias wurde dem Nachbarland eine schnelle Befriedung gewünscht, aber es wurden keine Anstalten gemacht, die dortige VN-Mission zu unterstützen. Eine Debatte um ein mögliches Engagement an der UNAVEM gab es nicht, obwohl diese mit bundesdeutscher Stimme beschlossen worden war.

Weder die problematische Ernährungslage in Angola[134] noch die bei der UNTAG in Namibia gemachten Erfahrungen oder der erfolgreiche Abschluss der UNAVEM weckten in der Folge Interesse bei den deutschen Parlamentariern. Auch die Nachfolgemission UNAVEM II spielte im Bundestag keine Rolle. Anders als in Mosambik fiel der Bundesrepublik aber auch keine politische Aufgabe bei der Überwachung des Friedensprozesses zu, die eine Auseinandersetzung notwendig gemacht hätte. Als nationale Beobachter fungierten in Angola nur Portugal, die Sowjetunion und die USA.[135] Auch medial stand eine Beteiligung der Bundesrepublik an der UNAVEM II nie zur Debatte. Zwar widmete die Tagesschau der Unterzeichnung des

---

[130] PA AA, B 30, ZA, Bd 153365, Drahtbericht der Botschaft der Bundesrepublik Deutschland in Luanda an Referat 320 im AA, Nr. 77, 15.2.1989.
[131] BT-PlPr. 11/129, 24.2.1989, S. 9504. Zuvor hatten die Parlamentarier im AwZ von ihrer Reise nach Angola und den Möglichkeiten zur Entwicklungshilfe berichtet. Obwohl vom Abzug der Kubaner gesprochen wurde, blieben die UNAVEM und die VN unerwähnt. PA-DBT 3122, Ausschuss für wirtschaftliche Zusammenarbeit, 11/41, 22.2.1989, S. 6 ff.
[132] BT-PlPr. 11/129, 24.2.1989, S. 9506.
[133] Ebd., S. 9511.
[134] Vgl. BT-Drs. 11/7620, 27.7.1990, S. 5; BT-Drs. 12/213, 8.3.1991, S. 3. Zwischen 1987 und 1990 erhielt Angola bundesdeutsche Nahrungsmittelhilfe im Wert von über 26 Mio. D-Mark. Das Land rangierte damit an sechster Position auf dem afrikanischen Kontinent. Vgl. BT-Drs. 12/840, 20.6.1991, S. 40.
[135] VNSR, S/22609, 17.5.1991, S. 6.

## V. Freundliches Desinteresse?

Friedensvertrags im Mai 1991 einen bedeutenden Teil der Sendung, die Frage nach einem deutschen Beitrag zu dessen Unterstützung folgte aber nicht.[136]

Erst Mitte Juni 1991, also rund drei Wochen nach Beginn der neuen Mission, fragte die PDS/Linke Liste in einer Kleinen Anfrage nach der Lage in Angola und den deutsch-angolanischen Beziehungen, ohne auf die Vereinten Nationen einzugehen.[137] Die Regierungskoalition forderte die Bundesregierung im Rahmen der Unterstützung von Frieden und Entwicklung im südlichen Afrika ihrerseits Ende Juni 1991 auf, sich am Wiederaufbau und der Entwicklung in Angola und in Mosambik und hier vor allem im Bereich der Ernährungssicherheit und der Landwirtschaft zu engagieren.[138] Bei der Stabilisierung und der friedlichen Entwicklung im südlichen Afrika komme beiden Staaten eine »[b]esondere Bedeutung« zu, wie Antragsteller Waldburg-Zeil erklärte.[139] Der Antrag wurde jedoch erst im Oktober 1991, also rund ein Jahr vor den geplanten angolanischen Wahlen, im Bundestag besprochen und an die Ausschüsse überstellt. Eine Beschlussempfehlung erfolgte erst im Januar 1992[140] und die Verabschiedung im März,[141] also zehn Monate nach Unterzeichnung des Friedensvertrags und ein halbes Jahr vor den geplanten Wahlen. Mit dem angolanischen Friedensprozess hatte der Antrag aber ohnehin nur wenig zu tun; er umfasste lediglich Maßnahmen der bilateralen Entwicklungszusammenarbeit.

Konkretere Vorschläge zur Unterstützung des Friedensprozesses erfolgten erst Ende 1991. Im Dezember setzte die Regierungskoalition die Unterstützung der friedlichen Entwicklung in Äthiopien/Eritrea, Somalia, dem Sudan und auch in Angola auf die Agenda. Bezüglich Angola sollte der Bundestag der Bundesregierung empfehlen, »freundschaftlich drauf hinzuwirken, daß die vereinbarten freien, fairen und demokratischen Wahlen in ganz Angola im Herbst 1992 auch wirklich stattfinden«. Ferner seien »bereits jetzt Überlegungen anzustellen, wie bei der Demobilisierung der 200 000 Soldaten […] geholfen werden« könne. Außerdem sollten über NROs Hilfe zur Demokratisierung geleistet und »unverzüglich« Gespräche zur Entwicklungszusammenarbeit eingeleitet werden.[142] Ergänzend hierzu brachte die SPD am 11. März 1992 einen auf die Unterstützung des angolanischen Friedensprozesses zugeschnittenen Antrag ein. Aus Sicht der Opposition sollte der Bundestag der Bundesregierung nicht nur Maßnahmen empfehlen, sondern sie auch zur Durchführung auffordern. Konkret sollte sie den Friedensprozess »durch die Aufnahme einer umfassenden entwicklungspolitischen, wirtschaftlichen und kulturpolitischen Zusammenarbeit« unterstützen. Vor allem im Bereich der Minenräumung und der Reintegration von Ex-

---

[136] ARD, Tagesschau vor 20 Jahren, 31.5.1991.
[137] BT-Drs. 12/751, 13.6.1991. Zur Regierungsantwort siehe BT-Drs. 12/915, 10.7.1991.
[138] BT-Drs. 12/851, 25.6.1991, S. 3.
[139] BT-PlPr. 12/47, 10.10.1991, S. 3893.
[140] BT-Drs. 12/1995, 23.1.1992.
[141] BT-PlPr. 12/82, 12.3.1992, S. 6807–6826.
[142] BT-Drs. 12/1814, 11.12.1991, S. 5.

Kombattanten sollte geholfen werden. Außerdem sollte die Bundesregierung die Wahlen unterstützen und Wahlbeobachter entsenden, sich an Maßnahmen zur Rückführung der Flüchtlinge beteiligen und »auf die Verwirklichung einer menschenrechtsorientierten Politik sowie rechtsstaatlicher demokratischer Strukturen« hinwirken.[143]

Grundsätzlich bestand also fraktionsübergreifend Interesse an der Entwicklung Angolas, die Maßnahmen der Vereinten Nationen wurden jedoch in keinem der beiden Dokumente erwähnt. Dies lag entweder an der geringen Kenntnis der deutschen Politiker, denn die Vereinten Nationen besaßen eine Schlüsselrolle bei der Umsetzung des Friedensprozesses und bei der Überwachung der Wahlen, oder an einer noch immer bestehenden Skepsis gegenüber Maßnahmen der Weltorganisation. Letzteres scheint angesichts der positiven Erfahrungen in Namibia eher zweifelhaft.

Mit weiteren entwicklungspolitischen Anträgen wurden die beiden Dokumente am 12. März 1992 in den Bundestag eingebracht und an die Ausschüsse überstellt.[144] In der vorangegangenen Debatte wurde der Minenräumung überparteilich große Bedeutung zugesprochen.[145] In Angola wollte sich die Bundesregierung, so Entwicklungshilfeminister Carl-Dieter Spranger (CSU), zudem durch berufliche Bildungsangebote an der Demobilisierung der Kombattanten beteiligen.[146] Außerdem kündigte Staatsminister im AA Schäfer an, die Wahlen zu unterstützen:[147] Im Rahmen der UNAVEM II wurden zehn zivile Wahlbeobachter entsandt.[148] Im Gegensatz zu uniformiertem Personal war die Entsendung von Wahlbeobachtern rechtlich unkritisch und logistisch leichter durchführbar, weshalb sich das AA nach dem Erfolg in Namibia weltweit an Wahlbeobachtungen beteiligte.[149] Ins Detail ging die Bundestagsdebatte aber nicht. Weder wurde von der UNAVEM II noch bezüglich Angolas von den Vereinten Nationen gesprochen. Die Mission schien nicht zu existieren und wurde nicht einmal im Rahmen der Wahlbeobachtung erwähnt.

Obwohl der Friedensprozess im vollen Gange war und die Demobilisierung der Kombattanten seit April 1992 lief,[150] kam der AwZ erst Mitte November 1992 und damit fast ein Jahr nach Einbringung des Antrags zu einer Beschlussempfehlung.[151] Zu diesem Zeitpunkt waren nicht nur die Wahlen – die auch von einigen Abgeordneten des Bundestags beobachtet

---

[143] BT-Drs. 12/2211, 11.3.1992.
[144] BT-PlPr. 12/82, 12.3.1992, S. 6826.
[145] Vgl. ebd., S. 6809, 6819.
[146] BT-PlPr. 12/82, 12.3.1992, S. 6816.
[147] Ebd., S. 6820.
[148] BT-Drs. 13/1047, 4.4.1995, S. 9.
[149] Zeitzeugengespräch mit Botschafter a.D. Martin Kobler am 8.4.2020.
[150] VNSR, S/24145, 24.6.1992, Randnr. 19.
[151] BT-Drs. 12/3681, 10.11.1992. Am 7.10. gab es im AwZ eine kurze Debatte zum Thema. PA-DBT 3122, Ausschuss für wirtschaftliche Zusammenarbeit, 12/36, 7.10.1992, S. 1–6.

## V. Freundliches Desinteresse?

wurden[152] – Geschichte, auch der Friedensprozess war längst gescheitert. Die am 10. November vorgelegte Beschlussempfehlung, die die beiden Anträge zusammenführte und der Bundesregierung empfehlen sollte, »freundschaftlich darauf hinzuwirken, daß der Prozeß freier, fairer und demokratischer Wahlen in ganz Angola ohne Behinderung abgeschlossen wird«[153], entsprach nicht mehr der Lage vor Ort. Allein, dass im einleitenden Text von »bestehenden Spannungen zwischen MPLA und UNITA« gesprochen wurde,[154] zeugte von einem veralteten Lagebild des längst wieder voll entbrannten Bürgerkriegs. Zwar wurde der Bundesregierung empfohlen, sich im Rahmen der »Vereinten Nationen dafür einzusetzen, daß diese ihre auf Angola bezogenen Aktivitäten verstärken«,[155] eine eigene, aktive Unterstützung des VN-Engagements stand jedoch nicht zur Debatte. Das wäre vor allem angesichts des seit Ende Oktober 1992 herrschenden Personalmangels bei der UNAVEM II ein starkes politisches Signal gewesen. Faktisch war die Mission zu diesem Zeitpunkt allerdings bereits gescheitert.

Angesichts der rasanten Lageentwicklung wurde die Beschlussempfehlung am 14. Januar 1993, also über ein Jahr nach Vorlage des Antrags der Regierungskoalition, wohl nur angenommen,[156] weil im Beschluss neben Angola noch drei weitere Staaten behandelt wurden. Eine neue Debatte hätte vermutlich noch einmal mehrere Monate gedauert und schreckte die Parlamentarier ab. Für Angola kam der Beschluss auf jeden Fall zu spät. Bereits im Plenum erklärte Bundesminister Spranger, dass die Entwicklungszusammenarbeit mit Angola unter den gegebenen Voraussetzungen nicht aufgenommen werden könne, da »die Entsendung deutschen Personals aus Sicherheitsgründen nicht« zu verantworten sei.[157] Nicht ohne Selbstkritik drückte Waldburg-Zeil sein »Bedauern über die Langsamkeit« der Beratungen aus.[158] Die SPD nutzte die Debatte zur Abrechnung mit der CDU/CSU, die in der Vergangenheit Jonas Savimbi hofiert habe.[159] In der Tat war Savimbi im Juli 1988, gegen den Willen des FDP-geführten Außenministeriums, vom Abteilungsleiter 2 des BKAmts, Horst Teltschik,[160] und im Mai 1991 vom Chef des Bundeskanzleramts, Rudolf Seiters, emp-

---

[152] Der CDU-Abgeordneten Anneliese Augustin zufolge seien die Wahlen »sicherlich fair und frei und geheim« gewesen. PA-DBT 3122, Ausschuss für wirtschaftliche Zusammenarbeit, 12/36, 7.10.1992, S. 3. Siehe auch PA-DBT 3104, Auswärtiger Ausschuß, 12/44, 14.10.1992, hier S. 47–57.
[153] BT-Drs. 12/3681, 10.11.1992, S. 8.
[154] Ebd., S. 7.
[155] BT-Drs. 12/3681, 10.11.1992, S. 8. Die Zeile stammte vom Auswärtigen Ausschuss. Vgl. PA-DBT 3122, Ausschuss für wirtschaftliche Zusammenarbeit, 12/38, 29.10.1992, S. 4 f.
[156] Vgl. BT-PlPr. 12/131, 14.1.1993, S. 11353.
[157] Ebd., S. 11316.
[158] Ebd., S. 11320.
[159] Ebd., S. 11349.
[160] Vgl. BT-Drs. 11/2722, 29.7.1988, S. 1 ff.; Gespräch des Ministerialdirektors Teltschik, Bundeskanzleramt, mit dem Vorsitzenden der angolanischen UNITA, Savimbi, 11.7.1988. In: AAPD 1988, Dok. 200, S. 1074–1080.

fangen worden.¹⁶¹ Ausnahmsweise zeigte sich das BKAmt beim Verbindungsaufbau mit der UNITA aktiver als das AA, da es der Meinung war, dass ohne das Mitwirken der UNITA kein Friede in Angola möglich sei.¹⁶² Auswirkungen auf ein stärkeres personelles Engagement der Bundesrepublik hatten diese Kontakte freilich nicht.

Während die im Januar 1993 verabschiedeten entwicklungspolitischen Planungen für Angola unbedeutend blieben, war zumindest das dortige Minenproblem im Oktober 1992 noch einmal von der Regierungskoalition aufgegriffen worden.¹⁶³ Die Bürgerkriegssituation verhinderte aber alle weiteren Projekte. Die Bundesregierung beschränkte sich daher auf die Beobachtung der internationalen Vermittlungsbemühungen. In ihrer Antwort auf eine Kleine Anfrage der Gruppe Bündnis 90/Die Grünen vom 17. November 1992¹⁶⁴ zeigte sich die Bundesregierung »über die Verschlechterung der Menschenrechtssituation in Angola […] besorgt«. Die Vermittlung der Vereinten Nationen werde zusammen mit der EG und den USA »befürwortet und unterstützt«.¹⁶⁵ Die Bundesregierung wurde auch gefragt, ob sie beabsichtige, »deutsche Polizei- oder andere Sicherungskräfte, gegebenenfalls unter Aufsicht der VN, nach Angola zu entsenden«; von Soldaten wagten die Grünen nicht zu sprechen. Eine eindeutige Antwort blieb die Bundesregierung schuldig. Sie verwies lediglich auf die bereits geleistete Unterstützung mit Wahlbeobachtern und darauf, dass »erst nach Klärung des Bedarfs, unter Berücksichtigung der finanziellen und rechtlichen Möglichkeiten der Bundesregierung«, über weitere Maßnahmen »zur Durchführung des zweiten Wahlgangs« entschieden würde. Zwar befürwortete man die »Verlängerung und Erweiterung des Mandates von UNAVEM II«, die Entscheidung dafür liege jedoch beim VNSR;¹⁶⁶ dort war die Bundesrepublik zu dieser Zeit kein Mitglied, sodass die Bundesregierung nicht genötigt war, sich stärker mit Angola zu befassen.

Über die Diplomatie hinaus bestand keinerlei Bereitschaft zur Unterstützung des dortigen Friedensprozesses und auch kein triftiger Grund, mit dem der deutschen Gesellschaft ein stärkeres Engagement in Angola hätte vermittelt werden können. Noch dazu wurde unter den Diplomaten gezweifelt, ob ausländische Truppen überhaupt einen Beitrag zur Befriedung leisten

---

161 BPA, Gespräche über Friedensbemühungen in Angola. In: Bulletin, Nr. 48, 8.5.1991, S. 392.
162 BArch, B 136/29812, Vorlage Referat 213 an den Abteilungsleiter 2, Betr.: Ihr Gespräch mit dem UNITA-Vorsitzenden Dr. Jonas Savimbi am Montag, den 11. Juli, 20.00 Uhr, 8.7.1988, hier Anlage 2; ebd., Vorlage AL 2 an den Bundeskanzler, Betr.: Deutschlandbesuch des Vorsitzenden der angolanischen Widerstandsbewegung UNITA, Dr. Jonas Savimbi, 23.–27.10.1989, hier: Bitte Savimbis um ein Gespräch mit Ihnen, 29.9.1989, hier S. 4.
163 Vgl. BT-Drs. 12/3348, 6.10.1992.
164 BT-Drs. 12/3777, 17.11.1992.
165 BT-Drs. 12/3992, 14.12.1992, S. 2.
166 Ebd., S. 3.

## V. Freundliches Desinteresse?

konnten.[167] Bemerkenswert an der Antwort war jedoch der Hinweis auf finanzielle und rechtliche Beschränkungen. Drei Tage später, am 17. Dezember, bot die Bundesregierung den Vereinten Nationen die Unterstützung mit bis zu 1500 Soldaten in Somalia an.[168]

Dies war eine Zäsur zum vorhergehenden deutschen Engagement in den Vereinten Nationen. Das jahrelang wiederholte Mantra, das Grundgesetz erlaube keine Entsendung von bewaffneten deutschen Soldaten in Missionen der Vereinten Missionen, geriet ins Wanken. Das Angebot zur Entsendung von Soldaten nach Somalia zeigte zudem, dass mögliche verfassungsrechtliche Grenzen bei der Entscheidung gegen die UNAVEM-II-Beteiligung unerheblich waren. Sollten in Somalia 1500 zur Selbstverteidigung bewaffnete Soldaten zur humanitären Hilfe eingesetzt werden, hätte auch die Entsendung von unbewaffneten Beobachtern nach Angola kein rechtliches Problem darstellen dürfen, zumal diese Aufgabe von den Ressorts in den 1970er-Jahren als möglich erachtet und damals nur aus politischen Bedenken des AA verworfen worden war.[169] Für das BMVg schienen Beobachtermissionen ohnehin zulässig.[170] Die Bürgerkriegssituation ließ die Aufstockung der UNAVEM II zum damaligen Zeitpunkt aber nicht nur illusorisch erscheinen. Auch stand Angola mittlerweile im Schatten von Somalia, wo eine Beteiligung aus bündnispolitischen Erwägungen alternativlos für die Bundesressorts erschien.

Wenige Tage bevor das Vorkommando der Bundeswehr nach Somalia verlegte,[171] stellte die SPD gegenüber der Bundesregierung aber auch neue Forderungen bezüglich Angolas. Angesichts des dortigen Bürgerkriegs sollte die Bundesregierung auf bilateralen und multilateralen Wegen auf dessen Beendigung hinwirken, Jonas Savimbi erklären, dass eine mit Gewalt an die Macht gekommene UNITA-Regierung nicht anerkannt werde und die humanitäre Unterstützung für die dortige Bevölkerung mithilfe von NROs ausweiten.[172] Der Antrag wurde am 2. Juli 1993 ohne Verhandlung im Bundestag an

---

[167] Vgl. PA AA, B 34, ZA, Bd 173371, Drahtbericht der Botschaft der Bundesrepublik Deutschland in Washington an Referat 320 im AA, Nr. 638, 1.3.1993, hier S. 3; ebd., Vermerk Referat 322 an Referat 011, Betr.: 73. Sitzung des Auswärtigen Ausschusses, hier: TOP 4: Bericht der Bundesregierung über die Lage und Zukunftsperspektiven in Somalia, 29.9.1993, hier S. 2.

[168] BPA, Unterstützung der humanitären Anstrengungen der Vereinten Nationen in Somalia. In: Bulletin, Nr. 141, 29.12.1992, S. 1315.

[169] Vgl. PA AA, B 30, ZA, Bd 113972, Schreiben Referat V I 4 im BMI an das AA, BKAmt, BMJ, BMVg, Betr.: Grundsätzliche Fragen der Beteiligung der Bundesrepublik Deutschland an friedenserhaltenden Operationen der VN, 30.10.1974, hier S. 6; PA AA, B 30, ZA, Bd 120948, Vermerk Referat 230, Beteiligung der Bundeswehr an friedenserhaltenden Operationen der Vereinten Nationen, 6.10.1975, hier S. 4 f.; ebd., Vorlage Unterabteilung 23 an den Außenminister, Betr.: Beteiligung der Bundeswehr an friedenserhaltenden Operationen der VN, 19.7.1976, hier S. 2.

[170] Vgl. BArch, BW 2/27268, Nebenabdruck Vorlage VR II 2 an den Verteidigungsminister, Betr.: Beteiligung der Bundeswehr an Maßnahmen der UN, hier: Verfassungsrechtliche Zulässigkeit, 10.8.1989, hier S. 7.

[171] Siehe Kapitel IV.3.c).

[172] BT-Drs. 12/4920, 12.5.1993.

die Ausschüsse überstellt.[173] Erneut dauerte es mehrere Monate bis zu einer Beschlussempfehlung. Erst Mitte November wurde der SPD-Antrag mit drei weiteren Anträgen zur Unterstützung afrikanischer Staaten zusammengefasst[174] und am 11. November 1993 in der »Afrikadebatte« im Bundestag behandelt.[175] Obwohl es zwischen der FDP und der SPD Dissens hinsichtlich der Aktualität des Textes gab,[176] wurde dieser zur Wahrung des parteiübergreifenden Konsenses[177] – bei Enthaltung der PDS/Linke Liste – angenommen.[178] Im Beschluss wurde die Bundesregierung aufgefordert, »sowohl im bilateralen als auch im multilateralen Rahmen (EG, Vereinte Nationen) alle zur Verfügung stehenden Möglichkeiten auszuschöpfen, die beiden Kriegsparteien zur sofortigen Einstellung der Kampfhandlungen zu bewegen.«[179] Konkrete Auswirkungen hatte dies aber nicht, da die Vereinten Nationen die Verhandlungsführung bereits übernommen hatten und die Bundesregierung den Prozess nicht durch eigene Bemühungen unterwandern wollte.[180]

Unterdessen sparte die SPD nicht mit Kritik an den Mitgliedsstaaten der Vereinten Nationen. Im September 1993 prangerte Günter Verheugen den fehlenden finanziellen Handlungsspielraum der Weltgemeinschaft an: »Das Morden, das heute in Angola stattfindet, ist nur deshalb möglich, weil die Völker der Welt nicht bereit gewesen sind, die Dollars aufzubringen, die man bräuchte, um eine umfassende Friedensoperation in Angola zu finanzieren.«[181] Die durchaus zutreffende Kritik verschwieg, dass weder die SPD noch eine der anderen im Bundestag vertretenen Parteien im Vorfeld Notiz von der Mission genommen hatten. Zwar war der Einfluss der Bundesregierung auf die Ausgestaltung der Mission als Nichtmitglied des VNSR begrenzt, Bereitschaft zu einer größeren finanziellen oder gar personellen Unterstützung hätten die deutschen Akteure trotzdem zeigen können. Die SPD beklagte sich über die Ausgestaltung einer Mission, deren Aufstellung im Bundestag keine Rolle gespielt hatte und zu deren Unterstützung kein deutscher Politiker öffentlich bereit gewesen war.

Dies änderte sich im Übrigen auch nicht bei der Aufstellung der UNAVEM III, wodurch das Desinteresse des Bundestags an den beiden vorherigen Missionen noch einmal unterstrichen wird. Denn obwohl die

---

[173] BT-PlPr. 12/169, 2.7.1993, S. 14566 f.
[174] BT-Drs. 12/6122, 10.11.1993.
[175] BT-PlPr. 12/189, 11.11.1993, S. 16228–16255.
[176] Ebd., S. 16233, 16252 f. Ein Änderungsantrag der Regierungskoalition forderte die Regierung auf, »die VN weiterhin bei ihren Vermittlungsbemühungen zwischen den Bürgerkriegsparteien in Angola sowie bei der Durchsetzung der Sicherheits-Resolutionen [sic] mit dem Ziel zu unterstützen, einen umgehenden Waffenstillstand zu erreichen und die zentralen Elemente der Friedensverträge vom Mai 1991 wieder mit Leben zu erfüllen.« BT-Drs. 12/6125, 11.11.1993, S. 2.
[177] BT-PlPr. 12/189, 11.11.1993, S. 16253.
[178] Ebd., S. 16255.
[179] BT-Drs. 12/6122, 10.11.1993, hier S. 5.
[180] BT-Drs. 12/6156, 12.11.1993, S. 3.
[181] BT-PlPr. 12/177, 24.9.1993, S. 15303.

## V. Freundliches Desinteresse?

Friedensgespräche in Lusaka Ende 1994 zu einem positiven Abschluss gebracht worden waren, blieb der Bundestag weiterhin passiv. Von beiden Vorgängen wurde in den deutschen Debatten keine Notiz genommen, geschweige denn über einen Beitrag der Bundesrepublik an der neuen, zuvor von der SPD selbst angemahnten umfassenden Friedensoperation diskutiert. Dabei war Deutschland seit dem 1. Januar 1995 erneut nichtständiges Mitglied des VNSR und die Bundesregierung nahm für sich selbst in Anspruch, »wesentlich zur Verabschiedung« der UNAVEM-III-Resolution beigetragen zu haben.[182] Die deutschen Abgeordneten fokussierten sich aber auf die Konflikte im ehemaligen Jugoslawien, sodass es Angola nicht auf die deutsche Tagesordnung schaffte.

Das deutsche politische Engagement zur Konfliktbeilegung in Angola beschränkte sich daher größtenteils auf Floskeln, man sei »besorgt« oder »bemüht«.[183] Keine der deutschen Parteien forderte ein stärkeres deutsches VN-Engagement in Angola, schon gar nicht mit Soldaten oder Polizisten. Die Bundesregierung glaubte weder, durch ein stärkeres Engagement positiv auf die Situation einwirken zu können, noch sah sie konkreten Handlungsbedarf. Der Konflikt in Angola berührte keine deutschen Interessen, weder in politischer noch in wirtschaftlicher oder kultureller Sicht. Vor allem weil im Gegensatz zu Südosteuropa oder Somalia kaum Bilder des Konflikts nach Deutschland drangen,[184] war Angola im wahrsten Sinne des Wortes ein »vergessener Krieg«[185], obwohl hier im gleichen Zeitraum mehr Menschen starben[186] als im ehemaligen Jugoslawien. Während sich einige deutsche Parlamentarier[187] und Diplomaten[188] dieser Tatsache durchaus bewusst waren, lagen die Konflikte in Südosteuropa geografisch und allein aufgrund der Zehntausenden Asylbewerber[189] wesentlich näher an der deutschen Politik und der deutschen Gesellschaft als das entfernte Angola. Folglich blieb das parlamentarische Interesse am dortigen Konflikt und dessen Lösung durch die Vereinten Nationen überschaubar.

---

[182] BT-Drs. 13/2982, 10.11.1995, S. 5. Der Einfluss der deutschen Delegation soll jedoch begrenzt gewesen sein. Vgl. Freuding, Deutschland in der Weltpolitik, S. 451.
[183] Vgl. BT-Drs. 11/7620, 27.7.1990, S. 5; BT-Drs. 13/2982, 10.11.1995, S. 5.
[184] Vgl. BT-PlPr. 12/219, 14.4.1994, S. 18911; Zeitzeugenbefragung von Botschafter a.D. Christian Walter Much am 14.5.2021.
[185] Vgl. Meyns, Angola.
[186] Zur humanitären Lage siehe Mäuse, Hunde und Katzen als einzige Nahrung. In: FAZ, Nr. 246, 22.10.1993, S. 8.
[187] Vgl. BT-PlPr. 12/219, 14.4.1994, S. 18911.
[188] PA AA, B 34, ZA, Bd 173371, Schriftbericht der Botschaft der Bundesrepublik Deutschland in Washington an Referat 320 im AA, Betr.: US-Haltung zur Konfliktbeilegung in Angola, hier: Gespräch mit dem zuständigen Referenten des Department of State (DOS), 20.12.1993, hier S. 2.
[189] Vgl. BT-Drs. 12/6504, 22.12.1993, S. 34 f.

## g) Deutsche Unterstützung für die VN-Mission UNAVEM II

Wenn schon nicht personell mit Uniformierten, so unterstützte die Bundesregierung den Friedensprozess in Angola wie so häufig zumindest finanziell und materiell. 1990 betrugen die humanitären Hilfsleistungen des AA für Angola rund zwei Mio. D-Mark.[190] Die Nahrungsmittelhilfe des BMZ übertraf sogar zehn Mio. D-Mark[191] und sollte in den folgenden Jahren etwa in dieser Höhe weiterlaufen.[192] Zudem vergab das BMZ 1992 vier Mio. D-Mark für Brückeninstandsetzungen und 1,3 Mio. D-Mark für die Ausbildung demobilisierter Soldaten.[193] Die Zuschüsse des AA mit 420 000 D-Mark (1991),[194] rund 800 000 D-Mark für Medikamente, Fahrzeuge und Kindernahrung (1992)[195] und gut 2,1 Mio. D-Mark für Hilfsgüter für Flüchtlinge (1993)[196] fielen dagegen schon ab. Noch geringer waren die Ausgaben aus dem Topf des BMVg. Zwischen 1990 und 1993 wurden für Angola lediglich Verbrauchsgegenstände im Wert von weniger als 60 000 D-Mark bereitgestellt.[197] Die Bedingungen für Ausstattungshilfe der Bundeswehr waren aufgrund der Bürgerkriegssituation nicht gegeben.[198]

Weiterhin bezuschusste die Bundesregierung zwischen 1990 und 1993 aber Projekte zur Versorgung von Flüchtlingen mit Decken, Nahrungsmitteln und Medikamenten im Wert von über 4,5 Mio. D-Mark.[199] Insgesamt stellte die Bundesregierung Anfang der 1990er-Jahre somit zwar über 45 Mio. D-Mark an humanitärer Hilfe für Angola bereit. Diese erfolgte aber bilateral und unterstützte die Arbeit der VN-Missionen nur mittelbar. Zur Durchführung der VN-Missionen brachte die Bundesregierung zwar ihren regulären Anteil am VN-Budget auf,[200] an eine personelle Beteiligung mit Uniformierten dachten die Bundesressorts aber nicht.[201] Ohnehin sollte aus Sicht der internationalen Verhandlungsführer und der angolanischen

---

[190] BT-Drs. 12/7737, 30.5.1994, S. 15.
[191] Ebd., S. 23.
[192] 1991 waren es über elf Mio., 1992 fast acht Mio. und 1993 noch rund 6,5 Mio. D-Mark. Ebd., S. 24 ff.
[193] Ebd., S. 28.
[194] Ebd., S. 16.
[195] Ebd., S. 18.
[196] Ebd., S. 20.
[197] Ebd., S. 30–35.
[198] Vgl. PA AA, B 34, ZA, Bd 155748, Vermerk Referat 320, Betr.: Besuch einer Delegation des angolanischen Verteidigungsministeriums in Bonn, 31.7.1990.
[199] BT-Drs. 12/7737, 30.5.1994, S. 61.
[200] Für das Jahr 1991 über 7,6 Mio. D-Mark. PA-DBT 3104, Unterausschuss Vereinte Nationen/Weltweite Organisationen, 12/6, 11.3.1992, S. 14. Auch stellte das AA 600 000 D-Mark zur Durchführung der Wahlen bereit. BT-Drs. 13/4532, 7.5.1996, S. 6.
[201] Das AA sah die Überwachung eines Waffenstillstands in Angola durch die VN praktisch als gegeben an. Wichtiger schien die künftige Entwicklungszusammenarbeit. Vgl. PA AA, B 34, ZA, Bd 155748, Vorlage Referat 320 an den Außenminister, Betr.: Innere Befriedung Angolas, hier: Stand der Bemühungen um die Konfliktlösung und Aussichten für die weitere politische Entwicklung und die bilateralen Beziehungen, 10.1.1991, hier S. 2.

## V. Freundliches Desinteresse?

Konfliktparteien in erster Linie die UNAVEM in ihrer bestehenden Form fortgeführt und durch Militärbeobachter aus afrikanischen Staaten erweitert werden.[202] Darüber hinaus wurde der Konflikt in Angola vom Zweiten Golfkrieg und den Konflikten in Jugoslawien[203] überschattet, die fortan größte deutsche Aufmerksamkeit erhielten. Auch sammelte die Bundeswehr ab Sommer 1991 erste VN-Erfahrungen im Rahmen der UNSCOM und ab Herbst 1991 bei der UNAMIC.[204] Andere Weltregionen waren daher von größerer Bedeutung.

Weil Angola aufgrund seiner Bodenschätze aber »ein potentiell reiches Land« war, an dem »die deutsche Wirtschaft starkes Interesse« zeige, hatte das AA den Anspruch, die Beziehungen beider Staaten zu vertiefen.[205] Unter seiner Federführung erörterten die betroffenen Ressorts am 1. April 1992 die Möglichkeit, Angola bei der Minenräumung zu helfen, was zu diesem Zeitpunkt allerdings keine Aufgabe der VN-Mission war.[206] Die Ressorts nahmen damit zum einen Bezug auf eine im März geführte Bundestagsdebatte,[207] zum anderen war die Bundesrepublik von beiden angolanischen Konfliktakteuren um solche Hilfe gebeten worden. Während das BMI und das BMF keine Möglichkeiten für Hilfe sahen, vor allem nicht finanzieller Art, überlegte das AA, ob kleine Teams der Bundeswehr oder des BGS vor Ort Ausbildungshilfe zur Minenräumung leisten könnten. Andernfalls könnten eine NRO mit Material und Geld unterstützt oder finanzielle Mittel für die Räumung bereitgestellt werden. Auf diplomatischem Weg sollte erreicht werden, die Minenräumung in das Mandat der UNAVEM II aufzunehmen.[208] Militärpolitische Gründe sprachen auch für das BMVg für ein derartiges Engagement unter dem Schirm der Vereinten Nationen und nicht im bilateralen Rahmen. Weil sich die Bundesregierung bislang geweigert hatte, bilateral für die weltweite Räumung deutscher Minen aus dem Zweiten Weltkrieg aufzukommen, fürchteten die Militärpolitiker des BMVg bei einer bilateralen Minenräumung in Angola weitere internationale Forderungen.[209] Allerdings machte das für Rüstungskontrolle zuständige Referat des Führungsstabs des Heeres (Fü H III 4) frühzeitig klar, dass die Räumung von Minen zum damaligen Zeitpunkt rein rechtlich gar nicht möglich war. Den Vorschriften ent-

---

[202] Ebd., Drahtbericht der Ständigen Vertretung in New York an Referat 230 im AA, Nr. 439, 15.3.1991, hier S. 2.
[203] Im März 1991 begannen die Kampfhandlungen in Kroatien. Vgl. ARD, Tagesschau vor 20 Jahren, 31.3.1991.
[204] Vgl. Kapitel III.2.a).
[205] BArch, B 136/43429, Vorlage Referat 320 im AA an den Außenminister, Betr.: Arbeitsbesuch des Staatspräsidenten der Volksrepublik Angola José Eduardo dos Santos in der Bundesrepublik Deutschland, 6.1.1992, hier S. 2.
[206] Im März 1992 war lediglich die Wahlbeobachtung zum Auftrag der UNAVEM II hinzugekommen. VNSR, S/23671, 3.3.1992, Randnr. 22; VNSR, S/RES/747(1992), 24.3.1992.
[207] Vgl. BT-PlPr. 12/82, 12.3.1992, S. 6807‑6826.
[208] BArch, BW 1/307115, Kopie Vermerk Referat 320 im AA, Betr.: Minenräumung in Angola, hier: Ressortbesprechung am 1.4.1992, 2.4.1992.
[209] BArch, BH 1/28744, Nebenabdruck Schreiben Fü S III 1 an Rü Z II 4, Betr.: Unterstützung von Minenräumaktionen in verschiedenen Ländern der 3. Welt, hier: Vorbereitung einer Leitungsvorlage/MilPol Bewertung, 10.9.1992.

sprechend durften Pioniere in Friedenszeiten aufgrund des hohen Risikos keine verdeckten Minen räumen.[210] Darüber hinaus benötige die Entsendung mobiler Ausbildungsteams umfassende Unterstützung vor Ort und sei nicht vom Heer zu leisten.[211] Letzteres befand sich nach der deutschen Einheit in einem radikalen Reformprozess und war noch mit der Übernahme und der Aussonderung der NVA-Bestände beschäftigt. Ehe für die Bundeswehr nicht die rechtlichen, personellen und materiellen Voraussetzungen für eine Minenräumung im Ausland geschaffen seien, wollte und konnte das BMVg auf diesem Gebiet – und das ganz unabhängig von Angola – außer begrenzten Materiallieferungen nicht aktiv werden.[212]

Es blieb daher der deutschen NRO Cap Anamur überlassen, mit geliehenem Material der Bundeswehr und der notwendigen Einweisung in Angola Minen zu räumen. Ein zuvor geplantes Minenräumvorhaben in Nordwest-Somalia war aus Sicherheitsgründen gestoppt worden, sodass Cap Anamur die bereits vom BSR gebilligten, demilitarisierten T-55-Panzer mit Minenräumgeräten in Angola zum Einsatz bringen konnte.[213] Zur Unterstützung von Cap Anamur besaß das BMVg einerseits das nötige Material, andererseits fürchtete es bei Verzögerungen eine negative Berichterstattung, weswegen es sich für eine zügige Umsetzung der Anfrage einsetzte.[214] Aufgrund von Material-, Wartungs- und Bedienungsmängeln kam es beim Transport des Geräts zum Einsatzort aber zum medialen Desaster.[215] Ein Tieflader brannte wegen einer festgelaufenen Bremse vollkommen aus, der darauf verladene Bergepanzer wurde beschädigt.[216] Zwar suchte der Präsident von Cap Anamur, Rupert Neudeck,

---

210 Grundsätzlich wird bei der Minenräumung in einer Kriegssituation ein höheres Risiko eingegangen. Vgl. BArch, BW 1/307115, Kopie Vermerk Referat 320 im AA, Betr.: Minenräumung in Angola, hier: Ressortbesprechung am 1.4.1992, 2.4.1992, S. 3.
211 Vgl. BArch, BH 1/28744, Entwurf Schreiben Fü H III 4 an Rü Z II 4, im BMVg, Betr.: Unterstützung von Minenräumaktionen in verschiedenen Ländern der Dritten Welt, 14.9.1992.
212 BArch, BW 1/371486, Vorlage Rü Z II 4 an Staatssekretär Schönbohm, Betr.: Humanitäre Hilfe der Bundesregierung, hier: Unterstützung von Minenräumaktionen im Ausland durch den Einsatz personeller und materieller Möglichkeiten der Bundeswehr, 30.10.1992.
213 Der BSR billigte die Umwidmung der ursprünglich für den Einsatz in Somalia vorgesehenen Fahrzeuge im Mai 1992. BArch, BW 1/307113, Fernschreiben BKAmt an das BMVg, 5.5.1992. Zum Einsatz von Cap Anamur siehe Robert von Lucius, Eine Million Minen in Angola. In: FAZ, Nr. 150, 1.7.1992, S. 8.
214 BArch, BW 1/307115, Kopie Vermerk Referat 320 im AA, Betr.: Minenräumung in Angola, hier: Ressortbesprechung am 1.4.1992, 2.4.1992, S. 5; BArch, BW 1/307113, Vorlage Rü T II 3 an den Verteidigungsminister, Betr.: Leihweise Überlassung von Minenräumpanzern und Peripheriematerial an die Hilfsorganisation Komitee Cap Anamur/Deutsche Notärzte e.V. für ein Minenräumprojekt in der Republik Angola, hier: BSR-Vorlage (im Umlaufverfahren), 24.4.1992.
215 BArch, B 1/307114, Kopie Bernward Klein: Humanitäre Hilfe mit marodem Material. In: Bonner General-Anzeiger, 1.7.1992; Enttäuschte Helfer. In: Der Spiegel, Nr. 32 (1992), 3.8.1992, S. 16.
216 PA AA, B 34, ZA, Bd 160130, Drahtbericht der Botschaft der Bundesrepublik Deutschland in Luanda an Referat 320 im AA, Nr. 135, 4.6.1992; BArch, BW 1/307114,

## V. Freundliches Desinteresse?

die Schuld beim BMVg,[217] Ende Juli 1992 musste er bei einem Gespräch im AA aber eingestehen, dass die großangelegte Räumung von Minen ohnehin eine Aufgabe der Bundeswehr sei und seine NRO aufgrund materieller und finanzieller Beschränkungen nur Vorarbeit leisten könne.[218] Zwar unterstützte Cap Anamur den Friedensprozess und damit indirekt auch die Mission UNAVEM II, als zivile Organisation stand sie aber nicht unter VN-Führung, sodass es sich nicht um eine Beteiligung an der Mission handelte.

Neben der Zahlung ihres Pflichtbeitrags unterstützte die Bundesregierung die VN-Mission aber auf Bitten der angolanischen Regierung[219] und des VN-Sekretariats[220] mit zehn zivilen Wahlbeobachtern.[221] Ihr Einsatz kostete das AA fast 100 000 D-Mark,[222] fast so viel wie der Transport von Bundeswehrdecken für die Wahlhelfer.[223] Zusätzlich nahmen auch fünf Beobachter des Fördervereins für staatsbürgerliche Bildung e.V. unter Führung des Abgeordneten Konrad Weiß (Bündnis 90/Die Grünen) an den Wahlen teil.[224] Vom erneuten Ausbruch der Kämpfe nahm der Bundestag allein aus diesem Grund Kenntnis.

Mittlerweile hatte sich aber auch die nationale Rahmenlage für die Beteiligung der Bundeswehr an Auslandseinsätzen gewandelt. Im August 1992 hatte die SPD gegen die Beteiligung der Bundeswehr in der Adria geklagt.[225] Neuen Beteiligungen stand das BMVg aus innenpolitischen Bedenken ablehnend gegenüber, und das unabhängig von materiellen oder personellen Kapazitäten. Da sich auch die Weltgemeinschaft angesichts des erneuten Gewaltausbruchs zurückhielt, die UNAVEM II mit der Zeit reduziert statt aufgestockt wurde und auch der VNGS bei seinem Besuch in Bonn im Januar 1993 nur diplomatischen Druck auf die angolanischen Konfliktakteure erbat,[226] bestand für die Bundesressorts kein Handlungsgrund, aber auch kein Bedarf, militärisch auf die Verschlechterung der angolanischen Lage zu reagieren. Zur Sicherung der deutschen Botschaft wurden zwischen Oktober 1992 und Januar 1993 lediglich einige Beamte der GSG 9 nach Luanda ver-

---

Rü Z II 4, Gesprächsvermerk über die Besprechung am 2. Juli 1992 mit dem Komitee Cap Anamur bzgl. der Minenräumaktion in Angola, 3.7.1992, hier S. 1.
[217] Vgl. BArch, BW 1/307115, Schreiben Rupert Neudeck an den Verteidigungsminister, 10.6.1992; ebd., Schreiben Rupert Neudeck an den Parlamentarischen Staatssekretär im BMVg Bernd Wilz, 23.6.1992.
[218] PA AA, B 34, ZA, Bd 160130, Vermerk Referat 320, Betr.: Treffen D3 mit dem Präsidenten von Cap Anamur (CA), Dr. Rupert Neudeck am 22.7.1992, 23.7.1992, hier S. 3.
[219] PA AA, B 34, ZA, Bd 155748, Durchschlag Schreiben Referat 320 an Referat 230, Betr.: VN-Friedensmission in Angola (UNAVEM II), hier: Stellungnahme […], 11.3.1992; ebd., Fernkopie der Ständigen Vertretung in New York an Referat 230 im AA, Nr. 1055, 29.6.1992, hier Anlage.
[220] Ebd., Drahtbericht der Ständigen Vertretung in New York an Referat 230 im AA, Nr. 1835, 21.7.1992.
[221] BT-Drs. 12/3922, 4.12.1992, S. 1.
[222] BT-Drs. 13/1047, 4.4.1995, S. 9.
[223] Ebd., S. 6.
[224] BT-Drs. 12/3922, 4.12.1992, S. 1.
[225] Vgl. ARD, Tagesschau vor 20 Jahren, 11.8.1992.
[226] Vgl. UNA, S-1086-0120-12-00001, Notes of the Secretary-General's meeting with the Minister for Foreign Affairs of Germany, 19.4.1993, hier S. 7.

legt.[227] Größere Aufmerksamkeit erhielt Angola erst wieder im Laufe des Jahres 1994, als die dritte VN-Mission geplant wurde und Deutschland um einen Sitz im VNSR kandidierte.

### h) Deutsche Unterstützung für die VN-Mission UNAVEM III

Die im Februar 1995 ins Leben gerufene VN-Mission UNAVEM III war die zweite[228] VN-Mission in Afrika, die nicht mehr im Zeitfenster der Expansionsphase des VN-Peacekeeping beschlossen wurde. Grundsätzlich liegt sie damit außerhalb des Beobachtungszeitraums dieser Arbeit. Anders als bei ihren Vorgängern wurden die Bundesressorts infolge der Aufstockung der VN-Präsenz aber vom VN-Sekretariat mehrfach um Hilfe gebeten und mussten sich positionieren. Hieraus ergeben sich Rückschlüsse für die bundesdeutschen Nichtbeteiligungen an der UNAVEM und UNAVEM II.

Bereits am 14. Juli 1994, zwei Tage nach der Urteilsverkündung des Bundesverfassungsgerichts über die Entsendung der Bundeswehr ins Ausland, war die Ständige Vertretung in New York informell vom VN-Sekretariat um eine Beteiligung an einer UNAVEM III gebeten worden.[229] Benötigt wurden Militär- und Polizeibeobachter, ein Infanteriebataillon, Logistik- und Pioniereinheiten, eine Fernmeldekompanie, ein Feldhospital sowie eine kleine Marineeinheit mit drei Patrouillenbooten. Der Wunsch des VN-Sekretariats nach einem deutschen Beitrag ging offenbar in Richtung Pionier- oder Logistikeinheit. Gegenüber den Bundesressorts sprachen sich die deutschen Diplomaten für eine schnelle Antwort aus, da »das Sekretariat ein rasches ›Nein‹ einem zögerlichen Entscheidungsprozess« vorziehe.[230] Für das AA stand einiges auf dem Spiel. Am 20. Oktober 1994 fanden die Wahlen für die nichtständigen Mitglieder des VNSR in den Jahren 1995/96 statt.[231] Im Juli 1994 beteiligte sich die Bundesregierung gerade einmal mit elf Uniformierten an zwei VN-Missionen.[232] Es verwundert daher nicht, dass sich das AA in der Folge für eine bundesdeutsche Beteiligung an der UNAVEM III starkmachte. Zudem waren nach der erfolgreichen Wahl zum nichtständigen Mitglied im VNSR ab dem 1. Januar 1995 auch deutsche Vertreter an der Ausgestaltung des Mandats beteiligt. Im Februar stimmten sie für die

---

[227] BT-Drs. 17/10877, 28.9.2012, S. 4.
[228] Die erste war die Beobachtermission UNASOG zwischen dem Tschad und Libyen. Vgl. The Blue Helmets, S. 399–403.
[229] BArch, BW 2/34953, Fax Maurice Baril, United Nations, an die Ständige Vertretung in New York, Betr.: Contingency planning for an enlarged UNAVEM, 14.7.1994.
[230] BArch, BW 1/372225, Nebenabdruck Vorlage Fü S III 5 an den Verteidigungsminister, Betr.: VN-Mission in Angola (UNAVEM II), hier: Informelle Voranfrage des VN-Sekretariats zu einer eventuellen deutschen Beteiligung, 19.7.1994, hier Anlage 1.
[231] Vgl. VNGV, A/49/PV.40, 20.10.1994.
[232] United Nations, Summary of Contributions to Peace-Keeping Operations by Countries as of 31 July 1994, S. 2, https://peacekeeping.un.org/sites/default/files/jul-1994.pdf.

## V. Freundliches Desinteresse?

Aufstellung der neuen Mission und sprachen sich für eine größere und vor allem länger andauernde Mission aus.[233] Um die Glaubwürdigkeit ihrer Position zu stärken, schien es aus Sicht der deutschen Diplomaten zwangsläufig, dass sich die Bundesregierung auch selbst personell an der Mission beteiligte.

Obwohl die Rechtsgrundlage geklärt war, lehnte das BMVg aber jedes eigene Engagement in Angola ab. Allein aus Rücksicht auf Frankreich schien dem Verteidigungsressort eine dortige Beteiligung politisch unklug, nachdem erst kurz zuvor eine Teilnahme an der UNAMIR in Ruanda[234] zur Entlastung der dort eingesetzten französischen Truppen abgelehnt worden war. Zudem sei es von »übergeordnetem Interesse, Konflikte in Europa und im Umfeld Europas zu verhüten« und sich gegebenenfalls dort an VN-Missionen zu beteiligen. »Ein Einsatz militärischer Mittel zur Konfliktbewältigung in Afrika«, so eine Vorlage von Fü S III 5 an den Minister, liege »nicht in unserem unmittelbaren nationalen Interesse.« Die Verfügbarkeit der erbetenen Truppenteile wurde nicht einmal geprüft, zumal ohnehin noch keine gesicherten Informationen über das Mandat der neuen Mission vorlagen.[235] Konsequent lehnten Minister Rühe und das BMVg die Teilnahme an der UNAVEM III gegenüber dem AA wenige Tage später ab.[236]

An dieser Position hielt das BMVg auch in der Folge fest, was wohl nicht zuletzt auch daran lag, dass sich die USA nicht stärker militärisch engagierten.[237] In einer Übersicht über bestehende und zu erwartende Auslandseinsätze der Bundeswehr meldete der Führungsstab der Streitkräfte dem Generalinspekteur Ende Oktober 1994, dass sich in Angola kein »unmittelbares nationales Interesse zur Konfliktbewältigung in der Region« abzeichne. Zwar müsse damit gerechnet werden, dass das »AA auf eine Beteiligung drängt, um international Flagge zu zeigen«, alle Parameter sprachen aber gegen eine Beteiligung an der UNAVEM III. Noch immer existierte kein Mandat, sodass nicht bewertbar war, »ob Streitkräfte einen sinnvollen Beitrag« leisten konnten. Auch war ungewiss, ob sich irgendwelche Partnerstaaten an der Mission beteiligen würden. Aufgrund eines »relativ hohe[n] Gefährdungspotential[s]« galt eine Beteiligung innenpolitisch aber ohnehin als »wenig konsensfähig«. Auch aufgrund der Lage vor Ort wurde daher von einer UNAVEM-III-Teilnahme abgeraten. Der Zusatz, dass eine Beteiligung nur »derzeit« nicht empfohlen werde, war in der Vorlage ge-

---

[233] VNSR, S/PV.3499(resumption), 8.2.1995, S. 15 ff.; VNSR, S/PV.3562, 7.8.1995, S. 12.
[234] Siehe dazu Kapitel IV.4.c).
[235] BArch, BW 1/372225, Nebenabdruck Vorlage Fü S III 5 an den Verteidigungsminister, Betr.: VN-Mission in Angola (UNAVEM II), hier: Informelle Voranfrage des VN-Sekretariats zu einer eventuellen deutschen Beteiligung, 19.7.1994, hier S. 3.
[236] BArch, BW 1/429793, Nebenabdruck Schreiben Fü S III 5 im BMVg an Referat 230 im AA, Betr.: VN-Mission in Angola (UNAVEM II), hier: Informelle Voranfrage des VN-Sekretariats zu einer eventuellen deutschen Beteiligung, 26.7.1994.
[237] Von den NATO-Staaten beteiligte sich letztlich nur Portugal mit einem bedeutenden Kontingent. Frankreich, Großbritannien, Italien, die Niederlande und Norwegen entsandten nur Einzelpersonen. Vgl. VNSR, S/1996/503, 27.6.1996, S. 10 f.

strichen worden, sodass es sich hier um eine abschließende militärpolitische Bewertung zu handeln scheint.[238]

Denn obwohl im Februar die neue VN-Resolution verabschiedet wurde und die UNAVEM III auch mit deutscher Stimme mandatiert worden war, blieb das BMVg bei seiner Haltung. Trotz Bitten des AA lehnte es die Entsendung von acht Hubschraubern samt Personal in einer Stärke von etwa 160 Personen[239], einer Pionierkomponente mit etwa 200 Soldaten und Minenräumkapazitäten sowie Ausbilder für eine Minenräumschule[240] ab. Es seien »keine Gründe erkennbar«, so der Generalinspekteur auf einer Vorlage, »die jetzt für Angola sprechen.«[241] Die Bitte nach Hubschraubern hatte Rühe bereits zuvor abgeschlagen.[242] Für die Entscheidung hatte er nicht einmal eine Vorlage gebraucht.[243] Bei der Gestellung von Pionieren sah insbesondere der Führungsstab des Heeres seine »Handlungsfähigkeit bei eventuellen Unterstützungsoperationen für den Abzug von UNPROFOR« in Südosteuropa gefährdet.[244]

Überdies rechnete das BMVg in Angola auch jederzeit mit dem erneuten Ausbruch von Kämpfen. Die Gefährdung von VN-Kräften in Angola galt als »latent«, in UNITA-Gebieten sogar als »verstärkt«, und die Minengefahr als »hoch«.[245] Tatsächlich wurden Anfang März 1995 ein deutscher Entwicklungshelfer von Cap Anamur und zwei lokale Helfer in Angola ermordet.[246] Angesichts der zweifelhaften Erfolgsaussichten der neuen Mission und

---

[238] BArch, BW 2/34953, Vorlage StvStAL Fü S III an den Generalinspekteur, Betr.: Einsatz von Streitkräften zu friedensunterstützenden Maßnahmen der VN/KSZE, 25.10.1994, hier Anlage 1.

[239] BArch, BW 2/29693, Fax Maurice Baril, United Nations, an die Ständige Vertretung in New York, Betr.: UNAVEM III – Helicopter Unit, 3.2.1995.

[240] Ebd., Fax Maurice Baril, United Nations, an die Ständige Vertretung in New York, Betr.: UNAVEM III – Contribution of an engineer squadron, 9.2.1995; ebd., Fax Maurice Baril, United Nations, an die Ständige Vertretung in New York, Betr.: UNAVEM III – Supervisors and instructors for the demining school, 15.2.1995.

[241] Siehe die Anmerkung auf ebd., Vorlage Fü S III 5 an den Generalinspekteur, Betreff: UN Angola Verification Mission (UNAVEM III), hier: Deutsche Beteiligung, 1.3.1995, hier S. 1.

[242] Ebd., Kurzmitteilung SO C/S Fü S an Fü S III, Betr.: Ergebnisse der Lage am 9. Februar, 10.2.1995; ebd., Kopie Schreiben Fü S III 5 im BMVg an Referat 230 im AA, Betr.: UN Angola Verification Mission UNAVEM III, hier: Informelle Bitte der VN zur Bereitstellung einer Hubschraubereinheit, 13.2.1995.

[243] Vgl. BArch, BW 1/429793, Rundschreiben Fü S III 5, Betr.: UN Angola Verification Mission UNAVEM III, hier: Informelle Bitte der VN zur Bereitstellung einer Hubschraubereinheit, 13.2.1995. Der Führungsstab des Heeres hatte vorher gemeldet, dass er die Hubschrauber aufgrund seiner Verpflichtungen bei der UNSCOM im Irak nicht stellen könne. BArch, BW 2/29693, Telefax Fü H III 4/2 an FüZBw EF, Betr.: UNAVEM III, hier: Informelle Bitte der VN zur Bereitstellung einer Hubschraubereinheit, 10.2.1995.

[244] BArch, BW 2/29693, Schreiben Fü H III 4 an Fü S III 5, Betr.: UN Angola Verification Mission UNAVEM III, hier: Informelle Bitte der VN um Bereitstellung einer Pionierkomponente, 3.3.1995.

[245] Ebd., Schreiben Fü S II 4 an Fü S III 5, Betr.: Risikobewertung Angola (ANG), 13.2.1995, hier S. 2; BArch, BW 1/429793, Schreiben Fü S II 4 an Fü S III 5, Betr.: Risikobewertung Angola, 3.3.1995, hier S. 3.

[246] Drei Mitarbeiter des Komitees Cap Anamur ermordet. In: FAZ, Nr. 56, 7.3.1995, S. 6.

weil Angola nicht zum »unmittelbaren Interessengebiet« der Bundesrepublik zählte, hätte das federführende Referat Fü S III 5 Staatssekretär Schönbohm in einer nie über den Entwurf hinausgekommenen Vorlage im März daher auch die Ablehnung der personellen Beteiligung empfohlen.[247] Aber auch so blieb die Leitung bei ihrer Haltung, hierfür brauchte sie nicht einmal mehr eine Vorlage.[248]

Wenn also eine Beteiligung an der UNAVEM III trotz geklärter Rechtslage abgelehnt wurde, weil Angola aus militärpolitischer Sicht zweitrangig für das Verteidigungsressort war, ist verständlich, warum sich das BMVg nicht bemühte, die UNAVEM oder UNAVEM II personell zu unterstützen, als die Rechtsfrage noch erheblich größere Diskussionen bereitet hätte und selbst das AA keine Anfragen stellte. Für eine Beteiligung in Angola, wo sich nur wenige NATO-Staaten engagierten, fehlte es schlicht an militär- und sicherheitspolitischem Interesse.

## i) Angola: Desinteresse der Bundesressorts

Für die Bundesressorts bot Angola die erste Möglichkeit, sich nach ihrem Beitritt zu den Vereinten Nationen an einer VN-Mission auf dem afrikanischen Kontinent zu beteiligen: Die UNAVEM wurde kurz vor der VN-Mission in Namibia entsandt. Auch handelte die vermutlich erste Anfrage nach Urteilsverkündung des Bundesverfassungsgerichts hinsichtlich der Beteiligung der Bundeswehr an Auslandseinsätzen von einer Beteiligung in Angola. Beide Möglichkeiten blieben ungenutzt. Und dies ganz bewusst, zumindest aus Sicht des BMVg.

Der Grund für die erste Nichtteilnahme lässt sich mit der ungewissen Rechtslage und einem anderen afrikapolitischen Schwerpunkt begründen. Aufgrund der schwelenden Diskussion um eine uniformierte Beteiligung im für die deutschen Ressorts weitaus wichtigeren Namibia kam weder das AA noch das BMVg auf die Idee, Soldaten – wenn auch nur als unbewaffnete Militärbeobachter – nach Angola zu schicken. Polizisten wurden hier zunächst nicht gebraucht. Zwar waren die Bundesressorts sehr gut über die Friedensgespräche informiert, ihr Interesse hing aber nur an der Unabhängigkeit Namibias, die das Produkt der angolanisch-kubanisch-südafrikanischen Verhandlungen war. An und in Angola selbst besaßen die Bundesressorts kaum Interessen, sodass sich die bilateralen Beziehungen

---

[247] BArch, BW 2/29693, Entwurf Vorlage Fü S III 5 an Staatssekretär Schönbohm, Betr.: UN Angola Verification Mission UNAVEM III, hier: Informelle Bitte der VN um Bereitstellung einer Pionierkomponente und Ausbilder im Bereich Minenräumen, März 1995, hier S. 3.

[248] BArch, BW 1/429793, Rundschreiben Fü S III 5, Betr.: UN Angola Verification Mission UNAVEM III, hier: Informelle Bitte der VN um Bereitstellung einer Pionierkomponente und Ausbilder im Bereich Minenräumen, 10.3.1995; BArch, BW 2/29693, Kopie Verfügung Schreiben Fü S III 5 im BMVg an Referat VN10 im AA, Betr.: UN Angola Verification Mission (UNAVEM III), hier: Deutsche Beteiligung, 10.3.1995.

auch aufgrund des anhaltenden Bürgerkriegs erst in den 1990er-Jahren entwickelten. Eine innenpolitische Diskussion über die Beteiligung an der UNAVEM auszulösen schien vor diesem Hintergrund unnötig und wurde nach Auswertung der vorhandenen Akten auch von niemandem in Erwägung gezogen. Eine Diskussion im Kabinett gab es nicht. Was 1989/90 zählte, waren die Unabhängigkeit Namibias und die Beteiligung an der UNTAG. Dies galt sowohl für die Regierung als auch für die Parlamentarier, die ebenfalls kaum Notiz vom Konflikt in Angola nahmen. Angola war aus deutscher Sicht im wahrsten Sinne des Wortes ein Nebenkriegsschauplatz. Zudem hielten sich die Dimensionen des VN-Engagements in Angola und die entsprechenden Kosten zunächst in Grenzen. In erster Linie wurden Militärbeobachter und keine Spezialisten im Bereich Logistik oder Sanitätswesen benötigt, weshalb die Bundesrepublik kein natürlicher Truppensteller gewesen zu sein scheint. Die Sprachbarriere kam als weitere Hürde hinzu. Auch stellten die bundesdeutschen NATO-Partner kaum eigene Ressourcen für Angola bereit, wodurch weder Druck noch mögliche Legitimation für ein Engagement der Bundesregierung entstand. Für eine personelle Beteiligung der Bundesrepublik an der dortigen VN-Mission stimmte der Rahmen nicht.

Auch beim Übergang von der UNAVEM zur UNAVEM II 1991 änderte sich dies nicht grundlegend. Die Mission blieb unscheinbar und besaß kaum Ressourcen. Die NATO-Partner der Bundesrepublik hielten sich weiter zurück. Zudem wirkte der Zweite Golfkonflikt nach, in dessen Folge die Bundeswehr bei der UNSCOM im Irak erste Erfahrungen im VN-Rahmen sammelte. Gleichzeitig hatte sich die Rechtsdebatte in Deutschland verschärft und mit dem Zerfall von Jugoslawien hatten sich andere Probleme auf die Tagesordnung gedrängt. Aus militärpolitischer Sicht bestanden in Angola weiter keine Gründe, sich zu engagieren. Da vor allem die bereits bei der UNAVEM beteiligten Staaten um eine Erhöhung ihres Beitrags gebeten wurden, scheint eine deutsche Teilnahme auch beim AA nie ernsthaft in Erwägung gezogen worden zu sein. Hier können aber nur die Akten des AA Aufschluss geben, die für diese Arbeit nur begrenzt zur Verfügung gestellt wurden. Als Gradmesser des gesamtdeutschen Desinteresses an Angola lassen sich daher die langwierigen parlamentarischen Aushandlungsprozesse um eine deutsche Unterstützung des angolanischen Friedensprozesses heranziehen, die zeitlich nicht mit der Konfliktdynamik mithielten und darin mündeten, dass der Bundestag Anträge annahm, deren Inhalte überholt waren und die nicht mehr der Lage vor Ort entsprachen.

An der desinteressierten Grundhaltung änderten weder die Ausweitung der Mission noch der erneute Ausbruch des Bürgerkriegs etwas. Wie die intraministerielle Abstimmung über eine Beteiligung an der UNAVEM III zeigte, besaß das BMVg in Angola einfach keine Interessen. Erst recht nicht, als die Ressourcen der Bundeswehr immer stärker im ehemaligen Jugoslawien benötigt wurden. Das politische Streben des AA nach internationaler Anerkennung und einem ständigen Sitz im VNSR hatten keinen Einfluss auf die ablehnende Grundhaltung des BMVg. Genauso wenig die humanitäre Lage, die in Angola bedeutend schlechter war als in Südosteuropa. Die Debatte gelangte aber auch nie ins Kabinett und blieb größtenteils auf der Arbeitsebene der beiden Ministerien, sodass die UNAVEM-Missionen aus sicherheits-, aber auch aus außenpolitischem Desinteresse Nichtbeteiligungen der Bundesressorts blieben.

## 2. Die VN-Mission in Mosambik: ONUMOZ[249]

### a) Hintergründe des Konflikts

Ähnlich wie in Angola war auch der Bürgerkrieg in Mosambik Folge des dortigen Unabhängigkeitskampfes gegen die portugiesischen Kolonialherren[250]. 1962 hatte sich im tansanischen Exil die mosambikanische Unabhängigkeitsbewegung Frente de Libertação de Moçambique (FRELIMO) gegründet und 1964 einen überwiegend auf Nordmosambik begrenzten Guerillakrieg gegen die portugiesischen Besatzer begonnen.[251] Nach einem Putsch in Lissabon im April 1974 und dem anschließenden Rückzug Portugals aus seinen afrikanischen Kolonien erlangte Mosambik am 25. Juni 1975 seine Unabhängigkeit.[252]

Wie Angola kam aber auch das Land in Südostafrika nicht zur Ruhe. Einerseits schürte die ohne Wahlen an die Macht gekommene und offiziell am Marxismus-Leninismus orientierte FRELIMO-Regierung[253] Vorbehalte in Teilen der Bevölkerung, indem sie lokale Wirtschaftssysteme zerstörte, traditionelle Autoritäten schwächte und religiöse Gemeinschaften unterdrückte.[254] Andererseits destabilisierte das weiße Siedlerregime in Rhodesien, dem heutigen Simbabwe, seinen Nachbarn, da sich die neue mosambika-

---

[249] Der Name setzt sich aus dem portugiesischen Kürzel ONU Organização Nações Unidas und dem englischen Kürzel MOZ »in Mozambique« zusammen. Auch die Bezeichnung UNOMOZ ist gebräuchlich.

[250] Seit der Umrundung des südlichen Afrikas durch Vasco da Gama 1498 besaß Portugal Wirtschafts- und Handelsinteressen in der Region. Die Grenzen des heutigen Mosambiks gehen größtenteils auf eine Einigung zwischen Portugal und Großbritannien von 1891 zurück. Bis dahin war die portugiesische Präsenz überwiegend auf die Küstengebiete begrenzt oder wurde von privaten Unternehmen ausgeübt. Erst ab den 1930er-Jahren verfolgte die portugiesische Regierung eine stärkere administrative Durchdringung ihrer Kolonien. Newitt, A Short History of Mozambique, S. 23–140.

[251] Robinson, Curse on the Land, S. 73–96; Newitt, A Short History of Mozambique, S. 140–144. Ausführlich zu den portugiesischen Kolonialkriegen siehe MacQueen, The Decolonization; Venter, Portugal's Guerilla Wars.

[252] Der 25. Juni war Jahrestag der FRELIMO-Gründung. Zu den Entwicklungen in Portugal siehe Abele, Kein kleines Land, S. 249–272.

[253] Dass die FRELIMO wirklich einer marxistisch-leninistischen Agenda folgte, wurde in der Wissenschaft bezweifelt. Vgl. Cahen, Check on Socialism in Mozambique.

[254] Vgl. Newitt, Mozambique, S. 194–208.

nische Regierung am Wirtschaftsembargo[255] gegen den Binnenstaat Rhodesien beteiligte und Rückzugsräume für simbabwische Rebellen bot.[256] Mit Unterstützung des rhodesischen Geheimdienstes bildete sich kurz nach der mosambikanischen Unabhängigkeit eine Gruppe von Rebellen, die später als Resistência Nacional Moçambicana (RENAMO) bekannt wurde.[257] Diese führte einen extrem gewalttätigen Destabilisierungskonflikt gegen die FRELIMO-Regierung.[258]

Nach der Unabhängigkeit Simbabwes 1980 übernahm Südafrika die Unterstützung der RENAMO. Der Apartheid-Staat sah sich von der FRELIMO-Regierung bedroht, da diese der südafrikanischen Opposition nahestand.[259] Die Folgen für die mosambikanische Bevölkerung waren verheerend. Durch Bürgerkrieg und Dürre wurden rund vier Millionen Menschen aus ihren Wohngebieten vertrieben, rund 1,8 Millionen Mosambikaner flüchteten in die Nachbarländer,[260] bis zu eine Million Menschen starben[261] – und das bei einer Gesamtbevölkerung von etwa 14 Millionen.[262] Angesichts des Rückgangs der südafrikanischen Unterstützung für die RENAMO bzw. der osteuropäischen Hilfe für die FRELIMO, der schlechten Wirtschaftslage in Mosambik, der Kriegsmüdigkeit der Bevölkerung und des militärischen Patts begannen beide Konfliktakteure im Juli 1990 Friedensgespräche in Rom.[263] Unter Vermittlung der italienischen katholischen Laienbewegung Sant'Egidio unterzeichneten beide Seiten am 4. Oktober 1992 einen Friedensvertrag, der unter anderem einen Waffenstillstand, die Demobilisierung der Kombattanten und freie Wahlen vorsah.[264] Gleichzeitig bat der mosambikanische Präsident Joaquim Chissano die Vereinten Nationen um die Entsendung eines »United Nations team«, um die Umsetzung des Friedensvertrags bis zu den Wahlen zu überwachen. Letztere sollten ein Jahr später unter Beobachtung der Vereinten Nationen erfolgen.[265] Bereits am 7. August hatten Chissano und der Rebellenführer Afonso Dhlakama eine Beobachterrolle der Vereinten

---

[255] In diesem Zusammenhang rief der VNSR alle VN-Mitglieder auf, finanzielle, technische und materielle Hilfe für Mosambik zu leisten. VNSR, S/RES/386(1976), 17.3.1976.
[256] Vines, RENAMO, S. 15 f.
[257] Ebd., S. 15 ff.; Robinson, Curse on the Land, S. 54–73, 97–115; Emerson, The Battle for Mozambique, S. 31–39.
[258] Ausführlich siehe Africa Watch, Conspicuous Destruction; The War Within.
[259] Vines, RENAMO, S. 17–31; Robinson, Curse on the Land, S. 115–160; Emerson, The Battle for Mozambique, S. 71–75, 96–124.
[260] VNGV, A/47/539, 22.10.1992, Randnr. 9. Der UNHCR zählte 1993 über 1,5 Mio. Flüchtlinge, allerdings sind die Zahlen umstritten. Vgl. Alden, The UN and the Resolution, S. 111; Bertelsen, Violent Becomings, S. 51, Anm. 13.
[261] Morozzo della Rocca, Vom Krieg zum Frieden, S. 187, 249, Anm. 2.
[262] Vgl. The World Bank, Population, total – Mozambique, o.D., https://data.worldbank.org/indicator/SP.POP.TOTL?locations=MZ.
[263] Ausführlich siehe Vines, RENAMO, S. 120–147; Morozzo della Rocca, Vom Krieg zum Frieden; Bartoli, Mediating Peace in Mozambique; Robinson, Curse on the Land, S. 296–329.
[264] VNSR, S/24635, 8.10.1992, Annex; Synge, Mozambique, S. 23 ff.
[265] Auch die OAU wurde als Beobachterin geladen. VNSR, S/24635, 8.10.1992, S. 2, 17 f.

## V. Freundliches Desinteresse?

Nationen akzeptiert.[266] Grundsätzlich stimmten also beide Seiten der VN-Beteiligung zu.

Dass die Vereinten Nationen eine so große Rolle bei der Umsetzung des Friedensvertrags spielen sollten, war erstaunlich, da sie zuvor kaum an den Gesprächen beteiligt waren. Der VNSR beschäftigte sich 1992 erstmals mit Mosambik und auch anschließend war sein Interesse »moderat«[267]. Am 9. Oktober 1992 schlug der VNGS die Entsendung von einem Sonderbeauftragten und 25 Militärbeobachtern vor. Letztere sollten aus bereits laufenden VN-Missionen abgezogen werden. In Mosambik sollten sie den Waffenstillstand überwachen, mit den Konfliktparteien in Verbindung treten, bei der Umsetzung des Friedensvertrags beraten und den Aufwuchs einer größeren VN-Mission (ONUMOZ) unterstützen.[268] Aufgrund der fehlenden Vorbereitungszeit schafften es die Vereinten Nationen aber nicht, am 15. Oktober, dem Tag des Inkrafttretens des Waffenstillstands, stärker in Mosambik präsent sein.[269] Von Beginn an war der auf ein Jahr ausgelegte Zeitplan also unrealistisch.[270] Nichtsdestotrotz stimmte der VNSR den Empfehlungen des VNGS am 13. Oktober zu.[271] Noch am gleichen Tag konnte der Italiener Aldo Ajello zum Sondergesandten für Mosambik ernannt werden.[272] Zusammen mit 21 Militärbeobachtern erreichte Ajello Mosambik am 15. Oktober 1992.[273] Der Waffenstillstand war jedoch fragil,[274] da sich die RENAMO-Führung aufgrund noch ausstehender Forderungen zunächst weigerte, in die Hauptstadt Maputo zu kommen.[275] Erst am 4. November einigten sich die Konfliktparteien auf die im Friedensvertrag vereinbarten Kommissionen zur Überwachung des Friedensprozesses.[276]

### b) Die VN-Mission ONUMOZ

Parallel zum Beginn des mosambikanischen Friedensprozesses liefen die Planungen für die ONUMOZ. Geprägt von der gescheiterten Mission in Angola, setzte die Weltgemeinschaft von Beginn an auf eine umfassende Mission.[277] Am 3. Dezember 1992, also rund drei Monate nach Inkrafttreten des Waffenstillstands, legte der VNGS sein Konzept vor. Angedacht war eine Mission mit vier Komponenten, also eine »multifunctional mission«[278].

---

[266] VNSR, S/24406, 10.8.1992, S. 4.
[267] Howard, UN Peacekeeping, S. 193.
[268] VNSR, S/24642, 9.10.1992, Randnr. 16 f.
[269] Ebd., Randnr. 14.
[270] Ajello, Mozambique, S. 624.
[271] VNSR, S/RES/782(1992), 13.10.1992.
[272] Vgl. Ajello, Mozambique, S. 620.
[273] VNSR, S/24892, 3.12.1992, Randnr. 3.
[274] Vgl. VNSR, S/24719, 27.10.1992.
[275] VNSR, S/24892, 3.12.1992, Randnr. 6.
[276] Ebd., Randnr. 9.
[277] Butros Ghali [sic], Friedenserhaltung, S. 128; Goulding, Peacemonger, S. 197 f.
[278] Synge, Mozambique, S. 35.

Auf politischer Ebene sollte die ONUMOZ den Vorsitz der Überwachungs- und Kontrollkommission und damit die zentrale politische Rolle bei der Überwachung des Friedensprozesses übernehmen. Militärisch sollten unter anderem der Waffenstillstand, die Demobilisierung der Kombattanten – gerechnet wurde mit rund 100 000 Personen[279] –, die Lagerung und Vernichtung von Waffen, der Abzug ausländischer Truppen[280] und die Auflösung bewaffneter Gruppen überwacht werden. Die dritte ONUMOZ-Komponente sollte technische Hilfe zur Durchführung der Wahlen bereitstellen und diese beobachten. Eine humanitäre Komponente sollte viertens alle Tätigkeiten für Flüchtlinge, Binnenvertriebene, Demobilisierte und die betroffene Bevölkerung koordinieren.[281] Bei der Mission handelte es sich daher um ein noch ambitionierteres Projekt als in Namibia.[282]

Der VNGS schlug die Stationierung von 354 Militärbeobachtern, fünf Infanteriebataillonen mit jeweils bis zu 850 Soldaten, einem Pionierbataillon, drei Logistikkompanien sowie einer Luft-, einer Fernmelde-, einer Sanitäts- und einer Verkehrsführungseinheit[283] vor. Zudem sollten 128 Polizisten und bis zu 1200 Wahlhelfer und -beobachter sowie zusätzliches Zivilpersonal entsandt werden.[284] Die Kosten dieser bis zum 31. Oktober 1993 geplanten Mission bezifferte er auf 331,8 Mio. US-Dollar.[285] Der VNSR stimmte den Plänen am 16. Dezember 1992 zu,[286] obwohl zuvor erneut die USA die Abstimmung verzögert hatten. Ihnen schienen die Kosten zu hoch.[287] In Mosambik selbst sorgten die Pläne mit Blick auf den Verlust nationaler Souveränität für Diskussionen. Die Zustimmung des Gastlands zu den truppenstellenden Staaten verzögerte sich.[288] Erst Mitte Februar 1993 konnte der brasilianische »Force Commander« ernannt werden.[289] Auch die Stationierung der Truppen verlief schleppend. Bis Mitte März konnten nur 154 teils unzureichend ausgerüstete Militärbeobachter entsandt werden. Obwohl Bangladesch, Botswana, Italien, Sambia und Uruguay als Truppensteller der Infanteriebataillone eingeplant wurden, monierte der VNGS im April, dass es ihm innerhalb eines halben Jahres nicht gelungen sei, die militärische ONUMOZ-Komponente aufzustellen; bis zu diesem Zeitpunkt waren nur das italienische Bataillon

---

[279] VNSR, S/24892, 3.12.1992, Randnr. 24.
[280] Gemeint waren Truppen aus Simbabwe und Malawi, die zur Sicherung der Transportwege auf Seiten der mosambikanischen Regierung interveniert hatten und erst 1993, nach Ankunft der VN-Truppen, abzogen. Alden, The UN and the Resolution, S. 106, 113; Synge, Mozambique, S. 42. Zur Rolle Simbabwes im mosambikanischen Bürgerkrieg siehe Emerson, The Battle for Mozambique, S. 125–152.
[281] VNSR, S/24892, 3.12.1992, Randnr. 18 a-d.
[282] Vgl. Newitt, Mozambique, S. 233.
[283] »Movement control support unit«.
[284] VNSR, S/24892, 3.12.1992, Randnr. 53.
[285] VNSR, S/24892/Add.1, 9.12.1992, Randnr. 2.
[286] VNSR, S/RES/797(1992), 16.12.1992.
[287] Vgl. UNA, S-1086-0096-09-00001, Note to the File, Mozambique: United States Position, 16.10.1992.
[288] VNSR, S/25518, 2.4.1993, Randnr. 4. Siehe auch Weimer, FRELIMO, S. 196.
[289] VNSR, S/25285, 12.2.1993; VNSR, S/25286, 12.2.1993.

## V. Freundliches Desinteresse?

und ein Vorauskommando aus Bangladesch stationiert worden.[290] Der langsame Aufwuchs der Truppen lag auch daran, dass die Regierung in Mosambik erst Mitte Mai ein Stationierungsabkommen mit den Vereinten Nationen unterzeichnete.[291] Ein weiterer Faktor, der zur Verzögerung führte, war das nicht durch die VNGV verabschiedete Budget. So konnten weder Räumlichkeiten angemietet oder Material beschafft noch die notwendigen Luftfahrzeuge geleast werden.[292] Zudem liefen mit der UNPROFOR (ehemaliges Jugoslawien), UNTAC (Kambodscha) und den Planungen für die UNOSOM II (Somalia) drei weitere große VN-Missionen zur gleichen Zeit, sodass nur wenige Ressourcen zur Verfügung standen und sich das Interesse im VNSR in Grenzen hielt.[293] Letztlich erreichten die Infanteriebataillone Mosambik erst im Mai 1993. Neun Monate nach Unterzeichnung des Friedensvertrags, Ende Juni, standen rund 6100 VN-Soldaten im Land.[294] Weil die RENAMO sich aber geweigert hatte, ihre Truppen zu kasernieren, ehe die militärische ONUMOZ-Komponente 65 Prozent ihrer autorisierten Stärke erreicht hatte,[295] wirkten sich die Verzögerungen negativ auf den Zeitplan des Friedensprozesses aus. Geprägt von den Erfahrungen aus Angola, erwirkten die Geberländer daher eine Verschiebung der Wahlen auf Oktober 1994.[296]

Die Aufschiebung gab der ONUMOZ Zeit, ihre volle Stärke zu erreichen. Trotz Mandatsverlängerung durch den VNSR[297] standen Ende Januar 1994 aber immer noch weniger als 6250 der knapp 7000 vorgesehenen Soldaten im Land. Fast 1500 davon kamen aus Bangladesch, rund 1000 vom NATO-Mitglied Italien.[298] Schwierig gestaltete sich auch der Aufbau der neuen mosambikanischen Armee. Aufgrund der schlechten Lebensbedingungen wollten nur wenige Mosambikaner den neuen Streitkräften beitreten.[299]

Unterdessen baten die Konfliktparteien auch um die Beobachtung der Polizei.[300] Ende Januar 1994 schlug der VNGS die Entsendung von bis zu 1144 Beamten vor.[301] Ihre Aufgabe sollte vor allem die Überwachung der mosambikanischen Polizei und ihre technische Unterstützung sowie die Einhaltung von Menschenrechten und die Überwachung der Wahlen sein.[302] Ende

---

[290] VNSR, S/25518, 2.4.1993, Randnr. 6–9. Angeblich beteiligte sich Italien in Mosambik nur, um im Gegensatz zu den VN-Gepflogenheiten auch an der VN-Mission in seiner Ex-Kolonie Somalia beteiligt zu werden. Boutros-Ghali, Hinter den Kulissen, S. 121.
[291] VNSR, S/26034, 30.6.1993, Randnr. 9.
[292] VNSR, S/25518, 2.4.1993, Randnr. 45; Synge, Mozambique, S. 38.
[293] PA AA, B 34, ZA, Bd 173381, Drahtbericht der Ständigen Vertretung in New York an Referat 230 im AA, Nr. 891, 14.4.1993, hier S. 2; Howard, UN Peacekeeping, S. 195.
[294] VNSR, S/26034, 30.6.1993, Randnr. 3.
[295] VNSR, S/25518, 2.4.1993, Randnr. 55; Vines, RENAMO, S. 149 f.
[296] Vgl. VNSR, S/26034, 30.6.1993, Randnr. 21 ff.
[297] VNSR, S/RES/879(1993), 29.10.1993; VNSR, S/RES/882(1993), 5.11.1993.
[298] VNSR, S/1994/89, 28.1.1994, Randnr. 15.
[299] Ebd., Randnr. 33; Synge, Mozambique, S. 103–106.
[300] VNSR, S/1994/89/Add.1, 28.1.1994, Randnr. 1. Ausführlich zur CIVPOL siehe Mahmound, UN Operation in Mozambique.
[301] VNSR, S/1994/89/Add.1, 28.1.1994, Randnr. 16.
[302] Ebd., Randnr. 9.

Februar 1994 stimmte der VNSR der Stationierung zu, wenn im Gegenzug Soldaten abgezogen würden. Zusätzliche Kosten durften der Mission nicht entstehen.[303] Angesichts anderer laufender Missionen mussten die Vereinten Nationen mit ihren Ressourcen gut haushalten.

Letztlich fanden die Wahlen zwischen dem 27. und dem 29. Oktober 1994 statt.[304] Obwohl der RENAMO-Kandidat Dhlakama (34 Prozent der Stimmen) gegen den amtierenden Präsidenten Chissano (53 Prozent der Stimmen) verlor und die RENAMO 20 Sitze weniger im neuen Parlament erreichte als die FRELIMO (129 von 250 Plätzen)[305], hielt der Frieden. International wurden die Wahlen als frei und fair bezeichnet.[306] Am 9. Dezember wurde der neue Präsident vereidigt und kurz darauf eine neue Regierung ernannt. Die ONUMOZ hatte ihren Zweck erfüllt,[307] auch wenn mit Erlaubnis des VNSR[308] kurzzeitig rund 1200 Soldaten im Land blieben.[309]

Insgesamt bewertete der VNGS die Mission als Erfolg.[310] Sie hatte die Demobilisierung von etwa 78 000 Kombattanten überwacht[311] und rund 190 000 – allerdings meist veraltete[312] – Waffen konfisziert.[313] Die VN-Polizei war über 500 Beschwerden nachgegangen, auch wenn ihr Wirken aufgrund einer oft unzureichenden Reaktion der mosambikanischen Akteure begrenzt blieb.[314] Auf humanitärem Gebiet trug die ONUMOZ zur Rückkehr von rund drei Millionen Binnenvertriebenen, über einer Million Flüchtlingen und rund 200 000 Ex-Kombattanten und Angehörigen in ihre Wohnregionen bei.[315] Zusätzlich bildete die ONUMOZ 450 Mosambikaner für die Minenräumung aus.[316]

---

[303] VNSR, S/RES/898(1994), 23.2.1994. Üblicherweise sind die Kosten für Polizisten höher als für Soldaten. Call/Barnett, Looking For a Few Good Cops, S. 51. Auch bei der ONUMOZ waren daher insbesondere die USA um die Senkung der Kosten bemüht. Vgl. UNA, S-1086-0011-15-00001, Hisham Omayad, Talking Points for the Secretary-General Meeting with the Permanent Representatives of France, UK and US, 9.3.1994, hier S. 2.
[304] Ausführlich zum Wahlprozess siehe Synge, Mozambique, S. 115–143.
[305] Während im VN-Bericht von 109 RENAMO-Sitzen gesprochen wurde, findet sich in der Literatur die Zahl von 112 Sitzen. VNSR, S/1994/1449, 23.12.1994, Randnr. 9; Weimer, Mosambik hat gewählt, S. 10; Vines, RENAMO, S. 160; Synge, Mozambique, S. 139; Newitt, A Short History of Mozambique, S. 178.
[306] VNSR, S/RES/960(1994), 21.11.1994; VNSR, S/1994/1449, 23.12.1994, Randnr. 6–9. Kritisch dazu siehe Meyns, Parlaments- und Präsidentschaftswahlen in Moçambique.
[307] VNSR, S/1994/1449, 23.12.1994, Randnr. 5.
[308] VNSR, S/RES/957(1994), 15.11.1994, Randnr. 4.
[309] VNSR, S/1994/1449, 23.12.1994, Randnr. 17 f.
[310] Ebd., Randnr. 35.
[311] Ebd., Randnr. 10; Synge, Mozambique, S. 108.
[312] Synge, Mozambique, S. 95.
[313] VNSR, S/1994/1449, 23.12.1994, Randnr. 11.
[314] Ebd., Randnr. 20; Alden, The UN and the Resolution, S. 124; Mahmound, UN Operation in Mozambique, S. 43–51; Synge, Mozambique, S. 158 f.; Ajello, Mozambique, S. 622. Zur CIVPOL aus australischer Sicht siehe Bou [u.a.], The Limits of Peacekeeping, S. 343–379.
[315] VNSR, S/1994/1449, 23.12.1994, Randnr. 23.
[316] Ebd., Randnr. 28.

Auch in der Wissenschaft wurde die Mission, die letztlich mehr als eine halbe Milliarde US-Dollar gekostet hatte,[317] überwiegend positiv bewertet.[318] Die Vereinten Nationen hatten aus Angola gelernt und der ONUMOZ mehr Ressourcen zur Verfügung gestellt als der UNAVEM II.[319] Ausschlaggebend für den Erfolg des mosambikanischen Friedensprozesses war jedoch die Zustimmung der Konfliktakteure, die anders als in Angola nicht zum Krieg zurückkehrten und die Mission nie militärisch herausforderten.[320] Auch wenn vor allem die Entwaffnung und die Minenräumung unvollendet blieben, waren die Leistungen der ONUMOZ beachtlich.[321] Obwohl sie »gravierende Mängel« besessen habe, könne die Mission laut Tobias Debiel »als Erfolg bezeichnet werden«.[322]

### c) Die Beziehungen der Bundesrepublik Deutschland zu Mosambik

Zusammen mit Angola zählte Mosambik in Zeiten des Ost-West-Konflikts für die Bundesregierung zu den »Schwerpunktländer[n] des DDR-Engagements in Afrika«.[323] Letztere pflegte weitreichende militärische[324], kulturelle und wirtschaftliche[325] Verbindungen mit dem Land im südlichen Afrika. 1979 hatten beide einen Vertrag über Freundschaft und Zusammenarbeit geschlossen.[326]

Anders als zu Angola hatte aber auch die Bundesregierung bereits 1976 diplomatische Beziehungen zu Mosambik aufgenommen.[327] Ein Grund für

---

[317] Alden, The UN and the Resolution, S. 127.
[318] Vgl. Synge, Mozambique, S. 9–13, 145–167; MacQueen, Peacekeeping, S. 197–200; Adebajo, UN Peacekeeping, S. 124–132. Kritischer zu den VN-Fähigkeiten siehe Alden, The UN and the Resolution, S. 126 ff.; Wesley, Casualties of the New World Order, S. 93.
[319] Parsons, From Cold War to Hot Peace, S. 152; Ajello, Mozambique, S. 636.
[320] Synge, Mozambique, S. 9 ff.; Berdal, United Nations Operation in Mozambique, S. 426.
[321] Synge, Mozambique, S. 159 ff.; Howard, UN Peacekeeping, S. 222.
[322] Debiel, UN-Friedensoperationen, S. 123 f.
[323] BT-Drs. 8/3463, 4.12.1979, S. 8, 10.
[324] Aufzeichnung des Vortragenden Legationsrats I. Klasse Freiherr von Richthofen, 15.2.1980. In: AAPD 1980, Dok. 51, S. 294–297. Zur Militärkooperation zwischen der DDR und Mosambik ausführlich Storkmann, Geheime Solidarität, S. 183–302.
[325] Vgl. Butters, Zur wirtschaftlichen Zusammenarbeit der DDR mit Mosambik; Freundschaftsbande und Beziehungskisten; Reuter/Scheunpflug, Die Schule der Freundschaft; Mosambikanische Vertragsarbeiter in der DDR-Wirtschaft.
[326] Frenzke, Vertrag über Freundschaft und Zusammenarbeit zwischen der Deutschen Demokratischen Republik und der Volksrepublik Moçambique.
[327] Aufzeichnung des Ministerialdirektors Lahn, 15.1.1976. In: AAPD 1976, Dok. 8, S. 34–38. BPA, Aufnahme diplomatischer Beziehungen mit der Volksrepublik Mosambik. In: Bulletin, Nr. 15, 4.2.1976, S. 164. Zur Unabhängigkeit Mosambiks war das Generalkonsulat in der ehemaligen portugiesischen Kolonie allerdings zunächst geschlossen worden. BPA, Schließung des Generalkonsulats in Lourenço Marques/Mosambik. In: Bulletin, Nr. 04, 22.8.1975, S. 1024. Für die Beziehungen der Bundesrepublik gegenüber der ehemaligen portugiesischen Kolonie siehe Hallbauer, Die Beziehungen, vor allem S. 275–280. Laut Hallbauer habe die bundesdeutsche Hilfe einen entscheidenden Beitrag zur Fortsetzung der portugiesischen Kolonialkriege geleistet.

das frühe Interesse war die Beteiligung bundesdeutscher Firmen am Bau der Cahora-(vormals Cabora-)Bassa-Talsperre in der ehemaligen portugiesischen Kolonie, bei dem die Bundesregierung Bürgschaften in Höhe von über 500 Mio. D-Mark übernommen hatte.[328] Ansonsten war Mosambik kein bedeutender Rohstoffexporteur, sodass die bundesdeutschen Wirtschaftsinteressen gering blieben.[329] Ohnehin waren die Verbindungen zur Regierung in Maputo aufgrund der vormaligen bundesdeutschen Unterstützung für die portugiesische Kolonialmacht und des starken Einflusses der DDR begrenzt.[330] Weil die mosambikanische Regierung bei den bilateralen Verhandlungen mit den Bonner Diplomaten den Sonderstatus für West-Berlin (Berlin-Klausel) jahrelang nicht anerkannte,[331] blockierte die Bundesregierung sogar auf europäischer Ebene Entwicklungshilfen.[332] Parallel dazu öffnete die RENAMO in den 1980er-Jahren ein Verbindungsbüro in Heidelberg und versuchte angeblich Beziehungen zur CSU aufzubauen.[333] Anders als die UNITA in Angola galt die RENAMO für die Bundesressorts aber wegen ihrer nebulösen Strukturen und Ziele lange Zeit nicht als ernsthafter politischer Akteur, sondern immer nur als südafrikanische Marionette.[334] Zu einem ersten diplomatischen Gespräch mit Dhlakama kam es wohl erst 1991.[335]

Mosambik wurde allerdings nie so tief in den Ost-West-Konflikt gezogen wie Angola. Aufgrund massiver Wirtschaftsprobleme öffnete es sich ab den 1980er-Jahren gegenüber den Staaten Westeuropas. 1980 reiste Bundeswirtschaftsminister Rainer Offergeld (SPD) nach Maputo.[336] Im Juni

---

[328] Aufzeichnung des Ministerialdirektors Lahn, 15.1.1976. In: AAPD 1976, Dok. 8, S. 34–38, hier S. 35. Zur Beteiligung der Bundesrepublik am Bau des Staudamms siehe Lopes, West Germany; Hallbauer, Die Beziehungen, S. 291–294.

[329] 1992, im Jahr der ONUMOZ-Aufstellung, entfielen mehr als die Hälfte aller deutschen Importe aus Mosambik auf Nahrungs- und Genussmittel. Insgesamt umfassten die Importe nicht mehr als 10,7 Mio. D-Mark. Statistisches Bundesamt: Außenhandel, Fachserie 7, Reihe 3, Außenhandel nach Ländern und Warengruppen (Spezialhandel), 2. Halbjahr und Jahr 1992, S. 297 f., https://www.statistischebibliothek.de/mir/servlets/MCRFileNodeServlet/DEHeft_derivate_00055195/FS-7-3-HJ-1992-02.pdf.

[330] Ministerialdirigent Haas notierte im November 1980: »Mit Mosambik verglichen sei der DDR- (und wohl auch der sowjetische) Einfluß in Angola weit geringer. Wenn Angola von den Namibia- und UNITA-Problemen einmal freigekommen sei, wäre für uns die Einstiegsmöglichkeit dort nach Ansicht des BND größer als in Mosambik.« Aufzeichnung des Ministerialdirigenten Haas, 11.11.1980. In: AAPD 1980, Dok. 320, S. 1656–1659, hier S. 1657.

[331] Vgl. Gespräch des Bundesministers Genscher mit dem mosambikanischen Außenminister Chissano, 21.6.1982. In: AAPD 1982, Dok. 188, S. 992–995.

[332] Vgl. Aufzeichnung des Vortragenden Legationsrats Horstmann, 13.7.1983. In: AAPD 1983, Dok. 21, S. 1102–1105, hier S. 1104.

[333] Vines, RENAMO, S. 39–42.

[334] Vgl. BArch, B 136/29812, Kopie als Anlage Vorlage Referat 320 im AA an den Staatssekretär, Betr.: Widerstands- und Befreiungsbewegungen im südlichen Afrika unter besonderer Berücksichtigung von UNITA und RENAMO, 8.7.1987, hier S. 3 ff. und Anlage, S. 7 f., 10 ff.

[335] Vgl. BArch, B 136/43215, Drahtberichte der Botschaft der Bundesrepublik Deutschland in Rom an Referat 320 im AA, Nr. 375 und 376, 14.3.1991.

[336] Vgl. PA AA, B 30, ZA, Bd 167285, Drahtberichte der Botschaft der Bundesrepublik Deutschland in Maputo an Referat 320 im AA, Nr. 150 und 151, 21.7.1980.

## V. Freundliches Desinteresse?

1982 besuchte der damalige Außenminister Chissano Bonn und verhandelte mit Bundesaußenminister Genscher über die Zustimmung Mosambiks zur Berlin-Klausel.[337] Erst danach begannen sich die Beziehungen zwischen Maputo und Bonn zu bessern, auch wenn erste Gespräche über die Aufnahme von Entwicklungshilfe scheiterten.[338] Vorgesehen für die ersten zwei Jahre waren aber bereits 60 Mio. D-Mark Entwicklungshilfe.[339] Die Bundesressorts wollten keinen Zweifel daran lassen, zu welchem Deutschland sich Beziehungen lohnten.

Ähnlich wie in Angola leistete die Bundesregierung damals auch schon humanitäre Hilfe. Im Kampf gegen die Apartheid in Südafrika zählte Mosambik zu den Frontlinienstaaten, deren Wohlwollen es zu gewinnen galt. Im Zeitraum von 1983 bis 1985 betrug die humanitäre Hilfe der Bundesregierung aber nicht mehr als rund 1,8 Mio. D-Mark.[340] 1984 kamen Saatgutlieferungen der Deutschen Welthungerhilfe im Wert von über drei Mio. D-Mark hinzu.[341] Die Hilfsleistungen der Bundesrepublik stiegen erst in den Jahren der diplomatischen Annäherung. Zwischen 1986 und 1989 beliefen sie sich auf fast neun Mio. D-Mark,[342] während die Deutsche Welthungerhilfe 1987 bis 1989 Nothilfe im Wert von 8,6 Mio. D-Mark leistete.[343] Überdies lieferte die Bundeswehr im gleichen Zeitraum überschüssiges Material im Wert von rund 100 000 D-Mark.[344] Wohl nicht zuletzt auch aufgrund des stärkeren Einflusses der DDR blieben die finanziellen Leistungen der Bundesregierung in Mosambik aber geringer als in Angola.

Der Anstieg der Zuschüsse Ende der 1980er-Jahre verlief parallel zur wirtschaftlichen Öffnung Mosambiks und der Aufgabe des Marxismus-Leninismus als Staatsideologie der FRELIMO. Beides erleichterte die politische Annäherung an die Bundesrepublik und gipfelte im November 1987 im Staatsbesuch des Bundeskanzlers, der auf seiner ersten Afrikareise nicht nur Kamerun und Kenia, sondern auch Mosambik beehrte.[345] In seiner dortigen Rede bezeichnete Helmut Kohl Mosambik als »Schlüsselland des südlichen Afrika« und seinen Besuch als Zeichen der Solidarität, um Mosambik bei seiner wirtschaftlichen und politischen Stabilisierung zu unterstützen. Die

---

[337] Gespräch des Bundesministers Genscher mit dem mosambikanischen Außenminister Chissano, 21.6.1982. In: AAPD 1982, Dok. 188, S. 992–995.
[338] Aufzeichnung des Vortragenden Legationsrats Horstmann, 13.7.1983. In: AAPD 1983, Dok. 215, S. 1102–1105, hier S. 1104, Anm. 17.
[339] BT-Drs. 10/937, 31.1.1984, S. 2.
[340] BT-Drs. 10/6564, 25.11.1986, S. 12.
[341] Ebd., S. 60.
[342] BT-Drs. 11/7508, 27.6.1990, S. 12.
[343] Ebd., S. 52 f.
[344] Ebd., S. 17.
[345] BPA, Offizieller Besuch des Bundeskanzlers in Kamerun, Mosambik und Kenia. In: Bulletin, Nr. 132, 24.11.1987, S. 1121–1128. Für Kohl war der Besuch in Mosambik angeblich »der politisch interessanteste und wohl auch delikateste Besuch südlich der Sahara.« Kohl, Erinnerungen 1982–1990, S. 618. Siehe auch Gespräch des Bundeskanzlers Kohl mit Präsident Chissano in Maputo vom 18.11.1987. In: AAPD 1987, Dok. 321, S. 1614–1636.

Bundesregierung sei bereit, »zur Überwindung der Not der Bevölkerung und zum Wiederaufbau [...] einen aktiven Beitrag zu leisten«.[346] Konkret wurden für den Zeitraum 1987/88 Entwicklungshilfe in Höhe von 72 Mio. D-Mark und Nahrungsmittelhilfe in Höhe von 6,7 Mio. D-Mark in Aussicht gestellt.[347] Beim Besuch und bei diesen Versprechungen ging es jedoch nicht alleine um Mosambik. Zwar sollte die latente Zugehörigkeit der FRELIMO-Regierung zum sowjetischen Block weiter gelockert werden. Das Interesse an einer Kooperation mit der Regierung in Maputo lag aber vor allem an den bundesdeutschen Bemühungen zur Überwindung der Apartheid in Südafrika.[348] Von allen Frontlinienstaaten galt ein Besuch in Mosambik aus Sicht des BKAmts als öffentlichkeitswirksamste und unproblematischste Wahl.[349] In diesem Zusammenhang führte der mit Zustimmung des Bundeskanzlers,[350] aber unter Kritik der Opposition[351] nach Südafrika entsandte Ministerpräsident Bayerns, Franz Josef Strauß, 1988 auch Gespräche in Maputo.[352]

Die Phase der politischen Annäherung wurde begleitet von weiteren hochrangigen Besuchen. 1989 reiste der mosambikanische Außenminister Pascoal Mocumbi nach Bonn,[353] 1991 besuchte Präsident Chissano die Bundesrepublik und wurde von Bundespräsident von Weizsäcker und Kanzler Kohl empfangen. Bei dieser Gelegenheit wurden hauptsächlich wirtschafts- und entwicklungspolitische Ziele nach Abschluss der in Rom laufenden Friedensgespräche diskutiert.[354] Flankiert wurden die diplomatischen Bemühungen durch weitere Entwicklungs- und Nahrungsmittelhilfen. Letztere belief sich zwischen

---

[346] BPA, Offizieller Besuch des Bundeskanzlers in Kamerun, Mosambik und Kenia. In: Bulletin, Nr. 132, 24.11.1987, S. 1121–1128, hier S. 1124 f.

[347] Ebd., S. 1125.

[348] BArch, B 136/43183, Entwurf Vorlage AL 2 an den Bundeskanzler, Betr.: Ihr Besuch in Kamerun, Mosambik und Kenia vom 15.–21.11.1987, hier: Einordnung der Reise und der Reiseziele in den Gesamtzusammenhang unserer Afrikapolitik, 11.11.1987, hier Anlage, S. 4.

[349] BArch, B 136/30132, Vorlage Referat 213 an den Abteilungsleiter, Betr.: Afrikareise des Bundeskanzlers im November 1987, hier: Besuch eines Frontlinienstaates, 14.8.1987.

[350] Kohl hatte das Treffen bei seinem Gespräch in Mosambik selbst vorgeschlagen und Chissano eingewilligt. Gespräch des Bundeskanzlers Kohl mit Präsident Chissano in Maputo vom 18.11.1987. In: AAPD 1987, Dok. 321, S. 1614–1636, hier S. 1623, 1635 f.

[351] Vgl. BT-PlPr. 11/58, 4.2.1988, S. 3967–3983; BT-PlPr. 11/80, 19.5.1988, S. 5365–5388.

[352] Strauß, Die Erinnerungen, S. 524 f. Laut Strauß ging es in dem angeblich vierstündigen Gespräch mit Chissano u.a. um Infrastrukturprojekte in Mosambik und die mosambikanische Aussöhnung mit Südafrika und der RENAMO. Im April 1988 habe ihn Afonso Dhlakama in München aufgesucht. Sowohl Dhlakama als auch die Regierungen in Südafrika und Mosambik hätten Strauß um weitere Vermittlung gebeten. Vgl. auch Botschafter Stabreit, Pretoria, an das Auswärtige Amt, 26.1.1988. In: AAPD 1988, Dok. 35, S. 210–215, hier S. 211, Anm. 5.

[353] Ein wesentlicher Punkt der Unterhaltung war die Festsetzung der Besatzung des deutschen Frachters »Edda« durch mosambikanische Behörden. PA AA, BAV 151-MAPU, Bd 25221, Drahterlass Dg 32 an die Botschaft der Bundesrepublik Deutschland in Maputo, Nr. 0037, 28.2.1989. Zur »Edda« siehe »Edda« noch in Mozambique. In: taz, 9.12.1988, S. 17.

[354] BPA, Besuch des Präsidenten der Republik Mosambik. In: Bulletin, Nr. 106, 28.9.1991, S. 841–846.

## V. Freundliches Desinteresse?

1987 und 1990 auf über 36 Mio. D-Mark. 30 Mio. davon kamen aus bilateraler Hilfe, sodass Mosambik in dieser Periode in Subsahara-Afrika nach Äthiopien am stärksten von bilateraler deutscher Hilfe profitierte.[355] Allein 1990 belief sich die Entwicklungshilfe auf 38 Mio. D-Mark.[356] Auch weil das BMZ acht von 17 Entwicklungsprojekten der DDR übernahm,[357] stieg das Entwicklungshilfebudget 1991 auf 68,5 Mio. D-Mark.[358] Dadurch war ein drastischer Paradigmenwechsel in der Beziehung zwischen der Bundesrepublik und Mosambik vollzogen worden. Ergänzt wurde die Entwicklungshilfe 1990/91 durch die Lieferung von Getreide mit einem Gesamtwert von drei Mio. D-Mark und einem 1989 vereinbarten Schuldenerlass in Höhe von 180 Mio. D-Mark.[359]

1989/90 hatte Mosambik auch erstmals Ausstattungshilfe des Auswärtigen Amts in Höhe von 500 000 D-Mark erhalten. Insgesamt erhielt das Land 25 Lkw sowie Medikamente und Sanitätsmaterial aus Beständen der Bundeswehr. Zu dessen Wartung und Instandsetzung wurden zudem zwei mosambikanische Soldaten in der Bundesrepublik geschult.[360] Die ausgeführten Rüstungsgüter aus der Bundesrepublik nach Mosambik besaßen 1989 jedoch lediglich einen Wert von rund zwei Mio. D-Mark.[361] Da weitere Gesuche der Regierung in Maputo folgten, planten die deutschen Ressorts für die Jahre 1991 bis 1993 mit einer Ausstattungshilfe in Höhe von drei Mio. D-Mark.[362] Aufgrund der anhaltenden Instabilität[363] und wegen Einsparungen wurde die Idee aber im Oktober 1991 verworfen.[364] Militärpolitisch bestand kein Interesse an Mosambik.[365] Nichtsdestotrotz existierten zu Beginn der mosambikanischen Friedensgespräche vor allem bei der Entwicklungs- und der humanitären Hilfe vielfältige Verbindungen zwischen der Bundesrepublik und Mosambik. Für einen der wichtigsten Geber schien es daher nur folgerichtig, sich 1992 auch an der Umsetzung des Friedensvertrags zu beteiligen.

---

[355] BT-Drs. 12/840, 20.6.1991, S. 40.
[356] VNGV, A/47/539, 22.10.1992, Randnr. 75.
[357] BT-Drs. 12/4096, 13.1.1993, S. 43.
[358] VNGV, A/47/539, 22.10.1992, Randnr. 76.
[359] Vgl. ebd., Randnr. 77, 79.
[360] Vgl. BArch, BW 1/442023, Rü T II 3, Ausstattungshilfe Mosambik, 12.11.1990. Ausführlich zum Vorgang siehe BArch, BW 1/307273.
[361] BT-Drs. 12/1140, 12.9.1991, S. 15.
[362] BArch, BW 1/442023, Drahtbericht der Botschaft der Bundesrepublik Deutschland in Maputo an Referat 300 im AA, Nr. 196, 14.6.1991.
[363] PA AA, B 34, ZA, Bd 155764, Durchschlag Schreiben Referat 320 an Referat 300, Betr.: Rahmenplanung Militärischer Ausbildungshilfe 1992, 2.8.1991.
[364] BArch, BW 1/442022, Entwurf Drahterlass Referat 300 im AA an die Botschaft der Bundesrepublik Deutschland in Maputo, ohne Nr., 16.10.1991.
[365] Vgl. PA AA, B 34, ZA, Bd 155764, Entwurf Vorlage Abteilung 2 an den Außenminister, Betr.: Rahmenplanung Militärische Ausbildungshilfe 1992, 3.6.1991, hier Anlage, S. 3.

## d) Deutschland und der Friedensprozess in Mosambik

Anders als in Namibia spielte die Bundesregierung in Mosambik keine direkte Rolle bei den Friedensverhandlungen.[366] Als einer der wichtigsten mosambikanischen Geber engagierte sie sich anschließend aber aus eigenem Bestreben[367] bei deren Umsetzung. Noch war die Apartheid in Südafrika nicht überwunden und die Stabilisierung eines der wichtigsten Frontlinienstaaten von Interesse für die Bonner Afrikapolitik. Zudem gingen die deutschen Diplomaten davon aus, dass die etwa 50 000 in der DDR ausgebildeten und Deutsch sprechenden Mosambikaner ein stärkeres Engagement der Bundesrepublik erwarteten.[368] Mit Zustimmung der anderen Mitglieder gehörte ab Dezember 1992 somit auch ein deutscher Diplomat zu der unter VN-Führung stehenden Überwachungs- und Kontrollkommission (CSC[369]). Diese sollte die Umsetzung des Friedensvertrags als zentrales Organ verfolgen.[370] Darüber hinaus stellte die Bundesrepublik von Beginn an einen Repräsentanten für die Reintegrationskommission, die die wirtschaftliche und soziale Reintegration der demobilisierten Kombattanten zu überwachen hatte.[371] Aktiv versuchten die Bundesressorts, in erster Linie das AA, somit eine wesentliche politische Rolle im mosambikanischen Friedensprozess zu spielen, um einen weiteren Frontlinienstaat im wirtschaftlich bedeutenden südlichen Afrika zu stabilisieren.

Neben ihrer politisch-diplomatischen Beteiligung engagierten sich die Bundesressorts auch weiter finanziell. Zwischen 1990 und 1993 wurden den mosambikanischen Nachbarländern Malawi, Sambia und Simbabwe über 19 Mio. D-Mark für die Versorgung mosambikanischer Flüchtlinge gewährt. Im gleichen Zeitraum erhielt Mosambik rund 60 Mio. D-Mark aus dem Budget des AA und des BMZ.[372] Allein für das Jahr 1994 betrug die Nahrungsmittelhilfe des BMZ rund 8,5 Mio. D-Mark, 1995 7,5 Mio. D-Mark und 1996, ein Jahr nach dem Ende der ONUMOZ, zusammen mit Geldern für ein Reintegrationsprojekt 14,4 Mio. D-Mark.[373] Zudem empfing Außenminister Kinkel im April 1993 Rebellen-Chef Dhlakama in Bonn und stellte ihm zur Vorbereitung der Wahlen die Finanzierung eines Radiosenders in Aussicht.[374]

---

[366] Als nationale Beobachter fungierten hier nur Frankreich, Großbritannien, Portugal und die USA. Die Führung der Verhandlungen unterlag Italien und der Laienbewegung Sant'Egidio. Ajello, Mozambique, S. 622.
[367] Die Bereitschaft der Bundesregierung, sich an der Umsetzung des Friedensvertrags zu beteiligen, bekundete sie beim Besuch des mosambikanischen Außenministers Mocumbi im Oktober 1992. BArch, B 136/43215, Verfügung Referat 214, Sachstand Mosambik, 16.3.1993, hier S. 3.
[368] BArch, B 136/43215, Referat 320, Länderaufzeichnung Mosambik, 1.3.1994, hier S. 13.
[369] Comissão de Supervisão e Controle; engl.: Supervisory and Monitoring Commission.
[370] VNSR, S/25518, 2.4.1993, Randnr. 17; Synge, Mozambique, S. 33.
[371] VNSR, S/24892, 3.12.1992, Randnr. 10 f.
[372] Vgl. BT-Drs. 12/7737, 30.5.1994.
[373] BT-Drs. 14/3891, 5.7.2000, S. 35, 39, 44.
[374] BT-Drs. 12/6856, 18.2.1994, S. 7 f.

## V. Freundliches Desinteresse?

Zu einem weiteren Betätigungsfeld der Bundesregierung – über das diplomatische Engagement in der zugehörigen Kommission hinaus – wurden die Instandsetzung der Infrastruktur und die Reintegration von Ex-Kombattanten. Allein 1993 brachte die Bundesregierung hierfür 129,3 Mio. D-Mark auf.[375] Ähnlich wie in Angola engagierte sich die Bundesrepublik auch in Mosambik bei der Minenräumung. Mit geschätzten zwei Millionen Minen gehörte das Land zu einem der minenverseuchtesten der Erde.[376] Erneut wurde hierfür aber nicht die Bundeswehr entsandt, sondern die Gesellschaft für Project Coordination mbH zur Überwindung von Kriegsfolgen.[377] Zwischen 1993 und 1996 beteiligte sich die Bundesrepublik insgesamt mit rund 3,7 Mio. D-Mark an Minenräumungsprojekten, die allerdings nicht unmittelbar unter Führung der ONUMOZ erfolgten.[378]

Mitte Dezember 1992 beteiligte sich die Bundesregierung auch an einer von Italien ausgerichteten Geberkonferenz in Rom und versprach neben ihrem Anteil an EU-Hilfen weitere 16,6 Mio. US-Dollar. Nach Italien mit rund 114 Mio. US-Dollar, den USA mit 45 Mio. US-Dollar und Schweden mit 22 Mio. US-Dollar war die Bundesrepublik hier der viertgrößte bilaterale Geber Mosambiks.[379] Den VN-Fonds zur Transformation der RENAMO in eine politische Partei unterstützte die Bundesregierung dagegen ähnlich wie in Namibia oder Somalia nicht.[380]

Direkt mit der VN-Mission zu tun hatte wie bereits in Angola erneut nur deutsche Wahlhilfe. Im Zuge der Wahlvorbereitungen verschiffte die Bundeswehr auf Anfrage und auf Kosten des AA 59 Tonnen Material, darunter Zelte, Zeltbetten und Tische aus ehemaligen NVA-Beständen.[381] Eine Abgabe ohne Zustimmung des BMF war möglich, weil die Zelte eine zu hohe PCP-Belastung aufwiesen und ausgesondert werden konnten.[382] An der Beobachtung der Wahlen selbst beteiligten sich die Bunderessorts als Teil

---

[375] VNGV, A/49/387, 16.9.1994, Randnr. 87.
[376] Ausführlich dazu siehe Africa Watch, Landmines in Mozambique.
[377] Vgl. BT-Drs. 13/5187, 27.6.1996, S. 16.
[378] Zur Minenräumung siehe Bou [u.a.], The Limits of Peacekeeping, S. 380–417.
[379] VNSR, S/25044, 4.1.1993, S. 34.
[380] Zum Trust-Fonds siehe Ajello, Mozambique, S. 633, 637. Bei weitem größter Geber des Fonds war mit über zehn Mio. US-Dollar Italien. Vgl. UNA, S-1086-0124-21-00002, UN DPI: IHA/484, 21.5.1993; Manning/Malbrough, Bilateral Donors, S. 161 f.
[381] Vgl. BArch, BW 1/442022, Telefax Rü Z II 4 an H II 4, Betr.: Bereitstellung von 250 Zelten zur Durchführung der Wahlen in Mosambik, 19.8.1994, hier Bezugsdokument 1; ebd., Telefax Rü Z II 4 an Gerätehauptdepot Hesedorf, Betr.: Abgabe von 250 Zelten aus exNVA-Beständen an Mosambik, hier: Zuführung der Zelte/Seetransport, 7.9.1994; ebd., Fernschreiben BWB AW I 5 an die Botschaft der Bundesrepublik Deutschland in Maputo, Nr. 59691, 8.11.1994.
[382] Ebd., Telefax H II 4 an Rü Z II 4 im BMVg, Betr.: Zustimmung zur unentgeltlichen Abgabe von 250 Zelten für die Durchführung von Wahlen in Mosambik, 24.8.1994; ebd., Telefax Bundesamt für Wehrtechnik und Beschaffung an Rü Z II 4 im BMVg, 5.9.1994. Zum Thema PCP siehe BMVg, Bericht des Arbeitsstabes Dr. Sommer, S. 107.

einer EU-Mission[383] mit vier Langzeit- und 27 Kurzzeitwahlbeobachtern.[384] Deren Kosten beliefen sich auf fast 400 000 D-Mark.[385] Jedoch handelte es sich hierbei eher um ein Gemeinschaftsprojekt der EU, deren Vorsitz die Bundesregierung zu dieser Zeit inne hatte,[386] und nicht um die Entsendung uniformierten Personals in die VN-Mission.

Die finanzielle und politische Hilfe reichte den deutschen Diplomaten aber nicht aus. Im Abschlusskommuniqué ihrer Konferenz hielten die deutschen in Subsahara-Afrika eingesetzten Botschafter im Mai 1993 fest, dass »die Möglichkeit einer deutschen Beteiligung an der UN-Friedenstruppe in Mosambik« zu prüfen sei.[387] Eine personelle Beteiligung, auch mit Uniformierten, schien nach den Erfahrungen aus Namibia und Kambodscha sowie dem anlaufenden Engagement der Bundeswehr in Somalia vorstellbar. Allein aufgrund unterschiedlicher Interessen des BMVg und des BMI sollte es aber in Mosambik zu keiner uniformierten Teilnahme kommen.

### e) Uniformiertes Personal nach Mosambik?

Obwohl der mosambikanische Friedensprozess im Oktober 1992 begann, verzögerte sich die Aufstellung der ihn begleitenden VN-Mission erheblich, nicht zuletzt, weil die Vereinten Nationen erst spät an den Verhandlungen beteiligt wurden. Die Planungen für die Mission erfolgten erst Ende 1992, als der Waffenstillstand zwischen den Konfliktparteien längst in Kraft war. Die Bundesregierung hatte keinen direkten Einfluss auf die Gestaltung der Mission, da sie keinen Anteil am Friedensvertrag hatte und kein Mitglied des VNSR war. Nichtsdestotrotz machte sich das AA bereits wenige Tage nach Verabschiedung der Resolution 782 zur Entsendung der ersten Militärbeobachter Gedanken um ein mögliches deutsches Engagement. Abzusehen war, dass die Bundesrepublik erneut einen nicht unwesentlichen Teil des Budgets der Mission würde zahlen müssen. Da man sich aber zuvor für ein stärkeres VN-Engagement im südlichen Afrika eingesetzt hatte, schien auch eine personelle Beteiligung angezeigt. Militärbeobachter könnten vor Klärung der Rechtsfragen aber nicht entsandt werden, so die Arbeitsebene des AA. Die Verfügbarkeit militärischen Materials schien aufgrund der bereits großen Belastung der Bundeswehr in Kambodscha, dem ehemaligen Jugoslawien und Somalia »äußerst fraglich«, und gegenüber der Entsendung von Polizisten hatte sich bereits das BMI reserviert gezeigt. Ähnlich wie im

---

[383] Die EU entsandte insgesamt 200 Wahlbeobachter. BT-Drs. 13/1070, 4.4.1995, S. 86.
[384] In einem späteren Bericht der Bundesregierung wurde lediglich von 20 Wahlbeobachtern gesprochen. BT-Drs. 13/2280, 8.9.1995, S. 531. Vgl. als Zeitzeugenbericht Meyns, Parlaments- und Präsidentschaftswahlen in Moçambique.
[385] BT-Drs. 13/1047, 4.4.1995, S. 9.
[386] BT-Drs. 13/1070, 4.4.1995, S. 4.
[387] BPA, Ergebnisse der Konferenz der deutschen Botschafter im südlichen Afrika. In: Bulletin, Nr. 43, 25.5.1993, S. 409 f., hier S. 409.

## V. Freundliches Desinteresse?

Fall von Angola blieb somit nur die Bereitstellung von Wahlbeobachtern und von humanitärer Hilfe.[388] Da die Überlegungen zunächst auf die Zentrale begrenzt blieben, erkundigte sich Ende November 1992 allerdings auch die Ständige Vertretung in New York nach der Haltung des AA hinsichtlich einer ONUMOZ-Beteiligung. Da Deutschland Mitglied der Kommission für die Reintegration der Ex-Kombattanten war und nachträglich einen Platz in der Kontrollkommission anstrebte, müsse damit gerechnet werden, dass sowohl die Vereinten Nationen als auch Mosambik einen besonderen Beitrag der Bundesrepublik erwarteten. Sollte Interesse an einer Beteiligung bestehen, schlug die Ständige Vertretung Bereiche vor, »in denen unser technischer Ausbildungsstand zur Geltung kommt und in denen sich die Operation in mittel- und langfristiges Entwicklungshilfe-Engagement überleiten« lasse.[389] Der ständigen Vertretung ging es also nicht nur um eine kurzfristige Präsenz, sondern aufgrund der Stellung Mosambiks im Kampf gegen die Apartheid um die langfristige Festigung der deutsch-mosambikanischen Beziehungen.[390] Darüber hinaus hatte Außenminister Kinkel in seiner Rede vor der VNGV Ende September 1992 das Interesse der Bundesrepublik an einem ständigen Sitz im VNSR bekundet.[391] VN-politisch standen das Außenressort und die Ständige Vertretung somit in einer verstärkten Bringschuld, diesen Anspruch zu begründen.

Ehe die Ständige Vertretung aber eine Antwort aus Bonn erhielt, suchte der VN-Sondergesandte für Mosambik Aldo Ajello das Gespräch mit dem deutschen Botschafter Detlev Graf zu Rantzau. Ajello ließ erkennen, dass das VN-Sekretariat auf ein deutsches Pionierbataillon – aufgrund fehlender militärischer Kenntnis des englischen Begriffs ›Engineer Bataillon‹ von der Ständigen Vertretung fälschlicherweise als »Ingenieurbataillon« bezeichnet – vor allem zur Minenräumung hoffe. Etwas missverständlich fragte die Ständige Vertretung daher die Zentrale, ob »unter Umständen Minenräumexperten zur Verfügung« gestellt werden könnten.[392] Anders als der ehemalige Botschafter Rüdiger von Wechmar scheint der 1930 geborene Rantzau keine eigene militärische Erfahrung besessen zu haben. Gleiches galt für den Verfasser des Drahtberichts, den späteren Botschafter Christian Walter Much.[393] Da die Ständige Vertretung erst im Februar 1993 einen militärischen Berater erhielt,[394] kam es zu Beginn der ONUMOZ-Sondierung zu sprachli-

---

[388] PA AA, B 34, ZA, Bd 155764, Entwurf Vorlage Referat 230 an den Staatssekretär, Betr.: VN-Friedensoperation in Mosambik (UNOMOZ), hier: Unsere Beteiligung, 28.10.1992.
[389] BArch, B 136/43215, Drahtbericht der Ständigen Vertretung in New York an Referat 230 im AA, Nr. 3635, 28.11.1992, hier S. 2.
[390] Vgl. dazu auch PA AA, B 34, ZA, Bd 173381, Durchschlag Entwurf Schreiben des Außenministers Klaus Kinkel an den Außenpolitischen Sprecher der CDU/CSU Fraktion des Deutschen Bundestages, Karl Lamers, 12.7.1993, hier S. 2.
[391] VNGV, A/47/PV.8, 30.9.1992, S. 59.
[392] PA AA, B 34, ZA, Bd 155764, Drahtbericht der Ständigen Vertretung in New York an Referat 230 im AA, Nr. 3665, 1.12.1992.
[393] Zeitzeugenbefragung von Botschafter a.D. Christian Walter Much am 12.5.2021.
[394] Vgl. Kapitel III.2.c).

chen Ungenauigkeiten. Vor dem Hintergrund der sich rasant entwickelnden Lage in Somalia und vermutlich wegen der bekannten Reserviertheit des AA gegenüber der Entsendung von Soldaten hielt sich die Ständige Vertretung bei der Forderung nach einer deutschen Teilnahme an der ONUMOZ aber zunächst zurück.

Am 7. Dezember 1992, also rund eine Woche vor Verabschiedung der Resolution 797 zur Aufstellung der ONUMOZ, fragte das AA beim BMVg aber nach möglichen Kapazitäten für eine Teilnahme. Aus rechtlichen Gründen schloss es bereits von sich aus die Entsendung des Stabselements, von Militärbeobachtern und von Infanteristen aus. Die Bereitstellung eines unbewaffneten Pionierbataillons zur Zerstörung von eingesammelten Waffen, der Reparatur der Infrastruktur und zur Beseitigung von Minen bezeichnete es dagegen als »sinnvolle Initiative«. Rechtlich sei sie vergleichbar mit derjenigen in Kambodscha. Darüber hinaus würden Maßnahmen im Bereich der Infrastruktur die spätere wirtschaftliche Zusammenarbeit mit Mosambik erleichtern, an der »ein hohes außenpolitisches Interesse« bestand.[395]

Parallel zur Anfrage verdichteten sich die Details zur Mission. Mitte Dezember berichtete die deutsche Botschaft in Maputo nach einer Besprechung der Militärattachés der sechs CSC-Mitglieder von den genauen Planungen der ONUMOZ. Da die Bundesrepublik über keinen Militärattaché in Mosambik verfügte, hatte der stellvertretende Botschafter an der Sitzung teilgenommen. Auch die Botschaft nutzte den falschen Begriff »Ingenieurbataillon«, obwohl es sich bei der von den Vereinten Nationen erhofften Komponente um Pioniere handelte. Auch in Maputo mangelte es an militärischem Fachwissen. Das erhoffte »Ingenieurbataillon« und die Räumung der Minen, gerade im Norden des Landes, seien laut Aussage des Botschafters Jürgen Gehl wichtig, um mit der Entwaffnung der Kombattanten beginnen zu können. Die Soldaten benötigten zur Erfüllung ihres Auftrags keine Waffen. Dennoch sollte ihr Schutz garantiert werden – entweder durch die Einheit selbst oder durch eines der zur Mission gehörenden Infanteriebataillone. Eine Mischung aus bewaffneten und unbewaffneten Kompanien sei denkbar, so Gehl. Hierzu regte die Botschaft eine Kooperation mit Frankreich an, das bereits für andere VN-Missionen ein deutsch-französisches Angebot aus unbewaffneten deutschen und bewaffneten französischen Kräften in Erwägung gezogen hatte[396].

Dass in diesem Bereich Handlungsbedarf bestehe, so der Botschafter weiter, zeige sich dadurch, dass die Vereinten Nationen bisher nur vier Länder zur Entsendung eines solchen Bataillons angefragt hätten.[397] Während die Botschaft in Maputo den Bedarf der Mission zur Legitimation einer deutschen Beteiligung nutzte, hatte sie natürlich auch Eigeninteressen. Die Entsendung

---

[395] PA AA, B 34, ZA, Bd 155764, Kopie Schreiben Referat 230 im AA an Fü S III 1 im BMVg, Betr.: VN-Friedensmission in Mosambik (UNOMOZ), hier: deutscher Beitrag, 7.12.1992.
[396] Für Namibia war über eine gemischte Sanitätseinheit gesprochen worden. Vgl. Kapitel IV.1.d).
[397] BArch, BW 1/342235, Drahtbericht der Botschaft der Bundesrepublik Deutschland in Maputo an Referat 230 im AA, Nr. 421, 14.12.1992.

## V. Freundliches Desinteresse?

von Einheiten versprach eine Aufwertung durch die Zentrale in Bonn und eventuell mehr Ressourcen.

Die Zentrale, die bis Mitte Dezember in den Abstimmungen zur Beteiligung in Somalia gebunden war, versprach erst am 18. Dezember eine Prüfung der von der Ständigen Vertretung angeregten Beteiligung. Nun zeigte sie aber auch selbst Interesse an der Übernahme von zivilen Leitungs- und Verwaltungsposten im Hauptquartier der Mission. Ebenso von Interesse waren Posten beim Chief Police Observer oder im Office of the Director der Wahlkomponente sowie in der humanitären und der Verwaltungskomponente.[398] Das Amt des Chief Police Observer wäre der höchste Posten der Polizeikomponente und damit die Führung des gesamten Teilbereichs gewesen, der später auf über 1000 Beamte aufgestockt werden sollte. Wäre dieser Posten gewählt worden, hätte dies die erstmalige Führung eines gesamten uniformierten Teilbereichs innerhalb einer VN-Mission bedeutet; die Polizeikomponente der VN-Mission MINURSO, die unter deutschem Kommando stehen sollte, war zu diesem Zeitpunkt noch nicht entsandt worden.[399] Nach der Zusage des Bundeskanzlers gegenüber Boutros-Ghali während seines Besuchs im Januar 1993 fokussierte sich aber auch das BMI auf eine Beteiligung des BGS in Somalia. Nicht zuletzt aufgrund der Verzögerungen in Mosambik scheint es daher zunächst zu keinem weiteren Vorstoß des AA gekommen zu sein. Angesichts der schwirigen Ressortverhandlungen für eine Beteiligung in Somalia hielt sich das AA gegenüber einem weiteren Engagement des BGS zurück. Ähnliches galt für die Entsendung der Bundeswehr. Aufgrund der laufenden verfassungsrechtlichen Diskussion stufte das AA den »konsensfähige[n] Bereich«, in dem deutsche Soldaten »in nicht-militärischen Aufgaben« eingesetzt werden könnten, als gering ein. Im Falle einer Absage des BMVg dachte das AA bereits an die Entsendung des THW.[400]

Ein klareres Bild der vom VN-Sekretariat gewünschten Anforderungen zeigte sich Anfang Januar 1993, kurz bevor der VNGS Boutros-Ghali nach Bonn reiste. Wie die Ständige Vertretung vermeldete, bestehe bei den Vereinten Nationen vor allem Interesse bei der Hilfe zur Räumung von Minen, der Stellung einer Stabskompanie mit Feldjägern – im Drahtbericht als Militärpolizeistaffel bezeichnet – im Umfang von bis zu 120 Soldaten, der Hilfe im Polizeibereich, sobald die Zustimmung der Konfliktparteien für die Überwachung der lokalen Polizei vorliege, sowie bei der Stellung weiterer zivilen Personals der ONUMOZ. Hinsichtlich des – nun auch als solches bezeichneten – Pionierbataillons für die Minenräumung habe das VN-Sekretariat jedoch bereits erkennen lassen, dass es aus Zeitmangel wo-

---

[398] Ebd., Drahterlass Referat 230 im AA an die Ständige Vertretung in New York, Nr. 4241, 18.12.1992.
[399] Vgl. Kapitel IV.2.d).
[400] PA AA, B 34, ZA, Bd 155764, Entwurf Vorlage Referat 230 an den Staatssekretär, Betr.: VN-Friedensoperation in Mosambik (UNOMOZ), hier: Bericht des VN-Generalsekretärs zur Bildung von UNOMOZ, 11.12.1992, hier S. 3.

möglich ein anderes Angebot wählen müsse.[401] Angesichts der fortschreitenden Planungen und des bevorstehenden Besuchs des VNGS appellierte die Ständige Vertretung nun auch mit Nachdruck, dass die Bundesregierung aufgrund ihrer Mitgliedschaft in der Kontrollkommission »bei der Prüfung unserer Kooperationsbereitschaft bis an die Grenzen des Möglichen« gehen solle: »Die uns in Mosambik zugestandene politische Mitsprache werden wir in anderen Fällen nur dann eingeräumt bekommen, wenn den Worten auch Taten folgen.« Verfassungsrechtlich bestünden keine Bedenken, da die Stabskompanie »keinen Kampfauftrag« habe. Es handele sich vielmehr »um eine ›Serviceleistung‹«. Zur Minenräumung könnten auch Zivilpersonal einer Privatfirma oder das THW zum Einsatz kommen.[402] Vor dem Hintergrund des für Somalia gemachten Angebots zur Entsendung von bis zu 1500 Soldaten strebte nun auch die Ständige Vertretung nach einer deutlich sichtbaren Präsenz in Mosambik, die die politisch-diplomatische Rolle der Bundesrepublik im Friedensprozess unterstreichen sollte. Anders als im Falle von Somalia basierte der Vorschlag der Ständigen Vertretung zu Mosambik auf dem Bedarf der Vereinten Nationen und einer informellen Anfrage. Zusätzlich hatte VNGS Boutros-Ghali Anfang Januar am Rande der Versöhnungskonferenz der somalischen Konfliktparteien in Addis Abeba gegenüber dem Afrikabeauftragten des Auswärtigen Amts, Hans-Günter Sulimma, die Hoffnung zum Ausdruck gebracht, dass Deutschland sich an der ONUMOZ beteiligen möge, und angekündigt, das Thema bei Bundeskanzler Kohl anzusprechen.[403] In Bonn stand dann allerdings die von den Bundesressorts anvisierte Beteiligung in Somalia im Fokus,[404] auch wenn die Vereinten Nationen aufgrund der problematischen Truppenstellersuche für Mosambik Interesse an einer deutschen – nicht nur finanziellen, sondern auch personellen – Beteiligung hatten und die SPD sogar Zustimmung für ein solches Engagement signalisierte.[405]

Aufgrund des am 17. Dezember 1992 öffentlich gemachten Angebots der Bundesregierung zur Entsendung der Bundeswehr nach Somalia nahm aber vor allem das BMVg eine ablehnende Haltung hinsichtlich eigener Maßnahmen in Mosambik ein. Neben den bereits im Falle von Angola vorgebrachten rechtlichen und materiellen Beschränkungen des Heeres zur Minenräumung plädierte das im BMVg federführende Referat 5 der Abteilung III des Führungsstabs der Streitkräfte (Fü S III 5) für eine Fokussierung auf Somalia und gegen eine Beteiligung mit unbewaffneten Soldaten in Mosambik. Zwar

---

[401] PA AA, B 34, ZA, Bd 173381, Drahtbericht der Ständigen Vertretung in New York an Referat 230 im AA, Nr. 32, 6.1.1993, hier S. 1 f.
[402] Ebd., hier S. 3.
[403] PA AA, B 34, ZA, Bd 160130, Drahtbericht der Botschaft der Bundesrepublik Deutschland in Addis Abeba an Referat 230 im AA, Nr. 8, 5.1.1993, hier S. 2.
[404] Vgl. UNA, S-1086-0120-12-00001, Notes of the Secretary-General's meeting with the Chancellor of the Federal Republic of Germany, 20.1.1993; ebd., Notes of the Secretary-General's meeting with the Minister for Foreign Affairs of Germany, 19.4.1993.
[405] Vgl. ebd., Notes of the Secretary-General's meeting with Mr. Hans-Ulrich Klose, Chairman of the Parliamentary Group of the Social Democratic Party of Germany, 8.4.1993, hier S. 4.

## V. Freundliches Desinteresse?

wurde eine »zusätzlich zu der Option UNOSOM« bestehende Möglichkeit, »die friedensgestaltende Rolle der deutschen Streitkräfte« hervorzuheben, »militärpolitisch grundsätzlich« als unterstützenswert erachtet. Aufgrund der Kurzfristigkeit der Anfrage sei die Bundeswehr aber mit der »praktischen Umsetzung dieser Maßnahmen überfordert«, so Fü S III 5 in einer Vorlage an den Verteidigungsminister.[406] Berücksichtigt wurde auch die finanzielle Belastung der laufenden Auslandsverwendungen, die zusätzliche Unterstützungen bei anhaltenden Einsparungen schwierig machte.[407] Fü S III 5 sprach sich daher für die Entsendung ziviler Organisationen wie des THW nach Mosambik aus, die ohnehin »besser als die Pioniertruppen geeignet [sind], bei einem Wiederaufbau der Infrastruktur zu unterstützen«.[408] Obwohl die deutschen Streitkräfte im Narrativ des BMVg eben jene Infrastruktur in Form von Straßen und Brücken in Somalia instand setzen sollten,[409] wurde Minister Rühe für die ONUMOZ eine Nichtbeteiligung empfohlen[410] – ein klares Zeichen, dass es in Mosambik an Interesse fehlte.

Die Rahmenlage beurteilte das BMVg nämlich sehr positiv. Es gab nur zwei Konfliktakteure und einen ausgehandelten Friedensvertrag. Sowohl die Konfliktakteure als auch die Bevölkerung seien »friedensbereit und willig, den Wiederaufbau staatlicher Strukturen […] zu fördern«. Das Land sei »›ausgeblutet‹«. Die Gefahr für das eingesetzte Personal bewege sich daher »im unteren Bereich des für diese friedenserhaltenden Maßnahmen anzunehmenden Gefährdungspotentials«.[411]

Obwohl die Rahmenlage also viel günstiger war als in Somalia, wo es weder einen Friedensvertrag noch friedenswillige oder klar voneinander zu trennende Konfliktakteure gab, stellte sich vor allem das Heer gegen ein weiteres Engagement in Afrika. Weil die Einsatzdauer in Somalia noch nicht abzusehen sei, müssten ausreichend Kapazitäten für die dortige Durchhaltefähigkeit zurückgehalten werden. Zur Unterstützung der Minenräumung seien zudem Vorschriften zu ändern und die betreffenden Pioniere auszubilden[412]. Durch

---

[406] BArch, BW 2/29708, Vorlage Fü S III 5 an den Verteidigungsminister, Betr.: Beteiligung der Bundeswehr an der VN-Friedensmission in Mosambik (UNOMOZ), 30.12.1992, hier S. 3 f.
[407] Vgl. BArch, BW 1/339718, Nebenabdruck Vorlage Fü S III 5 an Staatssekretär Schönbohm, Betr.: Unterstützungsleistungen durch die Bw auf der Grundlage von VN-SR-Resolutionen im Jahr 1993 (Priorisierung), 28.1.1993.
[408] BArch, BW 2/29708, Vorlage Fü S III 5 an den Verteidigungsminister, Betr.: Beteiligung der Bundeswehr an der VN-Friedensmission in Mosambik (UNOMOZ), 30.12.1992, hier S. 4.
[409] Vgl. Rühe: Bundeswehr fliegt Anfang Juni nach Somalia. In: SZ, Nr. 87, 16.4.1993, S. 2; Sten Martenson, Bundeswehrsoldaten fliegen am Freitag nach Somalia. In: Stuttgarter Zeitung, Nr. 109, 13.5.1993, S. 1.
[410] BArch, BW 2/29708, Vorlage Fü S III 5 an den Verteidigungsminister, Betr.: Beteiligung der Bundeswehr an der VN-Friedensmission in Mosambik (UNOMOZ), 30.12.1992, hier S. 4.
[411] Ebd., S. 2.
[412] Grundsätzlich zur Haltung des BMVg gegenüber Minenräumungen im Ausland siehe BArch, BW 1/371486, Vorlage Rü Z II 4 an Staatssekretär Schönbohm, Betr.: Humanitäre Hilfe der Bundesregierung, hier: Unterstützung von Minenräumaktionen im Ausland

die Zuarbeit des Führungsstabs des Heeres geprägt, sprach sich Fü S III 5 für die Konzentration auf Somalia aus, um Erfahrungen im VN-Rahmen zu sammeln und diese später auf andere Missionen zu übertragen.[413] Ein militärisches Engagement in Mosambik sollte allerdings erneut geprüft werden, wenn die Beteiligung an der UNOSOM nicht wie geplant erfolge.[414] Diese hatte sich zu diesem Zeitpunkt bereits verzögert; die Entsendung eines Erkundungskommandos war auf unbestimmte Zeit verschoben worden.

Aus Sicht von Fü S III 5 sprach per se kein Grund gegen die »Beteiligung« in Mosambik; der Begriff ›Einsatz‹ wurde nur selten in der Vorlage verwendet. Einzig die bereits angelaufene Planung für das Engagement in Somalia sprach gegen weitere Maßnahmen im südlichen Afrika. In Somalia war das BMVg aufgrund des großen internationalen Engagements seiner NATO-Partner unter Zugzwang. Eine Teilnahme an dieser großen Militärintervention schien aus militär- und bündnispolitischer Sicht alternativlos. In Mosambik hielten sich die NATO-Partner mit Ausnahme von Italien und Portugal[415] zurück und auch die Medien beachteten die dortige Situation kaum.[416] Um sich solidarisch gegenüber seinen NATO-Verbündeten zu zeigen, schien Somalia die logische Wahl für ein weiteres Auslandsengagement der Bundeswehr – wohlgemerkt während des noch laufenden Organstreits mit der SPD. Wenn eine Beteiligung militärpolitisch nicht zwingend erforderlich schien, wurde sie vom BMVg abgelehnt, um das Urteil des Bundesverfassungsgerichts nicht negativ zu beeinflussen. Die Empfehlung, sich mit der ONUMOZ erneut zu beschäftigen, wenn die Beteiligung an der UNOSOM nicht wie geplant zustande komme, und die gute Rahmenlage in Mosambik zeigen indes, dass die Konflikte vor Ort bei der Entscheidungsfindung des BMVg von untergeordneter Bedeutung waren. Obwohl sie vollkommen unterschiedliche Voraussetzungen mit sich brachten, erschienen Somalia und Mosambik als austauschbare Einsatzländer, in denen nicht der Bedarf der Vereinten Nationen oder die Lage der Menschen bestimmende Kriterien der Entscheidung waren, sondern Ressortegoismen sowie innen- und bündnispolitische Überlegungen.

Allerdings gab es auch im BMVg abweichende Meinungen. Ausgerechnet Staatssekretär Schönbohm, der sich in der Somalia-Frage eher zurückhaltend

---

durch den Einsatz personeller und materieller Möglichkeiten der Bundeswehr, 30.10.1992. Demnach war es Pionieren aufgrund des Risikos in Friedenszeiten verboten, verdeckte oder getarnte Minen zu sprengen. Dies galt insbesondere für Kampfmittel, die nicht in der Bundeswehr verwendet wurden und von denen die Soldaten kaum Kenntnisse besaßen.

[413] BArch, BW 2/29708, Vorlage Fü S III 5 an den Verteidigungsminister, Betr.: Beteiligung der Bundeswehr an der VN-Friedensmission in Mosambik (UNOMOZ), 30.12.1992, hier S. 3.

[414] Ebd., S. 4.

[415] Maximal verfügte die Mission über 6576 Soldaten. 1026 kamen aus Italien, 265 aus Portugal. Größter Truppensteller war Bangladesch mit 1442 Soldaten. United Nations, Summary of Contributions to Peace-Keeping Operations by Countries as of 30 November 1993, https://peacekeeping.un.org/sites/default/files/nov−1993.pdf.

[416] Zeitzeugenbefragung von Botschafter a.D. Christian Walter Much am 14.5.2021. Diese Wahrnehmung lässt sich allerdings noch nicht wissenschaftlich belegen.

## V. Freundliches Desinteresse?

positionierte und eine Beteiligung nicht um jeden Preis verfolgte, lehnte die Beteiligung der Bundeswehr in Mosambik nicht vollkommen ab. Die Vorlage von Fü S III 5 schien ihm zu sehr auf die Beteiligung zur Minenräumung und die Entsendung von Pionieren verengt. In einer für den 6. Januar 1993 anberaumten Besprechung sollte diskutiert werden, ob sich die Bundeswehr nicht doch »in einem begrenzten Umfang beteiligen« könne, wie er auf der Ministervorlage vermerkte.[417] Ebenfalls in Widerspruch zum federführenden Referat Fü S III 5 positionierte sich der Leiter des Planungsstabs im BMVg, Vizeadmiral Ulrich Weisser. Im Gegensatz zu Staatssekretär Schönbohm ging Weisser, den die Medien bezichtigten, in Konkurrenz zum Generalinspekteur zu stehen,[418] noch einen Schritt weiter. Aus seiner Sicht sollte der Beteiligung an der Mission in Mosambik aus »politischen Erwägungen« zugestimmt werden. Für eine ONUMOZ-Teilnahme der Bundeswehr spreche, dass die Vereinten Nationen bereits konkrete Anfragen formuliert hätten, was für Somalia nicht der Fall war.[419] Zudem sei der »Einsatz« in Mosambik, wie ihn Weisser nannte, aus innenpolitischer Sicht deutlich unproblematischer, da die anvisierte Bewaffnung der Soldaten – und dies stimmte auch für die Kontingente der anderen Nationen – nur zur Notwehr und zum Selbstschutz dienen werde. Ein Engagement im Rahmen der ONUMOZ werde sich daher auf der Ebene der deutschen Beteiligung in Kambodscha bewegen und verfassungspolitisch unkritisch sein. Zudem könne durch eine weitere zeitnahe Beteiligung innenpolitisch demonstriert werden, dass »sich die Bundeswehr schnell auf ihren neuen Auftrag einstellt«. Entsprechend der neuen Verteidigungspolitischen Richtlinien zählten hierzu auch humanitäre Maßnahmen. Die Sorgen des Heeres hielt Admiral Weisser »für nicht überzeugend«. Es sei bereits jetzt in der Lage, neben Somalia auch in Mosambik aktiv zu werden.[420] Das Argument, die Bundeswehr sei zur damaligen Zeit gar nicht fähig gewesen, materiell und personell mehrere Einsätze zu stemmen, teilte der Planungsstab also offenbar nicht. Weisser riet, dem AA die grundsätzliche Bereitschaft zu einer ONUMOZ-Beteiligung zu melden, sich aber nicht auf die Gestellung eines Pionierbataillons zu fixieren, sondern vom Generalinspekteur alle Möglichkeiten zur Unterstützung der ONUMOZ untersuchen zu lassen.[421]

Auch wenn der Planungsstab eine anderslautende Empfehlung gab, unterschied sich seine Herangehensweise nicht gänzlich von Fü S III 5. Bei beiden

---

[417] BArch, BW 2/29708, Vorlage Fü S III 5 an den Verteidigungsminister, Betr.: Beteiligung der Bundeswehr an der VN-Friedensmission in Mosambik (UNOMOZ), 30.12.1992, hier S. 1.
[418] Machtkampf unter Militärs. In: Der Spiegel, Nr. 11 (1993), 14.3.1993, S. 16.
[419] BArch, MA, BW 2/34953, Nebenabdruck Vorlage Leiter Planungsstab an den Verteidigungsminister, 6.1.1993, hier S. 1. Vgl. auch BArch, BW 1/372026, Nebenabdruck Vorlage Leiter Planungsstab an den Verteidigungsminister, Betr.: Koalitionsgespräch am 6. Januar 1993, 6.1.1993, hier Anlage 4.
[420] BArch, MA, BW 2/34953, Nebenabdruck Vorlage Leiter Planungsstab an den Verteidigungsminister, 6.1.1993, hier S. 2.
[421] Ebd.

stand nicht die Frage im Vordergrund, wie der Friedensprozess in Mosambik, die dortige VN-Mission oder die lokale Bevölkerung am wirksamsten unterstützt werden konnten. Einzig (innen-)politische Überlegungen veranlassten Weisser, eine Beteiligung in Mosambik zu befürworten, nämlich, das Einsatzrepertoire der Bundeswehr schnellstmöglich auszuweiten. Fü S III 5 und damit auch der Generalinspekteur setzten angesichts des zu erwartenden politischen Drucks der NATO-Partner, mangelnder Ressourcen und fehlender Erfahrung aber auf Somalia.

Inwieweit die gegensätzlichen Positionen in der Besprechung mit Minister Rühe am 6. Januar thematisiert wurden, geht aus den eingesehenen Akten nicht hervor. Für das Koalitionsgespräch am selben Tag hatte der Leiter des Planungsstabs Minister Rühe allerdings empfohlen, das Thema nicht anzusprechen, da ungewiss sei, ob Außenminister Kinkel bereits mit der Anfrage der Vereinten Nationen befasst worden war.[422] Das BMVg sollte sich, wenn überhaupt, reaktiv verhalten. Verteidigungsminister Rühe hatte aber ohnehin beschlossen, den Empfehlungen von Fü S III 5 und damit auch dem Willen des Generalinspekteurs zu folgen. Er priorisierte Somalia. Die ONUMOZ sollte allenfalls technische Hilfe bzw. Ausbildungshilfe in Deutschland erhalten. Als Ersatz für Pioniere der Bundeswehr sollten dem VN-Sekretariat Kräfte des THW angeboten werden.[423] Keinen Unterschied in der Haltung des BMVg machte der Besuch des VNGS Boutros-Ghali am 11. Januar 1993 in Bonn, auf dem er in Absprache mit der Bundesregierung medial die volle Beteiligung Deutschlands an VN-Missionen forderte und auch den Bedarf der anstehenden Mission in Mosambik betonte.[424] Aufgrund der Absage des BMVg und aus Mangel an Alternativen blieb dem AA aber nur die nicht-militärische Option. Man sei bereit, so Referat 230 gegenüber der Ständigen Vertretung in New York, »wenn notwendig«, ziviles Personal zu entsenden. Das THW hatte sich – abzüglich der Minenräumfähigkeiten[425] – bereits zur Verfügung gestellt. Die Finanzierung blieb aber offen.[426] Zwar begrüße das VN-Sekretariat die Bereitschaft des THW, es forderte aber dessen Unterstellung unter das ONUMOZ-Kommando.[427] Wohl auch um sich lange Rechtsdebatten zu ersparen, entschied sich das VN-Sekretariat letztlich für ein indisches Pionierbataillon, sodass das THW nicht mehr gebraucht wurde.[428]

---

[422] BArch, BW 1/372026, Nebenabdruck Vorlage Leiter Planungsstab an den Verteidigungsminister, Betr.: Koalitionsgespräch am 6. Januar 1993, 6.1.1993, hier S. 5.
[423] BArch, BW 2/34953, Entwurf Vorlage Fü S III 5 an den Chef des Stabes Fü S, Betr.: Sachstand VN-Aktionen in Mosambik (non-paper), 19.2.1993, hier S. 2.
[424] VNGS, SG/SM/4904, 14.1.1993, hier S. 4 f.
[425] Vgl. PA AA, B 34, ZA, Bd 173381, Drahtbericht der Ständigen Vertretung in New York an Referat 230 im AA, Nr. 456, 2.3.1993.
[426] BArch, BW 1/342235, Drahterlass Referat 230 im AA an die Ständige Vertretung in New York, Nr. 0748, 25.1.1993.
[427] PA AA, B 34, ZA, Bd 173381, Drahtbericht der Ständigen Vertretung in New York an Referat 230 im AA, Nr. 216, 29.1.1993.
[428] Vgl. ebd., Drahtbericht der Ständigen Vertretung in New York an Referat 230 im AA, Nr. 1357, 28.5.1993, hier S. 2.

## V. Freundliches Desinteresse?

Bereits zuvor hatte das AA das BMVg noch einmal angefragt, die Ausbildung von Minenräumern in Deutschland zu übernehmen und Minenräummaterial bereitzustellen.[429] Ersteres lehnte das BMVg mit dem Hinweis auf die bestehenden Vorschriften ab, die es den Pionieren in Friedenszeiten untersagten, verdeckt gelegte Minen zu räumen. Lediglich die Bereitstellung von Minensuchgeräten und ehemaligen Soldaten zur Ausbildung sollte weiterverfolgt werden.[430] Ein weiterer, interner Grund, weshalb sich Fü S III 5 gegen eine ONUMOZ-Beteiligung aussprach, war die rechtliche und innenpolitische Rahmenlage. Anders als bei der UNOSOM in Somalia nahm die ONUMOZ aus Sicht von Fü S III 5 »nicht unmittelbar an humanitären Hilfsaktionen« teil. Die Militärkomponente der Mission habe »›klassische‹ Peacekeeping Aufgaben« zu erfüllen, während NROs und andere Organisationen die humanitäre Hilfe leisteten. Der »Bedarf für die Entsendung eines deutschen Unterstützungsverbandes à la Somalia« sei dadurch »nicht zu erkennen«.[431] Das in Somalia genutzte Argument, die Beteiligung sei ein ›humanitärer Einsatz‹ und keine Beteiligung an einer VN-Mission, hätte in Mosambik nicht zum Tragen kommen können, da die Soldaten keine rein humanitäre Aufgabe übernommen hätten. Vielmehr wäre es die Beteiligung an einer VN-Mission gewesen, die im Falle von Kambodscha, aber auch von Somalia versucht wurde zu dementieren. Angesichts des laufenden Organstreits war eine Beteiligung in Mosambik nicht ohne weitreichende innenpolitische Konsequenzen und Überzeugungen der FDP zu realisieren. Um die wesentlich wichtigere Beteiligung in Somalia nicht zu gefährden, nahmen die Militärpolitiker des BMVg Abstand von einer personellen Beteiligung in Mosambik. Es blieb bei der Zusage zur Überlassung von 400 Minensuchdetektoren an den UNHCR,[432] deren Umfang später auf 1000 erhöht wurde.[433]

Die ablehnende Haltung der Leitung des BMVg widersprach allerdings der in den Jahren zuvor öffentlich bekundeten Bereitschaft zur Übernahme von größerer internationaler Verantwortung. Die Vereinten Nationen waren mit ihren Anfragen an die Bundesrepublik auch nicht alleine, wie die deutsche Botschaft in Washington Ende Februar 1993 nach einer Besprechung im Pentagon mit Vertretern der USA, Australiens, Frankreichs, Italiens, Japans, Norwegens, Portugals, Spaniens und Großbritanniens berichtete. In der Bewertung der Botschaft habe allein die Einladung zum Briefing über die ONUMOZ verdeutlicht, dass Deutschland aus Sicht der USA als Truppensteller infrage komme. Wiederholt sei betont worden, dass bei die-

---
[429] BArch, BW 1/342235, Schreiben Referat 230 im AA an Fü S III 5 im BMVg, Betr.: VN-Operation in Mosambik (UNOMOZ), hier: deutsche Beteiligung, 22.1.1993.
[430] BArch, BW 2/34953, Entwurf Vorlage Fü S III 5 an den Chef des Stabes Fü S, Betr.: Sachstand VN-Aktionen in Mosambik (non-paper), 19.2.1993, hier S. 2.
[431] Ebd., S. 3.
[432] BArch, BW 2/342235, Telefax Rü Z II 4 im BMVg an ArBSt Humanitäre Hilfe im AA, Betr.: Humanitäre Hilfe; Unterstützung UNHCR, hier: Minensuchgeräte, 5.2.1993.
[433] Ebd., Vermerk Rü Z II 4, Betr.: Unterstützung des UNHCR bei Minenräumaktionen in Ländern der Dritten Welt, hier: Bereitstellung von Material aus Beständen der Bundeswehr/exNVA, 16.2.1993.

ser Mission »lediglich« friedenserhaltende, keine Kampfmaßnahmen zu erwarten seien. Gefährlich seien nur die im Bürgerkrieg gelegten Minen. Daher bestehe »der Eindruck, dass Mosambik nicht mit Somalia zu vergleichen ist und dass die Voraussetzungen für eine Befriedung und den Aufbau funktionierender Strukturen hier ungleich besser« seien.[434] Die Information, die auch dem BMVg vorlag und sich mit dessen Lageeinschätzung deckte, führte aber nicht zur Beteiligung der Bundeswehr in Mosambik. Die Risikoanalyse und die potenziellen Erfolgsaussichten der Mission waren zweitrangige Kriterien bei der deutschen Entscheidungsfindung. Von größerer Bedeutung war die parallele Beteiligung anderer NATO-Partner und hier vor allem der USA. Da sich diese kaum in Mosambik beteiligten, konnten sie auch keinen stärkeren Druck auf die Bundesregierung ausüben. Politisch blieb ein deutsches Engagement in Mosambik – insbesondere aus Sicht des BMVg – von geringem Interesse.

Die von Minister Rühe getroffene Entscheidung widersprach allerdings den Vorstellungen der Ständigen Vertretung in New York, zumal sich die Entsendung der Bundeswehr nach Somalia aufgrund von Meinungsverschiedenheiten zwischen den USA und den Vereinten Nationen verzögerte und das Angebot Anfang 1993 aufgrund der deutschen Auflagen eher zu scheitern drohte. Als Uruguay[435] Anfang Februar um Ausrüstungsgüter für sein künftiges Kontingent bat, sprach sich die Ständige Vertretung sofort dafür aus:

»Die Unterstützung des uruguayischen Kontingents wäre ein teilweiser Ersatz dafür, dass wir trotz herausgehobener politischer Position im mosambikanischen Friedensprozess UNOMOZ weder mit einer Hauptquartierskompanie noch mit Pionier-Leistungen des THW unterstützen können«.[436]

Aus der Enttäuschung, nicht an der ONUMOZ beteiligt zu sein, machte die Ständige Vertretung keinen Hehl, zumal sie wie andere deutsche Diplomaten auch lieber Polizisten nach Somalia schicken wollte als die Bundeswehr. Aufgrund der zeitlichen Vorgaben der Vereinten Nationen zog Uruguay seine Anfrage aber zurück und bat nur darum, defektes Material ersetzt zu bekommen.[437] Auch in diese Richtung leisteten die Bundesressorts also nur geringe Hilfe.

Da die ONUMOZ nur sehr langsam Gestalt annahm, noch immer bedeutende Fähigkeiten fehlten und das AA in den Leitlinien von Accra die

---

[434] PA AA, B 34, ZA, Bd 173381, Drahtbericht der Botschaft der Bundesrepublik Deutschland in Washington an Referat 201 im AA, Nr. 596, 24.2.1993.
[435] Uruguay hatte Deutschland bereits Ende November um 20 kettengetriebene Mannschaftstransportwagen gebeten. Vgl. PA AA, B 34, ZA, Bd 155764, Durchschlag Schreiben Referat 320 an Referat 216, Betr.: Bitte der Republik Östlich des Uruguay um Lieferung von militärischem Material für den Einsatz in deren VN-Mission in Mosambik, 15.12.1992, hier Anlage 2.
[436] PA AA, B 34, ZA, Bd 173381, Drahtbericht der Ständigen Vertretung in New York an Referat 230 im AA, Nr. 457, 2.3.1993, hier S. 2.
[437] Ebd., Drahtbericht der Ständigen Vertretung in New York an Referat 230 im AA, Nr. 792, 2.4.1993.

## V. Freundliches Desinteresse?

Prüfung einer deutschen Beteiligung an der VN-Mission in Mosambik angedeutet hatte, fragte das VN-Sekretariat Ende Mai 1993 erneut nach der Gestellung einer 250 Personen umfassenden Pionierkompanie[438]. Gemäß der deutschen Präferenz für humanitäre Hilfe sollte diese vor allem im Bereich der Wasserversorgung, dem Straßenbau, aber auch bei der Minenräumung zum Einsatz kommen. Das VN-Sekretariat schlug zunächst die Entsendung eines Erkundungskommandos vor, um Einsatzmöglichkeiten der Bundeswehr oder des THW zu ermitteln. Die Beteiligung der Bundeswehr werde aus Sicht des VN-Sekretariats bevorzugt, so die Ständige Vertretung. Erneut bat sie die Zentrale in Bonn, bei der Prüfung die »herausgehobene Rolle« der Bundesrepublik im Friedensprozess zu berücksichtigen.[439]

Ende Juni hob die Ständige Vertretung die ONUMOZ in einem Drahtbericht über die grundsätzliche deutsche Beteiligung an VN-Missionen noch einmal hervor und betonte, dass die politischen Umstände für eine Beteiligung in Mosambik sprächen. Weil nach den Erfahrungen von Somalia noch öfter mit Missionen nach Kapitel VII der VN-Charta gerechnet werden müsse, sei eine ONUMOZ-Teilnahme sinnvoll, solange die Verfassungslage nicht geklärt sei.[440] Die Anfrage erfolgte zwei Tage nachdem das Bundesverfassungsgericht den Antrag der SPD zum sofortigen Stopp des Somalia-Engagements abgewiesen hatte. Angesichts der angespannten politischen Lage versuchte die Ständige Vertretung offenbar, möglichst viele erfolgreiche Präzedenzfälle einer deutschen Teilnahme an VN-Missionen zu schaffen. Damit verfolgte sie eine vollkommen andere Linie als das BMVg, das sich allen weiteren Beteiligungen in Afrika zu entziehen versuchte, um den Ausgang des Hauptverfahrens der Organklage nicht negativ zu beeinflussen.

Auch die Botschaft in Maputo sprach sich im Juni 1993 noch einmal für eine größere deutsche Beteiligung aus, die »eine sinnvolle Ergänzung unseres herausgehobenen Engagements in den Kommissionen zum Friedensprozess« sei. Ähnlich wie die Botschaft in Nairobi, die durch das Somalia-Engagement eine deutliche Aufwertung erfuhr, versuchte die Botschaft in Maputo vom sicherheitspolitischen Paradigmenwechsel zu profitieren. Allein die Rahmenlage sprach aus Sicht des Botschafters Gehl für ein Engagement in Mosambik. Die Sicherheitslage sei ruhig, erneute Kämpfe wenig wahrscheinlich und der Bedarf für Pioniere »enorm«. Etwa 750 Brücken seien landesweit zu reparieren. Zudem bestehe laut Auskunft der ONUMOZ-Führung ein dringender Bedarf an Lufttransportkapazitäten. Lediglich von der reinen Minenräumung riet die Botschaft ab. Diese Aufgabe könne von privaten Firmen übernom-

---

[438] Auch der stellvertretende ONUMOZ-Kommandeur soll den Bedarf an Pionier- und Minenräumfähigkeiten bestätigt haben. Ebd., Drahtbericht der Botschaft der Bundesrepublik Deutschland in Maputo an Referat 320 im AA, Nr. 211, 8.7.1993.

[439] Ebd., Drahtbericht der Ständigen Vertretung in New York an Referat 230 im AA, Nr. 1357, 28.5.1993.

[440] PA AA, B 34, ZA, Bd 160136, Drahtbericht der Ständigen Vertretung in New York an Referat 230 im AA, Nr. 1580, 25.6.1993, hier S. 2 f.

men werden.⁴⁴¹ Hatte in Somalia die rein humanitäre Unterstützung aufgrund eines fehlenden Bedarfs einem logistischen Auftrag für andere VN-Truppen weichen müssen, bestand aus Sicht der Botschaft in Mosambik genau dort Bedarf, wo sich die Bundesressorts im öffentlich gepredigten Narrativ am ehesten engagieren wollten: bei der Hilfe für ein Bürgerkriegsland. Da aber parallel das deutsche Kontingent in Somalia aufwuchs, kam die Beteiligung der Bundeswehr in Mosambik für das BMVg weiter nicht infrage. Erst recht nicht, nachdem Minister Rühe Ende Juni im Verteidigungsausschuss verkündet hatte, aufgrund materieller Engpässe und politischer Bedenken in der laufenden Legislaturperiode keine weitere VN-Mission substanziell zu unterstützen. Ausdrücklich nannte er hier Mosambik als Beispiel, das von ihm abgelehnt worden sei.⁴⁴² Nach dieser öffentlichen Aussage wäre ein Positionswechsel des BMVg nur noch mit der Ansehensschädigung des Ministers möglich gewesen und wurde daher konsequent vermieden; immerhin war 1994 ein Wahljahr.

Während das AA die Entsendung der Bundeswehr aufgrund politischer Erwägungen im BMVg fallenlassen musste⁴⁴³, erfolgte auch keine Beteiligung der Polizei. Zunächst verzögerte sich die Aufstellung der ONUMOZ-Polizeikomponente aufgrund mosambikanischer Widerstände, sodass eine im Dezember 1992 vom AA an das BMI herangetragene Bitte zur Stellung von bis zu 15 Polizisten über mehrere Wochen ungeprüft blieb.⁴⁴⁴ Aufgrund begrenzter Ressourcen drosselte das Innenressort allerdings bereits die Erwartungen. Wenn es die Sicherheitslage zulasse, werde es sich wohl allenfalls im Rahmen einer bilateralen Ausbildung beteiligen.⁴⁴⁵ Als die Vereinten Nationen die ONUMOZ-CIVPOL Ende 1993 aufstockten, fragten sie inoffiziell aber auch nach 20 bis 40 Polizeiexperten der Bundesrepublik. Aufgrund der Kurzfristigkeit der Anfrage und der vorhandenen Sprachbarrieren blieben aber bereits die Mitarbeiter der Ständigen Vertretung zurückhaltend.⁴⁴⁶ Das Verständnis, dass sich die Personalgewinnung für Auslandseinsätze mit Polizisten deutlich schwieriger gestaltete als bei Soldaten, nahm im Laufe der Zeit zu. Die Personaldecke des BGS war begrenzt und auf das Personal der Landespolizeien hatte die Bundesregierung keinen Zugriff.⁴⁴⁷ Da die ande-

---

⁴⁴¹ PA AA, B 34, ZA, Bd 173381, Drahtbericht der Botschaft der Bundesrepublik Deutschland in Maputo an Referat 320 im AA, Nr. 169, 9.6.1993.
⁴⁴² PA-DBT 3119, Ausschuss für Verteidigung, 12/61, 30.6.1993, S. 123.
⁴⁴³ In Bezug auf die Haltung Rühes vermerkte Staatssekretär im AA Kastrup auf einer Vorlage: »Damit ist die Lage doch klar.« PA AA, B 34, ZA, Bd 173381, Kopie Vorlage Referat 230 an den Staatssekretär, Betr.: VN-Operation in Mosambik (UNOMOZ), hier: Frage einer deutschen Beteiligung, 11.10.1993, hier S. 1.
⁴⁴⁴ Vgl. BArch, B 106/371680, Entwurf Schreiben P I 6 im BMI an das AA, Betr.: Polizeiliche Ausstattungshilfe für Mocambique, 19.1.1993, und Bezugsdokument 3.
⁴⁴⁵ Ebd., Nebenabdruck Schreiben P I 6 im BMI an die Referate 230 und 300 im AA, Betr.: Polizeiliche Ausstattungshilfe für Mocambique, 3.2.1993.
⁴⁴⁶ PA AA, B 34, ZA, Bd 173381, Drahtbericht der Ständigen Vertretung in New York an Referat 230 im AA, Nr. 3899, 16.12.1993.
⁴⁴⁷ Zeitzeugenbefragung von Botschafter a.D. Christian Walter Much am 14.5.2021. Dennoch hoffte die Ständige Vertretung auf die Entsendung von Polizisten. PA AA,

ren CSC-Mitglieder das deutsche Engagement aber als unzureichend erachteten – so die Empfindung der Botschaft in Maputo[448] –, kam es Anfang Januar 1994 auf Arbeitsebene zur erneuten, diesmal aber unspezifischen Anfrage des AA zur Bereitstellung von Polizisten durch das BMI.[449] Da sich der Innenminister trotz öffentlich gemachter Zusagen der Bundesregierung kurz zuvor aber schon gegen die Entsendung von Polizisten nach Somalia gestellt hatte, votierte bereits die Arbeitsebene des BMI gegen eine Beteiligung in Mosambik.[450] Ähnlich wie später auch in Angola[451] konnte das AA daher nur Ende 1994 acht zivile Experten einer privaten Organisation – allesamt ehemalige Pioniere der NVA unter Führung des ehemaligen Botschafters der DDR in Mosambik, Helmut Matthes – zur Minenräumung nach Mosambik senden.[452] Diese zählten aber nicht zum uniformierten Personal der ONUMOZ,[453] weswegen Letztere eine Nichtbeteiligung der Bundesressorts blieb.

### f) Die politische Debatte um das deutsche Engagement in Mosambik

Ähnlich wie im Falle von Angola spielte Mosambik in den Debatten des Bundestags nur eine begrenzte Rolle. Interessant war das Land Anfang der 1990er-Jahre nur, weil noch immer einige Tausend Mosambikaner in der Bundesrepublik lebten, die einst als Arbeitskräfte in die DDR gekommen waren.[454] Insgesamt waren die Ministerien aber auch über die mosambikanischen Friedensverhandlungen gut informiert, sodass Staatsminister im AA Schäfer im Bundestag wiederholt über die Gespräche in Rom berichtete.[455] Vom Abschluss der Verhandlungen und dem Beginn des Friedensprozesses nahm der Bundestag jedoch zunächst keine Kenntnis.

Erst Mitte Dezember 1992, also rund zwei Monate nach Inkrafttreten des Waffenstillstands, fragten die Abgeordneten der Gruppe Bündnis 90/Die Grünen nach der deutschen Schuldenpolitik gegenüber Mosambik und

---

B 34, ZA, Bd 173381, Drahtbericht der Ständigen Vertretung in New York an Referat 230 im AA, Nr. 4001, 24.12.1993.
[448] BArch, B 106/371680, Drahtbericht der Botschaft der Bundesrepublik Deutschland in Maputo an Referat 320 im AA, Nr. 377, 27.10.1993.
[449] Ebd., Kopie Schreiben Referat P I 6 an P III 2, Betr.: VN-Operation in Mosambik (UNOMOZ), hier: Polizeiliche Komponente, 12.1.1994, hier Anlage 1.
[450] Vgl. ebd., Kopie Schreiben P III 2 an P II 1, Betr.: VN-Operation in Mosambik (UNOMOZ), hier: Polizeiliche Komponente, 18.1.1994.
[451] Dort kamen 1995 fünf zivile Minenräumspezialisten zum Einsatz. Vgl. PA-DBT 3104, Unterausschuss Vereinte Nationen/Weltweite Organisationen, 13/7, 11.10.1995, Anlage 2a, S. 2.
[452] Vgl. BT-Drs. 13/5187, 27.6.1996, S. 10. Ausführlich siehe BArch, BW 2/35074.
[453] Vgl. United Nations, Summary of Contributions to Peace-Keeping Operations by Countries as of 30 November 1994, S. 2, https://peacekeeping.un.org/sites/default/files/nov-1994.pdf.
[454] Vgl. BT-Drs. 11/8433, 13.11.1990, S. 1; BT-Drs. 12/324, 28.3.1991, S. 12 f.; BT-Drs. 12/6926, 28.2.1994; BT-Drs. 12/6960, 11.3.1994.
[455] BT-PlPr. 12/47, 10.10.1991, S. 3901; BT-PlPr. 12/82, 12.3.1992.

der Unterstützung des Friedensprozesses.[456] In einem Antrag forderten sie den Schuldenerlass für das Land. Vor allem die von der DDR übernommenen Schulden in Höhe von 285 Mio. US-Dollar[457] sollten erlassen und zur Reintegration und Demobilisierung der Kombattanten verwendet werden. Zudem forderten die Grünen die Bundesregierung auf, »großzügig finanzielle und technische Mittel für den Friedensprozeß« bereitzustellen.[458] Zusammen mit anderen Anträgen, etwa zur Unterstützung des Friedensprozesses in Angola, wurde dieser im Januar 1993 im Bundestag debattiert und an die Ausschüsse überstellt.[459] In Kenntnis vom gescheiterten Friedensprozess in Angola forderte auch der SPD-Abgeordnete Hans-Günther Toetemeyer, dass Mosambik umgehend geholfen werde, damit der Wahlverlierer nicht auch hier wieder zu gewalttätigen Mitteln griff.[460]

Die Bitte Toetemeyers verhallte. In den sonstigen Debatten war Mosambik kaum ein Thema, was auch daran gelegen haben mag, dass die westdeutschen Grünen, die Afrika zuvor wiederholt auf die politische Agenda gesetzt hatten, in dieser Phase nicht im Bundestag vertreten waren. Bis zu einer Beschlussempfehlung für die besagten Anträge sollte es über ein Jahr dauern, bis Ende Februar 1994.[461] In dieser lehnten die Ausschüsse den Antrag mit den Stimmen der Regierungskoalition ab, da bereits ein Teilschuldenerlass[462] vereinbart worden war und die FDP ein »Druckmittel in der Hand« behalten wollte, »um die Parteien zu einem wirklich ernsthaften Friedensprozeß anzuhalten«.[463] Die Regierungsparteien wollten mit dem Schuldenerlass warten, bis »das Land eine demokratisch legitimierte Regierung« hatte.[464] Entsprechend wurde der Antrag in der entwicklungspolitischen Debatte des Bundestags am 26. Mai 1994 abgelehnt. Der Konflikt oder der Friedensprozess in Mosambik wurden nicht im Bundestag diskutiert.[465] Wenn hier von Afrika gesprochen wurde, dann meist von Somalia, wobei auch hier innenpolitische Belange im Vordergrund standen. Über Mosambik berichteten aber auch nur wenige Medien,[466] was zum Desinteresse der Parlamentarier beigetragen haben mag.

---

[456] BT-Drs. 12/4005, 15.12.1992.
[457] Laut Angaben des BMZ umfassten die Forderungen nur 276,8 Mio. US-Dollar. PA-DBT 3122, Ausschuss für wirtschaftliche Zusammenarbeit, 12/53, 28.4.1993, S. 23.
[458] BT-Drs. 12/4003, 15.12.1992.
[459] BT-PlPr. 12/131, 14.1.1993, S. 11304–11354.
[460] Ebd., S. 11349.
[461] BT-Drs. 12/6903, 25.2.1994.
[462] Zum Teilschuldenerlass bzw. zur Umschuldung siehe PA-DBT 3122, Ausschuss für wirtschaftliche Zusammenarbeit, 12/53, 28.4.1993, S. 23; PA-DBT 3122, Ausschuss für wirtschaftliche Zusammenarbeit, 12/63, 1.12.1993, S. 10 f.; ebd., Ausschuss für wirtschaftliche Zusammenarbeit, 12/66, 19.1.1994, S. 27.
[463] BT-Drs. 12/6903, 25.2.1994, S. 5. Siehe auch PA-DBT 3122, Ausschuss für wirtschaftliche Zusammenarbeit, 12/66, 19.1.1994, S. 26.
[464] BT-Drs. 12/6903, 25.2.1994, S. 2.
[465] BT-PlPr. 12/230, 26.5.1994, S. 20066–20082.
[466] Vgl. PA-DBT 3104, Unterausschuss für Menschenrechte und Humanitäre Hilfe, Informelles Treffen, 24.9.1992, hier S. 18, 20 f.

## V. Freundliches Desinteresse?

Eine Medienanalyse zur Validierung dieser Annahme steht allerdings noch aus.

In ihrer Antwort auf die Kleine Anfrage der Grünen verwies die Bundesregierung im Februar 1993 auf ihre Beteiligung am Friedensprozess und ihre Mitgliedschaft in der Überwachungs- und Kontrollkommission sowie der Kommission für die Reintegration der Ex-Kombattanten.[467] Sie erklärte, dass sich Deutschland »im Rahmen seiner Möglichkeiten auch an der VN-Mission in Mosambik beteiligen« würde.[468] Derzeit werde geprüft, »ob und in welchen Bereichen« dies geschehen könne.[469] Dass Verteidigungsminister Rühe zu dieser Zeit schon längst die ONUMOZ-Beteiligung zugunsten einer Teilnahme in Somalia verworfen hatte, wurde den Parlamentariern verschwiegen. Zu welchem Ergebnis die Ressorts bei ihrer Prüfung gekommen waren, schien aber auch keinen der Abgeordneten zu interessieren, obwohl die Aussagen der Bundesregierung im Falle von Mosambik wesentlich weiter gingen als in Angola, wo eine Beteiligung an den VN-Missionen öffentlich nie zur Sprache kam.

Als Staatsminister Schäfer im Mai 1993 erneut eine Frage zur Unterstützung des mosambikanischen Friedensprozesses beantwortete, war von einer personellen Beteiligung an der ONUMOZ keine Rede mehr.[470] Drei Wochen zuvor hatte das Bundeskabinett über die Entsendung der Bundeswehr nach Somalia entschieden und den sicherheitspolitischen Fokus am Horn von Afrika verortet. Um die dortige, politisch bedeutendere Beteiligung nicht zu gefährden, positionierten sich auch die Abgeordneten der CDU/CSU zurückhaltend gegenüber weiteren VN-Maßnahmen der Bundeswehr.[471] Dies hinderte Außenminister Kinkel im November 1993 jedoch nicht daran, die Beteiligung an der Zentralen Kontrollkommission mit der UNOSOM-II-Beteiligung zu vergleichen und als positives Beispiel des deutschen Engagements zur Überwindung afrikanischer Konflikte hervorzuheben.[472] Mehr konnte das AA aber auch gar nicht vorweisen, obwohl es aus VN-politischen Gesichtspunkten als einziges Ressort eine uniformierte Beteiligung in Mosambik befürwortet hatte. Allein ihm fehlten eigenes Personal und finanzielle Mittel, um seine Ansprüche umzusetzen.

Erst Anfang Februar 1994, nach der Verlegung der mosambikanischen Wahlen, fragte die PDS/Linke Liste erneut nach der deutschen Unterstützung des dortigen Friedensprozesses.[473] Die Bundesregierung ließ verlauten, dass Deutschland trotz finanzieller Beschränkungen »einen wichtigen Beitrag zum Friedensproz« leiste und »[t]rotz angespannter Haushaltslage […]

---

[467] BT-Drs. 12/4285, 5.2.1993, S. 1.
[468] Ebd., S. 2.
[469] Ebd., S. 5.
[470] Vgl. BT-Drs. 12/4951, 14.5.1993, S. 4 f.
[471] Vgl. PA AA, B 34, ZA, Bd 173381, Durchschlag Entwurf Schreiben des Außenministers Klaus Kinkel an den Außenpolitischen Sprecher der CDU/CSU Fraktion des Deutschen Bundestages, Karl Lamers, 12.7.1993, hier Bezugsschreiben.
[472] BT-PlPr. 12/189, 11.11.1993, S. 16240.
[473] BT-Drs. 12/6786, 3.2.1994.

zu den bedeutendsten Gebern Mosambiks« zähle.[474] Offiziell zeigte sich die Bundesregierung also mit ihrem diplomatischen und finanziellen Engagement zufrieden, selbst wenn die beteiligten Auslandsvertretungen des AA intern auf ein größeres deutsches Engagement gedrängt hatten. Angesichts der noch immer laufenden Organklage und des parallel erfolgenden Abzugs aus Somalia wollte die Bundesregierung Geschlossenheit demonstrieren, anstatt erneut Differenzen zwischen AA und BMVg in die Öffentlichkeit zu tragen. Für den Bundestag war Mosambik, ähnlich wie Angola, aber ohnehin nur ein Randthema. Weder die Wahlen noch das Ende der ONUMOZ wurden im deutschen Parlament diskutiert. Auch von der deutschen Wahlbeobachtung nahm der Bundestag kaum Notiz. Da aber sowohl die Wahlen als auch die ONUMOZ zufriedenstellend beendet wurden, zog die Bundesregierung bei einer Großen Anfrage von Bündnis 90/Die Grünen zur Afrikapolitik der Bundesrepublik 1996 eine positive Bilanz:

> »Die massive finanzielle Unterstützung der mosambikanischen Wahlen im Oktober 1994 durch die EU sowie die durch die deutsche Präsidentschaft initiierte Wahlbeobachtung […] waren für die ordnungsgemäße Durchführung der Wahlen bestimmend.«[475]

Zu einem größeren Engagement hatte es zum Leidwesen des AA aufgrund einer unterschiedlichen Schwerpunktbildung der anderen Ressorts nicht gereicht.

### g) Mosambik: Opfer des deutschen Somalia-Engagements

Die Voraussetzungen für eine deutsche Beteiligung mit uniformiertem Personal an der VN-Mission in Mosambik waren gut. Es gab nur zwei Konfliktparteien, die einen Waffenstillstand geschlossen und einen Friedensvertrag unterzeichnet hatten, dessen Umsetzung beide Seiten wollten. Die Sicherheitslage wurde sowohl vom BMVg als auch von den beteiligten Diplomaten des AA als weitgehend stabil bewertet; das Risiko für die dort eingesetzten VN-Soldaten galt als gering. Die Bundesrepublik spielte durch Repräsentanten in zwei der für die Überwachung der Friedensvereinbarungen bedeutenden Kommissionen eine wichtige politische Rolle, die durch finanzielle und humanitäre Hilfe flankiert wurde. Zudem hatte Außenminister Kinkel Ende September 1992 vor der VNGV das Interesse der Bundesrepublik an einem ständigen Sitz im VNSR bekundet. Das AA stand daher unter Druck, sich personell an VN-Missionen zu beteiligen – insbesondere, da sich Italien als größter Kritiker der deutschen VNSR-Reformpläne sichtbar in Mosambik engagierte.[476] Nach einer Beteiligung in Mosambik wurden die Bundesressorts Ende 1992 auch tatsächlich gefragt: Nicht nach Infanteriesoldaten, son-

---

[474] BT-Drs. 12/6927, 25.2.1994, S. 1.
[475] BT-Drs. 13/4532, 7.5.1996, S. 11.
[476] Zeitzeugenbefragung von Botschafter a.D. Christian Walter Much am 14.5.2021.

## V. Freundliches Desinteresse?

dern, wie von der Bundesregierung bereits in anderen Konflikten angeboten, nach Pionieren oder einer Stabskompanie mit Feldjägern. Angesichts diverser anderer Missionen hatten die Vereinten Nationen Probleme, ausreichend Unterstützungskräfte für die ONUMOZ zu gewinnen. Anders als im Falle von Somalia war der Bedarf der Vereinten Nationen in Mosambik daher von Beginn an gegeben. Ohne Konsequenzen bei dieser Anfrage blieb eine mögliche historische Belastung der Bundesrepublik. Wurden im ehemaligen Jugoslawien die Vergehen deutscher Soldaten während des Zweiten Weltkriegs als Ausschlusskriterium einer deutschen Beteiligung gesehen, blieb in Mosambik unbeachtet, dass deutsche Truppen während des Ersten Weltkriegs auch im Norden der ehemaligen portugiesischen Kolonie gekämpft hatten.[477] Insgesamt sprach die Rahmenlage somit für ein Engagement der Bundesregierung.

Das AA, und hier vor allem die Ständige Vertretung in New York und die deutsche Botschaft in Maputo, machten sich auch für eine Beteiligung der Bundeswehr und des BGS in Mosambik stark, um den Anspruch auf einen ständigen Sitz im VNSR zu untermauern. Insbesondere das Heer haderte aber mit seinen begrenzten Ressourcen. Weil es eine Überdehnung der eigenen Kräfte fürchtete, entschied sich Verteidigungsminister Rühe im Januar 1993 für die Fokussierung auf Somalia. Hier beteiligten sich vor allem die USA, weshalb insbesondere der Generalinspekteur und der Führungsstab der Streitkräfte in Somalia einen solidarischen Beitrag an der Seite der NATO-Partner leisten wollten. In Mosambik blieb das Engagement der NATO-Staaten begrenzt. Eine deutsche militärische Beteiligung war militär- und bündnispolitisch nicht erforderlich und schien während des laufenden Organstreits von keinem größeren Nutzen für das BMVg und die Bundeswehr zu sein.

Die Reihen des BMVg waren aber keineswegs geschlossen. Gegensätzlicher Auffassung waren Staatssekretär Schönbohm und der Planungsstab. Grundsätzlich ging es bei diesem Meinungsunterschied jedoch nicht darum, in welchem Land und welcher Mission effektiver geholfen werden konnte. Einzig politische Erwägungen sprachen aus Sicht des Planungsstabs für die innenpolitisch leichter zu legitimierende Mission in Mosambik, da es sich hier nur um ein ähnliches Engagement handelte wie in Kambodscha. Letztlich lag es einzig an der bündnispolitisch motivierten Fokussierung des Verteidigungsministers auf Somalia, dass in Mosambik keine deutschen Soldaten zum Einsatz kamen. Gleiches galt für das BMI, das seine Priorität auch aufgrund der internationalen Versprechungen des Kanzlers in Ost- und nicht im südlichen Afrika sah. Eine Befassung des Kabinetts oder eine ressortübergreifende Abwägung gab es nie. Einmal mehr offenbarte sich die Schwäche des AA, das zur Verwirklichung seiner außenpolitischen Pläne auf die Hilfe des BMVg bzw. des BMI angewiesen war. Anders als im Falle von Somalia fehlte aber auch die Fürsprache des BKAmts, obwohl Deutschland

---

[477] Vgl. Paice, Tip & Run, S. 336–346, 362–391; Pesek, Das Ende eines Kolonialreiches, S. 111–118.

über 50 Mio. US-Dollar der ONUMOZ-Kosten tragen musste.[478] Der ständige Sitz im VNSR war aber allenfalls ein Wunsch des AA, nicht der restlichen Ressorts. Dass die Chancen des Friedensprozesses in Mosambik und die dortige Sicherheitslage als wesentlich besser eingestuft wurden als in Somalia und die Vereinten Nationen informell um eine Unterstützung in Mosambik, zunächst aber nicht in Somalia baten, änderte nichts an der ablehnenden Haltung der personalstellenden Ressorts. Zudem beschäftigten sich auch die deutschen Medien kaum mit der Lage in Mosambik. Anders als in Somalia, aber auch ab Sommer 1994 in Ruanda, fehlte den deutschen Akteuren der mediale Zwang, ein größeres Engagement in Mosambik zu forcieren oder sich stärker mit dem dortigen Konflikt zu beschäftigen, dessen humanitäre Dimensionen ein Eingreifen leicht gerechtfertigt hätten. Aber auch das Interesse der Parlamentarier blieb gering. Obendrein gelangten die gegensätzlichen Ansichten des AA, BMVg und BMI nie in die Öffentlichkeit, sodass sich die Bundesregierung mit dem deutschen Engagement in Mosambik zufrieden zeigen konnte, auch wenn viele Diplomaten für eine personelle Beteiligung gestimmt hatten. Letzten Endes ging es aber ohnehin nur um ein generelles, sichtbares Engagement im Ausland. Wo dies geschah, war zweitrangig. Mit den Konflikten vor Ort hatten diese Entscheidungen wenig zu tun.

## 3. Die UNOMIL in Liberia

### a) Der liberianische Bürgerkrieg

Die letzte VN-Mission auf dem afrikanischen Kontinent, an der sich die Bundesrepublik im Zeitraum von 1989 bis 1993 nicht mit uniformiertem Personal beteiligte, erfolgte in Liberia. Am 24. Dezember 1989 war hier die kleine, von Charles Taylor angeführte Rebellengruppe National Patriotic Front of Liberia (NPFL) aus der benachbarten Côte d'Ivoire eingefallen und hatte einen blutigen Bürgerkrieg entfacht.[479] Vorausgegangen waren Jahre der Misswirtschaft, der Korruption und der Unterdrückung einiger ethnischer Gruppen durch den 1980 in einem Putsch an die Macht gekommenen Präsidenten Samuel Doe.[480] Rasch erhielt die NPFL Zulauf von Teilen der unzufriedenen und von Vergeltungsmaßnahmen der Regierungstruppen bedrohten Bevölkerung. Innerhalb eines halben Jahres brachten die Rebellen weite Teile des Landes unter ihre Kontrolle und belagerten ab Sommer

---

[478] Die Kosten der Mission beliefen sich auf 492,6 Mio. US-Dollar. Vgl. United Nations, Mozambique – ONUMOZ. Facts and Figures.
[479] Ausführlich zum ersten liberianischen Bürgerkrieg siehe Ellis, The Mask of Anarchy; Adebajo, Liberia's Civil War; TRC, Vol. II: Consolidated Final Report.
[480] Ellis, The Mask of Anarchy, S. 54–74; Adebajo, Liberia's Civil War, S. 19–38; TRC, Vol. II: Consolidated Final Report, S. 143–149.

## V. Freundliches Desinteresse?

1990 die Hauptstadt Monrovia.[481] Gehemmt durch die ablehnende Haltung der drei afrikanischen Sicherheitsratsmitglieder gegenüber einem internationalen Engagement in Liberia[482] und wenig später beschäftigt mit dem Zweiten Golfkrieg, versuchten nicht primär die Vereinten Nationen eine politische Lösung des Konflikts zu erwirken. Obwohl ihre Mitgliedsstaaten unterschiedliche Interessen verfolgten und im Laufe des Bürgerkriegs verschiedene Parteien unterstützten, nahm sich zuallererst die westafrikanische Wirtschaftsgemeinschaft ECOWAS[483] des Konflikts an.[484] Im August 1990 entsandte sie zur Beobachtung eines Waffenstillstands und zur Wiederherstellung der Ordnung eine eigene Militärmission (ECOWAS Monitoring Group, ECOMOG).[485] Die Präsenz Tausender, vor allem aus Nigeria stammender Soldaten verhinderte zwar, dass die mittlerweile in zwei Gruppen gespaltenen Rebellen Monrovia einnehmen konnten. Sie verhinderten jedoch nicht die brutale Ermordung des liberianischen Präsidenten Samuel Doe im September 1990.[486]

Zwar übernahm nach Does Tod keiner der Rebellen die Macht, sondern eine zivile Übergangsregierung.[487] Die ECOMOG wurde jedoch selbst Teil des Konflikts, als sie Ende September 1990 gegen die ihr feindlich gesinnte NPFL vorging.[488] Statt sich zu beruhigen, griff der liberianische Bürgerkrieg mit Unterstützung Charles Taylors auch auf das Nachbarland Sierra Leone über,[489] in dem Anfang 1991 ein ähnlich zerstörerischer Krieg begann.[490]

Obwohl die ECOWAS in den kommenden Jahren wiederholt Waffenstillstands- und Friedensvereinbarungen aushandelte,[491] verbesserte sich die Lage kaum; nicht selten waren die ECOMOG-Truppen selbst an Plünderungen und der damit verbundenen Destabilisierung des Landes be-

---

[481] Ellis, The Mask of Anarchy, S. 75–80; Adebajo, Liberia's Civil War, S. 57 ff.; TRC, Vol. II: Consolidated Final Report, S. 152–157.
[482] Adebajo, UN Peacekeeping, S. 143.
[483] Economic Community of West African States.
[484] Zu den verschiedenen Interessen innerhalb der ECOWAS siehe Ellis, The Mask of Anarchy, S. 158–164; Adebajo, Liberia's Civil War, S. 60–65; TRC, Vol. II: Consolidated Final Report, S. 309–312.
[485] Jonah, ECOMOG; Magyar, ECOMOG's Operations, S. 52–75; Adebajo, Liberia's Civil War, S. 74–82. Truppen stellten zunächst Gambia, Ghana, Guinea, Mali, Nigeria, der Senegal (Abzug im Januar 1993) und Sierra Leone. VNSR, S/25402, 12.3.1993, S. 12. Zum nigerianischen Engagement siehe Adebajo, Liberia's Civil War, S. 48–54, 74–79.
[486] Ellis, The Mask of Anarchy, S. 1–17; Adebajo, Liberia's Civil War, S. 78 f. Zur Analyse des von der Ermordung verbreiteten Videos siehe Utas, War, Violence & Videotapes.
[487] TRC, Vol. II: Consolidated Final Report, S. 158.
[488] VNSR, S/25402, 12.3.1993, Randnr. 25, 28; HRW, Waging War; Adebajo, Liberia's Civil War, S. 79–82.
[489] Vgl. VNSR, S/22474, 10.4.1991.
[490] Vgl. Richards, Fighting for the Rain Forest; Gberie, A Dirty War in West Africa; Keen, Conflict and Collusion in Sierra Leone.
[491] Zwischen 1990 und 1997 unterzeichneten die Parteien 15 Vereinbarungen. TRC, Vol. II: Consolidated Final Report, S. 159 f. Siehe auch Jonah, ECOMOG, S. 303–325; Adebajo, Building Peace in West Africa, S. 50–66.

teiligt.[492] Erstmals beschäftigte sich daher auch der VNSR im Januar 1991 nach Anfrage der Côte d'Ivoire mit Liberia, verabschiedete jedoch keine Resolution, sondern nur ein Kommuniqué.[493] Eine weitere diplomatische Note wurde erst über ein Jahr später, am 7. Mai 1992, veröffentlicht.[494] Während die Vereinten Nationen das politische Feld angesichts anderer Konflikte weitgehend der ECOWAS überließen, konzentrierten sich ihre verschiedenen Organisationen auf die Bereitstellung humanitärer Hilfe.[495] Erst nach einer Großoffensive der NPFL in Monrovia im Oktober 1992, bei der mehrere Tausend Menschen starben,[496] forderte der VNSR Ende November auf Anfrage der ECOWAS-Staaten[497] und Liberias[498] vom VNGS die Ernennung eines Sonderbeauftragten für Liberia[499] und verhängte ein Waffenembargo.[500]

In seinem ersten Bericht zum liberianischen Bürgerkrieg bezifferte der VNGS die Opfer im März 1993 auf vermutlich zu hoch geschätzte 150 000.[501] Bis zu 700 000 Liberianer waren in die Nachbarländer geflüchtet, bis zu 600 000 suchten Schutz in der Hauptstadt Monrovia,[502] bei einer Gesamtbevölkerung von etwa 2,5 Mio. Menschen.[503] Unter massivem politischem und militärischem Druck stimmte Charles Taylor am 25. Juli 1993 einem Friedensvertrag zu, der die Abhaltung von Wahlen innerhalb von rund sieben Monaten, die Entwaffnung und Demobilisierung von Kombattanten und die Überwachung des Friedensvertrags durch Truppen der ECOMOG und von VN-Beobachtern vorsah.[504] Am 10. August 1993 beschloss der VNSR eine zunächst auf drei Monate begrenzte Entsendung von 30 Militärbeobachtern.[505] Letztere konnten

---

[492] Ausführlich zur Plünderung Liberias siehe Reno, Warlord Politics, S. 79–111; Ellis, The Mask of Anarchy, S. 164–180. Aufgrund der Beteiligung von ECOMOG-Soldaten an den Plünderungen galt das Akronym ECOMOG in Liberia als »Every Car Or Moving Object Gone«. Vgl. Tuck, »Every Car Or Moving Object Gone«. Zu Menschenrechtsvergehen der ECOMOG siehe HRW, Waging War.
[493] VNSR, S/22076, 15.1.1991; VNSR, S/22133, 22.1.1991.
[494] VNSR, S/23886, 7.5.1992.
[495] Vgl. HRW, Waging War, hier »The United Nations«.
[496] Adebajo, Liberia's Civil War, S. 109 ff., 120 ff.; TRC, Vol. II: Consolidated Final Report, S. 161.
[497] VNSR, S/24735, 29.10.1992.
[498] VNSR, S/24825, 18.11.1992.
[499] Den Posten übernahm der Jamaikaner Trevor Gordon-Somers. VNSR, S/24834, 23.11.1992; VNSR, S/24835, 23.11.1992.
[500] Zudem wurde die ECOWAS-Initiative begrüßt und Kapitel VIII der VN-Charta angesprochen, das Regionalorganisationen erlaubt, Zwangsmaßnahmen unter Autorität des VNSR durchzuführen. VNSR, S/RES/788(1992), 19.11.1992. Bereits drei Tage zuvor hatte die ECOWAS ein Waffenembargo gegen Charles Taylors NPFL verhängt. VNSR, S/24811, 16.11.1992.
[501] VNSR, S/25402, 12.3.1993, Randnr. 8. Ellis schätzt die Gesamtverluste zwischen 1989 und 1997 auf ›nur‹ bis zu 80 000 Tote. Vgl. Ellis, The Mask of Anarchy, S. 312–316.
[502] VNSR, S/25402, 12.3.1993, Randnr. 8.
[503] Ebd., Randnr. 4.
[504] VNSR, S/26272, 9.8.1993; Adebajo, Liberia's Civil War, S. 127 ff.
[505] VNSR, S/RES/856(1993), 10.8.1993.

V. Freundliches Desinteresse?

bis Mitte September 1993 stationiert werden.[506] Sie bildeten die Grundlage für die Entsendung einer größeren Beobachtermission.

### b) Die VN-Mission UNOMIL

Die UNOMIL war insofern etwas Neues, als in einem Konfliktgebiet erstmals eine VN-Mission parallel zur Mission einer Regionalorganisation tätig wurde.[507] Wie im Friedensvertrag vereinbart, sollten die Vereinten Nationen in erster Linie unterstützen und die Umsetzung des Friedensprozesses beobachten. Die Sicherung und die Verantwortung zur Umsetzung der Friedensvereinbarungen oblagen vor allem den ECOMOG-Truppen. Aus diesem Grund schlug der VNGS im September 1993 lediglich die Aufstellung einer kleinen United Nations Observer Mission in Liberia (UNOMIL) vor und keine größere Mission.[508] Als Stärke veranschlagte er gerade einmal 303 Militärbeobachter,[509] 25 Zivilkräfte zur Aufrechterhaltung der Kommunikation und rund 20 Sanitäter. Zusätzlich plante der VNGS vorübergehend 45 Pioniere für Infrastrukturarbeiten und sechs Helikopter mit Personal für den Transport ein.[510] Die Kosten der auf sieben Monate ausgelegten Mission bezifferte er auf rund 24,6 Mio. US-Dollar.[511] Insbesondere die USA waren aufgrund begrenzter Haushaltsmittel als Hauptfinanzier der VN-Maßnahmen an keiner größeren Mission interessiert.[512] Als Auftrag des UNOMIL-Personals schlug der VNGS in Ergänzung zu den vorhandenen ECOMOG-Truppen die Beobachtung der Kasernierung der Kombattanten, die Überwachung ihrer Entwaffnung und Demobilisierung sowie die Stationierung an Grenzübergängen, Flughäfen und Häfen zur Überwachung des Waffenembargos vor.[513] Außerdem sollte die Mission eine Abteilung mit bis zu 200 Wahlbeobachtern umfassen.[514] Von Beginn an war der Erfolg der UNOMIL aber an die Aufstockung der ECOMOG gekoppelt. Bei Verzögerungen oder deren Abzug stand auch der Rückzug der UNOMIL zur

---

[506] VNSR, S/26868, 13.12.1993, Randnr. 11.
[507] VNSR, S/26422, 9.9.1993, Randnr. 14. Aufgrund unterschiedlicher Ausrüstung und Finanzierung war ihr Verhältnis von Beginn an gespannt. Vgl. HRW, Waging War, hier »The United Nations«; Adebajo, Liberia's Civil War, S. 140 ff.; Adebajo, UN Peacekeeping, S. 144 f.
[508] VNSR, S/26422, 9.9.1993, Randnr. 10.
[509] Ebd., Randnr. 18. Anfang 1993 waren die ECOWAS und die Konfliktakteure von einem Bedarf von rund 200 VN-Beobachtern ausgegangen. VNSR, S/25402, 12.3.1993, Randnr. 30.
[510] VNSR, S/26422, 9.9.1993, Randnr. 19 ff.
[511] Im Nachtrag berechnete der VNGS zusätzlich die Entsendung von 129 internationalen und 12 lokalen Kräften. VNSR, S/26422/Add.1, 17.9.1993, Randnr. 2.
[512] Vgl. Memorandum for Anthony Lake from Susan Rice, 2.8.1993, https://nsarchive2.gwu.edu/NSAEBB/NSAEBB511/docs/2014-0278-M_19930802.pdf.
[513] VNSR, S/26422, 9.9.1993, Randnr. 13.
[514] Ebd., Randnr. 34.

Debatte.[515] Während die ECOMOG die Sicherheit des VN-Personals garantieren sollte, schloss der VNGS die Teilnahme von VN-Personal an militärischen Operationen der ECOMOG aus.[516] Da der ECOMOG eine Schlüsselrolle für den Erfolg der UNOMIL eingeräumt wurde, legten die Vereinten Nationen einen »Trust Fund« zur Finanzierung auf, in den die VN-Mitgliedsstaaten freiwillig zur Unterstützung der ECOWAS-Truppensteller einzahlen konnten.[517]

Am 22. September 1993 stimmte der VNSR der UNOMIL-Entsendung unter der Auflage zu, ihre Fortsetzung vom Fortschritt des Friedensprozesses abhängig zu machen. Ihr Auftrag sollte die Untersuchung möglicher Verstöße gegen die Waffenruhe, die Überwachung des Friedensabkommens, die Beobachtung des Wahlprozesses, die Unterstützung der Koordination der humanitären Hilfe und die Ausbildung von ECOMOG-Personal zur Minenräumung sein. Untersagt wurde die Beteiligung an Zwangsmaßnahmen.[518]

Der im Oktober zum Leitenden Militärbeobachter ernannte kenianische Generalmajor Daniel Ishmael Opande[519] erreichte Liberia kurze Zeit später. Im Dezember führte er 166 Militärbeobachter aus 13 verschiedenen Staaten.[520] Aus Westeuropa beteiligte sich nur Österreich personell.[521] Verzögerungen bei der Aufstockung der ECOMOG,[522] die wiederum zu Verzögerungen der Entwaffnung und Demobilisierung der Kombattanten führte, warfen den Zeitplan des Friedensprozesses jedoch schnell zurück. Zusätzlich konnten sich die Konfliktakteure lange Zeit nicht auf die Vergabe der wichtigsten Posten in der Übergangsregierung einigen.[523] Während die UNOMIL ihre volle Stärke von 368 Angehörigen Anfang Januar 1994 erreichte,[524] blieb die internationale Unterstützung für die Aufstockung der ECOMOG-Truppen gering. Lediglich die USA versprachen rund 20 Mio. US-Dollar für den Treuhandfonds, in den ansonsten nur wenige Staaten einzahlten.[525] Obwohl der VNGS alle Mitgliedsstaaten Anfang 1994 zur finanziellen Unterstützung der ECOMOG-Truppen aufrief[526] und dies im Juli 1994 durch direkte Anfragen wiederholte, blieb größere internationale Unterstützung aus.[527]

Indes war die ECOMOG im Januar zwar durch zwei zusätzliche Bataillone aus Uganda und Tansania vorübergehend verstärkt worden,[528] die Gründung

---

[515] Ebd., Randnr. 39.
[516] Ebd., Randnr. 14.
[517] Ebd., Randnr. 24.
[518] VNSR, S/RES/866(1993), 22.9.1993.
[519] VNSR, S/26532, 5.10.1993; VNSR, S/26533, 5.10.1993.
[520] VNSR, S/26868, 13.12.1993, Randnr. 15.
[521] Vgl. VNSR, S/26554, 8.10.1993.
[522] VNSR, S/26868, 13.12.1993, Randnr. 20 f.
[523] VNSR, S/1994/168, 14.2.1994, Randnr. 4.
[524] Ebd., Randnr. 15.
[525] Ebd., Randnr. 26. Neben den USA mit 22 Mio. US-Dollar zahlten bis Herbst 1995 nur Großbritannien eine Mio. US-Dollar sowie Dänemark, Norwegen und die Niederlande jeweils zwischen 260 000 und 290 000 US-Dollar. VNGV, A/50/522, 9.10.1995, S. 17.
[526] VNSR, S/1994/168, 14.2.1994, Randnr. 30.
[527] VNSR, S/1994/1006, 26.8.1994, Randnr. 16.
[528] VNSR, S/1994/168, 14.2.1994, Randnr. 24.

## V. Freundliches Desinteresse?

neuer Rebellengruppen und Kämpfe mit der NPFL störten den Friedensprozess jedoch nachhaltig.[529] Trotz der fragilen Sicherheitslage begann am 7. März 1994 ein zögerlicher Demobilisierungsprozess,[530] der aufgrund der erneuten Zunahme der Gewalt spätestens im Sommer 1994 scheiterte.[531]

Die Verzögerung des Friedensprozesses erforderte eine Verlängerung der UNOMIL, sodass der VNSR die Mission am 21. April 1994 – parallel zur Reduzierung der Truppen in Ruanda[532] – vorbehaltlich einer Lageverbesserung zunächst bis zum 22. Oktober 1994 verlängerte.[533] Die Kämpfe zwischen und innerhalb der immer stärker aufsplitternden Konfliktparteien[534] gingen indes weiter.[535] Zur Beschreibung der komplexen Lage meldete der VNGS im Oktober 1994:

> »The situation in Liberia is reaching the point where warlords, without any particular political agenda but with the control of a certain number of soldiers, are seeking territory for the sake of adding to their own claim to power […] The current fighting in Liberia is small-scale bush fighting. The results are not large military victories, but deaths mostly of civilians, the decimation of entire villages and the breakdown of any semblance of law and order.«[536]

Die Dislozierung der UNOMIL im ganzen Land und die Erfüllung ihres ursprünglichen Auftrages wurden daher nicht nur durch das Ausbleiben weiterer ECOMOG-Truppen, sondern auch durch die neuen Kämpfe behindert. Zusätzlich kam es wiederholt zu Übergriffen auf VN-Personal, sodass nur wenige Stellungen im Land bezogen und im Sommer 1994 30 Militärbeobachter nach Ruanda verlegt wurden.[537] Auch die eigentlich für den Schutz des VN-Personals zuständigen ECOMOG-Truppen gerieten immer häufiger zwischen die Fronten.[538] Im Oktober 1994 stellte der VNGS fest, dass die unbewaffneten UNOMIL-Beobachter unfähig seien, ihr Mandat zu erfüllen.[539] Bereits im August 1994 war eine VN-Untersuchungskommission zu dem Schluss gekommen, dass es den Konfliktparteien am Willen fehlte, den Friedensvertrag umzusetzen, und die ECOMOG nicht ausreichend Ressourcen besaß, um die unbewaffneten UNOMIL-Beobachter zu schützen. Die Reduzierung der Mission um ein Drittel ihrer Stärke wurde empfohlen.[540] Zu dieser Zeit be-

---

[529] Ebd., Randnr. 19.
[530] VNSR, S/1994/463, 18.4.1994, Randnr. 24; VNSR, S/1994/760, 24.6.1994, Randnr. 19 f.
[531] Bis Mitte August nahmen nur 3612 der geschätzten 60 000 Kombattanten – später wurde die Zahl auf 33 000 reduziert – am Programm teil. VNSR, S/1994/1006, 26.8.1994, Randnr. 17.
[532] VNSR, S/RES/912(1994), 21.4.1994.
[533] VNSR, S/RES/911(1994), 21.4.1994.
[534] Zur Übersicht über die verschiedenen Gruppen siehe Gerdes, Civil War, S. 34–38.
[535] VNSR, S/1994/760, 24.6.1994, Randnr. 6 ff.; VNSR, S/1994/1006, 26.8.1994, Randnr. 9–12; VNSR, S/1994/1167, 14.10.1994, Randnr. 22–27.
[536] Ebd., Randnr. 27.
[537] VNSR, S/1994/760, 24.6.1994, Randnr. 15 ff.; VNSR, S/1994/1006, 26.8.1994, Randnr. 13; VNSR, S/1994/1167, 14.10.1994, Randnr. 28–33.
[538] Ebd., Randnr. 31.
[539] Ebd., Randnr. 33.
[540] Ebd., Randnr. 4 f.

saß die Mission teilweise durch Versetzungen in andere Missionen ohnehin nur noch 190 Beobachter und sollte nach dem Willen des VNGS auf 90 reduziert werden.[541] Parallel dazu verschlechterte sich die humanitäre Lage. Laut Angaben des guineischen Präsidenten flüchteten im September 1994 täglich mindestens 1000 Liberianer über die Grenze.[542]

Trotz der gravierenden Beschränkungen der Mission und der anhaltenden Gewalt verlängerte der VNSR das Mandat der UNOMIL Ende Oktober 1994 zunächst bis Januar 1995 und stimmte der Reduzierung der Mission zu.[543] Parallel dazu stieg die Zahl der Geflüchteten und der Vertriebenen weiter an. Anfang 1995 benötigten etwa 1,8 Mio. Liberianer humanitäre Hilfe.[544] Die ECOMOG-Truppen konnten aufgrund fehlender Logistik, ausbleibender Gelder und der anhaltenden Gewalt aber nur in weniger als 15 Prozent des Landes stationiert werden.[545] Dies zwang die UNOMIL-Beobachter dazu, sich aus allen Regionen außer den Städten Monrovia, Kakata und Buchana zurückzuziehen.[546] Ihre Stärke schmolz weiter zusammen. Anfang 1995 verfügte die Mission nur noch über 78 Beobachter und sieben Sanitätskräfte. Keiner von diesen kam aus Westeuropa.[547] Im Sommer bestand die UNOMIL nur noch aus 52 Personen.[548] Eine im Februar 1995 vom VNGS ins Gespräch gebrachte größere VN-Mission wurde – vermutlich wegen des parallelen Abzugs aus Somalia und der Gewalteskalation in Bosnien und Herzegowina – nicht weiter beachtet.[549]

Neue Hoffnung entwickelte sich erst im Sommer 1995, als vor allem Ghana und Nigeria ein weiteres Friedensabkommen vermittelten.[550] Der VNGS schlug die erneute UNOMIL-Aufstockung auf rund 160 Militärbeobachter und die Entsendung von drei zusätzlichen Hubschraubern vor.[551] Die Aufstockung

---

[541] Ebd., Randnr. 33.
[542] VNGV/VNSR, A/49/768_S/1994/1402, 9.12.1994, S. 2. Laut VN waren 1998 rund zehn Prozent der in Guinea lebenden Menschen Geflüchtete aus Liberia und Sierra Leone. VNGV/VNSR, A/52/871_S/1998/318, 13.4.1998, Randnr. 56.
[543] VNSR, S/RES/950(1994), 21.10.1994. Es folgten weitere Verlängerungen im Januar (VNSR, S/RES/972(1995), 13.1.1995), im April (VNSR, S/RES/985(1995), 13.4.1995), im Juni (VNSR, S/RES/1001(1995), 30.6.1995) und im September 1995 (VNSR, S/RES/1014(1005), 15.9.1995).
[544] VNSR, S/1995/9, 6.1.1995, Randnr. 26; VNSR, S/1995/158, 24.2.1995, Randnr. 36 f.
[545] VNSR, S/1995/9, 6.1.1995, Randnr. 23 f. Anfang 1995 standen 8430 ECOMOG-Soldaten im Land. Der Großteil stammte aus Nigeria (4908), Ghana (1028), Uganda (760), Tansania (747), Guinea (609) und Sierra Leone (359). VNSR, S/1995/158, 24.2.1995, Randnr. 18. Zur Erfüllung ihrer Aufgabe wurden der ECOMOG zufolge aber rund 12 000 Soldaten benötigt. VNSR, S/1995/158, 24.2.1995, Randnr. 24.
[546] VNSR, S/1995/9, 6.1.1995, Randnr. 19.
[547] VNSR, S/1995/158, 24.2.1995, Randnr. 26, 14.
[548] VNSR, S/1995/781, 13.9.1995, Randnr. 15.
[549] Vgl. VNSR, S/1995/158, 24.5.1995, Randnr. 52.
[550] VNSR, S/1995/742, 28.8.1995; VNSR, S/1995/756, 30.8.1995; VNSR, S/1995/781, 13.9.1995, Randnr. 9 f.; VNSR, S/1995/881, 23.10.1995, Randnr. 4; Adebajo, Liberia's Civil War, S. 162–169.
[551] VNSR, S/1995/881, 23.10.1995, Randnr. 27 f., 64 f.

## V. Freundliches Desinteresse?

und ein neues Mandat, das auch die Beobachtung und Verifizierung der Wahlen umfasste, beschloss der VNSR am 10. November.[552]

Bereits Ende Dezember kam es jedoch zu neuen Kämpfen zwischen Rebellen und der ECOMOG.[553] Anfang April 1996 eskalierte die Lage vollends.[554] Infolge wahlloser Kämpfe wurde nicht nur ein Großteil Monrovias zerstört, auch wurde das UNOMIL-Hauptquartier besetzt.[555] Rund 80 Prozent ihrer Fahrzeuge wurden gestohlen oder zerstört,[556] rund 3000 Menschen starben.[557] Infolgedessen wurden 88 der 93 UNOMIL-Angehörigen vorübergehend von den USA evakuiert.[558] Konsterniert erklärte der VNGS das hybride Konzept für gescheitert: »It would be an illusion to think that this innovative model of peace-keeping will be able to succeed in Liberia, [...] unless sufficient and reliable sources of funding are provided to ECOMOG«.[559]

Erst im August gab es ein weiteres Friedensabkommen.[560] Dieses sah erneut Wahlen und die Entwaffnung und Demobilisierung der Kombattanten vor.[561] Die internationale Gemeinschaft blieb jedoch skeptisch. Der erneute Aufwuchs der UNOMIL verlief zögernd. Mitte November 1996 standen der Mission nur 23[562], Ende Januar 1997 nur 78 Personen zur Verfügung.[563] Erst im März erreichte die Mission ihre autorisierte Stärke von 93 Angehörigen.[564] Die international als frei und fair erklärten Wahlen im Juli 1997 gewann Charles Taylors National Patriotic Party.[565] Die UNOMIL beteiligte sich mit der Entsendung von 200 Wahlbeobachtern.[566] Zuvor waren über 20 000 der geschätzten 33 000 Kombattanten entwaffnet worden.[567] Im September 1997 lief das Mandat der UNOMIL aus.[568]

---

[552] VNSR, S/RES/1020(1995), 10.11.1995. Eine weitere Verlängerung erfolgte Ende Januar 1996. VNSR, S/RES/1041(1996), 29.1.1996.
[553] VNSR, S/1996/47, 23.1.1996, Randnr. 11 ff.; Adebajo, Liberia's Civil War, S. 184 ff.
[554] Adebajo, Liberia's Civil War, S. 186–192.
[555] VNSR, S/1996/362, 21.5.1996, Randnr. 2 ff., 14–27 und S. 13 f.
[556] Ebd., Randnr. 28. Insgesamt wurden den VN und NROs Gegenstände im Wert von über acht Mio. US-Dollar gestohlen, darunter fast 500 Fahrzeuge. VNGV/VNSR, A/52/871_S/1998/318, 13.4.1998.
[557] VNSR, S/1996/684, 22.8.1996, Randnr. 32.
[558] VNSR, S/1996/362, 21.5.1996, Randnr. 19.
[559] Ebd., Randnr. 53.
[560] Adebajo, Liberia's Civil War, S. 192–197.
[561] Vgl. VNSR, S/1996/679, 21.8.1996.
[562] VNSR, S/1996/917, 8.11.1996; VNSR, S/1996/962, 19.11.1996, S. 9. Das Mandat war Ende Mai 1996 zunächst bis August (VNSR, S/RES/1059(1996), 31.5.1996), im August bis November (VNSR, S/RES/1071(1996), 30.8.1996) und im November bis zum 31.3.1997 verlängert worden (VNSR, S/RES/1083(1996), 27.11.1996).
[563] VNSR, S/1997/90, 29.1.1997, S. 12.
[564] VNSR, S/1997/237, 19.3.1997, Randnr. 17 und S. 15. ECOMOG war bis April 1997 auf rund 11 000 Soldaten angewachsen. VNSR, S/1997/478, 19.7.1997, Randnr. 18.
[565] VNSR, S/1997/643, 13.8.1997, Randnr. 8 f.; Adebajo, Liberia's Civil War, S. 218–224.
[566] VNSR, S/1997/712, 12.9.1997, Randnr. 30.
[567] VNSR, S/1997/90, 29.1.1997, Randnr. 17 und S. 13; VNSR, S/1997/237, 19.3.1997, Randnr. 13 und S. 14.
[568] Zurück blieb ein ziviles Büro der VN, das der Regierung beim Wiederaufbau helfen sollte. VNSR, S/1997/712, 12.9.1997, Randnr. 34.

Letztlich bezeichnete der VNGS die Mission – die in vier Jahren rund 115 Mio. US-Dollar gekostet hatte – in seinem Abschlussbericht als Erfolg.[569] In der Forschung wird sie dagegen überwiegend kritisch gesehen und ihr Beitrag zur vorübergehenden Stabilisierung Liberias bezweifelt:

> »Had UNOMIL withdrawn during the years of broken ceasefires and delayed elections, it would likely have been of more symbolic than actual significance, given the relatively few human and material resources at its disposal, its limited mandate, and its close association with ECOMOG forces.«[570]

Zu einem ähnlichen Urteil kam auch Adekeye Adebajo, der den Nutzen der UNOMIL mehr »in providing ECOMOG with political legitimacy than in bolstering military efforts on the ground« sah.[571] Die negative Rezeption des VN-Engagements lag vor allem auch daran, dass Liberia nach der Wahl Charles Taylors 1997 zwischen 2000 und 2003 die blutige Fortsetzung des Kriegs erlebte.[572]

### c) Die Bundesrepublik Deutschland und Liberia

Aufgrund wirtschaftlicher und strategischer Interessen der USA[573] stand Liberia während des Ost-West-Konflikts eher im »westlichen« Lager.[574] Die Bundesrepublik Deutschland besaß bereits seit 1954 eine Botschaft im einzigen Land Westafrikas,[575] das offiziell[576] nie Kolonie gewesen war. Ein erster Handelsvertrag zwischen Liberia und den Hansestädten Lübeck, Bremen und Hamburg datierte aus dem Jahr 1855.[577] Im Oktober 1956 besuchte mit William Tubman erstmals ein liberianischer Präsident die Bundesrepublik.[578] Es war einer der ersten offiziellen Staatsbesuche der Bundesrepublik überhaupt.[579] Als Zeichen der freundschaftlichen Verbundenheit wurde Tubman mit dem Verdienstorden der Bundesrepublik Deutschland geehrt.[580] Auch

---

[569] VNSR, S/1997/712, 12.9.1997, Randnr. 16, 21.
[570] Jennings, United Nations Observer Mission in Liberia (UNOMIL), S. 459. Ähnlich MacQueen, die die UNOMIL als »little more than a passive observer« bezeichnet. MacQueen, Peacekeeping, S. 222.
[571] Adebajo, UN Peacekeeping, S. 146.
[572] TRC, Vol. II: Consolidated Final Report, S. 164–172.
[573] Cohen, Intervening in Africa, S. 126–130.
[574] Adebajo, Liberia's Civil War, S. 33–37.
[575] Obwohl die diplomatischen Beziehungen bereits früher aufgenommen worden waren, besaß die Bundesrepublik zuvor nur eine Gesandtschaft in Monrovia. Vgl. PA AA, B 11-ABT. 3/1361, Kopie The Liberia Official Gazette, Vol. XXXVI, Nr. 10, 6.11.1954.
[576] Aufgrund des starken US-amerikanischen Einflusses galt Liberia in Teilen der Wissenschaft als »Invisible Protectorate« der USA. Vgl. Rosenberg, The Invisible Protectorate. Siehe auch Lyon, Informal Imperialism.
[577] Freundschafts-, Handels- und Schiffahrts-Vertrag, S. 305–307.
[578] BPA, Staatsbesuch aus Liberia. In: Bulletin, Nr. 190, 9.10.1956, S. 1807 f.
[579] Vgl. Die Auswärtige Politik der Bundesrepublik Deutschland, S. 912.
[580] BPA, Großkreuz des Verdienstordens für Präsident William V. S. Tubman. In: Bulletin, Nr. 191, 10.10.1956, S. 1818.

## V. Freundliches Desinteresse?

sein Nachfolger William Tolbert reiste im Januar 1979, ein Jahr vor seiner Ermordung durch die Putschisten um Samuel Doe, nach Bonn.[581]

Mit Heinrich Lübke war bereits im Januar 1962 erstmals ein deutsches Staatsoberhaupt auf Einladung des dortigen Präsidenten[582] nach Monrovia gereist, um – zusammen mit Außenminister Gerhard Schröder – die »freundschaftlichen und herzlichen Beziehungen beider Länder«[583] zu unterstreichen.[584] Es war der erste Besuch eines Bundespräsidenten in Subsahara-Afrika. Vom diplomatischen Austausch befördert, entwickelte sich Liberia im folgenden Jahrzehnt für die Bundesrepublik zu einem der Hauptexporteure von Eisenerz.[585] Laut Angaben der Bundesregierung tätigten bundesdeutsche Unternehmen aufgrund der Eisenerzvorkommen in Liberia bis in die 1980er-Jahre sogar die zweithöchsten Investitionen in Subsahara-Afrika.[586] Über eine Mrd. D-Mark sollen bundesdeutsche Firmen in die Eisenerzmine in Bong investiert haben.[587] 1981 betrugen die Exporte Liberias in die Bundesrepublik 476 Mio. D-Mark und die Importe aus der Bundesrepublik 285 Mio. D-Mark.[588] Im Weltvergleich mögen die Zahlen aus Sicht der Bundesrepublik gering anmuten, im Vergleich zu vielen anderen afrikanischen Staaten waren sie aber nicht unerheblich und für Liberia sogar bedeutend.[589] 1989, im Jahr des Konfliktausbruchs, betrugen die liberianischen Exporte nach Deutschland 357 und die Importe 119 Mio. D-Mark.[590] Zusätzlich zum Bergbau weckten die günstigen Konditionen des liberianischen Schifffahrtsregisters das Interesse deutscher Unternehmen. Bereits Anfang der 1980er-Jahre fuhr ein beträchtlicher Teil der bundesdeutschen Handelsflotte unter liberianischer Flagge.[591] Auch von Bedeutung war die Ausfuhr von Tropenholz. Neben Kamerun und Ghana gehörte Liberia Mitte der 1980er-Jahre zu den wich-

---

[581] BPA, Staatsbesuch des Präsidenten der Republik Liberia. In: Bulletin, Nr. 15, 6.2.1979, S. 125–132.
[582] PA AA, B 8, Bd 292, Aufzeichnung Staatssekretär Carstens, 29.6.1961.
[583] PA AA, BAV 160-MONR, Bd 6953, Entwurf Schreiben der Botschaft der Bundesrepublik Deutschland in Monrovia an das AA, Betr.: Staatsbesuch des Herrn Bundespräsidenten vom 11. bis 15. Januar 1962 in Liberia, 17.1.1962, hier S. 3.
[584] Der Vorgang findet sich detailliert in PA AA, B 8, Bd 292. Vgl. auch BPA, Der Bundespräsident in Afrika. In: Bulletin, Nr. 9, 13.1.1962, S. 73 f.; Scheußlich heiß. In: Der Spiegel, Nr. 3 (1962), 16.1.1962, S. 16; Das Bundesarchiv, Staatsbesuch in Liberia. Lübke in Liberia, 1962, https://www.filmothek.bundesarchiv.de/video/590190.
[585] Vgl. BT-Drs. 7/4479, 15.12.1975, S. 8.
[586] BT-Drs. 9/2411, 23.2.1983, S. 125.
[587] Bellers/Porsche-Ludwig, Außenwirtschaftspolitik, S. 243.
[588] BT-Drs. 9/2411, 23.2.1983, S. 125.
[589] Vgl. BT-Drs. 9/2411, 23.2.1983, S. 116–135. Ende der 1970er-Jahre lag Liberia im Außenhandel mit der Bundesrepublik auf Platz 6 in Afrika (3,5 Prozent des Gesamtvolumens 1977). Hofmeier, Möglichkeiten und Grenzen deutscher Entwicklungspolitik gegenüber Afrika, S. 247.
[590] Statistisches Bundesamt, Außenhandel, Fachserie 7, Reihe 3, Außenhandel nach Ländern und Warengruppen (Spezialhandel), 2. Halbjahr und Jahr 1989, S. 199 ff., https://www.statistischebibliothek.de/mir/servlets/MCRFileNodeServlet/DEHeft_derivate_00055503/FS-7-3-1989-2.pdf.
[591] Vgl. BT-PlPr. 8/215, 25.4.1980, S. 17281.

tigsten Tropenholzlieferanten der Bundesrepublik;[592] ein für Liberia nicht zu unterschätzender Wirtschaftszweig, finanzierte Charles Taylor seinen Kampf doch größtenteils durch Einnahmen aus diesem Sektor.[593]

Für die guten politischen und wirtschaftlichen Beziehungen revanchierte sich die Bundesregierung mit Entwicklungsförderungen und avancierte zu einem der bedeutendsten Geber Liberias.[594] Bereits vor dem Besuch des Bundespräsidenten waren Kredite in Höhe von 50 Mio. D-Mark versprochen worden.[595] Anfang der 1980er-Jahre steuerte die Bundesrepublik 40 Mio. D-Mark zum Bau einer Straße zwischen den Hauptstädten Sierra Leones und Liberias bei.[596] Wegen der bundesdeutschen Interessen im Bergbau gab es auch auf kulturellem Gebiet Anknüpfungspunkte. Ende der 1970er-Jahre zählte Liberia zu einem der sechs afrikanischen Staaten, die über eine »Deutsche Auslandsschule« verfügten, an der ein in Deutschland anerkannter Schulabschluss erworben werden konnte.[597] Auswirkungen auf die Verbreitung der deutschen Sprache im Land hatte dies aber nicht.[598] Offenbar richtete sich die Schule nur an den Nachwuchs der im Land lebenden Deutschen.

Größere militärische Zusammenarbeit mit Liberia gab es nicht. Eine Beratergruppe der Bundeswehr, wie in Ruanda oder Somalia, existierte in Liberia beim Ausbruch des Bürgerkrieges nicht.[599] Die zwischen 1975 und 1990 nach Liberia geflossene Ausstattungshilfe betrug lediglich 4,5 Mio. D-Mark und war 1981 – vermutlich infolge des Militärputsches von Samuel Doe – eingestellt worden.[600] In Abwesenheit einer deutschen militärischen Präsenz waren 1987 lediglich noch einmal Überschussbestände der Bundeswehr in Höhe von 108 000 D-Mark nach Liberia gebracht worden.[601]

Insgesamt bestanden aber im Dezember 1989, als der Bürgerkrieg in Liberia begann, seit Jahrzehnten gute Beziehungen zur Bundesrepublik. Zusätzlich

---

[592] Dahms, Der Import tropischer Hölzer, hier S. 109. Eisenerze und Holz machten 1989 rund 91 Prozent aller liberianischen Exporte in die Bundesrepublik aus. Auf Holz entfielen insgesamt zwölf Prozent. Statistisches Bundesamt, Außenhandel, Fachserie 7, Reihe 3, Außenhandel nach Ländern und Warengruppen (Spezialhandel), 2. Halbjahr und Jahr 1989, S. 199 f., https://www.statistischebibliothek.de/mir/servlets/MCRFileNodeServlet/DEHeft_ derivate_00055503/FS-7-3-1989-2.pdf.

[593] Vgl. Reno, Warlord Politics, S. 94–99.

[594] Bellers/Porsche-Ludwig, Außenwirtschaftspolitik, S. 243.

[595] BPA, Aufbauhilfe der Bundesrepublik für Liberia. In: Bulletin, Nr. 10, 16.1.1962, S. 84.

[596] BT-Drs. 9/1911, 11.8.1982, S. 3.

[597] Die anderen Staaten waren Ägypten, Äthiopien, Nigeria, Kenia und Südwestafrika/Namibia. Vgl. BT-Drs. 8/2103, 15.9.1978, S. 19–23. Deutschsprachige Auslandsschulen existierten zudem in Algerien und Libyen und Sprachgruppenschulen in Südafrika. Vgl. ebd., S. 17. In Liberia handelte es sich jedoch lediglich um eine von der Bundesrepublik geförderte Firmenschule. Vgl. BT-Drs. 11/1642, 14.1.1988, S. 21.

[598] Mitte der 1980er-Jahre gab es keinen Deutschlehrer in Liberia und nur etwa 100 Deutsch sprechende Einwohner. BT-Drs. 10/3784, 4.9.1985, 38 f. Auch die Zahl der liberianischen Studenten an Hochschulen der Bundesrepublik blieb begrenzt. Vgl. ebd., S. 76.

[599] Vgl. BT-Drs. 11/6282, 19.1.1990, S. 13.

[600] BT-Drs. 11/8527, 10.12.1990, S. 2.

[601] BT-Drs. 11/7508, 27.6.1990, S. 17.

hielten sich rund 450 deutsche Staatsangehörige im Land auf.[602] Beides hatte jedoch kein größeres deutsches Engagement in den Friedensbemühungen zur Folge.

### d) Die Bundesrepublik und der liberianische Bürgerkrieg

Trotz Jahrzehnten der freundschaftlichen Beziehungen erhielt der Ausbruch des liberianischen Bürgerkriegs Ende 1989 zunächst keine Aufmerksamkeit in der Bundesrepublik. Die deutsche Einheit und der Zweite Golfkrieg überlagerten die meisten afrikanischen Entwicklungen, von der Unabhängigkeit Namibias und dem sich anbahnenden Ende der Apartheid in Südafrika abgesehen. In Teilen fehlte den Parlamentariern, deren Fokus auf dem afrikanischen Kontinent im Süden verortet war, auch einfach die Kapazität, sich mit noch einem Konfliktgebiet zu beschäftigen,[603] zumal die Intensität der dortigen Gewalt zunächst gering war. Während der Kämpfe um Monrovia wurden zwischen Mai und Juli 1990 lediglich fünf Polizisten zum Schutz der Deutschen Botschaft nach Monrovia entsandt.[604] Aufgrund der Verschärfung der Lage wurde das BMVg Anfang Juni 1990 allerdings vom AA um Unterstützung bei der Evakuierung der noch verbliebenen deutschen Staatsbürger gebeten. Am 8. Juni wurde ein Transall-Flugzeug der Luftwaffe nach Freetown in Sierra Leone geschickt, die vier Tage später insgesamt 226 deutsche Staatsangehörige in drei Flügen von der Bong-Mine in Liberia ausflog.[605] Die Botschaft wurde infolge der Evakuierung der letzten Europäer aus der Mine in Bong am 15. August de facto geschlossen.[606] Fortan besaß die Bundesrepublik kein deutsches Personal und keine eigenen Sensoren mehr vor Ort, sodass der immer unübersichtlicher werdende Konflikt noch weiter in den Hintergrund rückte.

Im Bundestag spielte Liberia lediglich infolge von Umweltkatastrophen aufgrund der Debatte um sichere Tanker auf den Weltmeeren eine Rolle.[607]

---

[602] PA AA, B 34, ZA, Bd 159321, Drahtbericht der Botschaft der Bundesrepublik Deutschland in Monrovia an Referat 321 im AA, Nr. 265, 16.6.1990, hier S. 3.

[603] Zeitzeugengespräch mit Dr. Ursula Eid am 26.3.2020; Zeitzeugengespräch mit Prof. Dr. Karl-Heinz Hornhues am 15.9.2020.

[604] PA AA, B 34, ZA, Bd 159321, Vorlage Referat 321 an den Staatssekretär, Betr.: Liberia, hier: Letzte Tage des Doe-Regimes?, 31.5.1990, hier S. 2; BT-Drs. 17/10877, 28.9.2012, S. 4.

[605] Vgl. BArch, BL 19/1117, Drahtbericht LTG 63 LwSanStff an LTKdo Kommandoarzt, 26.7.1990. An Bord des ersten Fluges befand sich auch eine Delegation der NPFL, die in Freetown an Friedensgesprächen teilnehmen sollte. PA AA, B 34, ZA, Bd 159321, Drahtbericht der Botschaft der Bundesrepublik Deutschland in Monrovia an Referat 321 im AA, Nr. 24, 12.6.1990. Siehe auch Kopicki, Operation Bong Mining. Kopicki spricht von 224 Evakuierten. Ebd., S. 64.

[606] PA AA, B 34, ZA, Bd 159323, Drahterlass Referat 321 im AA an die Botschaften der Bundesrepublik Deutschland in Westafrika, Nr. 6901, 15.8.1990; ebd., Vorlage Referat 321 an den Staatssekretär, Betr.: Bürgerkrieg in Liberia, hier: Evakuierung der restlichen in Liberia verbliebenen Staatsangehörigen ab 12.8.1990, 21.8.1990.

[607] Vgl. BT-PlPr 12/131, 14.1.1993, S. 11366, 11373.

Ansonsten blieb der Konflikt nicht nur vom Bundestag, sondern auch von den deutschen Medien weitgehend unbeachtet. Der Tod Samuel Does wurde nicht einmal in der Tagesschau erwähnt. Die bevorstehende deutsche Einheit – am 12. September 1990, drei Tage nach Ermordung Samuel Does, wurde in Moskau der 2+4-Vertrag unterzeichnet[608] – und der Aufmarsch der internationalen Truppen zur Befreiung Kuwaits stellten alle anderen Ereignisse in den Schatten. In Afrika spielte nur die Entwicklung in Südafrika nach der Freilassung Nelson Mandelas eine verstärkte Rolle in den deutschen Leitmedien.[609] Der Informationsbedarf des deutschen Publikums über den südlichen Nachbarkontinent schien damit gesättigt.

Ein weiterer Grund für das deutsche Desinteresse am liberianischen Konflikt kann im Fehlen einer größeren liberianischen Diaspora gesehen werden. Von den 1993 über 690 000 in Deutschland gemeldeten Asylbewerbern kamen lediglich 7100 aus Liberia; die über 163 000 Menschen aus dem ehemaligen Jugoslawien brachten die gleichzeitig dort herrschenden Konflikte viel eher ins Bewusstsein der deutschen Behörden und der Bevölkerung.[610]

Im Vergleich zu den anderen in dieser Arbeit behandelten Konflikten erhielt Liberia auch nur relativ wenig humanitäre Hilfe. 1990 unterstützte die Bundesregierung die von geflüchteten Liberianern betroffenen Nachbarstaaten über das Auswärtige Amt mit rund 1,2 Mio. D-Mark und Liberia mit fast 215 000 D-Mark.[611] Vor allem in der Anfangszeit des Konflikts fehlte es dem AA aber auch schlicht an Mitteln, um stärker zu helfen.[612] Ein deutscher Appell an die Vereinten Nationen, die humanitäre Hilfe zu erhöhen, verhallte im Juli 1990 aufgrund der unsicheren Lage.[613] Auch in den folgenden Jahren sollte die finanzielle Unterstützung nicht wesentlich steigen und bis 1997 nie mehr als einige Mio. D-Mark betragen.[614] Im Vergleich zu den Beträgen, die zur Linderung der humanitären Katastrophen in Angola, Somalia oder Ruanda ausgegeben wurden, blieb die Hilfe für Liberia gering. Daran änderte auch eine Bitte des SPD-Abgeordneten Gernot Erler an das BMVg nichts, der im Dezember 1990 um den Lufttransport von Nahrungsmitteln und Medikamenten nach Liberia bat.[615] Das BMVg ließ Erler

---

[608] ARD, Tagesschau vor 20 Jahren, 12.9.1990.
[609] Vgl. ARD, Tagesschau vor 20 Jahren, September 1990.
[610] Vgl. BT-Drs. 12/6504, 22.12.1993, S. 34 f. Siehe auch BT-Drs. 13/2982, 10.11.1995, S. 15. Im Weißbuch von 1994 sprach das BMVg gar von 350 000 Flüchtlingen aus dem ehemaligen Jugoslawien. Weißbuch 1994, S. 69. Siehe auch Biermann, Lehrjahre im Kosovo, S. 615. Zusätzlich lebten einige Hunderttausend jugoslawische Gastarbeiter in der Bundesrepublik. Ebd., S. 262.
[611] BT-Drs. 12/7737, 30.5.1994, S. 15 f.
[612] PA AA, B 34, ZA, Bd 159325, Durchschlag Vermerk Referat 321, Betr.: Deutsch-französische Afrikakonsultationen in Paris am 25.1.1990, hier: Liberia: Umsturzversuch und anhaltende Rebellion seit dem 24.12.1989, 24.1.1990, hier S. 3.
[613] PA AA, B 34, ZA, Bd 159322, Drahtbericht der Ständigen Vertretung in New York an Referat 321 im AA, Nr. 1185, 31.7.1990.
[614] Vgl. BT-Drs. 12/7737, 30.5.1994, S. 17, 19 f., 23, 26, 29.
[615] BArch, BW 1/371645, Kopie Schreiben Gernot Erler an den Verteidigungsminister, 21.12.1990.

## V. Freundliches Desinteresse?

wissen, dass humanitäre Hilfe vom AA gezahlt werden müsse, das AA in Liberia angesichts einer bereits geleisteten Hilfe in Höhe von 7,1 Mio. D-Mark aber kein »dringendes Bundesinteresse für Hilfsgütertransporte« sehe.[616] Weder war den Angaben des AA zufolge die Ernährungslage in Monrovia zu diesem Zeitpunkt durch Mangel gekennzeichnet,[617] noch spielte Liberia für das AA und das BMVg eine besondere Rolle, die größere Hilfe notwendig erscheinen ließ. Das hing auch damit zusammen, dass Liberia als Protegé der USA nie in den Konkurrenzkampf zwischen der Bundesrepublik und der DDR gezogen worden war und die Beziehungen zwar gut, aber nicht von entscheidender Bedeutung für die Bundesregierung waren.

Etwas höher als die Ausgaben des AA, im Vergleich zu anderen Konflikten aber weiterhin moderat, waren die Unterstützungen des BMZ. 1990 lieferte es Nahrungsmittelhilfe im Wert von fast sechs Mio. D-Mark.[618] Insgesamt beliefen sich die Nettobewilligungen der Technischen Zusammenarbeit mit Liberia zwischen 1990 und 1994 auf 34,6 Mio. D-Mark. Die reguläre Entwicklungszusammenarbeit war jedoch im Juni 1990 infolge des Bürgerkriegs eingestellt und lediglich die Sicherung der Wasserversorgung in Monrovia weiter unterstützt worden.[619] Auch in den Folgejahren lief die Unterstützung nur auf moderater Ebene weiter und betrug nie mehr als einige Millionen D-Mark.[620] Auch zu einem Schuldenerlass wie für andere afrikanische Staaten Anfang der 1990er-Jahre kam es wegen der anhaltenden Bürgerkriegssituation in Liberia und der ungeklärten Regierungsfrage nicht.[621]

Ähnlich moderat wie die finanzielle Unterstützung blieb das Interesse der deutschen Politiker. Dies ist erstaunlich, gehörten die deutschen Diplomaten 1995/96 doch erneut dem VNSR an und mussten sich mit dem Konflikt beschäftigen. Zudem war Deutschland Teil der seit 1996 auf US-Initiative entstandenen internationalen Kontaktgruppe für Liberia.[622] Insgesamt aber »schien sich Deutschland in der Liberia-Frage an der maßgeblich von den Vereinigten Staaten, Großbritannien und Frankreich gestalteten Konsenslinie des Sicherheitsrates zu orientieren«, wie Christian Freuding in seiner Studie zum bundesdeutschen Handeln im VNSR erarbeitete.[623] Selbst sei Außenminister Kinkel in seinen Reden vor der VNGV nie auf die Lage in Liberia eingegangen.[624]

---

[616] Ebd., Kopie Schreiben des Parlamentarischen Staatssekretärs Willy Wimmer an Gernot Erler, 10.4.1991.
[617] PA AA, B 34, ZA, Bd 159324, Drahtbericht der Ständigen Vertretung in New York an Referat 321 im AA, Nr. 2716, 21.12.1990.
[618] BT-Drs. 12/7737, 30.5.1994, S. 23.
[619] BT-Drs. 13/2982, 10.11.1995, S. 15.
[620] Vgl. BT-Drs. 14/3891, 5.7.2000, S. 35, 44, 48.
[621] BT-PlPr. 13/41, 1.6.1995, S. 3267.
[622] Vgl. UNA, 1086-0151-01-00001, Chairman's Statement, 24.5.1996.
[623] Freuding, Deutschland in der Weltpolitik, S. 443. Die fehlende Eigeninitiative habe jedoch nicht an fehlendem Detailwissen über den Konflikt gelegen. Ebd., S. 446.
[624] Ebd., S. 444.

Vergleichsweise desinteressiert waren auch die deutschen Parlamentarier. Nach dem liberianischen Bürgerkrieg und der diesbezüglichen Haltung der Bundesregierung erkundigten sich die Abgeordneten der PDS in einer Großen Anfrage erstmalig im Februar 1995.[625] Drei Monate später erkundigte sich auch die Fraktion Bündnis 90/Die Grünen, die nach den Wahlen 1994 wieder stärker im Bundestag vertreten war, nach dem Engagement der Bundesrepublik im Rahmen der EU für Liberia.[626] Eine Antwort erhielten die Parlamentarier aber erst Mitte November. Die Bundesregierung habe den Konflikt in Liberia seit Ausbruch »stets mit großer Besorgnis verfolgt« und den Einsatz der ECOMOG trotz ihrer offensichtlichen Defizite »ausdrücklich begrüßt«.[627] So hatte Außenminister Kinkel alle Konfliktparteien im Juni 1994 in einer Rede dazu aufgerufen, mit den Vereinten Nationen und der ECOMOG zusammenzuarbeiten.[628] Der Frage nach einer möglichen Entsendung deutscher Soldaten nach Liberia erteilte die Bundesregierung in ihrer Antwort jedoch eine Absage. Zu einer solchen Maßnahme werde es nicht kommen; hierzu gebe es keine Gründe.[629] Zu tiefergehenden Fragen kam es im Laufe des ersten liberianischen Bürgerkriegs von 1989 bis 1997 nicht. Weder wurde im Bundestag vom weiteren Friedensprozess Notiz genommen noch von der Durchführung oder dem Ausgang der Wahlen. Der Konflikt in Liberia war in der politischen Landschaft Deutschlands ohne Bedeutung.

### e) Ministerielle Pläne zur Unterstützung der UNOMIL/ECOMOG

Auch wenn die Mission UNOMIL deutlich über den Bearbeitungszeitraum dieser Arbeit hinausreicht, liegt ihr Ursprung am Anfang der 1990er-Jahre. In der bundesdeutschen Politik spielte die UNOMIL allerdings keine Rolle. Weder die Aufstellung noch die ersten Jahre der Mission wurden vom Bundestag zur Kenntnis genommen. Erstmals in einer Drucksache erwähnt wurde die UNOMIL im September 1995.[630] Eine Diskussion über eine Beteiligung oder weitergehende Unterstützung gab es nicht. Auch die Planungen im Hintergrund verliefen im Falle von Liberia sehr zurückhaltend, was auch daran lag, dass zunächst nicht die Vereinten Nationen, sondern die Regionalorganisation ECOWAS die Führung im Friedensprozess übernahm. Die Aktenüberlieferung, vor allem im BMVg, ist daher begrenzt. Das AA stellte nur wenige Akten zur Verfügung. Selbst in der Ständigen

---

[625] BT-Drs. 13/636, 22.2.1995. Im AwZ war Liberia bereits im Mai 1993 Thema. Das BMZ betrachtete die Situation mit »Sorge«. Entwicklungshilfe erhielt Liberia zu dieser Zeit aber nicht. PA-DBT 3122, Ausschuss für wirtschaftliche Zusammenarbeit, 12/54, 12.5.1993, S. 6 ff.
[626] BT-Drs. 13/1480, 22.5.1995, S. 6.
[627] BT-Drs. 13/2982, 10.11.1995, S. 14.
[628] BPA, Solidarität und Partnerschaft mit Afrika. In: Bulletin, Nr. 55, 8.6.1994, S. 517 f., hier S. 518.
[629] BT-Drs. 13/2982, 10.11.1995, S. 4, 16.
[630] Vgl. BT-Drs. 13/2280, 8.9.1995, S. 531.

## V. Freundliches Desinteresse?

Vertretung in New York soll der Stellenwert des Liberia-Konflikts aber gering gewesen sein.[631] Aufgrund der Skepsis gegenüber den Erfolgsaussichten der ECOWAS-Initiative stand für die bundesdeutschen Ministerialbeamten offensichtlich auch schnell fest, dass zunächst weder Material noch Geld für deren Unterstützung bereitgestellt werden sollten.[632] Zu verworren schien die Lage, zu ungewiss die Erfolgsaussichten.

Anlässlich der Entsendung von zunächst 30 Militärbeobachtern zur Planung einer größeren Beobachtermission der Vereinten Nationen im August 1993[633] beschäftigte sich jedoch auch das BMVg mit einer deutschen Teilnahme. Zu diesem Zeitpunkt beteiligte sich die Bundesregierung bereits mit 1879 Uniformierten an drei Missionen der Vereinten Nationen.[634] Zudem stand mit der UNOMIG[635] in Georgien eine für das Verteidigungsministerium viel interessantere Beobachtermission auf dem Gebiet der ehemaligen Sowjetunion an,[636] deren Unterstützung Minister Rühe Anfang September erlaubte.[637]

Entsprechend ablehnend war die Haltung des BMVg gegenüber einer Beteiligung in Liberia. In einer Vorlage an den Generalinspekteur legte das federführende Referat 5 der Abteilung III des Führungsstabs der Streitkräfte (Fü S III 5) Anfang September dar, dass bislang weder die Vereinten Nationen noch das AA um eine Beteiligung der Bundesrepublik in Liberia gebeten hätten.[638] Rechtlich gesehen bestünden keine Bedenken, da die Beobachtermission unter Kapitel VI der VN-Charta laufen werde und »keine besondere Gefährdung« für den Einsatz deutscher Militärbeobachter gesehen wurde. Jedoch habe das BMVg »zum gegenwärtigen Zeitpunkt kein originäres Interesse an der Beteiligung der Bundeswehr an UNOMIL«. Zudem hatte der Verteidigungsminister zuvor öffentlich bekundet, dass sich die Bundesrepublik in der laufenden Legislaturperiode an keiner weiteren VN-Mission substanziell beteiligen werde. Dem Generalinspekteur wurde daher empfohlen, »mögliche inoffizielle Anfragen zur Beteiligung an UNOMIL gegenüber unserem Militärberater an der S[tändigen] V[ertretung] in New York durch ihn abschlägig bescheiden [zu] lassen«. Letzterem stimmten die

---

[631] Zeitzeugenbefragung von Botschafter a.D. Christian Walter Much am 14.5.2021.
[632] BArch, BW 1/307329, Drahterlass Referat 311 im AA an die deutschen Botschaften in Westafrika, Nr. 6893, 15.8.1990.
[633] VNSR, S/RES/856(1993), 10.8.1993.
[634] Mit 1737 Soldaten an der UNOSOM II, mit 136 Soldaten an der UNTAC und mit vier Polizisten an der MINURSO. United Nations, Summary of Contributions to Peace-Keeping Operations by Countries as of 30 September 1993, S. 2, https://peacekeeping.un.org/sites/default/files/sep-1993.pdf.
[635] United Nations Observer Mission in Georgia.
[636] Die Mission wurde zwei Wochen später beschlossen. VNSR, S/RES/858(1993), 24.8.1993.
[637] BArch, BW 1/372505, Kopie Vorlage Fü S III 5 an den Verteidigungsminister, Betr.: VN-Beobachtermission Georgien/Abchasien unter deutscher Beteiligung, hier: Sicherheitsrats(SR)-Res 858 und Anfrage der VN zur deutschen Beteiligung, 27.8.1993.
[638] BArch, BW 2/29702, Vorlage Fü S III 5 an den Generalinspekteur, Betr.: VN-Beobachtermission in Liberia (UNOMIL), hier: Erstbewertung SRR 856; Meinungsbildung zur Beteiligung der Bundeswehr an UNOMIL, 2.9.1993, hier S. 2.

Vorgesetzten zu, wobei Generalinspekteur Naumann die Vorlage aufgrund eigener Abwesenheit gar nicht selbst zeichnete.[639]

Obwohl der Waffenstillstand von den Konfliktparteien bisher eingehalten wurde und Fü S III 5 den »Modellcharakter« der ECOMOG/UNOMIL-Missionen bei einem Erfolg hervorhob,[640] spielten weder die vormals guten Beziehungen zum Einsatzland noch die rechtliche Rahmenlage, die eine Entsendung von Militärbeobachtern zugelassen hätte, oder das als gering zu erachtende Risiko für die VN-Militärbeobachter eine Rolle bei der Entscheidungsfindung im BMVg. Allein aufgrund seines fehlenden Interesses und des parallel laufenden Engagements in Somalia, vor dessen Hintergrund keine weiteren VN-Missionen mehr substanziell unterstützt werden sollten, sprach sich das BMVg gegen jede personelle Beteiligung an der UNOMIL aus. Dass nicht einmal die Führung des Hauses mit der Absage betraut wurde, sondern bereits der Generalinspekteur bzw. dessen Vertreter jeden weiteren Vorstoß ablehnte, zeigte die geringe Bedeutung Liberias. Die Nichtbeteiligung war jedoch nur konsequent und stand in Kontinuität zur vorherigen Entscheidung des BMVg, sich auch nicht an der im Sommer 1993 in Ruanda/Uganda eingesetzten Beobachtermission UNOMUR zu beteiligen.[641] Wie dort, in Angola oder Mosambik fehle zudem der Anknüpfungspunkt an die NATO-Partner. Da offenbar auch das AA keinerlei Anstalten machte, ein größeres bundesdeutsches Engagement in Liberia zu fordern,[642] sollte auch diese Mission ohne personelle Beteiligung deutscher Uniformierter bleiben. Daran änderten weder die Beendigung des Engagements in Somalia noch die erneute Aufstockung der Mission UNOMIL im Herbst 1995 etwas.

Dies bedeutete jedoch nicht, dass die Bundesressorts den liberianischen Friedensprozess überhaupt nicht zu fördern versuchten. Im August 1994 überließ das BMVg der Mission ECOMOG auf Anfrage des VN-Sonderbeauftragten und des AA[643] 20 Lkw[644] – aus Sicht der Bundesregierung zum Transport von Nahrungsmitteln und Geflüchteten.[645] Weil man sich anders als die USA nicht am VN-Hilfsfonds beteiligte, sollte die Überlassung »eine begrüßenswerte deutsche Geste« darstellen, so das AA.[646] Transport- und Instandsetzungskosten von etwa 200 000 D-Mark[647] für die Fahrzeuge

---

[639] Ebd., S. 3.
[640] Ebd., S. 2.
[641] Vgl. Kapitel IV.4.c).
[642] Zeitzeugenbefragung von Botschafter a.D. Christian Walter Much am 14.5.2021.
[643] PA AA, B 34, ZA, Bd 172533, Durchschlag Schreiben Referat 321 im AA an Fü S IV 4 im BMVg Betr.: Überlassung von Material aus Beständen der Bundeswehr bzw. der ehemaligen NVA an Liberia, 2.12.1993.
[644] Vgl. VNSR, S/1995/158, 24.2.1995, Randnr. 25.
[645] BT-Drs. 13/2982, 10.11.1995, S. 14.
[646] PA AA, B 34, ZA, Bd 172533, Durchschlag Schreiben Referat 321 im AA an Rü Z II 4 im BMVg, Betr.: Überlassung von 20 Bundeswehr-LKW an Liberia, 1.2.1994, hier S. 1.
[647] Der UNOMIL waren zunächst 300 000 D-Mark berechnet worden. Dies wurde nachträglich geändert. Ebd., Telefax Referat 321 an UNOMIL, 1.7.1994.

## V. Freundliches Desinteresse?

des Typs Iveco-Magirus übernahm die UNOMIL,[648] weswegen das BMVg keine Vorbehalte hatte. Trotzdem verging zwischen Anfrage und Abgabe ein Dreivierteljahr. Dennoch stellten die Bundesressorts der Mission im Sommer 1994 35 weitere Lkw in Aussicht.[649] Vorausgegangen war eine Bitte des VNGS an Außenminister Kinkel um technische Unterstützung der ECOMOG.[650] Aus Sicht des AA war es »wünschenswert, wenn die Bundesregierung einen Beitrag dazu leisten könnte, das Wiederentstehen einer weiteren akuten Krise in Afrika zu verhindern«. Selbst besaß es aber keine finanziellen Mittel, weshalb es auf weitere Materialüberlassungen des BMVg hoffte. Konkret hatte das AA Fahrzeuge im Sinn, die ursprünglich für Ruanda gedacht waren.[651] Für die dortige VN-Mission hatte Staatssekretär Schönbohm Ende Juli 1994 unter anderem die Bereitstellung von 35 Lkw gebilligt,[652] die aber nie von den Vereinten Nationen abgerufen wurden. Grundsätzlich standen sie zur Verfügung.[653] Zur Überlassung sollte es also nicht deswegen kommen, weil Liberia plötzlich einen größeren Stellenwert in der deutschen Außenpolitik eingenommen hätte, sondern weil ungeplant Material zur Abgabe vorhanden war. An der grundlegenden Skepsis gegenüber der ECOMOG hatte sich nämlich nichts geändert. Aus Sicht des AA sollten die Fahrzeuge nicht direkt an die Mission der westafrikanischen Staatengemeinschaft, sondern »leihweise« über die UNOMIL an die ECOMOG-Truppen übergeben werden. Rein rechtlich sollte »die mittelbare Verfügungsgewalt über die Fahrzeuge« bei der UNOMIL verbleiben.[654] Dadurch sollte verhindert werden, dass die ECOMOG-Truppensteller die Fahrzeuge zweckentfremdeten oder außer Landes brachten.

Obwohl Staatssekretär Schönbohm der Umwidmung der Fahrzeuge im August 1994 zustimmte[655] und Außenminister Kinkel diese dem VNGS

---

[648] Ebd., Telefax Referat 321 im AA an Trevor Gordon Somers, Special Representative of the UN Secretary General to Liberia, 28.2.1994.

[649] Dabei handelte es sich um zehn 5-Tonner, zehn 2-Tonner sowie 15 0,5-Tonner des Typs »Iltis«. BArch, BW 2/29702, Kopie Vorlage Rü Z II 4 an Staatssekretär Schönbohm, Betr.: Deutsche Unterstützung für Maßnahmen der Vereinten Nationen – UNOMIL (Liberia), 17.8.1994.

[650] Ebd., Kopie Schreiben VNGS Boutros Boutros-Ghali an Außenminister Klaus Kinkel, 25.7.1994.

[651] PA AA, B 34, ZA, Bd 172534, Kopie als Anlage Schreiben Referat 230 im AA an Rü Z II 4 in BMVg, Betr.: VN-Mission in Liberia, hier: Mögliche deutsche Unterstützungsmaßnahmen, 15.8.1994.

[652] Vgl. BArch, BW 1/442050, Vorlage Rü Z II 4 an Staatssekretär Schönbohm, Betr.: Deutsche Unterstützung für VN-Maßnahmen, hier: Materielle Hilfe für die VN-Truppe in Ruanda (UNAMIR) aus Beständen der Bundeswehr, 27.7.1994.

[653] Vgl. Kapitel IV.4.c).

[654] BArch, BW 2/29702, Nebenabdruck Schreiben Rü III 5 im BMVg an VN 10 im AA, Betr.: Deutsche Unterstützung für die Vereinten Nationen, hier: Lieferung von 35 Lkw an UNOMIL (Liberia)/ECOMOG, 26.7.1996, hier Anlage 1, S. 2.

[655] Ebd., Kopie Vorlage Rü Z II 4 an Staatssekretär Schönbohm, Betr.: Deutsche Unterstützung für Maßnahmen der Vereinten Nationen – UNOMIL (Liberia), 17.8.1994.

im September in einem Schreiben anbot,[656] kam es nicht zur zeitnahen Auslieferung. Zum einen verzögerten die sich wieder verschlechternde Sicherheitslage in Liberia und der ungewisse Fortbestand der finanz- und ressourcenschwachen Mission ECOMOG die Auslieferung.[657] Zum anderen hatte das BMVg bereits bei der Abgabe nach Ruanda klargestellt, dass die 35 Fahrzeuge nur bei Übernahme der Transport- und Instandsetzungskosten – Letztere in Höhe von 170 000 D-Mark – durch die Vereinten Nationen bereitgestellt würden.[658] Diese Kosten wollten bzw. konnten aber weder die Vereinten Nationen noch das AA – das »keine eigenen Interessen in Liberia« verfolgte[659] – tragen, sodass es wegen einer Finanzierungsfrage von weniger als einer halben Mio. D-Mark zunächst zu keiner Überlassung kam.[660] Zum Vergleich: Im Zweiten Golfkrieg soll die Bundesrepublik allein für Sonnencreme für US-Soldaten 208 000 D-Mark aufgebracht haben.[661] Die nun an den Tag gelegte Haltung des BMVg hatte jedoch nichts mit Liberia zu tun, sondern war die generelle Linie des Verteidigungsressorts. Auch die Kosten für die Abgabe von Fahrzeugen an die VN-Mission UNPROFOR im ehemaligen Jugoslawien hatte Staatssekretär Schönbohm im Frühjahr 1992 erstattet wissen wollen.[662] Im Falle von Liberia wiesen die deutschen Diplomaten in New York aber wiederholt auf die Bedeutung der Überlassung hin. Sollte die ECOMOG-Mission mangels internationaler Unterstützung scheitern, würde dies negative Folgen für künftige Bemühungen um eine regionale Konfliktlösung haben. Zudem könne sich die Stabilisierung Liberias positiv auf die ganze Region und das ebenfalls im Bürgerkrieg steckende Sierra Leone auswirken.[663]

Trotz der Bedeutung des deutschen Beitrags wurde das Angebot erst Mitte November 1995 infolge der Aufstockung der UNOMIL[664] wieder akut. Weil der Erfolg der VN-Mission von den Fähigkeiten der ECOMOG abhing, mussten die afrikanischen Truppen über ausreichend Gerät verfügen. Die Frage der Finanzierung des deutschen Materials war jedoch noch immer nicht geklärt.

---

[656] UNA, S-1086-0045-08-00001, Schreiben Außenminister Klaus Kinkel an den VNGS Boutros Boutros-Ghali, 14.9.1994.
[657] Aufgrund der anhaltenden Instabilität schlug der VNGS im Oktober 1994 die Kürzung der UNOMIL um zwei Drittel vor. Vgl. VNSR, S/1994/1167, 14.10.1994, Randnr. 5 (c).
[658] BArch, BW 2/29702, Vorlage Rü Z II 4 an Staatssekretär Schönbohm, Betr.: Deutsche Unterstützung für Maßnahmen der Vereinten Nationen – UNOMIL (Liberia), 17.8.1994, hier S. 2.
[659] PA AA, B 34, ZA, Bd 172534, Drahterlass Referat 230 im AA an die Ständige Vertretung in New York, Nr. 5, 3.1.1995, hier S. 1.
[660] Vgl. UNA, S-1834-0063-0001-00002, Fax Kittani, UNATIONS, New York, an Nyakyi, UNOMIL, Monrovia, 15.12.1995, hier Anlage S. 3; PA AA, B 34, ZA, Bd 172534, Drahtbericht der Ständigen Vertretung in New York an Referat VN 10 im AA, Nr. 5000, 19.12.1995.
[661] Inacker, Unter Ausschluß der Öffentlichkeit?, S. 95.
[662] BArch, BW 1/307118, Weisung Büro StS Schönbohm, Betr.: Unterstützung VN-Einsatz in Jugoslawien durch die Bw, 2.4.1992.
[663] PA AA, B 34, ZA, Bd 172534, Drahtbericht der Ständigen Vertretung in New York an Referat 230 im AA, Nr. 434, 6.2.1995, hier S. 2.
[664] VNSR, S/RES/1020(1995), 10.11.1995. Eine weitere Verlängerung erfolgte Ende Januar 1996. VNSR, S/RES/1041(1996), 29.1.1996.

## V. Freundliches Desinteresse?

Da es sich nur um einen kleinen sechsstelligen Betrag handle, »geniere« sich der VNGS, so die Ständige Vertretung Ende Februar 1996, bei Außenminister Kinkel vorstellig zu werden. Es sei den Vereinten Nationen auch »schwer zu vermitteln«, wieso die Bundesrepublik nicht in der Lage sei, diesen geringen Betrag aufzubringen. Der neue ständige Vertreter der Bundesrepublik bei den Vereinten Nationen, Tono Eitel, bat die Zentrale in Bonn daher, »diese relativ geringfügigen Kosten« zu übernehmen, um »einen wichtigen Beitrag in Liberia zu leisten.«[665] Bereits einen Monat zuvor hatte er die Bitte damit begründet, dass sich die Bundesrepublik in Afrika politisch stark engagiere und daher von den Vereinten Nationen auch materielle Hilfe erwartet werde. Mit der Überlassung könne auch dem Vorurteil vorgebeugt werden, die Industrieländer würden sich in afrikanischen Konflikten »nur halbherzig engagieren«. Darüber hinaus seien auch die sich hinter den Kulissen immer stärker engagierenden USA[666] am Erfolg der UNOMIL interessiert und würden eine deutsche Unterstützung »sehr begrüßen«. Zudem gehe es nur um einen geringen finanziellen und keinen personellen Beitrag, der eine zugesagte Materiallieferung ermöglichen würde.[667] Hinzu kam, dass mit den Niederlanden ein enger Partner bereit war, eine größere Anzahl Fahrzeuge nach Liberia zu schicken und die Transportkosten selbst zu übernehmen.[668]

Während das BMVg auf seiner Position beharrte, keine finanziellen Mittel bereitstellen zu können,[669] erklärte sich das AA Ende Februar 1996 wohl auch aufgrund des Drängens der Ständigen Vertretung »ausnahmsweise« wegen der »besondere[n] Bedeutung« der ECOMOG/UNOMIL und der bekannten Finanzlage der Vereinten Nationen bereit, die Kosten – Transport und Instandsetzung – in Höhe von mittlerweile 381 000 D-Mark aus eigenem Budget zu finanzieren.[670] Eine Begründung, weshalb das AA sich nach zwei Jahren zur Übernahme der Kosten bereit erklärte, erhielt das BMVg nicht.[671] Ein Grund mag die wegweisende Konstellation der ECOMOG/UNOMIL für künftige regionale Konfliktlösungen gewesen sein, aber auch das mitt-

---

[665] PA AA, B 34, ZA, Bd 172534, Drahtbericht der Ständigen Vertretung in New York an Referat VN 10 im AA, Nr. 612, 23.2.1996.
[666] Vgl. UNA, S-1834-0063-0001-00002, Fax Kittani, UNATIONS, New York, an Nyakyi, UNOMIL, Monrovia, 15.12.1995, hier Anlage; PA AA, B 34, ZA, Bd 172534, Drahtbericht der Botschaft der Bundesrepublik Deutschland in Washington an Referat 321 im AA, Nr. 76, 18.1.1996, hier S. 2
[667] PA AA, B 34, ZA, Bd 172534, Drahtbericht der Ständigen Vertretung in New York an Referat VN 10 im AA, Nr. 277, 30.1.1996.
[668] Die Fahrzeuge sollten nicht an die ECOMOG übergeben, sondern von einer »third party« genutzt werden. Vgl. UNA, S-1834-0063-0001-00002, Fax Kittani, UNATIONS, New York, an Nyakyi, UNOMIL, Monrovia, 15.12.1995, hier Anlage, S. 3. Insgesamt stellten die Niederlande 84 Lkw zur Verfügung Vgl. VNSR, S/1996/858, 17.10.1996, Randnr. 20.
[669] Vgl. die Anmerkungen auf BArch, BW 2/29702, Drahtbericht der Ständigen Vertretung in New York an Referat VN 10 im AA, Nr. 277, 30.1.1996.
[670] PA AA, B 34, ZA, Bd 172534, Drahterlass Referat VN 10 im AA an die Ständige Vertretung in New York, Nr. 2330, 26.2.1996.
[671] Ebd., Kopie Schreiben Referat VN 10 im AA an Rü III 5 im BMVg, Betr.: Überlassung von 35 Lkw aus Bundeswehrbeständen an UNOMIL, hier: Übernahme der Transportkosten, 26.2.1996.

lerweile gewachsene Engagement der Niederlande und der USA. Letztere hatten für den Einsatz in Liberia erst kurz zuvor drei Hubschrauber bereitgestellt, während sich Deutschland zierte, handelsübliche Fahrzeuge wegen Transportkosten von weniger als einer halben Mio. D-Mark zu übergeben.[672]

Nach der Klärung der Finanzierung warf allerdings die weitere Nutzung der Fahrzeuge Probleme auf, da die UNOMIL anders als von den Bundesressorts erwartet nicht die Verfügungsgewalt über das Material übernehmen wollte.[673] Zu bedenken war auch, dass die EU aufgrund der prekären Menschenrechtslage in Nigeria ein Embargo über das Land verhängt hatte,[674] Nigeria aber größter Truppensteller der ECOMOG war.[675] Erst nach der schriftlichen Zusage der Vereinten Nationen über die Nutzungsbeschränkung des Geräts auf Liberia und die ECOMOG[676] konnten die 35 Fahrzeuge am 15. Oktober 1996 über die UNOMIL an den ECOMOG-Kommandeur übergeben werden[677] – über zwei Jahre nach der Bereitschaft zur Unterstützung.

Letztlich belief sich die deutsche Unterstützung für den Friedensprozess in Liberia neben der Zahlung des regulären Anteils am VN-Haushalt in erster Linie auf die Bereitstellung von 55 Lkw[678]. Letzteres kam den Vereinten

---

[672] Vgl. ebd., Drahtbericht der Ständigen Vertretung in New York an Referat VN 10 im AA, Nr. 612, 23.2.1996.
[673] BArch, BW 2/29702, Nebenabdruck Schreiben Rü III 5 im BMVg an Referat VN 10 im AA, Referat V B 2 im BMZ, Betr.: Deutsche Unterstützung für die Vereinten Nationen, hier: Lieferung von 35 Lkw an UNOMIL (Liberia)/ECOMOG, 26.7.1996.
[674] Vgl. Europäisches Parlament, Entschließung zu Nigeria.
[675] PA AA, B 34, ZA, Bd 172534, Drahterlass Referat VN 10 im AA an die Ständige Vertretung in New York, Nr. 7010, 20.6.1996.
[676] Rü III 5 war zunächst unzufrieden mit der schriftlichen Zusage des VN-Sekretariats. Dessen Text könne »nicht als Endverbleibserklärung gewertet werden«. Da es sich aber um »handelsübliche Fahrzeuge« handelte, das AA alle Kosten übernahm und Rü III 5 im Falle einer Nichtüberlassung negative Konsequenzen für das Verhältnis zwischen Deutschland und den VN befürchtete, wurde das Bundeswirtschaftsministerium darum »gebeten, das Bundesausfuhramt anzuweisen, in diesem Fall die Ausfuhrgenehmigung ohne formale Endverbleibserklärung zu erteilen«. BArch, BW 2/29702, Nebenabdruck Schreiben Rü III 5 im BMVg an Referat VN 10 im AA, Referat V B 2 im BMWi, Betr.: Deutsche Unterstützung für die Vereinten Nationen, hier: Lieferung von 35 Lkw an UNOMIL (Liberia)/ECOMOG, 26.7.1996.
[677] BArch, BW 1/427217, Fax Hocine Medili, Director FALD/DPKO/UNHQ, an die Ständige Vertretung in New York, Betr.: Delivery of 35 Vehicles to ECOMOG, 23.10.1996, und Anhang. Erneut wurde die Überlassung im Bericht des VNGS erwähnt – neben der Abgabe der 84 Lkw der Niederlande. Vgl. VNSR, S/1996/858, 17.10.1996, Randnr. 20. Zusätzlich dazu hatten die VN bereits Anfang 1996 um die – relativ schnell gebilligte – Verlegung von Fahrzeugen nach Liberia gebeten, die Deutschland der VN-Mission UNPROFOR zur Verfügung gestellt hatte. BArch, BW 2/34954, Vorlage Fü S III 5 an den Verteidigungsminister, Betr.: VN-Mission in Liberia (UNOMIL), hier: Materielle Unterstützung, 18.1.1996. Der Transfer erfolgte durch die VN am 1.3.1996. BArch, BW 2/29702, Kopie Fax Hocine Medili, Director FALD/DPKO/UNHQ an die Ständige Vertretung in New York, Betr.: 50 Iltis – Transfer from UNPROFOR to UNOMIL, 11.3.1996.
[678] Zwar ließen sich in den Akten noch weitere Vorhaben zur Materialüberlassung finden, ob es aber zur Lieferung kam, ist unklar.

Nationen aber nur indirekt zugute, da sie nur als Mittelsmann zur Weitergabe an die ECOMOG dienten.

### f) Liberia: Unterstützung nach Kassenlage

Die bundesdeutsche Nichtbeteiligung mit uniformiertem Personal an der VN-Beobachtermission UNOMIL in Liberia ist in erster Linie mit fehlendem Interesse zu erklären; nicht nur an der Mission, sondern am ganzen Konflikt. Dies gilt für das BMVg ebenso wie für das AA und alle anderen Ressorts. Eine Abstimmung im Kabinett oder ressortübergreifende Überlegungen hat es nie gegeben. Parallel zum Beginn des großen deutschen Engagements in Somalia und dem interessanter erscheinenden Auftrag in Georgien besaß niemand in der Bundesrepublik Interesse an einer weiteren VN-Mission in Afrika, auch wenn der Personalbedarf im Vergleich zu Somalia wesentlich kleiner gewesen wäre, das Risiko als deutlich geringer eingestuft wurde und auch keinerlei rechtlichen Bedenken herrschten, da es sich nur um die Entsendung unbewaffneten Personals gehandelt hätte.

Ein wichtiger Grund für das fehlende Interesse mag die Nebenrolle der Vereinten Nationen bei der Konfliktlösung in Liberia gewesen sein. Anders als bei anderen Konflikten in Afrika hatte hier die westafrikanische Wirtschaftsgemeinschaft ECOWAS die Führung. Deren Bemühungen und vor allem ihre Militärmission ECOMOG wurden in der Bundesrepublik kritisch gesehen. Aufgrund der Beteiligung an Plünderungen und Menschenrechtsvergehen ihrer Soldaten sollte die ECOMOG weder finanziell über den »Trust Fund« der Vereinten Nationen noch direkt durch Materialüberlassungen unterstützt werden. Zudem war die Lage in Liberia verworren und die Erfolgsaussichten jeder Unterstützung aufgrund der wiederholt gebrochenen Vereinbarungen durch die konkurrierenden Parteien gering.

Die Abkehr von dieser Haltung ergab sich 1994 nur durch Zufall. Weil die Vereinten Nationen 35 von Deutschland für die Mission in Ruanda zugesagte Fahrzeuge nicht abriefen, schlug das AA die Verlegung nach Liberia vor. Hierdurch sollte dem erneuten Ausbruch des Konflikts vorgebeugt und ein Zeichen für die Unterstützung regionaler Konfliktlösungen gesetzt werden – gerade vor dem Hintergrund des deutschen Anspruchs, regionale Organisationen zu stärken, um eigene Ressourcen zu schonen, eine wegweisende Begründung. Da das Material aufgrund des ungewissen Endverbleibs aber nicht direkt an die ECOMOG gegeben werden sollte, musste die VN-Mission UNOMIL den Mittler spielen. Weil die Vereinten Nationen nicht die Verantwortung für den Endverbleib des Geräts übernehmen wollten und zunächst keines der deutschen Ressorts gewillt und die Vereinten Nationen nicht in der Lage waren, die Instandsetzungs- und Transportkosten von weniger als einer halben Million D-Mark zu übernehmen, zog sich die Überlassung über zwei Jahre hin, obwohl es zuvor bereits zur Bereitstellung von 20 Fahrzeugen gekommen war.

Dass das AA dieser Situation durch die Übernahme aller Kosten im Februar 1996 ein Ende setzte, lag einerseits an den wiederholten Anfragen der Vereinten Nationen und dem dringenden Bedarf der Fahrzeuge in Liberia. Andererseits, und dies mag ausschlaggebend gewesen sein, beteiligten sich nun auch die Niederlande mit einer größeren Fahrzeugüberlassung unter Finanzierung der Kosten, und die USA verfolgten ein eigenes Interesse an der Stabilisierung Liberias und wurden größter finanzieller und materieller Geber. Weil die UNOMIL von den Bundesressorts aber nur als Mittelsmann genutzt wurde und außer den regulären Beiträgen keine personelle Unterstützung erhielt, blieben sowohl der erste liberianische Bürgerkrieg als auch die VN-Mission UNOMIL Randnotizen der deutschen Außenpolitik.

## 4. Zwischenfazit: Bundesdeutsche Motive für eine Nichtbeteiligung an VN-Missionen in Afrika

Wieso nahm die Bundesregierung Anfang der 1990er-Jahre an vier Missionen der Vereinten Nationen auf dem afrikanischen Kontinent teil, an sechs anderen, teils parallel laufenden Missionen aber nicht? Wie die vier Fallbeispiele über die VN-Beteiligungen der Bundesrepublik zeigten, ist die deutsche Außenpolitik zunächst einmal Interessenpolitik. Die Bundesressorts engagierten sich in erster Linie dort, wo sie sich von ihrem Handeln einen eigenen Nutzen erhofften, sei es ein gestärktes internationales Ansehen, größerer politischer Einfluss, solidarisches Auftreten im Bündnis oder einfach nur der Erfahrungsgewinn im multinationalen Rahmen. Fehlte ein solcher Anreiz oder sprachen politische Erwägungen sogar dagegen, war eine VN-Beteiligung der Bundesressorts eher unwahrscheinlich.

Vor allem das Vorhandensein einer humanitären Notlage reichte nicht aus, um ein personelles Engagement der Bundesregierung an einer VN-Mission zu garantieren. Fehlendes Interesse konnte darüber hinaus auf mehrere Faktoren zurückgehen. Dass sich die Bundesregierung weder in Angola noch in Mosambik oder Liberia mit uniformiertem Personal im Rahmen der dortigen VN-Missionen beteiligte, lag vor allem daran, dass das Engagement der NATO-Partner, und hier in erster Linie der USA, begrenzt blieb oder nicht existent war. Erst als die USA Mitte der 1990er-Jahre größeres Interesse an der Konfliktlösung in Liberia zeigten, reagierten die deutschen Ressorts, wenn auch nur im geringen Rahmen durch materielle Abgaben. Angola lag völlig außerhalb der deutschen Interessensphäre und wurde zunächst vor allem deswegen nicht weiter beachtet, weil der Schwerpunkt des bundesdeutschen VN-Engagements beim südlichen Nachbarn Namibia lag. Mosambik fiel dem prestigeträchtigeren Engagement in Somalia zum Opfer, wo sich vor allem das BMVg mit seinen damals noch begrenzten international einsatzbereiten Fähigkeiten beteiligen wollte, um bündnispolitische Ziele zu verfolgen.

## V. Freundliches Desinteresse?

Dass Außenpolitik Interessenpolitik ist, ist nicht überraschend und keine neue Erkenntnis. Was überrascht, ist die Art und Weise, wie dieses außenpolitische Handeln, präziser: das Nichthandeln, zustande kam. Es wäre irreführend zu sagen, ›die Bundesregierung‹ habe kein Interesse an Angola, Mosambik oder Liberia gehabt oder ›die Bundesregierung‹ habe eine bewusste Entscheidung gegen die Teilnahme an den dortigen VN-Missionen gefällt. Weder gab es einen wirklichen ressortübergreifenden Austausch oder eine Kosten-Nutzen-Abwägung im Kabinett, noch waren die Bundesressorts immer der gleichen Ansicht. Die Entscheidungen, sich nicht an den Missionen zu beteiligen, wurden nicht vom Regierungskollektiv gefällt. Es gab weder einen Kompromiss noch einen wirklichen Aushandlungsprozess. In erster Linie trafen die material- bzw. personalstellenden Ressorts für sich die rational begründbare Entscheidung, sich nicht an den VN-Missionen zu beteiligen. Stärker noch als bei den Beteiligungen zeigten die Nichtbeteiligungen, wie sehr das AA – zumindest Anfang der 1990er-Jahre – von der Unterstützung des BMVg bzw. des BMI abhängig war. Im Gegensatz zu den restlichen Ministerien stand das AA weiteren Missionen noch immer am aufgeschlossensten gegenüber.

Wäre es nach dem Willen des AA und der ihm angegliederten Dienststellen gegangen, wäre es in Mosambik – und später auch in Angola – zu einer bundesdeutschen Beteiligung mit Uniformierten gekommen. Dem AA ging es dabei vor allem um das deutsche und damit auch um sein Ansehen in der Welt und die Chance auf einen ständigen Sitz im VNSR, insbesondere, nachdem der Außenminister diesen Wunsch im Herbst 1992 öffentlich bekundet hatte. Aber selbst wenn konkrete Gründe wie die starke diplomatische Beteiligung der Bundesrepublik am Friedensprozess in Mosambik für eine sichtbare Beteiligung an der entsprechenden VN-Mission sprachen, konnte das AA seine Vorstellungen nicht ohne Zustimmung der material- bzw. personalstellenden Ressorts, in erster Linie des BMVg, umsetzen.

Im Gegensatz zum Außenministerium stand das BMVg aber jedem (weiteren) VN-Engagement in Afrika skeptisch gegenüber. Dies lag einerseits an knappen finanziellen, aber auch materiellen und personellen Ressourcen einer noch immer auf die Verteidigung in Mitteleuropa ausgelegten Armee. Andererseits fehlte es dem BMVg im geografisch weit entfernten Subsahara-Afrika auch schlicht an strategischem Interesse, für das es sich gelohnt hätte, eigene Ressourcen aufzubringen und gegebenenfalls das Risiko eigener Verluste einzugehen. Wie bereits in der Einleitung angenommen, sah das BMVg die Bundesrepublik weder von einem der afrikanischen Konflikte bedroht, noch verortete es die Länder Angola, Mosambik oder Liberia sicherheitspolitisch in seinem Interessengebiet. Angesichts der blutigen Konflikte in Südosteuropa waren andere, geografisch näherliegende Regionen von größerer Bedeutung. Das alles bestimmende Problem war aber die noch immer nicht gelöste Rechtsfrage um die Einsatzmöglichkeiten der Bundeswehr im Ausland. Nichts, was nicht zwingend notwendig erschien, sollte unternommen werden, was sich gegebenenfalls negativ auf das Urteil des Bundesverfassungsgerichts hätte auswirken und damit die zukünftige Entsendung der Bundeswehr neben ihren NATO-Partnern ins Ausland hätte gefährden können. Langfristiges Ziel des BMVg war es eben nicht, die Vereinten Nationen als Organisation zu stärken. Strategisches Ziel des BMVg war es, auch außerhalb der Landes- und Bündnisverteidigung solidarisch an der Seite seiner langjährigen NATO-Partner stehen zu dürfen. Zur Erreichung dieses Ziels wurden viele humanitär begründbare Beteiligungen bewusst zurückgewiesen.

Angesichts der vielfältigen Herausforderungen, mit denen die Bundeswehr Anfang der 1990er-Jahre konfrontiert wurde – zu nennen sind die Integration ehemaliger NVA-Soldaten, die Rückführung der letzten sowjetischen/russischen Truppen und die Abwicklung zahlreicher Standorte auf dem Gebiet der ehemaligen DDR – hatten das BMVg und die Bundeswehr wenig Interesse an zusätzlichen internationalen Missionen, wenn diese keinen eigenen Nutzen in Form von zusätzlicher Erfahrung versprachen oder kein sichtbares Zeichen der Bündnissolidarität waren. Parallel zu Angola, Mosambik und Liberia erfolgte das politisch gewollte Engagement im Irak, in Kambodscha und später auch in Somalia. Zusätzlich bereitete sich das BMVg seit 1993 auf eine Beteiligung in Georgien vor, die aufgrund des Einsatzgebiets – erstmals in einer ehemaligen sowjetischen Republik – von größtem sicherheitspolitischen Interesse war. Auch spitzten sich die Konflikte im ehemaligen Jugoslawien immer weiter zu. Vor diesem Hintergrund schien es der Bundeswehr-Führung einfach nicht möglich und angesichts der laufenden Organklage auch strategisch unklug, in mehreren Ländern, geschweige denn auf mehreren Kontinenten gleichzeitig, mit größeren Kontingenten beteiligt zu sein. Nach der öffentlich gemachten Zusage zur Entsendung von bis zu 1500 Soldaten nach Somalia galt dies umso stärker. Allein aufgrund der massiven Beteiligung der anderen NATO-Partner schien hier eine Beteiligung unausweichlich. Alle anderen Einsatzorte mussten hinter dieser Maßnahme zurückstehen, auch wenn sie wie im Falle von Mosambik günstigere Erfolgsaussichten hatten. Die Entscheidung hierzu wurde jedoch nie ressortübergreifend gefällt, geschweige denn im Kabinett zur Diskussion gestellt. Wenn überhaupt, entschied der Verteidigungsminister nach Zuarbeit seines Hauses selbst über die Nichtbeteiligung der Bundeswehr, wenn die Anfragen des AA nicht schon auf der oberen Arbeitsebene des BMVg abgewiesen wurden. So geschehen für Liberia, aber auch 1993 für Ruanda, noch ehe es eine Anfrage des AA gab.

Ob die Bundeswehr wirklich nicht in der Lage gewesen wäre, weitere kleine Unternehmungen materiell und personell zu erfüllen, kann nicht abschließend geklärt werden. Im Falle von Mosambik war der militärpolitisch denkende Planungsstab anderer Meinung. Allerdings konnte er sich nicht gegen die Auffassungen des Heers und des Führungsstabs der Streitkräfte bzw. letzten Endes gegen die Haltung des Ministers behaupten, die in mehreren parallel laufenden Beteiligungen eine potenzielle Überdehnung ihrer begrenzten Ressourcen sahen. Zudem forderten die Vereinten Nationen in

## V. Freundliches Desinteresse?

erster Linie Spezialisten wie Sanitäter mit schnell verlegbaren Feldhospitälern oder Hochwertfähigkeiten wie Hubschrauber – Kapazitäten, die in der Verteidigungsarmee Bundeswehr begrenzt waren und die mit dem Blick in Richtung eines Engagements im ehemaligen Jugoslawien zurückgehalten werden sollten.

Auch sollte der Personalansatz bei einem kleinen Spezialkontingent von bis zu 100 Soldaten, wie es die Vereinten Nationen öfter erbaten, nicht unterschätzt werden. In den meisten Fällen dauerten die Missionen mehr als ein Jahr. Bei einer Stehzeit von sechs Monaten mussten somit pro Jahr mindestens zwei Kontingente aufgestellt, ausgerüstet und ausgebildet werden. Da das erste Kontingent nicht wieder als drittes Kontingent entsandt werden konnte, sondern zunächst durch Nachbereitung und Heimatdienst gebunden war, bedurfte es für die Durchhaltefähigkeit eines Einsatzkontingentes von über einem Jahr weit mehr als die geforderten 100 Soldaten. Gebraucht wurden mindestens 300,[679] wohlgemerkt am besten ohne Wehrpflichtige, deren Entsendung politisch sensibler war als die Beteiligung der Bundeswehr an Auslandseinsätzen ohnehin schon und maximal auf freiwilliger Basis erfolgen sollte. Aber auch mit 300 Soldaten wäre die Beteiligung an der untersten Personalgrenze und ohne Reserve erfolgt, sodass auch die gering anmutenden Anfragen der Vereinten Nationen langfristig gesehen eine Belastung für die Bundeswehr bedeuteten.

Es scheint daher verständlich, dass das BMVg bemüht war, das deutsche militärische Afrika-Engagement begrenzt zu halten und sich nur dort zu engagieren, wo militär- und/oder sicherheitspolitisch relevante Interessen berührt wurden; sprich im geografisch näherliegenden Südosteuropa oder eben dort, wo das Engagement der engsten NATO-Partner eine eigene Teilnahme erforderlich machte, um im Bündnis nicht wieder wie im Zweiten Golfkrieg als Mitglied zweiter Klasse wahrgenommen zu werden. Dies war weder in Angola noch in Mosambik oder Liberia der Fall.

Das BKAmt hätte zu jeder Zeit eingreifen können. Getan hat es dies aber in keinem Fall, weil es offenbar selbst kein größeres Interesse an den drei weit entfernten Konflikten besaß. Der politische Schwerpunkt des BKAmts lag Anfang der 1990er-Jahre bei der deutschen und der europäischen Einheit, der Annäherung an Russland und den Konflikten im ehemaligen Jugoslawien. Zudem musste es bereits in Somalia zwischen AA und BMVg vermitteln. Offenbar war daher niemand bereit, wegen weiterer, außenpolitisch unbedeutend erscheinender Konflikte in Afrika Spannungen in der ohnehin geschädigten Koalition zu riskieren; immerhin hatte die FDP 1993 selbst Klage vor dem Bundesverfassungsgericht gegen die Entscheidung ihrer Regierungskollegen zur weiteren Beteiligung an den NATO-AWACS-Aufklärungsflügen über

---

[679] Siehe zu diesem Gedankengang BArch, N 854/6-3, Inspekteur des Heeres, Entwurf Positionspapier zur Ausgestaltung von Krisenreaktionskräften, September 1992, hier S. 2 f.; ebd., Kopie Vortragsnotiz Fü H III 4, Betr.: Zuordnung KRK, hier: Anteil »VN-Einsatzkräfte«, 26.10.1992, hier S. 2; Daniel, Why So Few Troops from among So Many?, S. 57 f.

Bosnien und Herzegowina eingereicht. Die Entscheidungen zur Nichtbeteiligung an den VN-Missionen in Angola, Mosambik und Liberia waren daher keine Kollektiventscheidungen der Bundesregierung. Sie waren das Resultat der ablehnenden Haltung des CDU-geführten BMVg, weitere Ressourcen für außenpolitische Wünsche des FDP-geführten AA bereitzustellen, auch wenn die Vereinten Nationen ein stärkeres deutsches Engagement wünschten.

Das in dieser Zeit fast ausschließlich von der CDU geführte BMI spielte in den drei Fallbeispielen eine untergeordnete Rolle; nur in der VN-Mission in Mosambik kamen im größeren Umfang Polizisten zum Einsatz. Nach der ablehnenden Haltung in Somalia und dem Interessenverlust an einem größeren Engagement in der Westsahara stand ein weiteres Engagement des BGS aber nicht zur Debatte. Mehr noch als beim BMVg und der Bundeswehr waren die Ressourcen des BMI und des BGS begrenzt; von der Sprachhürde in einem portugiesisch-sprachigen Land ganz abgesehen. Das BMI scheint sich daher nicht stärker mit den drei Konflikten beschäftigt zu haben. BMJ und BMF spielten keine Rolle, weil ihre – ohnehin überwiegend skeptische – Meinung nie eingeholt werden musste.

Ebenfalls keine größere Notiz von den Konflikten in Angola, Mosambik und Liberia nahmen die deutschen Parlamentarier und die heimischen Medien. Den Bundesressorts, oder besser dem BMVg, fehlte daher nicht nur der externe Zwang der NATO-Partner, sich an einer der Missionen sichtbar zu beteiligen. Trotz der humanitären Katastrophen, die jeder Konflikt nachweislich auslöste, und der Beteiligung einiger deutscher NROs, allen voran von Cap Anamur, gab es für die Bundesministerien auch keinen innenpolitischen Handlungsdruck. Dies mag ein Grund gewesen sein, wieso das BKAmt die anderen Ressorts walten ließ.

Zweifellos entschieden das BMVg und das BMI von Fall zu Fall, ob eine VN-Mission mit Personal oder Material unterstützt werden sollte. Automatismen hat es nie gegeben. Menschliches Leid, gute diplomatische oder wirtschaftliche Beziehungen zu einem Gastland, ein Waffenstillstand bzw. ein Friedensvertrag, das Vorliegen eines klaren, zeitlich umrissenen VN-Mandats, der Bedarf einer Mission, eine inoffizielle Anfrage der Vereinten Nationen oder ein geringes Gefährdungspotenzial für das einzusetzende Personal allein reichten jedoch nicht aus, um eine Beteiligung der Bundesregierung mit uniformiertem Personal wahrscheinlich zu machen. Das notwendigste Kriterium, um die Bereitschaft des BMVg zu wecken, scheint die engagierte Teilnahme der engsten NATO-Partner, in erster Linie der USA, sowie größeres mediales Interesse gewesen zu sein, das wiederum die deutschen Parlamentarier und die deutsche Gesellschaft für ein Thema begeistern und die Bundesressorts, allen voran das BMVg, unter Handlungsdruck hätte setzen müssen. Eine Garantie für ein militärisches Engagement im Ausland ist aber auch das Engagement der USA nicht, wie beispielsweise der Irakkrieg 2003 zeigte. Allerdings handelte es sich hierbei nicht um eine VN-Mission auf dem afrikanischen Kontinent, sodass die dortige Entscheidung unter völlig anderen Vorzeichen stand.

## VI. Zusammenfassung und Ausblick: Handlungslogiken bei politischen Entscheidungen über die bundesdeutsche Beteiligung an VN-Missionen

Warum begann die Bundesregierung Ende der 1980er-Jahre, nach einer langjährigen Phase der Zurückhaltung gegenüber einer personellen Beteiligung an Missionen der Vereinten Nationen, sich mit Polizisten und Soldaten an einigen wenigen der neu vom VNSR beschlossenen Missionen auf dem afrikanischen Kontinent zu beteiligen? Wie wurden die Entscheidungen in den Bundesministerien für oder gegen eine personelle Beteiligung an diesen Missionen getroffen, warum beteiligte sich die Bundesregierung mit gerade jenen Fähigkeiten, die sie den Missionen zur Verfügung stellte, und warum beteiligte sie sich an einigen anderen, zur gleichen Zeit ebenfalls in Afrika laufenden Missionen nicht?

Die Frage, ob sich die Bundesrepublik überhaupt personell an VN-Missionen beteiligen dürfe und sollte, war kein bloßes Ergebnis der deutschen Einheit oder eine unmittelbare Folge des Endes des Ost-West-Konflikts, so die Befunde dieser Arbeit. Die Fragen nach der rechtlichen Zulässigkeit und der politischen Opportunität einer solchen personellen Beteiligung, in erster Linie der Entsendung von Soldaten der Bundeswehr, wurden in den Bundesressorts bereits seit dem Beitritt der Bundesrepublik zu den Vereinten Nationen im Jahre 1973 diskutiert; aufgekommen war sie sogar erstmals 1964 im Zusammenhang mit der Unterstützung der neuen VN-Mission auf Zypern. Anfänglich standen vor allem rechtliche Zweifel an der Zulässigkeit einer militärischen Beteiligung im Vordergrund. Dabei ging es um die Frage, welche Handlungsmöglichkeiten die Mütter und Väter des Grundgesetzes der Bundesregierung nach zwei verschuldeten und jedes Mal verlorenen Weltkriegen hinsichtlich der Entsendung uniformierten Personals ins Ausland eingeräumt hatten.

Die vielfach in der Literatur geäußerte Annahme, dass es in den 1970er-Jahren einen ressortübergreifenden Konsens bei diesem Thema gegeben hätte, ist allerdings nicht haltbar. Gegenüber den anderen Bundesressorts vertrat das BMJ zwischen 1975 und 1982 die Auffassung, dass die Teilnahme an VN-Missionen vom Grundgesetz gedeckt sei. Neben den vorhandenen rechtlichen Bedenken hielten es die anderen beteiligten Ressorts, insbesondere das Bundeskanzleramt, in der Hochphase des Ost-West-Konflikts und der anhaltenden Spaltung Deutschlands politisch jedoch auch gar nicht für opportun, sich mit Soldaten oder Polizisten an VN-Missionen zu beteiligen. Aus Perspektive vieler Zeitgenossen war die Bundesrepublik damals ein Frontstaat, ihre internationale Reputation angesichts ihrer historischen Bürde noch immer beschädigt und ihre Souveränität durch die Siegermächte des Zweiten Weltkriegs beschränkt.

Gegen die Auffassung des BMJ bestanden die anderen beteiligten Ressorts daher auf ihren rechtlichen Vorbehalten. 1982 verständigten sie sich im Bundessicherheitsrat darauf, dass die Entsendung der Bundeswehr für militärische Maßnahmen außerhalb des NATO-Bündnisgebiets politisch und rechtlich grundsätzlich nicht infrage komme. Weil zwischen 1973 und 1988 nur wenige VN-Missionen aufgestellt wurden, blieb diese Entscheidung lange Zeit ohne größere Konsequenzen für die Bundesregierung. Dies änderte sich erst Ende der 1980er-Jahre mit den weltpolitischen Zäsuren nach Ende des Ost-West-Konflikts und der Abkehr der Vetomächte von ihrer vorherigen Blockadehaltung bei Abstimmungen im VN-Sicherheitsrat.

Weil in den folgenden Jahren wesentlich mehr VN-Missionen vom VNSR mandatiert wurden als jemals zuvor, sich nunmehr auch die bundesdeutschen NATO-Partner immer häufiger weltweit militärisch engagierten und diese für ihr Engagement auf eine gleichmäßige Verteilung der erheblichen Kosten innerhalb des Bündnisses drängten, fiel es der Bundesregierung immer schwerer, ihre militärische Zurückhaltung aufrechtzuerhalten. Federführend bei diesem Paradigmenwechsel waren vor allem das BMVg und dessen damaliger Minister Rupert Scholz (CDU). Weil das Verteidigungsressort um seine Stellung und seinen Einfluss im Nordatlantischen Bündnis fürchtete, brach es Ende der 1980er-Jahre als Erstes mit der engen Auslegung des Grundgesetzes. Erleichtert wurde diese politische Neuorientierung aufgrund der mehrfachen Wechsel der politischen Leitung im BMVg. Gleiches galt für das BMI. Auch hier gab es 1989 einen Ministerwechsel von Friedrich Zimmermann (CSU) zu Wolfgang Schäuble (CDU). Unbelastet vom BSR-Beschluss von 1982 konnte auch Letzterer fortan ein anderes Rechtsverständnis vertreten.

Anders gestaltete sich die Situation im BKAmt und im AA. Weil Bundeskanzler Helmut Kohl (CDU), aber vor allem das kontinuierlich unter Führung von Hans-Dietrich Genscher (FDP) stehende AA die restriktive Politik der militärischen Zurückhaltung jahrelang vertreten hatten, erschien es ihnen ohne Verlust ihrer außenpolitischen Glaubwürdigkeit unmöglich, von ihrer bisherigen Position abzurücken. Auch wenn die Arbeitsebene des AA in einer VN-Beteiligung außenpolitische Vorteile erkannte und sich durch ein begrenztes militärisches Engagement mehr internationales Prestige[1] und stärkere Mitsprache in den Vereinten Nationen versprach, schien ihr dieser Politikwechsel nur mithilfe einer innenpolitisch schwer durchsetzbaren Änderung des Grundgesetzes möglich zu sein. Zwar strebten auch Teile der op-

---

[1] Zur Bedeutung von Prestige in den Internationalen Beziehungen siehe Gilady, The Price of Prestige.

## VI. Zusammenfassung und Ausblick

positionellen SPD seit Ende der 1980er-Jahre nach einer Grundgesetzänderung, aus parteipolitischen Gründen standen sie der Beteiligung der Bundeswehr am gesamten Spektrum militärischer Einsatzmöglichkeiten – insbesondere an militärischen Maßnahmen außerhalb des VN-Rahmens – aber grundsätzlich ablehnend gegenüber. Aus ihrer Sicht sollte eine verfassungsrechtliche Klarstellung zu einer rechtlichen Beschränkung der Einsatzmöglichkeiten der Bundeswehr im Ausland führen und eine Beteiligung nur im Rahmen von VN-Missionen ohne Kampfauftrag ermöglichen. Aus europa- und bündnispolitischen Überlegungen war diese Begrenzung vor allem für das BKAmt und das BMVg nicht akzeptabel. Bis zur Entscheidung des Bundesverfassungsgerichts von 1994 über die Zulässigkeit der Entsendung der Bundeswehr ins Ausland blieb die Frage einer militärischen VN-Beteiligung Deutschlands daher überwiegend ein innen- und weniger ein außenpolitischer Streitpunkt.

Trotz dieser internen politischen Differenzen beteiligte sich die Bundesregierung aber bereits an acht[2] der 20 zwischen 1988 und 1993 begonnenen VN-Missionen mit Soldaten oder Polizisten; in vier dieser Fälle allerdings erst 1994/95. Zu den meisten Beteiligungen kam es auf dem afrikanischen Kontinent. Im angegebenen Zeitraum nahm die Bundesregierung hier an vier der zehn durchgeführten Missionen teil, in Namibia, der Westsahara, Somalia und Ruanda, obwohl diese weder in der direkten Peripherie der Bundesrepublik noch in ihrem unmittelbaren Einflussbereich lagen. Warum aber nahm sie an ausgerechnet jenen vier Missionen teil und nicht an den anderen sechs[3]?

Nachvollziehbar wird das außen- und sicherheitspolitische Handeln der bundesdeutschen Akteure durch die Analyse der Entscheidungsfindungen zum nationalen Force-Generation-Prozess. Den Annahmen des Governmental Politics Model (GPM) über staatliche Aushandlungsprozesse folgend, wurde die Bundesrepublik bzw. die Bundesregierung in dieser Arbeit nicht als monolithischer Akteur mit unsichtbaren internen Abläufen gesehen. Durch die Auswertung von Ministerialakten konnten die internen Abläufe der Entscheidungsfindung in den beteiligten Ressorts dargestellt werden. Deutlich wurde dabei, dass die getroffenen Entscheidungen für oder gegen die Beteiligung an den hier untersuchten VN-Missionen in Afrika Anfang der 1990er-Jahre in der Tat auf einen teils langwierigen Aushandlungsprozess zwischen den beteiligten Ministerien – AA, BMVg, BMI und BKAmt – zurückzuführen waren und dieser überwiegend auf der Arbeits- und weniger auf der Leitungsebene erfolgte. In den meisten Fällen verlief die Entscheidungsfindung im Bottom-up-Prozess. Die Informationen und die Einschätzung über die Notwendigkeit einer Mission wurden vielfach erst über die Arbeitsebene an die Leitung herangetragen und die Teilnahme nicht bereits im Vorfeld auf höchster politischer Ebene vereinbart. Eine Ausnahme

---

[2] UNTAG, UNAMIC, UNTAC, UNOSOM II, MINURSO, UNOMIG, UNAMIR und UNPROFOR/UNPF.
[3] UNAVEM und UNAVEM II, UNOSOM, ONUMOZ, UNOMUR, UNOMIL.

bildete die VN-Mission UNTAG in Namibia, deren materielle und logistische Unterstützung bereits auf Ministerebene angestoßen wurde. Die spätere Beteiligung von Beamten des Bundesgrenzschutzes ging sogar auf eine Anfrage des VNGS an den Bundespräsidenten zurück.

Abgesehen vom Fallbeispiel Somalia verlief die deutsche Entscheidungsfindung zudem eher zögerlich. Oft dauerten die Prüf- und Entscheidungsprozesse noch an, während die Missionen bereits liefen. Meist reagierten die Bundesressorts auf internationale Entwicklungen, was auch daran lag, dass sie als Nichtmitglied des VNSR erst spät über Dynamiken in den Vereinten Nationen unterrichtet wurden. Im Gegensatz zu den permanenten fünf Mitgliedern des VNSR bekleidete die Bundesregierung auf der multinationalen Ebene der Vereinten Nationen eine Nebenrolle, die sie bei Fragen der internationalen Sicherheit überwiegend in eine – aufgrund der geringeren Verantwortung sicherlich auch nicht immer ungern eingenommene – Position des Mitläufers drängte. Nur selten mussten sich die bundesdeutschen Akteure daher die Frage stellen, welche Ziele die internationalen Truppen und Beamten überhaupt in einem Einsatzland erreichen sollten. Meist hatten sie nur für sich zu klären, ob bundesdeutsche Uniformierte an den bereits vom VNSR mandatierten Missionen mit ihren vorgegebenen Zielsetzungen teilnehmen sollten.

Darüber hinaus wurde sichtbar, dass die Positionen der Ressorts selten kohärent waren und kaum gemeinsamen Zielen folgten. Zwar gab es besonders im Fall von Somalia von Beginn an einen interministeriellen Austausch über ein deutsches Engagement in Ostafrika, in erster Linie ging es den Ressorts aber darum, individuelle Fähigkeiten einzubringen und nicht eine zuvor gemeinsam erarbeitete Strategie mit klaren Ziel- und Fähigkeitsvorstellungen zu verwirklichen. Die politischen Entscheidungen zu einer Beteiligung beruhten meist auf einem Kompromiss zwischen dem AA und dem BMVg bzw. dem BMI, die über das nötige Personal und/oder Material für ein Engagement im Ausland verfügten. Die zwischen den Ressorts ausgehandelten Kompromisse orientierten sich nur selten am Bedarf der Vereinten Nationen oder den Bedingungen im Einsatzland[4]. Auch dies mag daran gelegen haben, dass die Bundesrepublik kein ständiges Mitglied im VNSR war und die Bundesressorts nur selten an der konzeptionellen Ausarbeitung einer VN-Mission beteiligt waren. Wichtiger für die Haltung der Ministerien blieben daher Ressortinteressen und -egoismen. Grundsätzlich war die Entscheidung für oder gegen eine Beteiligung in allen Ministerien eine Frage der vorhandenen finanziellen, personellen und materiellen Ressourcen sowie ihrer eigenen strategischen Interessen. Weder die Machtakkumulation als Kollektiv ›Bundesregierung‹ bzw. ›Bundesrepublik‹ – schon gar nicht (neo-)imperialistische Bestrebungen – noch normative, humanitäre Erwägungen oder die zu erreichenden politischen oder humanitären Effekte vor Ort stan-

---

[4] Ähnliches wurde auch für das deutsche Engagement in Afghanistan vermutet. Vgl. Neitzel, Deutsche Krieger, S. 490 ff.

# VI. Zusammenfassung und Ausblick

den im Fokus der Entscheidungen für oder gegen eine Teilnahme an den untersuchten VN-Missionen. Stattdessen dominierten administrative und innenpolitische Erwägungen sowie bündnispolitische Interessen. Häufig ging es bei der Entscheidungsfindung über eine Beteiligung, aber auch bereits bei der Aushandlung um eine Teilnahme, weniger um die Linderung humanitären Leidens der Menschen in den jeweiligen Einsatzländern als vielmehr um Einfluss, Status und die Durchsetzung einer eigenen Agenda. Letztlich beteiligte sich die Bundesregierung auch nur dort an VN-Missionen, wo das BMVg oder das BMI den politischen Willen besaßen, die notwendigen Kräfte und Mittel bereitzustellen, und nicht da, wo die Vereinten Nationen die bundesdeutsche Hilfe vielleicht am dringendsten gebraucht hätten.

Nichtbeteiligungen gingen – anders als erwartet – nicht einmal auf eine ressortübergreifende Entscheidung oder Kosten-Nutzen-Abwägungen im Kabinett zurück. Oft fehlte es schlicht am politischen Willen eines der material- und personalstellenden Ressorts. Auch wenn das AA federführend in außenpolitischen Angelegenheiten war, blieben seine Möglichkeiten bei fehlender Unterstützung der anderen Ressorts begrenzt. Abweichend von der überwiegend politikwissenschaftlichen oder sozialwissenschaftlichen Literatur sollte die Bundesregierung bei der Analyse von Entscheidungen zur Teilnahme an VN-Missionen im Speziellen bzw. einem uniformierten Auslandsengagement im Allgemeinen daher nicht per se als Kollektiv, sondern die verschiedenen Ressorts mit ihren unterschiedlichen Handlungslogiken und Organisationskulturen einzeln betrachtet werden.

Wäre es nach dem Willen der deutschen Diplomaten gegangen, hätte sich die Bundesregierung mit Ausnahme der ersten beiden Missionen in Angola sowie derjenigen in Liberia, wo sich selbst das AA keinen größeren Nutzen an einer Beteiligung an den relativ kleinen und international vernachlässigten Missionen versprach, an sieben der insgesamt zehn VN-Missionen beteiligt: nicht nur an der UNTAG, MINURSO, UNOSOM II und UNAMIR, sondern auch an der UNOSOM, ONUMOZ und UNOMUR. Dies ist nicht verwunderlich, gelten »Auslandseinsätze« doch »neben Staatsbesuchen weiterhin [als] der sichtbarste Aspekt von Außenpolitik«.[5] Bereits seit Ende der 1980er-Jahre waren sich die bundesdeutschen Diplomaten der »außen- und sicherheitspolitischen Gestaltungsmöglichkeiten«[6] bewusst, die mit der Entsendung von uniformiertem Personal ins Ausland verbunden waren. Ein sichtbarer Beitrag mit Soldaten und Polizisten galt als gute Möglichkeit, sich größere Mitsprache im für das AA immer wichtiger werdenden multinationalen Rahmen zu verschaffen und Einfluss auf die Lösung von Konflikten von weltpolitischer Bedeutung zu nehmen. Die Entsendung von uniformiertem Personal, wenn möglich von international stark beachteten Soldaten, gerne aber auch von ebenfalls sichtbar in Erscheinung tretenden Polizisten, galt als zusätzliches Instrument der Diplomaten. Auf diese Weise konnten bereits

---
[5] Viehrig, Öffentlichkeit und Auslandseinsätze, S. 319.
[6] Kriemann, »Nie wieder Krieg«, S. 80.

Tab. 2: Die Haltung der Bundesressorts gegenüber VN-Missionen auf dem

| Nr. | Mission | Land | Deutsche Kolonial-vergangenheit | Bundesdeutsche, uniformierte Beteiligung bis 1996 | Informelle Anfragen der VN nach uniformierter Beteiligung bis 1996 |
|---|---|---|---|---|---|
| 1 | UNAVEM | Angola | Nein | Keine | Keine |
| 2 | UNTAG | Namibia | Ja | 50 Polizisten des BGS (1989–90) | 50 Polizisten (1989) |
| 3 | MINURSO | Westsahara | Nein | 5 Polizisten des BGS (1993–96) | Bis zu 15 Polizisten (1991) Logistik-, Fernmelde- und/oder Pioniereinheit (1995) |
| 4 | UNAVEM II | Angola | Nein | Keine | Keine |
| 5 | UNOSOM | Somalia | Nein | Keine | Feldlazarett (95 Personen), Fernmeldeeinheit (150 Soldaten) (1992) |
| 6 | ONUMOZ | Mosambik | Nein (aber Gefechtsfeld im Ersten Weltkrieg) | Keine | Pionierbataillon (1992) Stabskompanie mit Feldjägern, (120 Soldaten), Polizisten, Pionierkräfte (1993) Pionierkompanie (1993) 20–40 Polizisten (1993) |
| 7 | UNOSOM II | Somalia | Nein | 1737 Soldaten (1993–94) | Bis zu 5000 Polizisten (1993) |
| 8 | UNOMUR | Ruanda/Uganda | Ja | Keine | Keine |
| 9 | UNOMIL | Liberia | Nein | Keine | Keine |
| 10 | UNAMIR | Ruanda | Ja | 9 Polizisten aus RIP (1995) | Feldlazarett (50 Soldaten), Versorgungskompanie (200 Soldaten) (1993) Sanitätskompanie (100 Soldaten) (1994) Hubschrauber (1994) Kommandeur (1995) Pionierkompanie (1996) |

## VI. Zusammenfassung und Ausblick 703

afrikanischen Kontinent Anfang der 1990er Jahre

| Absprachen mit Dritten | AA | BKAmt | BMI | BMVg | Kostenübernahme |
|---|---|---|---|---|---|
| Keine | Nicht beachtet | Nicht beachtet | Nicht beachtet | Nicht beachtet | Keine |
| FRA, USA | Ablehnung Beteiligung Bundeswehr Befürwortung Beteiligung Polizei | Befürwortung Beteiligung Polizei | Befürwortung | Nicht beachtet | BMI |
| Keine | Ablehnung Beteiligung Bundeswehr Befürwortung Beteiligung Polizei | Befürwortung Beteiligung Polizei | Befürwortung | Nicht beachtet/ Ablehnung | BMI |
| Keine | Nicht beachtet | Nicht beachtet | Nicht beachtet | Nicht beachtet | Keine |
| Keine (PAK) | Befürwortung Beteiligung Bundeswehr | Nicht beachtet | Nicht beachtet | Ablehnung | Keine |
| Keine | Befürwortung Beteiligung Bundeswehr Befürwortung Beteiligung Polizei | Nicht beachtet | Ablehnung | Ablehnung | Keine |
| FRA, ITA, USA | Zurückhaltend Beteiligung Bundeswehr Befürwortung Beteiligung Polizei | Befürwortung Beteiligung Bundeswehr Befürwortung Beteiligung Polizei | Ablehnung | Befürwortung | BMF/ BMVg/ AA |
| POL | Befürwortung Beteiligung Bundeswehr | Nicht beachtet | Nicht beachtet | Ablehnung | Keine |
| USA | Nicht beachtet | Nicht beachtet | Nicht beachtet | Ablehnung | Keine |
| USA | Befürwortung Beteiligung Bundeswehr Befürwortung Beteiligung Landespolizei | Nicht beachtet | Nicht beachtet | Ablehnung | AA/RlP |

laufende diplomatische, finanzielle oder humanitäre Unterstützungen flankiert, zusätzliches internationales Ansehen generiert, Mitsprache garantiert und die Bundesrepublik als verantwortungsbewusster, verlässlicher und berechenbarer Partner – als »Good International Citizen«[7] – präsentiert werden. Insbesondere vor dem Hintergrund des im Herbst 1992 von Außenminister Kinkel öffentlich bekundeten Wunschs zur Übernahme eines ständigen Sitzes in einem reformierten Sicherheitsrat der Vereinten Nationen galt die Beteiligung mit uniformiertem Personal als unerlässliche Voraussetzung dieses Anspruchs.

Eine internationale Führungsrolle nahm das AA bei der Entsendung von Personal aber nur selten ein. Das lag auch daran, dass die Bundesrepublik eben noch kein ständiges Mitglied im VNSR war. Lediglich die Idee zur Aufstellung der VN-Mission UNTAG in Namibia ging wesentlich auf das Bestreben der bundesdeutschen Diplomaten zurück, da sie bei der Suche nach einer politischen Konfliktlösung bereits auf Ministerebene beteiligt waren. Bei den anderen neun Missionen reagierte die deutsche Diplomatie, auch wenn sie die Mission UNAVEM durch ihre Stimme als nichtständiges Mitglied im VNSR 1987/88 selbst sanktionierte und während ihrer dritten nichtständigen Mitgliedschaft im VNSR 1995/96 wiederholt mit für die Fortführung der bereits laufenden VN-Missionen verantwortlich war. Generell trug das AA nur eine begrenzte Last, da es nur über wenige eigene Ressourcen verfügte und von sich aus nicht in der Lage war, größere Personalkontingente ins Ausland zu entsenden. Dies machte es abhängig von den anderen Ressorts, die häufig nicht gewillt waren, Maßnahmen des AA zu unterstützen, deren Nutzen für das AA größer war als für sie selbst.

Auf der multilateralen Ebene der Vereinten Nationen waren nämlich vorranging die Diplomaten aktiv. Im Unterschied beispielsweise zur NATO, in der vor allem die Militärs präsent waren, nutzten ihnen VN-Beteiligungen stets mehr als den personalstellenden Ressorts. Das AA war daher nur selten in der Lage, seine Maximalforderungen gegenüber dem BMVg bzw. dem BMI zu behaupten. Am deutlichsten zeigte sich dies bei der Materialüberlassung des BMVg in Liberia, die zwei Jahre stagnierte, weil das BMVg mangels eigenen Nutzens nicht gewillt war, Transport- und Instandsetzungskosten von weniger als einer halben Mio. D-Mark aufzubringen, und das AA nicht in der Lage oder nicht willens war, diesen Betrag aus dem eigenen Haushalt zu finanzieren.

Zu einem gewissen Teil lagen diese Beschränkungen der außenpolitischen Handlungsfähigkeiten am Desinteresse des BKAmts an VN-Missionen im Allgemeinen und des Bundeskanzlers Kohl an der Weltgemeinschaft im Speziellen. Zwar sollte und wollte sich Deutschland international stärker engagieren und seine bisherige Rolle eines ›sicherheitspolitischen Trittbrettfahrers‹ ablegen, nur selten ergriff das BKAmt in Fragen einer VN-Mission in Afrika

---

[7] So eines der Motive der australischen VN-Beteiligungen. Vgl. Horner/Connor, The Good International Citizen.

aber die Initiative. In der Mehrzahl der Fälle ließ es die anderen Ressorts gewähren und war nur am Rande in die Entscheidung involviert. Insbesondere bei Nichtbeteiligungen spielte das BKAmt praktisch keine Rolle. Das lag auch daran, dass Bundeskanzler Kohl keine Entscheidungen behandeln wollte, die zuvor nicht zwischen den Ressorts abgestimmt worden waren. Maßnahmen, auf die sich bereits das AA und das BMVg/BMI nicht einigen konnten, gingen daher erst gar nicht an die anderen Ressorts und schon gar nicht ins Kabinett. Die dortigen Sitzungen dienten oftmals nur der formellen Bestätigung einer bereits getroffenen Entscheidung. Der eigentliche Kompromiss wurde zuvor auf Arbeitsebene der beteiligten Ministerien ausgehandelt. Generell war VN-Politik kein Anliegen des Bundeskanzlers und ein ständiger Sitz im VNSR nicht seine Priorität. Für das BKAmt waren die Vollendung der deutschen Einheit, die europäische Integration und die Annäherung an Russland von größerer Bedeutung. Viele der afrikanischen Konflikte waren darüber hinaus schlicht zu unbedeutend für Deutschland, um vom Kanzler beachtet zu werden. Insofern stand das vom kleinen Koalitionspartner FDP geführte AA, das eine stärkere Beteiligung vor allem aus Prestigegründen wünschte, größtenteils allein. Die Teilnahme an VN-Missionen in Afrika war kein gemeinsames Interesse der Bundesregierung, sondern meist nur des AA.

Dass sich das BMI und der BGS mit VN-Missionen beschäftigten, war zunächst aus der Not geboren. Bereits 1982 hatte Bundeskanzler Helmut Schmidt (SPD) die Gestellung des BGS als Alternative für eine Beteiligung der Bundeswehr ins Auge gefasst. Damals waren größere Polizeikontingente noch eine Seltenheit bei VN-Missionen, weswegen es bei diesen Überlegungen um die ersatzweise Entsendung von Beamten des BGS für Soldaten der Bundeswehr gegangen war. Mit der Aufstellung der VN-Mission UNTAG in Namibia änderte sich dieser Aspekt aber grundlegend. Fortan gehörten zu fast jeder VN-Mission größere Polizeikontingente, die vollkommen andere Aufgaben zu erfüllen hatten als Soldaten.

Weil die Trennung beider Aufgabenbereiche gegeben schien, sah das BMI zunächst keinen Grund, sich den Bitten des AA zu verweigern. Rechtlich sprach aus seiner Sicht nichts dagegen, Polizisten in internationale Missionen zu entsenden. Weil die Bundesregierung im Falle der UNTAG in Namibia auch vom VNGS persönlich um Unterstützung gebeten wurde, schien es dem BMI allein aus Gründen des Ansehens der Bundesrepublik unmöglich, sich einer Beteiligung zu verweigern. In der Westsahara beteiligte sich das BMI anschließend, weil es durch Namibia einen nationalen und internationalen Prestigegewinn erfahren hatte, auch mit Blick auf die Attraktivität des Dienstes im BGS.

Angesichts seiner überschaubaren Ressourcen war das BMI aber stets darauf bedacht, sein Engagement in Grenzen zu halten. Oberste Prämisse war die Trennung von polizeilichen und militärischen Aufgaben. Dies schien dem BMI nicht nur aufgrund der Ausbildung und Ausrüstung des BGS geboten, sondern allein aus Gründen der Fürsorge gegenüber seinen Polizisten. Ein Ersatz für die Nichtentsendung von Soldaten sollten die Beamten des BGS unter keinen Umständen sein. Praktisch gesehen waren sie das auch nie. Wenn die Bundesregierung Polizisten in VN-Missionen entsandte, hatten die Vereinten Nationen tatsächlich auch um die Unterstützung deutscher Polizisten gebeten.

Eine Abwägung zwischen den Ressorts, ob Soldaten oder Polizisten in eine Mission entsandt werden sollten, hat es dagegen in den untersuchten Fällen nicht gegeben. Das BMI engagierte sich, wenn die Vereinten Nationen um Polizisten baten, auf dem afrikanischen Kontinent aber nur so lange, bis sicherheits- und innenpolitisch wichtigere Regionen, hier vor allem das ehemalige Jugoslawien, stärker in den politischen Blick rückten. Nicht nur, dass das BMI und die ihm unterstellten Kräfte von den dortigen Flüchtlingsbewegungen selbst betroffen waren, auch konnte hier mit Beamten aus ganz Europa zusammengearbeitet und die europäische Einigung vorangetrieben werden. Für Maßnahmen in Afrika, insbesondere in risikoreichen Missionen ohne Polizeikonzepte, fehlte es dem BMI anschließend schlicht an Ressourcen und Interessen. Dass Polizisten aus Rheinland-Pfalz und nicht Beamte des BGS in Ruanda zum Einsatz kamen, war sichtbares Zeichen dieser Entwicklung.

Obwohl die internationalen Partner vor allem in Somalia (UNOSOM II) ein deutlich stärkeres deutsches Engagement im Polizeibereich erwarteten, scheiterte ein dortiges Engagement am Widerspruch des BMI. In einem risikoreichen Umfeld war es nicht bereit, außenpolitischen ›Ersatz‹ für die im Abzug befindliche Bundeswehr zu stellen. Ähnliches galt für eine deutsche Polizeibeteiligung in Mosambik (ONUMOZ), die nach der Ablehnung des Innenministers im Falle von Somalia bereits von der Arbeitsebene zurückgewiesen wurde.

Stärker noch als das BMI sprach sich das BMVg gegen ein größeres personelles Engagement im Rahmen der Vereinten Nationen in Afrika aus. In vier der zehn Fälle – bei der UNOSOM in Somalia, der ONUMOZ in Mosambik sowie der UNOMUR und der UNAMIR in Ruanda/Uganda bzw. Ruanda – war der fehlende Wille des Verteidigungsressorts ausschlaggebend dafür, dass es bei diesen Missionen zu keiner deutschen Beteiligung mit Soldaten kam. In keinem Fall wurde das BMVg von den anderen Ressorts gegen seinen Willen zu einer Teilnahme gedrängt.

Die Gründe für die meist ablehnende Grundhaltung des BMVg waren vielfältig. Anfang der 1990er-Jahre stand das BMVg vor erheblichen strukturellen Herausforderungen. Kürzungen beim Personal und Budget standen der Eingliederung von Soldaten der NVA, der Übernahme des ehemaligen NVA-Geräts und der Rückführung der sowjetischen/russischen Truppen gegenüber. Es fehlte vielfach an finanziellen, materiellen, aber auch personellen Ressourcen, um mehrere parallel verlaufende Auslandsverpflichtungen erfüllen zu können; so zumindest das Empfinden des Heeres, das am stärksten von VN-Missionen betroffen war. Abweichend von der Auffassung des AA sollten, wenn überhaupt, nur einige wenige, bündnispolitisch bedeutende und nicht möglichst viele Missionen unterstützt werden. Letzteres hätte zwar

## VI. Zusammenfassung und Ausblick

dem internationalen Prestige Deutschlands insgesamt gedient, den koordinativen Aufwand aber einseitig für das BMVg vergrößert. Erst recht sollten nach der Verfassungsklage der FDP gegen die Beteiligung der Bundeswehr an den NATO-AWACS-Flügen über Bosnien und Herzegowina keine VN-Maßnahmen mehr unterstützt werden, wenn hiervon in erster Linie das AA profitierte und sie zulasten des eigenen Budgets gingen. In drei der vier bundesdeutschen Beteiligungen auf dem afrikanischen Kontinent kamen daher keine Soldaten, sondern ›nur‹ Polizisten zum Einsatz.[8]

Generell hielt sich das BMVg bei denjenigen VN-Missionen zurück, wo auch die NATO-Partner, vor allem die USA, weniger stark engagiert waren. Das Engagement der USA spielte eine größere Rolle beim Entscheidungsprozess als historische oder wirtschaftliche Verbindungen zum Einsatzland, die Erfolgsaussichten der Mission, die Gefährdungslage der Soldaten, das Vorliegen eines VN-Mandats, der Bedarf der Weltorganisation für eine Mission oder eine informelle Anfrage der Vereinten Nationen. Selbst die Auslegung der Verfassung erfolgte – wenn nötig – flexibel und mit wenig Rücksicht auf die innenpolitische Debatte, wie das Fallbeispiel Somalia zeigte. Die Rahmenlage sprach 1993 eher für ein Engagement in Mosambik und Ruanda anstatt für eine stärkere Beteiligung in Somalia. Weil sich aber die USA in den erstgenannten Konflikten nicht stärker engagierten, scheiterte eine größere deutsche Beteiligung am BMVg, obwohl es in Mosambik und Ruanda Friedensverträge, voneinander zu unterscheidende Konfliktakteure, klare VN-Mandate und den Wunsch der Konfliktakteure sowie auch der Vereinen Nationen und des AA nach einem größeren deutschen Engagement gab. Zudem war die humanitäre Lage in Mosambik, aber auch in Angola oder Liberia, nicht wesentlich besser als in Somalia. Im Land am Horn von Afrika, wo all die genannten Aspekte fehlten, engagierten sich aber die USA massiv, sodass die Bundesressorts – allen voran das BMVg – nicht einmal gefragt werden mussten, sich hier stärker zu beteiligen.

Maßgeblich hierfür waren die Erfahrungen des Zweiten Golfkriegs. Die deutschen Akteure wollten nicht noch einmal dem Vorwurf ausgesetzt sein, bloßer Finanzier einer großen Militäraktion seiner Verbündeten und dadurch ein gefühlter Partner zweiter Klasse zu sein. Gerade gegenüber den USA, die einen so großen Anteil an der deutschen Einheit gehabt hatten, wollte man sich als guter, verlässlicher Partner präsentieren. Dies war vor allem die Überzeugung des Generalinspekteurs Klaus Naumann. Dass die bis heute größte Beteiligung im VN-Rahmen 1993 in Somalia erfolgte, lag somit nicht primär an der Konfliktsituation im Land, der dortigen humanitären Lage oder den Rahmenbedingungen der Mission der Vereinten Nationen. In Somalia wollte sich die Leitung des BMVg sichtbar personell engagieren, um von den anderen NATO-Partnern, insbesondere den USA, (wieder) als vollwertiges Mitglied im Bündnis wahrgenommen zu werden. Die politische und militärische Leitung des BMVg wollte in Somalia aus Bündnissolidarität

---

8   UNTAG, MINURSO, UNAMIR.

Flagge zeigen, weil all ihre wichtigen Partner bereit waren, umfangreiche Kräfte zur dortigen Intervention zu mobilisieren. Nur weil die Beteiligung an der US-geführten Mission UNITAF aufgrund der Verfassungslage nicht infrage kam – aber auch von niemandem erbeten wurde –, erfolgte das deutsche Engagement in der anschließenden VN-Mission. Auch dafür wurden zunächst aber keine konkreten Forderungen an die Bundeswehr gestellt. Vielmehr waren die USA und die Vereinen Nationen an deutschen Polizisten interessiert. Nach den Erfahrungen während des Zweiten Golfkriegs drängte das BMVg mit Unterstützung des BKAmts aber auf eine militärische Beteiligung in Somalia – ohne zu wissen, unter welchen Bedingungen eine neue VN-Mission stattfinden würde.

Eine Beteiligung in Ostafrika ermöglichte es dem BMVg zudem, von der eigenen Passivität gegenüber den Gräueltaten im ehemaligen Jugoslawien abzulenken, obwohl sich hier ein Großteil seiner NATO-Partner engagierte. Allein aus historischen Gründen erschien dort der Einsatz deutscher Soldaten sowohl innen- als auch außenpolitisch schwer legitimierbar und wurde insbesondere auch von Frankreich als wenig hilfreich erachtet. Die Bundeswehr nutzte Somalia somit als Experimentierfeld einer künftigen Beteiligung im multinationalen Rahmen, die politisch ohnehin geplant und zeitnah abzusehen war. Durch den plötzlichen Bedarf ließ sich die dringend notwendige Materialbeschaffung für den Aufbau schnell verlegbarer Kräfte vorantreiben, die aufgrund des politischen Streits um die Rechtmäßigkeit von Auslandseinsätzen der Bundeswehr stockte. Auch ließen sich im Rahmen der UNOSOM II Abläufe erproben, Vorschriften entwickeln und administrative Defizite der für die Verteidigung in Mitteleuropa aufgestellten deutschen Streitkräfte aufzeigen. Die schnellstmögliche Lageverbesserung in Somalia oder der langfristige Erfolg der Mission standen dagegen nur selten im Fokus der Entscheidungsfindung. Dies zeigte sich vor allem bei der Weigerung des BMVg im Herbst 1993, sich in den neuen Operationsplan der Vereinten Nationen einzugliedern. Trotz absehbarer Personal- und Materialnot der UNOSOM II sprach sich das deutsche Verteidigungsressort dafür aus, die Mission vorzeitig an der Seite seiner Verbündeten zu verlassen. Um überhaupt die Zustimmung des AA sowie der an der Regierungskoalition beteiligten FDP zu erhalten und neben seinen NATO-Partnern in Somalia ›dabei sein‹ zu können, war das BMVg im Vorfeld sogar von sich aus bereit gewesen, die taktische Umsetzung des Auftrags zu beschränken. Die Bedingung, deutsche Soldaten dürften nur in einem »secure environment« tätig werden, war eine mit vom BMVg angestoßene Auflage, um die Zustimmungen des AA und des BMJ überhaupt erst zu erhalten.

Dass das Verteidigungsministerium eine Präferenz für die NATO und für wenige Missionen und das Außenministerium eine Präferenz für die Vereinten Nationen und viele Beteiligungen hatte, war kein deutscher Sonderfall. Ähnliches ließ sich beispielsweise auch in Norwegen beobachten.[9] Dies sollte

---

[9] Vgl. Karlsrud/Osland, Between Self-interest and Solidarity, S. 792 ff.

## VI. Zusammenfassung und Ausblick

auch nicht verwundern. Einerseits blieben die USA als wichtigster NATO-Partner auch nach Ende des Ost-West-Konflikts Garant für die Sicherheit der Bundesrepublik und Europa. Andererseits standen die Militärs der NATO durch regelmäßigen Austausch, gemeinsame Übungen und multinationale Stäbe auch deutlich näher als den Vereinten Nationen.

Darüber hinaus blieb der Primärauftrag der Bundeswehr weiterhin die Landes- und Bündnisverteidigung. Der afrikanische Kontinent, seit dem Anfang der 1990er-Jahre Schauplatz der meisten VN-Missionen, besaß für das BMVg hingegen kaum sicherheitspolitische Relevanz. Außer im Falle von Somalia wollte sich das BMVg hier von selbst nie an einer VN-Mission beteiligen. Gerade wegen des Rechtsstreits mit der FDP, der die Bündnisfähigkeit der Bundeswehr bei Maßnahmen in Europa infrage stellte, war das Verteidigungsministerium nicht bereit, größere Ressourcen zu mobilisieren und eventuelle Risiken für die eigenen Truppen einzugehen. Vor einem klärenden Urteil sollte es zu keiner weiteren personellen Beteiligung an VN-Missionen in Afrika durch die Bundeswehr kommen.

Diese Haltung hatte vor allem Konsequenzen für das VN-Engagement in Ruanda. Sich nach Beginn des dortigen Völkermords nicht stärker zu engagieren, war eine bewusste Entscheidung der Leitung des BMVg, die den Ausgang des Verfassungsstreits nicht gefährden wollte. Später standen die noch immer stark begrenzten Hochwertfähigkeiten der Bundeswehr für ein Engagement in Afrika nicht mehr zur Verfügung; ein baldiges militärisches Handeln in Südosteuropa zeichnete sich ab, das nicht nur die deutsche Bündnissolidarität, sondern auch sicherheitspolitische Interessen an der Peripherie der europäischen Gemeinschaft berührte. Weil sich auch die USA selbst nicht stärker an der UNAMIR in Ruanda beteiligten, fiel es dem BMVg auch leicht, bei seiner Ablehnung gegenüber der Entsendung eigener Soldaten in die Mission zu bleiben. Konkrete Forderungen stellten die USA nur nach Ende des Genozids, als Präsident Bill Clinton von Deutschland, aber auch von allen anderen Industriestaaten, schnellstmögliche Hilfe erbat. Hier ging es jedoch nicht allein um eine Beteiligung an der VN-Mission UNAMIR, sondern um jede personelle, materielle und humanitäre Hilfe in der vom Völkermord erschütterten Region. Bundeskanzler Kohl kam es in dieser Situation vor allem darauf an, dass überhaupt etwas getan wurde. Was und in welchem Umfang, war zweitrangig. Was zählte, waren symbolische Gesten, nicht die Ergebnisse vor Ort. Daher kam es zu keiner militärischen Beteiligung Deutschlands an der UNAMIR, sondern nur zur Abgabe von Fahrzeugen und einigen Ausrüstungsgegenständen. Ausdrücklich zählte die Entsendung von drei Flugzeugen der Luftwaffe zur Unterstützung des UNHCR bei der humanitären Versorgung ruandischer Flüchtlinge nicht zur UNAMIR, an der sich das BMVg aus genannten Gründen nicht beteiligen wollte. Dass es vom Verteidigungsministerium nachträglich für die damals beteiligten Soldaten eine Einsatzmedaille ›UNAMIR‹ gab, ist daher vom Namen her irreführend.

Politisch wenig ertragreichen Maßnahmen auf dem afrikanischen Kontinent stand damals insbesondere Verteidigungsminister Volker Rühe

(CDU) ablehnend gegenüber. Allein aufgrund einer wahrgenommenen gesellschaftlichen Skepsis gegenüber der Beibehaltung der Wehrpflicht zur Landes- und Bündnisverteidigung schien es unvorstellbar, das Leben von Soldaten in aus seiner Sicht für die Bundesrepublik strategisch unbedeutenden Konflikten zu riskieren. Wenn etwas die Bundesressorts einte, dann war es die Furcht vor eigenen Verlusten. Jeder glaubte, dass die Öffentlichkeit hierauf geschockt und ablehnend reagieren würde, was wiederum negative Konsequenzen für künftige, (bündnis-)politisch wichtigere militärische Maßnahmen im Ausland gehabt hätte. Insbesondere vor dem Hintergrund des laufenden Rechtsstreits scheuten die Bundesressorts unnötige Gefährdungen des eigenen Personals. Der Opposition sollten keine weiteren Argumente für ihre ablehnende Haltung gegenüber der Teilnahme der Bundeswehr an militärischen Maßnahmen im Ausland geliefert werden. Die Aussicht auf einen reibungslosen Verlauf einer Mission war allerdings kein hinreichendes Kriterium für eine Teilnahme.

Zweitrangig waren auch die Einsatzorte. Nur Namibia besaß aufgrund ihrer politischen und wirtschaftlichen Interessen in der Region und der noch immer dort lebenden deutschstämmigen Bevölkerung als Einsatzland Bedeutung für die Bundesressorts. Ähnliches galt lediglich noch für Rheinland-Pfalz und seine Beteiligung an der UNAMIR. Weil zwischen dem Bundesland und Ruanda eine Partnerschaft bestand und sich Rheinland-Pfalz für die dortige Entwicklung einsetzte, kamen hier rheinland-pfälzische Polizisten zum Einsatz. Ein anderes Bundesland hätte diese Entscheidung wohl nicht getroffen. Dass es in Angola, Liberia oder Mosambik zu keiner Beteiligung kam, obwohl die humanitäre Lage hier durchaus ein größeres deutsches Engagement legitimiert hätte, lag nicht daran, dass sich die Bundesressorts nicht mit den Zielen der dortigen VN-Missionen hätten identifizieren können. Weder von Maßnahmen in den genannten Ländern noch von den dortigen Missionen versprachen sich das BMVg, das BMI und das BKAmt aber einen größeren Nutzen. Ein stärkeres Engagement und die damit verbundenen Ausgaben schienen kaum gerechtfertigt. Weder war die Sicherheit der Bundesrepublik durch die dortigen Konflikte bedroht, noch entscheidende Wirtschaftsinteressen in Gefahr oder Deutschland durch Flüchtlingsbewegungen betroffen. Da sich auch die internationale Erwartungshaltung, insbesondere die Pflicht zur Bündnissolidarität, durch ein geringes Engagement ihrer NATO-Partner, in erster Linie der USA, in Grenzen hielt, blieb es bei einer Nichtbeteiligung und dem Fokus auf nichtmilitärische, finanzielle und humanitäre Hilfe. Anders als in der Literatur oftmals kritisiert, dachte insbesondere das BMVg durchaus geopolitisch bzw. geostrategisch. Das Verteidigungsressort lehnte mehrmals Anfragen zu einer Beteiligung auf dem afrikanischen Kontinent ab, um Hochwertfähigkeiten, beispielsweise Pioniere oder Hubschrauber, für Maßnahmen in Europa zurückzuhalten. Staaten in Subsahara-Afrika besaßen dagegen für das BMVg zu wenig strategische Bedeutung. Diese ablehnenden Entscheidungen waren

## VI. Zusammenfassung und Ausblick

aber nicht das Resultat einer Kosten-Nutzen-Abwägung im Kabinett oder eines ressortübergreifenden Aushandlungsprozesses. Sie gingen einzig auf die Entscheidung der personal- bzw. materialbereitstellenden Ressorts zurück, denen sich das AA auch aufgrund seiner ambivalenten Haltung in Fragen des Organstreits sowie der fehlenden Unterstützung des BKAmts fügen musste.

Das BMF oder das BMJ wurden nur befragt, wenn sich das AA und das BMVg bzw. das BMI auf eine Beteiligung geeinigt hatten. Grundsätzlich positionierte sich das BMF zurückhaltend gegenüber personellen Beteiligungen an VN-Missionen oder zusätzlichen, freiwilligen Leistungen. Für die Bundesrepublik gingen sie immer mit einer zusätzlichen Belastung des meist angespannten Haushalts einher. Anders als manch afrikanischer oder asiatischer Staat[10] konnte sie durch eine VN-Beteiligung keinen wirtschaftlichen Profit erzielen. Neben den ohnehin zu zahlenden Pflichtbeiträgen mussten für jede deutsche personelle Beteiligung zusätzliche finanzielle Mittel aufgebracht werden, mit denen vor allem die Auslandsbezüge des Personals zu zahlen waren. Das seit 1982 von der FDP geführte BMJ agierte dagegen insbesondere unter Sabine Leutheusser-Schnarrenberger (FDP) auf parteipolitischer Linie der Liberalen. Dies hatte zur Folge, dass selbst der dringend notwendige Lufttransport für die UNAMIR während des noch laufenden Völkermords in Ruanda nicht bedient werden konnte, weil das BMJ glaubte, dadurch die verfassungsrechtliche Schwelle eines Einsatzes zu überschreiten und den Ausgang des Rechtsstreits negativ zu beeinflussen.

Nicht unbedeutend für die Entscheidungen der Bundesressorts war die Berichterstattung über die Konfliktgebiete in den Medien. Im AA war man sich Anfang der 1990er-Jahre bewusst, dass die humanitäre Lage im Sudan oder in Mosambik nicht weniger schlecht war als in Somalia. Auch starben in Angola nach den gescheiterten Wahlen 1992 vermutlich mehr Menschen als im gesamten Konflikt in Bosnien und Herzegowina. Doch von den meisten afrikanischen Konflikten fehlten Bilder, die ein stärkeres öffentliches Interesse hätten wecken und die Regierung aus ihrer Passivität hätten aufschrecken können. Inwiefern ein größeres Medieninteresse erst durch Regierungshandlungen entsteht oder Bilder zu einem stärkeren Regierungshandeln beitragen, lässt sich nicht abschließend klären. Fest steht jedoch, dass es aus Angola, Liberia oder Mosambik nicht die schockierenden Medienberichte gab wie aus Somalia, und auch kein stärkeres Engagement der Bundesregierung. Den einzelnen Entscheidungsträgern soll dabei nicht abgesprochen werden, dass sie aus humanitären Gründen handeln wollten. Diese möglicherweise persönliche Motivation lässt sich jedoch schwerer durch die Akten belegen als das Streben nach internationalem Ansehen und individuellem Nutzen für die Ressorts.

Insofern waren die Bundesministerien auch mitverantwortlich für die Fehlschläge der Vereinten Nationen, insbesondere in Ruanda. Die Handlungsmöglichkeiten der Weltgemeinschaft ergeben sich im Wesentlichen aus

---

10  Vgl. Gaibulloev [u.a.], Personnel Contributions, S. 729 f.

der Bereitschaft ihrer Mitgliedsstaaten, Personal, Material und finanzielle Mittel bereitzustellen. Ohne die notwendigen Fähigkeiten und Ressourcen stießen die Vereinten Nationen schnell an ihre Grenzen. Zwar trug die Bundesregierung die große Last der regulären VN-Beiträge, nur selten war sie aber bereit, zusätzliche freiwillige Zahlungen zu leisten. Stattdessen stritten die Ressorts eines der wirtschaftsstärksten Länder der Erde teilweise um moderate Beträge von wenigen Hunderttausend D-Mark und waren nicht bereit, Leistungen zu tätigen, in denen sie keinen eigenen Nutzen sahen. So lehnten die deutschen Entscheidungsträger Zahlungen an parallel zu VN-Missionen laufende Sonderfonds grundsätzlich aufgrund fehlender Sichtbarkeit ab und waren nicht bereit, den Missionen alle erforderlichen materiellen oder personellen Ressourcen zur Verfügung zu stellen, um die sie gebeten wurden. Dies galt auch für die Missionen in Somalia. Das Angebot der Bundesregierung zur Entsendung von bis zu 1500 Soldaten entsprach zunächst nicht dem Bedarf der Vereinten Nationen, sondern war eine Idee des BMVg. Ein zuvor von den Vereinten Nationen für die Mission UNOSOM erbetenes Feldlazarett war aus Kapazitäts-, eine angefragte Fernmeldeeinheit aus innenpolitischen Gründen abgelehnt worden; während des laufenden Verfassungsstreits wollte das BMVg zunächst keine weitere VN-Beteiligung. Auch der letztlich entsandte Verband für die UNOSOM II entsprach nicht ganz den Wünschen der Vereinten Nationen, hatten sich diese doch eine zweite Pionierkompanie erhofft. Diese zu stellen war das BMVg aber nicht bereit, weil die deutschen Fähigkeiten nur dem deutschen Verband und nicht der Mission im Allgemeinen dienen sollten.

Die Entscheidungsprozesse für oder gegen die Teilnahme an VN-Missionen orientierten sich daher nicht notwendigerweise am Bedarf oder der zu bewältigenden außenpolitischen Herausforderung. Sie waren vielmehr das Resultat eines durch Ressortinteressen bestimmten Kompromisses. Angesichts der begrenzten Ressourcen ist es nachvollziehbar, dass die Bundesregierung nicht alle internationalen Missionen unterstützen konnte. Allerdings fragten die Entscheidungsträger auch viel zu selten, welche Ziele konkret durch den Einsatz welcher Mittel erreicht werden sollten oder welche Ressourcen vor Ort sinnvoll sein konnten. Bei der UNTAG, MINURSO und UNAMIR wurde der Auftrag der Beamten als von den Vereinten Nationen vorgegeben hingenommen. Darüber hinaus erfolgte der Umgang mit Anfragen der Vereinten Nationen gegenüber der Öffentlichkeit meist intransparent und ohne politische Debatte im Bundestag. Dies lag im Interesse der Regierung. Hierdurch hatte sie die Möglichkeit, auf erbrachte Leistungen zu verweisen, und konnte über das hinweggehen, was unterlassen worden war oder was hätte getan werden können.

Das weitgehende Fehlen inhaltlich fundierter öffentlicher Debatten war auch die Konsequenz der untergeordneten Rolle, welche die Legislative in der frühen Phase der deutschen Auslandseinsätze im Entscheidungsprozess einnahm. Die Entsendung der Bundeswehr – die des BGS noch heute – war

# VI. Zusammenfassung und Ausblick

bis zur Klärung des Verfassungsstreits durch das Bundesverfassungsgericht in erster Linie eine Angelegenheit der Exekutive. Wenn Fragen im Parlament aufkamen, waren diese meist innenpolitischer Natur und handelten weniger vom Bedarf der Vereinten Nationen oder der Konfliktsituation vor Ort. Das von der Bundesregierung bei Beteiligungen gegenüber Legislative und Öffentlichkeit gepflegte normative, humanitäre Narrativ wurde viel zu selten öffentlich hinterfragt. Gleiches galt für den stetigen Hinweis der Regierung, dass es international von der neuen Bundesrepublik gefordert werde, von einem jahrzehntelangen Sicherheitsnehmer zu einem Sicherheitsgeber zu werden.

Wenn sich die Bundesregierung trotz der schlechten Lage vor Ort nicht an den Missionen beteiligte, rechtfertigte sie ihre Tatenlosigkeit mit fehlenden Einflussmöglichkeiten. Insbesondere in Ruanda hätten diese aber wiederholt bestanden. VN- und Afrika-Politik wurden aber auch nur von einem kleinen Kreis von Abgeordneten behandelt. Im Plenum des Bundestags dominierte häufig politische Polemik und nicht die Situation der Menschen in den Konflikt- und Krisengebieten. Wenn es ein afrikanischer Konflikt überhaupt auf die Agenda des Bundestags schaffte, zeigte sich das parlamentarische System oft zu behäbig. Anträge wurden teilweise erst Monate später bearbeitet und Maßnahmen verabschiedet, die schon gar nichts mehr mit der schnelllebigen Lage vor Ort zu tun hatten. Nur Themen von größter politischer Bedeutung, wie die Beteiligung in Somalia, wurden zeitnah vom Plenum behandelt. Anträge beispielsweise zu Angola waren dagegen von untergeordnetem Interesse und brauchten Monate bis zu einer parlamentarischen Entscheidung.

Insgesamt handelte es sich aber nicht um einen deutschen Sonderweg. Auch andere Staaten neigten zu nationalen Auflagen beim Einsatz ihrer Kräfte. Auch sie wählten die einzusetzenden Fähigkeiten entsprechend ihrer nationalen Vorbehalte und dem erhofften eigenen Nutzen. Die Annahme wäre auch nicht zutreffend, dass Deutschland alleine den Ausgang eines Konflikts bzw. den Erfolg einer Mission hätte militärisch entscheidend beeinflussen können. Dafür waren die Fähigkeiten der Bundeswehr viel zu begrenzt. Schon beim Transport von schwerem Gerät war die Bundeswehr fast ausnahmslos auf die Luftunterstützung der USA oder ziviler Anbieter angewiesen. Auch hatten die Handlungsträger wiederholt Zweifel, ob (mehr) ausländische und speziell deutsche Truppen in den genannten Konflikten überhaupt zur Lösung hätten beitragen können, insbesondere dann, wenn die Gewalt wie in Angola oder Liberia immer wieder ausbrach und die vom Mandat stark begrenzten VN-Missionen allein aufgrund der Sicherheitslage zum Scheitern verurteilt waren.

Gleichwohl darf der deutsche Einfluss nicht unterschätzt werden. Ein stärkeres deutsches Engagement hätte möglicherweise Ansporn für andere Staaten sein können, sich selbst stärker zu beteiligen. In den meisten Fällen hatte die Weltgemeinschaft die Frage nach der Sinnhaftigkeit der Entsendung internationaler Truppen nämlich positiv bewertet. Gerade weil ihr zum Start ihrer Missionen aber häufig Spezialisten wie Logistiker oder Sanitäter fehlten, hätte die Bereitstellung dieser Fähigkeiten als Katalysator für eine reibungslose Dislozierung und Auftragserfüllung dienen können. Eine solche Führungsrolle nahm die Bundesregierung aber bei den untersuchten Fällen zu keinem Zeitpunkt ein. Mit dem Abzug der USA aus Somalia im März 1994 hätte die Chance bestanden, als einziges Logistikelement zum Grundpfeiler einer gesamten VN-Mission zu werden. Angesichts der Gefahren vor Ort kam dies für die deutschen Ressorts aber nicht infrage. Auch hier besaßen innen- bzw. bündnispolitische Interessen einen höheren Stellenwert als der Erfolg der Mission oder die Entwicklung in Somalia.

Nach dem 1994 eingeleiteten Rückzug der USA aus Missionen der Vereinten Nationen sollte es bis 2016 dauern, ehe sich die Bundesregierung wieder substanziell mit Personal an einer VN-Mission in Afrika beteiligte. Nach dem Urteil des Bundesverfassungsgerichts im Sommer 1994 hatte sich insbesondere Verteidigungsminister Rühe dem verweigert. Hier sollte die OAU, der Vorgänger der heutigen Afrikanischen Union, für Sicherheit sorgen.[11] Darüber hinaus hatte der Minister im Januar 1995 festgelegt, dass nur noch »politisch gewichtig[e] und erfolgsversprechend[e] VN-Einsätz[e]« personell von der Bundeswehr unterstützt würden.[12] Durch die Abstellung von VN-Kontingenten dürfe sie sich »nicht ›verzetteln‹«.[13] Konsequenterweise lehnte Minister Rühe Anfang 1995 gegenüber dem VNGS auch die Zusage von deutschen Truppen im Rahmen des »Stand-by Arrangement Registers« ab.[14] Auch aufgrund der deutschen Haltung haben die Vereinten Nationen bis heute Probleme, zeitnah ausreichend geeignete und vor allem vollständig ausgerüstete Truppen in Krisenregionen entsenden zu können.[15] Für das BMVg wurden die NATO und später die EU die Bündnisse der Wahl für das militärische Engagement Deutschlands in der Welt.[16] In diesen engagierten sich nämlich seit Mitte der 1990er-Jahre auch immer stärker ihre westeuropäischen und nordamerikanischen Partner.[17] Eindrücklichste Beispiele dafür sind der Einsatz der deutschen Luftwaffe und des Heeres im Kosovo-Konflikt[18] sowie die Entsendung Tausender Soldaten der Bundeswehr nach Afghanistan.[19] Die Vereinten Nationen spielten für das Verteidigungsressort, aber auch für das BKAmt vielfach nur noch die Rolle der gewaltlegitimierenden Instanz: Mit

---

[11] Stefan Aust und Dirk Koch: »Wir drängeln uns nicht vor«. In: Der Spiegel, Nr. 2 (1995), 9.1.1995, S. 23–25, hier S. 24.
[12] Vgl. BArch, BW 2/29701, Kopie Vorlage Fü S III 5 an den Verteidigungsminister, Betr.: VN-Mission in Afghanistan, hier: Mögliche Bitte der VN um Abstellung eines deutschen Militärberaters, 15.2.1995, hier S. 3.
[13] Ebd., Schreiben Fü S III 1 an Fü S III 5, Betr.: Einsatz deutscher Offiziere bei VN-Missionen, hier: Mögliche VN-Anfrage zur Abstellung eines Bw-Offiziers für die VN-Mission Afghanistan, 24.1.1995.
[14] Vgl. Ganz heiß. In: Der Spiegel, Nr. 4 (1995), 23.1.1995, S. 25–27.
[15] Smith/Boutellis, Rethinking Force Generation, S. 3.
[16] Vgl. BArch, BW 2/28162, Fü S III 5, Erste Bilanz Somalia, 23.3.1994, hier S. 4.
[17] Vgl. Bellamy/Williams, The West and Contemporary Peace Operations.
[18] Kriemann, Hineingerutscht?.
[19] Münch, Die Bundeswehr in Afghanistan.

## VI. Zusammenfassung und Ausblick

Ausnahme der Intervention im Kosovo-Konflikt legte die Bundesregierung stets Wert auf das Vorliegen eines VN-Mandats.

Eine Ausnahme im Rahmen der Vereinten Nationen bildete für die Bundesregierung nur die Beteiligung an der VN-Mission UNIFIL. Nach der UNOSOM II erfolgte hier die bisher zweitgrößte deutsche VN-Teilnahme.[20] Allerdings vermied es die Bundesregierung, Bodentruppen in den Libanon zu entsenden. Hauptsächlich nahmen daher deutsche Marinekräfte an der Mission teil, was auch den vergleichsweise hohen Kräfteansatz von zeitweise fast 1000 Soldaten erklärt[21].

Ansätze einer europäischen Rückkehr zu VN-Missionen ließen sich erst Mitte der 2010er-Jahre erkennen.[22] In diesem Zusammenhang unterstützte auch die Bundesregierung seit 2016[23] die VN-Mission MINUSMA im westafrikanischen Mali substanziell. Zwar war die Bundesrepublik 2006 Führungsnation in der Demokratischen Republik Kongo, die Mission EUFOR RD Congo[24] diente jedoch nur zur Unterstützung einer VN-Mission und stand unter Führung der EU.[25] An der parallel laufenden VN-Mission MONUC[26] beteiligte sich die Bundesregierung nie militärisch. In Mali folgte sie dagegen bekannten Wegen. Zwar engagierten sich die USA eher im Hintergrund, Frankreich trat in der Region aber von Beginn an als Führungsnation auf[27] und stellte in Notlagen vor allem seine Sanitäts- und Lufttransportkapazitäten zur Verfügung.[28]

Innerhalb der VN-Mission suchte die Bundesrepublik darüber hinaus die Nähe zu ihren europäischen NATO-Partnern.[29] Militärisch wichtige und mit großem Risiko versehene Fähigkeiten stellte das BMVg dagegen offiziell aus Kapazitätsgründen nicht bereit.[30] Dies legt nahe, dass die Beteiligung an

---

20  Vgl. Koops, Germany, S. 659. Zwar gab die Bundeswehr die deutsche Maximalstärke bei MINUSMA im September 2021 mit rund 1000 Soldaten an, von den VN gezählt wurden im selben Monat aber nur 426: 15 Offiziere im Stab und 411 Kontingentsangehörige. United Nations, Contribution of Uniformed Personnel to UN by Country, Mission, and Personnel Type, 30.9.2021, S. 17, https://peacekeeping.un.org/sites/default/files/03_country_and_mission_42_sep2021.pdf. Der Unterschied liegt an den zusätzlichen nationalen Kräften, die nicht unter direktem VN-Kommando stehen, vom BMVg aber zum Einsatzkontingent gezählt werden.
21  In der Spitze zählten die VN bei der UNIFIL 979 deutsche Soldatinnen und Soldaten. United Nations, UN Mission's Summary detailed by Country, 21.7.2007, https://peacekeeping.un.org/sites/default/files/jul07_3.pdf.
22  Vgl. Koops/Tercovich, A European Return to United Nations Peacekeeping?
23  Zwar beteiligt sich die Bundesregierung seit 2013 an der Mission, die signifikante Aufstockung des Bundeswehrkontingents von maximal 150 auf zunächst bis zu 650 Soldatinnen und Soldaten erfolgte aber erst 2016. Vgl. BT-Drs. 18/7206, 6.1.2016.
24  European Union Forces République Démocratique du Congo.
25  Vgl. Brummer, The Reluctant Peacekeeper.
26  Mission de l'Organisation des Nations Unies en République démocratique du Congo.
27  Zu den Gründen des französischen Engagements siehe Henke, Why did France Intervene in Mali in 2013?
28  VNSR, S/2015/219, 27.3.2015, Randnr. 66.
29  Zum Ungleichgewicht zwischen den europäischen und überwiegend afrikanischen Truppenstellern siehe Albrecht [u.a.], African Peacekeepers in Mali.
30  Vgl. BT-Drs. 18/8264, 27.4.2016, S. 11.

VN-Missionen auf dem afrikanischen Kontinent und speziell die Beteiligung an der MINUSMA für das BMVg weiter primär als Geste der Solidarität mit seinen (europäischen) Partnern zu sehen ist.[31] Wie wenig sich aber auch Spitzenpolitiker und Medien am Auftrag der Missionen orientierten, zeigte die Diskussion nach dem Anschlag auf eine Bundeswehrpatrouille Ende Juni 2021, bei dem zwölf deutsche und ein belgischer Soldat verwundet wurden.[32] Obwohl die gesamte Mission bis zu diesem Zeitpunkt bereits weit über 100 meist afrikanische Gefallene zu beklagen hatte,[33] führte der Vorfall zur reflexartigen Frage nach einem sofortigen Abzug oder größeren militärischen Befugnissen für die deutschen Truppen. Auf ihre Einbettung in das Konzept der VN-Mission oder ihren Auftrag wurde keine Rücksicht genommen, wenn diese überhaupt bekannt waren.[34] Wie vor 30 Jahren herrscht in den Bundesressorts die Befürchtung, dass Verwundete oder Gefallene den öffentlichen – gesellschaftlichen und politischen – Rückhalt für die Beteiligung an einer VN-Mission erschüttern könnten. Aufgrund dieser nationalen Vorbehalte ist es zweifelhaft, ob überhaupt eine zielführende deutsche Beteiligung an einer multinationalen (VN-)Mission möglich ist.

Letztlich bestätigen die hier dargestellten historisch-empirisch belegten Ergebnisse in weiten Teilen die Annahmen der politikwissenschaftlichen Literatur über Motive und Gründe von Regierungen zur Teilnahme an VN-Missionen. Es gibt nicht den einen Grund, aus dem sich deutsche Beteiligungen an VN-Missionen erklären lassen. Bundesdeutsche Soldaten und Polizisten werden nicht (nur) aus normativen Erwägungen zur Bewältigung von humanitären Krisen und zur Aufrechterhaltung von Sicherheit und Stabilität in die Konfliktgebiete dieser Welt entsandt. Die Entscheidung zur Entsendung von uniformiertem Personal in Missionen der Vereinten Nationen ist immer auch von unterschiedlichsten nationalen innen-, außen- und sicherheitspolitischen Interessen geprägt. Dabei beriet die Regierung nur selten als Ganzes über Kosten und Nutzen einer Beteiligung. Es waren vielmehr die verschiedenen an einer möglichen Entsendung beteiligten Ressorts, die in-

---

[31] Vgl. Konopka, Das deutsche militärische Engagement in Mali.
[32] Thomas Wiegold, Angriff auf deutsche Patrouille in Mali. Explosion 20 Meter vor dem Tanklaster. In: Augen Geradeaus!, 30.6.2021, https://augengeradeaus.net/2021/06/angriff-auf-deutsche-patrouille-in-mali-explosion-20-meter-vor-dem-tanklaster/.
[33] Vgl. United Nations, (4) Fatalities by Mission and Incident Type, 31.7.2021, https://peacekeeping.un.org/sites/default/files/stats_by_mission_incident_type_4_65_july2021.pdf; United Nations: (5a) Fatalities by Year, Mission and Incident Type, 31.7.2021, https://peacekeeping.un.org/sites/default/files/stats_by_year_mission_incident_type_5a_65_july2021.pdf.
[34] So vermischte der Kanzlerkandidat der CDU/CSU, Armin Laschet, bspw. den Auftrag der VN-Mission MINUSMA mit der ebenfalls mit deutscher Unterstützung im Land befindlichen Ausbildungsmission der EU EUTM Mali. Vgl. Lorenz Hemicker, Im Stakkato durch die Weltpolitik. In: FAZ.net, 26.6.2021, https://www.faz.net/aktuell/politik/inland/laschet-baerbock-und-scholz-im-ard-hauptstadtstudio-17409574.html; Verletzte Bundeswehrsoldaten sind zurück in Deutschland. In: Der Spiegel, 27.6.2021, https://www.spiegel.de/ausland/nach-anschlag-verletzte-bundeswehrsoldaten-sind-zurueck-in-deutschland-a-76e66b26-79ff-4cca-8cc3-1d9861ff99ba.

dividuelle Kosten und Nutzen gegeneinander abwogen. Inwieweit sich die hier herausgearbeiteten Erkenntnisse auf andere (Nicht-)Beteiligungen der Bundesregierung übertragen lassen, muss in weiteren Forschungen geklärt werden. Abweichend vom Vorgehen politikwissenschaftlicher Studien, von den Ergebnissen aus Einzelfällen ausgehend zu generalisieren, lassen sich die hier historiografisch gewonnenen Erkenntnisse nicht zwangsläufig auch auf andere Fallbeispiele übertragen. Die Betrachtung von Auslandsbeteiligungen unter anderen Vorzeichen, beispielsweise im Rahmen der EU oder der NATO, auf anderen Kontinenten oder unter anderen Regierungskoalitionen bzw. vor dem Hintergrund einer sich verändernden öffentlichen Einstellung gegenüber Auslandseinsätzen der Bundeswehr, kann zu anderen Ergebnissen führen.

Nahm die Bundesregierung nach dem Urteil des Bundesverfassungsgerichts von 1994 für sich in Anspruch, von Fall zu Fall über die Entsendung der Bundeswehr ins Ausland zu entscheiden, so müssen auch die Motive, die zu einer (Nicht-)Beteiligung an später durchgeführten Militärmissionen führten, von Fall zu Fall untersucht werden. Automatismen – hier sind die deutschen Minister beim Wort zu nehmen – hat es in Fragen einer Auslandsbeteiligung wohl nie gegeben. Bei Konflikten in Europa ist beispielsweise davon auszugehen, dass diese die sicherheitspolitischen Interessen der Bundesrepublik stärker berührten und eine Beteiligung auch aus innen- und europapolitischen Überlegungen notwendig erschien. Zu untersuchen ist auch, welche Auswirkungen die seit Sommer 1994 erforderliche Beteiligung des Parlaments auf die bürokratischen Aushandlungsprozesse in den Ministerien hatte. Vielversprechend scheint darüber hinaus ein Perspektivwechsel. Interessant wäre zu erfahren, wie die Partnernationen und die Vereinten Nationen das Verhalten der Bundesressorts hinsichtlich der (Nicht-)Beteiligungen bewerteten und welche Forderungen sie intern wirklich an diese stellten. Zu fragen wäre beispielsweise, ob es den von der Bundesregierung vielfach beschworenen internationalen Druck zur stärkeren Beteiligung Deutschlands mit militärischen Mitteln an der internationalen Krisenbewältigung wirklich in dem Ausmaß gab, wie sie ihn formulierte.

Wie gezeigt, folgte die bundesdeutsche Entscheidungsfindung Anfang der 1990er-Jahre zudem eher einem Bottom-up-Prozess. Marina Henke führt dagegen an, dass viele Staaten erst nach Aushandlungsprozessen mit anderen Staaten auf höchster Ebene bereit sind, Militärkoalitionen beizutreten, Entscheidungen also eher top-down erfolgen.[35] Auch aus diesem Grund ist die Ausweitung der Perspektive auf die Wechselwirkungen des Handelns mit Verbündeten und Partnern, insbesondere den USA, aber auch Frankreich, geboten. Dies wird nach Ablauf der archivarischen Schutzfrist möglich werden. Unabhängig vom politischen Entscheidungsprozess muss zudem die Leistung der eingesetzten Soldaten und Polizisten bewertet werden. Wie sahen diese ihr eigenes Engagement, die politischen Vorgaben und ihre

---

35   Vgl. Henke, Constructing Allied Cooperation.

Handlungsmöglichkeiten im internationalen Rahmen? Eine solche mikroperspektivische Untersuchung der Beteiligungen an VN-Missionen steht noch aus.

Teilerkenntnisse dieser Arbeit mögen nicht neu oder überraschend sein. Der Ausgang der Fallbeispiele war bekannt. Erstmals konnten hier aber bestimmte Aspekte durch Rückgriff auf Ministerialakten wissenschaftlich belegt und bestimmte Narrative widerlegt werden. Die Erkenntnisse aus dieser Studie helfen, das außen- und sicherheitspolitische Handeln der Bundesressorts auf dem afrikanischen Kontinent bzw. ihre Afrikapolitik besser zu verstehen. Sie tragen zur Klärung bei, weshalb die Bundesregierung nach 1994 nur sehr selektiv an Auslandseinsätzen im Allgemeinen und Missionen der Vereinten Nationen im Speziellen teilnahm. Auch helfen die Ergebnisse beim Verständnis nationaler Force-Generation-Prozesse, die überwiegend auf Basis interner Abwägungen erfolgen und nicht unbedingt aufgrund der Anforderungen vor Ort. Zudem stützen sie die allgemeine Auffassung, dass Regierungen VN-Anfragen häufiger ablehnen als zustimmen.[36]

Bei der Bewertung der Missionen ist ferner zu berücksichtigen, dass die positive Entwicklung im Einsatzland nicht ausschlaggebend für eine Beteiligung sein musste. Auch eine allgemein als gescheitert geltende Mission wie die UNOSOM II in Somalia konnte ein Erfolg für die Bundesressorts sein, wenn es beispielsweise primär darum ging, an der Seite der Partner zu stehen.[37] Dies ist zum Beispiel auch bei der Bewertung des deutschen Engagements in Afghanistan zu berücksichtigen. Angesichts der ablaufenden Schutzfrist in den kommenden Jahren sieht sich diese Arbeit somit als Vorreiter eines wohl auch in Zukunft relevant bleibenden Forschungsfelds.

---

[36] Vgl. VNGV_VNSR, A/55/305_S/2000/809, 21.8.2000, Randnr. 103.
[37] Vgl. Karlsrud, For the Greater Good?, S. 69.

# Abkürzungen

| | |
|---|---|
| AA | Auswärtiges Amt |
| AAPD | Akten zur Auswärtigen Politik der Bundesrepublik Deutschland |
| Abs. | Absatz |
| a.D. | außer Dienst |
| Adj. | Adjutant |
| AG | Arbeitsgemeinschaft |
| AG VN | Arbeitsgruppe Vereinte Nationen |
| AI | Amnesty International |
| AL | Abteilungsleiter |
| ARD | Arbeitsgemeinschaft der öffentlich-rechtlichen Rundfunkanstalten der Bundesrepublik Deutschland |
| Art. | Artikel |
| ASB | Arbeiter-Samariter-Bund Deutschland e.V. |
| AS-B-hH | Arbeitsstab Beauftragter für humanitäre Hilfe (im AA) |
| AVZ | Auslandsverwendungszuschlag |
| AwZ | Ausschuss für wirtschaftliche Zusammenarbeit und Entwicklung |
| BamS | Bild am Sonntag |
| BArch | Bundesarchiv/Bundesarchiv Militärarchiv |
| Bd | Band |
| Best. | Bestand |
| BG | Brigadegeneral |
| BGBl. | Bundesgesetzblatt |
| BGS | Bundesgrenzschutz |
| BKA | Bundeskriminalamt |
| BKAmt | Bundeskanzleramt |
| BM | Bundesminister |
| BMF | Bundesministerium für Finanzen |
| BMI | Bundesministerium des Innern |
| BMJ | Bundesministerium der Justiz |
| BMJV | Bundesministerium der Justiz und für Verbraucherschutz |
| BMP | Bundesministerium für das Post- und Fernmeldewesen |
| BMVg | Bundesministerium der Verteidigung |
| BMWi | Bundesministerium für Wirtschaft |

| | |
|---|---|
| BMZ | Bundesministerium für wirtschaftliche Zusammenarbeit und Entwicklung |
| BND | Bundesnachrichtendienst |
| BPA | Bundespresseamt/Presse- und Informationsamt der Bundesregierung |
| bpb | Bundeszentrale für politische Bildung |
| bspw. | beispielsweise |
| BSR | Bundessicherheitsrat |
| BT | Bundestag |
| BT-Drs. | Bundestag-Drucksache |
| BT-PlPr. | Bundestag-Plenarprotokoll |
| BVerfG | Bundesverfassungsgericht |
| BVerfGE | Amtliche Entscheidungssammlung des Bundesverfassungsgerichts |
| Bw | Bundeswehr |
| CdS | Chef des Stabes |
| CDU | Christlich Demokratische Union Deutschlands |
| CHBK/ChefBK | Chef des Bundeskanzleramts |
| CIVPOL | Civilian Police |
| CSC | Comissão de Supervisão e Controle |
| CSU | Christlich-Soziale Union in Bayern e.V. |
| D 2 | Abteilungsleiter 2 (im AA) |
| D 3 | Abteilungsleiter 3 (im AA) |
| D 5 | Abteilungsleiter 5 (im AA) |
| DAS | Deutsche Afrika Stiftung |
| DC | District of Columbia |
| d.h. | das heißt |
| ddp | Deutscher Depeschendienst |
| DDR | Deutsche Demokratische Republik |
| DED | Deutscher Entwicklungsdienst |
| DeuFraMat | Deutsch-französische Materialien |
| Dg 23 | Unterabteilungsleiter 23 (im AA) |
| Dg 32 | Beauftragter für Afrikapolitik (im AA) |
| Dg 43 | Beauftragter für Asienpolitik (im AA) |
| DGAP | Deutsche Gesellschaft für Auswärtige Politik e.V. |
| DGVN | Deutsche Gesellschaft für die Vereinten Nationen e.V. |
| DIIS | Danish Institute for International Studies |
| Dok. | Dokument |
| DPKO | Department of Peacekeeping Operations |
| d.R. | der Reserve |
| DRK | Deutsches Rotes Kreuz |
| Drs. | Drucksache |
| DtUstgVbd | Deutscher Unterstützungsverband |
| EA | Europa-Archiv |

| | |
|---|---|
| Ebd. | Ebenda |
| ECOMOG | ECOWAS Monitoring Group |
| ECOSOC | Economic and Social Council |
| ECOWAS | Economic Community of West African States |
| ECU | Europäische Währungseinheit |
| Ed. | Edited |
| ed. | edition |
| EG | Europäische Gemeinschaft |
| EU | Europäische Union |
| EUFOR RD Congo | European Union Forces République Démocratique du Congo |
| EUFOR Chad/RCA | European Union Force Tchad/République Centrafricaine |
| f. | folgend |
| FAS | Frankfurter Allgemeine Sonntagszeitung |
| FAZ | Frankfurter Allgemeine Zeitung |
| FDP | Freie Demokratische Partei |
| FEM | Friedenserhaltende Maßnahmen |
| FES | Friedrich-Ebert-Stiftung |
| ff. | folgende |
| FNLA | Frente Nacional de Libertação de Angola |
| FR | Frankfurter Rundschau |
| FRA | Frankreich |
| FRELIMO | Frente de Libertação de Moçambique |
| Fü H | Führungsstab des Heeres |
| Fü L | Führungsstab der Luftwaffe |
| Fü M | Führungsstab der Marine |
| Fü S | Führungsstab der Streitkräfte |
| FüZBw | Führungszentrum der Bundeswehr |
| GECOMPFORSOM | German Composite Force Somalia |
| GFAFLNO | German Federal Armed Forces Liaison Officer |
| GG | Grundgesetz |
| GI/GenInsp | Generalinspekteur |
| GL | Gruppenleiter (im BKAmt) |
| GL | Generalleutnant |
| GPM | Governmental Politics Model |
| GSK | Grenzschutzkommando |
| GSP | Grenzschutzpräsidium |
| GTZ | Deutsche Gesellschaft für Technische Zusammenarbeit GmbH |
| HFüKdo | Heeresführungskommando |
| HQ | Headquarters/Hauptquartier |
| Hrsg./hrsg. | Herausgeber/herausgegeben |

| | |
|---|---|
| HRW | Human Rights Watch |
| ICJ | International Court of Justice |
| IfdT | Informationen für die Truppe |
| i.G. | im Generalstab |
| IKRK | Internationales Komitee vom Roten Kreuz |
| InSan | Inspektion des Sanitäts- und Gesundheitswesens |
| Insp. | Inspekteur |
| i.R. | im Ruhestand |
| ISAF | International Security Assistance Force |
| ITA | Italien |
| i.V. | in Vertretung |
| Kap. | Kapitel |
| KAS | Konrad-Adenauer-Stiftung |
| KFOR | Kosovo Force |
| KPdSU | Kommunistische Partei der Sowjetunion |
| KRK | Krisenreaktionskräfte |
| KS-EA/KSEA | Koordinierungsstab für Einsatzaufgaben |
| KSZE | Konferenz über Sicherheit und Zusammenarbeit in Europa |
| LHAKo | Landeshauptarchiv Koblenz |
| LSC | Logistics Support Command |
| LT-RLP | Landtag Rheinland-Pfalz |
| Ltd PD | Leitender Polizeidirektor |
| LTP | Lufttransportstützpunkt |
| LUP | Luftumschlagpunkt |
| LUZ | Luftumschlagzug |
| Lw | Luftwaffe |
| LwFüKdo | Luftwaffenführungskommando |
| MdB | Mitglied des Bundestags |
| MDR | Mitteldeutscher Rundfunk |
| MEDEVAC | Medical Evacuation |
| MFR | Militärischer Führungsrat |
| MGFA | Militärgeschichtliches Forschungsamt |
| MINURSO | Mission des Nations Unies pour l'organisation d'un référendum au Sahara occidental |
| MINUSMA | Mission Multidimensionnelle Intégrée des Nations Unies pour la Stabilisation au Mali |
| Mio. | Million/Millionen |
| MONUC | Mission de l'Organisation des Nations Unies en République Démocratique du Congo |
| MPLA | Movimento Popular de Libertação de Angola |
| Mrd. | Milliarde/Milliarden |
| MSF | Médecins Sans Frontières |
| NATO | North Atlantic Treaty Organization |
| NDI | National Democratic Institute for International Affairs |

| | |
|---|---|
| NPFL | National Patriotic Front of Liberia |
| Nr. | Nummer |
| NRO | Nichtregierungsorganisation |
| NS | Nationalsozialismus |
| NUPI | Norsk Utenrikspolitisk Institutt |
| NVA | Nationale Volksarmee |
| NY | New York |
| NYT | The New York Times |
| NZWehrr | Neue Zeitschrift für Wehrrecht |
| OAU | Organisation of African Unity |
| o.D. | ohne Datum |
| OECD | Organization for Economic Co-operation and Development |
| ONUC | Opération des Nations Unies au Congo |
| ONUCA | Grupo de Observadores de las Naciones Unidas en Centroamérica |
| ONUMOZ | Operação das Nações Unidas em Moçambique, s.a. UNOMOZ |
| ONUVEH | Groupe d'observateurs des Nations unies pour la vérification des élections en Haïti |
| o.O. | ohne Ort |
| P | Abteilung Personal (im BMVg) |
| P | Abteilung Polizeiangelegenheiten (im BMI) |
| PA AA | Politisches Archiv des Auswärtigen Amts |
| PA-DBT | Parlamentsarchiv des Deutschen Bundestages |
| PAK | Pakistan |
| PD | Polizeidirektor |
| PDS | Partei des Demokratischen Sozialismus |
| PLO | Palestine Liberation Organization |
| POL | Polen |
| POLISARIO | Frente Popular para la Liberación de Saguía el Hamra y Río de Oro |
| PStS | Parlamentarischer Staatssekretär |
| PVB | Polizeivollzugsbeamte |
| QRF | Quick Reaction Force |
| RAF | Rote Armee Fraktion |
| Randnr. | Randnummer |
| RENAMO | Resistência Nacional Moçambicana |
| Res./RES | Resolution |
| RlP | Rheinland-Pfalz |
| RoE | Rules of Engagement/Einsatzrichtlinien |
| RPF/FPR | Rwandan Patriotic Front/Front Patriotique Rwandais |
| rtd | retired |
| Rü T | Abteilung Rüstungstechnik (im BMVg) |
| Rü Z | Unterabteilung Zentralaufgaben der Hauptabteilung Rüstung (im BMVg) |

| | |
|---|---|
| S | Sozialabteilung (im BMVg) |
| S. | Seite |
| SADF | South African Defence Forces |
| SADR | Saharan Arab Democratic Republic |
| S+F | Sicherheit und Frieden |
| SITREP | Situation Report |
| SNA | Somali National Alliance |
| SOFA | Status of Forces Agreement/Stationierungsabkommen |
| SPD | Sozialdemokratische Partei Deutschlands |
| SRSG | Special Representative of the Secretary-General |
| StAL | Stabsabteilungsleiter |
| StS | Staatssekretär |
| Stv/stellv. | Stellvertreter/stellvertretender |
| SWAPO | South West Africa People's Organisation |
| SWAPOL | South West African Police |
| SZ | Süddeutsche Zeitung |
| Tab. | Tabelle |
| taz | taz. Die Tageszeitung |
| THG | Technische Hilfsgruppe |
| THW | Technisches Hilfswerk |
| ToR | Terms of Reference |
| TRC | Truth and Reconciliation Commission of Liberia |
| TSK | Teilstreitkräfte |
| u. | und |
| u.a. | und andere/unter anderem |
| UAL | Unterabteilungsleiter |
| UN | United Nations |
| UNA | United Nations Archives |
| UNAMIC | United Nations Advance Mission in Cambodia |
| UNAMIR | United Nations Assistance Mission for Rwanda |
| UNAVEM | United Nations Angola Verification Mission |
| UNDOF | United Nations Disengagement Observer Force |
| UN DPI | United Nations Department of Public Information |
| UNEF | United Nations Emergency Force |
| UNFICYP | United Nations Peacekeeping Force in Cyprus |
| UNGOMAP | United Nations Good Offices Mission in Afghanistan and Pakistan |
| UNHCR | United Nations High Commissioner for Refugees |
| UNICEF | United Nations Children's Fund |
| UNIFIL | United Nations Interim Force in Lebanon |
| UNIIMOG | United Nations Iran-Iraq Military Observer Group |
| UNIKOM | United Nations Iraq-Kuwait Observation Mission |
| UNISFA | United Nations Interim Security Force for Abyei |
| UNITA | União Nacional para a Independência Total de Angola |

| | |
|---|---|
| UNITAF | Unified Task Force |
| UNMIBH | United Nations Mission in Bosnia and Herzegovina |
| UNMIS | United Nations Mission in Sudan |
| UNO | United Nations Organization |
| UNOMIG | United Nations Observer Mission in Georgia |
| UNOMIL | United Nations Observer Mission in Liberia |
| UNOMOZ | United Nations Operation in Mozambique, s.a. ONUMOZ |
| UNOMUR | United Nations Observer Mission Uganda–Rwanda |
| UNOSOM | United Nations Operation in Somalia |
| UNPF | United Nations Peace Forces |
| UNPROFOR | United Nations Protection Force |
| UNSCOM | United Nations Special Commission |
| UNTAC | United Nations Transitional Authority in Cambodia |
| UNTAG | United Nations Transition Assistance Group |
| US | United States |
| USA | United States of America |
| US-EUCOM | United States European Command |
| VAE | Vereinigte Arabische Emirate |
| VfZ | Vierteljahrshefte für Zeitgeschichte |
| VgA | Verteidigungsausschuss |
| vgl. | vergleiche |
| VLR | Vortragender Legationsrat |
| VLR I | Vortragender Legationsrat Erster Klasse |
| VN | Vereinte Nationen |
| VNGS | Generalsekretär der Vereinten Nationen |
| VNGV | Generalversammlung der Vereinten Nationen |
| VNSR | Sicherheitsrat der Vereinten Nationen |
| VNST | Sekretariat der Vereinten Nationen |
| VR | Abteilung Verwaltung und Recht (im BMVg) |
| WamS | Welt am Sonntag |
| WEU | Westeuropäische Union |
| WFP | World Food Programme |
| ZA | Zwischenarchiv |
| ZaöRV | Zeitschrift für ausländisches öffentliches Recht und Völkerrecht |
| z.B. | zum Beispiel |
| ZDv | Zentrale Dienstvorschrift |
| ZHF | Zeitschrift für Historische Forschung |
| ZMSBw | Zentrum für Militärgeschichte und Sozialwissenschaften der Bundeswehr |

## Quellen und Literatur

Alle im Folgenden genannten Links wurden, wenn nicht anders angegeben, zuletzt im Dezember 2021 aufgerufen.

### I. Unveröffentlichte Quellen

#### 1. Bundesarchiv, Koblenz (BArch)

| | |
|---|---|
| B 106 | Bundesministerium des Innern |
| B 122 | Bundespräsidialamt |
| B 136 | Bundeskanzleramt |
| B 141 | Bundesministerium der Justiz |
| B 213 | Bundesministerium für wirtschaftliche Zusammenarbeit und Entwicklung |

#### 2. Bundesarchiv, Abteilung Militärarchiv, Freiburg i.Br. (BArch)

| | |
|---|---|
| BH 1 | Bundesministerium der Verteidigung – Führungsstab des Heeres |
| BH 7-2 | II. Korps/II. (GE/US) Korps |
| BH 9-23 | Gebirgsjägerbrigade 23 |
| BH 41 | Heeresführungskommando |
| BL 1 | Bundesministerium der Verteidigung – Führungsstab der Luftwaffe |
| BL 15 | Luftwaffenführungskommando |
| BL 19 | Lufttransportkommando |
| BM 2 | Marineamt |
| BW 1 | Bundesministerium der Verteidigung – Leitung, zentrale Stäbe und zivile Abteilungen |
| BW 2 | Bundesministerium der Verteidigung – Generalinspekteur und Führungsstab der Streitkräfte |
| BW 18 | Zentrum für Analysen und Studien der Bundeswehr |
| BW 24 | Bundesministerium der Verteidigung – Inspektion des Sanitäts- und Gesundheitswesens der Bundeswehr |
| BW 41 | Sanitätsamt der Bundeswehr |
| N 854 | Vorlass Hansen, Helge |

## 3. Landeshauptarchiv Koblenz (LHAKo)

Bestand 880 Ministerium des Innern und für Sport Rheinland-Pfalz

## 4. Parlamentsarchiv des Deutschen Bundestages, Berlin (PA-DBT)

| | |
|---|---|
| 3104 | Auswärtige Angelegenheiten |
| 3104 | Unterausschuss Vereinte Nationen/Weltweite Organisationen |
| 3106 | Haushalt und Rechnungsprüfung |
| 3114 | Innere Angelegenheiten |
| 3119 | Verteidigung |
| 3122 | Ausschuss für wirtschaftliche Zusammenarbeit |

## 5. Politisches Archiv des Auswärtigen Amtes, Berlin (PA AA)

| | |
|---|---|
| B 1 | Ministerbüro |
| B 2 | Büro Staatssekretäre |
| B 8 | Protokollabteilung |
| B 9 | Planungsstab |
| B 11-ABT. 3 | Länderabteilung |
| B 14 | NATO und Verteidigung |
| B 30 | Vereinte Nationen |
| B 32 | Länderreferate USA, Kanada |
| B 33 | Länderreferate Mittel- und Südamerika |
| B 34 | Länderreferate Afrika südlich der Sahara |
| B 45 | Menschenrechte, Humanitäre Hilfe |
| B 46 | Koordinierung, Dritte Welt Ausrüstungshilfe, Organisierte Kriminalität, Terrorismus |
| B 68 | Afrika südlich der Sahara |
| B 70 | Rüstungsexportkontrolle |
| B 80 | Völkerrecht, Staatsverträge, Rechtsfragen im Gefolge der deutschen Einigung |
| BAV 151-MAPU | Botschaft Maputo |
| BAV 160-MONR | Botschaft Monrovia |
| BAV 172-NEWYGK | Generalkonsulat New York |
| BAV 173-NEWYVN | Ständige Vertretung New York Vereinte Nationen |

## II. Zeitungen, Zeitschriften und Blogs

Augen Geradeaus!, unter: https://augengeradeaus.net
Bild
Bild am Sonntag (BamS)
Bonner Generalanzeiger
Bonner Rundschau
Bulletin des Presse- und Informationsamtes der Bundesregierung
Bundeswehr Aktuell
Der Spiegel
Der Tagesspiegel
Deutsche Welle
Die Welt
Die Zeit
Frankfurter Allgemeine Sonntagszeitung (FAS)
Frankfurter Allgemeine. Zeitung für Deutschland (FAZ)
Frankfurter Rundschau (FR)
Information für die Truppe (IfdT)
Stichworte zur Sicherheitspolitik
Stuttgarter Zeitung
Süddeutsche Zeitung (SZ)
taz. Die Tageszeitung (taz)
The New York Times (NYT)
Welt am Sonntag (WamS)
Wirtschaftswoche

## III. Digitale Archive

ARD Tagesschau vor 20 Jahren, https://www.tagesschau.de/inland/tsvor-zwanzigjahren100.html
Das Bundesarchiv, Staatsbesuch in Liberia. Lübke in Liberia, 1962, https://www.filmothek.bundesarchiv.de/video/590190
Deutscher Bundestag (BT), Drucksachen und Plenarprotokolle des Bundestages 1949 ff., http://dip.bundestag.de/
George H.W. Bush Presidential Library & Museum, https://bush41library.tamu.edu/
Landtag Rheinland-Pfalz, Parlamentsdokumentation, https://opal.rlp.de/starweb/OPAL_extern/index.htm
National Security Archive, https://nsarchive.gwu.edu/
The World Bank, World Bank Open Data, https://data.worldbank.org/
United Nations Archives (UNA), https://search.archives.un.org
United Nations, Official Document System, https://documents.un.org/prod/ods.nsf/home.xsp
William J. Clinton Presidential Library & Museum, https://clintonlibrary.gov

## IV. Zeitzeugeninterviews (in chronologischer Reihenfolge)

Zeitzeugengespräche erfolgten persönlich oder per Telefon, Zeitzeugenbefragungen per E-Mail. Angegeben sind die Funktionen der Zeitzeugen im Untersuchungszeitraum.

1. Zeitzeugenbefragung von Polizeioberrat i.R. Anton Barz am 7.2.2020; 1995 Führer des ersten deutschen Kontingents der UNAMIR
2. Zeitzeugengespräch mit Oberst a.D. Manfred Benkel am 24.3.2020 und Zeitzeugenbefragung am 28.3.2020; 1993–1994 stellv. Kommandeur des zweiten Kontingents des DtUstgVbd Somalia
3. Zeitzeugenbefragung von Generalmajor a.D. Georg Bernhardt am 22.6.2020; 1993 Kommandeur des Vorkommandos des DtUstgVbd Somalia
4. Zeitzeugengespräch mit Präsident in der Bundespolizei a.D. Jürgen Bischoff am 17.5.2021; 1983–1991 Referent im Referat P III 1 im BMI
5. Zeitzeugengespräch mit Flottillenarzt d.R., Leitender Medizinaldirektor Dr. med. Gerhard Boecken am 6.7.2021; 1992–1993 Angehöriger des zweiten deutschen Kontingents der UNTAC in Kambodscha, 1994 Angehöriger des zweiten Kontingents des DtUstgVbd Somalia
6. Zeitzeugengespräch mit Polizeipräsident i.R. Detlef Buwitt am 15.1.2020, 1989–1990 Führer des bundesdeutschen Kontingents der UNTAG
7. Zeitzeugenbefragung von Ministerialdirektor i.R. Dr. Klaus Dau am 21.5.2020; 1987–1993 Leiter des Referats VR II 2 im BMVg, 1993–1995 Leiter Unterabteilung VR II im BMVg
8. Zeitzeugengespräch mit Dr. Ursula Eid am 26.3.2020; 1985–1990 MdB für die Grünen, 1994–2009 MdB für Bündnis 90/Die Grünen
9. Zeitzeugenbefragung von Oberst a.D. Jürgen Eigenbrod am 12.12.2019; 1993 stellv. Kommandeur des Vorkommandos und des erstens Kontingents des DtUstgVbd Somalia
10. Zeitzeugengespräch mit Generalmajor a.D. Manfred Eisele am 19.1.2020; 1994–1998 Assistant Secretary General for Planning and Support of Peacekeeping Operations bei den VN
11. Zeitzeugengespräch mit Brigadegeneral i.R. Walter Fallmann am 16.5.2021; 1996 CIVPOL-Kommandeur der MINURSO
12. Zeitzeugenbefragung von Ministerialrat a.D. Dr. Dieter Fleck am 14.7.2020; 1971–1974 Referent im Referat VR II 3 im BMVg; 1986–1994 Leiter des Referats VR II 8 im BMVg
13. Zeitzeugengespräch mit Generalmajor a.D. Klaus Frühhaber am 24.3.2020, 26.3.2020 und 31.3.2020; 1990–1994 CdS des III. Korps, 1994 CdS des HFüKdo
14. Zeitzeugenbefragung von Bundesrichter Dr. Horst-Dieter Fumi am 20.11.2020; 1989–1990 Referent im Referat P II 1 im BMI
15. Zeitzeugenbefragung von Botschafter a.D. Harald Ganns am 4.5.2020; 1993–1998 Beauftragter für Afrikapolitik im AA

## Quellen und Literatur

16. Zeitzeugengespräch mit Brigadegeneral a.D. Klauswilli Gauchel am 18.12.2019; 1992–1995 Referatsleiter Fü S III 5 im BMVg
17. Zeitzeugengespräch mit Brigadegeneral a.D. Peter Goebel am 23.6.2021; 1992–1994 Adjutant des BM der Verteidigung
18. Zeitzeugenbefragung von Polizeihauptkommissar Roland Grupe am 11.5.2020; 1994 Angehöriger des dritten deutschen Kontingents der MINURSO
19. Zeitzeugengespräch mit Dr. Klaus Hahnenfeld am 31.8.2020 und 4.9.2020 sowie Zeitzeugenbefragung am 3.9.2020; 1987 Persönlicher Referent des BM der Verteidigung; 1992–1994 Leiter des Büros des beamteten StS Jörg Schönbohm im BMVg
20. Zeitzeugengespräch mit Generalleutnant a.D. Volker Halbauer am 14.5.2021; 1993 G3- und G5-Stabsoffizier im Vorkommando und CdS des ersten Kontingents des DtUstgVbd Somalia
21. Zeitzeugengespräch mit General a.D. Dr. Helge Hansen am 30.3.2020; 1992–1994 Insp. des Heeres
22. Zeitzeugengespräch mit Präsident eines Bundespolizeipräsidiums a.D. Udo Hansen am 27.5.2021; 1991 Referent im Referat P III 1 im BMI
23. Zeitzeugenbefragung von Flottillenadmiral a.D. Manfred Hartmann am 24.3.2020; 1992–1993 stellv. Referatsleiter Fü S III 5 im BMVg
24. Zeitzeugengespräch mit Prof. Dr. Karl-Heinz Hornhues am 15.9.2020; 1972–2002 MdB für die CDU, 1983–1989 Vorsitzender der Deutsch-Afrikanischen Parlamentariergruppe, 1989–1994 stellv. Vorsitzender der CDU/CSU-Fraktion, 1994–1998 Vorsitzender des Auswärtigen Ausschusses
25. Zeitzeugengespräch mit Botschafter a.D. Dr. Uwe Kaestner am 25.8.2021; 1977–1980 Referent im Planungsstab des AA, 1986–1991 Leiter Referat 212 im BKAmt, 1991–1993 Leiter der Gruppe 21 im BKAmt
26. Zeitzeugengespräch mit Präsident des BKA a.D. Dr. Ulrich Kersten am 16.12.2020 und Zeitzeugenbefragung am 10.1.2021; 1987–1991 Leiter des Referats P II 1 im BMI, 1991–1995 Leiter der Unterabteilung P II im BMI
27. Zeitzeugengespräch mit Botschafter a.D. Martin Kobler am 6.4.2020 und 8.4.2020; 1988–1991 Referent im Referat 230 im AA, 1989 Wahlbeobachter in Windhoek (Namibia)
28. Zeitzeugenbefragung von Polizeidirektor im BGS i.R. Wolf-Dieter Krampe am 24.11.2020; 1995 CIVPOL-Kommandeur der MINURSO
29. Zeitzeugenbefragung von Oberst a.D. Alfred Lassonczyk am 8.10.2020; 1994 Führer des Bereitstellungsraums Mogadischu im zweiten Kontingent des DtUstgVbd Somalia
30. Zeitzeugenbefragung von Direktorin i.R. Dr. Ingrid Lehmann am 20.11.2020; 1975–1978 Referentin im Büro des VNGS bei den VN in New York (USA); 1989 Bezirksleiterin im Rahmen der Mission UNTAG in Namibia; 1991–2003 Leiterin der VN-Informationsbüros in Washington, DC, Athen (Griechenland) und Wien (Österreich)

31. Zeitzeugengespräch mit Oberst a.D. Klaus Lohmann am 18.11.2019; 1992–1994 Referent im Referat Fü S III 5 im BMVg
32. Zeitzeugengespräch mit Botschafter a.D. Thomas Matussek am 15.1.2021, 1991–1994 Leiter Ministerbüro BM Genscher/Leiter Leitungsstab BM Kinkel, 1994–1999 Gesandter und Ständiger Vertreter des Leiters der Botschaft in Washington, DC, 2006–2009 Ständiger Vertreter der Bundesrepublik Deutschland bei den VN
33. Zeitzeugenbefragung von Präsident des GSP Süd a.D. Dieter Mechlinski am 5.11.2020; 1986–1991 Leiter des Referats P III 1 im BMI
34. Zeitzeugenbefragung von Generalleutnant a.D. Hartmut Moede am 21.4.2020 und Zeitzeugengespräch am 24.4.2020; 1993–1994 Stabsabteilungsleiter Fü S IV, 1995–1997 Leiter des FüZBw
35. Zeitzeugenbefragung von Botschafter a.D. Christian Walter Much am 12.5.2021, 13.5.2021, 14.5.2021, 16.5.2021 und 17.5.2021; 1992–1993 Referent für Konfliktsituationen in Afrika und Lateinamerika an der Ständigen Vertretung in New York (USA)
36. Zeitzeugengespräch mit Botschafter a.D. Bernd Mützelburg am 22.11.2019; 1989–1991 stellv. Leiter des Ministerbüros im AA, 1991–1995 Botschafter in Nairobi (Kenia)
37. Zeitzeugengespräch mit General a.D. Dr. Klaus Naumann am 20.4.2020 und Zeitzeugenbefragung am 15.12.2020; 1991–1996 GenInsp der Bundeswehr
38. Zeitzeugengespräch mit Botschafter a.D. Fritjof von Nordenskjöld am 13.1.2021; 1990–1994 Politischer Gesandter an der Botschaft in Washington, DC
39. Zeitzeugenbefragung von Generalmajor a.D. Rolf Th. Ocken am 23.5.2020; 1991–1993 Stabsabteilungsleiter Fü S IV im BMVg
40. Zeitzeugenbefragung von Brigadegeneral a.D. Franz Xaver Pfrengle am 17.1.2020; 1993 G2/G3 im Vorkommando des DtUstgVbd Somalia
41. Zeitzeugengespräch mit Botschafter a.D. Dr. Gunter Pleuger am 15.1.2021, 1970–1974 Referent an der Ständigen Vertretung in New York (USA); 1988–1993 Politischer Gesandter an der Botschaft in Washington, DC, 2002–2006 Ständiger Vertreter der Bundesrepublik Deutschland bei den VN
42. Zeitzeugenbefragung von Präsident des GSP Mitte a.D. Jürgen Reimann am 10.5.2020; 1993–1995 CIVPOL-Kommandeur der MINURSO
43. Zeitzeugengespräch mit General a.D. Dr. Klaus Reinhardt am 26.10.2021; 1993–1994 Kommandierender General des III. Korps, 1994–1998 Befehlshaber des Heeresführungskommandos
44. Zeitzeugenbefragung von Generalleutnant a.D. Richard Roßmanith am 10.4.2020; 1993–1995 Referent im Referat Fü S IV 4 im BMVg
45. Zeitzeugengespräch mit Botschafter a.D. Eberhard Schanze am 4.5.2020; 1988–1991 Referent im Referat 320 im AA
46. Zeitzeugenbefragung von Minister a.D. Prof. Dr. Kurt Schelter am 6.5.2020; 1993–1998 beamteter StS im BMI

47. Zeitzeugenbefragung von Erster Polizeihauptkommissar i.R. Siegfried Sczech am 13.5.2020; 1995 Angehöriger des ersten und zweiten deutschen Kontingents der UNAMIR
48. Zeitzeugenbefragung von Oberstleutnant a.D. Gerhard Sontheim am 8.10.2020; 1993 Leiter des Verbindungskommandos des DtUstgVbd Somalia zum Hauptquartier der UNOSOM II in Mogadischu
49. Zeitzeugengespräch mit Dr. Carola Stein am 11.5.2020; 1993–2003 Leiterin Referat Partnerschaft RlP/Ruanda im Ministerium des Innern und für Sport des Landes RlP
50. Zeitzeugengespräch mit Botschafter a.D. Prof. Dr. Hans-Joachim Vergau am 4.12.2019; 1987–1993 Gesandter an der Ständigen Vertretung in New York (USA)
51. Zeitzeugenbefragung von Assistant Secretary-General of the United Nations (rtd) Dr. Wolfgang Weisbrod-Weber am 14.12.2020; 1984–2014 bei den VN, davon fünf Jahre im Büro des VNGS und 17 Jahre in der Hauptabteilung für Friedenseinsätze; Feldeinsätze in Namibia, Osttimor, Afghanistan sowie als Sonderbeauftragter des VNGS für die Westsahara und Leiter der Mission MINURSO
52. Zeitzeugengespräch mit Staatssekretär a.D. Dr. Peter Wichert am 5.5.2020 und 9.12.2020; 1989 Leiter des Ministerbüros im BMVg, 1990–1991 Leiter des Planungsstabs im BMVg, 1991–2000 beamteter StS im BMVg
53. Zeitzeugenbefragung von Generalleutnant a.D. Joachim Wundrak am 27.6.2020; 1992–1993 Kommandoführer Mombasa während der Operation »Hungerhilfe«

## V. Veröffentlichte Quellen und Literatur

Abel, Heike, Paul Klein und Randolf-Marc Richter, Die Deutsch-Französische Brigade. In: Handbuch Militär und Sozialwissenschaft. Hrsg. von Sven Bernhard Gareis und Paul Klein, 2., akt. und erw. Aufl., Wiesbaden 2006, S. 380–389

Abele, Christiane, Kein kleines Land. Die Kolonialfrage in Portugal 1961–1974, Göttingen 2017

Adebajo, Adekeye, Building Peace in West Africa, Boulder, London 2002

Adebajo, Adekeye, Liberia's Civil War. Nigeria, ECOMOG, and Regional Security in West Africa, Boulder, London 2002

Adebajo, Adekeye, UN Peacekeeping in Africa. From the Suez Crisis to the Sudan Conflicts, Boulder, London 2011

Änderung der ZDv 1/50, Militärische Gliederungsformen, Unterstellungsverhältnisse, Befehle, Richtlinien, 20.7.1962. In: Ministerialblatt des Bundesministers der Verteidigung 1962, S. 490

Africa Watch, Conspicuous Destruction. War, Famine and the Reform Process in Mozambique, New York, 1.7.1992, https://www.hrw.org/report/1992/07/01/conspicuous-destruction/war-famine-and-reform-process-mozambique

Africa Watch, Landmines in Mozambique, New York [u.a.], February 1994, https://www.hrw.org/reports/MOZAMB943.pdf

Africa Watch [u.a.], Report of the International Commission of Investigation on Human Rights Violations in Rwanda Since October 1, 1990 (January 7–21, 1993), https://www.hrw.org/sites/default/files/reports/intlhrviolations393.pdf

Africa Watch, Somalia. Beyond the Warlords. The Need for a Verdict on Human Rights Abuses, Human Rights Watch Report, 5 (1993), 2, 7.3.1993, https://www.hrw.org/legacy/reports/1993/somalia/

Africa Watch, Somalia. A Government at War with Its Own People. Testimonies about the Killings and the Conflict in the North. An Africa Watch Report, January 1990, https://www.hrw.org/sites/default/files/reports/somalia_1990.pdf

Africa Watch, Somalia. No Mercy in Mogadishu. The Human Cost of the Conflict & The Struggle for Relief, New York, 26.3.1992, https://www.hrw.org/legacy/reports/1992/somalia/

African Rights, Rwanda. Death, Despair, Defiance, rev. ed., London 1995

African Union, Decisions, Declarations, Resolution and Motion, Assembly of the Union, Twenty-Eighth Ordinary Session, 30–31 January 2017, Addis Ababa, Ethiopia, Assembly/AU/Dec.639 (XXVIII), https://au.int/sites/default/files /decisions/32520-sc19553_e_original_-_assembly_decisions_621-641_-_xxviii.pdf

Afrika und Bonn. Versäumnisse und Zwänge deutscher Afrika-Politik. Hrsg. von Helmut Bley und Rainer Tetzlaff, Reinbek bei Hamburg 1978

Ahlbrecht, Kathrin, Annegret Bendiek, Reinhard Meyers und Sabine Wagner, Konfliktregelung und Friedenssicherung im internationalen System, Wiesbaden 2009

Ahrens, Hans-Werner, Die Luftbrücke nach Sarajevo 1992 bis 1996. Die Transportflieger der Luftwaffe und der Jugoslawienkrieg, Freiburg i.Br. [u.a.] 2012

Ajello, Aldo, Mozambique. Implementation of the 1992 Peace Agreement. In: Herding Cats, S. 619–642

Akten zur Auswärtigen Politik der Bundesrepublik Deutschland. Hrsg. im Auftrag des Auswärtigen Amts vom Institut für Zeitgeschichte, München 1993 ff.

Albrecht, Peter, Signe Marie Cold-Ravnkilde and Rikke Haugegaard, African Peacekeepers in Mali, DIIS Report 2017: 02, Kopenhagen 2017, http://pure.diis.dk/ws/files/762381/DIIS_RP_2017_2_WEB.pdf

Albrecht, Peter, and Cathy Haenlein, Dissolving the Internal-External Divide: Sierra Leone's Path In and Out of Peacekeeping. In: Conflict, Security & Development, 21 (2021), 2, S. 107–127

Albrecht, Ulrich, und Birgit A. Sommer, Deutsche Waffen für die Dritte Welt. Militärhilfe und Entwicklungspolitik, Reinbek bei Hamburg 1972

Albrecht, Ulrich, Interessen als Kriterien in der internationalen Außen- und Sicherheitspolitik. In: Deutsche Interessen in der sicherheitspolitischen Kommunikation. Tagungsband zum 7. Strausberger Symposium vom 28. bis 30. Juni 2000. Hrsg. von Olaf Theiler, Baden-Baden 2001, S. 112–122

Albright, Madeleine K., Madam Secretary. Die Autobiographie, München 2003

Alden, Chris, The UN and the Resolution of Conflict in Mozambique. In: The Journal of Modern African Studies, 33 (1995), 1, S. 103–128

Allensbacher Jahrbuch der Demoskopie, Bd 9: 1984–1992. Hrsg. von Elisabeth Noelle-Neumann und Renate Köcher, München [u.a.] 1993

Allison, Graham T., Essence of Decision. Explaining the Cuban Missile Crisis, Boston 1971

Allison, Graham T., and Philip Zelikow, Essence of Decision. Explaining the Cuban Missile Crisis, 2nd ed., New York 1999

Amnesty International, Angola. The Lusaka Protocol. What Prospect for Human Rights?, AFR 12/002/1996, 10.4.1996, https://www.amnesty.org/en/documents/afr12/002/1996/en/

Amnesty International, Fear of further deaths in custody, AFR 47/14/95, 9.6.1995, https://www.amnesty.org/download/Documents/176000/afr470141995en.pdf

Amnesty International, Rwanda. Crying out for Justice, AFR 47/05/95, 6.4.1995, https://www.amnesty.org/download/Documents/176000/afr470051995en.pdf

Anderson, Gary, UNOSOM II. Not Failure, Not Success. In: Beyond Traditional Peacekeeping, S. 267–281

Andersson, Andreas, Democracies and UN Peacekeeping Operations, 1990–1996. In: International Peacekeeping, 7 (2000), 2, S. 1–22

Andersson, Andreas, United Nations Interventions by United Democracies? State Commitment to UN Interventions, 1991–99. In: Cooperation and Conflict, 37 (2002), 4, S. 363–386

Andreae, Lisette, und Karl Kaiser, Die »Außenpolitik« der Fachministerien. In: Deutschlands neue Außenpolitik, Bd 4, S. 29–46

Andreae, Lisette, Reform in der Warteschleife. Ein deutscher Sitz im UN-Sicherheitsrat?, München 2002

Annan, Kofi, Ein Leben in Krieg und Frieden, München 2013

Anstee, Margaret Joan, Orphan of the Cold War. The Inside Story of the Collapse of the Angolan Peace Process, 1992–93, Houndmills, London 1996

Anstee, Margaret J[oan], The United Nations in Angola. Post-Bicesse Implementation. In: Herding Cats, S. 589–613

Arnold, Hans, Deutsche an die Front? In: Vereinte Nationen, 3/1988, S. 85

Arnold, Hans, Deutschland, UN-Politik. In: Lexikon der Vereinten Nationen, S. 69–74

Auftrag Auslandseinsatz. Neueste Militärgeschichte an der Schnittstelle von Geschichtswissenschaft, Politik, Öffentlichkeit und Streitkräften. Im Auftrag des MGFA hrsg. von Bernhard Chiari, Freiburg i.Br. 2012

Der Auslandseinsatz deutscher Streitkräfte. Eine Dokumentation des AWACS-, des Somalia- und des Adria-Verfahrens vor dem Bundesverfassungsgericht. Hrsg. von Klaus Dau und Gotthard Wöhrmann, Heidelberg 1996

Außenpolitik der Bundesrepublik Deutschland. Dokumente von 1949 bis 1994. Herausgegeben aus Anlass des 125. Jubiläums des Auswärtigen Amts [Hrsg.: AA, Ref. Öffentlichkeitsarbeit. Verantw.: Reinhard Bettzuege], Bonn 1995

Außenpolitik im Medienzeitalter. Vom späten 19. Jahrhundert bis zur Gegenwart. Hrsg. von Frank Bösch und Peter Hoeres, Göttingen 2013

Der Auswärtige Ausschuß des Deutschen Bundestages. Sitzungsprotokolle 1961–1965, 2. Halbbd: Juni 1963 bis September 1965. Bearb. von Wolfgang Hölscher, Düsseldorf 2004

Die Auswärtige Politik der Bundesrepublik Deutschland. Hrsg. vom Auswärtigen Amt, Köln 1972

Baaré, Anton, David Shearer and Peter Uvin, The Limits and Scope for the Use of Development Assistance Incentives and Disincentives for Influencing Conflict Situations, Case Study: Rwanda, Development Assistance Committee, OECD, Paris 1999, https://reliefweb.int/sites/reliefweb.int/files/resources/ 7F0AAE8A70C499F9C1256B44005A34A7-Full_Report.pdf

Bähr, Biner Kurt Wenkholm, Verfassungsmäßigkeit des Einsatzes der Bundeswehr im Rahmen der Vereinten Nationen, Frankfurt a.M. [u.a.] 1994

Bald, Detlef, Die Bundeswehr. Eine kritische Geschichte, 1955–2005, München 2005

Banini, Daniel Kofi, Jonathan Powell and Michael Yekple, Peacekeeping as Coup Avoidance. Lessons from Ghana. In: African Security, 13 (2020), 3, S. 235–259

Bara, Corinne, and Lisa Hultman, Just Different Hats? Comparing UN and Non-UN Peacekeeping. In: International Peacekeeping, 27 (2020), 3, S. 341–368

Bardehle, Peter, Bundesdeutsche Blauhelme? Chancen und Grenzen des UNO-Peacekeeping. In: Außenpolitik, 40 (1989), 4, S. 382–394

Bardehle, Peter, Internationale Konsensbildung. UN-Peacekeeping als Musterfall für internationalen Konsens und seine Entstehung, Baden-Baden 1991

Bardehle, Peter, Tendenzen und Probleme der Fortentwicklung der zivilen Komponente des VN-Peace-keeping. In: Blauhelme in einer turbulenten Welt, S. 195–215

Barnett, Michael, Eyewitness to a Genocide. The United Nations and Rwanda, Ithaca, London 2012

Bartke, Matthias, Verteidigungsauftrag der Bundeswehr. Eine verfassungsrechtliche Analyse, Baden-Baden 1991

Bartl, Jürgen, Die humanitäre Intervention durch den Sicherheitsrat der Vereinten Nationen im »failed state«. Das Beispiel Somalia, Frankfurt a.M. 1999

Bartoli, Andrea, Mediating Peace in Mozambique. The Role of the Community of Sant'Egidio. In: Herding Cats, S. 247–273

Baumann, Robert F., UNOSOM II: Part II. The Battle of Mogadishu. In: »My Clan Against the World«, S. 139–164

Bellamy, Alex J., and Paul D. Williams, Understanding Peacekeeping, 2nd ed., Cambridge, Malden 2010; 3rd ed. 2021

Bellamy, Alex J., and Paul D. Williams, The West and Contemporary Peace Operations. In: Journal of Peace Research, 46 (2009), 1, S. 39–57

Bellers, Jürgen, und Markus Porsche-Ludwig, Außenwirtschaftspolitik der Bundesrepublik Deutschland 1950–2011. Ein Handbuch zu Vergangenheit und Gegenwart, Münster 2011

Berdal, Mats, United Nations Operation in Mozambique (ONUMOZ). In: The Oxford Handbook of United Nations Peacekeeping Operations, S. 416–428

Berman, Eric G., and Katie E. Sams, Peacekeeping in Africa. Capabilities and Culpabilities, Genf, Pretoria 2000

Bertelsen, Bjørn Enge, Violent Becomings. State Formation, Sociality, and Power in Mozambique, New York 2016

Beswick, Danielle, Peacekeeping, Regime Security and »African Solutions to African Problems«. Exploring Motivations for Rwanda's Involvement in Darfur. In: Third World Quarterly, 31 (2010), 5, S. 739–754

Bewährungsproben einer Nation. Die Entsendung der Bundeswehr ins Ausland. Hrsg. von Christoph Schwegmann, Berlin 2011

Beyond Traditional Peacekeeping. Ed. by Donald C.F. Daniel and Bradd C. Hayes, New York 1995

Biddle, Stephen, Nonstate Warfare. The Military Methods of Guerillas, Warlords, and Militias, Princeton, Oxford 2021

Biehl, Heiko, Zwischen Bündnistreue und militärischer Zurückhaltung. Die strategische Kultur der Bundesrepublik Deutschland. In: Bündnissolidarität und ihre friedensethischen Kontroversen, Bd 4. Hrsg. von Ines-Jacqueline Werkner und Michael Haspel, Wiesbaden 2019, S. 37–58

Biermann, Rafael, Lehrjahre im Kosovo. Das Scheitern der internationalen Krisenprävention vor Kriegsausbruch, Paderborn [u.a.] 2006

Bindseil, Reinhart, Ruanda und Deutschland seit den Tagen Richard Kandts. Begegnung und gemeinsame Wegstrecken. Historischer Abriß der deutsch-ruandischen Beziehungen mit einer biographischen Würdigung des einstigen deutschen kaiserlichen Residenten, Berlin 1988

Birmingham, David, Angola. In: A History of Postcolonial Lusophone Africa, S. 137–184

Bischoff, [Jürgen], Staatssekretär Neusel und Inspekteur des BGS Schug beim BGS-UNTAG-Kontingent in Namibia. In: Wir vom BGS. Zeitschrift des Bundesgrenzschutzes, Nr. 12/89, Dezember 1989, S. 2–6

Biss, Annika, BMW in Südafrika (1967–1985). In: Dekolonisierungs-Gewinner, S. 171–188

Blauhelme in einer turbulenten Welt. Beiträge internationaler Experten zur Fortentwicklung des Völkerrechts und der Vereinten Nationen. Hrsg. von Winrich Kühne, Baden-Baden 1993

Bley, Helmut, und Hans-Georg Schleicher, Deutsch-deutsch-namibische Beziehungen von 1960 bis 1990. In: Namibia-Deutschland. Eine geteilte Geschichte. Widerstand, Gewalt, Erinnerung. Hrsg. von Larissa Förster, Dag Henrichsen und Michael Bollig, Köln 2004, S. 274–291

Bley, Helmut, Namibia, die Bundesrepublik und der Westen. 15 Jahre Krisenverschärfung. In: Hilfe+Handel=Frieden? Die Bundesrepublik in der Dritten Welt. Red.: Reiner Steinweg, Frankfurt a.M. 1982, S. 109–138

Bley, Helmut, Namibia under German Rule, Hamburg 1996

The Blue Helmets. A Review of United Nations Peace-keeping, 3rd ed., New York 1996

BMVg, Bericht des Arbeitsstabes Dr. Sommer. Die Bundeswehr und ihr Umgang mit Gefährdungen und Gefahrstoffen. Uranmunition, Radar, Asbest, Bonn 2001

BMVg, Ehrenzeichen und Einsatzmedaillen der Bundeswehr. Hrsg. vom BMVg. Text: Uwe Brammer, 6. Aufl., Berlin 2017

BMVg, Das Führungszentrum der Bundeswehr, Bonn o.J.

BMVg, Presse- und Informationsstab, Referat Öffentlichkeitsarbeit, Sanitätsdienstliche Unterstützung der UNO-Mission in Kambodscha durch die Bundeswehr. In: Informationen zur Sicherheitspolitik, Juni/Juli 1992, Bonn 1992

Bohnet, Michael, Geschichte der deutschen Entwicklungspolitik, 2., überarb. und erw. Aufl., München 2019

Booz, Rüdiger Marco, Hallsteinzeit. Deutsche Außenpolitik 1955–1972, Bonn 1995

Bou, Jean, Bob Breen and David M. Horner, The Limits of Peacekeeping. Australian Missions in Africa and the Americas, 1992–2005, Cambridge 2019

Boulden, Jane, Peace Enforcement. The United Nations Experience in Congo, Somalia and Bosnia, Westport 2001

Boutros-Ghali, Boutros, Hinter den Kulissen der Weltpolitik, Hamburg 2000

Boutton, Andrew, and Vito D'Orazio, Buying Blue Helmets. The Role of Foreign Aid in the Construction of UN Peacekeeping Missions. In: Journal of Peace Research, 57 (2020), 2, S. 312–328

Bove, Vincenzo, Chiara Ruffa and Andrea Ruggeri, Composing Peace. Mission Composition in UN Peacekeeping, Oxford 2020

Bove, Vincenzo, and Leandro Elia, Supplying Peace. Participation in and Troop Contribution to Peacekeeping Missions. In: Journal of Peace Research, 48 (2011), 6, S. 699–714

Boyle, Michael J., Violence after War. Explaining Instability in Post-Conflict States, Baltimore 2014

BPA, Ein deutscher Beitrag zu internationalen Friedensmissionen? Übersicht über die Positionen der Parteien und Gruppen des Deutschen Bundestages, Bonn, Dezember 1992

Brandt, Alex, Operation Kurdenhilfe. In: Von Kambodscha bis Kosovo, S. 45–50

Brauckmann, Arndt, Wehrpflichtige und Missionen der Bundeswehr für die Vereinten Nationen. Zur Verfassungsmäßigkeit eines unfreiwilligen Einsatzes im Ausland, Berlin 2001

Bredow, Wilfried von, Sicherheit, Sicherheitspolitik und Militär. Deutschland seit der Vereinigung, Wiesbaden 2015

Breitwieser, Thomas, Verfassungshistorische und verfassungsrechtliche Aspekte der Auslandseinsätze. In: Wegweiser zur Geschichte. Auslandseinsätze der Bundeswehr. Hrsg. von Bernhard Chiari und Magnus Pahl, Paderborn [u.a.] 2010, S. 153–165

Brenke, Gabriele, Die Bundesrepublik Deutschland und der Namibia-Konflikt. Schriften des Forschungsinstituts der DGAP, Bonn, München 1989

Brenner, Stefan Maximilian, Die NATO im griechisch-türkischen Konflikt 1954 bis 1989, Berlin, Boston 2017

Brockmeier, Sarah, und Anton Peez, Akteneinsichten. Die deutsche Außenpolitik und der Völkermord in Ruanda, Heinrich-Böll-Stiftung, Berlin 2021, https://www.boell.de/sites/default/files/2021-03/Deutsche_Au%C3%9Fenpolitik_ und_der_Voelkermord_in_Ruanda.pdf?dimension 1=division_af

Browne, Marjorie Ann, Nina M. Serafino and Richard F. Grimmett, United Nations Peacekeeping, New York 2003

Bruchhausen, Walter, Between Foreign Politics and Humanitarian Neutrality. Medical Emergency Aid by the Two German States before 1970. In: Social History of Medicine, 32 (2018), 4, S. 819–842

Brummer, Klaus, Die Innenpolitik der Außenpolitik. Die Große Koalition, »Governmental Politics« und Auslandseinsätze der Bundeswehr, Wiesbaden 2013

Brummer, Klaus, The Reluctant Peacekeeper. Governmental Politics and Germany's Participation in EUFOR RD Congo. In: Foreign Policy Analysis, 9 (2013), 1, S. 1–20

Büschel, Hubertus, Hilfe zur Selbsthilfe. Deutsche Entwicklungszusammenarbeit in Afrika 1960–1975, Frankfurt a.M. 2014

Büschel, Hubertus, In Afrika helfen. Akteure westdeutscher »Entwicklungshilfe« und ostdeutscher »Solidarität« 1955–1975. In: Archiv für Sozialgeschichte, 48 (2008), S. 333–365

Bundesgesetzblatt (BGBl.), https://www.bgbl.de/
Bundesgesetzblatt für die Republik Österreich, 173. Bundesverfassungsgesetz: Entsendung österreichischer Einheiten zur Hilfeleistung in das Ausland auf Ersuchen internationaler Organisationen, Jahrgang 1965, 13.7.1965, S. 933 f., https://www.ris.bka.gv.at/Dokumente/BgblPdf/1965_173_0/1965_173_0.pdf
Die Bundeswehr 1955 bis 2005. Rückblenden, Einsichten, Perspektiven. Im Auftrag des MGFA hrsg. von Frank Nägler, München 2007
Bundeswehr und europäische Sicherheitsordnung. Abschlußbericht der Unabhängigen Kommission für die künftigen Aufgaben der Bundeswehr. Hrsg. von Hans-Adolf Jacobsen und Hans-Jürgen Rautenberg, Bonn 1991
Die Bundeswehr, Neuer Stichtag für Einsatzmedaillen. Anerkennung für Veteranen, 2.5.2019, https://augengeradeaus.net/wp-content/uploads/2019/05/20190502_Bw_Einsatzmedaille_Stichtag.pdf
Bundeswehr, Ruanda – UNAMIR (United Nations Assistance Mission for Ruanda), o.D., https://www.bundeswehr.de/de/einsaetze-bundeswehr/abgeschlossene-einsaetze-der-bundeswehr/ruanda-unamir
Bures, Oldrich, Wanted: A Mid-Range Theory of International Peacekeeping. In: International Studies Review, 9 (2007), 3, S. 407–436
Bush, Kenneth D., Somalia. When Two Anarchies Meet. In: Canada and Missions for Peace. Lessons from Nicaragua, Cambodia, and Somalia. Ed. by Gregory Wirick and Robert Miller, Ottawa 1998, S. 79–109
Butros Ghali, Butros [sic], Friedenserhaltung durch die Vereinten Nationen. Eine neue Chance für den Weltfrieden. In: EA, 48 (1993), 5, S. 123–131
Butters, Hannelore, Zur wirtschaftlichen Zusammenarbeit der DDR mit Mosambik. In: Die DDR und Afrika, S. 165–173
Buwitt, Detlef, Erfahrungen des Bundesgrenzschutzes aus der UNTAG-Friedensmission in Namibia. In: Die Blauhelme. Im Einsatz für den Frieden. Hrsg. von Ernst Koch, Frankfurt a.M., Bonn 1991, S. 229–245
BVerfG, 2 BvE 5/93, 2 BvQ 11/93, 8.4.1993, http://www.bverfg.de/e/es19930408_2bve000593.htm
BVerfGE 77, 170 – Lagerung chemischer Waffen, 29.10.1987, http://www.servat.unibe.ch/dfr/bv077170.html
BVerfGE 89, 38 – Somalia, 23.6.1993, http://www.servat.unibe.ch/dfr/bv089038.html
BVerfGE 90, 286 – Out-of-area-Einsätze, 12.7.1994, http://www.servat.unibe.ch/dfr/bv090286.html
Cahen, Michel, Check on Socialism in Mozambique: What Check? What Socialism? In: Review of African Political Economy, 20 (1993), 57, S. 46–59
Call, Chuck, and Michael Barnett, Looking for a Few Good Cops. Peacekeeping, Peacebuilding and CIVPOL. In: International Peacekeeping, 6 (1999), 4, S. 43–68
Carroll, Michael K., Pearson's Peacekeepers. Canada and the United Nations Emergency Force, 1956–67, Vancouver 2009

CDU, Bericht der CDU-Bundesgeschäftsstelle vom 37. Bundesparteitag, 10.–13. September 1989, Bremen. Anlage zum Bericht des Generalsekretärs, Bonn 1989

Center of Military History United States Army, United States Forces, Somalia After Action Report and Historical Overview. The United States Army in Somalia, 1992–1994, Washington, DC 2003, https://history.army.mil/html/documents/somalia/SomaliaAAR.pdf

Charta der Vereinten Nationen, Berlin 2009

China's and Italy's Participation in Peacekeeping Operations. Existing Models, Emerging Challenges. Ed. by Andrea de Guttry, Emanuele Sommario and Lijiang Zhu, Lanham 2014

Cho, Sunghee, China's Participation in UN Peacekeeping Operations since the 2000s. In: Journal of Contemporary China, 28 (2019), 117, S. 482–498

Clement, Rolf, Auslandseinsätze und Transformation der Bundeswehr. In: Deutsche Außenpolitik. Sicherheit, Wohlfahrt, Institutionen und Normen, S. 123–140

Cliffe, Lionel, with Ray Bush, Jenny Lindsay, Brian Mokopakgosi, Donna Pankhurst and Balefi Tsie, The Transition to Independence in Namibia, Boulder, London 1994

Clinton, William J., Address to the Nation on Somalia, 7.10.1993, https://www.gpo.gov/fdsys/pkg/WCPD-1993-10-11/pdf/WCPD-1993-10-11-Pg2022.pdf

Cohen, Herman J., Intervening in Africa. Superpower Peacemaking in a Troubled Continent, New York 2000

Coleman, Katharina P., Token Troop Contributions to United Nations Peacekeeping Operations. In: Providing Peacekeepers, S. 47–67

Collins, Bennett, Meghan C. Laws and Richard Ntakirutimana, Becoming »Historically Marginalized Peoples«. Examining Twa Perceptions of Boundary Shifting and Re-categorization in Post-genocide Rwanda. In: Ethnic and Racial Studies, 44 (2021), 4, S. 576–594

Commission d'enquête parlementaire concernant les événements du Rwanda. Rapport fait au nom de la commission d'enquête par Mm. Mahoux et Verhofstadt, 6.12.1997, https://www.senate.be/www/?MIval=/publications/viewPubDoc&TID=16778570&LANG=fr#1-611/7_220

Commission de recherche sur les archives Françaises relatives au Rwanda et au génocide des Tutsi, La France, le Rwanda et le génocide des Tutsi (1990–1994). Rapport remis au Président de la République le 26 mars 2021, Paris 2021, https://www.vie-publique.fr/sites/default/files/rapport/pdf/279186_0.pdf

Compagnon, Daniel, Somali Armed Movements. In: African Guerrillas. Ed. by Christopher Clapham, Oxford 1998

Coning, Cedric de, Civilian Capacity in United Nations Peacekeeping and Peacebuilding Missions, NUPI Policy Brief, Nr. 4 (2010), https://nupi.brage.unit.no/nupi-xmlui/bitstream/handle/11250/194377/PB-04-10-de%20Coning.pdf?sequence=3&isAllowed=y

Convention on the Privileges and Immunities of the United Nations. Adopted by the General Assembly of the United Nations on 13 February 1946, https://treaties. un.org/doc/Treaties/1946/12/19461214%2010-17%20PM/Ch_III_1p.pdf

Conze, Eckart, Sicherheit als Kultur. Überlegungen zu einer »modernen Politikgeschichte« der Bundesrepublik Deutschland. In: VfZ, 53 (2005), 3, S. 357–380

Conze, Eckart, Die Suche nach Sicherheit. Eine Geschichte der Bundesrepublik Deutschland von 1949 bis in die Gegenwart, München 2009

Coridaß, Alexander, Der Auslandseinsatz von Bundeswehr und Nationaler Volksarmee, Frankfurt a.M. 1985

Cornwell, Richard, The War for Independence. In: Angola's War Economy. The Role of Oil and Diamonds. Ed. by Jakkie Cilliers and Christian Dietrich, Pretoria 2000, S. 43–67

Coulon, Jocelyn, Soldiers of Diplomacy. The United Nations, Peacekeeping, and the New World Order, Toronto [u.a.] 1998

Crocker, Chester A., High Noon in Southern Africa. Making Peace in a Rough Neighborhood, New York, London 1992

Crocker, Chester A., The Lessons of Somalia. Not Everything went Wrong. In: Foreign Affairs, 74 (1995), 3, S. 2–8

Crocker, Chester A., Peacemaking in Southern Africa. The Namibia-Angola Settlement of 1988. In: Herding Cats, S. 211–244

Cuéllar, Javier de, Pilgrimage for Peace. A Secretary-General's Memoir, New York 1997

Cunliffe, Philip, Legions of Peace. UN Peacekeepers from the Global South, London 2013

Czempiel, Ernst-Otto, Macht und Kompromiß. Die Beziehungen der BRD zu den Vereinten Nationen 1956–1970, Düsseldorf 1971

Czempiel, Ernst-Otto, Weltpolitik im Umbruch. Das internationale System nach dem Ende des Ost-West-Konfliktes, München 1993

Dahms, Klaus-Günther, Der Import tropischer Hölzer in die Bundesrepublik Deutschland. In: Holz als Roh- und Werkstoff, 46 (1988), S. 107–111

Dale, Richard, The Namibian War of Independence, 1966–1989. Diplomatic, Economic and Military Campaigns, Jefferson 2014

Dallaire, Roméo, Handschlag mit dem Teufel, Frankfurt a.M. 2008

Damis, John, Conflict in Northwest Africa. The Western Sahara Dispute, Stanford 1983

Daniel, Donald C.F., and Leigh C. Caraher, Characteristics of Troop Contributors to Peace Operations and Implications for Global Capacity. In: International Peacekeeping, 13 (2006), 3, S. 297–315

Daniel, Donald C. F., Why So Few Troops from among So Many? In: Peace Operations. Trends, Progress, and Prospects. Ed. by Donald C.F. Daniel, Patricia Taft and Sharon Wiharta, Washington, DC 2008, S. 47–62

Dau, Klaus, Rechtliche Rahmenbedingungen einer deutsch-französischen Brigade. In: NZWehrr, 5/1989, S. 177–186

Dawson, Grant, »Here is hell«. Canada's Engagement in Somalia, Vancouver, Toronto 2007

Die DDR und Afrika. Zwischen Klassenkampf und neuem Denken. Hrsg. von Ulrich van der Heyden, Ilona Schleicher und Hans-Georg Schleicher, Hamburg, Münster 1993

Debiel, Tobias, UN-Friedensoperationen in Afrika. Weltinnenpolitik und die Realität von Bürgerkriegen, Bonn 2003

Deckert, Roman, Die militärischen Beziehungen der beiden deutschen Staaten zum Sudan. Ein Extrembeispiel für das Verhältnis von Bundesrepublik und DDR zur »Dritten Welt«. In: Wege zur Wiedervereinigung, S. 335–355

Dekolonisierungs-Gewinner. Deutsche Außenpolitik und Außenwirtschaftsbeziehungen im Zeitalter des Kalten Krieges. Hrsg. von Christian Kleinschmidt und Dieter Ziegler, Berlin, Boston 2018

Des Forges, Alison, Kein Zeuge darf überleben. Der Genozid in Ruanda, Hamburg 2002

Deutsche Außenpolitik. Sicherheit, Wohlfahrt, Institutionen und Normen. Hrsg. von Thomas Jäger, Alexander Höse und Kai Oppermann, Wiesbaden 2007

Deutsches Rotes Kreuz, Hilfe in der Not. Das deutsche Krankenhaus in Busan. In: inform. Das Magazin des DRK, Dezember 2018, https://www.drk.de/fileadmin/user_upload/PDFs/Das_DRK/Geschichte/DRK_inform_Busan_DS.pdf

Deutsches Rotes Kreuz, Die MS Helgoland. Mission Menschlichkeit. In: inform. Das Magazin des DRK, Oktober 2017, https://www.drk.de/fileadmin/user_upload/PDFs/Das_DRK/Geschichte/170925_DRK_Magazin_Helgoland_RZ_DS.pdf

Deutschlands neue Außenpolitik, Bd 3: Interessen und Strategien. Hrsg. von Karl Kaiser und Joachim Krause, München 1996

Deutschlands neue Außenpolitik, Bd 4: Institutionen und Ressourcen. Hrsg. von Wolf-Dieter Eberwein und Karl Kaiser, München 1998

Diarra, Cheick Oumar, United Nations Assistance Mission for Rwanda (UNAMIR). In: The Role and Functions of Civilian Police, S. 101–106

Diehl, Paul F., Daniel Druckmann and James Wall, International Peacekeeping and Conflict Resolution. A Taxonomic Analysis with Implications. In: The Journal of Conflict Resolution, 42 (1998), 1, S. 33–55

Diehl, Paul F., Peace Operations, Cambridge, Malden 2008

Dobell, Lauren, SWAPO's Struggle for Namibia 1960–1991. War by Other Means, Basel 1998

Dokumente zur Berlin-Frage 1944–1966. Hrsg. vom Forschungsinstitut der DGAP, Bonn, in Zusammenarbeit mit dem Senat von Berlin, 4. Aufl., München 1987

Dorani, Sharifullah, The Bureaucratic Politics Approach. Its Application, Its Limitations, and Its Strengths. In: Political Reflection Magazine, 4 (2018), 5, S. 36–46

Dreyer, Ronald, Namibia and Southern Africa. Regional Dynamics of Decolonization, 1945–90, London, New York 1994

Dröge, Heinz, Fritz Münch und Ellinor von Puttkamer, Die Bundesrepublik Deutschland und die Vereinten Nationen, München 1966

Durch, William J., Building on Sand. UN Peacekeeping in the Western Sahara. In: International Security, 17 (1993), 4, S. 151–171

Durch, William J., Paying the Tab. Financial Crises. In: The Evolution of UN Peacekeeping, S. 39–54

Durch, William J., Running the Show. Planning and Implementation. In: The Evolution of UN Peacekeeping, S. 59–75

Durch, William J., United Nations Mission for the Referendum in Western Sahara. In: The Evolution of UN Peacekeeping, S. 406–434

Duursma, Allard, and John Gledhill, Voted out. Regime Type, Elections and Contributions to United Nations Peacekeeping Operations. In: European Journal of International Relations, 54 (2019), 4, S. 1157–1185

Ehlert, Hans, Innenpolitische Auseinandersetzungen um die Pariser Verträge und die Wehrverfassung 1954 bis 1956. In: Anfänge westdeutscher Sicherheitspolitik 1945–1956, Bd 3. Hrsg. vom MGFA, München 1993, S. 235–560

Ehrhart, Hans-Georg, und Konrad Klingenburg, Was heißt Peacekeeping? In: S+F, 12 (1994), 2, S. 52–63

Einsatz ohne Krieg? Die Bundeswehr nach 1990 zwischen politischem Auftrag und militärischer Wirklichkeit. Im Auftrag des ZMSBw hrsg. von Jochen Maurer und Martin Rink, Göttingen 2021

Eisele, Manfred, Blauhelme als Krisenmanager. In: Praxishandbuch UNO. Hrsg. von Sabine von Schorlemer, Berlin 2003, S. 27–39

Eisele, Manfred, Die Vereinten Nationen und das internationale Krisenmanagement. Ein Insider-Bericht, Frankfurt a.M. 2000

Eknes, Age, Jarat Chopra and Toralv Nordbo, Fighting for Hope in Somalia, 19.2.1995 (= Norwegian Institute of International Affairs, Peacekeeping and Multinational Operations, No 6, 1995), https://sites.tufts.edu/jha/archives/102

Ellis, Stephen, The Mask of Anarchy. The Destruction of Liberia and the Religious Dimension of an African Civil War, London 1999

Emerson, Stephen A., The Battle for Mozambique. The Frelimo-Renamo Struggle, 1977–1992, Solihull 2014

Engel, Ulf, Die Afrikapolitik der Bundesrepublik Deutschland 1949–1999. Rollen und Identitäten, Münster 2000

Engel, Ulf, und Hans-Georg Schleicher, Die beiden deutschen Staaten in Afrika. Zwischen Konkurrenz und Koexistenz 1949–1990, Hamburg 1998

Essis, Botiagne Marc, Die deutsche Afrikapolitik seit 1990 im Lichte des Kosmopolitismus. Unter besonderer Berücksichtigung der Elfenbeinküste, Hamburg 2010

Eugster, Carola, Die Luftwaffe und der Aufbau der Nigerian Air Force (1963–1967). In: Die Luftwaffe in der Moderne. Hrsg. von Eberhard Birk, Heiner Möllers und Wolfgang Schmidt, Essen 2011, S. 217–238

Eugster, Carola, Soldatische Mobilität im Kalten Krieg. Deutsche Ausbildungshilfe für afrikanische Soldaten in Afrika und in der Bundesrepublik in den 1960er Jahren. In: Militärische Migration vom Altertum bis zur Gegenwart. Hrsg. von Christoph Rass, Paderborn 2016, S. 165–188

Europäisches Parlament, Entschließung zu Nigeria. In: Amtsblatt der Europäischen Gemeinschaft, C 166, 10.6.1996, S. 200 f.

The Evolution of UN Peacekeeping. Case Studies and Comparative Analysis. Ed. by William J. Durch, Houndmills, London 1994

Eyinla, Bolade Michael, The Foreign Policy of West Germany towards Africa, Ibadan 1996

Falk, Rainer, Die heimliche Kolonialmacht. Bundesrepublik und Dritte Welt, 2., durchges. und erw. Aufl., Köln 1986

Fechner, Wolfgang, Deutscher Beitrag zur Befreiung Kuwaits. Über 17 Milliarden DM. In: Europäische Sicherheit, 40 (1991), 4, S. 212–214

Fettich-Biernath, Bettina, Deutschland gibt. Zivile und militärische Entwicklungshilfe der Bundesrepublik an Afrika südlich der Sahara von 1956 bis 1974, Erlangen 2018

Fettich-Biernath, Bettina, Präsenz ohne Einfluss? Die Bedeutung der Entwicklungs- und Ausrüstungspolitik der Bundesrepublik Deutschland 1956–1980 für ihr Selbstverständnis. In: Geschichte und Gesellschaft, 45 (2019), 4, S. 523–550

Findlay, Trevor, The Use of Force in UN Peace Operations, Oxford 2002, https://www.sipri.org/sites/default/files/files/books/SIPRI02Findlay.pdf

Fischer-Lescano, Andreas, Verfassungsrechtliche Fragen der Auslandsentsendung des BGS. In: Archiv des öffentlichen Rechts, 128 (2003), 1, S. 52–90

Fleck, Dieter, Rechtsfragen militärischer Meeresnutzung. Vortrag gehalten im Rahmen des Walther-Schücking-Kollegs, Institut für Recht an der Universität Kiel am 29. April 1988, Bonn 1988

Fleck, Dieter, UN-Friedenstruppen. Erfolgszwang und Bewährung. In: Vereinte Nationen, 3/1979, S. 99–102

Fleck, Dieter, UN-Friedenstruppen im Brennpunkt. In: Vereinte Nationen, 6/1974, S. 161–166

Fortna, Virginia Page, United Nations Angola Verification Mission I. In: The Evolution of UN Peacekeeping, S. 376–387

Fortna, Virginia Page, United Nations Angola Verification Mission II. In: The Evolution of UN Peacekeeping, S. 388–405

Fortna, Virgina Page, United Nations Transition Assistance Group. In: The Evolution of UN Peacekeeping, S. 353–375
Fraps, Peter K., Deutscher Sanitätsdienst unter der Flagge der Vereinten Nationen – Kambodscha 1992/93. In: Vom Kalten Krieg zur deutschen Einheit, S. 645–654
Fraps, Peter K., Unter dem Blauen Barett. In: Von Kambodscha bis Kosovo, S. 73–85
Freedman, Lawrence, The Official History of the Falkland Campaign, 2 Bde, London 2005
Frenzke, Dietrich, Vertrag über Freundschaft und Zusammenarbeit zwischen der Deutschen Demokratischen Republik und der Volksrepublik Angola. In: Die Friedens-Warte, 62 (1979), 1/4, S. 171–174
Frenzke, Dietrich, Vertrag über Freundschaft und Zusammenarbeit zwischen der Deutschen Demokratischen Republik und der Volksrepublik Moçambique. In: Die Friedens-Warte, 62 (1979), 1/4, S. 175–179
Freudenschuß, Helmut, Drei Generationen von Friedensoperationen der Vereinten Nationen. Stand und Ausblick. In: Österreichisches Jahrbuch für internationale Politik, 10 (1994), S. 44–72
Freuding, Christian, Deutschland in der Weltpolitik. Die Bundesrepublik Deutschland als nichtständiges Mitglied im Sicherheitsrat der Vereinten Nationen in den Jahren 1977/78, 1987/88 und 1995/96, Baden-Baden 2000
Freundschafts-, Handels- und Schiffahrts-Vertrag zwischen den freien und Hansestädten Lübeck, Bremen und Hamburg und der Republik Liberia, 29. Mai 1855. In: Hamburger Handels-Archiv, Hamburg 1857, S. 305–307, https://www.deutsche-digitale-bibliothek.de/item/R623IHCTWBEUUFTZMRDRHJVH2EIXGMH6?isThumbnailFiltered=false&query=liberia+1855&rows=20&offset=0&viewType=list&firstHit=U7MUR4AXFSELK523XHGXZ5HF27MDGI6P&lastHit=lasthit&hitNumber=3
Freundschaftsbande und Beziehungskisten. Die Afrikapolitik der DDR und der BRD gegenüber Mosambik. Hrsg. von Hans-Joachim Döring und Uta Rüchel, Frankfurt a.M. 2005
Frevert, Ute, Neue Politikgeschichte. Konzepte und Herausforderungen. In: Neue Politikgeschichte. Perspektiven einer historischen Politikforschung. Hrsg. von Ute Frevert und Heinz-Gerhard Haupt, Frankfurt a.M., New York 2005, S. 7–26
Friedrich-Ebert-Stiftung (FES), Life & Peace Institute, Norwegian Institute of International Affairs and UNDPKO, The Comprehensive Report on Lessons Learned from United Nations Operation in Somalia, April 1992–March 1995, o.O., December 1995
Fröhlich, Manuel, und Ekkehard Griep, Die Bundeswehr und die Friedenssicherung der Vereinten Nationen. In: Bundeswehr. Die nächsten 50 Jahre. Hrsg. von Joachim Krause und Jan C. Irlenkaeuser, Opladen 2006, S. 127–143

Fröhlich, Stefan, »Auf den Kanzler kommt es an«. Helmut Kohl und die deutsche Außenpolitik, Paderborn [u.a.] 2001

Frontline, The Triumph of Evil. Transcript, 26.1.1999 [Sendedatum], https://www.pbs.org/wgbh/pages/frontline/shows/evil/etc/script.html

Frowein, Jochen Abr., Friedenssicherung durch die Vereinten Nationen. In: Die Vereinten Nationen und die Mitarbeit der Bundesrepublik Deutschland, S. 45–67

Fuchs, Michael, Das Parlament und die Weltorganisation. In: Vereinte Nationen, 2/2021, S. 76–82

Fujii, Lee Ann, Killing Neighbors. Webs of Violence in Rwanda, Ithaca 2009

Gaibulloev, Khusrav, Justin George, Todd Sandler and Hirofumi Shimizu, Personnel Contributions to UN and non-UN Peacekeeping Missions. A Public Goods Approach. In: Journal of Peace Research, 52 (2015), 6, S. 727–742

Galtung, Johan, An Editorial. In: Journal of Peace Research, 1 (1964), 1, S. 1–4

Ganns, Harald, Deutsche Doppelstrategie. Die Rolle der Bundesrepublik Deutschland nach 1994. In: Eins: Entwicklungspolitik, 5/2007, S. IX

Gansel, Norbert, Beteiligung von Bundeswehreinheiten an UN-Operationen? In: Sozialdemokratischer Pressedienst, 25.8.1988, S. 1 f.

Gareis, Sven Bernhard, Deutschlands Außen- und Sicherheitspolitik, 3. Aufl., Opladen, Toronto 2021

Gareis, Sven Bernhard, und Johannes Varwick, Die Vereinten Nationen. Aufgaben, Instrumente und Reformen, Bonn 2014

Gasbarri, Flavia, Revisiting the Linkage. PDD 25, Genocide in Rwanda and the US Peacekeeping Experience of the 1990s. In: The International History Review, 40 (2018), 4, S. 792–813

Gasbarri, Flavia, US Foreign Policy and the End of the Cold War in Africa. A Bridge between Global Conflict and the New World Order, 1988–1994, London, New York 2020, S. 71–83

Gaß, Harald, Österreich im Dienst des Friedens. 30 Jahre Beteiligung an UN-Friedensmissionen, Wien 1990

Gberie, Lansana, A Dirty War in West Africa. The RUF and the Destruction of Sierra Leone, London 2004

Gegout, Catherine, Why Europe Intervenes in Africa. Security, Prestige and the Legacy of Colonialism, London 2017

Gehlhoff, Walter, Die Bundesrepublik Deutschland in den VN. In: Außenpolitik, Nr. 25 (1974), S. 3–12

Geiger, Tim, Vergeblicher Protest? Der NATO-Doppelbeschluss und die deutsche Friedensbewegung. In: Außenpolitik im Medienzeitalter, S. 273–297

Genscher, Hans-Dietrich, Einheit Deutschlands ein Schritt zur Einheit Europas. In: Vereinte Nationen, 6/1990, S. 211–214

Genscher, Hans-Dietrich, Erinnerungen, Berlin 1995

Genscher, Hans-Dietrich, Die Rolle Deutschlands bei der Unabhängigkeit Namibias. In: DAS Schriftenreihe, Nr. 82. Deutsche Afrikapolitik – Akteure und Konzepte. Hrsg. von der Deutschen Afrika Stiftung e.V., Berlin 2012, S. 4–16, http://www.deutsche-afrika-stiftung.de/files/nr._82.pdf

George, Edward, The Cuban Intervention in Angola, 1965–1991. From Che Guevara to Cuito Cuanavale, London, New York 2005

Gerdes, Felix, Civil War and State Formation. The Political Economy of War and Peace in Liberia, Frankfurt a.M., New York 2013

Germany as a Civilian Power? Ed. by Sebastian Harnisch and Hanns W. Maull, Manchester, New York 2001

Geschäftsordnung der Bundesregierung, https://www.bundesregierung.de/breg-de/themen/geschaeftsordnung-der-bundesregierung-459846

Gesetz über die Nutzung und Sicherung von Archivgut des Bundes (Bundesarchivgesetz – BArchG), 10.3.2017, https://www.bundesarchiv.de/DE/Content/Downloads/Rechtliches/bundesarchivgesetz.pdf?__blob=publicationFile

Gesetz über die parlamentarische Beteiligung bei der Entscheidung über den Einsatz bewaffneter Streitkräfte im Ausland (Parlamentsbeteiligungsgesetz), 18.3.2005, https://www.gesetze-im-internet.de/parlbg/BJNR077500005.html

Giegerich, Thomas, The German Contribution to the Protection of Shipping in the Persian Gulf. Staying out for Political or Constitutional Reasons? In: ZaöRV, 49 (1989), S. 1–40

Gilady, Lilach, The Price of Prestige. Conspicuous Consumption in International Relations, Chicago, London 2018

Gleijeses, Piero, Conflicting Missions. Havana, Washington, and Africa, 1959–1976, Chapel Hill, London 2002

Gleijeses, Piero, Visions of Freedom. Havana, Washington, Pretoria, and the Struggle for Southern Africa, 1976–1991, Chapel Hill 2013

Goldsworthy, David, Ghana's Second Republic. A Post-Mortem. In: African Affairs, 27 (1973), 286, S. 8–25

Goulding, Marrack, The Evolution of United Nations Peacekeeping. In: International Affairs, 69 (1993), 3, S. 451–464

Goulding, Marrack, Peacemonger, London 2002

Gourevitsch, Philip, We Wish to Inform You that Tomorrow We will be Killed with Our Families. Stories from Rwanda, New York 1998

Gray, Christine, Host-State Consent and United Nations Peacekeeping in Yugoslavia. In: Duke Journal of Comparative & International Law, 7 (1996), S. 241–270

Gray, William Glenn, Germany's Cold War. The Global Campaign to Isolate East Germany, 1949–1969, Chapel Hill, London 2003

Gray, William Glenn, Waffen aus Deutschland? Bundestag, Rüstungshilfe und Waffenexport 1961 bis 1975. In: VfZ, 64 (2016), 2, S. 327–364

Griep, Ekkehard, und Johannes Varwick, Deutsche Sicherheitspolitik im Rahmen der Vereinten Nationen. In: Deutsche Sicherheitspolitik. Herausforderungen, Akteure und Prozesse. Hrsg. von Stephan Böckenförde und Sven Bernhard Gareis, Opladen, Toronto 2021, S. 423–455

Groffebert, Hans, Helfer unter Helmen. Bewertung humanitärer Einsätze der Bundeswehr am Beispiel Somalia (UNOSOM II). Studie im Auftrag von Brot für die Welt, Frankfurt a.M. 1994

Grünfeld, Fred, and Anke Huijboom, The Failure to Prevent Genocide in Rwanda. The Role of Bystanders, Leiden 2007

Grundgesetz für die Bundesrepublik Deutschland, Stand: Juli 2009, Berlin 2009

Grupe, Roland, Westsahara – Die vergessene Mission. Erlebnisbericht eines deutschen UN-Polizisten, Norderstedt 2011

Gülstorff, Torben, Trade follows Hallstein? Deutsche Aktivitäten im zentralafrikanischen Raum des Second Scramble, Berlin 2012, https://edoc.hu-berlin.de/bitstream/handle/18452/18280/guelstorff.pdf?sequence=1

Gülstorff, Torben, The white man's burden? Die bundesrepublikanische Afrikapolitik um 1960 zwischen »moralischer Verantwortung« und »realen Interessen«. In: Zeitgeschichte Online, 1.10.2010, https://zeitgeschichte-online.de/Themen-Guelstorff-10-2010

Guichaoua, André, From War to Genocide. Criminal Politics in Rwanda, 1990–1994, Madison, London 2015

Guyot, Caroline, and Alex Vines, United Nations Angola Verification Mission I (UNAVEM I). In: The Oxford Handbook of United Nations Peacekeeping Operations, S. 283–293

Hacke, Christian, Die Außenpolitik der Bundesrepublik Deutschland. Weltmacht wider Willen?, akt. Ausg., Berlin 1997

Häussler, Matthias, Der Genozid an den Herero. Krieg, Emotion und extreme Gewalt in Deutsch-Südwestafrika, Weilerswist 2018

Haftendorn, Helga, Deutsche Außenpolitik zwischen Selbstbeschränkung und Selbstbehauptung 1945–2000, München 2001

Haftendorn, Helga, Militärhilfe im außenpolitischen Instrumentarium der BRD und der USA. In: Politische Vierteljahrsschrift, 12 (1972), 3, S. 374–424

Haftendorn, Helga, Militärhilfe und Rüstungsexporte der BRD, Düsseldorf 1971

Hallbauer, Bastian, Die Beziehungen zwischen der Bundesrepublik Deutschland und Portugal im Zeitalter der Dekolonisation (1960–1974), Dissertation, Universität Hamburg 2015

Halperin, Morton H., and Priscilla Clapp, Bureaucratic Politics and Foreign Policy, 2nd ed., Washington, DC 2006

Handbuch der internationalen Politik. Hrsg. von Carlo Masala, Frank Sauer und Andreas Wilhelm, Wiesbaden 2010

Hanifzadeh, Massoud, Deutschlands Rolle in der UNO 1982–2005, Marburg 2006

Hansen, Annika, From Congo to Kosovo. Civilian Police in Peace Operations. Adelphi Papers 343, Oxford 2002

Harbour, Randall, Initiating the »Second Generation« of United Nations Operations. UNTAG in Namibia, Genf 1998

Harneit-Sievers, Axel, Namibia: Wahlen zur Verfassunggebenden Versammlung 1989. Analyse und Dokumentation, Hamburg 1990

Harnisch, Sebastian, Internationale Politik und Verfassung. Die Domestizierung der deutschen Sicherheits- und Europapolitik, Baden-Baden 2006

Hartley, Owen A., and Rachel E. Utley, Introduction. In: Major Powers and Peacekeeping. Perspectives, Priorities and the Challenges of Military Intervention. Ed. by Rachel E. Utley, Aldershot, Burlington 2006, S. 1–12

Hartung, Friederike C., Ein Dach über Europa. Politische Symbolik und militärische Relevanz der deutschen bodengebundenen Luftverteidigung 1990 bis 2014, Berlin, Boston 2022

Haspel, Annelie, Kontinuität oder Wandel? Das besondere Verhältnis von Deutschen zu Namibia, Hamburg 1995

Hearn, Roger, UN Peacekeeping in Action. The Namibian Experience, Commack, New York 1999

Heeger, Carsten, Die Erfindung der Ethnien in der Kolonialzeit. »Am Anfang stand das Wort«. In: Ruanda – der Weg zum Völkermord, S. 21–35

Heeger, Carsten, Politische und gesellschaftliche Entwicklungen bis zum Ende des 19. Jahrhunderts. In: Ruanda – der Weg zum Völkermord, S. 13–20

Hein, Bastian, Die Westdeutschen und die Dritte Welt. Entwicklungspolitik und Entwicklungsdienste zwischen Reform und Revolte 1959–1974, München 2006

Heintze, Roland, und Stefan Nannen, Aspekte der Presseberichterstattung in Deutschland. In: Ruanda – der Weg zum Völkermord, S. 197–205

Heiße Kriege im Kalten Krieg. Hrsg. von Bernd Greiner, Christian Th. Müller und Dierk Walter, Hamburg 2006

Heitmann-Kroning, Imken, Deutsche Sicherheitspolitik zwischen »never alone« und »never again«. Der Auslandseinsatz der Bundeswehr in Afghanistan, Opladen [u.a.] 2015

Hellmann, Gunther, Absorbing Shocks and Mounting Checks. Germany and Alliance Burden Sharing in the Gulf War. In: Friends in Need. Burden Sharing in the Persian Gulf War. Ed. by Andrew Bennett, Joseph Lepgold and Danny Unger, London 1997, S. 165–194

Helm, Jutta, Rwanda and the Politics of Memory. In: German Politics & Society, 23 (2005), 4, S. 1–27

Henke, Marina E., Constructing Allied Cooperation. Diplomacy, Payments, and Power in Multilateral Military Coalitions, Ithaca, London 2019

Henke, Marina E., Great Powers and UN Force Generation. A Case Study of UNAMID. In: International Peacekeeping, 23 (2016), 3, S. 468–492

Henke, Marina E., A Tale of Three French Interventions. Intervention Entrepreneurs and Institutional Intervention Choices. In: Journal of Strategic Studies, 43 (2017), 4, S. 583–606

Henke, Marina E., UN Fatalities 1948–2015. A New Dataset. In: Conflict Management and Peace Science, 36 (2019), 4, S. 425–442

Henke, Marina E., Why did France Intervene in Mali in 2013? Examining the Role of Intervention Entrepreneurs. In: Canadian Foreign Policy Journal, 23 (2017), 3, S. 307–323

Herding Cats. Multiparty Mediation in a Complex World. Ed. by Chester A. Crocker, Fen Osler Hampson and Pamela Aall, Washington, DC 1999

Hermsdörfer, Willibald, Die Auslandseinsätze der Bundeswehr. In: Humanitäres Völkerrecht, 17 (2004), 1, S. 17–28

Herrmann, Ron H., Der kriegerische Konflikt in Somalia und die internationale Intervention 1992–1995. Eine entwicklungsgenetische und multidimensionale Analyse, Frankfurt a.M. [u.a.] 1997

Hesztera, Gerald, Civilian Police im internationalen Einsatz. Die österreichische Erfahrung. In: S+F, 16 (1998), 1, S. 19–21

Heumann, Hans-Dieter, Hans-Dietrich Genscher. Die Biographie, Paderborn [u.a.] 2012

Hickethier, Knut, Zeitgeschichte in der Mediengesellschaft. Dimensionen und Forschungsperspektiven. In: ZHF, 6 (2009), 3, S. 347–366

Hirsch, John L., and Robert B. Oakley, Somalia and Operation Restore Hope. Reflections on Peacemaking and Peacekeeping, Washington, DC 2005

A History of Postcolonial Lusophone Africa. Ed. by Patrick Chabal, London 2002

Hoch, Gottfried, Einsätze am Horn von Afrika. Die Flotte im neuen Einsatzspektrum 1994 bis 2002. In: Deutsche Marinen im Wandel. Vom Symbol nationaler Einheit zum Instrument internationaler Sicherheit. Im Auftrag des MGFA hrsg. von Werner Rahn, München 2005, S. 675–704

Hodges, Tony, Angola. Anatomy of an Oil State, Oxford, Bloomington 2004

Hodges, Tony, Western Sahara. The Roots of a Desert War, Westport 1983

Hörchens, Angela, Der Einsatz der Bundeswehr im Rahmen der Vereinten Nationen. Eine Untersuchung über die innerstaatliche Zuständigkeit für die Entscheidung des Einsatzes der Bundeswehr im Rahmen militärischer UN-Maßnahmen, Frankfurt a.M. [u.a.] 1994

Hoffmann, Oskar, Bundeswehr und UN-Friedenssicherung. Die friedenssichernden Maßnahmen der Vereinten Nationen und die Frage einer Beteiligung deutscher Streitkräfte – völkerrechtliche, verfassungsrechtliche und politische Probleme, Frankfurt a.M. 1991

Hoffmann, Oskar, Deutsche Blauhelme bei UN-Missionen. Politische Hintergründe und rechtliche Aspekte, Bonn 1993

Hofmeier, Rolf, Das subsaharische Afrika. Stiefkind der außenpolitischen Aufmerksamkeit. In: Deutschlands neue Außenpolitik, Bd 3, S. 203–210

Hofmeier, Rolf, Deutsch-afrikanische Beziehungen 1993. In: Afrika Jahrbuch 1993. Hrsg. vom Institut für Afrika-Kunde und Rolf Hofmeier, Opladen 1994, S. 13–23

Hofmeier, Rolf, Möglichkeiten und Grenzen deutscher Entwicklungspolitik gegenüber Afrika. In: Afrika und Bonn, S. 192–253

Holländer, Lutz, Die politischen Entscheidungsprozesse bei Auslandseinsätzen der Bundeswehr 1999–2003, Frankfurt a.M. [u.a.] 2007

Holste, Erdwig, Südafrika in der gesamtdeutschen Außenpolitik 1989—1994. Kontinuität und Entwicklung, Saarbrücken 2007

Holzinger, Markus, »Neue Kriege« als sozialtheoretischer Ausnahmezustand? In: Einsatz ohne Krieg?, S. 107–128

Horner, David, Australia and the »New World Order«. From Peacekeeping to Peace Enforcement, 1988–1991, Cambridge 2011

Horner, David, and John Connor, The Good International Citizen. Australian Peacekeeping in Asia, Africa and Europe, 1991–1993, Cambridge 2014

Hornhues, Karl-Heinz, Beteiligung der Bundeswehr an Friedensmissionen. In: Deutschland-Union-Dienst, 16.6.1992, S. 4–5

Hornhues, Karl-Heinz, Deutschland einig Vaterland. Beiträge und Erinnerungen zur Deutschen Einheit, Göttingen 2009

Hornhues, Karl-Heinz, Namibia Episoden. Politisch-anekdotisch, Göttingen, Windhoek 2008

Hottinger, Arnold, Die israelische Kriegsaktion in Libanon. In: EA, 37 (1982), S. 621–628

Howard, Lise Morjé, UN Peace Implementation in Namibia. The Causes of Success. In: International Peacekeeping, 9 (2002), 1, S. 99–132

Howard, Lise Morjé, UN Peacekeeping in Civil Wars, Cambridge 2008

Howard, Lise M[orjé], United Nations Transition Assistance Group (UNTAG). In: The Oxford Handbook of United Nations Peacekeeping Operations, S. 294–305

Hufmann, Matthias, Die Verunsicherung von außen und der Aufbau eines neuen Feindbildes. In: Ruanda – der Weg zum Völkermord, S. 71–82

Hufnagel, Frank-Erich, UN-Friedensoperationen der zweiten Generation, Berlin 1996

Human Rights Watch, Arming Rwanda. The Arms Trade and Human Rights Abuses in the Rwandan War, January 1994, https://www.hrw.org/sites/default/files/reports/RWANDA941.PDF

Human Rights Watch, Rwanda. The Crisis Continues, April 1995, https://www.hrw.org/legacy/reports/1995/Rwanda.htm

Human Rights Watch, Waging War to Keep the Peace. The ECOMOG Intervention and Human Rights, June 1993, https://www.hrw.org/reports/1993/liberia/

Human Rights Watch, Western Sahara. Keeping it Secret. The United Nations Operation in the Western Sahara, October 1995, https://www.hrw.org/legacy/reports/1995/Wsahara.htm

Inacker, Michael J., Unter Ausschluß der Öffentlichkeit? Die Deutschen in der Golfallianz, Bonn 1991

International Commission on Intervention and State Sovereignty, The Responsibility to Protect. Report of the International Commission on Independence and State Sovereignty, December 2001, http://responsibilitytoprotect.org/ICISS%20Report.pdf

International Court of Justice, Certain Expenses of the United Nations, Advisory Opinion of 20 July 1962, https://www.icj-cij.org/files/case-related/49/049-19620720-ADV-01-00-EN.pdf

International Court of Justice, Western Sahara. Advisory Opinion of 16 October 1975, https://www.icj-cij.org/files/case-related/61/061-19751016-ADV-01-00-EN.pdf

Ipsen, Knut, Der Einsatz der Bundeswehr zur Verteidigung, im Spannungs- und Verteidigungsfall sowie im internen bewaffneten Konflikt. In: Sicherheitspolitik. Analysen zur politischen und militärischen Sicherheit. Hrsg. von Klaus-Dieter Schwarz, Bad Honnef 1976, S. 379–401

Iqbal, Muhammad Anwarul, An Overview of the CIVPOL Operations in Angola (UNAVEM). In: The Role and Functions of Civilian Police, S. 93–100

Jabri, Vivienne, Mediating Conflict. Decision-making and Western Intervention in Namibia, Manchester, New York 1990

Jakobsen, Peter Viggo, National Interest, Humanitarianism or CNN. What Triggers UN Peace Enforcement after the Cold War? In: Journal of Peace Research, 33 (1996), 2, S. 205–215

Janiesch, Helmut, Der Einsatz europäischer Polizeibeamter in Mostar. In: S+F, 16 (1998), 1, S. 22–25

Jennings, Kathleen, United Nations Observer Mission in Liberia (UNOMIL). In: The Oxford Handbook of United Nations Peacekeeping Operations, S. 454–461

Jensen, Erik, Western Sahara. Anatomy of a Stalemate?, Boulder, London 2012

Jentzsch, Christian, Die Bundeswehr im Golfkonflikt 1990/91. In: Militärgeschichte. Zeitschrift für historische Bildung, 4/2020, S. 4–9

Jentzsch, Christian, Der längste Marineeinsatz der 1990er Jahre. 25 Jahre Operation Sharp Guard 1993–1996. In: MarineForum, 6/2018, S. 26–29

Jentzsch, Christian, »Southern Cross« 1994. Die Evakuierung von UNOSOM II. In: Militärgeschichte. Zeitschrift für historische Bildung, 2/2018, S. 14–17

Jertz, Walter, Einsatz der Luftwaffe über Bosnien. In: Von Kambodscha bis Kosovo, S. 136–153

Joffe, George, The Conflict in the Western Sahara. In: Conflict in Africa. Ed. by Oliver Furley, London, New York 1995, S. 110–133

Jonah, James O.C., ECOMOG. A Successful Example of Peacemaking and Peacekeeping by a Regional Organization in the Third World. In: Blauhelme in einer turbulenten Welt, S. 303–325

Jost, Daniel, Der Deutsche Unterstützungsverband Somalia. Strukturen, Quellenwert und archivische Erschließung. In: Auftrag Auslandseinsatz, S. 426–428

Jungbauer, Andreas, Deutsche Afrika-Politik in den 90er Jahren, Hamburg 1998

Junk, Julian, and Christopher Daase, Germany. In: Strategic Cultures in Europe. Security and Defence Policies Across the Continent. Ed. by Heiko Biehl, Bastian Giegerich and Alexandra Jonas, Wiesbaden 2013, S. 139–152

Die Kabinettsprotokolle der Bundesregierung online. Hrsg. vom Bundesarchiv, https://www.bundesarchiv.de/cocoon/barch/0000/index.html

Kaela, Laurent C. W., The Question of Namibia, London 1996

Kaiser, Karl, und Klaus Becher, Deutschland und der Irak-Konflikt, Bonn 1992

Kaldor, Mary, In Defence of New Wars. In: Stability. International Journal of Security and Development, 2 (2013), 1, https://www.stabilityjournal.org/articles/10.5334/sta.at/

Kaldor, Mary, New & Old Wars. Organized Violence in a Global Era, Cambridge 1999

Kaldor, Mary, Restructuring the Global Military Sector. New Wars, London 1997

Kammerhof, Holger, Unterm Blauhelm am Horn von Afrika. In: Von Kambodscha bis Kosovo, S. 120–135

Kamp, Karl-Heinz, Die Debatte um den Einsatz deutscher Streitkräfte außerhalb des Bündnisgebietes, Sankt Augustin, März 1991 (= KAS, Interne Studie Nr. 22/1991)

Karlsrud, John, and Kari M. Osland, Between Self-interest and Solidarity: Norway's Return to UN Peacekeeping? In: International Peacekeeping, 23 (2016), 5, S. 784–803

Karlsrud, John, For the Greater Good? »Good States« turning UN Peacekeeping towards Counterterrorism. In: International Journal, 74 (2019), 1, S. 65–83

Karmann, Peter, Militärhilfe der Bundesrepublik Deutschland in Afrika, München 1988

Kathman, Jacob D., and Molly M. Melin, Who Keeps the Peace? Understanding State Contributions to UN Peacekeeping Operations. In: International Studies Quarterly, 61 (2017), S. 150–162

Katjavivi, Peter H., A History of Resistance in Namibia, Paris, Addis Ababa 1988

Katjavivi, Peter H., Namibia's Bilateral Relations with Germany. A Crucial Relationship. In: Namibia's Foreign Relations. Historic Contexts, Current Dimensions, and Perspectives for the 21st Century. Ed. by Anton Bösl, André du Pisani and Dennis U Zaire, Windhoek 2014, S. 135–168

Kaul, Hans-Peter, UN-Friedenstruppen. Versuch einer Bilanz. Ein Diskussionsbeitrag aus deutscher Sicht in 33 Thesen. In: Vereinte Nationen, 1/1983, S. 1–7

Keen, David, Conflict and Collusion in Sierra Leone, New York 2005

Kern, Thorsten, West Germany and Namibia's Path to Independence, 1969–1990. Foreign Policy and Rivalry with East Germany, Basel 2019

Kersting, Klaus, Kollektive Sicherheit durch peace keeping operations. Insbesondere: Zur Beteiligung der Bundeswehr an UN-Aktionen. In: NZWehrr, 25 (1983), 2, S. 64–73

Kertcher, Chen, The United Nations and Peacekeeping, 1988–95, Manchester 2016

Kewenig, Wilhelm, Sonderprobleme einer deutschen Mitgliedschaft in den Vereinten Nationen. In: Die Vereinten Nationen und die Mitarbeit der Bundesrepublik Deutschland. Hrsg. von Ulrich Scheuner und Beate Lindemann, München, Wien 1973, S. 307–338

Khan, Shaharyar M., The Shallow Graves of Rwanda, London, New York 2000

Kilian, Dieter E., Führungseliten – Generale und Admirale der Bundeswehr 1955–2018. Politische und Militärische Führung, Bielefeld 2014

Kilian, Werner, Die Hallstein-Doktrin. Der diplomatische Krieg zwischen der BRD und der DDR 1955–1973. Aus den Akten der beiden deutschen Außenministerien, Berlin 2001

Kinkel, Klaus, Peacekeeping Missions. Germany can Now Play its Part. In: NATO Review, 42 (1994), 5, S. 3–7, https://www.nato.int/docu/review/1994/9405-1.htm

Kinkel, Klaus, Die Rolle Deutschlands bei Friedensmissionen. In: NATO-Brief, Oktober 1994, S. 3–7

Klein, Eckart, Rechtsprobleme einer deutschen Beteiligung an der Aufstellung von Streitkräften der Vereinten Nationen. In: ZaöRV, 34 (1974), S. 429–451

Klinkhammer, Gisela, Care-Aktion »Menschlichkeit für Ruanda«. Humanitärer Einsatz mit zahlreichen Pannen. In: Deutsches Ärzteblatt, 36/1994, 9.9.1994, S. A-2300–A-2302

Knoll, Thomas, Das Bonner Bundeskanzleramt. Organisation und Funktionen von 1949–1999, Wiesbaden 2004

Koalitionsvereinbarung 1982 zwischen den Bundestagsfraktionen der CDU/CSU und FDP für die 9. Wahlperiode des Deutschen Bundestages, https://web.archive.org/web/20150924040325/https://www.freiheit.org/files/288/IN5-304_Koalitionsvereinbarung_1982.pdf

Kocks, Alexander, Internationale Friedensmissionen und nationale Interessen. Die deutsche Unterstützung militärischer Auslandseinsätze, Baden-Baden 2019

Köhr, Christian, Der Einsatz Wehrpflichtiger zur Friedenssicherung im Rahmen der Vereinten Nationen, Hamburg 2012

König, Ewald, Wie Deutschland einen ständigen Sitz im UN-Sicherheitsrat verspielte. In: Diplomatisches Magazin, 17.3.2021, https://www.diplomatisches-magazin.de/artikel/wie-deutschland-einen-staendigen-sitz-im-un-sicherheitsrat-verspielte/

Köster, Klaus, Die Bundesrepublik Deutschland und Vereinten Nationen 1949 bis 1963, Frankfurt a.M. 2000

Kohl, Helmut, Berichte zur Lage 1982–1989. Der Kanzler und Parteivorsitzende im Bundesvorstand der CDU Deutschlands. Bearb. von Günter Buchstab und Hans-Otto Kleinmann, Düsseldorf 2014

Kohl, Helmut, Berichte zur Lage 1989–1998. Der Kanzler und Parteivorsitzende im Bundesvorstand der CDU Deutschlands. Bearb. von Günter Buchstab und Hans-Otto Kleinmann, Düsseldorf 2012

Kohl, Helmut, Erinnerungen 1982–1990, München 2005

Kohl, Helmut, Erinnerungen 1990–1994, München 2007

Kohl, Helmut, Rede von Bundeskanzler Dr. Helmut Kohl anläßlich der 33. Kommandeurtagung der Bundeswehr in Leipzig am 12. Mai 1992. In: Informationen zur Sicherheitspolitik. Hrsg. vom BMVg, Mai 1992, S. 3–6

Konopka, Torsten, Das deutsche militärische Engagement in Mali im Licht der strategischen Kultur Deutschlands. In: Strategische Kultur als unterschätzter Faktor von Strategie und Sicherheit. Hrsg. von Thomas Pankratz und Benedikt Hensellek, Wien 2019, S. 105–116

Koops, Joachim A., and Giulia Tercovich, A European Return to United Nations Peacekeeping? Opportunities, Challenges and Ways Ahead. In: International Peacekeeping, 23 (2016), 5, S. 597–609

Koops, Joachim A., Germany and United Nations Peacekeeping. The Cautiously Evolving Contributor. In: International Peacekeeping, 23 (2016), 5, S. 642–680

Koops, Joachim A., Norrie MacQueen, Thierry Tardy and Paul D. Williams, Introduction. The United Nations and Peacekeeping. In: The Oxford Handbook of United Nations Peacekeeping Operations, S. 1–9

Kopicki, Holger, Operation Bong Mining. Sondereinsatz der Transportflieger der Luftwaffe in Afrika. In: Luftwaffen-Forum, 4 (1990), 3, S. 64–67

Krause, Ulf von, Die Afghanistaneinsätze der Bundeswehr. Politischer Entscheidungsprozess mit Eskalationsdynamik, Wiesbaden 2011

Krause, Ulf von, Die Bundeswehr als Instrument deutscher Außenpolitik, Wiesbaden 2013

Krech, Hans, Der Bürgerkrieg in Somalia (1988–1996). Ein Handbuch, Berlin 1996

Kriemann, Hans-Peter, Hineingerutscht? Deutschland und der Kosovo-Krieg, Göttingen 2021

Kriemann, Hans-Peter, »Nie wieder Krieg«. Wie die Bundeswehr in den Kosovo-Konflikt geriet. In: Einsatz ohne Krieg?, S. 73–90

Krisen im Kalten Krieg. Hrsg. von Bernd Greiner, Christian Th. Müller und Dierk Walter, Bonn 2009

Krishnasamy, Kabilan, and Auriol Weigold, The Paradox of India's Peacekeeping. In: Contemporary South Asia, 12 (2003), 2, S. 263–280

Krška, Vladimír, Peacekeeping in Angola (UNAVEM I and II). In: International Peacekeeping, 4 (1997), 1, S. 75–97

Kruse, Günter, Deutsche Heeresflieger im Irak. In: Von Kambodscha bis Kosovo, S. 62–72

Kruse, Karl-Albin, Agadir. Erfahrungen vom Einsatz der Transportflieger. In: Truppenpraxis, 8/1960, S. 633–637

Kühne, Winrich, Fragmenting States and the Need For Enlarged Peacekeeping. A German View. In: The »New Peacekeeping« and European Security. German and Canadian Interests and Issues. Ed. by Hans-Georg Ehrhart and David G. Haglund, Baden-Baden 1995, S. 31–50

Kühne, Winrich, Völkerrecht und Friedenssicherung in einer turbulenten Welt. Eine analytische Zusammenfassung der Grundprobleme und Entwicklungsperspektiven. In: Blauhelme in einer turbulenten Welt, S. 17–100

Kuperman, Alan J., The Limits of Humanitarian Intervention. Genocide in Rwanda, Washington, DC 2001

Lange, Daniel, Die polizeiliche Beobachtereinheit der DDR in Namibia (1989/90). Umstände, Entwicklungen und Hintergründe der ersten und einzigen Teilnahme der DDR an einer internationalen Friedensmission der Vereinten Nationen, Berlin 2009

Leader, Joyce Ellen, From Hope to Horror. Diplomacy and the Making of the Rwandan Genocide, Nebraska 2020

Lebovic, James H., Uniting for Peace? Democracies and United Nations Peace Operations after the Cold War. In: Journal of Conflict Resolution, 48 (2004), 6, S. 910–936

Leder, Dieter, Internationale Minenräumoperationen im Arabischen Golf. In: Von Kambodscha bis Kosovo, S. 31–44

Lehmann, Ingrid A., Namibia. An African Success Story with a Blemish. In: Peacehawks, 20.1.2020, http://www.peacehawks.net/uncategorized/namibia-an-african-success-story-with-a-blemish/

Lehmann, Ingrid A., Peacekeeping and Public Information. Caught in the Crossfire, London 1999.

Lehmkuhl, Ursula, Theorien internationaler Politik. Einführung und Texte, 3., erg. Aufl., München, Wien 2001

Lemke, Bernd, Die Allied Mobile Force 1961 bis 2002, Berlin, Boston 2015

Lemoine, Jacques, Introduction to Papers. Police and Peace-Keeping. In: The Role and Functions of Civilian Police, S. 19–22

Levy Firestone Muse LLP, A Foreseeable Genocide. The Role of the French Government in Connection with the Genocide Against the Tutsi in Rwanda, 19.4.2021, https://www.gov.rw/fileadmin/user_upload/gov_user_upload/2021.04.19_MUSE_REPORT.pdf

Lewis, Ioan M., A Modern History of the Somali. Nation and State in the Horn of Africa, 4th ed., Athens 2002

Lewis, Ioan, and James Mayall, Somalia. In: The New Interventionism, S. 94–124

Lexikon der Vereinten Nationen. Hrsg. von Helmut Volger, München, Wien 2000

Libben, Joshua, Am I my brother's peacekeeper? Strategic Cultures and Change Among Major Troop Contributors to United Nations Peacekeeping. In: Canadian Foreign Policy Journal, 23 (2017), 3, S. 324–339

Limpert, Martin, Auslandseinsätze der Bundeswehr, Berlin 2002

Lio, Bruno, Peace-keeping, pace o guerra? Una risposta italiana; l'operazione Ibis in Somalia, Firenze 2004

Löwe, Volker, Peacekeeping-Operationen der UN. Aspekte einer Beteiligung der Bundesrepublik Deutschland, Münster, Hamburg 1994

Lohmann, Markus, Von der Entwicklungspolitik zur Armenhilfe. Die Entwicklungspolitik der Bundesrepublik Deutschland 1961–1989 auf dem Weg in die Wirkungslosigkeit?, München 2010

Lopes, Rui, West Germany and the Portuguese Dictatorship, 1968–1974. Between Cold War and Colonialism, New York 2014

Lundgren, Magnus, Backdoor Peacekeeping. Does Participation in UN Peacekeeping Reduce Coups at Home? In: Journal of Peace Research, 55 (2018), 4, S. 508–523

Lutsch, Andreas, Westbindung oder Gleichgewicht? Die nukleare Sicherheitspolitik der Bundesrepublik Deutschland zwischen Atomwaffensperrvertrag und NATO-Doppelbeschluss, Berlin, Boston 2020

Lyon, Judson M., Informal Imperialism. The United States in Liberia, 1987–1912. In: Diplomatic History, 5 (1981), 3, S. 221–243

Maas, Heiko, Außenminister Maas zum Abschluss der Verhandlungen mit Namibia, 28.5.2021, https://www.auswaertiges-amt.de/de/newsroom/-/2463396

MacQueen, Norrie, The Decolonization of Portuguese Africa. Metropolitan Revolution and the Dissolution of Empire, London, New York 1997

MacQueen, Norrie, Peacekeeping and the International System, London, New York 2006

Mader, Matthias, Öffentliche Meinung zu Auslandseinsätzen der Bundeswehr. Zwischen Antimilitarismus und transatlantischer Orientierung, Wiesbaden 2017

März, Wolfgang, Bundeswehr in Somalia. Verfassungsrechtliche und verfassungspolitische Überlegungen zur Verwendung deutscher Streitkräfte in VN-Operationen, Berlin 1993

Magyar, Karl P., ECOMOG's Operations. Lessons for Peacekeeping. In: Peacekeeping in Africa. ECOMOG in Liberia. Ed. by Karl P. Magyar and Earl Conteh-Morgan, Basingstoke 1998, S. 52–75

Mahmound, Ali, UN Operation in Mozambique (ONUMOZ). In: The Role and Functions of Civilian Police, S. 43–51

Mair, Stefan, German Interests and German African Policy. In: Germany's Africa Policy Revisited. Interests, Images and Incrementalism. Ed. by Ulf Engel and Robert Kappel, 2nd, exp., upd. and rev. ed., Berlin 2006, S. 9–17

Mair, Stefan, German-African Relations. In: South African Journal of International Affairs, 6 (1998), 1, S. 21–34

Maizière, Thomas de, Rede des Bundesministers der Verteidigung, Dr. Thomas de Maizière, zur Entsendung bewaffneter deutscher Streitkräfte zur Beteiligung an der EU-geführten militärischen Ausbildungsmission EUTM und an der internationalen Unterstützungsmission AFISMA in Mali vor dem Deutschen Bundestag am 20. Februar 2013 in Berlin, https://www.bundesregierung.de/Content/DE /Bulletin/2010-2015/2013/02/17-1-bmvg-bt.html

Malaquias, Assis, Rebels and Robbers. Violence in Post-Colonial Angola, Uppsala 2007

Mamdani, Mahmood, When Victims Become Killers. Colonialism, Nativism, and the Genocide in Rwanda, Princetown 2001

Manning, Carrie, and Monica Malbrough, Bilateral Donors and Aid Conditionality in Post-conflict Peacebuilding. The Case of Mozambique. In: The Journal of Modern African Studies, 48 (2010), 1, S. 143–169

Matthies, Volker, Kriege am Horn von Afrika. Historischer Befund und friedenswissenschaftliche Analyse, Berlin 2005

Matthies, Volker, Die UNO in Somalia. Operation enttäuschte Hoffnung. In: Aus Politik und Zeitgeschichte, B31/1994, S. 3–13

Maull, Hanns W., Die Internationalisierung des Golf-Krieges. In: EA, 42 (1987), S. 533–542

Maulucci, Thomas W., Die Regierung Schmidt und die Frage der Out of Area-Einsätze der Bundeswehr, 1974–1982. In: Deutschland und die USA in der Internationalen Geschichte des 20. Jahrhunderts. Festschrift für Detlef Junker. Hrsg. von Manfred Berg und Philipp Gassert, Stuttgart 2004, S. 521–541

Maurer, Jochen, und Martin Rink, Einsatz ohne Krieg? Militär, Gesellschaft und Semantik zur Geschichte der Bundeswehr nach 1990. In: Einsatz ohne Krieg?, S. 9–30

Mayer, Florens, Möglichkeiten und Grenzen deutscher Sicherheitspolitik. Eine Analyse der Strategischen Kultur Deutschlands, Opladen [u.a.] 2017

Mayersen, Deborah, On the Path to Genocide. Armenia and Rwanda Reexamined, New York, Oxford 2014

Mearsheimer, John J., The False Promise of International Institutions. In: International Security, 19 (1994/95), 3, S. 5–49

Médecins Sans Frontières, Report on Events in Kibeho Camp, April 1995, 16.5.1995, https://www.msf.fr/sites/default/files/1995-05-16-MSF.pdf

Médecins Sans Frontières, The Violence of the New Rwandan Regime 1994–1995, April 2014, https://www.msf.org/sites/msf.org/files/2019-04/MSF%20Speaking%20Out%20Violence%20of%20the%20new%20Rwandan%20regime%201994-1995.pdf

Mehler, Andreas, Die neue deutsche Afrikapolitik. In: Afrika – ein verlorener Kontinent? Hrsg. von Mir A. Ferdowsi, München 2004, S. 293–311

Meier, Madelaine, Goodbye, Kigali. Abschied von der letzten DW-Relaisstation, 27.3.2015, https://www.dw.com/de/goodbye-kigali-abschied-von-der-letzten-dw-relaisstation/a-18343911

Meiers, Franz-Josef, Zu neuen Ufern? Die deutsche Sicherheits- und Verteidigungspolitik in einer Welt des Wandels 1990–2000, Paderborn 2006

Meijer, Cécelle, and Philip Verwimp, The Use and Perception of Weapons before and after Conflict: Evidence from Rwanda, Small Arms Survey Working Paper 2, Genf 2005, http://www.smallarmssurvey.org/fileadmin/docs/F-Working-papers/SAS-WP2-Rwanda.pdf

Melvern, Linda, Ruanda. Der Völkermord und die Beteiligung der westlichen Welt, München 2004

Melvern, Linda, United Nations Assistance Mission for Rwanda II (UNAMIR II). In: The Oxford Handbook of United Nations Peacekeeping Operations, S. 473–483

Melvern, Linda, United Nations Observer Mission Uganda – Rwanda (UNOMUR) and United Nations Assistance Mission for Rwanda I (UNAMIR I). In: The Oxford Handbook of United Nations Peacekeeping Operations, S. 462–472

Mermin, Jonathan, Television News and American Intervention in Somalia. The Myth of a Media-Driven Foreign Policy. In: Political Science Quarterly, 112 (1997), 3, S. 385–403

Merziger, Patrick, Humanitäre Hilfsaktionen der Bundesrepublik Deutschland (1951–1991) als Medium der Außenbeziehung. Von der Beziehungspflege zur Intervention. In: Medien der Außenbeziehungen von der Antike bis zur Gegenwart. Hrsg. von Peter Hoeres und Anuschka Tischer, Köln [u.a.] 2017, S. 490–516

Merziger, Patrick, Out of Area. Humanitäre Hilfe der Bundeswehr im Ausland (1959–1991). In: ZHF, 1/2018, https://zeithistorische-forschungen.de/1-2018/id%3D5557

Merziger, Patrick, The »Radical Humanism« of »Cap Anamur«/»German Emergency Doctors« in the 1980s. A Turning Point for the Idea, Practice and Policy of Humanitarian Aid. In: European Review of History, 23 (2016), 1–2, S. 171–192

Mettle, Selwyn, Operation in Somalia (UNOSOM). In: The Role and Functions of Civilian Police, S. 53–57

Meyns, Peter, Angola. Vom antikolonialen Befreiungskampf zu externer Destabilisierung und internem Bürgerkrieg. In: Vergessene Kriege in Afrika. Hrsg. von Rolf Hofmeier und Volker Matthies, Göttingen 1992, S. 61–96

Meyns, Peter, Parlaments- und Präsidentschaftswahlen in Moçambique (27.–29.10.1994). In: Deutsche Wahlbeobachtung in Afrika. Hrsg. von Ulf Engel, Rolf Hofmeier, Dirk Kohnert und Andreas Mehler, 2., akt. und erw. Aufl., Hamburg 1996, S. 132–144

Milosevic, Nik, Politische Entscheidungsprozesse und multinationale Militäreinsätze. Deutschland im internationalen Vergleich, Opladen [u.a.] 2018

Minear, Larry, and Philippe Guillot, Soldiers to the Rescue. Humanitarian Lessons from Rwanda, Paris 1996

Mitchell, Nancy, Jimmy Carter in Africa. Race and the Cold War, Washington, DC 2016

Möller, Horst, Franz Josef Strauß. Herrscher und Rebell, München, Berlin 2015

Mössner, Jörg Manfred, Bundeswehr in blauen Helmen. In: Staatsrecht, Völkerrecht, Europarecht. Festschrift für Hans-Jürgen Schlochauer zum

75. Geburtstag am 28. März 1981. Hrsg. von Ingo von Münch, Berlin, New York 1981, S. 97–115

Morgenthau, Hans Joachim, Macht und Frieden. Grundlegung einer Theorie der internationalen Politik, München 1963

Morozzo della Rocca, Roberto, Vom Krieg zum Frieden. Mosambik: Geschichte einer ungewöhnlichen Vermittlung, Hamburg 1997

Mosambikanische Vertragsarbeiter in der DDR-Wirtschaft. Hintergründe – Verlauf – Folgen. Hrsg. von Ulrich van der Heyden, Wolfgang Semmler und Ralf Straßburg, Berlin 2014

Münch, Philipp, Die Bundeswehr in Afghanistan. Militärische Handlungslogik in internationalen Interventionen, Freiburg i.Br. 2015

Münkler, Herfried, Die neuen Kriege, Reinbek bei Hamburg 2002

Muhler, Christopher, Transformation wider Willen? Die Bundeswehr im Kontext deutscher Auslandseinsatzpolitik 1989–2011, Dissertation, Universität Heidelberg 2017, http://archiv.ub.uni-heidelberg.de/volltextserver/23496/1/Dissertation_Endfassung%20Ver%C3%B6ffentlichung.pdf

Murphy, Ray, UN Peacekeeping in Lebanon, Somalia and Kosovo. Operational and Legal Issues in Practice, Cambridge 2007

Mwarania, Ben, Kenya Battalion in Namibia. Media Document Supplies, Nairobi 1999

»My Clan Against the World«. US and Coalition Forces in Somalia 1992–1994. Ed. by Robert F. Baumann, Lawrence A. Yates with Versalle F. Washington, Fort Leavenworth 2004

The Namibian Peace Process: Implications and Lessons for the Future. A Review of an International Conference Jointly Organized by the Arnold Bergstraesser Institute and the International Peace Academy, 1–4 July 1992, Freiburg, Germany. Ed. by Heribert Weiland and Matthew Braham, Freiburg i.Br. 1994

National Democratic Institute for International Affairs, Nation Building. The U.N. and Namibia, Washington, DC 1990, https://www.ndi.org/sites/default/files/155_na_election_010190_5.pdf

NATO, The Alliance's New Strategic Concept Agreed by the Heads of State and Government Participating in the Meeting of the North Atlantic Council, 8.11.1991, https://www.nato.int/cps/en/natolive/official_texts_23847.htm

NATO, Der Nordatlantikvertrag, 4.4.1949, https://www.nato.int/cps/en/natohq/official_texts_17120.htm?selectedLocale=de

Naumann, Klaus, Die Bundeswehr in einer Welt im Umbruch, Berlin 1994

Naumann, Klaus, Einsatz ohne Ziel? Die Politikbedürftigkeit des Militärischen, Bonn 2010

Naumann, Klaus, Frieden – der noch nicht erfüllte Auftrag, Hamburg 2002

Naumann, Klaus, Der Wandel des Einsatzes von Katastrophenhilfe und NATO-Manöver zur Anwendung von Waffengewalt und Friedenserzwingung. In: Die Bundeswehr 1955 bis 2005, S. 477–494

Naumann, Klaus Dieter, Schwerer Schaden für das Ansehen Deutschlands. In: Europäische Sicherheit, 40 (1991), 3, S. 134

Ndumbe, Alexandre Kum'a, Was will Bonn in Afrika? Zur Afrikapolitik der Bundesrepublik Deutschland, Pfaffenweiler 1992

Neack, Laura, UN Peace-keeping. In the Interest of Community or Self? In: Journal of Peace Research, 32 (1995), 2, S. 181–196

Neebe, Reinhard, Weichenstellung für die Globalisierung. Deutsche Weltmarktpolitik, Europa und Amerika in der Ära Ludwig Erhard, Köln 2004

Neitzel, Sönke, Deutsche Krieger. Vom Kaiserreich zur Berliner Republik – eine Militärgeschichte, Berlin 2020

Neubeck, Arne Freiherr von, Die Transformation der Bundeswehr von der Verteidigungs- zur Einsatzarmee. Eine sicherheitspolitische Analyse unter Berücksichtigung politischer, verfassungspolitischer und militärpolitischer Aspekte, Dissertation, Universität Würzburg 2007, https://d-nb.info/995052395/34, [1.12.2020]

Neuneck, Götz, Wohin marschiert die Bundeswehr? Der Bundeswehrplan '94. Die Hardthöhe und die neue Unübersichtlichkeit. In: Deutsche Soldaten weltweit? Blauhelme, Eingreiftruppen, »out of area«. Der Streit um unsere sicherheitspolitische Zukunft. Hrsg. von Dieter S. Lutz, Hamburg 1993, S. 83–113

The New Interventionism 1991–1994. United Nations experience in Cambodia, former Yugoslavia and Somalia. Ed. by James Mayall, Cambridge 1996

Newitt, Malyn, A Short History of Mozambique, London 2017

Newitt, Malyn, Mozambique. In: A History of Postcolonial Lusophone Africa, S. 185–235

Niedhart, Gottfried, Der Ost-West-Konflikt. Konfrontation im Kalten Krieg und Stufen der Deeskalation, Bonn 2010

The Nobel Peace Prize 1988, Oslo, 29.9.1988, https://www.nobelprize.org/prizes/peace/1988/press-release/

Nölle, Bernd, Die Verwendung des deutschen Soldaten im Ausland, Bonn 1973

Nujoma, Sam, Where Others Wavered. The Autobiography of Sam Nujoma, London 2001

OAU, Rwanda: The Preventable Genocide, 2000, http://www.peaceau.org/uploads/report-rowanda-genocide.pdf

Official History of Australian Peacekeeping, Humanitarian and Post-Cold War Operations, 6 vols., Cambridge 2011–2020

Ogata, Sadako, »Refugees: A comprehensive European strategy«. Statement by Mrs. Sadako Ogata, United Nations High Commissioner for Refugees, to the German United Nations Association and the German Association for Foreign Policy, 21.6.1994, https://www.unhcr.org/admin/hcspeeches/3ae68fc78/refugees-comprehensive-european-strategy-statement-mrs-sadako-ogata-united.html?query=Sadako Ogata

Ogata, Sadako, The Turbulent Decade. Confronting the Refugee Crises of the 1990s, New York, London 2005

O'Halloran, Kevon, Rwanda. UNAMIR 1994/95, Canberra 2012 (= Australian Military History Series, 1)

Ohls, Gary J., Somalia … From the Sea, Newport 2009

Oldhaver, Mathias, Die deutschsprachige Bevölkerungsgruppe in Namibia. Ihre Bedeutung als Faktor in den deutsch-namibischen Beziehungen, Hamburg 1997

Oldhaver, Mathias, Öffentliche Meinung in der Sicherheitspolitik. Untersuchung am Beispiel der Debatte über einen Einsatz der Bundeswehr im Golfkrieg, Baden-Baden 2000

Olusoga, David, and Casper W. Erichsen, The Kaiser's Holocaust. Germany's forgotten Genocide and the Colonial Roots of Nazism, London 2010

Omaar, Rakiya, and Alex de Waal, Somalia. Operation Restore Hope. A Preliminary Assessment, London 1993

O'Neill, John Terence, and Nicholas Rees, United Nations Peacekeeping in the Post-Cold War Era, Abingdon, New York 2005

The Oxford Handbook of United Nations Peacekeeping Operations. Ed. by Joachim A. Koops, Norrie MacQueen, Thierry Tardy and Paul D. Williams, Oxford 2015

Pabst, Martin, Frieden für Südwest? Experiment Namibia, Wesseling 1991

Paice, Edward, Tip & Run. The Untold Tragedy of the First World War in Africa, London 2007

Parsons, Anthony, From Cold War to Hot Peace. UN Interventions 1947–1995, London 1995

Pearce, Justin, Political Identity and Conflict in Central Angola, 1975–2002, Cambridge 2015

Perspektiven der Militärgeschichte. Raum, Gewalt und Repräsentation in historischer Forschung und Bildung. Im Auftrag des MGFA hrsg. von Jörg Echternkamp, Wolfgang Schmidt und Thomas Vogel, München 2010

Pesek, Michael, Das Ende eines Kolonialreiches. Ostafrika im Ersten Weltkrieg, Frankfurt a.M. 2010

Peter, Mateja, Peacekeeping. Resilience of an Idea. In: United Nations Peace Operations in a Changing Global Order. Ed. by Cedric de Coning and Mateja Peter, Cham 2019, S. 25–44

Petersberg Declaration. Western European Union Council of Ministers, Bonn, 19.6.1992, http://www.weu.int/documents/920619peten.pdf

Peterson, Scott, Me Against my Brother. At War in Somalia, Sudan and Rwanda, New York, London 2000

Philippi, Nina, Bundeswehr-Auslandseinsätze als außen- und sicherheitspolitisches Problem des geeinten Deutschland, Frankfurt a.M. [u.a.] 1997

Philippi, Nina, Civilian Power and War. The German Debate About Out-of-area Operations 1990–99. In: Germany as a Civilian Power?, S. 49–67

Piazza, Evelyn, Einsätze der Bundeswehr im Ausland, St. Gallen 1994

Poole, Walter S., The Effort to Save Somalia. August 1992–March 1994, Washington, DC 2005

Preuss, Andrijana, Friedensaufbau durch internationale Polizeieinsätze in ethnonationalen Konflikten Bosnien-Herzegowinas am Beispiel der WEU-Polizei in Mostar, Münster 2004

Preuss, Andrijana, Die WEU-Mission in Mostar. Der erste internationale Polizeieinsatz in Bosnien-Herzegowina. In: Europäisierung und Internationalisierung der Polizei, Bd 2: Internationalisierung. Hrsg. von Martin H.W. Möllers und Robert Chr. van Ooyen, 2., erw. Aufl., Frankfurt a.M. 2009, S. 31–52

Prouza, Jan, and Jakub Horák, Small but Substantial. What Drives Ghana's Contributions to UN Peacekeeping Missions? In: Central European Journal of International Security Studies, 9 (2015), 2, S. 204–226

Providing Peacekeepers. The Politics, Challenges, and Future of United Nations Peacekeeping Contributions. Ed. by Alex J. Bellamy and Paul D. Williams, Oxford 2013

Prunier, Gérard, Africa's World War. Congo, the Rwandan Genocide, and the Making of a Continental Catastrophe, New York 2009

Prunier, Gérard, The Rwandan Crisis. History of a Genocide, London 1995

Public Law 341, 10.10.1949, https://www.loc.gov/law/help/statutes-at-large/81st-congress/session-1/c81s1ch660.pdf

Pugh, Michael, Peacekeeping and IR Theory. Phantom of the Opera? In: International Peacekeeping, 10 (2003), 4, S. 104–112

Rahmengesetz zur Vereinheitlichung des Beamtenrechts (Beamtenrechtsrahmengesetz, BRRG), § 123a, o.D., https://www.gesetze-im-internet.de/brrg/__123a.html

Rau, Milo, Hate Radio. Materialien, Dokumente, Theorie, Bonn 2014

Rauch, Andreas M., Auslandseinsätze der Bundeswehr, Baden-Baden 2006

Rawson, David, Prelude to Genocide. Arusha, Rwanda, and the Failure of Diplomacy, Athens 2018

Razack, Sherene H., Dark Threats and White Knights. The Somalia Affair, Peacekeeping, and the New Imperialism, Toronto 2004

Recchia, Stefano, Pragmatism over Principle. US Intervention and Burden Shifting in Somalia, 1992–1993. In: The Journal of Strategic Studies, 43 (2020), 3, S. 341–365

Rechtliche Aspekte einer Beteiligung der Bundesrepublik Deutschland an Friedenstruppen der Vereinten Nationen. Materialien des Kolloquiums vom 17./18.8.1989. Hrsg. von Jochen Abr. Frowein und Torsten Stein, Berlin [u.a.] 1990

Rechtliche und politische Probleme des Einsatzes der Bundeswehr »out of area«. Protokoll und Dokumentation eines Symposiums der Universität der Bundeswehr München am 12. und 13.12.1991. Hrsg. von Jürgen H. Schwarz und Armin A. Steinkamm, Baden-Baden 1993

Reed, William Cyrus, Exile, Reform, and the Rise of the Rwandan Patriotic Front. In: The Journal of Modern African Studies, 34 (1996), 3, S. 479–501

Reimann, Jürgen, Debriefing on CIVPOL Experiences. United Nations Mission for the Referendum in Western Sahara (MINURSO). In: The Role and Functions of Civilian Police, S. 107–111

Reno, William, Warfare in Independent Africa, Cambridge [u.a.] 2011

Reno, William, Warlord Politics and African States, Boulder, London 1998

Reuter, Lutz R., und Annette Scheunpflug, Die Schule der Freundschaft. Eine Fallstudie zur Bildungszusammenarbeit zwischen der DDR und Mosambik, Münster 2006

Rezwanian-Amiri, Natali, Gescheiterter Staat – gescheiterte Intervention? Die humanitäre Intervention der UNO in Somalia, Glienicke/Berlin [u.a.] 2000

Richards, Paul, Fighting for the Rain Forest. Youth & Resources in Sierra Leone, Oxford 1996

Riedel, Norbert Karl, Der Einsatz deutscher Streitkräfte im Ausland. Verfassungs- und völkerrechtliche Schranken, Frankfurt a.M. 1989

Rink, Martin, Die Bundeswehr 1950/55–1989, Berlin 2015

Robinson, David Alexander, Curse on the Land. A History of the Mozambican Civil War, Dissertation, o.O., 2006, https://research-repository.uwa.edu.au/en/publications/curse-on-the-land-a-history-of-the-mozambican-civil-war

Robinson, Piers, Operation Restore Hope and the Illusion of a News Media Driven Intervention. In: Political Studies, 49 (2001), S. 941–956

Rode, Reinhard, Die Südafrikapolitik der Bundesrepublik Deutschland 1968–1972, Frankfurt a.M. 1975

The Role and Functions of Civilian Police in United Nations Peace-Keeping Operations. Debriefing and Lessons. Report of the 1995 Singapore Conference, December 1995. Ed. by Nassrine Azimi, London [u.a.] 1996

Ropers, Frank, Embargo-Überwachung in der Adria. In: Von Kambodscha bis Kosovo, S. 101–119

Rosenberg, Emily S., The Invisible Protectorate. The United States, Liberia, and the Evolution of Neocolonialism, 1909–40. In: Diplomatic History, 9 (1985), 3, S. 191–214

Ruanda – der Weg zum Völkermord. Vorgeschichte – Verlauf – Deutung. Hrsg. von Leonhard Harding, Hamburg 1998

Rüdiger, Klaus H., Die Namibia-Deutschen. Geschichte einer Nationalität im Werden, Stuttgart 1993

Rühe, Volker, Betr.: Bundeswehr. Sicherheitspolitik und Streitkräfte im Wandel, Herford 1993

Rühe, Volker, Rede des Bundesministers der Verteidigung, Volker Rühe, anläßlich der 33. Kommandeurtagung der Bundeswehr am 14. Mai 1992 in Leipzig. In: Informationen zur Sicherheitspolitik. Hrsg. vom BMVg, Mai 1992, S. 7–14

Rühe, Volker, Vortrag vor der Jahresversammlung 1992 der Deutschen Gesellschaft für Auswärtige Politik: Sicherheit im Wandel. Die Zukunft der Bundeswehr in einem veränderten Europa. In: EA, 46 (1991), 15, S. 463–472

Rühe, Volker, Zukunftsaufgaben deutscher Sicherheitspolitik. In: Europäische Sicherheit, 41 (1992), 8, S. 421-426

Rühl, Lothar, Sicherheitspolitik. Nationale Strukturen und multilaterale Verflechtung. In: Deutschlands neue Außenpolitik, Bd 4, S. 87-100

Ruf, Werner, Die neue Welt-UN-Ordnung. Vom Umgang des Sicherheitsrates mit der Souveränität der »Dritten Welt«, Münster 1994

Rutherford, Kenneth R., Humanitarianism Under Fire. The US and UN Intervention in Somalia, Sterling 2008

Saddiki, Said, The Sahara Wall. Status and Prospect. In: Journal of Borderlands Studies, 27 (2012), 2, S. 199-212

Sahnoun, Mohamed, Somalia. The Missed Opportunities, Washington 1994

Salton, Herman Tutehau, Dangerous Diplomacy. Bureaucracy, Power Politics, and the Role of the UN Secretariat in Rwanda, Oxford 2017

Saunders, Chris, The GDR, SWAPO, and Namibia. Economic and Other Interactions in the 1970s and 1980s. In: Between East and South. Spaces of Interaction in the Globalizing Economy of the Cold War. Ed. by Anna Calori, Anne-Kristin Hartmetz, Bence Kocsev, James Mark and Jan Zofka, Berlin, Boston 2019, S. 117-132

Saunders, Chris, SWAPO's »Eastern« Connections, 1966-1989. In: Southern African Liberation Movements and the Global Cold War »East«. Transnational Activism 1960-1990. Ed. by Lena Dallywater, Chris Saunders and Helder Adegar Fonseca, Berlin, Boston 2019, S. 57-76

Saunders, Christopher, The Role of the United Nations in the Independence of Namibia. In: History Compass, 5 (2007), 3, S. 737-744

Scheven, Werner von, Die Bundeswehr und der Aufbau Ost. In: Entschieden für Frieden. 50 Jahre Bundeswehr 1955 bis 2005. Im Auftrag des MGFA hrsg. von Klaus-Jürgen Bremm, Hans-Hubertus Mack und Martin Rink, Freiburg i.Br., Berlin 2005, S. 441-455

Schiel, Rüdiger, Operation »Sharp Guard«. Die Deutsche Marine auf dem Weg von der Escort Navy zur Expeditionary Navy. In: Auftrag Auslandseinsatz, S. 161-173

Schlaffer, Rudolf, und Marina Sandig, Die Bundeswehr 1955 bis 2015. Sicherheitspolitik und Streitkräfte in der Demokratie, Freiburg i.Br. [u.a.] 2015

Schleicher, Ilona, und Hans-Georg Schleicher, Die DDR im südlichen Afrika. Solidarität und Kalter Krieg, Hamburg 1998

Schlichte, Klaus, Neue Kriege oder alte Thesen? Wirklichkeit und Repräsentation kriegerischer Gewalt in der Politikwissenschaft. In: Den Krieg überdenken. Kriegsbegriffe und Kriegstheorien in der Kontroverse. Hrsg. von Anna Geis, Baden-Baden 2006, S. 111-132

Schmidl, Erwin A., Agenda für den Frieden. In: Lexikon der Vereinten Nationen, S. 21-23

Schmidl, Erwin A., Friedensoperationen nach 1945, o.D., https://www.bundesheer.at/pdf_pool/publikationen/03_jb99_39.pdf

Schmidl, Erwin A., Polizeiaufgaben im Rahmen internationaler Friedenseinsätze. In: Auslandseinsätze der Polizei. Eine Studie des Bundesministeriums für Inneres. Hrsg. vom Bundesministerium für Inneres, Sicherheitsakademie, Wien, Münster 2011, S. 13–134

Schmitt, Eva Mareike, Weltordnung in der Revision. Die deutsche Politik zu der Reform des Sicherheitsrates 1990–2005, Wiesbaden 2013

Schmitt, Sven, Wenn der Verteidigungsminister stolpert ... In: Deutschland Dienen. Im Einsatz – Soldaten erzählen. Hrsg. von Carsten Barth und Oliver Schaal, Kulmbach 2016, S. 43–55

Schmoll, Anka, Die Wa(h)re Nachricht über Afrika. In: Krieg, Nationalismus, Rassismus und die Medien. Hrsg. von Wilhelm Kempf und Irena Schmidt-Regener, Münster 1998, S. 89–96

Schönbohm, Jörg, Konsequenzen für die Heeresplanung. Armee der Einheit. In: Europäische Sicherheit, 41 (1992), 2, S. 74–83

Schönbohm, Jörg, Wilde Schwermut. Erinnerungen eines Unpolitischen, Berlin 2010

Schönbohm, Jörg, Zwei Armeen und ein Vaterland. Das Ende der Nationalen Volksarmee, Berlin 1992

Schöneberger, Tim, Vom Zweiten Golfkrieg zum Kampfeinsatz im Kosovo. Eine Zwei-Ebenen-Analyse der Bundeswehreinsätze in den 90er Jahren, Wiesbaden 2014

Scholtz, Leopold, The SADF in the Border War, Solihull 2015

Scholz, Rupert, Einsatz der Bundeswehr für die UNO? Pflicht zum Beistand auch im Persischen Golf. In: Europäische Wehrkunde, 10/1990, S. 580–582

Scholz, Rupert, Stand und Perspektiven der Verfassungsdiskussion in der Bundesrepublik Deutschland. In: Rechtliche und politische Probleme des Einsatzes der Bundeswehr »out of area«, S. 29–41

Schopohl, Ulrich, Der Außeneinsatz der Streitkräfte im Frieden, Hamburg 1991

Schraeder, Peter J., Ethnic Politics in Djibouti. From »Eye of the Hurricane« to »Boiling Cauldron«. In: African Affairs, 92 (1993), 367, S. 203–221

Schreiber, Gerhard, Bernd Stegemann und Detlef Vogel, Der Mittelmeerraum und Südosteuropa. Von der »non belligeranza« Italiens bis zum Kriegseintritt der Vereinigten Staaten, Stuttgart 1984 (= Das Deutsche Reich und der Zweite Weltkrieg, 3)

Schütte-Bestek, Patricia M., Aus Bundesgrenzschutz wird Bundespolizei. Entwicklung einer deutschen Polizeiorganisation des Bundes aus organisationssoziologischer Perspektive, Wiesbaden 2015

Schuhkraft, Corina, Die Afrikapolitik Deutschlands – von der »freundlichen Vernachlässigung« hin zu einem stärkeren Engagement. In: Die Afrikapolitik der Europäischen Union. Neue Ansätze und Perspektiven. Hrsg. von Gisela Müller-Brandeck-Bocquet, Siegmar Schmidt, Corina Schuhkraft, Ulrike Keßler und Philipp Gieg, Opladen, Farmington Hills 2007, S. 195–220

Schulte, Bernd, Im Auftrag der Vereinten Nationen – UNSCOM. In: Von Kambodscha bis Kosovo, S. 51–61

Schulte, Jan Erik, UN-Blauhelme. Kanada und die Politik des Peacekeepings im 20. Jahrhundert, Paderborn [u.a.] 2020

Schultz, Marcus, Die Auslandsentsendung von Bundeswehr und Bundesgrenzschutz zum Zwecke der Friedenswahrung und Verteidigung. Völker- und verfassungsrechtliche Analyse unter besonderer Berücksichtigung der Entscheidung des Bundesverfassungsgerichtes zum Einsatz deutscher Streitkräfte vom 12. Juli 1994, Frankfurt a.M. 1998

Schulz, Brigitte H., Development Policy in the Cold War Era. The Two Germanies and Sub-Saharan Africa, 1960–1985, Münster 1995

Schwarz, Hans-Peter, Helmut Kohl. Eine politische Biographie, 2. Aufl., München 2014

Schwarz, Hans-Peter, Die neueste Zeitgeschichte. In: VfZ, 51 (2003), 1, S. 5–28

Schwarz, Hans-Peter, Die Zentralmacht Europas. Deutschlands Rückkehr auf die Weltbühne, Berlin 1994

Schwarz, Henning, Die Entscheidung des Bundesverfassungsgerichts vom 8. April 1993 im Streit um den AWACS-Einsatz der Bundeswehr. In: Rechtliche und politische Probleme des Einsatzes der Bundeswehr »out of area«, S. 248–261

Schwelling, Birgit, Die Außenpolitik der Bundesrepublik und die deutsche Vergangenheit. In: Handbuch zur deutschen Außenpolitik. Hrsg. von Siegmar Schmidt, Gunther Hellmann und Reinhard Wolf, Wiesbaden 2007, S. 101–111

Schwinge, Wolfgang, Pflichterfüllung in ereignisreicher Zeit. Zur Teilnahme eines Kontingents der Volkspolizei der DDR an der UNTAG Namibia. In: Die DDR und Afrika, S. 95–107

Scianna, Bastian Matteo, A Blueprint for Successful Peacekeeping? The Italians in Beirut (Lebanon), 1982–1984. In: The International History Review, 41 (2019), 3, S. 650–672

Seiffert, Anja, »Generation Einsatz«. Einsatzrealitäten, Selbstverständnis und Organisation. In: Der Einsatz der Bundeswehr in Afghanistan. Sozial- und politikwissenschaftliche Perspektiven. Hrsg. von Anja Seiffert, Phil C. Langer und Carsten Pietsch, Wiesbaden 2012, S. 79–99

Seiffert, Anja, und Julius Heß, Leben nach Afghanistan. Die Soldaten und Veteranen der Generation Einsatz der Bundeswehr. Ergebnisse der sozialwissenschaftlichen Langzeitbegleitung des 22. Kontingents ISAF, Potsdam 2020

Seppo, Antti, From Guilt to Responsibility and Beyond. The Evolution of German Strategic Culture after the End of the Cold War, Berlin 2021

Siebels, Stefan, Die Flüchtlingskrise. In: Ruanda – der Weg zum Völkermord, S. 183–195

Siedschlag, Alexander, Die aktive Beteiligung Deutschlands an militärischen Aktionen zur Verwirklichung Kollektiver Sicherheit, Frankfurt a.M. [u.a.] 1995

Sigloch, Daniel, Auslandseinsätze der deutschen Bundeswehr. Verfassungsrechtliche Möglichkeiten und Grenzen, Hamburg 2006

Silagi, Michael, Von Deutsch-Südwest zu Namibia. Wesen und Wandlungen des völkerrechtlichen Mandats, Ebelsbach 1977

Siwert-Probst, Judith, Die klassischen außenpolitischen Institutionen. In: Deutschlands neue Außenpolitik, Bd 4, S. 13–28

Slonim, Solomon, South West Africa and the United Nations. An International Mandate in Dispute, Baltimore 1973

Smith, Adam C., and Arthur Boutellis, Rethinking Force Generation. Filling the Capability Gaps in UN Peacekeeping, New York 2013 (= Providing for Peacekeeping, 2), https://www.ipinst.org/wp-content/uploads/publications/ipi_rpt_rethinking_force_gen.pdf

Smith, Courtney B., Politics and Process at the United Nations. The Global Dance, Boulder, London 2006

Solà-Martín, Andreu, The United Nations Mission for the Referendum in Western Sahara, Lewiston [u.a.] 2006

Somalia. Operation Rückverlegung. In: Soldat und Technik, 3/1993, S. 136 f.

Sotomayor Velázquez, Arturo C., Why Some States Participate in UN Peace Missions While Others Do Not. An Analysis of Civil-Military Relations and Its Effects on Latin America's Contributions to Peacekeeping Operations. In: Security Studies, 19 (2010), 1, S. 160–195

Speth, Wolfgang, Rechtsfragen des Einsatzes der Bundeswehr unter besonderer Berücksichtigung sekundärer Verwendungen, München 1985

Spiegel TV, Tod in Kambodscha, Oktober 1993, https://www.spiegel.de/video/spiegel-tv-magazin-ueber-deutsche-uno-soldaten-in-kambodscha-video-99018293.html

Spielberg, Petra, Care-Einsatz in Ruanda. Mangelhafte Leitung hat erste konkrete Folgen. In: Deutsches Ärzteblatt, 39/1994, 30.9.1994, S. A-2559–A-2560

Spooner, Kevin A., Canada, the Congo Crises, and UN Peacekeeping, 1960–1964, Vancouver 2009

Statistisches Bundesamt, Fachserie. 7, Außenhandel. Reihe 3, Außenhandel nach Ländern und Warengruppen (Spezialhandel), 1977–2008, https://www.statistischebibliothek.de/mir/receive/DESerie_mods_00000087

Stedman, Stephen John, UN Intervention in Civil Wars. Imperatives of Choice and Strategy. In: Beyond Traditional Peacekeeping, S. 40–63

Steenkamp, Willem, South Africa's Border War, 1966–1989, Gibraltar 1989

Stein, Mathias, Der Konflikt um Alleinvertretung und Anerkennung in der UNO. Die deutsch-deutschen Beziehungen zu den Vereinten Nationen von 1949 bis 1973, Göttingen 2011

Stein, Torsten, Die verfassungsrechtliche Zulässigkeit einer Beteiligung der Bundesrepublik Deutschland an Friedenstruppen der Vereinten Nationen. In: Rechtliche Aspekte einer Beteiligung der Bundesrepublik Deutschland an Friedenstruppen der Vereinten Nationen, S. 17–30

Stiers, Werner, Perzeptionen der Entwicklung im südlichen Afrika in der Bundesrepublik Deutschland, 1960–1979, Frankfurt a.M. 1983

Stock, Christian, Nigeria als Truppensteller der Vereinten Nationen. Multilaterale Verpflichtung vs. nationales Interesse, Baden-Baden 2017

Stockfisch, Dieter, VN-Missionen – humanitäre Hilfe – Krisenreaktionskräfte. In: Vom Kalten Krieg zur deutschen Einheit, S. 625–644

Stockhammer, Robert, Ruanda. Über einen anderen Genozid schreiben, Frankfurt a.M. 2005

Stodiek, Thorsten, Internationale Polizeimissionen und die Herausforderungen auf internationaler und nationaler Ebene. In: S+F, 18 (2000), 1, S. 66–71

Stojek, Szymon M., and Jaroslav Tir, The Supply Side of United Nations Peacekeeping Operations. Trade Ties and United Nations-led Deployments to Civil War States. In: European Journal of International Relations, 21 (2015), 2, S. 352–376

Storkmann, Klaus, Geheime Solidarität. Militärbeziehungen und Militärhilfen der DDR in die »Dritte Welt«, Berlin 2012

Strauß, Franz Josef, Die Erinnerungen, Berlin 1989

Strauss, Scott, The Order of Genocide. Race, Power, and War in Rwanda, Ithaca, London 2006

Strizek, Helmut, Geschenkte Kolonien. Ruanda und Burundi unter deutscher Herrschaft, Berlin 2006

Strizek, Helmut, Kongo/Zaïre – Ruanda – Burundi. Stabilität durch erneute Militärherrschaft? Studie zur »neuen Ordnung« in Zentralafrika, München [u.a.] 1998

Synge, Richard, Mozambique. UN Peacekeeping in Action, 1992–94, Washington, DC 1997

Technisches Hilfswerk, Einsatz in Somalia, Bonn, o.D., http://thwhs.de/wp-content/bibliothek/einsatz-in-somalia.pdf

Theofilopoulou, Anna, United Nations Mission for the Referendum in Western Sahara. In: The Oxford Handbook of United Nations Peacekeeping Operations, S. 325–337

Thomson, Susan M., Ethnic Twa and Rwandan National Unity and Reconciliation Policy. In: Peace Review, 21 (2009), 3, S. 313–320

Thornberry, Cedric, A Nation is Born. The Inside Story of Namibia's Independence, Windhoek 2004

Tomuschat, Christian, Deutscher Beitrag zu den VN-Friedenstruppen. In: Außenpolitik, 36 (1985), S. 272–283

Tomuschat, Christian, Die Krise der Vereinten Nationen. In: EA, 42 (1987), 4, S. 97–106

Trines, Stefan, Unterlassene Hilfeleistung bei Völkermord? Die Vereinten Nationen und der Ruanda-Konflikt. In: Ruanda – der Weg zum Völkermord, S. 159–169

Troche, Alexander, »Ich habe nur die Hoffnung, dass der Kelch an uns vorübergeht …« Der Zypernkonflikt und die erste deutsche Out-of-area-Entscheidung. In: Historisch-politische Mitteilungen, 7 (2000), S. 183–195

Truth and Reconciliation Commission of Liberia, Vol. II: Consolidated Final Report, June 30, 2009, Monrovia 2009, http://www.trcofliberia.org/resources/reports/final/volume-two_layout-1.pdf

Tuck, Christopher, »Every Car Or Moving Object Gone«. The ECOMOG Intervention in Liberia. In: African Studies Quarterly, 4 (2000), 1, S. 1–16

Tzschaschel, Joachim, Entkolonisierung und Treuhandfragen. In: Vereinte Nationen, 2/1992, S. 63 f.

Udogu, E. Ike, Liberating Namibia. The Long Diplomatic Struggle Between the United Nations and South Africa, Jefferson 2012

Ullrich, Janine, Die Ära Juvénal Habyarimana. Aufschwung und Niedergang. In: Ruanda – der Weg zum Völkermord, S. 71–82

The United Nations and Somalia, 1992–1996, New York 1996

United Nations, Contribution of Uniformed Personnel to UN by Country, Mission, and Personnel Type, 30.9.2021, https://peacekeeping.un.org/sites/default/files/03_country_and_mission_42_sep2021.pdf

United Nations, Fatalities by Mission and Incident Type, 30.9.2018, https://peacekeeping.un.org/sites/default/files/statsbymissionincidenttype_4_18.pdf

United Nations, List of Peacekeeping Operations 1948–2017, o.D., https://peacekeeping.un.org/sites/default/files/unpeacekeeping-operationlist_1.pdf

United Nations, Mozambique – ONUMOZ. Facts and Figures, o.D., https://peacekeeping.un.org/sites/default/files/past/onumozF.html

United Nations, Principles of Peacekeeping, o.D., https://peacekeeping.un.org/en/principles-of-peacekeeping

United Nations, Troop and Police Contributors, o.D., https://peacekeeping.un.org/en/troop-and-police-contributors

United Nations, United Nations Peacekeeping Operations. Principles and Guidelines, New York 2008, https://peacekeeping.un.org/sites/default/files/capstone _eng_0.pdf

Urquhart, Brian, Beyond the »sheriff's posse«. In: Survival, 32 (1990), 3, S. 196–205

Urquhart, Brian, A Life in Peace and War, New York 1987

Utas, Mats, War, Violence & Videotapes. Media & Localised Ideoscapes of the Liberian Civil War. In: Violence, Political Culture & Development in Africa. Ed. by Preben Kaarsholm, Oxford [u.a.] 2006, S. 161–180

Uzonyi, Gary, Refugee Flows and State Contributions to Post-Cold War UN Peacekeeping Missions. In: Journal of Peace Research, 52 (2015), 6, S. 743–757

Varady, Corrin, US Foreign Policy and the Multinational Force in Lebanon. Vigorous Self-Defense, Cham 2017

Varwick, Johannes, Deutsche Außenpolitik in globaler Perspektive. Kooperativer Multilateralismus und die Rolle der Vereinten Nationen. In: Politische Bildung, 2/2003, S. 18–30

Varwick, Johannes, Die deutsche UNO-Politik. In: Deutsche Außenpolitik. Sicherheit, Wohlfahrt, Institutionen und Normen, S. 514–531

Varwick, Johannes, Deutschland in den UN bis heute. Vier Thesen zur deutschen Rolle. In: Vereinte Nationen, 6/2013, S. 252–257

Venter, Al J., Portugal's Guerilla Wars in Africa. Lisbon's three wars in Angola, Mozambique and Portuguese Guinea, 1961–74, Solihull 2013

Verber, Jason, An der Schnittstelle zwischen kolonialer Vergangenheit und entkolonialisierender Gegenwart. Ost- und westdeutsche Außenpolitik in Südwestafrika/Namibia. In: Wege zur Wiedervereinigung, S. 377–391

Die Vereinten Nationen und die Mitarbeit der Bundesrepublik Deutschland. Hrsg. von Ulrich Scheuner und Beate Lindemann, München, Wien 1973

Vergau, Hans-Joachim, Reform des Sicherheitsrats der Vereinten Nationen. Zu den Bewerbungen Deutschlands und Japans um einen ständigen Sitz. In: Sicherheit + Stabilität, Nr. 1 (2005), S. 34–48

Vergau, Hans-Joachim, Verhandeln um die Freiheit Namibias. Das diplomatische Werk der westlichen Kontaktgruppe, Baden-Baden 2006

Verteidigungspolitische Richtlinien. In: Blätter für deutsche und internationale Politik, 28 (1993), 9, S. 1137–1151

Vertrag über die Europäische Union, unterzeichnet zu Maastricht am 7. Februar 1992. In: Amtsblatt der Europäischen Gemeinschaften, 29.7.1992, https://eur-lex.europa.eu/legal-content/DE/TXT/PDF/?uri=OJ:C:1992:191:FULL&from=EN

Vertrag vom 12. September 1990 über die abschließende Regelung in bezug auf Deutschland »2+4-Vertrag«, https://bit.ly/2Jw42xJ

Der Vertrag von Versailles. Mit Beiträgen von Sebastian Haffner [u.a.], München 1978

Victor, Jonah, African Peacekeeping in Africa. Warlord Politics, Defense Economics, and State Legitimacy. In: Journal of Peace Research, 47 (2010), 2, S. 217–229

Viehrig, Henrike, Öffentlichkeit und Auslandseinsätze nach dem CNN-Effekt. In: Außenpolitik im Medienzeitalter, S. 319–340

Vines, Alex, RENAMO. From Terrorism to Democracy in Mozambique?, rev. and upd. ed., London 1996

VNGV, Committee on Contributions. Status Teports, o.D., https://www.un.org/en/ga/contributions/status.shtml

Völkermord in Deutsch-Südwestafrika. Der Kolonialkrieg (1904–1908) in Namibia und seine Folgen. Hrsg. von Jürgen Zimmerer und Joachim Zeller, 2. Aufl., Berlin 2004

Volger, Helmut, Geschichte der Vereinten Nationen, 2., akt. und erw. Aufl., München 2008
Vom Kalten Krieg zur deutschen Einheit. Analysen und Zeitzeugenberichte zur deutschen Militärgeschichte 1945 bis 1995. Im Auftrag des MGFA hrsg. von Bruno Thoss, München 1995
Von Kambodscha bis Kosovo. Auslandseinsätze der Bundeswehr seit Ende des Kalten Krieges. Hrsg. von Peter Goebel, Frankfurt a.M., Bonn 2000
Wagner, Wolfgang, Deutsche Ausrüstungshilfe in Afrika. In: EA, 21 (1966), 6, S. 221–232
Wallace, Marion, Geschichte Namibias. Von den Anfängen bis 1990, Basel 2015
Walter, Christian, Somalia. In: Operation Heimkehr. Bundeswehrsoldaten über ihr Leben nach dem Auslandseinsatz. Hrsg. von Sabine Würich und Ulrike Scheffer, Berlin 2014, S. 96–97
Waltz, Kenneth, Theory of International Politics, New York 1979
The War Within. New Perspectives on the Civil War in Mozambique, 1976–1992. Ed. by Eric Morier-Genoud, Michel Cahen and Domingos Manuel do Rosário, Woodbridge 2018
Ward, Hugh, and Han Dorussen, Standing Alongside Your Friends. Network Centrality and Providing Troops to UN Peacekeeping Operations. In: Journal of Peace Research, 53 (2016), 3, S. 392–408
Was ist Militärgeschichte? Hrsg. von Thomas Kühne und Benjamin Ziemann, Paderborn [u.a.] 2000
Weber, Mathias, Der UNO-Einsatz in Somalia. Die Problematik einer »humanitären Intervention«, Denzlingen 1997
Weber, Max, Wirtschaft und Gesellschaft. Grundriss der verstehenden Soziologie, 5., rev. Aufl., Tübingen 1976
Wechmar, Rüdiger von, Akteur in der Loge. Weltläufige Erinnerungen, Berlin 2000
Wechmar, Rüdiger von, Die Bundesrepublik Deutschland in den Vereinten Nationen. In: Vereinte Nationen, 4/1979, S. 113–120
Wechmar, Rüdiger von, Friedenserhaltende Maßnahmen. Eine Herausforderung an die Bundesrepublik Deutschland. In: Vereinte Nationen, 1/1982, S. 10 f.
Wege zur Wiedervereinigung. Die beiden deutschen Staaten in ihren Bündnissen 1970 bis 1990. Im Auftrag des ZMSBw hrsg. von Oliver Bange und Bernd Lemke, München 2013
Weigend, Guido G., German Settlement Patterns in Namibia. In: Geographical Review, 75 (1985), 2, S. 156–169
Weigert, Stephen L., Angola. A Modern Military History, 1961–2002, New York 2011
Weiland, Heribert, Internationale Konfliktbearbeitung: Namibia. In: Krisen und Konflikte. Von der Prävention zur Friedenskonsolidierung. Hrsg. von Ursula Blanke, Berlin 2004, S. 239–244

Weimer, Bernhard, FRELIMO und RENAMO, ONUMOZ und UNOHAC. In: Vereinte Nationen, 6/1993, S. 193–200

Weimer, Bernhard, Mosambik hat gewählt. Analyse der Wahlergebnisse und Perspektiven des Wiederaufbaus. In: Africa Spectrum, 30 (1995), 1, S. 5–33

Weinberger, Naomi Joy, Peacekeeping Options in Lebanon. In: Middle East Journal, 37 (1983), 3, S. 341–369

Weiss, Thomas G., Problems for Future U.N. Military Operations in »An Agenda for Peace«. In: Blauhelme in einer turbulenten Welt, S. 177–194

Weiss, Thomas G., Wie ein Phönix aus der Asche. In: Vereinte Nationen, 4/2020, S. 147–153

Weißbuch 1979. Zur Sicherheit der Bundesrepublik Deutschland und zur Entwicklung der Bundeswehr. Hrsg.: BMVg, Bonn 1979

Weißbuch 1985. Zur Lage und Entwicklung der Bundeswehr. Hrsg.: BMVg, Bonn 1985

Weißbuch 1994. Weißbuch zur Sicherheit der Bundesrepublik Deutschland und zur Lage und Zukunft der Bundeswehr. Hrsg.: BMVg, Bonn 1994

Wenzel, Claudius, Südafrika-Politik der Bundesrepublik Deutschland 1982–1992. Politik gegen Apartheid?, Wiesbaden 1994

Wesel, Reinhard, Die UNO. Aufgaben und Arbeitsweisen, München 2019

Wesley, Michael, Casualties of the New World Order. The Causes of Failure of UN Missions to Civil Wars, Houndmills [u.a.] 1997

Westad, Odd Arne, The Global Cold War. Third World Interventions and the Making of Our Times, Cambridge 2011

Westad, Odd Arne, Der Kalte Krieg. Eine Weltgeschichte, Stuttgart 2019

Westhoff, Veronika, und Ernst Ulrich Große, Die Leitmedien. In: DeuFraMat, o.D., http://www.deuframat.de/de/kulturbeziehungen/medien-und-kommunikation/die-ueberregionale-presse-in-frankreich-und-deutschland-eine-vergleichsstudie/die-leitmedien.html

Wheeler, Nicholas J., and Alex J. Bellamy, Humanitarian Intervention and World Politics. In: The Globalization of World Politics. Ed. by John Baylis and Steve Smith, 2nd ed., New York 2001, S. 470–493

The White House, Presidential Decision Directive/NSC 25, 3.5.1994, https://fas.org/irp/offdocs/pdd/pdd-25.pdf

White, Dean J., The Ignorant Bystander? Britain and the Rwandan Genocide of 1994, Manchester 2015

White, Nigel D., Peacekeping and International Law. In: The Oxford Handbook of United Nations Peacekeeping Operations, S. 43–59

Wiefelspütz, Dieter, Der Auslandseinsatz der Bundeswehr und das Parlamentsbeteiligungsgesetz, 2., akt. und erw. Aufl., Frankfurt a.M. 2012

Wierling, Dorothee, Oral History. In: Neue Themen und Methoden der Geschichtswissenschaft. Aufriss der Historischen Wissenschaften. Hrsg. von Michael Maurer, Bd 7, Stuttgart 2003, S. 81–151

Wilén, Nina, David Ambrosetti and Gérard Birantamije, Sending Peacekeepers Abroad, Sharing Power at Home. Burundi in Somalia. In: Journal of Eastern African Studies, 9 (2015), 2, S. 307–325

Williams, Paul D., United Nations Operation in Somalia II (UNOSOM II). In: The Oxford Handbook of United Nations Peacekeeping Operations, S. 429–442

Wolff, Jürgen H., und Andreas Mehler, Hauptbericht zur Evaluierung »EZ-Wirkungen in Konfliktsituationen«. Fallstudie Ruanda, BMZ, Bochum, Hamburg 1998/99, https://bit.ly/3GIOfXn

Wolfram, Matthias, Entscheidungsprozesse im Sicherheitsrat der Vereinten Nationen. Die Mandatierung von Militäreinsätzen, Baden-Baden 2012

Wütherich, Peter, Revolution und Erste Republik. 1959 bis 1973. In: Ruanda – der Weg zum Völkermord, S. 57–70

Yearbook of the United Nations 1946–47, New York 1947

Young, Graeme, Political Decision-making and the Decline of Canadian Peacekeeping. In: Canadian Foreign Policy Journal, 25 (2019), 2, S. 152–171

Ziegler, Dieter, Deutschland und der Weltmarkt. In: Dekolonisierungs-Gewinner, S. 19–55

Zimbler, Brian L., Peacekeeping Without the UN. The Multinational Force in Lebanon and International Law. In: Yale Journal of International Law, 10 (1984), 1, S. 222–251

Zimmer, Mark, Einsätze der Bundeswehr im Rahmen kollektiver Sicherheit. Staats- und völkerrechtliche Grundlagen unter Berücksichtigung des BVerfG-Urteils vom 12.7.1994, Frankfurt a.M. 1995

Zimmerer, Jürgen, Deutsche Herrschaft über Afrikaner. Staatlicher Machtanspruch und Wirklichkeit im kolonialen Namibia, Hamburg 2002

Zollmann, Jakob, Koloniale Herrschaft und ihre Grenzen. Die Kolonialpolizei in Deutsch-Südwestafrika 1894–1915, Göttingen [u.a.] 2010

Zoubir, Yahia H., and Anthony G. Pazzanita, The United Nations' Failure in Resolving the Western Sahara Conflict. In: Middle East Journal, 49 (1995), 4, S. 614–628

Zunes, Stephen, and Jacob Mundy, Western Sahara. War, Nationalism and Conflict Irresolution, Syracuse 2010

# Personenregister

Adam-Schwaetzer, Irmgard  139, 264
Ahtisaari, Martii  190, 194, 205–206, 237
Aidid, Mohamed Farah  284–287, 291 f., 295, 413 f., 434
Ajello, Aldo  641, 653
Alt, Franz  300 f.
Annan, Kofi  372, 406, 410 f., 446, 459, 465, 524, 548, 561, 571, 575
Apel, Hans  119–121
Arndt, Alexander  461
Bahlmann, Kai  106
Bangemann, Martin  263
Baril, Maurice  353, 361, 369, 378, 380, 409, 446
Barz, Anton  586
Becker-Inglau, Ingrid  347
Beck, Kurt  580
Bernhardt, Georg  408 f., 412, 423, 426 f., 438, 442
Biehle, Alfred  592
Bindig, Rudolf  401
Bir, Çevik  289, 367, 409, 419, 426, 434, 441, 446 f., 455, 457, 509
Bizimungu, Pasteur  531
Blunk, Michaela  343, 423
Bohl, Friedrich  346, 553
Boutros-Ghali, Boutros  77 f., 289, 293, 295, 354–357, 402, 502, 506, 615, 655 f., 660
Brandt, Willy  60, 66, 98, 103
Brecht, Eberhard  484, 593

Breuer, Paul  415, 485
Büttner, Hans  420
Bush, George H.W.  288, 290, 303, 317
Buwitt, Detlef  243 f., 246, 248, 250
Carl, Karl-Heinz  235
Chissano, Joaquim  640, 644, 647 f.
Clinton, Bill  293, 458, 519, 563, 565, 572, 574, 601, 607
Dallaire, Roméo  515–517, 528
Dau, Klaus  556
Desch, Gunter  155
Dhlakama, Afonso  640, 644, 646, 650
Diller, Karl  590
Doe, Samuel  670 f., 679 f., 682
Dübber, Ulrich  121
Duve, Freimut  343
Eid, Ursula  236
Eiff, Hansjörg  308 f., 367
Eigenbrod, Jürgen  419
Eisele, Manfred  494, 503
Eitel, Tono  689
Engelhard, Hans  138
Engholm, Björn  345
Erler, Gernot  305, 594, 682
Feuersenger, Werner  369–372
Fleck, Dieter  85
Flittner, Karl  532
Frank, Hans  379, 466, 496, 498
Fuchs, Anke  417
Ganns, Harald  531 f.
Gehl, Jürgen  654, 663

Geiger, Michaela  483
Genscher, Hans-Dietrich  23, 53, 62, 71, 89, 103, 112, 123, 128, 131 f., 135 f., 138, 142, 145 f., 148, 157, 162, 196, 199 f., 202–206, 210–214, 216–218, 220–223, 226, 232 f., 235 f., 248, 250–252, 263, 339, 403, 525, 604 f., 616, 618–620, 647, 698
Gerster, Johannes  239
Glos, Michael  420, 596
Glotz, Peter  402, 422
Gorbatschow, Michail  130, 221
Goulding, Marrack  220, 266
Graf, Günter  240
Gysi, Gregor  422
Habyarimana, Juvénal  513, 525, 529
Haile Selassie I. von Äthiopien  296
Hamm-Brücher, Hildegard  121, 124
Hansen, Helge  175, 362–364
Happach, Erich  457
Harff, Helmut  408 f., 438 f., 442, 447, 454, 472, 488 f.
Hassan II. von Marokko  255
Hauchler, Ingomar  418, 595
Henke, Michael  527
Henze, Gerhard  532
Hirsch, Burkhard  241, 280
Hölscher, Dieter  542
Horndasch, Karl Heinz  372, 434
Hornhues, Karl-Heinz  237, 403
Howe, Jonathan  289, 446
Ipsen, Knut  122 f.
Irmer, Ulrich  239, 346, 401, 417, 622
Jäger, Claus  593
Jahn, Friedrich-Adolf  124
Johnston, Robert  367
Kagame, Paul  514, 531 f.
Kammerhoff, Holger  472, 481, 489
Kansy, Dietmar  236
Kanther, Manfred  274, 374, 581
Kastrup, Dieter  275, 322, 346, 384, 561, 567
Kinkel, Klaus  21, 46, 53, 83, 138, 151, 163, 165–167, 201, 315, 325 f., 337, 344 f., 348, 351, 354–356, 367, 378, 393, 396 f., 399–402, 412, 415–417, 421, 454 f., 461 f., 469 f., 473 f., 484, 502, 505, 530 f., 533, 553, 579, 584, 592, 598, 650, 653, 660, 667 f., 683 f., 687, 689
Klein, Hans  236
Klejdzinski, Karl-Heinz  415, 483
Klose, Hans-Ulrich  357, 421
Köhler, Volkmar  415 f.
Kohl, Helmut  23, 31, 45, 71, 121, 128, 133, 138, 142, 145, 147, 159 f., 169, 171, 199, 221, 231, 264, 303, 317, 326, 338, 354–357, 369 f., 372, 374, 384, 465, 506 f., 549, 563, 572, 574, 576, 589, 592, 601, 603, 607, 619, 647 f., 656, 698, 704 f., 709
Kolbow, Walter  83, 414 f., 417
Kossendey, Thomas  486
Krampe, Wolf-Dieter  276 f.
Kübler, Klaus  592
Lamers, Karl  160, 164
Lansky, George  207, 213
Leber, Georg  95, 98, 119
Lederer, Andrea  83
Leutheusser-Schnarrenberger, Sabine  325, 555, 711
Lowack, Ortwin  402
Lubowski, Anton  242
Lübke, Heinrich  679
Mahdi Mohamed, Ali  284–286
Maihofer, Werner  105
Männle, Ursula  345
Mandela, Nelson  682
Mann, Siegfried  103
Matthes, Helmut  665
Merkel, Angela  47
Mocumbi, Pascoal  648
Moede, Hartmut  178
Möllemann, Jürgen  116
Montgomery, Thomas  367, 447, 469
Much, Christian Walter  653
Müller, Albrecht  421

Naumann, Klaus  44, 80, 86 f., 128, 139, 147, 172 f., 181, 283, 314, 323–325, 334, 349 f., 352, 357, 362–365, 380, 383, 386, 398 f., 405, 435, 438, 448, 463, 465, 467 f., 476, 478, 536, 540, 549, 567, 575, 686, 707
Ndadaye, Melchior  591
Neudeck, Rupert  301, 632
Neusel, Hans  235, 238 f., 278
Niggemeier, Horst  283
Nolting, Günther  417, 484
Nujoma, Sam  194, 197, 230, 238, 242, 248
Ocken, Rolf  177
Offergeld, Rainer  646
Ogata, Sadako  562
Ondarza, Henning von  173
Opande, Daniel Ishmael  674
Opel, Manfred  422
Paschke, Karl Theodor  503
Pérez de Cuéllar, Javier  132, 215, 227, 259
Petrovsky, Vladimir  419
Pfeffer, Franz  120
Pinger, Winfried  418, 427, 595
Poppe, Gerd  484, 592
Powell, Colin  325
Rantzau, Detlev Graf zu  653
Reagan, Ronald  88, 126, 187
Reimann, Jürgen Friedrich  260, 270, 272 f., 276
Repnik, Hans-Peter  83
Riza, Iqbal  446
Rühe, Volker  44, 80, 82, 154, 159, 162, 164 f., 172–174, 177, 230, 277, 309, 322 f., 325, 327, 329, 331 f., 335, 348, 350 f., 359 f., 364, 366 f., 376, 378, 384, 386, 395, 397, 399, 402, 404, 410, 412–417, 420–422, 428, 430 f., 433, 435 f., 439, 441, 445, 448, 450, 453, 455, 459, 462 f., 465, 469 f., 477, 482, 485, 497, 501, 535, 537, 542–544, 547, 550, 553, 556 f., 559, 562 f., 567, 570, 599, 635 f., 657, 660, 662, 664, 667, 669, 685, 709, 714
Sahnoun, Mohamed  285, 330
Santos, José Eduardo dos  617
Sarrazin, Thilo  581
Savimbi, Jonas  614, 616, 619, 625, 627
Schäfer, Helmut  227, 238, 241 f., 278, 341, 413, 590, 592–595, 597, 617, 622, 624, 665, 667
Schäuble, Wolfgang  136, 219, 230–232, 235, 238 f., 253, 267–269, 357, 401, 403, 420, 698
Scheel, Walter  95
Schelter, Kurt  275 f.
Schilling, Wolf-Dietrich  266
Schmidt, Arno  347
Schmidt, Helmut  63, 89, 103, 121, 123, 125, 127, 203, 212, 705
Schmude, Jürgen  127
Schönbohm, Jörg  320, 322, 325, 352, 362, 364 f., 367, 376, 383 f., 386, 391 f., 404, 412, 463, 467, 471, 496 f., 498, 533, 535, 538–540, 542–544, 547, 553, 567, 577 f., 637, 658 f., 669, 687 f.
Schönburg-Glauchau, Joachim Graf von  344, 347, 428, 486, 595
Scholz, Rupert  133–136, 229, 698
Schröder, Gerhard (CDU)  679
Schulz, Werner  597
Seiler-Albring, Ursula  401, 590
Seiters, Rudolf  269, 274, 325, 625
Siad Barre, Mohamed  284, 296, 298, 300, 340
Sielaff, Horst  590
Solms, Hermann Otto  401
Sonntag-Wolgast, Cornelie  240
Sontheim, Gerhard  423
Spranger, Carl-Dieter  428, 624 f.
Stelzer, Hans-Georg  205 f.
Stenglin, Karl-Andreas Freiherr von  382

Stoltenberg, Gerhard   136, 154, 157, 172, 219, 222 f.
Strauß, Franz Josef   196, 618, 648
Such, Manfred   239 f.
Sudhoff, Jürgen   222, 226 f., 231
Sulimma, Hans-Günter   228, 319, 368, 656
Taylor, Charles   670–672, 677 f., 680
Teltschik, Horst   625
Thierse, Wolfgang   420
Toetemeyer, Hans-Günther   240, 666
Tolbert, William   679
Tubman, William   678
Ullmann, Wolfgang   346
Urquhart, Brian   214
Uwilingiyimana, Agathe   517
Vergau, Hans-Joachim   42, 220
Verheugen, Günter   237, 240, 402 f., 421 f., 628
Vöcking, Johannes   372
Vogel, Hans-Jochen   122, 226, 403
Voigt, Karsten   83, 344, 402 f., 483 f., 597
Waffenschmidt, Horst   241
Waigel, Theo   581 f.
Waldburg-Zeil, Alois Graf von   341, 347, 622 f., 625
Waldheim, Kurt   121, 204 f., 213
Wallow, Hans   343
Wechmar, Rüdiger von   118, 203, 653
Weisbrod-Weber, Wolfgang   283
Weisser, Ulrich   659 f.
Weiß, Konrad   341, 343, 346 f., 418, 633
Weizsäcker, Richard von   71, 227, 263, 297, 648
Wichert, Peter   173, 335, 443, 556 f., 567, 571–573
Wiesmann, Klaus   363 f., 410
Wilz, Bernd   159, 348
Wörner, Manfred   128, 132
Wollenberger, Vera   415
Wonneberger, Michael   347
Wüppesahl, Thomas   238, 242
Zapf, Uta   507
Zeitlmann, Wolfgang   241
Zimmermann, Friedrich   227, 698
Zuber, Walter   579 f., 582–584, 607